1. Auflage

Matthias Eickhoff

SCHOTTLAND

STEFAN LOOSE
TRAVEL HANDBÜCHER

SCHOTTLAND

1 **Edinburgh**

Die schottische Hauptstadt verführt
Besucher mit ihrer wunderbaren
Altstadt, originellem Straßentheater und
einem bunten Nachtleben. S. 101

Die Highlights

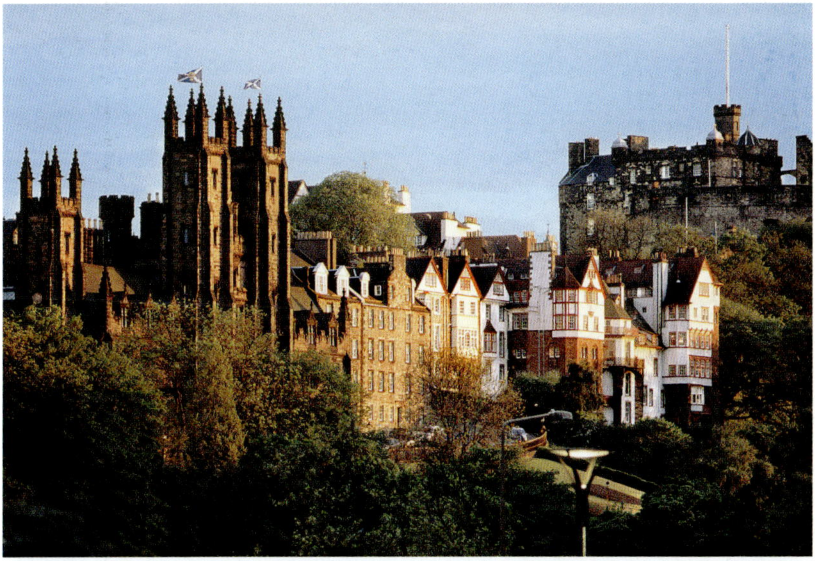

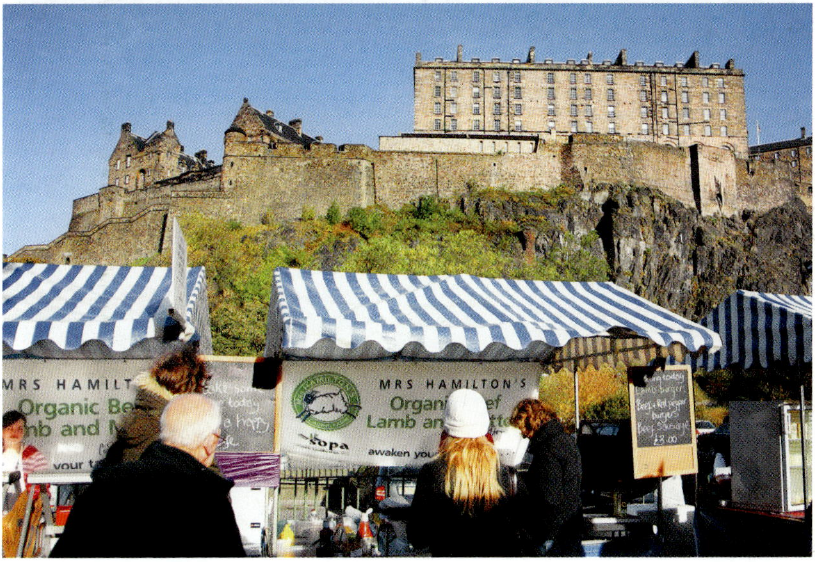

2 **Melrose**

Schon Theodor Fontane begeisterte sich für die großartige Klosterruine in den Borders. S. 177

3 | **Culzean Castle**

Dramatisch thront das Schloss auf den Klippen am Firth of Clyde. S. 217

4 Glasgow

Erstklassige Museen, lebendige Univiertel, wunderbare Jugendstilgebäude von Charles Rennie Mackintosh sowie angesagte Restaurants und Pubs laden in die größte Metropole Schottlands ein. S. 225

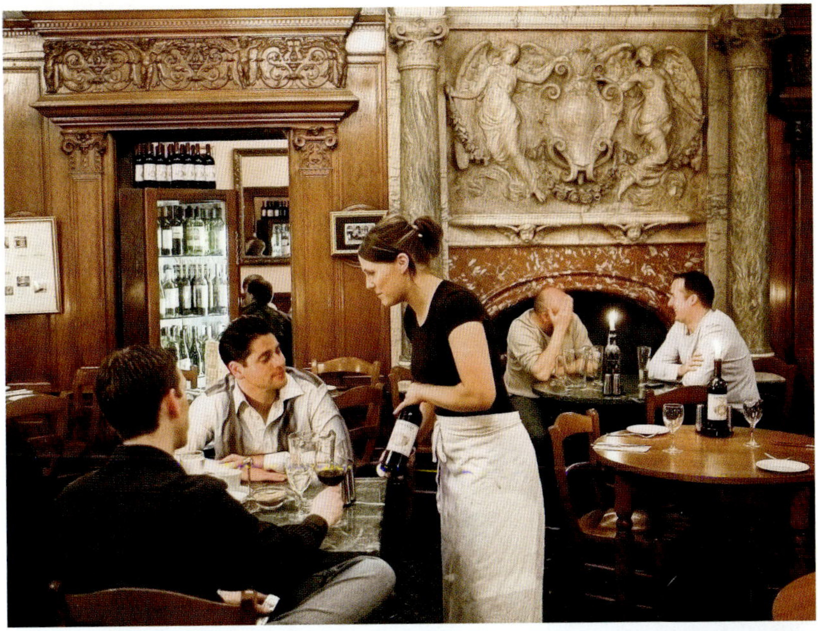

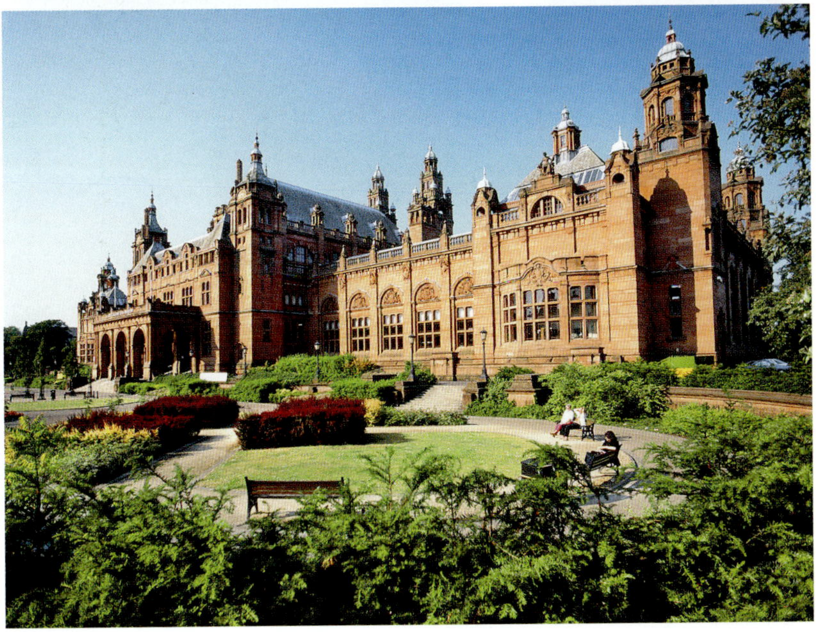

5 | **Loch Lomond**

Von den lieblichen Lowlands erstreckt sich der malerische See bis in die rauen Highlands. S. 271

6 East Neuk

Urige Fischerdörfer schmücken die
Küste am Firth of Forth. S. 298

7 Blair Castle

Die weiße Trutzburg am Rande der
Grampian Mountains beeindruckt nicht
nur von außen. S. 326

8 Deeside

Stilvolle Schlösser, wildromantische Landschaften und schmucke Hochlandorte locken auch die Royals ins Tal des Dee. S. 372

9 Pennan, Crovie und Gardenstown

Die romantischen Dörfer an der Nordostküste scheinen einem Bilderbuch entstiegen. S. 392

10 **Cairngorms National Park**

Die subarktische Gebirgskette ist mit ihren Kaledonischen Kiefernwäldern und malerischen Seen ein Eldorado für Wanderer. S. 409

11 Assynt

Die einsame Moorlandschaft ist durchsetzt von kleinen Lochs und mächtigen Bergkegeln. S. 454

12 Inverewe Garden

Die unerwartete Blütenpracht in den kargen Highlands lässt jeden Hobbygärtner vor Neid erblassen. S. 463

13 | Skye

Die größte Insel der Inneren Hebriden
wartet mit einer vielfältigen Landschaft
auf – von den vulkanisch geprägten
Cuillins bis zum wild zerklüfteten Felsengarten Quiraing. S. 478

14 | Islay

Auf der kleinen Whisky-Insel brennen gleich acht Destillen das Wasser des Lebens. S. 535

15 | Iona und Staffa

Seit 1500 Jahren ist Iona ein spirituelles Zentrum, während Staffa ein atemberaubendes Naturspektakel bietet. S. 549

16 **Callanish**

Der wundersame Steinkreis auf der Insel Lewis ist in seiner Vollständigkeit und Unberührtheit einzigartig. S. 562

17 **Neolithisches Zentrum, Orkney**

Das Unesco-Welterbe bewahrt 5000 Jahre alte sensationelle Funde – vom eisenzeitlichen Broch of Gurness bis zum 5000 Jahre alten Kammergrab Maeshowe. S. 579

18 | Shetland

Zehntausende von Papageientauchern und unzählige andere Seevögel bevölkern die Klippen der nördlichsten schottischen Inseln. S. 598

Inhalt

Reiseziele und Routen

Es dürfte kaum jemanden geben, der nicht ein Bild von Schottland im Kopf hat: Kilt tragende Dudelsackspieler, trutzige Wehrburgen im Hochland, hochprozentiger Whisky und ein flüchtiges Ungeheuer im Loch Ness kommen schnell in den Sinn, aber auch die tragische Story der Maria Stuart, die bunten Highland Games, die rivalisierenden Clans und die landschaftlich sehr reizvollen Highlands.

Keine Frage, Schottland gehört zu den Reisezielen, die über ein klares Image verfügen: Traditionsbewusst, freundlich, natürlich, mythisch und landschaftlich großartig. Wer mit dieser Erwartung nach Schottland fährt, wird nicht enttäuscht und kann sich doch auf große Überraschungen einstellen.

Um es gleich vorwegzunehmen: Kein Schotte trägt im Alltag Kilt und nicht jeder hört gerne Dudelsackmusik. Denn ungeachtet aller Mythen sind die Schotten zwar traditionsbewusst, aber ansonsten durch und durch modern.

Und dennoch: Schottland ist anders. Wer die Grenze von England aus auf dem Landweg überquert, merkt es sofort an den blau-weißen schottischen Fahnen, die überall im Wind flattern. Stolz sind die Schotten auf ihr reiches geschichtliches und kulturelles Erbe. Doch nicht nur der Erhalt der gälischen Sprache und des Lowland Scots, die Pflege traditioneller Folkmusik sowie die Restaurierung geschichtsträchtiger Burgen und Kathedralen(-ruinen), sondern auch die internationalen Erfolge zeitgenössischer Schriftsteller und Pop-/Rockmusiker gehören zum Bild von Schottland.

Die Mehrheit der Schotten will zwar keine Abspaltung von Großbritannien, aber die Menschen legen großen Wert auf ihre Identität und Eigenständigkeit. Selbst im Pub kann es einem passieren, dass man als Tourist beim Bierchen oder Whisky einen Schnelldurchlauf in schottischer Geschichte bekommt, einschließlich der wichtigsten Siege und Niederlagen gegen die südlichen Nachbarn.

Begeisternd ist die kontrastreiche Vielfalt des Landes. Schon die beiden Metropolen **Edinburgh und Glasgow** könnten unterschiedlicher nicht sein. Die stolze Hauptstadt ist mit ihrer historischen Royal Mile das unbestrittene Zentrum des Landes. Hier haben einst die schottischen Könige residiert. Die Rivalin Glasgow verdankt ihren Aufstieg hingegen der industriellen Revolution. Lange Zeit stand die Stadt im Schatten der prächtigen Fassaden von Edinburgh. Doch mittlerweile präsentiert man die Glanzstücke der Gründerzeit und des Jugendstils selbstbewusst mit hoch erhobenem Haupt.

Verlässt man die beiden Großstädte und steuert die **Highlands** an, dann erstaunt der rasche Wechsel: Eben noch überbordendes städtisches Leben und plötzlich beeindruckende Bergketten, verschwiegene Täler, wehrhafte Schlösser, pittoreske Hafenorte und malerische Seen.

Und auch das ist überraschend: Schottland ist viel größer, als es auf den ersten Blick scheint. Die Landfläche entspricht in etwa der von Bayern, doch die tief eingeschnittenen Fjorde der Westküste reißen die Küstenlinie auf; die zahlreichen **Inseln** sind aufgrund ihrer Abgeschiedenheit fast eine Welt für sich; und Shetland oben im Norden liegt näher an Norwegen als an Edinburgh.

Wer Schottland erkunden möchte, sollte also etwas Zeit mitbringen und daran denken, dass der Lebensrhythmus vor allem in den Highlands und auf den Inseln angenehm ruhig ist. Hier ist nichts von der Hektik der Großstädte zu spüren. In der ganzen Region leben nur halb so viele Menschen wie in Edinburgh. Gerade die Highlands versprechen deshalb ein ungetrübtes Naturerlebnis.

Die dünne Besiedlung kommt auch der **Tierwelt** zugute: An den Küsten und auf den Inseln nisten Adler, Papageientaucher und Basstölpel, während in den Gewässern Delfine, Wale und Haie zu Hause sind. Selbst von Edinburgh aus erreicht man in weniger als einer Stunde international bedeutende Vogelschutzreservate – in Schottland sind die freie Natur und das Meer nie weit.

Doch nicht nur die Natur ist großartig, auch die **Schotten** selbst sind ein freundliches und einladendes Volk. Die Glaswegians sind für ihren Humor berühmt, aber auch andernorts kommt man schnell ins Gespräch, und das nicht nur im Pub. Wer einen Schuss Lebensfreude braucht, sollte auf einen schottischen Tanzabend, ein Ceilidh, gehen. Dort zeigen die tagsüber so nüchtern wirkenden Schotten, welch keltische Ausgelassenheit in ihnen steckt. Ihre Lebensfreude lassen sich die Menschen übrigens auch nicht vom Wetter trüben, das manchmal etwas feucht ist, aber das ist ein anderes Thema ...

Reiseziele

Als Land der Vielfalt hat Schottland für jeden Geschmack etwas zu bieten – vom klassischen Städtetrip nach Edinburgh und Glasgow über Rundfahrten zu den malerischsten und exzentrischsten Schlössern, zu den traditionellen Whiskydestillen oder zu einsamen Sandstränden, pittoresken Küstenorten und vom Geschrei der Seevögel widerhallenden Steilklippen. Zwei Nationalparks, idyllische Seen, stimmungsvolle Inseln und ein wildes Bergpanorama runden das Bild ab. Gut ausgebaute Fernwanderwege sorgen für ausgeprägte Naturerlebnisse. Und wer Kultur wünscht, sollte in den exquisiten Festivalkalender schauen, der übers ganze Jahr verteilt quer durchs Land für beste Unterhaltung sorgt.

Schottlands schönste Städte

Als Startpunkt für eine Schottlanderkundung bietet sich die Hauptstadt **Edinburgh** (S. 101) geradezu an: Ein Spaziergang über die Royal Mile führt über die schönste Flaniermeile des Landes. Hoch oben auf dem steil aufragenden Burgberg thront

Auf dem Castle Trail

Die einen ragen düster auf einem Felsen empor, andere wirken verwinkelt und geheimnisvoll und wieder andere zeugen von Glanz und Gloria ihrer Besitzer – Schottlands Schlösser atmen Geschichte und Atmosphäre. Gerne werden sie, wie **Eilean Donan Castle** (S. 472) an der Westküste, als Filmkulisse genutzt. James Bond und der Highlander waren schon dort, während die dramatisch auf einer Klippe gelegene Ruine von **Dunnottar Castle** (S. 355) bei Stonehaven im Nordosten Hamlet eine malerische Bühne bot.

Im Nordosten von Schottland gibt es besonders viele „steinalte" Burgen und *Tower Houses*, die zu einem eigenen Castle Trail zusammengefasst wurden. **Crathes Castle** (S. 373) und **Craigievar Castle** (S. 375) sind bestens erhaltene Beispiele des wehrhaften schottischen Baronialstils aus

dem 16. Jh. Hier, im Royal Deeside, hat übrigens auch die Queen im vergleichsweise modernen **Balmoral Castle** (S. 379) ihre Sommerresidenz. Im Süden des Landes sind **Hopetoun House** (S. 139) bei Edinburgh, **Floors Castle** (S. 174) bei Kelso, **Drumlanrig Castle** (S. 201) nördlich von Dumfries sowie **Culzean Castle** (S. 217) bei Ayr prächtige Landsitze, die bis auf Culzean noch in Privatbesitz sind.

Auf dem Weg in die Highlands sollten **Glamis Castle** (S. 346) nördlich von Dundee, **Blair Castle** (S. 326) in Blair Atholl, **Cawdor Castle** (S. 423) bei Inverness und **Dunrobin Castle** (S. 439) bei Golspie unbedingt auf dem Besuchsprogramm stehen. Stolz sind auch der Stammsitz der MacLeods, **Dunvegan Castle** (S. 492) auf Skye, sowie die Residenz der Herzöge von Argyll, **Inveraray Castle** (S. 522).

das Castle als Wahrzeichen der Stadt, am anderen Ende der Royal Mile symbolisiert das moderne Parlament neben dem königlichen Palace of Holyrood House die Eigenständigkeit des Landes.

Reizvoll sind die Kontraste in Edinburgh. Die dunklen Seitengassen der Royal Mile, die *closes* und *wynds*, haben schon die Fantasie berühmter schottischer Autoren wie Sir Arthur Conan Doyle, Robert Louis Stevenson und Ian Rankin angeregt. Edinburgh ist eine ausgewiesene Stadt der Literatur. Auch die elegante New Town aus dem 18. Jh. half Edinburgh, auf die Liste des Unesco-Weltkulturerbes zu gelangen. Verbunden werden die beiden Stadthälften durch die international renommierte National Gallery of Scotland.

Im Kontrast dazu hat **Glasgow** (S. 225) an der Westküste auf den ersten Blick wenig zu bieten. Triste Neubauten scheinen die Stadt im Griff zu haben. Der Eindruck täuscht aber gewaltig. Denn im Industriezeitalter war die Stadt die *Second City of the Empire* und die reichen Industriellen steckten ihr Geld in repräsentative Prachtbauten und hochkarätige Kunst.

Ein Highlight ist der Mackintosh Trail in Glasgow, der zu den Jugendstilperlen des kreativsten Architekten seiner Zeit führt. Die Glasgow School of Art und die eleganten Willow Tearooms gelten als die Meisterwerke von Charles Rennie Mackintosh.

Wesentlich beschaulicher geht es in der alten Königsstadt **Stirling** (S. 283) zu, wo der Renaissancepalast der Stuart-Monarchen auf dem Burgberg mit großem Aufwand renoviert wurde. Im Umkreis von Stirling wurden die großen Schlachten der schottischen Unabhängigkeitskriege geschlagen, woran das Schlachtfeld von Bannockburn und das weithin sichtbare Wallace Monument erinnern.

Dagegen wirkt die Golf-Metropole und Unistadt **St Andrews** (S. 305) sehr jugendlich, obwohl auch sie auf eine lange, ereignisreiche Geschichte zurückblickt.

Ein schmuckes Univiertel bietet auch **Aberdeen** (S. 356), die europäische Öl-Hauptstadt. Eine Besonderheit ist, dass praktisch die gesamte Innenstadt aus Granit erbaut wurde, was das Zentrum silbergrau schimmern lässt. Das Marischal College soll gar das zweitgrößte Granitgebäude der Welt sein.

Nationalparks und Naturschutzgebiete

Über einen Mangel an freier Natur kann sich Schottland wahrlich nicht beklagen. Im Gegenteil, die dünn besiedelten Highlands, die vielen Inseln und die abwechslungsreiche Küste machen das Land zu einem Eldorado für Naturliebhaber.

Damit dass auch in Zukunft so bleibt, wurden in Schottland in den letzten Jahren zwei Nationalparks eingerichtet: Der **Cairngorms National Park** (S. 409) umfasst die besonders schöne und beliebte Bergwelt der zentralen und östlichen

Die malerischsten Küstenorte

Manchmal schmiegen sie sich eng an die Steilklippen, ein andermal leuchten die Häuser in den buntesten Farben, oder aber das geschäftige Leben eines aktiven Fischerei- und Fährhafens sorgt für Abwechslung – Schottland bietet die gesamte Palette. In Südschottland ist der Künstlerort **Kirkcudbright** (S. 205) eine Perle an der Küste, auch **Portpatrick** (S. 215) im Südwesten hat viel Charme.

An der Ostküste sind vor allem die ehemaligen Fischerorte von Fife sehr idyllisch: **Pittenweem** (S. 299), **Anstruther** (S. 302) und **Crail** (S. 304) sind die schönsten Beispiele. Weiter nördlich ist der Hafen von **Stonehaven** (S. 354) postkartenverdächtig, während die Bilderbuchdörfer **Pennan**, **Crovie** und **Gardenstown** (S. 392) gut versteckt viel von ihrem alten Charme bewahren konnten.

An der Westküste verströmen **Ullapool** (S. 460), **Plockton** (S. 471), **Portree** (S. 484) auf Skye und vor allem **Tobermory** (S. 544) auf Mull viel Flair. Tobermory fällt durch seine bunte Hafenzeile, umrahmt von einer geschützten Bucht, sofort ins Auge. Unter den größeren Fährstädten ist **Oban** (S. 514) am ansehnlichsten. Hier sorgen die Fähren nach Mull und zu den Äußeren Hebriden für regen Verkehr, und die Sonnenuntergänge sind von der Promenade aus grandios. Noch weiter im Süden sind **Tarbert** (S. 526) und **Inveraray** (S. 521) einen Besuch wert. Inveraray kommt wie Ullapool ganz in Weiß daher und ist Sitz der Herzöge von Argyll.

Highlands; der **Loch Lomond & The Trossachs National Park** (S. 271) erstreckt sich nordwestlich von Glasgow und lebt von seinem Wechsel zwischen idyllischen Seen und rauer Bergwelt. Derzeit wird die Einrichtung eines dritten Nationalparks auf der Insel Harris auf den Äußeren Hebriden diskutiert.

Vor allem die Küsten und Inseln von Schottland bieten unzähligen Vogelarten sichere Rückzugsräume und Brutplätze. Anderswo seltene Vögel wie Papageientaucher, Basstölpel, Trottellummen, Gryllteisten und Tordalken fühlen sich hier sehr wohl. Bedeutende Vogelschutzgebiete sind u. a. **St Abbs Head** (S. 172) im Südosten, das **Mull of Galloway** (S. 216) im Südwesten, die Inseln **Bass Rock** (S. 164) und **Isle of May** (S. 303) an der Ostküste, die Insel **Handa** (S. 452) an der Westküste sowie **Hoy** (S. 592) und **Westray** (S. 596) auf Orkney und vor allem die Reservate **Sumburgh Head** (S. 608), **Noss** (S. 605) und **Hermaness** (S. 612) auf Shetland.

Erfolgreich waren zudem Versuche, Steinadler und Fischadler in Schottland wieder heimisch zu machen. Erstere schweben u. a. auf **Mull** (S. 542) und **Skye** (S. 478) erhaben durch die Lüfte. Fischadler und die sehr seltenen Auerhähne erlebt man am **Loch Garten** (S. 408) bei Aviemore.

Schottland aktiv

Die Highlands und die Küsten sind für Wanderer wie geschaffen, da die vielseitige Landschaft intensive Naturerlebnisse verspricht. Einfach die Wanderschuhe schnüren und los geht's. Die beiden Nationalparks sind exzellente Gebiete zum **Wandern**. Im Cairngorms National Park sind insbesondere das Dee-Tal im östlichen Parkbereich sowie die Gegend rund um Aviemore und Loch Morlich im Westen sehr attraktiv. Im Loch Lomond & The Trossachs National Park ist das östliche Ufer des Loch Lomond mit dem West Highland Way und dem majestätischen Gipfel des Ben Lomond ein guter Einstiegspunkt.

Für Wanderfreunde bieten auch die Gegend um Loch Tay und Blair Atholl, Glen Affric und Glen Nevis, die Gegend um Loch Torridon und Loch Maree, Skye sowie der Nordwesten zwischen Ullapool und Durness exzellente Ausflugsregionen. Zu den Fernwanderwegen s. Kasten S. 29.

Auch mit dem **Fahrrad** kommt man in Schottland gut voran. In vielen Orten gibt es Radverleihe, und in den letzten Jahren wurde das Radwegenetz zunehmend ausgebaut. Attraktive Ziele sind die West-Ost-Durchquerung Schottlands von Mallaig an der Westküste via Fort William, Pitlochry und Braemar nach Aberdeen, die Umrundung der Nordwestküste von Inverness via Tongue und Durness nach Ullapool sowie die Durchquerung der Äußeren Hebriden von Stornoway nach Barra. Auch der flache Archipel von Orkney ist ein Radlerparadies.

Zu weiteren sportlichen Aktivitäten s. S. 58.

Inselparadiese

Die Westküste ist die Welt der Inseln. Die **Inneren Hebriden** sind mit ihrem Geflecht von kleinen und großen Eilanden der Küste vorgelagert und sorgen für einen ganz eigenen Reiz. Während Skye inzwischen durch eine Brücke mit dem Festland verbunden ist, erreicht man die meisten anderen Inseln nur per Schiff. Die Erkundung der Inselwelt kann deshalb ein wenig den Entdeckergeist wecken.

Besonders attraktiv sind die großen Inseln **Arran** (S. 529), das Whisky-Eiland **Islay** (S. 535) sowie **Mull** (S. 542) im Westen. Mull hat zudem eigene Satelliten-Eilande, berühmt sind das spirituell angehauchte **Iona** (S. 549) und die außergewöhnliche Basalt-Insel **Staffa** (S. 549). Noch recht unentdeckt sind die *Small Isles* **Eigg** (S. 499) und **Rum** (S. 500), die südlich von Skye liegen. Während sich Eigg als Öko-Insel einen Namen macht, imponiert Rum durch seine gebirgige Natur. Auch auf Arran und Mull gibt es bis zu 1000 m hohe Berge.

Die Inselgruppen der **Äußeren Hebriden** (S. 554) sowie **Orkney** (S. 574) und **Shetland** (S. 598) sind sehr eigenständig. Auf den Äußeren Hebriden wird noch Gälisch gesprochen, Orkney und Shetland haben sich ein wenig von ihrem skandinavischen Erbe erhalten. Hier draußen am Rande des Atlantiks warten echte Highlights: Traumstrände, dramatische Klippen, mythische

Whisky pur: Wasser des Lebens

In den grünen Tälern von Speyside und an den Küsten der Insel Islay liegt der Alkohol förmlich in der Luft. An fast jeder Ecke scheinen die typischen Pagodentürme von einer Brennerei zu künden. Schottlands hochprozentiges „Wasser des Lebens" wird schon seit Jahrhunderten in den Highlands hergestellt – einst illegal in verschwiegenen Verstecken, heute als Exportschlager.

Die meisten Destillen sind sehr besucherfreundlich und zeigen gerne, wie sie ihre Single Malts herstellen. Am Ende einer jeden Führung wird ein *wee dram*, ein kleiner Schluck, zum Probieren ausgeschenkt. Den Besuch einer Whiskybrennerei sollte man sich nicht entgehen lassen.

Da sich in Speyside, im Nordosten des Landes, und auf Islay draußen vor der Westküste die Destillen häufen, lassen sich gleich mehrere Besuche und Kostproben miteinander kombinieren. Für **Speyside** (S. 396) stehen international so bekannte Destillen wie Glenfiddich, Glenlivet, Macallan und Glenfarclas, auf **Islay** (S. 535) geht es in Lagavulin, Laphroaig und Bowmore torfig und rauchig zu. Spannend ist aber auch der Besuch von abgelegenen Destillen wie Highland Park (S. 587) auf **Orkney** oder Talisker (S. 484) auf **Skye**.

Mehr zum Thema Whisky s. auch Kasten S. 42 und S. 538.

Steinkreise, steinzeitliche Dörfer und riesige Vogelkolonien sind nur einige der verlockenden Attraktionen. Und wenn dann abends im Pub Fiddle und Akkordeon zu einer kleinen Session ausgepackt werden, geht der Tag munter zu Ende.

Reiserouten

Schottland bietet viel Raum für eine individuelle Routengestaltung. Wanderer können fast nach Belieben das Land durchqueren, Radler suchen sich verkehrsarme Nebenstrecken aus, und auch mit dem Auto ergeben sich unzählige Kombinationsmöglichkeiten. Die wichtigsten Routen werden auch von öffentlichen Verkehrsmitteln abgedeckt. In den dünn besiedelten Gegenden der Highlands und Islands sind die Fahrpläne entsprechend eingeschränkt.

Wichtigster Faktor für die Routenplanung ist die zur Verfügung stehende Zeit. Für einen allerersten Eindruck kann man in 7–10 Tagen schon einiges sehen und erleben, doch erst ab zwei bis drei Wochen Zeit kann man auch abgelegenere Winkel jenseits der Haupttouristenströme für sich entdecken.

Da Schottland ein weit verzweigtes Land mit vielen Tälern, Fjorden und Bergketten ist, ver-

gehen selbst drei bis vier Wochen wie im Fluge. Wer zudem raus auf die Inseln möchte, sollte ein ausreichendes Zeitpolster mitbringen.

Sehr leicht lassen sich auch Thementouren zusammenstellen: Die **Burgen** (s. Kasten S. 24) und **Whiskydestillen** (s. Kasten) im Nordosten zum Beispiel können zusammen in 7–10 Tagen bequem erkundet werden.

Schottland für Einsteiger

■ 1 Woche

Kurztrips werden bekanntlich immer populärer und **Edinburgh** (S. 101) steht aufgrund der guten Verkehrsverbindungen hoch im Kurs. Selbst für ein langes Wochenende ist Schottlands Hauptstadt immer ein Hochgenuss. Gepaart mit dem Besuch des sommerlichen Festivalreigens oder der großen Open-Air-Neujahrssause lassen sich so bereits erste Eindrücke gewinnen. Die hochkarätigen Museen, die lebendigen Pubs, die Musik- und Theaterszene sorgen für einen kurzweiligen Aufenthalt. Und wer eine ganze Woche Zeit hat, kann den Städtetrip problemlos auf **Glasgow** (S. 225), **Stirling** (S. 283) oder **St Andrews** (S. 305) ausdehnen.

Einen wesentlich intensiveren Einstieg bietet die Budget-Route (s. S. 28).

€ **Die Budget-Route**

■ 10–14 Tage

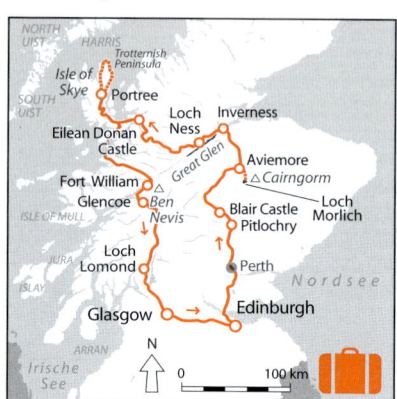

Ein Urlaub in Schottland muss nicht viel kosten, wenn man die Hauptsehenswürdigkeiten kennenlernen möchte und über kein eigenes Auto verfügt. Auch in diesem Fall muss man nicht auf die Highlights verzichten und kann trotzdem eine attraktive Mischung aus viel Natur, Hochland-Flair und städtischem Leben genießen, die einen Schottlandbesuch so überaus spannend macht.

Am flexibelsten ist man per Bus unterwegs. Scottish Citylink bietet günstige *Explorer Passes* in mehreren Varianten. Die kürzeste gibt es schon für 35 £; sie ermöglicht freie Fahrt an drei von fünf aufeinanderfolgenden Tagen. Dies lässt allerdings kaum Zeit für eigene Erkundungen vor Ort, sodass die mittlere Variante für 59 £, die an fünf von zehn Tagen gilt, sinnvoller ist. So lassen sich auch zusätzliche Zwischenstopps einplanen. Wer lieber auf Gruppenreise setzt, sollte sich einer Rundfahrt der alternativen Busunternehmen anschließen (s. S. 66). Sie haben oft auch Hostel-Übernachtungen im Angebot, denn in allen wichtigen Orten an der Strecke stehen günstige Herbergen bereit.

Ausgangspunkt für eine Rundfahrt sollte in jedem Fall die faszinierende Hauptstadt **Edinburgh** (S. 101) sein, das pulsierende Herz des Landes. Über die imposanten Forth-Brücken geht es über **Pitlochry** (S. 322), wo man eine Whisky-Destille besichtigen kann, und Blair Atholl mit seiner klassischen Hochlandburg **Blair Castle** (S. 326) tief in die Highlands nach **Aviemore** (S. 409) und **Inverness** (S. 416). Von dort gelangt man am berühmten **Loch Ness** (S. 424) zur Ruine von **Urquhart Castle** (S. 424). Von hier kann man in Ruhe nach Nessie Ausschau halten. Schon an der Westküste wartet das fotogene **Eilean Donan Castle** (S. 472) und wenige Kilometer weiter ist die sehr abwechslungsreiche **Isle of Skye** (S. 478) erreicht. Wichtigste Anlaufstelle ist der malerische Inselhauptort **Portree** (S. 484). Die Rückfahrt nimmt auf dem Festland den Touristenort **Fort William** (S. 502) im Schatten des **Ben Nevis** (S. 506) und die majestätische Bergwelt von **Glen Coe** (S. 511) mit, bevor es am **Loch Lomond** (S. 271) vorbei in die quirlige Metropole **Glasgow** (S. 225) und wieder zurück nach Edinburgh geht.

Zwei Tipps für tolle Abstecher: In Aviemore aussteigen, am **Loch Morlich** (S. 410) mit Blick in die Cairngorms entweder zelten oder in die Jugendherberge gehen und dann die Wanderstiefel schnüren. Auf der Isle of Skye sollte man keinesfalls eine Rundfahrt von Portree über die Halbinsel Trotternish zum **Kilt Rock** (S. 488) und zum Gebirgsmassiv des **Quiraing** (S. 489) versäumen.

Königsschlösser und Kathedralen

■ 2 Wochen

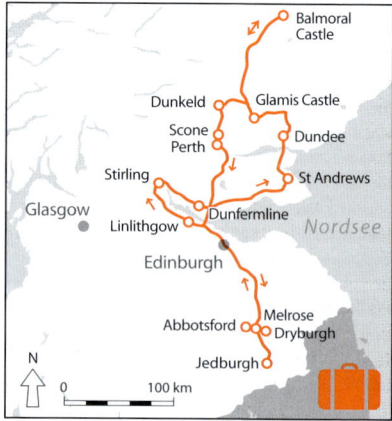

Wenn es um verlockende Reiserouten geht, dürfen in Schottland die spannenden Fernwanderwege nicht fehlen. Aushängeschild ist der 154 km lange **West Highland Way** (S. 272), 🖳 www.west-highland-way.co.uk, von Glasgow am Loch Lomond vorbei und durch das einsame Rannoch Moor bis nach Fort William im Schatten des Ben Nevis. Je nach Kondition sollte man 7–10 Tage für die Strecke einplanen. Die Wegqualität ist im Allgemeinen sehr gut und größere Steigungen sind nur selten zu bewältigen. Gerade mit Blick auf Schottlands höchsten Berg und das reizvolle Glen Nevis lassen sich gut einige Tage dranhängen.

Eine perfekte Ergänzung zum West Highland Way ist der 117 km lange **Great Glen Way** (S. 429), 🖳 www.greatglenway.com, von Fort William am Loch Ness vorbei nach Inverness, für den man rund 6–8 Tage rechnen muss.

Ziemlich whiskygeschwängert ist der **Speyside Way** (S. 398), 🖳 www.speysideway.org. Auf den 104 km zwischen Buckie und Aviemore passiert man einige berühmte schottische Destillen.

Wesentlich länger ist der **Southern Upland Way** (S. 169), 🖳 www.southernuplandway.gov.uk, der von Portpatrick im Südwesten quer durch Südschottland nach Cockburnspath im Süd-

osten verläuft. Nur wenige Wanderer laufen die 340 km an einem Stück. Besonders reizvoll sind der westliche Abschnitt bis zum Galloway Forest Park sowie der östliche zwischen Traquair, Melrose und der Ostküste.

Krone und Kirche haben in Schottland viele Spuren hinterlassen. Der Freiheitskämpfer Robert the Bruce, die unglückliche Maria Stuart, die hochlandbesessene Queen Victoria und natürlich die jetzigen Royals sind vielerorts genauso präsent wie die mächtigen Kathedralenruinen aus dem Mittelalter, deren Reste imposant in die Höhe ragen. Wer sich für Kultur, Royals und Architektur interessiert, wird seine helle Freude haben.

Für diese Route braucht man ein Auto. Ausgangspunkt ist der Stuart-Palast von **Holyrood** (S. 118) in Edinburgh. Wo einst der Privatsekretär von Maria Stuart vor ihren Augen ermordet wurde, feiert heute die Queen ihre berühmte Gartenparty und schlägt auch schon mal Stars wie Sean Connery zum Ritter. Oben auf der Burg wurde Maria Stuarts Sohn James VI. geboren, der es später bis zum König von England brachte.

Von Edinburgh führt ein Abstecher in die Borders zu den Abteiruinen von **Melrose** (S. 177), **Dryburgh** (S. 183) und **Jedburgh** (S. 185). Sie sind imposante Zeugnisse der mittelalterlichen Klosterkultur, aber auch der ewigen Grenzkriege mit England, die zur Zerstörung der Abteien führten. Von Melrose nach Dryburgh führt ein sehr guter Wanderweg, und im benachbarten **Abbotsford** (S. 184) steht das Haus von Schottlands größtem Romantiker, Sir Walter Scott, zur Besichtigung offen.

Wieder zurück in Edinburgh, geht die Fahrt nach Westen, vorbei an der Ruine der königlichen Residenz **Linlithgow** (s. S. 159). Schließlich wird **Stirling** (S. 283) erreicht, zeitweise das wichtigste Machtzentrum der Stuarts. Der Spaziergang zur Burg hinauf ist eine spannende Reise ins Mittelalter, denn der Residenzpalast in der Burg wurde frisch restauriert. Nach Osten zu war **Dunfermline** (S. 295) eine weitere mittelalterliche Residenz der schottischen Könige mit einer bedeutenden Kirche. Von der mächtigen Kathedrale und Abtei in **St Andrews** (S. 305) sind allerdings nur noch Ruinen erhalten, die kaum erahnen lassen, dass die Stadt einst das geistliche Zentrum Schottlands war.

Während Prince William in St Andrews zur Uni ging, wuchs seine Urgroßmutter, die 2002 verstorbene Queen Mum, auf **Glamis Castle** (S. 346) nördlich von Dundee auf, einer sehenswerten Mischung aus mittelalterlicher Wehrburg und herrschaftlichem Landsitz. Die jetzige Queen residiert jedes Jahr im August auf **Balmoral Castle** (S. 379) im Dee-Tal. Aber auch hier ist die mitreißende Landschaft die eigentliche Attrak-

tion. Für Queen Victoria und ihren Mann Albert war dies der schönste Flecken des Landes.

Im Nordosten kann man bequem eine Runde auf dem „Castle Trail" (s. S. 384) und dem „Whisky Trail" (s. S. 395) anschließen. Gleich neben Balmoral lädt schon die Royal Lochnagar Distillery zu einer hochprozentigen Besichtigung ein.

Diese Route führt jedoch zurück über die Berge von Glenshee und dann nach Westen zur malerischen Kathedralenruine von **Dunkeld** (S. 320) am Ufer des Tay – womöglich einer der friedlichsten Orte der Highlands. Am Ortsrand von Perth ist schließlich bei **Scone** (S. 315) der Krönungsort der mittelalterlichen Monarchen erreicht. Auf dem Erdhügel neben dem heutigen Herrensitz wurden die Könige feierlich inthronisiert. Von Perth geht es schließlich wieder nach Edinburgh.

Schottland ist für seine faszinierenden Küstenlandschaften bekannt.

Die Küstenroute

■ 3–4 Wochen

schnell erreicht. Nach einem Besuch des Fischmarkts in **Peterhead** (S. 389) warten in **Pennan** (S. 392) und **Crovie** (S. 392) zwei malerische Küstendörfer unterhalb der Klippen. Von hier zieht sich der Moray Firth weit nach Westen, bevor in **Inverness** (S. 416) die Hauptstadt der Highlands erreicht ist. Hier gehört natürlich ein kleiner Abstecher zum **Loch Ness** (S. 424) ins Programm.

Wer nicht viel Zeit hat, kann direkt weiter nach **Ullapool** (S. 460) an die Westküste fahren, doch die Umrundung der nördlichen Regionen Sutherland und Caithness lohnt sich unbedingt. **Dunrobin Castle** (S. 439), **Duncansby Head** (S. 444), die Sandstrände bei **Durness** (S. 450) und **Sandwood** (S. 452) sowie die einmalige Berg- und Moorlandschaft von **Assynt** (S. 454) sind echte Hingucker, bevor der ganz in Weiß gehaltene Hafenort Ullapool erreicht ist. Im Sommer gibt es fast jeden Abend in einem der Pubs Livemusik (und hier starten auch die Fähren zu den Äußeren Hebriden).

Südlich von Ullapool setzt der **Inverewe Garden** (S. 463) einen exotischen Farbtupfer, während die Berge rund um **Loch Maree** (S. 466) und **Loch Torridon** (S. 466) zu den schönsten der Westküste gehören. Vom malerischen **Eilean Donan Castle** (S. 472) führt der schnellste Weg nach Süden über die Brücke nach **Skye** (s. S. 478) und von dort dann mit der Fähre ab Armadale nach **Mallaig** (S. 495), doch lohnt es sich auch, zuvor noch den Norden von Skye zu erkunden.

Über **Fort William** (S. 502) geht es dann in die Hafenstadt **Oban** (S. 514). Von hier bestehen ein Abstecher nach **Mull** (S. 549), inkl. eines Besuchs der vorgelagerten Inseln **Iona** und **Staffa** (s. S. 549).

Weiter südlich geht es von der Halbinsel **Kintyre** (S. 513) per Schiff hinüber zur Whisky-Insel **Islay** (S. 535). Wieder zurück in Kintyre wartet die Fähre hinüber nach **Arran** (S. 529), von wo eine weitere Fährfahrt zum Festland bevorsteht.

Vorbei am grandiosen **Culzean Castle** (S. 217), das herrschaftlich auf einer Klippe thront, geht es zum **Mull of Galloway** (S. 216), dem südlichsten Festlandpunkt Schottlands. Auf dem Weg nach Osten kommt man durch das malerische Küstenörtchen **Kirkcudbright** (S. 205) und die Burns-Stadt **Dumfries** (S. 196) zum Heiratsparadies **Gretna Green** (S. 195). Hier ist die englische Grenze wieder erreicht.

Ein kurzer Blick auf die Landkarte genügt und die Route steht schon fest: Mit dem Auto immer die Küste entlang rund um das schottische Festland. Startpunkt ist nach der Fährüberfahrt vom Kontinent nach England (s. Traveltipps S. 38) **St Abb's Head** (S. 172) an der Klippenküste im Südosten von Schottland. Anschließend lockt in **North Berwick** (S. 163) ein Abstecher mit dem Schiff zur Basstölpelkolonie auf **Bass Rock** (S. 164).

Jenseits von **Edinburgh** (S. 101) überspannen die imposanten Forth Bridges den Firth of Forth und man gelangt über die pittoresken Fischerdörfer des **East Neuk** (S. 298) in das Golfer-Mekka **St Andrews** (S. 305). Am Nordufer des Tay befindet sich **Dundee** (S. 339) in Aufbruchstimmung, während in der Abtei von **Arbroath** (S. 351) 1320 die schottische Unabhängigkeitserklärung verfasst wurde.

Vorbei an der filmreif auf einer Klippe gelegenen Ruine von **Dunnottar Castle** (S. 355) ist die europäische Ölhauptstadt **Aberdeen** (S. 356)

Inselfeeling

■ 3–4 Wochen

Ein wenig Seefestigkeit benötigt man schon auf dieser Tour an den Rand des Atlantiks, doch die Sehenswürdigkeiten und die maritime Atmosphäre lohnen den weiten Weg. Von **Aberdeen** (S. 356) geht es mit der Fähre hinauf nach **Lerwick** (S. 600). Der größte Ort von Shetland ist eine gute Ausgangsbasis für die Erkundung der Papageientaucherkolonien auf **Noss** (S. 605) und am **Sumburgh Head** (S. 608). Auch der eisenzeitliche Broch von **Mousa** (S. 607) liegt in bequemer Reichweite. Ein Ausflug nach Norden führt zu den Klippen von **Eshaness** (S. 610) und **Hermaness** (S. 612), Großbritanniens nördlichstem Punkt. Shetland ist übrigens auch für seine erstklassigen Fiddler bekannt.

Das gilt auch für Orkney, das per Fähre von Lerwick aus angesteuert wird. In den Pubs von **Kirkwall** (S. 584) und **Stromness** (S. 576) auf Mainland steigen oftmals beschwingte Sessions. Das Hauptaugenmerk liegt hier jedoch auf den mythischen Zeugnissen der Steinzeit. Das geheimnisvolle Kammergrab von **Maeshowe** (S. 579), der faszinierende Steinkreis **Ring of Brodgar** (S. 580) und das erstaunlich gut erhaltene 5000 Jahre alte Steinzeitdorf **Skara Brae** (S. 580) künden von einer frühen Hochkultur im Norden. Landschaftlich bietet Orkney auf der Insel **Hoy** (S. 592) die höchste Felsnadel Europas und die höchsten Klippen Großbritanniens – spektakulärer kann es kaum werden.

Um zu den Äußeren Hebriden zu gelangen, folgt man vom Orkney-Fähranleger Scrabster bei Thurso schlicht der Nordwestküste nach **Ullapool** (S. 460) und setzt dann nach **Stornoway** (S. 556) auf Lewis über. Von dort ist es nicht mehr weit bis zu den **Standing Stones of Callanish** (S. 562), dem beeindruckendsten Steinzeitdenkmal Schottlands.

Im Süden ist die Insel **Harris** (S. 564) für ihre blendend weißen Traumstrände bekannt, die an sonnigen Tagen zu herrlichen Spaziergängen am türkisblauen Meer einladen.

Fährt man die Perlenkette der Äußeren Hebriden bis **South Uist** (S. 572) oder **Barra** (S. 573) hinunter, läuft die Fähre den Hafen von **Oban** (S. 514) auf dem Festland an. Das ist sehr bequem, um vielleicht noch einen Blick auf Mull oder Islay zu werfen, falls man immer noch reif für die Insel ist …

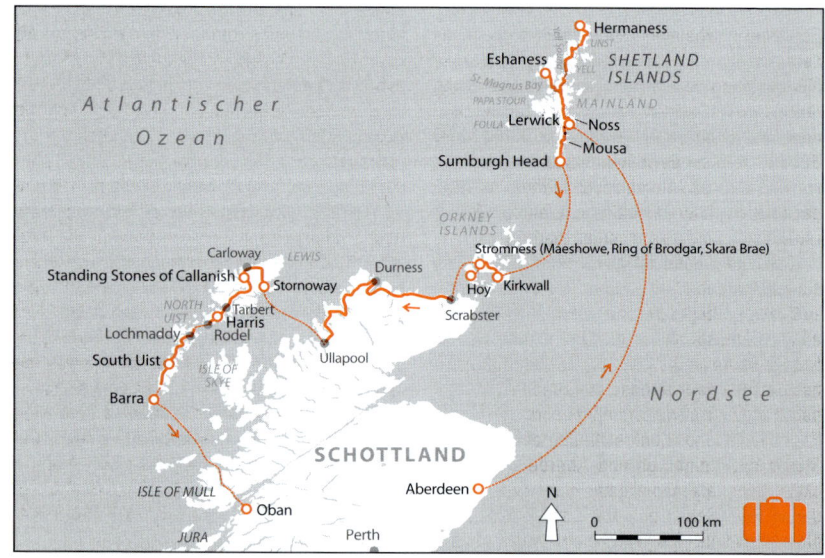

Klima und Reisezeiten

Ein schottisches Sprichwort sagt, dass man nur ein paar Minuten warten muss, wenn man nicht mit dem Wetter zufrieden ist – und schon reißt die Wolkendecke auf. Die Skeptiker unter den Wetterfröschen machen jedoch eine andere Rechnung auf: Eigentlich gebe es nur zwei Wetterphasen in Schottland – entweder der Regen sei im Anmarsch oder es regne ohnehin schon. Praktische Tipps gibt ein drittes Bonmot aus dem Land der Wetterweisheiten: „Es gibt kein schlechtes Wetter, nur schlechte Kleidung."

Klima

Es ist kein Geheimnis: Schottland ist nicht das Land ewigen Sonnenscheins. Am Rande des Nordatlantiks bestimmen oftmals Tiefausläufer und feuchtes Wetter das Bild, selbst im Sommer wird es im Schnitt nicht wärmer als 19 °C. Schottlandreisende sollten deshalb immer warme Kleidung und Regenzeug griffbereit im Gepäck haben. Aber keine Sorge: Wenn die Sonne rauskommt, wird es angenehm warm.

Doch das Land ist groß genug für Klimaschwankungen. Während an der Westküste bis zu 3000 mm **Niederschlag** pro Jahr fallen, sind es an der Ostküste nur rund 800 mm, weil sich der Niederschlag an den Bergen längst ausgeregnet hat. Städte wie Inverness, Aberdeen oder Edinburgh profitieren wettermäßig enorm von dieser Regenverteilung. Konkret bedeutet dies, dass Städte wie Edinburgh und Aberdeen viel trockener sind, als man allgemeinhin erwartet. Auf der anderen Seite kann es an der Westküste vor allem im Winter lange Schlecht-Wetterphasen

geben. Klimatisch gesehen gilt in den Highlands die Region um Inverness und Aviemore als die stabilste.

Deutlich ist auch der **Temperaturunterschied** zwischen Süd und Nord, denn auf Orkney oder Shetland ist es im Schnitt immer einige Grade kühler als in Edinburgh oder Glasgow. Man darf nicht vergessen, dass Shetland bereits auf der Höhe von Helsinki und der Südspitze Grönlands liegt.

Andererseits sorgt der Golfstrom an der Westküste für relativ milde **Winter** mit vergleichsweise wenig Frost und Schnee. Darum gibt es dort einige wunderbare Botanische Gärten, die eine erstaunliche Pflanzenvielfalt aufweisen. Ist man jedoch in den Highlands, so herrschen auf dem Bergplateau der Cairngorms während der Wintermonate im Winter subarktische Bedingungen.

Doch wo Schatten ist, ist auch Licht: Ab dem **Frühjahr** sind die Tage deutlich länger als in Deutschland. Im **Sommer** genießt der Norden Schottlands fast schon skandinavisch lange Abende, selbst um Mitternacht ist noch ein heller Schimmer am Horizont. Schottland ist für sein klares Licht und seine intensiven Farben bekannt. Oftmals wirkt die Landschaft wie eine große Bühne, auf die je nach Laune der „Technik" ein großer Scheinwerfer gerichtet wird, um faszinierende Farbspiele herbeizuzaubern. Satt blauer Himmel, blendend weiße Wolken und ein weiter offener Horizont machen einen sonnigen Tag zu einem unvergesslichen Erlebnis. Und nichts ist schöner als ein grandioser Sonnenuntergang über einer Insel an der Westküste oder magische Nordlichter, die über den nächtlichen Horizont tanzen.

www.stefan-loose.de/schottland   **Klima**   33

Reisezeiten

Im Prinzip kann man jederzeit nach Schottland fahren, denn jede Jahreszeit hat ihre Reize. Edinburgh bietet z. B. die größte Open-Air-Neujahrsparty Europas, und in Glasgow ist das renommierte Celtic Connections Festival schon im Januar ein Leckerbissen. Wenn Schnee auf den Bergen liegt, scheinen diese über Nacht größer und majestätischer geworden zu sein. Das ergibt oft starke Bilder.

Die **Touristensaison** reicht jedoch primär von Ostern bis Oktober, viele Attraktionen haben im Winter geschlossen und auch wettermäßig sorgen die längeren Tage im Frühjahr für gehobene Stimmung. Deshalb sind Mai bis September die Kernmonate der Touristensaison, zu dieser Zeit finden auch die meisten Festivals und Highland Games statt.

Besonders voll wird es dann zur **Hochsaison** im Juli und August, wenn alles auf den Beinen ist. Dann erreicht auch die Veranstaltungsdichte ihren Höhepunkt, manche Sehenswürdigkeiten haben länger geöffnet, Fähren und Ausflugs-schiffe fahren häufiger, in den Pubs wird öfter als sonst Folkmusik live angeboten, kurzum: Es ist einfach am meisten los.

Statistisch gesehen sind aber die Monate Mai, Juni und September die trockensten Monate und deshalb reisetechnisch eigentlich zu bevorzugen. Das gilt insbesondere, wenn man wandern oder Rad fahren möchte. Für Vogelbeobachtungen ist die beste Saison zumeist das Frühjahr, viele Brutvögel machen sich im Sommer bereits auf den Weg nach Süden. Andererseits landen im Herbst die Gänse aus Skandinavien in Schottland und die Bäume verfärben sich vor allem im *Big Tree Country* von Perthshire und auch in Speyside spektakulär.

Außerhalb der Hochsaison hat man mit der Auslastung der meisten Unterkünfte kaum Probleme. Wer jedoch auf den Juli und August angewiesen ist, sollte an touristischen Hotspots frühzeitig buchen, das gilt besonders für den Festivalmonat August in Edinburgh. Dann herrscht in der Hauptstadt Ausnahmezustand, alles ist ausgebucht und selbst in den Hostels werden z. T. Aufschläge auf die Preise genommen.

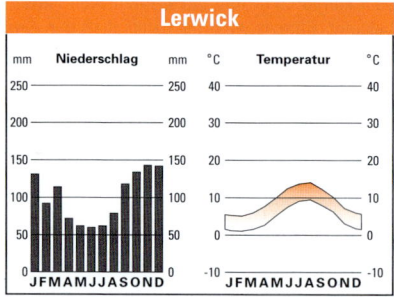

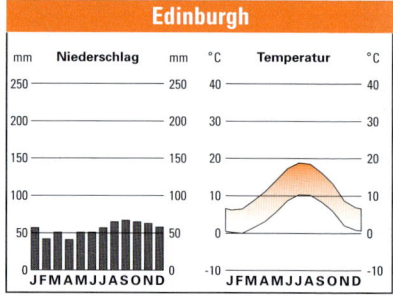

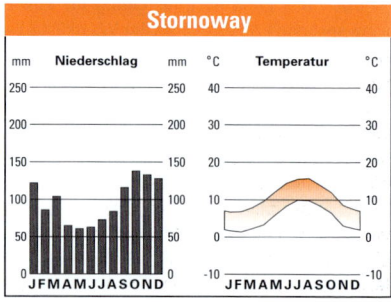

Reisekosten

Schottland ist zwar kein Billigreiseland, aber mit etwas Geschick muss ein Urlaub nicht allzu teuer werden. Gerade in den Großstädten sind z. B. viele hochkarätige Museen gratis, zu Festivalzeiten bieten viele Künstler auf der Straße kostenlose Performances, in den Pubs wird für die Gäste live aufgespielt und wer mit dem Zelt unterwegs ist, kann davon profitieren, dass man grundsätzlich überall campen kann, solange man die Privatsphäre der Anwohner sowie den Naturschutz respektiert. Und die großartige Natur und Landschaft gibt es in Schottland ohnehin umsonst!

Dennoch muss man beachten, dass das Preisniveau in Großbritannien in vielfacher Hinsicht über dem heimischen liegt. Das gilt für Benzin, Übernachtungen und auch für die Preise in Restaurants und Pubs. Ein Grund hierfür sind z. T. andere Steuergesetze, aber auch das recht starke britische Pfund, sodass bei der Planung des Reisebudgets der aktuelle Wechselkurs eine gewisse Rolle spielt. Bei Redaktionsschluss kostete 1 £ rund 1,20–1,25 €.

Tagesbudget

Die Höhe der Tagesausgaben hängt sehr stark von der Art des Reisens ab. Hotels, Restaurants und auch manche Sehenswürdigkeiten haben wie überall ihren Preis, andererseits sind Campingplätze (ab ca. 6 £) und Hostels (ab ca. 12 £) günstig und bestens für Selbstversorger ausgerüstet. In der Mitte liegen die familiären B&Bs, wo man pro Person ab etwa 22 £ aufwärts für ein Zimmer mit Dusche/WC einkalkulieren sollte; Standard sind 30–40 £. Im Hotelbereich muss

man je nach Exklusivität mit ca. 60–200 £ pro Person rechnen. Bei vielen Vermietern macht es sich übrigens bezahlt, wenn man länger bleibt, dann kann man über die Preise durchaus verhandeln. In den Großstädten sind die Wochenenden für die Hotels oftmals Nebensaison, sodass auch hier Rabatte möglich sind.

Im Restaurant muss man in Schottland im Schnitt mit 8–13 £ pro Hauptgericht rechnen.

Beachten sollte man auch, dass Lebensmittel und Benzin an der Westküste und auf den Inseln im Schnitt teurer sind als anderswo. Die Abgeschiedenheit hat auch für die Einheimischen ihren Preis.

Beim Kulturprogramm lässt sich kaum ein genereller Richtwert festlegen. Die großen staatlichen und kommunalen Museen in Edinburgh, Glasgow und Aberdeen sind kostenfrei, einige Schlösser sind schon für 5–6 £ zu besichtigen, andere kosten dagegen bis zu 14 £.

Was kostet wie viel?	
Bett im Hostel	12–20 £
B&B (p. P.)	22–45 £
Eintrittspreise	0–15 £
Frühstück	4–8 £
Mittagessen	5–15 £
Abendessen	7–20 £
Fish 'n' Chips	4–6 £
1 Tasse Kaffee	1–2,50 £
1 Tasse Tee	0,60–2 £
1 großes Bier	3–4 £
1 Glas Whisky	3–5 £
Mietauto (Woche)	140–210 £
1 l Benzin	1,25–1,35 £

€ Spartipps

Transportkosten

Bei Bahn-, Bus- und Fährfahrten gibt es eine Reihe von Sparmöglichkeiten durch Sammelpässe, die jedoch z. T. schon vor der Reise zu Hause gekauft werden müssen.

Bahnbetreiber **ScotRail**, 🖥 www.scotrail.co.uk, verkauft z. B. den *Highland Rover* für freie Fahrt in den Highlands nordwestlich von Glasgow und Inverness (inkl. Fähre Oban–Mull und Bus Inverness–Fort William) an 4 Tagen in einem Zeitraum von 8 Tagen) für 74 £ (erm. 37 £). Ein *Freedom of Scotland Travelpass* kostet 121,80/163,40 £ (erm. 60,90/81,70 £) für 4/8 Tage in einem Zeitraum von 8/15 Tagen in ganz Schottland. Sehr erfreulich ist, dass alle Fährverbindungen von CalMac (s. u.) sowie eine Reihe von Busverbindungen inklusive sind. Viele Züge (außer in den westlichen und nördlichen Highlands) dürfen jedoch Mo–Fr erst ab 9.15 Uhr benutzt werden. Schon im Ausland muss der *BritRail Euro GB Flexi Pass* erworben werden (s. S. 39).

Auch das Busunternehmen **Scottish Citylink**, 🖥 www.citylink.co.uk, bietet Sammelpässe an, die für einen bestimmten Zeitraum unbeschränkte Fahrten ermöglichen. Bei Citylink gibt es 3/5/8-tägige *Explorer*-Pässe (für einen Zeitraum von 5/10/16 Tagen) für 35/59/79 £.

Bahn- und Buspässe lohnen sich aber nur, wenn man wirklich viel fährt und zugleich keine verbilligten Einzeltickets erhält. Günstiger kommt man oftmals weg, wenn man frühzeitig online oder vor Ort im (Bus-)Bahnhof bucht und von den Sonderangeboten Gebrauch machen kann. Im besten Fall erhält man Preisnachlässe von 80 %. Ein Ticket von Edinburgh nach Aberdeen kann so schon für 4–6 £ erworben werden.

Für die Fähren an der Westküste bietet die Fährgesellschaft **CalMac**, 🖥 www.calmac.co.uk, mehr als zwei Dutzend unterschiedliche Kombitickets *(Island Hopscotch)*, die billiger als Einzeltickets sind.

Eintrittsgelder

Edinburgh, Glasgow und Aberdeen sind für ihre kostenlosen **Museen** bekannt. Das gilt für städtische Galerien wie Nationalmuseen. Wer Schlösser und Gärten besuchen möchte, sollte sich ggf. bei der staatlichen Denkmalschutzbehörde **Historic Scotland**, 🖥 www.historic-scotland.gov.uk, einen *Explorer Pass* zulegen. Für 3/7 Tage freien Zutritt zu allen Attraktionen (in einem Zeitraum von 5/14 Tagen) zahlt man als Erwachsener 17,60/25,20 £. Da allein Edinburgh Castle schon 14 £ für Erwachsene kostet, kann sich ein *Explorer Pass* schnell lohnen. Studenten (mit Internationalem Studentenausweis) und Rentner (ab 60 Jahren) zahlen für den *Explorer Pass* 13,60/19,20 £, Kinder 9,60/14 £, Familien mit Kindern können ein günstiges Familienticket (35,20/50,40 £) erwerben. In diesem Buch sind alle Sehenswürdigkeiten von Historic Scotland mit „HS" markiert.

Leider bietet die private Denkmalschutzorganisation **National Trust for Scotland**, 🖥 www.nts.org.uk, in Schottland selbst nur vergleichsweise teure Jahresmitgliedschaften an (46 £ pro Erwachsenem). Das lohnt sich für die meisten Besucher nicht wirklich. Im Ausland ist jedoch ein *Discovery Ticket* erhältlich, das an 3/7/14 Tagen freien Zutritt zu allen Attraktionen (in einem Zeitraum von 7/14/30 Tagen) ermöglicht. Erwachsene zahlen online im VisitBritain Shop (s. S. 53) dafür 30,50/37/43 €, Familien 61/73,50/85,50 €. Das E-Ticket kann dann bei mehreren zentralen National-Trust-Attraktionen in Schottland eingelöst werden. In diesem Buch sind alle Sehenswürdigkeiten des National Trust for Scotland mit „NTS" markiert.

Studierende

Mit einem Internationalen Studentenausweis erhält man in Schottland zahlreiche Ermäßigungen bei Touristenattraktionen und diversen anderen Anbietern. Gelegentlich gilt eine Altersgrenze von 25 Jahren.

Senioren

Personen ab dem vollendeten 60. Lebensjahr gelten in Schottland als *senior citizens* und erhalten zumeist dieselbe Ermäßigung wie Studierende. Gelegentlich ist auch die Abkürzung *o.a.p. (old-age pensioner)* gebräuchlich.

Traveltipps von A bis Z

Anreise

Schottland lässt sich auf vielen Wegen bequem erreichen: per Fähre oder Flugzeug und durch den Kanaltunnel auch per Bahn.

Mit der Fähre

Wer mit dem eigenen Auto, Motorrad, Wohnmobil oder auch mit dem Fahrrad unterwegs sein möchte, startet den Urlaub zumeist mit einer Fährüberfahrt vom Kontinent über die Nordsee nach Großbritannien. Mit der Fähre auf die Insel überzusetzen, ist noch immer die klassische Art der Anreise.

Der „Klassiker" ist die Fährverbindung mit **DFDS Seaways**, ℡ 01805-8901051, 🖳 www.dfds seaways.de, von Ijmuiden bei Amsterdam hinüber nach **Newcastle**. Die modernen und komfortablen Fähren bewältigen die nächtlichen Überfahrten in knapp 16 Stunden und erreichen den Anleger an der Tyne-Mündung im Osten von Newcastle gegen 9 Uhr morgens. Von dort sind es gerade mal 110 km bis zur schottischen Grenze bei Berwick und 200 km nach Edinburgh.

An Bord der „Hotel-Fähren" gibt es mehrere Kategorien von Kabinen, wobei ein Kabinenplatz bei der Buchung automatisch inklusive ist. Abends bieten mehrere Restaurants Verpflegung, in der Bar wird Unterhaltung geboten, und sogar ein Kino ist an Bord. Morgens stärkt das große Frühstücksbuffet vor der Weiterfahrt. Das Essen muss allerdings zusätzlich gebucht werden.

Ein- und Ausreise

Reisende von und nach Großbritannien benötigen einen gültigen Personalausweis, Reisepass oder die Schweizer Identitätskarte. Kinder und Jugendliche müssen entweder einen eigenen Personalausweis oder Kinderreisepass bei sich führen. Da Großbritannien nicht dem Schengener Abkommen zum Wegfall der internen EU-Grenzen beigetreten ist, finden grundsätzlich Passkontrollen statt, bei der Ein- und Ausreise. Großbritannien nennt sich übrigens offiziell UK (United Kingdom = Vereinigtes Königreich).

Auch wer ohne Auto die Fähre nutzen möchte, wird gut bedient: Aus dem Zentrum von Amsterdam (schräg gegenüber vom Hauptbahnhof) verkehrt ein Shuttlebus zum Fähranleger (8 € p. P. bei Reservierung), und in Newcastle gibt es einen Shuttlebus zum Hauptbahnhof. Von dort gelangt man dann per Zug regelmäßig, direkt und rasch nach Edinburgh (Fahrzeit ca. 1 1/2 Std.).

Unter dem Strich kostet eine Überfahrt für zwei Personen mit Auto ab ca. 450 € (in einer Zweier-Innenkabine inkl. Frühstück). Im Sommer sind aber je nach Auslastung der Fähre 600–700 € realistischer. Ohne Auto ist man ab ca. 300 € dabei. Fahrräder kosten nur 5 €.

Eine zweite Fährmöglichkeit, die aber wesentlich längere Fahrzeiten in Großbritannien mit sich bringt, ist die 10–12-stündige Verbindung mit **P&O Ferries**, ℡ 01805-007161, 🖳 www.poferries. de, von Rotterdam nach **Hull**.

Eine dritte Möglichkeit ist natürlich die kurze Fährüberfahrt von Calais nach **Dover**, was aber enorm lange Autofahrzeiten auf dem Kontinent und in Großbritannien bedeutet.

Mit dem Flugzeug

Da im Flugverkehr von Deutschland, Österreich und der Schweiz nach Schottland vor allem Linienflüge eingesetzt werden, ist die Auswahl an Direktverbindungen und Anbietern überschaubar:

Edinburgh, 🖳 edinburghairport.com, der mittlerweile verkehrsstärkste schottische Flughafen, wird u. a. von Lufthansa (Düsseldorf, Frankfurt), EasyJet (Amsterdam, Basel, Genf, Köln/Bonn, München), Germanwings (Köln/Bonn), Ryanair (Berlin/Schönefeld, Düsseldorf/Weeze, Frankfurt/Hahn, München/Memmingen) und KLM (Amsterdam) direkt angeflogen.

Glasgow, 🖳 www.glasgowairport.com, hat eine Easyjet-Verbindung von Berlin/Schönefeld sowie KLM-Flüge von Amsterdam.

Aberdeen, 🖳 www.aberdeenairport.com, ist tgl. per KLM mit Amsterdam verbunden.

Inverness, 🖳 www.hial.co.uk, wird im Sommer 1x pro Woche von Lufthansa (Düsseldorf) aus angeflogen, 1x wöchentlich gibt es außerdem eine Verbindung mit Falcontravel von Zürich aus.

Der Klimawandel ist vielleicht das dringlichste Thema, mit dem wir uns in Zukunft befassen müssen. Wer reist, erzeugt auch CO_2: Der Flugverkehr trägt mit einem Anteil von bis zu 10 % zur globalen Erwärmung bei. Wir sehen das Reisen dennoch als Bereicherung: Es verbindet Menschen und Kulturen und kann einen wichtigen Beitrag für die wirtschaftliche Entwicklung eines Landes leisten. Reisen bringt aber auch eine Verantwortung mit sich. Dazu gehört darüber nachzudenken, wie oft wir fliegen und was wir tun können, um die Umweltschäden auszugleichen, die wir mit unseren Reisen verursachen. Wir können insgesamt weniger reisen – oder weniger fliegen und länger bleiben, den Zug nehmen (wenn es einen gibt), Nachtflüge meiden (da sie mehr Schaden verursachen). Und wir können einen Beitrag an ein Ausgleichsprogramm wie 🖥 www.atmosfair.de leisten. Dabei ermittelt ein Emissionsrechner, wie viel CO_2 der Flug produziert und was es kostet, eine vergleichbare Menge Klimagase einzusparen. Mit dem Betrag werden Projekte in Entwicklungsländern unterstützt, die den Ausstoß von Klimagasen verringern helfen.

nachdenken • klimabewusst reisen

atmosfair

Mit Umstieg, u. a. in Köln, Frankfurt und London, bestehen Flugverbindungen von fast allen größeren deutschen Flughäfen.

Für Weiterflüge von den schottischen Flughäfen auf die Äußeren Hebriden, nach Orkney und/oder Shetland siehe die Transport-Abschnitte der jeweiligen Reiseziele.

Mit der Bahn

Seit Eröffnung des Kanaltunnels und vor allem der Neubaustrecke ins Herzen von **London** sind auch Zugfahrten nach Schottland nicht mehr abwegig, besonders wenn man noch einige Tage London an den Urlaub dranhängen möchte.

Mit dem Thalys oder ICE geht es zunächst via Köln nach Brüssel, dann mit dem Eurostar bis London St Pancras International (Fahrzeit Köln–London derzeit ca. 4 3/4–6 3/4 Std.). Gleich nebenan befindet sich der Bahnhof London King's Cross mit regelmäßigen direkten Verbindungen nach Edinburgh (4 3/4 Std.).

Da auch hier die Ticketpreise stark vom Zeitpunkt der Buchung und der jeweiligen Zugauslastung abhängen, lassen sich seriöse Preisangaben im Voraus nicht machen. Je früher man bucht, desto besser. Die Buchung ist nicht immer ganz einfach, weil mehrere Bahngesellschaften ihre Finger im Spiel haben, sodass man mehrere Fahrscheine bekommt. Die Vorbereitung erfordert also etwas Zeit und womöglich einen Besuch beim nächsten größeren Bahnhof zum Fahrkartenkauf. Infos im Internet: 🖥 www.bahn.de, www.eurostar.com, www.eastcoast.co.uk.

In Zukunft soll es übrigens durchgehende Züge von Köln nach London geben. Vom Londoner Bahnhof Euston fahren zudem Schlafwagenzüge (Caledonian Sleeper) in einem durch bis nach Aberdeen, Inverness und Fort William. Infos: 🖥 www.scotrail.co.uk.

BritRail Euro GB Flexi Pass

Wer über London anreist und auch in Schottland primär Züge nutzen will, sollte sich den Kauf eines *BritRail Euro GB Flexi Pass* überlegen. Diese flexiblen Bahnpässe können nur vor der Anreise erworben werden und ersetzen den ständigen Fahrkartenkauf in Großbritannien. Das Ticket gibt es in mehreren Varianten mit ermäßigten Preisen für Kinder (5–15 Jahre) und Jugendliche (16–25 Jahre). Die Pässe sind immer 30 Tage gültig. Innerhalb dieser Geltungsdauer darf man je nach Ticket an 2/3/4/8/15 Tagen unbegrenzt fahren. Die Preise liegen für Erwachsene zwischen 115 und 419 €, für Kinder zwischen 59 und 209 €, für Jugendliche zwischen 95 und 335 € in der 2. Klasse. Um die Attraktivität eines solchen Passes für den eigenen Urlaub zu beurteilen, sollte man ggf. im Internet für die gewünschten Fahrtrouten die Einzelfahrtkosten zusammenrechnen, wobei zu bedenken ist, dass die Preise steigen, je näher man ans Reisedatum rückt.

Weitere Infos und Bestellung (bis zu 10–14 Tage vor Abfahrt) im Onlineshop von **VisitBritain**, 🖳 www.visitbritainshop.com. Wichtig: Reisen Eltern mit ihren Kindern, kann bei der Bestellung pro Erwachsenem ein Kinderpass gratis hinzugebucht werden!

Botschaften und Konsulate

Diplomatische Vertretungen Großbritanniens

… in Deutschland
Britische Botschaft, Wilhelmstr. 70, 10117 Berlin, 📞 030-204570, 🖳 www.britischebotschaft.de.

… in Österreich
Britische Botschaft, Jauresgasse 12, 1030 Wien, 📞 01-716130, 🖳 www.britishembassy.at.

… in der Schweiz
Britische Botschaft, Thunstr. 50, 3005 Bern, 📞 031-3597700, 🖳 www.britishembassy.ch.

Diplomatische Vertretungen in Schottland

Deutschland
Deutsches Generalkonsulat, 16 Eglington Crescent, Edinburgh EH12 5DG, 📞 0131-3372323, 🖳 www.edinburgh.diplo.de.

Österreich
Österreichisches Honorarkonsulat, 9 Howard Place, Edinburgh, 📞 0131-5581955, 🖳 www.bmeia.gv.at/botschaft/london.

Schweiz
Schweizer Generalkonsulat, 255C Colinton Road, Edinburgh, 📞 0131-4414044, 🖳 www.eda.admin.ch/london.

Einkaufen

Bücher und CDs

Quer durchs Land finden Liebhaber englischsprachiger **Bücher** in hervorragend sortierten Secondhand-Buchläden reichlich Auswahl zum Stöbern. Eine Besonderheit ist die „Buchstadt" Wigtown in Galloway (s. S. 213). Spezifisch schottische Literatur findet man zumeist in den normalen Buchläden, aber auch in Besucherzentren des National Trust oder anderer Sehenswürdigkeiten. Dort sind z. T. auch **CDs** mit schottischer Folkmusik erhältlich. Einige Tipps zu empfehlenswerten Bands und Musikern s. S. 99. Lektürevorschläge s. S. 619.

Kunst und Kunsthandwerk

Vor allem die ländlichen Regionen der Highlands sind bekannt für sehr gutes Kunsthandwerk. Das englische Wort dafür lautet *crafts*. **Töpferwaren**, **Gemälde**, **Drucke**, **Landschaftsfotos** und **Silberschmuck** (z. T. mit keltischen Designs) werden in guten *craft shops* oder direkt in den Werkstätten der Künstler angeboten. Das Töpfern hat eine lange Tradition und viele Töpfer formen sehr anspruchsvolle Keramik.

In manchen Gegenden gibt es sogenannte **Craft Trails** als Wegweiser zu den Werkstätten, Läden und Galerien. Der Besuch einer Studio-Werkstatt kann eine sehr nette Zwischenstation sein, weil man interessante Leute und ihre Arbeit persönlich kennenlernt.

Sehr im Kommen sind übrigens von Hand hergestellte **Seifen** und Kosmetikwaren ohne chemische Zusatzstoffe. Mittlerweile gibt es eine Handvoll Produzenten im Land.

Kulinarische Spezialitäten

Für Liebhaber guten Essens bietet Schottland eine große Auswahl an landestypischen Delikatessen. Das beginnt mit **oatcakes** (Haferkeksen) und dem sehr butterhaltigen **shortbread**, womöglich sogar in Dosen mit romantischem Highland-Foto und rot-kariertem Design verpackt. Die flachen **potato scones** gibt es in jedem Supermarkt.

Sehr süß und klebrig ist das karamellartige **fudge**, das es in vielen unterschiedlichen Geschmacksrichtungen gibt. Nicht sehr haltbar, aber ebenfalls sehr lecker sind selbst hergestellte **Schokoladen** und **Pralinen**.

Als Brotbelag bietet sich z. B. die berühmte **orange marmalade** an, die ursprünglich in Dundee „erfunden" worden sein soll (s. S. 340). Wieder im Kommen ist die Herstellung lokaler Käsesorten, sogenannter **farmhouse cheeses**. Auf Mull, Arran und Orkney sind bekannte Hersteller angesiedelt.

Eine Delikatesse ist auch geräucherter **Lachs** *(salmon). Smokehouses* gibt es u. a. in Dunbar, in Achiltibuie, auf North Uist und South Uist. Dort kann man sowohl zuschauen als auch gleich einkaufen.

Textilien

Wolle ist eines der wichtigsten Produkte in Schottland. Shetland-Pullover, Harris Tweed, Wollschals, Wolldecken, Kilts, Strickjacken und Outfits für Angler, Jäger und Golfer gehören zu den bekannten und gefragten **Wollwaren**.

Wer auf der Royal Mile in Edinburgh bummelt, wird von Wollläden mit Sonderangeboten förmlich überrollt, wobei auch viel Ramsch dabei ist. Direkt beim Erzeuger kaufen kann man z. B. in **Hawick** in den Borders (s. S. 187), wo es zwei renommierte Werksläden gibt. Wesentlich häuslicher geht es in den kleinen Weberstuben auf **Harris** zu (s. S. 568), wo echte Qualitätsware produziert wird. Die Verarbeitung der reinen Wolle hat ihren Preis, dafür sind die Pullover etc. sehr warm.

Wer einmal im **Kilt** durch die Stadt oder die Heide laufen möchte, kann sich ein ganzes Outfit für ein Wochenende ausleihen (siehe z. B. Edinburgh, S. 154). Der Bedarf ist da, weil es heutzutage in Schottland zum guten Ton gehört, auf Hochzeiten, Beerdigungen oder größeren formellen Feierlichkeiten im Kilt zu erscheinen. Darauf haben sich die Verleiher eingestellt und stellen einem die ganze Ausrüstung zusammen (auch ohne Clan-Zugehörigkeit). Das Ausleihen

ist deutlich günstiger als der Kauf eines echten Kilts inkl. Jackett, Strümpfen, Mini-Dolch etc. Für einen guten Stoff muss man locker mehrere hundert Euro hinlegen.

Whisky

Beim Whiskykauf ist zu beachten, dass die **Preise** in Großbritannien aufgrund unterschiedlicher Steuern generell etwas höher liegen als in Deutschland. Bei den Brennereien selbst sind die Preise definitiv höher, dafür bekommt man auch ausgefallenere Whiskysorten, die man zu Hause oftmals gar nicht erhält.

Schottland ist in mehrere **Whiskyregionen** aufgeteilt. Bekannt sind vor allem Speyside im Nordosten Schottlands, wo ein Malt Whisky Trail mehrere Destillen miteinander verbindet (s. S. 395), und Islay (s. S. 538), wo markante Whiskys wie Laphroaig oder Lagavulin produziert werden. Andernorts gibt es nur vereinzelt Destillen. Mit jeweils einer Destille sind z. B. Skye, Orkney und die Isle of Arran vertreten.

Viele Brennereien zeigen auf multimedialen Besichtigungstouren, wie ihr „Teufelswasser" hergestellt wird. Doch die Frage, wie man einem Whisky seine individuelle Note verleiht, gehört zum gut gehüteten Geheimnis jeder Destille. Da bleibt dem Laien und dem Kenner nur das Probieren eines *wee dram* – zum Wohl, oder wie man in Schottland sagt: *slàinte (slahnsch)*!

Essen und Trinken

Die schottische Speise- und Getränkekarte ist sehr vielseitig und bietet weit mehr als Fish 'n' Chips, Haggis oder Schinkenspeck zum Frühstück. In den letzten 20 Jahren hat eine kleine kulinarische Revolution stattgefunden, die vor allem die regional ausgerichtete Küche stark beflügelt hat. Es ist heute nicht mehr schwierig, die heimischen Delikatessen aus dem Meer und von den Feldern anspruchsvoll zubereitet auf den Teller zu bekommen. Auch sind kontinentale Einflüsse deutlich zu spüren: Gute Kaffeemaschinen und ausgefeilte Weinkarten sind wesentlich häufiger anzutreffen als früher. Die vegetarische Küche ist in Schottland ebenfalls auf dem Vormarsch und hat die Studentenviertel von Edinburgh und Glasgow längst verlassen. Auf fast jeder Speisekarte finden sich vegetarische Optionen, und vor allem in den Unistädten sind auch vegetarische Cafés oder Restaurants vorhanden,

die zudem großen Wert auf ökologischen Anbau und fair gehandelte Produkte legen.

Das alles heißt natürlich nicht, dass die deftige Hausmannskost, wie sie in vielen Pubs oder schon beim ausgiebigen B&B-Frühstück serviert wird, aus der Mode gekommen wäre – aber die Auswahl hat sich deutlich erweitert.

Whisky – Wasser des Lebens

„Mit Whisky nehmen wir's gegen den Teufel auf", dichtete schon Nationalpoet Robert Burns Ende des 18. Jhs. Und er musste es wissen, da er als Steuereintreiber seiner Majestät den Schwarzbrennern und Schmugglern seiner Tage auf der Spur war – und dabei selbst einen *wee dram*, einen „kleinen Schluck", nie verschmähte. Die Schotten betrachteten das Whiskybrennen als ihr Naturrecht und so wurden allein 1823 nicht weniger als 14 000 Schwarzbrennereien ausgehoben. Man kann also von einem Volkssport ausgehen. 200 Jahre später geht es etwas gesitteter zu, die Steuereintreiber liefern sich in mondloser Nacht keine bewaffneten Scharmützel mit Schmuggelbanden mehr. Friedlich versorgen die unablässig sprudelnden Quellen der Highlands die Schotten mit ihrem Nationalgetränk. Man bekommt ihn pur und verschnitten, mild, rauchig, torfig oder weich. Manche schwören auf einen zusätzlichen Tropfen Wasser, manche trinken ihn ohne jeden Zusatz, Dritte nehmen lieber Eis. Der Whiskygenuss wird weltweit in Clubs und Liebhaberzirkeln zelebriert und fast wie eine Lebensphilosophie betrieben – keine Frage: das hochprozentige Getränk ist Kult.

Single Malt, Single Cask und Blended Whisky

Wer bei Whisky vor allem an Johnnie Walker denkt, hat den Verschnitt vor Augen, den sogenannten *Blended Whisky*. Beim „Blenden" werden verschiedene Sorten gemischt und statt Gerste oftmals auch andere Getreidesorten verwendet. Doch eigentlich darf Whisky nur aus Wasser, Gerste und Hefe hergestellt werden. Ein *Single Malt* ist nicht verschnitten und wurde nur in einer einzigen Brennerei hergestellt. Am edelsten (und teuersten …) ist ein *Single Cask*, der nur aus einem einzigen Fass stammt.

In Schottland produzieren rund 100 Destillen Single Malt, der als ihr Markenzeichen gilt. Doch insgesamt gehen rund 90–95 % der Produktion unkenntlich als Verschnitt in die Flasche.

Mönche, Schwarzbrenner und Könige

Schriftlich erwähnt wurde Whisky erstmals 1494 in einer königlichen Urkunde von James IV., der dem Mönch John Cor „eight bolls of malt" für die Whiskyproduktion zusprach. Die Herkunft von Whisky liegt aber im Dunkeln. Die meisten Quellen gehen davon aus, dass das Getränk im frühen Mittelalter von Mönchen aus Irland „importiert" wurde. In Schottland schreibt man übrigens Whisky ohne „e". Der Begriff ist eine anglisierte Form des Gälischen *uisge beatha*, was schlicht „Wasser des Lebens" bedeutet. Richtig spannend wurde es 1644, als das schottische Parlament Steuern auf Whisky erhob, um eine Armee aufzustellen. Damit wurde ein neuer Berufszweig geboren: die Schwarzbrennerei. Vor allem die abgelegenen Täler der Highlands eigneten sich hervorragend für die heimliche Gewinnung des Lebenselixiers, und es entspann sich ein regelrechter Kleinkrieg zwischen den Schwarzbrennern, Schmugglern und Steuereintreibern. Angesichts dessen hielt man sich nicht an komplexe Herstellungsverfahren. Eine Wende brachte erst das königliche Patent, das George IV. 1823 gewährte. Weil die Lizenzgebühren für kleine Farmdestillen drastisch gesenkt wurden, trocknete der Schwarzmarkt innerhalb weniger Jahre aus und die Whiskybrennerei wurde zu einem respektablen Geschäft, das sich fortan ganz auf die Highlands konzentrierte. Das letzte i-Tüpfelchen setzten 1848 Prinz Albert und Queen Victoria, die der Lochnagar-Destille das Attribut „Royal" verpassten.

Frühstück

Wer in einem B&B oder Hotel übernachtet, kann sich zumeist auf ein sehr ausgiebiges *Scottish breakfast* freuen, das in sich eigentlich ein 3-Gänge-Menü ist und eine gute Grundlage für den Tag bietet.

Den Anfang machen **cereals** (Müsli, Cornflakes, etc.) und Obstsäfte. Dazu liegt oftmals frisches oder getrocknetes Obst aus und man kann sich einen Joghurt nehmen. Typisch schottisch ist es, eine Portion **porridge** zu bestellen. Der warme Haferbrei wird in Schottland traditionell gesalzen, während Engländer lieber süßen Sirup

Von der Quelle in die Flasche

Während die technische Seite der Produktion bei allen Destillen recht ähnlich ist, umweht die langwierige Herstellung dennoch ein Hauch von Mystik, wie es sich für ein Edelprodukt gehört. Das fängt schon bei der sorgfältigen Auswahl des **Quellwassers** an, das in jeder Destille natürlich zum bestmöglichen erklärt wird.

Weiter geht es mit der **Gerste** *(barley)*, die vielerorts inzwischen importiert wird, da die heimischen Felder mit der Massenproduktion kaum mithalten können. Die Gerste wird in einem ersten Schritt gemälzt *(malting)*, ein Keimungsprozess *(germination)*, der zumeist maschinell erledigt wird und nur noch in wenigen Destillen auf einem traditionellen Malzboden (z. B. Highland Park, s. S. 587, und Laphroaig, s. S. 536) stattfindet. Genauso selten ist heute die Nutzung von Torffeuer beim Trocknen bzw. Dörren des Malzes. Für diesen Produktionsschritt waren die typischen Pagodentürmchen gebaut worden. Danach folgt das Maischen *(mashing)* in großen Bottichen und später ein Gärungsprozess *(fermentation)*, für den die Hefe *(yeast)* zugesetzt wird. Schließlich wird das ziemlich übel riechende aufgeschäumte Gemisch *(wash)* gleich zweimal in großen **Destillierkolben** *(wash und spirit stills)* aus Kupfer destilliert. Selbst dann wird nicht alles für gut erachtet, sondern nur der sogenannte *middle cut* gelangt mit rund 70 % Alkohol in die großen Sherry- oder Bourbonfässer aus Eiche. Der Vorlauf *(foreshot)* und der Schwanz *(feint)* fließen wieder zurück in die Kupfer-Brennblasen. Die Form dieser Destillierkolben ist ein weiteres Geheimnis – manche sind etwas bauchiger, andere etwas länglicher. Früher erhielten die Mitarbeiter mancher Brennerei freitags ein großes Glas des Rohprodukts als Teil ihres Lohns. Das hob die Stimmung beträchtlich.

Die **Fässer** werden in Lagerhäusern gestapelt. Ein *Blended Whisky* muss mindestens drei Jahre, ein *Single Malt* mindestens acht Jahre in den Fässern reifen, bevor er schließlich in Flaschen abgefüllt werden kann. Während dieser Reifezeit verdunsten jedes Jahr ca. 2–3 % des Fassinhalts, der *angel's share* („Anteil des Engels"). Eine Ewigkeitslagerung ist also kaum empfehlenswert.

Der Steuerbeamte hält seine Hand erst nach der Abfüllung auf und schreibt auch den Alkoholgehalt vor: in Großbritannien z. B. 40 %, in Deutschland 43 %. Diese Stärke wird durch Verdünnung mit Wasser erreicht. Sehr beliebt unter Kennern ist jedoch ein Schluck *cask strength*. Dieser Whisky wird ohne Wasserverdünnung in „Fassstärke" abgefüllt.

Small is beautiful

Der Whiskymarkt ist in Bewegung, wenn auch nicht in eine Richtung: Zum einen hat sich die Industrie enorm konzentriert und internationalisiert. Großkonzerne wie der Guinness-Hersteller Diageo (Großbritannien), Suntory (Japan), Chivas Regal (Frankreich), LVMH Moët Hennessy (Frankreich) und United Spirits (Indien) haben viele Destillen aufgekauft und bestimmen die Produktion aus weiter Ferne. Als Gegenbewegung hat sich in den letzten 15–20 Jahren jedoch eine *Small is beautiful*-Bewegung herausgebildet. Neue Destillen wurden gegründet (z. B. auf Arran und Islay) und stillgelegte Brennereien wurden entweder von dynamischen Privatpersonen oder kleinen Firmen neu belebt (z. B. Bruichladdich, s. S. 540, und Benromach, S. 402). Diese Kleindestillen finden ihre Nische u. a. mit Spezialabfüllungen.

Frühstück wird in B&Bs in der Regel zwischen ca. 7.30 und 9 Uhr serviert (auf Nachfrage oftmals auch früher), in Cafés bis 10 oder 11 Uhr.
Lunch gibt es in Restaurants und Pubs in der Regel von 12 bis 14 oder 14.30 Uhr.
Abendessen wird in der Regel zwischen 18 und 20 Uhr aufgetischt, wobei es mancherorts schon um 17.30 Uhr losgeht und/oder die Küche noch bis 21 Uhr offen hat.

verwenden. Vor allem vor einer Wanderung ist *porridge* die ideale Morgenstärkung.

Dann folgt das **cooked breakfast**: Schinkenspeck, Spiegel- oder Rührei, Würstchen, Pilze, Tomaten sowie *baked beans* (weiße Bohnen in Tomatensoße). Gelegentlich gibt es auch *hash browns*, eine Art Kartoffelpuffer bzw. Rösti. Für Vegetarier werden als Alternative zu den *sausages* oftmals Soja-Würste zubereitet. Schottische Besonderheiten zum Frühstück sind der Nähe zum Meer zu verdanken: *Smoked haddock* (geräucherter Schellfisch), *kippers* (kalt geräucherter Hering) sowie *herring in oatmeal* (in Hafermehl gewälzter Hering) sind selten gewordene Delikatessen.

Als Beilage werden dunkles oder helles Toastbrot serviert. Und zum „Nachtisch" kann man dann noch eine Scheibe **Toast mit Orangenmarmelade** probieren. Ambitionierte Vermieter haben sogar selbstgemachte Marmeladen und Konfitüren oder auch selbstgebackenes Brot im Angebot. Dazu werden Tee oder Kaffee serviert.

Mittagessen und Snacks

Nach einem derart umfassenden Frühstück verwundert es nicht, dass das Mittagessen eher leicht ausfällt. Sehr beliebt sind in Schottland als *light lunch* hervorragende **Suppen**. Ob in Schlosscafés oder Restaurants, überall steht ein großer Suppentopf, der eine leichte, bekömmliche – und oftmals vegetarische – Mahlzeit verspricht. Traditionell schottisch sind *Scotch broth*, eine Art Eintopf, den es in einer vegetarischen und fleischhaltigen Variante gibt. Bei

Cock-a-leekie stehen Hühnchenfleisch und Lauch im Vordergrund. Eine weitere traditionelle schottische Suppe ist *Cullen skink*, die nach einem Küstenort in Nordostschottland benannt wurde. Hierfür werden geräucherter Schellfisch, Stampfkartoffeln, Zwiebeln und Milch verwandt. Sehr beliebt sind auch pürierte Suppen aus Linsen, Möhren oder anderen Zutaten.

Eine gute Zwischenmahlzeit sind daneben *baked potatoes*. Die **Backkartoffeln** werden mit vielen unterschiedlichen, auch vegetarischen Füllungen angeboten. Und natürlich darf hier eine klassische Portion **Fish 'n' Chips** nicht fehlen. Vom in Zeitungspapier eingewickelten „Arme-Leute-Essen" kann man angesichts drastisch gestiegener Fischpreise eigentlich nicht mehr sprechen, aber in den Imbissbuden, den *chippies*, sind Fish 'n' Chips weiterhin der Renner.

Übrigens: Viele Schotten verzichten äußerst ungern auf ihre Fritten. Diese werden dann sogar zu Lasagne und Pizza serviert, und selbst manch indischer Restaurantbesitzer hat sich dem Druck gebeugt und tischt Curry mit Fritten auf ...

Die meisten Restaurants haben mittags günstige **Lunch-Angebote**, die preislich oftmals deutlich unter dem Niveau auf der Abendspeisekarte liegen. In den zahlreichen indischen Restaurants ist die Tradition besonders ausgeprägt, und ein Mittagsbuffet ist dort zumeist eine preisgünstige und schmackhafte Variante, die gerade für Vegetarier auch eine große Auswahl bietet.

Viele Inns und Pubs bieten schon mittags warme Speisen an. Die Auswahl variiert sehr stark je nach Anspruch der Besitzer – von einfachen Fish 'n' Chips über Sandwiches und Paninis bis zu leckeren Fisch- und Fleischspezialitäten sowie Langustinen und Austern ist alles möglich.

Teatime

Unterwegs lockt nachmittags ein Halt in einem gemütlichen Tearoom oder in einem der meist guten Cafés, die den diversen Touristenattraktionen angeschlossen sind.

Der Nachmittagsklassiker sind *scones*, die mit Butter und Marmelade genossen werden. Neben einfachen *(plain) scones* werden auch Varianten mit Rosinen, Trockenobst oder Käse angeboten. Gelegentlich gibt es *scones* aus Vollkornmehl. Gerne wird sehr gehaltvolles butterreiches *shortbread* serviert. Dazu kommen Obstkuchen, Torten und gelegentlich recht farbenfroh glasierte Süßwaren.

Klassischerweise trinkt man in Schottland ein Kännchen Tee zum Kuchen, aber immer mehr Schotten bestellen sich lieber einen guten Kaffee, Espresso oder Cappuccino. Hier ist Tee schon längst nicht mehr die Nr. 1. Die internationalen Café-Betreiber sind in Edinburgh und Glasgow an vielen Ecken vertreten, aber die Auswahl ist so groß, dass keiner dominiert.

Abendessen

Ungeachtet des reichhaltigen Frühstücks ist das Abendessen die Hauptmahlzeit. Hier splittet sich das Angebot enorm auf, von schlichten Imbissbuden über traditionelle Pubs bis zu gehobenen Restaurants.

Mancherorts wird als spätes Kaffeetrinken bzw. als frühes Abendessen ab 17 Uhr *High Tea* serviert, das aber meistens nicht sehr spannend ist. Günstig hingegen sind die *Early Bird*- oder *Pre Theatre*-Menüs, die bis ca. 18.30/19 Uhr als Zwei- oder Drei-Gänge-Menüs eine wesentlich preiswertere Alternative zur normalen Speisekarte liefern. Diese Varianten gibt es aber praktisch nur in größeren Städten.

Restaurants

Gerade in den großen Städten ist das Angebot an Restaurants kaum noch überschaubar. Die Lust an gutem und vielseitigem Essen spiegelt sich in der breiten Palette an Gaststätten wider. Federführend sind natürlich Edinburgh und Glasgow mit ihrer großstädtischen Szene. Ein Trend der letzten Jahre ist das Aufkommen von Restaurants, die auf modern und kreativ zubereitete **schottische Küche** setzen. Die Zutaten werden weitestgehend regional bezogen und die Rezepte aus traditionellen Kochbüchern entlehnt. Wer einmal auf den Geschmack gekommen ist, wird schnell merken, dass man in Schottland sehr gut und ausgewogen von lokalen Delikatessen

Seit einigen Jahren gilt in allen Pubs, Restaurants, Cafés und Unterkünften in Schottland ein generelles Rauchverbot. Die konsequente Regelung erstreckt sich auch auf öffentliche Gebäude. Die Umstellung ist erfreulich komplikationslos verlaufen und Nicht-Raucher können nun beim Essen und Trinken aufatmen.

leben kann. In Edinburgh haben die Stars unter den Köchen für ihre Kreationen sogar die ersten Michelin-Sterne eingeheimst. Aber auch weit unterhalb dieser De-Luxe-Ebene ist schottische Küche eine Empfehlung wert.

Natürlich gibt es eine breit gefächerte internationale Gastroszene. Traditionell sehr stark in Schottland vertreten sind **indische Restaurants**. Die Küche vom Subkontinent spielt in etwa die gleiche Rolle wie italienische Restaurants in Deutschland und ist überhaupt nicht wegzudenken aus dem kulinarischen Angebot. Fast jeder größere Ort in Schottland verfügt über mindestens ein indisches Restaurant. **Italienische Küche** ist ebenfalls populär, liegt aber weit abgeschlagen hinter den indischen Konkurrenten. Das gilt auch für chinesische Restaurants.

Noch zwei praktische Tipps: Die **Speisekarte** heißt auf Englisch *menu*, während ein Zwei-/Drei-Gänge-Menü zumeist als *two/three-course meal* bezeichnet wird. Das **Trinkgeld** *(tip)* lässt man im Restaurant auf dem Tisch liegen, nachdem man bezahlt und sein Wechselgeld erhalten hat. Im Allgemeinen sind auch in Schottland 10 % angemessen, außer der Service ist bereits inklusive. In Pubs gibt man kein Trinkgeld, es sei denn, man wird am Tisch bedient und bezahlt erst nach dem Essen.

Und noch ein praktischer Hinweis: In Schottland müssen die Restaurants auf Wunsch **Leitungswasser** kostenlos auf den Tisch stellen.

Pubs und Clubs

Gerade auf dem Land sind Pubs und die Inns mit ihrer Mischung aus Unterkunft, Restaurant und Kneipe die sozialen Mittelpunkte der Orte.

Manche Hotels haben neben ihrem eigentlichen Restaurant auch einen separaten Barbereich, in dem man informell speisen und trinken kann. Eine Speisekarte gibt es nicht immer, dafür stehen die Angebote dann als *specials* auf einer Kreidetafel. In der Regel bestellt und bezahlt man Essen und Getränke an der Bar, das Essen wird einem dann gebracht oder man muss es an der Theke abholen. Gehobenere Pub-Restaurants bieten auch Tischservice.

Das Niveau des sogenannten **bar food** oder **pub grub** kann sehr unterschiedlich sein. Zumeist ist das Essen deftig und die Portionen sind groß. Neben Fish 'n' Chips werden häufig Burger, Lasagne, *steak pie* (Fleischpastete in einer Schüssel) und Ähnliches serviert. Gelegentlich kann die Speisekarte jedoch ambitionierter sein als in manchem Restaurant. Vor allem in den Highlands und auf den Inseln stellt der lokale Pub vielerorts sogar die einzige Möglichkeit dar, abends auszugehen. Hier übernehmen die Inns und Pubs schlicht die Funktion eines Restaurants.

Die Sperrstunde um 23 Uhr ist ein Relikt der Vergangenheit. Meist sind die Kneipen bis 24 oder 1 Uhr geöffnet, am Wochenende auch länger. Die Öffnungszeiten können von Ort zu Ort variieren.

In den Großstädten ist am Wochenende *clubbing* angesagt. Sehr spät abends öffnen die **Clubs** ihre Pforten, und dann wird die Nacht zum Tag gemacht. Als die Sperrstunde noch bei 23 Uhr lag, war dies die einzige Alternative, um nach Mitternacht unterwegs zu sein. Besonders beliebt sind die Club-Szenen in Edinburgh und Glasgow. Dafür reisen am Wochenende junge Leute aus dem ganzen Land an, checken kurz in ein Hostel ein und ziehen dann bis zum Morgengrauen durch die Clubs.

Schottische Küche

Der kulinarische Reichtum der schottischen Küche ist die Grundlage für traditionelle wie moderne Gerichte.

Auf den Feldern Schottlands spielten **Hafer** *(oat)* und **Gerste** *(barley)* eine zentrale Rolle. Aus Hafer stammen viele einfache Speisen wie die *oatcakes*, eine rustikale Kekssorte. Hafer wurde zudem zum Panieren genutzt und war ein Grundnahrungsmittel. Gerste ist weiterhin für Bier und Whisky stark nachgefragt. Bei der Whiskyproduktion hat auch die Ur-Gerste *bere* eine neue

Nationalgericht Haggis

Schottlands Nationalgericht heißt Haggis. Das Rezept lässt bei vielen Neugierigen die Augenbrauen hochgehen, deshalb lassen wir zunächst den Nationaldichter Robert Burns mit seinem Lobgesang *Address to a Haggis* zu Wort kommen: „Great chieftan o' the puddin-race", als „großen Häuptling der Presswürste" redet Burns die „warm-dampfende, reiche" Speise an, die den Schotten den Bauch „wie eine Trommel spannt". Er wünscht sich gar himmlischen Beistand, um immer reichlich mit Haggis versorgt zu werden, denn „unser altes Schottland will keinen Fraß."

Woraus besteht nun das so hoch gelobte Gericht? In einen Schafsmagen werden traditionell vor allem gekochte Schafsinnereien, Zwiebeln und Hafermehl verpresst. Dazu werden *tatties and neeps* (pürierte Kartoffeln und Rüben) serviert.

Burns hat mit seiner Haggis-Ode das Gericht so populär gemacht, dass jedes Jahr am 25. Januar die traditionelle Burns Night (s. S. 50) mit dem feierlich zelebrierten Gedicht beginnt. Wem die Zutaten nicht zusagen, der kann auf die sehr leckere vegetarische Variante ausweichen, die hin und wieder ebenfalls serviert wird.

Übrigens: Unter dem Begriff Haggis ist in Schottland auch ein kleines Fabelwesen berühmt, das so ungreifbar ist wie das Ungeheuer von Loch Ness. Seit Jahrhunderten hält sich das Gerücht, dass auf den Abhängen der schottischen Hügel ein kurioser Vierbeiner lebt. Damit es am Hang besser stehen kann, hat ein Haggis auf der einen Seite längere Beine als auf der anderen. Um ein Haggis zu fangen, sollte man sich einen Tipp von Eingeweihten zu Herzen nehmen: Einfach das Haggis umdrehen, schon rollt es den Berg runter!

Nische gefunden, die von den Feldern fast schon verschwunden war.

Auf den Speisekarten in den Restaurants findet sich viel **Rehfleisch** *(venison)*, **Rind** *(beef)* und **Lamm** *(lamb)*. Bekannt sind vor allem die Aberdeen-Angus-Rinder. Schafe und Rotwild gibt es in Schottland in nahezu unbegrenzter Menge. Spezialitäten sind die sogenannten Soay-Schafe, die ursprünglich auf dem Hebriden-Außenposten St Kilda gezüchtet wurden, sowie die Schafe von North Ronaldsay auf Orkney, die sich primär von Seetang ernähren.

Als Küstennation spielt **Fisch** traditionell eine sehr große Rolle. In Europas größtem Weißfischhafen Peterhead sowie auf den wenigen verbliebenen kleineren Fischmärkten werden Kabeljau *(cod)*, Schellfisch *(haddock)*, Wolfsbarsch *(monkfish)*, Scholle *(plaice)* und andere Meerestiere frisch angelandet. Früher gab es auch eine ausgedehnte Heringssaison, doch die Überfischung hat Heringe von einem „Arme-Leute-Essen", das einem in den Häfen quasi hinterhergeworfen wurde, zu einer heiß begehrten Rarität gemacht. Das Thema Überfischung steht schon seit Jahren weit oben auf der Tagesordnung von Politik und Umweltschützern (s. S. 75).

Vor allem an der Westküste floriert die Aufzucht von Lachs *(salmon)*, **Austern** *(oysters)* und **Hummer** *(lobster)*. Gerade Letztere werden oftmals direkt vom Pier zum nächsten Flugplatz gebracht, damit sie abends in Gourmetrestaurants in Paris oder Spanien auf den Tisch kommen können. Inzwischen nutzen aber auch viele heimische Restaurants Austern und Hummer, sodass die Exportquote gesunken ist.

Sehr populär sind zudem **Krabben** *(prawns)* und **Langustinen** *(langoustines)*. Wildlachs *(wild salmon)* ist nur selten zu bekommen und entsprechend teuer.

Ein kulinarischer Sprachführer findet sich im Anhang auf S. 616.

Vegetarier und Veganer

Auch in Schottland bekennen sich viele Menschen zum fleischlosen Essen. An dem wachsenden Erfolg von gehobenen vegetarischen Restaurants in Edinburgh kann man erkennen, dass die vegetarische Küche längst die Studenten- und Ökoszene verlassen hat. In den Studentenstädten Edinburgh, Glasgow, St Andrews und Aberdeen sind die fleischlosen Angebote besonders groß.

Zwei sichere vegetarische Restaurant-Tipps sind indische und italienische Gaststätten. Vor allem Erstere verfügen traditionell über eine breite Palette an vegetarischen Gerichten. Aber selbst Pubs setzen inzwischen in der Regel mindestens ein vegetarisches Gericht auf die Speisekarte. Leider mangelt es dabei gelegentlich etwas an Kreativität.

Beim Frühstück kann man die fleischhaltigen Beilagen ohne weiteres ignorieren, und mittags kommt man mit Suppe, *baked potatoes*, einem Salat oder einem Sandwich immer zurecht.

Für Veganer ist die Versorgungslage natürlich schwieriger, aber gerade in den Unistädten nicht hoffnungslos. In Aberdeen gibt es sogar einen eigenen Restaurantführer für Veganer.

Auf den Speisekarten sind vegetarische oder vegane Gerichte meistens eigens markiert. Tipps zu Unterkünften und Restaurants, die besonders auf Vegetarier eingestellt sind, gibt es z. B. auf der Webseite ⌨ www.vegetarianvisitor.co.uk.

Ökologisch und fair gehandelt

Zwar gibt es in Schottland nicht unbedingt einen Bio-Boom, doch sind ökologisch produzierte Lebensmittel auf dem Vormarsch. Das liegt zum einen daran, dass in der extensiven Landwirtschaft der Bergregionen Chemikalien ohnehin seltener oder gar nicht zum Einsatz kamen. Zum anderen hat sich herumgesprochen, dass in Zeiten von BSE, Maul-und-Klauen-Seuche, Überfischung sowie diverser Lebensmittelskandale eine Abkehr von der industriellen Landwirtschaft und chemischen Zusätzen sowie eine Hinwendung zu ökologisch nachhaltigen Bewirtschaftungsmethoden sinnvoll ist.

Ein Resultat dieser langsamen Umstellung ist das Aufkommen der *farmers' markets*, auf denen regionale Erzeuger ihre Produkte zumeist einmal im Monat anbieten. Im Tourismusbereich äußerte sich das gestiegene Umweltbewusstsein durch die Einführung des Green-Tourismus-

Standards. Dabei wird bei den Unterkünften u. a. bewertet, inwieweit bei der Zubereitung der Speisen Bioprodukte verwendet werden.

Im Kaffee- und Tee-Bereich gibt es zudem eine verstärkte Ausrichtung auf sozialverträgliche Arbeitsbedingungen in den Herkunftsländern sowie faire Erzeugerpreise. Inzwischen ist das Fairtrade-Siegel in vielen Cafés zu sehen, wobei auch der Zucker oftmals aus fair gehandeltem Anbau stammt. Manche Städte oder Inseln haben sich sogar offiziell als *Fairtrade Town* oder *Fairtrade Island* registrieren lassen, wenn eine bestimmte Menge an Gastwirten die eigene Produktpalette umgestellt hat. Der Titel mag manchmal etwas pompös wirken, aber solange er als Selbstverpflichtung und nicht als Selbstberuhigung gilt, ist die Entwicklung nur zu begrüßen.

Und natürlich gehen all diese Bemühungen oftmals Hand in Hand mit der Nutzung erneuerbarer Energien und schadstofffreier oder schadstoffarmer Produktionsmittel. Die Erfolge sind durchaus messbar, auch wenn noch viel Arbeit bleibt.

Schottische Getränke

Eines der populärsten schottischen Getränke ist im Ausland fast völlig unbekannt. Es heißt **Irn-Bru**, abgeleitet aus dem originalen Namen *iron brew*. Das „eiserne Gebräu" der Firma Barr ist orangefarben und koffeinhaltig und unter den alkoholfreien Erfrischungsgetränken der schärfste Konkurrent von Coca-Cola.

Am anderen Ende der Skala stehen die hochprozentigen **Whiskys** (s. Kasten S. 42), doch in den Pubs wird am liebsten **Bier** getrunken. Wer in Schottland ein Bier bestellt, erhält meistens ein helles *lager*. Die heimischen Marken heißen Tennent's und Belhaven. Dunkler sind *exports* wie das 80/- Schilling oder natürlich Guinness. Auch der Apfelwein **Cider** wird in den Pubs gezapft.

In den vergangenen 20 Jahren hat sich auf dem Biermarkt eine Revolution ereignet. Immer mehr Kunden waren mit der begrenzten Auswahl sehr unzufrieden und so kam es zu einem Boom an Mikrobrauereien. Deren **real ales** werden in traditionellen Brauverfahren hergestellt und decken die ganze Bandbreite von leichten,

hellen Bieren bis zu dunklen Varianten ab, die auch schon mal 8 % Alkohol haben können. Eine der Ideen hinter den Mikrobrauereien ist, dass die Biere regional produziert und konsumiert werden. Wer also ein wenig die Bandbreite probieren möchte, sollte auf einer Schottlandreise in den Pubs ruhig mal nach *local ales* fragen. Die Real-Ale-Revolution war so erfolgreich, dass manche Brauereien wie die Black Isle Brewery oder die Cairngorm Brewery stetig expandieren und längst das Wort *micro* abgelegt haben. Die Zeiten, in denen in den Pubs grundsätzlich nur die wenigen Großbrauereien das Sagen hatten, sind vorerst vorbei. Ein großer Förderer dieser Entwicklung ist die *Campaign for Real Ale* (Camra), die auch Pubs für die Qualität ihrer Bierauswahl prämiert, ⌨ www.camra.org.uk.

In Kneipen gibt es normalerweise zwei Ausschankgrößen: Ein *pint* hat 0,568 ml, ein *half (pint)* genau die Hälfte. Noch ein Hinweis zum **Verkauf von Alkohol** in Großbritannien: In den Geschäften ist der Kauf von Alkohol erst ab 18 Jahren erlaubt. Eine kuriose neue Regelung bestimmt sogar, dass der Verkäufer alle, die nicht älter als 25 aussehen, nach ihrem Alter fragen muss. In den Pubs wird Alkohol am Sonntag erst ab 12.30 Uhr ausgeschenkt.

Selbstversorger

Praktisch alle der oben aufgeführten schottischen Delikatessen kann man auch als Selbstversorger genießen. Wer in Hostels übernachtet, hat immer eine Küche zur Verfügung und kann sich sein Essen selbst zubereiten. Auch in gemieteten Caravans oder Ferienwohnungen ist eine Küchenausstattung vorhanden.

Landesweit vertreten sind Supermarktketten wie Tesco, ASDA und Coop. Die großen Geschäfte haben meist auch am Sonntag auf. In den Großstädten wird das Angebot durch kleine Tante-Emma-Läden ergänzt, die eine begrenzte Anzahl an Grundnahrungsmitteln, Süßigkeiten, Getränken, Zeitungen und Zeitschriften verkaufen. In den größeren Städten gibt es zudem Spezialgeschäfte, darunter Naturkostläden.

In den ländlichen Regionen im Süden sowie in den Highlands und auf den Inseln finden sich selbstverständlich viel weniger Läden. Hier ist es ratsam, seine Einkäufe sorgfältig im Voraus zu planen, weil ausgefallenere Wünsche nicht an jedem Ort erfüllbar sind. Das gilt insbesondere, wenn man längere Zeit wandern oder abseits der Haupttouristenrouten reisen möchte. Viele Bewohner der Westküste fahren für ihre Großeinkäufe nach Inverness oder Fort William. Grundnahrungsmittel werden aber in den kleinen Dorfläden angeboten, die zudem oftmals auch die Post beherbergen.

Aus geräuchertem Lachs, leckerem *farmhouse cheese*, rustikalen *oatcakes*, einer Portion *shortbread* und einer guten Tasse Tee, einem Schluck Irn-Bru bzw. regionalem Bier lässt sich z. B. ein sehr schottisches Picknick auf den Tisch zaubern.

Feste und Feiertage

Feiertage

Im protestantischen Schottland ist die Zahl der gesetzlichen Feiertage sehr überschaubar: Am 1./2. Januar wird **Neujahr** doppelt so lange wie andernorts gefeiert, weil **Silvester** (Hogmanay) als Feiertag traditionell in Schottland wesentlich bedeutender als Weihnachten war. **Karfreitag**

(Good Friday) ist ebenfalls ein Feiertag, Ostermontag in Schottland hingegen nicht. Die Monate Mai und August sind für die sogenannten **Bank Holidays** reserviert, die grundsätzlich auf einen Montag fallen und so für lange Wochenenden sorgen: Der erste Montag im Mai (Early May Bank Holiday), der letzte Montag im Mai (Spring Bank Holiday) und der erste Montag im August (Summer Bank Holiday) sind landesweite „Feiertage", auch wenn längst nicht alle Geschäfte schließen. Dazu kommen dann noch ein oder zwei lokale Bank Holidays, die dazu führen können, dass in einer Stadt die Post geschlossen ist, im Nachbardorf das Leben jedoch völlig normal weiterläuft.

Für Touristen ist wissenswert, dass im benachbarten England das letzte Wochenende im August als Summer Bank Holiday reserviert ist und dann viele Engländer nach Schottland reisen. Nach diesem Wochenende gilt die touristische Hauptsaison als abgeschlossen.

Erst seit 2006 ist der 30. November, der **St Andrews Day**, ein offizieller, aber kein allgemein verpflichtender Feiertag für Arbeitgeber. An diesem Tag wird des schottischen Nationalheiligen gedacht, dessen Kreuz in Weiß die schottische Flagge ziert.

Weihnachten sind der 25. Dezember (Christmas Day) sowie der 26. Dezember (Boxing Day) gesetzliche Feiertage. Heiligabend ist dagegen

Hogmanay – Silvester auf schottisch

Hogmanay ist der höchste schottische Feiertag. Kurz vor Mitternacht strömen die Menschen in den Städten auf die Marktplätze und feiern gemeinsam ins neue Jahr hinein. Die größte Party findet in Edinburgh statt, wo die Silvesterfeste auf mehrere Tage ausgedehnt wird, während Livemusik die Leute zum Tanzen bringt. Vor der Kulisse der historischen Altstadt ist Edinburgh eine der angesagtesten Silvester-Partystädte Europas geworden.

Traditionell zog man früher nach Mitternacht von Haus zu Haus. Dabei gab es den Brauch des *first footing*. Die erste Person (möglichst ein großer, dunkelhaariger Mann), die die Türschwelle im neuen Jahr überschreitet, bringt Glück und wird

bewirtet. Im Gegenzug muss sie ein Stück Kohle (für Wärme in der Wohnung und Feuer im Herd) oder Whisky (für Wärme im Magen) mitbringen. Auch Salz oder Silbermünzen sind akzeptabel. Allerdings: Wer heute der Tradition frönt, wartet meist schon direkt vor der Tür, um sofort nach Mitternacht zur Stelle zu sein.

Und weil all das Feiern so anstrengend ist, hat man in Schottland auch den 2. Januar noch frei. Nur an einem Ort müssen die Männer schon am 1. Januar wieder topfit sein: In Kirkwall auf Orkney steht das rugbyähnliche The Ba' auf dem Programm (s. S. 590), ein wildes Geraufe um einen Ball, das quer durch die Innenstadt gespielt wird.

kein besonderer Tag; Geschenke gibt es erst am 25. Außerdem hat Weihnachten in Schottland erst in den letzten Jahrzehnten massiv an Bedeutung gewonnen. Zuvor stand Hogmanay allein im Vordergrund.

Sollte einer der Festtage auf ein Wochenende entfallen, so wird der Feiertag durch einen freien Tag am darauffolgenden Montag nachgeholt. Das heißt, auch der 27./28. Dezember oder der 3./4. Januar können ggf. arbeitsfreie Tage sein.

Festivals

In den einzelnen Regionalkapiteln finden sich detaillierte Hinweise zu interessanten Festivals in Schottland, hier nur einige Highlights.

Januar

Burns Night: Jedes Jahr am 25. Januar wird zum Geburtstag des schottischen Nationaldichters Robert Burns zu seinen Anhängern das sogenannte Burns Supper veranstaltet. Dabei wird sein berühmtes Gedicht *Address to a Haggis* (s. S. 46) rezitiert. Das Tragen eines Kilts ist natürlich Pflicht.

Celtic Connection: In Glasgow wird zum Jahresauftakt ausgiebig keltische Musik und Kultur zelebriert, s. S. 259.

Up-Helly-Aa: In Lerwick auf Shetland verbrennen 1000 „Wikinger" in einer spektakulären Prozession eines ihrer Langboote, s. S. 602.

Mai

Orkney Folk Festival / Shetland Folk Festival: Der Monat Mai ist die beste Zeit für hochkarätige Folkmusik auf den beiden nördlichen Inselgruppen, s. S. 578 und S. 604.

Spirit of Speyside / Islay Festival of Music & Malt: In den beiden wichtigsten Whiskyregionen wird das Wasser des Lebens mit Essen und Folkmusik gefeiert, s. S. 398 und S. 539.

Juni

Riding of the Marches: In den Border-Städten Hawick, Selkirk und Jedburgh gehen die Reiterumzüge und Ausritte auf alte Traditionen zum Schutz der eigenen Ortsgrenzen zurück, s. S. 187, S. 189 und S. 185.

Juli

T in the Park: Schottlands größtes Open-Air-Rock-Event steigt bei Kinross in Zentralschottland, s. S. 297.

August

Edinburgh International Festival / Edinburgh Festival Fringe / Royal Military Tattoo: In Edin-

---

Highland Games

Starke Männer werfen Baumstämme und ringen beim Tauziehen verbissen um jeden Zentimeter, grazil sind die Tanzbewegungen beim Scottish Country Dance und lautstark marschieren die *piper* mit ihren Dudelsäcken auf und ab – während die Kilt tragenden Honoratioren am Rande stehen und die Show begutachten.

Die sommerlichen Highland Games bzw. Highland Gatherings sind vor allem eins: Gute Unterhaltung für Einheimische wie Touristen. Nicht wenige der Sportler ziehen von Wettkampf zu Wettkampf, und für den Nachwuchs im Scottish Country Dance sind die Auftritte ein Tag voll fieberhafter Anspannung. Wann tritt man schon mal vor mehreren hundert oder gar tausend Zuschauern auf?

Highlight der Highland Games ist das *Braemar Royal Highland Gathering* (s. S. 382) Anfang September, das regelmäßig von Ihrer Majestät höchstpersönlich beehrt wird. Die meisten Spiele finden zwischen Mai und Anfang September statt, wobei fast jedes Wochenende ein anderer Ort im Mittelpunkt steht.

Angeblich soll der sportliche Teil der Highland Games ursprünglich unter anderem der Sichtung des besten Kämpfer-Nachwuchses gedient haben. Am Ende des Tages hatte der Clan-Chef wieder ein paar neue Namen auf der Liste, wenn es darum ging, eine Streitmacht ins Feld zu führen. Aktuelle Infos zu den Terminen der diversen Highland Games u. a. auf 🖵 www.visit scotland.com.

---

burgh herrscht im August Festivalhochstimmung mit jeder Menge Unterhaltung an jeder Straßenecke, s. S. 152.

September

Braemar Royal Highland Gathering: Größte und spektakulärste Hochlandspiele der Saison, s. S. 382.

Oktober/November

Glasgay: Schottlands größtes Schwulen- und Lesben-Festival, s. S. 260.
Perthshire Amber: Inspiriert von Folkmusiker Dougie Maclean ein herbstlicher Leckerbissen für Folkfreunde, s. S. 321.

Dezember

Hogmanay: Am 31. Dezember steigt in Edinburgh die größte Open-Air-Party Großbritanniens (s. S. 49) – einfach mitfeiern!

Geld

Währung

Die Währung in Schottland ist das britische Pfund (£) zu je 100 Pence (p). In Schottland dürfen allerdings die Royal Bank of Scotland, die Bank of Scotland sowie die Clydesdale Bank eigene Geldscheine herausbringen, die in Schottland nahezu ausschließlich im Umlauf sind. Diese Geldscheine werden im restlichen Großbritannien nicht durchgängig akzeptiert, obwohl sie offizielle Geldscheine sind.

Münzen gibt es im Wert von 1, 2, 5, 10, 20, 50 p sowie 1 und 2 £, Banknoten zu 5, 10, 20 und 50 £.

Geldwechsel

Es ist immer ratsam, schon vor der Abfahrt ein wenig Bargeld in Pfund umzutauschen. Ansonsten muss man sich auf den ersten Geldautomaten am Flughafen oder den Wechselservice auf den Fähren verlassen.

Geldautomaten gibt es in den Städten nahezu überall, u. a. auch in den großen Supermärkten.

EC- und Kreditkarten sperren

Bei Verlust oder Diebstahl*:
📞 **0049-116116** oder
📞 **0049-30-40540509**
(* Gilt nur, wenn das ausstellende Geldinstitut angeschlossen ist, Übersicht:
🖥 www.116116.eu).

Weitere Sperrnummern:
MasterCard, 📞 0800-964767 (in Großbritannien)
VISA, 📞 0800-891725 (in Großbritannien)
American Express, 📞 0049-69-97971000
Diners Club, 📞 0049-753-13633111

Bitte Kreditkartennummer, Kontonummer und Bankleitzahl bereithalten!

In den Highlands ist die Versorgung mit Geldautomaten wesentlich eingeschränkter, und da nicht alle B&Bs oder Tearooms o. Ä. Kredit- oder EC-Karten annehmen, ist ein ausreichender Bargeldbetrag notwendig, um nicht plötzlich festzusitzen.

Bargeld umzutauschen ist in manchen Postämtern möglich, aber nicht in allen Banken. Manche Wechselstuben in den Großstädten nehmen wiederum eine Wechselgebühr und bieten nicht die besten Kurse, sodass der Wechsel teuer werden kann. Andererseits können auch die heimischen Geldinstitute für den Einsatz von EC-Karten und Kreditkarten Auslands- und Vorfinanzierungsgebühren erheben, da Großbritannien ja nicht der Euro-Zone angehört.

Wechselkurse

1 €	= 0,85 £	1 £ = 1,18 €
1 sFr	= 0,66 £	1 £ = 1,50 sFr

Diese Wechselkurse sind gemäß dem Stand von Februar 2011. Da die Kurse nicht fixiert sind, können sich z. T. sprunghafte Änderungen ergeben, die Schwankungen bis zu 10 % in beide Richtungen auslösen können.
Aktuelle Wechselkurse im Internet z. B. unter
🖥 www.finanzen.net/waehrungsrechner.

Bargeld und Kreditkarten

Da nicht alle Vermieter, Cafés und Sehenswürdigkeiten Plastikkarten akzeptieren, kommt man ohne Bargeld vor allem in den Highlands nicht weiter. Andererseits braucht man für einen Mietwagen, telefonische Reservierungen von manchen Unterkünften (z. B. SYHA-Herbergen) oder auch von Konzerten in jedem Fall eine Kreditkarte als Sicherheit und/oder Zahlungsmittel. Die Zeiten, wo man ein JH-Bett einfach mal so telefonisch reservieren konnte, sind vorbei.

Inwieweit man auf dieses oder jenes Zahlungsmittel angewiesen ist, hängt also letztlich sehr von der gewählten Reiseart ab.

Gepäck und Ausrüstung

Zur Grundausstattung für einen Schottlandurlaub gehören regen- und windfeste **Kleidung** sowie warme Sachen, weil selbst im Sommer zumindest abends mit kühlen Temperaturen zu rechnen ist. Wer in den Bergen wandern geht, sollte auch Schal und Handschuhe dabeihaben, weil auf den Bergen ein ziemlich kühler Wind wehen und das Wetter schnell umschlagen kann. Am besten packt man nach dem Zwiebelprinzip ein, sodass man bei Bedarf mehrere Lagen übereinander anziehen kann. Auf jeden Fall gehören im Sommer natürlich auch T-Shirts und leichtere Hemden ins Gepäck, denn wenn die Sonne scheint, kann es sehr angenehm werden. Das bedeutet natürlich auch, dass man gerade bei empfindlicher Haut an **Sonnencreme** sowie ggf. einen Hut oder eine Kappe denken sollte. Wer Vögel, Meeressäuger und Rotwild beobachten möchte, sollte ein gutes **Fernglas** nicht vergessen.

Ins Gepäck gehört zudem festes Schuhwerk. Sobald man auf **Wanderung** geht, sind belastungsfähige Wanderschuhe unerlässlich. Für umfangreichere Wandertouren sollten zudem ein Kompass und eine Trillerpfeife für den Notfall nicht fehlen. Wasserflaschen oder Thermoskannen für warmen Tee sind für längere Wanderungen ebenfalls sehr empfehlenswert. Vor Ort sollten dann die notwendigen Wanderkarten erworben werden.

Für das **Waschen** der Kleidung stehen in den SYHA-Jugendherbergen, in vielen privaten Hostels sowie auf vielen Campingplätzen Waschmaschinen und Trockner zur Verfügung. Manche B&B-Gastwirte lassen ebenfalls, z. T. gegen eine Gebühr, auf Nachfrage eine Maschine laufen. In den größeren Städten gibt es zudem Waschsalons (launderette).

Gesundheit

Reiseapotheke

Ernstzunehmende Gesundheitsrisiken gibt es für Reisende in Schottland nicht. Dementsprechend muss man sich auch nicht speziell impfen lassen. Zur Ausrüstung der Reiseapotheke gehört je nach Anfälligkeit ggf. ein **Mittel gegen Seekrankheit**, falls man Fähren nutzen möchte. Nützlich ist zudem **Insektenschutz**, der gegen die kleinen Mücken (midges) wirksam ist. Allerdings ist es womöglich besser, sich erst vor Ort in den Highlands damit einzudecken, weil die Mittel dort besser auf die nahezu unsichtbaren Quälgeister abgestellt sind.

Notfälle

Im Bedarfsfall hilft rund um die Uhr folgende Telefonnummer des **NHS** (National Health Service) in Schottland bei der Suche nach einem Arzt oder Krankenhaus weiter: ✆ 0845-4242424. Die zentrale, kostenlose Notfallnummer lautet ✆ 999.

Sowohl EU-Bürger wie Schweizer werden in den **Notfallambulanzen** (A&E = Accidents & Emergencys) der Krankenhäuser kostenlos behandelt, im Regelfall reicht hier auch ein Personalausweis als Berechtigung. Die **Europäische Krankenversicherungskarte** (EHIC), die normalerweise in die Versichertenkarte der heimischen Krankenkassen integriert ist, dient für EU-Bürger als Anspruchsnachweis für Behandlungen in einem kommunalen Gesundheitszentrum (health centre), beim niedergelassenen Arzt (General Practioner, GP) oder aber bei einem Zahnarzt (dentist).

Man sollte vor der Behandlung auf jeden Fall darauf hinweisen, dass man nicht als Privatpatient, sondern nach den Bedingungen des Nationalen Gesundheitsdienstes NHS behandelt werden möchte: „I would like to be treated under the NHS regulations." Behandelt der Arzt nicht unter dem NHS, muss man ggf. die Kosten zunächst privat bezahlen. In diesem Fall unbedingt Quittungen sammeln und nach Hause zur Erstattung mitnehmen. Die oben genannte Telefonhotline nennt aber NHS-Vertragsärzte.

Werden **Medikamente** verschrieben, so wird ggf. eine Zuzahlung in der Apotheke fällig. Ausgenommen sind Jugendliche bis 16 Jahre, Personen ab 60 Jahren sowie Schwangere mit einem Befreiungsschein (bei der eigenen Krankenkasse vorab erkundigen).

Auslandsreise-Krankenversicherung

Es ist in jedem Fall sinnvoll, vor der Reise eine zusätzliche private Auslandsreise-Kranken- und Rückhol-Versicherung abzuschließen, um später nicht auf evtl. Zusatzkosten sitzen zu bleiben. Für die Erstattung sollte man sämtliche Quittungen über Behandlungskosten und Ausgaben für Medikamente aufbewahren.

Apotheken

Eigenständige Apotheken *(pharmacy, chemist)* gibt es in Schottland nicht viele, oftmals sind sie als eigene Abteilung der landesweiten Drogeriekette Boots angeschlossen, die vor allem in Einkaufszentren, auf größeren Bahnhöfen und in den Fußgängerzonen der Innenstädte präsent ist.

Informationen

Im Internet

Im Netz finden sich eine Unmenge Webseiten über Schottland. Auch auf Deutsch gibt es zahlreiche Infos, darunter mehrere gut aufgemachte Seiten, die von Schottland-Enthusiasten liebevoll gepflegt werden. Wenn man die englischsprachigen Webseiten (Landeskennung für Großbritannien/Schottland: .uk) hinzurechnet, dürfte es kaum ein Thema geben, das nicht ausführlichst abgehandelt würde. Dazu kommen noch die Webseiten von Hotels, Restaurants und Sehenswürdigkeiten, die im Reiseteil dieses Buches bei jeder Adresse separat aufgeführt werden.

Hier eine kleine Auswahl von Schottland-Webseiten zur Einführung.

VisitScotland / Schottisches Fremdenverkehrsamt
🖥 www.visitscotland.com/de
Die offizielle Webseite des schottischen Fremdenverkehrsamts auf Deutsch ist eine sehr informative Anlaufstelle im Netz mit allgemeinen Infos zu Schottland sowie zur Geschichte und Kultur. Dazu kommen viele praktische Reisetipps mit Links zu zahlreichen Reiseveranstaltern, ein Event-Kalender sowie die Möglichkeit, online Unterkünfte zu recherchieren und zu kontaktieren. Auch finden sich hier und auf der Unterseite 🖥 www.active.visitscotland.com Infos zu Ökotourismus, zu Aktivurlaub (Wandern, Radfahren, Golfen, Angeln usw.), zu Sehenswürdigkeiten nach Regionen unterteilt und eine Liste aller 100 VisitScotland-Touristeninformationen im Land. Für einige Infos muss man allerdings auf die englische Version der Webseite springen. Um einen umfassenden Überblick über den Detailreichtum der sehr verzweigten Webseite zu bekommen, sollte man zunächst „Sitemap" anklicken und sich dann durch die lange Themenliste scrollen.

Allgemeine Informationen
🖥 www.visitbritainshop.com
Auf der Unterwebseite des britischen Fremdenverkehrsamts findet man u. a. Touristenpässe für Sehenswürdigkeiten und Bahnfahrten, die es nur im Ausland oder über Reiseveranstalter gibt. Ein Beispiel ist das Discovery Ticket vom National Trust for Scotland (s. S. 36). Auch die BritRail-Pässe (s. S. 39) lassen sich hier online vorab erwerben.

🖥 www.schottlandportal.de
Eine liebevoll zusammengetragene Webseite auf Deutsch mit allgemeinen Infos, nützlichen Infos, aber auch Reiseberichten sowie Hintergrundinfos zu Politik, Wirtschaft, Kultur und Natur.

🖥 www.schottland.de

Viele Infos zum Land und zu den Sehenswürdig-keiten, einige Unterkünfte, Links zu Restaurants sowie die Möglichkeit, ein Mietauto zu buchen.

🖥 www.undiscoveredscotland.co.uk

Eine der besten und detailliertesten Zusammen-stellungen selbst zu kleinen und abgelegenen Sehenswürdigkeiten, die auf einer Landkarte an-geklickt werden können. Zahlreiche Übernach-tungstipps und -links sowie Wandervorschläge und praktische Tipps für Schottlandreisende.

🖥 www.scotland.org

Eine sehr hilfreiche Webseite der schottischen Regierung, vor allem wenn man in Schottland studieren und arbeiten möchte. Es gibt zu diesen Themen viele Hintergrundinfos und praktische Tipps, aber auch viel Geschichte und Kultur.

🖥 www.snh.gov.uk

Die schottische Umweltschutzbehörde Scottish Natural Heritage (SNH) gibt im Internet einen gu-ten Überblick über alle relevanten Umweltaspek-te des Landes. Dazu finden sich unter „Enjoying the Outdoors" eine Übersicht der Nationalparks, Landschaftsparks und Naturschutzgebiete.

🖥 www.travelinescotland.com/welcome.do

Die Online-Plattform für den öffentlichen Nah-verkehr ist die beste Methode, mögliche Ver-kehrswege von A nach B samt Anschlüssen zu berechnen. Dazu unter „Plan your journey" Abfahrts- und Zielort, das gewünschte Datum, die Uhrzeit und den bevorzugten Verkehrsträger eingeben. Auch deutsche Startseite mit Links zu allen Verkehrsunternehmen in Schottland.

🖥 www.metoffice.com

Der Wetterbericht für Schottland.

🖥 www.travelforkids.com

Mit Kindern unterwegs? Diese Webseite listet sehr viele Ideen, was man mit Kindern in Schott-land unternehmen kann.

🖥 www.whisky.de

Der Whisky-Großhändler hat dankenswerter-weise ein ausführliches Online-Whisky-Buch zusammengestellt, das viele aktuelle Infos zum Wasser des Lebens und zur Entwicklung der Destillen enthält.

🖥 walking.visitscotland.com

Eine sehr gut ausgestattete, englischsprachige Unterseite des offiziellen Internetauftritts von VisitScotland mit zahlreichen vollständig ausge-arbeiteten Wandervorschlägen, geordnet nach Schwierigkeitsgrad und Region. Länge, Gehzeit, Höhenunterschiede sowie eine Karte helfen bei der Vorbereitung.

Denkmalschutzorganisationen

🖥 www.historic-scotland.gov.uk

Die staatliche Denkmalschutzorganisation ver-waltet vor allem Schlösser, Kathedralen – bzw. was von ihnen übrig geblieben ist – sowie viele der altertümlichen Fundstätten quer durchs Land. Auf der Webseite gibt es detaillierte Informatio-nen nach Regionen, geordnet nach Objekten, inkl. der aktuellen Öffnungszeiten und Eintrittspreise.

🖥 www.nts.org.uk

Der National Trust for Scotland verwaltet Dut-zende von Burgen, Landsitzen, Gärten und Mu-seen. Außerdem ist die von mehr als 300 000 Mitgliedern getragene private Denkmalschutz-organisation einer der größten Landbesitzer in Schottland. Auf der Webseite werden alle Ob-jekte ausführlich mit aktuellen Öffnungszeiten und Eintrittspreisen vorgestellt.

Fremdenverkehrsämter

Im Ausland vertritt VisitBritain Schottland als Tourismusbehörde, hat jedoch kein eigenes Bü-ro mehr. Alle Landeswebseiten werden auf die zentrale deutschsprachige Webseite weiter-geleitet. Im Internet verkauft VisitBritain unter 🖥 www.visitbritainshop.com auch Eintrittspässe und Bahnpässe (s. S. 36).

... in Deutschland

VisitBritain, ✆ 030-31571974,
🖥 www.visitbritain.com, www.visitbritainshop.de.
Hinweis: Durch die Aufgabe des Berlin-Büros 2011 kann sich die Telefonnummer noch ändern.

... in Österreich

VisitBritain, ☎ 0800-150170 (kostenlos in Österreich), 🖥 www.visitbritain.at.

... in der Schweiz

VisitBritain, ☎ 0844-007007 (Ortstarif innerhalb der Schweiz), 🖥 www.visitbritain.ch.

... in Schottland

VisitScotland, Ocean Point One, 94 Ocean Drive, Edinburgh EH6 6JH, ☎ 0845-2255121, 🖥 www. visitscotland.com. Die Zentrale von VisitScotland im Hafen von Leith ist kein offenes Touristenbüro, sondern für die Koordination sowie die Beantwortung schriftlicher (postalisch und per E-Mail) und telefonischer Anfragen zuständig. VisitScotland vertreibt zudem zahlreiche kostenlose Broschüren über die rund 100 Informationsbüros im ganzen Land. Diese Büros werden ergänzt durch zahlreiche weitere kommunale Büros oder unbemannte Info Points.

VisitScotland hat zudem Unterkünfte, Besucherattraktionen und Museen mit einem Sternesystem bewertet, dass es Besuchern erleichtert, die Qualität zu beurteilen. Da jedoch längst nicht alle Unterkünfte an der Zertifizierung teilnehmen, gibt es zusätzlich viele weitere Adressen. VisitScotland vergibt auch Gütesiegel für ökologisch wirtschaftende Touristenbetriebe und hat ein weiteres Siegel entwickelt, das Unterkünfte markiert, die besonders auf Wanderer, Radler oder Golfer eingestellt sind.

Daneben kann man über VisitScotland Unterkünfte direkt buchen (s. S. 70). Zum Service gehört auch, dass VisitScotland jedes Jahr aktuell für alle Regionen Schottlands eigene Broschüren mit Unterkünften auflegt. In einer zweiten Broschüre werden dann meist Touristenattraktionen vorgestellt.

Landkarten und Pläne

Als **Straßenkarte** ist die sehr gute Regionalkarte 501 von Michelin im Maßstab 1:400 000 zu empfehlen. Damit kommt man in den Highlands angesichts der wenigen Straßen und auf allen wichtigen Verkehrswegen in den Lowlands gut zurecht. Wer die belebten Straßen verlässt, muss angesichts der dünnen Besiedlung in manchen Gegenden damit rechnen, dass Straßenschilder Mangelware sind, sodass auch die normalen Straßenkarten nicht immer weiterhelfen.

Für Wanderer sind ohnehin die **Landranger-Karten** von Ordnance Survey (1:50 000) Pflicht. Die OS-Landranger-Serie deckt mit rund 85 Karten ganz Schottland ab und ist die wichtigste Grundlage für jede Berg- oder Wildnistour. Die OS-Karten gibt es in Schottland in den Touristeninformationen, Buchläden, Outdoorshops und z. T. auch Tankstellen.

Internet und E-Mail

Für den eigenen Laptop gibt es in vielen Cafés, Hotels und öffentlichen Orten sogenannte *WiFi Hotspots*, um per WLAN ins Netz zu gehen.

Wer im Urlaub auf seinen Laptop gerne mal verzichtet, kann sich unterwegs auf das hervorragende und kostenlose Angebot der öffentlichen Büchereien stützen. Die *public libraries* quer durchs Land bieten mehrere Computer, die man kostenlos nutzen kann. Dazu muss man gelegentlich eine Registrierungskarte ausfüllen oder einen Pass vorzeigen. Auch kann die Nutzungszeit bei starkem Besucherverkehr auf 30 oder 60 Minuten begrenzt sein. Aber der Service ist klasse, weil man ziemlich flexibel mal einen Blick auf seine Mails werfen oder aktuelle Infos für das kommende Reisestück recherchieren kann.

In den ländlichen Gegenden gibt es allerdings nicht in jedem Dorf eine Bücherei und deren Öffnungszeiten sind womöglich stark begrenzt.

Kinder

Familien mit Kindern brauchen sich in Schottland keine Sorgen zu machen. Es gibt sehr viele kinderfreundliche Attraktionen, die in den Großstädten Abwechslung bieten und auf dem Land auch an Regentagen für Unterhaltung sorgen können.

Alte Burggemäuer, historische Museumsbahnen, Ausflüge per Schiff zu Seehundbänken und

Vogelkolonien, Tierparks, spannend gestaltete Meeresaquarien, Ponytrekking, Sandstrände und ähnliche **Attraktionen** interessieren Kinder fast immer. In dieser Hinsicht schneidet Schottland sehr gut ab. Für einen ersten Überblick über kinderfreundliche Attraktionen in Schottland ist folgende Webseite ein guter Startpunkt: 🖳 www.travelforkids.com.

Erfreulicherweise sind die meisten Übernachtungsbetriebe und Restaurants auf Kinder eingestellt. Größere Besucher- und Einkaufszentren bieten vielerorts sogar **Wickeltische** oder auch Spielecken.

Bei den **Reisevorbereitungen** sollte man daran denken, die Kinder kleidungsmäßig besonders gut gegen Wind und Wetter zu schützen. Gummistiefel können gerade bei Zelturlauben sehr hilfreich sein. Nicht jedes Insektenschutzmittel ist für Kinder geeignet.

Große Umsicht sollte man walten lassen, wenn man **wandern** möchte. Dann sind auch für Kinder Wanderschuhe Pflicht, der Anspruch der Wanderung sollte angemessen sein, an schwierigen Passagen oder in der Nähe von Klippen sollte man die Kinder immer an der Hand haben, und vor allem sollte man die Länge der Wanderung bedenken. Mit den schottischen Bergen ist nicht zu spaßen und leider kommt es immer wieder zu schweren Unfällen. Andererseits bietet die freie Natur unendlich viel Auslauf und Entdeckungsmöglichkeiten.

Bei allen Attraktionen und im öffentlichen Nahverkehr gibt es **Ermäßigungen** für Kinder, die bis zu 50 % des Eintritts- und Fahrpreises ausmachen. Wer Familientickets kauft, kann seine Kinder vielfach sogar (fast) umsonst mitnehmen. Unter fünf Jahren zahlen Kinder in der Regel keinen Eintritt und benötigen keinen Fahrschein.

In Städten oder in den Cafés und Restaurants der Touristenattraktionen gibt es eine große Auswahl an kinder- und jugendfreundlichen Gaststätten. Hier bekommt man dann auch kleinere Kinderportionen oder spezielle Kindergerichte, deren Abwechslungsreichtum jedoch ausbaufähig ist.

Maße und Elektrizität

Maße

Großbritannien und Schottland stellen nur sehr zögerlich auf metrische Maße um: Straßenschilder sind in Meilen *(miles)*, Gewichte in Unzen *(ounce)* und (britischen) Pfund *(pound)*, Getränke in Pints *(pint)* sowie Körpermaße in Fuß *(foot)* und Zoll *(inch)* angegeben. Da kommt Freude beim Umrechnen auf. Hier einige der wichtigsten Maße im Überblick:

Elektrizität

In Großbritannien beträgt die normale Stromspannung 240 Volt Wechselstrom (50 Hertz). Allerdings funktionieren Steckdosen nur mit einem dreipoligen Stecker, für den man einen Adapter benötigt, den man sich entweder vor der Abfahrt in einem Elektrofachgeschäft oder aber am Flughafen besorgen kann.

Medien

Neben den landesweiten britischen Fernsehsendern, Radioprogrammen und Zeitungen, die zumeist in London produziert werden, gibt es eine Reihe von regionalen schottischen Medien.

Maße und Gewichte	
Längenmaße	
1 mile	1,609 km
1 yard	91,44 cm
1 foot	30,48 cm
1 inch	2,54 cm
Hohlmaße	
1 gallon	4,546 l
1 pint	0,568 ml
Gewichte	
1 stone	6,35 kg
1 pound	453,59 g
1 ounce	28,35 g

Im **Fernsehen** sorgen BBC Scotland und STV (gehört zu ITV) für regionale Schwerpunkte. Um 18.30 Uhr bringt **BBC Scotland** auf BBC 1 nach den 18-Uhr-Hauptnachrichten eine halbe Stunde Schottland-News unter dem Titel *Reporting Scotland*. Die BBC unterhält auf den Äußeren Hebriden sogar ein gälischsprachiges Programm.

Im **Hörfunk** gibt es eine Reihe lokaler Privatsender, deren Reichweite regional begrenzt ist. Die großbritannienweiten Programme der BBC sind auch in Schottland zu empfangen.

Auf dem **Zeitungsmarkt** wird die schottische Eigenständigkeit am deutlichsten. *The Scotsman* aus Edinburgh und *The Herald* aus Glasgow gelten als die wichtigsten schottischen Printmedien, die landesweit gelesen werden. Mit den Blättern *Scotland on Sunday* und *Sunday Herald* produzieren sie zudem Sonntagszeitungen.

Der Nordosten und große Teile der Highlands werden vom Medienhaus FC Thompson aus Dundee mit den Blättern *Press & Journal* und *The Courier* beliefert.

Kleinere Blätter in den Highlands und auf den Inseln sind die wöchentlichen Publikationen *West Highland Free Press*, *Stornoway Gazette*, der *Orcadian* sowie die *Shetland Times*.

Öffnungszeiten

Postämter haben in der Regel Mo–Fr 9–17.30, Sa 9–12.30 Uhr geöffnet, Banken Mo–Fr von ca. 9–16.30 Uhr. Bei den Geschäften gibt es kaum geregelte Öffnungszeiten. Viele Tante-Emma-Läden haben täglich geöffnet, manche bis tief in die Nacht. Die Supermärkte auf der grünen Wiese haben oftmals bis 22 Uhr offen, sonntags immerhin bis 18 Uhr. In den Innenstädten sind die Geschäfte Mo–Sa bis ca. 18 Uhr geöffnet, donnerstags jedoch ein bis zwei Stunden länger.

Post

Postkarten und Briefe bis 20 g auf den europäischen Kontinent kosten mit Royal Mail derzeit (Februar 2011) 60 p. Dazu bekommt man zugleich einen Luftpoststicker ausgehändigt. Im Schnitt benötigen Postsendungen „nach Europa" 3–4 Ta-ge, Pakete etwas länger.

Reisende mit Behinderungen

Ob man Schottland als behindertenfreundlich oder nicht ansieht, lässt sich nicht pauschal beantworten. In den großen Museen und Besucherzentren gehören z. B. Parkplätze am Eingang, Rampen für Rollstühle und Aufzüge zum Standardangebot. Auch moderne Niederflurbusse und Züge sind entsprechend ausgestattet. Ampeln haben ein Hörsignal, das akustisch anzeigt, wann Fußgänger die Straße passieren können.

Andererseits zeigen die Besichtigung von alten Burgen oder die Nutzung von Zimmern in B&Bs oder Hotels, die nur über Treppen zu erreichen sind, leider deutlich die Grenzen auf. Allerdings bemühen sich viele Attraktionen, wenigstens Teile ihrer Sehenswürdigkeiten für Reisende mit Behinderungen zugänglich zu machen. So gibt es in Gärten oder Parks rollstuhlfähig ausgebaute Wege.

Der **National Trust for Scotland** hält im Internet unter ⬚ www.nts.org.uk/Downloads/Disability Access.pdf eine Broschüre mit relevanten Infos zu allen Attraktionen bereit. Dabei geht es um Parkmöglichkeiten, rollstuhlfähige Wege, Hörgerate für Führungen und die Zugänglichkeit der Gebäude. Bei **Historic Scotland** wird auf ⬚ www.historic-scotland.gov.uk zu allen Attraktionen mit entsprechenden Symbolen der Grad der Zugänglichkeit dargestellt.

VisitScotland hat auf der englischsprachigen Webseitenvariante unter der Überschrift „Accessible Scotland" behindertengerechte Unterkünfte zusammengestellt und bringt auch die Broschüre *Accessible Scotland* raus. Die Zugänglichkeit eines Gebäudes ist zudem mit Symbolen in drei unterschiedlichen Kategorien ausgezeichnet. So lässt sich z. B. erkennen, ob man mit einem Rollstuhl alleine ein Zimmer aufsuchen kann oder grundsätzlich Hilfe benötigt. Auf der Webseite finden sich auch Links zu anderen Organisationen, darunter **RADAR** (Royal Association for Disability Rights), ⌨ www.radar. org.uk. Weitere Infos bietet außerdem die Organisation **Capability Scotland**, ⌨ www.capability-scotland.org.uk.

In Deutschland gibt der **Bundesverband Selbsthilfe Körperbehinderter e. V.** nützliche Tipps für die Reise unter ⌨ www.reisen-ohne-barrieren.eu.

Schwule und Lesben

Eine eigenständige Schwulen- und Lesbenszene gibt es eigentlich nur in den Großstädten Edinburgh und Glasgow. Die Szene firmiert unter dem Kürzel LGBT (Lesbian, Gay, Bisexual and Transgender). Für den Einstieg empfiehlt sich ein Blick auf die Webseite ⌨ www.gayscotland.com, die mit vielen Links ausgestattet ist, aber auch Tipps zu schwulen- und lesbenfreundlichen Unterkünften, Bars und Clubs liefert. Das Magazin *Scots-Gay* erscheint monatlich und steht bei GayScotland als PDF zum Download zur Verfügung.

Das größte Festival der Szene, Glasgay, findet im Oktober/November in Glasgow statt: ⌨ www.glasgay.co.uk.

Sicherheit

Schottland ist im Allgemeinen für Touristen ein sicheres Land. Mit besonderen Gefahren muss man nicht rechnen.

Wie andernorts auch kommen in größeren Städten gelegentlich Taschendiebstahl, Autoaufbrüche oder alkoholbedingte Delikte vor. Entsprechend sollte man seine **Wertsachen** gut gesichert am Körper tragen oder aber in der Unterkunft – falls vorhanden – in einen Safe stecken. Im Schadensfall bei der Polizei Anzeige erstatten, da heimische Versicherungen im Regelfall eine Diebstahlsanzeige erwarten.

Auf dem Land ist die Situation hingegen völlig anders: Hier schließen die Leute oftmals ihre Häuser oder Autos gar nicht ab, weil die Kriminalitätsrate extrem niedrig ist. Es ist auch kein

Problem, bei **Wanderungen** sein Auto auf einem Parkplatz abzustellen. Wer längere Touren unternimmt, sollte jedoch unbedingt sein Wanderziel, seine Wanderroute, die ungefähre Rückkehrzeit, die Anzahl der Leute in der Gruppe sowie die Ausrüstung beim Vermieter hinterlassen. Im Notfall kann so wesentlich schneller Hilfe organisiert werden. Wichtig: In den Highlands kann man sich NICHT auf sein Handy verlassen, da es in den ländlichen Regionen, zumal in den Bergen, oftmals keinen Empfang gibt. Das Handy liefert deshalb im Notfall keinen verlässlichen Schutz, siehe auch S. 60.

Die zentrale, kostenlose **Notfallnummer** in Großbritannien/Schottland lautet ☏ 999.

Sport und Aktivitäten

Für Aktivurlauber ist Schottland ein Paradies. Besonders beliebt sind Angeln, Golfen, Radfahren und Wandern.

Schottischer Nationalsport

Fußball ist auch in Schottland am Wochenende ein heißgehandeltes Thema. Wenn Rangers und Celtic in Glasgow aufeinandertreffen, liegt die Spannung förmlich in der Luft – was allerdings nicht immer mit dem Fußballspiel zu tun hat (s. S. 248). In Edinburgh sind die Hibs (Hibernians) und die Hearts die Top-Teams, in Aberdeen die Dons. Sie alle spielen in der Premier League, doch eigentlich siegt in den Meisterschaften immer nur eines der beiden dominierenden Teams aus Glasgow.

Wesentlich härter geht es beim **Rugby** zu, dem zweiten Nationalsport in Schottland. Im Murrayfield Stadium in Edinburgh werden die „internationalen" Klassiker gegen England, Wales, Irland oder Frankreich ausgetragen. Seit 1990 begleiten die schottischen Fans ihr Team mit dem patriotischen Folksong *Flower of Scotland* (s. S. 287), der sich zur inoffiziellen Nationalhymne entwickelt hat. Früher sangen die Fans *God Save the Queen*, heute singen sie über die kämpferischen Glanzzeiten der schottischen Nation.

Eine traditionsreiche Mannschaftssportart, die keltische Wurzeln hat, ist **Shinty**. Gespielt wird im Freien mit einer Art Hockeyschläger, weil sich die beiden Sportarten miteinander verwandt sind. Die meisten Teams sind in den Highlands angesiedelt, auch an den Unis wird die Sportart gepflegt.

Angeln

Für Angler ist Schottland ein Traumland. Die langen Flüsse Tweed, Tay, Spey oder Dee sind besonders beliebt, um Lachs und Forellen zu angeln. Da die Flüsse nahezu alle in Privathand sind, muss man sich eine private Angellizenz besorgen, die es an den unterschiedlichsten Orten gibt (Post, Laden, Hotel, Touristeninformation etc.). An den begehrtesten Flüssen können Angellizenzen aufgrund der Popularität allerdings sehr teuer oder fast gar nicht zu bekommen sein. Auch die Frischwasser-Lochs und die lang gestreckten Fjorde sind attraktiv, genauso wie ein Schiffsausflug zum Hochseeangeln. Tageslizenzen gibt es ab ca. 5 £, für Lachsflüsse ab ca. 20 £.

Ausführliche Infos unter 🖳 www.active. visitscotland.com bzw. 🖳 www.fishpal.com. VisitScotland gibt zudem die kostenlose Broschüre *Fish in Scotland* heraus.

Golf

In der Heimat des Golfs gilt das Einlochen als Volkssport, und so dürften Golfenthusiasten hinreichend Gelegenheit haben, auf der Reise auf einem der mehr als 550 Golfplätze selbst den Schläger zu schwingen.

Die Auswahl reicht von dem König der Golfplätze, dem Old Course in **St Andrews** (S. 308), bis zu abgelegenen Golfplätzen auf den Äußeren Hebriden oder Shetland. Auf dem Land ist man schon für 10–15 £ pro Runde dabei, auf den Top-Plätzen zahlt man hingegen schnell 60 £ oder mehr (wenn man überhaupt ein Zeitfenster zugewiesen bekommt). Auch die Kleiderordnung variiert natürlich mit den örtlichen Gegebenheiten, von locker bis strikt geregelt. Generell sind aber Jeans und Turnschuhe verpönt.

Ein Handicap-Zertifikat ist immer hilfreich. Ausrüstung kann gelegentlich vor Ort ausgeliehen werden. Weitere Infos: 🖳 www.golf.visit scotland.com. VisitScotland gibt zudem die kostenlose Broschüre *Golf in Scotland* heraus.

Rad fahren

Rad fahren ist erst langsam im Kommen in Schottland. Städte wie Edinburgh, Glasgow und Aberdeen legen verstärkt Wert auf die Ausweisung von Radrouten, auch wenn noch einiges an Nachholbedarf besteht. Sehr attraktiv sind die stillgelegten Bahntrassen, die zu Radwegen ausgebaut wurden, oder aber Treidelpfade entlang der diversen Kanäle.

Im Rahmen einer Millenniumsinitiative schreitet der Ausbau eines National Cycle Network voran. Mehrere Routen durchqueren auch Schottland. Zuständig für den Ausbau und Erhalt dieser Fernradwege ist die Organisation **Sustrans**, 🖳 www.sustrans.org.uk.

Einige Ideen für längere **Radwanderungen** in Schottland s. S. 27. Vor allem die Highlands, der Nordosten sowie die Äußeren Hebriden und Orkney sind Radlereldorados. Belebten Straßen sollte man grundsätzlich ausweichen. Ideal sind die verkehrsarmen *single track roads* in abgeschiedenen Teilen der Highlands. Ein spezieller Tipp: Wer Schottland von West nach Ost durchqueren möchte, kann von Fort William oder Spean Bridge mit der Bahn nach Rannoch Station fahren. Dort beginnt die Sackgassenpiste nach Pitlochry, die kaum von Autos befahren und landschaftlich sehr schön ist.

Radfahrer sollten einige Dinge beachten: In den Highlands ist man weitgehend auf sich selbst gestellt, da der nächste Radladen im Bedarfsfall nicht um die Ecke liegt. Dementsprechend sollte man sich mit wichtigem Reparaturmaterial versorgen. Ausgefallenere Dinge, wie spezielle Speichen, Bremsklötze, Seilzüge oder Schläuche gehören zur **Ausrüstung**, um nicht wegen einer Kleinigkeit plötzlich lahmgelegt zu werden.

An der Westküste gibt es immer wieder Steigungen, die z. T. sehr steil sein können. Da die vorherrschende Windrichtung eher Süd- bis Nordwest ist, sollte man tendenziell eher von

Westen nach Osten als umgekehrt fahren. In offenem Gelände lässt sich Regen kaum ausweichen, sodass Wetterfestigkeit von Vorteil ist. Dafür bekommt man einmalige Landschaftserlebnisse geboten, die sehr intensiv sind. Wer ein Zelt dabeihat, kann sich am Ende des Tages einfach einen Strand oder einen schönen Flecken an einem Fluss suchen und die freie Natur genießen.

An vielen Orten gibt es **Radverleiher**, sodass man auch spontan eine kürzere Runde drehen kann. Das ist insbesondere empfehlenswert, wenn man abgelegene und relativ flache Küstenstrecken oder Inseln erkunden möchte. Für einen halben Tag zahlt man ca. 10 £, für einen ganzen 15–20 £.

Für **Mountainbiker** wurden mehrere Gebiete mit Parcours von unterschiedlicher Schwierigkeit hergerichtet. In Südschottland sind dies die **7stanes**, 🖥 www.7stanes.com; in den Highlands gibt es in den Cairngorms bei Aviemore, bei Newtonmore sowie am Ben Nevis eigens präparierte Pisten.

Weitere Infos s. auch unter 🖥 www.active. visitscotland.com.

Reiten

Ein Land mit weiten offenen Bergen und Tälern lädt natürlich zum Reiten ein. Allerdings gibt es nicht so viele Angebote, wie man vielleicht annehmen könnte. Besonders beliebt ist Ponytrekking, das an verschiedenen Stellen angeboten wird. Adressen von Reiterhöfen finden sich im Reiseteil oder im Internet unter 🖥 www.active. visitscotland.com.

Tiere beobachten

Bird watching ist in Großbritannien eine Art Trendsport. Wann und wo welche Vogelart brütet oder eine Flugpause auf ihrem Weg in die Sommer- oder Winterreviere einlegt, wird genauestens verfolgt und dokumentiert. Aber auch für Laien tun sich hier erstaunliche Welten auf. Ein Ausflug zur Basstölpel-Insel Bass Rock oder zum Papageientaucher-Eiland Isle of May kann genauso faszinierend sein, wie bei Dunkeld und Aviemore den Fischadlern zuzuschauen. Rund um die Küste gibt es zahlreiche Abschnitte, die von Seevögeln gerne angesteuert werden. Von salzigen Marschwiesen über gezeitenabhängige Buchten bis zu Steilklippen bietet die Küste sehr vielen Vogelarten ideale Lebensräume. In den **Vogelschutzreservaten** der Vogelschutzorganisation RSPB, 🖥 www.rspb.org.uk, des Scottish Wildlife Trust, 🖥 www.swt.org.uk, oder der staatlichen Umweltschutzbehörde SNH, 🖥 www.snh.gov.uk, gibt es regelmäßig Führungen und auch Besucherzentren.

Im Wasser tummeln sich in einigen Gegenden Delfine und Wale, gelegentlich sogar Haie (keine Angst, erstens gibt es nur sehr wenige Haie, und zweitens ist Schottland ohnehin kein Badeland). In vielen Hafenbecken und auf flachen Felseneilanden fühlen sich Seehunde pudelwohl. Zu den bekanntesten **Seehundbänken und Delfingründen** (vor allem der Moray Firth) werden Schiffstouren angeboten. Zwischen Wasser und Land wechseln die **Otter**, die recht scheu sind, aber mit etwas Glück zu sehen sind.

In den offenen Arealen der Highlands ist der Lebensraum von **Rehen und Hirschen**. Auf Wanderungen sieht man gelegentlich ganze Rudel in der Ferne vorbeiziehen. Wer jedoch draußen zeltet oder in einsamen Hütten übernachtet, bekommt schon mal wesentlich persönlicheren Besuch. In der Heide flattern vor einem immer wieder **Moorhühner** empor.

Wandern

Schottland ist ein Wandergebiet par excellence. Natürlich stehen die Highlands hier an allererster Stelle, aber auch die anderen Regionen laden immer wieder zu herrlichen Wanderungen ein. Ob man nun einfach mal zwei Stunden raus möchte oder aber mehrere Tage am Stück mit dem Zelt in die Highlands aufbricht, schon wenige Meter jenseits der Straße beginnt das ungetrübte Landschaftserlebnis. Und von einem Gipfel aus liegt einem die traumhafte Landschaft zu Füßen und vielleicht funkelt sogar das blaue Meer am Horizont … Nirgends ist man in Schottland der Natur näher, als wenn man sich zu Fuß auf den Weg macht.

Im Gegensatz zu England gibt es in Schottland für Fußgänger, Wanderer, Radfahrer und Wassersportler generell freien Zugang *(access)* zum offenen Land. In einem eigenen Gesetz, dem *Land Reform (Scotland) Act*, wurde 2003 dieses traditionell umfassende **Wegerecht** vom schottischen Parlament verbindlich fixiert. In der Praxis bedeutet dies, dass Wanderer von privaten Landbesitzern nicht am Zutritt ihrer oft sehr weitläufigen Güter gehindert werden dürfen. Auch das freie Zelten in der Natur ist jederzeit möglich.

Der freie Zugang hat selbstverständlich dort seine **Grenzen**, wo die Privatsphäre der Anwohner sowie der Schutz der Natur Vorrang haben. Deshalb sind das Umfeld von Privathäusern, private Gärten, bewirtschaftete Felder und abgesperrte Naturschutzreservate zu 100 % zu respektieren. Nur so kann das freie Zugangsrecht auf Dauer aufrechterhalten bleiben, zumal die Gesetzgebung für europäische Verhältnisse sehr progressiv ist und einen maximalen Landschaftsgenuss ermöglicht.

Die Einhaltung des Country Code ist verbindlich: Grundsätzlich sollte man dort, wo es Wege gibt, auf diesen bleiben, Gatter grundsätzlich hinter sich schließen, keinen Abfall zurücklassen, kein offenes Feuer machen und auch sonst der Natur keinen Schaden zufügen. Auf Englisch heißt es dazu schlicht: „Take nothing but photos, leave nothing but footprints". Wer frei zeltet, sollte sich einen Platz suchen, an dem keine Anwohner oder auch Tiere (z. B. Brutvögel) gestört werden.

Berücksichtigt werden muss außerdem die **Jagdsaison** zwischen Juli und Mitte Oktober. Hier ist Kooperationsbereitschaft mit den jeweiligen Landbesitzern gefragt. Für einige Regionen gibt es während der Jagdsaison *hill phones* mit aktuellen Infos, ⌨ www.hillphones.info. Gegenseitige Rücksichtnahme ist Trumpf. Infos zum Zugangsrecht und Country Code unter ⌨ www. outdooraccess-scotland.com.

Zum guten Ruf als Wanderparadies haben die **Fernwanderwege** beigetragen. Im Ausland am bekanntesten ist der West Highland Way (s. S. 272), aber auch der Speyside Way (s. S. 398) und der Great Glen Way (s. S. 429) sind attraktive Optionen. In diesem Buch werden 15 Touren ausführlich beschrieben und mit Karte präsentiert. Daneben gibt es zahlreiche zusätzliche Vorschläge für Wanderungen unterschiedlichen Schwierigkeitsgrades. Ein Bonbon ist die Besteigung eines **Munros** (s. Kasten S. 62).

Bevor man sich auf den Weg macht, sollte man das Wetter checken (in Hostels, Outdoorläden und manchen Besucherzentren hängen aktuelle Wettervorhersagen aus), sich mit Karte, Kompass, Trillerpfeife sowie ausreichend Nahrungsmitteln, Getränken und warmer, wetterfester Wäsche versehen und seine Route inkl. ungefährer Rückkehrzeit beim Gastgeber hinterlassen. Auch hier nochmal der Hinweis: Im Zweifelsfall sollte man sich niemals allein auf sein Handy verlassen, da die Funklöcher über weite Teile der menschenleeren Bergwelt reichen und der Empfang gleich Null ist.

Als **Wanderkarten** sind die hervorragenden OS-Landranger-Karten von Ordnance Survey im Maßstab 1:50 000 zu empfehlen, die es in Schottland in den Touristeninformationen, in Sportgeschäften und Buchläden zu kaufen gibt.

Weitere Infos und Tipps zu Wanderungen und Routenvorschläge im Internet unter ⌨ walking. visitscotland.com sowie ⌨ www.walkhighlands. co.uk. VisitScotland gibt zudem die kostenlose Broschüre *Walk in Scotland* heraus.

Detaillierte Auskünfte gibt es bei den beiden großen Bergsteiger- und Wanderorganisationen in Schottland: **Mountaineering Council of Scotland** (MCofS), ⌨ www.mcofs.org.uk, sowie **Scottish Mountaineering Club** (SMC), ⌨ www. smc.org.uk.

Wassersport

Die schottischen Flüsse sind das Revier von **Kajakfahrern, Kanuten und Wildwasserfahrern**, auch die Seen und Fjorde lassen sich per Kajak und Kanu erkunden.

Als **Sir Hugh Munro** 1891 eine Liste mit allen schottischen Bergen über 3000 Fuß (ca. 914 m) veröffentlichte, konnte er nicht ahnen, dass er damit eine Trendsportart für britische Bergwanderer erfunden hatte: das *Munro-bagging*.

Ziel dieses Sports ist es, alle der momentan 283 anerkannten „Munros" zu erklimmen, oben den höchsten Stein zu berühren und so den Munro „einzusacken". Stempel gibt es selbstredend nicht, hier gilt noch das Ehrenwort. Eines Tages kann man sich dann in eine Liste eintragen, die im Internet vom 1889 gegründeten **Scottish Mountaineering Club** (SMC) ständig aktualisiert wird. Damit ist man offiziell als **Munroist** bzw. als Compleatist („Vollender") anerkannt. Ende 2010 waren bereits mehr als 4700 Munroists beim SMC registriert. Derzeit kommen jedes Jahr rund 200–300 neue Einträge hinzu.

Munro selbst war übrigens der erste Vorsitzende des SMC. Seit 2002 gibt es zudem eine Munro Society, die sich ganz dem Vergnügen des Munro-bagging widmet. Zum Massenphänomen wurde dieses erst in den 1980er-Jahren. Der erste Besteiger aller Munros war 1901 **Reverend Archibald Enear Robertson**. Auch Robertson war Präsident des SMC. Er benötigte zehn Jahre für die komplette Tour, und es heißt, dass er auf dem letzten Gipfel zunächst den Cairn (Steinhaufen) und erst dann seine Frau küsste.

Die schottische Fernsehmoderatorin Muriel Gray hat sich schon 1991 in ihrem Buch *The First Fifty – Munro-Bagging without a Beard* („Munro-Sammeln ohne Bart") humorvoll mit den typischen Verhaltensmustern ihrer zumeist männlichen Wanderkollegen auseinanderge-

setzt. Die erste Frau unter den 3000-Füßlern war 1947 übrigens **Annie „Paddy" Hirst** als Nr. 10 auf der Liste der Munro-bagger.

Merkwürdigerweise ist gar nicht festgelegt, was ein Munro genau ist. Denn es gibt noch 227 weitere Bergspitzen oberhalb der 3000 Fuß (genannt Tops), die gelegentlich zu Munros befördert oder eben wieder „degradiert" werden. Munro hatte nur eine „ausreichende räumliche Trennung" gefordert. Im September 2009 wurde letztmals wieder ein Berg aus der Munro-Liste gestrichen. Sicherheitshalber besteigen echte Spezialisten deshalb zusätzlich alle Tops, was die Liste beträchtlich länger macht.

Um auch andere Berge in den Blickpunkt zu rücken, gibt es noch mehrere weitere Kategorien. Die 221 **Corbetts** sind höher als 2500 Fuß (ca. 762 m) und erfordern mehr als 500 Fuß Wiederanstieg auf allen Seiten. Es folgen die 224 **Grahams**, die über 2000 Fuß (ca. 610 m) hoch sind. Südlich der Highlands locken schließlich noch 89 **Donalds**, die allesamt ebenfalls über 2000 Fuß hoch sind, nur eben nicht in den Highlands liegen.

Echte Munro-bagger lassen jedoch alle Berge unterhalb von 3000 Fuß kompromisslos links liegen und starten lieber eine zweite, dritte oder vierte Runde. Der Rekord liegt derzeit bei 13 vollendeten Munro-Runden.

Wer einmal dem schottischen Höhenrausch verfallen ist, wird nur schwer wieder davon loskommen. Und dann macht es auch nichts aus, ob der Berg nun gerade 914 oder „nur" 913 m hat, denn die Schönheit der Berge richtet sich definitiv nicht nach der Höhe.

Auf den Kanälen zwischen Edinburgh und Glasgow sowie auf dem Caledonian Canal zwischen Inverness und Fort William werden verschiedene **Boote** für mehrere Tage oder eine Woche vermietet. Infos bei Waterways Holidays, 🖳 www.waterwaysholidays.co.uk, am Falkirk Wheel (s. S. 292) sowie Caley Cruisers, 🖳 www.caleycruisers.com, in Inverness.

An den Stränden rund um die Küste fühlen sich **Surfer** zu Hause. In vielen Surfrevieren ist man praktisch ganz für sich allein.

Schottland ist auch bei **Seglern** ein beliebtes Reiseziel. Im Sommer ankern vor der Westküste und den diversen Inseln zahlreiche Jachten, die auf dem Wasser auf Erkundungstour sind. Hebriden-Törns sind sehr abwechslungsreich.

An den Küsten ist **Tauchen** ein großes Thema, vor allem dort, wo sich Schiffswracks unter der Oberfläche verbergen. Bekannte Tauchreviere liegen vor Oban, Mull und auf Orkney (s. S. 578). Weitere Infos beim Scottish Sub Aqua Club, 🖥 www.scotsac.com, zu Wassersport allgemein unter 🖥 www.active.visitscotland.com.

Wintersport

Schottlands Berge mögen im Vergleich zu den Alpen nicht sehr hoch sein, aber die nördliche Lage führt dazu, dass im Winter im **Cairngorms National Park** bei Aviemore, Glenshee und Lecht sowie im **Rannoch Moor** und am **Ben Nevis** Skilifte in Betrieb gehen. Je nach Härte des Winters kann die Saison gegen Weihnachten beginnen und im Februar bereits vorbei sein, aber 2009/10 begann die Saison z. B. schon im November und dauerte bis Ostern. Weitere Infos unter 🖥 www.active.visitscotland.com.

Telefon

Die schottischen **Ortsvorwahlen** beginnen alle mit 01, wobei die 0 bei Anrufen aus dem Ausland weggelassen werden muss. Mit 07 beginnen schottische/britische Handynummern. Handy heißt auf Englisch übrigens *mobile (phone)*.

Wichtige Rufnummern	
Notruf (kostenlos) (Polizei, Feuerwehr und Notarzt)	✆ 999
Landesvorwahlen	
Großbritannien/Schottland	✆ 00 44
Deutschland	✆ 00 49
Österreich	✆ 00 43
Schweiz	✆ 00 41
Nationale Vermittlung	✆ 100
Internationale Vermittlung	✆ 155
Telefonauskunft	✆ 118500

Unter den **Servicenummern** leitet die 0800 Gratisanrufe (vom Festnetz) ein, die 0845 bedeutet Ortstarif, die 0870 Landestarif, Nummern mit 09 am Anfang sind in der Regel ziemlich teuer.

Genau wie in Deutschland und anderswo nimmt die Anzahl der öffentlichen **Telefonzellen** stetig ab. Entweder nehmen die Telefonzellen Münzen (10, 20, 50 p sowie 1 £) – dann wird ein Minimum von 60 p pro Anruf fällig – oder Telefonkarten, die man in Postämtern normalerweise zu 5, 10 oder 20 £ erhält; dann entfällt auch die Mindestgebühr und die Anrufe sind wesentlich günstiger.

Transport

Welche Art des Transports am besten ist, hängt ganz von den eigenen Reisewünschen ab. In den großen Städten sind Autos z. B. nur ein Hindernis, im zentralen Bereich von Schottland ist zudem der öffentliche Nahverkehr vergleichsweise gut ausgebaut, während in den Highlands viele abgelegenere Orte ohne eigenes Auto oder Trampen kaum zu erreichen sind. Daneben gibt es wunderbare Bahnstrecken, die zu den schönsten in Europa zählen.

Für alle Verbindungen mit öffentlichen Verkehrsmitteln gibt es in Schottland eine zentrale Informationsstelle und -plattform: **Traveline Scotland**, ✆ 0871-2002233, 🖥 www.travelinescotland.com.

Eisenbahn

Das Bahnnetz von Schottland betreibt **ScotRail**, ✆ 08457-550033, 🖥 www.scotrail.co.uk. Das ehemals staatliche Unternehmen ist inzwischen privatisiert und gehört zu First (s. S. 64). Die wichtigsten Strecken befinden sich naturgemäß im zentralen Gürtel zwischen Edinburgh und Glasgow. Diese beiden Städte sind exzellent in engem Takt miteinander verbunden, 2010 wurde sogar eine dritte Bahnstrecke (wieder) eröffnet.

Die **Hauptstrecken** nach Süden verlaufen von Edinburgh an der Ostküste entlang via Newcastle (s. Anreise S. 39) nach London und von Glasgow entlang der Westküste nach London. Innerhalb von Schottland halten die Züge dabei nur an sehr wenigen Orten, wenn überhaupt.

Nach Norden zu verlaufen die Hauptstrecken von Edinburgh/Glasgow via Perth nach Inverness sowie via Dundee nach Aberdeen. Diese beiden Routen werden regelmäßig befahren. Aberdeen und Inverness sind zudem mit einer eigenen Linie im Nordosten verbunden.

In die Highlands führen die Routen Glasgow–Oban sowie Glasgow–Fort William–Mallaig. Von Inverness aus geht es Richtung Westen nach Kyle of Lochalsh sowie nach Norden Richtung Thurso/Wick. Diese Bahnstrecken gelten als exzellente Sightseeing-Routen, werden aber aufgrund der dünnen Besiedlung der Highlands nur wenige Male am Tag bedient.

Konkrete **Ticketpreise** anzugeben, ist zu einer Lotterie geworden. Für Bahnfahrer gilt, je früher man bucht und je flexibler man ist, desto günstiger wird die Fahrt. Gegenüber dem Standardpreis lassen sich so bis zu 80 % sparen. Auf den Strecken von Edinburgh/Glasgow nach Aberdeen oder Inverness kann man im günstigsten Fall statt für über 40 £ schon für rund 10 £ fahren. Wenn man seine Reisetage kennt, sollte man sich vor Ort rasch die besten Tickets sichern – online lassen sich die Tickets nur für registrierte Kunden erwerben.

Zwischen London und Edinburgh/Aberdeen/Glasgow verkehren nur Schnellzüge, innerhalb von Schottland ist auf den einzelnen Strecken praktisch nur eine Art von Regionalexpress unterwegs. Die Anzahl der Stopps variiert natürlich, einige kleinere Stationen werden unregelmäßiger angefahren. In den Highlands geht es sowieso recht gemütlich zu. Hier gibt es sogar reine **Bedarfshaltestellen**, sodass man dem Schaffner sofort nach Einstieg Bescheid geben muss, wo man aussteigen möchte. Und wartet man auf einem entsprechenden Bahnhof, muss man den Lokführer per Handsignal zum Halten auffordern. Die meisten Züge bestehen nur aus Großraumwagen; das Rauchen ist komplett untersagt.

Für **Bahnpässe**, die mehrere Tage gültig sind und z. T. schon vor der Abreise nach Großbritannien erworben werden müssen, s. Spartipps S. 36.

Busse

Schottland hat ein sehr gutes Netzwerk an Regional- und Fernbussen. Die **Regionalbusse** werden wie die Lokalbusse zumeist von **Stagecoach**, 🖳 www.stagecoachbus.com, und **First**, 🖳 www.firstgroup.com, betrieben. Die Tickets sind vergleichsweise günstig. Selbst für längere Strecken zahlt man meist nicht mehr als 10 £. Eine Fahrt von Edinburgh in die Borders nach Melrose (ca. 65 km) kostet z. B. rund 6,50 £, von Aberdeen nach Braemar (ca. 100 km) rund 9,50 £.

Auf den wichtigsten Strecken zwischen den großen Städten sowie nach Oban, Portree/Skye und Ullapool an der Westküste sind die **Fernbusse** eine günstige Alternative zur Bahnreise und manchmal (Portree und Ullapool) sogar die einzige Option. Die Busse sind modern, bequem und zuverlässig.

Fernbusse werden zumeist von **Scottish Citylink**, ✆ 0871-2663333, 🖳 www.citylink.co.uk, angeboten. Diese gelb-blauen Busse verkehren im Linienverkehr und werden vor Ort oftmals durch andere Busgesellschaften vertreten. Ein Billiganbieter auf langen Strecken hinauf nach Inverness und Aberdeen ist **Megabus**, 🖳 www.megabus.com. Das Unternehmen gehört in Großbritannien zu Stagecoach.

Auch bei den Fernbussen gilt beim Ticketkauf: Je früher, desto billiger. Wie bei der Bahn können Tickets bis zu 80 % günstiger sein. Wer ganz fix ist, bekommt sogar Tickets für 4–6 £ für Strecken wie z. B. Edinburgh/Glasgow–Aberdeen oder Glasgow–Fort William/Portree. Beim Onlinekauf können die E-Tickets ausgedruckt werden.

Öffentlicher Nahverkehr

Während in Edinburgh und Aberdeen alles auf ein dichtes Netz lokaler Busrouten ausgerichtet ist, verfügt Glasgow zusätzlich über eine U-Bahn und ein gut ausgebautes Netz an Vorortzügen.

Landesweit wird der lokale Busverkehr meist von den Großanbietern **Stagecoach**, 🖳 www.stagecoachbus.com, und **First**, 🖳 www.firstgroup.com, organisiert. In Edinburgh ist zudem **Lothian Buses**, 🖳 www.lothianbuses.com, und in der Region Glasgow **SPT**, 🖳 www.spt.co.uk, mit eigenen Bussen und Zügen aktiv.

In Stadtbussen gilt generell, dass man sein **Ticket** direkt beim Fahrer kauft. Dabei muss das Fahrgeld passend abgezählt in einen Kasten geworfen werden, Wechselgeld gibt es im Regelfall nicht (außer bei Stagecoach). Da der Fahrpreis sich oft nach der Länge der Fahrt richtet, muss man zumeist sein Fahrtziel nennen. Auch erwarten viele Busfahrer, dass man ihnen an der Haltestelle ein Handsignal gibt, damit sie anhalten.

Ein Einzelfahrschein gilt grundsätzlich nur für Fahrten ohne Umstieg: neuer Bus, neues Ticket. Für U-Bahnen und Vorortzüge muss man sein Ticket vorab kaufen und entwerten.

Jeder Anbieter verkauft zumeist günstigere **Tageskarten** *(day tickets)*. Dort, wo mehrere Anbieter tätig sind, hilft einem das beim Wechsel des Anbieters jedoch nicht weiter. Wer in Glasgow z. B. eine Tageskarte für die U-Bahn kauft, kann mit dem Ticket nicht in die First-Busse steigen und umgekehrt.

Fähren

An der Westküste und zu den Inseln im Norden stellen Fähren die wichtigsten Verbindungen dar. Für die Westküste und die Hebriden ist die Fährgesellschaft **Caledonian MacBrayne**, ✆ 0800-0665000, 🖳 www.calmac.co.uk, zuständig. CalMac steuert jede bewohnte Insel an und stellt den Fährverkehr zwischen den einzelnen Inseln sicher. Die Fähren reichen von kleinen Booten, die nur für wenige Autos ausgelegt sind, bis zu den großen Fähren, die nach Stornoway, Lochboisdale/Castlebay oder nach Mull fahren. Die Fahrtdauer variiert von zehnminütigen Minitrips bis zu siebenstündigen Hochseetouren auf die Äußeren Hebriden. Zu den Hopscotch-Spartickets s. S. 36.

Für Orkney und Shetland üben die modernen und komfortablen Fähren von **Northlink Ferries**, ✆ 0845-6000449, 🖳 www.northlinkferries.co.uk, eine ähnliche Funktion aus. Die beiden zentralen Festlandhäfen sind Aberdeen und Scrabster/ Thurso. Von Aberdeen fährt man nach Kirkwall (Orkney, ca. 6 Std.) bzw. nach Lerwick (Shetland,

ca 12 Std.). Manche Fähren verkehren auch direkt zwischen Kirkwall und Lerwick (ca. 8 Std.). Von Scrabster wird im Pendelverkehr Stromness auf Orkney (90 Min.) angesteuert. Bei diesen Touren kommt schon ein richtiges Nordland-Feeling auf, vor allem, wenn es nach Shetland geht. Für Orkney gibt es zudem zwei weitere Privatanbieter (s. S. 446).

Weitere Infos und Fahrpreise finden sich in den jeweiligen Reisekapiteln.

Flüge

Die Äußeren Hebriden, Orkney und Shetland werden von Edinburgh, Glasgow, Aberdeen und Inverness aus im Linienverkehr angeflogen. Es ist allerdings zu beachten, dass selbst im Sommer aufgrund widriger Witterungsverhältnisse (z. B. Nebel) Flüge verschoben oder gestrichen werden können. Flexibilität ist also Trumpf. Auch bei den Flügen schwanken die Preise je nach Auslastung der Maschine und dem Zeitpunkt der Buchung enorm. Der wichtigste Anbieter ist **Flybe**, 🖳 www.flybe.com.

Autos

Wer sein Auto mit nach Schottland bringt, muss sich vor allem an das Linksfahren gewöhnen. Das kann in den Großstädten anfangs eine kleine Herausforderung sein, aber im Regelfall gewöhnt man sich schnell an die Verhältnisse. Generell benötigt man seinen Führerschein und die Fahrzeugpapiere. Die Mitnahme der Grünen Versicherungskarte wird empfohlen.

Bei einer **Panne** mit einem Mietwagen ruft man den Vermieter an, der dann alles Weitere organisiert. Ansonsten helfen die britischen **Automobilclubs** AA, ✆ 0800-887766, 🖳 www. theaa.com, bzw. RAC, ✆ 0800-1977815, 🖳 www. rac.co.uk.

Für Mitglieder heimischer Automobilclubs ist die Unfall- und Pannenhilfe im Ausland je nach Tarif inklusive. Am besten erkundigt man sich vor der Abfahrt. Andernfalls muss man zumeist vor Ort für ein Jahr Mitglied werden und einen Notfallzuschlag zahlen.

Mietauto

Um sich eine lange Anfahrt mit dem eigenen Auto zu ersparen, kann ein Mietwagen sinnvoll sein, für einen Tagesauflug oder den ganzen Urlaub. In diesem Fall muss man sich darauf einstellen, dass sich in allen britischen Autos das Steuer natürlich auf der rechten Seite befindet.

In Großbritannien muss man 23 Jahre alt sein und seit mindestens einem Jahr den Führerschein besitzen, um ein Auto mieten zu können. Für das Ausleihen von Minibussen muss man 25 Jahre alt sein. Vorgelegt werden müssen der eigene Führerschein sowie der Personalausweis, im Regelfall wird eine Kreditkarte als Sicherheit verlangt.

An den internationalen Flughäfen tummeln sich alle bekannten internationalen Mietwagenfirmen, über die man sein Auto bereits vor der Abreise buchen kann. An den Flughäfen operieren dann kostenlose Shuttlebusse zu den jeweiligen Verleihfirmen. Vor Ort in Schottland ist **Arnold Clark**, ✆ 0844-8561175, 🖥 www.arnold clarkrental.com, der größte Anbieter, der zudem preiswert und zuverlässig ist. Da Arnold Clark auch ein Büro in Newcastle hat, können Fährpassagiere von Amsterdam aus direkt vor Ort ihren Mietwagen in Empfang nehmen und wieder abliefern. Autos kann man ab ca. 20 £/Tag leihen.

Auf den Inseln im Westen und Norden muss man sein Mietauto im Sommer weit im Voraus bestellen, da die Anzahl der Leihwagen begrenzt ist. Dort sind zudem die Leihtarife höher als auf dem Festland. Für Adressen siehe die jeweiligen Reisekapitel.

Motorrad

Für Motorradfahrer ist Schottland eigentlich ein Traum. Vor allem die Pisten in den Highlands sind sehr abwechslungsreich, mal kurvig und schmal, dann wieder breit ausgebaut und absolut gerade. Wenn man sich an den Linksverkehr gewöhnt hat, rollt es gut. Ähnlich wie bei Radfahrern ist Wetterfestigkeit gefordert.

Tanken

In Großbritannien/Schottland gibt es an den Tankstellen Unleaded (Bleifrei, 95 Oktan), Premium Unleaded (Super Bleifrei, 98 Oktan), 4 Star (Super verbleit, 97/98 Oktan), Diesel und gelegentlich auch Biodiesel und LPG (Autogas).

Verkehrsregeln

In Großbritannien/Schottland wird generell auf der linken Straßenseite gefahren und im Kreisverkehr hat man Vorfahrt. Es herrscht Anschnallpflicht und für Kinder, die kleiner als 135 cm sind, müssen spezielle Kindersitze genutzt werden. Mietet man ein Auto, sollte man vorab darauf hinweisen, um entsprechend (gegen Aufpreis) ausgestattet zu werden. Das Telefonieren mit Handys am Steuer ist verboten.

In den Städten bedeuten der gelbe Doppelstreifen am Straßenrand absolutes Halteverbot, ein Streifen bedeutet eingeschränktes Halteverbot. Auf den meisten Parkplätzen gilt Pay&Display, d. h. es müssen Parkscheine gelöst

---

Organisierte Touren

Innerhalb Schottlands gibt es im eher alternativen Bereich mehrere Anbieter, die geführte Rundfahrten in Kleinbussen organisieren. Dabei geht es ziemlich locker zu, die Gruppen sind klein und übernachtet wird zumeist in Hostels, auf Wunsch bei Timberbush und Rabbie's aber auch in höherwertigen Unterkünften. Bei allen Touren müssen die Übernachtungskosten zu den Fahrpreisen hinzugerechnet werden. Umgangssprache auf den Touren ist Englisch. Drei bekannte Anbieter sind:

MacBackpackers, ✆ 01315589900, 🖥 www. macbackpackers.com. Einige wenige, eher kurze Trips, die zur Übernachtung die hauseigenen Hostels von Scotland's Top Hostels ansteuern. Unter den Anbietern sicherlich der alternativste.

Timberbush Tours, ✆ 0141-2268882, 🖥 www. timberbushtours.com. Eher kurze ein- bis viertägige Exkursionen ab Edinburgh, Glasgow oder Fort William. Timberbush bietet auch Hostel-Trips in Kooperation mit SYHA an.

Rabbie's Trail Burners, ✆ 0131-226313, 🖥 www. rabbies.com. Zahlreiche Angebote von Tagesausflügen ab Edinburgh/Glasgow bis zu zweiwöchigen Touren. Maximal 16 Personen. Genau wie bei Timberbush auch Buchungen in B&Bs oder Hotels.

und gut sichtbar an der Fensterscheibe angebracht werden.

In den Highlands erfordern die einspurigen *single track roads* große Rücksichtnahme auf andere Verkehrsteilnehmer: *Passing places* sind keine Parkbuchten, sondern dienen dem reibungslosen Begegnungsverkehr oder um schnellere Autos an sich vorbeiziehen zu lassen (es ist absolut verpönt, starrsinnig eine Autoschlange hinter sich anzusammeln). Ggf. muss man auch mal zurücksetzen, wenn man sich zwischen zwei *passing places* begegnet. In der Regel bedanken sich Autofahrer höflich durch ein kurzes Handzeichen, wenn man auf einem *passing place* den Gegenverkehr abwartet. Das Ganze klappt normalerweise sehr gut und verläuft höflich und zivilisiert.

Hinweis: Vor allem in den Highlands können jederzeit Schafe auf der Straße stehen oder manchmal auch bullige Highland-Rinder. Viele Touristen nehmen es mit großem Humor und machen erstmal Fotos ... Dementsprechend sollte man seine Geschwindigkeit so anpassen, dass man jederzeit halten kann, wenn Gegenverkehr oder Schafe auftauchen.

Tempolimit und Promillegrenze

Die Geschwindigkeitsbegrenzungen sind auf Meilen ausgerichtet, genau wie die Geschwindigkeitsangaben auf Straßenschildern: In geschlossenen Ortschaften liegt die Höchstgeschwindigkeit bei 30 Meilen (48 km/h), auf Landstraßen bei 60 Meilen (96 km/h), auf Schnellstraßen mit zwei Fahrstreifen je Fahrtrichtung *(dual carriageway)* bei 70 Meilen (112 km/h). Auf Autobahnen *(motorway)* gelten ebenfalls 70 Meilen (112 km/h) als Höchstgeschwindigkeit.

Mautgebühren fallen weder auf Autobahnen noch auf Brücken an. Die letzten Brückenzölle wurden von der schottischen Regierung vor einigen Jahren abgeschafft.

Die Promillegrenze liegt bei 0,8.

Trampen

Die Zeiten, in denen junge Leute in Scharen per Anhalter in die Welt fuhren, liegen schon etwas zurück. Und natürlich birgt Trampen Risiken.

Generell kommt es ganz darauf an, wann und wo man per Anhalter unterwegs sein möchte. Im Dunkeln zu trampen ist niemals ratsam, schon gar nicht als alleinreisende Frau, und aus den großen Städten herauszukommen, ist oft ein logistisches Problem. In Schottland konzentriert sich das Trampen deshalb vor allem auf die Highlands und Inseln. Aufgrund des manchmal recht dürftigen Nahverkehrsangebots wissen Einheimische um die Schwierigkeit, von A nach B zu kommen. Wer also mit dem Rucksack an der Straße steht, darf mit Sympathie rechnen – falls überhaupt ein Auto vorbeikommt! Wartezeit muss immer einkalkuliert werden, aber ohne eigenes Auto ist der Daumen in den dünn besiedelten Highlands manchmal die einzige Möglichkeit, weiterzukommen.

Übernachtung

Schottland hat ein überaus großes Angebot an Unterkünften, die vom Preis, der Ausstattung und der Atmosphäre sehr breit gestaffelt sind. Vom Campingplatz am Meer bis zum Fünf-Sterne-Hotel in der Großstadt, vom lockeren Hostel bis zum schicken Herrensitz oder vom Cottage-B&B bis zum eleganten Landhotel – für jeden Geldbeutel und Geschmack ist etwas dabei.

VisitScotland zertifiziert Unterkünfte jeder Art. Ob Hostels, Campingplätze, B&Bs oder Hotels, sie alle können sich freiwillig mit einem Stern (sauber, aber einfach) bis zu fünf Sternen (außergewöhnlicher Standard, wo Service, Ambiente und Essen absolut nichts zu wünschen übriglassen) auszeichnen lassen. Im Allgemeinen trifft man auf drei bis vier Sterne. Dazu kommen Zertifikate für Umweltfreundlichkeit sowie Aufgeschlossenheit gegenüber Wanderern, Radfahrern und/oder Golfern.

Allerdings lassen sich in den jeweiligen Ferienregionen oder Städten oft nur ein bis zwei Drittel aller Unterkünfte von VisitScotland zertifizieren – unabhängig vom Standard und aus unterschiedlichsten Gründen. In den VisitScotland-Unterkunftsbroschüren werden die nicht zertifizierten Übernachtungsbetriebe dann aber nicht aufgeführt. Das Angebot ist also

Preiskategorien

Die verschiedenen Unterkünfte in diesem Buch sind in sechs Preiskategorien eingeteilt. Die Preise beziehen sich stets auf ein Doppelzimmer mit Frühstück.

In Hostels werden die Preise pro Bett angegeben, plus ggf. die Kategorie für Doppelzimmer (falls vorhanden).

❶	bis 40 £
❷	bis 70 £
❸	bis 100 £
❹	bis 150 £
❺	bis 200 £
❻	ab 200 £

oftmals viel größer, als es auf den ersten Blick erscheint.

Im Allgemeinen muss man davon ausgehen, dass die Preise in der Hochsaison in die Höhe gehen. In Edinburgh kassieren selbst die Privathostels zur Festivalzeit im August spürbare Zuschläge. Viele B&Bs und Guest Houses gewähren für längere Aufenthalte Rabatte.

Camping

Am preiswertesten ist natürlich ein Campingurlaub (ab etwa 6 £ pro Person und Zelt). Wer auf freie Natur setzt, kann sein Zelt sogar kostenlos an einem einsamen Fleckchen aufstellen (s. Kasten S. 61), auf den allermeisten Parkplätzen wird jedoch ausdrücklich darauf verwiesen, dass Wohnmobile dort nicht über Nacht stehen dürfen.

Die Qualität der Campingplätze schwankt enorm. Von schlichten, aber stimmungsvollen Dünen-Campingplätzen bis zu bestens ausgestatteten Fünf-Sterne-Caravan Parks ist alles im Angebot. VisitScotland bringt den kostenlosen Faltplan *Scotland – Caravan and Camping Parks* mit den Adressen und Serviceleistungen von über 270 Campingplätzen heraus. Und darin sind die simplen Zeltplätze noch gar nicht aufgeführt, sodass die Auswahl in Wirklichkeit noch viel größer ist.

Jugendherbergen und Hostels

Hostels sind genauso vielfältig wie das Land: Während in Edinburgh und Glasgow das städtische Leben ein internationales Publikum in z. T. großen und modernen Herbergen anlockt, finden sich auf dem Land auch kleine idyllische Cottage-Hostels, stimmungsvolle Herbergen in alten Landsitzen oder viktorianischen Villen sowie rustikale Wanderherbergen oder Bunkhouses, in denen man manchmal sein eigenes Bettzeug mitbringen muss; in der Regel wird es heutzutage aber gestellt. Hostels haben im Allgemeinen gut ausgestattete Selbstversorgerküchen. Frühstück gehört nicht zum Standardprogramm, wird aber inzwischen immer öfter als Extra oder gar inklusive angeboten. Abendessen ist dagegen die absolute Ausnahme. Hostel-Übernachtungen starten bei ca. 12 £ pro Bett im Schlafsaal.

Die „offiziellen" Jugendherbergen werden von der **Scottish Youth Hostel Association SYHA**, ☎ 0845-2937373, 🖳 www.hostellingscotland.com, betrieben. Zusammen mit assoziierten Herbergen bietet SYHA ein Netzwerk von rund 70 Hostels quer durchs Land verteilt, von den sehr schicken und komfortablen Stadt-Hostels in Edinburgh und Glasgow bis zu den einsamen Wanderherbergen Glen Affric und Loch Ossian, die einen intensiven Naturgenuss garantieren, wenn man bereit ist, zu Fuß zu kommen. Prunkstück des SYHA ist Carbisdale Castle nördlich von Inverness (s. S. 437). Fast alle Hostels verfügen über Waschmaschinen und Computer mit Internetzugang.

Alle SYHA-Hostels sowie einige private werden im jährlich kostenlos erscheinenden *Hostel Guide* aufgeführt.

Übernachtungsgäste müssen allerdings in der Regel einen **JH-Ausweis** haben, den man vor Ort für derzeit 10 £ erwerben kann. „Junioren" unter 16 Jahren in Begleitung eines Erwachsenen sowie Studenten mit gültigem Studentenausweis müssen für die Mitgliedschaft jedoch nichts zahlen.

Zusätzlich zu SYHA bieten mehr als 100 „unabhängige" Hostels Übernachtungen an. Die **Scottish Independent Hostels**, 🖳 www.hostelscotland.co.uk, sind ein loses Netzwerk, das sehr unterschiedliche Herbergen zusammenbringt.

Auch hier ist die Bandbreite fast genauso groß wie bei SYHA, wobei mehr Wert auf informelle Atmosphäre gelegt wird. Die unabhängigen Hostels geben jährlich das Faltblatt *blue hostel guide* als kostenlose Printausgabe und zum Download heraus.

Eine kleine Hostelkette ist **Scotland's Top Hostels**, 🖥 www.scotlandstophostels.com, mit Hostels in Edinburgh, Pitlochry, Inverness, Kyleakin, Fort William und Oban. Hier laufen viele Australier und US-Amerikaner auf und es werden sogar Rundfahrten angeboten (s. S. 66).

Als **Bunkhouses** werden normalerweise eher schlichte Wanderherbergen bezeichnet, die z. T. als Gruppenunterkunft für Wanderer dienen. In einigen Bunkhouses muss man eigene Bettwäsche oder einen Schlafsack mitbringen.

B&Bs und Guest Houses

Die klassisch britische Unterkunftsart des Bed&Breakfast ermöglicht eine familiäre und im Vergleich zu Hotels günstige Art der Übernachtung. Der Unterschied zwischen B&Bs und Guest Houses liegt zum einen in der Größe, zum anderen im Angebot von Abendessen. B&Bs sind kleinere Häuser mit nur wenigen Zimmern, während Guest Houses wesentlich mehr Zimmer haben können und ggf. auch Abendessen anbieten. Der Übergang ist aber sehr fließend. Preislich liegen B&Bs und Guest Houses bei ca. 22–45 £ pro Person im DZ.

Der Vorteil eines B&B liegt auf der Hand: Man erhält einen persönlichen Empfang, nächtigt zumeist in normalen Wohnhäusern und erhält am Morgen das umfassende *Scottish breakfast* (s. S. 43) als Startgrundlage für den Tag. Dabei gibt es höchst interessante Varianten: Auf dem Land können B&Bs z. B. auf aktiven Farmen sein. Auch ausgediente Leuchttürme oder umgebaute Landsitze und Pfarrhäuser dienen als Frühstückspension. In den Städten gibt es mitunter wahre B&B-Straßen, wo sich eine Pension an die andere reiht.

Nach Möglichkeit sollte man unterwegs wenigstens einmal in einem B&B nächtigen, da diese zur schottischen Urlaubskultur einfach dazugehören.

Ensuite or private facilities?

Nicht selten wird man in Unterkunftsbroschüren oder am Telefon mit einigen Fachwörtern konfrontiert, mit denen die Zimmer detailliert beschrieben werden. *Ensuite* heißt auf Deutsch, dass ein Zimmer über Bad/WC verfügt. *Private facilities* bzw. *private bath* bedeutet, dass das Zimmer ein eigenes Bad/WC auf dem Flur hat. In verschachtelten Häusern ist dies recht oft der Fall. *Shared facilities* meint, dass man sich das Bad mit anderen Zimmern teilen muss. In diesem Fall sind die Zimmer zumeist günstiger.

Wichtig ist auch der Unterschied zwischen einem *double room* und *twin room*. Im Ersteren gibt es ein großes, "französisches" Bett, im Letzteren zwei Einzelbetten ("Zwillingsbetten"). In den Broschüren werden diese Zimmertypen mit D bzw. T abgekürzt. Für *single rooms* und *family rooms* lauten die Abkürzungen S und F.

Unterhalb der Hotelebene bieten auch manche Restaurants, Pubs und Inns Zimmer an. Das kann sehr individuell und rustikal sein, aber bei noblen Restaurants auch entsprechend gehoben und teuer.

Hotels

Vom modernen und gesichtslosen Stadthotel bis zum hochexklusiven und äußerst individuellen Herrensitz gibt es für Hotels in Schottland außer dem Namen eigentlich keinen gemeinsamen Nenner. Dementsprechend variieren auch die Preise sehr stark, zudem ist der Übergang zwischen Guest Houses und Hotels sehr fließend.

Wer sich einmal richtig verwöhnen lassen möchte, in tiefen Plüschsesseln versinken und in Himmelbetten schlafen oder exklusiv vom Hotel aus einen Angelausflug machen möchte, der sollte sich einen Aufenthalt in den zahlreichen gehobenen Landhotels nicht entgehen lassen. Ein Blick auf die Webseiten 🖥 www.luxury scotland.com und 🖥 www.hotels-of-distinction. com bringt einige Adressen.

Ferienwohnungen

Sehr beliebt für Selbstversorger sind Ferienhäuser *(holiday cottages)* und Ferienwohnungen *(self-catering apartments)*. Die Bandbreite reicht von ländlich-rustikalen Hütten bis zu luxuriös ausgestatteten Wohnungen und Häusern. Dementsprechend variieren auch die Preise stark. Von 200 £ pro Woche kann es bis über 1000 £ hoch gehen. Auch die Mindestmietdauer kann variieren: Manche Vermieter akzeptieren grundsätzlich nur eine Woche als Zeitraum, andere sind – zumal in der Nebensaison – wesentlich flexibler.

Adressen für Ferienwohnungen finden sich in den Unterkunftsbroschüren von VisitScotland, s. S. 53.

Buchung

Vor allem in der Hauptsaison im Juli/August können beliebte Urlaubsregionen oder Städte an ihre Kapazitätsgrenze stoßen. Städte wie Ullapool, Fort William, Portree oder Oban sind Touristenmagnete. Das gilt insbesondere auch für Edinburgh zur Festivalzeit im August. Dann machen Reservierungen durchaus Sinn. Wer dies nicht möchte, sollte wenigstens früh am Tag vor Ort eintreffen, um seine Chancen zu wahren.

Buchungen können schon zu Hause vom PC aus oder telefonisch erfolgen, aber auch erst in Schottland über **VisitScotland**, ℡ 0845-2255121, 0845-8591006, ▢ www.visitscotland.com, oder in den einzelnen Touristeninformationen vor Ort. Bei Buchungen über VisitScotland fallen 10 % Anzahlung an, die mit dem Übernachtungspreis verrechnet werden, sowie zusätzlich 4 £ Buchungsgebühr. Als Sicherheit wird zumeist eine Kreditkarte verlangt.

Da VisitScotland nur selbst zertifizierte Übernachtungsbetriebe empfiehlt und bucht, muss die telefonische oder persönliche Aussage, eine Stadt sei „voll" nicht mit der tatsächlichen Übernachtungslage übereinstimmen, da nicht-zertifizierte Vermieter sehr wohl noch über Betten verfügen können. In diesem Fall hilft nur, sich selbst umzuschauen oder Unterkünfte anzurufen. Diese nennen manchmal die Adresse von befreundeten Vermietern, die noch Plätze frei haben. Gerade auf dem Land funktioniert dieses Weiterreichen oftmals sehr gut, da einige Vermieter nicht mal ein Schild vor die Tür hängen, sondern nur im Bedarfsfall einspringen.

SYHA-Hostels kann man übrigens von Hostel zu Hostel kostenfrei reservieren.

Einen reinen Hotelurlaub kann man sich zumindest teilweise schon zu Hause auch über die **Online-Buchungssysteme** von ▢ www.booking.com oder ▢ www.hrs.de zusammenklicken. Es sollte aber unterwegs immer genügend Flexibilität bleiben, um vor Ort spontane Entscheidungen treffen zu können.

Zeit

In Schottland gilt *Greenwich Mean Time* (GMT). Auf Hochdeutsch: Reisende müssen ihre Uhr generell eine Stunde zurückstellen, egal ob Sommerzeit oder Winterzeit.

Zoll

Innerhalb der EU gilt für Privatleute der freie Warenverkehr. Erst wenn man z. B. mehr als 3200 Zigaretten oder 10 l Spirituosen (Whisky!) oder 110 l Bier mit sich führt, muss man sich ernstere Fragen gefallen lassen. Für Schweizer Staatsbürger verringern sich die Grenzen auf 200 Zigaretten, 1 l Spirituosen und 2 l sonstige alkoholische Getränke. Jugendliche unter 17 Jahren dürfen werden Tabakwaren noch Alkohol ein- oder ausführen.

Land und Leute

Geografie und Geologie

Fläche: 78 772 km²
Lage: zwischen ca. 54° 40' und 60° 50'
Nord-Süd-Ausdehnung: ca. 720 km
Inseln: 790, davon 130 bewohnt
Küstenlinie: 10 000 km
Höchster Berg: Ben Nevis (1344 m)
Ältestes Gestein: Lewis-Gneis (3 Mrd. Jahre)

Geografie

Mit 78 772 km² Landfläche ist Schottland ein relativ kleines Land, doch dafür ist es extrem abwechslungsreich und weit auseinandergezogen. Das liegt u. a. an den tief eingeschnittenen Fjorden im Osten und Westen des Landes. Der Firth of Forth, Firth of Tay und Moray Firth im Osten sowie der Firth of Clyde, Loch Fyne und Loch Linnhe im Westen erstrecken sich weit ins Landesinnere. Das führt dazu, dass man in Schottland nirgends weiter als etwa 65 km von der Küste entfernt ist. Schottland verfügt zudem über rund 790 Inseln, von denen 130 bewohnt sind. All das verschafft ihm rund 10 000 km Küstenlinie, davon allein 3900 km auf dem Festland.

Während der südlichste Punkt Schottlands mit rund 54° 40' nördlicher Breite ungefähr auf der Höhe von Sylt liegt, befindet sich die Nordspitze von Shetland auf dem 61. Breitengrad und damit ungefähr auf der Höhe Südgrönlands bzw. nördlich der Stadt Bergen in Norwegen. Vom Mull of Galloway im Südwesten bis hinauf zur Insel Unst auf Shetland beträgt die Entfernung rund 720 km, deutlich mehr als etwa von Edinburgh nach London.

Geologie

Einen Teil seiner Faszination verdankt Schottland seiner großen landschaftlichen Vielfalt. Mal ist das Land recht flach und fruchtbar, dann wieder hügelig und karg. Von den lang gestreckten Seen und Fjorden geht es oftmals unvermittelt steile Berghänge hinauf. Die Unterschiede zwischen Lowlands und Highlands sind genauso augenfällig wie zwischen Ostküste und Westküste.

Das liegt unter anderem daran, dass mehrere geologische Verwerfungen das Land durchziehen. Die bekannteste ist die **Highland Boundary Fault**, die von der Insel Arran im Südwesten bis hinauf nach Stonehaven im Nordosten verläuft und das zentrale Tiefland von den Highlands trennt. Weniger bekannt ist die **Southern Upland Fault**, die von Ayrshire im Südwesten bis nach Dunbar östlich von Edinburgh verläuft und das zentralschottische Tiefland im Süden begrenzt. Die allermeisten Schotten leben in dem schmalen Gürtel zwischen diesen beiden Verwerfungen.

Im Norden Schottlands gibt es zwei weitere offensichtliche Verwerfungen. Vor rund 400 Mio. Jahren entstand das **Great Glen** zwischen Fort William und Inverness mit dem **Fjord Loch Linnhe** als südwestlicher Fortsetzung. Im „Großen Tal" liegt u. a. das weltberühmte Loch Ness. Ganz oben im Nordwesten trennt die **Moine Thrust** die Küste, Skye und die Äußeren Hebriden von den restlichen Highlands.

Gerade die letzte Verwerfung ist für Reisende sehr augenfällig. Westlich der Moine Thrust sind einige der ältesten Gesteine der Welt anzutreffen. Besonders markant ist der 3 Mrd. Jahre alte **Lewis-Gneis**, der vor allem den äußersten Nordwesten sowie Harris in eine Art Mondlandschaft verwandelt hat. Wunderbar sind zudem die imposanten Berge von Assynt und Torridon, die aus rund 1 Mrd. Jahre altem **Torridon-Sandstein** bestehen.

Die Verwerfungen führten vor vielen Millionen Jahren auch zu intensivem **Vulkanismus** in Schottland. Arthur's Seat in Edinburgh sowie die Cuillins auf Skye sind Reste aus dieser bewegten Urgeschichte. Das heutige Landschaftsbild wurde zudem intensiv von den **Eiszeiten** geprägt: U-förmige Täler, abgerutschte Gesteinsmassen, von gewaltigen Eisbrocken geformten Seen sowie von Gletschern abgeflachte Hügel sind in den Highlands keine Seltenheit.

Flora und Fauna

Wer durch die weiten einsamen Highlands fährt, muss sich klar machen, dass das heutige Landschaftsbild zu großen Teilen vom Menschen geprägt wurde. Im Ergebnis hat sich eine in Europa einmalige Landschaftsvielfalt herausgebildet, die für viele Tier- und Pflanzenarten bedeutende Rückzugsräume bildet.

Vögel

Die Steilklippen entlang der Küste, die weit eingeschnittenen Gezeitenbuchten und ausgedehnten Dünen sowie die vielen abgelegenen Inseln machen Schottland zu einem Eldorado für See- und Zugvögel. Papageientaucher, Basstölpel und Adler gehören zu den beeindruckendsten Vogelarten.

Man muss nicht weit fahren, um sich das Spektakel anzuschauen, wenn die Klippen vom Geschrei zehntausender Brutvögel widerhallen: St Abbs Head und Bass Rock im Südosten liegen direkt auf der Anfahrt nach Edinburgh. Auch die Isle of May vor der Küste von Fife ist relativ gut zu erreichen. Für Vogelliebhaber ein Muss sind jedoch zweifelsohne die Vogelklippen auf Orkney und vor allem Shetland.

Zu den wichtigsten Gästen an den Küsten zählen die mit ihren bunten Schnäbeln drollig wirkenden **Papageientaucher** (puffins) sowie die majestätisch schwebenden **Basstölpel** (gannets), die sich urplötzlich im Sturzflug auf ihre Beute unter der Wasseroberfläche stürzen. Vogelarten, die anderswo in Großbritannien oder Europa bereits auf der Liste der bedrohten Tierarten stehen, haben in Schottland noch sichere Rückzugsgebiete. In den Klippen trifft man **Tordalken** (razorbill), **Trottellummen** (guillemot), **Gryllteisten** (black guillemot) und **Eissturmvögel** (fulmar). Letztere verdrängen durch ihr aggressives Verhalten aber viele ihrer „Kollegen". Vor allem auf Orkney und Shetland sind auch die aggressive **Große Raubmöwe** (great skua) sowie die **Schmarotzer-Raubmöwe** (Arctic skua) anzutreffen. **Küstenseeschwalben** (Arctic tern), **Krähenscharben** (shag) und **Kormorane** (cormorant) sind ebenfalls an Schottlands Küsten beheimatet.

In flacheren Küstenabschnitten mit vielen Wiesen, Dünen, Sandstrand und/oder Wattenmeer tauchen **Alpenstrandläufer** (dunlin), **Rotschenkel** (redshank) und **Brachvögel** (curlew) auf. Nur noch in einigen wenigen Vogelschutz-

gebieten sind die einst weit verbreiteten **Wachtelkönige** (corncrake) anzutreffen, die heute leider auf der Roten Liste stehen.

Auf dem Land gehören die **Kiebitze** (lapwing) inzwischen ebenfalls zu den bedrohten Arten. Erfolgreich konnten dagegen **Fischadler** (osprey) und **Steinadler** (golden eagle) wieder in Schottland beheimatet werden. Erstere sind u. a. in den zentralen Highlands anzutreffen, Letztere in abgelegenen Berg- und Küstenregionen im Westen, wo auch **Seeadler** (sea eagle) zu Hause sind.

In den Wäldern und im offenen Heideland kämpfen die **Auerhähne** (capercaillie) und **Birkhühner** (black grouse) verzweifelt ums Überleben in Schottland. Besser sieht es bei **Moorschneehühnern** (red grouse) und **Alpenschneehühnern** (ptarmigan) aus, die allerdings während der Jagdsaison gerne ins Visier genommen werden. Auch **Goldregenpfeifer** (golden plover) gehören zu den verbreiteten Vogelarten.

Schottland spielt für den Erhalt der Artenvielfalt in Großbritannien eine zentrale Rolle, denn drei Viertel aller im Königreich vom Aussterben bedrohten Vogelarten leben in Schottland. Für gut ein Dutzend ist Schottland quasi das letzte Rückzugsgebiet, darunter die Seeadler, Auerhähne, Birkhühner und Wachtelkönige.

Eine sehr gute Webseite auf Englisch mit einleitenden Infos zu den Vogelarten und ihrer Verbreitung in Schottland und ganz Großbritannien bietet die **Vogelschutzorganisation RSPB**, ⌨ www.rspb.org.uk.

Tiere im und am Wasser

Die Delfine im Moray Firth sind landesweit berühmt, weil sie die nördlichste Kolonie der Welt bilden. Hier ist es am wahrscheinlichsten, dass man auf Schiffstouren tatsächlich Delfine zu Gesicht bekommt, aber auch an der West- und Ostküste sowie vor Orkney und Shetland tauchen z. B. immer wieder **Tümmler** (bottlenose dolphin), **Rundkopf-Delfine** (risso's dolphin) und **Schweinswale** (harbour porpoise) auf. Hin und wieder werden auch **Zwergwale** (minke whale) und **Große Schwertwale** (killer whale) gesichtet, ja sogar **Riesenhaie** (basking shark) tummeln sich in kleiner Anzahl vor den Küsten. Doch keine

Angst: Riesenhaie haben keine Zähne und ernähren sich mit ihrem breiten Maul von Plankton.

Rund um die Küste sind **Seehunde** *(common/harbour seal)* und **Kegelrobben** *(grey seal)* weit verbreitet. Oft räkeln sie sich auf kleinen Felseninseln in den Meeresbuchten, wo sie weitgehend ungestört sind. Die Seehunde verdanken ihren englischen Spitznamen aber auch der Tatsache, dass sie sich gerne in Hafenbecken aufhalten. Das tun zum Teil auch **Fischotter** *(otter)*, die sich an das Hafenleben und den guten Nahrungsnachschub dort gewöhnt haben. Otter finden sich aber entlang der ganzen Küste und gelten im Allgemeinen als eher scheu. Wieder in Schottland eingeführt wurden in den letzten Jahren **Biber** *(beaver)*.

Bei Anglern sehr beliebt sind **Lachs** *(salmon)* und **Forelle** *(trout)*. Die Lachse schwimmen nach Jahren im Atlantik die Flüsse zu ihren Laichplätzen hoch und müssen dabei gelegentlich auch Stromschnellen überwinden. Fischtreppen ermöglichen den Lachsen ein ungehindertes Fortkommen. Unter den Forellen sind vor allem Regenbogenforellen *(rainbow trout)* und Meerforellen *(sea trout)* in Schottland weit verbreitet.

Zwischen Berg und Tal

Der menschliche Einfluss ist nirgends deutlicher zu spüren als in den Highlands. Einst waren weite Teile der Region von dichtem Wald bedeckt. **Kaledonische Kiefern** *(Scots pine)* erstreckten sich bis zum Horizont. Doch im Laufe der Jahrhunderte schlugen die Bewohner immer größere Lücken in die Urwälder. Der immense Holzbedarf der Royal Navy und der expandierenden Schwerindustrie machten dem schottischen Wald dann im 18. und 19. Jh. endgültig den Garaus. Heute sind nur noch kleine Restbestände des Kaledonischen Urwalds erhalten, z. B. im oberen Dee-Tal und zwischen Aviemore und Loch Morlich.

Vor allem die zentralen Highlands sind zu Heidegebieten geworden. Im August blüht die **Heide** wunderbar. Weiter im Westen gehen die Heideflächen oftmals in Moorlandschaften über. Oberhalb von 500–600 m wachsen ohnehin keine Bäume mehr und ab 900 m wird es in den Bergregionen sehr karg und teilweise gar subarktisch. Deshalb ist die Umwelt dort sehr fragil. Aus diesem Grund steht z. B. das Cairngorm-Hochplateau unter besonderem Schutz.

Nicht nur die Wälder, auch die Menschen sind in den Highlands rar geworden. In den sogenannten *Highland Clearances* (s. Kasten S. 449) im 18./19. Jh. wurden die Bewohner mit Gewalt aus den Tälern der Highlands vertrieben. Entweder mussten sie sich an der Küste ansiedeln oder in die „Neue Welt" auswandern. Die Stelle der Menschen nahmen **Schafe** und **Rotwild** ein. Erstere versprachen größeren Profit, während das Rotwild zum beliebten Abschussziel für reiche Jäger wurde. Die weiten Heide- und Moorflächen sowie die offenen Berghänge begünstigen natürlich die Jagd, die mit rund 100 Mio. Pfund als ein wichtiger Wirtschaftsfaktor in Schottland gilt. In der Heide und im Moor leben zwar auch Birkhühner, Moorschneehühner und Alpenschneehühner, aber die mehrere hunderttausend Hirsche und Rehe sind am sichtbarsten. Edwin Landseers Gemälde *Monarch of the Glen* sorgte im 19. Jh. für eine Romantisierung des Rotwilds. Es ist tatsächlich beeindruckend, wenn man zur Brunftzeit irgendwo in den Weiten der Highlands zeltet und rundum die Berge vom Röhren der Hirsche widerhallen.

Dennoch stellt das Rotwild auch ein großes Problem dar: Zum einen frisst es konsequent frische Baumsetzlinge. Dort, wo wieder ein Naturwald entstehen soll, wird als eine der ersten und wichtigsten Maßnahmen die Anzahl des Rotwilds drastisch reduziert. Das Abzäunen großer Flächen hat allerdings ein neues Problem geschaffen, da die bedrohten Auerhähne und Alpenschneehühner in diesen Zäunen sterben können. Eingriffe in die Natur sind also oftmals zweischneidig und können unerwünschte Nebeneffekte haben. Ein Grund für die ausufernde Vermehrung des Rotwilds ist die Abwesenheit natürlicher Feinde und Jäger. Der letzte Wolf wurde in Schottland im 18. Jh. geschossen (s. Kasten S. 77).

Im 18. Jh. gab es in Schottland eine weitere Neueinführung: **Rhododendron** wurde in den Gärten und Parks heimisch gemacht. Er ist vor allem im Mai und Juni eine Augenweide. Der Nachteil dieser Pflanze liegt in ihrer aggressiven Verbreitung und Unterdrückung konkurrierender

Pflanzen. Organisationen wie der National Trust for Scotland versuchen deshalb immer wieder, das Problem mittels groß angelegter Brandrodungen einzudämmen.

Besonderheiten sind die Dünenlandschaften der Äußeren Hebriden, die sogenannte **Machair**. Hier blühen im Frühjahr ganze Blütenteppiche. Selbst Orchideen finden sich mancherorts an der Westküste. Im Frühjahr bedecken in einigen Regionen (z. B. auf der Insel Inchcailloch im Loch Lomond) Teppiche von blauen **Glockenblumen** *(bluebells)* den Waldboden, während im Sommer die moorigen Regionen der Highlands vielfach von **Baumwollgras** *(bog cotton)* in Weiß getaucht werden.

Umwelt

Schottland verfügt über weite Naturräume. Fast ein Zehntel der Landfläche ist als Nationalpark geschützt (s. Kasten S. 76), 1450 *Sites of Special Scientific Interest* sind als „Gebiete von besonderem wissenschaftlichen Interesse" streng geschützt und machen rund 13 % der Landfläche aus. Neben den beiden Nationalparks gibt es 51 *National Nature Reserves*, 7 *Woodland Parks* und 6 *Forest Parks* sowie zahlreiche örtliche Naturschutzgebiete. Schottland ist sich seiner natürlichen Schätze bewusst und versucht sie, so gut wie möglich zu bewahren.

Ein großes Projekt ist die natürliche **Wiederbewaldung** von Teilen der Highlands. Organisationen wie Trees for Life, Reforesting Scotland, aber auch die großen Verbände wie die RSPB, der National Trust for Scotland und die staatliche Forestry Commission haben Kerngebiete ausgemacht, in denen sich der Wald in den kommenden Jahrzehnten ungestört entwickeln soll. Großprojekte sind z. B. die Wiederbewaldung der Region zwischen Loch Morlich und Loch Garten im Cairngorms National Park, die Ausweitung der Waldbestände am Loch Lomond sowie gleich mehrere Projekte in den abgeschiedenen Tälern zwischen Loch Ness und Loch Affric. Erste Effekte sind dort schon jetzt zu spüren, doch wird es bis zu 200 Jahre dauern, bis diese Teile der Highlands wieder ein natürlicher Mischwald bedeckt.

Umweltprobleme

Trotz der wilden, menschenleeren Highland-Regionen ist auch Schottland von ernstzunehmenden Umweltproblemen betroffen. Nur sind diese nicht immer auf den ersten Blick zu erkennen, schon gar nicht, wenn man ausschließlich in den Highlands Urlaub macht.

Zum einen hängen die Probleme mit der ungleichen Bevölkerungsverteilung zusammen. Rund 80 % der Bevölkerung leben in dem vergleichsweise schmalen Streifen des Zentralen Tieflands. Das bringt die üblichen Zivilisationsprobleme mit sich, von Wasser- und Luftverschmutzung über Müllberge bis zur Beseitigung von Industriebrachen.

Auf den Meeren ist Schottland von akuter **Überfischung** bedroht. Die schottische Fischfangflotte wurde deshalb drastisch reduziert, in vielen Häfen findet gar kein Fischfang mehr statt. Doch mit neuen Fischfangriesen ist das Fischen heute zu einer computergesteuerten Präzisionsjagd geworden. Ob sich die Fischbestände im Nordatlantik langfristig halten können, ist deshalb eine offene Frage.

Die Fischzucht ist nicht immer eine Alternative; Lachsfarmen werden z. B. dafür kritisiert, dass sie das Wasser verunreinigen und langfristig auch Wildlachsbestände gefährden, weil geflüchtete Zuchtlachse die natürlichen Bestände durchmischen. Die Lachszüchter versuchen dem entgegenzuwirken, indem sie immer häufiger ökologisch nachhaltige Methoden anwenden. Doch der Preisdruck ist hier, wie in vielen Lebensmittelbranchen, enorm hoch.

Erneuerbare Energien

Ein wichtiges Umweltthema ist die Art der Energiegewinnung sowie das Einsparen von Energie. Wer z. B. in Edinburgh oder Glasgow die vielen Fenster ohne jegliche Form der Isolierung sieht, weiß, dass auf diesem Gebiet noch viel getan werden könnte.

Abschied von Öl und Atom
Die Zeit drängt, denn der Klimawandel macht auch vor Schottland nicht Halt und die fossilen

Energieträger sind klar begrenzt: Die **Ölförderung**, die ab den 1970er-Jahren den britischen Schatzkanzlern riesige Einnahmen in die Kassen spülte und vor allem dem Nordosten von Schottland sowie den Inseln im Norden viele Arbeitsplätze brachte, hat ihren Höhepunkt bereits überschritten. Wie lange die Quellen noch sprudeln, hängt u. a. davon ab, wie rentabel die Erschließung neuer Ölfelder im Nordatlantik ist. Das BP-Desaster im Golf von Mexiko war jedoch ein deutlicher Warnschuss, dass die Ölförderung große Risiken birgt. Und auch Schottland ist nicht von Öl-Katastrophen verschont geblieben. 1988 starben bei einer Explosion auf der Ölplattform Piper Alpha 167 Menschen, 1993 sank der Öltanker *Braer* vor der Küste von Shetland und verseuchte die sensible Meeresfauna. 1995 sorgte schließlich die geplante Versenkung der *Brent Spar* europaweit für Schlagzeilen, nachdem Greenpeace die Plattform besetzt hatte.

In Schottland gibt es mit Hunterston B bei Largs sowie Torness bei Dunbar an der Ostküste noch zwei laufende **Atomkraftwerke**. Die schottische Regierung hat sich strikt gegen den Neubau von AKW ausgesprochen, zumal in Dounreay an der Nordküste bis mindestens 2036 die Reste eines großen und sehr störanfälligen Atomkomplexes gesichert und beseitigt werden müssen. Allein diese langfristige Aufräumaktion verschlingt mehrere Milliarden Pfund, wobei ein Endlager für den Atommüll noch lange nicht gefunden ist.

Die Highlands als Nationalpark?

Das schottische Hochland gehört unbestritten zu den schönsten Landschaften der britischen Inseln. Nirgends sonst sind derart einsame Täler und wilde Bergketten anzutreffen. Schon Queen Victoria und der Schriftsteller Walter Scott waren voll des Überschwangs, wenn es um die Highlands ging. Die Lobgesänge förderten den Tourismus und brachten immer mehr Besucher in die Region.

Gefahren für die Natur

Der Besucherstrom übt allerdings auch Druck auf die fragile Bergwelt aus: Beliebte Wanderwege entwickeln sich mit der Zeit zu breiten Matschpfaden und fördern so die Bodenerosion, wenn sie nicht mühevoll gepflegt werden. Das gilt umso mehr für Mountainbikepisten. Unachtsame Besucher hinterlassen Abfall in den Bergen oder scheuchen Vögel und Tiere auf. Andererseits versuchten unnachsichtige Landbesitzer, weite Teile der Highlands zu Sperrzonen zu erklären, um ungestört der Jagd frönen zu können. Dabei gilt in Schottland traditionell freies Zugangsrecht (s. S. 61).

Einrichtung von Nationalparks

All das erfordert eine vorsichtige Balance zwischen den jeweiligen Interessengruppen. Um das Verhältnis von Mensch und Umwelt in den Highlands auf eine neue Grundlage zu stellen, wurden 2002 und 2003 die ersten zwei Nationalparks in Schottland eingerichtet. Der **Cairngorms National Park**, 🖳 www.cairngorms. co.uk, umfasst nach der jüngsten Erweiterung 4528 km², der **Loch Lomond & The Trossachs National Park**, 🖳 www.lochlomond-trossachs. org, immerhin 1865 km². Zusammen machen sie rund 8 % der schottischen Landfläche aus.

Die Notwendigkeit eines effektiven und nachhaltigen Umweltschutzes in den Highlands ist unbestritten. Im Cairngorms National Park sind z. B. 25 % aller in Großbritannien bedrohten Tier-, Vogel- und Pflanzenarten anzutreffen. 1,4 Mio. Besucher jährlich stellen die Region, in der nur 17 000 Menschen leben, vor eine große logistische Herausforderung. Der Tourismus wurde inzwischen zum wichtigsten Wirtschaftszweig. Und natürlich ist die Ernennung zum Nationalpark ein weiterer Werbefaktor.

Schwierige Balance

Die Frage ist also, ob die Einrichtung der Nationalparks letztlich dem Schutz der Umwelt zugutekommt oder nicht. Auf der einen Seite ist das Bewusstsein für die Schutzwürdigkeit der Highlands deutlich gestiegen. Auch die finanzielle Förderung von Naturschutzprojekten sowie die Restaurierung beschädigter Wanderpfade

Umstellung auf erneuerbare Energien

Bei der Umstellung auf erneuerbare Energien hat sich die schottische Regierung sehr ehrgeizige Ziele gesetzt. Bis 2020 soll deren Anteil bei mindestens 80 % liegen. Damit will Schottland europaweit eine Vorreiterrolle einnehmen. Derzeit können immerhin rund 30 % des schottischen Strombedarfs aus erneuerbaren Energien gedeckt werden, 2003 waren es gerade mal 10 %. Vor allem Wind und Wasser sollen dabei eine zentrale Rollen spielen, da das Land von beiden Energieträgern unbegrenzte Ressourcen hat. Schottland soll z. B. zum weltweit führenden Land in der Gewinnung von **Wellen- und Gezeitenenergie** ausgebaut werden, denn Experten gehen davon aus, dass in diesem Bereich riesige Entwicklungsmöglichkeiten schlummern. Vor Islay und Orkney laufen bereits die ersten Versuche. Bis Ende 2010 wurden aber erst magere 3 Megawatt Strom erzeugt. Geplant sind 1600 Megawatt.

Auch beim Ausbau der **Windenergie** tut sich Schottland schwer. Immer wieder gibt es starke örtliche Opposition gegen neue Windfarmen. Dennoch scheint der Bann gebrochen zu sein. Ende 2010 waren Windkraftanlagen mit einer Leistung von 2500 MW installiert, sodass die Windenergie die Wasserenergie deutlich überholt hat. Geplant sind jedoch 6000 MW sowie 10 000 MW in Offshore-Windparks.

Trotzdem will die schottische Regierung direkt neben dem Atomkraftwerk Hunterston B ein

hat dank der Einrichtung der Nationalparks zugenommen. Dadurch konnten einige sehr unschöne „Narben" beseitigt werden.

Andererseits erhöht sich durch steigende Touristenzahlen der Druck auf die Öffnung abgelegener Teile der Highlands. Sehr umstritten war z. B. der Bau der **Schienenseilbahn** zum Cairngorm hinauf. Als Reaktion darauf wurde der Nutzern untersagt, die Bergstation zu verlassen. Dies soll nun sehr zum Missfallen von Umweltschützern revidiert werden.

Schwierig ist auch ein Ausgleich zwischen den Ansprüchen der **Land- und Forstwirtschaft** sowie der **Jagd** auf der einen und dem Umweltschutz auf der anderen Seite. Künstlicher Dünger kann den Lachsbestand der Flüsse gefährden, während Fichten-Monokulturen zu reinen Forstplantagen führen. Diverse Organisationen planen die natürliche Wiederbewaldung von Teilen der Highlands, die bis zu 200 Jahre dauern kann (s. S. 75). Das hat wiederum Auswirkung auf den sehr umfangreichen Rotwildbestand, der sich drastisch um bis zu zwei Drittel verringern würde.

Hier stellt sich die Frage: Wie natürlich darf es eigentlich sein? Die Wiederansiedlung von Fischadlern, Steinadlern und Bibern wird allgemein begrüßt. Doch seit Jahren wird intensiv darüber diskutiert, ob auch **Wölfe** in den abgelegenen Tälern der Highlands wieder beheimatet werden sollen. Ein Landbesitzer im Norden plant dies ganz konkret. Aber die Öffentlichkeit ist vom Nutzen frei lebender Wölfe nur schwer zu überzeugen.

Bei der Einrichtung eines Nationalparks kann ein weiterer Aspekt eine Rolle spielen: In manchen Regionen, wie z. B. auf der Insel **Harris**, geht es auch darum, eine intakte Bevölkerungsstruktur zu erhalten. Wo Emigration nicht gestoppt wird, muss die komplette Entvölkerung befürchtet werden. Nachdem die Insulaner die größten Landgüter auf Harris in Eigenregie übernommen haben, versprechen sie sich von der Einrichtung eines Nationalparks einen touristischen Aufschwung, der die wirtschaftliche Grundlage schafft, um eine menschliche Besiedlung von Harris auch in Zukunft zu garantieren.

Fazit

Allgemein wird die Einrichtung der ersten beiden Nationalparks als Erfolg gewertet. Doch die Entwicklung nachhaltiger Umweltschutzkonzepte ist keine kurzfristige Aufgabe und kann auch durch Nationalparks allein nicht bewältigt werden. Zum Erhalt der natürlichen Schönheit der Highlands kann und sollte jeder Besucher konkret durch verantwortungsvolles Verhalten und die Beachtung des Country Code (s. S. 61) beitragen.

großes Kohlekraftwerk bauen, was jedoch neue Umweltprobleme mit sich bringen und die CO_2-Ziele Schottlands gefährden würde.

An der Westküste zeigen kleine Inselkommunen, welch positive Effekte erneuerbare Energien haben können: Die Inseln Gigha (s. S. 527) und Eigg (s. S. 499) haben sich innerhalb kürzester Zeit durch erneuerbare Energien in Öko-Inseln verwandelt. Gigha exportiert sogar Windenergie aufs Festland und festigt damit die eigene wirtschaftliche Basis, Eigg wurde für die grüne Umweltstrategie bereits ausgezeichnet.

Bevölkerung und Religion

Bevölkerung: ca. 5,2 Mio. Menschen
Einwohner pro km²: 65
Größte Städte: Glasgow (580 000 Einw.), Edinburgh (460 000 Einw.), Aberdeen (210 000 Einw.), Dundee (142 000 Einw.)
Durchschnittliche Lebenserwartung: 74,2 Jahre (Männer), 79,3 Jahre (Frauen)
Amtssprache: Englisch, auf den Äußeren Hebriden auch Gälisch
Flagge: Weißes Andreaskreuz auf blauem Grund, auch Saltire genannt
Religion: 42 % Church of Scotland (refomiert), 27 % konfessionslos, 16 % römisch-katholisch, 15 % sonstige

In Schottland leben fast 5,2 Mio. Menschen. Die Tendenz ist leicht steigend, was vor allem an der Zuwanderung aus anderen Teilen Großbritanniens liegt. Mit knapp 65 Einwohnern pro Quadratkilometer ist Schottland eher dünn besiedelt. Doch die Unterschiede sind enorm: Leben in Glasgow rund 3000 Menschen pro Quadratkilometer, sind es im Zentrum von Sutherland in Nordschottland nur 2 Personen pro Quadratkilometer. Das entspricht in etwa dem arktischen Norden Skandinaviens.

Die Bevölkerungsstruktur ist recht homogen. Die meisten Einwanderer stammen aus England und Irland. Die irische Einwanderung hatte auch eine religiöse Komponente (s. S. 248).

Knapp 1,5 % der Bevölkerung kommt aus Asien, vor allem Indien, Pakistan und China. Damit liegt der Bevölkerungsanteil an außereuropäischen Immigranten deutlich unter dem britischen Durchschnitt.

Sprache

Englisch ist zwar die Amtssprache, doch ist Schottland für eine Vielfalt an Sprachen und Dialekten bekannt. Das sogenannte **Lowland Scots** wird nach neuesten Studien selbst von zwei Dritteln der Schotten zwar nicht als eigenständige Sprache gesehen, schimmert aber im alltäglichen Sprachgebrauch überall durch. Es gibt eine ganze Reihe von typisch schottischen Wörtern, an denen man schottische Sprecher – abgesehen natürlich vom oftmals starken Akzent – schnell erkennen kann. Die Glaswegians haben zudem eine eigene Mundart entwickelt, die für Außenstehende fast genauso schwer zu verstehen ist wie im Nordosten das archaische **Doric**, das nur noch in sehr groben Zügen etwas mit Oxford-Englisch zu tun hat.

Das keltische **Gälisch** ist weder mit Englisch noch mit Scots verwandt und wird heute vor allem noch auf den Hebriden gesprochen. Derzeit wird intensiv versucht, Gälisch als Alltagssprache zu retten (s. S. 480). **Norse**, die alte Sprache der norwegischen Wikinger, ist nur noch in Form von Orts- und Landschaftsnamen erhalten geblieben.

Zu einigen Begriffen aus dem Scots und Gälischen siehe auch den Sprachführer und das Glossar auf S. 614 und 618.

Religion

Seit der Reformation 1560 ist Schottland primär ein reformiert-kalvinistisches Land, auch wenn es bis in die Mitte des 18. Jhs. immer wieder bewaffnete Auseinandersetzungen um die Religion gab, eingebettet in die politische Frage, welches Herrscherhaus das Land regieren sollte.

Heute sind die Unterschiede, was die Ausübung der Religion und die Einhaltung religiöser Praktiken angeht, sehr groß. Schon die Statistiken spiegeln dies wider. Der reformierten

Church of Scotland gehören 42 % der Bevölkerung an, doch 27 % der Schotten fühlen sich keiner Religion zugehörig, 5,5 % machten keine Angaben. Die zweitgrößte Religionsgemeinschaft ist die **römisch-katholische Kirche** mit knapp 16 % der Bevölkerung. Die katholische Gemeinde geht primär auf die Einwanderung aus Irland zurück und ist deshalb vor allem rund um Glasgow besonders groß.

Die restlichen 9 % verteilen sich auf eine Vielzahl an Glaubensgemeinschaften, darunter kleine **islamische, buddhistische, hinduistische und jüdische Gemeinden**. Besonders schottisch sind aber die vielen kalvinistischen, presbyterianischen Abspaltungen sowie die **episkopalische Kirche**. Diese repräsentiert in etwa die in Schottland nicht vertretene anglikanische Kirche und steht irgendwo zwischen katholischer und reformierter Kirche.

Von der Church of Scotland haben sich im Laufe der Jahrhunderte mehrere kleinere kalvinistische Gemeinden abgespalten, darunter die **Free Church of Scotland**, in Schottland bekannt als *Wee Frees* („die kleinen Freien"). Diese kleinen presbyterianischen Gemeinden sind vor allem im Westen der Highlands besonders aktiv. Aufgrund ihrer sehr strikten Religionsauslegung ist z. B. auf den Äußeren Hebriden der Sonntag noch immer ein geheiligter Sabbat, der das Arbeiten verbietet. In den vergangenen 20 Jahren gab es deshalb wiederholt Auseinandersetzungen über Fähr- und Luftverkehr am Sonntag. Auch die Öffnung von Restaurants, Hotels und Tankstellen war und ist umstritten.

Geschichte

Frühzeit

Als sich die letzte Eiszeit langsam aus Schottland zurückzog, wanderten vor rund 10 000 Jahren die ersten **Jäger und Sammler** ein. Das Land wurde allmählich von Wald bedeckt, ab ungefähr 4000 v. Chr. begann auch die Bildung von Torf. Über die Menschen der mesolithischen mittleren Steinzeit ist nur wenig bekannt, dafür haben die Kulturen der neolithischen jüngeren **Steinzeit** im

4. und 3. Jahrtausend v. Chr. umso mehr Spuren hinterlassen, die heute zu den beeindruckendsten Sehenswürdigkeiten Schottlands zählen (s. Kasten S. 80). Damals war das Klima milder als heute, wenngleich gegen Ende der Steinzeit eine Verschlechterung einsetzte. Dennoch sind auch aus der **Bronzezeit** im 2. Jahrtausend v. Chr. bedeutende Funde erhalten, allerdings nicht so zahlreich wie aus der Steinzeit.

Kelten und Römer

Ab ungefähr 800 v. Chr. wanderten am Übergang von der Bronze- zur Eisenzeit keltische Völker nach Schottland ein. Diese bauten **Hügelfestungen**, z. B. auf dem Bennachie bei Inverurie (s. S. 385), die noch bis zur Ankunft der Römer benutzt wurden. Auch entstanden ab ca. 100 v. Chr. die markanten **Brochs**, kühlturmähnliche Wehrtürme, deren beste Beispiele an der schottischen Westküste, auf den Hebriden sowie im Norden auf Orkney und Shetland zu finden sind.

Im Jahre 79 n. Chr. stieß der römische Statthalter **Agricola** aus dem Süden Britanniens nach Norden vor. Seine Mission: die gesamte britische Insel einzunehmen. Mit militärischer Präzision führte er seinen Auftrag zunächst durch und besetzte das heutige Schottland bis zum Tay. Im

Die Erschaffung Schottlands

Eine in Schottland gern kolportierte Geschichte behandelt die Erschaffung Schottlands durch göttliche Hand – und den Beginn der Rivalität mit dem Nachbarn England: Am Ende der Schöpfung war noch ein wenig Gestaltungsmasse übrig; der Erzengel Gabriel fragte den Herrn, was er damit zu tun gedenke. Nach kurzem Nachdenken antwortete Gott: „Ich werde damit ein Land schaffen, das grüne Täler, prächtige Berge, wunderbare Inseln, tiefe Fjorde, geschäftige Städte und freundliche Menschen hat, die ich Schotten nennen werde." Darauf Gabriel: „Meinst du es nicht ein wenig zu gut mit diesen Schotten?" Da sprach der Herr: „Oh nein, ich habe dir ja noch nicht erzählt, wer die Nachbarn sein werden ..."

Jahre 84 konnte er bei einem zweiten Vorstoß anscheinend sogar die keltischen Stämme, die **Caledonii**, beim „Mons Graupius" vernichtend schlagen. Manche vermuten hinter dem Namen den Bennachie, s. S. 385. Doch schon wenige Jahre später müssen die Römer einige Legionen an andere Brennpunkte ihres Imperiums verlegen, und so blieb Schottland in der Folge weitgehend unbehelligt.

Um 140 bauten die Römer durch das zentrale Tiefland vom Clyde zum Forth den **Antoninischen Wall**, der zu Beginn des 3. Jhs. nochmal erneuert wurde, danach zogen sich die Römer endgültig hinter den Hadrianswall zurück.

Pikten, Scotti und Angelsachsen

Nach dem Abzug der Römer traten die kaledonischen Stämme als **Pikten** ins Rampenlicht der Geschichte. Der Name stammt wahrscheinlich von den Römern, die sie 297 erstmals als *picti* – die „Bemalten" bzw. die „Tätowierten" – bezeichneten. Die Zentren von „Pictavia" lagen im Nordosten und Norden von Schottland (s. Kasten S. 349).

Angelsächsische Siedler nutzten das von den Römern hinterlassene Vakuum und drangen von Süden bis an den Forth und Clyde vor. Die

---

Die Spur der Steine – Hochkulturen der Steinzeit

Woher sie kamen und warum ihre Kulturen eines Tages untergingen, liegt auch heute noch weitgehend im Dunkeln. Doch fest steht, dass im 4. Jahrtausend v. Chr. in Schottland Hochkulturen entstanden, die Steinkreise, Kammergräber und Menhire errichteten. Begünstigt wurde die Entwicklung durch ein mildes Klima, das Landwirtschaft ermöglichte und für reichlich Nahrung sorgte.

Schottlands Steinzeitatlas
Von Cairnholy in Galloway über die prähistorischen Funde im Kilmartin und die Steinkreise bei Inverurie im Nordosten bis zu den Camster Cairns in Caithness zieht sich auf dem Festland die Spur der Steine. Auf den Inseln im Westen und Norden geht es munter weiter: Die Standing Stones von Callanish sind genauso beredte Zeugnisse wie die beeindruckenden Steinzeitmonumente auf Orkney, die dicht gedrängt beieinander stehen. Ihre Blütezeit erlebte die schottische Steinzeitkultur in etwa zwischen 3000 und 2500 v. Chr., doch die Wohnstätte Knap of Howar auf Papa Westray wird bereits auf bis zu 3600 v. Chr. datiert, wobei alle Zeitangaben selbst mit heutigen wissenschaftlichen Methoden nur ungefähr sein können.

Mancherorts wurden die Anlagen in der Bronzezeit erneut genutzt, andernorts blieben sie einsame Zeugen einer geheimnisvollen Vergangenheit. Die steinernen Bauwerke geben viele Rätsel auf,

auch wenn einige Fehleinschätzungen schon korrigiert werden konnten. Im 19. Jh. hatten manche Forscher geglaubt, keltische Druiden hätten die Steinkreise für ihre mythischen Riten genutzt, und auch die Pikten standen im Verdacht, die Verantwortlichen gewesen zu sein.

Eine rätselhafte Kultur
Fakt ist, dass im hohen Norden noch vor dem Bau der Pyramiden eine sesshafte Zivilisation entstanden war, die den Lauf der Sonne und des Mondes präzise beobachtete und komplexe Bauwerke schuf, die auf den kürzesten und längsten Tag im Jahr ausgerichtet waren; eine Zivilisation, die in Dörfern wie **Skara Brae** über viele hundert Jahre anscheinend friedlich wohnte und sich vom Land und Meer sehr gut ernähren konnte, aber auch eine Zivilisation, die keinerlei schriftliche Zeugnisse oder sonstige Überlieferungen hinterließ.

Und so kann jeder neue Fund das Bild der Steinzeitkulturen nicht nur ergänzen, sondern womöglich völlig verändern. Menschliche Knochenfunde erzählen von den Todesursachen und möglichen Krankheiten, z. B. Rheuma und Arthrose. Durchschnittlich wurden die Menschen damals rund 30 Jahre alt, 50 scheint das Maximum gewesen zu sein. Außerdem belegen die Funde, dass die Frauen damals etwa 1,60 m, Männer knapp 1,70 m groß waren, was erstaunlich nah an heutigen Verhältnissen liegt. Tierische Reste

Pikten konnten die Invasoren aus Northumbria jedoch 685 in der **Schlacht von Dunnichen** zurückschlagen. Dennoch konnten diese ihren Machtbereich südlich des Forth, also auch im heutigen Edinburgh, bis ins 10. Jh. behaupten.

Im Südwesten waren gegen Ende des 5. Jhs. weitere Konkurrenten aus Irland eingewandert. Die keltischen **Scotti** siedelten sich in Kintyre und Argyll an und gründeten rund um die Hügelfestung Dunadd ihr **Königreich Dalriada**. Aus Irland kam 563 n. Chr. auch der christliche Missionar **Columba**, der von dem Eiland Iona aus die Missionierung Schottlands vorantrieb. Er krönte 574 den Dalriada-Herrscher **Aedán** in Dunadd zum König und festigte damit seinen politischen Einfluss. Später stießen seine Gefolgsleute und Nachfahren bis ins Reich der Pikten vor.

Columba war nicht der erste christliche Missionar und Iona nicht das erste christliche Zentrum in Schottland. Schon gegen Ende des 4. Jhs. soll ein Mönch namens **Ninian** im südwestlichen Galloway aktiv gewesen sein, ab dem 5. Jh. war der Ort Whithorn ein wichtiges religiöses Zentrum.

Obwohl die Scotti später zum beherrschenden und namensgebenden Stamm in Schottland wurden, konnte sich die keltisch-irische Kirche nicht durchsetzen. Auf der **Synode von Whitby**

verraten etwas über den sehr ausgewogenen und breit gefächerten Speiseplan der Steinzeitmenschen, Werkzeuge erlauben einen kleinen Blick in den Arbeitsalltag.

Das völlige Fehlen jeglicher Verteidigungsanlagen rund um Skara Brae deutet auf sehr friedliche Verhältnisse, und letztlich ermöglicht auch die Größe des Dorfes einige Aussagen über die Art des Zusammenlebens in verhältnismäßig kleinen Kommunen. An der Nutzung von Gemeinschaftsgräbern und Einzelgräbern lässt sich der Wandel der gesellschaftlichen und religiösen Vorstellungen erkennen. Am Ende der Jungsteinzeit scheinen die Siedlungen zudem langsam zugunsten von Einzelgehöften aufgegeben worden zu sein. Ob dies auf äußere Anlässe zurückging oder aus eigenem Antrieb geschah, lässt sich nicht feststellen.

Doch wie organisierten sich die Menschen zum **Bau von Steinkreisen** wie dem Ring of Brodgar oder den Callanish Stones, für die schätzungsweise zwischen 50 000 und 150 000 Arbeitsstunden anfielen? Warum wurden überhaupt derartige Großprojekte in Angriff genommen? Wie viele Skara Braes existierten auf Orkney und auf dem Festland? Gab es übergeordnete Fürsten oder Priester, deren Anordnungen die Dorfgemeinschaften Folge leisteten? Oder aber eine Art neolithisches Parlament, das gemeinschaftliche Bauten beschloss? Jedenfalls kann man davon ausgehen, dass ein hoher Grad an Organisation für den Bau nötig war. Auch mussten der Lauf von Sonne und Mond über viele Jahre genau studiert werden, um Grabkammern wie Maeshowe präzise ausrichten zu können.

Aktuelle Entdeckungen

Da sich die wichtigsten Ausgrabungen der letzten Jahre auf Orkney konzentrierten, konnten hier die spektakulärsten Funde gemacht werden, die eine völlig neue neolithische Landkarte schaffen. Zwar war auf Orkney schon 1850 nach einem Sturm Skara Brae entdeckt worden, doch erst 1984 stieß man bei Maeshowe auf die Reste einer weiteren Siedlung, der man den Namen **Barnhouse** gab. Und erst in allerjüngster Zeit gelang unmittelbar südlich des Ring of Brodgar der aufsehenerregende Fund eines weiteren Steinzeitdorfes. Schlagzeilen machte dabei die Ausgrabung einer sogenannten „Steinzeit-Kathedrale", wie es in der Presse gleich effektheischend hieß.

Die Menschen lebten offensichtlich näher an den riesigen Anlagen und vielleicht war die Besiedlung sogar viel dichter als bisher angenommen. Die Erforschung der geheimnisvollen Steinzeitkulturen ist noch längst nicht abgeschlossen. Es ist wahrscheinlich nur eine Frage der Zeit, bis auch bei Callanish oder auf dem Festland Steinzeitsiedlungen ans Tageslicht kommen. Die Menschen aus der Steinzeit haben noch viele Geschichten zu erzählen.

wandten sich die Angelsachsen 664 der römisch-katholischen Kirche zu, was das Gleichgewicht zu Ungunsten der Columba-Kirche verschob, die letztlich ihre Eigenständigkeit verlor.

Geeintes Königreich und Wikinger

Land und Leute

In der Mitte des 9. Jhs. gelang es dem Anführer der Scotti, **Kenneth MacAlpin**, die rivalisierenden Pikten zu besiegen und ein gemeinsames schottisches Königreich zu errichten. Diese neue Macht erstreckte sich allerdings noch lange nicht auf das gesamte Festland, denn die Angelsachsen waren erst 100 Jahre später nach Süden abgedrängt und von Norden und Westen her bedrohten die **Wikinger** das neue Königreich. Bereits Ende des 8. Jhs. waren die Langschiffe aus Skandinavien am Horizont aufgetaucht. Sie legten die berühmten Abteien von Lindisfarne in Northumbria und Iona in Schutt und Asche. Ein Sieg der Wikinger über die Pikten wird als der wahrscheinlichste Grund dafür angesehen, dass diese zu geschwächt waren, um sich gegen den Vorstoß von Kenneth MacAlpin zu wehren.

Doch auch MacAlpin und seine Nachfolger konnten nicht hoffen, sich in offener Schlacht gegen die Wikinger zu behaupten. So setzten sich diese bald auf Shetland, Orkney, in Caithness und auf den Hebriden sowie in Kintyre fest. Nominell dem norwegischen König unterstellt, führten die Fürsten von Orkney ein mehr oder weniger eigenständiges Regime. Ihre Raubzüge in den Süden waren gefürchtet. Bis ins 13. Jh. sollte die Oberheit der Wikinger über die Nord- und Westküste unangetastet bleiben. Von der langen Besatzung und Besiedlung zeugen noch heute zahlreiche Orts- und Inselnamen.

Festigung des Staatswesens

Äußerlich wurde das Königreich Schottland – auf Gälisch als Alba bekannt – sehr lange aus dem Norden bedrängt, aber auch innerlich stand es nicht immer zum Besten. Ob es so dramatisch zuging, wie es Shakespeare viele Jahrhunderte später in seinem Königsmord-Klassiker *Mac-*

beth darstellte, sei dahingestellt, doch dessen Nachfolger **Malcolm Canmore** (1058–93) konnte das Königreich zusammen mit seiner englisch-ungarischen Frau **Margaret** erfolgreich festigen. Vor allem die später heilig gesprochene Königin machte sich energisch an den Aufbau eines zentralisierten Kirchensystems. Edinburgh und Dunfermline wurden als Königsresidenzen ausgebaut. Andererseits verlor Malcolm die Halbinsel Kintyre an den norwegischen König. Und an der Südgrenze war nach der Eroberung Englands durch die Normannen ein neuer mächtiger Nachbar aufgetaucht.

1124 übernahm Malcolms und Margarets Sohn **David I.** (1124-53) die Regierung in Schottland. Er führte das Werk seiner Eltern fort. So gehen auf ihn die wichtigsten Klostergründungen in Schottland zurück. Die prächtigen Border-Abteien Melrose, Dryburgh und Jedburgh waren auch ein Signal der Stärke an die Nachbarn England. Da David am englischen Hofe erzogen worden war, übernahm er viele der dortigen Gepflogenheiten. Auch brachte er zahlreiche Adlige mit nach Norden und belehnte sie mit großen Gütern. Einer davon war **Walter FitzAlan**, der zum *High Steward of the Royal Household* wurde und damit zum Gründervater der Stuart-Dynastie. Ein anderer war **Robert de Brus**, der Vorfahre des späteren Freiheitskämpfers Robert the Bruce. Diese normannischen Geschlechter hatten sowohl in England wie Schottland Landgüter und waren deshalb zur Königen verpflichtet, was sich in den Unabhängigkeitskriegen als problematisch herausstellen sollte.

Durch die Anlage von **Royal Burghs**, „königlichen Städten", versuchte David zudem, den Handel mit dem europäischen Kontinent anzukurbeln. Diese Politik setzten seine Nachfolger, darunter **William the Lion** (1165–1214), im Prinzip fort. Immer wieder gab es Auseinandersetzungen mit den englischen Nachbarn, doch die englisch-schottische Grenze festigte sich langsam entlang der heute noch gültigen Linie. 1237 wurde sie im **Vertrag von York** mehr oder weniger endgültig besiegelt.

1263 konnte **Alexander III.** (1249–86) einen enorm wichtigen Erfolg landen, als er den norwegischen König Haakon bei Largs besiegte. Drei Jahre später trat Norwegen im **Vertrag von Perth** die Hebriden und die schottische Westküste an die schottische Krone ab. Allerdings war damit noch lange nicht die Kontrolle über die Region verbunden, weil die folgenden endlosen Unabhängigkeitskriege mit England die Aufmerksamkeit der Könige banden. Statt ihrer übernahmen die **MacDonalds**, die gälisch-norwegische Wurzeln hatten, als *Lord of the Isles* die Herrschaft über den Westen. Für die Hebriden bedeutete diese eine nahezu 200-jährige kulturelle gälische Blütezeit. Andernorts in Schottland wurde das Gälische jedoch immer weiter zurückgedrängt und Lowland Scots setzte sich dort schließlich als Umgangssprache durch.

Unabhängigkeitskriege

Mit dem Tod Alexanders wurde Schottland 1286 unvermittelt in eine tiefe Krise gestürzt, die beinahe im Untergang der staatlichen Selbstständigkeit geendet hätte. Ein Problem war, dass kein Erbe in Sicht war. Alexanders minderjährige Tochter Margaret starb 1290 auf Orkney, als sie auf dem Weg vom norwegischen Königshof nach Schottland war. Das zweite Problem war, dass die großen Familien der Balliols und der Bruce sich um die Krone stritten und in dieser Situation viele der schottischen Adligen bei ihrem zweiten Lehnsherr, dem englischen König **Edward I.** (1272–1307) um Rat und Vermittlung nachfragten. Doch Edward selbst war das dritte Problem: Er war ein machtbewusster und skrupelloser Herrscher, der die Schwäche seiner Nachbarn eiskalt ausnutzte und als *Hammer of the Scots* in die (schottischen) Geschichtsbücher einging.

Er entschied sich für **John Balliol**, doch dieser musste dafür Edwards Oberhoheit anerkennen. Um auf Nummer sicher zu gehen, besetzte Edward 1296 Schottland, zumal Balliol es gewagt hatte, ein Jahr zuvor eine Allianz mit Frankreich abzuschließen. Dies war der Beginn der in Schottland fast schon als heilig bewerteten *Auld Alliance* mit dem kontinentalen Feind Englands. In der Praxis erwies sich diese Allianz jedoch meist als nicht hilfreich für die Schotten, die oft vergeblich auf Unterstützung aus Frankreich warteten.

Edward hatte die Lage in Schottland bald unter Kontrolle und nahm auch gleich den schottischen Krönungsstein, den *Stone of Destiny* (s. S. 316), mit nach Westminster. Alles schien ruhig, bis sich unter der Führung eines gewissen **William Wallace** neuer Widerstand regte. Schlimmer noch: Wallace schlug am 11. September 1297 bei **Stirling Bridge** die englische Armee und konnte Schottland befreien. Daraufhin wurde er zum *Steward of Scotland* ernannt, während Edward auf Rache sann. Bereits ein Jahr später drehte der englische König in der **Schlacht von Falkirk** mit Hilfe von abtrünnigen schottischen Adligen den Spieß um – Wallace musste in den Untergrund gehen. 1305 wurde er aber gefangen genommen und im Tower von London geviertelt. 1995 inszenierte Mel Gibson die Wallace-Story unter dem Titel *Braveheart* als patriotischen Kassenschlager.

Erneut schien Edward der Sieger, doch wieder hatte er sich getäuscht. 1306 setzte sich **Robert the Bruce** an die Spitze des Freiheitskampfes und ließ sich im alten Krönungsort Scone bei Perth zum König ausrufen. Ähnlich wie die Balliols hatte es auch seine Familie auf den schottischen Thron abgesehen, war aber nicht zum Zuge gekommen. Nach der Krönung musste er eine Zeitlang in Irland Zuflucht suchen, dann begann, begünstigt durch den Tod Edwards, ein langjähriger Guerillakrieg.

1314 war es schließlich so weit: Robert the Bruce hatte bis auf Stirling alle Burgen des Landes in seine Hand gebracht, nun rückte **Edward II.** mit einer großen Streitmacht an, um seine letzte Festung in Schottland zu entsetzen und dem renitenten Nachbarn endlich eine Lektion zu erteilen. Am 24. Juni 1314 kam es in Sichtweite von Stirling bei **Bannockburn** zur Entscheidungsschlacht, die Robert the Bruce klar für sich entschied. In den Worten des patriotischen Folksongs *Flower of Scotland* – der inoffiziellen Nationalhymne Schottlands – wurde Edward nach Hause geschickt, um nochmal nachzudenken.

Dieses „Nachdenken" dauerte 15 Jahre, bevor Edward und der Papst das schottische Königreich als eigenständig anerkannten. Zuvor war 1320 das wichtigste Unabhängigkeitsdokument der Schotten entstanden, die **Declaration of Arbroath** (s. S. 351). In pathetischem Ton bekunden die schottischen Adligen, dass sie sich niemals der englischen Vorherrschaft unterwerfen würden, solange auch nur 100 von ihnen am Leben seien.

Dennoch gab es in den folgenden Jahrzehnten immer wieder kriegerische Auseinandersetzungen mit England. Mal zogen die Schotten plündernd durch den Norden des Nachbarlandes, mal raubten und brandschatzten englische Heere den Süden Schottlands. Das Leben in den Borders kam nicht zur Ruhe.

Die Stuarts

1371 bestieg mit **Robert II.** (1371–1390) der erste Stuart-Monarch den schottischen Thron. Seine Mutter Marjorie war die Tochter von Robert the Bruce. Doch das Haus Stuart sollte in den kommenden 400 Jahren immer wieder für politischen Wirbel sorgen. Nicht wenige Monarchen wurden ermordet, enthauptet oder vertrieben. Sie machten Schottland stark und stürzten es in tiefe Krisen. Viele Stuarts polarisierten als Person und mit ihrer Politik enorm, brachten es aber schließlich sogar bis auf den englischen Thron. So ist selbst die jetzige Queen noch um zehn Ecken mit ihnen verwandt.

Das 15. Jh. legte zunächst die Grundlage für einen starken Zentralstaat in Schottland, der zudem von inneren Reformen, aber auch inneren Konflikten gekennzeichnet war. Schon König **James I.** (1406–37) fiel einer Familienfehde zum Opfer, als er 1437 in Perth ermordet wurde.

Innenpolitisch versuchten die Stuart-Monarchen angesichts ständiger Konflikte mit England den Rücken freizubekommen. So gelang es **James III.** (1460–88), durch die Heirat mit der Tochter des dänischen und norwegischen Königs 1468 Orkney und Shetland als Pfand für die Mitgift „auf 500 Jahre" übertragen zu bekommen. Damit beendete James die Herrschaft der Wikinger bzw. Norweger in Schottland endgültig.

Wesentlich komplizierter war die Lage in den westlichen Highlands und auf den Hebriden. Die sehr autonome *Lord of the Isles* widersetzten sich der Zentralregierung nach Kräften. Als sie aber versuchten, durch eine Allianz mit England die schottische Krone in die Zange zu nehmen, bedeutete dies ihren Untergang. **James IV.** (1488–1513) entmachtete sie 1493. Allerdings konnte die

schottische Zentralregierung noch immer nicht die unmittelbare Kontrolle über die Westküste der Highlands erringen: Die Clans sollten noch weitere 250 Jahre ein quasi autonomes Eigenleben führen, das auch von heftigen internen Fehden gekennzeichnet war.

Zugleich trieben die Stuart-Könige den inneren Ausbau des Staates voran. Ein wichtiger Meilenstein war 1413 die Gründung der **Universität** von St Andrews, der ersten in Schottland und nach Cambridge und Oxford der dritten auf den britischen Inseln. Noch im 15. Jh. folgten die Universitäten von Glasgow und Aberdeen, sodass Schottland zu einem bedeutenden akademischen Standort wurde.

Dem Verhandlungsgeschick von James III. war es zu verdanken, dass St Andrews zudem 1472 zum **Erzbistum** wurde und damit Schottland auch kirchenrechtlich enorm aufgewertet wurde. Wenige Jahre später folgte Glasgow als zweites Erzbistum. Damit war Schottland auf dem Gipfel der Selbstständigkeit angelangt.

James IV. brachte zu Beginn des 16. Jhs. die Renaissance nach Norden. Seine prächtige Residenz in der Burg von Stirling wurde in den letzten Jahren umfangreich renoviert. Doch am 9. September 1513 erlitt Schottland bei **Flodden** eine schwere Niederlage gegen die englische Armee. James IV. verlor zusammen mit vielen Adligen und rund 10 000 Soldaten auf dem Schlachtfeld sein Leben.

1542 erlitt sein Sohn **James V.** (1513–42) praktisch dasselbe Schicksal, als er nach einer weiteren verlorenen Schlacht gegen England voller Gram starb. Die Krone ging an seine Tochter Maria (1542–67) über, die zu dem Zeitpunkt gerade einmal sechs Tage alt war.

Reformation und Bürgerkrieg

In der 19 Jahre andauernden Phase des Interregnums veränderte sich Schottland grundlegend. Marias Mutter war **Mary of Guise**, die von 1554–60 selbst die Regierungsgeschäfte führte. Sie brachte ihr Kind nach Frankreich in Sicherheit. Dort wurde Maria Stuart katholisch erzogen.

Doch in Schottland griff die Reformation immer weiter um sich. In diesen Konflikt griffen bald englische und französische Truppen ein. Am Ende setzte sich 1560 die Reformation unter dem Kalvinisten **John Knox** (s. S. 116) durch. Als **Maria Stuart** 1561 aus Frankreich nach Schottland kam, betrat sie ein reformiertes Land. Die sechs Jahre ihrer Regierung waren vom ständigen Zwist mit John Knox (s. Kasten S. 116) sowie wachsenden persönlichen Problemen gekennzeichnet: Der Mord an ihrem Sekretär Rizzio (s. S. 119), die anschließende Ermordung ihres Gatten Darnley und die Heirat mit ihrem Geliebten, dem Earl of Bothwell, ihre Absetzung und Einkerkerung in Loch Leven Castle (s. S. 297) sowie ihre anschließende Flucht nach England boten reichlich Stoff für Dramen und Filme. Maria ist eine der romantisiertesten, umstrittensten und tragischsten Figuren der schottischen Geschichte.

Ihr Sohn **James VI.** (1567–1625) kam als Baby auf den Thron und bestieg 1603 als Nachfolger von Elizabeth I. auch den englischen Thron. Dort gilt er als James I. Durch diese Union der Kronen war Schottland de facto bereits an England gebunden, zumal der Monarch sofort seinen Regierungssitz von Edinburgh und Stirling nach London verlegte.

Unter seinen Nachfolgern kam es im 17. Jh. immer wieder zu heftigen innenpolitischen Auseinandersetzungen. 1637 lehnten sich die schottischen Kalvinisten im sogenannten **National Covenant** gegen den Versuch von **Charles I.** (1625–49) auf, unter anderem durch die Einführung einer eher anglikanischen Liturgie Teile der Reformation rückgängig zu machen. Da Charles sich außerdem in England unbeliebt machte, begann bald ein Bürgerkrieg, der auch in Schottland tobte. 1649 wurde Charles vom englischen Parlament hingerichtet und **Oliver Cromwell** zum neuen Herrscher.

In Schottland gab es dagegen wiederum Proteste und **Charles II.** (1651/1660–85) wurde 1651 in Scone als letzter Monarch in Schottland gekrönt. Doch Cromwell ließ den Aufstand niederschlagen. Charles flüchtete und kehrte erst 1660 nach Cromwells Tod nach Großbritannien zurück. Obwohl die Covenanter Charles jahrelang unterstützt hatten, ließ er nun seine einstigen Gefolgsleute einsperren und hinrichten. Zugleich demonstrierte er in Schottland durch prächtige Neubauten seine Macht. So erweiterte er den Palast von Holyrood in Edinburgh, obwohl er nicht eine einzige Nacht dort verbrachte. Nicht wenige Adlige folgten seinem Vorbild und ließen sich neue Schlösser bauen.

Nach Charles Tod 1685 bestieg sein Sohn **James VII.** (1685–88, in Schottland James II.) den Thron. Doch er verhedderte sich sofort in religiösen Auseinandersetzungen, die bereits 1688 mit seiner Absetzung durch das englische Parlament endeten. Während der **Glorious Revolution** wurde der Oranier-Prinz **William III.** (1688–1702) zum neuen reformierten König ausgerufen. Zwei Jahre lang tobte ein weiterer Bürgerkrieg, der in Schottland vor allem in den Highlands ausgefochten wurde. Während die Lowlander sich zumeist auf der Seite von William wiederfanden, neigten die Highlander eher zu James. Das Land war geteilt. Obwohl James die Highlander und die Clans immer verachtet hatte, nahm er nun ihre Hilfe dankbar an. Seine Anhänger wurden als **Jakobiten** bekannt (James = Jakob).

Die Regierung ließ in der Folge die Highlands militärisch besetzen und befrieden. 1692 sorgte das **Massaker von Glencoe** (s. S. 512) für einen öffentlichen Aufschrei, der aber nichts an den neuen Machtverhältnissen änderte. Das schottische Parlament setzte bereits 1690 per Gesetz die Reformation endgültig durch.

Union mit England und Jakobitenaufstände

Unter William und seiner Tochter **Anne** (1702–14) war auch die Zeit der schottischen Selbstständigkeit endgültig vorbei. Nach dem ruinösen Versuch des schottischen Parlaments, in Zentralamerika die Kolonie Darien zu gründen, war Schottland wirtschaftlich sehr geschwächt. In dieser Situation wurde 1707 ein Vereinigungsvertrag zwischen England und Schottland ausgearbeitet, der die Selbstauflösung des schottischen Parlaments und damit das Ende der formalen Unabhängigkeit bedeutete. Auf schottischer Seite war vor allem der Duke of Queensberry ein Motor der Vereinigung, der dafür reich belohnt wurde.

In dem Vereinigungsvertrag, dem **Treaty of Union**, wurde festgehalten, dass Schottland sein

Land und Leute

Wer seine Schottlandreise in Edinburgh beginnt, muss nicht lange suchen. Auf der Princes Street erklingt im Sommer immer irgendwo ein Dudelsack und der Musiker trägt selbstverständlich einen Kilt. Und kommen wir gleich zur spannendsten Frage: Was ist unter dem Kilt?

Diese rein rhetorisch gemeinte Frage stellte vor einigen Jahren dummerweise ein schottischer Kiltträger in einem Touristenpub einigen Besuchern einmal zu oft. Kurz entschlossen lüftete eine Touristin den Kilt und das Geheimnis. Das Gelächter im Pub, auch bei den Schotten, war groß und der Kiltträger den restlichen Abend über auffallend ruhig ...

Wandelbare Mode

Der Schottenrock ist ein äußerst praktisches Gewand und wird heute in Schottland zu jeder Hochzeit oder bei Begräbnissen wie selbstverständlich angezogen.

SNP-Chef und First Minister Alex Salmond, berufsmäßig ein Freund alles Schottischen, verwies in einem Interview auf den Wandel in den Standards hin. Demnach wäre man zu seiner Kindheit noch ausgelacht worden, wenn man einen Kilt angelegt hätte, doch die Zeiten haben sich offensichtlich geändert und niemand findet es noch komisch, wenn die Männer für hohe Anlässe die Jeans an den Haken hängen und dafür den Kilt überstreifen. Prince Charles ist hier so eine Art Vorreiter, da er bei offiziellen Events in Schottland sehr oft Kilt trägt. Sein Sohn William legt da wesentlich mehr Zurückhaltung an den Tag.

Ursprünglich war der Kilt viel länger und mit einem Überwurf über die Schulter, dem **Plaid**, versehen. Das war in den Highlands sehr wünschenswert, weil die lange Stoffbahn Schutz gegen Kälte und Nässe bot und zugleich bei Pausen oder nachts eine bequeme Unterlage war. Die Highlands waren rau und die „Mode" dementsprechend praktisch. Ursprünglich waren die Kilts auch nicht unbedingt farbig. Die **Clan-Tartans**, die farbigen Webmuster für die Kilts, entstanden erst an der Wende zum 19. Jh. Damals wurden die Hochlandregimenter gegründet. Diese nutzten die unterschiedlichen Tartans als Erkennungsmerkmal. Heutzutage bezeichnen sich die schottischen Fußball- und Rugby-Anhänger im Ausland gerne als *Tartan Army*.

Zu Beginn des 19. Jhs. wurden den verschiedenen Clans (die schon damals nur noch eine mythische Erinnerung waren) bestimmte Farbmuster zugeordnet, was ein echter Marketingcoup war.

eigenes Justizsystem behalten solle, auch blieb die Religion eigenständig, ebenso wie die 1695 als Pendant zur Bank of England gegründete Bank of Scotland, und letztlich entwickelte sich (wenn auch erst wesentlich später) das Schulsystem ebenfalls unterschiedlich.

Dennoch war die politische Vereinigung der beiden Parlamente im Volk sehr umstritten und so erhielten die **Jakobiten** neuen Auftrieb. Nach dem Tod von Queen Anne kam es 1715 zu einem Aufstand in den Highlands, der aber schnell niedergeschlagen wurde. Prominente Jakobiten mussten ins Exil gehen, ihre Güter wurden konfisziert.

1745 war die Lage jedoch anders. Dem Enkel von James VII., **Prince Charles Edward** (1720–88), gelang es im September 1745 mit einer kleinen Streitmacht treu ergebener Highlander Edinburgh zu erobern und eine englische Armee vor den Toren der Stadt bei Prestonpans zu schlagen.

Bonnie Prince Charlie, wie ihn seine Anhänger bewundernd nannten, marschierte weiter nach Süden. Doch je weiter er nach England vorstieß, desto weniger Unterstützung erhielt er. Dennoch kam seine Armee bis Derby und in London brach bereits Panik aus. König George II. sah seinen Thron in Gefahr. Als Charles sich jedoch auf Anraten seiner Heerführer entschloss, nach Schottland zurückzukehren, war sein Schicksal besiegelt. Am 16. April 1746 wurden die schottischen Jakobiten bei **Culloden** in der letzten Feldschlacht Großbritanniens vernichtend geschlagen. Der Sieger, der **Herzog von Cumberland**, griff hart durch und machte keine

Königlicher Rock

Vollends zum Durchbruch verhalf dem „Traditionsgewand" König George IV. auf seinem Staatsbesuch 1822. Zeremonienmeister Walter Scott zwängte den beleibten Monarchen in einen Kilt und verpasste ihm rosa Strümpfe. Das Volk war *amused* und der Siegeszug des Kilts und des Clan-Tartans nicht mehr aufzuhalten.

Wer ohne Clan-Connections einen Kilt in Tartanfarben tragen will, sollte den *Royal Stewart Tartan* wählen. Das primär rötliche Karomuster ist der Queen zugeordnet und darf von allen „Untergebenen" verwendet werden.

Der Dudelsack – Hohe Kunst und harter Kampf

Dudelsäcke, auf Englisch *bagpipes*, kamen ursprünglich vom Mittelmeer und erreichten Schottland im 14. Jh. In den keltischen Hochburgen an der Westküste wurde das Dudeln bald schick und mehrere Clans gründeten *piping schools*, um sich den besten Nachwuchs zu sichern. Bei Hofe unterhielten die *piper* den Clan-Chef, im Kampfe zogen sie der **Armee** voran. Die laute Musik sollte unter anderem den Gegner einschüchtern. Ein Grund, warum die 1746 siegreichen Engländer den Highlandern die Dudelsäcke unbedingt aus der Hand nehmen wollten, um sie ihnen dann gleich in der eigenen Armee

wieder zurückzugeben. Offenbar fand auch die britische Armee die abschreckende Wirkung der Dudelsackmusik nützlich.

Zurück an die Westküste: Dort wurde die hohe Kunst des Dudelns in wahren **Familiendynastien** weitervererbt. Die MacCrimmons auf Skye waren sehr berühmt, und am Hofe der MacLeods of MacLeod gehörten *bagpipes* als Gegenstück zur zierlichen Harfe zum Standard.

Unterschieden werden grundsätzlich zwei Arten von Musik: *Ceol mor* oder *piobereachd* (sprich: Pihbroch) ist die „große Musik", die künstlerische Variante der Dudelsackmusik, während *ceol beag*, die „Kleine Musik", für Märsche und Tänze gebraucht wird. Das Instrument nennt man übrigens auf Gälisch *piob-mhor*, die „große Pfeife".

Selbst im Ersten Weltkrieg wurden *piper* eingesetzt, um die Moral hochzuhalten. Nach dem Krieg folgte aber die Entlassung aus dem Armeedienst. Einige schottische Städte gründeten daraufhin **Stadtbands**, um die arbeitslosen *piper* zu unterstützen und ein Aussterben der Dudelsackkunst zu verhindern.

Diese Strategie war erfolgreich, und in Glasgow gibt es gleich zwei Colleges, wo man selbst Dudelsackspielen lernen kann. Im **National Piping Centre** ist auch eine kleine Ausstellung zur Geschichte des Dudelsacks zu sehen (s. S. 237).

Gefangenen. Dafür erhielt er den unrühmlichen Beinamen „der Schlächter".

Charles flüchtete nach Frankreich, das Clan-System wurde zerschlagen, die gälische Kultur massiv zurückgedrängt. Damit war das Zeitalter der Stuarts, der Clans und der Religionswirren in Schottland endgültig vorbei.

Empire, Aufklärung und industrielle Revolution

Während in den Highlands politisch und kulturell Grabesstille einzog, arrangierte sich das restliche Schottland sehr schnell mit den neuen Verhältnissen. Das wachsende britische Empire brachte soziale Aufstiegsmöglichkeiten in den

Kolonien mit sich, für schottische Waren gab es neue Absatzmärkte, die Zollschranken zu England waren gefallen. In der zweiten Hälfte des 18. Jhs. brach auch in Schottland das nach dem Vornamen der britischen Könige benannte georgianische Zeitalter an.

Der neue Aufschwung war als Erstes in Edinburgh sichtbar. Im Zeitalter der Aufklärung entwickelte **Adam Smith** seine Theorie „Vom Reichtum der Nationen" und begründete damit die Volkswirtschaftslehre, **David Hume** setzte als Philosoph Akzente, und als 1766 der Bau der georgianischen New Town begann, folgte auch die Architektur diesem neuen Zeitgeist. Stararchitekt **Robert Adam** war in den Herrenhäusern Schottlands sehr gefragt. Kulturell war das Ende des 18. Jhs. das Zeitalter von **Robert**

Burns (1759–96), der mit seiner teils humorvollen, teils deftigen, teils sozialkritischen Dichtung im schottischen Dialekt schnell berühmt wurde. Burns gilt heute als Nationaldichter (s. S. 221).

Auf dem Land machten sich die Grundbesitzer und die Regierung daran, den „Fortschritt" auch in die letzten Winkel zu bringen: Straßen- und Kanalbau revolutionierten das Verkehrswesen, auf dem Reißbrett geplante Siedlungen und Kleinstädte veränderten die bis dahin sehr ländlichen Regionen. An den Küsten entstanden Fischereihäfen, in den Bleibergen von Wanlockhead frühindustrielle Minensiedlungen.

Sehr stolz ist Schottland auf seine Ingenieursleistungen und seine industrielle Vergangenheit. Den Grundstein dafür legte **James Watt**, als er 1769 eine stark verbesserte Dampfmaschine patentieren ließ. Zwar war er nicht der eigentliche Erfinder der Dampfmaschine, aber durch ihn ließ sie sich industriell einsetzen. War Edinburgh die Stadt der Wissenschaft und der Aufklärung, so wurden Glasgow und die Region am Clyde zum Zentrum der Industrie und des Schiffsbaus. Am Ufer des Clyde lief 1812 das erste kommerzielle Dampfschiff vom Stapel, in New Lanark am Oberlauf des Clyde entstand zu Beginn des 19. Jhs. die soziale Modellsiedlung von Robert Owen (s. S. 265).

Reibungslos verlief die **industrielle Revolution** allerdings nicht. Der Arbeitskräftebedarf stieg dramatisch an, immer mehr Menschen aus den Highlands und später aus Irland wanderten ein. Es entstanden die berüchtigten Slums von Glasgow, während die Reeder vom Clyde märchenhaft reich wurden und durch Prachtbauten ihren Reichtum und ihre Wohltätigkeit dokumentierten. Ein zweites Industriezentrum entwickelte sich in Dundee rund um die Juteproduktion.

Vertreibung und Migration

Die Industrielle Revolution beschleunigte die Entvölkerung der Highlands – ein Prozess, der in der zweiten Hälfte des 18. Jhs. begann und in Teilen bis heute nicht gestoppt ist. Durch den enormen Arbeitskräftebedarf der Industrie in Glasgow und Dundee zogen viele Menschen nach Süden, aber längst nicht alle verließen die Highlands freiwillig.

Nach Culloden wandelten sich die Clan-Chefs zu feudalistischen Grundbesitzern. Um ihren Lebensstil in London oder Edinburgh zu finanzieren, versuchten sie, die Einnahmen aus ihrem Grundbesitz und von den dort lebenden Bauern zu maximieren. Das führte zu den berüchtigten **Highland Clearances** (s. S. 449). Die Landbesitzer brachten Schafe in die Highlands, dafür mussten die Menschen weichen. Wo sie dies nicht freiwillig taten, wurden sie gewaltsam vertrieben und z. T. sogar ihre Häuser niedergebrannt. Die einst fruchtbaren und besiedelten Täler verwandelten sich in menschenleere Schafsfarmen. Die einstigen Bewohner wurden entweder in die neu gegründeten Küstensiedlungen gebracht oder aber gleich nach Übersee zu den Kolonien verschifft. Robert Burns' Gedicht *My heart is in the Highlands* wurde zum Symbol für die Sehnsucht nach der verlorenen Heimat.

Das Resultat der Highland-Vertreibungen und der **Arbeitsmigration** war dramatisch. Noch um 1800 lebten ungefähr gleich viele Menschen in den Lowlands wie in den Highlands. Heute wohnen in den Highlands weniger als 10 % der schottischen Bevölkerung. Die Clearances endeten übrigens erst 1886 nach einigen kleineren Aufständen und der Gründung der **Highland Land League**, die 1885 alle Hochlandsitze im Parlament eroberte. Daraufhin sah sich die Regierung genötigt, Gesetze zu erlassen, die den bisher rechtlosen Kleinbauern Schutz boten.

Zu Beginn des 19. Jhs. wandelte sich die Sicht auf die Highlands. Hatte die gebirgige Region bis dato als Hort der renitenten Clan-Anhänger gegolten, die ständig zu Rebellion und Viehdiebstahl neigten, so schufen der Schriftsteller **Walter Scott** (1771–1832) mit seinen romantischen Dichtungen und Romanen sowie **Queen Victoria** (1837–1901) höchstpersönlich ein ganz neues Bild. Scott dichtete der Landschaft etwas Märchenhaftes an und den Menschen Heldenhaftes und mythische Größe. Victoria setzte all dem die königliche Krone auf, indem sie und ihr Mann Albert in Balmoral im Dee-Tal eine Sommerresidenz bauen ließen (s. S. 378). Die Highlands wurden so zur Touristenattraktion, Kilt und Dudelsack zum Werbeträger.

Von „Nordbritannien"
zur Autonomie

Als erster britischer Monarch seit Charles II. reiste 1822 **George IV.** nach Edinburgh. Der Besuch war ein Riesenerfolg, George erlaubte den Schotten z. B., Whisky legal zu brennen, und die Schotten bejubelten „ihren" König.

Schottland war im britischen Empire aufgegangen, schottische Regimenter kämpften weltweit für die britische Krone, schottische Ingenieure wie Thomas Telford bauten Straßen, Brücken und Kanäle, und schottische Schiffe aus Glasgow trugen zur britischen Weltherrschaft auf den sieben Meeren bei. Die **Assimilation** schien so vollständig, dass bald nicht mehr von Schottland, sondern von „Nordbritannien" die Rede war.

Dieser Zustand der Zufriedenheit mit dem „Vereinigten Königreich" hielt so lange wie das Empire. Im 19. Jh. wollten weder die aufbegehrenden Bauern in den Highlands noch die sich in der Labour-Bewegung organisierenden Arbeiter eine Loslösung von England. Kurz vor Beginn des 1. Weltkriegs war jedoch eine Autonomieregelung für Irland wie Schottland verabschiedet worden, die aber nie in Kraft trat. Das Resultat war der irische Freiheitskampf. In Schottland dagegen fürchtete die Regierung Anfang 1919 nicht etwa Separatisten, sondern eine bolschewistische Revolution. *Red Clydeside* war der Mythos einer starken, selbstbewussten **Arbeiterbewegung**. Die Regierung und der damalige Premierminister Lloyd George schickten Truppen und Panzer nach Glasgow.

Die Frage nach Autonomie wurde erst nach dem Zweiten Weltkrieg wieder aktuell. Mit dem Zusammenbruch des Empire ging es auch in Schottland wirtschaftlich bergab (s. S. 94). Die Schuld dafür gaben immer mehr Menschen der Zentralregierung in London, der man vorwarf, schottische Interessen zu ignorieren. Ab Ende der 1960er-Jahre begann sich der Graben zwischen Schottland und England wieder zu verbreitern; von „Nordbritannien" wollte niemand mehr etwas wissen.

Mit ihrer Kampagne „It's Scotland's Oil" machte die **Schottische Nationalpartei** SNP den Nationalismus in Schottland politisch wie gesellschaftlich salonfähig (s. Kasten S. 90). Die Ölkampagne brachte der SNP bei den Unterhauswahlen 1974 sensationelle 34 % der Wählerstimmen ein, die Abspaltung Schottlands schien auf einmal eine realistische Möglichkeit zu sein. Doch das folgende **Autonomiereferendum** 1979, das von der Labour-Regierung in London angesetzt wurde, scheiterte an Sperrklauseln und an einer zu kleinen Mehrheit für die sogenannte *devolution*. Der Begriff bedeutet im Englischen das Herabreichen von Machtbefugnissen vom britischen Unterhaus an eine untergeordnete regionale Ebene. Damit schien die Frage der Unabhängigkeit wieder vom Tisch zu sein. Wenn nicht einmal eine deutliche Mehrheit der Schotten für ein eigenes Regionalparlament stimmte, waren weitergehende Träume kaum realistisch. Doch die folgenden 18 Jahre konservativer Herrschaft unter **Margaret Thatcher** und John Major veränderten die Grundlagen der politischen Debatte langfristig.

Die „Eiserne Lady" war in Schottland so verhasst wie kaum ein anderer Spitzenpolitiker zuvor oder danach. Sie brachte den Schotten in den 1980er-Jahren unverhohlene Verachtung entgegen und machte sich mit Projekten wie der Kopfsteuer *(poll tax)*, die man im Norden Großbritanniens auf ihre politische Durchsetzbarkeit in England testete, extrem unbeliebt. Zugleich mussten auch die anderen Oppositionsparteien Labour und die Liberalen erkennen, dass sie dringend neue Optionen brauchten, um wieder Regierungsverantwortung übernehmen zu können.

So bildete sich ab Ende der 1980er-Jahre ein Konsens zwischen SNP, Labour, Liberalen und weiten Teilen der Gesellschaft, dass eine neue Perspektive entwickelt werden müsse. Die Kernforderung war die Wiedereinführung eines schottischen Parlaments mit weitreichenden Selbstverwaltungsrechten, die über die *devolution* von 1979 deutlich hinausgingen.

Als 1997 die Labour-Partei unter **Tony Blair** an die Macht kam, gab es binnen sechs Monaten ein neues Autonomiereferendum (s. S. 90). Diesmal stimmte eine überwältigende Mehrheit für ein eigenes Parlament, inkl. der Möglichkeit, die Höhe der Steuern leicht zu verändern.

1999 wurden erstmals Regionalwahlen abgehalten, und am 1. Juli fand im Beisein der Queen die feierliche **Wiedereröffnung des schottischen Parlaments** statt. **Donald Dewar** von Labour wurde der erste First Minister. Er führte eine Koalition aus Labour und Liberalen. 2007 wählten die Schotten sogar eine Minderheitsregierung der SNP unter First Minister **Alex Salmond** ins Amt. Seine Regierungszeit begann sehr optimistisch: Studiengebühren wurden ebenso abgeschafft wie z. B. die Brückenmaut.

Doch es gab schwere Rückschläge. Die globale **Finanzkrise** 2008/09 hat z. B. schlagartig das Ende des selbstständigen schottischen Bankensektors eingeläutet. Die Royal Bank of Scotland wurde zu 77 % vom Staat übernommen, die Bank of Scotland war schon 2001 mit Halifax fusioniert, um 2009 von Lloyds komplett übernommen zu werden. Hatte die SNP bis 2008 noch gehofft, durch eigenständige „schottische" Banken, die Unabhängigkeit finanzieren zu können, so ist dieser Traum abrupt geplatzt.

Vor diesem Hintergrund ist es umso bemerkenswerter, dass die Minderheitsregierung sich

„... and be the nation again" – Schottland vor der Unabhängigkeit?

Noch Ende der 1960er-Jahre hätte diese Frage auch in Schottland selbst nur ein ungläubiges Lächeln hervorgerufen. Unabhängigkeit? Das war einmal. Niemand erwog ernsthaft, sich aus der vorteilhaften Verbindung im Vereinigten Königreich zu verabschieden. Hatte sich nicht schon George IV. 1822 beim Besuch in Edinburgh in einen Kilt zwängen lassen, kamen nicht alle Monarchen seit Queen Victoria regelmäßig nach Norden, um in ihrer schottischen Residenz Balmoral die klare Highland-Luft zu genießen, und haben nicht viele Schotten südlich der Landesgrenzen ihr Glück gesucht und gefunden?

Doch die Zeiten haben sich geändert: Beharrlich hat die 1934 gegründete Schottische Nationalpartei (SNP) seit der Entdeckung der Ölvorräte in der Nordsee ihr Argument in die Öffentlichkeit getragen, dass Schottland nicht nur als eigenständige Nation bestehen könne, sondern als solche womöglich sogar besser abschneiden würde als England. Die Kampagne „It's Scotland's Oil" war ein politischer Erfolgsschlager für die SNP (s. S. 89), doch das gescheiterte Autonomiereferendum 1979 bedeutete einen herben Rückschlag.

Rückbesinnung

Dennoch setzte in den 1980er-Jahren ein stiller Sinneswandel in der schottischen Bevölkerung und Politik ein. Angefacht von der als „englisch arrogant" empfundenen konservativen Regierungschefin Margaret Thatcher bekannten sich in Schottland immer mehr Menschen dazu, primär „schottisch" zu sein und erst danach „britisch". Diese markante gesellschaftliche Entwicklung wird seit Jahrzehnten durch den Rückgriff auf die eigene Geschichte angefeuert. Im Mittelpunkt stehen dabei immer wieder die **Freiheitskriege gegen England** an der Wende zum 14. Jh.

Das bekannte Folk-Duo The Corries schuf 1974 mit seinem patriotischen Lied *Flower of Scotland* die inoffizielle Nationalhymne Schottlands. Thema ist der erfolgreiche Freiheitskampf gegen den englischen König Edward II., den man „nach Hause schickt, um nochmal nachzudenken". Und dann heißt es aufrüttelnd: „But we can still rise now and be the nation again". Das Lied wird bei Rugbyspielen gesungen und machte die beiden Corries in Schottland berühmt.

In eine ähnliche Kerbe schlug 1995 der Film *Braveheart* mit Mel Gibson als Freiheitskämpfer William Wallace, der den englischen Heeren unter King Edward seine Zähne zeigt, während die schottischen Soldaten den englischen ihre nackten Hintern zudrehen. Und niemanden wunderte es mehr, dass das neue **Autonomiereferendum** ausgerechnet am 11. September 1997, dem 700. Jahrestag des Siegs von Wallace über Edward, abgehalten wurde. Das Ergebnis war eine überwältigende Mehrheit für ein schottisches Parlament, das 1999 von der Queen in Edinburgh eröffnet wurde.

Endlich wieder ein eigenes Parlament

Donald Dewar, der erste First Minister einer Koalition aus Labour und Liberalen, nannte das Parlament „eine Stimme für die Zukunft" und in

politisch als extrem stabil erwies und vier Jahre lang nicht Gefahr lief, abgewählt zu werden. Das hat sie vor allem dem strategischen Geschick ihres Vorsitzenden Salmond zu verdanken, der zwar recht arrogant auftreten kann, aber auf der politischen Arena Schottlands seit 20 Jahren einer der tonangebenden Köpfe ist. Bei Redaktionsschluss sagten jedoch viele Umfragen voraus, dass bei den anstehenden schottischen Parlamentswahlen im Mai 2011 Labour gewinnen könnte.

Regierung und Politik

Schottland ist integraler Bestandteil des Vereinigten Königreichs. Dementsprechend heißt das **Staatsoberhaupt** Queen Elizabeth II., das Land wird nach außen vom britischen **Premierminister** David Cameron (Conservatives) vertreten. Doch mit der Wiedereröffnung des schottischen Parlaments 1999 hat sich das Binnengefüge der Macht deutlich Richtung Edinburgh verschoben. Die schottische Regierung *(Scottish*

der Tat: Einmal eingerichtet wird das Parlament seither von niemandem mehr in Frage gestellt. Selbst die konservativen Tories haben sich mit der Machtverlagerung von Westminster nach Edinburgh abgefunden. Nach dem Wahlsieg von David Cameron 2010 kündigte dieser sogar ein weiteres Autonomiepaket an. Denn die Tories spielen in Schottland kaum noch eine Rolle, sind politisch fast vollständig ins Abseits gedrängt und hoffen, durch konziliantes Verhalten wieder zu punkten. Rund 70 % der Schotten wollen nämlich erweiterte Machtbefugnisse für Edinburgh. Mit dem Parlament ergriff Schottland eine Reihe von Initiativen, die sich deutlich von der Gesetzeslage in England unterscheiden und so die Kluft zwischen den beiden Nachbarn vergrößerten: Wichtige Gesetze waren z. B. die Gründung der zwei Nationalparks, die Abschaffung der Studiengebühren, der Land Reform Act von 2003 (s. S. 93) sowie die Förderung des Gälischen und diverse Bildungsinitiativen.

Mit der SNP in die Unabhängigkeit?

Noch bedeutender war 2007 die Wahl von SNP-Chef Alex Salmond zum First Minister einer SNP-Minderheitsregierung in Edinburgh. Auch wenn nur rund 25 % der Schotten die staatliche Unabhängigkeit wollen, so unterstützen doch viele Menschen das sozialdemokratisch-grün angehauchte SNP-Programm: Kostenloses Studium, weitreichender Klimaschutz, atomkraftfreie Energiegewinnung, mautfreie Straßenbrücken, der Abzug der britischen Atom-U-Boote sowie ein verbessertes Schulsystem inkl. kostenloser

Schulmahlzeiten sind in Schottland gesellschaftlicher Mainstream.
Im Gegensatz zu den jeweiligen britischen Zentralregierungen ist die SNP auch sehr europafreundlich und erwog zumindest bis zur Euro-Krise die Einführung der Gemeinschaftswährung. Die SNP orientiert sich allgemein eher an den skandinavischen Nachbarländern wie Dänemark und Norwegen. Gerade die Norweger werden voller Neid betrachtet, weil bei ihnen der Ölreichtum zu einer starken Wirtschaft und einem sehr hohen Lebensstandard geführt hat, während in Schottland viele Menschen der Meinung sind, die Ölgelder seien irgendwo in London versickert.
Angesichts dieser dramatischen Verschiebungen im politischen Verhältnis zwischen Schottland und England sowie im Lande selbst, ist eine Vorhersage für die Zukunft schwierig. Niemand hätte vor zwanzig Jahren an die Einführung eines Parlaments in Edinburgh geglaubt. 1999 hätte niemand eine SNP-Regierung für möglich gehalten. Doch all dies hat sich viel schneller realisiert, als vorher angenommen. Insofern ist die Entscheidung der konservativ-liberalen Koalition in London, Schottland von sich aus neue Befugnisse anzubieten, sicher sehr vorausschauend, um die Fehler der Thatcher-Jahre zu vermeiden. Ob dies aber reicht oder am Ende in zehn oder zwanzig Jahren nicht doch die Unabhängigkeitserklärung steht, kann derzeit niemand wirklich vorhersagen. Noch scheint eine Loslösung von England unwahrscheinlich, aber undenkbar ist sie längst nicht mehr.

Government) wird vom First Minister und seinem Kabinett geleitet. Die **Regionalregierung** ist für viele Politikfelder weitgehend eigenständig verantwortlich. Dazu zählen das Bildungs- und Justizwesen, Kultur, Sport sowie Landwirtschaft, Umwelt und Verkehr. Die Finanzpolitik ist jedoch nur im Rahmen eines von London zugewiesenen Budgets durchführbar. Die Außen- und Verteidigungspolitik liegt ganz in der Hand der britischen Zentralregierung.

Seit 2007 wurde das Land von einer SNP-Minderheitsregierung unter **Alex Salmond** geführt. Dem Nationalistenchef stand 2011 jedoch laut Umfragen die Abwahl bevor.

Schottland unterscheidet sich im **Wahlrecht** deutlich vom Rest Großbritanniens. Es gilt eine Mischung aus Direkt- und Verhältniswahl. Das ermöglicht kleinen Parteien den Einzug ins schottische Parlament. Vor der Wahl 2011 hatte die SNP 47 Sitze, Labour 46, Conservatives und Liberals jeweils 16, Greens 2 sowie Unabhängige 2. Das schottische Parlament ist also wesentlich bunter zusammengesetzt als das Pendant in Westminster.

Verwaltungstechnisch ist Schottland auf lokaler Ebene in 32 **Distrikte** aufgeteilt, wobei die großen Städte Glasgow, Edinburgh, Aberdeen und Dundee jeweils ein eigener Distrikt sind. Flächengrößter Distrikt sind die Highlands, rund um Glasgow und Stirling gibt es hingegen einige geradezu winzige Distrikte. Die nächsten Lokalwahlen finden 2012 statt.

Wirtschaft

> **Wichtigste Wirtschaftszweige:** Öl, Gas, Whisky, Computerelektronik, Tourismus, Banken und Finanzen
> **Wichtigste Exportprodukte:** Whisky und Öl
> **Durchschnittlicher Bruttoverdienst (Haushalt):** ca. 2400 £/Monat
> **Arbeitslosenquote:** 8,1 % (Anfang 2011)
> **Inflationsrate:** 4 % (Anfang 2011)

Schottlands Wirtschaft ist im Allgemeinen völlig in die britische Wirtschaft integriert. Der bis 2008 bedeutende schottische Bankensektor wurde durch die Finanzkrise teilverstaatlicht und verlor seine Eigenständigkeit. Dennoch hat Schottland eine Reihe charakteristischer Wirtschaftssektoren, darunter die Ölindustrie und die Whiskyproduktion.

Die meisten Menschen arbeiten heute im Dienstleistungssektor, wobei der Tourismus in den letzten 40 Jahren zu einem immer bedeutenderen Wirtschaftszweig geworden ist. 2010 sorgten die 20 000 im Tourismus tätigen Betriebe mit ihren 215 000 Angestellten für 4,2 Mrd. Pfund Umsatz.

Traditionelle Wirtschaftszweige

Whisky

Schottlands wichtigster Exportschlager ist Whisky (s. S. 27 u. S. 42). Rund 4 Mrd. Pfund werden jährlich mit dem Verkauf und Export von Whisky umgesetzt, was rund 1 Mrd. Pfund in die Steuerkassen spült. Immerhin 40 000 Jobs hängen an der Whiskyproduktion, die vor allem im Nordosten von Schottland sowie auf der Insel Islay erfolgt.

Landwirtschaft

Personell spielt die Landwirtschaft in Schottland kaum noch eine Rolle. Im Süden sowie im Nordosten ist aber die **Rinderzucht** weit verbreitet. Die Aberdeen-Angus-Rinder sind eine beliebte Rasse, während die zotteligen und gehörnten Hochlandrinder zwar wirtschaftlich unbedeutend, aber sehr fotogen sind. Auch in den Hochlandregionen ist die Landwirtschaft deutlich sichtbar, u. a. aufgrund der **Schafzucht**. Schottland ist für seine Wollproduktion berühmt, auch wenn die dazugehörige Industrie in den Borders fast vollständig verschwunden ist. Auf der Hebriden-Insel Harris ist die Wollverarbeitung für den Harris Tweed jedoch noch immer als Heimindustrie weit verbreitet.

Fischerei

Die Fischerei hat in Schottland eine sehr lange Tradition, die an der Wende des 19. Jhs. als ein Resultat der Hochland-Vertreibungen einen großen Aufschwung nahm. Entlang der Küsten

Über die letzten 125 Jahre hat sich in den westlichen und nördlichen Highlands eine besondere Form des Lebens und Arbeitens entwickelt: das *crofting*.

Der Begriff croft beschrieb ursprünglich eine umfriedete Parzelle Land, doch steht er heute eher für eine spezielle Siedlungs- und Eigentumsform, die den ländlichen Lebensstil der Highlands vor dem Untergang bewahrt. Die Streusiedlungen der *crofting communities* geben der Landschaft ihr ganz eigenes Gepräge.

Nach dem gesetzlichen Schutz vor den berüchtigten *Highland Clearances* (s. S. 449) 1886 durch den sogenannten *Crofters Act* konnten die vorher rechtlosen **Kleinbauern** nicht mehr ohne Weiteres aus ihren Cottages vertrieben werden. Die *crofter* zahlten und zahlen eine nominelle Pacht an den Grundbesitzer und erhalten zudem Weiderechte für eigene Schafe. Noch viele Jahrzehnte lang waren sie trotzdem in einer schwierigen Situation, weil der Kauf der Häuser sowie der Grunderwerb oftmals unmöglich waren und die Rechte an dem Haus durch Wegzug verfielen.

Mit dem **Land Reform Act** 2003, der auch die weitreichenden Zugangsrechte zum offenen Land für Wanderer etc. regelt (s. S. 61), wurde nun eine Kaufoption für Bewohner und Gemeinden geschaffen. In der Praxis heißt dies, dass die Kleinpächter ihren Grund und Boden auch gegen den Willen ihres Landlords kaufen können. Desweiteren können die Siedlungsbewohner ganze Güter erwerben. Im Assynt und auf Harris wurde

dieses neue Recht auch schnell wahrgenommen (s. S. 456). Viele Beobachter werteten das Gesetz deshalb als revolutionär, weil es den Bewohnern der *crofts* und der Siedlungen endlich wirksame Rechtsmittel im Umgang mit oft willkürlichen oder schlicht desinteressierten Landlords bot.

In Schottland gibt es derzeit knapp 18 000 *crofts*, auf denen gut 33 000 Leute leben. Diese Zahl wird in Zukunft steigen, weil das schottische Parlament die traditionellen Gebiete von Argyll bis Shetland ausgeweitet hat. Nun fallen auch die Inseln Arran und Bute sowie Moray und weitere Teile der zentralen Highlands unter die *crofter*-Regulierungen.

Die Landwirtschaft spielt bei den meisten *crofters* übrigens kaum noch eine Rolle. Nicht wenige Highlander – vor allem auf den kleinen Inseln – üben gleich zwei oder drei Jobs aus. Heute spielt zudem der Tourismus eine wichtige Rolle.

In den Highlands muss man ein wenig erfinderisch sein. Die Menschen sind aufgrund der Abgeschiedenheit generell eher gewohnt, sich auf sich selbst zu verlassen. Wirtschaftlich werden die Highlands jedoch aufgrund ihrer strukturellen Probleme (dünne Besiedlung, weite Anfahrtswege, kleine Kommunen) sowohl von der schottischen und britischen Regierung durch Organisationen wie HIE (Highlands and Islands Enterprise) als auch durch die regionalen Förderprogramme der EU unterstützt, um eine weitere Entvölkerung der Region zu verhindern.

wurden gezielt Fischereisiedlungen gegründet, darunter Wick und Ullapool. Durch den Herings- und Walfang wuchsen die Fischereiorte rapide an. Große Häfen an der Ostküste waren Eyemouth und Dundee. Vor allem der Nordosten wurde zum Stützpunkt für große Fischereiflotten. Die Hafenbecken von Aberdeen, Peterhead, Fraserburgh, Buckie, Lossiemouth und Wick waren mit jeweils mehreren hundert Booten gefüllt.

Doch die Überfischung der Nordsee hat in den letzten Jahrzehnten die Fischerei als verbreitete Lebensform beendet. In Schottland

operieren insgesamt nur noch rund 400 Schiffe, davon sind alleine 150 im Geschäft mit Krabben, Hummer und Jakobsmuscheln tätig. Während viele Fischereihäfen komplett aufgegeben wurden, ist **Peterhead** im Nordosten der mit Abstand größte Fischhafen Europas für Weißfische sowie Makrelen und Heringe, mit einem Umsatz von rund 125 Mio. Pfund jährlich. Das benachbarte **Fraserburgh** ist Europas größter Krabbenhafen mit einem jährlichen Umsatz von 30 Mio. Pfund.

Ähnlich wie die Landwirtschaft hat auch die Fischerei eine mächtige politische Lobby

Land und Leute

in Schottland, die innerhalb der EU immer wieder für heftige Streitereien um Fangquoten im Nordatlantik sorgt.

Wirtschaft im Wandel

Land und Leute

Ende der Schwerindustrie

Schottlands Wirtschaft hat sich in den vergangenen 50 Jahren genau wie in vielen anderen europäischen Ländern enorm gewandelt. Bis zum Zweiten Weltkrieg gab es im Central Belt zwischen Glasgow und Edinburgh eine bedeutende Schwerindustrie mit Kohlegruben und Stahlwerken. Glasgow war das unbestrittene Zentrum der britischen Werftenindustrie.

Mit dem Niedergang des Empire begann in den 1960er-Jahren ein massives Werftensterben. Es folgten die Kohlegruben und 1992 schloss das Stahlwerk von Ravenscraig. Für Schottland hatte dies einen ähnlichen symbolischen Stellenwert wie die Schließung von Rheinhausen in Deutschland.

Öl – Schottlands schwarzes Gold

Im Gegenzug entwickelte Schottland neue Industrien. Die größte Veränderung brachte der Fund von Öl in der Nordsee Ende 1969. Sechs Jahre später wurde das erste Öl an Land gepumpt. Bei Grangemouth am Firth of Forth sowie auf Flotta auf Orkney und bei Sullom Voe auf Shetland wurden Ölterminals und Raffinerien gebaut. Nördlich von Peterhead entstand zusätzlich ein großer Gasterminal.

Öl wurde zum Retter der damals völlig zerrütteten Staatsfinanzen des Vereinigten Königreichs und zum heiß umkämpften politischen Zankapfel innerhalb von Schottland. Mit dem Slogan „It's Scotland's Oil" gelang der Schottischen Nationalpartei SNP 1974 ein kometenhafter Aufstieg (s. S. 89). Doch der Traum von einem großen Wirtschaftswunder à la Norwegen trat nicht ein, weil die Steuermilliarden nach London in die britische Staatskasse flossen. Die Experten streiten sich bis heute über die möglichen Folgen des Ölbooms im Falle einer schottischen Unabhängigkeit.

Dennoch ist die Öl- und Gasindustrie ein enorm wichtiger Wirtschaftsfaktor in Schottland. Die meisten existierenden Ölfelder haben zwar den Scheitelpunkt ihrer Förderkapazität schon hinter sich, doch noch immer hängen rund 100 000 Arbeitsplätze vom Öl und Gas ab. Die Durchschnittseinkommen rund um die Ölhauptstadt Aberdeen gehören zu den höchsten in Schottland und ganz Großbritannien.

Die Kehrseite der Ölförderung liegt natürlich in der möglichen Gefährdung der Umwelt (s. S. 76). Aufgrund der Endlichkeit der Ressourcen strebt die schottische Regierung einen radikalen Wechsel hin zu erneuerbaren Energien an. Wind und Wasser stehen hierbei im Vordergrund und sollen in den nächsten Jahren zu einem neuen Wirtschaftsboom führen (s. S. 75).

Silicon Glen und Klonschaf Dolly

Die nächste Welle neuer Industrien begann in den 1980er-Jahren. Viele Computerfirmen siedelten sich in Schottland an, um hier ihre Produkte fertigen zu lassen. So stammen rund ein Viertel aller Computer und Laptops in Europa aus Schottland. Ausschlaggebend waren dafür u. a. die relativ niedrigen Löhne sowie die hohe Qualifikation der Arbeiter. In den letzten Jahren hat Schottland zudem die Marktführerschaft bei der Herstellung von Computerspielen übernommen. Das Zentrum dieser Spezialindustrie liegt in Dundee. Insgesamt beschäftigt die Computerindustrie rund 45 000 Menschen in Schottland.

Unter der Rubrik Hightech laufen allerdings auch sehr umstrittene Forschungsvorhaben. 1996 sorgte das weltweit erste geklonte Schaf, Dolly, für Schlagzeilen, das im Roslin Institute der Universität von Edinburgh „entwickelt" worden war. Auch Stammzellenforschung wird in Edinburgh betrieben, da die gesetzlichen Bestimmungen in Großbritannien lockerer sind als in Deutschland.

Kunst und Kultur

In diesem Bereich haben die Schotten über Jahrhunderte hinweg ihre eigenen Traditionen gepflegt, aber natürlich wurden in vielen Bereichen britische bzw. europäische Trends aufgegriffen. Gerade in jüngster Zeit konnte Schottland in den Bereichen Literatur, Film und Musik internationale Erfolge feiern und ist mit einigen sehr bekannten Gesichtern überaus präsent.

Architektur

Mystische Steinkreise, verwinkelte Burgen, malerische Kathedralenruinen, herrschaftliche Schlösser, reetgedeckte Cottages, viktorianische Prachtbauten, eigenwillige Jugendstilbauten und postmoderne Repräsentationsgebäude – architektonisch hat Schottland enorm viel zu bieten und überspannt dabei einen Zeitraum von fast 6000 Jahren.

Vom Steinkreis zum Broch
Schon aus dem 4. Jahrtausend vor Christus sind Steinzeit-Wohnhäuser und -Siedlungen erhalten, später kamen die berühmten **Steinkreise** von Callanish (s. S. 562) und Brodgar (s. S. 580) hinzu sowie die imposanten **Kammergräber**, insbesondere Maeshowe auf Orkney (s. S. 579). Diese frühen Zeugnisse einer steinzeitlichen Hochkultur sind von herausragender Qualität und ein Highlight auf jeder Schottlandtour (s. Kasten S. 80).

Sehr markant sind die eisenzeitlichen **Brochs**, die um die Zeitenwende vor allem in West- und Nordschottland entstanden. Diese aufgrund ihrer kühlturmartigen Bauweise sehr augenfälligen Wehrtürme zeugen von einer Zeit, als offensichtlich Verteidigungsmaßnahmen geboten schienen. Das gilt auch für die **Crannogs**, die auf kleinen Felseninseln oder aber auch auf künstlichen Inseln in Seen erschaffen wurden und dadurch sehr gut zu schützen waren. In vielen flachen Gewässern sind Spuren dieser wehrhaften Eilande erhalten geblieben. Manche Crannogs wurden z. T. sogar noch bis ins späte Mittelalter genutzt.

Kathedralen und Abteien
Als König **David I.** 1124 auf den schottischen Thron kam, beschloss er ein ambitioniertes Kirchen- und Klosterbauprogramm. Er holte mehrere kirchliche Orden nach Schottland, die sich sofort an die Arbeit machten. Ihr architektonisches Wirken lässt sich in den Abteikirchen von Jedburgh (S. 185), Melrose (S. 177) und Dryburgh (S. 184) ebenso ablesen wie in den mächtigen gotischen Kirchenruinen von St Andrews (S. 306), Arbroath (S. 351), Dunkeld (S. 320) und Elgin (S. 400). In Jedburgh sind sogar noch deutlich romanische Bauphasen zu erkennen.

Nicht alle mittelalterlichen Kirchen sind durch Krieg und Reformation zerstört worden. Glasgow Cathedral (S. 228), die St Magnus Cathedral (S. 584) in Kirkwall und natürlich die mythische Rosslyn Chapel (S. 160) bei Edinburgh sind gut erhaltene gotische Sakralbauten, die noch heute ihren Baumeistern zur Ehre gereichen.

Burgen und Turmhäuser
Weder das Mittelalter noch die frühe Neuzeit waren in Schottland ruhige Zeiten. Von den mächtigen Burgen sind aber nur wenige intakt geblieben. Weder die Königsburg von Linlithgow (s. S. 159) noch die Hochlandfesten von Kilchurn (s. S. 521) oder Urquhart (s. S. 424) überdauerten die verschiedenen innerschottischen Konflikte im 17. und 18. Jh. Die augenscheinlichen Vorzeigeburgen Eilean Donan Castle (s. S. 472) und Duart Castle auf Mull (s. S. 543) wurden erst im 20. Jh. wieder aufgebaut. Die wilden Zeiten überstanden haben jedoch Cawdor Castle (s. S. 423), das gerne mit Macbeth in Verbindung gebracht wird, sowie Traquair House (s. S. 191) in den Borders.

Schutz suchten die Adligen ab dem späten Mittelalter auch in sogenannten *tower houses*, die sie L-förmig und später auch Z-förmig anlegen ließen. Diese eher düsteren **Turmhäuser** waren ganz auf Verteidigung ausgerichtet und hatten ihren Eingang zumeist im ersten Stock, sodass man den Zugang bei Gefahr von innen bequem kappen konnte.

Ab dem 16. Jh. wurden die Turmhäuser dann oftmals erweitert und wohnlicher. Neue Burgen wurden im sogenannten schottischen **Baronialstil** errichtet, der durch seine verspielten Erker, Zinnen und Türmchen auffällt. Im Nordosten Schottlands führt der Castle Trail zu mehreren herausragenden Beispielen dieser Bauart: Crathes Castle (s. S. 373), Craigievar Castle (s. S. 375), Castle Fraser (s. S. 384) und Brodie Castle (s. S. 402) sind Paradebauten aus dem 16./17. Jh.

Schlösser, Landsitze und neue Stadtviertel

Spätestens mit der endgültigen Niederschlagung der Jakobitenaufstände war die Notwendigkeit zur Verteidigung vorbei. Der Hochadel begann postwendend mit dem Bau prächtiger Schlösser. Die erste Generation vom Ende des 17. Jhs. sah noch etwas wehrhafter aus, wie z. B. der Palast von Holyroodhouse und Drumlanrig Castle.

Im 18. Jh. sorgte dann die Architektenfamilie Adam für stilgerechtes Wohnen auf dem Lande. **William Adam** (1689–1748) schuf zu Beginn des 18. Jhs. eine Art Herrensitz vom Reißbrett, indem er eine nahezu quadratische Grundform wählte. Duff House (s. S. 393) bei Banff und das House of Dun (s. S. 353) bei Montrose sind zwei Beispiele. Anderswo wurden seine Bauten durch seine Söhne James und vor allem Robert später erweitert, so in Mellerstain (s. S. 174) und insbesondere im hochherrschaftlichen Hopetoun House (s. S. 139) bei Edinburgh. **Robert Adam** (1728–92) war der Stararchitekt seiner Zeit und beim Adel äußerst gefragt. Er führte klassizistische griechische Formen ein und verzierte seine Wände mit kunstvollen Friesen. Sein unbestrittenes Meisterstück ist Culzean Castle (s. S. 217) bei Ayr. Sein letztes Werk schuf Robert Adam mit dem Charlotte Square in Edinburgh. Dieser städtebauliche Akzent überzeugt selbst heute noch durch seine Schlichtheit und Eleganz. Damit erhielt die georgianische New Town (s. S. 125) ein bauliches Juwel.

Angesichts dieses Baubooms in den Lowlands konnten die Clan-Chefs und Herzöge in den Highlands kaum untätig zusehen. Bei aller Pracht fallen Blair Castle (s. S. 326), Dunrobin Castle (s. S. 439), Inveraray Castle (s. S. 522) und Dunvegan Castle (s. S.492) dennoch eine Nummer kleiner aus als ihre Pendants im Süden, haben dafür aber oftmals wesentlich mehr Atmosphäre.

Viktorianische Romantik, Gründerzeit und Jugendstil

Das 19. Jh. ist durch mehrere Trends geprägt. Zum einen hält mit Queen Victoria die Romantik Einzug in Schottland. Ihr Neo-Baronialschlösschen in Balmoral (s. S. 379) gibt den Ton an. Floors Castle (S. 174) bei Kelso wirkt durch Zinnen und Türmchen sehr verspielt.

Während sich der Hochadel seine feschen **Landsitze** aus- und umbaut, bringt die industrielle Revolution einen neuen Geldadel hervor. Diese Industriellen wollen sich gegen Ende des 19. Jhs. bleibende Denkmäler setzen und so spenden manche eifrig für üppige öffentliche Bauten. Die im ganzen Land verteilten „Carnegie Libraries" sowie die Mitchell Library (s. S. 242) in Glasgow sind zwei Beispiele. Auch **öffentliche Bauten** wirken nun imperial, wie das Rathaus und der Kelvingrove-Palast in Glasgow (s. S. 242) und das Granitgebäude des Marischal College (s. S. 361) in Aberdeen eindrucksvoll belegen.

Einen bewussten Kontrapunkt setzte zu Beginn des 20. Jhs. **Charles Rennie Mackintosh** mit seinen kunstvollen Jugendstilbauten (s. S. 240). Damit erreichte die schottische Architektur europäisches Spitzenniveau und viel internationale Anerkennung. Leider wurde Mackintosh in Schottland selbst bald links liegengelassen.

Bei all dem Glanz darf nicht vergessen werden, dass für die breiten Massen jede Art von Luxus in weiter Ferne lag. Glasgow und Dundee waren die Städte der Slums, in den Highlands lebten Großfamilien in kleinen, mit Torf verräucherten Cottages. In den reetgedeckten Blackhouse-Siedlungen der Hebriden war das Leben hart und jeglicher Komfort Mangelware. Von Gründerzeit war hier keine Spur.

Zeitgenössische Architektur

Nachdem Schottland unter Architekten wie Mackintosh mit wahren Hinguckern verwöhnt worden war, herrschte lange eine ziemlich große Flaute. Doch in letzter Zeit tut sich wieder was: Spektakulär sind das **Parlamentsgebäude** in Edinburgh nach Entwürfen des Katalanen Enric Miralles, die Schiffsschaukel des **Falkirk Wheel** (s. S. 292) oder das schneckenförmige **Clyde Auditorium** „Armadillo" am Konferenzzentrum SECC in Glasgow (Norman Foster & Partners). Diese Bauwerke markieren eine radikale Abkehr vom eintönigen Einheitsgrau der 1970er-Jahre, die sich in trostlosen Bettenburgen am Stadtrand und tristen Einkaufszentren und Büroblöcken in den Stadtzentren äußerten. Man darf gespannt sein, welche Akzente das neue **Riverside Museum** in Glasgow sowie die in Planung befindliche Waterfront in Dundee setzen werden.

Malerei

Ramsay und Raeburn

Mit dem Ausbau der Landsitze im georgianischen 18. Jh. stieg auch der Bedarf an Gemälden drastisch an. Besonders beliebt waren natürlich Porträts. Erster Vertreter dieses Genres war **Allan Ramsay** (1713–84). An die Spitze seiner Zunft stellte sich jedoch **Sir Henry Raeburn** (1756–1823). Seine Gemälde gelten bis heute als Klassiker, darunter Porträts des Schriftstellers Sir Walter Scott sowie des schlittschuhlaufenden Reverend Walker (s. S. 131). Gutsbesitzer und Adlige, die etwas auf sich hielten, ließen sich entweder selbst von Raeburn porträtieren oder erwarben für ihre Herrensitze einige seiner Gemälde, sodass Raeburn heute allerorten anzutreffen ist.

Glasgow Boys

Im 19. Jh. waren traditionelle Themen, imposante Landschaften und röhrende Hirsche à la Edwin Landseer gern gesehene Motive. In den 1880er-Jahren hatte eine lose miteinander verbundene Gruppe junger Maler genug von dieser „akademischen" Malerei und befreite sich von den Traditionen. Als *Glasgow Boys* zogen **Edward Atkinson Hornel** (1864–1933), **George Henry** (1858–1943), **James Guthrie** (1859–1930), **Arthur Melville** (1855–1904) und **John Lavery** (1856–1941) aufs Land und suchten ihre Themen unter freiem Himmel. Sie standen damit ganz im Einklang mit den kontinentaleuropäischen Künstlerbewegungen, die sich ebenfalls vom akademischen Kunstbetrieb abwandten. Durch Reisen nach Frankreich, Spanien und sogar nach Japan erweiterten die schottischen Maler ihren Horizont. Gegen Ende des 19. Jhs. hatte sich ihre Strahlkraft allerdings verbraucht, doch sie hatten die Aufmerksamkeit der europäischen Kunstliebhaber auf Schottland gelenkt und damit die Bühne für die nächsten Generationen bereitet. Ohne die Glasgow Boys hätte Charles Rennie Mackintosh mit seinem Jugendstil womöglich nicht so großen Erfolg im Ausland erzielt. Ein Schwerpunkt der Künstlerszene in Schottland wurde zu Beginn des 20. Jhs. übrigens der malerische Ort Kirkcudbright (s. S. 205), wo sich Hornel niederließ.

Scottish Colourists

Nach dem Ersten Weltkrieg begann die große Phase der nächsten Gruppe schottischer Künstler. **Samuel John Peploe** (1871–1936), **Duncan John Fergusson** (1874–1961), **Francis Campbell Boileau Cadell** (1883–1937) und **George Leslie Hunter** (1877–1931) ließen sich von französischen Größen wie Henri Matisse inspirieren. Peploe arbeitete auf einer postimpressionistischen Grundlage. Inselszenen von Mull und Iona gehörten zu seinen Spezialitäten, weil er dort mit Cadell oft seine Sommerferien verbrachte. Fergusson, dem ein exzellentes Museum in Perth gewidmet ist (s. S. 315), reiste oft nach Frankreich und lebte zusammen mit seiner Frau, der Tänzerin und Choreographin Margaret Morris, in einer der kreativsten Künstlerbeziehungen im Schottland des 20. Jhs. Die farbenfrohen Werke der Künstler führten zu dem Sammelbegriff Scottish Colourists. Die lose Künstlergruppe geriet parallel zu den Glasgow Boys in den letzten Jahren wieder verstärkt ins Rampenlicht der Öffentlichkeit.

Moderne Kunst

Seit einigen Jahren wird der schottische Kunstmarkt von dem Autodidakten **Jack Vettriano** (geb. 1951) beherrscht. Der Künstler aus Fife hatte mit 15 Jahren die Schule verlassen, war trotzdem Bergbauingenieur geworden und hatte erst mit 21 von seiner damaligen Freundin ein Malset bekommen. Nach seiner ersten erfolgreichen Ausstellung 1989 startete Vettrianos Karriere richtig durch. 2004 wurde sein Gemälde *The Singing Butler* für 744 800 £ als das bisher teuerste schottische Gemälde überhaupt verkauft. Während das Publikum Vettriano liebt und der *Singing Butler* ein weit verbreitetes Plakatmotiv geworden ist, hat die Fachwelt den Mann aus Fife lange geschnitten. Zu schlicht sei seine Maltechnik, zu plakativ seine erotisch aufgeladenen Motive. Erst 2011 kaufte die Scottish National Portrait Gallery ein Selbstbildnis von Vettriano an.

Ebenfalls sehr populär ist **Peter Howson** (geb. 1958), der seine Ausbildung an der Glasgow School of Art erhielt. Erwähnenswert ist zudem der Bildhauer **Eduardo Paolozzi** (1924–2005), dessen Werke in mehreren Museen von Edinburgh ausgestellt sind.

Literatur

Schon Ende des 18. Jhs. hatte die schottische Literatur mit den Gedichten von **Robert Burns** (1759–96, s. S. 221) internationales Niveau erreicht. **Sir Walter Scott** (1771–1832, s. S. 180) war der erste Bestseller auf dem Buchmarkt, der mit seinen historisierenden Werken schottische Mythen schuf und ganze Landstriche in ein romantisches Licht tauchte. Beide Schriftsteller werden in Schottland hochverehrt, zu Burns' Ehren wird an jedem 25. Januar sogar eine Burns Night veranstaltet (s. S. 50).

Noch heute gerne gelesen und verfilmt sind die Klassiker von **Robert Louis Stevenson** (1850–94). Da seine ganze Familie Leuchttürme baute, kam Stevenson in seiner Kindheit viel in Schottland herum. So nehmen verschiedenste Eilande für sich in Anspruch, die Vorlage für die berühmte Schatzinsel zu sein. Mit seinem *Dr. Jekyll and Mr. Hyde* thematisiert Stevenson zudem die Hybris der schottischen Seele bzw. der Hauptstadt Edinburgh.

Im Gegensatz dazu löst das clevere Hirn von Sherlock Holmes jedes noch so knifflige Verbrechen. **Sir Arthur Conan Doyle** (1859–1930) formte den Meisterdetektiv nach einem seiner eigenen Professoren (s. S. 125).

Im Ausland eher unbekannt ist **Hugh Mac-Diarmid** (1892–1978), der über die Literatur eine „Schottische Renaissance" einleiten wollte. Dazu bediente er sich des Scots und schuf durch eine Verbindung mehrerer Unterdialekte sogar eine eigene Kunstsprache. Das wiederum schränkte seinen kommerziellen Erfolg stark ein.

Auch **George Mackay Brown** (1921–1996) ist hierzulande kaum bekannt. Er lebte zeitlebens fast ausschließlich auf Orkney und hat den Inseln in seinen Büchern ein vielschichtiges Denkmal gesetzt (s. S. 577).

Edinburgh hat sich in den letzten 20 Jahren zu einem Anziehungspunkt für international erfolgreiche Autoren entwickelt. **J. K. Rowling** (geb. 1965) schrieb hier ihre ersten Potter-Romane im Café, **Ian Rankin** (geb. 1960) ließ seinen grummeligen Inspector Rebus durch die Verbrecherszene von Edinburgh tingeln, **Irvine Welsh** (geb. 1958) beleuchtete die Junkie-Szene in *Trainspotting*, während **Alexander McCall Smith** (geb. 1948) mit seiner Serie *44 Scotland Street* unterhaltsame Lektüre geschaffen hat, die viel über Edinburgh verrät (zu allen Autoren s. Kasten S. 112).

Ein sehr düsterer Autor ist **Iain Banks** (geb. 1954), der in Werken wie *Complicity* und *The Wasp Factory* ganz in der Tradition von Stevenson intensiv die dunklen Seiten der Seele und der Gesellschaft beleuchtet. Dieser Linie blieb er auch in seinen neueren Werken *The Business* und *Transition* treu. Daneben schreibt er auch Science-Fiction.

Diese Dichte an literarischer Präsenz brachte Edinburgh 2005 den Titel Unesco-Weltliteraturstadt ein.

Näheres zu Werken dieser und anderer Autoren s. S. 619 im Anhang.

Film

Spätestens seit Sean Connery und Ewan McGregor hat Schottland zwei sehr werbewirksame Schauspieler. Connery ist zudem auch politisch auf Seiten der SNP sehr aktiv. Mit seiner Rolle in dem Klassiker **Highlander** (1986) war er auch an einem der bekanntesten Filme beteiligt, die Schottland zum Schauplatz haben. Unter dem Motto „Es kann nur Einen geben" kämpften die Unsterblichen gegen den Highlander Christopher Lambert.

Die Postkartenidylle der Westküste, die sich mit dramatischen Bergketten ablöst, fasziniert die Filmemacher. So ist **Harry Potter** immer wieder in den Highlands rund um Fort William unterwegs, dort, wo auch Mel Gibson als **Braveheart** gegen die englische Vorherrschaft ankämpfte. Der Film war vor allem bei schottischen Nationalisten äußerst populär. Schottische Themen greifen auch **Rob Roy** (1995) mit Liam Neeson sowie der Kinder- und Jugendfilm **Loch Ness** (1995) auf.

Der wichtigste Kultfilm für Schottlandfans ist zweifelsohne **Local Hero** (1983) von Bill Forsyth. Ein US-Ölkonzern will an der schottischen Küste eine Ölraffinerie bauen, dafür muss aber zunächst ein ganzes Dorf aufgekauft werden. Als verhandlungsstarker Anwalt und Hotelier Gordon Urquhart brilliert übrigens Dennis Law-

Land und Leute

son, der Onkel von Ewan McGregor. Schließlich freundet sich der exzentrische Ölmilliardär Happer (Burt Lancaster) mit dem noch exzentrischeren Strandbewohner Ben an, und statt Öltanks zu bauen, soll der großartige Sternenhimmel beobachtet werden. Während das Hotel und Dorf in Pennan im Nordosten gedreht wurden, findet sich der Strand bei Morar im Westen.

Ewan McGregors Karriere startete mit der schwarzen Komödie **Kleine Morde unter Freunden** (1994), bevor mit der sehr skurrilen Junkie-Story **Trainspotting** (1996) der internationale Durchbruch kam. Von der Werbefassade der Hauptstadt bleibt in diesem Film nichts erhalten. In dem Film spielt auch Robert Carlyle mit, einer der talentiertesten schottischen Schauspieler.

Keine Komödie ist **Breaking the Waves** (1996), den Lars von Trier u. a. auf Skye in Szene setzte. Emily Watson als Bess überzeugt hier in der Rolle einer jungen Frau, die zwischen den Anforderungen ihres gelähmten Mannes und ihrer kalvinistischen Erziehung zerrieben wird. Um religiöse Verwicklungen geht es u. a. auch in **Just a Kiss** (2003) von Ken Loach. Die junge Katholikin Roisin verliebt sich in einen muslimischen Mann. Casim ist Nachfahre pakistanischer Einwanderer. Loach nimmt sich hier wie immer aktueller gesellschaftlicher Themen an.

Auf den Mainstream zielen zwei Filme, die z. T. in Schottland gedreht wurden: Die **Verlockende Falle** (1999) mit Sean Connery und Catherine Zeta-Jones entstand teilweise auf Mull, während die Schlussszenen von Dan Browns **The Da Vinci Code – Sakrileg** (2006) bei Edinburgh gedreht wurden. Wesentlich interessanter war jedoch der Film **Die Queen** (2006) mit Helen Mirren. Der Streifen dreht sich um die Reaktion der Queen auf den Tod von Prinzessin 1997, als sie sich zunächst weigerte, ihren Urlaub auf Schloss Balmoral abzubrechen. Die englische Schauspielerin erhielt für ihre Rolle den Oscar.

Musik

Schottland ist definitiv ein Land der Musik. Der archaische Dudelsack (s. Kasten S. 87) übertönt natürlich seine Konkurrenten, doch die Musikszene ist breit gefächert.

International bekannte Bands haben ihre Wurzeln in Glasgow und Umgebung. Dazu zählen Franz Ferdinand, Midge Ure, Texas und Travis. Oasis kommen zwar aus England, wurden aber nach einem Gig in Glasgow unter Vertrag genommen. Seit einigen Jahren ist **Amy Macdonald** (geb. 1987) in Deutschland auf der Beliebtheitsskala kometenhaft nach oben geschnellt. Die junge Sängerin und Gitarristin verzichtet auf große technische Effekte und kann auf Live-Konzerten ihr Publikum dennoch sofort in ihren Bann schlagen. Sie schaffte es schon im Alter von 22 Jahren in eine Ausstellung des Nationalmuseums. Macdonald schreibt ihre Liedtexte selbst, ganz in der Tradition britischer Singer-Songwriter.

Eine völlig andere Musikrichtung vertritt **Susan Boyle**. Ihre Karriere ist eine erstaunliche Story, da sie über das britische Gegenstück von „Deutschland sucht den Superstar" aus dem Nichts heraus mit einer Darbietung aus dem Musical *Les Misérables* zum Gesangsstar wurde.

Folkmusik

Die Schotten mögen lebendige Folkmusik. Fiddle und Akkordeon sind für eine muntere Session die Grundausstattung. Gelegentlich kommen auch Gitarre, Banjo oder Dudelsack zum Einsatz. Die **Fiddle** trat im 18. Jh. ihren Siegeszug in Schottland an und ist seither nicht mehr wegzudenken aus der schottischen Musik. Besonders intensiv wird das Erbe der Fiddle-Musik auf Shetland gepflegt (s. Kasten S. 606).

In den 1970er-Jahren kam es zu einem Revival der Folkmusik. Es gehört heute zum guten Ton, dass Pubs quer durchs Land Live-Folk-Sessions anbieten. In den touristisch wichtigen Regionen der Highlands ist im Sommer immer irgendwo was los, während in Städten wie Edinburgh, Glasgow und Inverness ohnehin rund ums Jahr die Folkkneipen eine Bühne für offene Sessions oder gastierende Gruppen sind. Ein Folk-Abend kann zu einem eindrücklichen Erlebnis werden; bei offenen Sessions darf jeder seine Fiddle oder Gitarre auspacken und mitmachen. Hier zeigt sich die sehr lebenslustige Seite der Schotten.

Eine besondere Form der Folkmusik sind die Ceilidh-Melodien. Ein **Ceilidh** bedeutet Tanz,

Runrig – fetziger Folk-Rock von der Westküste

Wenn Runrig auftritt, werden im eingeschworenen Publikum schottische Fahnen geschwungen und die bekanntesten Songs auswendig mitgesungen – seit fast 40 Jahren ist die Band von der schottischen Westküste geradezu Kult, auch wenn es in den letzten Jahren etwas ruhiger um die Jungs geworden ist.

Mit ihren rockigen Rhythmen hat Runrig die Geschichte der Folkmusik in Schottland neu definiert. Keiner anderen Gruppe ist es besser gelungen, die traditionelle Musik der Westküste mit modernen Sounds in die Charts zu bringen und sogar ein internationales Publikum für sich zu gewinnen. Außergewöhnlich ist zudem, dass Runrig viele ihrer Songs auf Gälisch singen und so erstmals die keltische Sprache in der Rock-Pop-Szene salonfähig machten. Der vielleicht größte Hit von Runrig war die

Neuinterpretation des Klassikers *Loch Lomond* (s. S. 275).

Angefangen hatte alles in den 1970er-Jahren auf Initiative der Brüder Rory und Calum MacDonald, die auch heute noch das Rückgrat von Runrig sind. 20 Jahre lang war jedoch der charismatische Donnie Munro als stimmgewaltiger Sänger das Aushängeschild der sechsköpfigen Band. Nach dem gescheiterten Versuch, in die Politik einzusteigen, lebt Munro heute in Portree und verfolgt eine Solokarriere. Außerdem arbeitet er in leitender Stellung am Gälischkolleg Sabhal Mòr Ostaig (s. S. 480). Der Keyboarder Peter Wishart schaffte es hingegen tatsächlich für die SNP ins Parlament von Westminster – die Mitgliedschaft bei Runrig war seine beste Visitenkarte. Seit 1998 singt der Kanadier Bruce Guthro als Frontmann von Runrig.

Musik und gute Unterhaltung (s. Kasten S. 150). Auch hier lassen sich die Schotten richtig gehen und vergessen ihre zurückhaltende kalvinistische Erziehung.

Bahnbrechende Bands der Folkszene waren in den 1970er-Jahren die **Tannahill Weavers** und später dann vor allem **Silly Wizard** und **Boys of the Lough**. In diesen Bands spielten Musiker, die noch heute das Geschehen dominieren. **Dougie MacLean** (s. S. 321) war bei den Tannahill Weavers, der Akkordeon-Virtuose **Phil Cunningham** bei Silly Wizard und der vielleicht beste Fiddler Schottlands, **Aly Bain**, bei den Boys. Cunningham und Bain touren seit 25 Jahren über die Konzertbühnen Schottlands, aber auch in der Neuen Welt. Beide zusammen haben eine Dynamik in ihrer Musik, die jedes Publikum sofort mitreißt. Bei den Boys of the Lough war übrigens auch **Dick Gaughan** dabei, der als Sänger sehr politische und gesellschaftskritische Lieder macht.

Folkmusik mit patriotischem Einschlag hatte sich das Duo **The Corries** ab den 1960er-Jahren auf die Fahnen geschrieben. In den Liedern taucht immer wieder der Stuart-Thronanwärter Bonnie Prince Charlie auf, Schlachten gegen die Engländer werden gewonnen oder verloren, aber auch einfache Folksongs gehörten zum Repertoire der Band. 1974 schufen sie einen echten Klassiker mit ihrem Ohrwurm *Flower of Scotland* (s. S. 275), der es bis zur inoffiziellen Nationalhymne gebracht hat.

Wenn es ums Singen geht, dann ist an erster Stelle **Karen Matheson** zu nennen, die Frontfrau der legendären Gruppe **Capercaillie**. Sie singt in Gälisch und hat mit ihrer wunderbaren Stimme sämtliche Zweifel beseitigt, ob man mit Gälisch kommerziell erfolgreiche Musik machen könne. Besonders beeindruckend war ihr Album *The Blood is strong*.

In Deutschland am bekanntesten sind jedoch die Folkrocker von **Runrig** (s. Kasten).

Edinburgh und die Lothians

Stefan Loose Traveltipps

Edinburgh Castle und Royal Mile   Auf einem ausführlichen Bummel lassen sich die mächtige Festung und das historische Flair der Old Town, die königliche Residenz in Holyrood und das wegweisende neue schottische Parlament erleben. S. 107

Literatur im Café und Pub   Einen Kaffee trinken, wo Harry Potter entstand, oder mit Inspector Rebus in den Pub gehen – Literatur ist in Edinburgh allgegenwärtig. S. 112 und S. 123

Arthur's Seat   Der Hausberg von Edinburgh gewährt einen begeisternden Rundblick über die Stadt. S. 121

National Gallery of Scotland   Schottische und internationale Kunst in einem der wichtigsten Museen des Landes. Der Rundgang lohnt sich unbedingt. S. 129

Royal Yacht Britannia   Mit der Queen in See stechen? Ihr ehemaliges privates Flaggschiff liegt in Leith vor Anker. S. 137

Hopetoun House   Im Schatten der Forth Bridges wartet das pompöse Hopetoun House auf eine Erkundung. S. 139

Rosslyn Chapel   Die reich verzierte, gotische Kapelle führt in die Mythenwelt von Tempelrittern und Freimaurern. S. 160

Edinburgh

An der schottischen Hauptstadt führt kein Weg vorbei. Die wunderbare Altstadt gehört zu den malerischsten und fotogensten Sehenswürdigkeiten des Landes. Rückgrat der Old Town ist die Royal Mile, die schönste Flaniermeile Schottlands. Ein Bummel über die Königliche Meile zwischen dem Castle und dem Palace of Holyroodhouse ist der ideale Startpunkt für einen Schottlandbesuch, weil er viel von der stolzen Vergangenheit des Landes und den Hoffnungen auf die Zukunft vermittelt.

Hier präsentieren sich Nationalstolz, schottische Geschichte, kulturelle Vielfalt und ungebremste Lebensfreude auf engstem Raum. Zwischen Castle und Holyrood befindet sich das Epizentrum Schottlands. Edinburgh hat sich über die Jahrhunderte immer wieder neu erfunden, sich dem Wandel der Zeiten angepasst, ohne sich selbst dabei aufzugeben. Alt und Neu, Licht und Schatten liegen hier immer nah beieinander.

Wer die Komplexität der Hauptstadt verstehen will, braucht sich nur die Spitznamen der vergangenen Jahrhunderte anzuschauen: Einst nannte Robert Fergusson Edinburgh aufgrund des Qualms aus den rauchenden Schornsteinen schlicht *Auld Reekie* – die „Alte Verräucherte". Der Bau der eleganten, rechtwinklig angeordneten georgianischen „Neustadt" – und in Edinburgh bedeutet neu immerhin auch schon fast 250 Jahre – untermauerte hingegen den Ruf als „Athen des Nordens". Denn Edinburgh galt Ende des 18. Jhs. als eine **Metropole der Aufklärung**. Gelehrte wie Adam Smith und David Hume sowie Architekten wie Robert Adam waren federführend. Das reiche Kulturerbe brachte Edinburgh 1995 die Ernennung zum **Weltkulturerbe** durch die Unesco.

Dass aber auch in der aufgeklärten Welt nicht alles zum Besten stand, offenbarte Robert Louis Stevenson mit seinem Klassiker *Der seltsame Fall des Dr. Jekyll und Mr. Hyde*. Der schottische Autor brachte die Widersprüchlichkeiten seiner Landsleute literarisch auf den Punkt, denn „die Stadt führt ein Doppelleben". Moderne Autoren wie Ian Rankin und J. K. Rowling garantieren Edinburgh einen Platz im internationalen Rampenlicht von Literatur und Film (s. Kasten S. 112). Da verwundert es nicht, dass Edinburgh 2004 von der Unesco auch noch zur ersten „Weltstadt der Literatur" befördert wurde.

In Edinburgh gehört hochkarätige Kultur zum Alltag. Das gilt insbesondere zu Festivalzeiten. Das Edinburgh International Festival und das Edinburgh Festival Fringe (s. Kasten S. 152) sowie die große Hogmanay-Sause zu Silvester sind nur drei der Highlights. Edinburgh ist eine **Kulturmetropole** ersten Rangs: Theater, Kinos und Museen sorgen für ein vielfältiges Angebot. Die Studentenszene setzt erfrischend junge Akzente.

Wer über Edinburgh spricht, kann das **Parlament** nicht unerwähnt lassen, das 1999 nach 292 Jahren wieder eröffnet wurde. Mit der Regierung siedelten sich zahlreiche Ministerien an. Wichtige Entscheidungen werden heute in Edinburgh gefällt und nicht mehr in London. Neue Bauprojekte rund um das Parlament in Holyrood und im Hafenvorort Leith ließen das ohnehin gesunde Selbstbewusstsein der Hauptstädter weiter anschwellen.

Doch die Weltfinanzkrise 2008/09 hat Edinburghs traditionelle Wirtschaftssektoren stark getroffen. Die Stadt ist seit langem ein wichtiges **Finanzzentrum** für Banken und Versicherungen. Die Royal Bank of Scotland und die Bank of Scotland galten über Jahrhunderte als Garanten einer eigenständigen schottischen Bankenwelt. Davon ist heute nur noch dem Namen nach etwas übrig geblieben.

Dass die Metropole mit knapp 460 000 Einwohnern nach Glasgow „nur" die zweitgrößte Stadt des Landes ist, verkraften die Hauptstädter jedoch locker. Die Rivalitäten zwischen den beiden ungleichen Städten bleiben jedoch.

Zwar ist Edinburgh über den Flughafen bestens mit Europa verbunden, doch mit dem **Verkehr** innerhalb der Stadt hakt es ein wenig. Der Bau einer modernen Straßenbahnverbindung vom Flughafen quer durch die Stadt zum neuen Regierungs- und Boomviertel Leith soll einige dieser Probleme lösen, hat sich jedoch zu einer *never ending story* ausgewachsen. Erhebliche

Edinburgh und die Lothians

Verzögerungen und explodierende Kosten haben die Tram in Verruf gebracht. Dabei ist eine Verringerung des Individualverkehrs in den Innenstadtbereichen eine sehr wichtige Aufgabe, jedoch angesichts der dichten Siedlungsstruktur der Hauptstadt nur schwer umzusetzen. Von daher wird die Tram nach der anvisierten Eröffnung 2013/14 ungeachtet aller momentanen Schwierigkeiten sicherlich eine große Entlastung bringen.

Wer einmal vom Calton Hill den umwerfenden Blick auf die Old Town samt Sonnenuntergang über der New Town genossen hat, auf der Royal Mile die historische und lebendige Atmosphäre schnuppert, sich durch Straßenmusik und Ad-hoc-Theater begeistern lässt, seinen Abend mit traditioneller Folkmusik im Pub feiert oder aber dort einen Kaffee trinkt, wo Harry Potter das Licht der Literaturwelt erblickte, wird sicherlich schnell dem Charme Edinburghs verfallen. Die schottische Hauptstadt verzaubert ihre Besucher.

Geschichte

Das topografische Erscheinungsbild Edinburghs wurde durch vulkanische Aktivitäten vor rund 300–400 Millionen Jahren entscheidend geprägt.

Sowohl der reptilartig ansteigende Bergrücken der Old Town wie vor allem der markante Hausberg Arthur's Seat südöstlich vom Palace of Holyroodhouse gehen auf die urzeitlichen Erdaktivitäten zurück.

Die menschliche Besiedlung reicht bis in die **Bronzezeit** zurück. Der steile Kamm der heutigen Old Town, der auf dem fast uneinnehmbaren Felsen im Westen endet, war auch in der Eisenzeit ein strategisch günstiger Siedlungspunkt. Die **Römer** stießen bis an den Firth of Forth vor, den sie für eine kurze Zeit durch den Antoninischen Wall zu sichern suchten. Magere Befestigungsreste im Vorort Cramond zeugen von den römischen Vorstößen.

Über die Herkunft des Namens Edinburgh gibt es unterschiedliche Theorien: Manche vermuten den northumbrischen König Edwin aus dem 7. Jh. als Namensgeber: „Edwins Burg" bzw. „Edwins Stadt". Andere wähnen die keltischen Votadini, die zu Zeiten der Römer hier siedelten, als Namensgeber. „Din Eidyn" bzw. „Dun Eadain" stehe für „Burg auf dem Felsen".

Im 11. Jh. legten dann **König Malcolm Canmore** und seine Frau Margaret eine Festung an, die zum Vorläufer des heutigen Castle wurde. Ihr Sohn David I. gründete außerhalb der Stadt die

Edinburgh und die Lothians

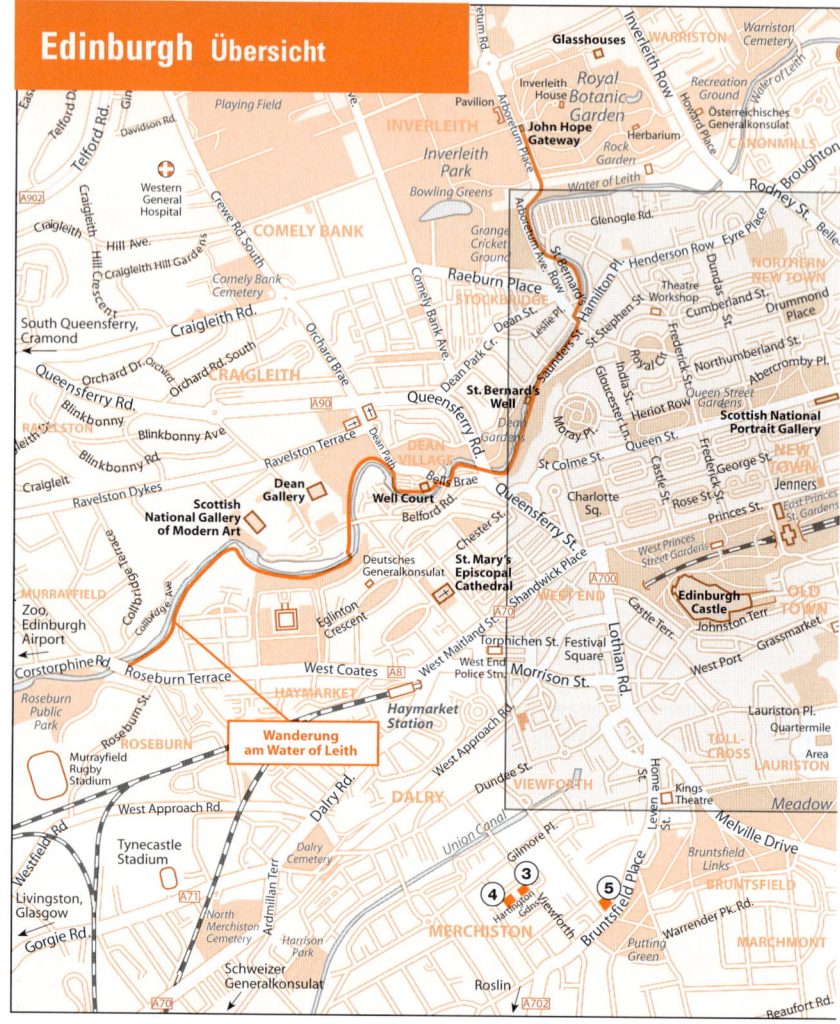

Wanderung am Water of Leith

Augustiner-Abtei von Holyrood. Edinburgh nahm zunächst nur die obere Hälfte des Bergrückens ein und entwickelte sich im Mittelalter langsam zur schottischen Hauptstadt. Dieser Prozess war begleitet von Krieg und Zerstörung, weil die relativ grenznahe Lage zum Nachbarn England immer wieder kriegerische Raubzüge mit sich brachte.

Ende des 13. Jhs. geriet Edinburgh unter die Kontrolle des englischen Königs **Edward I.** Sein Widersacher **Robert the Bruce** konnte das Castle erst 1313 mit einer gewagten Kletterpartie über die Klippen dem „Hammer of the Scots" entreißen. Um die ständigen Attacken aus dem Süden besser abzuwehren, entstand schließlich der Flodden Wall als Stadtmauer,

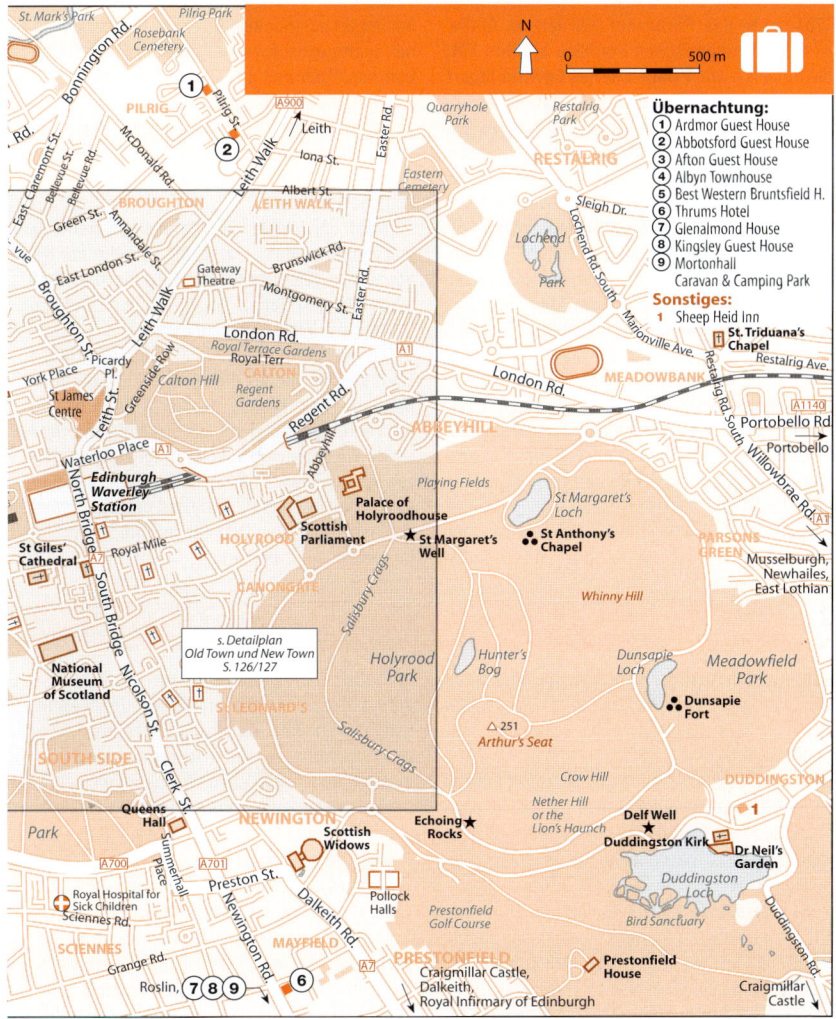

von der noch einige wenige Reste erhalten blieben. Zugleich verlegte **James IV.** an der Wende zum 16. Jh. den Königssitz von Stirling nach Edinburgh und Holyrood.

Am Ende dieser wilden Jahre stand die kurze Regierungszeit von **Maria Stuart** (1561–67), die mit der Reformation 1560 unter **John Knox** zusammenfiel. Die junge Königin und der streitbare Reformator lagen ständig im Clinch miteinander (s. Kasten S. 116). Marias Sohn **James VI.** tastete die Reformation nicht an und gründete 1582 die Universität von Edinburgh als erste reformierte Uni des Landes.

Edinburghs Zenit als Hauptstadt war aber bereits überschritten, denn 1603 ging James VI. als englischer Monarch James I. nach London,

1707 folgte das Parlament. Ein letztes Aufflackern der kriegerischen Konflikte brachte 1745 die Rebellion von **Prince Charles Edward Stuart**.

Vielleicht wäre Edinburgh als Metropole ganz im Strudel der Geschichte verloren gegangen, wäre nicht 1766 der weitsichtige Beschluss zum Bau der großartigen New Town gefasst worden. Und als 1822 unter der Regie von Walter Scott der britische König **George IV.** im Kilt durch die Straßen ritt, war eine gewisse kulturelle Eigenheit wieder hergestellt. Edinburgh hatte sich seinen besonderen Rang bewahren können.

Trotz des neuerlichen Aufschwungs erfolgte erst spät die Ausdehnung der Stadt. 1856 wurde das Canongate zwischen Altstadt und Holyrood eingegliedert, Anfang des 20. Jhs. die Hafenstadt Leith. Bei der letzten kommunalen Neugliederung 1975 kam im Westen noch South Queensferry hinzu und damit die Zufahrt zu den Brücken über den Forth.

Seit der **Wiedereröffnung des schottischen Parlaments** 1999 ist Edinburgh Sitz der regionalen Regierung (Scottish Government) und übt damit auch politisch wieder eine Hauptstadtfunktion aus. Während das Parlamentsgebäude am unteren Ende der Royal Mile neben dem Palace of Holyroodhouse liegt, hat sich die Regierung im Vorort Leith angesiedelt und damit die Gentrifizierung des einstmals berüchtigten Viertels stark beschleunigt.

Nach den Wahlen 2007 fand sich eine Koalition von Liberaldemokraten und Schottischer Nationalpartei (SNP) unter dem *Lord Provost* (Oberbürgermeister) George Grubb von den Liberalen. Die nächste Wahl findet 2012 statt.

Zu den großen Zukunftsthemen der Hauptstadt gehören derzeit die Fertigstellung der Straßenbahn, der Neubau der Forth Road Bridge, die Verkehrsberuhigung der Old and New Town sowie die sozialverträgliche Umgestaltung ganzer Stadtteile wie z. B. Leith. Die Stadt befindet sich politisch, wirtschaftlich und gesellschaftlich in einem intensiven Wandel, der große Herausforderungen mit sich bringt.

€ **Edinburgh (fast) umsonst**

Ein Aufenthalt in der schottischen Hauptstadt kann ordentlich ins Geld gehen – muss es aber nicht! Hier ein paar Tipps für kostenlose Vergnügungen:

Als Einstieg lohnt sich für Edinburgh-Reisende eine der kostenlosen und unterhaltsamen dreistündigen **Stadtführungen** von Sandemans New Edinburgh, 🖥 www.newedinburghtours.com, die in der High Street vor der Tron Kirk beginnen und während der Saison täglich um 11, 13 und 15 Uhr starten. Die Touren sind allerdings nur auf Englisch; Reservierungen sind nicht erforderlich. Endpunkt sind die Princes Street Gardens.

Ein Besuch in den **Nationalmuseen**, den **städtischen Museen** sowie im **Parlament** ist ebenfalls kostenlos. Vor allem die National Gallery und das National Museum sind echte Highlights für Kulturliebhaber.

Das **Fringe Festival** garantiert jedes Jahr mehrere hundert Produktionen bei freiem Eintritt. Eine Untermarke nennt sich gleich Free Fringe (s. S. 152). Viele **Straßenkünstler** treten selbstverständlich ebenfalls umsonst auf. Oft kann man einen halben Tag allein auf der Royal Mile verbringen, um sich die diversen Aufführungen anzuschauen. Es versteht sich aber von selbst, dass Spenden immer gerne gesehen werden, wenn man die Führung, das Museum oder die Aufführung genossen hat.

Wer etwas Erholung von der Innenstadt braucht, kann den herrlichen **Royal Botanic Garden** im Norden besuchen (s. S. 133), die Gewächshäuser sind jedoch kostenpflichtig. Ebenfalls erholsam sind die Wanderungen auf den **Arthur's Seat** (s. S. 121) sowie ein Spaziergang entlang des **Water of Leith Walkway** (s. S. 134).

Übrigens: Da die Alt- und Neustadt so dicht beieinander liegen, lässt sich fast die gesamte **Stadtbesichtigung zu Fuß** gestalten. Und wenn man doch mal eine längere Strecke fahren möchte, lohnt sich ein **Tagesticket** der Lothian Buses für 3 £ (Kinder 2,40 £).

Old Town und Royal Mile

Ein Bummel über die Royal Mile ist immer ein Highlight. Und nur zu Fuß lässt sich die Old Town wirklich entdecken, denn hier reiht sich zwischen dem Castle hoch oben auf dem Bergsporn und dem Palace of Holyroodhouse am flachen östlichen Ende in dichtem Abstand Sehenswürdigkeit an Sehenswürdigkeit. Schon das mittelalterliche Flair mit den hochaufragenden Häusern, den engen *closes* und *wynds* (Gassen) zwischen den Häusern sowie den oft versteckt liegenden *courts* (Innenhöfen) der Royal Mile ist berauschend. Cafés und Pubs laden zu Ruhepausen ein, und im Sommer lockert oftmals Straßentheater die Szenerie auf – ganz zu schweigen von den zahlreichen bühnenreifen Stadtführern, die in historischen Kostümen an fast jeder Ecke die dunkle Vergangenheit der Stadt marktschreierisch dem Publikum näher bringen.

Im Mittelalter ging es in der Old Town alles andere als romantisch oder malerisch zu, denn die sanitären Verhältnisse waren erschreckend. Abfälle wurden aus den Fenstern in die schmalen Durchgänge gekippt, Seuchen und Krankheiten waren dementsprechend weit verbreitet. Weil auf dem schmalen Bergrücken kein Platz war, um in die Breite zu bauen, schossen die Häuser schon im Mittelalter mit bis zu zehn, zwölf Stockwerken in die Höhe – Edinburghs Altstadt als frühzeitige Hochhaussiedlung.

Kein Wunder, dass die betuchteren Bürger Ende des 18. Jhs. die Altstadt in Richtung New Town verließen. Die Altstadt drohte zum Slum zu verkommen. Umso erstaunlicher ist ihre Rückkehr als Flaniermeile und Touristenmagnet.

Edinburgh Castle

Die Burg dominierte die Skyline von Edinburgh. (…) Der Vulkanfelsen war steil und schien uneinnehmbar. Und die Jahrhunderte hatten dies bestätigt.

Ian Rankin, *Im Namen der Toten*

Edinburgh Castle, ☎ 0131-2259846, 🖥 www.edinburghcastle.gov.uk, hoch oben am westlichen Ende des Vulkanrückens der Old Town, ist das berühmteste Gebäude Edinburghs und mit über einer Million Besuchern jährlich die größte Touristenattraktion Schottlands. Am besten lässt man den Felsen auf sich wirken, indem man in den Princes Street Gardens den Kopf in den Nacken legt und die senkrecht aufsteigenden Felswände hinaufschaut. Hier am westlichen Ende der Old Town war in der Tat ein idealer Platz für eine Befestigung, auch wenn sie nicht ganz so uneinnehmbar war, wie Krimiautor Ian Rankin es vermuten lässt. 1313 erklommen Anhänger von Robert the Bruce in einer waghalsigen Kletterpartie den Felsen und eroberten die Burg von den Engländern zurück – ein wichtiger Meilenstein auf dem Weg zur schottischen Unabhängigkeit.

Das Castle stand über die Jahrhunderte immer wieder im Brennpunkt der schottisch-englischen Konflikte, war Königspalast, Kaserne und Zwingburg, wurde später zur Touristenattraktion und bietet herrliche Ausblicke, ist der Aufbewahrungsort der schottischen Kronjuwelen, um schließlich in jüngster Zeit zur malerischen Kulisse für das Military Tattoo und diverse Festivals zu werden – mit einem Wort: Edinburgh Castle ist ein Muss!

Im 11. Jh. legte König Malcolm Canmore zusammen mit seiner englisch-ungarischen Frau Margaret eine befestigte Residenz auf dem Bergrücken an. Ihr Sohn David I. ließ zu Beginn des 12. Jhs. eine Kapelle zu Ehren seiner heilig gesprochenen Mutter anlegen; heute ist der schlichte Bau der **St Margaret's Chapel** das älteste erhaltene Bauwerk im Castle.

Rundgang durchs Castle

Über die Esplanade läuft man auf das Ende des 19. Jhs. neu gestaltete **Wachhaus** zu. Am Eingang wachen seit 1929 die schottischen Freiheitshelden William „Braveheart" Wallace und Robert the Bruce und beschauen sich kritisch das Publikum, für das höchstens noch der stolze Eintrittspreis von Historic Scotland eine Barriere darstellen.

Durch eine schmale Gasse geht es zum früheren Haupttor des Castle, dem **Portcullis Gate**. Man passiert die „Lange Treppe" (Lang Stairs)

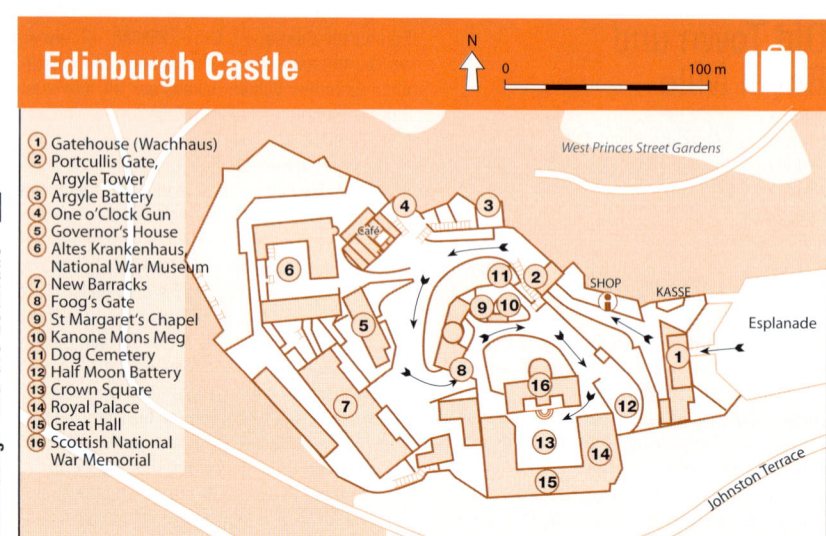

Edinburgh Castle

N
0   100 m

1 Gatehouse (Wachhaus)
2 Portcullis Gate, Argyle Tower
3 Argyle Battery
4 One o'Clock Gun
5 Governor's House
6 Altes Krankenhaus, National War Museum
7 New Barracks
8 Foog's Gate
9 St Margaret's Chapel
10 Kanone Mons Meg
11 Dog Cemetery
12 Half Moon Battery
13 Crown Square
14 Royal Palace
15 Great Hall
16 Scottish National War Memorial

West Princes Street Gardens

Café
SHOP
KASSE
Esplanade
Johnston Terrace

und erreicht schließlich vor dem Castle-Café an der **Argyle Battery** eine wunderbare Aussichtsplattform. Schon Theodor Fontane war begeistert: „Vor uns steigt die Neustadt mit ihren Plätzen und Palästen, mit ihren Kirchen und Statuen auf (...). An klaren Tagen (...) sehen wir den blau-

Kanonen und Hunde

Rechts neben dem Castle-Café ist die **One o'Clock Gun** eine Kuriosität. Einst ermöglichte sie die präzise Zeitmessung, und auch heute noch donnert die Kanone von Montag bis Samstag Punkt 13 Uhr los. Gleichzeitig fällt ein Zeitball auf dem Calton Hill (s. S. 128), und so konnten die Seeleute in Leith ihre Schiffsuhren stellen. Auf der nächsten Ebene hat eine weitere Kanone vor der schlichten **St Margaret's Chapel** (s. S. 107) einen Ehrenplatz bekommen: **Mons Meg**, eine mittelalterliche Dicke Berta. Sie wurde James II. 1457 geschenkt. 200 Jahre lang wurde sie für Belagerungen eingesetzt, ehe sie bei einem Ehrensalut für den späteren König James VII. zerbrach. Und noch eine Kuriosität: Unterhalb der Kanone wurden seit 1840 auf dem **Dog Cemetery** die Regimentshunde beerdigt.

en Wasserstreifen des Firth of Forth, die kleinen Felseninseln darin und blicken selbst über das blaue Band hinfort bis weit in die fruchtbaren und erinnerungsreichen Täler der Grafschaft Fife hinein." (Theodor Fontane, *Jenseit des Tweed*)

Nun aber die letzten Schritte hinauf zum **Royal Palace**, dem Herzstück des Castle. Wichtigste Sehenswürdigkeit rund um den **Crown Square** sind die schottischen **Kronjuwelen**, die aus dem 15. und 16. Jh. stammen. Zepter und Schwert waren Geschenke der Päpste; die Krone wurde 1540 vom örtlichen Goldschmied John Mosman unter anderem aus dem Gold der alten Krone für James V. gefertigt. Zu Zeiten von Oliver Cromwell legten die Kronjuwelen eine abenteuerliche Reise hinter sich (s. S. 355). Nach der Vereinigung der englischen und schottischen Parlamente 1707 wurden sie jedoch weggepackt und beinahe vergessen. Erst Sir Walter Scott holte sie 1818 wieder ans Tageslicht zurück und etablierte sie als Touristenattraktion. Seit 1996 werden sie vom mythischen *Stone of Destiny* ergänzt (s. Kasten S. 316).

Gleich nebenan wurden die **Royal Apartments** ziemlich schlicht restauriert. Im königlichen Gemach gebar Maria Stuart am 19. Juni 1566 ihren Sohn James VI., der später zum englischen König

James I. wurde und das letzte königliche Kind aus Edinburgh ist. Die **Great Hall** geht auf James IV. 1511 zurück, fungierte lange als Kaserne und wurde dann im 19. Jh. viktorianisch restauriert.

🕐 April–Sep 9.30–18, Okt–März 9.30–17 Uhr, Eintritt 14 £, erm. 11,20/8,20 £, mit Audioführer: 17/13,20/8,50 £ (HS).

Royal Mile

Sie ist die Hauptader der Old Town und die schönste Straße Schottlands. Erstaunlicherweise ist die Royal Mile wirklich fast eine Meile (ca. 1,6 km) lang. Wer einfach nur die Stimmung genießen will, gelangt in zwei bis drei Stunden auf den Spuren der schottischen Könige gemütlich vom Castle hinunter zum Holyrood Palace. Ein ausführlicher Besuch lässt sich aber auch gut und gerne auf zwei Tage verteilen, denn an Sehenswürdigkeiten mangelt es nicht.

Die Royal Mile gliedert sich in vier Abschnitte: Vom Castle aus sind dies Castlehill, Lawnmarket, High Street und Canongate. Als „Wurmfortsätze" dienen am Castle die Esplanade und am Holyrood Palace der Abbey Strand.

Castlehill

Die Royal Mile beginnt als schmale enge Gasse mit hoch aufragenden Gebäuden. Zur Rechten liefert **The Scotch Whisky Experience**, 354 Castlehill, ✆ 0131-2200441, 🖥 www.scotch whiskyexperience.co.uk, eine Einführung in die Geheimnisse des Whiskys. In einem Whiskyfass geht es per Geisterbahn im Schnelltempo durch die Whiskyproduktion, danach wird zur Whiskyprobe geladen. Wer ohnehin in den Highlands eine echte Destillerie besuchen möchte, sollte

seine Neugier bis dahin zügeln – vor Ort ist alles authentischer und leichter nachzuvollziehen. 🕐 Juni–Aug tgl. 9.30–18.30, Sep–Mai 10–18 Uhr, Eintritt 11,50 £, erm. 8,95/5,95 £.

Schräg gegenüber ist die **Camera Obscura**, 549 Castlehill, ✆ 0131-2263709, 🖥 www.camera-obscura.co.uk, eine ungewöhnliche Attraktion. Sie ermöglicht aus der Dunkelkammer im obersten Stockwerk des Turms einen Rundblick über die Stadt. Nach dem Besuch fühlen sich Besucher auf der Royal Mile und auf der Esplanade ständig beobachtet. Die Konstruktion wurde 1853 von der örtlichen Optikerin Maria Theresia Short erbaut. Die Reichweite beträgt bei gutem Wetter bis zu 50 km. In den anderen Geschossen sorgen Hologramme, Wärmedetektoren und elektromagnetische Lichtspiele für bizarre Bilder und gute Unterhaltung. 🕐 Juli–Aug 9.30–19.30, April–Juni, Sep–Okt 9.30–18, Nov–März 10–17 Uhr, Eintritt 9,25 £, erm. 7,25/6,25 £.

Weiter den Castlehill hinab sollte man immer mal wieder rechts und links in die kleinen Hinterhöfe schauen. Nach wenigen Schritten gelangt man an der Kreuzung Johnston Terrace zur ehemaligen **Tolbooth Kirk**, auch bekannt als „Highland Kirk". Denn in der 1842–45 für die Generalversammlung der Church of Scotland erbauten Kirche wurden auch gälische Gottesdienste für die einstmals große gälischsprachige Gemeinde in Edinburgh abgehalten. Seit 1999 wird hier unter dem Namen **The Hub**, 🖥 www.thehub-edinburgh.com, das Edinburgh International Festival organisiert.

Lawnmarket

Wie der Name des nächsten Straßenabschnitts schon verrät, wurden hier einst Märkte abgehalten. Vor allem Farmprodukte von Gemüse über

Farbenprächtiges Musikspektakel: das Military Tattoo

Anfang August verwandelt sich die Esplanade vor dem Castle drei Wochen lang in eine riesige Bühne für das berühmte **Royal Edinburgh Military Tattoo**, 🖥 www.edintattoo.co.uk. Allabendlich veranstalten Militärbands zusammen mit Gastkünstlern aus der ganzen Welt eine fantastische Show. Highlight ist der geballte Aufmarsch der

Dudelsackkapellen. Wenn zum Schluss *Auld Lang Syne* gespielt wird, erzeugt das bei den mehr als 200 000 Zuschauern jährlich immer wieder Gänsehaut. 2010 adelte die Queen das farbenprächtige Tattoo zum 60. Geburtstag mit dem Ehrentitel „Royal". Die Tickets sind sehr begehrt und sollten frühzeitig im Internet bestellt werden.

Edinburgh und die Lothians

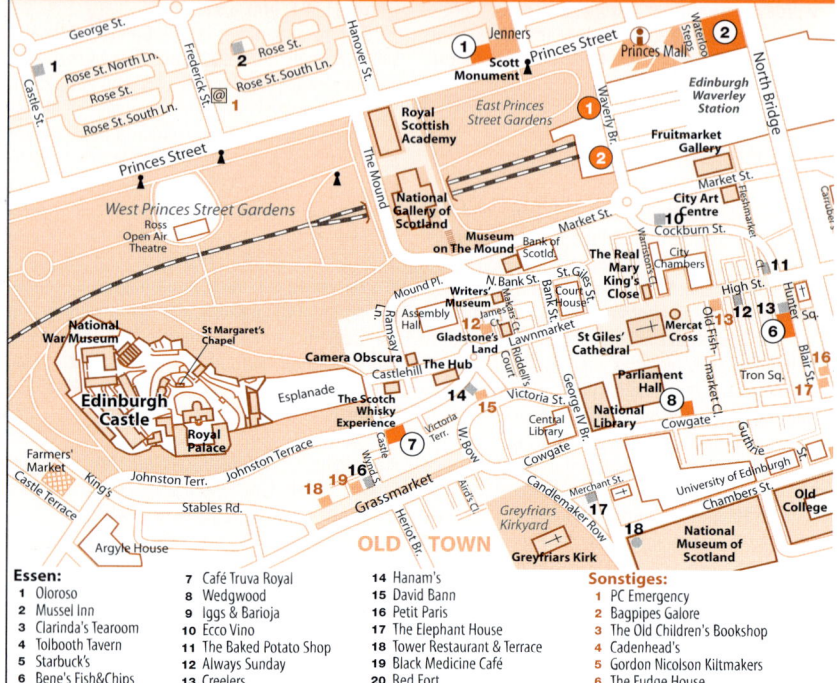

Essen:
1 Oloroso
2 Mussel Inn
3 Clarinda's Tearoom
4 Tolbooth Tavern
5 Starbuck's
6 Bene's Fish&Chips

7 Café Truva Royal
8 Wedgwood
9 Iggs & Barioja
10 Ecco Vino
11 The Baked Potato Shop
12 Always Sunday
13 Creelers

14 Hanam's
15 David Bann
16 Petit Paris
17 The Elephant House
18 Tower Restaurant & Terrace
19 Black Medicine Café
20 Red Fort

Sonstiges:
1 PC Emergency
2 Bagpipes Galore
3 The Old Children's Bookshop
4 Cadenhead's
5 Gordon Nicolson Kiltmakers
6 The Fudge House

Fleisch bis zu Milch und Käse wurden feilge-
boten. Dementsprechend wohnten viele Händler
am Lawnmarket, der in seinem Originalzustand
von Arkaden gesäumt war.

Einen kleinen Einblick in die Lebensverhältnisse eines wohlhabenden Kaufmanns aus dem
17. Jh. ermöglicht **Gladstone's Land**, 477b Lawnmarket, ☎ 0844-4932120, 💻 www.nts.org.uk,
auf der linken Straßenseite. Das Haus stammt
ursprünglich aus der Mitte des 16. Jhs. und wurde 1617 von dem Händler Thomas Gladstone erworben. Er ließ die wunderbar bemalte Decke in
der *painted chamber* über den Arkaden anlegen.
Ein reicher Kaufmann wusste in den beengten
Verhältnissen der Altstadt gut zu leben. ⏱ Juli–
Aug tgl. 10–18.30, Sep–Juni tgl. 10–17 Uhr, Eintritt
6 £, erm. 5 £ (NTS).

Nun wird es Zeit, den malerischen Hinter-
höfen größere Aufmerksamkeit zu schenken:
Gegenüber von Gladstone's Land ist der stimmungsvolle **Riddell's Court** von 1590 das älteste
erhaltene Beispiel eines malerischen Hinterhofs.
Hinter Gladstone's Land sind James' Court, Lady
Stair's Close und Makars' Court zu einem stimmungsvollen Geflecht miteinander verbunden.
James' Court war 1727 ein erster Versuch, die
drangvolle Enge der Altstadt ein wenig zu ent-
zerren und durch den Abriss von Häusern die
Bebauung aufzulockern. Heute ist er vor allem
bei den Stadtführungen extrem populär.

Zentrale Sehenswürdigkeit ist das **Writers'
Museum**, Lady Stair's Close, ☎ 0131-5294901,
💻 www.edinburgh.gov.uk/museums, in einem
Haus von 1622. In dem Museum werden das

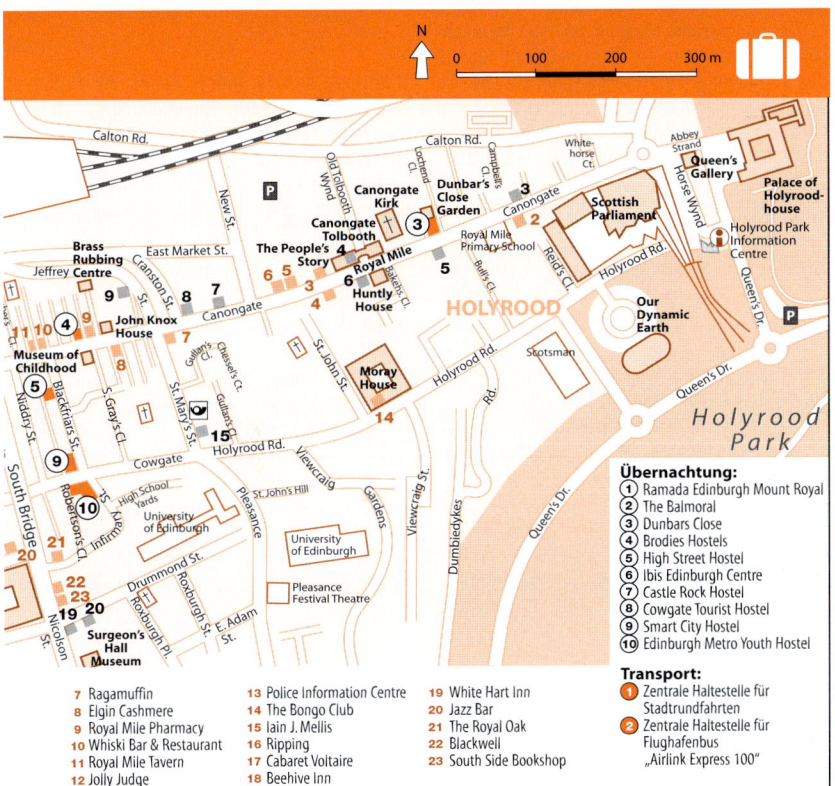

Übernachtung:
1. Ramada Edinburgh Mount Royal
2. The Balmoral
3. Dunbars Close
4. Brodies Hostels
5. High Street Hostel
6. Ibis Edinburgh Centre
7. Castle Rock Hostel
8. Cowgate Tourist Hostel
9. Smart City Hostel
10. Edinburgh Metro Youth Hostel

Transport:
1. Zentrale Haltestelle für Stadtrundfahrten
2. Zentrale Haltestelle für Flughafenbus „Airlink Express 100"

7. Ragamuffin
8. Elgin Cashmere
9. Royal Mile Pharmacy
10. Whiski Bar & Restaurant
11. Royal Mile Tavern
12. Jolly Judge
13. Police Information Centre
14. The Bongo Club
15. Iain J. Mellis
16. Ripping
17. Cabaret Voltaire
18. Beehive Inn
19. White Hart Inn
20. Jazz Bar
21. The Royal Oak
22. Blackwell
23. South Side Bookshop

Wirken und die Werke der bekanntesten drei „klassischen" schottischen Schriftsteller gefeiert: Robert Burns, Sir Walter Scott und Robert Louis Stevenson. Zu den Originalstücken der Sammlung gehört eine Handdruckmaschine von James Ballantyre, mit der die *Waverley*-Romane von Walter Scott gedruckt wurden. Die romantischen Werke waren zu Beginn des 19. Jhs. so berühmt, dass selbst Goethe schwärmte: „Eines der besten Stücke, das jemals geschrieben wurde." ⏰ Mo–Sa 10–17, Aug auch So 12–17 Uhr, Eintritt frei.

Der Lawnmarket bietet an der Kreuzung George IV Bridge und Bank Street zwei interessante Möglichkeiten für Abstecher: Zur Linken endet die Bank Street am imposanten ehemaligen Hauptquartier der Bank of Scotland, zur

Rechten geht es hinab zum Grassmarket, zum National Museum of Scotland und weiter ins Univiertel (s. S. 124).

Museum on the Mound

Um den schnöden Mammon geht es im Museum on the Mound, The Mound, ✆ 0131-2435464, 🖥 www.museumonthemound.com, das sich im ehemaligen Hauptquartier der Bank of Scotland befindet. Das palastartige Gebäude schließt die Sichtachse der George IV Bridge/Bank Street nach Norden ab. Von der Princes Street ragt es weithin sichtbar über der tiefen Talsenke empor. Bis vor wenigen Jahren flatterte stolz die schottische Fahne über dem ältesten Geldinstitut Schottlands, das bereits 1695 – ein Jahr nach der Bank of England – gegründet worden war.

Das interessante Museum zeichnet die wechselhafte Geschichte der Bank nach und führt in das schottische Finanzwesen ein. So gab die Bank of Scotland 1696 als erstes Geldinstitut in Europa Papiergeld aus. Seit 1727 lieferte sich die Bank mit der konkurrierenden Royal Bank of Scotland einen regelrechten „Bankenkrieg". ⏲ Di–Fr 10–17, Sa–So 13–17 Uhr, Eintritt frei.

The Fruitmarket Gallery/ City Art Centre

Unterhalb des Museums liegen die Princes Street Gardens und die National Gallery of Scotland (s. S. 129). Die Market Street führt jedoch zur Waverley Bridge.

Weiter geradeaus befinden sich in der Straßenschlucht zwei interessante Galerien: **The**

Weltstadt der Literatur – von Walter Scott bis J. K. Rowling

Lange Zeit war es ruhig geworden um die Literaturszene in Edinburgh, doch in den letzten 20 Jahren katapultierten mehrere hochkarätige Autoren die schottische Hauptstadt wieder ins Rampenlicht. Die Unesco hat den literarischen Ausnahmerang 2004 mit der Ernennung Edinburghs zur ersten „Weltstadt der Literatur" gewürdigt.

Schon der Waverley-Bahnhof ist eine literarische Anspielung, denn er wurde nach den Erfolgsromanen von **Walter Scott** (1771–1832) benannt, der aus Edinburgh stammt. Seine Werke tauchten Schottland in ein romantisches Licht. Er zwang König George IV. in einen Kilt und wurde so zu einem frühen Förderer des schottischen Selbstbewusstseins und Tourismus. Edinburgh würdigte ihn mit einem riesigen Monument an der Princes Street (s. S. 129).

Dass Edinburgh nicht nur eine Stadt des Lichts ist, bewies **Robert Louis Stevenson** (1850–1894) mit *Der seltsame Fall des Dr. Jekyll und Mr. Hyde*. Die Erzählung beruht auf dem doppelbödigen Leben des Ratsherren Deacon Brodie, der sich nachts als Einbrecher betätigte. Brodies Wirken endete 1788 am Galgen, doch heute ziert sein Name einen beliebten Pub an der Ecke Lawnmarket und Bank Street. Stevenson, der in Edinburgh geboren wurde, schrieb neben seiner berühmten *Schatzinsel* noch ein weiteres, sehr „schottisches" Buch: *Kidnapped* (dt. *Entführt. Die Abenteuer des David Balfour*). Hier bewegt sich der Autor zurück in die Zeit nach dem letzten Jakobitenaufstand 1745/46 und schildert eine abenteuerliche Flucht quer durch die Highlands bis nach Edinburgh. Am Anfang der Story steht die Entführung des Jungen David Balfour.

Dabei spielt das Hawes Inn in South Queensferry (s. S. 142) eine wichtige Rolle.

„Das Doppelleben der Stadt" (Stevenson) hat seit jeher erstklassige Krimiautoren hervorgebracht und angezogen. Sherlock Holmes entdeckte hier das Licht der Welt, denn **Arthur Conan Doyle** (1859–1930) nahm sich seinen Professor vom gerichtsmedizinischen Institut als Vorbild (s. S. 125). Conan Doyle wurde am Picardy Place am Rande der New Town geboren.

Ian Rankin (geb. 1960) gehört zu den besten zeitgenössischen Krimiautoren der englischsprachigen Welt. Sein grummeliger – und mittlerweile pensionierter – Detective Inspector Rebus hat Kultstatus erreicht. Durch Rebus ist z. B. die kleine, ansonsten leicht zu übersehende Oxford Bar in der New Town berühmt geworden (s. S. 148). Rankins Erfolg erklärt sich auch dadurch, dass seine Krimis immer an aktuelle politische oder wirtschaftliche Themen angelehnt sind, ob es sich um die Eröffnung des schottischen Parlaments, den G8-Gipfel 2005 in Gleneagles oder die Eskapaden der großen Banken kurz vor der Finanzkrise handelt. So vermittelt Rankin sehr scharfsichtig einen Einblick in das Schottland von heute – jenseits aller touristischen Hochglanzbroschüren.

Noch ungeschminkter fällt der Blick von **Irvine Welsh** auf das Edinburgh der 1990er-Jahre aus: Dem 1961 in Leith geborenen Autor gelang mit seinem Buch *Trainspotting* (1993) ein Welterfolg, der vor allem auf der Verfilmung von Danny Boyle (1996) beruht. Ewan McGregor und Robert Carlyle setzten als Schauspieler die von Welsh eindringlich beschriebene Subwelt der Drogenabhängigen in der schottischen Hauptstadt

Fruitmarket Gallery, 45 Market Street, ☎ 0131-2252383, 💻 www.fruitmarket.co.uk, zeigt zeitgenössische Wechselausstellungen und verfügt daneben über einen guten Kunstbuchladen sowie ein beliebtes Café (auch wer auf einen Zug warten muss, ist hier bestens aufgehoben). ⏰ Sep–Juli Mo–Sa 11–18, So 12–17, Aug tgl. 10–19 Uhr, Eintritt frei.

Gleich gegenüber präsentiert sich das **City Art Centre**, 2 Market Street, ☎ 0131-5293993, 💻 www.edinburghmuseums.org.uk, im Keller Ausstellungen aus der umfangreichen städtischen Gemäldesammlung und oben Wechselschauen. ⏰ Mo–Sa 10–17, So 12–17 Uhr, Dauerausstellung Eintritt frei, Wechselausstellungen kostenpflichtig.

wirkungsvoll in Szene. Buch und Film waren heftig umstritten, weil angeblich der Heroinkonsum verherrlicht werde; andere waren über die negative Darstellung von Edinburgh pikiert. Etwa zur selben Zeit saß eine junge Nachwuchsautorin, die damals ebenfalls in Leith wohnte, im Elephant House und ließ sich vom Blick auf Edinburgh Castle und den Greyfriars-Friedhof zum größten Bucherfolg der jüngeren Geschichte inspirieren: **J. K. Rowling** (geb. 1965) verhalf in Edinburgh niemand anderem als Harry Potter zu seiner magischen Weltkarriere. Rund um das mittlerweile berühmte Café stoßen aufmerksame Spurensucher auf bekannte Namen aus den Potter-Büchern, zum Beispiel auf den Greyfriars-Friedhof (s. S. 123). Im Balmoral Hotel beendete Rowling dann 2007 ihr letztes Potter-Buch.

Nicht ganz so bekannt im Ausland, aber dennoch unbedingt lesenswert, sind die *44, Scotland Street*-Bücher von **Alexander McCall Smith** (geb. 1948). Die Straße existiert tatsächlich in der New Town, nicht aber die Hausnummer. Mit einem guten Schuss Humor lotst McCall Smith, eigentlich Uni-Professor in Edinburgh, seine Leser auf den Spuren der illustren Hausgemeinschaft quer durch das Leben in der Hauptstadt und der New Town. Vor allem die Kunstmeile in der Dundas Street (s. S. 133) sowie die Cumberland Bar (s. S. 148) stehen immer wieder im Zentrum der Erzählungen. Ursprünglich begann die Serie als Fortsetzungsroman für die Zeitung *The Scotsman*, doch der Erfolg führte inzwischen zu vier weiteren Büchern.

Mit der sehr lesenswerten Mischung aus Autobiografie und enthusiastischem Kultur-Reiseführer „Mein Schottland, mein Leben" (*Being a Scot*) hat sich **Sean Connery**, 1930 im Stadtteil Fountainbridge geboren, zusammen mit Murray Grigor ebenfalls unter die Autoren gemischt. Das informative Buch ist mit viel Herz geschrieben und eine Hommage an Connerys Heimat. Wenn es um Edinburgh geht, darf auch **Muriel Spark** (1918–2006) nicht fehlen, deren bekanntestes Werk *Die Lehrerin* bzw. *Die Blütezeit der Miss Jean Brodie (The Prime of Miss Jean Brodie)* im Edinburgh der 1930er-Jahre angesiedelt ist und den Versuch einer Lehrerin schildert, sich durch unorthodoxe Lehrmethoden gefügige Schülerinnen „heranzuzüchten".

Wer Edinburgh erlesen will, hat also reichlich zu tun.

Literarische Stadtführungen

Mehrere Führungen helfen bei der Spurensuche: **Rebus Tours**, ☎ 0131-5537473, 💻 www.rebustours.com, 10/9 £. Colin Brown heftet sich samstags mit zwei unterschiedlichen Touren kenntnisreich an die Fersen von Rankins Inspector Rebus. Treffpunkt ist die Folkkneipe Royal Oak (s. S. 149).

Trainspotting Tours, ☎ 0131-5552500, 💻 www.leithwalks.co.uk, 8 £. Tim Bell stellt auf unterschiedlichen Touren das Leith von Irvine Welsh und *Trainspotting* informativ vor. Termine auf Anfrage.

The Edinburgh Literary Pub Tour, ☎ 0800-1697410, 💻 www.edinburghliterarypubtour.co.uk, März–April/Okt Do–So 19.30, Mai–Sep tgl. 19.30, Nov–Feb Fr 19.30 Uhr, 10/7 £. Unterhaltsam aufgemachte Literaturführung durch die Old und New Town. Startpunkt ist das Beehive Inn (s. S. 148) am Grassmarket.

Über den steilen schmalen Fleshmarket Close oder die bunte, von Cafés gesäumte **Cockburn Street** geht es wieder hinauf zur Royal Mile.

St Giles' Cathedral

Die St Giles' Cathedral, ☎ 0131-2259442, 🖥 www.stgilescathedral.org.uk, im Herzen der Altstadt ist als *High Kirk* von Edinburgh die wichtigste Kirche der Stadt. Dafür fällt sie erstaunlich klein aus, wird aber von einer markanten Krone auf dem Turm geziert. Und durch die prominente Lage an der Royal Mile führte schon im Mittelalter zwischen den königlichen Machtzentren Castle und Holyrood Palace kein Weg an ihr vorbei.

Kein Wunder also, dass hier der Reformator **John Knox** zwischen 1559 und 1572 in seinen Predigten immer wieder für politischen Zündstoff sorgte und dabei im Widerspruch zu Maria Stuart stand. St Giles' gilt als „Mutterkirche der Presbyterianer". Aucst gilh im 17. Jh. stand die Kirche während der religiösen Kämpfe zwischen Krone und Reformierten wieder im Mittelpunkt. Die Stuart-Monarchen Charles I. und Charles II. wollten gegen den Willen der Reformierten episkopalische Bischöfe einsetzen und erhoben St Giles' zur Kathedrale. Die Gegner formierten sich in St Giles' unter dem Banner der sogenannten Covenanter. Erst 1690 war dieser Kampf endgültig für die Reformierten entschieden.

Schon im 9. Jh. soll hier eine kleine Kirche gestanden haben. Gesichert ist, dass Anfang des 12. Jhs. ein normannischer Bau entstand. Während der diversen englischen Raubzüge – so z. B. 1385 durch Richard II. – mehrmals zerstört, erfolgte der Wiederaufbau im Geiste der Spätgotik, mit der Krone auf dem Turm als weithin sichtbarem Abschluss.

Im Inneren ist die Gotik gut nachvollziehbar und auch die politischen und religiösen Auseinandersetzungen des 16. und 17. Jhs. Rechts vom Eingang wacht John Knox weiter über die High Kirk. Vieles verdankt die Kirche jedoch den Renovierungen des späten 19. und frühen 20. Jhs. So entstanden viele **Buntglasfenster** 1881–83 von Glasermeister James Ballantine aus Edinburgh.

Die markanteste Sehenswürdigkeit ist die **Thistle Chapel** (1909–11) von Sir Robert Lorimer mit ihrem kostbaren Eichenholzgestühl. Hier treffen sich die Ritter des *Most Ancient and Most Noble Order of the Thistle* – kurz: des Distel-Ordens. 1687 von James II. als exklusiver Club für seine adligen Anhänger auf der Grundlage alter Mythen „wiederbelebt", überstand der Orden alle politischen Wirren und existiert noch heute. Seit Queen Victoria ihren Mann Albert 1842 in den Orden hievte, gehören immer auch mehrere Royals zum erlauchten Kreis. Das wehrhafte Motto der Distel-Ritter findet sich übrigens an vielen königlichen Gebäuden wieder, so auch am Castle und am Holyrood Palace: *Nemo me impune lacessit* – Niemand reizt mich ungestraft. ⏰ Mai–Sep Mo–Fr 9–19, Sa 9–17, So 13–17 Uhr, sonst Mo–Sa 9–17, So 13–17 Uhr, Spende erbeten.

Parliament Square und City Chambers

Rund um St Giles' drängen sich auf engstem Raum der Sitzungssaal des Stadtrats, die **City Chambers**, und das ehemalige Parlament. Auf der Freifläche vor der Kathedrale erinnert im Pflaster das *Heart of Midlothian* an den einstigen Tolbooth, der 1817 abgerissen wurde. (Edinburgh gehörte zur historischen Grafschaft Midlothian.)

Auf der Südseite der Kirche tagte im 17. Jh. das schottische Parlament. Was wie der Hinterhof der Kirche wirkt, war als Parliament Square Zentrum des politischen Lebens. Die **Great Parliament Hall** stammt von 1632–40, ist aber hinter der Fassade aus dem 19. Jh. völlig unkenntlich.

€ 2 Tage Edinburgh für unter 100 €	
2x Castle Rock Hostel	40 € (Hauptsaison)
2x Frühstück im Hostel	5 €
Edinburgh Castle	17 €
National Gallery of Scotland	0 €
National Museum of Scotland	0 €
Mittagsmenü Red Fort	9 €
Backkartoffel (The Baked Potato Shop)	5 €
Kaffee und Scone (Always Sunday)	4 €
Fish & Chips bei Bene's	5 €
Chili con/sin Carne im Elephant House inkl. Softgetränk	8 €
1 Pint Bier im Café Royal	4 €
Folkmusik live im Sandy Bell's inkl. Softdrink	2 €
Gesamt	**99 €**

Es dauert nicht lange und man begegnet in der Altstadt kostümierten Guides, die ihren Gruppen die schaurigsten Geschichten aus der Vergangenheit von Edinburgh auftischen. Denn die schottische Hauptstadt ist für ihre Geister- und Gruselgeschichten berühmt-berüchtigt. Die Touren sind im Allgemeinen sehr amüsant und führen in Winkel der Altstadt, in die man oft nicht selbst geht, vor allem abends. Wer also die Begegnung mit Geistern, Schurken, alten Friedhöfen und finsteren Kellergewölben nicht scheut, sollte sich einer der unterhaltsamen Führungen (alle auf Englisch) anschließen.
Einige Anbieter:

Mercat Tours, ✆ 0131-2255445, 🖥 www.mercat tours.com, 8–11 £, erm. 6,50–10 £. Die Geister-touren starten am Mercat Cross an der St Giles' Cathedral. Mercat Tours bietet auch geschicht-liche Führungen an.

City of the Dead, ✆ 0131-2259044, 🖥 www.black hart.uk.com, 8,50 £, erm. 6,50 £. Ebenfalls an der St Giles' Cathedral starten die Führungen in die „Stadt der Toten" und auf die verwunschenen Friedhöfe.

The Cadies & Witchery Tours, ✆ 0131-2256745, 🖥 www.witcherytours.com, 7,50 £, erm. 5 £. Diese Führungen starten nur abends. Los geht's am Restaurant The Witchery, 352 Castlehill. Es werden sowohl Geister- wie Mördertouren angeboten.

Auld Reekie Tours, ✆ 0131-5574700, 🖥 www. auldreekietours.com, 8–12 £, erm. 7–10 £. Am Radisson SAS Hotel in der High Street starten die Führungen, die vielleicht noch etwas stärker als andere auf Grusel und Schauer setzen.

Sandemans New Edinburgh, 🖥 www.new edinburghtours.com, 10 £, erm. 8 £. Derselbe An-bieter, der auch die kostenlosen Stadtführungen im Programm hat (s. S. 106), bietet abends eine Geistertour an, welche die Royal Mile hinunter-führt. Treffpunkt ist vor dem Starbucks an der Tron Kirk auf der High Street.

Auf der gegenüberliegenden Straßenseite geht es unterhalb der City Chambers hinab in die Unterwelt von **The Real Mary King's Close**, 2 Warriston's Close, ✆ 08702-430160, 🖥 www. realmarykingsclose.com. Mary King war eine reiche Bürgerin, die im 17. Jh. hier lebte. Damals waren die benachbarten schmalen und sehr steilen Closes noch offen, doch 1753 wurden sie für den Bau der Royal Exchange überbaut, um eine ebenerdige Grundfläche für die neuen Bauten zu erhalten. Während oben im Design der Brüder Adam eines der repräsentativsten Gebäude der Altstadt entstand, verschwanden die alten Gas-sen unter der Oberfläche. Doch die alten Häuser blieben erhalten und wurden sogar noch längere Zeit weiter genutzt, bevor mit dem Ausbau des Rathauses zu Beginn des 20. Jhs. endgültig der Schlüssel abgezogen wurde.

Seit einigen Jahren stehen die unterirdi-schen Gassen nun als Besucherattraktion offen, und die spannenden Touren vermitteln einen informativen Einblick in die alte Wohnwelt in Edinburgh: Läden, Kuhställe, fensterlose Wohn-kammern und natürlich Geister wie die kleine Annie bestimmen das Bild. Ein Close war im 17. Jh. nach einem Pestausbruch 40 Jahre lang gesperrt. Das Ganze wirkt ziemlich surreal und klaustrophobisch. ⏰ April–Okt tgl. 10–21, Nov–März So–Fr 10–17, Sa 10–21 Uhr, Eintritt inkl. Führung 11 £, erm. 10/6 £.

An der Ostseite der Kirche ist das **Mercat Cross** von 1885 ein Nachbau des alten Markt-kreuzes. Von hier starten diverse Geistertouren (s. Kasten).

High Street

Der folgende Abschnitt der High Street wird von Cafés, Pubs sowie Kilt- und Wollläden dominiert. Hier herrscht in der Regel immer ein buntes Trei-ben. Im Sommer wandelt sich die High Street zur Bühne für Straßenkünstler, abends trifft sich rund um die ehemalige Tron Kirk oft ein bunt ge-mischtes Partyvolk. Hinter der Kreuzung mit der North und South Bridge geht es spürbar bergab. Zur Rechten liegt das urige **Museum of Child-hood**, 42 High Street, ✆ 0131-5294142, 🖥 www. edinburghmuseums.org.uk. Hinter der schmalen Fassade verbirgt sich ein überraschend großes

Er war der große Gegenspieler von Maria Stuart, er setzte konsequent die Reformation durch und wollte die Schotten zu kalvinischen Puritanern machen, daher sein Spitzname „kill joy" – Freudentöter.

John Knox ist eine der bedeutendsten Persönlichkeiten der schottischen Geschichte. 1513 in Haddington östlich von Edinburgh geboren, studierte er in **St Andrews** und wurde 1536 zum Priester geweiht. Doch die Zeichen standen in Glaubensfragen auf Sturm: Nach der Verbrennung seines Vorbilds John Wishart als Ketzer 1546 in St Andrews wurde auch Knox verurteilt und als Galeerensträfling verkauft (s. S. 306). England kaufte ihn frei, aber die Verurteilung machte ihn zu einem kompromisslosen Gegner der katholischen Kirche. Schließlich gelangte Knox nach **Genf**, wo er mit den Reformationsideen von Calvin in Berührung kam. Seine Wanderzeit dauerte mehr als zehn Jahre, dann machte er sich in seine Heimat auf, um als **Pfarrer von St Giles'** in Edinburgh seinen Landsleuten und der katholischen Kirche die Leviten zu lesen.

Seine Rückkehr fiel in eine Zeit der politischen Instabilität, da die minderjährige Königin Maria Stuart in Frankreich aufwuchs und erst 1561 in Schottland die Regierungsgeschäfte übernahm. Mit Frauen als Staatsoberhaupt hatte es Knox allerdings gar nicht. Berüchtigt ist sein Pamphlet „Der erste Trompetenstoß gegen das monströse Regiment der Frauen" – ein frontaler Angriff nicht nur gegen Maria Stuart und ihre bis 1560 als Regentin herrschende Mutter Mary of Guise, sondern eigentlich auch gegen Elizabeth I. von England, die gerade den Thron bestiegen hatte.

Auch so sorgte Knox schnell an vielen Orten für Unruhe. Wo er predigte, kam es nicht selten zum **Bildersturm**, wie zum Beispiel 1559 in Perth. Dass Knox ein Mann der ruhigen und besonnenen Worte war, lässt sich nicht behaupten.

1560 legte er mit seinem „First Book of Discipline" die theologische Grundlage für die Reformation. Die Klöster wurden zwar aufgelöst und die katholische Kirche zurückgedrängt, doch weder Krone noch Adel hatten ein Interesse daran, eine neue machtvolle reformierte Kirche an ihre Stelle zu setzen. Das wiederum verbitterte Knox, der von einer „verräterischen Abkehr von Christus" sprach. Bei seinem Tod 1572 war sein Neues Jerusalem weit am Horizont verschwunden.

Zunächst aber arbeitete er an der Absetzung von Maria Stuart mit und krönte 1567 ihren Sohn James VI. im Alter von nur einem Jahr zum König. Ganz im Sinne des **Puritanismus** hatte Knox immer wieder gegen die ausschweifenden Lustbarkeiten am Hof von Queen Mary in Holyrood gewettert. Sein vernichtendes Verdikt: „Mehr einem Bordell ähnlich als dem Anstand ehrbarer Frauen."

Was würde der Meister heute dazu sagen, wenn sich jedes Jahr im August die High Street in ein Mekka für ausgelassen feiernde Festivalbesucher verwandelt, die abends gerne das eine oder andere Pint Bier trinken? Denn Knox hatte der keltischen Fröhlichkeit und Feierfreude entschieden den Kampf angesagt – ein auf Dauer ziemlich hoffnungsloses Unterfangen. Gerade Edinburgh ist am Wochenende als Partystadt bekannt. Aus „killjoy" wurde „enjoy".

Museum mit allerlei Puppen und Spielzeug. Sehr britisch ist die Punch and Judy Show (Puppentheater). Manche Spiele können sogar ausprobiert werden, während das Kirmespferd und das Riesenrad aus Metall leider nur zum Bestaunen sind – ein interessanter Blick in britische Kinderzimmer von einst. ⏰ Mo–Sa 10–17 Uhr, Aug auch So 12–17 Uhr, Eintritt frei.

Das breite Straßenstück der Royal Mile endet am historischen **John Knox House**, 43-

45 High Street, ☎ 0131-5569579, 🖥 www.scottish storytellingcentre.co.uk. Das Haus gehört wie Gladstone's Land (s. S. 110) zu den ältesten in Edinburgh und ist ein Glanzstück seiner Zeit. Um 1470 errichtet, erhielt es Mitte des 16. Jhs. von James Mosman – seines Zeichens königlicher Goldschmied, dessen Vater James schon die Königskrone gestaltete (s. S. 108) – einen Umbau im Renaissancestil. Wunderbar sind die bemalte Holzdecke im „Eichenzimmer" aus der

Zeit um 1600 und der mit Delfter Kacheln ausgestaltete Kamin. Mosman selbst bezahlte seine Treue gegenüber Maria Stuart 1573 mit dem Tod am Galgen, nachdem er zusammen mit anderen Getreuen während der „langen Belagerung" das Castle samt Kronjuwelen für seine Königin verteidigt hatte. Der gestrenge Reformator Knox soll unterdessen ein Jahr zuvor sein Leben in diesem Haus ausgehaucht haben.

In den modernen Räumlichkeiten des angeschlossenen **Scottish Storytelling Centre** gibt es regelmäßig Veranstaltungen. Ein kleines, sympathisches Café lädt zu einer verdienten Pause ein. ⊕ Mo–Sa 10–18 Uhr, Eintritt 3,50 £, erm. 3/1 £.

Canongate

Vorbei am Pub The World's End verlässt man an der Kreuzung mit Jeffrey Street/St Mary's Street das mittelalterliche Edinburgh. Der Name der Kneipe bezieht sich auf die Tatsache, dass hier einst die Stadtmauer verlief; für die Stadtbewohner endete dort schlicht „die Welt". Die Lage des alten Stadttors Netherbow Port ist auf dem Straßenpflaster markiert.

Noch bis 1856 war Canongate eine eigenständige Gemeinde zwischen Edinburgh und dem Holyrood Palace. Schon 1143 war Canongate zur Royal Burgh ernannt worden. Der Name bezieht sich übrigens auf die Augustinerkanoniker, die vom Castle zur damals neu gegründeten Abtei von Holyrood laufen mussten.

Noch vor 20 Jahren wirkte Canongate etwas verloren, doch durch die Ansiedlung des Parlaments ist der Stadtteil tagsüber ziemlich belebt und lädt zum gemütlichen Bummeln ein. Zur guten Atmosphäre tragen mehrere originelle Läden für Fudge, Kilts und Dudelsäcke bei (s. S. 154).

Seit 1591 war der **Tolbooth** Verwaltungszentrum, Gericht und Gefängnis von Canongate. Schon von weitem ist das historische Gebäude an seiner großen Uhr zu erkennen. Das sehr interessante städtische Museum **The People's Story**, 169 Canongate, ✆ 0131-5294057, 🖥 www.edinburghmuseums.org.uk, stellt die einfachen Leute von Edinburgh sowie die sozialen Fragen ab dem 18. Jh. in den Vordergrund: Streiks, Arbeiter- und Frauenbewegung, Anti-Apartheid-Kampf und die Wandlung zur multikulturellen Gesellschaft dokumentieren Geschichte von

Kaffeepause am Canongate

Für eine nette Kaffeepause eignet sich das **Cafe Truva Royal** (251-253 Canongate, s. S. 143) mit seinen Tischchen unter der Arkade. Der Oldie am Canongate ist der wunderbar altmodische **Clarinda's Tearoom** (69 Canongate, s. S. 143). Clarinda war der Spitzname, den Robert Burns einer seiner Geliebten gab. Das genaue Gegenteil ist die ultramoderne, aber gemütliche Filiale von **Starbuck's** (116-118 Canongate). Auch im Parlament und am Palace of Holyroodhouse befinden sich gute Cafés.
Wer es deftiger mag, ist bei **Bene's Fish&Chips** (162 Canongate, s. S. 143) gut aufgehoben, wo sich angeblich schon die Prinzen William und Harry eingedeckt haben.

unten. Da bleibt sogar Zeit, den Punk Rodney Relax kennenzulernen. ⊕ Mo–Sa 10–17, Aug auch So 12–17 Uhr, Eintritt frei.

Gleich gegenüber befindet sich im **Huntly House**, 142 Canongate, ✆ 0131-5294143, 🖥 www.edinburghmuseums.org.uk, eine weitere geschichtliche Ausstellung des Museum of Edinburgh untergebracht. Das Haus geht ebenfalls auf das 16. Jh. zurück und präsentiert z. B. den Originalplan von James Craig für die New Town sowie den Original-Covenant von 1638, der ausgehend von religiösen Fragen zum Bürgerkrieg zwischen Parlament und König führte. Die kalvinischen Covenanter konnten sich erst 1689 mit der endgültigen Entmachtung des Stuart-Hauses durchsetzen. Zuvor waren viele von ihnen im Tolbooth oder auf dem Friedhof der Greyfriars Church gefangen gehalten worden (s. S. 123). Neben einer umfassenden Silbersammlung werden auch Kuriositäten aufbewahrt wie das Halsband von Greyfriar's Bobby (s. S. 123). ⊕ Mo–Sa 10–17, Aug auch So 12–17 Uhr, Eintritt frei.

Eine geschichtliche Kuriosität ist die **Canongate Kirk** neben dem Tolbooth, denn sie wurde 1688 noch von James VII. in Auftrag gegeben, aber erst nach seiner Entmachtung unter seinem Erzfeind König William eingeweiht. Architekt James Smith entwarf eine schlichte, klar presbyterianische Kirche. Die Vorgängerkirche hatte lange als Royal Chapel gedient, wo Charles I.

1633 als letzter schottischer König gekrönt worden war. Auf dem Friedhof, der einen schönen Blick hinüber zum Calton Hill eröffnet, liegt unter anderem Adam Smith begraben. Der berühmte Ökonom hatte ganz in der Nähe zwölf Jahre lang bis zu seinem Tod 1790 im **Panmure House** gewohnt. Von der wunderbaren kleinen Gartenoase **Dunbar's Close Garden** (137 Canongate) sieht man die Rückseite des für die Edinburgh Business School renovierten Gebäudes.

Nun sind es nur noch wenige Meter, bis die Royal Mile am Schottischen Parlament vor dem Palace of Holyroodhouse endet.

Rund um Holyrood

Das untere Ende der Royal Mile ist in den letzten Jahren zu einem städtebaulichen Hotspot geworden. Parlament, Holyrood-Palast, Dynamic Earth sowie diverse Bürogebäude für die BBC und der Lokalzeitung *The Scotsman* haben das Viertel komplett umgewandelt. Für Besucher gibt es hier ein Muss ist zur Krönung der Aufstieg auf den Arthur's Seat, den Hausberg Edinburghs, der an schönen Tagen einen großartigen Rundblick über die Stadt eröffnet.

Parlament

Der markante Gebäudekomplex des schottischen Parlaments, Canongate/Horse Wynd, ☎ 0131-3485200, 🖥 www.scottish-parliament.uk, zeugt vom neuen Selbstbewusstsein der Schotten. Hier präsentiert sich eine moderne und weltoffene Nation, die im Dialog mit der Vergangenheit ein neues Kapitel der eigenen Geschichte aufgeschlagen hat. Dass der Preis für dieses architektonische Statement mit über 400 Mio. Pfund rund zehnmal höher ausgefallen ist als geplant, steht auf einem anderen Blatt.

Schon der Ort des Parlaments ist eine kleine Herausforderung. Gegenüber von der königlichen Residenz Holyrood zelebrieren die Schotten nunmehr ihre Eigenständigkeit. Mit in den Komplex eingebunden wurde **Queensberry House**, dessen einstiger Besitzer als Herzog 1707 entscheidenden Anteil am Zustandekommen des Unionsvertrags mit England hatte. Zu den etwas schaurigeren Geschichtsdetails des Hauses sowie zum

neuen Parlament hat Ian Rankin mit *Der kalte Hauch der Nacht* (*Set in Darkness*, 2000) einen seiner hervorragenden Rebus-Krimis vorgelegt.

Für das Design des Parlaments gewann man den katalanischen Architekten Enric Miralles – auch das ein Statement, denn in Katalonien ist die Autonomiebewegung ebenfalls sehr stark. Um die komplexe Struktur des Parlaments am besten würdigen zu können, sollte man die Vogelperspektive von den Salisbury Crags wählen (s. S. 122). Miralles' Grundidee war die These, das Parlament solle „im Land sitzen". Auch wenn hier viel Beton verbaut wurde, so wirkt das Gebäude dennoch leicht und durch seine vielen Fenster auch sehr hell (wenn man mal von der recht dunklen Eingangshalle absieht). Zudem wurde viel Holz eingearbeitet, was den Eindruck ebenfalls auflockert.

Das gilt auch für den **Abgeordnetensaal**, wo eine hölzerne Trägerkonstruktion wie ein Damoklesschwert über den Parlamentariern zu hängen scheint. Welch ein Kontrast zum altehrwürdigen Ambiente des britischen Unterhauses in Westminster!

Architekt Miralles hat 2004 die Einweihung seines Meisterwerks leider nicht mehr erlebt, genau wie der inspirierende Auftraggeber Donald Dewar, 1999 der erste First Minister. ⏰ April–Sep Mo, Fr (und sitzungsfreie Di–Do) 10–17.30, Okt–März 10–16 Uhr; Di–Do (Sitzungstage) 9–18.30, Sa 11–17.30 Uhr, Eintritt frei.

Palace of Holyroodhouse

Heißblütige Morde, rauschende Bälle, angespannte Kriegsvorbereitungen und entspannte Gartenpartys der Queen – der Palace of Holyroodhouse, Horse Wynd/Abbey Strand, ☎ 0131-5565100, 🖥 www.royalcollection.org.uk, lieferte über die Jahrhunderte reichlich Stoff für spannende Geschichten.

Angefangen hatte jedoch alles mit der wundersamen Rettung von König David I. zu Beginn des 12. Jhs. Der Legende nach brachte ein großer Hirsch den König auf der Jagd in Bedrängnis. Doch ein feuriges Kreuz rettete den David I. aus der Gefahr. Der König veranlasste daraufhin 1128 die Gründung einer **Augustinerabtei**. Da *rood* im Schottischen für Kreuz steht, heißt der Ort übersetzt „heiliges Kreuz".

Besucher können das Parlament auf unterschiedliche Weise kennenlernen. An den generell sitzungsfreien Tagen Montag, Freitag und Samstag werden mehrere kostenlose Führungen angeboten. Befindet sich das Parlament im Urlaub, werden von Montag bis Samstag täglich Führungen angeboten.

An den Sitzungstagen von Dienstag bis Donnerstag lassen sich auf der Zuschauertribüne die Sitzungen des Parlaments verfolgen. Dazu muss man sich an der Rezeption eine entsprechende kostenlose Besucherkarte ausstellen lassen.

Eine Besonderheit ist jeden Donnerstag von 12–12.30 Uhr die *First Minister's Question Time*. Hier dürfen die Parlamentarier in einem munteren Frage- und Antwortspiel den First Minister 30 Minuten lang ordentlich durch die Mangel nehmen. Nicht selten kochen dann die Emotionen im Abgeordnetenrund schon mal etwas höher. Leider sind die ebenfalls kostenlosen Tickets schnell vergriffen. Sie werden ab einer Woche vor der Sitzung angeboten. Anmeldungen unter ☎ 0131-3485200, 🖳 www.scottish.parliament.uk.

Von der Abteikirche sind nach der Plünderung durch einen königsfeindlichen Mob 1688 und dem Einsturz des Daches 100 Jahre später nur noch Ruinen erhalten, die aber immer noch beeindruckend genug sind. Felix Mendelssohn-Bartholdy inspirierten sie auf seiner Schottlandreise 1829 sogar zu den Auftaktklängen seiner wunderbaren Schottischen Symphonie.

Es war James IV., der zu Beginn des 16. Jhs. begann, die bedeutende Abtei durch eine königliche Residenz zu erweitern. Der **Nordwestturm** stammt als ältestes noch erhaltenes Bauteil aus der Regierungszeit von James V. (1513–42). Unter seiner Tochter Maria Stuart spitzten sich die

Ereignisse dann dramatisch zu. Nach dem frühen Tod ihres ersten Gatten, des französischen Königs Franz II., heiratet die junge Königin 1565 Lord Darnley. Doch die Ehe steht unter keinem guten Stern. Schon bald ist Darnley Marias Privatsekretär David Rizzio ein Dorn im Auge. Am 9. März 1566 dringen Darnley und seine Gefolgsleute schließlich in Marias Gemächer ein, schleppen Rizzio aus dem Blickfeld der hochschwangeren Königin und bringen ihn mit 56 Messerstichen brutal um. Das Verbrechen leitete sowohl Darnleys wie auch Marias Niedergang ein.

Gemessen an diesem Drama ist die weitere Geschichte des Palastes vergleichsweise ruhig.

Charles II. ließ nach den Plänen von William Bruce und unter der Bauleitung von Robert Mylne ab 1671 den Palast in seiner heutigen Form ausbauen; der geschichtsträchtige Nordwestturm wurde eingegliedert. Vor allem der erste Stock wurde prächtig ausgebaut. Vom eleganten **Thronsaal** (mit dem Thron von George V. und seiner Frau Mary) ausgehend wird es immer intimer und prunkvoller. Kostbare Gobelins und Gemälde weiterer Monarchen zieren die Wände der Säle. Schließlich steht man im **königlichen Schlafzimmer** vor dem Bett von Charles II. – Ironie der Geschichte: Der Bauherr selbst kam niemals nach Holyrood und hat folglich weder hier geschlafen noch Gäste empfangen.

Richtig zu Leben erweckt wurde der Palast erst 1745, ausgerechnet durch Bonnie Prince Charlie, der hier die Eroberung von Edinburgh und seinen Sieg im nahe gelegenen Prestonpans ausgiebig feierte. Als Ballsaal diente die **Great Gallery**, die heute von einem Kuriosum geprägt ist: Der holländische Maler Jacob de Wet malte in königlichem Auftrag alle 110 Könige von einem gewissen Fergus bis zu Charles II. – doch irgendwie fehlte dem Künstler wohl die Inspiration, denn die meisten Monarchen wirken wie geklont. In diesem Saal schlägt die Queen übrigens ausgewählte Schotten zu Rittern, darunter 1999 Sean Connery.

Im Anschluss kann man sich in den **Gemächern der Queen** selbst ein Bild von der dramatischen Regentschaft Maria Stuarts machen, bevor sich die Besichtigung der Abteiruinen und ggf. der Sonderausstellungen in der **Queen's Gallery** im Eingangsbereich des Schlosses anschließt.

Holyrood ist ganz nebenbei noch immer offizielle Residenz der Queen in Schottland. Jedes Jahr ist der Palast deshalb bei Besuchen der Queen geschlossen, und im Juli veranstaltet die Queen eine große Gartenparty für 8000 Leute. ◷ April–Okt tgl. 9.30–18, sonst Nov–März 9.30–16.30 Uhr, Eintritt 10,25 £, erm. 9,30/6,20 £; inkl. Queen's Gallery 14,30/13/8,30 £ (HS). Der informative Audioguide ist grundsätzlich inklusive.

Our Dynamic Earth

Nach so viel Politik, Monarchie und Kirche bietet Our Dynamic Earth, Holyrood Road, ☏ 0131-550 78 00, ▭ www.dynamicearth.co.uk, modernes Infotainment. Auf einer audiovisuellen Zeitreise geht es vom Urknall quer durch die Zeitgeschichte der Erde bis zu aktuellen Fragen der Raumfahrt und der Klimaentwicklung. Für 1 £ extra kann man per Audioguide die Show auch auf Deutsch verfolgen. ◷ Juli–Aug tgl. 10–18, April–Juni, Sep–Okt tgl. 10–17.30, Nov–März Mi–So 10–17 Uhr, Eintritt 10,50 £, erm. 9/7 £.

Grassmarket und Southside

Vom Lawnmarket auf der Royal Mile führt dieser Rundgang nach Süden hinab zum legendären Grassmarket, über den Greyfriars-Friedhof und durch das National Museum of Scotland in das belebte Univiertel in der Southside und zurück auf die Royal Mile. Mit allen Besichtigungen und Kaffeepausen kann man leicht einen halben bis ganzen Tag in diesem schönen Viertel verbringen.

George IV Bridge

Um die tiefen Täler nördlich und südlich der Old Town zu überwinden, baute man im 19. Jh. mehrere Brücken. Die George IV Bridge (1829–32) verbindet schwungvoll die Royal Mile mit der Southside, während das Cowgate in der Senke fast vom Tageslicht abgeschnitten ist. Noch auf der nördlichen Seite des Brückenzugs liegen zwei zentrale Bibliotheken: die **National Library of Scotland** und die **Edinburgh Central Library**. Nimmt man die Nähe zum Writers' Museum und zur Universität hinzu, verwundert es eigentlich nicht, dass eine der erfolgreichsten Romanfiguren der Literaturgeschichte in einem kleinen Café in just dieser Straße entstand: Harry Potter.

Grassmarket

Nun geht es ein kleines Stück zurück und über die stimmungsvolle **Victoria Street** hinab zum Grassmarket. Zur Rechten ragen die Häuser steil empor, während sich in den unteren Etagen kleine Spezialgeschäfte und Restaurants angesiedelt haben, die der Gasse eine sehr eigenwillige Stimmung verleihen. Die Victoria Street gehört zu den schönsten Straßen der Altstadt von Edinburgh.

Arthur's Seat: Rund um Edinburghs Panoramaberg

- **Anspruch:** mittel
- **Gehzeit:** 2 3/4 Std. (nur Arthur's Seat 1 1/4 Std.)
- **Länge:** 6 km (nur Arthur's Seat 2,5 km)
- **An-/Abstieg:** 350 Höhenmeter
- **Anfahrt:** Buslinie 35, 36 bis Holyrood/Scottish Parliament, Parkplatz am Queen's Drive (südlich des Palastes)

Nicht viele Hauptstädte verfügen mitten im Stadtzentrum über einen derart wunderbaren Hausberg wie Edinburgh. Wuchtig ragt der 251 m hohe Vulkanfelsen Arthur's Seat hinter dem Parlament und dem Holyrood-Palast empor und bietet inmitten von Holyrood Park einen fantastischen Ausblick über die gesamte Stadt. Auf der „Rückseite" wartet in Duddingston eine geradezu dörfliche Idylle. Arthur's Seat entstand vor 300–400 Mio. Jahren durch die vulkanischen Aktivitäten in der Region. Edinburgh profitiert bis heute von der dynamischen Erde. An sonnigen Wochenenden pilgern Hauptstädter wie Touristen in Scharen auf den Berg und genießen das großartige Panorama. Doch nur Einheimische wählen den weiteren Weg nach Duddingston, um im ältesten Pub von Edinburgh ein Pint zu genießen.

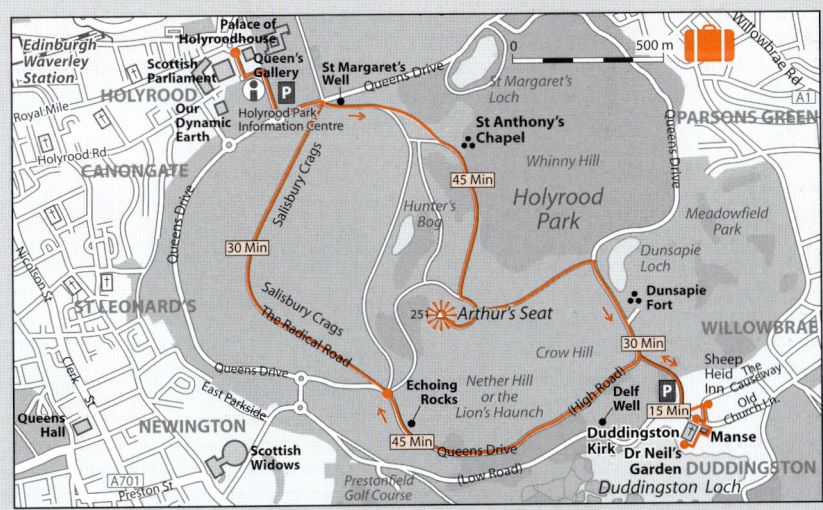

Aufstieg zum Arthur's Seat

Auftakt der Wanderung ist das untere Ende der **Royal Mile** zwischen dem Parlament und dem Palast Holyroodhouse. Von dort geht es über den Horse Wynd vorbei am unbemannten **Holyrood Park Information Centre** bis zum Kreisverkehr am Fuße des Berges. Holyrood Park war ursprünglich ein königliches Jagdgebiet.

Am Kreisverkehr geht es links auf den Queen's Drive, der Arthur's Seat einmal komplett umrundet, und sofort schräg rechts über einen zunächst geteerten Weg. Von schräg hinten kommt die Radical Road unterhalb der Salisbury Crags hinunter, über die der Rückweg erfolgt. Oberhalb von St Margaret's Well geht es an einem Abzweig über einen nun ungeteerten Wanderweg in Richtung der mageren Ruine der **St Anthony's Chapel**. Links unten ist St Margaret's Loch zu erkennen. Nun geht es rechts über den ausgefransten Weg durch eine kleine Senke bergan, denn das Massiv ist überraschend zerklüftet. Schon früh öffnet sich aber ein prächtiger Blick nach Norden Richtung Fife.

Schließlich dreht der Weg unterhalb des Gipfels nach links zu einem kleinen Plateau, von dem es rechts über einen treppenförmigen Weg zum Gipfel des **Arthur's Seat** geht. Von hier schweift der Blick ungehindert bis zu den Forth Bridges und den Lomond Hills in Fife. Auch Bass Rock im Osten sowie die Lammermuirs und die Pentlands Hills im Süden sind gut zu erkennen. (45 Min.)

Von Arthur's Seat nach Duddingston

Nun geht es wieder zum Plateau hinunter und von dort geradeaus über eine Wiese zum Parkplatz rechts von Dunsapie Loch am östlichen Teil des Queen's Drive. Die Straße führt ein kleines Stück nach rechts, bis ein Wanderweg an einer Bank vor einem Zaun schräg links über die Wiese steil hinunter führt. Duddingston Loch ist dabei als Ziel schon zu erkennen. Über Treppen endet der Abstieg an einem Parkplatz, wo es links durch einen sehr stimmungsvollen Hohlweg in den idyllischen Vorort **Duddingston** geht. (1 1/4 Std.)

Duddingston

Der Ort geht auf das 12. Jh. zurück, war einst ein Webereizentrum und verfügt im Ortskern eigentlich nur über zwei Gassen. Berühmt ist das Vogelschutzgebiet **Duddingston Loch**, das früher als Eissportbahn im Winter diente. Henry Raeburns Gemälde *The Reverend Robert Walker Skating on Duddingston Loch* verewigte den See und ist heute einer der Publikumsmagnete der National Gallery (s. S. 129).

Zwei Gebäude sind einer näheren Würdigung wert: Das **Sheep Heid Inn**, 43-45 The Causeway, ☎ 0131-6617974, 🖥 www.sheepheid.co.uk (s. S. 148), ist der älteste noch existierende Pub in Edinburgh. Er geht auf das Jahr 1360 zurück, auch wenn die Gebäude aus dem 19. Jh. stammen. Im hinteren Teil des sehr nett aufgemachten Traditionspubs befindet sich eine viktorianische Kegelbahn von 1882 – ein Unikum. Nicht nur bei Studenten ist der Pub als Ausflugslokal sehr populär und für eine Lunch- oder Kaffeepause bestens geeignet.

Frisch gestärkt führt eine kleine Runde durch das Dorf zur **Duddingston Kirk** aus dem 12. Jh. Das Südportal und der Kanzelbogen stammen noch aus dieser Zeit. Das angrenzende Pfarrhaus **Manse** hat zahlreiche künstlerische Bezüge: Reverend John Thomson war zu Beginn des 19. Jhs. mit William Turner, Henry Raeburn und Walter Scott befreundet, der im Garten einen Teil seines Romans *Heart of Midlothian* schrieb. Noch schöner ist jedoch der ziemlich versteckt liegende **Dr Neil's Garden**, 🖥 drneilsgarden.co.uk, den man durch den Garten des Pfarrhauses hinter der Kirk erreicht. Der liebevoll angelegte Felsengarten erstreckt sich bis zum See hinunter. Der schöne Baumbestand, der von Schilf gesäumte See und der kleine Wintergarten sorgen für eine idyllische Atmosphäre: ein echtes Kleinod! 🕐 tgl. 10 Uhr bis Sonnenuntergang. (1 1/2 Std.)

Von Duddingston zurück zur Royal Mile

Nun geht es wieder zurück zum Sheep Heid Inn und hinauf zum Queen's Drive. Von dort läuft man mit Panoramablick einige hundert Meter nach links an unzugänglichen Klippen entlang, bis schräg rechts die **Radical Road** abzweigt (2 1/4 Std.). In den 1820er-Jahren legten arbeitslose, „radikale" Weber diesen Weg unterhalb der imposanten **Salisbury Crags** an, die bis 1831 deutlich erkennbar als Steinbruch genutzt wurden. Von der Radical Road lässt sich auch die ungewöhnliche Eleganz des Parlamentsgebäudes sehr gut würdigen, bevor der Pfad wieder am Queen's Drive endet und zurück an den Ausgangspunkt. (2 3/4 Std.)

Der **Grassmarket** am unteren Ende hat in den letzten Jahren einen spürbaren Strukturwandel mitgemacht. Zum einen hat die Verkehrsberuhigung sehr geholfen, zum anderen machen die Kneipen und Restaurants den lang gestreckten Platz zu einem angesagten Nightlife-Bezirk. An den Tischen draußen herrscht immer gute Stimmung. In früheren Zeiten bestand das Vergnügen allerdings aus eher zweifelhafter Unterhaltung. Der Pub The Last Drop verweist nicht etwa auf einen plötzlichen Mangel an Alkohol, sondern auf den Galgen, der bis 1784 auf dem Platz stand. Und damit nicht genug des Gruselns: 1828 sollen das Mörderduo Burke und Hare (s. S. 125) ihre ahnungslosen Opfer im White Hart Inn ausgesucht und angesprochen haben. Eigentlich war der Grassmarket jedoch vor allem für den Korn- und Viehhandel gedacht.

Greyfriars Kirkyard

Auf der Südostseite des Grassmarket führt die Candlemaker Row hinauf zum Eingang des berühmten Greyfriars Kirkyard. Auf dem recht weitläufigen Gelände des mittelalterlichen Franziskanerklosters befindet sich seit 1560 einer der ältesten Friedhöfe der Hauptstadt mit entsprechend verwitterten Grabsteinen. Ein Rundgang ist empfehlenswert – mit etwas Glück entdeckt man einige „Potter-Grabsteine" (s. Kasten). Zu den hier begrabenen Berühmtheiten zählen der Architekt William Adam, der Maler Allan Ramsay sowie der Planer der New Town, James Craig.

Die schlichte **Kirche** wurde 1620 geweiht und war am 28. Februar 1638 Schauplatz eines historischen Ereignisses, das letztlich zum Bürgerkrieg führte. In der Kirche wurde der National Covenant feierlich unterzeichnet, mit dem die schottische Elite ihre religiöse Überzeugung gegenüber Charles I. durchsetzen wollte. Der aber dachte nicht daran, auf die presbyterianischen Schotten (oder seine Widersacher in England) einzugehen, was ihn schließlich den Kopf kostete.

Sein Sohn Charles II. unterzeichnete zunächst den Covenant, um sich der Unterstützung aus Schottland sicher sein zu können, doch als er 1660 endlich auf den Thron gelangte, ließ er die Covenanter gnadenlos verfolgen und sperrte 1000 von ihnen im hinteren Teil des Friedhofs unter unmenschlichen Bedingungen in ein Freiluftgefängnis. Die alte Friedhofsmauer war hier übrigens einst die Stadtmauer: Der sogenannte **Flodden Wall** wurde nach der schottischen Niederlage von Flodden Fields 1513 in aller Eile aus dem Boden gestampft.

Wesentlich friedlicheren Zwecken dient das burgähnliche Gebäude auf der anderen Seite der Mauer: **George Heriot's School** ist eine der bekanntesten unabhängigen Schulen in Edinburgh und geht auf das Vermächtnis des Goldschmieds George Heriot zurück, der bei seinem Tod 1624 veranlasste, eine Schule für „arme, vaterlose Kinder" zu errichten.

Kein Besucher des Friedhofs kommt an **Greyfriars Bobby** vorbei. Schon vor dem Eingang an

Potter im Elephant House

Das sehr einladende Elephant House, 21 George IV Bridge, ☎ 0131-2205355, 🖥 www.elephanthouse.biz, ist laut örtlichem Programmmagazin *The List* „eine Mischung aus studentischer Cafeteria und einer eigenständigen Touristenattraktion." Mitte der 1990er-Jahre saß eine junge Frau öfters mit ihrem Kleinkind an einem der Tische, trank einen Kaffee und schrieb wie wild an ihrem Erstlingsroman – *Harry Potter und der Feuerkelch*. Aus den großen Fenstern an der Rückwand genießt man den fantastischen Blick auf das steil aufragende Edinburgh Castle: ein Vorbild für die Zauberschule Hogwarts? Und auf dem angrenzenden Greyfriars-Friedhof werden Spurensucher schnell fündig, wenn es um bekannte Namen aus der Romanreihe geht: McGonagall, Moodie und Crookshanks dürften die Herzen von Potter-Fans höher schlagen lassen. Rowling suchte auf dem historischen Friedhof oftmals Inspiration. Von ihr stammt auch das Bonmot: „Es ist unmöglich, in Edinburgh zu leben, ohne ständig das literarische Erbe zu spüren." Das Elephant House scheint dafür besonders geeignet zu sein, denn auch Rebus-Autor Rankin erwähnt es in seinen Werken. Aber auch unabhängig vom Potter-Hype ist das Elephant House ein sehr lebendiges Café mit einer guten Stimmung, vielen Studis, dezenter Musik und leckeren Snacks – ein Ort zum Relaxen. ⏰ tgl. 8–23 Uhr.

der Candlemaker Row, Ecke George IV Bridge, erinnert eine Hundeskulptur an den treuen Hund, der 14 Jahre lang unermüdlich an Grab seines Herrchens ausgeharrt hatte. ⏱ Friedhof: tagsüber, Visitor Centre (Kirche) April–Okt Mo–Fr 10.30–16.30, Sa 10.30–14.30, Nov–März Do 13.30–15.30 Uhr, Eintritt frei.

National Museum of Scotland

Auf eine fulminante Zeitreise durch die schottische Geschichte nimmt das hochkarätige National Museum of Scotland, Chambers Street, ☎ 0131-2257534, 🖥 www.nms.ac.uk, seine Besucher mit. Das Museum selbst ist eine gewagte architektonische Symbiose: Durch seinen 1998 eingeweihten modernen Anbau an der Chambers Street, Ecke George IV Bridge, strahlt das Museum zeitgenössisches Ambiente aus; nach Abschluss einer gründlichen Renovierung für 46 Mio. £ steht ab Sommer 2011 auch das ehemalige Royal Museum wieder in altem imperialen Glanz zur Verfügung.

In Empfang genommen werden Besucher von den futuristisch und leicht bedrohlich wirkenden X-Men von Sir Eduardo Paolozzi (1924–2005). Auf der Reise zu den ersten menschlichen Spuren faszinieren u. a. die **Hunterston-Brosche** aus dem 8. Jh. mit Wikingerrunen, die erst 200 Jahre später auf der Rückseite angebracht wurden.

Eine der kostbarsten mittelalterlichen Reliquien findet sich auf Ebene 1: das filigrane **Monymusk-Reliquiar** (ca. 750). Angeblich sollen hierin Knochen des irischen Chefmissionars Columba aufbewahrt worden sein. Der geheiligte Behälter wurde 1314 in der Schlacht von Bannockburn von Robert the Bruce gegen die Engländer ins Feld getragen, um die „Mission Unabhängigkeit" zu segnen. Ebenfalls sehr wertvoll sind die aus Walross-Elfenbein gefertigten mysteriösen **Lewis Chessmen**, die 1831 in Uig auf Lewis ans Tageslicht kamen (s. S. 564). Während elf der Schachfiguren hier ausgestellt sind, befindet sich der große Rest im Britischen Museum in London.

Mittelalterliche Relief-Grabsteine, eine „Queen-Mary-Harfe" aus dem 15. Jh. sowie die Kopie des in Westminster Abbey aufgestellten **Sarkophags für Queen Mary** spannen einen weiten Bogen. Noch zu Marys Zeiten ging 1565 die **Maiden Guillotine** in Betrieb. Die „jungfräu-

liche" Todesmaschine beförderte in 145 Jahren rund 120 Delinquenten in den Tod.

Interessant sind auch die **Ebenen 3 bis 5**, auf denen es um die Industrialisierung und das Empire geht. Dampfmaschinen, Loks, Schiffe und Whiskydestillen zeugen vom industriellen Aufschwung des Landes. Aber auch die Emigration spielt eine wichtige Rolle im kollektiven Bewusstsein Schottlands, vor allem der Highlands.

Auf **Ebene 6** widmet sich der Ausstellungsbereich „Eine sich wandelnde Nation" dem industriellen Niedergang und den Herausforderungen der Zukunft. Noch einmal erwacht der Kampf gegen die Schließung von Werften, Zechen und Stahlwerken zum Leben. Das moderne Gesicht Schottlands wird sogar schon durch Sängerin Amy Macdonald vertreten.

Gleich nebenan ist der riesige Saal der **Connect Gallery** eine Augenweide. Dahinter schließen sich die Räumlichkeiten des neu gestalteten **Royal Museum** an. Und wer nun Appetit bekommen hat, das Museum verfügt mit dem eleganten Tower Restaurant über ein eigenes Top-Restaurant (s. S. 145). ⏱ tgl. 10–17 Uhr, Eintritt frei. Kostenlose einstündige Führungen (Englisch) jeweils 11.30 und 13.30 Uhr, zusätzlich werden thematische Führungen angeboten.

Universität

Edinburgh ist eine erfrischend junge Universitätsstadt. Die Studenten verleihen der altehrwürdigen Metropole einen jugendlichen Charme. Südlich des National Museum of Scotland erstreckt sich das lebendige Univiertel mit zahlreichen Cafés und Clubs.

Gegründet wurde die Uni 1582 als erste reformatorische Hochschule in Schottland. Das älteste Gebäude liegt in der Chambers Street neben dem Museum. Robert Adam entwarf das viereckige **Old College** mit seinem noblen Ehrenhof und begann 1789 auch mit den Bauarbeiten. Adams Tod 1792 sowie die Napoleonischen Kriege brachten das Projekt vorerst zum Erliegen, und erst 1827 vollendete William Henry Playfair das palastartige College.

Die moderne Uni beginnt am Bristo Square mit der wuchtigen **McEwan Hall** (1888–97), errichtet durch eine Spende des Brauers William McEwan. Heute wird der markante Neorenaissance-Bau für Konzerte sowie für die Graduiertenfeiern der Uni genutzt. Dahinter liegen bis zum großen Park Meadows moderne Unigebäude, inkl. Mensa und **Unibibliothek**.

Geht man links durch die West Nicolson Street, erreicht man die sehr sympathische **Nicolson Street**. An dieser wichtigen Verkehrsachse nach Süden haben sich zahlreiche Cafés, indische Restaurants, kleine Geschäfte und diverse Buchläden angesiedelt.

Surgeons' Hall Museum
Eine Stadt, die sich derart an Gruselstorys erfreut, braucht natürlich auch ein kurioses Anatomie- und Pathologiemuseum. Im Surgeons' Hall Museum, Nicolson Street (Eingang: 9 Hill Square), ☎ 0131-5271649, 🖥 www.edinburgh. surgeonshall.museum, wimmelt es von Knochen, Schädeln und allerlei recht unappetitlichen Exponaten zu Krankheiten etc. Natürlich stoßen Besucher auch auf die beiden Kriminellen Burke und Hare, die 1828 in Edinburgh ihr Unwesen trieben. Damals war das Leichensezieren offiziell nicht erlaubt, was wiederum zu einem schwunghaften Leichenhandel und Leichenraub *(body snatching)* von den Friedhöfen führte. William Burke und William Hare gingen jedoch einen Schritt weiter: Sie beförderten die Opfer gleich selbst ins Jenseits, um immer genügend Nachschub für den morbiden Handel zu haben. Am Grassmarket sahen sie sich nach wehrlosen Obdachlosen um, die niemand so schnell vermissen würde. Doch die Sache flog schließlich auf, und es kam zum Verfahren. Hare zog seinen Kopf aus der Schlinge, indem er als Kronzeuge gegen Burke auftrat. Als i-Tüpfelchen der Geschichte folgte schließlich die öffentliche Sezierung von Burkes Leiche. Im Museum sind ein Gipsabdruck von Burkes Kopf sowie ein aus seiner Haut gefertigtes Notizbuch ausgestellt.

Der spektakuläre Fall hatte jedoch auch etwas Positives: Der Anatomy Act von 1832 regelte endlich die Grauzonen der Anatomie, und so entstand auch diese großartige Surgeons' Hall als Teil der medizinischen Fakultät. Ende des 19. Jhs. lehrte hier ein gewisser Joseph Bell, zu dessen Studenten 1876–81 auch Arthur Conan Doyle zählte – selbst gebürtiger Edinburgher. Dieser war von der messerscharfen Logik seines Professors so begeistert, dass er ihn später zum Vorbild für seine größte Romanfigur machte: Sherlock Holmes. ⏰ Sep–Juli Mo–Fr 12–16, Aug Mo–Fr 10–16, Sa–So 12–16 Uhr, Eintritt 5 £, erm. 3 £.

New Town und Umgebung

Welch ein Kontrast: Ragen in der Altstadt die Häuser steil empor und zweigen schmale, dunkle Gassen von der Royal Mile ab, so herrschen in der New Town klare Linien und helle Straßenzüge vor. Schon das Schachbrettmuster der „Neustadt" verrät ihren Ursprung. 1766 beauftragte die Stadtverwaltung den damals 26-jährigen James Craig (1740–95) mit dem Entwurf für den städtebaulichen Ausbruch aus den beengten und verdreckten Verhältnissen der Altstadt.

Craig hatte ein klares Design vor Augen: Eine zentrale repräsentative Verkehrsachse (George Street) für die herrschaftlichen Bewohner wird von zwei Plätzen (St Andrew Square und Charlotte Square) abgeschlossen. Nördlich und südlich verlaufen parallel kleinere Gassen (Young/ Hill/Thistle Street und Rose Street) für Handwerker und Kaufleute, während Princes Street und Queen Street nur einseitig bebaute Randstraßen wurden, die ein Wohnen am Stadtrand ermöglichen sollten.

Der Masterplan von Craig besitzt im Wesentlichen noch heute Gültigkeit, und die New Town ist ein Meisterstück georgianischer Baukunst. Von der „Schaufenstermeile" Princes Street über die elegante George Street bis zum großartigen Abschluss am Charlotte Square verfügt die Neustadt über Ausstrahlung und Ambiente. Edinburgh lässt sich ohne den augenscheinlichen Gegensatz zwischen Old und New Town nicht denken.

Und weil alles so gut funktionierte, erweiterte man die Neustadt noch beträchtlich Richtung Norden, nicht ohne die beiden Bauabschnitte durch eine großzügige Parkanlage optisch deutlich voneinander zu trennen. Zur Krönung wurde der Calton Hill östlich der New Town als „Denkmalberg" in die Gestaltung miteinbezogen.

Edinburgh und die Lothians

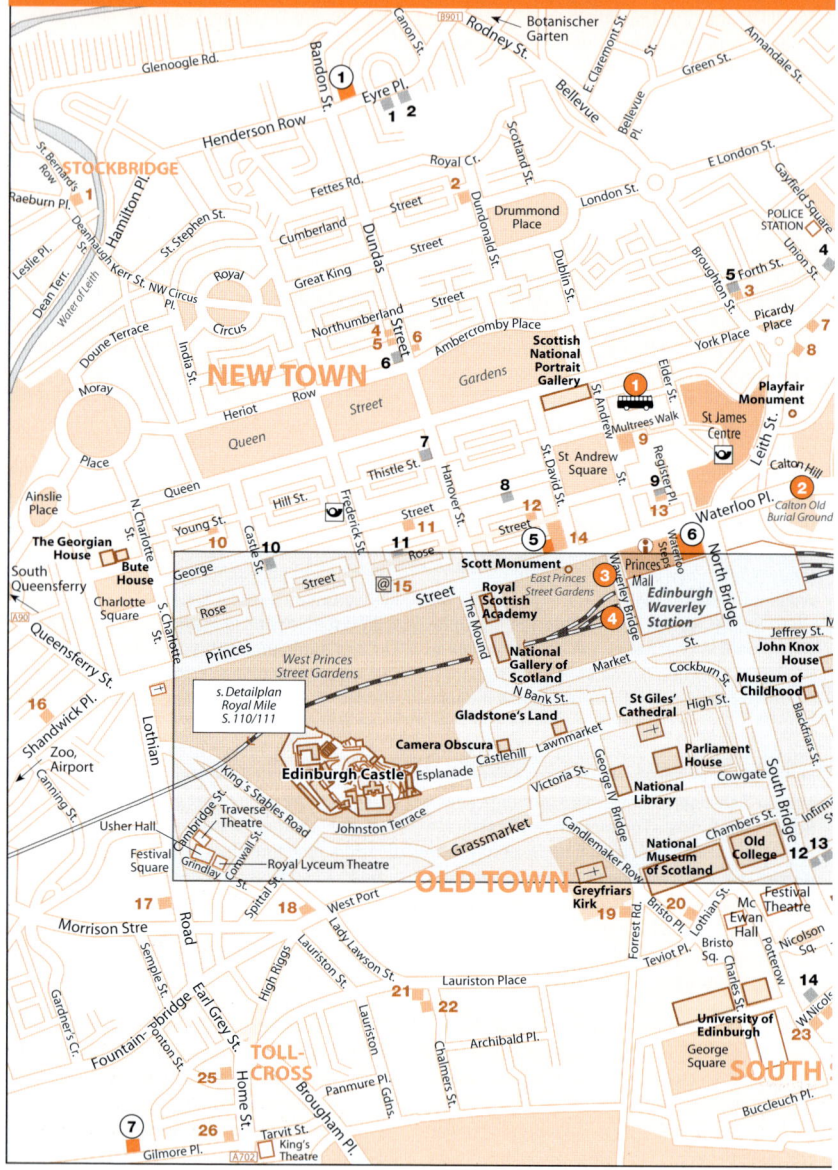

STOCKBRIDGE

NEW TOWN

Botanischer Garten

Rodney St.

Bandon St.

Eyre Pl.

1 2

Henderson Row

Glenoogle Rd.

Royal Ct.

Scotland St.

Drummond Place

2

Dundonald St.

Fettes Rd.

Cumberland   Street

Great King   Street

Northumberland   Street

Dundas   Street

Ambercromby Place

POLICE STATION

E London St.

Gayfield Square

Union St.

4

Forth St.

5

3

Picardy Place

7

8

Scottish National Portrait Gallery

Heriot   Row

Queen   Street

Thistle St.

Hanover St.

4
5
6

6

St Andrew Sq.

St Andrew Square

Multrees Walk

St Andrew St.

St David's St.

Register Pl.

Elder St.

St James Centre

Playfair Monument

Calton Hill

1

9

2

13

Waterloo Pl.

Calton Old Burial Ground

Moray

Place

Doune Terrace

India St.

Circus

Ainslie Place

Young St.

N. Charlotte St.

Castle St.

Frederick St.

Hill St.

7

8

12

11

Rose   Street

George   Street

5

14

Scott Monument

Royal Scottish Academy

East Princes Street Gardens

3

4

Waverley Bridge

Princes Mall

Edinburgh Waverley Station

North Bridge

The Georgian House

Bute House

10

10

9

6

South Queensferry

Charlotte Square

Queensferry St.

Rose   Street

Princes   Street

West Princes Street Gardens

The Mound

National Gallery of Scotland

N Bank St.

s. Detailplan Royal Mile S. 110/111

Gladstone's Land

Camera Obscura

Castlehill

Lawnmarket

Market

High St.

Cockburn St.

Jeffrey St.

John Knox House

Museum of Childhood

St Giles' Cathedral

Blackfriars St.

16

Shandwick Pl.

Lothian   Road

Zoo, Airport

Canning St.

Usher Hall

Festival Square

Cambridge St.

Cornwall St.

Grindlay St.

Traverse Theatre

King's Stables Road

Royal Lyceum Theatre

Edinburgh Castle

Esplanade

Johnston Terrace

Victoria St.

Grassmarket

George IV Bridge

Parliament House

National Library

Cowgate

South Bridge

Chambers St.

Old College

12

13

OLD TOWN

National Museum of Scotland

Greyfriars Kirk

19

20

Candlemaker Row

Forrest Rd

Bristo Pl.

Lothian St.

Festival Theatre

Mc Ewan Hall

Infirmary

17

Morrison Stre

Semple St.

Earl Grey St.

High Riggs

Spittal St.

18

West Port

Lady Lawson St.

Lauriston St.

Lauriston Place

21

22

Archibald Pl.

Chalmers St.

Teviot Pl.

Bristo Sq.

Bristo   Street

Charles St.

Potterow

Nicolson Sq.

14

University of Edinburgh

George Square

23

SOUTH

W. Nicolson St.

Fountainbridge

Gardner's Cr.

TOLL-CROSS

Home St.

Brougham Pl.

Panmure Pl.

Lauriston   Street

25

26

Tarvit St.

King's Theatre

Gilmore Pl.

7

Buccleuch St.

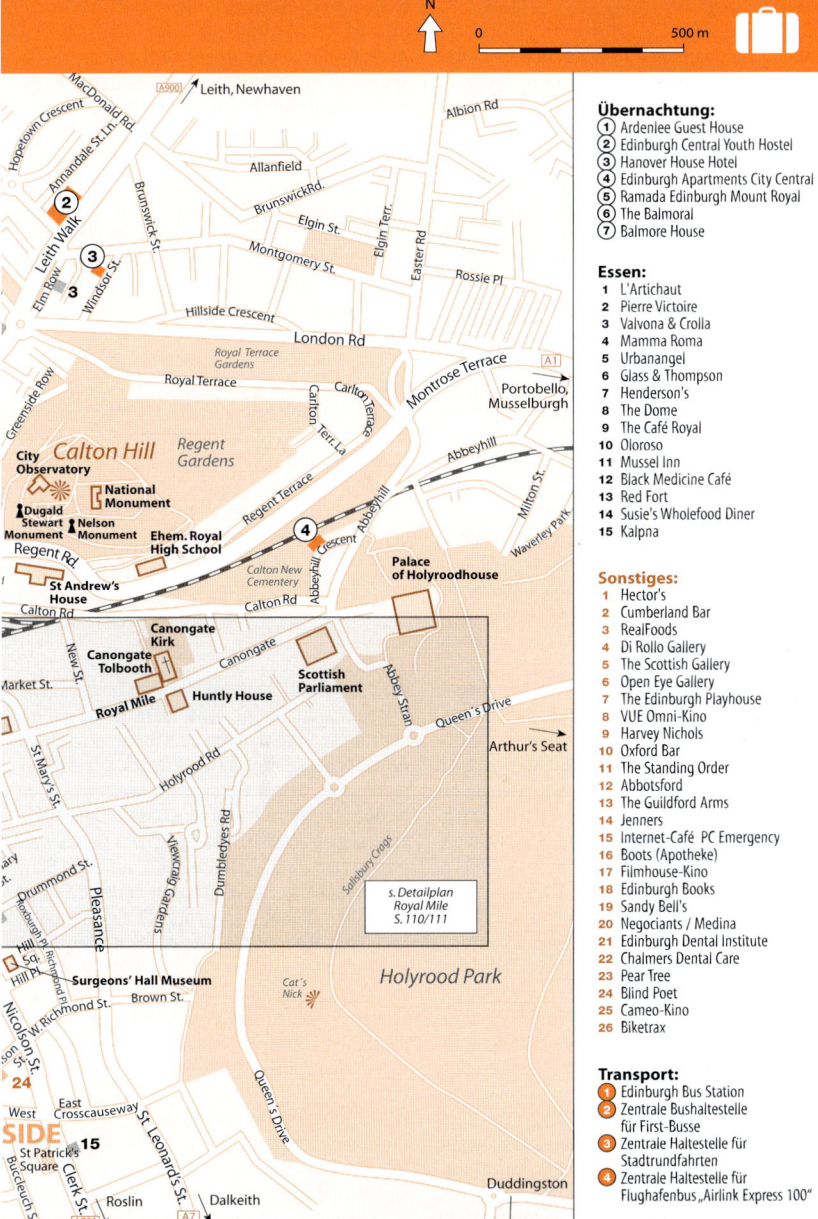

Übernachtung:
1. Ardenlee Guest House
2. Edinburgh Central Youth Hostel
3. Hanover House Hotel
4. Edinburgh Apartments City Central
5. Ramada Edinburgh Mount Royal
6. The Balmoral
7. Balmore House

Essen:
1. L'Artichaut
2. Pierre Victoire
3. Valvona & Crolla
4. Mamma Roma
5. Urbanangel
6. Glass & Thompson
7. Henderson's
8. The Dome
9. The Café Royal
10. Oloroso
11. Mussel Inn
12. Black Medicine Café
13. Red Fort
14. Susie's Wholefood Diner
15. Kalpna

Sonstiges:
1. Hector's
2. Cumberland Bar
3. RealFoods
4. Di Rollo Gallery
5. The Scottish Gallery
6. Open Eye Gallery
7. The Edinburgh Playhouse
8. VUE Omni-Kino
9. Harvey Nichols
10. Oxford Bar
11. The Standing Order
12. Abbotsford
13. The Guildford Arms
14. Jenners
15. Internet-Café PC Emergency
16. Boots (Apotheke)
17. Filmhouse-Kino
18. Edinburgh Books
19. Sandy Bell's
20. Negociants / Medina
21. Edinburgh Dental Institute
22. Chalmers Dental Care
23. Pear Tree
24. Blind Poet
25. Cameo-Kino
26. Biketrax

Transport:
1. Edinburgh Bus Station
2. Zentrale Bushaltestelle für First-Busse
3. Zentrale Haltestelle für Stadtrundfahrten
4. Zentrale Haltestelle für Flughafenbus „Airlink Express 100"

Edinburgh und die Lothians

s. Detailplan
Royal Mile
S. 110/111

Calton Hill

Neben dem Castle und Arthur's Seat ist Calton Hill einer der besten Aussichtspunkte der Stadt. Der Blick auf die Altstadt kann geradezu als klassisch gelten und wird immer wieder als typisches Postkartenmotiv verwandt.

Rund um das Nationalmonument

Der Hügel selbst wird durch ein Sammelsurium an Denkmälern geprägt, die dem Berg einen eigenartigen Charme verleihen. Was sucht zum Beispiel die merkwürdig antik aussehende Ruine auf dem Gipfelplateau? 1822 war die nationale Begeisterung über den Besuch von George IV. in Edinburgh so groß, dass man unbedingt ein Nationalmonument errichten wollte. Außerdem wollte man so der Gefallenen der Napoleonischen Kriege gedenken. Was lag im „Athen des Nordens" näher, als eine neue Akropolis samt Parthenon zu schaffen? Die Anfangseuphorie war gewaltig, auch Sir Walter Scott unterstützte das Vorhaben, doch die erhofften Gelder blieben aus, und so wurde aus dem **National Monument of Scotland** eine kuriose, aber stimmungsvolle Ruine – Zeitgenossen nannten sie den „Stolz und die Armut Schottlands".

Gleich nebenan ragt das **Nelson Monument**, ☎ 0131-5562716, 🖳 www.edinburghmuseums. org.uk, wie ein ausziehbares Fernrohr in die Höhe. Das 1816 eingeweihte Denkmal diente auch einem sehr praktischen Zweck: Von Montag bis Samstag wird um 12.55 Uhr ein „Zeitball" hochgezogen, der zusammen mit dem Kanonendonner der **One o'Clock Gun** im Castle (s. S. 108) um 13 Uhr runterfällt. So sollte den Schiffen im Hafen von Leith die Uhrzeit angezeigt werden. Die 143 Stufen können übrigens erklommen werden. ⊕ April–Sep Mo 13–18, Di–Sa 10–18, Okt–März Mo–Sa 10–15 Uhr, Eintritt 3 £.

Hauptarchitekt auf dem Calton Hill war William H. Playfair, der sich gerne an griechischantiken Vorbildern orientierte. Neben dem denkwürdigen Nationalmonument zeichnete der damals auf der Höhe seines Schaffens stehende Playfair auch für das **Observatory**, das **Dugald Stewart Monument** sowie das **Playfair Monument** für seinen Onkel, den Mathematiker und Naturphilosophen John Playfair, verantwortlich.

Royal High School und St Andrews House

Am Fuße des Vulkanfelsens setzt sich die repräsentative Architektur fort: Die ehemalige **Royal High School** von 1829 war 1979 für das Autonomieparlament vorgesehen, doch das Referendum erbrachte nicht die notwendige Mehrheit. Es gibt immer wieder Stimmen, die nun die Einrichtung eines Fotografiemuseums in der Royal High School fordern, da gleich um die Ecke die beiden Fotopioniere Robert Adamson und David Octavius Hill 1843–48 die Grundlagen für die moderne Fotografie legten. Hill war eigentlich Maler, aber mit dem Fotoenthusiasten Adamson ging er eine sehr fruchtbare künstlerische Beziehung ein. Von Kirchensynodalen der Free Church of Scotland bis zu den Fischern des heutigen Vororts Newhaven setzten die beiden in der Fotokunst Maßstäbe und schufen so am Fuße des Calton Hill ein neues Kunstgenre.

Schräg gegenüber erinnert das ziemlich klobige **St Andrews House** an die Einrichtung des Scottish Office in den 1930er-Jahren.

Princes Street

Was die Royal Mile für die Old Town ist die Princes Street für die New Town. Kaum ein Innenstadtboulevard dürfte eine derart großartige Aussicht gewähren wie die Princes Street: Über die Princes Street Gardens schweift der Blick hinüber zur Altstadt und zum Castle. Besonders schön ist der Westteil des Parks. Das Ganze weitet sich zum grandiosen Spektakel, wenn die Burg zum Abschluss des Edinburgh Festival Fringe jedes Jahr Anfang September mit einem großen Feuerwerk theaterreif in Szene gesetzt wird.

Kaufhäuser und bekannte Modelabels sorgen vor allem an Wochenenden für Trubel zwischen Waverley Station und Westend. Unterwegs ist die National Gallery of Scotland eine der herausragendsten Sehenswürdigkeiten Edinburghs.

Rund um die Waverley Station

Die Princes Street beginnt an der Zufahrt zur North Bridge. Ein kurzer Abstecher offenbart ein atemberaubendes Panorama von der Brücke auf die Skyline der Altstadt. Der **Bahnhof Waverley** liegt tief unten im Tal und kann schnell übersehen werden. Das passiert dem palastartigen **Balmoral Hotel** mit Sicherheit nicht. Zusammen sind Bahnhof und Hotel eine Hommage an die Hochlandromantik des 19. Jhs. Der Verkehrsknotenpunkt wurde nach dem Erfolgsroman von Sir Walter Scott benannt. Und der Hotelname bezieht sich auf das Hochland-Castle von Queen Victoria in den Wäldern von Deeside (s. S. 379) – die Schotten mögen es poetisch. Da verwundert es kaum, dass sich J. K. Rowling ausgerechnet das Balmoral ausgesucht hat, um am 11. Januar 2007 in Zimmer 652 die letzten Zeilen von *Harry Potter* in die Tasten zu hämmern. Die Operation war offiziell streng geheim, doch ein Kamerateam war exklusiv dabei, und die Autorin hinterließ zudem einige kleine Hinweise auf die Lösung der Zauberersaga ...

Scott Monument und Princes Street Gardens

Touristenscharen und zahlreiche Einkaufswillige mischen sich auf dem folgenden Abschnitt der Princes Street. Dudelsackspieler im Kilt geben ihre Kunst zum Besten. An der Waverley Bridge haben die Sightseeingbusse und der Airlink Express ihre Endhaltestellen. Die **Touristeninformation** von Edinburgh ist in der Princes Mall an der Shopping- und Flaniermeile untergebracht. Kurz: Auf dem östlichen Abschnitt der Princes Street ist immer was los.

Was wie ein gotischer Kirchturm filigran in die Höhe ragt, ist das **Scott Monument**, East Princes Street Gardens, ✆ 0131-5294068, 🖥 www.edinburghmuseums.org.uk. Für den berühmten Literaten, königlichen Zeremonienmeister und schottischen Romantiker war kein Denkmal zu klein. Wie andernorts Könige, so wird in Edinburgh Sir Walter Scott verehrt. 287 Stufen geht es in die Höhe – der Ausblick ist perfekt! 🕑 April–Sep tgl. 10–19, Okt–März tgl. 10–16 Uhr, Eintritt 3 £.

Wem bei so vielen Stufen schwindlig wird, der findet in der schönen Parkanlage der **Princes Street Gardens** immer einen Platz für ruhige Augenblicke. Vor dem Bau der Eisenbahn befand sich in der Senke ein See, der zwar nicht tief war, aber auch der Verteidigung diente. An Stelle des Sees entstand die schöne Parkanlage, die sich im Westen bis zur Lothian Road erstreckt,

wo das Theater- und Kinoviertel angesiedelt ist (s. S. 150).

Geteilt wird der Park durch den großartigen Museumskomplex der National Gallery of Scotland.

National Gallery of Scotland

Ein wahrer Hochgenuss, nicht nur für Kunstfreunde, ist ein Besuch der international hochkarätigen Sammlungen der **National Gallery of Scotland**, The Mound, ✆ 0131-6246200, 🖥 www.nationalgalleries.org. Europäische und schottische Kunst wird hier durch Meister wie Tizian, Rembrandt, Canova, Monet, Gauguin, van Gogh und Raeburn präsentiert.

Zwei elegante Gebäude beherbergen eines der führenden Museen in Schottland. Das Hauptgebäude in Richtung Altstadt sowie die angeschlossene Royal Scottish Academy gehen auf William Henry Playfair (1790–1857) zurück, der für seine neogriechische Ausrichtung bekannt wurde.

Säulen bestimmen die Eingangsbereiche, der heutige **Haupteingang** liegt allerdings eine Etage tiefer im modernen Weston Link, der seit 2004 das Gebäudeensemble unterirdisch miteinander verbindet. Während in der Royal Scottish Academy bedeutende Wechselausstellungen gezeigt werden, ist die Nationalgalerie ganz der hauseigenen Kunstsammlung gewidmet. Und trotz der Erweiterung hängen viele Gemälde noch immer in Doppelreihe übereinander.

Gleich rechts vom Eingang wird in **Saal XII** das urtypisch romantische Hochlandbild von Schottland in Form zweier Gemälde von Sir Henry Raeburn (1756–1823) eindrucksvoll bestätigt. Sir John Sinclair und Colonel Alastair Macdonell of Glengarry haben sich in Tartan und der Oberst sogar im Kilt abbilden lassen.

Wenige Schritte weiter in **Saal X** wird es international: Antonio Canovas kunstfertige *Drei Grazien* (1815–17) wechseln alle sieben Jahre zwischen dem Victoria & Albert Museum in London und Edinburgh. Weiter geht die Kunstreise mit Rubens und van Dyck. Frans Hals und Rembrandt sind in **Saal VIII** ausgestellt.

Eine Treppe führt hinauf in den **1. Stock** und ins Zeitalter des Impressionismus: Monet, van Gogh, Cézanne, Renoir und Rodin sind ebenso

Erholung vom Stadtrundgang:
die Princes Street Gardens

vertreten wie Werke von Gauguin, darunter die *Drei Tahitianer* (1899). Wieder zurück im Erdgeschoss landet man schließlich in **Saal I + II** bei mehreren sehr ausdrucksstarken Gemälden von Tizian, die in den letzten Jahren für Schlagzeilen sorgten. Schon 2003 gelangte *Venus entsteigt dem Meer* als Abgeltung für fällige Erbschaftssteuern vom 7. Duke of Sutherland in den Besitz der Nationalgalerie. 2009 wurde *Diana und Actaeon* gemeinsam mit der National Gallery in London für 15 Mio. Pfund aus der Bridgewater-Sammlung des Herzogs erworben. Das Gemälde hing schon seit 1945 im Museum. Schließlich soll auch *Diana und Callisto* dem Herzog abgekauft werden, der offensichtlich dringend Bargeld benötigt. Die Tizians werden allerdings in mehrjährigen Intervallen zwischen den Museen in Edinburgh und London pendeln.

Vom Eingang des Museums führt eine weitere Treppe ins Obergeschoss. Dort sind mit *Venus und Cupid* von Lucas Cranach dem Älteren und der sogenannten Bridgewater-Madonna von Raffael zwei wunderbare Meisterwerke ausgestellt.

Im **Untergeschoss** schließlich wartet die schottische Sammlung auf ihre Entdeckung, deren Schaustücke allerdings gelegentlich wechseln. Das berühmteste Gemälde ist der *Reverend Dr Robert Walker Skating on Duddingston Loch* von Raeburn. ⊙ tgl. 10–17 Uhr, Eintritt frei.

Rund um die George Street

Geografisches Herzstück der New Town ist der breite Boulevard George Street, der zwischen Charlotte Square im Westen und St Andrew Square im Osten die gesamte Neustadt als zentrale Verkehrsader durchzieht. Auch hier macht sich in den letzten Jahren der Strukturwandel bemerkbar. Nicht wenige Banken und Versicherungen haben ihre palastartigen Adressen aufgegeben und sind Cafés und Pubs gewichen.

Charlotte Square

Ein Platz sticht durch seine Geschlossenheit schnell ins Auge: Der Charlotte Square ist eindeutig die Krone des Viertels. 1791 hatten die Stadtväter Robert Adam beauftragt, diesen Platz zu gestalten, denn man war mit der bisherigen

Ausführung der New Town nicht wirklich zufrieden. Die Princes Street galt als zu streng gestaltet, bei der George Street bemängelte man das stilistische Durcheinander. Nun sollte Stararchitekt Adam es wenigstens am Charlotte Square richten, und tatsächlich: Ihm gelang in seinem letzten Lebensjahr ein großer Wurf, denn auch heutige Besucher sind von der wohlproportionierten Einheitlichkeit des Platzes überrascht. Von außen sieht es so aus, als befänden sich an jeder Seite nur ein bzw. zwei große Häuser – eine geschickte optische Täuschung. Die Stadtväter wollten Stil und Eleganz für die New Town, und Adam lieferte beides.

Besonders interessant ist die Nordseite mit den gusseisernen Gittern, den Fußabtretern und Fackellöschern. Hinter dem zentralen Gebäude **Bute House** (Nr. 6) verbirgt sich die Residenz des schottischen First Minister. Direkt daneben hat der National Trust for Scotland in der Nr. 7 ein Wohnhaus liebevoll als **The Georgian House**, ☏ 0844-4932117, 🖳 www.nts.org.uk, so eingerichtet, wie es zur Zeit des ersten Bewohners, John Lamont of Lamont, ausgesehen haben mag. Der Film *Living in a Grand Design* gibt einen guten Einblick in das häusliche Leben der Lamonts sowie in die allgemeinen Lebensverhältnisse der oberen Schichten um 1810. Gemälde von Sir Henry Raeburn und Allan Ramsay sorgen ebenso für gediegenes Ambiente wie die kostbaren Möbel. Nur ein Zimmer fehlte in dem Design komplett: Ein Bad war für die Herrschaften damals noch nicht vorgesehen, dafür war die Küche sehr groß. Der Besuch des Georgian House lohnt sich unbedingt. ⊙ März tgl. 11–16, April–Juni, Sep–Okt 10–17, Juli–Aug 10–18, Nov 11–15 Uhr, Eintritt 6 £, erm. 5 £.

George Street

Wenn die stimmungsvolle Straße nicht so viel Verkehr hätte, könnte sie ohne Weiteres eine Oase urbaner Entspanntheit sein. Aber der Durchgangsverkehr nimmt der George Street leider einiges von ihrer repräsentativen Würde, mit der sich Banken und Versicherungen standesgemäß schmücken wollten.

Zur Gesamtwirkung der New Town tragen auch die Querachsen Hanover Street und Frederick Street bei, die dank des stark abfallenden

Wer ein Gefühl von der palastartigen Sakralarchitektur mancher Bauten an der George Street bekommen will, sollte sich unbedingt einen Kaffee oder Drink in **The Dome**, 14 George Street, ☏ 0131-6248634, 💻 www.thedome edinburgh.com, gönnen. Das ursprüngliche Gebäude von James Craig musste in den 1840er-Jahren der Royal Bank of Scotland und der neogriechischen Mode weichen. Schon draußen empfangen griechisch inspirierte Säulen die Kunden, drinnen setzt eine imposante zentrale Kuppel betont auf Effekt. Nach dem Auszug der Bank vor einigen Jahren wurde im vorderen Teil ein elegantes Café eingerichtet, im hinteren ein schickes und ziemlich teures Restaurant. Wer den Dome besucht hat, weiß, warum Edinburgh als reiche Stadt gilt. ⏰ Mo–Sa 12–23, So 10–23 Uhr.

Geländes an klaren Tagen einen Blick bis raus auf den Firth of Forth ermöglichen. Generell sollte man sich einfach treiben lassen, vielleicht die George Street für einen Häuserblock verlassen, um auch die Parallelstraßen zu erkunden. Die Rose Street ist z. B. komplett zur Fußgängerzone umgestaltet, während der ruhige Straßenzug Young/Hill/Thistle Street noch viel vom einstigen Charme bewahrt hat. Die New Town wirkt durch ihr Gesamtdesign.

St Andrew Square

Noble Bankgebäude und exklusive Shoppingadressen sind das Markenzeichen des St Andrew Square, in dessen Mitte eine Statue für den Politiker Henry Dundas, Viscount Melville, steht. In der Sichtachse der George Street liegt etwas zurückgesetzt das ehemalige Hauptquartier der Royal Bank of Scotland. Wenige Schritte weiter besitzt die Bank of Scotland ebenfalls repräsentative Räumlichkeiten, während auf der anderen Seite der Royal Bank das Luxus-Kaufhaus Harvey Nichols (s. S. 153) zum Shoppen lädt. Weil das noch nicht reichte, wurde der Multrees Walk für weitere Designermarken ergänzt.

Über die Nobel-Designermeile gelangt man zum Fernbusbahnhof Edinburgh Bus Station

sowie zum architektonisch völlig missratenen St James Centre. Auch Edinburgh hat selbstverständlich seine Bausünden.

Scottish National Portrait Gallery

Das zweite bedeutende Museum der New Town ist die Scottish National Portrait Gallery, 1 Queen Street, ☏ 0131-6246200, 💻 www.nationalgalleries. org. Hier erhält die schottische Geschichte im wahrsten Sinne des Wortes ein Gesicht und Besuchern werden wichtige Persönlichkeiten des Landes vorgestellt. Da dürfen Maria Stuart und Bonnie Prince Charlie genauso wenig fehlen wie Sir Walter Scott (gemalt von Henry Raeburn). Seit 30 Jahren werden regelmäßig zeitgenössische Künstler beauftragt, bekannte Schotten heutiger Tage zu porträtieren. So gelangten z. B. Sean Connery, Fußballmanager Alex Fergusson und Shetland-Fiddler Aly Bain in das Museum.

Schon das großartige, 1889 eröffnete neogotische Gebäude aus rotem Sandstein ist ein Blickfang. Die Figurengalerie an der Außenwand unterstreicht den Wunsch des Architekten Rowand Anderson, eine Art schottischen Heldenschrein zu errichten. Das Museum soll im November 2011 nach mehrjähriger Renovierung wieder eröffnet werden.

Nördliche New Town

Der Weg führt nun weiter durch die im 19. Jh. erweiterte New Town. In diesen Vierteln, die zu den angesagtesten Adressen in Edinburgh zählen, haben sich Galerien, Cafés und Restaurants angesiedelt.

Vom Picardy Place zur Scotland Street

Den **Picardy Place** am Beginn des Leith Walk haben Straßenausbau und moderne Einkaufs- und Freizeitzentren leider ziemlich verunstaltet. Ungewöhnlich ist ein Denkmal für Meisterdetektiv Sherlock Holmes, dessen Erfinder Sir Arthur Conan Doyle an diesem Platz geboren wurde. Das Denkmal wurde vorübergehend für den Straßenbahnbau entfernt.

Wesentlich lebendiger geht es in der **Broughton Street** zu: Kleine Läden, darunter ein Biomarkt, nette Cafés und Restaurants schaffen ein entspanntes urbanes Flair. Studenten, Künstler und die Szene fühlen sich hier zuhause. Zur Linken führt die London Street zum **Drummond Place**, einem typischen Platz für die zweite Bauphase der New Town. Hier geht es nicht mehr ganz so elegant zu wie entlang der George Street, doch als Ensemble wirken diese Straßenzüge und Plätze sehr angenehm.

Nach Norden zweigt die **Scotland Street** ab, von Alexander McCall Smith in seiner Buchreihe *44, Scotland Street* zum Literaturschauplatz gemacht. Die Hausnummer gibt es selbstredend nicht, doch befindet sich z. B. der Lieblingspub einiger Hausbewohner, die Cumberland Bar, wirklich in der Cumberland Street.

Unter der Scotland Street verläuft übrigens ein seit mehr als 140 Jahren ungenutzter Bahntunnel, der einst die Waverley Station mit den Häfen im Norden verband. Weil das Gefälle im Tunnel aber zu steil war, legte man die Strecke schnell still. Es gibt immer wieder Pläne, zumindest die Nordseite des Tunnels z. B. als Kulturzentrum zu nutzen.

Von der Dundas Street zum Moray Place

Dieses Viertel blieb von Touristenströmen noch weitgehend unbeachtet. Sehenswert ist z. B. die ansehnliche Galerienmeile an der Dundas Street, die als Verlängerung der Hanover Street von der Princes Street bergab nach Norden führt. Gleich im ersten Abschnitt sind die **Open Eye Gallery**, Dundas Street, Ecke 34 Abercromby Place, ☏ 0131-5571020, 🖥 www.openeyegallery.co.uk, sowie **The Scottish Gallery**, 16 Dundas Street, ☏ 0131-5581200, 🖥 www.scottish-gallery.co.uk, und die **Di Rollo Gallery**, 18a Dundas Street, ☏ 0131-5575227, 🖥 www.dirollogallery.co.uk, bekannte Adressen, die der schottischen Kunstszene u. a. durch regelmäßige Ausstellungen immer wieder neue Impulse verleihen. Für eine Kaffeepause empfiehlt sich das sympathische Deli-Café **Glass & Thompson** (s. S. 145).

Um die Ecke beginnt die **Heriot Row**, die ebenfalls künstlerische Bezüge hat: Robert Louis Stevenson lebte lange Jahre in der Nr. 17, und 1994 wurden hier sowie im ganzen Viertel Teile der schwarzen Komödie *Shallow Grave – Kleine*

Morde unter Freunden von Danny Boyle gedreht, bei dem Ewan McGregor erstmals einem breiteren Publikum bekannt wurde, bevor er mit *Trainspotting* zum Star avancierte.

Krönender Abschluss ist der **Moray Place** – vom Earl of Moray 1822 auf seinem eigenen Grund und Boden sehr erfolgreich als Anschluss an die New Town vermarktet. Neben dem Charlotte Square ist dies wahrscheinlich der schönste Platz der Neustadt. Die Parks in der Mitte der Plätze stehen übrigens traditionell nur den Hausanwohnern zur Verfügung und sind leider nicht öffentlich.

Urban Villages und Edinburgh Zoo

Als „Urban Villages" werden die beiden Stadtteile Stockbridge und Dean Village am Water of Leith bezeichnet, das im Norden die New Town abschließt. Wie ein grünes Band schlängelt sich der Bach als Naherholungsgebiet durch den Nordwesten und Norden von Edinburgh. Mit dem Botanischen Garten, dem Zoo und der Nationalgalerie für Moderne Kunst sowie der benachbarten Dean Gallery finden sich hier einige Highlights. Und das Beste: Bis auf den Zoo kann man alle Sehenswürdigkeiten auf einem schönen 4 km langen Spaziergang über den teilweise sehr malerischen Water of Leith Walkway erkunden (s. S. 134).

Royal Botanic Garden Edinburgh

Nördlich des Water of Leith lädt der wunderbar erholsame Royal Botanic Garden Edinburgh, Arboretum Place/Inverleith Row, ☏ 0131-5527171, 🖥 www.rbge.org.uk, zum Durchatmen vom städtischen Rummel ein. Die Geschichte des Parks geht auf das Jahr 1670 zurück; das jetzige 26 ha große Areal wurde 150 Jahre später bezogen. Höhepunkt ist eindeutig ein Besuch der großartigen **Glasshouses**. Schon das riesige Palmenhaus von 1858 ist beeindruckend, und vom Regenwald über Palmen und Orchideen bis zu eher gemäßigten Klimazonen wird eine anspruchsvolle Rundreise geboten. Die Geruchs- und Farbenpracht ist geradezu betörend. Im Zentrum des Parks steht **Inverleith House** heute als

Galerie für zeitgenössische Wechselausstellungen zur Verfügung.

2010 wurde am Arboretum Place ein völlig neuer Zugang eingeweiht: Das attraktiv gestaltete **John Hope Gateway** vereint Ausstellungsräumlichkeiten, ein großes Café mit Terrasse sowie ein Besucherzentrum. Der Botanische Garten ist ein echtes Kleinod! ☉ April–Sep tgl. 10–19, März/Okt 10–18, Nov–Feb 10–16, Eintritt frei. Glasshouses: März–Okt 10–17, Nov–Feb 10–15.30 Uhr, Eintritt 4 £, erm. 3/1 £. Anfahrt von der Innenstadt mit Bus 8, 23, 27 bis Royal Botanic Garden (Inverleith Row, Osteingang).

Stockbridge

Zu beiden Seiten des Water of Leith herrschen kleine Galerien und Geschäfte, Cafés und Antiquitätenläden vor. Das gesamte Viertel rund um die St Stephen Street, die Hamilton Place und den Raeburn Place – der berühmte Maler Sir Henry

---

Edinburghs grüner Wanderweg: der Water of Leith Walkway

Karte S. 104/105

Wie ein grünes Band windet sich der Fluss Water of Leith von den Pentland Hills im Südwesten durch die westlichen Vororte zu den Urban Villages im Norden und dem Meer bei Leith entgegen. Der kombinierte **Fuß- und Radweg** Water of Leith Walkway folgt dem Wasserlauf und schafft eine bequeme Verbindung für das empfehlenswerte 4 km lange Teilstück vom Botanischen Garten stromaufwärts über Stockbridge und Dean Village bis zu den Kunstmuseen an der Belford Road sowie zur westlichen Hauptausfallstraße Roseburn Terrace/Corstorphine Road (A8). Es gibt keine durchgehende Beschilderung.

Manchmal geht es ein Stück durch kleine Vorortsgassen, vorbei an farbenfrohen Gärten, historischen Gebäuden und schicken Neubauten, dann wieder ist man im tiefen grünen Tal wie abgeschnitten von der Außenwelt. Der rund einstündige Spaziergang gehört zu den schönsten in Edinburgh. Wer unterwegs den Botanischen Garten und die Kunstmuseen besichtigt, kann das Ganze inklusive Abstecher zum Zoo zu einem Ganztagsausflug ausdehnen. Cafés gibt es bei den Sehenswürdigkeiten sowie in Stockbridge.

Startpunkt ist das **John Hope Gateway** am Westausgang des Botanischen Gartens. Von hier geht es links den Arboretum Place hinunter und rechts in die Arboretum Avenue, wo der Water of Leith Walkway erreicht wird. An der nächsten Kreuzung biegt man links ab und vor der Brücke sofort rechts auf den Fußgängerweg am Fluss. In **Stockbridge** angekommen, geht es links über die Brücke und sofort rechts in die Saunders Street. Unter der nächsten Brücke hinweg beginnt der schönste Teil. Wie ein grüner Tunnel wirkt das tief eingeschnittene Tal hier.

Die erste Sehenswürdigkeit ist die antik aussehende Rotunde **St Bernard's Well**. Angeblich soll der Ordensgründer Bernard von Clairvaux sich hier mithilfe des Wassers geheilt haben. In der zweiten Hälfte des 18. Jhs. gab es sogar einen regelrechten Kurtourismus.

Ein Stückchen weiter verläuft hoch über den Köpfen die **Dean Bridge**, die 1831 von Thomas Telford als neue Verbindung Richtung South Queensferry angelegt wurde. Die alte Straßenverbindung führte durch den historischen Mühlort Dean Village, der bald erreicht ist. Dort geht es rechts über den Fluss und sofort wieder links in die Gasse Damside. Zur Linken spaziert man durch den Innenhof des **Well Court** und rechts unter der nächsten Brücke hinweg weiter über den Walkway, der bald schmaler wird und durch einen tiefen Wald läuft. Vor der Belford Bridge ist über eine Treppe der Aufstieg zur **Dean Gallery** als Abstecher ausgeschildert. Von dort erreicht man auch die **Scottish National Gallery of Modern Art** (s. S. 135) und kann durch den Garten wieder auf den Walkway hinuntersteigen. Wer einfach nur spazieren möchte, geht über den Walkway durch das grüne Tal weiter und passiert den Abgang an einer Fußgängerbrücke ein Stück flussaufwärts.

Schließlich ist an der Roseburn Terrace die Hauptausfallstraße nach Westen erreicht. Von der Bushaltestelle fährt man entweder direkt zurück ins Zentrum oder aber einige Haltestellen weiter nach Westen zum **Edinburgh Zoo** (Lothian-Busse 12, 26, 31, 48).

Raeburn wurde 1756 in Stockbridge geboren – trägt eindeutig den Charakter eines quirligen kleinstädtischen Vororts. Die bunt gemischte Bevölkerung trägt zum Reiz von Stockbridge bei. Von hier sind es zur New Town hinauf nur wenige Schritte, auch der Royal Botanic Garden ist zu Fuß gut zu erreichen, während der Water of Leith Walkway flussaufwärts zum Dean Village und den beiden renommierten Kunstmuseen führt.

Dean Village

Schon im 12. Jh. versorgten in einem tief eingeschnittenen Tal die Mühlen des Dean Village Edinburgh mit Getreide. Die Stauwehre erinnern an die alten Mühlen, auch einige Mühlsteine sind am Water of Leith Walkway ausgestellt. Heutzutage ist das „Village" im Tal von den wichtigsten Verkehrsrouten abgeschnitten. Die Hauptsehenswürdigkeit ist **Well Court** auf der Nordseite des Flusses. Der ehemalige Verleger des *Scotsman*, Sir John Findlay, baute dieses Wohnhaus 1884 im Barionalstil mit Turm und Innenhof, um den Lebensstandard der Arbeiter zu heben. Die ungewöhnliche Wohnanlage aus rotem Sandstein wurde in den letzten Jahren umfassend renoviert.

Scottish National Gallery of Modern Art und Dean Gallery

Westlich des Dean Village liegen hoch über dem Water of Leith zwei sehr renommierte Museen für moderne Kunst. Sowohl die Scottish National Gallery of Modern Art wie auch die Dean Gallery, 73-75 Belford Road, ☎ 0131-6246200, 🖳 www.nationalgalleries.org, sind Teil der Nationalgalerie. Eingebettet in einen künstlerisch umgestalteten Park mit Skulpturen von Henry Moore, Eduardo Palozzi und Barbara Hepworth, bieten die beiden Museumsgebäude eine sehr ansprechende Kunstsammlung: In der neogriechisch konzipierten **Dean Gallery** – ursprünglich 1831–33 als Waisenhaus errichtet – dominiert zunächst der übergroße *Vulcan* (1999) von Eduardo Paolozzi das Bild. In der Penrose Gallery warten dann hochkarätige Werke von Magritte, Miró und Max Ernst. Auch Picasso und Dalí sind vertreten.

Auf der anderen Straßenseite beherbergt die 1825 ursprünglich als Schule für vaterlose Kinder gebaute **Scottish National Gallery of Modern Art** weitere Meisterwerke von Max Ernst, Henri Matisse, Roy Lichtenstein, Andy Warhol und Damien Hirst. Zum Garten hin sind zwei Paolozzi-Reliefs angebracht mit dem kryptischen Titel *Kreuzberg I + II* (1975).

Wer den Museumsbesuch mit einem schönen Spaziergang verbinden will, sollte vom Garten zum Water of Leith ins idyllische Tal hinunterspazieren. Hinter der kleinen Brücke geht es auf den Water of Leith Walkway (s. S. 134). ◷ Sep–Juli tgl. 10–17, Aug 10–18 Uhr, Eintritt frei. Anfahrt mit Bus 41 bis Queensferry Terrace.

Edinburgh Zoo

Für einen Besuch des auch international sehr renommierten Edinburgh Zoo, Corstorphine Road, ☎ 0131-3349171, 🖳 www.edinburghzoo.org.uk, sollte man viel Zeit einplanen. Von der täglichen Pinguinparade (14.15 Uhr) über Koalabären, Zwergflusspferde, Wölfe, Tiger, exotische Regenbogen-Lorikeets und Seeadler bis zu Flamingos, Zebras und Tapiren bietet der 1913 gegründete Zoo auf fast 30 ha ein sehr breites Spektrum von über 180 Tierarten. In Schottland gibt es keinen vergleichbaren Tiergarten. Deshalb ist der großzügig gestaltete Zoo am westlichen Stadtrand nach dem Castle die zweitgrößte Touristenattraktion im Land. ◷ März/Okt tgl. 9–17, April–Sep 9–18, Nov–Feb 9–16.30 Uhr, Eintritt 15,50 £, erm. 13/11 £. Anfahrt mit Bus 12, 26, 31, (X)48, 100 bis Edinburgh Zoo.

Leith und die Forth-Küste

Einst war die Küste am Firth of Forth von Leith bis nach South Queensferry ein sehr idyllischer Küstenabschnitt mit kleineren Fischer- und Fährhäfen. Leith galt im Mittelalter als wichtiges Tor zur Welt. In den letzten Jahren hat gerade in Leith eine große Umstrukturierung eingesetzt.

In den historischen Örtchen Cramond und South Queensferry scheint die Zeit hingegen stehengeblieben zu sein. Im Schatten der gewaltigen Forth-Brücken lohnen sich zwei Abstecher: Hopetoun House ist einer der vornehmsten Adelssitze des Landes; die Ruinen der Inchcolm Abbey sind nur per Schiff zu erreichen.

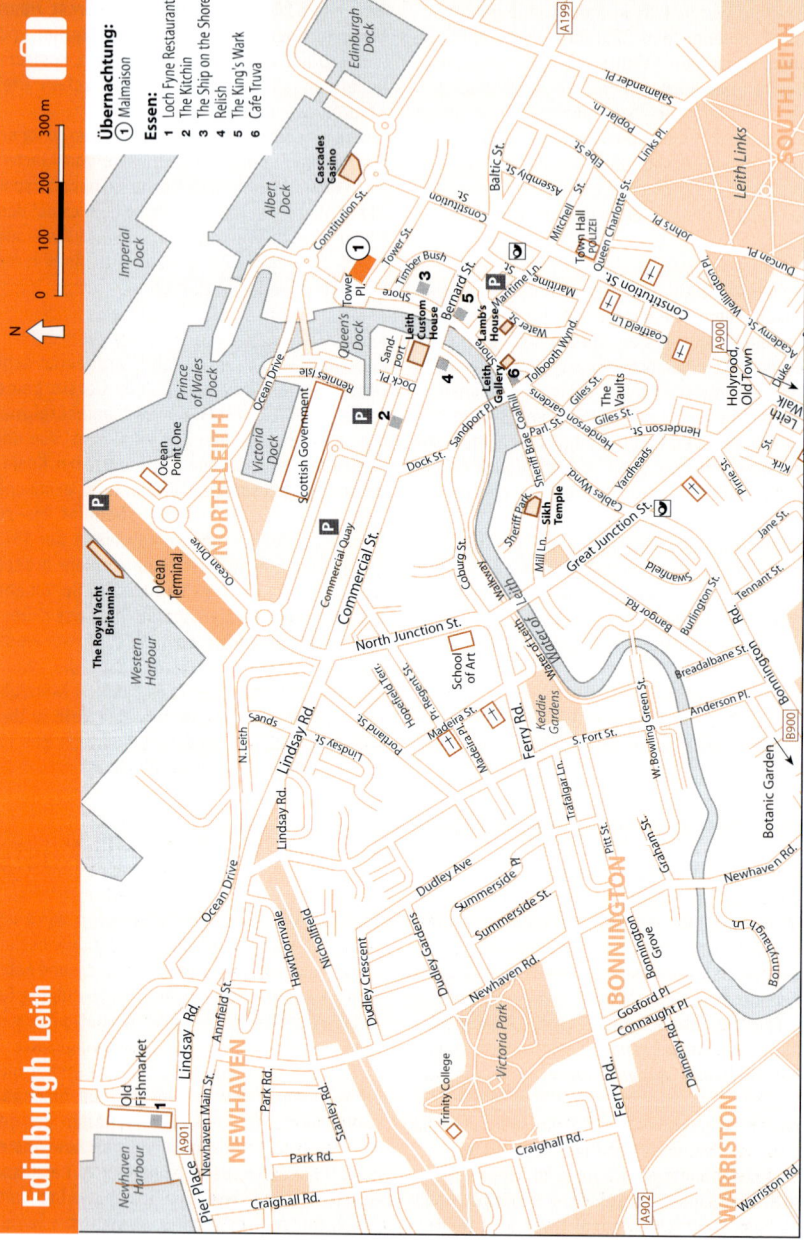

Edinburgh Leith

Übernachtung:
① Malmaison

Essen:
1 Loch Fyne Restaurant
2 The Kitchin
3 The Ship on the Shore
4 Relish
5 The King's Wark
6 Café Truva

N

0   100   200   300 m

Edinburgh Dock

A199

SOUTH LEITH

Leith Links

Cascades Casino

Imperial Dock

Albert Dock

Salamander Pl.

Poplar Ln.

Links St.

Elbe St.

Baltic St.

Assembly St.

Mitchell St.

Constitution St.

Tower St.

Shore

Timber Bush

Bernard St.

Maritime Ln.

Water St.

Town Hall POLIZEI

Queen Charlotte St.

Johns Pl.

Duncan Pl.

Constitution St.

Constitution St.

① ③ ⑤

Leith Custom House

Lamb's House

Leith Gallery

⑥

②

④

Queen's Dock

Sand-port Pl.

Dock Pl.

Rennies Isle

Prince of Wales Dock

Victoria Dock

Ocean Point One

Scottish Government

Ocean Drive

NORTH LEITH

Commercial St.

Commercial St.

Tolbooth Wynd

Giles St.

Henderson Gardens

Giles St.

The Vaults

Coalhill

Sheriff Brae

Sandport Pl.

Dock St.

Coburg St.

Junction Pl.

Cables Wynd

Yardheads

Sikh Temple

Sheriff Park

Mill Ln.

Great Junction St.

Swanfield

Pirie St.

Kirk St.

Jane St.

Tennant St.

Leith Walk

Holyrood, Old Town

A900

Academy St.

Catfield Ln.

Leith Walk

A900

Bonnington Rd.

Bangor Rd.

Burlington St.

Breadalbane St.

Anderson Pl.

B900

Botanic Garden

Newhaven Rd.

BONNINGTON

Bonnington Grove

Graham St.

Bonnington Rd.

Pitt St.

Bonnymaxs Ln.

Gosford Pl.
Connaught Pl.

Pile Place

A901

The Royal Yacht Britannia P

Western Harbour

Ocean Terminal

Ocean Drive

N. Leith Sands

Lindsay St.

Lindsay Rd.

Lindsay Rd.

North Junction St.

Hopefield Terr.

Portland St.

St. Bernard's St.

Madeira St.

School of Art

Madeira Pl.

Ferry Rd.

Keddie Gardens

S. Fort St.

W Bowling Green St.

W. Bowling Green St.

NEWHAVEN

Old Fishmarket

Newhaven Harbour

Newhaven Main St.

Park Rd.

Stanley Rd.

Nicholfield

Hawthornvale

Dudley Crescent

Dudley Gardens

Dudley Ave

Summerside Pl.

Summerside St.

Newhaven Rd.

Dalmeny Rd.

Victoria Park

Trinity College

Park Rd.

Park Rd.

Craighall Rd.

Craighall Rd.

Ferry Rd.

WARRISTON

Warriston Rd.

A902

Leith

Eine stimmungsvolle Restaurant- und Pubmeile am Shore, der Mündung des Water of Leith, sorgt vor allem am Wochenende für reichlich Unterhaltung. Etwas weiter ankert das ehemalige königliche Residenzschiff, die Royal Yacht Britannia, am Freizeit- und Shoppingzentrum Ocean Terminal. In Leith war der Hafen von Edinburgh, das ja ursprünglich eine Stadt im Hinterland war.

Es ist noch nicht lange her, da galten die Kneipen von Leith als verraucht und verrucht – und Touristen verirrten sich nur selten hierhin. Nicht ohne Grund stammt der dunkle Roman *Trainspotting* ausgerechnet aus der Feder des in Leith geborenen Autors Irvine Welsh. Der Hafenvorort hatte große wirtschaftliche und soziale Probleme. Die letzte Werft schloss 1984, viele Hafengebäude verwaisten. In der Folge waren die Mieten niedrig. Damals wohnte auch J. K. Rowling einige Jahre in Leith, bevor sie berühmt wurde.

Die Situation änderte sich schlagartig Ende der 1990er-Jahre: Der postmoderne Ocean Terminal und die Royal Yacht Britannia sind seither echte Freizeit- und Touristenmagneten geworden, die schottische Regierung hat sich ein großes Hauptquartier errichtet und inzwischen hat Leith die höchste Dichte an Sterne-Restaurants in ganz Schottland! Ein gutes Essen im Hafen sollte daher unbedingt zum Besuchsprogramm gehören.

Rund um den Shore

Leith war schon ab dem Mittelalter der Seehafen von Edinburgh und sicherte die Verbindung Schottlands mit dem Kontinent – vorbei am Erzrivalen England. Maria Stuart landete 1561 an der Mündung des Water of Leith, um den schottischen Thron für sich in Anspruch zu nehmen. 1822 kam George IV. ebenfalls per Schiff und begann hier seinen Triumphzug nach Edinburgh.

Später wuchs der Hafen durch Aufschüttungen enorm; in dem kleinen Bereich zwischen Sandport Place, Commercial/Bernard Street und dem Malmaison Hotel ist jedoch am Shore noch – bzw. wieder – etwas von der alten Hafenromantik zu spüren. Heute ankern allerdings Haus- und Restaurantschiffe hier. Vor allem am Wochenende füllen sich die zahlreichen Gaststätten und Pubs in den ehemaligen Hafenkontoren und

Kaufmannshäusern mit ihrem breiten gastronomischen Angebot und es wird sehr lebendig.

Der **Signal Tower**, der 1686 ursprünglich als Windmühle errichtet worden war, markiert die mittelalterliche Hafeneinfahrt. Das historische Gebäude ist heute – selbstverständlich – ein Restaurant.

Ebenfalls an die alten Tage erinnert **Lamb's House** in der Burgess Street/Water Street. In dem ansehnlichen Kaufmannshaus aus dem frühen 16. Jh. soll sich Maria Stuart nach ihrer Landung in Leith zunächst aufgehalten haben. Nach Jahrzehnten der Vernachlässigung wird Lamb's House seit 2010 von dem Architekten Nicholas Groves-Raines zu seinem Familienwohnsitz und Büro umgebaut. Mehr machen könnte man bestimmt auch aus dem **Leith Custom House**, 65 Commercial Street. Das imposante Gebäude mit seinen griechischen Portalsäulen entstand 1810–12 und diente der Zollbehörde.

Zurück am Shore ist **The Leith Gallery**, 65 Shore, ☎ 0131-5535255, 🖳 www.the-leith-gallery.co.uk immer eine gute Adresse für zeitgenössische schottische Kunst. ⏱ Mo–Fr 11–17, Sa 11–16 Uhr. Anfahrt mit Bus 16, 22, 35, 36 (mehrere Haltestellen im Zentrum von Leith).

Royal Yacht Britannia

Willkommen im schwimmenden Wohnzimmer der Queen – die **Royal Yacht Britannia**, Ocean Terminal, ☎ 0131-5555566, 🖳 www.royalyachtbritannia.co.uk, repräsentierte für mehr als 40 Jahre die Monarchie auf den sieben Weltmeeren, bis sie 1997 in den Leith Docks als Touristenattraktion vor Anker ging. „Die Britannia ist der einzige Ort, an dem ich mich wirklich erholen kann", soll die Queen einmal gesagt haben – allerdings war sie hier mit Sicherheit seltener allein als z. B. auf dem weitläufigen Highland-Anwesen in Balmoral. Nicht weniger als 20 Offiziere, 220 Seeleute (darunter 26 Royal Marines) sowie bis zu 45 Hofangestellte begleiteten die Queen auf Seereisen. Bei dem 125 m langen schwimmenden Palast von einer Jacht zu sprechen, ist also eher ein britisches Understatement.

Die kurzweilige Audiotour beginnt in dem riesigen Freizeit- und Shoppingzentrum Ocean Terminal, 🖳 www.oceanterminal.com. Wer auf dem Schiff großartigen Luxus erwartet, wird sicher überrascht. Die Queen legte beim Bau 1953 auf der John-Brown-Werft in Glasgow großen Wert auf Schlichtheit. Interessant ist auch, dass Elizabeth II. und ihr Gemahl Prinz Philipp nur Einzelbetten in getrennten Zimmern hatten. (Erst für Charles und Diana wurde eine „Honeymoon-Suite" mit Doppelbett eingerichtet.) Wohnlicher ist der bequeme Salon, während unter Deck die Wachmannschaften der Marines bis 1970 noch in Hängematten schlafen mussten.

Herzstück der „offiziellen" Britannia war der Speisesaal. Bis zu 56 Staatsgäste konnten hier beköstigt werden – und die kamen reichlich, denn die Britannia diente als mobile Botschaft des Vereinigten Königreichs. Von Reagan und Clinton über Jelzin bis zu Mandela haben sie alle hier mit der Queen diniert. Wurden die Tische rausgeräumt, war sogar ein Staatsball möglich oder die Kinder konnten ungestört einen Film gucken. Gestört werden durfte die Queen nur in absoluten Ausnahmefällen: Alle Arbeiten auf dem Deck der Königin mussten bis 8 Uhr morgens auf leisen Sohlen ausgeführt sein.

Mein Favorit ist die herrliche Sun Lounge im hinteren Teil des Schiffs – spätestens hier kann man verstehen, warum die Queen beim Ausmustern der Britannia verstohlen eine Träne vergoss. ⏱ April–Juni, Okt tgl. 10–16 (letzter Einlass), Juli–Sep 9.30–16.30, Nov–März 10–15.30 Uhr, Eintritt 10,50 £, erm. 9/6,75 £. Anfahrt mit Bus 11, 22, 34, 35, 36 bis Ocean Terminal.

Newhaven

Der ehemals selbstständige Fischerort Newhaven ist inzwischen vollständig mit Leith verwachsen. Im kleinen Hafen landen immer noch kleine Fischerboote, während der alte Fischmarkt u. a. einem angesagten Fischrestaurant sowie einem kleinen lokalgeschichtlichen Museum (bei Redaktionsschluss wegen Umbau geschlossen) als stimmungsvolle Adresse gilt. Entlang der Hafenfront sind neue Apartmentblocks aus dem Boden geschossen und haben Newhaven ein modernes und schickes Image verliehen – die Umstrukturierung des Viertels ist in vollem Gange. Anfahrt mit Bus 7 (Newhaven Church), 11, 16 (Fishmarket Square).

Cramond

Westlich der Industrieanlagen von Granton und des Silverknowes Golf Course ist der kleine Gezeitenhafen von Cramond an der Mündung des Flüsschen Almond ein Hort der Idylle. Schon die Römer hatten hier um 140 ein Fort zum Schutz ihrer Verteidigungsanlagen zwischen Clyde und Forth angelegt. 208 belebte der römische Kaiser Severus das Kastell nochmals für kurze Zeit, bevor sich die Römer endgültig aus Schottland zurückzogen. Magere **Reste des Römerkastells** wurden neben der **Cramond Kirk** aus dem 15. Jh. ausgegraben.

Sehr schön ist ein Spaziergang durch das bewaldete Flusstal sowie entlang der breiten Seepromenade. Außergewöhnlich ist die Möglichkeit, bei Niedrigwasser über einen 2 km langen Gezeitendamm zur vorgelagerten **Cramond Island** hinüberzugehen. Auf jeden Fall sollte vorab der Gezeitenplan auf der Promenade genau studiert werden, um nicht unterwegs von der Flut überrascht zu werden. Anfahrt mit Bus 41 bis Cramond Glebe Road.

South Queensferry

Heutige Reisende rauschen oft über die Dächer von South Queensferry hinweg, weil die Forth Rail Bridge und die Forth Road Bridge den historischen Fährhafen quasi in die Klemme nehmen. Die beiden mächtigen Brückenbauwerke dominieren die Skyline von South Queensferry völlig.

Zu Zeiten von Queen Margaret – nach der die Ortschaft benannt wurde – im 11. Jh. bot sich hier eine gute Fährmöglichkeit über den Firth of Forth, um in ihr geliebtes Dunfermline zu gelangen. Fast 900 Jahre pendelten die Fähren hin und her, bis 1964 die Eröffnung der Straßenbrücke das Aus für den Schiffsverkehr brachte.

Eine Erinnerung an alte Fährzeiten ist das einladende **Hawes Inn** (s. S. 142) zwischen dem Ort und der knallroten Eisenbahnbrücke. Unendlich viele Reisende dürften hier auf die Überfahrt gewartet haben, und bei Robert Louis Stevenson spielt das Gasthaus eine wichtige Rolle in seinem Roman *Kidnapped*. Heute legen vom Pier vor dem Inn die Fähren nach Inchcolm ab (s. S. 139).

In der zweiten Hälfte des 19. Jhs. ließ der Ausbau des Eisenbahnnetzes die Frage einer Brückenquerung über den Forth aufkommen. 1873 wurde die Forth Bridge Company gegründet und ein erster Entwurf von Sir Thomas Bouch eingeholt. Doch das Desaster der Tay-Brücke (s. S. 340), die ebenfalls von Bouch konzipiert worden war, führte zu einem kompletten Neustart. Schließlich kamen John Fowler und Benjamin Baker mit ihrem Design bei der **Forth Rail Bridge** zum Zug, der unter Sicherheitsaspekten alles aufbot, um die Öffentlichkeit zu beruhigen: 51 000 Tonnen Stahl und 3,5 Mio. Pfund waren für die 2,5 km lange Brücke nötig, die mit ihren drei Bögen zu einem Wahrzeichen viktorianischer Schaffenskraft wurde. Züge, welche die Brücke passieren, wirken fast wie Spielzeugschachteln angesichts des wuchtigen Designs. Allerdings forderte der Brückenbau einen hohen menschlichen Preis, denn 57 der 4600 Arbeiter starben auf der Baustelle.

1964 folgte dann die **Forth Road Bridge**, die als eine der damals längsten Hängebrücken der Welt geradezu über dem Wasser zu schweben scheint. Leider ist sie nicht so haltbar wie die Bahnbrücke. Aufgrund struktureller Schäden soll sie in den nächsten Jahren durch eine neue, milliardenteure Straßenbrücke komplett ersetzt werden.

In South Queensferry selbst lohnt ein Bummel durch die alte High Street sowie ein Besuch des **Queensferry Museum**, 53 High Street, ☎ 0131-3315545, 🖥 www.edinburgh.gov.uk/museums, das sich u. a. dem Brückenbau sowie dem kuriosen Ritual des Burry Man widmet. Jeden zweiten Freitag im August wird ein Einheimischer vollständig mit Kletten eingekleidet und ab 9 Uhr morgens durch den Ort geführt. Manche sehen in dem archaischen Umzug ein Fruchtbarkeitsritual, aber letztlich liegen die Wurzeln im Dunkeln. ⏰ Mo, Do–Sa 10–13, 14.15–17, So 12–17 Uhr, Eintritt frei. Anfahrt mit Bus X4, X43, 43 (First) bis „The Loan".

Hopetoun House

Rund 3 km westlich von South Queensferry gelangt man über eine sehr lange Zufahrt durch eine waldige Parklandschaft zu einem der imposantesten Herrenhäuser Schottlands. Vom zentralen Haus führen zu beiden Seiten Arkaden-

gänge zu zwei seitlichen Pavillons, sodass sich Betrachter auf den ersten Blick vor einem dreiflügeligen Schloss wähnen. Hopetoun House, ☎ 0131-3312451, 🖥 www.hopetounhouse.com, gehört dem Marquess of Linlithgow und seinem Sohn, dem Earl of Hopetoun. Ihren beinahe unbegrenzten Reichtum häuften die Hopes im 17. Jh. durch sehr ertragreiche Bleiminen an.

Um diesen Wohlstand angemessen zu dokumentieren, beauftragte der erste Earl, Charles Hope, 1699 niemand Geringeren als den ehemaligen Hofarchitekten von Charles II., Sir William Bruce, der schon Holyrood glanzvoll erweitert hatte. Doch schon 20 Jahre später wurde dem Earl der Landsitz zu klein. Nun wandte er sich an den Stararchitekten William Adam, der Hopetoun beträchtlich erweiterte. Der Ausbau zog sich von 1721 bis 1767 hin und wurde schließlich von Adams Söhnen John und Robert vollendet. Dabei wurde die Rückseite von Bruces Haus beibehalten.

John Adam sind die großartigen „Staatsräume" zu verdanken. Der gelbe und der rote Salon

Edinburgh und die Lothians

Schiffstour nach Inchcolm

Vom Hawes Pier erkundet die **Maid of the Forth**, ☎ 0131-3315000, 🖥 www.maidoftheforth.co.uk, regelmäßig die Inselwelt des Firth of Forth. Ein lohnendes Ziel sind die dreistündigen Touren zur ehemaligen **Abtei von Inchcolm**. Die Abtei geht auf Alexander I. (1107–24) zurück, der sich damit angeblich für die Rettung aus Seenot durch einen Einsiedler auf dem Eiland bedankte. 1560 wurde die Abtei aufgelöst, und seit der napoleonischen Zeit wurde die Insel immer wieder als Militärstützpunkt für die Verteidigung des Forth eingesetzt. Sehr schön erhalten sind das achteckige Kapitelhaus aus dem 13. Jh. sowie der Kreuzgang aus dem 15./16. Jh. Eine kleine Ausstellung von Historic Scotland erläutert die Geschichte der Abtei. Ein Café gibt es allerdings nicht, sodass man sich für ein Picknick selbst versorgen muss. ⏰ April/Okt Sa–So, Mai/Sep mehrmals wöchentlich, Juni–Aug tgl., Eintritt (inkl. Insellandung) 14,70 £, erm. 12,70/5,85 £ (ohne Insellandung 10 £, erm. 9/3,50 £).

sind wahre Kunstwerke, insbesondere die Stuckdecke im roten Salon. Gemälde von Raeburn, Ramsay und Gainsborough sowie Porzellan aus Meissen zeigen, dass hier an nichts gespart wurde. Der Speisesaal wurde 1822 sogar mit königlichem Besuch beehrt, denn George IV. ließ es sich nicht nehmen, von Edinburgh eigens „für eine Suppe und drei Glas Wein" nach Hopetoun rauszufahren. Die Nähe zum Königshaus zahlte sich auch langfristig aus. Der 2. Marquis war von 1936–43 einer der letzten britischen Vizekönige in Indien.

Ein Besuch im herrlichen Tearoom in den ehemaligen Stallungen, im Ballroom im gegenüberliegenden Flügel sowie ein Spaziergang durch den weitläufigen Park runden das Vergnügen ab. Leider gibt es keine direkte Anbindung an den öffentlichen Nahverkehr. ⊙ Ostern–Sep tgl. 10.30–17 Uhr, Eintritt 8 £, erm. 7/4,25 £.

Übernachtung

Edinburgh ist mit zahlreichen Unterkünften, auch und gerade im Hostel-Bereich, gesegnet. Praktischerweise liegen die allermeisten **Hostels** in der City rund um die Royal Mile und laufen damit selbst den meisten Nobelhotels in puncto Lage eindeutig den Rang ab.
B&Bs verteilen sich rund um die Innenstadt und konzentrieren sich oftmals auf bestimmte Straßenzüge, was die Spontansuche erleichtert. Wenn die gewünschte Adresse belegt ist, kann man sein Glück oft bei Nachbaradressen versuchen.

Für längere Aufenthalte stehen in Edinburgh auch kleinere **Apartments** und größer Wohnungen zur Verfügung, die für Selbstversorger eine günstige Alternative darstellen können. Natürlich bietet die schottische Hauptstadt im **Luxusbereich** ebenfalls ein breites Angebot. Nur für **Camper** sieht es nicht so günstig aus, weil die beiden Campingplätze weit draußen am Stadtrand liegen.
Trotz des vergleichsweise großen Bettenangebots gibt es Stoßzeiten, zu denen ohne eine rechtzeitige **Reservierung** nichts geht. Dazu zählen der Festivalmonat von August bis Anfang September sowie Silvester, das mit seiner großen Hogmanay-Party Tausende vor allem junge Leute anlockt. Außerdem werden z. T. heftige Zuschläge von bis zu 100 % für diese Spitzenzeiten erhoben.
An Wochenenden sind die Hostels schnell ausgebucht, weil viele partyfreudige Studis aus anderen Teilen des Landes nach Edinburgh strömen, um das Nightlife zu genießen.

Untere Preisklasse

Brodies Hostels, 93 High Street, ✆ 0131-556223, 🖥 www.brodieshostels.co.uk. Bis zu 130 Leute können mitten auf der Royal Mile unweit des John Knox House übernachten, Doppelzimmer stehen ebenfalls zur Verfügung. Außerhalb der Festivalsaison sehr günstig. Dorm-Bett ab 9,50 £. ❶

€ **Castle Rock Hostel**, 15 Johnston Terrace, ✆ 0131-2259666, 🖥 www.castlerock edinburgh.com. Eine Filiale von Scotland's Top Hostels mit Top-Lage unterhalb der Burg; einige Schlafsäle haben wunderbaren Blick über Grassmarket nach Süden, insgesamt 200 Betten; vielleicht das stimmungsvollste Hostel in der Old Town. Im Castle Rock geht oft die Party ab. Dorm-Bett ab 8–12 £ (je nach Saison).

Cowgate Tourist Hostel, 94-112 Cowgate, ✆ 0131-2262153, 🖥 www.cowgatehostel.com. Da im tiefen Tal gelegen eher dunkel und z. T. recht schlicht; aber sehr freundliche Herberge, locker und vor allem günstig; über mehrere Eingänge und Wohnungen verteilt. Dorm-Bett ab 6,50–9 £ (je nach Saison). ❶–❷

€ **Edinburgh Central Youth Hostel**, 9 Haddington Place (Leith Walk), ✆ 0131-5242090, 🖥 www.hostellingscotland. com. Offizielle SYHA-Herberge am Rande der New Town Richtung Leith. Mit fast 300 Betten ist die moderne Stadtherberge eine der größten in Schottland. Hell und freundlich, mit allen modernen Annehmlichkeiten ausgerüstet. Dazu gehören Computer mit Internetzugang, ein Café und ein Reisebüro, um Touren durch Schottland zu buchen. Große Schlafsäle sind out, dafür viele Doppel- und Einzelzimmer, auch behindertenfreundlich. Dorm-Bett ab 17,50 £. ❷
Edinburgh Metro Youth Hostel, 11/2 Robertson's Close (Cowgate), ✆ 0131-5568718, 🖥 www. hostellingscotland.com. Sommerherberge des SYHA (nur Juli–Aug) in einem Studentenwohnheim im Partybezirk am Cowgate.

200 Betten in Einzelzimmern für Selbstversorger; preislich im oberen Bereich für Hostels. Bett ab 24,50 £.

High Street Hostel, 8-18 Blackfriars Street, ✆ 0131-5573984, 🖥 www.highstreethostel.com. Der sehr lebendige Oldie unter den Hostels liegt seit 1985 in einer ruhigen Seitengasse der High Street. Gehört zu Scotland's Top Hostels, der größten Hostelkette in Schottland, und bietet über MacBackpackers (s. Kasten S. 66) komplette Schottlandtouren an. Viele partywillige Australier. Das Haus aus dem 16. Jh. gehörte ursprünglich dem Earl of Morton, der an der Ermordung von Maria Stuarts Privatsekretär David Rizzio beteiligt war und 1581 auf der „Maiden"-Guillotine starb, die er selbst nach Schottland gebracht hatte ... Dorm-Bett ab 10–13,50 £ (je nach Saison). ❷

Mortonhall Caravan & Camping Park, 38 Mortonhall Gate, Frogston Road East, ✆ 0131-6641533, 🖥 www.meadowhead.co.uk. Weit draußen im Süden, dafür gut ausgestattet und in schöner Parklandschaft; günstig für An- und Weiterreise in Nähe der Ring Road. ❶

Smart City Hostel, 50 Blackfriars Street, ✆ 0131-5241989, 🖥 www.smartcityhostels.com. Große moderne Herberge, die mehr einem Jugendhotel ähnelt. Die Preise können stark schwanken, von sehr günstigen Schlafsälen bis zu teureren Doppelzimmern. An Wochenenden zumeist generell teurer. Dorm-Bett ab 10 £. ❷

Mittlere Preisklasse

Abbotsford Guest House, 36 Pilrig Street, ✆ 0131-5542706, 🖥 www.abbotsfordguesthouse.co.uk. In der B&B-Meile unweit des Leith Walk eine sehr angenehme Adresse. 8 Zimmer in einem schönen Haus mit einem großen Erkerfenster. Besitzerin Paola Crolla wurde bereits zu Recht für ihre Gastfreundlichkeit prämiert. ❸

Afton Guest House, 1 Hartington Gardens, ✆ 0131-2291019, 🖥 www.aftonguesthouse.co.uk. An der Ecke zu einer sehr ruhigen Wohnstraße werden die 7 Zimmer von den Lockharts vermietet. Nr. 5 ist ein geschmackvolles Familienzimmer, Nr. 6 und 7 sind Einzelzimmer. Es gibt zwar keinen eigenen Parkplatz, dafür

Komfort im eigenen Apartment

Wer mindestens einige Nächte in Edinburgh bleibt und etwas mehr Privatsphäre sucht, sollte erwägen, ein Ferienapartment zu mieten. Mit ein bis zwei Schlafzimmern, einem Wohnzimmer, Küche, Bad und oft auch Waschmaschine sind moderne Wohnungen mit allem Komfort ausgestattet, den man sich wünschen kann. Oftmals ist die Lage sogar günstiger als bei den eher außerhalb gelegenen B&Bs, und auch die Preise können sich im Vergleich meist sehen lassen. VisitScotland kann auch hier bei der Suche behilflich sein.

Hier zwei empfehlenswerte Adressen bzw. Vermieter:

Edinburgh Apartments City Central, ✆ 01875-814006, 🖥 www.edinburghapartmentscitycentral.co.uk. Ian Anderson vermietet 3 sympathische und mit allem Komfort ausgestattete Apartments, davon eines im Abbeyhill Crescent in unmittelbarer Nähe von Holyrood, ein weiteres am Eyre Crescent in der nördlichen New Town. 3 Nächte sind Minimum, dafür erhält man sehr gute Qualität und günstige Preise. ❷

Dunbars Close, Canongate, ✆ 07879-4088000, 🖥 www.dunbarsclose.co.uk. Die Besitzerin des Always Sunday, Mary Macdonald, vermietet am unteren Ende der Royal Mile ein modern, geschmackvoll und hell eingerichtetes Apartment für 2–4 Personen. Eine attraktive Adresse für Selbstversorger; 2–3 Nächte Minimum. ❸–❹

füttern die Gastgeber manchmal selbst den Parkautomaten. ❸

Albyn Townhouse, 16 Hartington Gardens, ✆ 0131-2296459, 🖥 www.albyntownhouse.co.uk. Am Ende derselben Gasse ist das Townhouse eine sehr gute und ruhige Adresse. 10 Zimmer werden von Lydie und David seit 2007 mit viel Elan angeboten. Die 3 Familienzimmer sind entsprechend größer. Einen eigenen Parkplatz vorher reservieren. ❸

Ardenlee Guest House, 9 Eyre Place, ✆ 0131-5562838, 🖥 www.ardenlee.co.uk. Im „modernen" Teil der New Town 9 freundliche Zimmer auf 3-Sterne-Niveau. Nach hinten viele Gärten und zwei sehr schmale Parkplätze (vorher reservieren). Das Eyre Guest House in der Nr. 5 und ein Apartment in der Nr. 3 gehören zum weiteren Angebot. Nicht alle Zimmer haben ein eigenes Bad/WC. ❷–❹

Ardmor Guest House, 74 Pilrig Street, ☏ 0131-5544944, 🖥 www.ardmorhouse.com. Einige Eingänge weiter vom Abbotsford komfortable Pension mit 5 modern eingerichteten Zimmern. Mit Bus 11 ist die Innenstadt problemlos zu erreichen. Das ausgiebige Frühstück schafft eine gute Grundlage. Schnell ausgebucht, da sich der gute Ruf herumgesprochen hat; schwulenfreundlich. ❸–❹

Balmore House, 34 Gilmore Place, ☏ 0131-2211331, 🖥 www.balmore-holidays.co.uk. In der Nähe des Theaterviertels hinterlässt das helle Balmore einen sehr gepflegten Eindruck. Auf drei Häuser sind 21 Zimmer verteilt, Parken kostet 6 £ am Tag. In der B&B-Reihe eindeutig die beste Adresse. ❷–❹

Glenalmond House, 25 Mayfield Gardens, ☏ 0131-6682392, 🖥 www.glenalmondhouse. com. Die Zimmer sind sehr unterschiedlich in dieser komfortablen 4-Sterne-Herberge, auch Familien- und De-Luxe-Zimmer. Das ansprechende Glenalmond liegt an der Hauptausfallstraße nach Süden. In der Hochsaison 2–3 Nächte Minimum, im Winter Preisnachlässe. ❷–❹

Hanover House Hotel, 26 Windsor Street, ☏ 0131-5561325, 🖥 www.hanoverhousehotel. co.uk. Elegantes georgianisches Reihenhaus in einer schicken Gasse, die vom berühmten Architekten William Playfair in den 1820er-Jahren entworfen wurde; 6 Zimmer, z. T. recht klein, aber sauber und stilvoll. Über dem Treppenhaus sogar eine kleine Kuppel; auch ein Familienzimmer. ❷

Hawes Inn, 7 Newhalls Road, South Queensferry, ☏ 0131-3311990, 🖥 www.innkeepers lodge.com. Das traditionsreiche Inn von 1632 am alten Fähranleger hat dank Stevenson auch literarischen Ruhm erlangt. Die 15 Zimmer bieten sich an, wenn man nicht in der Stadt selbst übernachten, sondern lieber den Forth und den historischen Vorort genießen möchte. ❷–❸

Ibis Edinburgh Centre, 6 Hunter Square, ☏ 0131-2407000, 🖥 www.ibishotel.com.

In puncto Lage im Zentrum der Royal Mile kaum zu übertreffen. Verlässliche Qualität der internationalen Hotelkette. ❸–❹

Kingsley Guest House, 30 Craigmillar Park, ☏ 0131-6678439, 🖥 www.kingsleyguesthouse. co.uk. Trotz der Hauptausfallstraße nach Süden ist die Gegend als solche recht ruhig, und die Busverbindungen in die City sind bestens. Lyn Redmayne vermietet 5 Zimmer in dem ansprechenden Reihenhaus, die nur im August etwas teurer werden. ❷–❸

Thrums Hotel, 14/15 Minto Street, ☏ 0131-6675545, 🖥 www.thrumshotel.com. Das sympathische Thrums verteilt sich auf zwei Häuser, von denen eines im alten Stil mit Gemälden im Treppenhaus und Stuckdecken gestaltet ist. Insgesamt 19 Zimmer, die z. T. sehr geräumig sind; an der Hauptausfallstraße nach Süden – viele weitere Pensionen in der Nachbarschaft. ❷–❸

Obere Preisklasse

Best Western Bruntsfield Hotel, 69 Bruntsfield Place, ☏ 0131-2291393, 🖥 www.thebruntsfield. co.uk. Am Bruntsfield Links Park gelegenes stattliches viktorianisches Hotel mit 67 Zimmern, das vom Stil eher in ein Hochlandstädtchen passt. ❸–❻

Malmaison, 1 Tower Place, Leith, ☏ 0131-4685000, 🖥 www.malmaison.com. In der alten Seemannsmission von Leith ein zeitgenössisches Nobelhotel mit gehobenem Ambiente. Dazu passend liegen die Sterne-Restaurants der Hauptstadt gleich um die Ecke. Nur zur Innenstadt dauert es etwas länger. ❸–❺

Orocco Pier, 17 The High Street, South Queensferry, ☏ 0870-1181664, 🖥 www.oroccopier. co.uk. Das Café (siehe Essen) hat auch schicke Zimmer. ❹–❺

Ramada Edinburgh Mount Royal, 53 Princes Street, ☏ 0844-8159017, 🖥 www.ramadajarvis. co.uk/edinburgh. Die Lage des Hotels ist hervorragend. Wenn schon, dann eines der 158 Zimmer in den oberen Stockwerken mit ungehindertem Blick auf die Altstadt reservieren. ❸–❺

The Balmoral, 1 Princes Street, ☏ 0131-5562414, 🖥 www.roccofortecollection.com. Luxuriöses Traditionshotel oberhalb der Waverley Station.

Für die Präsidentensuite kann man bis zu 1650 £ ausgeben, J. K. Rowling schrieb in Zimmer 652 das letzte Kapitel von *Harry Potter* – Übernachten mit Stil. ❻

Essen

Wenn es um kulinarische Genüsse geht, ist Edinburgh in Schottland eindeutig federführend. Nirgends ist die Küche so international und nirgends sind so viele Sterneköche aktiv wie in der Hauptstadt. Andererseits sorgt die Uni dafür, dass auch viele günstige Cafés und leckere vegetarische Alternativen zur Verfügung stehen.

Sehr populär ist der Besuch in einem der indischen Restaurants, die in Schottland mit ihrer abwechslungsreichen Küche einen wichtigen Stellenwert einnehmen. Selbstverständlich gibt es auch klassische schottische Gerichte von Fish 'n' Chips bis zu Haggis sowie exzellente Meeresfrüchte.

Royal Mile
Karte S. 110

Bene's Fish&Chips, 162 Canongate, ✆ 0131-5571092. Bei Bene's brutzeln Fisch und Fritten im Öl. Hier gibt es auch die Klassiker der britischen Imbissbuden, von Haggis und Black Pudding über Steak Pie bis zu Pork Sausage. Schon die Prinzen William und Harry sollen hier dem Palastessen von Holyrood entflohen sein. ◷ mittags Mo–Fr 12–14 Uhr, abends So–Do 16.30–24, Fr–Sa 16.30–2 Uhr.

Cafe Truva Royal, 251-253 Canongate, ✆ 0131-5569524, ⌨ www.cafetruva.piczo.com. Unter den Arkaden sitzt es sich sehr gemütlich an der Royal Mile, während drinnen bunte Deko das Bild bestimmt. Bei Kerzenschimmer werden vor allem türkisch-mediterrane Spezialitäten serviert – Besitzer Erdogan Bayraktar stammt aus Istanbul und betreibt in Leith eine sehr nette Filiale am Shore (s. S. 146). Nur die hausgemachten türkischen Süßigkeiten sind vielleicht etwas überteuert. ◷ tgl. 8.45–20 Uhr.

Clarinda's Tearoom, 69 Canongate, ✆ 0131-5571888. Dezent und altmodisch eingerichtet, süße Backwaren und Tee im Überfluss – das Clarinda's erfüllt alle Kriterien eines traditionellen Tearooms. Hier scheint die Zeit stehengeblieben zu sein. Schon der Name erinnert an die Muse von Robert Burns, der er ein Liebesgedicht widmete (s. auch S. 117). ◷ Mo–Sa 8.30–16.45, So 10–16.45 Uhr.

Creelers, 3 Hunter Square, ✆ 0131-2204447, ⌨ www.creelers.co.uk. Tim und Fran James haben ihr Restaurant-Konzept erfolgreich von der Isle of Arran in die Altstadt von Edinburgh übertragen. Verlässliche Qualität und Frische bei den Meeresfrüchten und Fischgerichten, ergänzt durch schottische Fleischspezialitäten sind die Markenzeichen des hellen, freundlichen Restaurants. Lunch ist hier wesentlich günstiger. ◷ Mo–Sa 12–14.30, 17.30–23, So 13–15, 18–23 Uhr.

David Bann, 56-58 St Mary's Street, ✆ 0131-5565888, ⌨ www.davidbann.com. Dass anspruchsvolles vegetarisches Essen längst die alternative Studentenecke verlassen hat, demonstriert dieses gediegene Lokal mit seiner minimalistisch schicken Einrichtung. Auf der Speisekarte stehen auch sehr leckere vegane Spezialitäten – David Bann wurde für sein ideenreiches fleischloses Essen schon zu Recht von der Vegetarian Society prämiert. ◷ Mo–Fr 12–23, Sa–So 11–23 Uhr.

Ecco Vino, 19 Cockburn Street, ✆ 0131-2251441, ⌨ www.eccovinoedinburgh.com. Recht kleine, unaufdringliche Weinbar. Zur ausführlichen Weinkarte, die neben vielen italienischen Rebensäften auch eine gute internationale Auswahl beinhaltet, werden vor allem italienische Antipasti, Serranoschinken, Polenta sowie

🛈 Nicht nur für Sonntage

Always Sunday, 170 High Street, ✆ 0131-6220667, ⌨ www.alwayssunday.co.uk. Ein Lichtblick an der Royal Mile, denn das helle Café wartet mit freundlichem Service, leckeren vegetarischen Salaten, Kuchen und Snacks sowie einer großen Fensterfront auf, die den Blick auf das quirlige Treiben im Herzen der Old Town freigibt. Im Always Sunday kann man sich richtig wohlfühlen und gesund essen und trinken. Besitzerin Mary Macdonald ist zu beglückwünschen! ◷ Sep–Juli Mo–Fr 8–18, Sa–So 9–18, Aug. Mo–Fr 8–22, Sa–So 9–22 Uhr.

Spaghetti angeboten. Viele Weine werden auch offen im Glas oder in der Karaffe serviert. Das alles geht preislich voll in Ordnung – in Edinburgh sind Weinbars noch immer eher eine Seltenheit. ⏲ Mo–Do 12–22, Fr–So 12–23 Uhr.

Hanam's, 3 Johnston Terrace, ✆ 0131-2251329, 🖥 www.hanams.com. Sehr gute kurdische Küche am Aufgang zur Burg und mit Terrasse oberhalb der Victoria Street. Von Falafel über Weinblätter und Humus bis zu kurdischem Tee und Wasserpfeife passt hier alles. Der Service und das Ambiente sind freundlich – Alkohol kann man sich selbst mitbringen. ⏲ tgl. 12–23 Uhr.

Iggs & Barioja, 15-19 Jeffrey Street, ✆ 0131-5578184, 🖥 www.iggs.co.uk. Eine ansprechende Mischung aus spanischer Tapas-Bar und Restaurant. Neben Empanadas und Chorizo gibt es auch drei Sorten Paella sowie schottische Gerichte (Aberdeen Angus, Lamm etc.) auf der Speisekarte. Sehr lockere Stimmung. Von den Tischen draußen Blick auf Calton Hill. ⏲ Tapas-Bar tgl. 11–23 Uhr, Restaurant Mo–Sa 11–15, 19–23 Uhr.

€ The Baked Potato Shop, 56 Cockburn Street, ✆ 0131-2257572. Der Oldie an der Royal Mile versorgt schon seit mehr als 20 Jahren in einem winzigen Laden das zumeist junge Publikum mit Baked Potatoes, die mit leckeren vegetarischen bzw. veganen Füllungen angeboten werden. Das schmeckt und macht satt – allerdings nur zum Mitnehmen, da keine Sitzplätze. ⏲ tgl. 9–21 Uhr.

Tolbooth Tavern, 167 Canongate, ✆ 0131-5565348. Die Taverne im alten Tolbooth von Canongate ist mit Sicherheit keine aufgemotzte Adresse – hier geben noch die Einheimischen den Ton an. Für Edinburgh sind die großen Portionen des soliden *pub grub* erstaunlich günstig. ⏲ Küche 12–19 Uhr.

Wedgwood, 267 Canongate, ✆ 0131-5588737, 🖥 www.wedgwoodtherestaurant.co.uk. Sehr elegantes kleines Restaurant, das großen Wert auf schottische Produkte und eine geradezu intime Atmosphäre legt. Die Fischkarte ist sehr exquisit und die Preise sind dementsprechend höher als im Schnitt, mittags gibt es aber vergleichsweise günstige Menüs. ⏲ Küche 12–14.30, 18–22 Uhr.

Grassmarket und South Side

Sofern nicht anders angegeben, finden sich alle Lokale auf der Karte S. 110

Black Medicine Café, 2 Nicolson Street, ✆ 0131-6227209. Tagsüber voller Studis, die sich die „schwarze Medizin" in unterschiedlicher Dosis bestellen. Darüber gab es früher übrigens ein weiteres Café, in dem J. K. Rowling an ihrem Zauberlehrling schrieb – eine Plakette draußen erinnert daran. Der Laden wirkt fast wie ein Pub. ⏲ Mo–Sa 8–20, So 9–20 Uhr. Karte S. 126.

Kalpna, 2-3 St Patrick Square, ✆ 0131-6679890, 🖥 www.kalpnarestaurant.com. In Sachen abwechslungsreiches vegetarisches Essen vom indischen Subkontinent ist das Kalpna seit den 1980er-Jahren eine Institution. Damals war Eigentümer und Koch Ajay Bhartdwaj noch ein Vorreiter, heute gehören fleischlose Gerichte in Edinburgh zum Mainstream. Besonders das mittägliche Buffet ist ein guter Deal. ⏲ Mo–Sa 12–14, 17.30–22.30, Mai–Sep auch So 17.30–22.30 Uhr. Karte S. 126.

Petit Paris, 38-40 Grassmarket, ✆ 0131-2262442, 🖥 www.petit-restaurant.co.uk. Im Land der *Auld Alliance* mit Frankreich ist ein kulinarischer Ausflug in die französische Küche wenig überraschend. Im einfachen Landhausstil kommt das freundliche unaufdringliche Restaurant am sonst eher lautstarken Grassmarket daher, mittags und am frühen Abend besonders günstige Menüs. ⏲ Küche April–Sep tgl. 12–15, 17.30–22, Okt–März Di–So 12–15, 17.30–22 Uhr.

€ Red Fort, 10 Drummond Street, ✆ 0131-5571999, 🖥 www.redfortedinburgh.co.uk. Mittags ist es oft rappelvoll, wenn die Studenten sich für das günstige indische Buffet anstellen. Ein Softdrink sowie Kaffee, Tee oder Eis sind inklusive, und Studis bekommen Ermäßigung. Bei großem Andrang kann es mit dem Service schon mal etwas länger dauern, aber die Qualität und die Vielfalt des Essens sind gut und der Preis stimmt allemal. Leckere vegetarische Gerichte sind immer im Angebot. ⏲ tgl. 12–15, 17–23 Uhr.

Susie's Wholefood Diner, 51-53 West Nicolson Street, ✆ 0131-6678729. Sehr beliebtes alternatives vegetarisches Biocafé. Der Laden mag etwas renovierungsbedürftig aussehen, doch die Küche ist gut und Studis wie Unidozenten stehen mittags Schlange an der Selbstbedienungstheke; auch Bioweine. ⏰ So–Mo 12–20, Di–Sa 12–21 Uhr. Karte S. 126.

The Elephant House, 21 George IV Bridge, ☎ 0131-2205355, 🖥 www.elephanthouse.biz. Eines der gemütlichsten und lebendigsten Cafés in der Innenstadt, auch gutes Essen – *and home of Harry Potter* (s. S. 123). ⏰ tgl. 8–23 Uhr.

Tower Restaurant & Terrace, Chambers Street (National Museum of Scotland), ☎ 0131-2253003, 🖥 www.tower-restaurant.com. Im 5. Stock des Nationalmuseums werden das elegante Ambiente und die auf regionale schottische Produkte spezialisierte Küche – z. B. Austern, Lamm und Rindfleisch aus den Borders – vom grandiosen Blick auf das Castle untermalt. Mittags günstige 2-Gänge-Menüs, abends wird man durch das geschlossene Museum separat zum exklusiven Dinner eingelassen. Eine der besten Adressen der Stadt. ⏰ tgl. 12–23 Uhr.

New Town
Karte S. 126

Glass & Thompson, 2 Dundas Street, ☎ 0131-5570909. Angesagtes Café in beliebtem Feinkostladen am Anfang der Galerienmeile. Beim Rundgang durch die Galerien oder die nördliche New Town ein entspannender Zwischenstopp. Neben Kaffee und traumhaftem Kuchen auch Leckereien wie Salami-Platte, Isle of Mull Cheddar oder Salate und Falafel. ⏰ Mo–Sa 8–18, So 10.30–16.30 Uhr.

L'Artichaut, 14 Eyre Place, ☎ 0131-5581608, 🖥 www.lartichaut.co.uk. In den vegetarischen Restaurants der Hauptstadt dürften selbst überzeugte Fleischesser zufrieden das Lokal verlassen. In der „Artischocke" wechselt die kreative Speisekarte mit den Jahreszeiten, und es wird viel Bio auf den Tisch gebracht. Das gilt auch für die Weine. Das helle Bistro ist eine sehr einladende Adresse in der nördlichen New Town. Die Preise liegen im etwas höheren mittleren Segment. ⏰ Küche Di–Sa 12–14, 18–21, So 12.30–20 Uhr.

Mussel Inn, 61-65 Rose Street, ☎ 0131-2255979, 🖥 www.mussel-inn.com. Der Name verrät es schon: Hier dreht sich alles um (Jakobs-) Muscheln, Austern und Meeresfrüchte. Das Ganze wird sehr lecker zubereitet. Das zentral gelegene Lokal ist oft total überlaufen – eine Reservierung ist vor allem abends sehr wichtig. Für Liebhaber von Meeresfrüchten ein guter Fang. ⏰ Küche Mo–Do 12–15, 17.30–22, Fr–Sa 12–22, So 12.30–22 Uhr.

Mamma Roma, 4-5 Antigua Street (Leith Walk), ☎ 0131-5581628, 🖥 www.mamma-roma.net. Traditioneller Italiener mit bodenständiger Küche – von klassischen Nudelgerichten über große Pizzen bis zu Fleischspezialitäten. Auch die Preise sind okay, vor allem die dreigängigen Mittagsmenüs sind sehr günstig.

 Vegetarische Leckereien und Kulturgenuss

Henderson's, 94 Hanover Street/Thistle Street, ☎ 0131-2252131, 🖥 www.hendersonsofedinburgh.co.uk. Das Henderson's ist eine Institution in Edinburgh, denn schon 1962 gründeten Janet und Mac Henderson das erste vegetarische Restaurant in Schottland, um die frischen Produkte ihres Bauernhofs in East Lothian besser vermarkten zu können. Die Idee kam an, das Unternehmen wuchs, und mittlerweile gehört den Hendersons der halbe Häuserblock mit dem rustikalen Salad Table als Selbstbedienungsladen und dem etwas gehobeneren Bistro um die Ecke in der Thistle Street. Dazu kommen noch eine Bäckerei und ein Feinkostladen. Das Besondere sind die Kulturangebote: Im Salad Table wird abends oft Livemusik geboten (z. B. Jazz), und auf der Rückseite des Häuserkomplexes zeigt The Henderson Gallery in regelmäßigen Wechselausstellungen moderne Kunst. Mittlerweile führt Sohn Peter die Geschäfte, und man darf gespannt sein, welche neue Idee demnächst verwirklicht wird. ⏰ Salad Table Mo–Fr 8–19, Sa 10–18 Uhr; Bistro Küche Mo–Mi 12–20.30, Do–Sa 12–21.30, So 12–20.30 Uhr (☎ 0131-2252605); Gallery Sep–Juli Di–Sa 11–18, Aug tgl. 10–18 Uhr, Eintritt frei.

Edinburgh und die Lothians

The Café Royal, 19 West Register Street, ℘ 0131-5561884, 🖥 www.caferoyal.org.uk. In diesem viktorianischen Pub-Restaurant ist schon die fantastische Inneneinrichtung ein Hingucker: Die Wandfliesen zeigen diverse Erfinder (darunter James Watt), weil sie 1886 für die Edinburgh International Exhibition entworfen wurden. Wer sich sattgesehen hat, sollte sich der nicht minder interessanten Speisekarte zuwenden: Austern, Muscheln, die *seafood platter* sowie die Fischsuppe Cullen Skink mit geräuchertem Arbroath Smokie gehören zu den Markenzeichen. Natürlich sind aber auch fleischhaltige Klassiker im Angebot. Die Wahl zwischen Pub und Restaurant fällt allerdings schwer – das immer wieder prämierte Royal lohnt auf jeden Fall einen Besuch! ⏲ Küche: Pub Mo–Do 11–24, Fr–Sa 11–1, So 12.30–24 Uhr, Restaurant tgl. 12–14.30, 17–21.30 Uhr.

Am nettesten ist die Stimmung im oberen Teil des Restaurants. ⏲ tgl. 12–14.30, 17–24 Uhr.

Pierre Victoire, 18 Eyre Place, ℘ 0131-5560006, 🖥 www.pierrelevicky.co.uk. Pierre Levicky hat etwas kulinarischen Glanz in die von Touristen eher selten aufgesuchte nördliche Neustadt gebracht. Mit seiner leichten, französisch-kontinental orientierten Küche liegt er ganz im Trend der Zeit, und preislich ist er für die Qualität der Speisen ziemlich günstig. Der umtriebige Levicky hat schon eine außerordentliche Geschäftskarriere hinter sich und wartet immer wieder mit neuen Ideen auf. Sehr günstig sind die „Complets"-Angebote mit Tapas-Vorspeise, Salat und Kaffee inkl. ⏲ tgl. 12–22 Uhr.

Oloroso, 32 Castle Street, ℘ 0131-2267614, 🖥 www.oloroso.co.uk. Die Reichen und Schönen treffen sich gerne in dem postmodern angehauchten Restaurant mit Glasfront und Terrasse. Von dort fällt der Blick auf das Castle und schweift hinüber nach Fife – das perfekte Setting für ein anspruchsvolles Essen in elegantem Ambiente. ⏲ Küche Mo–Sa 12–14.15, 19–22.15, So 12–14.15, 19–21.30 Uhr.

The Dome, 14 George Street, ℘ 0131-6248634, 🖥 www.thedomeedinburgh.com. Café und nobles Restaurant, s. S. 132.

🔶 **Urbanangel**, 1 Forth Street, ℘ 0131-5566323, 🖥 www.urban-angel.co.uk. Das große helle, wenn auch minimalistisch eingerichtete Café ist der richtige Ort, wenn man Wert auf biologisch hergestellte und fair gehandelte Produkte und Speisen legt. Viele Gerichte sind vegetarisch, aber es stehen auch zahlreiche fleisch- und fischhaltige Speisen auf der Karte oder an der schwarzen Tafel. Morgens gibt es Frühstück, während nachmittags auch Kuchen gereicht wird. Sehr lecker ist z. B. die Polenta mit Rucola und Tomaten. ⏲ Mo–Sa 9–20, So 9–17 Uhr.

Valvona & Crolla, 19 Elm Row (Leith Walk), ℘ 0131-5566066, 🖥 www.valvonacrolla.co.uk. Das italienische Restaurantcafé ist eine Institution in der Gastroszene in Edinburgh und zugleich ein renommierter Feinkostladen, der von Käse über Gemüse, Marmeladen, Brot bis zu italienischen Weinen ein gehobenes Sortiment bereithält. Im Café, das sich im hinteren Teil befindet, wird von Frühstück über Lunch bis zu Kaffee und Kuchen ein schmackhaftes Angebot serviert. Im August finden bei Valvona & Crolla zudem Festivalevents statt. Filiale im Kaufhaus Jenners (s. S. 153). ⏲ Mo–Do 8.30–17.30, Fr–Sa 8.30–18, So 10.30–15.30 Uhr.

Leith

Karte S. 136

Cafe Truva, 77 Shore, ℘ 0131-5545502, 🖥 www.cafetruva.com. Hinter dem großen Fenster verbirgt sich ein gemütliches Café, das mit türkisch-mediterranen Speisen aufwartet. Oder man trinkt einfach nur eine Tasse Kaffee und stellt sich dabei vor, wie der Hafenkai in früheren Tagen für Edinburgh das Tor zur Welt war. ⏲ tgl. 9–18.30 Uhr.

Loch Fyne Restaurant, 25 Pier Place (Newhaven), ℘ 0131-5593900, 🖥 www.lochfyne.com. Dem alten Fischmarkt von Newhaven hat das lang gestreckte Restaurant mit angeschlossenem Fischladen neues Leben gebracht. Hochklassige Fischgerichte und Meeresfrüchte zu schönem Hafen- und Forth-Blick. Loch Fyne ist inzwischen eine landesweite Restaurantkette, die Anfänge liegen jedoch in der berühmten Loch Fyne Oyster Bar östlich von Inveraray (s. S. 524). ⏱ tgl. 12–23 Uhr.

🏠 **Relish**, 6 Commercial Street, ☎ 0131-4761920. Eigentlich ein gut sortierter Öko-Feinkostladen, in dem an drei Tischen auch Fairtrade-Kaffee und leckere Bio-Kuchen angeboten werden – für einen kleinen gesunden Snack zwischendurch bestens geeignet. ⏱ Mo–Fr 8–20, Sa–So 9–20 Uhr.

The King's Wark, 36 Shore, ☎ 0131-5549260. Angenehmes Restaurant mit kleinem Pub-Bereich an der Ecke zur Bernard Street. Vom sonntäglichen Spätfrühstück über sehr günstige Lunchangebote bis zu den abendlichen Fisch- und Meeresfrüchtespezialitäten wird im King's Wark im Vergleich zu den benachbarten Sterne-Restaurants für wenig Geld bei Kerzenschimmer viel Qualität und Stimmung geboten. Sehr lecker sind die Fischrisottos. Aufgrund des großen Andrangs ist abends eine Reservierung nötig. An dieser Stelle befand sich übrigens schon im 15. Jh. eine königliche Residenz. ⏱ Küche Mo–Sa 12–15, 18–22, So 11–15, 18–22 Uhr.

The Kitchin, 78 Commercial Quay, ☎ 0131-5551755, 🖥 www.thekitchin.com. Tom Kitchin hat sich zu einem sehr öffentlichkeitswirksamen Gourmet-Guru in Schottland entwickelt, dessen Rezepte Kultstatus haben. Getreu seinem Motto „von der Natur auf den Teller" serviert Sterne-Koch Kitchin im Hafen von Leith nach Möglichkeit regionale Produkte und ändert die Speisekarte oftmals täglich, je nach Angebot. Das Gourmet-Vergnügen hat natürlich seinen Preis. ⏱ Küche Di–Do 12.30–13.45, 18.45–22, Fr–Sa 12.30–14, 18.45–22.30 Uhr.

Cramond

Cramond Inn, 34 Cramond Glebe Road, ☎ 0131-3362035. Der Dorfpub an der Forth-Küste ist eine beliebte Ausflugsadresse. Die Kneipe aus dem 18. Jh. und besitzt viel Flair – solides Pubessen ist das Markenzeichen. ⏱ Mo–Fr 11–23, Sa 11–24, So 12.30–23 Uhr.

South Queensferry

Hawes Inn, 7 Newhalls Road, South Queensferry, ☎ 0131-3311990, 🖥 www.innkeeperslodge.com. Im historischen Inn (s. S. 138) wird selbst-

Ein Muss für Seafoodliebhaber

The Ship on the Shore, 24-26 Shore, ☎ 0131-5550409, 🖥 www.theshipontheshore.co.uk. Sehr stimmungsvolles und rustikales Restaurant mit Kerzenschimmer. Hervorragende *seafood platter* mit Austern, Muscheln, Arbroath Smokie u. v. m. Dazu kommen Jakobsmuscheln von den Shetlands und eine große Auswahl an Fisch. Am Wochenende muss man unbedingt reservieren, um einen der begehrten Tische zu ergattern – lohnt unbedingt den Weg nach Leith! ⏱ Küche Mo–Fr 12–15, 17.30–22, Sa–So 12–22 Uhr.

verständlich traditionelles *pub grub* serviert – genau richtig, um sich vor oder nach der Fährfahrt nach Inchcolm ordentlich zu stärken. ⏱ Küche Mo–Sa 12–20, So 12.30–21.30 Uhr.

Orocco Pier, 17 The High Street, South Queensferry, ☎ 0870-1181664, 🖥 www.oroccopier.co.uk. Im alten Ortskern ein postmoderner Farbfleck – vom Café hat man einen grandiosen Blick durch das Panoramafenster auf die Forth Rail Bridge. Während bis zum Nachmittag *(cream tea!)* lockerer Café-Betrieb herrscht, ist abends gehobenes Speisen angesagt; auch schicke Zimmer ❹–❺. ⏱ tgl. 9–1 Uhr.

Unterhaltung und Kultur

Das Unterhaltungs- und Kulturangebot in Edinburgh ist sehr breit gefächert. Theater, Kinos und natürlich die hochkarätigen Festivals sorgen für ein anspruchsvolles und umfassendes Programm. Durch die vielen Studenten und Touristen ist auch das Nachtleben ansehnlich. Was mit einem Pubbesuch beginnt, endet am Wochenende oft in den diversen Clubs, die zumeist Eintritt verlangen. Viele Hostels bieten für ihre Gäste sogenannte *pub crawls*, wobei in lockerer Atmosphäre mehrere Pubs angesteuert werden. So lernt man schnell neue Leute und nette Kneipen kennen. Einige Pubs sind für ihre Livemusik bekannt.

Wichtigste Veranstaltungspublikation ist die Zeitschrift **The List**, 🖥 www.list.co.uk, die auch für Glasgow gültig ist (2,20 £). Im Zweiwochenrhythmus wird über Live-Gigs, die Clubszene, Theatervorstellungen, das Kinoprogramm, Ausstellungen sowie neue Bücher berichtet. Auch eine kleine Sektion zur Schwulen- und Lesbenszene fehlt nicht (die englische Abkürzung lautet LGBT = Lesbian, Gay, Bisexual, Transgender). „Veranstaltungsort" heißt im Englischen übrigens *venue*.

Bars und Pubs

Abbotsford, 3 Rose Street, ☎ 0131-2255276. Traditioneller Pub mit einer schönen Decke rund um die zentrale Thekeninsel. Die schmale Rose Street war ursprünglich für Handwerker und Geschäftsinhaber sowie für die Diener der Herrschaften gedacht. Heute tummelt sich in der Fußgängerzone am Wochenende allerlei Partyvolk.

Beehive Inn, 18-20 Grassmarket, ☎ 0131-2557171, 🖥 www.beehive-edinburgh.com. Freundlicher großer Pub mit Tischen vorne auf dem Grassmarket und einem schönen Biergarten auf der Rückseite. In diesem Pub startet die Edinburgh Literary Pub Tour – der „Bienenkorb" ist aber auch so immer für ein Pint gut.

Blind Poet, 32 West Nicolson Street, ☎ 0131-6674268. Angenehme, dunkle Bar, die bei Studis sehr beliebt ist. Wer mal ein britisches Pub Quiz mitmachen möchte, sollte sonntags kommen, mittwochs gibt es Livemusik.

Cumberland Bar, 1-3 Cumberland Street, ☎ 0131-5583134, 🖥 www.cumberlandbar.com. Sehr freundlicher Nachbarschaftspub und wie das Oxford durch einen Fortsetzungsroman bekannt geworden. Die Hausgemeinschaft aus *44, Scotland Street* von Alexander McCall Smith (s. S. 113) pilgert regelmäßig ins Cumberland,

das über einen lauschigen Biergarten unter einer Weide verfügt. Leider ist draußen um 21 Uhr Feierabend. Die Whiskyauswahl ist groß, und auch die Ales laufen gut die Kehle runter.

Hector's, 47-49 Deanhaugh Street (Stockbridge), ☎ 0131-3431735, 🖥 www.hectorsstockbridge. co.uk. Sehr schöne Bar mit langen Sofas, viel Holz und großen Fenstern Richtung Raeburn Place. Ein guter Platz für ein abendliches Pint oder etwas Leichteres beim Rundgang durch Stockbridge, dazu günstiges Pubessen.

Negociants, 45-47 Lothian Street, ☎ 0131-2256313. Tagsüber ist das Negociants ein freundliches helles Café gegenüber den zentralen Unigebäuden. Die Korbsessel sind gemütlich, ein Computer ermöglicht den Zugang ins Internet. Nachts geht die Party im Keller im Medina Nightclub weiter (s. S. 150).

Oxford Bar, 3 Young Street, ☎ 0131-5397119. Die kleine, unscheinbare Bar in der ruhigen Straße zwischen George und Queen Street ist eine Kultbar in Edinburgh, denn in den Rankin-Krimis ist sie die Stammkneipe von Inspector Rebus. Der Inspector kippt sich hier gerne einen oder zwei *for the road*. Sogar einige der Romannamen hat sich Rankin von den Stammgästen ausgeliehen. Platz gibt es im Oxford kaum, selbst in der etwas größeren Lounge. Trotz aller Publizität hat sich der Pub seine Authenzität erhalten – *cheers!*

Pear Tree, 38 West Nicolson Street, ☎ 0131-6677533. Der große Biergarten im Univiertel ist an schönen Sommerwochenenden immer rappelvoll – auch in Edinburgh sitzt man gerne draußen. Drinnen ist der „Birnbaum" wie ein typischer Pub eingerichtet.

Sheep Heid Inn, 43-45 The Causeway (Duddingston), ☎ 0131-6617974, 🖥 www. sheepheid.co.uk. Ältester noch existierender Pub von Edinburgh: Der „Schafskopf" im malerischen Vorort Duddingston geht auf das Jahr 1360 zurück. Drinnen ist es sehr rustikal wie in einem Antiquariatswohnzimmer. Hinten ist eine viktorianische Kegelbahn (Skittle Alley) von 1882. Der Biergarten ist sehr beliebt, und am Wochenende kommen viele Studis vorbei. Dazu wird traditionelle schottische Küche serviert – ideal, wenn man den Besuch

In Edinburghs Pubs ist abends immer Stimmung, wie hier im Beehive Inn am Grassmarket.

mit einer Wanderung über den Arthur's Seat verbindet (s. S. 121).

The Café Royal, s. Kasten S. 146.

The Guildford Arms, 1 West Register Street, ☎ 0131-5564312. Unweit des Café Royal ein weiterer schöner Pub mit langen Bankreihen an den Wänden. Es wird auch *pub grub* serviert, abends nur auf der oberen Galerie.

The Standing Order, 62-66 George Street, ☎ 0131-2254460, 🖳 www.jdwetherspoon.com. J. D. Wetherspoon hat sich darauf spezialisiert, ehemalige Banken, Kirchen u. Ä. in Pubs für größere Menschenmengen umzuwandeln. In der New Town fiel die Wahl auf das schöne neoklassizistische Gebäude der ehemaligen Union Bank of Scotland. Das Ganze wirkt etwas wie eine große Trinkhalle, doch gibt es auch kleinere Zimmer, wie z. B. den Bibliotheksraum. Zum Feierabend kommen viele Angestellte noch auf einen Drink vorbei.

Livemusik

Jazz Bar, 1a Chambers Street, ☎ 0131-2204298, 🖳 www.thejazzbar.co.uk. In Sachen Jazz steigt man in Edinburgh in den dunklen Keller der Jazz Bar hinab. Gleich drei Gigs pro Abend werden geboten. Bis 3 Uhr morgens wird hier durchgemacht; samstags auch kostenloser Nachmittagsjazz.

Royal Mile Tavern, 127 High Street, ☎ 0131-5579681, 🖳 www.royalmiletavern.com. Am frühen Abend kann der lange, schmale Pub etwas verlassen wirken, doch wenn gegen 21 Uhr die Livemusik startet, wird es oft proppenvoll, da die Taverne für Touristen sehr leicht zu erreichen ist.

Sandy Bell's, 25 Forrest Road, ☎ 0131-2252751. Die Fiddle im Pubschild kündet schon vom Musikstil, denn in dem kleinen, aber feinen Pub ist Folkmusik angesagt. Samstags und sonntags wird schon um 15.30 Uhr aufgespielt, ansonsten geht es abends gegen 21.30 Uhr los. Alles ziemlich informell.

The Royal Oak, 1 Infirmary Street, ☎ 0131-5572976, 🖳 www.royal-oak-folk.com. Auf den ersten Blick wirkt der Pub trotz seiner zwei Räumlichkeiten viel zu klein für Livemusik, und tatsächlich wird es oft gedrängt voll. Am Wochenende gibt es auch nachmittags Folkmusik, sonntags trifft sich der Wee Folk Club und der Eintritt ist frei. Samstags starten hier die Rebus Tours auf den Spuren von Ian Rankins Inspector (s. S. 112). Eine stimmungsvolle Adresse.

Schottischer Tanz beim Ceilidh

Auch in Edinburgh werden regelmäßig schwungvolle Ceilidhs (sprich: Keylieh) veranstaltet. Ein Ceilidh ist traditionell ein Abend mit Tanz, Gesang und Geschichten. Schottische Tänze können ziemlich schweißtreibend sein, sind aber immer *good fun*. Zumeist werden die einzelnen Tänze vorab erklärt (keine Panik, auch viele Schotten brauchen beim Scottish Country Dance Nachhilfe). Dann geht es zur Sache: Schon die Tanznamen, wie *Dashing White Sergeant* und *Strip the Willow* versprechen viel Bewegung – und so ist es auch. Ein Ceilidh ist der beste Beweis dafür, dass der gestrenge John Knox seinen Landsleuten die Freude am Leben nicht austreiben konnte.

Die Ceilidh-Musik kommt nicht aus der Steckdose, sondern der Abend wird live von einer Ceilidh-Band begleitet. Den Abschluss eines Ceilidh bildet normalerweise *Auld Lang Syne* von Robert Burns, für das alle Teilnehmer einen großen Kreis bilden – also rein ins Getümmel! Wann und wo gerade ein Ceilidh stattfindet, verraten die diversen Programmhefte. Einmal im Monat findet in der **South Hall** (Pollok Halls, Dalkeith Road, am Commonwealth Swimming Pool) ein Ceilidh statt.

Der **Ceilidh Club** trifft sich dienstags um 20 Uhr im Lot, 4/6 Grassmarket, 🖳 www.edinburgh ceilidhs.com. Auf seiner informativen Website finden sich über die Links zahlreiche ausführliche Infos zu weiteren Veranstaltungsorten, zu den einzelnen Tänzen und zu Ceilidh-Daten. Tickets gibt es auch bei der Touristeninformation an der Princes Street (s. S. 155).

Whiski Bar & Restaurant, 119 High Street, ☎ 0131-5563095, 🖳 www.whiskibar.co.uk. Wie der Name schon sagt, der Whisky fließt reichlich in diesem gemütlichen Restaurant-Pub, bei 250 Sorten fällt die Auswahl schwer. Dienstags, freitags und sonntags sorgt Folkmusik für Stimmung, samstags steht eher Pop auf dem Programm. Aufgrund der zentralen Lage immer gut gefüllt.

White Hart Inn, 32-34 Grassmarket, ☎ 0131-2262806. Einen Pub an dieser Stelle gibt es schon seit Ewigkeiten. 1828 sprachen hier die beiden notorischen Massenmörder Burke und Hare ihre ahnungslosen Opfer an, die sie dann umbrachten, um so die medizinische Nachfrage an Leichen zu decken. Heute wird im Pub aber wieder ganz ohne Hintergedanken ein Pint getrunken. Von Sonntag bis Donnerstag steht Folkmusik auf dem Programm, an den Wochenenden eher akustische Musik.

Clubs

Cabaret Voltaire, 36 Blair Street, ☎ 0131-2206176, 🖳 www.thecabaretvoltaire.com. Von Mittwoch bis Samstag treten hier oft Livebands auf, ansonsten steht die höhlenartige Kellerbar u. a. für Electro, House, Drum 'n' Bass, Techno und Ultragroove.

Medina, 45-47 Lothian Street, ☎ 0131-2256313, 🖳 www.myspace.com/medinanightclub. Ab 22 Uhr geht es unterhalb des Negociants (s. S. 148) munter weiter. Mittwochs gibt es eine afrokaribische Nacht, auch Dancehall, R 'n' B, Hip-Hop und Reggae sind angesagt.

The Bongo Club, 37 Holyrood Road, ☎ 0131-5587604, 🖳 www.thebongoclub.co.uk. Das Bongo ist eine sehr ungewöhnliche Institution, die den *underground* fördern will. Tagsüber stehen ein Café, Ausstellungsräume und kostenlose Internetcomputer zur Verfügung. Abends und nachts wird geprobt, experimentelles Theater auf die Bühne gebracht und natürlich mit Live-Gigs und Club-Nächten ordentlich eingeheizt (normalerweise mit Eintritt). Kurzum, das Bongo ist eine coole Location in der Nähe des Parlaments.

Theater, Comedy und Musik

Da in Edinburgh wie auch andernorts in Schottland hauseigene Ensembles eher die Ausnahme sind, werden die Bühnen der Stadt sehr vielseitig von gastierenden Schauspieltruppen bespielt. Während des Edinburgh International Festival verwandeln sich zudem zahlreiche weitere Veranstaltungsorte in Bühnen für Theater und Comedy. Die aktuellen

Veranstaltungshinweise finden sich immer im *The List* (s. S. 147). Tickets kosten normalerweise zwischen 10 und 30 £. Vorbestellungen entweder telefonisch oder per Mail (jeweils mit Kreditkarte) sowie direkt an den Theaterkassen (Box Office).

Festival Theatre, 13/29 Nicolson Street, ☎ 0131-5296000, 🖳 www.eft.co.uk. Modernes Theater, das 1994 gebaut wurde. Zentraler Veranstaltungsort für das Edinburgh International Festival und das Scottish Ballet. Das Gebäude fügt sich zwar nicht in die Umgebung ein, das Theater ist mit seinen 1915 Sitzen jedoch die größte Bühne Schottlands.

King's Theatre, 2 Leven Street, ☎ 0131-5296000, 🖳 www.eft.co.uk. Hinter der markanten roten Sandsteinfassade verbirgt sich ein Theater vom alten Schlag: 1905 legte Andrew Carnegie selbst den Grundstein, die Krone von Edward VII. prangt über der Bühne, und die Logen werden von Säulen mit antiken Figuren getragen. Mittwochs und samstags oft Nachmittagsmatineen. Die *Christmas Pantomime* ist eine Institution.

Queen's Hall, 85-89 Clerk Street, ☎ 0131-6683456, 🖳 www.thequeenshall.net. Immer wieder anspruchsvolle Konzerte in der südlichen Verlängerung der Nicolson Street, mit Schwerpunkt auf Klassik und Folk. Regelmäßig Veranstaltungen in der ehemaligen Kirche während der Festivals. Für die nächsten Jahre ist ein Anbau geplant.

Royal Lyceum Theatre, 30b Grindlay Street, ☎ 0131-2484848, 🖳 www.lyceum.org.uk. 1883 errichtetes, herrliches viktorianisches Theater mit modernem Vorbau – lehnt sich quasi an die Usher Hall an. Das eigene Ensemble und das Jugendtheater sorgen für spannende Produktionen, und auch während des International Festivals wird das Royal Lyceum gerne genutzt. Es gibt sogar einen Hausgeist!

The Edinburgh Playhouse, 18-22 Greenside Place (Leith Walk), ☎ 0844-8471661, 🖳 www.edinburghplayhouse.org.uk. Vor allem Musicals kommen im renommierten Playhouse auf die Bühne, aber auch Ballett, Comedy und Konzerte. Gehört zu den bekanntesten Veranstaltungsorten der Hauptstadt.

Traverse Theatre, 10 Cambridge Street, ☎ 0131-2281404, 🖳 www.traverse.co.uk. Ebenfalls ein Nachbar der Usher Hall im Theaterdistrikt, bringt das Traverse vor allem zeitgenössische Produktionen auf die Bühne, die eigens für die Aufführungen geschrieben werden. Außerdem ausführliche Kooperationen mit ausländischen Theatergruppen. Sehr abwechslungsreich.

Usher Hall, 71 Lothian Road, ☎ 0131-2281155, 🖳 www.usherhall.co.uk. Von Whiskyhersteller Andrew Usher gestiftet und 1914 eingeweiht, hatten unter der großen Kuppel schon Stars wie Paul McCartney, Ella Fitzgerald und Herbert von Karajan gefeierte Auftritte. Immer wieder große Konzerte mit Schwerpunkten von Klassik über Rock & Pop bis zu Jazz.

Kino

Filmhouse, 88 Lothian Road, ☎ 0131-2282688, 🖳 www.filmhousecinema.com. Kino kann so schön sein, und das Filmhouse beweist dies mit seinem anspruchsvollen Programm, der gemütlichen Café-Bar und diversen Workshops.

Cameo, 38 Home Street, ☎ 0131-7042052, 🖳 www.picturehouses.co.uk. Etwas weiter südlich vom Filmhouse ein weiteres anspruchsvolles Programmkino der alten Schule. Die ersten Filme starten schon um 13 Uhr!

VUE Omni, Greenside, ☎ 08712-240240, 🖳 www.myvue.com. Ein typisches Multiplexkino neben dem Playhouse am östlichen Rande der New Town. Hier laufen die Mainstream-Blockbuster aus Hollywood.

Feste

Ceilidh Culture, 🖳 www.ceilidhculture.co.uk. Jedes Jahr im März/April steht die schottische Folkmusik zusammen mit traditionellem Tanz und *storytelling* im Blickpunkt. Eine gute Gelegenheit, um einige der Top-Folkbands live zu erleben oder sich selbst bei einem lebhaften Ceilidh an einem der Tänze zu versuchen (s. auch S. 150).

Edinburgh International Film Festival, 🖳 www.edfilmfest.org.uk. Was die Berlinale für Deutschland ist das Edinburgh International Film Festival für Schottland. Das zweiwöchige Filmfestival gehörte schon 1947 zu den

Edinburgh ist eine ausgeprägte Festivalstadt – und das bereits seit 1947. Von August bis Anfang September verwandeln Spitzenkünstler aus aller Welt sowie hoffnungsvolle Nachwuchstalente die ganze City in eine große Festivalzone. Überall finden Aufführungen statt, auf der Royal Mile herrscht Ausnahmezustand, und abends steigt vor dem Castle das spektakuläre Military Tattoo. All das bedeutet eine fast vollständige Auslastung der Unterkünfte in Edinburgh.

Genau genommen handelt es sich nicht um ein einziges Festival, sondern um mehrere fast zeitgleich stattfindende Großveranstaltungen, die für sich allein genommen schon hochkarätig sind, zusammen jedoch eine ungeheure Zugkraft entfalten und Edinburgh weltweit einen anerkannten Ruf als Festival City garantieren.

Angefangen hatte alles ganz bescheiden mit dem dreiwöchigen **Edinburgh International Festival**, 🖳 www.eif.co.uk. Nach dem Zweiten Weltkrieg wollten Leute wie der Operndirektor aus dem südenglischen Glyndebourne, Rudolf Bing, der kriegsmüden Bevölkerung ein wenig Abwechslung bieten, und so holte man ein anspruchsvolles Kulturprogramm rund um die Bereiche Oper, Theater, Klassik und Tanz nach Schottland. Der Erfolg war enorm, und das EIF wurde zur Mutter aller Festivals in Edinburgh. Die Organisatoren haben sich heute ganz unbescheiden auf die Fahnen geschrieben, alljährlich das „aufregendste, innovativste und zugänglichste Festival weltweit" auf die Beine zu stellen.

Schon beim ersten Festival 1947 tauchten spontan acht Schauspieltruppen in Edinburgh auf und wollten mitmachen. Sie organisierten sich einfach selbst am Rand *(fringe)*. Dies war die Geburtsstunde des dreiwöchigen **Edinburgh Festival Fringe**, 🖳 www.edfringe.com. Wer heute über „das Festival" redet, meint zumeist das Fringe, das enorm gewachsen ist, denn ausge-

hend vom Geburtsmythos ist es offen für alle Künstler – solange sie eine Bühne finden. An über 265 Veranstaltungsorten traten 2010 mehr als 21 150 Künstlerinnen und Künstler auf und brachten mehr als 40 200 Aufführungen von rund 2100 Produktionen auf die Bühne! Insgesamt werden über 1 Mio. Tickets verkauft. Kein Wunder, dass dieses Mega-Event als „wild wuchernder, anarchischer, schlafloser Monat" gilt.

Das Fringe hat bereits mehrere Ableger erhalten, darunter das Free Fringe mit rund 3300 kostenlosen Aufführungen. Für die Top-Acts muss man jedoch gutes Geld hinlegen – wenn man überhaupt ein Ticket bekommt. Shows, die z. B. in der Lokalzeitung *The Scotsman* positiv besprochen wurden, sind blitzschnell ausverkauft. Ansonsten sprechen sich Geheimtipps rasch unter den Fans herum. Wer in Edinburgh groß rauskommt, kann auf eine lukrative Tournee durch das ganze Land oder gut besuchte Auftritte in London hoffen.

Das Fringe-Programm besteht zu einem Drittel aus Comedy, gefolgt von Theater und Musik. Beliebte Bühnen sind die inzwischen recht etablierten Veranstaltungszentren Pleasance Courtyard, 60 Pleasance, 🖳 www.pleasance.co.uk, der Gilded Balloon, Teviot Row House, Bristo Square, 🖳 www.gildedballon.co.uk, sowie die altehrwürdigen Assembly Rooms, 54 George Street, 🖳 www.assemblyroomsedinburgh.co.uk. Weitere Festival-Highlights im August sind das dreiwöchige **Royal Edinburgh Military Tattoo**, 🖳 www.edintattoo.co.uk (s. S. 109). Und auch die Literaturszene kommt in der Unesco-Literaturstadt natürlich nicht zu kurz: Das zweiwöchige **Edinburgh International Book Festival** 🖳 www.edbookfest.co.uk, bietet in der Zeltstadt auf dem Charlotte Square eine spannende Mischung aus Autorenlesungen und Buchpräsentationen. Infos zu allen Festivals im Internet unter 🖳 www.edinburghfestivals.co.uk.

Gründungselemente des ersten Festivals. 2008 hat man sich terminlich losgelöst und ist in den Juni umgezogen. Britische und internationale Filme, darunter auch immer einige aus Hollywood, feiern hier Premiere. Sean Connery war lange Jahre Schirmherr

der renommierten Veranstaltung, kündigte 2010 aber seinen Rückzug an.
Edinburgh International Jazz & Blues Festival, 🖳 www.edinburghjazzfestival.co.uk.
In einem Land, das mit quirliger Folkmusik und internationalen Rock- und Popstars reichlich

gesegnet ist, stehen Jazz und Blues naturgemäß nicht so im Vordergrund. Einen kleinen,
aber hochwertigen Ausgleich bietet dieses
vielseitige, 9-tägige Festival, das Ende Juli
startet. Einer der Höhepunkte ist die bunte
Mardi Gras Parade am ersten Samstag von den
City Chambers an der St Giles' Cathedral
hinunter zum Grassmarket.

Hogmanay, 🖥 www.edinburghshogmanay.com.
In Schottland spielte Silvester (Hogmanay)
traditionell immer eine größere Rolle als
Weihnachten. Zahlreiche Bräuche ranken sich
um den Jahreswechsel. So besuchte man
früher Nachbarn und Freunde mit einem Stück
Torf oder Kohle, damit es schön warm bleibt,
sowie natürlich einem Whisky, damit die
Winterkälte auch von innen keine Chance hat.
Deswegen ist auch der 2. Januar noch ein
Feiertag. Los geht die Party am 31. Dezember.
Kurz vor Mitternacht strömen die Menschen
auf die Plätze ihrer Städte, um ausgelassen
zu feiern. Daraus entwickelte der Stadtrat von
Edinburgh seit 1993 ein riesiges 4-tägiges Open-
Air-Festival in der Innenstadt: Live-Konzerte,
ein Fackelumzug und natürlich die große
Silvestersause mit grandiosem Feuerwerk sind
die Highlights. Seit einigen Jahren muss zu
Silvester für die offizielle Party in der Innenstadt
Eintritt bezahlt werden, sodass eine frühzeitige
Ticketreservierung wichtig ist, um Enttäuschun-
gen zu vermeiden – frühzeitiges Buchen gilt
natürlich auch für die Unterkünfte.

Einkaufen

Die Hauptstadt verfügt über ein breites
Einkaufsangebot: Während entlang der Royal
Mile die Touristengeschäfte mit Wolle, Kilts und
Whisky dominieren, befinden sich viele
Kaufhäuser in der New Town. Buchläden und
Antiquariate drängeln sich rund um die Uni im
Süden. Die bunte Victoria Street ist bekannt für
kleinere Fachgeschäfte. Sehr lebendig sind die
South Bridge, Nicolson Street, Broughton Street
oder Stadtteile wie Tollcross und Stockbridge.

Bücher

Blackwell, 55 South Bridge, 📞 0131-6228222,
🖥 www.blackwell.co.uk. Im Univiertel ein
großer Buchladen mit aktueller Auswahl an
englischsprachiger Literatur. ⏰ Mo–Fr 9–20,
Sa 9–18, So 12–18 Uhr.

Edinburgh Books, 145-147 West Port,
📞 0131-2294431, 🖥 www.edinburghbooks.net.
Ein sympathisches Antiquariat westlich des
Grassmarket. ⏰ Mo–Sa 10–18 Uhr.

South Side Bookshop, 58 South Bridge,
📞 0131-5589009. Das führende Antiquariat in
Edinburgh mit viel Uni-Literatur und einer kleinen
deutschsprachigen Sektion. Idealer Platz zum
Stöbern. ⏰ Mo–Sa 10–20, So 11–18 Uhr.

The Old Children's Bookshelf, 175 Canongate,
📞 0131-5583411. Ein Paradies für Liebhaber
britischer Kinderbücher; an der Royal Mile leicht
zu übersehen. ⏰ Mo–Fr 10.30–17, Sa 10–17,
So 11–16.30 Uhr.

Kaufhäuser und Shoppingcenter

Jenners, 48 Princes Street, 🖥 www.house
offraser.co.uk. Bis zur Übernahme durch
House of Fraser 2005 war Jenners das älteste
unabhängige Kaufhaus Schottlands – der
Name ist in Edinburgh eine Institution. Schon
seit 1838 ist das „Harrods des Nordens" an der
Princes Street angesiedelt. Bei einer Kaffeepause im Feinkostladen oben genießt man von
der Fensterthecke einen fantastischen Ausblick
hinüber zur Altstadt!

Harvey Nichols, 30-34 St Andrew Square,
🖥 www.harveynichols.com. Seit 2002 großer
Konkurrent von Jenners. Tritt mit Nobelmarken
von Prada über Stella McCartney bis Ralph
Lauren an. Im 4. Stock eine schicke Brasserie
mit tollem Ausblick über die New Town.

Ocean Terminal, Ocean Drive, Leith, 🖥 www.
oceanterminal.com. Postmodernes Shopping-,
Freizeit- und Kinocenter im Hafen von Leith.
Größte Attraktion ist die Royal Yacht Britannia,
die man durch den Ocean Terminal betritt.

Lebensmittel

Edinburgh Farmers' Market, Castle Terrace,
🖥 www.edinburghfarmersmarket.com.
Jeden Samstag von 9 bis 14 Uhr verkaufen
bis zu 60 Produzenten im Schatten der Burg
frisches Gemüse, Obst, Fleisch und Fisch.

Iain J. Mellis, 30a Victoria Street, 📞 0131-
2266125, 🖥 www.mellischeese.co.uk.
In Sachen Käse macht diesem passionierten

Käseliebhaber kaum jemand etwas vor. Eine feine, vielseitige Auswahl an geschmackvollen Sorten kleiner Produzenten sorgt für eine treue Kundschaft. Unter den schottischen Käsesorten sind der leicht bröcklige Anster aus Fife, der cremige Biokäse Criffel aus Dumfries & Galloway, der Isle of Mull Cheddar sowie der Strathdon Blue aus Tain nördlich von Inverness immer eine Probe wert. Ein weiterer Laden befindet sich in Stockbridge (6 Baker's Place). ◷ Mo–Mi 9.30–17.30, Do–Sa 9.30–18.30, So 12–18 Uhr.

RealFoods, 37 Broughton Street, ✆ 0131-5571911, 🖥 www.realfoods. co.uk. Gut sortierter Bioladen mit einer weiteren Filiale in 8 Brougham Street (Tollcross). Hier ist wirklich noch das volle Öko-Programm angesagt. ◷ Mo–Mi, Fr 9–19, Do 9–20, Sa 9–18.30, So 10–18 Uhr.

The Fudge House, 197 Canongate, ✆ 0131-5564172. Seit 1949 wird an der Royal Mile herrlich klebriges Fudge hergestellt, darunter verlockende Varianten mit Whisky, Marzipan, Schoko und Pistazien – Spezialitäten für den hohlen Zahn. ◷ Mo–Sa 10–17.30, So 11–17.30 Uhr.

Valvona & Crolla, 19 Elm Row, s. Essen S. 146; und im Kaufhaus Jenners, 48 Princes Street, s. S. 153.

Musik

Ripping, 91 South Bridge, ✆ 0131-2267010, 🖥 www.rippingrecords.com. CD-Laden und Ticketvorverkauf. ◷ Mo–Fr 9.30–18.30, Sa 9.30–18, So 12.30–17.30 Uhr.

Schottisches

Bagpipes Galore, 82 Canongate, ✆ 0131-5564073, 🖥 www.bagpipe.co.uk. Gitarrenläden sind out, Dudelsäcke bringen den ultimativen Kick. Für 750–4500 £ kann man sich ordentlich ausstatten – und dann irgendwo in den Weiten der Highlands erstmal üben. ◷ Mo–Sa 9.30–17.30 Uhr.

Cadenhead's, 172 Canongate, ✆ 0131-5565864, 🖥 www.wmcadenhead.com. Zu Kilt und Dudelsack gehört natürlich auch eine ordentliche Flasche Whisky. Dieser sehr gut sortierte Whiskyladen hat sogar Filialen in Köln und

Berlin, da der deutsche Whiskymarkt als sehr wichtig eingestuft wird. Die Cadenhead-Zentrale sitzt bei der Springbanks Distillery in Campbeltown (s. S. 528). ◷ Mo–Sa 10.30–17.30 Uhr.

Elgin Cashmere, 28 High Street, ✆ 0131-5567165. Der Name ist Programm – schottische Wollprodukte en masse von Johnstons. Der Firmensitz ist in Elgin im Nordosten Schottlands (s. S. 400). ◷ tgl. 9.30–18.30 Uhr.

Gordon Nicolson Kiltmakers, 189 Canongate, ✆ 0131-5582887, 🖥 www.nicolsonkiltmakers. co.uk. Einmal im Leben im Kilt über die Royal Mile stolzieren? Kein Problem – in dem Traditionsladen kann man sich die komplette Ausstattung ausleihen. Sehr populär bei Hochzeiten oder anderen Festlichkeiten. ◷ Mo–Sa 9.30–17.15, So 12–16 Uhr.

Ragamuffin, 278 Canongate, ✆ 0131-5576007, 🖥 www.ragamuffinonline.co.uk. Eigentlich kommt der Modeladen von Skye und bietet für Frauen klassische Strickwoll-Designs, die dennoch modern und oft recht bunt wirken. Mehr als 100 Modedesigner sind für Ragamuffin tätig. ◷ Mo–Sa 10–18, So 12–18 Uhr.

Aktivitäten und Touren

Rad fahren

Radfahrer haben es vor allem im Stadtzentrum ziemlich schwer, auch wenn Radlobbygruppen wie Sustrans, CTC und Spokes mächtig Druck machen. Aber noch ist die Anzahl der Radwege viel zu gering. Zudem muss man bei schlechter Routenführung vor allem rund um die Royal Mile ziemlich starke Anstiege bewältigen. Am entspanntesten ist die Situation generell am Sonntag, wenn der Berufsverkehr ruht. Außerdem sind viele Nebenstraßen so verkehrsarm, dass Radeln dort kein Problem darstellt.

Lohnend ist eine **Umrundung des Arthur's Seat** auf dem Queen's Drive. Eine Verlängerung südlich des Duddingston Loch führt über eine alte Bahntrasse zur Küste bei **Musselburgh**, was für Langstreckenradler eine gute Route von/nach Edinburgh ist. Eine stillgelegte Bahntrasse führt zudem von Haymarket raus nach South Queensferry zu den **Forth Bridges**. Der **Water of Leith Walkway** von Balerno nach Leith steht Radfahrern ebenfalls offen. Das Gleiche gilt für den alten **Treidelpfad ab Fountainbridge** entlang des Union Canal Richtung Glasgow. Diese Routen sind auch ausgeschildert. Weitere Infos bei 🖳 www.sustrans.org.uk.

Radverleih: Biketrax, Lochrin Place, Tollcross, 📞 0131-2286633, 🖳 www.biketrax.co.uk. Der große Laden bietet alles rund ums Rad an. Beim Verleih (halber/ganzer Tag 12/16 £) sind Satteltaschen, Pumpe und Schloss inkl., ein Helm kostet 1 £ extra; auch Reparaturen. 🕐 Mo–Fr 9.30–18, Sa 9.30–17.30, So 12–17 Uhr.

Stadtführungen
In Edinburgh gibt es eine große Anzahl von Anbietern. Besonders beliebt sind die Geister- und Gruseltouren (s. S. 115) sowie die literarischen Spezialtouren (s. S. 113). Eine gute und kostengünstige Einführung bieten die dreistündigen Stadtführungen von Sandemans New Edinburgh (s. S. 106).

Stadtrundfahrten
Von der Waverley Bridge starten regelmäßig mehrere Veranstalter mit Doppeldecker-Bussen zu diversen Stadtrundfahrten:
Edinburgh Bus Tours, 📞 0131-2200770, 🖳 www.edinburghtour.com, ist ein Ableger von Lothian Buses und steuert auf der jeweils einstündigen Edinburgh Tour (Live-Kommentar, nur Englisch) sowie der etwas weiter gefassten City Sightseeing (Kopfhörer, auch Deutsch) die zentralen Highlights der Old Town, der Southside sowie der New Town an. Die Tickets (12 £, erm. 11/5 £) sind 24 Stunden gültig, und man kann an den Haltestellen beliebig aus- und einsteigen. Außerdem gibt es diverse Eintritts- ermäßigungen für Teilnehmer der Bus Tours. Zusätzlich gibt es noch die Majestic Tour (12 £, erm. 11/5 £), die auch den Royal Botanic Garden und den Ocean Terminal in Leith ansteuert, sowie die Bus & Boat Tour (18 £, erm. 16/7 £), inkl. Busfahrt nach South Queens- ferry und Bootstour über den Firth of Forth mit der *Forth Belle*.
Alle diese Tickets zusammenfassen kann man mit dem **Grand Ticket Plus** (24 £, erm.21/9 £), das für zwei Kalendertage gültig ist.

Apotheken
Boots, 48 Shandwick Place, 📞 0131-2256757. 🕐 Mo–Fr 7.30–20, Sa 8–18, So 10.30–16.30 Uhr.
Royal Mile Pharmacy, 67 High Street, 📞 0131-5561971. 🕐 Mo–Fr 9–18, Sa 9–17.30 Uhr.

Autovermietungen
Am Flughafen haben fast alle Vermieter ein eigenes Büro. Günstig ist z. B. der größte schottische Autoverleiher **Arnold Clark**, Eastfield Road, 📞 0131-3330124, 🖳 www.arnoldclarkrental.com. Wer mit dem Flugzeug angekommen ist, ruft von der Ankunftsebene im Erdgeschoss über ein Gratistelefon im Büro von Arnold Clark an, die dann den kostenlosen Shuttlebus vorbeischicken. 🕐 Mo–Fr 7.30–20, Sa 7.30–18, So 8.30–18 Uhr.

Geld
Banken und Geldautomaten gibt es in Edinburgh reichlich. Wer Bargeld umtauschen möchte, sollte am besten zu Banken oder größeren Postämtern gehen. Dort sind die Kurse günstiger.

Gepäckaufbewahrung
Edinburgh Airport, Left Luggage, 🖳 www.edinburghairport.com. Gepäckaufbewahrung im Ankunftsbereich im Erdgeschoss. Pro Gepäckstück 5 £ pro Tag. 🕐 tgl. 5.15–22.45 Uhr.
Edinburgh Bus Station, Left Luggage (Schließfächer), kein Tel. Pro Gepäckstück je nach Größe 3–5 £ für 24 Std. 🕐 Mo–Sa 5.30–24, So 8–24 Uhr.
Waverley Station, Excess Baggage Company, 📞 0800-8566670, 🖳 www.left-baggage.com. Pro Gepäckstück 7 £ für den 1. Tag, danach 3,50 £ pro Tag. 🕐 tgl. 7–23 Uhr.

Informationen
Edinburgh & VisitScotland Information Centre, 3 Princes Street, Princes Mall, 📞 0845-2255121, 🖳 www.edinburgh.org. Großes und hilfreiches Informationszentrum oberhalb der Waverley Station mit reichlich Broschüren und Info- material zu Edinburgh und dem Rest des Landes.

Auch Landkarten werden verkauft, dazu Unterkunftsvermittlung, Buchung von Stadtrundfahrten sowie Internetzugang im hinteren Teil (30 Min./1 £). Im August oft längere Wartezeiten an den Infoschaltern, da großer Andrang. ⏱ Juli–Aug Mo–Sa 9–19, So 10–19 Uhr, Sep–Juli Mo–Sa 9–17, So 10–17 Uhr.

Edinburgh Airport Information Centre, Edinburgh International Airport (Ankunftshalle, Erdgeschoss), ☎ 0844-4818989, ✉ edinburgh. airport@visitscotland.com. Ein erster Informationsschub direkt bei der Ankunft am Flughafen, auch Tickets für den Airlink Express 100 sowie Unterkunftsbuchungen. ⏱ April–Okt tgl. 6.30–22.30, Nov–März 7–21 Uhr.

Im Internet
🖥 **www.edinburgh.org**: Die offizielle Tourismusseite zur Hauptstadt – auch auf Deutsch – mit zahlreichen nützlichen Infos rund um den Urlaub, inkl. Sehenswürdigkeiten, Restaurants und Unterkünften. Hier auch Links zum Edinburgh Pass und zu einem Währungsumrechner.
🖥 **www.edinburgh.gov.uk**: Städtische Website mit Infos zu den städtischen Museen und Büchereien.

Edinburgh Pass

Wie in vielen anderen Städten auch gibt es in Edinburgh eine **Ermäßigungskarte** für 1/2/3 Tage. Für 26,50/39/51,50 £ (Kinder 17/25/33 £) gewährt sie kostenlosen Zutritt zu 30 Museen in und um Edinburgh sowie zum Zoo, die kostenlose Nutzung des öffentlichen Nahverkehrs und des Airport Transfers sowie eine Gratis-Fahrt mit der *Maid of the Forth* nach Inchcolm. Angesichts des stolzen Preises ist es aber schmerzlich, dass die teuren und beliebten Sehenswürdigkeiten wie Castle, Holyrood Palace und Royal Yacht Britannia nicht inklusive sind. Man sollte sich also vorher genau überlegen, ob sich der Edinburgh Pass lohnt. Erwerben kann man ihn u. a. in den Touristeninformationen. Weitere Infos: 🖥 www. edinburgh.org/pass.

Internet
Die **Central Library**, George IV Bridge, ☎ 0131-2428020, 🖥 www.edinburgh.gov.uk, ermöglicht kostenloses Surfen, ⏱ Mo–Do 10–18, Fr 10–17, Sa 9–13 Uhr, die **Touristeninformation** in der Princes Street (s. S. 155) nimmt dafür Geld.
Ein reines Internetcafé ist in der New Town: **PC Emergency**, 13 Frederick Street. 46 Computer, 30 Min./1,50 £, 2 Std./3 £, lohnt sich bei längeren Sessions; auch Reparaturen. ⏱ tgl. 8–21 Uhr.

Konsulate
Deutsches Generalkonsulat, 16 Eglinton Crescent, ☎ 0131-3372323, 🖥 www.edinburgh.diplo.de.
Österreichisches (Honorar-)Konsulat, 9 Howard Place, ☎ 0131-5581955.
Schweizer Generalkonsulat, 255C Colinton Road, ☎ 0131-4414044.

Medien
Die Lokalzeitung in Edinburgh heißt **The Scotsman** und sieht sich gerne als „National Newspaper for Scotland", um im Kampf mit dem Rivalen aus Glasgow, The Herald, die Nase vorn zu haben. Auch die Online-Ausgabe, 🖥 www.scotsman.com, ist sehr informativ und liefert viele aktuelle Nachrichten aus Edinburgh und ganz Schottland.
Aus demselben Haus kommen auch die **Edinburgh Evening News** und die Sonntagszeitung **Scotland on Sunday**.

Medizinische Hilfe
Krankenhäuser
In Edinburgh gibt es ein abgestuftes Notfallsystem in Krankheitsfällen:
Western General Hospital, Crewe Road South (Minor Injuries Unit), ☎ 0131-5371330. Bei kleineren Verletzungen (Brandwunden, Schnittwunden, Schmerzmittel, kleinere Blessuren etc.). ⏱ tgl. 9–21 Uhr.
Royal Infirmary of Edinburgh, 51 Little France Crescent (Old Dalkeith Road), ☎ 0131-5361000. Bei schwerwiegenden und lebensgefährlichen Verletzungen, Herzinfarkt etc. ⏱ tgl. 24 Std.

Royal Hospital for Sick Children, 9 Sciennes Road, ✆ 0131-5360000. Für Kinder unter 13 Jahren. ⏱ tgl. 24 Std.

Zahnärztliche Notfälle

Tagsüber: **Chalmers Dental Care**, 3 Chalmers Street. Für Erwachsene und Jugendliche ab 16 Jahren. ⏱ Mo–Do 9–16.45, Fr 9–16.15 Uhr. **Edinburgh Dental Institute**, Level 3 Lauriston Building, Lauriston Place. Für Kinder bis 16 Jahren. ⏱ Mo–Fr 9–11, 14–15 Uhr. Abends, nachts und an Wochenenden: **Lothian Dental Advice Line**, ✆ 0131-5364800.

Polizei und Sicherheit

Edinburgh ist im Allgemeinen eine sichere Stadt. Touristen sollten sich natürlich vor allem gegen Taschendiebe wappnen. Auch sollte man zu später Stunde rund um die belebteren Pubs vorsichtiger sein. Generell sind die Parks und Calton Hill nach Einbruch der Dunkelheit besser zu meiden.

Im Schadensfall sollte man sich direkt an die **Lothian and Borders Police**, ✆ 999 oder 0131-3113131, 🖥 www.lbp.co.uk, wenden oder an:

Gayfield Square Police Station, 2 Gayfield Square;

West End Police Station, 3-5 Torphichen Place; **Police Information Centre**, 188 High Street (Royal Mile), ⏱ März–April, Sep–Okt 10–19.30, Mai–Aug 10–21.30, Nov–Feb 10–17.30 Uhr.

Post

Das **Hauptpostamt** befindet sich im St James Centre, St James Place/Leith Street. ⏱ Mo–Sa 9–17.30 Uhr. Kleinere Postämter auch in 40 Frederick Street, New Town; 46 St Mary's Street (Nähe Royal Mile/Canongate), 5 Brougham Street, Tollcross. ⏱ jeweils Mo–Fr 9–17.30, Sa 9–12.30 Uhr.

Nahverkehr

Stadtbusse und Trams

Der effiziente öffentliche Nahverkehr in Edinburgh wird bis zur geplanten Inbetriebnahme der Tram 2013/14 vor allem von **Lothian Buses**, ✆ 0131-5556363, 🖥 www.lothianbuses.com, abgewickelt.

Einzelfahrscheine werden beim Busfahrer gelöst (passendes Geld parat halten), gelten für eine Fahrt ohne Umstieg und kosten 1,20 £, bzw. 0,70 £ (Kinder 5–15 Jahre). Tageskarten kosten 3 £ bzw. 2 £ für Kinder, Nachtbusse 3 £ für die ganze Nacht.

Wichtigste Verkehrsader ist die Princes Street. Weitere Hauptschneisen für den Busverkehr sind die South Bridge/Nicolson Street Richtung Südosten, Lothian Road Richtung Südwesten, Shandwick Place/Haymarket Richtung Westen, Queensferry Road Richtung Nordwesten sowie Leith Walk Richtung Leith.

Durch die Einführung der Tram wird sich der Buslinienplan in den kommenden Jahren mit Sicherheit stark ändern, weil damit zu rechnen ist, dass sowohl die Princes Street wie auch der Leith Walk von deutlich weniger Bussen befahren werden.

Taxis

Die schwarzen *cabs* gehören auch in Edinburgh zum Stadtbild. Der Grundtarif für Taxifahrten (bis zu 2 Pers. 1,60/2,70 £ für 450 m/90 Sek. plus 0,25 £ für weitere 210 m/45 Sek.) ist abends und nachts (18–6 Uhr) sowie am Wochenende etwas teurer als werktags von 6–18 Uhr. Bei einer Fahrt vom Flughafen in die Innenstadt kommen da je nach Tageszeit und Fahrtziel rund 20–25 £ zusammen.

City Cabs, ✆ 0131-2281211; **Central Taxis**, ✆ 0131-2292468, 🖥 www.taxis-edinburgh.co.uk.

Transport

Selbstfahrer

Mit dem **Auto** sollte man die Innenstadt meiden. Die Old Town ist z. T. autofrei, und der weitere Innenstadtbereich ist unter der Woche sehr stauanfällig. Nur am Sonntag ist alles entspannter. Die **Parkhäuser** in der Innenstadt kosten richtig Geld, sodass für Kurzbesucher ein Tagesticket mit den öffentlichen Bussen je nach Anzahl der Mitfahrer deutlich günstiger sein kann (und viel entspannter sowieso).

Busse

Regionalbusse

In die Region rund um Edinburgh fahren vor allem Busse von First und Stagecoach.

First, ✆ 0870-8727271, 🖥 www.firstgroup.com, steuert in regelmäßigen Abständen manche Vororte (South Queensferry) sowie alle umliegenden Orte zwischen Falkirk/Stirling im Westen, NORTH BERWICK (1 1/4–1 1/2 Std.) im Osten und den Borders im Süden an.
Die meisten Busse von First fahren ab Waterloo Place/Regent Road (Verlängerung der Princes Street unterhalb von Calton Hill).
Stagecoach, ✆ 01592-642394 (Telefonzentrale für Fife), 🖥 www.stagecoachbus.com, bedient von Edinburgh aus vor allem Ziele in Fife, z. B. DUNFERMLINE (1 Std.) und ST ANDREWS (2 1/2 Std.). Die Busse fahren zentral von der Edinburgh Bus Station ab (s. Fernbusse).

Fernbusse
Die **Edinburgh Bus Station**, zwischen der Nordostseite des St Andrew Square und der Elder Street (nördlich von Harvey Nichols/Multrees Walk), ist der zentrale Fernbusbahnhof für die Busse von **Scottish Citylink**, ✆ 0871-2663333, 🖥 www.citylink.co.uk, sowie der damit verbundenen Busgesellschaften und der Fernbusmarke Megabus. Auch die Regionalbusse von Stagecoach (s. Regionalbusse) nutzen den Busbahnhof. Die Bus Station verfügt über Schließfächer, die günstiger als in der Waverley Station sind (s. Gepäckaufbewahrung S. 155).
Hinweis: Bei Tagesausflügen können Day Tickets eine günstige Alternative sein.
Bei längeren Strecken spart man durch Vorausbuchung oftmals viel Geld. Auch Explorer Tickets können sich bei mehreren Langstreckenfahrten rechnen (s. dazu S. 36).
Hier einige Ziele von der Edinburgh Bus Station. Die meisten Busse werden von Citylink bedient und sind Direktverbindungen.
ABERDEEN, stdl., 3 1/4 Std., 26,50 £;
DUNDEE, halbstdl., 1 3/4–2 1/2 Std., 14 £;
FORT WILLIAM, 3x tgl., 4 3/4 Std., 30,40 £;
GLASGOW, alle 15 Min., 1 1/4 Std., 6,30 £;
INVERNESS, alle 1–2 Std., 3 3/4–4 1/2 Std., 25,50 £;
OBAN, 3x tgl., 4 3/4 Std., 25,50 £;
PERTH, halbstdl., 1 1/4–1 3/4 Std., 10,30–11,50 £;
PORTREE, 3x tgl., 7 3/4–8 1/2 Std., 46,10 £;
ST ANDREWS, stdl., 1 1/2–2 1/2 Std., 9,30 £ (Stagecoach);
STIRLING, stdl., 1 Std., 6,70 £;
ULLAPOOL, 1x tgl., 5 3/4 Std., 31,50 £.

Eisenbahn
Der Hauptbahnhof von Edinburgh ist die **Waverley Station** mit direkten Verbindungen von/nach Newcastle (Fähre nach Amsterdam) sowie London Euston und London Kings Cross, wo ein schneller Umstieg in den Eurostar im benachbarten Bahnhof St Pancras möglich ist.
Viele Züge halten am Bahnhof **Haymarket** im West End. **South Queensferry** hat ebenfalls einen eigenen Bahnhof am Südende der Forth Bridge. Wichtige Umstiegsbahnhöfe für Fahrten in die westlichen und nordwestlichen Highlands sind Inverness und Glasgow Queen Street.
Auch bei der Bahn gilt für längere Strecken: Je früher man bucht und je mehr freie Plätze es im Zug noch gibt, desto günstiger wird das Ticket. Die **Fahrpreise** können deshalb auf längeren Strecken erheblich schwanken. Bei kürzeren Tagesausflügen sind Tagesrückfahrkarten *(day returns)* nach der morgendlichen Rushhour *(off peak tickets)* oft nicht teurer als ein einfaches *single ticket*.
Aufgeführt werden hier nur die (teureren) Standardpreise.
ABERDEEN, stdl., 2 1/4–2 3/4 Std., ca. 40 £;
DUNDEE, halbstdl., 1 1/4 Std., ca. 20 £;
FORT WILLIAM, 3x tgl., 5 Std., ca. 40 £;
GLASGOW, alle 15 Min., 50–70 Min., ca. 10,60 £;
INVERNESS, 5–9x tgl., 3 1/2 Std., ca. 40 £;
LONDON, 2x stdl., 5–5 1/2 Std., ca. 135 £;
NEWCASTLE, 2x stdl., 1 1/2 Std., ca. 42 £;
OBAN, 3x tgl., 4 1/4 Std., ca. 33 £;
PERTH, halbstdl., 1 1/4–1 3/4 Std., ca. 13 £;
STIRLING, halbstdl., 50 Min., ca. 6,90 £;
THURSO, 4x tgl., 8 Std., ca. 25 £.

Flüge
Der **Edinburgh International Airport**, ✆ 0844-4818989, 🖥 www.edinburghairport. com, liegt rund 13 km westlich des Stadtzentrums, genau südlich der Forth Bridges.

Neben den internationalen Flügen sowie den regelmäßigen Flügen von/nach London (s. Anreise S. 38) gibt es auch Linienflüge nach Aberdeen und Inverness (British Airways). Kleinere innerschottische Flugziele bedient Loganair/Flybe:
KIRKWALL (Orkney, bis zu 3x tgl., 1 1/4 Std., ab 40 £;
LERWICK (Shetland, bis zu 3x tgl., 1 1/2 Std., ab 45 £;
STORNOWAY (Äußere Hebriden, bis zu 2x tgl., 70 Min., ab 25 £.

Am Flughafen von Edinburgh kann man direkt ein Auto mieten (s. Autovermietungen, S. 155) oder aber alle 10 Min. mit dem **Airlink Express 100** in die Innenstadt von Edinburgh fahren. Zielhaltestelle dort ist die Waverley Bridge an der Waverley Station (Fahrzeit 1/2 Std.; einfache Fahrt 3,50 £, Kinder 2 £, offenes Rückfahrticket 6 £, Kinder 3 £. Von 0.45–4.15 Uhr übernimmt der **Nachtbus N22** alle 30 Min. die Verbindung.
Buslinie 747 von Stagecoach fährt über die Forth Bridges tagsüber im 20-Minuten-Takt bis Inverkeithing in Fife. Dort besteht Umsteigemöglichkeit in die Züge nach Perth/Inverness sowie Dundee/Aberdeen. An der Bushaltestelle Ferrytoll unmittelbar nördlich der Forth Bridges besteht Umstiegsmöglichkeit in die Fernbusse nach Norden und Nordosten.

Die Lothians

Die geschichtsträchtige Gegend rund um Edinburgh heißt Lothian und ist in die Regionen West Lothian, Midlothian und East Lothian aufgeteilt. Deswegen wird auch von den Lothians im Plural gesprochen. Geprägt ist die Region einerseits durch ihre Nähe zu Edinburgh (weshalb viele Orte von Pendlern bewohnt werden), andererseits durch einen reizvollen Wechsel zwischen den Küstenlandschaften am Firth of Forth und dem landschaftlich genutzten Hinterland, das rasch in die Pentland bzw. Lammermuir Hills übergeht.

West Lothian

Die Sehenswürdigkeiten der Region westlich und südlich der Hauptstadt lassen sich am besten auf Tagesausflügen von Edinburgh oder aber auf der Durchfahrt von und nach Edinburgh erkunden.

Zu West Lothian gehört eigentlich auch das großartige **Hopetoun House**, das aber nur über South Queensferry zu erreichen ist (s. S. 139).

Linlithgow

Für die Stuart-Monarchen war Linlithgow neben Stirling, Falkland und Dunfermline ein Juwel, das ihre Macht demonstrierte. Selbst die Ruine von **Linlithgow Palace**, ☏ 01506-842896, 🖳 www.historic-scotland.gov.uk, strahlt oberhalb von Linlithgow Loch eine imposante Würde aus. Die Glanzzeit des Palastes begann 1503, als James IV. seiner Frau Mary Tudor zur Hochzeit Linlithgow schenkte. Neun Jahre später kam hier James V. zur Welt, und auch Maria Stuart wurde im Palast geboren, doch 100 Jahre später war alles schon so verfallen, dass James VI. eine umfangreiche Renovierung veranlasste. Geholfen hat es nichts, 1746 brannte der Palast in den Jakobitenkriegen ab. ⏱ April–Sep tgl. 9.30–17.30, Okt–März 9.30–16.30 Uhr, Eintritt 5,20, erm. 4,20/3,10 £.

Noch im Palastbezirk befindet sich die **St Michael's Parish Church** aus der Mitte des 13. Jhs., die gerne für Hochzeiten genutzt wird.

The Linlithgow Story

Einen großen Sprung in die Zukunft erlaubt ein Besuch der Linlithgow Story, 143 High Street, ☏ 01506-670677, 🖳 www.linlithgowstory.org.uk, denn im Jahre 2222 wird in Linlithgow der berühmte Ingenieur Scotty geboren, der in ferner Zukunft das Raumschiff Enterprise in Schuss hält. Eine kleine Ausstellung bereitet auf das Großereignis vor. Ansonsten geht es aber natürlich um die Geschichte der Kleinstadt. ⏱ April–Okt Mo–Sa 11–17, So 13–16 Uhr, Spende erbeten.

Linlithgow Canal

Überraschenderweise oberhalb des Ortskerns verbindet der Union Canal Edinburgh mit dem Falkirk Wheel (s. S. 292) am Übergang zum Forth

& Clyde Canal. Der Kanal folgt der Landschaftskontur und hat hier genau dieselbe Höhe wie am Ende in Fountainbridge in Edinburgh.

Vom kleinen **Linlithgow Canal Centre**, Manse Road Basin, ☎ 01506-671215, 🖥 www.lucs.org.uk, starten regelmäßig 20-minütige **Bootsfahrten** auf dem Kanal (3 £, erm. 2,50/1,50 £). Die Ufer sind z. T. von Schilf bewachsen, und der alte Treidelpfad ist zu einem Radweg umgebaut worden. An Wochenenden starten um 14.30 Uhr längere Ausflüge zum Avon-Aquädukt, dem zweitlängsten in Großbritannien (8 £, erm. 4/3 £). ⏱ April–Juni, Mitte Aug–Sep Sa–So 14–17, Juli–Mitte Aug tgl. 14–17 Uhr, Eintritt frei.

Essen

Epulum, 121 High Street, ☎ 01506-844411, 🖥 www.epulum.net. Helles Bistro mit vielen Bioprodukten. Die Preise liegen etwas höher, aber das Essen ist kreativ und populär. Dazu gibt es richtig Kuchen. ⏱ tgl. 9–17 Uhr.
The Four Marys, 65-67 High Street, ☎ 01506-842171, 🖥 www.thefourmarys.co.uk. Guter und günstiger Pub mitten im Stadtzentrum. Das *pub grub* ist herzhaft, und für Spätaufsteher gibt es ab 11 Uhr noch Frühstück. ⏱ Küche 11–21 Uhr.

Informationen

Linlithgow VisitScotland Information Centre, County Buildings, High Street, ☎ 01506-775320, 🖥 www.westlothian.gov.uk. Kleines Büro in der Stadtverwaltung mit einigen Broschüren. ⏱ Mo–Do 8.30–17, Fr 8.30–16, Sa 10–16 Uhr, im Sommer auch So 11–15 Uhr.

Transport

Busse

Linie 38/X38 von First verbindet die High Street von Linlithgow regelmäßig mit EDINBURGH (1 1/4 Std.) und STIRLING (1 Std.).

Eisenbahn

Linlithgow liegt verkehrsgünstig an der Bahnstrecke von EDINBURGH (20 Min.) über Falkirk nach GLASGOW (30 Min.) oder STIRLING (30 Min.) und wird mehrmals stdl. angefahren.

Midlothian

Die alte Grafschaft Midlothian ist heutzutage zu einem Großteil von der Stadt Edinburgh geschluckt worden. So befand sich das „Herz von Midlothian" am Tolbooth neben der St Giles' Cathedral im Zentrum von Edinburgh. Am Rande der Großstadt bietet Midlothian aber weiterhin einige sehr lohnende Ausflugsziele.

Rosslyn Chapel

Noch vor zehn Jahren galt die Rosslyn Chapel, ☎ 0131-4402159, 🖥 www.rosslyn-chapel.com, als Geheimtipp für Liebhaber ungewöhnlicher Kirchen. Andere hatten in Zusammenhang mit dem Ort Roslin vom weltweit ersten Klonschaf Dolly gehört, das in den Biotechlaboren des Roslin Institute zur Welt gebracht wurde – für viele ein Sakrileg.

Und dann kam Dan Browns *Sakrileg*! Über Nacht verwandelte der Da Vinci Code die geheimnisvolle Kapelle in eine heiße Touristenattraktion auf der Suche nach dem Heiligen Gral. Ein neuer großer Parkplatz, der Bau eines Visitor Centre und natürlich gehobene Eintrittspreise (einst stand die Kirche einfach offen) haben die Atmosphäre rund um den ehemals stillen Kirchhof oberhalb des idyllischen Roslin Glen dramatisch verändert.

Dennoch lohnt sich der Besuch, denn Rosslyn Chapel ist in der Tat ein architektonisches Schmuckstück: Gotische Extravaganz, filigrane Steinmetzarbeiten und eine ungewöhnlich reiche Bildersprache machen die Kapelle in Schottland einzigartig. Da spielt ein Engel Dudelsack, ein Totentanz wird aufgeführt, der heidnische *Green Man* schaut die Besucher an, während der Teufel gefesselt kopfüber nach unten hängt. Highlight ist die unglaublich kunstvoll verzierte „Lehrlingssäule" (Apprentice Pillar), die in Schottland in dieser Form einmalig ist. Schon Queen Victoria war auf ihrem ersten Schottlandbesuch beeindruckt.

William St. Clair, der dritte Prinz von Orkney, gab den Bau der Kapelle 1446 in Auftrag. Sie wird immer wieder mit den Tempelrittern und den Frei-

Edinburgh und die Lothians

maurern in Verbindung gebracht. Auch das Grab Merlins soll sich unter dem Boden befinden.

Lohnend sind die unterhaltsamen und informativen Führungen durch die Kapelle. Inzwischen wurden auch die langjährigen Dacharbeiten endlich beendet, und bei Redaktionsschluss stand die Einweihung eines neuen Besucherzentrums unmittelbar bevor. ☉ April–Sep Mo–Sa 9.30–18, So 12–16.45, Okt–März Mo–Sa 9.30–17, So 12–16.45 Uhr, Eintritt 7,50 £, erm. 6/0 £.

Anfahrt mit Bus 15 (Lothian Buses) aus der Innenstadt von Edinburgh (Princes Street) Mo–Fr stdl., Sa–So alle 30 Min., ca. 40 Min.

Craigmillar Castle

Am Stadtrand von Edinburgh, aber auf dem historischen Gebiet von Midlothian, ist die Ruine von Craigmillar Castle, ✆ 0131-6614445, 💻 www.historic-scotland.gov.uk, vor allem für ihre Maria-Stuart-„Connection" bekannt. Nachdem ihr Privatsekretär Rizzio in Holyrood ermordet und ihr Sohn James I. geboren worden war, begann die Königin eine Liebschaft mit dem Earl of Bothwell. Ende 1566 verbrachte sie drei Wochen in Craigmillar. Ihr Motto: „Ich weine keine Träne mehr, ich will Rache." Im Visier ihrer Rache: Ehemann Darnley. Mit einer Art „Craigmillar-Schwur" gelobten ihre Getreuen, Darnley zu beseitigen, was im Frühjahr 1567 auch geschah.

Die Ruine ist gut erhalten und z. T. noch überwölbt. Vom Dach hat man einen schönen Blick bis zum Edinburgh Castle und zum Arthur's Seat. ☉ April–Sep tgl. 9.30–17.30, Okt 9.30–16.30, Nov–März Sa–Mi 9.30–16.30 Uhr, Eintritt 4,20 £, erm. 3,40/2,50 £.

Anfahrt mit allen Lothian Buses, die auch zum benachbarten Krankenhaus Royal Infirmary fahren (Linien 21, 24, 33, 38, X 48, 49), dann zu Fuß weiter.

Dalkeith

Unmittelbar südöstlich der Ring Road A 720 ist Dalkeith vor allem mit den Herzögen von Buccleuch verbunden. An den Ufern des River North

Esk ließen sich die Herzöge 1701–10 einen palladianischen Landsitz errichten (heute von einer amerikanischen Uni genutzt), doch das Gelände selbst befindet sich schon seit 700 Jahren in Familienbesitz. Später steuerte William Adam die schönen Stallungen bei, sein Sohn Robert zeichnete 1792 für die Montagu-Brücke verantwortlich, und im 19. Jh. entstanden diverse Fantasiegebäude, wie die Orangerie, die restauriert werden soll.

Eingebettet in einen rund 350 ha großen Landschaftspark, der rundum von einer Mauer umgeben ist, bietet das **Dalkeith Country Estate**, 💻 www.dalkeithcountryestate.com, vom Zugang in der High Street sehr schöne Möglichkeiten zu erholsamen Spaziergängen. In den Stallungen befindet sich zudem ein Café.

Anfahrt nach Dalkeith mit Bus 3 und 49 (Lothian Buses) sowie Bus 86 (First) ab Innenstadt Edinburgh.

The Scottish Mining Museum

Schon im 13. Jh. nutzten die Klöster in der Region Kohle, und im 16. Jh. war der Firth of Forth für seine Kohleförderung bekannt (s. Culross, S. 293). 1895 ging dann die Lady Victoria Colliery in Newtongrange in Betrieb. Mit knapp 500 m Tiefe hielt die Grube in Schottland damals den Rekord. Als sie 1981 schließen musste, entschloss man sich, das reiche Bergbauerbe Schottlands wenigstens ansatzweise zu erhalten: The Scottish Mining Museum, ✆ 0131-6637519, 💻 www.scottishminingmuseum.com, ist ein Schmuckstück der Industriekultur in Schottland. Sehr informativ wird im ersten Stock die Geschichte des Bergbaus dargestellt, im zweiten geht es um das harte Leben der Kumpels, um Streiks, Kinderarbeit und den Niedergang der Kohleförderung unter Margaret Thatcher. Es folgt eine einstündige Führung mit Helm über das Gelände – Schottland einmal anders. Im Museum befindet sich auch eine Touristeninformation. ☉ März–Okt tgl. 10–17, Nov–Feb 10–16 Uhr, Eintritt 6,50 £, erm. 4,50 £.

Anfahrt mit Bus 3 und 29 (Lothian Buses) sowie Bus 86 (First) ab Innenstadt Edinburgh.

East Lothian

Die überschaubare, aber abwechslungsreiche Region im Osten der Hauptstadt bietet historische Landsitze, malerische Burgruinen, alte Städtchen sowie mit Bass Rock vor North Berwick ein bedeutendes Vogelschutzparadies. East Lothian ist also weit mehr als nur Kulisse für die Schnellstraße A 1.

Newhailes

Wenige Meter östlich der Stadtgrenze von Edinburgh verwaltet der National Trust in Musselburgh einen Landsitz, der lange Zeit als Dornröschenschloss galt. Newhailes, ✆ 0844-4932125, 🖳 www.nts.org.uk, ist eines der besterhaltenen Rokoko-Schlösschen in Schottland, auch wenn dies der relativ schlichten Fassade kaum anzumerken ist. Die Bibliothek und die repräsentativen State Apartments werden auf einer Führung vorgestellt. Gemälde von Raeburn, Ramsay und de Medina runden die Einrichtung ab. Auch der Park soll wiederhergestellt werden – ein lohnender Abstecher. ⏲ Ostern, Mai–Sep Do–Mo 12–17 Uhr, Eintritt 11 £, erm. 8 £ (NTS).

Anfahrt mit Bus 30 (Lothian Buses) ab Innenstadt Edinburgh.

Haddington

Auf halbem Weg von Musselburgh nach Dunbar liegt die schmucke Ortschaft Haddington (8750 Einwohner) unmittelbar an der Schnellstraße A 1. Der historische Stadtkern am Flüsschen Tyne weist manch idyllisches Plätzchen auf. Im Mittelalter hatte es Haddington sehr schwer, weil Invasionsarmeen aus England sich auf dem Weg nach Edinburgh hier oft schadlos hielten.

Nungate Bridge und St Mary's Church

Kurz nach der letzten großen Invasion 1548 wurde die schon auf das 12. Jh. zurückgehende **Nungate Bridge** wieder aufgebaut. Über die Brücke verlief die Hauptstraße von England nach Edinburgh. Heute spazieren hier nur noch Fußgänger,

und abends wird es auf der Terrasse des benachbarten Waterside Inn sehr stimmungsvoll.

Während auf der westlichen Seite stadteinwärts die sehr malerische **Church Street** ein wunderbares Ensemble aus dem 18. Jh. darstellt, geht es links am Fluss zur **St Mary's Parish Church**, Sidegate, ✆ 01620-825111, 🖳 www.stmaryskirk.com. Der sehr stattliche gotische Bau musste 1548 schwere Schäden durch die englischen Truppen hinnehmen, bevor 1561 der bekannteste Sohn der Stadt, der Reformator John Knox, zumindest den teilweisen Wiederaufbau veranlasste. Erst 1972/73 konnte die Kirche komplett restauriert werden. Deshalb weist das Innere der Kirche mit seinen Buntglasfenstern und dem Millennium-Wandteppich auch vergleichsweise moderne Züge auf. Schon die tolle Lage am Fluss mit dem alten Kirkyard macht die Kirche sehenswert. ⏲ Ostern, Mai–Sep So–Fr 13.30–16, Sa 11–16 Uhr.

Lennoxlove House

Der Stammsitz der Dukes of Hamilton, Lennoxlove House, ✆ 01620-828614, 🖳 www.lennoxlove.com, liegt etwas südlich von Haddington und blickt auf 700 Jahre Geschichte zurück.

Zu den Kuriositäten des Landsitzes gehört schon der Name. Er geht auf Frances Teresa Stuart zurück, die Herzogin von Lennox, die wegen ihrer Schönheit als „la Belle Stuart" bekannt wurde. Sie vermachte das Haus ihrem Neffen Lord Blantyre mit der Anweisung, es solle fortan als „Lennox's Love to Blantyre" genannt werden.

Im 16. Jh. gehörte das damalige Tower House den Maitlands, die zu Zeiten Maria Stuarts eine politisch führende, wenn auch umstrittene Rolle spielten. So sind hier Briefe ausgestellt, die beweisen sollten, dass die Königin ihren Mann Lord Darnley beseitigen ließ. Auch Marias Totenmaske ist zu sehen. Leider wird Lennoxlove nur in eher homöopathischen Dosen geöffnet. ⏲ Mai–Sep Mi, Do, So 13.30–16 Uhr, April/Okt Mo, Do, So 13.30–15.30 Uhr, Eintritt 5 £, erm. 3 £. Das Haus ist nicht mit Bussen zu erreichen.

National Museum of Flight

Auf halbem Weg zwischen Haddington und North Berwick wurde an der B 1347 ein ehemaliger Militärflugplatz zum National Museum of Flight,

East Fortune Airfield, ☏ 0131-2474238, 🖥 www. nms.ac.uk/flight, umgewandelt. Natürlich gibt es viele Militärjets, aber für Flugenthusiasten auch eine Concorde und zahlreiche interaktive Mitmachmöglichkeiten. ⏱ April–Okt tgl. 10–17, Nov–März Sa–So 10–16 Uhr, Eintritt 9 £, erm. 7 £. Anfahrt mit Bus 121 (First) von Haddington nach North Berwick (hält 3–4x tgl. am Museum).

Transport

Die Buslinie 121 (First) fährt von Haddington nach NORTH BERWICK (35–40 Min.), die 6/X6 (First) von EDINBURGH (1 Std.) über Haddington nach DUNBAR (20 Min.).
Die Linie 253 (Perryman's Buses, ☏ 01289-308719, 🖥 www.perrymansbuses.com) bedient die Strecke nach EDINBURGH (1 Std.) und in die andere Richtung via DUNBAR (20 Min.) nach BERWICK UPON TWEED (1 1/2 Std.).

Von Aberlady Bay bis North Berwick

An der Küste von East Lothian besonders interessant ist die Gezeitenbucht **Aberlady Bay**, deren weitläufige Wattenschlickflächen, Salzmarschen und Dünen vor allem Zugvögeln einen idealen Rastplatz bieten. Brachvögel, Kiebitze, Rotschenkel, Sterntaucher sowie Sanderlinge sind regelmäßige Gäste.

Der Ort **Gullane** ist als Zentrum des Golfsports in East Lothian bekannt, der **Muirfield Golf Course** hat sogar internationales Turnierformat. Dort ist seit 1891 die geschichtsträchtige Honourable Company of Edinburgh Golfers zuhause, die schon 1744 das erste Regelwerk für den Golfsport zusammenstellte.

In Dirleton trifft man auf die überraschend vollständige Ruine von **Dirleton Castle**, ☏ 01620-850330, 🖥 www.historic-scotland.gov.uk, die bereits auf das 13. Jh. zurückgeht. Ungewöhnlich ist der *doocot*, ein riesiger Taubenschlag aus dem 16. Jh. für 1060 Tauben. Das Ganze sieht wie ein Bienenkorb aus. Mit 215 m Länge haben die Blumenrabatte sogar den Sprung ins Guinnessbuch der Rekorde geschafft. ⏱ April–Sep tgl. 9.30–17.30, Okt–März tgl. 9.30–16.30 Uhr, Eintritt 4,70 £, erm. 3,80/2,80 £ (HS).

North Berwick

Knapp 40 km östlich von Edinburgh verbreitet der kleine Ort North Berwick (6200 Einwohner) fast schon Seebadatmosphäre. Am Wochenende strömen viele Hauptstädter in den kleinen Hafenort, der schon vor 1000 Jahren Pilgern als Fährhafen auf dem Weg über Elie in Fife nach St Andrews diente. Ein bedeutender Feriengast war Ende des 19. Jhs. Robert Louis Stevenson, der sich an der hiesigen Küste Anregungen für mehrere Bücher holte.

Den besten Ausblick gewinnt man vom 187 m hohen Vulkanfelsen **North Berwick Law**. Über die Law Road erreicht man von der High Street zu Fuß in einer halben Stunde den Parkplatz „The Law". Der steile Aufstieg dauert nochmals eine halbe Stunde. Von oben bietet sich ein grandioser Rundblick hinaus zu den berühmten Vogelinseln Bass Rock (s. Kasten S. 164) und Isle of May (s. S. 303) im Firth of Forth.

Einen ersten Einblick in die überregional bedeutende Vogelwelt der Inseln bietet das hervorragende **Scottish Seabird Centre**, The Harbour, ☏ 01620-890202, 🖥 www.seabird.org. Mehrere Kameras liefern Live-Bilder von den Basstölpeln auf Bass Rock sowie im Frühling und Frühsommer von den Papageientauchern auf Craigleath und der weiter nördlich im Firth of Forth gelegenen Isle of May. Ausführlich wird erklärt, wie seit 1999 die Zahl der brütenden Papageientaucher auf Craigleath dramatisch abnahm, weil ein Teppich aus Baummalven die Brutplätze immer stärker überdeckte. 2006 entschloss man sich zu einem drastischen „Entwaldungsprojekt", sodass die Zahl der brütenden Papageientaucher langsam wieder zunimmt.

Mehrere kleine Filme, ein Café und eine Terrasse mit Meerblick runden den Service ab. ⏱ Feb–März/Okt Mo–Fr 10–17, Sa–So 10–17.30, April–Sep tgl. 10–18, Nov–Jan Mo–Fr 10–16, Sa–So 10–17.30 Uhr, Eintritt 7,95 £, erm. 5,95/4,50 £ (Café Eintritt frei).

Tantallon Castle

Rund 5 km östlich von North Berwick liegt die Ruine Tantallon Castle, ☏ 01620-892727, 🖥 www.historic-scotland.gov.uk, in malerischer Lage direkt am Klippenrand. Von hier schweift der Blick hinaus übers Meer zum 2,5 km entfernten Bass

Bass Rock ist die größte Inselkolonie Großbritanniens für **Basstölpel** *(gannets)*. Mehr als 150 000 von ihnen bevölkern einen kleinen unwirtlichen Vulkanfelsen vor der Küste von East Lothian. Bass Rock ist ein Naturspektakel von internationalem Format, das nicht nur Vogelliebhaber begeistert: Fast jeder Quadratzentimeter wird genutzt, zumal auch einige Trottellummen, Tordalken, Krähenscharben und Dreizehenmöwen dort nisten. Alles ist mit weißem Guano überzogen, und selbst auf dem Wasser wimmelt es von Vögeln.

Am spektakulärsten sind jedoch die Basstölpel, wenn sie majestätisch über dem Wasser schweben, plötzlich ihre Flügel anlegen und im Sturzflug bis weit unter die Wasseroberfläche tauchen, um Fische zu fangen.

Früher war die Insel übrigens auch eine Festung mit Gefängnis, quasi eine Art schottisches Alcatraz für Staatsgefangene.

Bootstouren

Wer sich Bass Rock und die Papageientaucher-Insel Craigleath aus der Nähe anschauen will, kann an den einstündigen **Seabird Seafaris** teilnehmen. Die Schnellboottouren starten je nach Wetterlage Mo–Fr um 13.45 und 15.15 Uhr sowie Sa–So um 12.15, 13.45 und 15.15 Uhr, 22 £, erm. 17 £. Angeboten werden auch längere Ausflüge zur Isle of May (3 1/2 Std. 38/32 £). Reservierungen werden dringend empfohlen, entweder direkt im Scottish Seabird Centre oder telefonisch unter ✆ 01620-890202, 🖳 www.seabird.org.

Chris und Pat Marr bieten mit ihrem offenen Holzboot **Sula II** regelmäßig ca. 75-minütige Ausflugsfahrten zum Bass Rock und nach Craigleath an, auf denen es weitaus gemütlicher zugeht. Ob und wann die Boote fahren, hängt vom Wetter und der Tide ab. Die aktuellen Fahrzeiten erfährt man jeden Morgen ab 9 Uhr auf einer Infotafel am Anleger im Hafen oder unter ✆ 01620-892838.

Rock, und oftmals sind schon mit bloßem Auge vor der Küste einige Basstölpel auf Fischfang zu erkennen – ein Fernglas ist hier sehr hilfreich! Am Horizont ist bei gutem Wetter sogar die Isle of May auszumachen. Dort lebt die größte Papageientaucher-Kolonie an der Ostküste.

Das Castle selbst stammt aus dem 14. Jh. und diente als Festung der Red Douglases, der Earls of Angus. 1651 hinterließ Oliver Cromwell schließlich nur noch eine Ruine. 🕑 April–Sep tgl. 9.30–17.30, Okt 9.30–16.30, Nov–März Sa–Mi 9.30–16.30 Uhr, Eintritt 4,70 £, erm. 3,80/2,80 £.

Übernachtung

Tantallon Caravan and Camping Park, Dunbar Road, ✆ 01620-893348, 🖥 www.meadowhead. co.uk. Schöne Lage mit Meerblick zwischen North Berwick und Tantallon Castle; auch Caravan-Ferienhäuser zu vermieten. ◷ März–Okt. ❶–❷

The Glebe House, Law Road, ✆ 01620-892608, 🖥 www.glebehouse-nb.co.uk. Komfortable, von Gwen Scott liebevoll geführte Unterkunft oberhalb des Zentrums in einer eleganten georgianischen Villa, die früher zur Kirche gehörte. Auf den Bettdecken sind Teddybären platziert, z. T. gibt es einen herrlichen Seeblick, doch nicht alle Zimmer haben Bad/WC. ❸–❹

The Wing, 13 Marine Parade, ✆ 01620-893162, 🖥 www.thewing.co.uk. An der Strandpromenade verbreitet das B&B echte Seaside-Atmosphäre. In der Lounge bietet ein Fernglas einen besseren Blick auf die Vogelwelt von Craigleath; Bass Rock liegt ganz rechts. Leider haben die Zimmer keinen Meerblick. ❷–❸

Essen

The Grange, 35 High Street, ✆ 01620-893344, 🖥 www.grangenorthberwick.co.uk. Das Grange konzentriert sich auf regionale Spezialitäten, darunter gelegentlich Hummer und Makrelen, die im Hafen angelandet werden. Neben frischen Meeresfrüchten und Fisch gibt es Aberdeen Angus und Lamm auf der ausgewogenen Speisekarte. ◷ Küche: Mo–Sa 12–14, 18.30–21, So 12.30–17, 18.30–21 Uhr.

Westgate Gallery & Orangery Café, 41 Westgate, ✆ 01620-894976, 🖥 www.westgate-gallery. co.uk. Das sympathische Galeriecafé bietet neben Kuchen auch Suppe, Panini und Quiche. In den gemütlichen Korbsesseln kann man in Ruhe die Landschaftsgemälde studieren. Auch Geschenkabteilung mit Parfüm und Seife. ◷ Mo–Sa 10–17.30, So 12–17 Uhr.

Informationen

North Berwick VisitScotland Information Centre, Quality Street, ✆ 01620-892197, 🖥 www.north-berwick.co.uk oder 🖥 www.visiteastlothian.org. ◷ April–Sep tgl. 9.30–18, Okt Mo–Sa 9.30–17, Nov–März Fr–So 9.30–17 Uhr.

Transport

Busse

Wichtige Buslinien sind die Linie X5/124 über Aberlady nach EDINBURGH (First, 2x stdl., 1–1 1/2 Std.), die Linie 120 (Eve Coaches) nach DUNBAR (35 Min.) und die Linie 121 nach HADDINGTON (First, ca. alle 2 Std., 45 Min.).

Eisenbahn

North Berwick ist per Zug direkt mit EDINBURGH (stdl., 35 Min.) verbunden.

Dunbar

Das Hafenstädtchen Dunbar (7000 Einwohner) hat bei schottischen Nationalisten keinen guten Klang, denn gleich zweimal wurden schottische Heere vor den Toren der Stadt von Edward I. (1296) sowie Oliver Cromwell (1650) vernichtend geschlagen. In beiden Fällen ging die Unabhängigkeit für viele Jahre verloren.

Die Stadt selbst hat einige kleinere Highlights zu bieten, angefangen mit dem Hafen, in dem sich neben den Fischerbooten gelegentlich auch Seehunde tummeln. Bekannt ist außerdem die Belhaven-Bierbrauerei im Westen der Stadt.

John Muir's Birthplace

Dem berühmtesten Sohn der Stadt ist in seinem Geburtshaus ein eigenes Museum gewidmet: **John Muir's Birthplace**, 126 High Street, ✆ 01368-865899, 🖥 www.jmbt.org.uk, erzählt die bemerkenswerte Lebensgeschichte eines der ersten international bekannten Umweltschützers. John Muir wurde 1838 in Dunbar geboren, wanderte aber schon 1849 nach Wisconsin aus. Seinem unermüdlichen Einsatz ist es u. a. zu verdanken, dass 1890 Yosemite als erster Nationalpark gegründet wurde. ◷ April–Okt Mo–Sa 10–17, So 13–17, Nov–März Mi–Sa 10–17, So 13–17 Uhr, Eintritt frei.

In Dunbar erinnert der **John Muir Country Park** an der Belhaven Bay am westlichen Stadtrand mit seinem tollen Sandstrand an Muir. Darüber hinaus verbindet der 73 km lange **John Muir Way** als Wanderroute die Küstenorte von East Lothian, und 1983 wurde der **John Muir**

Trust, 🖥 www.jmt.org.uk, gegründet. Diese Umweltstiftung verwaltet inzwischen 20 000 ha Land und schützt insgesamt 115 000 ha, vor allem in den Highlands.

Übernachtung und Essen

Springfield House, Belhaven Road, ✆ 01368-862502, ✉ smeed@tesco.net. Insgesamt 7 sehr nette Zimmer in einer ansehnlichen Villa an der westlichen Ausfallstraße Richtung Haddington/North Berwick. Einige davon teilen sich ein Badezimmer, Nr. 5 hat ein eigenes Bad/WC. Die freundliche Landlady heißt auch Wanderer und Radfahrer ausdrücklich willkommen. Das attraktive Frühstück bietet Fairtrade-Tee und sogar eine Käseplatte – die beste Adresse im Umkreis. ❷ – ❸

Belhaven Smokehouse, Beltonford, Dunbar, ✆ 01368-863244, 🖥 www.haddingtonfarmers market.co.uk. Die sowohl kalt als auch warm geräucherten Lachse, Makrelen und Forellen sind ein Gedicht. Angeboten werden außerdem geräucherter Lammermuir-Käse sowie guter Ziegenkäse und Brie. Ein lohnender Stopp, um sich für ein Picknick zu versorgen. 🕐 tgl. 10–17 Uhr.

Informationen

Dunbar VisitScotland Information Centre, 143A High Street, ✆ 01368-863353, 🖥 www.visiteastlothian.org. Das Büro war bei Redaktionsschluss von der Schließung bedroht. 🕐 April–Juni, Sep–Okt Mo–Sa 9.30–17, Juli–Aug Mo–Sa 9–17, So 12–17 Uhr.

Transport

Busse

Wichtige Buslinien sind die 120 (Eve Coaches) von/nach NORTH BERWICK (35 Min.) sowie die 6/X6 (First) von/nach EDINBURGH (1 Std.) über Haddington. Die Linie 253 (Perryman's Buses) bedient alle 2 Std. die Strecke von Edinburgh via Haddington nach Dunbar und weiter via EYEMOUTH (1 Std.) nach BERWICK UPON TWEED (1 1/4 Std.).

Eisenbahn

Dunbar ist per Zug mehrmals tgl., aber unregelmäßig direkt mit EDINBURGH (20–25 Min.) verbunden.
Außerdem liegt Dunbar an der Ostküstenstrecke von/nach Newcastle. Die Züge halten aber nur gelegentlich vor Ort.

Südschottland

Stefan Loose Traveltipps

St Abb's Head Auf den spektakulären Klippen an der Ostküste die Vogelwelt beobachten und dabei Wind und Wetter trotzen. S. 172

2 **Melrose** Nach der Besichtigung der wunderbaren Abteiruine lassen sich die Hügel der Eildon Hills erklimmen. S. 177

Drumlanrig Castle Das Vorzeigeschloss birgt die Gemäldesammlung der Herzöge von Buccleuch und Queensberry. S. 201

Kirkcudbright In den malerischen Gassen des einstigen Künstlerorts kann man die Seele baumeln lassen. S. 205

Glen Trool Tief in den Wäldern des Galloway Forest Park warten das herrlich gelegene Loch Trool und der Merrick, der höchste Berg im Südwesten. S. 209

3 **Culzean Castle** Robert Adams filigranes Meisterwerk thront über den Klippen bei Ayr, eingebettet in einen weitläufigen Landschaftspark. S. 217

Der Süden Schottlands ist selbst für viele Einheimische eine unentdeckte Region – völlig zu Unrecht. Von der dramatischen Klippenküste bei St Abb's Head im Osten bis zu den Rhinns of Galloway im Westen erstreckt sich ein Gebiet voller Sehenswürdigkeiten: einsame Täler, romantische Abtei-Ruinen, prachtvolle Schlösser, malerische Ortschaften – und das alles eingerahmt von beachtlichen Mittelgebirgszügen. Die allgemein gebräuchliche Bezeichnung Lowlands ist deshalb eigentlich ein wenig irreführend, Southern Uplands trifft es angesichts von Bergkuppen über 800 m Höhe schon besser.

Jahrhundertelang war diese Region Aufmarschgebiet für Invasoren, Versteck für Viehdiebe und der Ort mancher Schlacht. Die idyllische Ruhe kam erst viel später. Doch auch im Mittelalter gab es Blütezeiten, in denen die großartigen Abteien der Borders rund um Melrose entstanden. Die Nähe zur englischen Grenze wirkte sich aber schließlich verhängnisvoll aus. Spätestens die zerstörerische Heiratskampagne, mit der Heinrich VIII. versuchte, die Hochzeit seines Sohnes mit Maria Stuart durchzusetzen –

im besten Understatement bekannt als „raues Umwerben" *(rough wooing)* –, versetzte den stolzen Klöstern den Todesstoß.

Dass Schottland und die Lowlands romantisch geprägt sind, verdankt die Region dem Nationaldichter Robert Burns und Sir Walter Scott. Beide sind zu Ikonen der schottischen Literatur geworden und werden an vielen Orten in den Lowlands geehrt. Zu Burns' 250. Geburtstag wurde 2009 sogar für ganz Schottland ein *Year of Homecoming* ausgerufen, um die vielen Auswanderer von nah und fern in die „Heimat" zu bringen.

Der Süden Schottlands hat noch viel mehr zu bieten: Wanderer genießen den anspruchsvollen Southern Upland Way und den St Cuthbert's Way, Mountainbiker finden auf den Pisten der *7stanes* unendlich viel Auslauf, und Vogelliebhaber erfreuen sich an der abwechslungsreichen Küstenlandschaft von Wattenmeer bis Klippenküste.

In den Schlössern des Hochadels lebt die Geschichte von einst weiter. Die Buccleuchs und Roxburghes gehören auch heute noch zu den größten Grundbesitzern des Landes. Das schönste Schloss im Süden ist Culzean Castle, das stolz an der Küste bei Ayr auf den Klippen thront – das Meisterwerk von Robert Adam.

Die Lowlands sind eine sehr vielseitige Gegend, die man auf dem Weg nach Norden nicht einfach am Rande liegen lassen sollte.

Die Borders

Schon der Name verweigert eine genaue Einordnung: „Grenzen" wird die Region im Südosten Schottlands genannt, ganz so, als sei hier alles im Fluss und lasse genau festzulegen. Und in gewisser Weise ist der Name durchaus gerechtfertigt, denn über die Jahrhunderte schwankte das Kriegsglück beständig. Auch die berüchtigten *reivers* waren als Viehdiebe in den Tälern zu beiden Seiten der Grenze zuhause. Und wer von England kommend nach Schottland fährt, merkt oft erst auf den zweiten Blick (bzw. an einer schottischen Fahne), dass er die Grenze überquert hat. Doch man sollte sich nicht täuschen: Die Borders sind auf Selbstständigkeit bedacht und stolz darauf, zu Schottland zu gehören. In dieser Hinsicht ist die Grenze sehr real. Und ein Zeichen des Patriotismus ist wohl auch die kürzlich erfolgte offizielle Umbenennung der Region in „Scottish Borders" – damit kein Zweifel aufkommt.

Während sich im frühen Mittelalter noch viele Gemeinsamkeiten mit den northumbrischen Nachbarn ergaben und Melrose und Jedburgh Zweigstellen für die Mönche von Lindisfarne (s. S. 175) waren, festigte sich mit dem Aufkommen des schottischen Königreichs vor 1000 Jahren die Trennlinie.

Es war David I. (1124–53), der den Borders eine der größten Hinterlassenschaften vermachte: Er gründete in Melrose, Dryburgh, Kelso und Jedburgh bedeutende Klöster, um seine Zentralherrschaft zu stärken und zugleich sein Territorium gegen den englischen Nachbarn zu sichern. Mehr als 400 Jahre lang kam die Region nicht zur Ruhe. In den Unabhängigkeitskriegen im 14. Jh. gab es immer wieder englische Strafexpeditionen nach Norden, die arge Zerstörungen anrichteten. Das Gleiche wiederholte sich im 16. Jh. Wenige Kilometer südlich der Grenze kam es am 9. September 1513 unweit von Coldstream bei

Die sanfte Hügellandschaft der Borders lädt förmlich zum Wandern und Radfahren ein. Beliebte Eckpunkte sind dabei die vier Abteiruinen von Melrose, Dryburgh, Kelso und Jedburgh sowie die Flussläufe von Tweed und Teviot. Die Routen haben unterschiedliche Schwierigkeitsgrade – von leichten Spaziergängen bis zu mehrtägigen Touren. Für jeden dürfte das Passende dabei sein.

Informationsmaterial und ausführlichere Routenbeschreibungen gibt es in den jeweiligen Touristeninformationen vor Ort oder im Internet unter ⌨ www.visitscottishborders.com. Hier die wichtigsten mehrtägigen Touren für Wanderer und Radfahrer:

The Borders Abbeys Way, ⌨ www.borders abbeysway.com. Der 109 km lange Rundwanderweg steuert alle vier Abteien an und gliedert sich in fünf Etappen. Oftmals geht es über offene Felder. Das längste Teilstück führt mit 29 km durch das Tweed-Tal von Melrose nach Kelso.

St Cuthbert's Way, ⌨ www.stcuthbertsway. fsnet.co.uk. Der 100 km lange Fernwanderweg von Melrose zur Holy Island of Lindisfarne an der northumbrischen Küste (s. S. 175) folgt den Spuren von Bischof Cuthbert. Das erste Teilstück von Melrose zur Dryburgh Abbey wird ausführlich auf S. 182 beschrieben. Danach geht es über die römische Dere Street und bei Kirk Yetholm (s. S. 174) über die englische Grenze.

Southern Upland Way, ⌨ www.southern uplandway.gov.uk. Der 340 km lange Fernwanderweg erreicht östlich von Moffat die Borders und durchquert diese auf den Spuren von Sir Walter Scott oft über sehr einsames und unwirtliches Berggelände. Ohne Zelt können manche Etappen lang werden. Bequem ist jedoch der 16 km lange Abschnitt von Melrose nach Lauder zum Thirlestane Castle. Bei Cockburnspath ist schließlich die Nordseeküste erreicht.

Four Abbeys Way, ⌨ www.cyclescottishborders. com. Die 88 km lange Rundschleife zu den vier Abteiruinen lässt sich für fitte Radler an einem Tag schaffen, besser ist jedoch eine Übernachtung auf halber Strecke, da es immer wieder einige kurze, aber harte Steigungen gibt.

Südschottland

DIE BORDERS

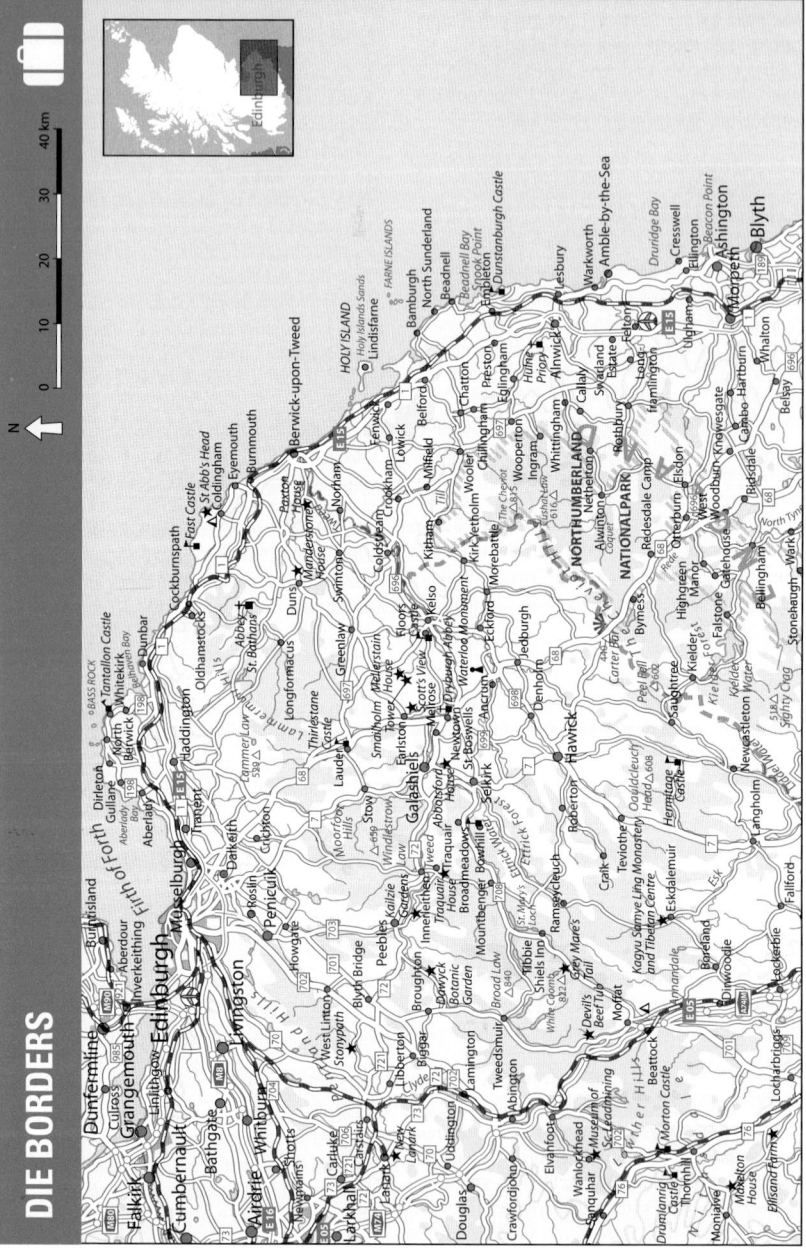

Flodden Field zum großen Showdown: Die englische Armee schlug die schottische vernichtend, König James IV. starb, und Schottland wurde in eine lange Zeit der Ungewissheit gestürzt, die letztlich in der Vereinigung mit England endete.

Heute sind die malerischen Abteiruinen wunderbare Touristenattraktionen und die Borders eine lebendige Region, die noch immer stark landwirtschaftlich geprägt ist. An dem positiven Bild der Borders hat vor allem ein Mann großen Anteil: Sir Walter Scott leitete von seinem Landsitz Abbotsford zwischen Melrose und Galashiels die Romantisierung Schottlands ein. Melrose und der River Tweed sind *Scott's Country*, hier hat er fast jedes Gemäuer und jede Legende verewigt. So ist Melrose auch eines der wichtigsten touristischen Zentren der Borders.

Von der Wollproduktion vergangener Tage ist nicht mehr viel geblieben, aber in Hawick findet sich noch das traditionelle Cashmere-Gewerbe.

Die Borders sind auch als Angelparadies bekannt, denn der River Tweed ist einer der lachsreichsten Flüsse Schottlands.

Die Küstenregion um Eyemouth

Zwischen Cockburnspath und der schottisch-englischen Grenze wird die Küste sehr hügelig, denn die Lammermuirs reichen als Teil der Southern Uplands bis ans Meer. Die Klippen bieten zahlreichen Nistvögeln einen sicheren Brutplatz, besonders St Abb's Head ist wunderbar. In Cockburnspath befindet sich zudem das östliche Ende des 340 km langen Fernwanderwegs Southern Upland Way (s. S. 169). Ganz im Südosten ist Eyemouth ein lebendiger kleiner Fischerhafen.

Eyemouth

Schon seit dem 13. Jh. ist Eyemouth (3500 Einwohner) ein Fischereihafen, denn die Mündung des Eye Water bietet eingerahmt von Klippen einen natürlich geschützten Hafen. Auch heute landen noch viele Fischerboote in dem langen, schmalen Hafenschlauch, der auch die Heimat mehrerer Seehunde ist. Bekannt ist der Ort für seinen *Eyemouth haddock* – der Schellfisch wird im modernen Fischmarkt auf der südlichen Hafenseite umgeschlagen.

Mit der Geschichte des Fischfangs in Eyemouth beschäftigt sich das **Eyemouth Museum**, Manse Road, ☎ 01890-750698, in der ehemaligen Kirche, in der auch die Touristeninformation untergebracht ist. Der Eyemouth-Wandteppich erinnert an die Katastrophe von 1881, als 189 Fischer in einem Sturm ihr Leben verloren. Der Heringsfang und die harte Arbeit der sogenannten *herring lassies* wird anschaulich präsentiert. Die jungen Frauen waren an Land das Rückgrat der Heringsindustrie. Sie kamen für die Fangsaison in die Häfen und schafften es in kleinen Dreierteams, bis zu 70 Heringe pro Minute auszunehmen und zu verpacken! ☾ April–Juni, Sep Mo–Sa 10–17, So 12–15, Juli–Aug Mo–Sa 10–17, So 12–16, Okt Mo–Sa 10–16 Uhr, Eintritt 2,50 £, erm. 2 £.

Im alten Fischmarkt ist im **Eyemouth Maritime Centre**, Harbour Road, ☎ 01890-751020, 🖥 www.worldofboats.org, mit viel Liebe zum Detail eine Seefahrtsausstellung zusammengetragen worden. Schon die Queen war beeindruckt. Die 400 Schiffe der Sammlung sind aber aus Platzmangel übers ganze Land verteilt. Regelmäßig gibt es Wechselausstellungen, z. B. zum Thema Schmuggel, der in Eyemouth besonders einträglich war. ☾ April–Okt tgl. 11–18, Nov–März 11–16.30 Uhr, Eintritt 3,75 £, erm. 2,50 £.

Auf der östlichen Hafenseite steht für sich allein ein sehr elegantes Haus, das erst seit 2009 der Öffentlichkeit zugänglich ist. Gebaut wurde **Gunsgreen House**, Gunsgreen Quay, ☎ 01890-752062, 🖥 www.gungreenhouse.org, 1753 von James Adam für den erfolgreichen Kaufmann John Nisbet. Sein Reichtum gründete sich allerdings höchstwahrscheinlich auf Schmuggel, denn gerade im 18. Jh. wurde nahezu alles an Land gebracht, was Geld versprach: von Alkohol und Tabak über Seide, Salz und Tee bis zu Kohle. ☾ April–Sep Do–Mo 11–17, März/Okt Sa–So 11–17 Uhr, Eintritt 5 £, erm. 4,50/3 £.

Paxton House

Das herrschaftliche Paxton House, ☎ 01289-386291, 🖥 www.paxtonhouse.com, entstand Mitte des 18. Jhs. mit einem herrlichen Park. Zu sehen ist eine schottische Gemäldesammlung als Außenstelle der Nationalgalerie in Edinburgh. Von Raeburn über Reynolds und Ramsay bis zu

Die Klippenküste von St Abb's Head

90 m ragen die Klippen am Leuchtturm von St Abb's Head auf, zumeist weht eine steife Brise, und von April bis Juli schreien bis zu 60 000 Brutvögel gegen das Donnern der Wellen an. Trottellummen, Tordalken, Krähenscharben, Eissturmvögel, Dreizehenmöwen und auch einige der exotischen Papageientaucher fühlen sich im Naturschutzgebiet des National Trust for Scotland heimisch. Dicht an dicht bevölkern sie die Klippen. Es macht einfach Spaß, dem großartigen Naturspektakel zuzuschauen und sich den Wind um die Nase wehen zu lassen.
Der Name der kleinen Halbinsel geht übrigens auf die heilige Ebba zurück, die im 7. Jh. als „Mutter von Northumbria" bekannt wurde. Die Nähe zu Englands Norden ist hier deutlich zu spüren.

Der National Trust unterhält an der Straße von Coldingham nach St Abbs ein kleines **Visitor Centre** mit Parkplatz. Hier beginnt ein etwa 5 km langer Rundweg zum Leuchtturm. Teils geht es über die Zufahrtstraße, teils direkt an den steilen Klippen entlang. Am Leuchtturm selbst befinden sich einige wenige Parkplätze für Besucher mit Behinderungen.
Ebenfalls sehr idyllisch ist der mitten in die Klippen geschmiegte schnuckelige kleine **Hafen** von St Abbs. Mit dem Schiff *Selkie* geht es hinaus zum Tauchen und Vögelbeobachten. Informationen: Peter Gibson, ☎ 01890-771681. B&Bs und Cafés gibt es ebenfalls, wenn der Seewind hungrig macht. Für Naturliebhaber ist der Abstecher ein Muss.

Opie und Wilkie sind hier die großen Namen der schottischen Kunstszene vertreten. Auch das exquisite Chippendale-Mobiliar ist eine kostbare Rarität. Ein markierter Rundweg führt hinunter zum Fluss, der hier noch von den Gezeiten geprägt ist. Im ehemaligen Boathouse erläutert eine kleine Ausstellung den Lachsfang am Tweed. ⏱ Ostern–Okt tgl 11–17 Uhr, Eintritt 7,50 £, erm. 7/3,50 £. Von Berwick verkehrt der Paxton House Bus (Linie 32) Mo–Sa zum Paxton House.

Übernachtung und Essen

St Abbs

Crosslaw Caravan Park, School Road, Coldingham, ☎ 01890-771316, 🖥 www.crosslaw. co.uk. Dieser Campingplatz in dem kleinen Ort bei St Abbs liegt günstig für die Erkundung der Gegend. ❶
Ebbcarrs Café, The Harbour, ☎ 01890-771302. In der ehemaligen Fischräucherei werden Kaffee und Kuchen in rustikaler Atmosphäre

serviert. Dazu kommen frischer Krabbensalat, die Fischsuppe *cullen skink* und *baked potatoes*. ⊙ Sommer tgl. 10–17, sonst 10–16 Uhr.
Springbank Cottage, The Harbour, ✆ 01890-771477, 🖥 www.springbankcottage.co.uk. Im Hafen von St Abbs eine ideale Unterkunft für Naturliebhaber, die an der Küste wandern oder am St Abb's Head Vögel beobachten wollen. Von März–Okt gibt es draußen auch einen kleinen Teegarten, in dem man z. B. frischen Krabbensalat genießen kann. ❷

Eyemouth

Mackay's of Eyemouth, 20-24 High Street, ✆ 01890-751142, 🖥 www.mackaysofeyemouth. co.uk. Fish 'n' Chips bis zum Abwinken – im Hafenort Eyemouth keine Überraschung; aber auch Black Pudding, Haggis und Burger. Mackay's wurde als bester Take-away der Borders prämiert. Zur Seefront gibt es ein kleines Restaurant. ⊙ Restaurant tgl.11–18.30 Uhr, Take-away 11–20.45 Uhr. Oben befindet sich das **The Bantry B&B**, ✆ 01890-751900, direkt an der Strandpromenade moderne Zimmer mit allem Komfort. Zimmer 3 hat einen super Seeblick, Nr. 1 und 4 teilen sich unten ein Bad. ❷–❸
The Ship Hotel, Harbour Road, ✆ 01890-750224. Am Hafen ein bei den Einheimischen sehr beliebtes Restaurant ohne viel Firlefanz. Serviert werden u. a. gegrillter Eyemouth-Schellfisch sowie Muscheln in provenzialischer Soße. Dazu kommen Haggis und Steak für Fleischliebhaber. Das leckere Essen ist vergleichsweise günstig und die Portionen sind groß. Auch Zimmer mit Bad/WC. ⊙ Küche tgl. 12–14, 18–20.30 Uhr, Bar 11–24 Uhr. ❷

Sonstiges

Informationen

Eyemouth VisitScotland Information Centre, Auld Kirk, Manse Road, ✆ 01890-750698, 🖥 www.visitscottishborders.com. ⊙ April–Juni, Sep Mo–Sa 10–17, So 10–13, Juli–Aug Mo–Sa 10–17, So 10–14, Okt Mo–Sa 10–17 Uhr.

Wandern

Die Klippenküste zwischen St Abbs, Eyemouth und Berwick upon Tweed ist ideales Wanderterrain. Der rund 5 km lange Rundweg von

St Abbs zum St Abb's Head ist spektakulär (s. Kasten). Nach Eyemouth sind es von St Abbs über den Berwickshire Coastal Path rund 8 km. Dabei passiert man den netten kleinen Sandstrand von Coldingham Bay.
Von Eyemouth weiter bis nach Berwick sind es dann nochmals 17 km über die „Grenze". Mit öffentlichen Verkehrsmitteln (s. u.) lässt sich die Rückfahrt gut organisieren.

Transport

Perryman's Buses bedient die Kleinregion. Linie 235 fährt stdl. von St Abbs nach Eyemouth (15 Min.) und BERWICK UPON TWEED (30 Min.). Linie 253 verkehrt alle 2 Std. von Eyemouth via Dunbar und Haddington nach EDINBURGH (2 Std.) sowie nach BERWICK (15 Min.). Linie 67 verbindet Berwick mehrmals tgl. mit KELSO (1 Std.), MELROSE (1 1/2 Std.) und GALASHIELS (1 3/4 Std.).

Kelso und Umgebung

Der Tweed ist so etwas wie das Rückgrat der Borders. Mit gut 157 km Länge durchquert er die gesamten Borders, bevor er im unteren Verlauf die Grenze zu England bildet und schließlich bei Berwick upon Tweed die Nordsee erreicht. Der zweitlängste Fluss Schottlands gilt als sehr lachsreich.

Kelso

Zentraler Dreh- und Angelpunkt am Unterlauf des Tweed ist der freundliche Marktflecken Kelso (6150 Einwohner). Im angenehmen Ortszentrum herrscht rund um den zentralen **Square** ein fast schon französisch-niederländisches Flair, wenn aus dem Rathausturm das Glockenspiel erklingt. Von den alten Abteien der Borders ist **Kelso Abbey** an der Bridge Street am meisten zerstört worden. Einst war sie die reichste der Border-Abteien, doch die Verwüstungszüge des Earl of Hertford hinterließen Mitte des 16. Jhs. nur Trümmer und völlig verarmte Mönche. ⊙ April–Sep tgl. 9.30–18.30, sonst Sa–Mi 9.30–16.30 Uhr, Eintritt frei (HS). Doch auch der angrenzende Friedhof mit der achteckigen **Kelso Old Parish Church** ist durchaus sehenswert.

1800 legte John Rennie die Pläne für die elegante **Brücke** über den Tweed vor, die ihm als Prototyp für die Waterloo Bridge in London diente. Rennie stammte aus East Lothian, seine Hauptwerke verwirklichte er jedoch in England.

Floors Castle

Ein schöner Spazierweg, der Cobby Riverside Walk, führt aus dem Ortskern am River Tweed entlang zu einem der markantesten Adelsschlösser Schottlands: Floors Castle, ☎ 01573-223333, 🖥 www.floorscastle.com. Das größte bewohnte Schloss des Landes ist im Besitz des 10. Herzogs von Roxburghe und seiner Frau. Manche nennen die Anlage mit 164 Zimmern ein verspieltes „Märchenschloss", andere halten die ausufernde Architektur für stillos. Unbestreitbar ist es den Architekten William Adam im 18. Jh. und William Playfair im 19. Jh. gelungen, den Stammsitz der Roxburghes wirkungsvoll in Szene zu setzen. Schon der freie Blick zum River Tweed ist grandios, der weitläufige Park erholsam, und im Inneren erwartet die Besucher eine exquisite Kunstsammlung von Matisse über Ruysdael bis zu Joshua Reynolds und Allan Ramsay. Da darf kostbares Porzellan aus Meißen und Sèvres genausowenig fehlen wie flämische Wandteppiche.

Woher stammt all der Reichtum? Nun, politisches Gespür machte die Familie Ker zum wichtigsten Landbesitzer in diesem Teil der Borders. Vorfahr Sir Robert Ker ging mit James VI. nach London und wurde dafür 1616 zum Earl befördert. 90 Jahre später verhandelte der 5. Earl als Schottlandminister unter Queen Anne die Union mit England. Für diese taktische Meisterleistung, die in der schottischen Bevölkerung extrem unpopulär war, wurde er zum Herzog ernannt und konnte 1721 mit dem Bau von Floors Castle beginnen. Der Landsitz umfasst heute noch rund 22 000 ha Land mit 50 Farmen. Zu Beginn des 20. Jhs. brachte die Heirat des 8. Duke mit der amerikanischen Millionärserbin Mary Goelet eine willkommene Auffrischung des Familienvermögens. Dafür ließ die neue Herzogin das Innere stark umbauen, um ihre Gobelins besser zur Geltung zu bringen. Am Rande des ummauerten Gartens befindet sich neben dem Gartencenter ein nettes Café. ⏰ April–Okt tgl. 11–17 Uhr, Eintritt 7,50 £, erm. 6,50/3,50 £.

Kirk Yetholm und Cheviot Hills

Unmittelbar an der englischen Grenze ist das abgeschiedene Dörfchen **Kirk Yetholm** unter Wanderern berühmt, weil sich hier das nördliche Ende des bekannten Fernwanderwegs **Pennine Way** befindet, der sich quer durch England nach Derby zieht. Nach Süden zu steigt der Pennine Way sofort steil bergan auf den Höhenkamm der **Cheviot Hills**, die hier die Grenze zu England markieren.

Kirk Yetholm ist auch eine Zwischenstation auf dem **St Cuthbert's Way** von Melrose zur Holy Island of Lindisfarne (s. S. 182).

Smailholm Tower

Wer einen Kontrast zu Floors sucht, findet ihn mit Sicherheit im freien Feld am Smailholm Tower, ☎ 01573-460365, 🖥 www.historic-scotland. gov.uk. Total einsam liegt das Tower House aus dem 15. Jh. fast wie in den Highlands auf einem Felsen, während rundum die Kühe friedlich grasen. Das Besondere an Smailholm ist, dass es mit der Familie von Walter Scott in Verbindung steht, dessen Großvater hier wohnte, während der kleine Walter in Edinburgh geboren wurde. Vielleicht war es der Genesungsaufenthalt hier draußen beim Großvater, der ihn für die Borders so einnahm. In dem wehrhaften Turmgemäuer erzählen Puppen die *Minstrelsy of the Scottish Border* (1802–03), eine Sammlung von Balladen aus den Borders, die den Friedensrichter aus Selkirk bekannt machten. ⏰ April–Sep 9.30–17.30, Okt–März Sa–So 9.30–16.30 Uhr, Eintritt 3,70 £, erm. 3/2,20 £ (HS).

Mellerstain

Und weiter geht die Castle-Tour nach Norden zu einem echten Highlight an wohlproportionierter Architektur. Wieder einmal war Robert Adam am Werke, in diesem Fall erweiterte und verfeinerte er den Landsitz Mellerstain, ☎ 01573-410225, 🖥 www.mellerstain.com, den sein Vater Willam 1725 für George Baillie errichtet hatte.

Eingebettet in eine schöne Parklandschaft liegt die karge Welt von Smailholm Lichtjahre entfernt. Prunkstück ist der Mitteltrakt, den Robert Adam 1770–78 neu baute. Hier wirkt das Gesamtdesign, das Adams überragendes Verständnis für Raum und Stil zeigt. Ein Paradebeispiel ist die ungewöhnliche Treppe in den 1. Stock. Wo andere nur einen rechtwinkligen Aufgang bewerkstelligt hätten, schuf Adam eine zweiteilige „Freitreppe", die sich auf halber Höhe zu einer zentralen Mitteltreppe vereinigt und so dem Ganzen Eleganz und Weitläufigkeit verschafft. Dass Adam ein Freund der griechischen Antike war, erkennt man unschwer an seinen Säulen, aber auch an den großartigen Wandfriesen in der beeindruckenden Bibliothek. Das Musikzimmer und der Salon wirken ebenfalls als Gesamtkunstwerk. An den Wänden hängen Werke von Gainsborough, van Dyck und Ramsay.

Leider sind die Öffnungszeiten eingeschränkter als wünschenswert. ⏰ Mai–Juni, Sep So, Mi 12.30–17, Juli–Aug So–Mo, Mi–Do 12.30–17, Okt So 12.30–17 Uhr, Eintritt 7 £, erm. 3,50 £.

Thirlestane Castle

In Thirlestane Castle, ☎ 01578-722430, 🖥 www. thirlestanecastle.co.uk, betritt man am Ortsrand von Lauder erneut eine andere Welt. Die Maitlands waren im 16. und 17. Jh. bei Hofe von Maria Stuart bis zu Charles II. sehr einflussreich und brachten es bis zum Herzogstitel. In dieser Zeit entstand zunächst das Hauptgebäude (1590). Dann begann John Maitland 1670–76 als Duke of Lauderdale mit dem großflächigen Umbau.

Beeindruckend ist der Duke's Bedroom mit seiner herrlichen Stuckdecke – nur wohnte in dem Schlafzimmer bald kein Duke mehr. John Maitland war nämlich bei Hofe aufgrund seines Ehrgeizes in Ungnade gefallen und starb 1682 völlig bankrott. Das kam bei seiner Gemahlin nicht gut an, und so zog sie mit 14 Wagenladungen von dannen. Allerdings stoppten die Einhei-

Alnwick Castle und Holy Island

Wer mit der sehr komfortablen Fähre von Amsterdam/Ijmuiden nach Newcastle übersetzt, sollte auf dem Weg nach Norden einige Zwischenstopps einplanen.

Ein echter Hingucker ist die mächtige Festung von **Alnwick Castle**, ☎ 01665-510777, 🖥 www. alnwickcastle.com, dem Sitz der Percys, besser bekannt als Dukes of Northumberland. Mehr als 700 Jahre Familiengeschichte wehen durch die beeindruckende Burg, die auch ganz unbescheiden als „Windsor des Nordens" gerühmt wird. Immer wieder war die Region hart umkämpft. Der berühmte schottische König und Macbeth-Bezwinger Malcolm Canmore starb 1093 bei Alnwick, und einer seiner Nachfolger, William „der Löwe", geriet mit 1174 in Gefangenschaft. Heute sind die Zeiten wesentlich friedlicher, und so präsentieren die Percys eine exquisite Kunstsammlung. Wunderbare Tizians, acht Canalettos sowie Gemälde von van Dyck, Turner und Gainsborough sowie mit viel Aufwand restaurierte Seidentapeten in den Prunkräumen sorgen für ein echtes Kunstvergnügen. Doch die kleinen Besucher interessiert nur eins: Wo hat Harry Potter zum ersten Mal auf seinem Besen gesessen? Und machte das magische Auto der Weasleys hier wirklich seine Bruchlandung?

Denn Alnwick war in den ersten beiden Potter-Filmen ein wichtiger Drehort. ⏰ April–Okt tgl. 10–18 Uhr (letzter Einlass 16.15 Uhr), Eintritt 12,50 £, erm. 10,60/5,50 £.

Die **Holy Island of Lindisfarne** ist für viele ein spirituell-magischer Ort. Schon die Anfahrt durch das Watt ist ungewöhnlich, denn es handelt sich um eine Gezeiteninsel. Bei Hochwasser ist der Fahrdamm überspült und der Ort abgeschnitten. Bereits 635 gründete der hl. Aidan ein erstes Kloster, 664 kam der Mönch Cuthbert aus dem schottischen Melrose und wurde zwei Jahre vor seinem Tod 685 zum Bischof von Lindisfarne.

Nach den Schrecken der Wikingerzeit entstand auf der Holy Island eine prächtige Priorei, und in der Mitte des 16. Jhs. kam ein Castle hinzu, das Heinrich VIII. mit den Steinen der aufgelösten Priorei errichtete, während er das Kloster als Ruine zurückließ. Das Lindisfarne Centre beherbergt eine Ausstellung zur Insel.

Die Öffnungszeiten der Insel-Sehenswürdigkeiten richten sich nach dem Gezeitenplan. Alle aktuellen Infos unter 🖥 www.holy-island.info. Eintritt Priorei 4,50 £, erm. 3,80/2,30 £; Castle 6,60 £, erm. 3,30 £; Lindisfarne Centre 3 £, erm. 1 £. Ein Pendelbus verbindet den großen Parkplatz am Ortseingang mit dem Castle (1/0,50 £ pro Weg).

mischen den letzten Wagen der Kolonne auf der Flucht und brachten dessen Inhalt zurück. Das Glück kehrte erst wieder im 19. Jh. zur Familie zurück. Damals wurde das Haus erneut umgebaut und modernisiert. Ein Großteil der Möbel stammt aus jener Zeit.

Sympathisch ist die Ausstellung über das harte Leben der Hausangestellten sowie das Country Life Museum. Ein Tearoom darf nicht fehlen. ⏲ Ostern, Mitte April–Juni, Sep So, Mi–Do 10–15 Uhr (letzter Einlass), Juli–Aug So–Do 10–15 Uhr (letzter Einlass), Eintritt 10 £, erm. 7/6 £.

Lauder

Das Zentrum des Ortes in den Lammermuir Hills liegt an der viel befahrenen A 68 von Edinburgh in die Borders nach Jedburgh. Ein sehr freundliches Projekt ist die **Flat Cat Gallery**, 2 Market Place, ✆ 01578-722808, 🖥 www.flatcatgallery. co.uk. Die Galerie mit einem sehr gemütlichen Café lädt zu einem Zwischenstopp ein. ⏲ Mo–Sa 9.30–17 Uhr.

Übernachtung und Essen

Kelso

Duncan House, Chalkheugh Terrace, ✆ 01573-225682, 🖥 www.tweedbreaks.co.uk. Jeff Slaters Pension verfügt über eine klasse Lage oberhalb des River Tweed. Von hier kann man direkt zum Floors Castle laufen. Bis auf das kleine Doppelzimmer Ettrick genießen alle Gäste Flussblick, das gilt auch für die Terrasse.

Ausgezeichnet!

The Border Hotel, The Green, ✆ 01573-420237, 🖥 www.theborderhotel.com. Der „Pub of the Year 2009" für Ost- und Südostschottland verströmt eine sehr angenehme Atmosphäre. Die Kutschenstation von 1750 wurde durch einen Wintergarten für das Restaurant erweitert und liefert hervorragende schottische Küche. Von Haggis über Eyemouth-Haddock (Schellfisch) bis zu Schweinefleisch-, Aprikosen- und Cider-Pie ist alles sehr deftig auf die wandernde Kundschaft eingestellt. Natürlich bietet das Border Hotel auch Unterkunft – eine super Adresse. ⏲ Küche 12–14, 18–21 Uhr. ❸

Das Esszimmer des georgianischen Hauses ist stilgerecht mit Landschafts-gemälden geschmückt, und die Zimmer sind geschmackvoll möbliert. ❷

Ednam House Hotel, Bridge Street, ✆ 01573-224168, 🖥 www.ednamhouse.com. Das 1761 errichtete schicke georgianische Herrenhaus mit seinem tollen Terrassengarten zum Fluss hinunter ist in puncto Lage und Ambiente kaum zu übertreffen. Familie Brooks hat das Hotel in einen Treffpunkt für Angler umgewandelt, und so begegnen einem Fische – ausgestopft oder als Gemälde – in jeder Ecke des Hauses. Das Restaurant liegt zum Garten und steht nicht mehr Hotelgästen offen. ❹ – ❻

The Cobbles Inn, 7 Bowmont Street, ✆ 01573-223548, 🖥 www.thecobblesinn.co.uk. Wenige Schritte vom Square bietet das Cottage-Restaurant tolle regionale und internationale Spezialitäten in einer stilvollen Pub-Atmosphäre. Freitagabends wird Folkmusik aufgespielt – die stimmungsvollste Adresse in Kelso.

The Old Priory, 33–35 Woodmarket, ✆ 01573-223030, 🖥 www.theoldpriorykelso.com. Auch bei Susan und Robin Girdwood geht es sehr freundlich zu. Die Zimmer sind sehr groß, und hinten gibt es einen schönen Garten. Die Priory liegt zudem mitten im Zentrum. Hier kann man sich schnell wohl fühlen. ❸

Kirk Yetholm

Kirk Yetholm Youth Hostel, ✆ 0845-2937373, 🖥 www.hostellingscotland.com. Schlichte Jugendherberge in einem Cottage am Ortsrand – ideal für Wanderer und Radfahrer. ⏲ Mitte April–Sep. Dorm-Bett ab 16 £.

Informationen

Kelso VisitScotland Information Centre, Town House, The Square, ✆ 01573-228055, 🖥 www.visitscottishborders.com. ⏲ April–Okt Mo–Sa 10–16, So 10–14, Nov–Dez Fr–Sa 10–16 Uhr.

Transport

Kelso ist eine kleine Verkehrsdrehscheibe in den östlichen Borders und deshalb gut aus allen Richtungen zu erreichen.

Perryman's Buses verbindet mit der Linie 67 mehrmals tgl. Kelso via Coldstream mit BERWICK UPON TWEED (1 Std.) sowie mit MELROSE (30 Min.) und GALASHIELS.
First verbindet mit der Linie 65 und 66 Mo–Fr jeweils 1x tgl. Kelso mit MELROSE, Linie 81 verkehrt Mo–Sa mehrmals tgl. zwischen Kelso und KIRK YETHOLM.
Munro's of Jedburgh verbindet mit Linie 52 mehrmals tgl. Kelso via Lauder und Dalkeith mit EDINBURGH (2 1/4 Std.). Linie 64 fährt Mo–Sa 2x tgl. zwischen Kelso und MELROSE.
MacEwan's Coach Services verbindet mit der Linie 20 mehrmals tgl. Kelso mit JEDBURGH (25 Min.) und HAWICK (1 Std.).

Melrose

> *„Und willst du des Zaubers sicher sein,*
> *so besuche Melros' bei Mondenschein.*
> *(...) und tu es allein."*

Walter Scott hatte ganz präzise Vorstellungen davon, wann und wie man Melrose am besten aufsuchen sollte, doch er wohnte ja auch nur wenige Kilometer weiter in Abbotsford und konnte schnell mal herüberkommen. Schon Theodor Fontane, von dem die deutsche Übersetzung stammt, hielt sich nicht an Scotts Ratschläge und kam in Begleitung am hellichten Tage. Sein erster Eindruck war positiv: „Das Städtchen Melrose liegt am Tweed, an den Abhängen malerischer Hügel, die hier zu beiden Seiten den Fluss einfassen."

Mit seinen 1700 Einwohnern ist der Ort am Nordhang der Eildon Hills eigentlich winzig, doch rund um den adretten Market Square geht es im Dreieck High Street/Abbey Street/Buccleuch Street sehr lebhaft zu.

Übrigens ist Melrose schon viel älter als die Abtei. Die Römer unterhielten wenige Kilometer östlich im 1. und 2. Jh. ihr Fort Trimontium zur Sicherung der Versorgungsroute aus dem Süden. Im 7. Jh. gab es ein erstes Kloster in Old Melrose flussabwärts, dessen berühmtester Mönch Cuthbert es bis zum einflussreichen Bischof von Lindisfarne brachte. Auf seinen Spuren wurde für Wanderer der 100 km lange St Cuthberts Way angelegt, der beide Orte miteinander verbindet (s. S. 182).

Melrose Abbey

Hauptattraktion von Melrose ist zweifelsohne die beeindruckende Ruine von Melrose Abbey, Abbey Street, ☎ 01896-822562, 🖥 www.historic-scotland.gov.uk, die den gesamten Ort dominiert. Fontane erkannte eine „rätselhafte Schönheitslinie" sowie eine „noble Gesamtwirkung", welche die Abtei für ihn zur „schönsten und fesselndsten" Ruine mache, die er je gesehen habe.

Selbst wer Fontane nicht zustimmt, wird sicher den einstigen Glanz und die gotische Pracht der Zisterzienserabtei würdigen, die trotz aller Zerstörungen nicht ganz verloren gingen. Die Abtei von Melrose ist ein Muss!

Wie die anderen Border-Abteien auch geht Melrose auf David I. zurück, der die Zisterzienser um 1136 ins Tweed-Tal holte. Genau wie die Nachbarklöster litt Melrose unter den diversen Kriegen mit England und wurde mehrfach zerstört. Schon 1322 musste Robert the Bruce nach einer Attacke beim Wiederaufbau helfen. Ihm gefiel die Abtei sehr, weshalb hier sein Herz beigesetzt wurde, während sein Körper in Dunfermline beerdigt liegt. Doch der Weg des Herzens nach Melrose war eigentlich nicht ganz wunschgemäß. Denn der Legende nach beauftragte der sterbende König seinen Getreuen James Douglas (genannt „Good Sir James" bzw. „Black Douglas") damit, sein Herz nach Jerusalem zu bringen. Aber Douglas starb unterwegs im Kampf, allerdings nicht, ohne zuvor das Herz den Mauren entgegenzuschleudern, angeblich mit den Worten „Forward, brave heart".

Aus dem Douglas-Clan gingen später die Herzöge von Queensberry hervor, die „Forward" in ihr Wappen übernahmen (s. Drumlanrig S. 201). Der zweite Teil des Todesspruchs wurde von Mel Gibson als Filmtitel für sein William-Wallace-Drama gewählt.

Das Herz gelangte zurück nach Schottland, und 1996 fand man auf dem Abteigelände einen Bleibehälter, der das Herz von Bruce enthalten könnte. Sicher ist man sich allerdings nicht. Ein Gedenkstein erinnert an die „Wiederbeisetzung"

1998. Wenige Meter weiter werden übrigens seit einigen Jahrzehnten auch die Doppelherzöge von Buccleuch und Queensberry beerdigt. Beeindruckend ist die Titel-Flut auf dem Grabstein des 8./10. Doppelherzogs.

Nicht alles an der Abtei ist melancholisch: Man beachte das Dudelsack spielende Schwein hoch über der südlichen Mauer. Im Commendator's House sind römische Funde sowie Bauteile der Abtei ausgestellt. ⏰ April–Sep tgl. 9.30–17.30, Okt–März 9.30–16.30 Uhr, Eintritt 5,20 £, erm. 4,20/3,10 £ (HS).

Priorwood Garden und Harmony Garden

Zu beiden Seiten der Abtei liegen zwei kleine idyllische Gärten: **Priorwood Garden**, Abbey Street, ☎ 0844-4932257, und **Harmony Garden**, St Mary's Road, gehören beide dem National Trust for Scotland. Vor allem der Priorwood Garden ist sehenswert. Er ist für seine Apfelbäume bekannt. Im Harmony Garden findet im Juni das Border Bookfestival statt (s. S. 181). ⏰ Priorwood Garden: April–Okt Mo–Sa 10–17, So 13–17, Nov–Dez Mo–Sa 10–16 Uhr; Harmony Garden: April–Okt Mo–Sa 10–17, So 13–17 Uhr, Eintritt Kombiticket 6 £, erm. 5 £ (NTS).

Gattonside Chain Bridge

Ein kleiner Spaziergang führt von der Abtei am Harmony Garden vorbei zum Tweed hinunter. Dort überspannt seit 1826 eine Kettenbrücke elegant den Fluss. Man beachte die alten Warntafeln am Brückenzugang: Herumlümmeln, Brückenklettern oder gar absichtliches Schaukeln auf der Brücke wurde mit einer Strafe von 2 £ oder Gefängnis belegt ... Auf der hiesigen Uferseite geht der **Borders Abbeys Way** weiter nach Abbotsford, während der **Southern Upland Way** hinüber Richtung Lauder führt.

Übernachtung

Braidwood Guest House, Buccleuch Street, ☎ 01896-822488, 🖥 www.braidwoodmelrose. co.uk. Aufgrund der zentralen Lage ist das Braidwood sehr beliebt. Die Zimmer sind ein klein wenig teurer als beim Nachbarn Dunfermline House. Aber Helen und Mike Dalgetty führen das charmante Haus aus der Mitte des

19. Jhs. mit viel Charme, und sie legen Wert auf Green Tourism. Die beiden Doppelzimmer haben ihr Bad/WC auf dem Flur. ❷

Burts Hotel, Market Square, ☎ 01896-822285, 🖥 www.burtshotel.co.uk. Sehr elegantes Hotel mit 20 Zimmern, darunter 7 Einzelzimmer. Familie Henderson hat das historische Gemäuer aus dem 18. Jh. zur führenden Unterkunft in Melrose ausgebaut. Der Komfort und das Ambiente haben ihren Preis. Die Küche im Restaurant ist ebenfalls hervorragend und entsprechend teuer. Günstiger ist es im stilvollen Pub, der sogar schon als „Pub of the Year" in Schottland ausgezeichnet war. Die Familie betreibt auch das gegenüberliegende Townhouse. ❹

Dryburgh Abbey Hotel, bei St Boswells, ☎ 01835-822261, 🖥 www.dryburgh.co.uk. Wer sich vom Trubel in Melrose etwas fernhalten will und dennoch die Romantik der Border-Abteien genießen möchte, dürfte sich in diesem stattlichen „Castle"-Hotel wohlfühlen. An den Ufern des Tweed bietet das Dryburgh eine erholsame Umgebung, stilvolle Zimmer, gehobene Küche und für Tagesgäste von 12–21 Uhr auch gute Bargerichte. ❺–❻

Dunfermline House, 3 Buccleuch Street, ☎ 01896-822411, 🖥 www.dunfermlinehouse. co.uk. Alison und Bryan Bell sorgen für einen freundlichen Empfang in dem angenehm hellen Haus neben der Marmion's Brasserie. Die Bells haben einen Hund und sind oft ausgebucht. Deshalb besser reservieren. ❷

Gibson Park Caravan Club Site, High Street, ☎ 01896-822969, 🖥 www.caravanclub.co.uk. Fünf-Sterne-Platz, der fast mitten im Stadtzentrum liegt. Für Campingurlauber günstiges Standquartier für die zentralen Borders. ❶

€ **Melrose Youth Hostel**, Priorwood, ☎ 01896-822521, 🖥 www.hostelling scotland.com. Sehr schöne Jugendherberge in einer stattlichen Villa an einem kleinen Park. Zur Abteiruine sind es von hier nur wenige Schritte. Die SYHA-Herberge strahlt großbürgerlichen Charme aus und bietet bequeme Aufenthaltsbereiche sowie eine sehr gut ausgestattete Küche. Von der JH kann man die Umgebung von Melrose und die Borders insgesamt bequem erkunden. Dorm-Bett ab 17 £.

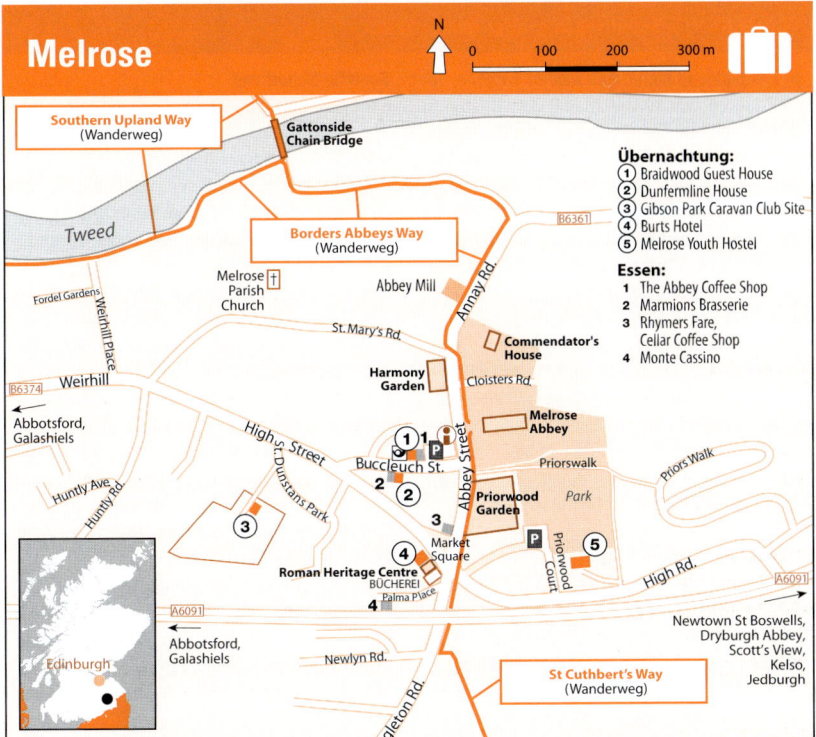

Melrose

N 0 100 200 300 m

Southern Upland Way
(Wanderweg)

Gattonside
Chain Bridge

Übernachtung:
① Braidwood Guest House
② Dunfermline House
③ Gibson Park Caravan Club Site
④ Burts Hotel
⑤ Melrose Youth Hostel

Borders Abbeys Way
(Wanderweg)

Tweed

Fordel Gardens

Melrose
Parish
Church

Abbey Mill

Annay Rd.

B6361

Weirhill Place

St. Mary's Rd.

Commendator's
House

Essen:
1 The Abbey Coffee Shop
2 Marmions Brasserie
3 Rhymers Fare,
   Cellar Coffee Shop
4 Monte Cassino

Weirhill

B6374

Harmony
Garden

Cloisters Rd.

Abbotsford,
Galashiels

High St Street

St. Dunstans Park

Melrose
Abbey

Huntly Ave.

Huntly Rd.

Buccleuch St.

Abbey Street

Priorswalk

Priors Walk

① 1
P

2
② 2

③ 3

3
Priorwood
Garden

Park

Roman Heritage Centre

④ 4

Market
Square

BÜCHEREI
Palma Place

P

Priorwood
Court

⑤ 5

High Rd.

A6091

A6091

Abbotsford,
Galashiels

Newlyn Rd.

ngleton Rd.

St Cuthbert's Way
(Wanderweg)

Newtown St Boswells,
Dryburgh Abbey,
Scott's View,
Kelso,
Jedburgh

Edinburgh

Essen und Unterhaltung

Burts Hotel, s. Übernachtung.
⊕ Restaurant tgl. 12–14 sowie So–Do 19–21,
Fr–Sa 19–21.30 Uhr.
Marmions Brasserie, 5 Buccleuch Street,
✆ 01896-822245, 🖥 www.marmionsbrasserie.
co.uk. Sehr gute Küche in informellem Café-
Ambiente. Morgens wird bis 10.30 Uhr Frühstück
serviert, mittags gibt es eine einfachere
Karte, während abends gehobenere Küche
geboten wird. Zu den regionalen Spezialitäten
zählen Cumberland Sausage sowie Kalbsleber.
Natürlich ist auch Fisch im Angebot. ⊕ Küche
Mo–Sa 9–21 Uhr.
Monte Cassino, Palma Place, ✆ 01896-
820082, 🖥 www.montecassinomelrose.co.uk.
Im ehemaligen Bahnhof von Melrose weht ein
mediterraner Hauch: Authentische Pizza und

Pasta, auch die Geflügelgerichte schmecken
sehr gut, und das Essen ist günstig. ⊕ Di–Sa
12.30–14.30, 17.30–22, So 17.30–22 Uhr.
Rhymers Fayre / Cellar Coffee Shop,
17 Market Square, ✆ 01896-823224, 🖥 www.
abbeywines.co.uk. Auf dem verkehrsberuhigten
Marktplatz einen Kaffee oder ein Glas Wein
trinken, dazu ein Stück Kuchen essen und das
Leben *downtown* genießen. Drinnen befindet
sich einer der besten Wein- und Whiskyläden
der Gegend. ⊕ Mo–Sa 9–17 Uhr.
The Abbey Coffee Shop, 6 Buccleuch Street,
✆ 01896-822165, j.young176@btinternet.com.
In Sichtweite der Abtei bietet der Coffee-
shop leckeren Kuchen sowie Suppe, *baked
potatoes* und Panini. Bei Sonnenschein
füllen sich die Tische draußen sehr schnell.
⊕ tgl. 9–17 Uhr.

In Deutschland kennt man seinen *Ivanhoe*, vor 200 Jahren war er der Mann, den Goethe in Schottland am dringendsten treffen wollte, Mendelssohn-Bartholdy sah ihn tatsächlich, und Fontane ließ sich einen Besuch in Abbotsford bei Melrose nicht entgehen. Doch in Schottland war er schon immer mehr als nur ein gefeierter Schriftsteller. Wenige Jahrzehnte nach der bitteren Niederlage bei Culloden gab Sir Walter Scott dem Land seinen Nationalstolz zurück. Mit seiner Feder tauchte er ganze Landstriche in ein romantisch verklärtes Licht. So kurbelte er frühzeitig den Tourismus an, denn die Leute wollten die Originalschauplätze seiner Romane erleben. Scott gab Schottland ein positives Image: Von nun an bestimmten mythische Ruinen, romantische Legenden und kämpferische Helden das Bild.

Lebensweg

Geboren wurde Walter Scott 1771 in **Edinburgh**. Eine Krankheit zwang ihn zu einem Landaufenthalt in den Borders auf einer Farm in der Nähe von **Smailholm Tower** (s. S. 174). Hier kam er das erste Mal mit den unzähligen Geschichten der Borders in Berührung, die er später in Buchform bringen sollte.

Doch zunächst stand eine juristische Ausbildung auf dem Programm, bis er 1799 in **Selkirk** zum Sheriff wurde. Zu jener Zeit war er schon als Übersetzer tätig, u. a. für Goethes *Götz von Berlichingen*. Nun konnte er, finanziell abgesichert, auch eigene Werke schreiben. Die Border-Balladen *Minstrelsy of the Scottish Border* sowie das Gedicht-Opus *Lay of the Last Minstrel* waren erste Erfolge. Dramatischer waren jedoch die Auswirkungen von *The Lady of the Lake* 1810. Den Trossachs westlich von Stirling bescherte dieser Bestseller einen völlig unverhofften Touristenstrom, ganz so, als sei die Story eine reale Geschichte. **Loch Katrine** (s. S. 279) gehört seither zu den wichtigsten Besucherattraktionen in Zentralschottland. Als 1814 Scotts Roman *Waverley* erschien, wurde er mit Ehrungen überhäuft, und auch das Ausland nahm Notiz.

Scott für Schottland

Scotts Ehrgeiz ging jedoch noch weit über das Schreiben hinaus. 1818 machte er sich erfolgreich für die Wiederentdeckung der schottischen Kronjuwelen im Castle von Edinburgh stark (s. S. 108). Scott wurde zum Ritter geschlagen und zum gefragten Ansprechpartner, wenn es um schottische Belange ging.

Seine größte Stunde schlug 1822: George IV. ist auf Staatsbesuch in Edinburgh, immerhin der erste britische Monarch seit 150 Jahren. Zum Zeremonienmeister wird Scott bestimmt, der wie ein moderner PR-Berater auf die Macht der Bilder setzt. Er zwängt den beleibten George ausgerechnet in einen Kilt, die traditionelle Tracht der Highlander, die jahrzehntelang als Symbol der gälischen Kultur und der renitenten Stuart-Anhänger verboten war. Nun aber macht Scott den „Schottenrock" salonfähig – die vielen Kiltgeschäfte an Edinburghs Royal Mile sind dem Schriftsteller noch heute zu größtem Dank verpflichtet. Das Volk jubelte übrigens dem Monarchen in Edinburgh begeistert zu, und Scott war auf dem Höhepunkt seines Schaffens angelangt.

Doch 1826 ging sein Verleger pleite und stürzte Scott damit in hohe Schulden, die er „mit meiner rechten Hand" begleichen wollte. Von nun an schrieb er als Gehetzter wie am Fließband, darunter eine vielgepriesene Napoleon-Biografie. Am Ende hatte er seine Schulden zwar beglichen, war jedoch sterbenskrank. Ein halbes Jahr nach seinem großen Vorbild Goethe starb Scott am 21. September 1832 auf seinem Landsitz **Abbotsford** am Tweed.

Was ist geblieben?

In Edinburgh baute man ihm ein großes Denkmal, und der Hauptbahnhof wurde nach dem Waverley-Roman benannt. Seine Romanfiguren Rob Roy und Ivanhoe wurden zu Klassikern, und sein romantisches Schottlandbild hat die Zeiten überdauert. Scott war eine der größten schottischen Persönlichkeiten.

Feste

Borders Book Festival, ✆ 0844-3571060, 🖥 www.bordersbookfestival.org. Das viertägige Bücherfestival Mitte Juni in einem Festzelt im Harmony Garden hat schnell hohe Beliebtheitswerte erreicht. Das liegt zum einen an den hochkarätigen Autoren von Ian Rankin bis Robert Harris, zum anderen aber auch an der charmanten und familiären Umgebung im malerischen Melrose. Um Tickets sollte man sich deshalb lieber rechtzeitig kümmern.

Informationen

Melrose VisitScotland Information Centre, Abbey Street, ✆ 01896-822283, 🖥 www. visitscottishborders.com. Gut ausgestattetes Informationszentrum direkt gegenüber vom Abteieingang. ⏰ Mai–Aug tgl. 9.30–17.30, März–April, Sep–Okt Mo–Sa 10–16.30, So 12–16, Nov–Feb Fr–Sa 10–14 Uhr.

Taxis

Abbey Taxis, ✆ 07831-207534.

Wandern

Melrose liegt am Schnittpunkt mehrerer Fernwanderwege: Der **Southern Upland Way** und der **Borders Abbeys Way** passieren den Ort (s. S. 169). Auf Ersterem gelangt man nach 16 km nach Lauder zum Thirlestane Castle (s. S. 176).
In Melrose beginnt auch der **St Cuthbert's Way**. Für die erste Etappe über die Eildon Hills zur Dryburgh Abbey s. Loose Aktiv S. 182.
Für örtliche Wanderungen hält die Touristeninformation die kostenlose Broschüre *Paths around Melrose* parat.

Busse

Melrose liegt verkehrstechnisch etwas im Windschatten des benachbarten **Galashiels**, wo man für viele Busverbindungen umsteigen muss. Edinburgh erreicht man z. B. am schnellsten, wenn man in Galashiels in die Linie X95 Edinburgh–Hawick–Carlisle umsteigt, die tagsüber alle halbe Std. und abends sowie an Wochenenden stdl. verkehrt (1 3/4–2 Std.).

Die X95 bedient zudem stdl. Selkirk und Hawick.
In **Melrose** halten die Busse am Market Square bzw. in der Buccleuch Street.
Die meisten Verbindungen bietet First.
BERWICK UPON TWEED, mit Linie 60 (First) via Earlston und Duns, mehrmals tgl., 2 Std.; mit Linie 67 (Perryman's Buses) via Kelso und Coldstream, mehrmals tgl., 1 1/2 Std.
EDINBURGH mit Linie 62(A) (First) via GALASHIELS (15 Min.), Innerleithen, Peebles, Penicuik, stdl., 2 1/4 Std.
GALASHIELS, mit Linien 8(A) und 9(A) und 61 (First), mehrmals tgl., 25 Min.; mit Linie 68 (Munro's of Jedburgh), regelmäßig; mit Linie 67 (Perryman's Buses), mehrmals tgl.
JEDBURGH via St Boswells, mit First, Linie 68/71, Mo–Fr 2x tgl., 30 Min.; mit Munro's of Jedburgh, Linie 68, regelmäßig.
KELSO mit First, Linien 65/66, Mo–Fr jeweils 1x tgl., 45 Min.; mit Munro's of Jedburgh, Linie 64, Mo–Sa 2x tgl.
LAUDER mit Linie 61 (First), nur an Schultagen 1x tgl., 3/4 Std.

Die Umgebung von Melrose

Melrose ist aufgrund seiner malerischen Abteiruine der wichtigste Touristenort der Borders. In seiner Umgebung begegnen Besucher Legenden, Mythen und Romantik auf Schritt und Tritt.
  Bei Leaderfoot überquert man auf der A 68 östlich von Melrose den Tweed und biegt rechts ab über die B 6356 nach Süden zur Dryburgh Abbey.

Scott's View

Hoch über dem Bogen des Tweed öffnet sich schon bald an einem großen Parkplatz ein fantastischer Ausblick über das Flusstal nach Osten hinüber zu den Eildon Hills. Dieser Panoramablick ist als Scott's View bekannt, denn der Schriftsteller saß hier gerne gesessen haben, um den unbestreitbar schönen Ausblick zu genießen. Als sich 1832 nach Scotts Tod der Beerdigungszug über die Straße zur Dryburgh Abbey bewegte, hielt das Pferd aus Gewohnheit automatisch an der Scott's View an, um seinem Herrn wie immer den Blick über die geliebten Borders zu ermöglichen.

Südschottland

Auf dem St Cuthbert's Way zu Walter Scott

- **Anspruch:** mittel
- **Gehzeit:** 4 Std.
- **Länge:** 12 km
- **An-/Abstieg:** 350 m
- **Karte:** OS Landranger 73
- **Anfahrt:** Mit dem Auto an der Melrose Abbey parken, mit dem Bus nach Melrose s. Transport S. 181; vom Endpunkt in St Boswells Rückfahrt ab der zentralen Bushaltestelle *(bus stance)* nach Melrose mit den Buslinien 68 und 71.

Die beeindruckenden Abteiruinen von Melrose und Dryburgh werden durch den St Cuthbert's Way verbunden, der auch die markanten Eildon Hills erklimmt. Die Borders zeigen sich auf der abwechslungsreichen Wanderung von ihrer schönsten Seite. Endpunkt der Wanderung ist St Boswells.

Von der Melrose Abbey auf den Eildon Mid Hill

Startpunkt der Wanderung ist die malerische Ruine von **Melrose Abbey** (s. S. 177) in der Abbey Street, gegenüber der Touristeninformation von Melrose. An der Abtei beginnt der 100 km lange St Cuthbert's Way (SCW), der von Melrose zur Holy Island of Lindisfarne (s. S. 175) führt.

Von der Abtei geht es am Priorwood Garden (s. S. 178) vorbei und über den zentralen Market Place geradeaus durch die Dingleton Road unter der ehemaligen Bahnstrecke und der jetzigen Umgehungsstraße hindurch. Hinter dem Haus Nr. 21/23 biegt der Wanderweg links ab (Schild: „St Cuthbert's Way, Eildon Walk"). Zwischen den Hintergärten geht es einige Stufen nach unten und dann eine lange Treppe durch den Wald bergan. An zwei Feldern vorbei führt der SCW deutlich erkennbar Richtung **Eildon North Hill**, dem linken der beiden sichtbaren Gipfel. Oberhalb des zweiten Felds geht es recht flach durch Ginsterbüsche schräg rechts zum **Sattel** zwischen Eildon North Hill und Eildon Mid Hill.

Auf dem Sattel führt ein unmarkierter Weg als Abstecher nach rechts steil bergan zum Gipfel des 422 m hohen **Eildon Mid Hill**. Der Anstieg wird mit einem fantastischen Rundblick über die Borders belohnt. Im Süden sind am Horizont die Cheviot Hills an der Grenze zu England auszumachen, im Osten windet sich der Tweed Richtung Nordsee, und im Norden liegt Melrose mit der Abtei.

Der benachbarte Eildon North Hill war einst Teil eines eisenzeitlichen keltischen Forts. Die Selgovae wurden 80 n. Chr. von den Römern vertrieben, die hier eine Signalstation errichteten. Östlich von Melrose erbauten die Römer das Lager Trimontium (s. S. 177). Angeblich soll sogar König Artus mit einer Armee schlafender Soldaten unter den Hügeln begraben liegen, um seinem Land in Zeiten der Not zu Hilfe zu eilen. Davon war allerdings bis dato nicht viel zu sehen. (1 1/4 Std.)

Weiter zur Dryburgh Abbey

Zurück auf dem Sattel zwischen Nord- und Mittelhügel wendet sich der SCW nach rechts bergab und in den Wald hinein. An allen Abzweigen folgt man dem SCW hinab zum Waldrand, wo der Pfad schließlich unmittelbar vor einem breiten Wirtschaftsweg ein Stück nach rechts abzweigt. Schon bald führt der SCW links über mehrere

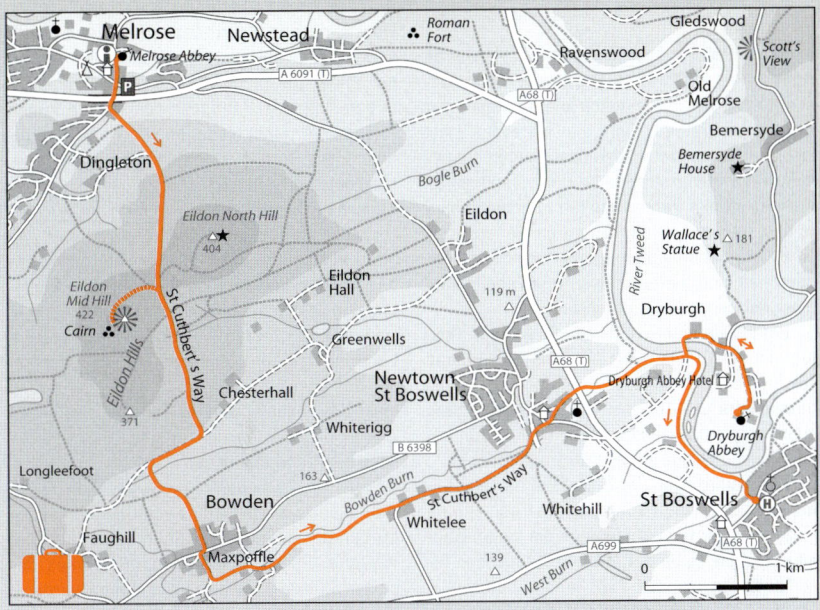

stiles in ein Wäldchen. Hinter einem Gatter gelangt man über eine offene Wiese rasch in das Örtchen **Bowden** (2 Std.).

An der Hauptstraße biegt der SCW rechts ab und sofort wieder links über eine kleine geteerte Straße. Wo diese nach rechts abbiegt, zweigt der SCW nach links auf einen Weg zwischen Zaun und Hecke ab. Da dieser Abschnitt auch von Pferden genutzt wird, kann er ziemlich matschig sein.

Der Pfad führt geradeaus durch die Senke des Bowden Burn und schließlich nach rechts über eine kleine Brücke, wo nach Regenfällen ein weiterer recht matschiger Wegabschnitt wartet. Jenseits eines Gatters wird der Pfad dann deutlich besser, und an der Whitelee Farm geht es über einen geteerten Feldweg weiter.

Hinter der alten Eisenbahnbrücke erreicht der SCW die Hauptstraße von **Newtown St Boswells** (2 3/4 Std.). Diese überquert man geradeaus. An der nächsten Kreuzung weisen die Markierungen schräg links zum Viehmarkt. Davor biegt der SCW rechts ab und führt durch die Hintergärten und unter der A 68 hindurch zur Kläranlage, die man rechts passiert.

Alle Abzweige ignorierend gelangt man schließlich oberhalb des Tweed an einen Aussichtspunkt. Von dort fällt der Blick über den fischreichen Fluss bis zurück in die Eildon Hills. Der Tweed ist für seine Lachse und Forellen bekannt. Schnell ist eine Fußgängerbrücke über den Tweed erreicht und überquert. Auf der anderen Flussseite geht es rechts vorbei an der Zufahrt des Dryburgh Abbey Hotels zum Eingang der Ruine von **Dryburgh Abbey** (S. 184), wo Walter Scott begraben ist. (3 1/4 Std.)

Von der Dryburgh Abbey nach St Boswells

Nach der Besichtigung geht es zurück zur Tweed-Brücke und dahinter links wieder auf den SCW am Fluss entlang. Der Wanderweg umrundet die Schleife mit der kleinen Flussinsel und führt durch einen Wald. Nach der Brücke einen kleinen Zufluss dreht der SCW rechts ab nach **St Boswells** (ausgeschildert). Am nächsten Abzweig geht es geradeaus ins Dorf hinein und dann an der ersten T-Kreuzung links zur Hauptstraße. Dort findet sich sofort links die zentrale **Bushaltestelle** *(bus stance)*, von wo es zurück nach Melrose oder aber weiter nach Jedburgh oder Kelso geht. (4 Std.)

Auf dem St Cuthbert's Way zu Walter Scott   183

Dryburgh Abbey

In puncto Ruhe und idyllische Lage ist Dryburgh Abbey, ☎ 01835-822381, 🖥 www.historic-scotland.gov.uk, womöglich die schönste der Border-Abteiruinen, denn die Reste des einst stolzen Prämonstratenserklosters liegen abseits jeder Durchgangsstraße und Besiedlung mitten in einer grünen Parklandschaft in einer Schleife des Tweed. Nur das Dryburgh Abbey Hotel (s. S. 178) befindet sich in unmittelbarer Nachbarschaft und bietet zugleich die Möglichkeit einer Kaffeepause oder Mahlzeit.

Um 1150 gründete Hugh de Morville das Kloster, das genau wie seine Nachbarn im 14. und 16. Jh. unter den englischen Attacken zu leiden hatte. Mitte des 16. Jhs. war der Niedergang nicht mehr aufzuhalten und die Reformation traf nur noch auf einige wenige verarmte Mönche.

1785 kaufte dann der Earl of Buchan die Ruine, um sie in einen schottischen Themenpark einzugliedern. Er pflanzte auch die vielen Bäume, die heute einen Gutteil der romantischen Atmosphäre ausmachen. 1829 ließ der Earl sich in „seiner" Abteiruine beerdigen. Drei Jahre später erreichte der Leichnam von Sir Walter Scott Dryburgh.

Besonders beeindruckend ist das vollständig erhaltene Kapitelhaus mit sehr schwachen Resten von Wandmalereien aus dem späten 12. Jh. ⏲ April–Sep 9.30–17.30, Okt–März 9.30–16.30 Uhr, Eintritt 4,70 £, erm. 3,80/2,80 £ (HS).

Abbotsford

Schon Theodor Fontane fand die Lage von Abbotsford, ☎ 01896-752916, 🖥 www.scottsabbotsford.co.uk, am Ufer des Tweed „anziehend und malerisch", die vielen Türmchen, Zinnen und Erker ließen ihn jedoch ausrufen: „Wie verbaut". Felix Mendelssohn-Bartholdy fand den Ausflug völlig vergebens, während der Hausbesitzer selbst von einer „Romanze in Stein und Mörtel" schwärmte.

Am besten vergisst man die Kritiken und schaut sich das Haus selbst an. 1811 hatte Walter Scott 4 km westlich von Melrose eine kleine Farm am Tweed gekauft, die er in den kommenden Jahren beharrlich ausbaute und in Abbotsford umbenannte, weil einst die Mönche aus Melrose in der Nähe eine Furt zur Querung des Flusses nutzten. Scotts Faible für alles Schottische brachte ihn dazu, sein neues Heim mit einer echten Devotionaliensammlung zu füllen. Da finden sich eine Haarlocke von Bonnie Prince Charlie, ein Handtäschchen von Flora MacDonald sowie Rob Roys Geldbeutel und Schwert. In Abbotsford gehen Geschichte und Fiktion fließend ineinander über.

Schon die **Eingangshalle** erschlägt mit all den alten Rüstungen. Sehr familiär wirkt hingegen das **Arbeitszimmer** mit der persönlichen Bibliothek. An dem Schreibtisch verfasste der Autor in seinen späten Jahren in einem Wahnsinnstempo ein Buch nach dem anderen, um seine horrenden Schulden abzuzahlen (s. S. 180). Irgendwann muss das Leben in seinem Traumhaus zu einem Alptraum geworden sein; er selbst sah sich nur noch als „Schreibautomat".

Unter den vielen Erinnerungsstücken finden sich auch zwei Medaillons von Goethe, der ein großer Bewunderer von Scott war. Über den *Waverley*-Roman schrieb Goethe: „Eines der besten Stücke, die jemals geschrieben wurden." Umgekehrt übersetzte Scott den *Götz von Berlichingen* ins Englische.

Der schönste Raum des Hauses ist zweifelsohne das geräumige **Bibliothekszimmer** mit rund 7000 Büchern. Selbst die Anlage der Zimmer war auf schottische Vorbilder ausgelegt, in diesem Fall orientierte sich die Decke an der Kapelle von Rosslyn. Fast noch schöner ist allerdings der herrliche Blick über die **Terrasse** zum Tweed hinunter, denn die Lage von Abbotsford ist wunderbar. Übrigens verbindet ein Teilstück des Borders Abbeys Way den Landsitz mit Melrose. Dabei geht es immer am Fluss entlang. Nähere Informationen zu dem Wanderweg gibt es bei der Touristeninformation in Melrose.

Das Umfeld von Abbotsford soll sich in den kommenden Jahren drastisch ändern. Nachdem die letzte Nachfahrin Scotts 2004 starb, übernahm 2007 eine Stiftung, u. a. mit dem Duke of Buccleuch, das historische Haus. Nun sind dank einer Finanzspritze der National Lottery ein neues Besucherzentrum mit Restaurant und Parkplatz geplant, um dem altehrwürdigen Gemäuer neues Leben einzuhauchen. ⏲ Mitte März–Mai, Okt Mo–Sa 9.30–17, So 11–16, Juni–Sep tgl. 9.30–17 Uhr, Eintritt 7 £, erm. 3,50 £.

Jedburgh und Umgebung

Mächtig ragt die Abtei von Jedburgh (4100 Einwohner) wie eh und je auf. Erst bei näherem Hinsehen wird deutlich, dass auch Jedburgh nur eine Ruine beherbergt, doch ist sie viel besser erhalten als ihre drei Nachbarabteien. Das ist mehr als erstaunlich, denn Jedburgh Abbey war für englische Strafexpeditionen immer die erste Station. Insgesamt sieben Mal wurde die stolze Augustinerabtei angezündet. Im 17. und 18. Jh. waren es die englischen Zölle auf schottische Waren, die Jedburgh schwer zu schaffen machten und eine Industrialisierung weitgehend verhinderten.

Jedburgh Abbey

Der lang gestreckte Bau der Jedburgh Abbey, Abbey Bridge End, ☎ 01835-863925, 🖥 www.historic-scotland.gov.uk, ist ein beeindruckendes Zeugnis der Baukunst an der Wende von der Romanik zur Gotik. Während im Chor noch deutliche Spuren der Romanik aus dem 12. Jh. zu erkennen sind, ist das Kirchenschiff ein Meisterwerk der Frühgotik. Am besten lässt man die Abteiruinen zunächst vom Garten und dann im Inneren vom Westportal aus auf sich wirken,

um einen Eindruck von der Formschönheit zu erhalten.

König David I. hatte 1138 eigens Augustiner aus St. Quentin in Frankreich ins Tal des Jed Water geholt. So nahe an der Grenze war der Klosterbau ein Zeichen der Stärke gegenüber England, was wiederum die vielen Attacken erklärt.

Allen Kriegswirren zum Trotz wurde die Kirchenruine bis 1875 von der Gemeinde genutzt und war damals teilweise noch überdacht. Sie galt lange als ein Inbegriff der Border-Romantik. Sir Walter Scott hat in Abbotsford ein Gemälde hängen, das den Blick von Süden über das waldreiche Tal zeigt. Erst später „überholte" Melrose die hiesige Abtei an Popularität, doch man sollte einen Besuch auf keinen Fall versäumen.

Im Besucherzentrum ist auch der Jedburgh-Kamm aus Walross-Elfenbein aus dem frühen 12. Jh. ausgestellt. 🕐 April–Sep tgl. 9.30–17.30, Okt–März 9.30–16.30 Uhr, Eintritt 5,20 £, erm. 4,20/3,10 £ (HS).

Mary Queen of Scots' Visitor Centre

Abgesehen von der Abtei ist das Mary Queen of Scots' Visitor Centre, Queen Street, ☎ 01835-863331, 🖥 www.scotborders.gov.uk/museums, die wichtigste Sehenswürdigkeit von Jedburgh.

Einst der Stolz der Borders: Jedburgh Abbey

Das schöne befestigte Turmhaus stammt aus dem 16. Jh. und ist ganz Maria Stuart gewidmet, vor allem ihren späten Jahren. Im Herbst 1566 hielt die Königin sich einen Monat in Jedburgh auf, denn sie war durch einen Teufelsritt nach Hermitage Castle (s. S. 188) zu ihrem Geliebten und späteren Mann, dem Earl of Bothwell, erkrankt und musste in Jedburgh auf ihre Genesung warten. ◐ März–Nov Mo–Sa 10–16.30, So 11–16.30 Uhr, Eintritt frei.

Jedburgh Castle Jail und Museum

Dort, wo bis 1409 die Burg von Jedburgh den Einwohnern vergeblich Schutz vor englischen Attacken versprochen hatte, entstand 1820 am oberen Ende der ansehnlichen Gasse Castlegate ein „modernes" Gefängnis. Mehrere Jahrzehnte lang mussten die Gefangenen hier im kargen Kerker schon für Nichtigkeiten saftige Strafen verbüßen. Das Jedburgh Castle Jail & Museum, Castlegate, ☎ 01835-864750, ⌨ www.scotborders. gov.uk/museums, veranschaulicht das Gefängnisleben im 19. Jh. ◐ Ende März–Okt Mo–Sa 10–16.30, So 13–16 Uhr, Eintritt frei.

Carter Bar

Von Jedburgh sind es 16 km über die A 68 nach Süden, dann ist der 418 m hohe Pass über die Cheviot Hills erklommen. Carter Bar bildet nicht nur die Grenze zu England, sondern ist zugleich ein hervorragender Aussichtspunkt für einen ersten Blick nach Norden oder einen letzten Blick zurück. Hier oben fand 1575 das letzte Gefecht in der Region statt, angeblich brachten die streitbaren Mannen von Jedburgh den Ausschlag für die siegreichen Schotten. Heute grüßen eine Würstchenbude und gelegentlich ein Dudelsackspieler die vielen Reisenden.

Übernachtung

Jedburgh Camping and Caravanning Club Site, Elliot Park, ☎ 01835-863393, ⌨ www.camping andcaravanningclub.co.uk/jedburgh. Von Ende März bis Ende Oktober steht dieser gut geführte Campingplatz auch Nicht-Mitgliedern zur Verfügung. ❶

Meadhon House, 48 Castlegate, ☎ 01835-862504, ⌨ www.meadhon.co.uk. Am Aufgang zum Castle Jail betreibt Joyce Cameron ein sehr schönes B&B in einem Haus aus der Mitte des 17. Jhs. Von den 3 Zimmern ist das größere für Familien geeignet. Wanderer und Radfahrer sind ausdrücklich willkommen. Auf der Rückseite gibt es zudem einen schönen Garten, und das Frühstück bietet einen guten Start in den Tag. ❷

Mrs. Eliot, Akaso-Uram, 7 Queen Street, ☎ 01835-862482. Die Zimmer sind recht klein und altmodisch, dafür aber sehr günstig und zentral zwischen Busbahnhof und Mary Queen of Scots' Visitor Centre gelegen. ❶–❷

Willow Court, The Friars, ☎ 01835-863702, ⌨ www.willowcourtjedburgh.co.uk.

Common Ridings

In den Borders spielten Pferde, Grenzkriege und die Sicherung der Städte immer eine große Rolle. Auf die unruhige Vergangenheit gehen die traditionsreichen Common Ridings zurück, die vor allem in Jedburgh, Hawick und Selkirk ein großes sommerliches Reiterspektakel mit Festivalcharakter versprechen.

In jeder Stadt sind die Ursprünge ein wenig anders, doch das zentrale Thema ist überall gleich: In **Jedburgh** gedenkt man einer militärischen Auseinandersetzung an der englischen Grenze von 1575, in **Hawick** vertrieb der örtliche Nachwuchs 1514 eine englische Truppe und erbeutete die Flagge, während in **Selkirk** 1513 der letzte Überlebende der Niederlage bei Flodden Field ebenfalls eine erbeutete englische Flagge mitbrachte. Gleichzeitig ist das *Riding of the Marches* ein alter Brauch, um die Unversehrtheit der Stadtgrenzen zu kontrollieren.

An den Common Ridings nehmen oftmals mehrere hundert Reiter teil, an den wichtigsten Tagen geht es mit Trommel- und Flötenkapelle schon kurz nach Sonnenaufgang durch die Straßen der Stadt, bevor es dann hinaus in die Felder geht. Drumherum wird ordentlich gefeiert, und so sind die Common Ridings in gewisser Weise das Lowland-Äquivalent der Highland Games.

Oberhalb des Stadtzentrums bietet das Willow Court gehobenen Komfort in sehr ruhiger Lage. Schon der Wintergarten ist perfekt, und die 3 geschmackvoll eingerichteten Doppelzimmer sind sehr groß. Dazu wird ein sehr leckeres Frühstück serviert. ❸

Essen

Carters Rest, Abbey Place, ☎ 01835-864745. Günstige schottische Pub-Gerichte direkt neben der Abtei. An den Tischen draußen kann man den Blick ungestört genießen. Schon aufgrund der Lage sehr beliebt. ⏱ Mo–Fr 11–21, Sa 12–21.30, So 12.30–20 Uhr.

Simply Scottish, 6-8 High Street, ☎ 01835-864696. Das helle Café im Zentrum gehört sicher nicht zu den Highlights im Lande, bietet aber solide und günstige Pub- und Imbissgerichte. Fish 'n' Chips, Haggis, Panini, *baked potatoes* und Burger werden zum Nachtisch durch Kaffee, Scones, Shortbread und Chocolate Brownies ergänzt. ⏱ Küche Mo–Sa 10–20, So 11–20 Uhr.

Sonstiges

Fahrradverleih

Christopher Rainbow, 8 Timpendean Cottages, ☎ 01835-830326, 🖥 www.chrisrainbow.net. An der A 698 Richtung Hawick vermietet Chris Rainbow Räder und gibt Tipps für Radtouren durch die Region; auch geführte Touren und Gepäckservice. Am besten vorher anrufen.

Feste

Jedhart Callants Festival, 🖥 www.jethart callantsfestival.com. Von Ende Juni bis Anfang Juli steht Jedburgh im Zentrum dieses bunten Reiterfestivals. An mehreren Tagen machen sich Reiterkolonnen durch die Borders auf. Ziele der *Common Ridings* sind u. a. Ancrum, Morebattle und das Schlachtfeld von Redeswire bei Carter Bar, s. auch Kasten links.

Informationen

Jedburgh VisitScotland Information Centre, Murrays Green, ☎ 01835-863170, 🖥 www.visitscottishborders.com. Zwischen Busbahnhof, Parkplatz und Abtei bietet das VIC u. a. Zimmerreservierung, Geldwechsel und Bustickets. ⏱ Mo–Sa 9.30–17, So 10–16 Uhr.

Transport

Die zentrale Bus Station von **Jedburgh** befindet sich am Canongate neben der Touristeninformation.
Linie 51 (Munro's of Jedburgh) verkehrt ca. alle 2 Std. via ST BOSWELLS (25 Min.) und Lauder nach EDINBURGH (2 Std.). An Sonntagen nur vier durchgehende Busse. Linie 68 fährt in regelmäßigem Takt via MELROSE (30 Min.) nach GALASHIELS (3/4 Std.).
Linie 20 (MacEwan's Coach Services) verbindet Jedburgh mehrmals tgl. mit KELSO (25 Min.) und HAWICK (25 Min.).

Hawick und Umgebung

Sind Melrose und Jedburgh die vielbesuchten Perlen der Borders, so liegt Hawick (sprich: Heuk) etwas abseits der Touristenströme. Nicht Abteien, sondern Textilindustrie und Viehzucht stehen in der historischen Border-Kleinstadt im Vordergrund. Und in einsamer Moorlandschaft kündet die alte Grenzfeste Hermitage Castle von unruhigen Zeiten.

Hawick

Schon die Ehrentitel geben die Richtung vor: „Home of Cashmere" und „Scotland's Leading Knitwear Centre" – an den Ufern des Teviot ist im Talkessel die Textilindustrie der Borders zuhause. Noch vor 50 Jahren war das Gewerbe in den Borders weit verbreitet; heute ist Hawick das wichtigste Zentrum der verbliebenen Produktion. Über die Grenzen der Region hinaus ist Hawick auch für sein Common Riding bekannt, das jedes Jahr im Juni stattfindet (s. Kasten).

Zwar hat die Kleinstadt mit ihren fast 15 000 Einwohnern unter dem Abbau von Arbeitsplätzen zu leiden, aber dennoch hat sich Hawick ein lebendiges Flair erhalten. In den letzten Jahren hat das ehrgeizige Projekt *Heart of Hawick* im Stadtzentrum für eine Symbiose von Kulturstätte, Café, Touristeninformation und Museum gesorgt und so der alten Mühle **Tower Mill** sowie dem historischen **Drumlanrig's Tower** neues Leben eingehaucht. Das Mitte des 16. Jhs. von James Douglas of Drumlanrig gebaute Turmhaus wurde vor wenigen Jahren in ein spannendes Textilmuseum umgewandelt. Als **Borders Textile Towerhouse**, 1 Tower Knowe, ℡ 01450-377615, 🖳 www.heartofhawick.co.uk, widmet es sich ganz der Geschichte und Zukunft des vorherrschenden Gewerbes. 1771 hatte Bailie John Hardie die Textilindustrie nach Hawick gebracht. Hervorragende Bedingungen für die Schafzucht in der Hügelwelt der Borders, die gute Wasserversorgung sowie eine Tradition der Wollverarbeitung prädestinierten die Gegend für das neue Gewerbe. Heute bemüht sich die Textilindustrie, den rückläufigen Trend aufzuhalten, indem sie versucht, ihren etwas altbackenen Ruf abzulegen. Die Botschaft ist klar: Tweed und Cashmere sind cool. ⊙ April–Okt Mo–Sa 10–16.30, So 12–15, Nov–März Mo–Sa 10–16 Uhr, Eintritt frei.

Die verbliebenen Textilunternehmen geben sich sehr besucherfreundlich: Während **Hawick Cashmere**, Arthur Street, ℡ 01450-371221, 🖳 www.hawickcashmere.com, die Möglichkeit bietet, Mo–Sa 9–17 Uhr von einer Zuschauergalerie der Produktion zuzuschauen, kann man bei **Peter Scott**, 11 Buccleuch Street, ℡ 01450-364815, 🖳 www.peterscott.co.uk, Mo–Do 10, 11, 13, 14 Uhr an kostenlosen Werksführungen teilnehmen, um sich mit der Textilherstellung vertraut zu machen. Angeschlossen sind natürlich auch Werksläden.

Hermitage Castle

Vor allem Liebhaber einsamer Burgruinen und Fans von Maria Stuart haben ihre helle Freude am Hermitage Castle, ℡ 01387-376222, 🖳 www.historic-scotland.gov.uk. 26 km südlich von Hawick *in the middle of nowhere* liegt der trutzige Klotz mitten im „blutigsten Tal von Großbritannien". Hier wurden Grenzkriege, Intrigen und Fehden mit aller Schärfe ausgetragen. 1566 besuchte Maria Stuart ihren Geliebten, den Earl of Bothwell – ein Teufelsritt, der sie einen Monat in Jedburgh krank im Bett liegen ließ. Bothwell war zuvor von notorischen Viehdieben, den *reivers*, aus seinem eigenen Castle ausgesperrt worden und hatte ordentlich Lösegeld zahlen müssen, um

sich drinnen wieder am Kamin wärmen zu können. Hermitage kannte nur des Recht des Stärkeren und war seit dem Bau Mitte des 13. Jhs. ein heiß begehrter Preis im Grenzland. All das kann man sich heute angesichts der abgeschiedenen Lage nur noch sehr schwer vorstellen. ⊙ April–Sep tgl. 9.30–17.30 Uhr, Eintritt 3,70 £, erm. 3/2,20 £ (HS).

Übernachtung und Essen

Rosemount B&B, 84 Weensland Road, ℡ 01450-375405. Zwei Doppelzimmer mit Dusche/WC in einem schönen, großen und hellen Haus an der A 698 Richtung Jedburgh. Bei Norrie und Liz Stevens wird man gut aufgenommen. ❷

Beanscene, Tower Mill, ℡ 01450-360688. In der alten Stadtmühle kann man seinen Kaffee direkt oberhalb des alten Wasserrads genießen, das durch die Glasdecke sichtbar ist. Angeschlossen an das nette Café sind die Touristeninformation und der Kulturbereich des Heart of Hawick. ⊙ tgl. 9–22 Uhr.

Sonstiges

Feste

Hawick Common Riding, 🖳 www.hawickcommonriding.com. Sechstägiges Spektakel Anfang/Mitte Juni. Höhepunkt ist der Freitag, wenn bereits um 6 Uhr morgens die Stadt durch eine Musikkapelle geweckt wird. In Hawick wird für die Feiertage ein sogenannter *cornet* gewählt, der die historische Standarte tragen darf und die Reiterprozessionen anführt (s. auch Kasten S. 186).

Informationen

Hawick VisitScotland Information Centre, Tower Mill, ℡ 01450-373993, 🖳 www.heartofhawick.co.uk, 🖳 www.visitscottishborders.com. Touristeninformation und Ticketverkauf für das Theater und Kino in der zum Heart of Hawick umgebauten Mühle. ⊙ Mo, Mi 10–17.30, Di, Do 10–18.15, Fr–Sa 10–19.45, So 12–15.30 Uhr.

Transport

In Hawick halten die **Busse** in der Buccleuch Street.

First bedient mit der Schnellbuslinie X95 z. T. im Stundentakt die Verbindung via Selkirk und Galashiels nach EDINBURGH (2 Std.). Einige der Busse aus Edinburgh fahren von Hawick weiter nach CARLISLE (1 1/2 Std.) in Nordwest-England.
MacEwan's Coach Services betreibt mehrmals tgl. die Linie 20 von Hawick über Jedburgh nach KELSO (1 Std.).

Von Selkirk zum St Mary's Loch

Selkirk (5800 Einwohner) ist ein freundliches Kleinstädtchen mit einer großen Textilvergangenheit und vielen Bezügen zu Walter Scott. Am imposantesten ist jedoch der Stammsitz der Dukes of Buccleuch westlich der Border-Stadt: Bowhill verfügt über eine exquisite Kunstsammlung und weitläufige Parkanlagen für erholsame Spaziergänge. Ganz einsam und landschaftlich karg wird es im Tal des Yarrow Water, bis man St Mary's Loch erreicht. Die Gegend wirkt fast wie die Highlands.

Selkirk

In Selkirk ist alles auf den dreieckigen Market Place ausgerichtet. Sofort stößt man auf Sir Walter Scott, dessen Statue vor dem ehemaligen Gerichtsgebäude nicht zu übersehen ist. Der Schriftsteller war nämlich eigentlich Friedensrichter in Selkirk und deshalb regelmäßig vor Ort. Und so heißt das Museum im Gericht schlicht **Sir Walter Scott's Courtroom**, Market Place, ✆ 01750-20096, 🖥 www.scotborders.gov.uk/museums. Die gut aufgemachte Ausstellung stellt u. a. James Hogg (1770–1835) vor. Der sogenannte Ettrick Shepherd galt mit seiner Lyrik als ungeschliffenes Literaturgenie. Exotisch wird es beim Leben von Mungo Park (1771–1806), der als erster Europäer den Oberlauf des Niger bereiste, um dann auf einer zweiten Expedition in Nigeria ermordet zu werden. Park stammte aus der Nähe von Selkirk. 🕐 April/Sep Mo–Fr 10–16, Sa 11–15, Mai–Aug Mo–Fr 10–16, Sa–So 11–15, Okt Mo–Sa 12–15 Uhr, Eintritt frei.
In einer kleinen Seitengasse vom Market Place informiert das **Halliwell's House Museum**, Halliwell's Close, ✆ 01835-20054, im selben Ge-

bäude wie die Touristeninformation über die Ortsgeschichte, die ehemalige Nutzung der Gasse sowie vor allem über das Selkirk Common Riding. Ein kurzer Film vermittelt etwas von der Stimmung des außergewöhnlichen Festivals (s. S. 186). 🕐 April–Sep Mo–Sa 10–17, So 11–15, Okt Mo–Sa 10–16, So 11–15 Uhr, Eintritt frei.

Salmon Viewing Centre

Wenige Kilometer westlich von Selkirk hat das Philiphaugh Estate an dem Weg nach Bowhill an der A 708 ein Salmon Viewing Centre, ✆ 01750-21766, 🖥 www.salmonviewingcentre.com, eingerichtet. An einem Wehr im Ettrick Water versuchen die Lachse springend den Weg zu ihren Laichgründen flussaufwärts fortzusetzen. Die Ausstellung neben der Sägemühle erläutert den langen Weg der Lachse, eine Kamera hat das Wehr im Blick, während ein Spazierweg direkt zum Wehr führt. 🕐 tgl. 9–17 Uhr, Eintritt frei (vorgeschlagene Spende: 1 £). Zum Centre gehört auch das ansprechende Waterwheel Café in einer Holzhütte.

Bowhill

Sie sind die größten Landbesitzer Schottlands; von ihren drei großen Landsitzen im Süden Schottlands – Bowhill, Drumlanrig Castle und Dalkeith House – nutzen sie immer noch zwei (Dalkeith House ist an die Uni von Wisconsin vermietet); sie verfügen über eine exquisite Kunstsammlung, und ihre Vergangenheit ist ein Spiegelbild der schottischen Geschichte. Die Rede ist von den Doppelherzögen von Buccleuch und Queensberry (s. S. 202), die in **Bowhill**, ✆ 01750-22204, 🖥 www.bowhill.org, westlich von Selkirk ihren Stammsitz in den Borders haben.
Bowhill geht weder auf eine Trutzburg zurück, noch ist es sonderlich alt, im Kern stammt es aus dem 19. Jh. Walter Scott nannte es vor dem viktorianischen Ausbau noch „sweet Bowhill". Von der damaligen Herzogin schwärmte er als „my lovely chieftainess".
Die Wirkung des lang gestreckten, äußerlich schlichten Gebäudes beruht mehr auf der wunderbaren Lage in einem weitläufigen Park mit See als auf architektonischer Finesse. Das Hauptinteresse gilt ohnehin ganz der kostbaren Kunstsammlung: Von Canaletto ist eine Ansicht

von Whitehall zu sehen, Portraits von van Dyck, Gainsborough und Raeburn zieren die Wände ebenso wie wertvolle Miniaturen, u. a. von Hans Holbein. Heimlicher Star ist das Gemälde „Winter" von Joshua Reynolds. Zu sehen ist Caroline, Tochter des 3. Duke, wie sie gerade mit rosigen Wangen vom Spielen an einem kalten Wintertag ins Haus kommt. Ergänzt wird die Sammlung durch französische Möbelstücke sowie Wandteppiche aus der englischen Manufaktur Mortlake, für die man die Eingangshalle eigens turmartig nach oben ausdehnte. In Bowhill wurde an nichts gespart.

Leider steht das Haus Individualreisenden nur im Sommer kurzzeitig offen. Dafür kann es immer passieren, dass die Witwe des 9. Herzogs aus ihrem Privatflügel in den öffentlichen Teil hinüberkommt, denn der Landsitz wird weiterhin bewohnt. Interessant ist das kleine Türschildchen für den Postboten: Dort heißt es schlicht „Their Graces" – „Ihre Hoheiten".

Nach der Führung lohnt sich ein schöner Spaziergang durch den Park oder zur Ruine von **Newark Castle**, einer mittelalterlichen Feste am Ufer des Yarrow Water. Im Besucherzentrum gibt es zudem noch eine Ausstellung zu James Hogg (s. u.). ◷ Haus (nur mit Führung): Juli tgl. 11–17, Aug tgl. 14–16.30 Uhr, Eintritt 8 £, erm. 7/3,50 £.

St Mary's Loch

Der Weg von Bowhill auf der A 708 nach Westen führt durch das Tal des Yarrow Water in einsame und wilde Berglandschaften. Bei Mountbenger zweigt die B 709 nach Traquair House und Innerleithen ab (s. S. 191). Schließlich liegt **St Mary's Loch** vor einem – an schönen Tagen funkelt das Wasser in der Sonne. Wenn jedoch Nebelschwaden und kalter Regen durch das Tal ziehen, halten es nur die Schafe draußen aus. Für Wanderer auf dem Southern Upland Way ist dies eines der schwierigsten Teilstücke.

Am Ende des Sees sitzt rechts am Hang ein Hirte mit Schäferstock auf einem weißen Podest. James Hogg war ein dichtendes Naturtalent, wollte aber lieber Hirte in seinem geliebten Tal bleiben. Walter Scott sorgte dafür, dass der Duke of Buccleuch dem Ettrick Shepherd auf der anderen Seeseite eine Farm überließ.

Hogg erhielt viel Besuch, und wo konnte man sich besser treffen als in einem Pub? Folgt man dem Blick des Poeten, so gelangt man an den Ufern des Sees zum **Tibbie Shiels Inn**, ✆ 01750-42231, 💻 www.tibbieshiels.com. Walter Scott und Thomas Carlyle trafen sich hier mit dem dichtenden Schäfer. Später war auch Stevenson zu Gast. In der fast unwirtlichen Landschaft ist das obere Ende von St Mary's Loch mit dem Tibbie Shiels Inn geradezu eine Oase. ◷ Küche: Ostern–Okt tgl. 12–20.15, Nov–Ostern Do–So 12–20.15 Uhr, ❷–❸.

Von hier windet sich die Straße hinauf zum Grenzpass zwischen den Borders und Dumfriesshire. 2,5 km auf der anderen Seite stürzt sich über 61 m eine rauschende Wassersäule in die Tiefe einer schmalen Schlucht. **Grey Mare's Tail** ist ein beeindruckender Wasserfall, der vom National Trust for Scotland verwaltet wird.

Übernachtung und Essen

Philipburn House Hotel, Linglie Road, Selkirk, ✆ 01750-20747, 💻 www.philipburn househotel.co.uk. Das schicke Landhotel der Kette Best Western liegt ca. 1,5 km westlich am Abzweig der A 707 nach Peebles. In den Lodges kann man ohne Frühstück wesentlich günstiger übernachten. Populär sind zudem das vornehme Restaurant und das relaxtere Bistro mit vergleichsweise günstigen Gerichten. ❸–❺

Victoria Park Caravan Park, Buccleuch Road, Selkirk, ✆ 01750-20897. Auf einer großen Wiese in Zentrumsnähe reihen sich Zelte und Campervans aneinander. ❶

Sonstiges

Feste

Selkirk Common Riding, 💻 www.selkirkonline. org. Bei dem Spektakel am zweiten Freitag nach dem ersten Montag im Juni nehmen rund 300–400 Reiter an einer der größten Reiterprozessionen Europas teil. Weitere Infos zu den Common Ridings s. Kasten S. 186.

Informationen

Selkirk VisitScotland Information Centre, Halliwell's Close, ✆ 01750-20054, 💻 www.

visitscottishborders.com. Das freundliche Informationsbüro liegt im Halliwell's House Museum und ist an dessen Öffnungszeiten gekoppelt. ⏲ April–Sep Mo–Sa 10–17, So 11–15, Okt Mo–Sa 10–16, So 11–15 Uhr.

Reiten
Dryden Riding Centre, Ashkirk, 📞 01750-32208. Das Pferdezentrum liegt an der A 7 zwischen Selkirk und Hawick. In einer Reitsportgegend sind ein Ausritt oder Lehrstunden nur konsequent. Wer mehr über den Reitsport in den Borders erfahren möchte, findet auf 🖥 www.rideborders.com umfassende Informationen.

Transport
First bedient mit der Linie X95 regelmäßig die Verbindung Edinburgh–Galashiels–Selkirk–Hawick–Carlisle. In Selkirk halten die Busse am Market Square.
Bus 73 verkehrt Mo–Sa stdl. zwischen Selkirk und GALASHIELS.

Innerleithen und Peebles

Auf der Rundfahrt durch die Borders führt der Weg zurück ins Tal des Tweed. Innerleithen ist vor allem durch das Castle von Traquair bekannt, während Peebles eine quirlige Kleinstadt am westlichen Rande der Borders ist.

Traquair House
Laut Eigenwerbung handelt es sich bei Traquair House, 📞 01896–830323, 🖥 www.traquair.co.uk, um Schottlands ältestes bewohntes Haus. Es verspricht also viel Geschichte. Und niemand wird enttäuscht, denn die Ursprünge des Hauses lassen sich mehr als 900 Jahre zurückverfolgen. Das Beste aber ist, dass Traquair mit vielen Überraschungen aufwartet.

Gleich zu Anfang muss man feststellen, dass das Haupttor zum Castle verschlossen und damit auch die Sichtachse durch den Park auf die Burg versperrt ist. Warum? 1745 war ausgerechnet Bonnie Prince Charlie zu Gast, und der Stuart-treue Gastgeber versprach bei Charlies

Abreise das „Bärentor" erst wieder zu öffnen, wenn ein Stuart-König auf dem Thron sitze. Die Rebellion scheiterte, und mit dem Aussterben der Stuart-Dynastie Anfang des 19. Jhs. hätte man eigentlich still und heimlich das Tor wieder öffnen können. Doch selbst die jetzige 21. Lady of Traquair erzählt den Besuchern kurz und knapp: „Wir dürfen die Hoffnung nicht aufgeben." Und hier die zweite Überraschung: Nach all den Dukes und Earls endlich mal eine Lady als Schlossherrin.

Auf dem sehr interessanten Rundgang trifft man an jeder Ecke auf die Stuarts, und am Ende wartet eine katholische Kapelle. Hier riecht es aber nicht nach Weihrauch, sondern nach Bier, denn unter der Kapelle wird seit 1965 wieder gebraut, u. a. die schmackhaften Sorten Jacobite Ale und Bear Ale. Die Brauerei steht Besuchern offen und lädt auch zu Kostproben ein.

Wer vor Ort übernachten möchte, findet in Traquair drei komfortable Zimmer, wobei eines sogar im Haupttrakt liegt. Ab 17 Uhr erhält man dann den Haustürschlüssel und darf selbst auf das Castle aufpassen. Der Spaß kostet mit Frühstück derzeit 180 £ und ist oft weit im Voraus ausgebucht. ⏲ April–Mai, Sep tgl. 12–17, Juni–Aug 10.30–17, Okt 11–16, Nov Sa–So 11–15 Uhr, Eintritt 7,50 £, erm. 6,80/4 £.

Innerleithen
Etwas nördlich von Traquair liegt das kleine Städtchen Innerleithen direkt am Tweed. Eine außergewöhnliche Attraktion sind **Robert Smail's Printing Works**, 7-9 High Street, 📞 0844-4932259, 🖥 www.nts.org.uk. Der National Trust for Scotland bewahrt hier mit viel Liebe zum Detail eine viktorianische Druckerei für die Nachwelt. Bis 1986 waren die Druckmaschinen noch voll in Betrieb. ⏲ April–Okt Do–Sa, Mo 12–17, So 13–17 Uhr, Eintritt 6 £, erm. 5 £.

Peebles
Peebles (ca. 8100 Einwohner) hinterlässt auch ohne große eigene Sehenswürdigkeiten einen positiven Gesamteindruck. Der Ort verfügt sogar über ein Theater, mehrere Restaurants, viele Kilt- und Kaschmirläden sowie zahlreiche Attraktionen in der Umgebung.

Kailzie Gardens

Kailzie Gardens, ☎ 01721-720007, 🖥 www.kailzie gardens.com, liegt östlich von Peebles am Südufer des Tweed und bietet eine ganze Palette von Aktivitäten. Am schönsten ist natürlich der *walled garden* mit seinen viktorianischen Gewächshäusern und einem Obstgarten. Auf dem Gelände findet sich auch die älteste Lärche Schottlands von 1725. Angler können in den Forellenteichen ihr Glück versuchen, während im Tweed Valley Osprey and Wildlife Centre das Augenmerk auf den Fischadlern der Gegend liegt. In den ehemaligen Stallungen des abgerissenen Herrenhauses ist ein Tearoom eingerichtet. ⏰ Garten: April–Okt tgl. 11–17.30 Uhr, Eintritt 4 £, erm. 3,5/1 £.

Dawyck Botanic Garden

Südwestlich von Peebles an der B 712 ist der Dawyck Botanic Garden, Stobo, ☎ 01721-760254, 🖥 www.rbge.org.uk/dawyck, eine Außenstelle des Royal Botanic Garden Edinburgh. An den Ufern des Tweed wurde ein neues Besucherzentrum eingerichtet, und der Rundgang durch die abwechslungsreichen Parkanlagen ist zu jeder Jahreszeit ein Vergnügen. ⏰ Feb/Nov tgl. 10–16, März/Okt 10–17, April–Sep 10–18 Uhr, Eintritt 5 £, erm. 4/1 £.

Übernachtung

Kailzie Bunkhouse, Kailzie, ☎ 01721-723334, 🖥 www.bunk-house.co.uk. Vor allem Mountainbiker werden durch das Hostel östlich von Peebles bei Cardrona angesprochen, da die Pisten von Glentress und Innerleithen nur wenige Kilometer entfernt liegen. Bett 20 £ p. P.

Lindores Guest House, 60 Old Town, ☎ 01721-722072, 🖥 www.lindorespeebles.co.uk. Auf Wanderer und Radler ist auch das Lindores am westlichen Ortsrand von Peebles eingestellt. Von den 6 Zimmern haben nur 2 ein eigenes Bad/WC. Dafür ist das Turmzimmer an der Ecke sehr groß. ❷

Rosetta Holiday Park, Rosetta Road, ☎ 01721-720770, 🖥 www.rosettaholidaypark.co.uk. Campingplatz am nördlichen Stadtrand von Peebles in einem netten Park, ⏰ April–Okt. ❶

Winkston Farmhouse, bei Peebles, 2,5 km nördlich an der A 703 Richtung Edinburgh, ☎ 01721-721264, 🖥 www.winkstonholidays.co. uk. Sehr stilvolle Unterkunft auf einer Farm, entweder in 2 Doppelzimmern oder in 3 hochwertigen Cottage-Apartments, die in der Nebensaison auch nächteweise vermietet werden – eine wirklich gute Adresse auf dem Land. ❷ – ❸

Essen und Unterhaltung

Sunflower Restaurant, 4 Bridgegate, Peebles, ☎ 01721-722420, 🖥 www.thesunflower.net. Die „Sonnenblume" ist ein kleiner kulinarischer Lichtblick. Vormittags werden Kaffee und Kuchen angeboten. Mittags stehen dann neben Fisch und Lamm auch leckere vegetarische Optionen auf der Speisekarte, und abends geht es à la carte weiter. ⏰ Mo–Sa 10–11.30, 12–15, Do–Sa auch 18–21 Uhr.

The Courthouse, High Street, Peebles, ☎ 01721-723537. Im alten Gerichtssaal am westlichen Ende der High Street gibt es einen großen Café-Bereich mit einer Terrasse, die nachmittags schön in der Sonne liegt. Das Restaurant liefert schottische und internationale Bistroküche, ist aber nur Do–Sa abends geöffnet. Dafür gibt es vormittags im Café auch Frühstück – lockere Atmosphäre und gute Stimmung. ⏰ Küche: 10–15, 17–21 Uhr (Sep–April nur bis 18 Uhr).

Eastgate Theatre & Arts Centre, Eastgate, Peebles, ☎ 01721-725777, 🖥 www.eastgate arts.com. Moderner Kulturkomplex mit abwechslungsreichem Programm. Im Aug/Sep wichtiger Veranstaltungsort für das Peebles Arts Festival.

Sonstiges

Feste

Innerleithen Music Festival, ☎ 01721-729949, 🖥 www.innerleithenmusicfestival.org. Im August gastieren bekannte und weniger bekannte Folkbands in Innerleithen und machen den Ort für 3 Tage zur Drehscheibe für schottische Folkmusik. Eines der spannenderen Festivals. Infos über weitere Folkveranstaltungen in den Borders unter 🖥 www. scotborders-folk.org.uk.

Informationen

Peebles VisitScotland Centre, High Street, Peebles, ☎ 01721-723159, 🖥 www.visit

scottishborders.com. Auch Geschenkeladen.
🕐 April–Dez Mo–Sa 9.30–17, So 11–15,
Jan–März Mo–Sa 9.30–16 Uhr.

Rad fahren

Die Gegend ist *mountainbiker's paradise*.
Die Pisten von **Glentress** an der A 72 östlich von
Peebles sind Teil der **7stanes**, 🖥 www.7stanes.
gov.uk, ein System von sieben ausgeklügelten
Mountainbike-Parks, die allen Ansprüchen
gerecht werden. Glentress ist auch für Anfänger
geeignet und verfügt mit **The Hub Glentress**,
📞 01721-721736, 🖥 www.thehubintheforest.
co.uk, über einen Mountainbikeverleih direkt am
Startpunkt. Dazu gibt es eine Rangerstation und
ein kleines Café. Am Hub ist immer was los –
um sich ein Rad zu sichern, sollte man vorher
besser anrufen.

Transport

In Peebles halten die Busse am Eastgate.
First bedient mit der Linie 62 stdl. die
Verbindung Peebles–Penicuik–EDINBURGH
(1 Std.) sowie Peebles–Innerleithen–
GALASHIELS (40 Min.) und Sa/So weiter nach
MELROSE (1 1/4 Std.).
MacEwan's Coaches verkehrt Mo–Fr 2x tgl.
mit der Linie 101 zwischen Peebles und
EDINBURGH. Linie 91 verkehrt Mo–Sa 5–6x tgl.
zwischen Peebles und BIGGAR (Anschluss
nach Moffat und Dumfries).

Der Südwesten

Der ländlich geprägte Südwesten Schottlands
hat viele Gesichter: Die kargen, einsamen Hügel der Southern Uplands stehen in starkem
Kontrast zu den fruchtbaren Tälern. Im Süden
und Westen bestimmen sehr unterschiedliche
Küstenlandschaften das Bild – vom schlick-
reichen Wattenmeer am Solway Firth bis zu
üppig grüner Küstenidylle, während im Westen
offene Marschlandschaften und Klippen für Abwechslung sorgen. England und Irland sind am
Horizont oft nur einen Steinwurf entfernt; wichtige Verkehrsrouten durch die Region dienen als
Transitstrecken.

Dennoch liegt die Region abseits der Haupttouristenströme. Von der Hektik der Großstädte
ist nichts zu spüren. Der wunderbare **Galloway
Forest Park** ist ein Paradies für Wanderer und
Mountainbiker. Vogelliebhaber finden an der
Südwestküste wichtige Rückzugsgebiete für
Zugvögel, und Kunstliebhaber werden in **Drumlanrig Castle**, **Dumfries House** und **Culzean
Castle** auf keinen Fall enttäuscht. Hinzu kommen urige Orte wie das malerische Künstler-
städtchen **Kirkcudbright** oder das in die Klippen
geschmiegte **Portpatrick**. Eine Besonderheit ist
auch die Buchstadt **Wigtown** mit ihren vielen
Antiquariaten.

Und last but not least ist der Südwesten zwischen den quirligen „Metropolen" Dumfries und
Ayr das Land von Nationaldichter Robert Burns,
der Schottland einige der schönsten Verse hinterlassen hat.

Der Südwesten gliedert sich verwaltungstechnisch in die Regionen Dumfries & Galloway
im Süden sowie Ayrshire im Norden.

East Dumfriesshire

Moffat

Die freundliche Kleinstadt Moffat am Schnittpunkt mehrerer wichtiger Verkehrswege durch
die Southern Uplands strahlt rund um die alten
Häuschen der High Street eine ruhige, einladende Atmosphäre aus und ist für eine Übernachtung oder eine Essenspause gut geeignet. In
der näheren Umgebung gibt es in den sanften
grünen Hügeln zahlreiche Wandermöglichkeiten. Das Touristenbüro hält dazu die kostenlose Broschüre *Walking in and about Moffat*
parat. Beliebtes Ausflugsziel ist der Wasserfall
Grey Mare's Tail auf dem Weg in die Borders
(s. S. 209).

Lockerbie

Der Name Lockerbie dürfte vielen Menschen bekannt vorkommen, denn am 21. Dezember 1988
explodierte ein amerikanischer Jumbo-Jet just
über der kleinen Ortschaft. PanAm 103 riss 243
Passagiere und 16 Besatzungsmitglieder mit in
den Tod, elf Einwohner von Lockerbie starben
durch abstürzende Flugzeugteile.

Südschottland

DUMFRIES AND GALLOWAY

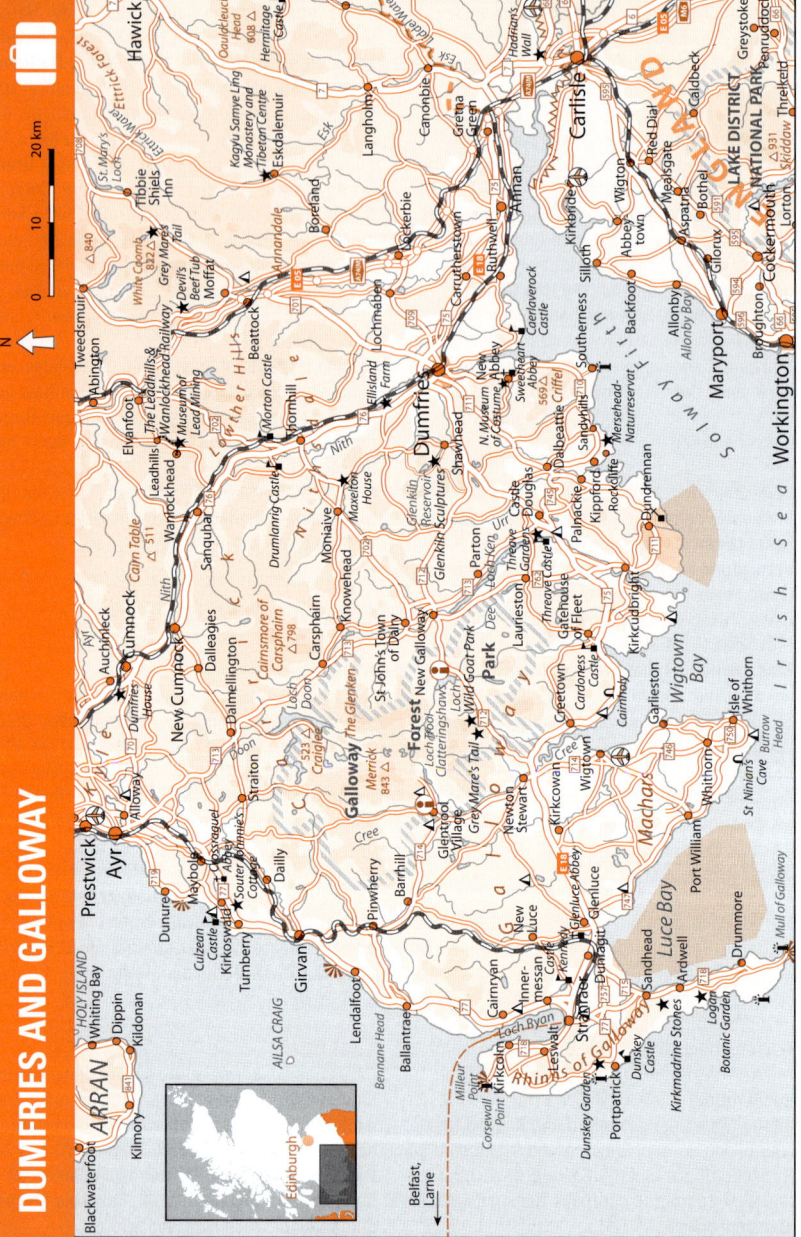

www.stefan-loose.de/schottland

Die politische und juristische Aufarbeitung ist bis heute nicht abgeschlossen. Zwar verurteilten 2001 schottische Richter in einem außergewöhnlichen Gerichtsverfahren in den Niederlanden den Libyer al-Megrahi zu einer lebenslangen Haftstrafe, doch dessen vorzeitige Freilassung im Sommer 2009 führte zu schweren Verstimmungen zwischen der britischen, schottischen und us-amerikanischen Regierung.

An der A 709 Richtung Dumfries wurde auf dem **Friedhof** ein „Garten der Erinnerung" angelegt, und das angeschlossene **Dryfesdale Lodge Visitors' Centre**, ℡ 01576-205962, 🖳 www.dryfesdalelodge.org.uk, informiert über den Anschlag und seine verheerenden Folgen. ⏰ Ende März–Sep tgl. 10–16, Okt–21. Dez Do–Di 11–15 Uhr, Eintritt frei.

Gretna Green

Heiraten beim Schmied nach einer wilden Flucht über die englisch-schottische Grenze – das hört sich nach Abenteuer und Romantik an, doch Gretna Green lohnt allenfalls einen Zwischenstopp. Ganz anders ist das natürlich für Heiratswillige. Mit 4000–4500 Hochzeiten pro Jahr finden hier rund 13 % aller Hochzeiten in Schottland statt. Angefangen hatte alles 1754, als in England das Heiratsalter auf 21 Jahre festgesetzt wurde. Da Schottland ein eigenes Rechtssystem hatte, konnte man hier schon mit 16 Jahren heiraten, ohne die Einwilligung der Eltern einholen zu müssen. Das öffnete dem Heiratsmarkt in Gretna Tür und Tor, denn der Ort liegt direkt hinter der Grenze. Besonders der Schmied vollzog zum krönenden Abschluss mancher Flucht über seinem Amboss Nacht- und-Nebel-Heiraten.

Das Gewerbe erlitt einen schweren Schlag, als Lord Brougham 1856 das sogenannte „Abkühl-Gesetz" erließ. Von nun an mussten Heiratswillige vor der Heirat drei Wochen lang in Schottland leben. Angeblich hatte auch der Lord in Gretna geheiratet, allerdings unglücklich, und wollte anderen Paaren die schmerzliche Erfahrung ersparen. Da aber die Altersdifferenz blieb, war Gretna weiterhin ein wichtiges Ziel für junge Paare. So kam 1967 z. B. der spätere grüne Außenminister Joschka Fischer mit seiner Freundin nach Gretna. Diese erinnerte sich

Tibet in den Southern Uplands

Knapp 25 km nordöstlich von Lockerbie befindet sich in der einsamen Berglandschaft bei **Eskdalemuir** eine ungewöhnliche Besucherattraktion: Wo einst die *reivers* als Viehdiebe die Täler unsicher machten, wurde 1967 das erste tibetisch-buddhistische Zentrum in der westlichen Welt gegründet. Rund 65–70 Menschen bewohnen heute das **Kagyu Samye Ling Monastery and Tibetan Centre**, ℡ 01387-373232, 🖳 www.samyeling.org. Dass Samye Ling übersetzt „Ort jenseits der Vorstellung" heißt, dürfte die ursprüngliche Reaktion vieler Einheimischer sicher auf den Punkt bringen. Doch wer sich ein wenig für Buddhismus interessiert, wird den Besuch nicht bereuen. Ein reich verzierter Tempel, eine Stupa in einem kleinen Park, Wohngebäude sowie seit jüngstem auch ein College wirken wie eine exotische Insel inmitten der kargen Uplands. Gebetsfähnchen flattern im Wind, ein Buddha sitzt im Teich auf einer Schlange – haben wir Schottland womöglich doch verlassen? Sehr nett ist der stimmungsvolle Tearoom, der eine kleine Pause ermöglicht.

später in einem Interview daran, dass der Ort „langweilig" war, die Hochzeit eine „Fließbandgeschichte" und man die drei Wochen in einer Baracke mit anderen Paaren aus halb Europa verbracht habe. Immerhin hielt die erste Ehe Fischers 17 Jahre.

1977 wurden alle Einschränkungen aufgehoben, und seither floriert wieder, ganz legal, das Heiratsgeschäft in der alten Schmiede von Gretna Green. Man muss sich nur 15 Tage vorher anmelden und eine Ehefähigkeitsbescheinigung mitbringen – und sich vorstellen, Gretna sei romantisch.

Der **Old Blacksmiths Shop**, ℡ 01461-337893, 🖳 www.gretnagreen.com, ist ein ganz auf Reisegruppen und Hochzeiten abgestimmtes Touristenzentrum. Die Ausstellung in der alten Schmiede zur Geschichte der Amboss-Hochzeiten ist jedoch sehr interessant und lohnt den Besuch. Die Erklärungen sind sogar auf Deutsch. Im Schnitt finden in den Räumlichkeiten drei Hochzeiten am Tag statt. ⊙ Ostern–Mai tgl. 9–17.30, Juni–Sep 9–18.30, Okt–Ostern 9–17 Uhr, Eintritt 3,50 £, erm. 2,75 £.

Buchan Guest House, Beechgrove, Moffat, ✆ 01683-220378, 🖥 www.buchanguesthouse. co.uk. In einer ruhigen Sackgasse am Ortsrand mit mehreren weiteren B&Bs bieten Brenda und Chris Wallace schottische Gastfreundschaft und 8 angenehme Zimmer. Im Erdgeschoss sind in Zimmer 1 und 2 auch Haustiere willkommen. 5 Zimmer haben einen schönen Blick über die Felder, und im *sitting room* laden bequeme Sessel, Tee und viele Bildbände und Karten zum gemütlichen Verweilen ein. ❷

The Buccleuch Arms Hotel, High Street, Moffat, ✆ 01683-220003, 🖥 www.buccleucharms hotel.com. Das stattliche Hotel, das 1760 im georgianischen Stil als Kutschenstation erbaut wurde, ist für seine sehr gute regionale Küche bekannt. Auf der Speisekarte werden alle Produzenten aufgeführt. Das Restaurant befindet sich in einem Raum mit Kamin. Auch viele vegetarische Gerichte. Wer nach dem Essen nicht mehr weiterfahren möchte, kann in dem Haus auch sehr gut übernachten. ⊙ Küche 12–14.30, 18–20 Uhr. ❸

Informationen

Moffat VisitScotland Information Centre, Churchgate, ✆ 01683-220620, 🖥 www.visitdumfriesandgalloway.co.uk. ⊙ April–Juni Mo–Sa 10–17, Juli–Sep Mo–Sa 9.30–17.30, So 11–17, Okt Mo–Sa 10–16.30, So 11–16 Uhr.

Gretna VisitScotland Information Centre, Gretna Gateway Outlet Village, Glasgow Road, ✆ 01461-337834, 🖥 www.visitdumfriesand galloway.co.uk. ⊙ April–Okt tgl. 10–18, Nov–März Mo–Sa 10–16.30, So 10–16 Uhr.

Transport

Busse

Von Moffat

Moffat liegt an der Schnellbusverbindung X74 (Stagecoach) zwischen DUMFRIES und GLASGOW Mo–Sa 4x tgl., So 2x.

Die Linien 100/101/102/103 (MacEwan's Coach Services) verkehren im Verbund zwischen Dumfries und EDINBURGH, Mo–Sa 4x tgl., So 2x.

Von Lockerbie

Linie 81/381 (Stagecoach/Houston's) fährt im dichten Takt nach DUMFRIES.
Linie 380 (Stagecoach) verbindet Lockerbie mit MOFFAT, Mo–Sa 9x tgl., So 4x.
Linie 112 (Houston's) fährt von Lockerbie zum buddhistischen Zentrum Samye Ling, Mo–Sa 5x tgl.

Von Gretna

Linie 382 (Houston's) verkehrt nach LOCKERBIE, Mo–Sa 7x tgl., So 4x.
Linie 79 (Stagecoach) hält auf dem Weg von Carlisle nach Dumfries in Gretna, Mo–Sa stdl., So 6x tgl.

Eisenbahn

Lockerbie wird ca. alle 2 Std. per Bahn von Manchester/Carlisle mit Glasgow oder Edinburgh verbunden.
Gretna liegt an der Bahnstrecke (Glasgow)–Dumfries–Carlisle–Newcastle, die Mo–Sa praktisch stdl. und So 5x bedient wird.

Dumfries

Die Hauptstadt der Region (38 000 Einwohner) lebt stark vom Glanze Robert Burns, der in Dumfries mehrere Jahre als Steuereintreiber tätig war und hier begraben liegt. Ein Burns Trail führt zu den wichtigsten Sehenswürdigkeiten, die mit dem Dichter verbunden sind. Im 18. Jh. war Dumfries noch Hafenstadt und an der Küste wurde nach besten Kräften Alkohol ins Land geschmuggelt, sodass Burns jenseits seiner Poesie viel zu tun hatte.

In Dumfries nahm zu Beginn des 14. Jhs. das Rennen um die schottische Krone eine dramatische Wende: Robert the Bruce entledigte sich durch einen kaltblütigen Mord eines Hauptkonkurrenten. Der spätere Freiheitsheld war in der Wahl seiner Mittel nicht gerade zimperlich,

Dumfries

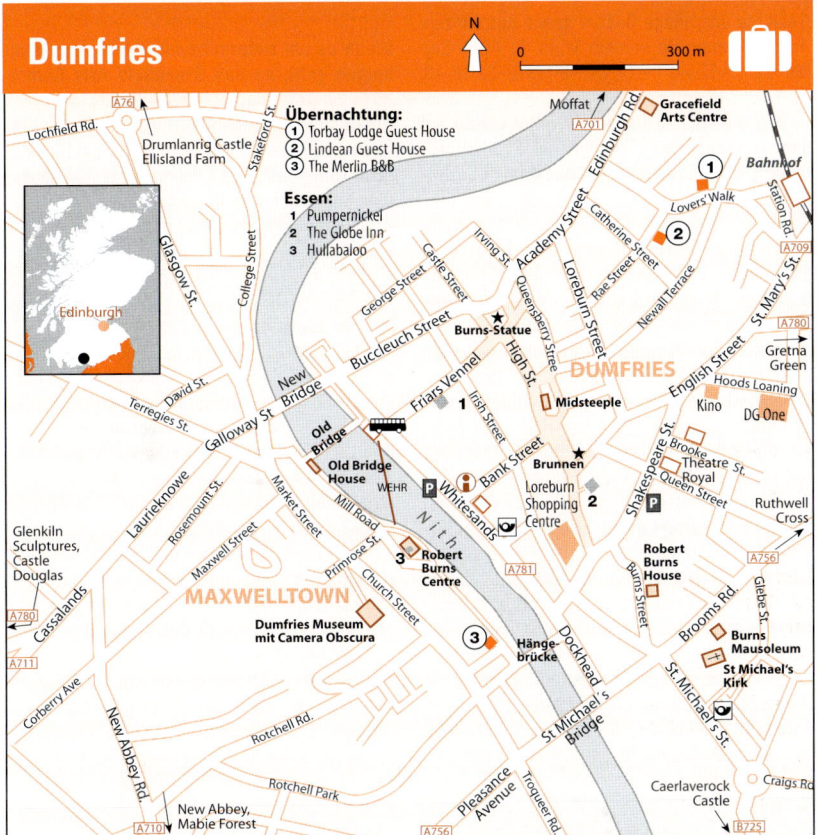

N

0   300 m

Übernachtung:
① Torbay Lodge Guest House
② Lindean Guest House
③ The Merlin B&B

Essen:
1 Pumpernickel
2 The Globe Inn
3 Hullabaloo

Lochfield Rd.
A76
Drumlanrig Castle
Ellisland Farm
Stakeford St.
College Street
Glasgow St.
Edinburgh
David St.
Terregies St.
Galloway St.
New Bridge
Old Bridge
Old Bridge House
WEHR
Market Street
Mill Road
Laurieknowe
Rosemount St.
Maxwellstr.
Primrose St.
Church Street
MAXWELLTOWN
Dumfries Museum mit Camera Obscura
Glenkiln Sculptures, Castle Douglas
A780
Cassalands
A711
Corberry Ave
New Abbey Rd.
Rotchell Rd.
Rotchell Park
New Abbey, Mabie Forest
A710
George Street
Castle Street
Buccleuch Street
★ Burns-Statue
Friars Vennel
Irish Street
High St.
Queensberry Stree
1
Whitesands
Bank Street
Brunnen ★
Loreburn Shopping Centre
2
Robert Burns Centre
3
Nith
Hänge-brücke
A781
St. Michael's Bridge
Dockhead Str.
Pleasance Avenue
Trouser Rd.
A756
Caerlaverock Castle
Craigs Rd
B725
Moffat
A701
Academy Street
Catherine Street
Irving St.
Loreburn Street
Rae Street
Newall Terrace
DUMFRIES
Midsteeple
Kino
Shakespeare St.
Theatre Royal
Queen Street
Burns Street
St. Mary's St.
English Street
Hoods Loaning
Gretna Green
A780
A709
Ruthwell Cross
A756
Robert Burns House
Burns Mausoleum
St Michael's Kirk
St. Michael's St.
Brooms Rd.
Glebe St.
Gracefield Arts Centre
Edinburgh Rd.
Bahnhof
Lovers' Walk
Station Rd.
①
②
Brooke St.

---

wenn es darum ging, seinen Machtanspruch auf den Thron zu festigen.

Naturgemäß hat sich die Stadt stark verändert – der River Nith z. B. ist längst nicht mehr schiffbar –, aber Dumfries lebt ganz gut vom Gedenken an den König und den Dichter. Die Stadt eignet sich gut als Standquartier für die Erkundung der abwechslungsreichen Umgebung.

High Street

Die zur Fußgängerzone umgewandelte High Street ist das Rückgrat der Innenstadt. Wichtigstes Bauwerk ist der **Midsteeple**, das ehemalige Rathaus von 1707. Schon hier begegnet man auf Schritt und Tritt Robert Burns: Am nördlichen

Ende der High Street steht ein Denkmal, und das urige **Globe Inn** (s. S. 199) aus dem 17. Jh. war Burns Lieblingspub in Dumfries. Der markante, fernöstlich wirkende **Brunnen** mit den vergoldeten Schwänen und Krokodilen wurde 1882 aufgestellt, um der Überwindung zweier Cholera-Epidemien durch den Bau einer Frischwasserleitung zu gedenken.

Robert Burns House und Burns Mausoleum

Das kleine **Robert Burns House**, Burns Street, ✆ 01387-255297, ist im letzten Wohnhaus des Dichters untergebracht. Zu sehen sind einige Hinterlassenschaften, darunter seine letzten

Gedichte und einige Bücher sowie das winzige Arbeitszimmer mit seinem Stuhl. ⏱ April–Sep Mo–Sa 10–17, So 14–17, Okt–März Di–Sa 10–13, 14–17 Uhr, Eintritt frei.

Nur ein kurzes Wegstück weiter wurde auf dem schönen alten Friedhof der St Michaels Church 1815 ein auffälliges **Mausoleum** für Robert Burns errichtet.

Old Bridge und Robert Burns Centre

Eines der architektonischen Prunkstücke von Dumfries ist die **Old Bridge** aus dem frühen 15. Jh. Sie ist die älteste mehrbogige Brücke in Schottland, auch wenn von den einst neun Bögen nur sechs erhalten blieben. Auf der westlichen Seite steht das winzige **Old Bridge House**, Mill Road, ✆ 01387-256904, von 1660 – das älteste erhaltene Haus von Dumfries. ⏱ April–Sep Mo–Sa 10–17, So 14–17 Uhr, Eintritt frei.

Ebenfalls auf der westlichen Flussseite ist das **Robert Burns Centre**, Mill Road, ✆ 01387-264808, eine weitere wichtige Anlaufstelle für Burns-Fans. In dem alten Mühlengebäude von 1781 erfahren Besucher mehr über Burns' Zeit in Dumfries und können einen Film dazu anschauen. Das Restaurant Hullabaloo im Obergeschoss (s. S. 199) ist zudem ein beliebter Treffpunkt in Dumfries. Das Centre dient zugleich als Kino für die Stadt. ⏱ April–Sep Mo–Sa 10–20, So 14–17, Okt–März Di–Sa 10–13, 14–17 Uhr, Eintritt frei, Burns-Film 2 £, erm. 1 £.

Dumfries Museum & Camera Obscura

Dass Dumfries mehr zu bieten hat als Burns-Gedenkstätten, zeigt das sympathische Dumfries Museum & Camera Obscura, Rotchell Road, ✆ 01387-253374. Im Museum dreht sich alles um die Ortsgeschichte, u. a. die Hexenverbrennungen sowie die Schifffahrt auf dem River Nith. Hauptattraktion ist aber die älteste noch funktionierende Camera Obscura in Großbritannien. Sie wurde 1836 in eine Mühle aus dem 17. Jh. montiert und gewährt einen exzellenten Ausblick über die Stadt und die Umgebung. ⏱ Museum April–Sep Mo–Sa 10–17, So 14–17, Okt–März Di–Sa 10–13, 14–17 Uhr, Eintritt frei; Camera Obscura April–Sep, Eintritt 2,30 £, erm. 1,15 £.

Gracefield Arts Centre

Wenn es um anspruchsvolle Wechselausstellungen geht, ist das Gracefield Arts Centre, 28 Edinburgh Road, ✆ 01387-262084, die beste Anlaufstelle in Dumfries. Rund alle sechs Wochen gibt es etwas Neues zu sehen am Ufer des River Nith. Außerdem beherbergt der Kunstkomplex am nördlichen Rand der Innenstadt einen *craft shop* und ein Café. ⏱ Di–Sa 10–17 Uhr, Eintritt frei.

Übernachtung

Lindean Guest House, 50 Rae Street, ✆ 01387-251888, 🖥 www.lindeanguesthouse. co.uk. In günstiger Lage zwischen Bahnhof und Zentrum bietet das Lindean im B&B-Distrikt für die Doppel- und das Familienzimmer eigenes Bad/WC, nur das Einzelzimmer hat ein Bad auf dem Flur. Angenehme Unterkunft. ❷

Mabie House Hotel, Mabie Forest, ✆ 01387-263188, 🖥 www.mabiehousehotel.co.uk. Schöner Landsitz in einem großen Park am Beginn der Mountainbike-Pisten im Mabie Forest (s. Aktivitäten) gelegen. Der Haupttrakt geht auf die Mitte des 18. Jhs. zurück. Im Herrenhaus gibt es komfortable Zimmer und ein ansprechendes Restaurant. Gestandenen Mountainbikern bietet das Hotel schlichte Holzhütten, sogenannte *pods*, mit Schlafplattformen und Matratzen, der Schlafsack muss selbst mitgebracht werden. ❸–❹, pod (max. 4 Pers.) ab 35 £.

The Merlin B&B, 2 Kenmure Terrace, ✆ 01387-261002, 🖥 www.themerlin.webeden. co.uk. Supertolle Lage an der viktorianischen Fußgänger-Hängebrücke über den Nith. Die 3 Zimmer sind ruhig, zwei genießen den schönen Blick über den Fluss hinweg. Der Preis geht voll in Ordnung – unbedingt vorher reservieren. ❷

Torbay Lodge Guest House, 31 Lovers Walk, ✆ 01387-253922, 🖥 www.torbaylodge.co.uk. Sehr gemütliche Unterkunft in der Nähe des Bahnhofs in einer stattlichen Wohnlage. Auch ins Zentrum ist der Weg sehr kurz. Das Torbay bietet zudem einen eigenen Parkplatz. Rundum befinden sich weitere preisgünstige Unterkünfte. ❷

Essen und Unterhaltung

Hullabaloo, Mill Road, ✆ 01387-259679, 🖥 www.hullabaloorestaurant.co.uk. Sympathisches Lokal im 1. Stock des Burns Centre am Ufer des Nith. Während tagsüber eher Kleinigkeiten von Suppe über Sandwiches bis *baked potatoes* auf dem Programm stehen, werden abends auch anspruchsvollere Gerichte serviert. Bei Einheimischen und Kinogängern sehr beliebt. ⏰ Mo–Sa 11–16, So 11–15, Di–Sa auch 18–22 Uhr.

Pumpernickel, 60-62 Friars Vennel, ✆ 01387-254475, 🖥 www.pumpernickelcatering.co.uk. Wer hier deutschen Pumpernickel erwartet, wird leider enttäuscht, aber das Bistro-Café ist sehr nett wie ein alter Dorfladen eingerichtet und verkauft von Suppen über Sandwiches bis zu *baked potatoes* die üblichen Snacks. ⏰ Mo–Sa 9–17 Uhr.

The Globe Inn, 56 High Street, ✆ 01387-252335, 🖥 www.globeinndumfries.co.uk. Von der High Street führt ein kleiner Durchgang in das historische Inn von 1610. Seinen Ruf verdankt es vor allem Robert Burns, dessen Lieblingspub das Globe war. Das Wort Liebling ist hier durchaus wörtlich zu nehmen, denn er zeugte mit der Nichte der Besitzerin ein Kind, neun Tage bevor seine Frau Jean Armour ebenfalls entband. Die Küche wird durch spanische Tapas bereichert, und der Pub ist auch heute noch stimmungsvoll. ⏰ Küche Mo–Sa 12–15, Do–Sa auch 18.30–21 Uhr.

Sonstiges
Informationen

Dumfries VisitScotland Information Centre, 64 Whitesands, ✆ 01387-253862, 🖥 www.visitdumfriesandgalloway.co.uk. ⏰ Ostern–Aug Mo–Sa 9–18, So 10.30–16, Sep–Okt Mo–Sa 9.30–17, So 11–15.30, Nov–Ostern Mo–Fr 9.30–17, Sa 9.30–16 Uhr.

Rad fahren

Mabie Forest liegt rund 7 km südwestlich von Dumfries an der Straße nach New Abbey. Als Teil der *7stanes* ist der Wald zu einem Eldorado für Mountainbiker geworden, die sich auf mehreren unterschiedlich schwierigen Pisten richtig austoben können. Ein Fahrradverleih steht am Mabie House Hotel (s. „Übernachtung") zur Verfügung: **The Shed**, Mabie Forest, ✆ 01387-270275, 🖥 www.cycle-centre.com. ⏰ April–Okt tgl. 9–18, Nov–März Sa–So 9–17, Mo–Di, Do–Fr 11–15 Uhr.

Taxis

Maxis Taxis, ✆ 01387-247247; **Premier Taxis**, ✆ 01387-250000.

Transport

Dumfries ist die wichtigste Stadt der Region und damit ein Verkehrsknotenpunkt.

Busse

Der zentrale Busbahnhof für die regionalen Busse von Stagecoach befindet sich in der Uferstraße Whitesands bei der Touristeninformation. Gute Verbindungen nach Gretna Green, Lockerbie und Moffat (s. S. 193). AYR via Drumlanrig (von der Straße ein ganzes Stück entfernt), Sanquhar, Cumnock, Linie 246, mehrmals tgl., 2 1/2 Std. CASTLE DOUGLAS, Linie 501/503, mehrmals tgl., 1 Std.; dort Umstieg nach Kirkcudbright und New Galloway. EDINBURGH, Linie 100/101/102 (MacEwan's Coach Services), mehrmals tgl., 2 3/4 Std. GLASGOW via Moffat, Linie X74, 2–4x tgl., 2 Std. SOUTHERNESS via Mabie Forest und New Abbey, Linie 372, mehrmals tgl., 50 Min.; dort mit Linie 371 Anschluss nach Rockcliffe und Dalbeattie. STRANRAER via Castle Douglas, Gatehouse, Newton Stewart, Linie X75/500, Mo–Sa ca. alle 2 Std., So 2x, 2 Std.

Eisenbahn

Dumfries liegt an der Bahnlinie von Glasgow durch das Nithsdale nach Gretna Green und Carlisle/Newcastle. Dabei sind die Verbindungen nach GLASGOW (mehrmals tgl., 1 3/4 Std.) wesentlich seltener als nach GRETNA (ca. stdl., 25 Min.).

Die Umgebung von Dumfries

Caerlaverock Castle

Knapp 15 km südlich von Dumfries liegt östlich der Mündung des River Nith eine beeindruckende mittelalterliche Burgruine, die zu den schönsten im Südwesten zählt: Caerlaverock Castle, ✆ 01387-770244, 🖳 www.historic-scotland.gov. uk. Das wuchtige Burgdreieck ist von einem Wassergraben geschützt und liegt inmitten einer offenen Küstenlandschaft. In der Ruine kann man nach Herzenslust die Räumlichkeiten erkunden. War Caerlaverock während der schottischen Freiheitskriege zu Beginn des 14. Jhs. noch heiß umkämpft, so wurde die Anlage in den 1630er-Jahren zu einer Renaissance-Residenz ausgebaut. Dennoch ließ sich der Verfall nicht aufhalten. Ein Film führt in das Schlachtengetümmel der „Großen Belagerung" ein, während der Tearoom für eine Pause mit Kaffee und Kuchen genau richtig ist. ⏱ April–Sep 9.30–17.30, Okt–März 9.30–16.30 Uhr, Eintritt 5,20 £, erm. 4,20/3,10 £ (HS).

Caerlaverock Wetland Centre

Wenige Kilometer nordöstlich der Wasserburg ist das Caerlaverock Wetland Centre, ✆ 01387-770200, 🖳 www.wwt.org.uk/caerlaverock, ein international wichtiges Feuchtgebiet, das im Herbst bis zu 30 000 Weißwangengänse aus Spitzbergen aufnimmt. Aufgrund dieser Verbindung wurde das Besucherzentrum sogar von König Harald aus Norwegen persönlich eingeweiht. Die Verbindung von Salzmarschen und Wattenmeer macht das Vogelschutzreservat besonders interessant. Ab Herbst werden auch Brachvögel, Kiebitze und Alpenstrandläufer gesichtet. ⏱ tgl. 10–17 Uhr, Eintritt 6,70 £, erm. 5,05/3,30 £.

Glenkiln Sculptures

In einem abgelegenen Tal nordwestlich von Shawhead, befindet sich rund 15 km westlich von Dumfries am Glenkiln Reservoir ein einzigartiger Freilicht-Skulpturen-Park. Kein Hinweisschild zu den exquisiten Skulpturen von Henry Moore und Auguste Rodin weist den Weg, seit 1995 „König und Königin" von Moore mutwillig beschädigt wurden. So muss man selbst die Augen aufhalten, um die Skulpturen an den beiden einzigen Straßen zu entdecken. Während das Königspaar wieder einträchtig auf den Stausee schaut, befindet sich am Ende des Sees „Johannes der Täufer" von Rodin. Auch die „Liegende Frau" von Moore an einem Abzweig nach Süden vor dem Erreichen des Stausees ist eine

Sollte einst Schutz gegen englische Angriffe bieten - Caerlaverock Castle

hervorragende Arbeit. Henry Moore hatte beim Aufstellen der Skulpturen in den 1950er-Jahren auf Einladung des Landbesitzers und Sammlers Sir William Keswick übrigens selbst mit Hand angelegt.

Nithsdale

Das Nithsdale ist ein fruchtbares Tal, das sich von Dumfries nach Norden Richtung Sanquhar zieht. Auf dem Weg passiert man die einstige Farm von Robert Burns sowie das prächtige Drumlanrig Castle.

Ellisland Farm
Unterwegs von Dumfries Richtung Norden liegt an der A 76 nach knapp 10 km eine weitere wichtige Burns-Gedenkstätte. Auf der Ellisland Farm, ☎ 01387-740426, 🖥 www.ellislandfarm. co.uk, erleben Besucher den Dichter als Landwirt – so hat es jedenfalls den Anschein. Burns hatte die Farm 1788 vom damaligen Chef der Bank of Scotland vermittelt bekommen, da er nicht glaubte, mit Poesie seinen Lebensunterhalt bestreiten zu können. Allerdings war die Farm so heruntergekommen, dass Burns schon bald Steuereintreiber wurde und seine Frau Jean Armour die Farm in Schuss halten musste. Trotz oder vielleicht gerade wegen aller Widrigkeiten entstanden in den drei Jahren auf Ellisland rund ein Viertel seiner Werke, darunter das weltberühmte *Auld Lang Syne* (s. Kasten S. 221). Ein Film und eine kleine Führung erleichtern die Orientierung. ☉ April–Sep Mo–Sa 10–13, 14–17, So 14–17, Okt–März Di–Sa 10–17 Uhr, Eintritt 3,50 £, erm. 2 £.

Drumlanrig Castle
Auf seinen Runden zum Einsammeln der Steuern kam Robert Burns oftmals am wuchtigen Schloss der Herzöge von Queensberry nördlich von Thornhill vorbei, einer der einflussreichsten Adelsfamilien in Schottland. Eingebettet in eine malerische Parklandschaft und versehen mit einer standesgemäßen, schnurgeraden Zufahrt ist Drumlanrig Castle, ☎ 01848-331555, 🖥 www. drumlanrig.com, das Paradebeispiel eines hochherrschaftlichen Landsitzes, der zudem über eine

der wertvollsten privaten Kunstsammlungen des Landes verfügt. Um 1670 ließ der erste Duke of Queensberry sein altes Castle abreißen und beauftragte Robert Milne und James Smith mit dem Bau eines neuen repräsentativen Burgschlosses. Der Palast wirkt mit vier Wehrtürmen nur noch dem Aussehen nach wie eine Burg, innen demonstrieren die kostbaren **Gemälde** von da Vinci über Rembrandt („Alte Frau beim Lesen"), Franz Hals, Jan Breughel bis zu Hans Holbein („Sir Nicholas Carew"), van Dyck und Gainsborough den hervorragenden Kunstgeschmack der späteren Doppelherzöge von Buccleuch und Queensberry (s. S. 202). Die Gemäldesammlung ist von unschätzbarem Wert. Groß war deshalb die Aufregung, als ausgerechnet da Vincis „Madonna mit Garnspindel" 2003 aus Drumlanrig gestohlen wurde. Vier Jahre später wurde sie in einer Anwaltskanzlei unversehrt sichergestellt. Ein angenehmer Touch unter all den Kunstwerken ist, dass auch Butler und Köche malerisch verewigt wurden.

Seit dem Tod des 9./11. Doppelherzogs 2007 wird Drumlanrig nicht mehr von der Familie bewohnt. Stattdessen steht das Castle außerhalb der Besuchersaison finanzkräftigen Gästen als Ferienwohnung zur Verfügung. 2010 machte ein arabischer Scheich den Anfang.

Neben dem Schloss haben die Herzöge in den Stallungen inzwischen auch ein **Fahrradmuseum** etabliert, in dem u. a. ein sogenannter Boneshaker von 1868 zu sehen ist. Der Name „Knochenschüttler" ist verdient, weil man ohne Schlauch direkt auf der Felge vor sich hin rumpelte. Ein Fahrradverleih macht die Erkundung der vielen Radwege im Umland möglich. Und natürlich sollte man auch einen Blick in die formalen **Gärten** auf der Südseite des Castles werfen – Drumlanrig lohnt auf jeden Fall einen Besuch. ☉ Schloss April–Aug. tgl. 11–16 Uhr, Park April–Okt tgl. 10–17 Uhr, Eintritt 9 £, erm. 7,50/5 £; Kombiticket mit Bleiminenmuseum in Wanlockhead (s. S. 202) 13 £, erm. 10/7,50 £.

Sanquhar
Auf dem Weg nach Wanlockhead führt ein kurzer Abstecher in das einstige Royal Burgh Sanquhar. Sehenswert ist das **Sanquhar Tolbooth Museum**, High Street, ☎ 01659-50186,

Im Süden Schottlands führt kaum ein Weg an den Doppelherzögen von Buccleuch und Queensberry vorbei. Sie sind Großbritanniens größte private Landbesitzer, stehen in der Adelshierarchie neben den Herzögen von Roxburghe, Hamilton, Atholl und Argyll auf der höchsten Stufe unterhalb der Königsfamilie, verfügen über eine der exquisitesten privaten Kunstsammlungen des Landes und sind fest mit einigen wichtigen Wendepunkten der schottischen Geschichte verbunden. Wer Schottlands Hochadel sucht, ist bei den Buccleuchs an der richtigen Adresse.

Um eine Vorstellung von der Größe der Besitzungen zu bekommen, muss man sich nur vor Augen halten, dass die Herzöge von ihrem Stammsitz Drumlanrig in Dumfriesshire (s. S. 201) ins fast 100 km entfernte Edinburgh über eigenen Grund und Boden gelangen konnten. Auch wenn der Landbesitz im 20. Jh. um fast die Hälfte schrumpfte, so besitzen sie noch immer rund 100 000 ha Land. Damit liegen sie weit vor ihren Herzogskollegen und konkurrieren von der Größe her nur mit der Forstverwaltung und dem National Trust for Scotland. Insofern nehmen die Doppelherzöge in Schottland eine besondere Stellung ein.

Dabei beschränken sich die Buccleuchs längst nicht mehr nur auf Land- und Forstwirtschaft, Jagd und Tourismus. Schon ein Blick auf die Website der **Buccleuch Estates** verrät, dass sich die Herzöge heutzutage als „Spieler auf dem Weltmarkt" sehen.

Heiratsallianzen

Wie ist es den Buccleuchs gelungen, aus den Tiefen der Lowlands ein derartiges Imperium aufzubauen? Zum Einen waren glückliche Heiraten für das Wachstum verantwortlich. Schon der Familienname Douglas-Montagu-Scott zeugt von der verzweigten Familiengeschichte. So fielen die Ländereien der Herzöge von Buccleuch rund um Bowhill und Dalkeith bei Edinburgh mit denen der Herzöge von Queensberry bei Drumlanrig zusammen. In England kam noch der Familienbesitz der Montagus hinzu, und ganz nebenbei sammelte die Familie Adelstitel wie Sand am Meer ein.

Politisches Kalkül

Beziehungen und politisches Geschick waren ein weiteres wichtiges Element beim Aufstieg der Familie. Der erste Herzog von Buccleuch, besser bekannt unter dem Namen **Duke of Monmouth**, war der illegitime Lieblingssohn von König Charles II., während der **2. Duke of Queensberry** 1707 federführend die politische Vereinigung Schottlands und Englands vorantrieb. Das führte u. a. zur Auflösung des schottischen Parlaments. Ironischerweise ist in das moderne Parlament

---

im Tolbooth von 1735. Niemand Geringerer als Stararchitekt William Adam war hier am Werke. Am interessantesten sind die handgefertigten Wollhandschuhe, die als *Sanquhar Knitting* eine lokale Besonderheit sind. ⏰ April–Sep Di–Sa 10–13, 14–17, So 14–17 Uhr, Eintritt frei.

Ebenfalls in der High Street befindet sich das angeblich älteste **Postamt** der Welt. Während an der Tür die Jahreszahl 1712 vermerkt ist, sprechen andere Quellen von 1763.

Wanlockhead

Aus dem üppig grünen Tal von Nithsdale führt eine Seitenstraße hinauf in die karge Bergwelt der Lowther Hills. Ausgerechnet dort, wo es am ungemütlichsten ist, befindet sich auf 467 m Höhe Schottlands höchster Ort: Wanlockhead.

1710 holten die Herzöge die Quäker aus England in den hohen Norden, die mit dem Bau von Bleiminen begannen. Die Quäker zogen schon wenige Jahrzehnte weiter, doch der Minenbetrieb blieb noch bis 1956 erhalten. Den 300 Jahre alten Stollen der Lochnell-Bleimine kann man im Rahmen einer informativen Führung genauso erkunden wie rekonstruierte Cottages der Bleiarbeiter.

Und Wanlockhead weist noch eine andere Besonderheit auf: Die Arbeiter gründeten 1756 die zweitälteste Lesezirkel-Bücherei der Welt. Die älteste wurde 15 Jahre zuvor im benachbarten Leadhills gegründet. Die Arbeiter nahmen ihin Edinburgh ausgerechnet Queensberry House integriert, die alte Stadtresidenz am königlichen Hofe. Die Vereinigung mit England machte den Herzog im Lande nicht gerade populär, aber Konflikten ist die Familie noch nie aus dem Weg gegangen.

Wagemutige

Das fängt an mit dem Vorfahren der Queensberrys, der als **Black Douglas** für König Robert the Bruce im 14. Jh. vergeblich versuchte, dessen Herz nach Jerusalem zu bringen, und seinen Einsatz mit dem Leben bezahlte. Es ging weiter mit **Bold Buccleuch** Walter Scott, dem „kühnen Buccleuch". Der überfiel 1596 erfolgreich die Burg Carlisle, was der englischen Monarchin Elizabeth den empörten, aber auch bewundernden Kommentar abrang: „Mit 10 000 solcher Männer könnten unsere Brüder in Schottland den mächtigsten Thron Europas ins Wanken bringen."

Aber auch die Frauen der Familie ließen sich nicht auf der Nase rumtanzen. **Anna Scott** war mit dem Duke of Monmouth verheiratet, der zugleich der erste Herzog von Buccleuch war. Bei der Thronfolge nach dem Tod seines Vaters Charles II. fühlte er sich übergangen, rebellierte, scheiterte und landete im Tower. Anna Scott fürchtete nun um ihre Besitzungen. Also marschierte sie vor der Hinrichtung ihres Mannes in den Tower, ließ diesen unterschreiben, dass sie von dem Putsch nichts gewusst habe, und rettete so ihr Land und den Titel.

Industrielle

Geschäftssinn war für die Mehrung der Besitztümer ebenfalls eine sehr wichtige Eigenschaft. So begann der zweite Duke of Queensberry 1710 mit dem Abbau von Blei in Wanlockhead (s. S. 202), nachdem die von ihm forcierte Vereinigung mit England die entsprechenden Absatzmärkte geschaffen hatte. Doch größer könnte der Kontrast nicht sein zwischen den dunklen, gesundheitsgefährdenden Bleiminen auf den unwirtlichen Höhen von Wanlockhead und dem herrschaftlichen Palast im fruchtbaren Tal bei Drumlanrig. Der Reichtum der Herzöge wurde unter Tage von den Minenarbeitern sehr hart erschuftet.

Die Zukunft der Buccleuchs

Welchen Weg der aktuelle Herzog Richard einschlägt, ist noch nicht abzusehen. Er engagiert sich u. a. beim National Trust for Scotland. 2007 folgte er seinem Vater als 10. Duke of Buccleuch und 12. Duke of Queensberry an die Spitze der Dynastie. Man kann davon ausgehen, dass er die Umwandlung des Familienbesitzes in ein modernes, international agierendes Wirtschaftsunternehmen fortsetzen wird.

re Weiterbildung in die eigene Hand, da Bildung für sie die einzige Chance darstellte, der harten Arbeit und den harschen Lebensbedingungen in Wanlockhead zu entkommen.

Schon Achtjährige mussten das Blei am Mineneingang in Empfang nehmen und zur Schmelze bringen. Mit 12 ging es dann in die Mine. Viele Arbeiter wurden nicht älter als 35. Erst im 19. Jh. griffen langsam Verbesserungen und die Kinderarbeit wurde verboten.

Immer wieder wird übrigens Gold gefunden, und gegen eine Gebühr kann jeder sein Glück versuchen. Eintrittskarten, Goldschürflizenzen, eine gut gemachte Ausstellung mit zahlreichen Mineralienfunden sowie einen Tearoom gibt es im **Museum of Lead Mining**, ✆ 01659-74387, 🖳 www.leadminingmuseum.co.uk, das neuerdings unter dem Namen *Hidden Treasures* Werbung macht. ⊙ Ostern–Juni, Sep–Okt tgl. 11–16.30, Juli–Aug tgl. 10–17 Uhr, Eintritt 7,25 £, erm. 5,25 £, Bücherei tgl. 14–16 Uhr.

Wanlockhead liegt am Southern Upland Way (s. S. 169).

Die Schmalspurbahn **The Leadhills & Wanlockhead Railway**, 🖳 www.leadhillsrailway. co.uk, zockelt die kurze Strecke von Glengonnar oberhalb von Wanlockhead hinüber nach Leadhills. Hin- und Rückweg dauern gut 25 Min. ⊙ Ostern, Mai–Sep Sa–So 11.20–16.20 Uhr, Tageskarte 3,50 £, erm. 1,50 £.

Busse

Linie 246 (Stagecoach) verbindet das Nithsdale regelmäßig mit Dumfries, New Cumnock und Ayr. Von Sanquhar verkehrt Linie 221 (Stage-coach) Mo–Sa 5x tgl. hinauf nach Wanlockhead. Von dort fährt Linie 30/31 (Stuart's Coaches) Mo–Sa 4x tgl. über Leadhills nach Lanark (s. S. 265).

Eisenbahn

Sanquhar liegt an der Bahnlinie von Dumfries nach Glasgow und wird mehrmals tgl. bedient.

Zwischen New Abbey und Castle Douglas

In einem weiten Bogen zieht sich die Küste zwischen den Flüssen Nith und Urr nach Süden. Dabei wechselt die Landschaft von üppig wachsendem Wald zu offener Marschlandschaft. Die Solway-Küste zeigt sich hier von ihrer schönsten Seite.

National Museum of Costume

Kurz vor New Abbey liegt mitten im Wald ein versstecktes Museums-Kleinod: Das 1856 von David Bryce erbaute Shambellie House beherbergt das National Museum of Costume, ✆ 0131-2474030, 🖥 www.nms.ac.uk/costume. Besucher erleben eine Bekleidungszeitreise durch das Haus. Der Bogen reicht von einer viktorianischen Sommerparty bis zu einer Silvesterparty 1952 in Dumfries. Dazu kommen spannende Wechselausstellungen, und wer möchte, kann sich in ein viktorianisches Korsett zwängen. Der schöne Park und das Café sind weitere Pluspunkte des ungewöhnlichen Museums. ◷ April–Okt tgl. 10–17 Uhr, Eintritt 3,50 £, erm. 2,50/0 £.

Sweetheart Abbey

Einbalsamierte Herzen wurden nicht erst von Robert the Bruce populär gemacht (s. Melrose Abbey, S. 177), schon Lady Devorgilla ließ im 13. Jh. das Herz ihres geliebten Mannes John Balliol konservieren. Sie trug sein Herz bis zu ihrem Tod 22 Jahre immer mit sich herum. Balliol hatte sich durch die Gründung des Balliol College

in Oxford einen Namen gemacht. Nun liegt sein einbalsamiertes Herz mit seiner Frau zusammen in der von Devorgilla zu seinen Ehren gegründeten Zisterzienser-Abtei Sweetheart Abbey, ✆ 01387-850397, 🖥 www.historic-scotland.gov.uk, begraben. Das Hauptschiff aus rotem Sandstein ist noch sehr gut erhalten und die Geschichte ziemlich anrührend. ◷ April–Sep tgl. 9.30–17.30, Okt 9.30–16.30, Nov–März Sa–Mi 9.30–16.30 Uhr, Eintritt 3 £, erm. 2,50/1,80 £ (HS).

Mersehead Nature Reserve

Die britische Vogelschutzorganisation RSPB unterhält bei Caulkerbush das rund 1000 ha große Mersehead-Naturreservat, ✆ 01387-780579, 🖥 www.rspb.org.uk. Ab dem Herbst nutzen rund 14 000 Weißwangengänse die Feuchtwiesen am Solway zur Überwinterung. Dann herrscht vor dem Panoramafenster des Besucherzentrums ein großes Spektakel. Aber auch Kiebitze, Brachvögel, Rotschenkel, Wanderfalken und Otter fühlen sich in Mersehead sehr wohl. Zwei Rundwege zur Küste und durch die Feuchtwiesen sind ausgeschildert, Ferngläser werden ausgeliehen. Im Gegensatz zum Caerlaverock Wetland Centre (s. S. 200) ist der Zugang kostenlos. ◷ Feb–Okt tgl. 10–17, Nov–Jan 10–16 Uhr.

Von Sandyhills bis Kippford

Westlich von Mersehead ergibt sich ein seltenes Naturschauspiel: Das Wattenmeer reicht direkt an die Klippenküste heran. Eingebettet in die grüne Küstenlandschaft liegt der sehr schöne Sandstrand von **Sandyhills** mit einem Campingplatz. Schilder warnen beim Betreten der Wattflächen vor der schnell auflaufenden Flut.

Zwischen den beiden Küstenörtchen **Rock-cliffe** und **Kippford** bietet der *Jubilee Footpath* einen 4 km langen Rundweg. Die Lage an der Gezeitenbucht und der Mündung des Urr Water ist traumhaft. Aufgrund des milden Klimas wächst die Pflanzenwelt hier sehr üppig. Gelegentlich wird die Gegend scherzhaft auch die schottische Riviera genannt.

Um Castle Douglas

Ein Abstecher ins Hinterland westlich von Castle Douglas führt zur Ruine von **Threave Castle**, ✆ 07711-223101, 🖥 www.historic-scotland.gov.uk, auf einer Insel im River Dee, die nur per Boot zu erreichen ist. Der Wehrturm wurde im 14. Jh. von den Nachfahren des Black Douglas (s. S. 177) errichtet. ⏲ April–Sep tgl. 9.30–17 Uhr, Eintritt 4,20 £, erm. 3,40/2,50 £ (HS).

Ebenfalls sehenswert sind die **Threave Gardens**, ☎ 0844-4932245, 🖥 www.nts.org.uk, 1,5 km südwestlich von Castle Douglas. Während sich die langatmige Hausführung nicht lohnt, erblühen die Gärten im Frühjahr in einem Meer aus Narzissen. ⏲ Feb–März, Nov–Dez Fr–So 10–17, April–Okt tgl. 10–17 Uhr, Eintritt (Garten) 6,50 £, erm. 5,50 £ (NTS).

Übernachtung

Rosemount Guest House, Kippford, ☎ 01556-620214, 🖥 www.rosemountguesthouse.com. An der Uferpromenade von Kippford wirbt das Rosemount explizit auch um Radler und Wanderer. Die Zimmer mit Meerblick sind etwas teurer und ab zwei Nächten gibt es einen kleinen Rabatt. Sehr schön ist auch der Wintergarten an der Vorderseite. ❷

Sandyhills Bay Leisure Park, Sandyhills, ☎ 01557-870267, 🖥 www.gillespie-leisure.co.uk. Schön gelegener Campingplatz an einem der schönsten Küstenabschnitte im Südwesten. Auch Caravans zur Miete. ❶

The Anchor Hotel, s. Essen. Wer nach dem Pubbesuch nicht weiterfahren möchte, sollte sich oben ein Zimmer mit Flussblick reservieren. ❷–❸

Essen

Abbey Cottage, 26 Main Street, New Abbey, ☎ 01387-850377, 🖥 www.abbeycottagetearoom.com. Unmittelbar an der Sweetheart Abbey stehen Tee und Kuchen sowie Sandwiches, Salate und *baked potatoes* auf der Karte. Angeschlossen ist ein Souvenirladen. ⏲ April–Okt tgl. 10–17, Nov–Dez, Feb–März Mi–So 11–16 Uhr.

The Anchor Hotel, Kippford, ☎ 01556-620205, 🖥 www.anchorhotelkippford.co.uk. Sehr freundliche Adresse an der Uferpromenade von Kippford. Bei schönem Wetter schmeckt das Pub-Essen auf der Terrasse besonders gut. Dazu gibt es die leckeren Sulwath-Biere. ⏲ Küche Mo–Sa 12–14.30, 17.30–21, So 12–20.30 Uhr.

The Garden Room, Rockville, ☎ 01556-630402. Eine kleine Kuchenpause in dem gut geschützten Garten lohnt immer. Leckere Suppen, Scones und Kakao versüßen den Besuch. ⏲ April–Sep tgl. 10.30–17, Okt Mi–So 10.30–17 Uhr.

Informationen

Castle Douglas VisitScotland Information Centre, Market Hill, Castle Douglas, ☎ 01556-502611. ⏲ Ostern–Okt Mo–Sa 10–17 Uhr.

Transport

Wichtigster Umstiegspunkt in der Gegend ist **Castle Douglas**. Die meisten Busse werden von Stagecoach betrieben.
DUMFRIES mit Linie 501/503, mehrmals tgl.; mit Linie X75/500 Mo–Sa ca. alle 2 Std., So 2x
KIRKCUDBRIGHT mit Linie 502, mehrmals tgl.
STRANRAER via Gatehouse und Newton Stewart mit Linie X75/500, Mo–Sa ca. alle 2 Std., So 2x.
Linie 372 verkehrt regelmäßig von DUMFRIES nach Mabie Forest, **New Abbey** und Southerness, von dort mit Linie 371 Anschluss nach Rockcliffe und Dalbeattie.

Kirkcudbright

Der malerischste Ort im Südwesten (3450 Einwohner) wurde als Künstlerkolonie bekannt. Schöne bunte Cottages und ansehnliche Stadthäuser aus dem 18. und 19. Jh. säumen die historischen Straßenzüge High Street und Castle Street. Eine alte Burgruine im Ortszentrum sorgt genauso für Stimmung wie der Fluss Dee, der Kirkcudbright (sprich: Kir-kuh-brie) Zugang zum Meer verschafft. So gingen 1622 die ersten schottischen Auswanderer nach Amerika hier an Bord. Heute teilen sich Jachten und kleinere Fischerboote die Anlegeplätze am Kai.

Viele Jahrhunderte war Kirkcudbright das politische Zentrum im Osten von Galloway, der sogenannten Stewartry. Ende des 19. Jhs. zog es dann Maler und Künstler in den Ort. Rund um Edward A. Hornel, der in Kirkcudbright aufwuchs, kristallisierte sich eine lebendige Kunstszene heraus, die dem Städtchen überregional zu Bekanntschaft verhalf. Auch die Krimiautorin Dorothy L. Sayers schätzte den Ort und machte ihn zum Schauplatz ihres Lord-Peter-Wimsey-Krimis *Fünf falsche Fährten*. Natürlich handelt er von einem Mord in der Künstlerszene ...

MacLellan's Castle

Im Stadtzentrum wirft die hoch aufragende Ruine von MacLellan's Castle, Castle Bank, ℘ 01557-331856, ⌨ www.historic-scotland.gov.uk, noch immer lange Schatten. Einst befand sich hier ein Kloster, doch nach der Reformation ließ sich Sir Thomas MacLellan bis 1582 diesen repräsentativen Sitz errichten. Sogar König James VI. kam zu Besuch. Besonders abends, wenn die Ruine angestrahlt wird, lässt der Bau einiges von seinem alten Glanz erahnen. ○ April–Sep tgl. 9.30–17 Uhr, Eintritt 3,70 £, erm. 3/2,20 £ (HS).

Broughton House

Kirkcudbrights Künstlervergangenheit nähert man sich am besten beim Besuch von Broughton House, 12 High Street, ℘ 0844-4932246, ⌨ www.nts.org.uk. Einerseits ist es ein sehr gut erhaltenes Beispiel für ein repräsentatives Stadthaus aus dem 18. Jh., andererseits wurde es nach dem Kauf durch den Künstler Edward Atkinson Hornel (1864–1933) zu einer Mischung aus Wohnhaus, Atelier und Verkaufssalon umgebaut. Besonders vor dem Ersten Weltkrieg gingen in Broughton House Künstler ein und aus. Hornel hatte sich als einer der führenden Köpfe der „Glasgow Boys" (s. S. 97) in den 1890er-Jahren einen großen Namen erworben. Den Kauf des Hauses finanzierte er mit dem Erlös einer Ausstellung. Sein sehr erdverbundenes Motto lautete: „Nicht auf Inspiration warten, sondern früh aufstehen und drauflos malen." Leider sind im Haus vor allem Gemälde aus seiner späten Schaffenszeit zu sehen. Hier dominieren bunte Kindsmädchen, oft in fernöstlichem Ambiente. Dieses Thema ließ ihn offenkundig nicht mehr los. Sehr schön sind die ansehnliche Büchersammlung sowie vor allem der Garten, der sich bis zum Fluss erstreckt. ○ April–Okt tgl. 12–17 Uhr, Eintritt 6 £, erm. 5 £ (NTS).

Tolbooth Art Centre

Mehr Informationen zu den Künstlern in Kirkcudbright bietet das sympathische Tolbooth Art Centre, High Street, ℘ 01557-331643, mit einem Film und je einem Bild jedes ausgestellten Künstlers. Daneben gibt es Wechselausstellungen. Das Haus selbst stammt aus der Mitte des 17. Jhs. und diente u. a. als Gefängnis. Am Treppenaufgang ist noch die Eisenhalskette für Pranger-Strafen angebracht. ○ Mo–Sa 11–16 Uhr, Eintritt frei.

Galloway Wildlife Conservation Park

An der B 727 zweigt 1 km östlich des Ortes ein holpriger Weg zum Galloway Wildlife Conservation Park, ℘ 01557-331645, ⌨ www.galloway wildlife.co.uk, ab. Mitten im Wald werden hier u. a. Tapire, Lamas, Stachelschweine, Lemure und Luchse gehalten. Über ein internationales Aufzuchtprogramm bemüht sich der Park um den Schutz bedrohter Tierarten. ○ Feb–Nov tgl. 10–17 Uhr, Eintritt 6 £, 5/4 £.

Übernachtung

Gordon House Hotel, s. Essen. In dem stimmungsvollen Pub kann man auch nächtigen. ➋–➌

Heather Black, 1 Gordon Place/High Street, ℘ 01557-330472. Die freundliche alte Dame vermietet in einem ansprechenden alten Häuschen gegenüber vom Broughton House günstige und zentrale Zimmer. ➋

Number One B&B, 1 Castle Gardens, ℘ 01557-330540, ⌨ www.number1bedandbreakfast.co.uk. In puncto Lage ist das gehobene B&B von Anne Nisbet sicher die Nummer eins, denn vor der Haustür liegt gleich die alte Castle-Ruine. Die 2 Zimmer in dem stilvollen georgianischen Haus sind jedoch unterschiedlich groß und das kleinere hat zudem das Bad auf dem Flur. Also versuchen, das andere Zimmer mit Bad/WC zu bekommen. ➌

Selkirk Arms Hotel, High Street, ℘ 01557-330402, ⌨ www.selkirkarmshotel.co.uk. Die Kette Best Western hat dieses Traditionshaus übernommen und durch das ziemlich elegante und formelle Restaurant Artistas ergänzt. Im wesentlich günstigeren Bistro geht es hingegen locker zu. ➍

Gastfreundlich

Baytree House, 110 High Street, ✆ 01557-330824, 🖥 www.baytreekirkcudbright.co.uk. Bei Geraldine und Joe Joshi steht Gastfreundschaft an erster Stelle. Die 4 Zimmer in dem georgianischen Stadthaus sind komfortabel und gemütlich, die Lounge ist bequem mit Sofas und Sesseln ausgestattet, zur Ankunft gibt es bereits einen Saft und zum Schlafengehen Sherry auf den Zimmern. Für Selbstversorger steht ein eigenes Apartment bereit, ansonsten wartet ein vielfältiges Frühstück. Eine sehr empfehlenswerte Adresse! ❸

Silvercraigs Caravan & Camping Site, Silvercraigs Road, ✆ 01557-330123. Der Campingplatz oberhalb des Städtchens ist eine freundliche Drei-Sterne-Einrichtung. 🕐 Ostern–Okt. ❶

Essen

Castle Restaurant, 5 Castle Street, ✆ 01557-330569, 🖥 www.thecastlerestaurant. net. Kirkcudbrights Adresse für gehobenes Dinieren präsentiert sich ganz dezent. Immer wieder stehen regionale Produkte im Mittelpunkt, aber auch leichte mediterrane Speisen für Vegetarier. Sonntags werden traditionelle *roasts* angeboten (Lamm, Rind etc.) und natürlich auch ein Fischgericht. 🕐 Küche Mo–Sa 18–20, So 12–14.30 Uhr.

Gordon House Hotel, 116 High Street, ✆ 01557-330670, 🖥 www.gordon-house-hotel. co.uk. Die Bar in einem historischen Stadthaus ist sehr stimmungsvoll. Serviert werden neben typischen Pub-Gerichten auch Riesen-Pizzen. Ein guter Ort, um den Abend ausklingen zu lassen. 🕐 Küche tgl. 12–14, 18–21 Uhr.

Mulberries, 11 St Cuthberts Street, ✆ 01557-330961. Neben Kuchen und Eis werden auch hausgemachte Pralinen angeboten. Dazu gibt es die üblichen Verdächtigen: Suppe, *baked potatoes*, Sandwiches und Fish 'n' Chips. 🕐 Mo–Sa 10–17 Uhr.

€ **Polarbites**, Harbour Square, ✆ 01557-339050. Ein sympathischer Fish 'n' Chips-Laden der gehobenen Sorte. Die leckeren Portionen Fisch lassen sich im Sitzen genießen.

Angeboten werden z. B. auch Jakobsmuscheln, Heilbutt, Seeteufel und Wolfsbarsch. Abends wird es schnell voll im Laden, Alkohol muss man sich ggf. selbst mitbringen. 🕐 Mai–Mitte Okt So–Do 12–21.30, Fr–Sa 12–22, Mitte Okt–April Di–Do 12–14, 16–21, Fr–Sa 12–20, So 16.30–20.30 Uhr.

Sonstiges
Einkaufen

Jo Gallant Textile Art, 70 High Street, ✆ 01557-331130, 🖥 www.jogallant.co.uk. Die Textilkünstlerin entwirft wunderbare Seidenschals und -tücher sowie geschmackvolle Kissen aus Entenfedern. Eine etwas ungewöhnlichere Adresse. 🕐 Mo–Sa ca. 10–17 Uhr.

Feste

Kirkcudbright Jazz Festival: Mitte Juni dreht sich 4 Tage lang alles um Jazz. New Orleans, Dixieland und Swing stehen dabei im Vordergrund. Samstagmorgens zieht eine bunte Musikparade durch das Stadtzentrum, 🖥 www.kirkcudbrightjazzfestival.co.uk.

Informationen

Kirkcudbright VisitScotland Information Centre, Harbour Square, ✆ 01557-330494, 🖥 www.visitdumfriesandgalloway.co.uk. 🕐 Mitte Feb–März, Nov Mo–Sa 10–16, So 10–16, April–Juni, Sep–Okt Mo–Sa 10–17, So 11–16, Juli–Aug Mo–Sa 9.30–18, So 11–17 Uhr.

Transport

Kirkcudbright ist ab Harbour Square mit Linie 502 (Stagecoach) mehrmals tgl. nach CASTLE DOUGLAS (30 Min.) und dort nach Dumfries umsteigen. Linie 431 (King of Kirkcowan) fährt regelmäßig nach GATEHOUSE (20 Min.), dort Weiterfahrt nach Newton Stewart.

Gatehouse of Fleet und Umgebung

Was heute als adrette Straßensiedlung daherkommt, wurde in der zweiten Hälfte des 18. Jhs. als „Glasgow des Südens" geplant. Landbesitzer James Murray träumte von einer großen Wollverarbeitungsstadt. 1795 gab es auch bereits das Stadtrecht, doch schon zu Beginn des 19. Jhs. war der Höhepunkt überschritten. Und so leben heute nur noch rund 900 Menschen in dem netten Örtchen.

Die **Mill on the Fleet**, High Street, ℡ 01557-814099, 🖥 www.millonthefleet.co.uk, beherbergt nicht nur die Touristeninformation, sondern im Erdgeschoss auch ein Café, im 1. Stock eine ortsgeschichtliche Ausstellung und im 2. Stock einen Buchladen.

Am Abzweig zur A 75 ragen die Reste von **Cardoness Castle**, ℡ 01557-814427, 🖥 www.historic-scotland.gov.uk, in den Himmel. Der Wohnturm entstand im 15. Jh. und war Sitz der McCullochs. ⊙ April–Sep tgl. 9.30–17.30, Okt–März Sa–So 9.30–16.30 Uhr, Eintritt 3,70 £, erm. 3/2,20 £.

Cream o' Galloway

Der Freizeitpark Cream o' Galloway, Rainton Farm, ℡ 01557-815222, 🖥 www.creamogalloway.co.uk, liegt einige Kilometer südlich der A 75 und ist primär für seine 27 Sorten Eiscreme bekannt. Man kann sogar bei der Eisproduktion mitma-

chen. HInzu kommen ein großer Abenteuerspielplatz, ein Aussichtsturm, ein Geschicklichkeitsparcours für Radler und eine Kartbahn. Die Wanderwege sind umsonst. ⊙ April–Juni, Sep–Okt tgl. 10–17, Juli–Aug 10–18 Uhr, Eintritt Erw. 2 £, Kinder 4 £ (ja, Kinder zahlen hier mehr …).

Cairnholy

8 km westlich von Cardoness führt ein schmaler Weg von der A 75 hinauf zum Cairnholy Chambered Cairn. Es handelt sich um zwei **Steinzeitgräber**, die aus der Zeit von 2000–4000 v. Chr. stammen. Bei Cairnholy I sind ziemlich viele aufrechte Steine erhalten, Cairnholy II liegt auf einer Anhöhe, neben dem Farm-B&B (s. u.). Im Südwesten Schottlands sind dies die schönsten Steinzeit-Exemplare, und der Ausblick, der bei gutem Wetter bis zur Isle of Man reicht, lohnt den Abstecher allemal.

Bobbin Guest House, 36 High Street, ℡ 01557-814229, ✉ bobbinguesthouse@sky.com. Helen und Jamie Findlay leiten ein sehr freundliches B&B direkt an der Dorfstraße. Die Zimmer sind geschmackvoll eingerichtet und sehr ruhig. Zum Frühstück wird viel Obst serviert und die Portionen sind groß – da beginnt der Tag frisch gestärkt. ❷
Cairnholy Old Farmhouse, Carsluith, ℡ 01557-840249, 🖥 www.cairnholy.co.uk. Unmittelbar neben den beiden Steinzeitgräbern von Cairnholy hat die ehemalige Farm eine perfekte Lage mit grandiosem Ausblick bei gutem Wetter. Während das Zimmer unten recht groß ist, geht es oben durch die Dachschräge etwas beengter zu. Dafür gibt es ein gemütliches Wohnzimmer zum Ausspannen. ❷
The Ship Inn, 1 Fleet Street, ℡ 01557-814217, 🖥 www.theshipinngatehouse.co.uk. Im Ship Inn wird viel Wert auf regionale Küche gelegt. Dazu gehören z. B. der geräucherte Galloway-Lachs, die in Hafermehl frittierten Makrelen sowie das Rindfleisch. Ebenfalls empfehlenswert sind die Käseplatte und die *Fisherman's platter*. Das Inn bietet auch komfortable Zimmer. Die moderne Inneneinrichtung verbirgt die lange Geschichte des Hauses. So logierte die Autorin Dorothy L. Sayers 1928 im damaligen

---

Fünf falsche Fährten

Ein Mord in Gatehouse? Welch ein Skandal, Inspector! Die Krimiautorin Dorothy L. Sayers übernachtete 1928 im damaligen Anwoth Hotel, dem heutigen Ship Inn (s. u.). Sie war von der Gegend begeistert, und die Künstlerszene im benachbarten Kirkcudbright bot ihr eine illustre Auswahl an unterschiedlichsten Charakteren. Also schrieb sie flugs einen ihrer berühmteren Krimis, in denen Lord Peter Wimsey regelmäßig die etwas langsame Polizei auf Trab bringt. Man beachte übrigens, wie leicht es damals noch war, mit dem Zug von Glasgow nach Gatehouse zu fahren und welche Strecken Radfahrer anscheinend locker zurücklegten. Sehr interessant auch die Beobachtungen der Autorin über das Leben in Galloway: „Wer in Galloway wohnt, der fischt oder malt. ‚Oder' ist vielleicht irreführend, denn die meisten Maler sind auch Fischer in ihrer Freizeit." Ein vergnüglicher und spannender Lesespaß! (Deutsche Ausgabe: Rowohlt Taschenbuch 2003.)

Anwoth Hotel und widmete ihren Krimi *Fünf falsche Fährten* dem Hoteleigentümer. ⊙ Küche tgl. 12–14, 18–21 Uhr. ❸–❹

Transport

Gatehouse liegt an der sehr regelmäßig verkehrenden Linie X75/500 (Stagecoach) von DUMFRIES (1 Std.) über Castle Douglas nach Newton Stewart und STRANRAER (1 1/4 Std.). Linie 431 (King of Kirkcowan) verkehrt regelmäßig nach KIRKCUDBRIGHT (20 Min.) bzw. NEWTON STEWART (35 Min.).

Newton Stewart und Galloway Forest Park

Naturliebhaber, Wanderfreunde und Mountainbiker wissen den rund 80 000 ha großen Galloway Forest Park zu schätzen, denn er umfasst die landschaftlichen Mittelgebirgsperlen im Südwesten Schottlands. Bis zu 843 m ragen die Höhenzüge auf. An schönen Tagen bietet sich oft ein genialer Fernblick von den Gipfeln, und der Herbst taucht die Mischwälder in eine Symphonie aus gelb-rötlichen Farbtönen. Die Forstparkverwaltung gibt ein kostenloses Infoblatt zum Naturpark heraus, das in den Besucherzentren im Glen Trool und am Clatteringshaws Loch ausliegt. Dort finden sich auch sehr einladende Cafés.

Newton Stewart

Völlig zu Recht bezeichnet sich die lebendige Kleinstadt Newton Stewart (3600 Einwohner) als „Gateway to the Galloway Hills". Von hier sind alle Ziele im Süden und Westen des Galloway Forest Park bequem zu erreichen. Ähnlich wie Gatehouse wurde Newton Stewart ursprünglich für die Wollproduktion gegründet. Schon Mitte des 17. Jhs. errichtete William Stewart gegenüber dem bereits bestehenden Dorf Minnigaff seine „Newtown". Schnell entwickelte sich der Ort zu einem bunten Marktflecken, der von seiner Lage am Fluss und dem Ambiente lebt.

The Queen's Way

Ausnahmsweise verweist der Name dieser landschaftlich herrlichen Strecke durch die südlichen Gefilde des Galloway Forest Park mal nicht auf Queen Mary oder Queen Victoria. Die A 712 von Newton Stewart nach New Galloway erhielt ihren Ehrennamen erst 1977 zum silbernen Thronjubiläum von Queen Elizabeth II. Doch königliche Verbindungen haben die abgelegenen Täler mit ihren zahlreichen Verstecken schon seit 700 Jahren, als König Robert the Bruce am Tiefpunkt seines Freiheitskampfes gegen England hier seinen Gegnern erste schmerzliche Nadelstiche zufügen konnte.

Auf der gewundenen Piste geht es tief in die zerklüftete Mittelgebirgsregion. Immer wieder laden Parkplätze zum Verweilen und zu kürzeren oder längeren Wanderungen ein. Interessant sind z. B. der Wasserfall **Grey Mare's Tail** und das **Murray Monument**. Letzteres gedenkt eines Schäfersohns, der es im 18. Jh. bis zum Professor der Orientalistik in Edinburgh brachte. Vom Monument bietet sich auch ein guter Ausblick über das Tal. Ein kurzes Stückchen weiter befindet sich an der Straße ein **Wild Goat Park** mit Wildziegen, und schon bald folgt ein großes Freigehege für Rotwild, die **Red Deer Range**. Das Rotwild zeigt sich jedoch nicht immer den Besuchern.

Dreh- und Angelpunkt ist das **Clatteringshaws Visitor Centre** mit Café an den Ufern des künstlich aufgestauten **Clatteringshaws Loch**. Hier stellt das **Forest Wildlife Centre** die Flora und Fauna der Gegend vor. ⊙ April–Okt tgl. 10.30–17.30 Uhr, Eintritt frei.

Ein sehr schöner Spaziergang am See entlang führt an dem etwas mageren Nachbau einer eisenzeitlichen Wohnhütte vorbei zum sogenannten **Bruce's Stone**. Die Lage auf der Heide mit einem fantastischen Blick über den See in die umliegenden Hügel ist großartig. Nach einem ersten Sieg gegen eine kleine englische Streitmacht im März 1307 soll sich König Robert the Bruce an den Findling gelehnt haben, um sich von der Schlacht zu erholen.

Glen Trool

Nördlich von Newton Stewart zweigt von der A 714 bei Bargrennan eine kleine Nebenstraße ins idyllische Glen Trool ab. An der Stroan Bridge ist das **Glentrool Visitor Centre** mit seinem willkommenen Café jenseits des Water of Minnoch die erste Anlaufstelle. ⊙ April–Okt 10.30–17.30 Uhr.

Loose Aktiv

Die Höhen Galloways

- **Anspruch:** mittel
- **Gehzeit:** 4 1/2 Std.
- **Länge:** 13 km
- **An-/Abstieg:** 750 m
- **Landkarte:** OS Landranger 77
- **Anfahrt:** Vom Glentrool Visitor Centre rund 5,5 km bis zum Parkplatz am Bruce's Stone. Kein öffentlicher Nahverkehr.

Aus dem geschichtsträchtigen Glen Trool führt der Weg hinauf zum Gipfel des höchsten Bergs der Southern Uplands. Mit 843 m Höhe bietet der Merrick bei schönem Wetter einen fantastischen Ausblick über den gesamten Südwesten Schottlands ein Berg zum Genießen! Eine zweite Wanderung führt über wesentlich flacheres Terrain rund um Loch Trool.

Bruce's Stone

Startpunkt beider Wanderungen ist der Parkplatz am Ende der Zufahrtsstraße vom Glentrool Visitor Centre (s. S. 209) zum **Bruce's Stone**. Der Gedenkstein liegt zur Rechten des Parkplatzes. Im Gegensatz zum gleichnamigen Kollegen am Clatteringshaws Loch (s. o.), ist dies ein künstlicher Gedenkstein, der an den zweiten Sieg von Robert the Bruce in dieser Gegend erinnert. Diesmal schlug er eine Armee von 1500 Mann, was im fernen London den Zorn von Edward I. erregte. Der Stein ist ein hervorragender Aussichtspunkt über den See und die umliegenden Hügel.

Aufstieg zum Merrick

Der gut ausgebaute Merrick-Pfad führt vom Parkplatz auf der linken Straßenseite an dem Hinweisschild „Merrick Climb" bergan. Oberhalb einiger kleiner Wasserfälle wird das Tal des Buchan Burn erreicht.Nach einem ersten steilen Anstieg geht es hinter einem *kissing gate* in den Wald und es wird wieder flacher. Kurz hinter dem ehemaligen *bothy* **Culsharg** erreicht man einen großen **Forstweg** (3/4 Std.), auf dem rechts eine Brücke überquert wird. Sofort links weist ein weiteres Schild „Merrick Climb" wieder steil nach oben. Schließlich wird das offene Bergmoor erreicht,

Der Bruce's Stone wacht über das sehr reizvolle Glen Trool.

wo man hinter einem weiteren *kissing gate* an einer Steinmauer auf den Kamm gelangt. Entlang der Mauer geht es rechts bergan zum **Benyellary**, dessen Gipfel durch einen großen Cairn markiert wird (2 Std.). Bei gutem Wetter sind die Isle of Arran im Norden, Irland im Westen sowie die Isle of Man und das nordenglische Cumbria im Süden zu erkennen. Der Mauer folgend geht es nun sanft bergab auf den Kamm mit dem klangvollen Namen Neive of the Spit.. Schließlich zweigt der Pfad von der Mauer rechts ab und führt direkt zum **Merrick**. Ein Vermessungspunkt sowie ein steinerner Windschutz markieren den Gipfel des mit 843 m höchsten Berges der Southern Uplands (2 1/2 Std.). War der Ausblick vom Benyellary schon sehr gut, so ist er vom Merrick bei entsprechendem Wetter geradezu atemberaubend. An guten Tagen kann man sogar bis in die Highlands schauen und den ganzen Südwesten Schottlands überblicken! Dazu kommt, dass die andere Seite des Merrick recht steil abfällt und einen ganz anderen Eindruck ver-

mittelt als die eher sanfte Südwestflanke. Der Pfad führt über den Hinweg zum **Benyellary** zurück (3 Std.). Bei plötzlich auftretendem Nebel muss man aufpassen, dass man im weiteren Verlauf nicht den Abzweig von der Steinmauer nach links Richtung Wald hinunter zum **Forstweg** (3 3/4 Std.) und weiter zum Parkplatz am **Bruce's Stone** verpasst (4 1/2 Std.).

Loch Trool Trail

Am Parkplatz beginnt zudem der knapp 9 km lange **Loch Trool Trail**, dessen grüne Markierung ganz um den See herum führt (Wanderzeit etwa 3 Std.). Dazu geht es zunächst auf dem Fahrweg weiter nach Osten und dann im Uhrzeigersinn um den See. Auf der Südseite passiert man den Ort der Schlacht von 1307 und folgt dabei dem Fernwanderweg Southern Upland Way. Der Rückweg führt ein kleines Stückchen über die öffentliche Straße zwischen Glentrool Visitor Centre und Parkplatz.

Picknickplätze am lauschigen Bach laden zu einer ersten Pause ein, während drei farblich markierte Wanderwege für Auslauf sorgen. Besonders schön ist der Weg am Water of Minnoch hinunter zur Mündung ins Water of Trool. Diesem Flüsschen folgt dann der insgesamt rund 7 km lange gelbe **Rundweg** hinauf zum Loch Trool. Die entsprechende Broschüre mit Karte gibt es kostenlos im Besucherzentrum.

Die *single track road* folgt dem Tal weiter bis zum Straßenende am **Bruce's Stone** oberhalb von Loch Trool (s. Wanderung S. 210).

Flowerbank Guest House, Millcroft Road, Minnigaff, Newton Stewart, ☎ 01671-402629, 🖥 www.flowerbankgh.com. Wunderbar gelegen in einem herrlichen parkähnlichen Garten am River Cree lädt das stattliche Haus zu einem erholsamen Aufenthalt ein. Die Zimmer sind komfortabel und stilvoll eingerichtet. ❷
Glentrool Holiday Park, Bargrennan, ☎ 01671-840280, 🖥 www.glentroolholidaypark.co.uk. Zwischen der A 714 und Glentrool Village in schöner Lage mitten in der Natur. Gute Basis für den westlichen Galloway Forest Park rund um Loch Trool. Es gibt auch Caravans zum Mieten. ⓒ März–Okt. ❶
House o'Hill Hotel, Bargrennan, ☎ 01671-840243, 🖥 www.houseohill.co.uk. Unweit des Glentrool Holiday Park liegt das nette kleine Hotel mit Pub an der Zufahrt ins Glen Trool. Mittags gibt es leichte Snacks, abends herzhaftes *pub food*. Die 2 Zimmer oben sind recht klein, aber adrett eingerichtet. ⓒ Küche 12–15, 18–21 Uhr. ❷ – ❸
€ **Newton Stewart Youth Hostel**, Minnigaff, Newton Stewart, ☎ 01671-402211, 🖥 www.hostellingscotland.com. Im Vorort Minnigaff auf der östlichen Flussseite ist die SYHA-Herberge in einer ehemaligen Schule aus viktorianischen Zeiten untergebracht. ⓒ Mitte April–Sep. Dorm-Bett ab 16,25 £.
The Galloway Arms Hotel, 54–58 Victoria Street, ☎ 01671-402653, 🖥 www.gallowayarms hotel.com. Newton Stewarts ältestes Gebäude stammt von 1750 und versprüht viel Charme. Die sehr gute Bar ist mit reichlich Whisky bestückt, das Restaurant liefert solide Küche, und im Haus kann man natürlich auch

übernachten, wobei am Wochenende das Traditionshotel schnell ausgebucht sein kann. ⓒ Küche 12–14, 18–21 Uhr. ❷ – ❸

Informationen
Newton Stewart VisitScotland Information Centre, Dashwood Square, ☎ 01671-402431. ⓒ April–Okt Mo–Sa 10–16 Uhr.

Rad fahren
Mountainbiker finden im Galloway Forest Park zahlreiche Pisten. Attraktiv ist z. B. die Fahrt ins Glentrool, wo es markierte Radpisten als Teil der *7stanes* gibt, und es quer durch die Wildnis über Radroute 7 zum Clatteringshaws Loch geht. Ein weiteres Eldorado der *7stanes* liegt bei Kirroughtree, 5 km östlich von Newton Stewart. Auch dort gibt es ein Visitor Centre mit lokalen Infos.
H.D.I. Ltd., 80-82 Victoria Street, Newton Stewart, ☎ 01671-404002, 🖥 www.hdi-online.biz. Der Radladen am westlichen Ende der Cree-Brücke ist die beste Anlaufstelle für alle Fragen rund ums Rad. Man erhält man ein Mountainbike schon ab 10 £ pro Tag. ⓒ Mo–Sa 9–17 Uhr.

Die Busse halten in **Newton Stewart** am Dashwood Square, direkt an der Touristeninformation. Der Ort ist über die Linie X75/500 (Stagecoach) regelmäßig mit STRANRAER (45 Min.) sowie via Gatehouse und Castle Douglas mit DUMFRIES (1 1/2 Std.) verbunden. Stranraer wird auch regelmäßig von Linie 430 (Stagecoach/King of Kirkcowan) angefahren. Linie 415 (King of Kirkcowan) bedient mehrmals tgl. Wigtown und WHITHORN (1 Std.), Linie 416 (Stagecoach) fährt Mo–Fr 1x tgl. direkt weiter von Whithorn bis Stranraer.

Die Machars

Von Newton Stewart führt eine sehr angenehme Strecke nach Südwesten auf die landwirtschaftlich geprägte Halbinsel Machars. Während im Osten an der Wigtown Bay Wattenmeer und offene Marsch das Bild prägen, ragen im Wes-

Bücherliebhaber kommen an dem schmucken kleinen Ort Wigtown, der einst einer ganzen Grafschaft ihren Namen gab, nicht vorbei. Über ein Dutzend gut sortierte Buchläden und Antiquariate sowie das landesweit sehr renommierte herbstliche **Wigtown Book Festival**, 🖥 www.wigtownbookfestival.com, haben dem ansonsten etwas verschlafen wirkenden Örtchen den Ehrentitel *Scotland's National Book Town* eingebracht. Angeblich sollen rund 250 000 Bücher in all den Regalen auf ihre Entdeckung warten – ein Paradies für Leseratten!

Sehr gute Adressen rund um das zentrale Bowling Green sind z. B. der Frauenbuchladen **Reading Lasses**, 17 South Main Street, ✆ 01988-403266, 🖥 www.reading-lasses.com, mit dem gemütlichen Bookshop Café. Auf Kinderliteratur hat sich **The Box of Frogs**, 18 North Main Street, ✆ 01988-402255, 🖥 www.froggybox.co.uk, spezialisiert, während **The Bookshop**, 17 North Main Street, ✆ 01988-402499, 🖥 www.the-book shop.com, mit über 100 000 Büchern für sich in Anspruch nimmt, das größte Antiquariat Schottlands zu sein.

Geöffnet sind die Buchläden im Allgemeinen Mo–Sa 10–17 Uhr, im Sommer ggf. auch So.

Wer etwas Frischluft braucht, sollte einfach zum ehemaligen Hafen an der Wattenküste runterlaufen und die besondere Stimmung der Salzmarsch genießen.

ten Klippen an der Küste auf. Die Bücherstadt Wigtown, die Wiege des Christentums Whithorn sowie die Isle of Whithorn und St Ninian's Cave sind lohnende Ziele.

Whithorn

Lange bevor der irische Mönch Columba die Insel Iona (s. S. 549) zum spirituellen Zentrum der Westküste machte, soll in Whithorn an der Wende zum 5. Jh. schon St. Ninian die Christianisie-rung der örtlichen Bevölkerung in die Wege geleitet haben, doch die ersten „Zeugnisse" seines Schaffens entstanden erst viel später im 8. Jh. Damals wollten die northumbrischen Herrscher u. a. beweisen, dass die Christianisierung schon deutlich vor den mächtigen irischen Mönchen in der Gefolgschaft von Columba begonnen hatte.

Eindeutig belegt ist, dass um 450 der sogenannte Latinus-Stein entstand, das erste christliche Zeugnis in Schottland. Unbestritten ist auch der unaufhaltsame Aufstieg Whithorns als „Wiege des schottischen Christentums" zum Bischofssitz für Galloway und zu einer bedeutenden Wallfahrtsstätte im Mittelalter. Der sterbende Robert the Bruce kam im April 1329 nach Whithorn, um für seine Sünden Abbitte zu leisten. Doch mit der Reformation von 1560 kam das Aus für das einträgliche Pilgergeschäft und Whithorn fiel in einen Dornröschenschlaf.

Seit 1986 versucht nun der Whithorn Trust durch eine museale Aufbereitung und neue Ausgrabungen die Geschichte im wahrsten Sinne des Wortes wieder ans Tageslicht zu bringen. **The Whithorn Story**, 45-47 George Street, ✆ 01988-500508, 🖳 www.whithorn.com, verfolgt die Spuren des Christentums durch die Jahrhunderte. Nach einem einführenden Film geht es u. a. zu den Ruinen der Kathedrale, zu den Ausgrabungsstätten des frühen northumbrischen Klosters sowie zu den herrlichen christlichen Steinen im Museum. ⏱ April–Okt tgl. 10.30–17 Uhr, Eintritt 4,50 £, erm. 3/2,25 £.

Isle of Whithorn und St Ninian's Cave

Der beschauliche kleine Jachthafen von **Isle of Whithorn** verrät nicht, dass hier im Mittelalter die Pilger aus Irland und Frankreich, ja sogar aus Spanien, auf ihrem Weg nach Whithorn an Land gingen. Nur die spartanische St Ninian's Chapel aus der Zeit um 1300 zeugt noch von der Vergangenheit. Eine Insel ist der Ort längst nicht mehr, dafür dümpeln heute Jachten im Hafenbecken, gesäumt von weiß gekalkten Cottages – bei Sonnenschein Idylle pur.

Ruhe und Meditation fand Ninian angeblich in einer Höhle in den Klippen westlich der Isle of Whithorn. Nach gut 5 km zweigt von der Straße nach Port William ein geteerter und ausgeschilderter Wirtschaftsweg links ab; vom Parkplatz am Straßenende sind es gut 20 Minuten durch einen Taleinschnitt hinunter zum Kieselstrand. In der **St Ninian's Cave** sind alte eingeritzte Kreuze zu erkennen, und es steht fest, dass Pilger regelmäßig hierher kamen. Bei schönem Wetter ist aber auch der Strand verlockend genug, um mit Blick auf das Mull of Galloway und die Isle of Man einfach in der Sonne zu dösen, den Tag zu genießen und vielleicht die Füße mal ins kalte Wasser zu tunken.

East Culkae, bei Sorbie, ✆ 01988-850214, 🖳 www.eastculkae.co.uk. Auf der Farm von Mrs McMuldroch fühlt man sich sofort wohl und kann die frische Landluft genießen. Im zweiten Familienbetrieb wird Schafs- und Ziegenkäse hergestellt, den man hier probieren und kaufen kann. Auf der Weide stehen die seltenen Jakobsschafe. Die Übernachtung ist vergleichsweise sehr günstig. ❷

Hillcrest House, Maitland Place, Wigtown, ✆ 01988-402018, 🖳 www.hillcrest-wigtown. co.uk. Sehr schöne freistehende Villa mit gutem Blick über die Marsch, trotz der hochgezogenen Neubauten rundum. Wanderer und Radler sind in dem angenehmen 3-Sterne-Haus ebenfalls willkommen. ❷

Steam Packet Inn, Harbour Row, Isle of Whithorn, ✆ 01988-500334, 🖳 www.steam packetinn.com. Zimmer 6 und 7 garantieren einen tollen Blick über die Hafenbucht in dem soliden Inn, das oft ausgebucht ist. Unten wird gutes Pub-Essen mit abendlichen Extras serviert. So gehören Muscheln und Perlhuhn zum Angebot. Donnerstags ist Steak Night, während mittags nur Kleinigkeiten serviert werden. ❷ – ❸

🔖 **Ravenstone Deli**, 61–63 George Street, ✆ 01988-500329, 🖳 www.ravenstonedeli. com. Der gut sortierte Feinkostladen bietet leckeren Käse, geräucherten Lachs sowie Schinken, Oliven, Muffins und Brownies. Viele Bio-Produkte. Man kann aber auch einfach einen Kaffee trinken. ⏱ Di–Sa 8–17 Uhr.

Linie 415 (King of Kirkcowan) fährt regelmäßig durch alle drei Orte nach NEWTON STEWART (ca. 1 Std.), Linie 416 (Stagecoach) fährt weiter nach STRANRAER (ca. 1 3/4 Std.).

Rhinns of Galloway

Der Südwesten Schottlands endet auf der Halbinsel Rhinns of Galloway an einer spektakulären Klippenküste. Von hier scheint Irland an schönen Tagen fast zum Greifen nahe zu sein. Bei stürmischem Wetter kann es jedoch extrem ungemütlich werden. Das Mull of Galloway ist Schottlands südlichster Punkt, während Portpatrick ein schmuckes Hafenörtchen ist.

Glenluce Abbey und Castle Kennedy Gardens

Auf dem Weg zu den Rhinns of Galloway lohnen an der A 75 zwei Zwischenstopps. Die Ruinen der **Glenluce Abbey**, ☎ 01581-300541, 🖳 www. historic-scotland.gov.uk, liegen am nördlichen Ende der Luce Bay. 1192 gründeten die Zisterzienser das Kloster, von dem die Außenmauern noch einigermaßen gut erhalten sind. ◷ April–Sep tgl. 9.30–17.30 Uhr, Eintritt 3,20 £, erm. 2,70/1,90 £ (HS).

Die herrliche Parklandschaft der **Castle Kennedy Gardens**, ☎ 01581-400225, 🖳 www.castle kennedygardens.co.uk, die von zwei Seen äußerst pittoresk eingerahmt wird, lädt zu ausführlichen Spaziergängen ein. Schon die Zufahrt am White Loch entlang ist spektakulär, vor allem im Herbst, wenn sich die Blätter färben. Über eine kleine Brücke gerät man in den 30 ha großen Park. Was so natürlich aussieht, wurde jedoch größtenteils künstlich angelegt. Der 2. Earl of Stair ließ dafür 1730 die ihm unterstellten Truppen zu Hacke und Spaten greifen, um den gesamten Bereich zwischen White und Black Loch terrassenförmig neu zu gestalten, inklusive Lilienteich. Das Ergebnis lässt sich nach fast 300 Jahren nur bewundern. Die Ruine des mittelalterlichen Castle ist nicht zu besichtigen. ◷ April–Sep tgl. 10–17, Feb–März, Okt Sa–So 10–17 Uhr, Eintritt 4 £, erm. 3/1 £.

Stranraer

Stranraer ist der Hauptort der Gegend mit der einzigen Touristeninformation und gleichzeitig noch wichtiger Fährhafen hinüber nach Nordirland.

Sehenswert ist die 500 Jahre alte Ruine des **Castle of St John**, Charlotte Street, Ecke Castle Street, die 2009/2010 umfassend renoviert wurde. ◷ April–Mitte Sep Mo–Sa 10–13, 14–17 Uhr, Eintritt frei.

Das in der Nähe gelegene **Stranraer Museum**, 55 George Street, ☎ 01776-705088, residiert in der Town Hall von 1776. Im Mittelpunkt steht

die Geschichte der Grafschaft Wigtownshire. Themen sind die Landwirtschaft sowie Polarexpeditionen. Das Velociped von 1870, Marke „Boneshaker", würde den Radtourismus heute sicher nicht mehr ankurbeln. ◷ Mo–Fr 10–17, Sa 10–16 Uhr, Eintritt frei.

Portpatrick und Umgebung

Malerisch und ruhig liegt der ehemals bedeutende Fährhafen und Fischerort Portpatrick an der Klippenküste im Westen. Von hier sind es nur noch 34 km nach Irland. Schon der Name verweist auf den irischen Nationalheiligen.

Ein angenehmer Spaziergang führt in südlicher Richtung in etwa einer Viertelstunde über die Klippen zur Ruine von **Dunskey Castle**. Der tiefe Einschnitt in die Klippen markiert die alte Bahntrasse.

Einen Besuch wert sind die **Dunskey Gardens**, ☎ 01776-810905, 🖳 www.dunskey.com, rund 3 km östlich von Portpatrick gelegen. Der ummauerte Garten und das Glashäuser werden liebevoll gepflegt, sodass Blumenfreunde immer etwas zu sehen bekommen. Der Tearoom lädt zur Pause ein. ◷ März–Okt tgl. 10–17 Uhr, Eintritt 4 £, erm. 3,60/2 £.

Kirkmadrine Stones

Südlich von Sandhead führt eine ausgeschilderte kleine Straße zur frei im Feld stehenden neoromanischen Grabkirche von Kirkmadrine. Hinter einer Glaswand sind frühchristliche Steinplatten aus dem 5.–12. Jh. zu besichtigen. Nach Whithorn sind dies die ältesten in Stein gehauenen christlichen Zeugnisse in Schottland.

Logan Botanic Garden

In dem milderen Klima des südwestlichen Schottlands hat sich die Außenstelle des Royal Botanic Garden in Edinburgh auf exotischere Pflanzen spezialisiert. Im Logan Botanic Garden, ☎ 01776-860231, 🖳 www.rbge.org.uk, bei Port Logan im Südteil der Halbinsel, finden sich Pflanzen aus Neuseeland, Australien, Südafrika und Südamerika. Im *walled garden* sind Baumfarne zu bewundern, einige Palmen dürfen ebenfalls nicht fehlen. ◷ Feb So 10–16, März/Okt tgl. 10–17, April–Sep tgl. 10–18 Uhr, Eintritt 4 £, erm. 3,50/1 £.

Südschottland

Mull of Galloway

Das Meer donnert an die Klippen, und eine mächtige Strömung macht die Kraft der Gezeiten auch von Land aus deutlich: Am Mull of Galloway endet der Südwesten Schottlands in einem spektakulären Klippen-Crescendo. An klaren Tagen sind Irland, die Isle of Man und England gut auszumachen. Basstölpel, Trottellummen, Gryllteisten und einige wenige Papageientaucher fühlen sich an dieser windigen Landspitze wohl, die von der Vogelschutzorganisation RSPB als Naturreservat geschützt wird. Im **RSPB Visitor Centre**, 🖥 www.rspb.org.uk/scotland, läuft ein kleiner Film über das Mull of Galloway und die hiesige Vogelwelt. ⏱ Ostern–Mitte Okt tgl. 10–17 Uhr, Eintritt frei.

Alle Blicke fallen auf den 1830 von Robert Stevenson errichteten Leuchtturm, der die Landspitze dominiert. Dort gibt es in den einstigen Maschinenräumen ein informatives **Lighthouse Visitor Centre**, 🖥 www.mull-of-galloway.co.uk, das u. a. mit kleinen Filmen in die Welt der Leuchttürme einführt. Zusätzlich kann man den seit 1988 unbemannten Leuchtturm besteigen. Zum Andenken an das Erklimmen der 115 Stufen gibt es sogar ein Zertifikat. ⏱ April–Okt tgl. 10–16 Uhr, Eintritt Besucherzentrum und Turm 3 £, erm. 1,50 £.

Abgerundet wird das Vergnügen durch das **Gallie Craig Coffee House**, ✆ 01776-840558. Einen derartigen Ausblick dürften nur wenige Cafés in Schottland zu bieten haben. ⏱ April–Okt tgl. 10–17.30, Nov, Feb–März Fr–Di 11–16 Uhr.

Übernachtung und Essen

Ard Choille Guest House, Blair Terrace, Portpatrick, ✆ 01776-810313, 🖥 www.ardchoilleguesthouse.co.uk. Solides B&B in der zweiten Reihe hinter der Hafenpromenade. Bei Carole und Richard Bedford wird man freundlich aufgenommen – und wenn es hier voll sein sollte, gibt es nebenan zwei weitere B&Bs. ❷

Campbells Restaurant, 1 South Crescent, Portpatrick, ✆ 01776-810314, 🖥 www.campbellsrestaurant.co.uk. Portpatricks bestes Restaurant ist für seine leckeren Fischgerichte bekannt. Die Fischplatte ist exquisit. Auch Hummer und Langustinen stehen auf der Speisekarte. Wer lieber Fleisch isst, sollte die regionalen Lammspezialitäten probieren. Abgerundet wird das Essvergnügen durch eine umfangreiche Weinkarte. ⏱ Küche Di–So 12–14, 18–21 Uhr.

Crown Hotel, North Crescent, Portpatrick, ✆ 01776-810261, 🖥 www.crownportpatrick.com. Klassisches Inn an der Hafenpromenade mit leckerem Seafood und Sulwath-Bier aus Castle Douglas. Wer direkt mit Hafenblick in rustikalem Ambiente übernachten möchte und gleichzeitig gute Küche wünscht, liegt im Crown genau richtig. Vor allem das Restaurant kann an Wochenenden schnell ausgebucht sein. ⏱ Küche 12–21 Uhr. ❸

Sands of Luce Holiday Park, Sandhead, ✆ 01776-830456, 🖥 www.sandsofluceholidaypark.co.uk. Auf der Ostseite der Halbinsel gelegen, bietet der 4-Sterne-Campingpark viel Komfort. ❶

Sonstiges

Informationen

Stranraer VisitScotland Information Centre, 28 Harbour Street, Stranraer, ✆ 01776-702595. ⏱ April–Mitte Juni Mo–Sa 10–16.30, Mitte Juni–Mitte Sep Mo–Sa 10–17, So 12–16, Mitte Sep–März Mo–Sa 10–16 Uhr.

Wandern

Der Southern Upland Way (s. S. 169) startet in Portpatrick auf seine 340 km lange West-Ost-Durchquerung der Lowlands. Für kleinere Wanderungen hält die Touristeninformation in Stranraer kostenlose Broschüren bereit.

Transport

Busse

Stranraer ist die regionale Verkehrsdrehscheibe. Die meisten Busse halten am Port Rodie.
AYR, Linie 358 (Stagecoach), Mo–Sa, 2 1/2 Std.; So fährt Linie 360 4x.
DUMFRIES, Linie X75/500 (Stagecoach), sehr regelmäßig, 2 1/4 Std., Weiterfahrt nach Carlisle
GLASGOW und EDINBURGH, 3x tgl. mit Scottish Citylink via Ayr nach Glasgow, 2 1/2 Std., und Edinburgh, 3 3/4 Std.

ISLE OF WHITHORN, Linie 416 (Stagecoach/ King of Kirkcowan/Irvine), bis zu 4x tgl., 1 Std.
LOGAN BOTANIC GARDEN, Linie 407 (King of Kirkcowan), Mo–Sa mehrmals tgl., 35 Min.
NEWTON STEWART, Linien X75/500 (Stagecoach) und 430 (King of Kirkcowan), sehr regelmäßig, 40 Min.
PORTPATRICK, Linie 358 (Stagecoach), Mo–Sa, und Linie 367 (King of Kirkcowan), Mo–Sa sehr regelmäßig, So nur 3x, 25 Min.

Eisenbahn

Drei direkte Züge tgl. von GLASGOW (Central Station) über Ayr nach Stranraer (2 3/4 Std.) – hier Anschluss zu den Stena-Fähren nach Belfast. Nach der Verlegung des Fährterminals in ein paar Jahren wird diese Option wegfallen.

Schiffe

Die **Stena Line**, 🖥 www.stenaline.co.uk, fährt derzeit noch von Stranraer direkt hinüber nach BELFAST (2–3 Std., je nach Fährtyp). Stena bietet kostengünstige Tagesrückfahrkarten an (Erw. ab 15 £, Kinder ab 10 £, 24 Std. vorher reservieren). Allerdings wechseln die Fährzeiten von Saison zu Saison, sodass nicht jedes Jahr günstige Verbindungen für Tagesausflüge gegeben sind. In Zukunft steht zudem die Verlegung des Stena-Terminals ans nordöstliche Ende von Loch Ryan an.
P&O Irish Sea, 🖥 www.poirishsea.com, setzt von Cairnryan über nach LARNE, nordöstlich von Belfast. Ein weiterer Fährhafen von P&O befindet sich in Troon nördlich von Ayr.

3 HIGHLIGHT

Culzean Castle

Schottland ist das Land der Burgen und Schlösser, doch Culzean Castle, 📞 0844-4932149, 🖥 www.nts.org.uk, ist in jeder Hinsicht eine besondere Perle der Baukunst. Dramatisch thront das Schlösschen aus dem 18. Jh. über den Klippen des Firth of Clyde, während zur Landseite eine wunderbare Parklandschaft den Blick bis zum Schluss versperrt.

Es gibt keine klassische Auffahrt wie z. B. in Drumlanrig, Hopetoun oder Glamis. Stattdessen müssen Besucher über einen pseudo-antiken schmalen Viadukt gehen. Verspielte Zinnen täuschen den Eindruck einer mittelalterlichen Burganlage vor, der durch die Waffensammlung im Eingangsraum noch verstärkt wird.

Nichts bereitet einen auf die überwältigenden Höhepunkte des Rundgangs vor: In der Mitte von Culzean ist das ovale Treppenhaus eine architektonische Meisterleistung, vor allem, wenn man bedenkt, dass dies nicht der Startpunkt des Baus war, sondern es erst später als zentrales Element eingefügt wurde. Die Freitreppe und die klassizistischen Säulen lenken den Blick nach oben zum Glasdach, das für natürliche Beleuchtung sorgt. Und dann der Runde Salon: Von den hohen Fenstern gleitet der Blick hinaus auf den Firth of Clyde mit der Isle of Arran als wirkungsvoller Kulisse.

Culzean Castle ist in seiner detailreichen Durchdachtheit, in seiner stilvollen Dekadenz das Meisterwerk von Robert Adam, dem gefeierten Architekten vieler eleganter Landsitze. Auf Einladung von David Kennedy, dem 10. Earl of Cassilis, begann Adam Mitte der 1770er-Jahre mit dem Umbau des ursprünglichen Landsitzes. Die Erwartungen des Earls waren so hoch, Adams Bauvorschläge so komplex, dass beide die Vollendung von Culzean nicht mehr erlebten. Am Ende war der Earl hochverschuldet und des unendlichen Bauens müde, aber seine Nachfahren tasteten das grandiose Adam-Design im Wesentlichen nicht an.

Schließlich wurde der Unterhalt eines solch großen Landsitzes jedoch zu teuer, und so vermachten die Kennedys das Anwesen 1945 dem National Trust for Scotland. Allerdings verhandelten sie in der Nachkriegseuphorie, dass im 2. Obergeschoss der spätere US-Präsident Dwight D. Eisenhower zeitlebens wohnen dürfe. Eisenhower kam mehrmals nach Culzean, und man legte ihm dafür eine direkte Leitung ins Weiße Haus. Wenn man den Hörer heute abnimmt, geht am anderen Ende allerdings nicht mehr Barack Obama ran.

Nach der Besichtigung lädt der Park zu einem ausführlichen Spaziergang ein. Das Kamelienhaus gegenüber vom Rotwildgehege wurde schon 1818 als Orangerie errichtet, der *walled garden* stammt aus dem 18. Jh. Am großen Schwanenteich gibt es einen Abenteuerspielplatz sowie eine Pagode am Waldrand, und vom Cliff Walk kann man Seehunde bei Port Carrick aufspüren oder den Blick hinüber zum markanten Kegelfelsen Ailsa Craig im Firth of Clyde genießen.

Das Besucherzentrum des National Trust mit Filmtheater, das Café und der Souvenirladen sind dezent in den renovierten Farmgebäuden nördlich des Castle untergebracht. Die Eisenhower-Suite dient heute übrigens als luxuriöse Übernachtungsmöglichkeit.

🕑 Castle April–Okt tgl. 10.30–17 Uhr, Country Park ganzjährig tgl. 9.30 Uhr bis Sonnenuntergang, Eintritt Castle und Park 13 £, erm. 9 £, nur Park 8,50 £, erm. 5,50 £ (NTS). Neben dem Eingang befindet sich auch der Vier-Sterne-Campingplatz Culzean Castle, 🖥 www.campingand caravanningclub.co.uk, ❶.

Ayr und Umgebung

Die größte Stadt im Südwesten (46 000 Einwohner) gab der Grafschaft Ayrshire ihren Namen. Durch den Vorort Alloway steht Ayr ganz im Zeichen von Robert Burns. Auch die Seepromenade

mit Blick nach Arran ist durchaus verlockend. Die Innenstadt und das Flussufer am River Ayr haben durch Bausünden jedoch viel von ihrem Reiz eingebüßt.

Innenstadt

Ein Rundgang sollte an der breiten Esplanade beginnen, der Seepromenade, denn hier verbreitet Ayr ein wenig Seebadatmosphäre und bei schönem Wetter sind grandiose Sonnenuntergänge garantiert. Bei Hochwasser verschwindet der Strand allerdings fast vollständig.

Die **Auld Brig** ist eine sehr elegante Brücke von 1491, auch wenn sie mehrfach umgebaut wurde. Als Ersatz für den Verlust der Stadtkirche beim Bau der Zitadelle entstand 1654 die **Auld Kirk**, die hinter einem schmucken Tordurchgang von einem alten Friedhof umgeben wird. Burns-Freunde werden den Besuch des **Tam o' Shanter Inn** (s. u.) nicht versäumen, bevor es weiter nach Alloway geht.

Alloway

Das kleine sympathische Örtchen 5 km südlich von Ayr ist ganz im **Burns National Heritage Park**, ☎ 0844-4932601, 🖥 www.burnsheritage park.com, aufgegangen. Hier dreht sich alles um

---

Tam o' Shanter und die Geisterkirche von Alloway

Die Alloway Auld Kirk und die Brig o' Doon spielen die Hauptrolle in Burns lustig-schaurigem Werk *Tam o' Shanter*. Schon gleich zu Anfang serviert Burns die Moral der Geschicht: „Ach Tam! Wärst du bloß mal schlau und hörtest auf deine Frau."

Aber nein, Tam betrinkt sich nach einem ereignisreichen Markttag in Ayr mit seinen Kumpels und macht sich erst in der Nacht auf den Weg nach Hause. Als der betrunkene Held an der Kirche von Alloway vorbeikommt, sieht er Licht in dem Gemäuer. Neugierig geworden schaut er hinein und wird Zeuge eines wilden Hexentanzes, auch der Teufel sitzt in einer Fensternische. Aber Tam kennt keine Furcht, denn „mit Whisky nehmen wir's gegen den Teufel auf" – ein Bon-

mot von Burns, das heute noch gerne in mancher Destille zitiert wird.

Zurück in Alloway wird der Hexentanz immer wilder und Tam verfällt ganz dem Anblick eines bildschönen Mädchens. Als Tam der „Nannie" zuruft, ist der Spuk vorbei und es beginnt eine wilde Flucht zur Brig o' Doon. Den Preis für Tams Delirium muss sein braves Pferdchen Maggie bezahlen, das beim verzweifelten Trab über die Brücke seinen Schweif verliert, als Nannie ein letztes Mal das Pferd zu packen versucht. Doch Tam ist frei, weil Hexen angeblich keinen Fluss überqueren können.

Wer also abends in der Ruine mysteriöses Licht sehen sollte – es handelt sich bestimmt nicht um den Kantor bei der Orgelprobe.

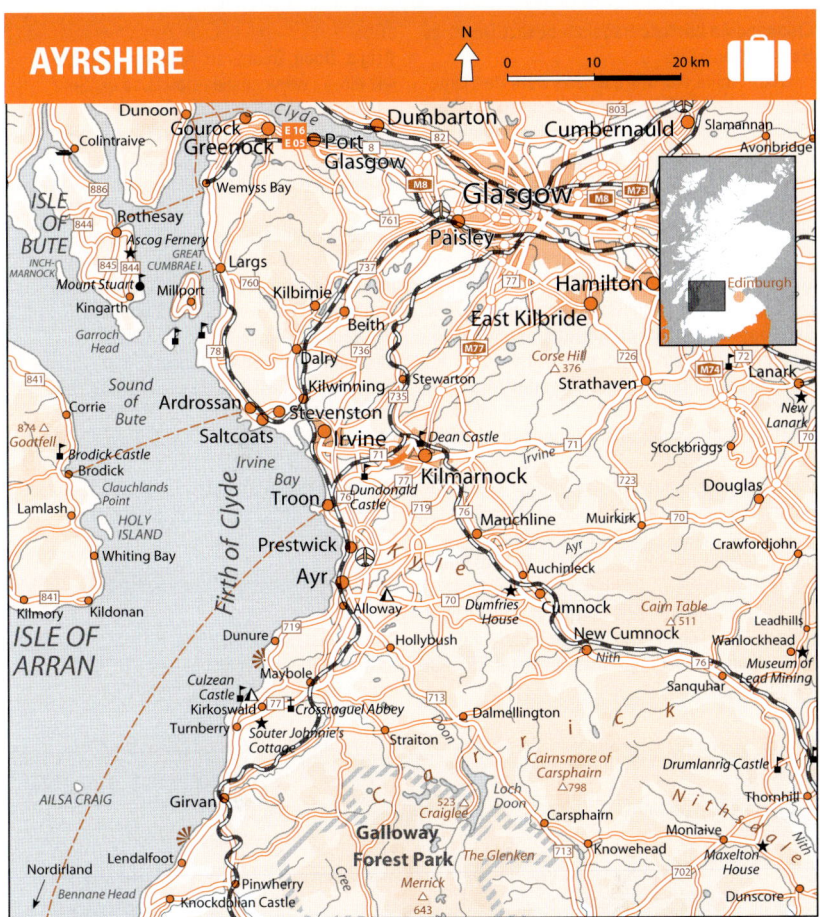

den Barden (s. Kasten S. 221). Angefangen von dem Cottage seiner Kindheit, vorbei an der gespenstischen Ruine der Alloway Auld Kirk bis zum Burns Monument und der malerischen Brig o' Doon aus dem 15. Jh. ist man dem Dichter ständig auf den Fersen. Seitdem der National Trust den Heritage Park 2008 übernahm, wurde das Cottage frisch renoviert und das neue **Robert Burns Birthplace Museum** eröffnet. ⏲ April–Sep tgl. 10–17.30, Okt–März tgl. 10–17 Uhr, Eintritt (Kombiticket) 8 £, erm. 5,25 £ (NTS).

Dumfries House

Gut 24 km östlich von Ayr steht bei Cumnock/ Auchinleck seit wenigen Jahren ein prächtiger Landsitz zur Besichtigung offen, dessen Kunstwerke bereits kurz vor der Versteigerung standen. Dumfries House, ✆ 01290-551111, 🖥 www. dumfries-house.org.uk, ist ein hervorragendes Beispiel für ein frühes Robert-Adam-Haus und für seine exquisite Chippendale-Möbelsammlung bekannt. Von weltweit rund 700 authentischen Möbelstücken des Meisters Thomas

Chippendale höchstpersönlich besitzt Dumfries House allein 57.

2007 wollte der Marquis von Bute den Landsitz mit der kompletten Kunstsammlung bei Christies versteigern lassen. Es wurde ein Erlös in dreistelliger Millionenhöhe erwartet. Doch dem Einsatz und Geld von Prince Charles war es zu verdanken, dass eine Stiftung in letzter Minute das Haus kaufen konnte. Die Auktion wurde abgeblasen und die Möbelstücke kehrten aus London zurück.

Besondere Highlights bei der Führung sind der **Teppich-Salon** mit vier kostbaren Wandteppichen, die ein Geschenk Ludwig XIV. für den 2. Earl of Stair waren (s. Kennedy Gardens S. 215), einen Vorfahren des Bauherrn William Crichton-Dalrymple. Die **Eingangshalle** fällt durch die großartigen Verzierungen ins Auge, und im **Schlafzimmer** ist das einzige von Chippendale erhaltene Himmelbett zu bewundern. Ganz bescheiden hat Prince Charles übrigens einige seiner eigenen Aquarelle im **School Room** aufhängen lassen. ⏱ Ende April–Sep Do–Mo 11–16 Uhr, Eintritt 12,50 £ (Grand Tour)/8,50 £ (House Tour), beide erm. 4 £ (Besichtigung nur mit Führung, unbedingt online oder telefonisch vorher reservieren).

Brig o' Doon, Doonbrae, Alloway, ✆ 01292-442466, 🖥 www.costley-hotels.co.uk. Sehr schön gelegenes Hotel mit Restaurant am Ufer des Doon, inkl. Garten und Terrasse am Fluss. Die Zimmerpreise für die komfortablen Räumlichkeiten gehören in den gehobenen Sektor. ⏱ Küche tgl. 12–14, 17–21 Uhr. ❹

Tam o' Shanter Inn, 230 High Street, Ayr, ✆ 01292-611684. Robert Burns' Stammkneipe im Zentrum von Ayr ist Ausgangspunkt der berühmten Story von Tam o' Shanter (s. S. 218). ⏱ Küche So–Do 12–18, Fr–Sa 12–20 Uhr.

The Dunn Thing Guest House, 13 Park Circus, Ayr, ✆ 01292-284531, ✉ sheiladunn12@aol.com. 4 nette Zimmer in einer ansehnlichen viktorianischen Reihenhaussiedlung südlich des Zentrums. Die Landlady serviert leckeres Frühstück und stellt Parkausweise zur Verfügung. Die Esplanade ist gut zu Fuß zu erreichen. Sehr gutes Preis-Leistungs-Verhältnis. ❷

Golf
Ayrshire ist neben St Andrews (s. S. 305) ein international renommiertes Golf-Mekka in Schottland. Regelmäßig finden hier

Prince Charles rettete Dumfries House vor dem Verkauf.

Sein *Auld Lang Syne* wird vielerorts zur Begrüßung des neuen Jahres gesungen, Generationen von Auswanderern wurden bei den Worten *My heart is not here, my heart is in the Highlands* wehmütig, bei der Eröffnung des schottischen Parlaments 1999 wurde *For a' that and a' that* angestimmt, sein Geburtstag am 25. Januar wird mit einem Burns Supper gefeiert, in seinem Geburtsort Alloway gibt es einen Burns National Heritage Park, und die Schotten wählten ihn zum wichtigsten Landsmann aller Zeiten – Robert Burns hat mit seinem Werk zweifelsohne ungeahnte Wirkung erzielt.

Der Poet steht immer wieder im Mittelpunkt, wenn es um schottische Literatur geht. Sein rund 600 Gedichte und Lieder umfassendes Werk ist in seiner Vielseitigkeit so umfangreich, dass Burns selbst 250 Jahre später nahezu für fast jede Gelegenheit einsetzbar scheint.

Wer war also dieser ungewöhnliche Dichter? 1759 wurde er in sehr bescheidenen Verhältnissen in Alloway geboren. Dass sein Vater Wert auf eine gute Ausbildung legte, war ein glücklicher Umstand und die Grundlage für den späteren Erfolg. Doch gleichzeitig musste der Junge auf der heimatlichen Farm auch hart arbeiten, und Burns blieb zeitlebens ein Vertreter des „Dritten Standes". Seine Sympathien für die französische Revolution sollten ihm später in Dumfries sogar eine Rüge seiner Vorgesetzten einbringen.

Erste Erfolge

Ins Rampenlicht der Literatur trat Burns 1786 mit der Veröffentlichung der sogenannten *Kilmarnock Edition*, einer Gedichtsammlung im Lowland Scots. Das musste damals ziemlich verwundern, weil Scots als Sprache der Bauern galt. Doch Burns wurde in den Gesellschaftskreisen in Edinburgh zu einer gefeierten Persönlichkeit und damit zum Wegbereiter für Walter Scott, indem er eine Rückbesinnung auf die schottischen Kulturwurzeln einleitete. Nach Jahrzehnten der politischen und gesellschaftlichen Anpassung an England im Gefolge der Niederlage bei Culloden 1746 trat hier endlich wieder jemand unverblümt als Schotte auf. Diesen wiedererwachenden

Patriotismus bediente Burns mit Liedern zu Ehren der Freiheitskämpfer Robert the Bruce und William Wallace, die wie *Scots, wha hae wi' Wallace bled* noch heute zum Grundstock in nationalistischen Zirkeln zählen. Mel Gibsons Film *Braveheart* klingt wie ein Echo auf Gedichtzeilen wie: „Wer für Schottlands König und Recht das Freiheitsschwert zieht zum Gefecht, (...) folgen soll er mir!" Die von Frankreich herüberschwappende revolutionäre Stimmung nahm Burns auf mit *For a' that and a' that* – ein Mensch ist ein Mensch trotz alledem. Die unteren Gesellschaftsschichten klagen ihre Rechte ein.

Über die Liebe

Doch Burns war auch ein passionierter Liebesdichter. Reichlich Nahrung boten ihm seine zahlreichen Liebschaften, denen er immer wieder glühende Verszeilen widmete. *O my Luve's like a red, red rose* dürfte zu den bekannteren Werken zählen. Einmal wollte er sogar mit einer seiner Liebsten nach Jamaika flüchten, doch am Ende kehrte er immer wieder zu Jean Armour zurück, die er heiratete und die ihm trotz aller Eskapaden die Treue hielt. Sie nahm sogar uneheliche Kinder von Burns auf.

Mit viel Humor

Bei alledem verlor Burns nie seinen Humor. Einer Maus konnte er genauso ein Gedicht widmen wie dem Nationalgericht Haggis. Sein Loblied auf den Haggis, den „Häuptling aller Würste", wird während des jährlichen Burns Supper im Januar feierlich zelebriert. Und natürlich darf die skurril, lustige Geistergeschichte *Tam o' Shanter* rund um die Kirche von Alloway nicht fehlen, s. S. 218.

Früher Tod

Auf den Erfolg seiner Gedichte und Lieder hat sich Burns allerdings nie wirklich verlassen. Als Steuereintreiber in Dumfries suchte er ein regelmäßiges Einkommen, doch schließlich zollten seine harte Kinderarbeit und der ungezügelte Lebensstil ihren Tribut – Burns starb 1796 im Alter von nur 37 Jahren.

bedeutende Meisterschaften statt. Gleich zwei berühmte Golfplätze liegen vor den Toren der Stadt. **Turnberry**, 24 km südlich, wurde 1896 von Lord Ailsa, Besitzer von Culzean Castle, zum exklusiven Golfresort mit Hotel ausgebaut. Der anspruchsvolle Ailsa Course stand zuletzt bei den Open Championships 2009 im Rampenlicht. Von der Esplanade in Ayr sieht man regelmäßig Hubschrauber die betuchten Gäste die Küste entlang fliegen, 🖳 www.luxurycollection.com/turnberry, 🖳 www.turnberry.co.uk.
Knapp 10 km nördlich von Ayr ist **Royal Troon** ebenfalls ein feststehender Begriff unter Golfern. 1878 wurde der Meisterschaftskurs gegründet. Er gehört zu den anerkannten Plätzen für die Open Championships, 🖳 www.royaltroon.co.uk.

Informationen

Ayr VisitScotland Information Centre, 22 Sandgate, ✆ 01292-290300, 🖳 www.ayrshire-arran.com. ⏲ Okt–Juni Mo–Sa 9–17, Juli–Aug Mo–Sa 9–18, So 10–17, Sep Mo–Sa 9–17, So 10–16 Uhr.

Transport

Busse
Vom **Busbahnhof** am Sandgate in Ayr verkehren zumeist Busse von Stagecoach: ALLOWAY, Linie 57/361, regelmäßig, 10 Min. CULZEAN CASTLE, Linien 58/60/358/360, regelmäßig, 30 Min. DUMFRIES, Linie 246, regelmäßig, 2 1/2 Std. GLASGOW, Linie 4/4A, alle 30 Min., 2 Std., via Glasgow Prestwick International Airport. PORTPATRICK via STRANRAER (2 1/2 Std.), Linien 358/360, Mo–Sa regelmäßig, So 4x, 3 Std. WEMYSS BAY, Linie 585, alle 30–60 Min., 1 3/4 Std., via Ardrossan (1 Std.) und Largs (1 1/2 Std.), Richtung Greenock.

Eisenbahn
Ayr liegt an der Bahnstrecke Glasgow–Ayr–Stranraer, die Richtung GLASGOW Central (1 1/4 Std.) regelmäßig und nach STRANRAER (1 1/2 Std.) 3x tgl. bedient wird.

Zwischen Ardrossan und Wemyss Bay

Wer von Ayrshire eine Fähre zu den Inseln im Westen besteigen will, kommt auf jeden Fall durch Ardrossan, Largs und Wemyss Bay, das schon knapp außerhalb der Grafschaft liegt. **Ardrossan** ist für die Verbindungen zur Isle of Arran zuständig (s. S. 529), **Wemyss Bay** für die Isle of Bute (s. S. 223). Der einzige Ort mit ein wenig touristischer Substanz ist **Largs**.

Largs

Largs in North Ayrshire ist ein stattliches Seebad und hat sich an der schönen Promenade mit seiner Fun Fair ein wenig von der typischen Rummelplatzatmosphäre für Tagesurlauber erhalten. 1263 verlor der norwegische König Haakon eine Schlacht bei Largs, was zum Ende der Wikingerzeit in Schottland führte.

Eine regionale Berühmtheit ist die Eiscreme von Nardini, doch seit einigen Jahren streiten sich entlang der Promenade mehrere Eisdielen darum, wer der echte oder der wahre Nachfolger ist – im Zweifelsfall einfach ausprobieren.

Informationen

Largs VisitScotland Information Centre, The Railway Station, Main Street, ✆ 01475-689962, 🖳 www.ayrshire-arran.com. ⏲ April Mo–Sa 9–17, Mai–Juni Mo–Sa 9–17, So 11–15, Juli–Aug Mo–Sa 9–18, So 10–17, Sep Di–Sa 9–17 Uhr.

Transport

Busse
Linie 585 (Stagecoach) verkehrt alle 30–60 Min. von AYR über Ardrossan–Largs–Wemyss Bay nach GREENOCK.

Eisenbahn
Von GLASGOW CENTRAL stdl. Verbindungen nach Largs (1 Std.). Ardrossan (50 Min.) wird mehrfach tgl. und Wemyss Bay (55 Min.) stdl. angefahren.

Schiffe
Die Fährgesellschaft **Caledonian MacBrayne (CalMac)**, 🖳 www.calmac.co.uk, fährt

mehrfach tgl. von Ardrossan zur ISLE OF ARRAN (55 Min.) sowie stdl. von Wemyss Bay zur ISLE OF BUTE (35 Min.).

Isle of Bute

Langsam gleitet die CalMac-Fähre von Wemyss aus in die Bucht von Rothesay. Der Hauptort der Isle of Bute (ca. 6000 Einwohner) ist vom Wasser aus unschwer als Seebad des frühen 20. Jhs. auszumachen. Damals kamen die Arbeiter aus Glasgow in Scharen *doon the watter*, um auf *Scotland's Madeira* die Sommerfrische zu genießen. Die Attraktionen von Bute lassen sich bequem auf einem Tagesausflug erkunden.

Der britische Thronfolger tritt in Schottland übrigens zumeist unter dem Titel Duke of Rothesay auf. Diese Bezeichnung geht schon auf das Jahr 1398 zurück, als König Robert III. seinen Sohn und Thronfolger David zum Herzog von Rothesay machte.

Rothesay

Die schöne Seepromenade von Rothesay ist ein guter Startpunkt für die Stadterkundung. Eine ungewöhnliche Sehenswürdigkeit sind die **viktorianischen Toiletten** von 1899.

Historischer Mittelpunkt des Ortes ist **Rothesay Castle**, Castlehill Street, ✆ 01700-502691, 🖥 www.historic-scotland.gov.uk, eine Festung, die aus dem 13. Jh. stammt und vor allem in den Kriegen gegen die letzten Wikinger eine wichtige Rolle spielte. Seit dem 17. Jh. ist die Anlage eine düstere Ruine. ⏰ April–Sep tgl. 9.30–17.30, Okt 9.30–16.30, Nov–März Sa–Mi 9.30–16.30 Uhr, Eintritt 4,20 £, erm. 3,40/2,50 £ (HS).

Auf der Südseite des Castle präsentiert das **Bute Museum**, 7 Stuart Street, ✆ 01700-505067, 🖥 www.butemuseum.org, schwerpunktmäßig Archäologie, ausgestopfte Vögel und Modelle alter Clyde-Dampfer. ⏰ April–Sep Mo–Sa 10.30–16.30, So 14.30–16.30, Okt–März Di–Sa 14.30–16.30 Uhr, Eintritt 2 £, erm. 1 £.

Ascog Fernery

An der Ostküste von Bute, 5 km von Rothesay, ist Ascog Fernery, Ascog Hall, ✆ 01700-504555, 🖥 www.ascoghallfernery.co.uk, ein versteck-tes Kleinod für Pflanzenfreunde. Der Farngarten mit seinem L-förmigen Gewächshaus aus den 1870er-Jahren war bereits völlig heruntergekommen, als Kath und Wallace Fyfe die Anlage übernahmen und ihr in mühevoller Kleinarbeit wieder zu neuer Pracht verhalfen. ⏰ Ostern–Okt Mi–So 10–17 Uhr, Eintritt 4 £, Kinder frei.

Mount Stuart

Hauptattraktion von Bute ist zweifelsohne die außergewöhnliche Schloss- und Parkanlage Mount Stuart, ✆ 01700-503877, 🖥 www.mount stuart.com, eines der eigensinnigsten Schlösser Schottlands. Der Familiensitz der Marquis von Bute, 7 km von Rothesay und 2 km von Ascog, geht auf den 3. Marquis zurück, der sich auf der kleinen Westküsteninsel sein neogotisches Neuschwanstein erbaute. Reich geworden durch Zechen in Wales und den Hafenausbau von Cardiff besaß der Bauherr im wahrsten Sinne genug Kohle, um sich jede Verspieltheit leisten zu können. Für die Arbeiter baute er ein eigenes Dorf mit Landesteg und Werksbahn, die nach Bauende wieder verschwanden.

Für den Bau verwendete der Marquis Carrara-Marmor und römische Mosaiken. Die beeindruckende **Marmorhalle** erstreckt sich gleich über zwei Stockwerke – in Mount Stuart zielt alles darauf ab, Eindruck zu schinden. Da der Marquis von Astrologie besessen war, tauchen Sterngewölbe mit Sternzeichen auf, der exotische **Salon** und das **Horoskop-Zimmer** wirken fast wie ein fernöstlicher Sultanspalast. In letzterem Zimmer verbrachte übrigens Stella McCartney ihre Hochzeitsnacht. Als sei das alles noch nicht genug, hängen an den Wänden Gemälde von Tizian, Tintoretto, Veronese und van Dyck.

Kein Wunder also, dass der Erhalt des Traumschlosses ein Vermögen kostet. So sah sich der jetzige 7. Marquis 2007 gezwungen, seinen zweiten Stammsitz Dumfries House zu verkaufen (s. S. 219). Vielen Schotten ist der Schlossbesitzer besser als Johnny Dumfries bekannt, denn er begann sein Berufsleben als Rennfahrer und gewann sogar einmal das 24-Stunden-Rennen von Le Mans.

Das Haus lässt sich nur im Rahmen einer 45-minütigen Führung besichtigen. Vom Visitor Centre mit Café fahren Planwagen zum Schlosseingang. Für Tagesgäste vom Festland gibt es schon am wunderbar viktorianischen Fähranleger in Wemyss Bay günstige Kombitickets für Fähre, Bus und Schloss für 16/8 £. ☉ Mai–Sep So–Fr 11–17, Sa 10–14.30 Uhr, Gärten tgl. 10–18 Uhr, Eintritt 8 £, erm. 6,50/4 £. Aufgrund von Hochzeiten können die Öffnungszeiten variieren, deshalb besser vor dem Besuch kurz anrufen.

Sonstiges

Informationen

Isle of Bute VisitScotland Information Centre, Winter Garden, Victoria Street, ✆ 01700-502151. ☉ April–Sep tgl. 10–17, Okt–März Mo–Fr 10–16, Sa–So 11–16 Uhr.

Rad fahren

Die überschaubare Größe der Insel und die recht verkehrsarmen Straßen laden durchaus zum Radeln ein. Die Rundfahrt nach Mount Stuart und über Kingarth an der Stravanan Bay vorbei zurück nach Rothesay ist 23 km lang. **The Bike Shed**, 23–25 East Princes Street, ✆ 01700-505515, 🖥 www.thebikeshed.co.uk. Service und Verleih. ☉ tgl. 9.30–18 Uhr.

Nahverkehr

Mai–Sep tgl. regelmäßig Pendelbusse vom Guildford Square in Rothesay über Ascog Fernery nach Mount Stuart (12 Min.).

Transport

Am Fährschalter in Wemyss Bay wird für Tagesausflügler ein Kombi-Rückfahrticket für Fähre, Bus und Eintritt in Mount Stuart geboten, 16 £, erm. 8 £.
Etwa stdl. Verbindungen mit CalMac von/nach WEMYSS BAY (35 Min.).

Glasgow und Umgebung

| 4 | **HIGHLIGHT** |

Stefan Loose Traveltipps

Glasgow Cathedral und Necropolis
Die beeindruckende Kathedrale und die viktorianische Totenstadt markieren die Keimzelle Glasgows. S. 228 und 231

City Chambers   Das prächtige Rathaus aus Glasgows Blütezeit steht am George Square. S. 232

The Barras   Schottlands größter Flohmarkt ist fast wie ein eigenes Stadtviertel. S. 234

Mackintosh Trail   Auf den Spuren der Jugendstilperlen von Charles Rennie Mackintosh und seiner Frau Margaret Macdonald. S. 241

Univiertel   Wunderbare Museen und Parks, entspannte Cafés und Pubs sowie ein wenig Szeneshopping im viktorianisch geprägten Westen. S. 242

Burrell Collection   Die einzigartige Kunstsammlung des Reeders William Burrell im Pollok Park. S. 248

New Lanark   Ein Ausflug ins obere Clyde-Tal zum Weltkulturerbe der 200 Jahre alten industriellen Vorzeigesiedlung. S. 265

Glasgow

Schottlands größte Stadt hat einen atemberaubenden Wandel hingelegt: Gestern noch verrußte Industriemetropole, heute Unesco-Weltmusikstadt, Europäische Kulturhauptstadt und Großbritanniens *City of Architecture and Design*. Glasgow ist immer in Bewegung, Stillstand war noch nie das Motto der Stadt am Clyde, deren Stärke es ist, sich in Krisen neu erfinden zu können. *Let Glasgow flourish* lautet denn auch das optimistische Stadtmotto – „lass Glasgow blühen"!

Vor allem die Blütezeit als *Second City of the Empire* an der Wende zum 20. Jh. hat bis heute deutliche Spuren im Stadtbild hinterlassen. Damals war Glasgow nach London die zweite Metropole des britischen Weltreichs. Hier lief die Flotte vom Stapel, mit der Großbritannien seine Herrschaft auf den sieben Weltmeeren sicherte.

Die Reeder und Industriellen dokumentierten ihre Macht, indem sie prächtige Museen und Bibliotheken errichten ließen. Die großartigen Jugendstilbauten von Charles Rennie Mackintosh, der Kelvingrove-Kunstpalast, das schlossartige Universitätsgebäude mit der Hunterian Art Gallery und natürlich die wunderbare Kunstsammlung der Burrell Collection verleihen der Stadt internationalen Glanz.

Doch Glasgow braucht weiterhin eine gute Portion Ideenreichtum, Optimismus und vor allem den sprichwörtlichen Humor der Glaswegians, denn das Ende des Industriezeitalters ist an vielen Ecken der Stadt zu besichtigen: Weitflächige Industriebrachen, die bis ans Stadtzentrum heranreichen, soziale Brennpunktsiedlungen, Arbeitslosigkeit, Kriminalität und eine hohe Abwanderungsrate sind eine große Herausforderung. Einst lebten mehr als 1 Mio. Menschen in Glasgow, heute sind es nur noch rund 580 000. Der Abwärtstrend konnte inzwischen jedoch gestoppt werden.

Angefeuert durch den großen Erfolg als Europäische Kulturhauptstadt 1990 und durch die Wiederentdeckung der Baujuwelen von **Charles Rennie Mackintosh** ist Glasgow seit Jahren auf der Suche nach neuer Identität. Mit Stolz besinnt man sich auf die glorreichen viktorianischen Zeiten, hat ganze Stadtviertel vom Ruß des Industriezeitalters befreit, die erstklassigen Museen renoviert und ist dabei, die brachliegenden Industriegürtel am Ufer des Clyde mit neuem Leben zu füllen. Für rund 7 Mrd. Euro sollen die Flussbereiche innerhalb von 25 Jahren völlig umgestaltet werden. Projekte wie das Glasgow Science Centre oder das neue Riverside Museum geben die Richtung vor.

Aufgewacht aus dem Schlummer des Niedergangs hat sich Glasgow zu einer britischen Trendstadt und **Shopping-Metropole** gemausert, die sich nur hinter London einreihen muss. Nirgends in Schottland ist die **Musikszene** derart lebendig wie am Clyde, international berühmte Namen wie die Simple Minds, Franz Ferdinand, Midge Ure und Texas haben eine Verbindung zu Glasgow. Was die Literatur für Edinburgh, ist die Musik für Glasgow.

Glasgows Besinnung auf das eigene vielfältige Erbe sowie die unbestreitbaren Qualitäten und Stärken der Stadt ermöglichen eine Trendwende. Lange, vielleicht ein wenig zu lange, hat man den Strukturwandel am Ende des Industriezeitalters vor sich hergeschoben, nun ist die Stadt wieder im Aufbruch. Die bereits erzielten Fortschritte und der neue Lebenspuls sind deutlich zu spüren – Glasgow schläft nicht.

Geschichte

Dass der Name Glasgow aus dem Gälischen stammen und der Überlieferung nach „geliebter grüner Ort" bedeuten soll, klingt angesichts der endlosen Stadtlandschaft heutzutage wie ein schlechter Witz. Doch als ein Mönch namens Kentigern 543 aus Culross in Fife (s. S. 293) an den Clyde kam, lag das Industriezeitalter in weiter Ferne. Die Leute mochten Kentigern und nannten den **Mönch Mungo**, „geliebter Freund". Dort, wo der später heilig gesprochene Mönch seine erste Kirche erbaute, steht heute die Kathedrale – die Keimzelle von Glasgow. Anderen Übersetzungen zufolge soll Glasgow schlicht „großer grauer Felsen" bedeuten.

Im Mittelalter gab es zwei Zentren in Glasgow: Rund um die Kathedrale befanden sich

Klöster und seit 1451 die zweitälteste Universität Schottlands, während in der Nähe des Clyde entlang von High Street und Trongate eine Bürgersiedlung entstand. Das erklärt, warum die Kathedrale bis heute eigenartig losgelöst vom quirligen Stadtleben scheint. 1492 wurde Glasgow nach St Andrews das zweite **Erzbistum** Schottlands.

1568 erreichten die Auseinandersetzungen um **Maria Stuart** das Gebiet der heutigen Stadt. Bei Langside, heute am Rand des Queen's Park im Süden von Glasgow, besiegte ein Parlamentsheer die abgesetzte Monarchin, die von hier aus nach England floh.

Aufwärts ging es mit Glasgow im 18. Jh., als vor allem der **Tabakhandel** für Reichtum sorgte. Die Tabakbarone waren legendär, aber auch mit Sklavenhandel verdiente sich mancher Kaufmann sein Geld. An diese Zeiten erinnern in der Innenstadt Straßennamen wie Virginia oder Jamaica Street. Später lag das Schwergewicht auf Zuckerimport und Textilindustrie. Der Clyde wurde nun intensiv zu einer Seefahrtsstraße ausge-

baut. Schließlich wurde die Stadt am Clyde zur größten **Werft** des Empire (s. S. 246).

Gleichzeitig mit dem Aufschwung und dem rasanten Wachstum der Stadt – gespeist durch zwei große **Einwanderungswellen** aus den Highlands und Irland – war das 19. Jh. jedoch auch eine Zeit starker sozialer Gegensätze. Die Slums von Glasgow waren berüchtigt. Schon 1844/45 widmete z. B. Friedrich Engels den miserablen Zuständen am Clyde einen Abschnitt in seinem Traktat „Die Lage der arbeitenden Klasse in England". Die Menschen lebten dicht zusammengedrängt, Krankheiten und Seuchen waren in den Armenvierteln verbreitet. So organisierte sich schließlich in Glasgow eine gewerkschaftliche und politische **Arbeiterbewegung**.

Seine Blütezeit erlebte Glasgow auf dem Höhepunkt des britischen Empire. 1888 und 1901 richtete die Stadt zwei **Internationale Ausstellungen** aus, die das Selbstbewusstsein der Metropole eindrucksvoll dokumentierten. 1896 ging in Glasgow die drittälteste U-Bahn der Welt in

Glasgows Stadtwappen

Im Glasgower Stadtwappen wurden mehrere Legenden rund um den Stadtgründer **St. Mungo** miteinander verwoben, die sich um die vier Symbole aus dem Vers drehen. Zusammen tauchten sie erstmals 1647 im Stadtwappen auf: Der Fisch half einst auf Geheiß von Mungo Königin Languoreth aus der Bredouille, weil er einen Ring aus dem Clyde fischte, den ihr Gatte ihr geschenkt hatte. Sie hatte den Ring einem Ritter gegeben, doch der eifersüchtige König hatte sein Geschenk wieder in seinen Besitz gebracht und vor Wut in den Clyde geworfen, um so seine Frau bei nächster Gelegenheit bloßstellen zu können – wenn Mungo nicht eingegriffen hätte.

Die Glocke soll ein Geschenk des Papstes für Mungo sein. Mit einigen Ästen gelang es dem cleveren Mönch zudem, das Feuer im Kloster wieder zu entfachen, indem er einfach nur betete. Durch fleißiges Beten erweckte er auch den Vogel wieder zum Leben. Keine Frage, Mungo war der erste Krisenmanager der Stadt.

*„Das Vögelchen, das niemals flog,
der Baum, der niemals wuchs,
der Fisch, der niemals schwamm,
die Glocke, die niemals schlug."*

Betrieb, noch vor Paris und Berlin. Doch mit dem Niedergang des Empire geriet Glasgows Industrie Mitte des 20. Jhs. ins Wanken.

Einer längeren Depression folgte durch die Ernennung Glasgows zur **Europäischen Kulturhauptstadt** 1990 eine bemerkenswerte Renaissance, angefeuert vor allem durch die Wiederentdeckung des Jugendstilarchitekten Charles Rennie Mackintosh. 1999 war Glasgow die britische **City of Architecture and Design** und die Ernennung zur **Unesco-Weltmusikstadt** 2009 setzte ebenfalls neue Akzente. 2014 empfängt die Stadt die Commonwealth Games, ein sportliches Mega-Event, das viel internationale Aufmerksamkeit garantiert.

Kathedralenbezirk

Abseits des heutigen Stadtzentrums liegt auf einer kleinen Anhöhe östlich des George Square der Kathedralenbezirk von Glasgow. An dieser Stelle soll die erste Kirche des Stadtgründers St. Mungo gestanden haben, und hier soll er nach seinem Tod Anfang des 7. Jhs. auch beerdigt worden sein.

Mit der Kathedrale, dem St Mungo Museum of Religious Life and Art, dem ältesten erhaltenen Haus Glasgows sowie der beeindruckenden Nekropole bietet der Bezirk mehrere wichtige Sehenswürdigkeiten.

Glasgow Cathedral

Mehr als 500 Jahre waren nach dem Tod des hl. Mungo vergangen, als David I. 1136 im Rahmen seines ehrgeizigen Kirchenbauprogramms eine erste Kathedrale einweihte. Diese fiel einem Feuer zum Opfer, und so nahm Bischof Jocelyn gegen Ende desselben Jahrhunderts einen Neubau in Angriff. Dieser wurde im 13. Jh. erweitert und erhielt zu Beginn des 16. Jhs. mit der gotischen Blacader-Kapelle einen letzten Anbau. Ein Glücksfall war, dass die Kirche die Reformationswirren unbeschadet überstand.

Die Glasgow Cathedral, Castle Street, ☎ 0141-5528198, 🖳 www.glasgowcathedral.org.uk, ist ein imposantes Bauwerk, das wegen der Hanglage eine ungewöhnliche Struktur aufweist. Wenn man das Kirchenschiff im Westteil betritt, fällt der Blick zunächst auf den reich verzierten Lettner zwischen Schiff und Chor. Dahinter teilt sich die Kirche in eine Unter- und Oberkirche auf. Während unten das Grabmal von Mungo vermutet wird und die dicht gedrängten Pfeiler den Eindruck einer Krypta erwecken, ist oben die wunderbare Gotik des Chors zu bewundern. Eine Seltenheit ist, dass sich das Kapitelhaus über zwei Stockwerke erstreckt. Das erwies sich zusammen mit dem Erhalt des Lettners nach der Reformation als sehr praktisch, weil zeitweise drei Gemeinden gleichzeitig in der Kathedrale aktiv waren. Übrigens handelt es sich um keine echte Kathedrale mehr, weil es in der presbyterianischen Church of Scotland keine Bischöfe gibt.

Ein Kleinod ist die ganz in Weiß gehaltene Blacader-Kapelle, die quasi als südliches Querschiff angebaut wurde. Zahlreiche bunte Schlusssteine zieren das gotische Gewölbe. ⏲ April–Sep Mo–Sa 9.30–17.30, So 13–17.30, Okt–März Mo–Sa 9.30–16.30, So 13–16.30 Uhr, Eintritt frei.

St Mungo Museum of Religious Life and Art

1993 öffnete ein wegweisendes interkonfessionelles Museum am Zugang zur Kathedrale und zur Nekropole seine Pforten: Das St Mungo Museum of Religious Life and Art, 2 Castle Street, ☎ 0141-2761629, 🖥 www.glasgowmuseums.com, wirft einen Blick weit über die Grenzen der protestantischen Church of Scotland hinaus. Hier werden neben dem Christentum auch Judentum, Buddhismus, Islam, Hinduismus und der Glaube der Sikhs vorgestellt. Dazu gibt es thematische Blöcke, in denen Riten und Bräuche miteinander verglichen werden, aber auch kontroverse politische Themen wie der Nordirlandkonflikt, der Vietnamkrieg oder die Abrüstungskampagne der britischen Friedensbewegung CND angesprochen werden.

Vom zweiten Stock können Besucher einen schönen Blick auf die Kathedrale und die Grabmäler der Nekropole werfen, während unten ein kleiner Zen-Garten angelegt wurde. Das Museumscafé ist die beste Adresse im Kathe-

€ Glasgow (fast) umsonst

Kunstliebhaber können sich freuen: In Glasgow sind die städtischen Museen kostenlos zu besichtigen. Dazu zählen auch die Highlights wie das **Kelvingrove Art Gallery & Museum** und die **Burrell Collection**, zwei der bedeutendsten Museen landesweit. Umsonst sind zudem der Besuch der **Kathedrale**, der **Nekropole** sowie die Führungen durch das **Rathaus** von Glasgow. Und wer Erholung von so viel Kultur braucht, kann sich in den wunderbaren **Parks** der Stadt oder im **Botanischen Garten** entspannen.

Da die Sehenswürdigkeiten der Stadt recht weit auseinander liegen, ist eine Besichtigung zu Fuß nur mit langen Wegen möglich. Nicht umsonst, aber sehr günstig, ist ein Tagesticket mit der U-Bahn: Für 3,50 £ bietet das **Discovery Ticket** auf der Kreislinie schnellen und bequemen Zugang zu zahlreichen wichtigen Sehenswürdigkeiten. Mit einem **Roundabout Ticket** für 5,25 £ kann man zudem auch alle Vorortzüge von SPT nutzen. Das Tagesticket für die **Stadtbusse** von First gibt es ab 3,75 £.

dralenbezirk für Kaffee und Kuchen sowie einige deftige Kleinigkeiten. ⏲ Di–Do, Sa 10–17, Fr, So 11–17 Uhr, Eintritt frei.

Provand's Lordship

Gegenüber auf der anderen Straßenseite steht Glasgows ältestes Wohngebäude. Das spätmittelalterliche Provand's Lordship, 3 Castle Street, ☎ 0141-5524744, 🖥 www.glasgowmuseums.com, geht auf die zweite Hälfte des 15. Jhs. zurück und wurde von Bischof Muirhead als Armenhaus errichtet. Über die Jahrhunderte änderte sich die Funktion des Gebäudes mehrfach, mal war hier ein Pub, später ein Süßwarenladen untergebracht. Lange vermutete man auch, dass Maria Stuart Provand's Lordship aufgesucht habe, doch das hat sich inzwischen als Mythos herausgestellt.

Die Ausstellungen in dem historischen Gemäuer spiegeln die abwechslungsreiche Geschichte von Provand's Lordship wider. Da knarren die Dielen, an den Türen muss man den Kopf besser einziehen, und das Alter des Hau-

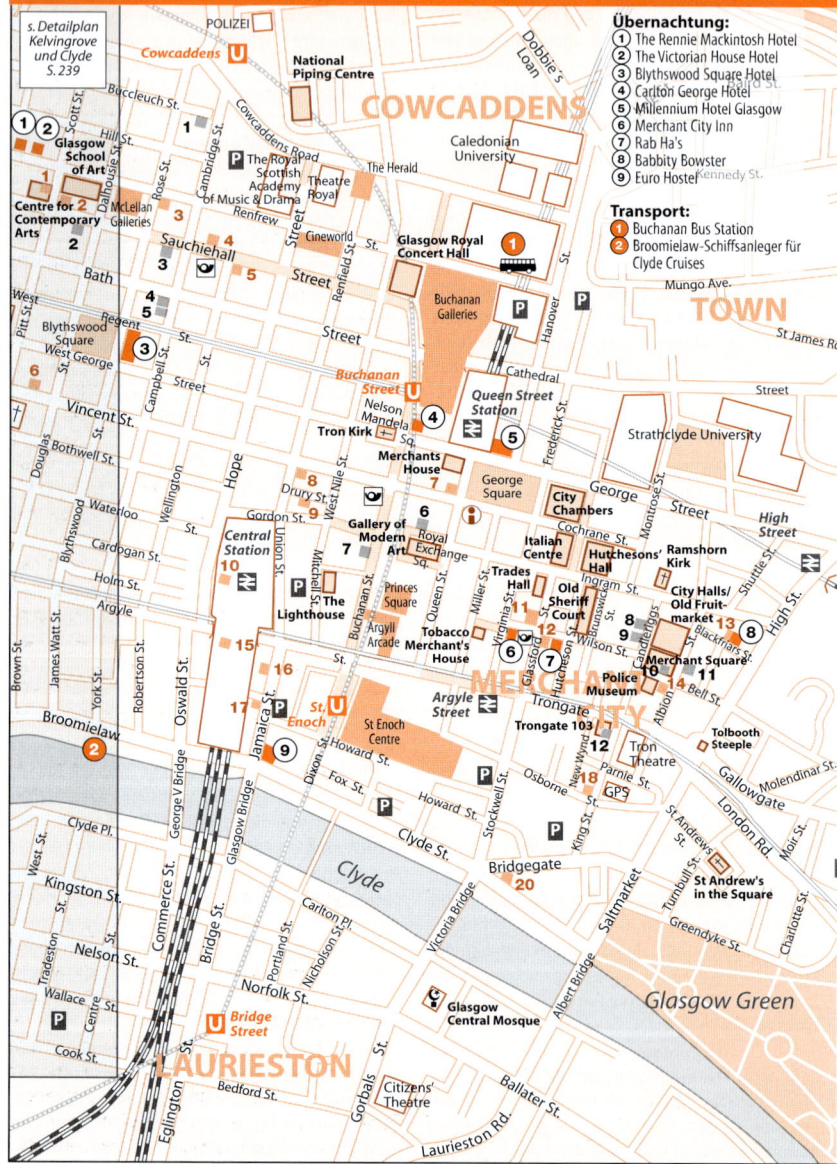

s. Detailplan
Kelvingrove
und Clyde
S. 239

POLIZEI

Cowcaddens U

National
Piping Centre

COWCADDENS

Buccleuch St.

Scott St.
Hill St.

Glasgow
School
of Art

Rose St.
Dalhousie

Cambridge St.

Cowcaddens Road

Caledonian
University

The Herald

Scottish
Academy
of Music & Drama

Theatre
Royal

Cineworld St.

Renfrew
Street

Renfield Street

Hope Street

Centre for
Contemporary
Arts

McLellan
Galleries

Sauchiehall

Bath

West

Street

Street

Glasgow Royal
Concert Hall

Buchanan
Galleries

Hanover

Cathedral

TOWN

Mungo Ave.
St James Rd.

Pitt St.

Blythswood
Square

West George

Regent St.

Campbell St.
Street

Street

*Buchanan
Street* U

Nelson
Mandela
Sq.

Queen Street
Station

Frederick St.

Strathclyde University

Street

Vincent St.

Bothwell St.

Tron Kirk

Merchants
House

George
Square

George Street

High
Street

Douglas

Blythswood St.

Waterloo

Wellington

Hope

Drury St.

West Nile St.

Gallery of
Modern
Art

Royal
Exchange

City
Chambers

Cochrane St.

Ramshorn
Kirk

Montrose St.

Shuttle St.

Cardogan St.

St.

Gordon St.

Central
Station

Union St.

Mitchell St.

The
Lighthouse

Princes
Square

Buchanan St.

Queen St.

Miller St.

Italian
Centre

Trades
Hall

Hutchesons'
Hall

Ingram St.

Old
Sheriff
Court

Virginia St.

City Halls/
Old Fruit-
market

High St.

Holm St.

Argyle

Tobacco
Merchant's
House

Argyll
Arcade

Brunswick St.

Glassford St.

Wilson St.

Merchant Square

Hutcheson St.

Blackfriars St.

Candleriggs

Bell St.

Albion St.

Brown St.

James Watt St.

York St.

Robertson St.

Oswald St.

Broomielaw

Jamaica St.

*St.
Enoch* U

St Enoch
Centre

Dixon St.

Howard St.

Argyle
Street

Police
Museum

Trongate

Trongate 103

MERCHANT CITY

Tron
Theatre

Gallowgate

Molendinar St.

Tolbooth
Steeple

Fox St.

Howard St.

Stockwell St.

Osborne

Parnie St.
GPS

King St.

New Wynd

London Rd.

Moir St.

Clyde Pl.

Glasgow Bridge

George V Bridge

Clyde St.

Clyde

Bridgegate

Victoria Bridge

Saltmarket

St Andrews St.

St Andrew's
in the Square

Greendyke St.

Turnbull St.

Charlotte St.

West St.

Kingston St.

Commerce St.

Bridge St.

Carlton Pl.

Portland St.

Nicholson St.

Nelson St.

Norfolk St.

Wallace St.

Centre St.

Cook St.

*Bridge
Street* U

LAURIESTON

Eglinton St.

Gorbals St.

Bedford St.

Citizens'
Theatre

Glasgow
Central Mosque

Albert Bridge

Glasgow Green

Ballater St.

Laurieston Rd.

Dobbie's
Loan

Kennedy St.

Übernachtung:
1. The Rennie Mackintosh Hotel
2. The Victorian House Hotel
3. Blythswood Square Hotel
4. Carlton George Hotel
5. Millennium Hotel Glasgow
6. Merchant City Inn
7. Rab Ha's
8. Babbity Bowster
9. Euro Hostel

Transport:
1. Buchanan Bus Station
2. Broomielaw-Schiffsanleger für
   Clyde Cruises

Glasgow und Umgebung

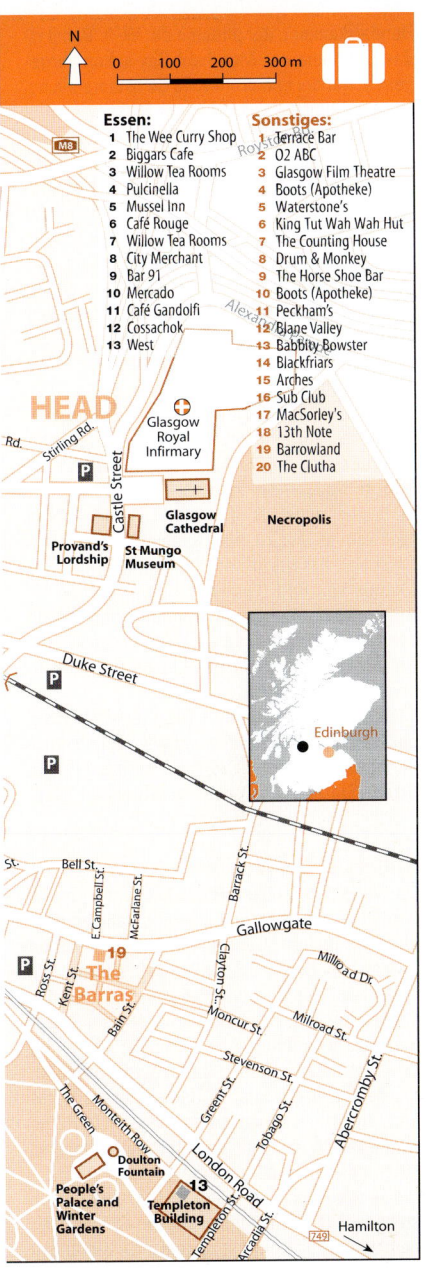

Essen:
1 The Wee Curry Shop
2 Biggars Cafe
3 Willow Tea Rooms
4 Pulcinella
5 Mussel Inn
6 Café Rouge
7 Willow Tea Rooms
8 City Merchant
9 Bar 91
10 Mercado
11 Café Gandolfi
12 Cossachok
13 West

Sonstiges:
1 Terrace Bar
2 O2 ABC
3 Glasgow Film Theatre
4 Boots (Apotheke)
5 Waterstone's
6 King Tut Wah Wah Hut
7 The Counting House
8 Drum & Monkey
9 The Horse Shoe Bar
10 Boots (Apotheke)
11 Peckham's
12 Blane Valley
13 Babbity Bowster
14 Blackfriars
15 Arches
16 Sub Club
17 MacSorley's
18 13th Note
19 Barrowland
20 The Clutha

ses ist in jedem Winkel zu spüren – der Besuch lohnt sich. ⏰ Di–Do, Sa 10–17, Fr, So 11–17 Uhr, Eintritt frei.

Glasgow Necropolis

Glasgows Stadt der Toten ragt von der Kathedrale aus jenseits eines kleinen Taleinschnitts wie eine düstere und theaterreife Kulisse empor. Prächtige Grabmäler und Obelisken bestimmen die Skyline des Friedhofs auf dem **Fir Park Hill**. Seit 1825 schaut der Reformator John Knox vom höchsten Punkt des „großen grauen Felsens" auf den „geliebten grünen Ort" hinab und hält dabei die Bibel beschwörend in seinen Händen, auf dass niemand seinen reformatorischen Eifer vergesse.

Wenige Jahre später entstand die Idee, nach dem Vorbild des Pariser Friedhofs Père Lachaise eine Nekropole anzulegen, um die Beerdigungen in Glasgow in geordnete Bahnen zu lenken. Außerdem wollte das Großbürgertum sich über den Tod hinaus der Nachwelt angemessen präsentieren. Dementsprechend ist vor allem der östliche Teil des Friedhofs ganz darauf ausgelegt, die Besucher zu beeindrucken.

Über die „Brücke der Seufzer", die laut eines zeitgenössischen Kommentars „die Zeit von der Ewigkeit" trennt, geht es hinüber in die Totenstadt. Leider sind über die Jahrzehnte viele Grabmäler arg verfallen, manche Grabsteine umgekippt. Längere Zeit war die Nekropole sogar für Besucher geschlossen. Doch inzwischen kann man sich auf einem Rundgang wieder selbst ein Bild machen und zusammen mit John Knox hinabschauen auf die endlose Stadtlandschaft. ⏰ tgl. ca. 7 Uhr bis Sonnenuntergang.

George Square und Merchant City

Als Merchant City wird das historische Geschäfts- und Kaufmannsviertel zwischen dem alten Stadtzentrum an der High Street im Osten, dem Royal Exchange Square und George Square im Westen sowie dem Clyde im Süden und der Strathclyde University im Norden verstanden. Genau wie am Clyde läuft hier seit einigen Jahren ein ehrgeiziges städtebauliches Regenerationsprojekt, um dem alten Herzstück der Handelsmetropole neues Leben einzuhauchen.

Erste Erfolge sind unverkennbar: In alten Lagerhäusern sind Kulturzentren entstanden, Restaurants und Pubs locken auch abends Publikum ins Viertel, und die architektonischen Perlen der Merchant City werden renoviert.

Der Stadtteil entstand ab der zweiten Hälfte des 18. Jhs. als ambitionierte Stadterweiterung, raus aus der Enge der mittelalterlichen Siedlung. Die Straßenzüge sind quadratisch angelegt, und die Grundstruktur blieb bis heute erhalten. Allerdings wurden viele der ursprünglichen Gebäude im späten 19. und frühen 20. Jh. durch repräsentativere Bauten ersetzt, die im typisch roten Sandstein der Glasgower Gründerzeit ausgeführt wurden. Den städtebaulichen Höhepunkt und zugleich Abschluss bildete das 1888 eingeweihte Rathaus am George Square.

George Square und City Chambers

Das Rathaus, die **City Chambers**, ☎ 0141-2873961, 🖥 www.glasgow.gov.uk, beherrscht die Ostflanke des zentralen George Square in der Innenstadt von Glasgow. Als die Stadtväter 1883 an den Bau eines neuen Rathauses gingen, befand sich Glasgow auf dem Höhepunkt seiner wirtschaftlichen Entwicklung. In nur fünf Jahren wurden die City Chambers errichtet. Zwei massive Türme an den Flanken geben dem Bau zum Platz hin fast einen sakralen Charakter. Der Marmor für die beiden herrschaftlichen Treppenaufgänge stammt aus Italien, und mit dem Bankettsaal entstand ein palastartiger Präsentiersalon. Drei große Wandgemälde feiern hier Stadtgründer St Mungo, aber auch den Schiffsbau. Gefertigt wurden die Gemälde u. a. von George Henry, einem der führenden Vertreter der Glasgow Boys (s. S. 97).

Das Rathaus lässt sich nur im Rahmen einer rund 50-minütigen Führung besichtigen. Diese schließt auch den Sitzungssaal des Stadtparlaments mit ein. Der Stuhl des Lord Provost, die schottische Bezeichnung für Oberbürgermeister, ist ein Geschenk von Queen Victoria zur Einweihung des Rathauses 1888. ⏱ Führungen Mo–Fr 10.30 und 14.30 Uhr (Treffpunkt im Foyer, Anmeldung nicht erforderlich), Eintritt frei.

Gegenüber dem Rathaus befindet sich das **Merchants House**, Sitz der 1783 gegründeten Handelskammer, der ältesten der Welt. Damit ist das Leitthema der Merchant City schon vorgegeben: Handel und prunkvolle Selbstdarstellung. Für das Selbstbewusstsein der Glasgower Elite des 19. Jhs. gab es schlicht keine Grenze. Nur das Beste war gut genug.

Der **George Square** ist mit zahlreichen Statuen geschmückt worden. Wer auf der zentralen Säule jedoch einen der königlichen Georgs erwartet, wird erstaunt feststellen, dass dort oben dem Schriftsteller Sir Walter Scott gehuldigt wird. Auch Robert Burns und James Watt sind im weiten Rund verteilt. Immerhin: auf der Westseite sind Queen Victoria und ihr Mann Albert zu Pferde.

Wenn es in Glasgow Open-Air-Events gibt, das neue Jahr eingeläutet werden soll oder eine große Demonstration ansteht, dann ist der George Square der zentrale Anlaufpunkt. Der Platz dient quasi als öffentliches Forum. Anfang 1919 kam es hier zu einer offenen Konfrontation zwischen Arbeitern und Staatsmacht, die den Mythos von Red Clydeside untermauerte. Als Antwort auf eine große Arbeiterdemonstration schickte die Regierung Panzer und Truppen nach Glasgow, ein unrühmliches Kapitel der britisch-schottischen Beziehungen.

Erst auf den zweiten Blick erkennt man, dass der Platz auch ein wichtiger Verkehrsknotenpunkt ist, denn der zentrale Bahnhof **Queen Street Station** liegt etwas versteckt im nordwestlichen Winkel des George Square.

Gallery of Modern Art

Der verkehrsberuhigte Royal Exchange Square wird in seiner Mitte von einem auffälligen neoklassizistischen Gebäude mit griechischen Säulen dominiert. Die Gallery of Modern Art, ☎ 0141-2873005, 🖥 www.glasgowmuseums.com, liegt genau in der Sichtachse der Ingram Street. Einst als westlicher Abschluss der Merchant City von einem reichen Tabakbaron errichtet, wurde der repräsentative Bau später als Börse und Bibliothek genutzt und umgebaut. Heute ist die GoMA, wie sich das städtische Museum kurz und bündig nennt, eine wichtige Adresse für zeitgenössische Kunst in Glasgow. Dabei stehen die modernen Installationen oftmals in einem deutlichen Kontrast zu dem antik wirkenden

Beim Bau des prächtigen Rathauses spielte Geld keine Rolle.

Flohmarktfreunde dürfen einen Besuch im **Barras**, 244 Gallowgate, nicht verpassen. An Samstagen und Sonntagen künden der endlose Strom von Leuten und die kleinen Geschäfte schon ab dem Glasgow Cross davon, dass Schottlands größter Secondhand-Straßen- und Hallenmarkt gleich um die Ecke liegt. Genau genommen handelt es sich fast um ein eigenes kleines Viertel zwischen Gallowgate, Ross Street, London Road und Bain Street.

Das Marktgelände wirkt von außen ziemlich heruntergekommen, und die gesamte Gegend im East End hat schon bessere Tage erlebt. Aber „drinnen" ist der Barras ein verwinkeltes Secondhand-Paradies, wo sich alles erstehen lässt. Hier tauschen Trödel, Krimskrams, CDs, Bücher und Antiquitäten für wenig Geld die

Besitzer. Gegründet wurde der berühmte Markt bereits 1921 von Maggie McIver, vor Ort besser bekannt als „Barras Queen".

Herzstück des Geländes ist der legendäre Tanz- und Konzertpalast **Barrowland**, ☏ 0141-5524601, 🖥 www.glasgow-barrowland.com. Hier sind bereits David Bowie, Franz Ferdinand und viele Größen des Pop- und Rockgeschäfts aufgetreten, während manch ältere Glaswegians auf den Tanzveranstaltungen im Barrowland Ballroom ihre späteren Ehepartner kennengelernt haben.

Angesichts des rasanten Strukturwandels in der benachbarten Merchant City wirken der Barras und das Barrowland mittlerweile wie eine Zeitkapsel aus längst vergangenen Tagen – ein echtes Unikat. ☉ Sa/So 10–17 Uhr.

Design des Gebäudes. ☉ Di–Do, Sa 10–17, Fr, So 11–17 Uhr, Eintritt frei.

Rundum laden Cafés zu einer entspannten Pause auf diesem schönen Platz ein. Auf der Westseite geht es unter den Portalen zur Fußgängerzone Buchanan Street (s. S. 237).

Rund um die Ingram Street

Über die Ingram Street gelangt man von der GoMA ins Herz der Merchant City. Ein erster Abstecher führt rechts in die Miller Street zu einem der ältesten Häuser des Viertels. Im sogenannten **Tobacco Merchant's House** von 1775 residiert der Glasgow Building Preservation Trust, 42 Miller Street, 🖥 www.gbpt.org, der sich der Pflege der historischen Bausubstanz verschrieben hat. Durch die Renovierung konnte wenigstens das Äußere als letztes erhaltenes Beispiel für den Wohnsitz eines Tabakbarons gerettet werden. Das zweistöckige Gebäude wirkt heute geradezu klein in seinem Umfeld.

Durch den benachbarten Virginia Court gelangt man in die Wilson Street und links in die Glassford Street, wo die 1791 entworfene **Trades Hall**, 85 Glassford Street, ☏ 0141-5522418, 🖥 www.tradeshallglasgow.co.uk, eines der letzten Bauwerke des Stararchitekten Robert Adam ist. Hier trafen sich die Zünfte der Stadt.

Wer werktags an der Tür klingelt, kann in den prachtvoll mit dunklem Holz ausgestatteten Großen Saal im ersten Stock gehen und ein wenig vom Glanz und Einfluss der Zünfte spüren. ☉ Mo–Fr 10–16, Sa 9–12 Uhr, öffentliche Führung Di 10 Uhr, Eintritt frei.

In der Sichtachse der Trades Hall bietet am anderen Ende der Garth Street der lang gestreckte ehemalige **Old Sheriff Court** heute dem Scottish Youth Theatre eine feste Bleibe. Das ganze Viertel ist verkehrsberuhigt und verfügt über einige einladende Pubs.

Zurück an der Ingram Street fällt zur Linken die **Hutchesons' Hall**, 158 Ingram Street, ins Auge. Sie ist ein Relikt aus dem frühen 19. Jh. David Hamilton errichtete das markante Gebäude 1802–5 als Nachfolger für ein Armenhospiz aus dem 17. Jh.

Ein weiteres Relikt aus dem frühen 19. Jh. ist in der Ingram Street die **Ramshorn Kirk**.

Rund um die City Halls und den Merchant Square

Südlich der Ramshorn Kirk und der Ingram Street beginnt das alte Marktviertel. Ein Teil der alten Hallen wurde renoviert und wird für Unterhaltungszwecke genutzt. Der ehemalige Obstmarkt ist als Old Fruitmarket Teil des Veranstaltungszentrums **City Halls** (s. S. 259). Die Gasse der Kerzenmacher, Candleriggs, führt an zahlreichen Restaurants und Pubs vorbei zum **Merchant Square**, einem weiteren Teil des Markthallenkomplexes, der ganz der Gastronomie übergeben wurde.

Im Häuserblock gegenüber liegt im ersten Stock das **Glasgow Police Museum**, 30 Bell Street, ✆ 0141-5521818, 🖥 www.policemuseum. org.uk, das die Geschichte der städtischen Polizei seit ihrer Gründung 1779 nachzeichnet. 🕐 April–Okt Mo–Sa 10–16.30, So 12–16.30, Nov–März Di 10–16.30, So 12–16.30 Uhr, Eintritt frei.

Ein besonders gutes Beispiel für den Baustil der vorletzten Jahrhundertwende bietet die Kreuzung Bell Street/Albion Street. Wer den Blick von den Cafés, Restaurants und Pubs nach oben wendet, kann sich an der markanten Gründerzeit-Architektur erfreuen, deren Markenzeichen in Glasgow der rote Sandstein ist.

Ein letztes Relikt aus der Anfangsphase der Merchant City ist das 1792 errichtete **Babbity Bowster** in der Blackfriars Street, s. S. 256.

Trongate

Das Trongate war im Mittelalter die westliche Ausfallstraße von Glasgow, die an der heutigen West Port endete. Am Trongate liegen Verfall und Wiederbelebung noch eng beieinander. Ein sehr gelungenes Beispiel für zukunftsweisende Projekte ist das moderne **Trongate 103**, 🖥 www. trongate103.com, mit einem russischen Kulturzentrum und Café sowie dem exotischen kinetischen Figurentheater Sharmanka (s. Kasten unten). Ursprünglich war das Trongate 103 ein Lagerhaus, das nun zu einem Flaggschiff für die Erneuerung der Gegend wurde.

Einige Schritte weiter bringt das **Tron Theatre** (s. S. 259) ebenfalls kulturelle Leckerbissen in das Viertel. Von der einstigen **Tron Kirk** ist der markante Kirchturm von 1631 erhalten geblieben. Auf der Rückseite befinden sich in der Chisholm Street und Parnie Street noch viele kleine Geschäfte, die dem Modernisierungstrend ein wenig widerstanden haben.

Die Gasse endet am **Glasgow Cross**, wo eine Nachbildung des alten Mercat Cross steht. Zur Linken ist quasi als Verkehrsinsel am Beginn der High Street der schlanke Turm des ehemaligen **Tolbooth** erhalten. Die High Street führt hinauf zur Kathedrale. Zur Rechten ist der Saltmarket wie einst noch immer eine äußerst belebte Straße.

Vom Saltmarket führt die St Andrews Street sofort links zur alten Kirche der Tabakbarone. **St Andrew's in the Square**, 🖥 www.standrews inthesquare.com, ist ein verstecktes klassizistisches Juwel der Merchant City und entstand in der Mitte des 18. Jhs. nach dem Vorbild von

---

Sharmanka: Kinetisches Figurentheater aus Russland

Glasgows ungewöhnlichste Attraktion befindet sich im ersten Stock des Kulturzentrums Trongate 103 (s. o.). Der nach Schottland ausgewanderte russische Künstler Eduard Bersudsky hat mit Sharmanka, ✆ 0141-5527080, 🖥 www. sharmanka.com, ein kinetisches Figurentheater geschaffen, das augenblicklich verzaubert: Aus Metall entstanden filigrane Fantasiekonstruktionen, die voller kleiner Figuren sind und ganze Geschichten erzählen. So heißt einer der Apparate „Titanic", ein anderer „Kreuzfahrer" und ein dritter „La Strada" – eine Hommage an den Regisseur Federico Fellini.

Und das Besondere: Nahezu alles an diesen Skulpturen ist beweglich. Während der von seiner Frau Tatyana Jakovskaya einfühlsam inszenierten Vorführungen rattern, quietschen und drehen sich die Figürchen. Dazu werden sie in ein buntes Licht getaucht und die Vorführung wird mit Musik untermalt. Nicht zu Unrecht bedeutet Sharmanka im Russischen so viel wie Drehorgel oder Leierkasten.

Bersudskys erste Werke, die noch in St. Petersburg entstanden, werden zweimal wöchentlich im Rahmen der einstündigen Vorführungen präsentiert. Der russische Künstler hat eine ganz eigene Welt geschaffen, die Kinder wie Erwachsene fasziniert – unbedingt lohnend! 🕐 Galerie Mi–So 13–15 Uhr, Eintritt frei. Kurze Vorführungen (35 Min.) Mi–Fr 15, Sa–So 13, 15 Uhr, Eintritt 5 £, erm. 3 £. Lange Vorführungen (1 Std.) Do, So 19 Uhr, Eintritt 8 £, erm. 5 £.

St Martin-in-the-Fields in London. Seit einer umfassenden Sanierung durch den Glasgow Building Preservation Trust wird die elegante Kirche gerne für Hochzeiten, Konzerte und Veranstaltungen genutzt.

Rund um Glasgow Green

Im Osten der Merchant City schließt sich zum Ufer des Clyde hin Glasgows ältester Stadtpark an. Genau genommen handelt es sich beim Glasgow Green eher um eine große Rasenfläche. Schon 1450 vermachte James II. das Gelände Bischof William Turnbull, der Glasgow Green wiederum den Bürgern der Stadt schenkte.

1745 ließ der Stuart-Prinz Charles Edward auf dem Feld seine Truppen aufmarschieren, um die Stadtväter zur Aufgabe und zur Entrichtung einer Kriegssteuer zu bewegen. Zwei Dutzend Jahre später soll James Watt hier bei einem Spaziergang die Idee zu seiner bahnbrechenden Dampfmaschine gehabt haben. Seitdem sieht man gelegentlich ambitionierte Ingenieursstudenten tief versunken durch den Park spazieren.

Am westlichen Zugang geht es durch einen Triumphbogen zum Nelson-Obelisk, während auf der Ostseite die exotische ehemalige Teppichfabrik **Templeton** an den Dogen-Palast in Venedig erinnern soll. Seit 2006 ist hier die Brauerei West eingezogen, die auch ein Restaurant und einen Biergarten bietet, s. S. 253.

Die Hauptattraktion des Glasgow Green ist der **People's Palace and Winter Gardens**, ✆ 0141-2760788, 🖥 www.glasgowmuseums.com. Im Zeitalter von Glanz und Gloria wollten die Industriefürsten auch das Los der Arbeiterklasse bessern. So wie Andrew Carnegie in ganz Schottland Büchereien errichten ließ, war der „Volkspalast" mit dem angebauten Wintergarten als Museum, öffentliche Bücherei und Lesesaal für die Bewohner des East End gedacht. Das Museum widmet sich sehr facettenreich unterschiedlichen Aspekten des Stadtlebens vor allem im 19. und 20. Jh. Themen wie die schwierige Wohnungssituation, die Arbeiterbewegung und Streiks bringen das Leben der einfachen Menschen näher, während im Wintergarten unter Palmen ein Café zur stimmungsvollen Pause einlädt. Allerdings heizt sich das Treibhaus im Sommer ganz schön auf. ⏱ Mo–Do, Sa 10–17, Fr/So 11–17 Uhr, Eintritt frei.

Direkt vor dem Museum fand 2004 der renovierte Prachtbrunnen **Doulton Fountain** eine

Vergnügen für das Volk: Wintergarten und People's Palace

Glasgow und Umgebung

neue Heimat. Der reich verzierte Brunnen wurde 1888 von Arthur E. Pearce für die Internationale Ausstellung in Glasgow entworfen und hat eine sehr imperiale Ausrichtung: Oben thront Queen Victoria, darunter stellen vier Figuren die damaligen Kolonien Australien, Indien, Kanada und Südafrika dar.

Stadtzentrum und westliche Innenstadt

Die Fußgängerzone und Shoppingmeile Buchanan Street zieht sich wie ein langes Band von Süden nach Norden durch die Innenstadt. Am Nordende biegt die Sauchiehall Street zunächst ebenfalls als Fußgängerzone nach Westen ab und schafft im weiteren Verlauf die Verbindung ins West End zum Kelvingrove Park und Museum. In einigen Straßenzügen kann man noch die Pracht der imperialen Gründerzeit nachempfinden, in anderen Gassen herrscht hingegen die Tristesse der 1960er- und 1970er-Jahre.

Argyle Street und Central Station

Die **Argyle Street** beginnt auf der Höhe der Glassford Street und ist die westliche Fortsetzung des Trongate (s. S. 235). Als nahezu schnurgerade Straße führt sie hinaus nach Westen zum Kelvingrove Museum. Auf den ersten Metern ist die Argyle Street noch eine Fußgängerzone.

Westlich der Buchanan Street ist schon der Sackbahnhof **Glasgow Central Street** zu erkennen. Im Gegensatz zur Queen Street Station am George Square wurde dieser Bahnhof angelegt, um die Menschen zu beeindrucken und die Bedeutung der Stadt zu unterstreichen. Wer auf den Bahnhofsvorplatz an der Gordon Street tritt, könnte sich glatt 100 Jahre zurückversetzt fühlen. An kaum einem anderen Ort im Zentrum Glasgows ist das historische Gebäudeensemble aus der Gründerzeit so gut erhalten.

The Lighthouse

1999 öffnete das ehemalige Gebäude des *Glasgow Herald* als ambitioniertes Mackintosh-Zentrum The Lighthouse, 11 Mitchell Lane, ✆ 0141-2765365, 🖥 www.thelighthouse.co.uk, seine Pforten, um den berühmten Jugendstil-Architekten zu würdigen. 100 Jahre zuvor hatte Mackintosh hier seine ersten Erfahrungen gesammelt und begonnen, seine Formensprache zu entwickeln. Von seinen späteren Jugendstilentwürfen ist allerdings noch nicht viel zu erkennen.

Das Lighthouse war mit seinem kühnen Design und seiner Fokussierung auf Charles Rennie Mackintosh einer der Eckpfeiler bei der Ernennung Glasgows zur *UK City of Architecture and Design*. Zehn Jahre später ging das Projekt finanziell in die Knie und die Stadt Glasgow musste einspringen. Bei Redaktionsschluss waren nur die Mackintosh-Ausstellung und der Aufstieg in den „Leuchtturm" offen; über die langfristige Nutzung des Gebäudes war noch nicht entschieden. ⏰ Mo–Sa 10.30–17 Uhr, Eintritt frei.

Fußgängerzone Buchanan Street

Zurück in der Buchanan Street, geht es gemütlich die Fußgängerzone hinauf. Vorbei an den **Willow Tea Rooms**, 217 Buchanan Street (s. Kasten S. 254), und am Zugang zum Royal Exchange Square mit der GoMa (s. S. 232) steuert die Shoppingmeile auf den Nelson Mandela Place zu. In der Mitte des kleinen Platzes steht die 1807 errichtete Kirche **St George's Tron**. Die Südseite wird von der ehemaligen Börse bestimmt.

Die Fußgängerzone endet schließlich vor dem Einkaufszentrum **Buchanan Galleries** und der **Glasgow Royal Concert Hall** (s. S. 259). Am Knick der Straße zur Sauchiehall Street erinnert eine Skulptur an den Labour-Politiker Donald Dewar (1937–2000), einen der wichtigsten politischen Architekten des neuen schottischen Parlaments und der erste First Minister des Landes. Der sehr beliebte Dewar war bis zu seinem Tod allerdings nur ein Jahr im Amt.

National Piping Centre

Bis ins 18. Jh. befanden sich die berühmten Piping Colleges an der gälisch geprägten schottischen Westküste, z. B. auf Skye. Heute ist Glasgow ein anerkanntes Zentrum der Dudelsack-Ausbildung geworden. Das National Piping Centre, 30–34 McPhater Street, ✆ 0141-3530220, 🖥 www.thepipingcentre.co.uk, bietet nicht nur Unterricht, sondern führt mit dem hauseigenen

Museum of Piping durch die interessante Geschichte des Dudelsacks. Ausgestellt sind mehrere Instrumente, sogar aus Italien, Spanien und Frankreich. Auch Klangproben werden geboten. Der kleine Schlenker von der Sauchiehall Street die Hope Street hinauf lohnt sich.

Nachgezeichnet wird der lange Weg des Instruments vom Mittelmeer quer durch Europa bis nach Schottland, wo das Musikinstrument im 14. Jh. eintraf. Später hielten sich die Clanführer eigene Piper-Dynastien bei „Hof", und auch bei militärischen Auseinandersetzungen waren Dudelsäcke aufgrund ihrer Lautstärke gefragte Instrumente. So verurteilte die britische Armeeführung nach der Schlacht von Culloden (s. S. 86) zwar „jakobitische" Dudelsackspieler als Aufrührer, dennoch nutzte sie in ihren Regimentern bald selbst Dudelsäcke, und heute gehören *bagpipes* zur schottischen Folklore wie Kilt und Whisky. Zu Hochzeiten und Beerdigungen treten sie auf, bei Highland Games und beim Military Tattoo in Edinburgh – nur im geschlossenen Raum übersteigt die Dezibelzahl schnell das erträgliche Maß. ◷ Mai–Sep tgl. 9.30–16.30, Okt–April Mo–Sa 9.30–16.30 Uhr, Eintritt frei.

Glasgow School of Art

Kaum ein Gebäude hat Glasgows Ruf als führende Architekturstadt so beeinflusst wie die Glasgow School of Art, 167 Renfrew Street, ✆ 0141-3534526, 🖳 www.gsa.ac.uk/tours. Charles Rennie Mackintosh gelang mit dem Bau ein Meisterstück, denn er revolutionierte den Baustil mit seiner Abkehr vom viktorianischen Prachtbau und schuf gleichzeitig ein hoch funktionales Gebäude für die Kunsthochschule, das auch nach 100 Jahren seinem Ursprungszweck vollkommen gerecht wird. Über die Jahre hat sich die Glasgow School of Art deshalb zu einer der wichtigsten Touristenattraktionen der Stadt entwickelt.

Mackintosh hatte als Lehrling bereits Abendklassen in der Kunsthochschule besucht. 1896 wurde er dann mit dem Neubau beauftragt, der ihn in zwei Phasen 13 Jahre lang beschäftigen sollte und die schöpferischste Periode seines Berufslebens umfasst. Er stellte sich das Gebäude aus der Sicht ihrer Nutzer vor und schuf so

helle, lichtdurchflutete Werkräume, Sitzecken für kreative Pausen und wahre Kunstwerke, wie die elegante Bibliothek. Dazu kamen Ateliers für die Professoren, das Zimmer des Direktors direkt über dem Eingang und natürlich, wo immer möglich und gewünscht, sogar das Mobiliar. Für Generationen von Kunststudenten brachte die Schule Inspiration – wahrscheinlich das größte Geschenk, das Mackintosh seinen Auftraggebern machen konnte.

Dabei kam sein Humor nicht zu kurz. Vor dem Direktorenzimmer im 1. Stock ist eine Art Wachhüttchen angebracht, wo Studierende auf ihre Noten warten mussten. Sehr funktional wiederum sein Durchlass in der Decke für übergroße Kunstwerke. Gefürchtet ist bei Studierenden heute der Treppenaufgang in die lichtdurchflutete öffentliche Galerie im ersten Stock. Dort müssen die hoffnungsvollen Examenskandidaten am Ende des 4. Jahrgangs der Bekanntgabe ihrer Noten harren. Die informative, rund einstündige Führung endet in einer Ausstellung von Mackintosh-Mobiliar.

Tipp: Wer nur einen kurzen (und kostenlosen) Blick in den zentralen Gebäudeblock werfen will, sollte die Mackintosh Gallery vor dem Direktorenzimmer im 1. Stock aufsuchen. ◷ Besucherzentrum im Nebeneingang, 11 Dalhousie Street, April–Sep tgl. 9.30–18.30, Okt–März tgl. 10–17 Uhr, Führungen April–Sep stdl. zur vollen Stunde, Okt–März 11 und 15 Uhr, Eintritt 8,75 £, erm. 7 £. Mackintosh Gallery, Haupteingang Renfrew Street, 1. OG, Mo–Fr 10–16.30, Sa 10–14 Uhr, Eintritt frei.

Centre for Contemporary Arts

Das Centre for Contemporary Arts, 350 Sauchiehall Street, ✆ 0141-3524900, 🖳 www.cca-glasgow.com, ist eine hervorragende Adresse für zeitgenössische Kunst, die in mehreren Sälen ausgestellt wird. Dazu kommen ein anspruchsvolles Programmkino, Konzerte und Performances sowie ein Café und die Terrace Bar mit Ausblick auf die Glasgow School of Arts. In dem ansonsten eher grell aufgemachten Teil der Sauchiehall Street ein niveauvolles Angebot. ◷ Ausstellungen Di–Sa 11–18 Uhr, Café Di–Do 10–19, Fr–Sa 10–21 Uhr, Terrace Bar Di–Mi 12–23, Do 12–24, Fr–Sa 12–1 Uhr.

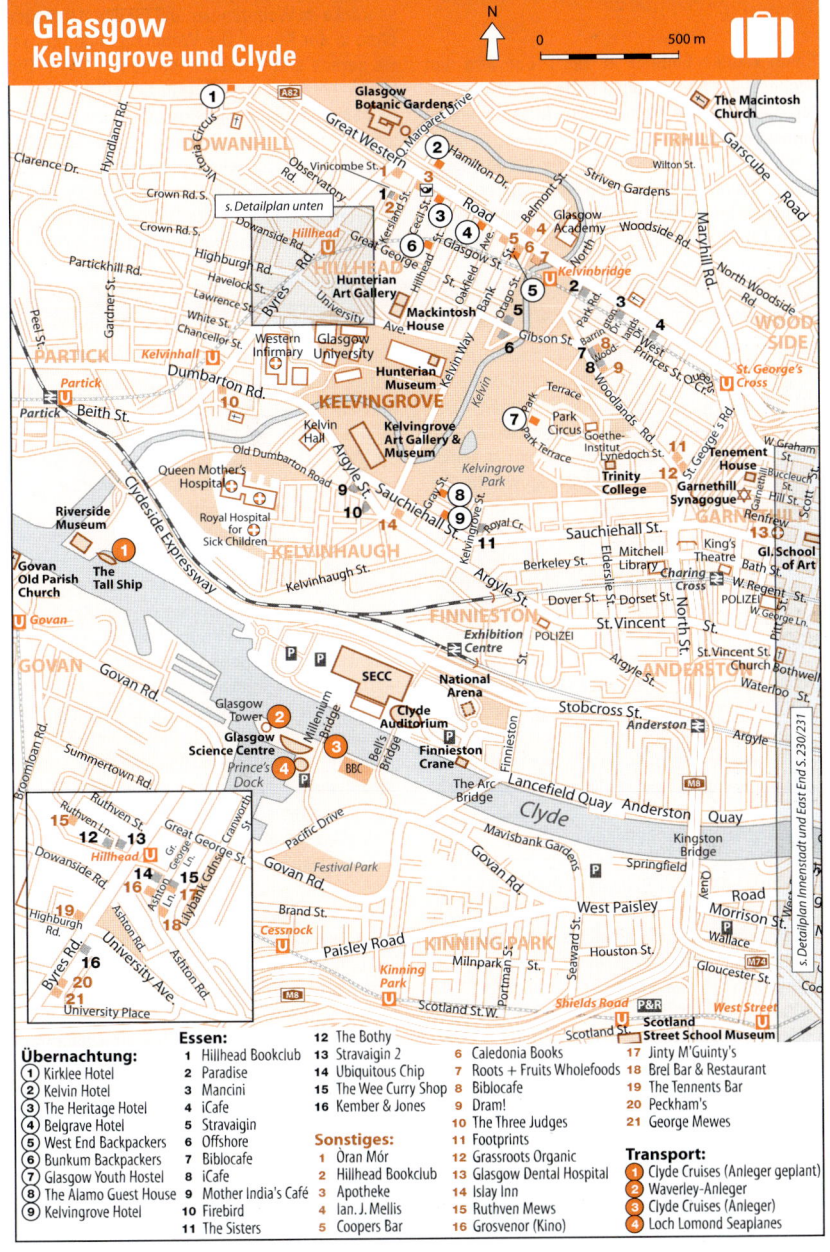

Glasgow
Kelvingrove und Clyde

N

0 ———— 500 m

Übernachtung:
1. Kirklee Hotel
2. Kelvin Hotel
3. The Heritage Hotel
4. Belgrave Hotel
5. West End Backpackers
6. Bunkum Backpackers
7. Glasgow Youth Hostel
8. The Alamo Guest House
9. Kelvingrove Hotel

Essen:
1. Hillhead Bookclub
2. Paradise
3. Mancini
4. iCafe
5. Stravaigin
6. Offshore
7. Biblocafe
8. iCafe
9. Mother India's Café
10. Firebird
11. The Sisters
12. The Bothy
13. Stravaigin 2
14. Ubiquitous Chip
15. The Wee Curry Shop
16. Kember & Jones

Sonstiges:
1. Òran Mór
2. Hillhead Bookclub
3. Apotheke
4. Ian. J. Mellis
5. Coopers Bar
6. Caledonia Books
7. Roots + Fruits Wholefoods
8. Biblocafe
9. Dram!
10. The Three Judges
11. Footprints
12. Grassroots Organic
13. Glasgow Dental Hospital
14. Islay Inn
15. Ruthven Mews
16. Grosvenor (Kino)
17. Jinty M'Guinty's
18. Brel Bar & Restaurant
19. The Tennents Bar
20. Peckham's
21. George Mewes

Transport:
1. Clyde Cruises (Anleger geplant)
2. Waverley-Anleger
3. Clyde Cruises (Anleger)
4. Loch Lomond Seaplanes

Tenement House und Garnethill Synagoge

Einen kleinen Einblick in das Leben und den Wohnstil der Mittelschicht Mitte des 20. Jhs. liefert die ehemalige Wohnung von Miss Toward im **Tenement House**, 145 Buccleuch Street, ℡ 0844-4932197, 🖥 www.nts.org.uk. Die Stenotypistin Agnes Toward war 1911 mit ihrer Mutter, einer Schneiderin, eingezogen und blieb der Wohnung mehr als 50 Jahre treu. Zu sehen sind die Bett-schränke im Wohnzimmer und für das Hausmädchen in der Küche. Die Wohnung wirkt, als sei sie gerade erst verlassen worden. ☼ März–Okt tgl. 13–17 Uhr, Eintritt 6 £, erm. 5 £ (NTS).

In der parallelen Hill Street steht die im romanisch-byzantinischen Stil erbaute **Garnethill Synagogue**, eines der wenigen sichtbaren Zeugnisse jüdischen Lebens in Schottland. Als sie 1879 ihre Tore öffnete, war sie das erste eigens für Juden errichtete Gotteshaus nördlich der Borders.

Jugendstil à la Mackintosh

Die exotisch wirkenden Designs sind unverwechselbar, der Baustil ist revolutionär, die Gebäude und Innendesigns sind auch nach 100 Jahren ein Erlebnis – **Charles Rennie Mackintosh** begründete zusammen mit seiner Frau **Margaret Macdonald** Glasgows Ruf als Architekturstadt.

Immer wieder kopiert werden künstlerische Elemente wie die extrem langen Stuhllehnen, die würfelartigen Kästchen-Felder, die Mackintosh-Rose, die märchenhaften Jugendstil-Gessos, oder das typische mit Strichen und Punkten angereicherte Schriftbild. Mackintosh und seine Frau sahen Gebäude als Gesamtkunstwerk – und gab man ihnen die Chance, dann feilten sie die Inneneinrichtung bis ins Detail aus. Ihre eigene Wohnung ist lückenlos durchgestylt und verrät die Handschrift zweier Perfektionisten (s. S. 244).

Internationale Anerkennung

Mackintosh wird 1868 geboren und besucht schon im Alter von 15 Jahren Abendklassen an der Glasgow School of Art (s. S. 238). 1889 tritt das junge Nachwuchstalent ins Architekturbüro Honeyman & Keppie ein. In den 1890er-Jahren versucht er sich an ersten Bauten, wie z. B. dem Glasgow Herald Building (s. S. 237), das aber noch vergleichsweise herkömmlich wirkt. Den Durchbruch erzielt Mackintosh, als er 1896 den Auftrag erhält, ausgerechnet seine ehemalige Ausbildungsstätte, die Glasgow School of Art neu zu bauen. Er überrascht die Fachwelt und das Publikum mit einem neuartigen, nüchternen und doch verspielten Baustil, der die viktorianischen Vorlagen radikal hinter sich lässt. Das erregt auch im Ausland große Aufmerksamkeit. So werden Mackintosh und Macdonald, die 1900 heiraten, sowie Margarets Schwester Frances und ihr Mann Herbert McNair als „The Four" in Wien, Deutschland und Turin ausgiebig gefeiert. Mackintosh erhält sogar eine Einladung nach Moskau.

Der Künstler gilt als treibende Kraft einer neuen Stilrichtung. Die Vertreter der Sezession und des Jugendstils erkennen in Mackintosh einen ambitionierten Weggefährten. So veröffentlicht der Verleger Alexander Koch 1902 Mackintoshs Entwürfe für ein „Haus eines Kunstfreundes", und Hermann Muthesius lobt die „starke Individualität" von Mackintosh und nennt ihn einen „der kreativen Geister der modernen Bewegung". In einem außergewöhnlichen Akt wurde der Entwurf für das „Haus eines Kunstfreundes" 90 Jahre später in Glasgow im Bellahouston Park tatsächlich als House for an Art Lover umgesetzt (s. S. 247).

Vorreiter der Moderne

In Glasgow bekommt Mackintosh nun zahlreiche Aufträge. Für Kate Cranston gestaltet er die legendären Tea Rooms. Die Willow Tea Rooms, die Buchanan Street Tea Rooms (s. S. 254) und die Ingram Street Tea Rooms waren filigrane Meisterwerke. Für seinen Förderer Walter Blackie schuf Mackintosh das Hill House in Helensburgh (s. S. 268) und am Queen's Cross entwarf er eine Kirche, die heute schlicht Mackintosh Church heißt.

Doch auch bei Mackintosh bewahrheitete sich die alte Weisheit, dass der Prophet im eigenen

West End

Abgetrennt durch die Stadtautobahn M 8 scheint es, als betrete man im West End eine völlig andere Welt. Die Great Western Road ist bis Hillhead von kleinen, bunten Geschäften und relaxten Szene-Cafés geprägt. Der Park Circus in Woodlands überragt als elegantes Wohnviertel den über viele Jahrzehnte harmonisch gewachsenen Kelvingrove Park. Der mächtige Kunstpalast Kelvingrove Art Gallery & Museum steht in Dialog und Wettbewerb mit der beeindruckenden Fassade der Universität. Und wirkt der Campanile im benachbarten Park District nicht wie ein fernes Echo aus der Toskana?

Im West End entdecken Besucher ein völlig anderes Glasgow. Hier läuft die Stadt zur Hochform auf. Hochkarätige Museen, der Botanische Garten, stilvolle Architektur, eine große kulinarische Auswahl und ein studentisch ge-

Lande nicht viel zählt. Seine ausgeprägte Individualität, gekoppelt mit seinen kompromisslosen Kunstvorstellungen, brachte ihn schnell in Konflikt mit potenziellen Auftraggebern. Das wurde beim Bau der Scotland Street School (s. S. 247) deutlich. Die Auftraggeber wollten eine moderne Schule, Mackintosh ein modernes Kunstwerk. Die Folge waren Streitigkeiten und steigende Baukosten.

Als sich die erste Euphorie über die Jugendstil-Revolution legte, versiegten die Aufträge für Mackintosh. Charles und Margaret verließen verbittert Schottland und lebten schließlich in einfachen Verhältnissen in Frankreich, wo sich Mackintosh der Malerei widmete. 1928 starb er in London, seine Frau überlebte ihn nur um wenige Jahre.

Nach seinem Tod

Bis in die 1970er-Jahre war sein Kunsterbe durch Missachtung akut vom Abriss bedroht. Erst 1953 gab es eine erste Ausstellung zu Mackintosh – signifikanterweise in Edinburgh und nicht in seiner Heimatstadt. Noch 1963 wurde sein Wohnhaus im West End abgerissen, 1971 folgten die Tea Rooms in der Ingram Street. Achtlos wurden seine Stühle weggeworfen.

Doch dann setzte eine bemerkenswerte Wende ein: 1973 gründete sich eine Mackintosh Society und man begann, seine Häuser zu renovieren. Im Rahmen der Europäischen Kulturhauptstadt 1990 gab es eine gefeierte Ausstellung. Seither ist die Mackintosh-Euphorie nicht mehr zu bremsen, und auch die Glaswegians haben endlich ihren hauseigenen Gaudí begeistert wiederentdeckt.

Die Stadt Glasgow hat einen **Mackintosh Trail** angelegt, der zu seinen Bauwerken führt, zwei seiner rekonstruierten Tea Rooms haben wieder eröffnet, und das House for an Art Lover wurde 1996 trotz finanzieller Schwierigkeiten fertiggestellt.

Der Rummel mag inzwischen etwas überdreht sein, doch irgendwie passt die Wiederentdeckung von Mackintosh ins Bild: Vor 100 Jahren öffnete er der Stadt zu ihrer Blütezeit architektonisch neue Wege, zeigte eine moderne Kunstrichtung für das 20. Jh. auf. Heute hilft der Künstler als Touristenmagnet Glasgow dabei, sich im Strukturwandel als Stadt neu zu definieren, den Weg ins postindustrielle 21. Jh. zu meistern. So bleiben Mackintosh und Macdonald in gewissem Sinne weiter wegweisend.

Besichtigungen

Alle erwähnten Mackintosh-Gebäude können besichtigt werden. Die Stadt gibt die kostenlose Broschüre *The Mackintosh Guide to Glasgow* heraus, die es im Touristenbüro und bei vielen Sehenswürdigkeiten gibt. Das sehr nützliche Faltblatt hält auch Infos zum öffentlichen Nahverkehr bereit.

Das **Mackintosh Trail Ticket** ist eine Tageskarte, kostet pro Person 16 £ und gewährt freien Eintritt in alle Sehenswürdigkeiten des Mackintosh Trail sowie die kostenlose Nutzung der U-Bahn und der First-Busse. Nur die Vorortbahn nach Helensburgh zum Hill House ist leider nicht inklusive.

Weitere Infos zu Mackintosh und den Sehenswürdigkeiten im Internet: 🖥 www.glasgow mackintosh.com.

prägtes Nachtleben machen das West End zum attraktivsten Stadtviertel in Glasgow. Man sollte deshalb ausreichend Zeit für die Besichtigung mitbringen.

Mitchell Library

In einem imposanten Gebäude auf der Westseite der Autobahn M 8 befindet sich die Stadtbibliothek von Glasgow. Die kürzlich umfassend renovierte und umgestaltete Mitchell Library, North Street, ☎ 0141-2872999, 🖥 www.mitchelllibrary. org, zählt mit 1,2 Mio Büchern zu den größten öffentlichen Bibliotheken Europas. 2011 feierte das palastartige Gebäude sein 100-jähriges Bestehen. Der Bau geht auf ein Vermächtnis des Tabakbarons Stephen Mitchell zurück und zeugt von einer Zeit, als in Glasgow die Industriellen im Geld schwammen. Zu den wertvollsten Schätzen der Bücherei zählen Wiegendrucke aus der Zeit vor 1500. ⏰ Mo–Do 9–20, Fr–Sa 9–17 Uhr.

Park District und Kelvingrove Park

Nordwestlich der Sauchiehall Street geht es ins studentisch geprägte Stadtviertel Woodlands. Hauptarterien sind die belebte Great Western Road im Norden und die etwas ruhigere Woodlands Road. Von hier führt die Lynedoch Street hinauf zum kreisförmig angelegten **Park District**.

In den 1850er-Jahren zog es die reichen Bürger der Stadt in den Westen der Stadt, um dem Smog und Lärm der Industriemetropole zu entkommen. Charles Wilson entwarf in den 1850er-Jahren auf einem Hügel oberhalb des Kelvin ein fast inselförmiges Wohnareal, das sich stark an die New Town in Edinburgh anlehnte. Augenfälligstes Gebäude ist das 1856 errichtete ehemalige Free Church College, später in **Trinity College** umbenannt. Der steil aufragende **Campanile** ist das Wahrzeichen der Siedlung und bestimmt zusammen mit dem Uni-Turm und dem Museumspalast der Kelvingrove Art Gallery die Skyline im West End. Im zentralen **Park Circus** hat das Goethe-Institut eine repräsentative Bleibe gefunden.

Wilsons großes Verdienst ist, dass er für seine betuchten Auftraggeber gleich einen großzügigen Park einplante. Sir Joseph Paxton legte den heutigen **Kelvingrove Park** an, der das Leben im West End deutlich aufwertet und

unbedingt einen Spaziergang wert ist, zumal am anderen Ende zwei bedeutende Museumskomplexe angesiedelt sind.

Kelvingrove Art Gallery & Museum

Was für ein prächtiges städtisches Museum! Die Architekten John Simson und Milner Allen ließen ihrer Fantasie freien Lauf: Spanische Türme, italienischer Palazzo – schon das 1901 eingeweihte Gebäude an sich ist den Besuch wert. Eine beeindruckende zentrale Halle mit je einem Lichthof rechts und links verschafft viel Platz auch für große Exponate. Ein ganzes Flugzeug hängt von der Decke, und der Dino wirkt fast schon klein angesichts der überwältigenden Dimensionen.

Die Themenpalette der Kelvingrove Art Gallery & Museum, Argyle Street, ☎ 0141-2769599, 🖥 www.glasgowmuseums.com, ist enorm breit und von internationalem Format. Da hängen van Gogh, Monet, Cézanne, Gauguin und Renoir im Dialog mit Tizian und Rembrandt. Da werden die Glasgow Boys genauso gewürdigt wie Charles Rennie Mackintosh und seine Frau Margaret Macdonald. Mackintoshs Chinese Room aus dem abgerissenen Teehaus in der Ingram Street hat man hier in Teilen wieder aufgebaut.

Als wäre all das nicht genug, widmet sich das Museum mit Mumien und kostbaren Sarkophagen auch der ägyptischen Kultur, geht den Spuren der ersten Menschen in Schottland nach, präsentiert ausführlich die Naturgeschichte und behandelt ständig wechselnd topaktuelle gesellschaftliche Themen wie Einwanderung und Gewalt gegen Frauen. Zu erwähnen sind auch die riesige Konzertorgel und die erstklassigen Sonderausstellungen – das Kelvingrove ist ein Muss!

Und man glaubt es kaum, aber der Bau des Museums wurde größtenteils aus dem Gewinn der Internationalen Ausstellung von 1888 finanziert. Anscheinend gab es Zeiten, als derartige Großveranstaltungen noch nicht zwangsläufig Millionendefizite nach sich zogen. ⏰ Mo–Do, Sa 10–17, Fr/So 11–17 Uhr, Eintritt frei.

Glasgow University und Hunterian Museum

Vom Kelvingrove-Museum aus wirkt die mächtige Fassade der **Universität** mit ihrem zentralen Turm wie ein mittelalterlicher Palast. Betritt man

Exquisite Kunstsammlung im Palast: Kelvingrove Art Gallery & Museum

das Hauptgebäude, wird dieser Eindruck durch einen „Kreuzgang" mit Gewölbebögen unterstrichen. Doch der Schein trügt, denn das neogotische Gebäude entstand erst 1870, sollte aber auf die mittelalterlichen Wurzeln der Uni verweisen. Bereits 1451 war in Glasgow die zweitälteste Uni Schottlands gegründet worden und fand südlich der Kathedrale in der High Street ihre Heimat. Der Umzug 1870 war eine weitere Demonstration des Reichtums der Stadt. Die Universität genießt heute einen exzellenten Ruf als eine der besten Hochschulen Großbritanniens.

Im Hauptgebäude ist der 4. Etage in einem prächtigen Saal das universitätseigene **Hunterian Museum**, ✆ 0141-3304221, 🖳 www.hunterian. gla.ac.uk, untergebracht. Zu sehen sind Funde aus der Evolutionsgeschichte, darunter Dinosaurierabdrücke von Skye. 2010 wurde das Museum komplett restauriert. Die ausgedehnte Sammlung geht auf Dr. William Hunter (1718–83) zurück, der seiner Universität die eigene Kollektion vermachte. ☉ Mo–Sa 9.30–17 Uhr, Eintritt frei.

Hunterian Art Gallery und Mackintosh House

Die Universität begann schon im 17. Jh. Gemälde zu sammeln. Das bemerkenswerte Ergebnis lässt sich in der **Hunterian Art Gallery**, 82 Hillhead Street, ✆ 0141-3305431, 🖳 www.hunterian.gla. ac.uk, auf der Nordseite der University Avenue bewundern. Von Rembrandts „Beisetzung Christi" *(The Entombment)* reicht der Bogen bis zum amerikanischen Künstler James McNeill Whistler, der Ende des 19. Jhs. großen Einfluss auf die Entwicklung der Glasgow Boys (s. S. 97) hatte. Auch die Scottish Colourists (s. S. 97) um Francis C. B. Cadell, Samuel J. Peploe, George L. Hunter und John D. Fergusson sind in der Gemäldegalerie stark vertreten. Sie waren zu Beginn des 20. Jhs. die Wegbereiter der modernen Kunst in Schottland.

Eigentliches Highlight ist jedoch der Nachbau des **Mackintosh House**: 1963 war es in einer benachbarten Gasse abgerissen worden, doch das Interieur blieb sauber verpackt erhalten. 1981 erstand das Haus dann in der Hunterian Art Gallery wie Phönix aus der Asche. Wie ein Schauraum für potenzielle Kunden wirkt das großartige Interieur – Wohnen und Leben als Gesamtkunstwerk.

Das Wohnzimmer und das Schlafzimmer sind ganz in Weiß gehalten, Mackintosh-Stühle und -Rosen sind genauso integriert wie die berühmten Gessos von Margaret Macdonald. Das kreative Künstlerpaar schuf sich seine eigene – unbedingt sehenswerte – Jugendstilwelt. ☉ Mo–Sa 9.30–17 Uhr, Eintritt Art Gallery frei, Mackintosh House 3 £, erm. 2 £.

Glasgow Botanic Gardens

Am Ende des Spaziergangs gelangt man in den Botanischen Garten, 730 Great Western Road, ✆ 0141-2761614, und wieder zurück an den Kelvin, der das gesamte Viertel umfließt. Genau wie im Kelvingrove Park ist hier die Hektik der Großstadt schnell vergessen. Wunderbar ist der gläserne **Kibble Palace** von 1873, das Pendant zum Wintergarten im Glasgow Green. Auch in den weiteren Treibhäusern sind exotische Pflanzen zu besichtigen – eine erholsame Oase im städtischen Dschungel. ☉ Sommer tgl. 10–18, Winter 10–16.15 Uhr, Eintritt frei.

Clydeside

Der Clyde war über Jahrhunderte die Lebensader von Glasgow. Handel und Industrie lebten vom Wasser und der Verbindung zu den Weltmeeren. Dafür ließen die Kaufleute und Reeder den Fluss immer tiefer ausbaggern, damit die Schiffe bis vor die Kais der Innenstadt fahren konnten.

Von der einstigen Betriebsamkeit zu beiden Seiten des geschichtsträchtigen Flusses ist heute nur noch wenig zu erahnen. Dennoch lohnt sich die Spurensuche entlang des Clyde, die seit einiger Zeit z. T. sogar wieder per Schiff absolviert werden kann. Außerdem wird man so Zeuge des rasch voranschreitenden Strukturwandels entlang Schottlands Seetor zur Welt.

Zwischen Albert Bridge und Kingston Bridge

Unterhalb von Glasgow Green folgt die **Albert Bridge** einer alten Verbindung vom mittelalterlichen Saltmarket über den Clyde nach Süden. Stromabwärts fällt gleich hinter der Victoria Bridge die **Zentralmoschee** von Glasgow ins Auge. Der moderne Bau füllt sich vor allem zum

Freitagsgebet mit Leben. Hinter der nächsten Kreuzung ist das **Citizens' Theatre** (s. S. 259) eine verlässliche Adresse für moderne Bühnenproduktionen. Hier begannen einst die berüchtigten Slums der **Gorbals**. Die Hochhaus-Ungetümer, die an ihrer Stelle errichtet wurden, sind inzwischen selbst zum Abriss vorgesehen.

Ganz im Gegensatz dazu ist die elegante Häuserreihe am **Carlton Place** ein Relikt aus den Zeiten, als das Wohnen am Südufer noch schick war. Die South Portland Street-Hängebrücke stammt aus der Mitte des 19. Jhs. und führt stilvoll zurück auf die Nordseite des Flusses.

Weiter nach Westen legen hinter der Bahnbrücke an den ehemaligen Kaianlagen **Broomielaw** die Clyde-Fähren von **Clyde Cruises** ab, die von April–Okt die Innenstadt mit dem Science Centre, dem neuen Riverside Museum sowie dem Einkaufszentrum Braehead verbinden (s. S. 264).

Rund um das SECC

Westlich der Autobahnbrücke Kingston Bridge und der neuen Brückenkonstruktion Clyde Arc erstreckte sich einst das Herzstück des Glasgower Hafens. Noch in den 1930er-Jahren wurden die Becken deutlich erweitert. Aus dieser Zeit blieb der imposante **Finnieston Crane** erhalten, der bis zu 150 t schwere Güter anheben konnte. In diesem Bereich wird der Fluss zudem von zwei Rotunden flankiert, die Ende des 19. Jhs. als Zugang zu einem Tunnel für Fußgänger und Pferdekutschen errichtet wurden.

Doch nach dem Zweiten Weltkrieg setzte auch in diesem neuen Hafenbereich der Niedergang ein. Im Rahmen des Masterplans für die Clyde-Regenerierung ist die Neunutzung des riesigen Geländes nun in vollem Gange: Auf der Nordseite entstand das Ausstellungs- und Konferenzzentrum **SECC**, 🖥 www.secc.co.uk, mit dem augenfälligen **Clyde Auditorium** als gürteltierförmigem Hingucker. Die Glasgowians nennen das Gebäude deshalb schlicht Armadillo.

Auf einer Brachfläche an der Schnellstraße Clyde Expressway wird bis 2013 die **National Arena** hochgezogen, die mit ihren rund 12 000 Plätzen bei den Commonwealth Games 2014 für zahlreiche Sportveranstaltungen zur Verfügung stehen soll.

Glasgow Science Centre

Auf der südlichen Flussseite haben sich die Fernsehsender STV und BBC Scotland angesiedelt. Hauptattraktion ist allerdings das Glasgow Science Centre, 50 Pacific Quay, 📞 0141-4205000, 🖥 www.glasgowsciencecentre.org. Für kleine Besucher gibt es viele Mitmachstationen, an denen wissenschaftliche Fragen anschaulich durch Experimente nachvollzogen werden können. Ein Planetarium und ein IMAX-Kino sorgen für weitere Unterhaltung, während der 105 m hohe Tower einen Rundumblick über Clydeside aus der Vogelperspektive ermöglicht. 🕐 April–Okt tgl. 10–17, Nov–März Mi–Fr 10–15, Sa–So 10–17 Uhr, Science Centre 9,95 £, erm. 7,95 £ (plus jeweils 2,50 £ für Tower, Planetarium und IMAX-3D-Wissenschaftsfilme); Tower (ohne Science Centre) 4 £.

Am Science Centre starten auch das Wasserflugzeug Loch Lomond Seaplanes (s. S. 262) und der Schaufelraddampfer *Waverley* liegt hier vor Anker (s. S. 262).

Riverside Museum und Tall Ship

Ein weiterer Meilenstein für die Wiederbelebung des Hafens war die Eröffnung des **Riverside Museum**, 📞 0141-2872720, 🖥 www.glasgow museums.com, im Frühjahr 2011. Die international bekannte Stararchitektin Zaha Hadid entwarf am Nordufer des Clyde einen wegweisenden Neubau für das beliebte städtische Verkehrsmuseum. Neu ist auch der Schwerpunkt maritime Vergangenheit. Ausgestellt sind zudem Straßenbahnen, U-Bahn-Waggons, ja ganze Straßenzüge werden nachgebaut, um unterschiedliche Epochen des 20. Jhs. nachzustellen. Trotzdem ist das Museum weiterhin kostenlos zugänglich. 🕐 Mo–Do, Sa 10–17, Fr/So 11–17 Uhr, Eintritt frei.

Vor dem Riverside Museum liegt die *Glenlee* vor Anker. Das **Tall Ship**, 📞 0141-2222513, 🖥 www.thetallship.com, entführt in die Zeit der schnellen Segelschiffe und ergänzt das Riverside Museum perfekt. 🕐 März–Okt 10–17, Nov–Feb 10–16 Uhr, Eintritt 5,95 £, erm. 4,65 £.

Hinweis: Bei Redaktionsschluss war geplant, für das neue Museum einen eigenen Busservice zwischen der U-Bahn-Station Partick, dem Kelvingrove Museum und dem Riverside einzurichten.

Glasgow und Umgebung

Glasgow galt über viele Jahrzehnte als *die* Schiffswerft des Empire. Den ganzen Clyde hinab zogen sich die Werften, wurde gehämmert, geschweißt und gelötet. Glasgow und Schiffsbau waren ein Synonym, hier entstand die Flotte, welche die sieben Meere für Großbritannien beherrschte. Kein Wunder, dass im Rathaus ein großes Wandgemälde diesen bedeutenden Industriezweig der Stadt würdigt. 1913, auf dem Höhepunkt des Schiffsbooms, liefen am Clyde die Hälfte aller weltweit produzierten Schiffe vom Stapel!

Doch damit Glasgow überhaupt zu einer Stadt am Meer wurde, musste der Clyde erst einmal schiffbar gemacht werden, denn das flache Gewässer konnte bei Ebbe noch bis in die Mitte des 18. Jhs. bequem durchwatet werden – keine guten Voraussetzungen für den Schiffshandel.

1667 hatte der Stadtrat zunächst noch eine andere Option verfolgt und **Port Glasgow** flussabwärts gegründet. 1812 wurde dort der weltweit erste kommerzielle Dampfer gebaut, die *Comet.* Zu diesem Zeitpunkt war das benachbarte **Greenock** bereits seit 100 Jahren ein durchaus bedeutender Hafen, der auch für seinen Schiffsbau bekannt war.

Den einflussreichen Tabakbaronen, Zucker- und Textilhändlern reichte das nicht, sie wollten direkt von Glasgow aus Handel treiben können. Also veranlassten sie ab der Mitte des 18. Jhs. das **Ausbaggern des Clyde**, dessen Fahrrinne schrittweise auf 10–12 m vertieft wurde. Nun konnten große Schiffe bis vor die Tore der Stadt fahren, zum anderen konnten sich in Orten wie Govan und Clydebank Werften ansiedeln. John Brown, Simon and Lobnitz, Fairfield's und Scotstoun wurden zu Markennamen.

Mit dem Aufkommen der großen Werften und der damit verbundenen Schwerindustrie entstand eine aktive **Arbeiterbewegung**, die für Schottland Maßstäbe setzte und auch auf die Entstehung der Labour Party große Auswirkungen hatte. „Red Clydeside" wurde zu einem Mythos. Nach dem Ende des Ersten Weltkriegs war die Regierung sogar so beunruhigt, die Arbeiter von Clydeside könnten Schottland in eine Sowjetrepublik verwandeln, dass sie Panzer auf dem George Square auffahren ließ (s. S. 232). Führende Repräsentanten der Arbeiterbewegung, wie James Maxton und George Buchanan, wurden in den 1920er-Jahren ins Parlament gewählt.

Mit dem Bau der großen **Transatlantikdampfer** *Queen Mary* und *Queen Elizabeth* lief Clydeside in der Folge noch einmal zur Hochform auf, doch nach dem Zweiten Weltkrieg begann der rasante Abstieg. Man hatte den Anschluss an die Weltspitze verpasst, und der kleine Clyde erwies sich angesichts immer größer werdender Schiffe als schwerwiegender Standortnachteil. Der prestigeträchtige Bau der *Queen Elizabeth 2* war für die Brown-Werft ein dickes Verlustgeschäft, der Stapellauf 1967 wurde zum Abschiedsgesang.

1968 verstaatlichte die Regierung die Werften zu einem Verbund mit dem Namen *Upper Clyde Shipbuilders* – ein katastrophaler Fehlschlag, denn schon drei Jahre später wurde die Schließung der Werften angekündigt. Unter dem energischen Gewerkschaftsführer **Jimmy Reid** wehrten sich die Arbeiter auf originelle Weise: Sie besetzten mit einem Work-In die Werft in Govan und produzierten vor den Augen der verblüfften Regierung und Öffentlichkeit die Schiffe in Eigenregie weiter. Schon bald trudelten aus allen Ecken des Landes Spenden ein, darunter auch von Stars wie John Lennon. Die Auseinandersetzung zwischen Arbeitern und Regierung wurde im ganzen Land intensiv beobachtet und diskutiert. Nach 16 Monaten gab die Regierung schließlich klein bei, sodass einige Werften bis heute überleben konnten. Doch der Clyde im Allgemeinen ist wieder das kleine ruhige Flüsschen von ehemals.

Als Jimmy Reid 2010 starb, wurde seine Beisetzung zu einer großen Triumphfahrt an den Ufern des Clyde entlang – eine letzte Hommage an Red Clydeside und die Ära des Schiffsbaus.

Govan Old Parish Church

Zwischen Werften, verfallenden Kaianlagen und Neubauten am Clyde führt ein Besuch der Govan Old Parish Church, 866 Govan Road, ☎ 0141-4402466, 🖥 www.govanold.org.uk, mehr als 1400 Jahre zurück in die Vergangenheit. Die jetzige Kirche entstand Ende des 19. Jhs. auf einem alten Friedhof, der im Laufe der Zeit erstaunliche Funde zutage gefördert hat, darunter fünf sogenannte *hogbacks* aus dem 10. Jh. Diese ungewöhnlichen buckelähnlichen Steine dienten wahrscheinlich als Grabsteine. Auch mehrere Symbolsteine, darunter der mit einer Sonne verzierte *sun stone*, sowie ein Sarkophag sind ausgestellt. Die erste christliche Siedlung soll in Govan bereits kurz nach der Ankunft von Mungo in Glasgow entstanden sein.

Govan und seine Kirche sind weit über die Grenzen der Stadt hinaus bekannt. So gründete in den 1930er-Jahren der örtliche Pfarrer von Govan, George Mac-Leod, die berühmte Iona Community (s. S. 550) auf den Hebriden als spirituelle Erneuerungsbewegung.

In Sichtweite der Kirche fand 1971 der große Werftenstreik statt (s. Kasten links), der den Arbeiterführer Jimmy Reid landesweit bekannt machte.

South Side

Südlich des Clyde erstrecken sich jenseits eines Gürtels aus Industriebrachen und der neuen südlichen Stadtautobahn M 74 endlose Wohnviertel, die z. T. wie eigene Städte wirken. Zwar ist der Süden Glasgows nicht sehr touristisch, aber die Sehenswürdigkeiten rechtfertigen auf jeden Fall den einen oder anderen Abstecher.

Scotland Street School Museum

Eine Schule mitten in einer Industriebrache? Wie eine Insel im Nichts steht das Scotland Street School Museum da, 225 Scotland Street, ☎ 0141-2870500, 🖥 www.glasgowmuseums.com, als letztes Zeugnis eines einst blühenden Stadtteils, der dem Strukturwandel und dem Autobahnbau zum Opfer gefallen ist.

1903 beauftragte die Schulverwaltung niemand Geringeren als Charles Rennie Mackintosh mit dem Neubau einer modernen Schule – 1250 Pennäler zählte der Bezirk damals! Im Gegensatz zur Glasgow School of Art bekam Mackintosh hier keinen Freifahrtschein, und so gab es ständig Konflikte. Die Schulverwaltung setzte roten Sandstein als Baumaterial durch, während Mackintosh unter Umgehung der Absprachen nach einem zweiten – geheimen – Bauentwurf vorging. Letztlich sind die Treppenhäuser das deutlichste Merkmal seines Schaffens.

Übrigens waren die Eingänge fein säuberlich für Jungen und Mädchen getrennt. In den Klassenzimmern der 1979 geschlossenen Schule ist ein interessantes Schulmuseum untergebracht. 🕐 Mo–Do 10–17, Fr–So 11–17 Uhr, Eintritt frei, U-Bahn-Station Shields Road.

House for an Art Lover

Im **Bellahouston Park** wurde 1996 ein spannendes Mackintosh-Projekt verwirklicht. 1901 hatte der Architekt Entwürfe für das „Haus eines Kunstfreundes" bei der deutschen Zeitschrift *Innendekoration* eingereicht. Dort hatte der Verleger Alexander Koch einen Designwettbewerb ausgeschrieben für „ein großes Haus in einem vollkommen modernen Stil". Mackintosh machte sich begeistert an die Arbeit, aber leider reichte er nicht die verlangte Anzahl an Zeichnungen ein. Da die Juroren und Koch von seinen Entwürfen jedoch fasziniert waren, bekam er einen Sonderpreis und die Zeichnungen wurden 1902 veröffentlicht. Fortan galt Mackintosh auf dem Kontinent als großer Meister.

Mehr als 90 Jahre später geschah etwas bis dato Undenkbares: Die deutschsprachigen Entwürfe wurden tatsächlich realisiert – und zwar in Glasgow! Im Bellahouston Park öffnete nach einigem Hin und Her 1996 das **House for an Art Lover**, 10 Dumbreck Road, ☎ 0141-3534770, 🖥 www.houseforanartlover.co.uk, seine Pforten. Besonders sehenswert sind im Erdgeschoss das elegante Speisezimmer und das grandios formschöne Musikzimmer ganz in Weiß. Hier finden heute zahlreiche Hochzeiten statt, was leider dazu führt, dass die sogenannte „Mackintosh Suite" an Wochenenden oft nur sehr sparsam geöffnet hat. Sehr informativ sind die Ausstellungen mit vielen Hintergrundinfos zu Mackintosh. 🕐 Mo–Mi 10–16, Do–So 10–13 Uhr (gelegentlich

Fußball hat in Glasgow eine lange Tradition, genauso wie die Rivalitäten der beiden wichtigsten Heimmannschaften: Glasgow Rangers und Celtic Glasgow. Beide Vereine dominieren das schottische Fußballgeschäft. Gegen diese beiden Teams – zusammen bekannt als *Old Firm* – ist in Schottland sportlich kein Gras gewachsen. Die Rangers gewannen 53 Mal die Landesmeisterschaft, Celtic 42 Mal.

Ungeachtet dieser Dominanz stehen beide Vereine für zwei völlig unterschiedliche Welten: Die 1873 gegründeten Rangers sind traditionell das Team der Protestanten, das in den schottischen Farben Blau-Weiß antritt. Es dauerte bis 1989, bis der Verein den ersten katholischen Spieler aufnahm, und selbst das führte zu Protesten. Celtic hingegen wurde 1888 als Team der katholischen irischen Einwanderer gegründet, die sozial schlechter gestellt waren. Insofern spiegelt sich in der Mannschaftsrivalität auch ein wenig der brisante Nordirlandkonflikt. Die Vereinsfarben von Celtic sind Grün-Weiß – ein klarer Verweis auf die grüne Insel.

International hatte Celtic zunächst die Nase vorn und gewann 1967 den Europapokal der Landesmeister, 1972 zogen die Rangers mit ihrem Erfolg im Europapokal der Pokalsieger nach. Seither herrscht eine europäische Titelflaute.

Wer in einer Glasgower Kneipe keinen Ärger möchte, sollte das Thema Rangers und Celtic lieber vermeiden. Da verstehen die ansonsten so humorvollen Glaswegians keinen Spaß.

kürzer, besser vorher anrufen oder Website checken), Eintritt 4,50 £, erm. 3 £, U-Bahn-Station Ibrox (ca. 15 Min. Fußweg), Bus 9, 34, 54, 56.

In Sichtweite, auf der anderen Seite der Autobahn, steht das **Stadion Ibrox** – Heimat der traditionell protestantischen Glasgow Rangers.

Pollok Country Park und Burrell Collection

Einst lag der Landsitz Pollok House weit vor den Toren der Stadt, bis der wunderbare Park langsam von der wachsenden Metropole umschlossen wurde. 1966 vermachte die Besitzerin Anne Maxwell Macdonald den Kernbereich des Parks der Stadt Glasgow, um ein weiteres Highlight der Glasgower Museenszene errichten zu können: die Burrell Collection. Ihr eigenes Domizil, Pollok House, steht ebenfalls für Besucher offen. Die Anfahrt erfolgt mit dem Vorortzug von Glasgow Central Station bis Pollokshaws West.

Burrell Collection

Das Wort unmöglich scheint für den Reeder und passionierten Kunstsammler Sir William Burrell (1861–1958) keine Bedeutung gehabt zu haben. Mit dem Kauf und Verkauf von ganzen Schiffsflotten waren er und sein Bruder George unermesslich reich geworden, sodass sich Burrell in seiner zweiten Lebenshälfte ganz seiner Kunstleidenschaft hingeben konnte. Dafür kaufte er sich ein eigenes Schlösschen bei Berwick upon Tweed, doch angesichts von 9000 Exponaten, darunter mehr als 200 kostbare Wandteppiche, war bald kein Platz mehr im Keller von Hutton Castle.

1944 vermachte Burrell seine ganze Sammlung der Stadt Glasgow und diktierte gleich die Bedingungen: Ein eigener Museumsbau müsse her und zwar weit draußen, um nicht im Smog der Großstadt zu versinken. 39 Jahre sollten vergehen, bis die Queen die Burrell Collection, Pollok Country Park, ☎ 0141-2872550, 🖥 www.glasgowmuseums.com, einweihen konnte, aber die Wartezeit hat sich gelohnt.

Der Bau von Barry Gasson ist bestens auf die einzigartige Vielseitigkeit der Sammlung zugeschnitten, ermöglicht in kleineren Sektionen einen Einblick in die chinesische und ägyptische Kunst, präsentiert zahlreiche Skulpturen von Rodin und Gemälde von Degas, aber auch die „Judith mit dem Kopf des Holofernes" von Cranach dem Älteren, und widmet sich an anderer Stelle islamischen Gebetsteppichen. Burrell bestand zudem darauf, die spätgotisch gestalteten Räume seines Hutton Castle zu rekonstruieren, und aus derselben Periode finden sich Buntglas-

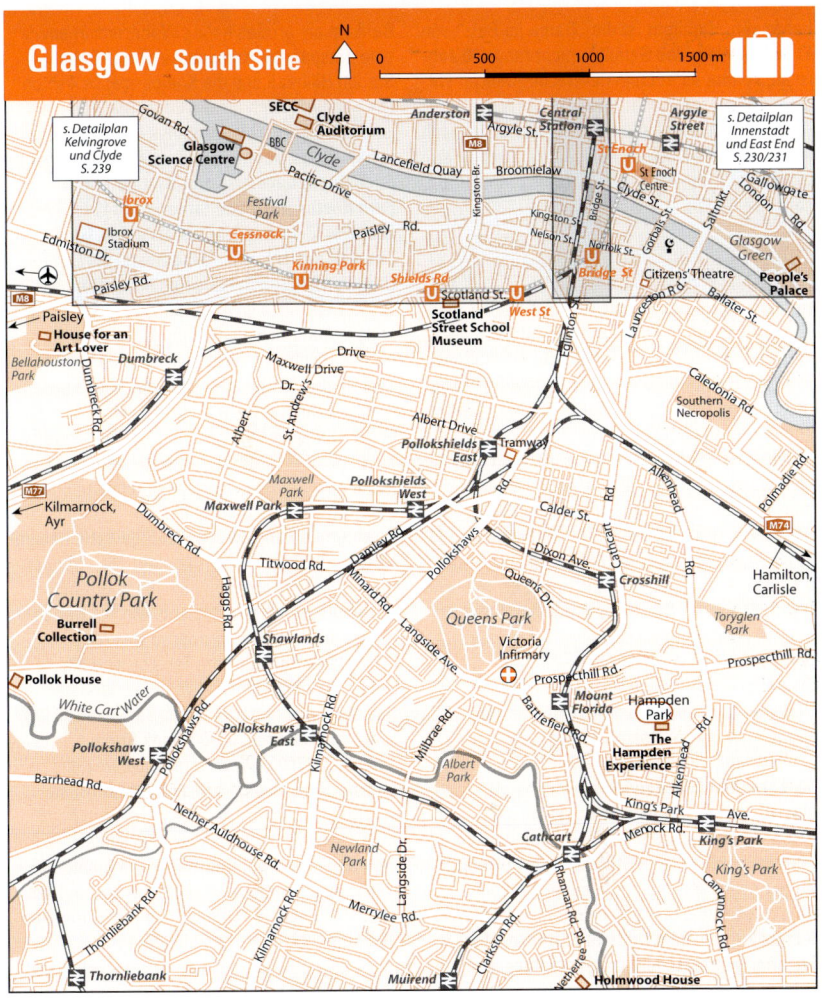

s. Detailplan
Kelvingrove
und Clyde
S. 239

s. Detailplan
Innenstadt
und East End
S. 230/231

Govan Rd.   SECC   Clyde
Auditorium   Anderston   Argyle St.   Central   Argyle
Station   Street

Glasgow
Science Centre   BBC   Clyde   Lancefield Quay   Broomielaw   St Enoch

Pacific Drive   Kingston Br.   St Enoch
Centre   Gallowgate
London
Rd.

Ibrox   Festival
Park   Paisley Rd.   Kingston St.   Clyde St.   Glasgow
Green

Edmiston Dr.   Ibrox
Stadium   Cessnock   Nelson St.   Norfolk St.
Bridge St.   Citizens' Theatre   People's
Palace

Kinning Park   Shields Rd.

Paisley Rd.   Scotland St.   Bridge St.   Ballater St.

M8   Scotland
Street School
Museum   West St   Eglinton St.

Paisley   Caledonia Rd.
House for an
Art Lover   Drive   Southern
Necropolis

Bellahouston
Park   Dumbreck   Maxwell Drive

Dumbreck Rd.   St. Andrew's   Dr.   Albert Drive   Tramway   Alexandra

Pollokshields
East   Rd.   Polmadie Rd.

Maxwell
Park   Pollokshields
West   Rd.   M74

Kilmarnock,
Ayr   Maxwell Park   Calder St.   Hamilton,
Carlisle

Dumbreck Rd.   Dixon Ave.   Cathcart   Crosshill

Titwood Rd.   Darnley Rd.   Queens Dr.   Toryglen
Park

Pollok
Country Park   Haggs Rd.   Minard Rd.   Pollokshaws Rd.   Langside Ave.   Queens Park   Victoria
Infirmary   Prospecthill Rd.   Prospecthill Rd.

Burrell
Collection   Shawlands   Mount
Florida

Pollok House   Hampden
Park

White Cart Water   Pollokshaws   Kilmarnock Rd.   Milbrae Rd.   Battlefield Rd.   The
Hampden
Experience

Pollokshaws
West   East   Albert
Park

Barrhead Rd.   Nether Auldhouse Rd.   Langside Dr.   King's Park   Ave.   King's Park
Menock Rd.

Newland
Park   Cathcart   Rhannan Rd.   King's
Park

Kilmarnock Rd.   Merrylee Rd.   Clarkston Rd.   Netherlee Rd.   Cathcart Rd.   Carmunnock Rd.

Thornliebank   Muirend   Holmwood House

Glasgow und Umgebung

---

fenster aus dem Rheinland und Frankreich. Man kommt aus dem Staunen nicht heraus. ⏰ Mo–Do, Sa 10–17, Fr/So 11–17 Uhr, Eintritt frei.

Pollok House

Schon für sich allein genommen wäre der stattliche georgianische Landsitz Pollok House, Pollok Country Park, ☎ 0844-4932202, ▯ www.nts.org.uk, einen Besuch wert. In unmittelbarer Nach-

barschaft der Burrell Collection verblasst die exquisite spanische Gemäldesammlung jedoch etwas. Doch der angenehme kurze Spaziergang vorbei an den Parkwiesen mit den Hochlandrindern lohnt sich.

Die formalen Gärten oberhalb des White Cart Water sind durch ihr Farbenspiel ein Hingucker. Im Inneren des Hauses hat Sir William Stirling Maxwell die Wände mit spanischen Meistern behangen. Highlight ist die „Dame im Pelz" von El Greco. Wäre das Gemälde nicht rund 400 Jahre alt, könnte es auch in den 1920er-Jahren entstanden sein, so modern wirkt El Greco.

Im Dienstbotenkeller lädt ein edwardianisch aufgemachtes Café zu Kaffee und Kuchen ein. ⏰ tgl. 10–17 Uhr, April–Okt. Eintritt 9 £, erm. 6,50 £, sonst frei (NTS).

The Hampden Experience (Scottish Football Museum)

Um sich für Fußballspiele der Nationalelf nicht in die Niederungen der Vereinsrivalitäten begeben zu müssen, besitzt Schottland ein Nationalstadion: Hampden Park. The Hampden Experience, Hampden Park, ☎ 0141-6166149, 🖥 www.scottishfootballmuseum.org.uk, führt aus dem Bauch des Stadions hinauf zu den Rängen mit der königlichen Loge. Hier erfährt man alles, was man über schottischen Fußball wissen sollte. ⏰ Mo–Sa 10–17, So 11–17 Uhr, Stadiontouren 11, 12.30, 14, 15.30 Uhr, Eintritt Museum und Stadion 9 £, erm. 4,50 £. Anfahrt mit Bus 5 ab Osborne Street/Stockwell Street bis Battlefield Road.

Übernachtung

Eine gute und günstige Übernachtung in Glasgow zu finden, ist im Allgemeinen kein Problem. Mehrere Hostels bieten preiswerte Unterkünfte, und auch die B&Bs sind in Glasgow nicht so teuer wie in Edinburgh. Wer nicht viel laufen und sich gleich ins pralle Stadtleben oder in die Shoppingmeilen stürzen möchte, ist im **Stadtzentrum** am besten aufgehoben. Wer hingegen mehr Wert auf eine ruhige Umgebung und schöne Stadtviertel legt, sollte sich eine Unterkunft im **West End** suchen. Dort ist zudem die Studentenszene zuhause und es gibt jede Menge nette Restaurants und Cafés, ganz abgesehen von den hervorragenden Museen. Außerdem sind die Verkehrsverbindungen in die Innenstadt sehr gut.

Untere Preisklasse

€ Bunkum Backpackers, 26 Hillhead Street, ☎ 0141-5814481, 🖥 www.bunkum glasgow.co.uk. In einer ruhigen Wohnstraße mitten im Univiertel bietet das gemütliche Bunkum ein großes hohes Wohnzimmer sowie eine entspannte Atmosphäre. Die U-Bahn-Station Hillhead und die Kneipengasse Ashton Lane liegen gleich um die Ecke. Mit 36 Betten ist das Hostel vergleichsweise klein und überschaubar, es gibt neben den großen Schlafsälen auch Doppelzimmer. Dorm-Bett ab 12 £. ❶

Euro Hostel, 318 Clyde Street, ☎ 0141-2222828, 🖥 www.euro-hostels.co.uk. Großes, ziemlich gesichtsloses Stadthostel am Clyde-Ufer. Von großen Schlafsälen bis zu Doppelzimmern ist alles im Angebot, und die zentrale Lage ist natürlich ein Pluspunkt. Aber so richtig Stimmung will in dem Zweckbau nicht aufkommen, außer abends in der hauseigenen Osmosis Bar. Dorm-Bett ab 13 £. ❶

€ Glasgow Youth Hostel, 7/8 Park Terrace, ☎ 0141-3323004, 🖥 www.hostelling scotland.com. Wunderbar gelegene Jugendherberge im Park District am Rande des Kelvingrove Park. Zwei großbürgerliche Reihenhäuser wurden zusammengelegt. Das Treppenhaus sowie die großzügige Lounge erinnern an die ursprüngliche Nutzung. Mit 144 Betten gehört die JH zu den größeren Hostels in Schottland. Von der Park Terrace sind alle Sehenswürdigkeiten im West End nur einen Katzensprung entfernt. Dorm-Bett ab 13,50 £. ❶

West End Backpackers, 3 Bank Street, ☎ 0141-3377000, 🖥 www.glasgowwestend backpackers.co.uk. Nettes 50-Betten-Hostel im West End unweit der Great Western Road. Küche und Waschmaschine sind selbstverständlich vorhanden, und in der Lounge trifft man auf andere Traveller. Lockere Adresse, auch mit günstigen Doppelzimmern. Dorm-Bett ab 11,20 £. ❶

Mittlere Preisklasse

Babbity Bowster, 16-18 Blackfriars Street, s. S. 256. Einige recht günstige Zimmer im 2. Stock des Pubs. ❷

Belgrave Hotel, 2 Belgrave Terrace (Great Western Road), ☎ 0141-3371850, 🖥 www.belgraveglasgow.co.uk. Schmales viktorianisches Reihenhaus an der Great Western Road. Nach vorne durch eine Baumreihe von der Straße abgesetzt, nach hinten raus sehr ruhig und mit Parkplatz. Die Räume in dem relaxten und günstigen Hotel sind sehr unterschiedlich, Nr. 10 z. B. verfügt über 3 Betten und ist sehr hell und groß, andere Zimmer sind recht klein. Alle Zimmer verfügen über einen eigenen PC mit Internetanschluss, der jedoch nicht immer schnell ist. Beim britischen Frühstück herrscht Selbstbedienung. ❷

Carlton George Hotel, 44 West George Street, ✆ 0141-3536373, 🖥 www.carltonhotels.co.uk/george. Mitten im Zentrum bietet das Carlton eine gehobene Unterkunft für Stadturlauber. George Square, die Buchanan Street und der Bahnhof Queen Street liegen direkt um die Ecke, sodass man sich sofort ins Shoppingvergnügen oder auf Stadtentdeckung begeben kann. ❸–❹

Kelvin Hotel, 15 Buckingham Terrace (Great Western Road), ✆ 0141-3397143, 🖥 www.kelvinhotel.com. Schräg gegenüber vom Heritage ist das Kelvin Hotel eine weitere sympathische Adresse mit unterschiedlich großen Zimmern, freundlichem Service und einigen kostenlosen Parkplätzen vor dem Haus. Die Zimmer ohne eigenes Bad/WC sind etwas günstiger, und für Selbstversorger bietet das Kelvin auch ein ansprechendes Apartment für bis zu 4 Personen. Sehr schön und groß ist das Zimmer nach vorne raus im Erdgeschoss. ❷

Kirklee Hotel, 11 Kensington Gate, ✆ 0141-3345555, 🖥 www.kirkleehotel.co.uk. 9 elegante Zimmer in einer sehenswerten, 100 Jahre alten Villenreihe unweit des Botanischen Gartens. Alle Zimmer verfügen über Bad/WC, und man fühlt sich fast wie in einem schicken kleinen Landhotel. Dafür gehen die Preise sehr in Ordnung. Die großbürgerliche Reihenhaussiedlung wurde 1901/2 von David Barclay in einem Halbkreis angelegt und mit einem eigenen kleinen Park versehen. Dementsprechend ist es hier sehr ruhig und grün. ❸

Kelvingrove Hotel, 944 Sauchiehall Street, ✆ 0141-3395011, 🖥 www.kelvingrovehotel.com. Am feschen westlichen Ende der Sauchiehall Street bietet das freundliche Hotel 22 Zimmer. Mit dem Bus ist man schnell im Zentrum, und ein kurzer Fußweg führt zu den Sehenswürdigkeiten im West End, während rundum Restaurants und Pubs für Unterhaltung sorgen. Das Hotel vergibt eigene Parktickets an die Gäste. ❸

Merchant City Inn, 52 Virginia Street, ✆ 0141-5522424, 🖥 www.merchantlodgehotel.com, www.themerchantcityinn.com. Solides Stadthaus mit 40 freundlich eingerichteten Zimmern im Herzen der Merchant City. Der Bau geht auf ein altes Kaufmannshaus aus dem 18. Jh. zurück. Von hier sind es nur wenige Schritte zu den Sehenswürdigkeiten, Restaurants und Pubs im Viertel. Die unterschiedlich großen Zimmer sind angenehm, die Lage ist perfekt und ruhig. ❸

Rab Ha's, 83 Hutcheson St, s. S. 256. 4 schicke Zimmer über dem Pub. ❸

The Alamo Guest House, 46 Gray Street, ✆ 0141-3392395, 🖥 www.alamoguesthouse.com. Das gemütlich eingerichtete Alamo hat sich am Rande des Kelvingrove Park in einer ruhigen Seitenstraße eine hervorragende Lage gesichert. Über 4 Etagen verteilen sich die Zimmer, von denen nicht alle über eigenes Bad/WC verfügen. Nachts und am Wochenende ist das Parken vor dem Haus kostenlos. ❷–❸

The Heritage Hotel, 4-5 Alfred Terrace (Great Western Road), ✆ 0141-3396955, 🖥 www.theheritagehotel.net. Adrett aufgemachtes und vergleichsweise günstiges B&B an der Great Western Road auf einer Terrasse oberhalb einer Ladenzeile. Die mehr als zwei Dutzend Zimmer in der viktorianischen Häuserreihe sind freundlich eingerichtet und eine gute Basis für die Stadterkundung. Der Botanische Garten liegt nur wenige Schritte entfernt. ❷

The Rennie Mackintosh Hotel, 218-220 Renfrew Street, ✆ 0141-3339992, 🖥 www.rmghotels.com. Neben dem Victorian, vergleichsweise kleines Hotel, das nur im Eingangsbereich ein wenig auf Mackintosh macht. Alle Zimmer haben Bad/WC, und bereits ab September fängt die wesentlich günstigere Nebensaison an. ❷

The Victorian House Hotel, 212 Renfrew Street, ✆ 0141-3320129, 🖥 www.thevictorian.co.uk. Ansprechende und günstige Zimmer in einer viktorianischen Häuserreihe unweit der Glasgow School of Art. Die zentrale Lage ist ein Plus des Victorian, das mit 60 Zimmern recht weitläufig ist. Für Parkplätze muss ein Parkschein an der Rezeption erworben werden. ❷

Obere Preisklasse

Blythswood Square Hotel, 11 Blythswood Square, ☎ 0141-2488888, 🖥 www.townhouse company.com. Glasgows erstes 5-Sterne-Hotel liegt am eleganten georgianischen Blythswood Square in der westlichen Innenstadt und verwöhnt seine Besucher mit Komfort. Zum Angebot zählt ein Wellnessbereich für Massagen und Entspannung, während das Stadtzentrum nur einige Blöcke weiter zu Fuß bestens zu erreichen ist. Der Luxus hat natürlich seinen Preis. ❹–❻

Millennium Hotel Glasgow, George Square, ☎ 0141-3326711, 🖥 www.millenniumhotels.com. Traditionsreiches Haus direkt am zentralen Platz der Innenstadt mit Blick auf das Rathaus. Auch wenn außen der Putz leicht bröselt, herrscht drinnen gehobener Komfort. Eine wunderbare Ergänzung ist die gläserne Restaurantfront zum Platz hin. Dass die Preise auch hier schwanken, versteht sich. ❹–❺

Glasgow und Umgebung

Essen

Glasgows Restaurantszene hat sich in den vergangenen Jahren enorm entwickelt. Schon immer war die Stadt für ihre exzellenten indischen Restaurants bekannt. Glasgow gilt als britische Curry-Hauptstadt, und wer die Genüsse des Subkontinents ausgiebig genießen möchte, ist am Clyde genau richtig. Daneben hat sich die Szene breit aufgefächert: Anspruchsvolle schottische Restaurants, die großen Wert auf heimische Produkte legen, liegen voll im Trend. Gemütliche Bistros und entspannte Studentencafés bieten für jeden Geldbeutel und Geschmack reichlich Auswahl. Die meisten Restaurants finden sich im **Zentrum** sowie in der schicken **Merchant City** zwischen George Square, Trongate und High Street. Der zweite angesagte Bezirk ist das **West End** rund um das Kelvingrove Museum, Hillhead und die Great Western Road.

Stadtzentrum und westliche Innenstadt
Karte S. 230

Biggars Cafe, 273 Sauchiehall Street, kein Tel., 🖥 www.biggarscafe.co.uk. Vor der exzellenten Kuchentheke kann man schnell schwach werden. Verlockend ist z. B. der *New York*

cheese cake. Dazu gibt es ganztags Frühstück sowie Porridge mit Honig. Im Angebot sind außerdem eine Reihe von Bioprodukten, z. B. Bio-Sirup und Öko-Riegel, auch Fairtrade-Kaffee. Biggars liegt unweit der Glasgow School of Art. ⊙ Mo, Fr–Sa 9–18, Di–Do 9–20, So 12–17 Uhr.

Mussel Inn, 157 Hope Street, ☎ 0141-5721405, 🖥 www.mussel-inn.com. In Schottlands Westen darf ein Fischrestaurant nicht fehlen. Die Muscheln gibt es mit einer großen Auswahl an leckeren Soßen, auch Jakobsmuscheln und Austern gehören zu den Delikatessen des Hauses. Besonders mittags und am späten Nachmittag werden günstige Menüs angeboten. Abends an Wochenenden ist in dem recht schnörkellos aufgemachten Restaurant eine Reservierung sinnvoll. ⊙ Mo–Do 12–14.30, 17–22, Fr–Sa 12–22, So 17–22 Uhr.

Pulcinella, 167 Hope Street, ☎ 0141-5720575, 🖥 www.pulcinella.co.uk. Solider Italiener. In einem großen Saal werden auf rot-weiß karierten Tischdecken Pizza, Pasta und diverse Fleisch- und Fischgerichte serviert. Die Auswahl an Vorspeisen ist ebenfalls recht groß. Preislich liegt das Pulcinella im mittleren Bereich, günstig ist das Mittagsmenü. ⊙ Mo–Sa 12–14, 17–22, So 17–22 Uhr.

The Wee Curry Shop, 7 Buccleuch Street, ☎ 0141-3530777, 🖥 www.weecurryshop glasgow.co.uk. Das kleine indische Restaurant ist inzwischen eine Institution geworden, wenn es um innovative und günstige indische Spezialitäten geht. Die Speisekarte ist sehr klein gehalten, wobei Hühnchen und Lamm im Vordergrund stehen. Aber natürlich gibt es auch einige vegetarische Optionen. Aufgrund des großen Erfolgs sind weitere Filialen in der Ashton Lane (s. S. 256) und der Byres Road entstanden. ⊙ Mo–Sa 12–14.30, 17.30–22, So 17.30–22.30 Uhr.

Merchant City
Karte S. 230

Bar 91, 91 Candleriggs, ☎ 0141-5525211, 🖥 www.bar91.co.uk. Interessante Mischung aus Pub, coolem Designer-Schick und Werkshallen-Flair. Die lockere Atmosphäre wird durch die gehobene Bistroküche unterstrichen.

Die schottische Käseplatte ist groß und lecker. Auch Lamm, Hühnerleberpastete, Haggis und *sticky toffee pudding* sind sehr verlockend. Dazu gibt es u. a. „bayerisches" Hefeweizen der Glasgower West Brewery (s. rechts) – eine sehr einladende Adresse. ⏰ tgl. 12–24 Uhr, Küche Mo–Do 12–21, Fr–So 12–17 Uhr.

Café Gandolfi, 64 Albion Street, ☎ 0141-5526813, 🖥 www.cafegandolfi.com. Gegenüber von den City Halls und dem Merchant Square war das Gandolfi eine der ersten Adressen, die Ende der 1970er-Jahre eine Renaissance der schottischen Küche einleiteten. In rustikalem Holzdesign kommen schottische Spezialitäten wie die Fischsuppe Cullen Skink, torfgeräucherter Lachs, Arbroath Smokies oder auch Haggis auf den Tisch. Das Angebot wird durch eine ansprechende Auswahl internationaler Gerichte ergänzt und zu Preisen der gehobenen Mittelklasse auf den Tisch gebracht. Wenige Türen weiter hat Iain Mackenzie mit dem Gandolfi Fish eine schicke Filiale eröffnet. ⏰ tgl. 9–23.30 Uhr.

Café Rouge, 20 Royal Exchange Square, ☎ 0141-2290772. Auf der Terrasse sitzen, einen starken Espresso trinken und das relaxte, französische Bistro-Flair rund um die Gallery of Modern Art genießen. Dazu werden einige Snacks angeboten; drinnen auch sehr gemütlich. ⏰ Mo–Sa 8–22, So 9–22 Uhr.

City Merchant, 97–99 Candleriggs, ☎ 0141-5531577, 🖥 www.citymerchant.co.uk. Die Inneneinrichtung ist rustikal aus Holz, während auf der Speisekarte schottische Delikatessen im Vordergrund stehen. Das Rinderfilet wird z. B. mit Haggis-Mus sowie Whisky und Vogelbeersaft serviert. Die Fischsuppe Cullen Skink, Jakobsmuscheln, Langustinen und Wild dürfen genauso wenig fehlen wie ausgesuchter schottischer Käse zum Dessert. Das City Merchant gehört inzwischen bereits zu den Oldies in dem aufstrebenden Viertel. ⏰ Mo–Sa 12–22.30, So 16.30–21.30 Uhr.

Cossachok, 10 King Street, ☎ 0141-5530733, 🖥 www.cossachok.com. Im Kulturzentrum Trongate 103 ist das helle Galerie-Café eine sympathische russische Oase. Lev und Julia bringen russische Küche auf den Tisch (z. B. Borscht), machen regelmäßig Ausstellun-

gen und organisieren auch Musikevents. In Glasgow sicher eine ungewöhnliche Adresse. ⏰ Di–Sa 11–23, So 15–23 Uhr.

Mercado, Merchant Square, 17 Bell Street, ☎ 0141-5523400, 🖥 www.mercadoglasgow.com. In der zum Café-Komplex umgebauten ehemaligen Markthalle bietet das Mercado solide spanische Tapas. Bis 17 Uhr gibt es sehr günstige Preise für zwei bzw. drei Tapas, abends sind Brot und Oliven inklusive. Ein neuer Beitrag zur Internationalisierung der Gastroszene in Glasgow. ⏰ tgl. Küche 12–20 Uhr.

West, Templeton Building, Glasgow Green, ☎ 0141-5500135, 🖥 www.westbeer.com. 2006 eröffnete in der denkmalgeschützten Teppichfabrik (s. S. 236) ein ungewöhnliches Projekt: West produziert als einzige Brauerei in Schottland nach dem deutschen Reinheitsgebot süffige „bayerische" Biere. Dementsprechend heißen die Markennamen „Hefeweizen", „Oktoberfest" und „Weihnachtsbier", während sich das bernsteinfarbene Lagerbier „St Mungo" auf den Stadtpatron von Glasgow bezieht. Daneben gibt es oben ein Café-Restaurant mit Blick hinunter in die Brauerei. ⏰ So–Do 11–23, Fr–Sa 11–24, Küche 11–21 Uhr.

West End

Karte S. 239

Brel Bar & Restaurant, Ashton Lane, s. S. 257.
Firebird, 1321 Argyle Street, ☎ 0141-3340594, 🖥 www.firebirdglasgow.com. Studentisch

---

Kaffeepause zwischen Schmökern

Biblocafe, 262 Woodlands Road, ☎ 0141-3397645, 🖥 www.biblocafe.com. Ein sehr ungewöhnliches Konzept: Inmitten von Bücherregalen mit Secondhand-Literatur stehen auf zwei Etagen einige Tische für eine Kaffeepause oder zum Schmökern. Angeboten werden auch gluten- und weizenfreie Süßwaren. Man kann übrigens Bücher zum Tausch mitbringen, sodass der eigene Rucksack nicht überquillt. In den kleinen Zimmern hat man etwas Privatsphäre und das Ganze macht einen familiären Eindruck – eine nachahmenswerte Idee. ⏰ Mo–Fr 8.30–20.30, Sa–So 9.30–20.30 Uhr.

Mackintosh-Tee bei Miss Cranston

Kate Cranston zählte zu den größten Förderern von Charles Rennie Mackintosh. Miss Cranston, wie man sie allgemein nannte, war Besitzerin einer kleinen, aber sehr schicken und angesagten Kette von Teehäusern in Glasgow. Diese hatten sich aus dem Versuch entwickelt, ein alkoholfreies Gegengewicht zu den promillehaltigen Pubs der Stadt zu schaffen. Mit der Zeit wurde der Gang ins Teehaus eine Modeerscheinung, und dementsprechend wollte Miss Cranston ihren Gästen etwas Besonderes bieten. Das rief Mackintosh auf den Plan, dessen extravagante Jugendstilinterieurs den Tea Rooms eine unverwechselbare künstlerische und leicht exotische Note verliehen. Die Geschäftsbeziehung der beiden war von großem gegenseitigen Vorteil.

Die Nachwelt wusste die Kunstwerke jedoch nicht zu schätzen. Selbst zu Beginn der 1970er-Jahre wurden die Ingram Street Tea Rooms noch abgerissen, Teile der Inneneinrichtung werden heute im Kelvingrove Museum ausgestellt (s. S. 242).

Doch in den letzten 25 Jahren setzte eine Rückbesinnung ein. Die **Willow Tea Rooms**, 217 Sauchiehall Street, ☎ 0141-3320521, sowie 97 Buchanan Street, ☎ 0141-2045242, 🖥 www.willowtearooms.co.uk, liefern auf der Grundlage der Originaldesigns einen Eindruck von der Pracht der Tea Rooms zu Miss Cranstons Zeiten. Am schönsten sind der Room De Luxe in der Sauchiehall Street (mit der Originaltür) sowie der rekonstruierte White Dining Room und der Chinese Room in der Buchanan Street.

Allerdings herrscht trotz des großen Andrangs gelegentlich Personalmangel, sodass die schönsten Räume manchmal nur auf ausdrückliche Nachfrage geöffnet werden. Und Champagner hätte es zu früheren Zeiten auch nicht gegeben. Dafür „tröstet" der ausgiebige Afternoon Tea schnell über die Anstrengungen des Sightseeings hinweg. ◔ beide Mo–Sa 9–17 Uhr.

---

angehauchtes Café mit guter Küche, großen Fenstern und einer netten Terrasse draußen. Von Humus und Antipasti über Salate und Pasta bis zu Pizza und einfallsreichen *specials* ist das Firebird die richtige Adresse für eine relaxte Mittagspause oder einen netten Abend. Nachmittags werden zudem Kaffee und selbstgemachte Scones serviert – hier lässt es sich gut aushalten. ◔ Mo–Do 11–24, Fr–Sa 11–1, So 12–24 Uhr.

Hillhead Bookclub, 17 Vinicombe Street, s. S. 257.

iCafe, 223 Great Western Road, ☎ 0141-5720786. Dieses Internetcafé ist weit mehr als ein Compiladen. Neben den schnellen Rechnern (2 £/Std.) kann man in bequemen Ledersesseln von früh morgens bis spät abends Fairtrade-Produkte und Biokaffee genießen. Dazu gibt es Süßes und Baguettes. Weitere Filialen: 250 Woodlands Road und 742 Pollokshaws Road. ⏰ tgl. 8.30–23 Uhr.

Mancini, 315–321 Great Western Road, ✆ 0141-3386843, 🖥 www.mancini-restaurant. co.uk. In dem hellen und bequemen Restaurant oder auf der Terrasse in der ruhigen Seitengasse schmeckt die italienisch ausgerichtete Küche gut. Abends wird auch Take-away angeboten, und tagsüber kann man auf der Terrasse einfach einen Kaffee trinken, um das Geschehen auf der belebten Great Western Road zu beobachten. ⏰ tgl. 8–23 Uhr.

Mother India's Café, 1355 Argyle Street, ✆ 0141-3399145, 🖥 www.motherindiascafe glasgow.co.uk. Mit schönem Blick auf das Kelvingrove Museum und den angrenzenden Park schmecken die indischen Delikatessen besonders gut. Mother India konzentriert sich ganz auf Tapas-Größen, sodass man bequem mehrere Spezialitäten probieren kann. Ganz billig ist das Vergnügen am Ende nicht, wenn man wirklich Appetit hat, aber die kreativen Gerichte vom Subkontinent sind den Besuch allemal wert. ⏰ Mo–Do 12–22.30, Fr–Sa 12–23, So 12–22 Uhr.

Offshore, 3/5 Gibson Street, ✆ 0141-3410110. Schönes helles Eckcafé mit großen Fenstern. Wenige Schritte vom Kelvingrove Park hängt die Szene auf bequemen Sofas ab, checkt E-Mails, diskutiert, beschaut die Passanten und nippt am Kaffee. Unten im Keller verfügt das Offshore sogar über eine kleine Galerie. Zu essen gibt es allerdings nur Snacks. ⏰ Mo–Sa 8–22, So 9–22 Uhr.

Paradise, 411-413 Great Western Road, ✆ 0141-3392170, 🖥 www.persianparadise.co. uk. Willkommen im Orient bei hervorragend zubereiteten persischen Delikatessen. Die Küche ist sehr vielseitig, und auch für Vegetarier finden sich leckere Spezialitäten. Zum Abschluss einen persischen Tee mit Kardamom? Oder wie wäre es mit einer Shisha-Wasserpfeife? Der Weg ins Paradies lohnt sich. ⏰ Küche 12–22 Uhr.

Stravaigin 2, 8 Ruthven Lane, ✆ 0141-3347165, 🖥 www.stravaigin.com. Gleich neben dem Bothy hat sich das Stravaigin unter dem Motto „think global, eat local" ebenfalls die Förderung der heimischen Speisen auf die Fahnen geschrieben. Das Lokal ist etwas gehobener, wirkt aber wesentlich intimer und gemütlicher als das Bothy, weil es deutlich kleiner ist. In der Gibson Street befindet sich die Hauptfiliale. ⏰ tgl. 12–23 Uhr.

The Bothy, 11 Ruthven Lane, ✆ 0845-1666004, 🖥 www.socialanimal.co.uk/Glasgow WestEnd/Bothy_Glasgow. „Die Hütte" ist in Wirklichkeit ein großes Restaurant zwischen Byres Road und den Secondhand-Geschäften der Ruthven Mews. Im Mittelpunkt steht schottische Küche mit modernem Einschlag. Da das recht dunkle Bothy in einer alten Werkshalle untergebracht ist, schimmert ein wenig Industriekultur durch – und im Gegensatz zu den benachbarten Läden ist das Essen im mittleren Preissegment angesiedelt. ⏰ tgl. 12–22 Uhr.

The Sisters, 36 Kelvingrove Street, ✆ 0141-5641157, 🖥 www.thesisters.co.uk. Die Schwestern O'Donnell legen großen Wert auf schottische Produkte. Von Islay-Jakobsmuscheln über Rote Bete von der Insel Arran bis zu Rindfleisch aus Perthshire lassen sich hier Leckereien aus Feld, Wald und Meer genießen. Das Restaurant im West End ist etwas *upmarket*, doch das Mittagessen ist günstig. Im Keller ist die Kneipe Bigslope vor allem am Wochenende

Klein, aber fein

Kember & Jones, 134 Byres Road, ✆ 0141-3373851, 🖥 www.kemberandjones.co.uk. Café, Bäckerei und Feinkostladen in Hillhead. Morgens kann man hier frühstücken, den ganzen Tag über einen starken Kaffee trinken oder von den leckeren Scones, Muffins, Croissants oder Kuchen probieren. Es gibt aber auch Salate und Sandwiches. An der großen Glasfront stehen drei kleine Tische, hinten auf der Empore noch einige weitere. Wohl dem, der einen der heiß begehrten Plätze ergattert! ⏰ Mo–Fr 8–22, Sa 9–22, So 9–18 Uhr.

immer gut gefüllt. ⏱ Di–Sa 12–14.30, 17–21.30,
So 12–20.30 Uhr.

 The Wee Curry Shop, 23 Ashton Lane,
📞 0141-3575280, 🖥 www.weecurrys
hopglasgow.co.uk. Das kleine Restaurant in der
stimmungsvollen Ausgehmeile liegt oberhalb
des Pubs Jinty M'Guinty's (s. S. 257). Sehr gute
Küche und sehr freundliche Bedienung sowie
günstige Preise machen den „Kleinen Curry-
laden" zu einem guten Tipp. Die vergleichsweise
„kleinen Probierportionen" *(wee taster)*
erlauben, eine größere Vielfalt der indischen
Spezialitäten zu bestellen. Am Wochenende ist
abends alles ausgebucht. Das Mittagsmenü ist
eine runde günstige Mahlzeit. Weitere Filialen in
der Buccleuch Street (s. S. 252) und der Byres
Road. ⏱ Mo–Di 11–15, 17–23, Mi–So 11–24 Uhr.

Ubiquitous Chip, 12 Ashton Lane, 📞 0141-
3345007, 🖥 www.ubiquitouschip.co.uk.
Vergleichsweise teures Restaurant in der
Ausgehmeile, bringt aber etwas Klasse in die
Gasse. Mit fast 40 Jahren auf dem Buckel gehört
„The Chip" bereits zu den Oldies in der Gastroszene. Seither hat sich das selbstgesteckte Ziel,
die „bedrohte schottische Küche" in den
Restaurants zu retten, jedoch rumgesprochen
und verbreitet. Zum Konzept gehören neben dem
Restaurant eine informellere Brasserie sowie
zwei Pub-Bereiche. Dort warten 150 ganz und
gar nicht vom Aussterben bedrohte Whiskys auf
eine kleine Probe. ⏱ Restaurant 12–14.30, 17.30–
23 Uhr, Brasserie 12–23 Uhr, Pub 11–24 Uhr.

Unterhaltung und Kultur

Das Unterhaltungs- und Kulturangebot in
Glasgow ist sehr breit gefächert. Theater, Kinos
und Pubs gehören natürlich zum Standardprogramm, und vor allem die vielen Studenten
mischen das Nachtleben ordentlich auf.
Was mit einem Kneipenbesuch beginnt, endet
am Wochenende oft in den diversen Clubs, die
zumeist Eintritt verlangen. Unter der Woche
machen die meisten Pubs um 24 Uhr, an
Wochenenden gegen 1 Uhr zu.
Genau wie in Edinburgh ist auch am Clyde die
wichtigste Veranstaltungspublikation die
zweiwöchige Zeitschrift *The List*, 🖥 www.list.
co.uk (2,20 £). Sie informiert über Live-Gigs,
die Clubszene, Theatervorstellungen, das

Kinoprogramm, Ausstellungen und neue Bücher.
Auch eine kleine Sektion zur Schwulen- und
Lesbenszene fehlt nicht (die englische
Abkürzung lautet LGBT = Lesbian, Gay, Bisexual,
Transgender).
Glasgows Nightlife-Szene liegt ziemlich
verstreut und ist fast gar nicht auf Touristen
ausgerichtet. Schwerpunkte sind die Viertel
rund um die **Central Station**, die **Merchant City**,
die **Sauchiehall Street** und das Studentenviertel
Hillhead. Vor allem rund um die Central Station
und im mittleren Bereich der Sauchiehall Street
kann es an Wochenenden mit steigendem
Alkoholpegel jedoch auch unangenehmer
werden. Für einen ruhigeren Pub-Besuch sollte
man lieber andere Gegenden aufsuchen. Immer
was los ist in der **Ashton Lane**.

Bars und Pubs
Merchant City und Stadtzentrum
Karte S. 230

Babbity Bowster, 16-18 Blackfriars Street,
📞 0141-5525055. Sehr angenehmer, heller
Bistro-Pub mit Biergarten und Restaurant.
Das elegante Haus vom Ende des 18. Jhs. wurde
ansprechend für die neue Nutzung umgebaut,
der offene Kamin blieb. Vom Zapfhahn fließen
auch Biere kleinerer Brauereien, darunter
von Kelburn. Für einen eher ruhigen Besuch;
schon mittags gute Pub-Küche!

Blackfriars, 36 Bell Street, 📞 0141-5525924.
Sehr sympathischer Pub in einem der typischen
roten Sandsteinbauten der Merchant City, der
immer gut gefüllt ist. Das *pub grub* kommt eher
aus dem Bistrobereich, während unten im
Keller das Basement Fr–Sa von 23–3 Uhr seine
Pforten für die Clubszene öffnet.

Blane Valley, 76 Glassford Street, 📞 0141-
5524286. Hinter der hellen Fassade mit den
bunten Blumenkübeln trifft sich eine gemischte
Runde. Meist ist es hier nicht so überlaufen
wie im benachbarten Rab Ha's.

Rab Ha's, 83 Hutcheson St, 📞 0141-5720400,
🖥 www.rabhas.com. Kleiner freundlicher Pub
zwischen Old Sheriff Court und Trades Hall.
An Wochenenden ist hier immer was los, zumal
auch die Küche solide ist. Wer nach dem Pint
nicht weit wanken möchte, kann sich oben ein
Zimmer mieten. Zentraler geht es kaum.

Klassischer Pub

Drum & Monkey, 91 St Vincent Street, ☎ 0141-2216636. Sehr stimmungsvoller Pub mitten im Geschäftsviertel im Stadtzentrum. Die Pub-küche ist traditionell schottisch ausgerichtet und sehr günstig. In den Sitzbereichen ist es sehr gemütlich, und abends füllt es sich auch rund um die Theke sehr schnell. Das Drum & Monkey erfüllt alle Vorstellungen von einem guten Pub.

Terrace Bar, Centre for Contemporary Arts, 350 Sauchiehall Street, s. S. 238.

The Counting House, 2 St Vincent Place, ☎ 0141-2250160. An der Ecke zum George Square hat die britische Pub-Kette JD Wetherspoon ein grandioses Bankgebäude samt Kuppel übernommen. Der Besuch lohnt schon wegen des prächtigen Interieurs. Der Pub macht bereits morgens für ein Bistro-Frühstück auf und ist mittags mit einer bunten Mischung aus Shoppern, Büroangestellten und Touristen gefüllt.

The Horse Shoe Bar, 19 Drury Street, ☎ 0141-2486368. In einer schmalen Seitengasse hinter dem Drum & Monkey treffen sich die Büroangestellten an der hufeisenförmigen Theke schon mittags auf ein Pint. Der Pub hat sich sein authentisches Flair erhalten.

West End
Karte S. 239

Brel Bar & Restaurant, Ashton Lane, ☎ 0141-3424966, 🖵 www.brelbarrestaurant. com. Am Ende der Ashton Lane geht es gegen-über vom Grosvenor-Kino belgisch zu. So gibt es z. B. Trappistenbier, Muscheln und belgische Fischsuppe. Die Kneipen-Einrichtung ist sehr rustikal, nach hinten raus gibt es einen hellen Wintergarten sowie einen Biergarten für laue Abende. ☉ Küche tgl. 12–22 Uhr.

Coopers Bar, 499 Great Western Road, ☎ 0141-3340884. In den großartigen Räumlich-keiten einer ehemaligen Bank bekommt bestimmt niemand Platzangst. Leider hat auch hier die Unsitte der Fußball-Bildschirme um sich gegriffen, aber bei dem bunt gemischten

Publikum ist lautes Geschrei verpönt – wer im West End wohnt, kann sich hier einen kleinen Absacker auf dem Weg von der U-Bahn nach Hause gönnen.

Jinty M'Guinty's, 23 Ashton Lane, ☎ 0141-3390747, 🖵 www.jintys.com. Unterhalb vom Wee Curry Shop ist der Laden in der Partymeile Ashton Lane eine der beliebtesten Adressen. Unter der Woche gibt es regelmäßig Livemusik, und an warmen Abenden sitzen die Partygänger gerne draußen im Biergarten.

Òran Mór, Byres Road, Ecke Great Western Road, ☎ 0141-3576200, 🖵 www.oran-mor. co.uk. In einer umgebauten Kirche wurde ein attraktiver Pub rund um eine große zentrale Theke eingerichtet. Das Ganze wirkt durch die Holzverkleidung ziemlich dunkel, dennoch ist es hier auch tagsüber schon voll, und es gibt sogar *afternoon tea*. Dafür wird das Bier bis spät in die Nacht um 2 bzw. 3 Uhr gezapft.

The Tennents Bar, 191 Byres Road, ☎ 0141-3397203, 🖵 www.freewebs.com/tennentsbar. Das Tennents gehört zu den Traditionskneipen im Viertel mit rund 130-jähriger Geschichte. Draußen erinnert eine Tafel daran, dass sich in studentenbewegten Zeiten Frauen mit einer öffentlichkeitswirksamen Aktion Zutritt zu der damaligen Männerdomäne verschafften.

The Three Judges, 141 Dumbarton Road/Partick Cross, ☎ 0141-3373055, 🖵 www.threejudges. co.uk. In Sachen Real Ales haben Bierfans bei den „Drei Richtern" die Qual der Wahl, denn die Auswahl ist sehr umfangreich und wird ständig

Vielseitig

Hillhead Bookclub, 17 Vinicombe Street, ☎ 0141-5761700, 🖵 www.hillheadbookclub.com. In einem ehemaligen Kino befindet sich die vielleicht stimmungsvollste Kneipe im West End. Auf der unteren Ebene der Kneipe bringt die Küche sehr leckere Gerichte auf den Tisch, die auch für Vegetarier bestens geeignet sind – z. B. Polenta mit Roter Bete und Ru-cola. Oben kann man sich in bequeme Sessel zurückziehen oder sogar Tischtennis spielen. Eine Abwechslung vom manchmal hektischen Betrieb in der Ashton Lane.

ergänzt. Dafür ist der sehr sympathische Nachbarschaftspub schon mehrfach ausgezeichnet worden. Das Publikum ist angenehm gemischt und sonntags nachmittags wird feiner Jazz geboten.

Livemusik

Viele Pubs bieten vor allem am Wochenende Livemusik. Manche räumen einfach ein paar Tische zur Seite und los geht's, andere haben eigene Konzerträume. Außerdem verfügt die Stadt über einige exzellente Musikclubs, die regelmäßig kleinere und größere Gigs auf die Bühne bringen. Einen guten Überblick über kleinere Pub-Gigs bieten das kostenlose Monatsblättchen *The Gig Guide*, 🖥 www.gigguide.co.uk, sowie das Veranstaltungsheft *The List* (s. o.).

Barrowland, 244 Gallowgate, ✆ 0141-5524601, 🖥 www.glasgow-barrowland.com. Am Eingang zum Flohmarktviertel Barras ist das Barrowland eine Kult-Institution für Live-Konzerte. Einst gab es im Ballsaal beschwingte Tanzabende, später traten z. B. David Bowie, Franz Ferdinand und andere Musikstars hier auf. Sehr breit gestreutes Programm.

The Clutha, 167-169 Stockwell Street, ✆ 0141-5527520. Von außen wirkt die Gegend am Clyde nicht sehr einladend, doch das Clutha ist ein Fixpunkt für Live-Gigs. Folk, Blues und Acoustics stehen im Vordergrund.

Dram!, 232-246 Woodlands Road, ✆ 0141–3321622, 🖥 www.dramglasgow.co.uk. Modernisierter Traditionspub mit TV-Bildschirmen, der aber noch gemütliche Ecken mit dunklem

Holz, Gemälde an den Wänden und natürlich eine gute Whisky-Auswahl hat. So und Do gibt es hier regelmäßig Folk-Sessions.

King Tuts Wah Wah Hut, 272 St Vincent Street, ✆ 0141-2215279, 🖥 www.kingtuts.co.uk. Legendärer Musikclub westlich der Innenstadt. Der Ruf des Clubs gründet sich u. a. auf ein Konzert von Oasis 1993, als die Jungs von der Bühne weg unter Vertrag genommen wurden.

MacSorley's, 42 Jamaica Street, ✆ 0141-2488581, 🖥 www.macsorleys.com. Die Jamaica Street verheißt zwar kein karibisches Flair, doch jeden Abend gibt es Livemusik unterschiedlicher Stilrichtungen, darunter auch Folk. Dazu serviert der Musik-Pub herzhaften *pub grub*.

O2 ABC, 300 Sauchiehall Street, ✆ 0844-4772000, 🖥 www.o2abcglasgow.co.uk. Beliebte Konzertbühne für mittelgroße Gigs. Hier treten auch bekanntere Namen auf.

SECC, Exhibition Way, ✆ 0844-3954000, 🖥 www.secc.co.uk, www.ticketsoup.com. Für die großen Namen im Musikgeschäft steht dem Messezentrum im neuen Hafenviertel zur Verfügung.

13th Note, 50-60 King Street, ✆ 0141-5531638, 🖥 www.13thnote.co.uk. Große helle Café-Kneipe unweit des Trongate mit einer eigenen Bühne im Keller. Neben regelmäßigen Live-Auftritten sind auch DJs aktiv. Hier ist abends immer was los.

Clubs

Arches, 253 Argyle Street, ✆ 0141-5651000, 🖥 www.thearches.co.uk. Eine der heißesten Adressen für Konzerte und aktuelle Sounds. Hier arbeiten die Top-DJs der Szene. Der Eingang ist direkt unter den Bahnhofsgleisen der Central Station.

Glasgow School of Art, 167 Renfrew Street, ✆ 0141-3534530, 🖥 www.gsa.ac.uk. Tagsüber Kunsthochschule und Jugendstil-Touristenattraktion, doch am Wochenende cooler Club mit vielen Studis.

Sub Club, 22 Jamaica Street, ✆ 0141-2484600, 🖥 www.subclub.co.uk. Wenige Schritte vom Arches gehört der Sub Club ebenfalls zu den Spitzenreitern der Szene. Im Gegensatz zum Arches ist das Sub aber ein reiner Club, der erst gegen 23 Uhr öffnet.

Theater, Tanz und klassische Musik

Citizens' Theatre, 119 Gorbals Street, ℡ 0141-4290022, 🖥 www.citz.co.uk. Anspruchsvolles Theater auf der Südseite des Clyde – oft moderne Produktionen und immer sehenswert! Bietet auch Theaterworkshops.

City Halls / Old Fruitmarket, Candleriggs, ℡ 0141-3538000, 🖥 www.glasgowconcerthalls.com. Bis ins Jahr 1841 reicht die Geschichte von Glasgows ältestem Konzertsaal zurück, der 2006 durch einen Teil des alten Obstmarktes erweitert wurde. Schon Charles Dickens trat in den City Halls auf. In dem Gebäudekomplex zwischen Candleriggs und Albion Street ist das in ganz Großbritannien sehr gefragte **BBC Scottish Symphony Orchestra** angesiedelt, 🖥 www.bbc.co.uk/bbcsso.

Glasgow Royal Concert Hall, 2 Sauchiehall Street, ℡ 0141-3538000, 🖥 www.glasgowconcerthalls.com. Glasgows Vorzeige-Konzerthalle an der Sauchiehall Street, Ecke Buchanan Street, verfügt über fast 2500 Sitze und hat schon viele internationale Stars gesehen. Eingeweiht wurde die Bühne 1990 als Flaggschiffprojekt für das Europäische Kulturhauptstadtjahr. Das renommierte **Royal Scottish National Orchestra** fand hier eine neue Heimat, ist aber auch regelmäßig in Edinburgh, Aberdeen und Dundee zu Gast, 🖥 www.rsno.org.uk.

King's Theatre, 297 Bath Street, ℡ 0141-2401300, 🖥 www.ambassadortickets.com. Hauptsächlich Musicals und Comedy, daneben Varieté und gelegentlich auch Schauspiel – arbeitet mit dem Theatre Royal zusammen.

SECC, Finnieston Quay, Exhibition Way, ℡ 0141-2483000, 🖥 www.secc.co.uk. Glasgows hypermodernes, schneckenähnliches Veranstaltungs- und Konferenzzentrum liegt am Nordufer des Clyde. Hier finden u. a. Großveranstaltungen, Konzerte und Theateraufführungen statt, Ticket-Hotline: ℡ 0844-3954000.

Theatre Royal, 282 Hope Street, ℡ 0141-3323321, 🖥 www.ambassadortickets.com. Seit über 100 Jahren eines der führenden Theater in Schottland mit einem sehr gemischten Programm aus Theater, Comedy, Musical und Oper. Im Theatre Royal ist die Operntruppe **Scottish Opera**, 🖥 www.scottishopera.org.uk, angesiedelt. Für Ballettvergnügen sorgt das **Scottish Ballet**, 🖥 www.scottishballet.co.uk.

Tramway, 25 Albert Drive, ℡ 0845-3303501, 🖥 www.tramway.org. Immer am Puls der Zeit ist das Kulturprojekt im Süden der Stadt im ehemaligen Industriegebiet. Neben Aufführungen gibt es auch Filmabende, Ausstellungen und einen „versteckten Garten" (Hidden Gardens).

Tron Theatre, 63 Trongate (Eingang Chisholm Street), ℡ 0141-5524267, 🖥 www.tron.co.uk. Am Rande der Merchant City bietet das Tron eher zeitgenössische Aufführungen. Die angeschlossene Tron Bar & Kitchen ist zudem ein freundliches Lokal.

Kino

Glasgow Film Theatre, 12 Rose Street, ℡ 0141-3326535, 🖥 www.gft.org.uk. Das führende Programmkino der Clyde-Metropole bringt in unmittelbarer Nähe der Sauchiehall Street anspruchsvolle Filme auf die beiden Leinwände. Das GFT setzt im Zeitalter der Multiplexkinos auf Qualität und konnte sich bislang gegen die glitzernde Konkurrenz behaupten. Auch das sympathische Kino-Café Cosmo ist sehr einladend.

Grosvenor, Ashton Lane, ℡ 0845-1666002, 🖥 www.grosvenorcinema.co.uk. Mitten in der Ausgehmeile Ashton Lane im Studentenviertel Hillhead ist das kleine Kino eine Institution. Das Grosvenor bringt schon mittags Mainstream-Filme, Klassiker und einige anspruchsvollere Arthouse-Filme auf die Leinwand. Samstags und sonntags ist das Kinderprogramm sehr beliebt. Drinnen sind die Ledersessel sehr gemütlich, und hinten gibt es sogar Partnersofas. Zum stimmigen Konzept gehören auch eine Bar nebenan und das Grosvenor Café ein Stockwerk höher.

Feste

Celtic Connections, 🖥 www.celticconnections.com: Das Jahr hat gerade erst begonnen, da feiert Glasgow schon ausgiebig die lebendige zeitgenössische keltische Musikszene. Dabei stehen nicht nur schottische Bands und Sänger auf dem Programm, denn die keltische Kultur hat in vielen Ländern Spuren hinter-

Glasgow und Umgebung

lassen. Ein Höhepunkt ist der große Umzug mit Dudelsackspielern und Fackelträgern in der Innenstadt.

Glasgow Film Festival, 🖳 www.glasgowfilmfestival.org.uk: Nicht ganz so groß wie das berühmtere Pendant in Edinburgh hat sich das hiesige Filmfestival, das rund 10 Tage Ende Februar stattfindet, dennoch einen guten Namen erworben. Feste Bestandteile sind ein Jugend- und ein Kurzfilmfestival.

Aye Write!, 🖳 www.ayewrite.com: Glasgows Buchfestival findet 9 Tage im März in der Mitchell Library statt. Diskutiert werden aktuelle Themen und Bücher.

West End Festival, 🖳 www.westendfestival.co.uk: Angesichts des lebendigen Szenefeelings im West End kommt das fröhliche zweiwöchige Festival Mitte Juni gut rüber. Konzerte, Folkmusik, Theater, Stadtteilführungen, Ceilidhs und natürlich der große Umzug am Festival Sunday sorgen für gute Stimmung und locken zehntausende Gäste an.

Piping Live!, 🖳 www.pipingfestival.co.uk: Dudelsackspielen hat nicht nur in den Highlands Tradition, sondern wird gerade in Glasgow professionell gepflegt. Wer sich selbst einmal an den *pipes* versuchen möchte, kann während des einwöchigen Festivals im Juni einen Workshop besuchen. Neben Dudelsackkonzerten treten auch bekannte Folkbands auf – mit und ohne Dudelsack ...

Glasgay!, 🖳 www.glasgay.com: Im Oktober/November findet das vielfältigste Schwulen- und Lesbenfestival Schottlands statt. Einen Monat lang zeigt die Szene, welch kulturelle Power in ihr steckt.

Glasgow Hogmanay, 🖳 www.winterfestglasgow.com: Traditionell wird auf dem George Square unter freiem Himmel das neue Jahr mit einer großen Party eingeläutet – Schottland feiert draußen! Inzwischen ist die Hogmanay-Party Teil des sogenannten Glasgow Winterfest, das die gesamte Adventszeit abdeckt.

Einkaufen

Glasgow ist neben Edinburgh die wichtigste Shoppingmetropole in Schottland. Dabei stürzt sich Glasgow definitiv nicht mit Kilts,

Wollpullis, Schals und Nessie-Stofftieren auf die Touristenmassen. Auch setzt Glasgow im Stadtzentrum mehr auf ein fußgängerfreundliches Einkaufserlebnis: Die lange Fußgängerzone **Buchanan Street** mit ihren Fortsätzen in der **Sauchiehall Street** und der **Argyle Street** schafft eine viel entspanntere Atmosphäre als im Zentrum von Edinburgh. Für Spezialgeschäfte sowie Bio- und Feinkostläden führt der Weg oftmals ins **West End**, wo die studentische und akademische Klientel wohnt, während Schottlands größter Flohmarkt, der Barras (s. S. 234), im **East End** zu finden ist.

Bücher

Biblocafe, 262 Woodlands Road, s. S. 253.

Caledonia Books, 483 Great Western Road, 📞 0141-3349663, 🖳 www.caledoniabooks.co.uk. Ein wunderbares Antiquariat im West End mit viel schottischer Literatur. Der weitläufige Laden hat auf seinen Regalen aber auch Klassiker, Kinderbücher, Belletristik und Science Fiction. 🕐 Mo–Sa 10.30–18 Uhr.

Waterstone's, 153-157 Sauchiehall Street, 📞 0843-2908345, 🖳 www.waterstones.co.uk. Gut sortierte große Filiale der landesweiten Buchhandelskette. Ein Café gehört auch dazu. 🕐 Mo–Mi, Fr–Sa 8.30–19, Do 8.30–20, So 10–18 Uhr.

Feinkost / Lebensmittel

George Mewes, 106 Byres Road, 📞 0141-3345900, 🖳 www.georgemewescheese.co.uk. Ein Spezialist für schmackhaften Käse von kleinen „Farmhaus"-Herstellern. Ob der Anster aus Fife, der Lanark Blue aus der Umgebung von Glasgow oder die Isle of Mull Cheddar von der Westküste, hier lassen sich schottische Spezialitäten probieren. Dazu werden u. a. *oatcakes*, Brot, Marmelade und Chutney verkauft. 🕐 Mo–Sa 9–18, So 10–17 Uhr.

🔶 **Grassroots Organic**, 20 Woodlands Road, 📞 0141-3533278, 🖳 www.grassrootsorganic.com. Freundlicher Bioladen mit sehr leckeren Salaten, Sandwiches und vegetarischen Teigtaschen. Natürlich gibt es auch Bioriegel u. Ä. 🕐 Mo–Mi 8.30–18.30, Do–Fr 8.30–19, Sa 9–18, So 11–17 Uhr.

Iain J. Mellis, 492 Great Western Road, ☎ 0141-3398998, 🖳 www.mellischeese.co.uk. Der Käsespezialist aus Edinburgh ist in Glasgow nur einmal vertreten. Auch hier bietet er eine exzellente Auswahl. Gute Adresse für Selbstversorger. ⏱ Mo–Fr 9–19, Sa 9–18.30, So 10–17 Uhr.

Peckham's, 124 Byres Road, ☎ 0141-3571454, und 61-65 Glassford Street, ☎ 0141-55306666, 🖳 www.peckhams.co.uk. Zwei Filialen der weit verbreiteten Feinkostkette mit sehr liberalen Öffnungszeiten, sodass sich selbst für ein abendliches Essen oder eine Party noch schnell etwas Leckeres einkaufen lässt. Auch große Auswahl an schottischen Bieren. In der Glassford Street mit Bistro-Café. ⏱ Byres Road: Mo–Sa 8.30–24, So 9–24 Uhr. Glassford Street: Mo–Do 8–22, Fr–Sa 8–24, So 10–22 Uhr.

🟧 **Roots + Fruits Wholefoods**, 455-457 Great Western Road, ☎ 0141-3395817. Freundlicher Ökoladen im West End mit Salattheke, Obst, Gemüse, Kuchen und Bioriegeln. ⏱ Mo–Fr 8.30–19, Sa–So 9–18.30 Uhr.

Kaufhäuser und Shoppingcenter

Argyll Arcade, 30 Buchanan Street/102 Argyle Street, 🖳 www.argyll-arcade.com. Wenn es um Schmuck und Uhren geht, führen alle Wege in die L-förmige Argyll Arcade, die schon 1827 errichtet wurde. Allein deshalb lohnt sich ein kurzer Abstecher durch den historischen Shoppingschlauch. ⏱ Mo–Sa 10–17.30, So 12–17 Uhr.

Buchanan Galleries, 220 Buchanan Street, 🖳 www.buchanangalleries.com. Das Pendant zum St Enoch Centre bildet zusammen mit der Royal Concert Hall den nördlichen Abschluss der Buchanan Street.

St Enoch Centre, St Enoch Square, 🖳 www.st-enoch.co.uk. Großes Einkaufszentrum am Südende der Buchanan Street parallel zur Argyle Street.

Trödel

The Barras, 244 Gallowgate, ☎ 0141-5524601, 🖳 www.glasgow-barrowland.com. Schottlands größter Flohmarkt – eine echte Institution, s. S. 234. ⏱ Sa/So 10–17 Uhr.

Ruthven Mews, Ruthven Lane. In einem Hinterhof der Byres Road gegenüber der U-Bahn-Station Hillhead haben sich Restaurants und skurrile Secondhandläden angesiedelt. Bei **Relics**, ☎ 0141-3410007, findet sich einfach alles. In dem Kramladen warten Bücher, Uhren, Holz-Golfschläger, Platten, Schmuck, Vasen, Musikinstrumente und vieles mehr auf Käufer – einfach mal stöbern! ⏱ Mo–Sa 11–18, So 13–18 Uhr.

Sonstiges

Footprints, 32-34 Woodlands Road, ☎ 0141-3536738, 🖳 www.footprintsglasgow.com. Direkt neben dem Bioladen Grassroots Organic alles für den Aufbruch in die Highlands, von Rucksäcken, Schlafsäcken und Wanderschuhen bis hin zu Wanderkarten und Campingbedarf. ⏱ Mo–Mi, Fr 10–18, Do 10–19, Sa 9.30–18, So 12–17 Uhr.

Aktivitäten

In Milngavie, am nordwestlichen Stadtrand von Glasgow startet am Bahnhof der 154 km lange Fernwanderweg **West Highland Way** (s. S. 272). Die Anreise erfolgt am einfachsten mit dem Vorortzug von Glasgow Central Station.

Touren

Stadtführungen und -rundfahrten

Mit der Vielzahl an Stadtführungen in Edinburgh kann Glasgow nicht konkurrieren. Eine gute Einführung bieten die beiden „Hop-on-hop-off"-Bustouranbieter, die ein selbstständiges unbegrenztes Ein- und Aussteigen an den Haltepunkten unterwegs ermöglichen.

Tickets von **City Sightseeing Glasgow**, ☎ 0141-2040444, 🖳 www.citysightseeingglasgow.co.uk, bleiben 2 Tage lang gültig (10 £, erm. 8/4 £). Die Doppeldeckerbusse steuern vom West End und Glasgow Science Centre bis zum People's Palace in East End insgesamt 21 Sehenswürdigkeiten an. Den Kommentar gibt es über Kopfhörer auch auf Deutsch. Im Sommer verkehren die Busse alle 15–30 Min., im Winter alle 30 Min. Tickets gibt es auch in der Touristeninformation am George Square.

Praktisch die gleiche Route klappern die Busse von **Glasgow City Tour**, ✆ 01475-781957, 🖳 www.glasgowcitytour.com, ab. Die Tickets sind etwas teurer als beim Konkurrenten (11 £, erm. 9/5 £), dafür gibt es Live-Kommentare.

Schiffstouren
Der letzte seegängige Schaufelraddampfer der Welt, die **Waverley**, ✆ 0845-1304647, 🖳 www.waverleyexcursions.co.uk, fährt vom Glasgow Science Centre regelmäßig den Clyde hinab – oder wie es vor Ort so schön heißt: *doon the watter*.

Rundflüge
Ebenfalls am Glasgow Science Centre starten die Wasserflugzeuge von **Loch Lomond Seaplanes**, ✆ 0870-2421457, 🖳 www.loch lomondseaplanes.com. Es gibt 45-minütige „Discovery"-Rundflüge entlang der Westküste (139 £) oder aber längere Flüge nach Oban (hin und zurück 169 £).

Sonstiges

Apotheken
Am längsten hat in Glasgow die Filiale des Drogeristen **Boots** in der Central Station geöffnet. ⏰ Mo–Sa 7–24, So 9–18 Uhr.

Autovermietungen
In Glasgow gibt es zahlreiche Anbieter. In Paisley am Flughafen vertreten ist **Arnold Clark**, Murray Street, ✆ 0141-8478602, 🖳 www.arnoldclarkrental.com. Vom Flughafen gibt es einen kostenlosen Abholservice.

Gepäckaufbewahrung
Buchanan Bus Station, Gepäckschließfächer für 5/6/7 £ pro Tag je nach Größe. Zwischen 10–18 Uhr auch normale Gepäckaufbewahrung für 5 £. ⏰ tgl. 6–23 Uhr.
Central Station, Excess Baggage Company, ✆ 0141-2218597, 🖳 www.left-baggage.co.uk. 3 £ (bis 3 Std.), 5 £ (3–6 Std.), 7 £ (6–24 Std.); 3,50 £ für weitere 24 Std. ⏰ Mo–Sa 6–24, So 7–24 Uhr.
Queen Street Station, Gepäckschließfächer in der großen Wartehalle für 5/6/7 £ pro Tag je nach Größe.

Informationen
Im Internet
www.glasgowguide.co.uk: Ganz viele Links zu Restaurants, Pubs, Hotels und Sehenswürdigkeiten.
www.glasgow.gov.uk: Die offizielle städtische Website mit vielen Infos zur Stadt, auch zum Tourismus.
www.seeglasgow.com: Touristische Website mit Hintergrundinfos, Veranstaltungskalender, kleinen Filmchen und vielen Adressen, z. T. sogar auf Deutsch.
www.visitscotland.com/glasgow: VisitScotland hat eine Unterseite mit unterschiedlichen Themen und Veranstaltungstipps zu Glasgow.

Touristeninformationsbüros (VisitScotland)
Glasgow VisitScotland Information Centre, 11 George Square, ✆ 0141-2044400. ⏰ Ostern–Mai Mo–Sa 9–18, So 10–18, Juni/Sep Mo–Sa 9–19, So 10–18, Juli–Aug Mo–Sa 9–20, So 10–18, Okt–Ostern Mo–Sa 9–17 Uhr.
Glasgow Airport **VisitScotland Information Centre**, International Arrivals, Glasgow International Airport, Paisley, ✆ 0141-8484440. ⏰ Ostern–Sep tgl. 7.30–17, Okt–Ostern Mo–Sa 7.30–17, So 8–15.30 Uhr.

Internet
Mitchell Library, North Street, s. S. 242. Kostenloser Internetzugang gegen Vorlage des Personalausweises. ⏰ Mo–Do 9–20, Fr–Sa 9–17 Uhr.

Medien
Die führende Zeitung ist **The Herald**, 🖳 www.heraldscotland.com, früher *The Glasgow Herald*. Zusammen mit dem *Scotsman* aus Edinburgh ist das Blatt die wichtigste Tageszeitung in Schottland. Allerdings bringt der *Herald* deutlich weniger internationale Nachrichten als sein Konkurrent. Ab den Mittagsstunden erscheint das Abendblatt **Evening Times** und sonntags kommt der **Sunday Herald** auf den Markt. 2003 wurde der *Herald* von der amerikanischen Mediengruppe Newsquest aufgekauft und hat inzwischen den *Scotsman* in puncto Auflage hinter sich gelassen.

Neben dem Glasgow Science Centre hat sich die **BBC Scotland** angesiedelt, die von hier u. a. Mo–Fr um 18.30 Uhr die Nachrichtensendung *Reporting Scotland* auf BBC 1 ausstrahlt. Gleich nebenan hat der Fernsehsender **STV** als schottischer Ableger des landesweiten Senders ITV sein Hauptquartier.

Medizinische Hilfe

Glasgow Royal Infirmary, 84 Castle Street, ℡ 0141-2114000. Rund um die Uhr geöffnete Notfallambulanz.
Western Infirmary, Dumbarton Road, ℡ 0141-2112000. Rund um die Uhr geöffnete Notfallambulanz.
Glasgow Dental Hospital, 378 Sauchiehall Street, ℡ 0141-2119600. Mit Notfallbehandlung bei Zahnproblemen.

Polizei und Sicherheit

Glasgow ist im Allgemeinen eine sichere Großstadt. In den belebten Einkaufsvierteln sollte man die üblichen Sicherheitsvorkehrungen treffen. Vor allem an Wochenenden sollte man abends rund um die Pubs auf alkoholisierte Gruppen achten und diesen nach Möglichkeit aus dem Weg gehen. Auch die Parks sollte man nach Einbruch der Dunkelheit besser meiden.
Im Schadensfall sollte man sich direkt an die **Strathclyde Police**, ℡ 999 oder 0141-5322000, ▭ www.strathclyde.police.co.uk, wenden oder aber rund um die Uhr an:
Glasgow City Centre Police Office, 50 Stewart Street.

Post

Das **Hauptpostamt** von Glasgow befindet sich unweit der Buchanan Street in der 47 St Vincent Street. Hier ist auch Geldwechsel möglich. ⊙ Mo–Fr 9–17.45, Sa 9–17.30 Uhr.
Kleinere Postämter: 59 Glassford Street (Merchant City); 177 Sauchiehall Street; 687 Great Western Road (Hillhead).

Nahverkehr

Stadtbusse und U-Bahn

Glasgow hat ein sehr dichtes Netz an Stadtbussen sowie eine ringförmige U-Bahn-Linie.

Die **U-Bahn** (Subway) wurde bereits 1896 in Betrieb genommen und ist die drittälteste der Welt. Es werden im Kreisverkehr 15 Stationen von der Buchanan Street im Zentrum bis ins West End und nach Govan bedient. Mittlerweile gibt es Pläne, die U-Bahn durch einen weiteren Ring Richtung Osten zu ergänzen.
Die Taktung der Busse und U-Bahnen ist sehr eng und wird am Wochenende durch Nachtbusse ergänzt. Allerdings stellt die U-Bahn sonntags schon gegen 17.45 Uhr den Verkehr ein.
Durch die Einbahnstraßen in der Innenstadt gibt es keine zentrale Umsteigehaltestelle, aber in dem Quadrat zwischen Hope Street/Bath Street/Renfrew Street/St Vincent Street halten die allermeisten Linien.
Finanziell ein ernsthafter Nachteil ist die Zersplitterung der Nahverkehrsanbieter, sodass es z. B. kein einheitliches Nahverkehrsticket für ganz Glasgow gibt. Die meisten Buslinien gehören zu **First**, ▭ www.firstgroup.com, dazu kommen Busse von **Arriva**, ▭ www.arrivabus. co.uk, und **Stagecoach**, ▭ www.stagecoach bus.com. Die U-Bahn und die Vorortbahnen (s. u.) hingegen werden von **SPT**, ▭ www.spt. co.uk, betrieben.
Zwei wichtige Buslinien für Transitgäste sind der **GlasgowFlyer 500**, ▭ www.glasgowflyer. com, von Arriva, der in kurzen Abständen zwischen dem Flughafen und den Bahnhöfen Central Station, Queen Street Station und Buchanan Bus Station pendelt. Tickets kosten einfach 4,50/3,50 £ sowie als Open Return Ticket 7/5 £. Zwischen den Innenstadtbahnhöfen und dem Busbahnhof pendelt der **First-Bus 398** für 1,02 £.
Einzeltickets *(single)* für die Busse kosten je nach Länge der Strecke 1–2 £. Das Geld muss passend beim Fahrer in eine Box geworfen werden. First bietet ein Tagesticket *(FirstDay)* für 3,75 £ (Kinder 1 £) an. Bei SPT kann man für 3,50 £ ein *Discovery Ticket* als Tageskarte für die U-Bahn kaufen. Für 5,25/2,60 £ *(Roundabout)* kann man zusätzlich auch die Vorortzüge von SPT nutzen. Dieses Ticket gilt Mo–Fr ab 9 Uhr, Sa/So ganztags. Paisley, Blantyre und Dumbarton sind inklusive, allerdings nicht Helensburgh.

Vorortzüge

Wer weiter aus dem Zentrum raus möchte, sollte die Vorortzüge von **SPT**, 🖥 www.spt.co.uk, nutzen. Die wichtigsten Bahnhöfe sind die Central Station und Queen Street Station, für West-Ost-Züge aber vor allem Argyle Street und im Westen Partick als Übergangspunkt zur U-Bahn. Am besten nutzt man das *Roundabout Ticket*, das als Tageskarte auch die Nutzung der U-Bahn einschließt.

Touristisch wichtige Ziele sind Milngavie als Startpunkt für den West Highland Way (s. S. 272) sowie Dumbarton, Helensburgh (außerhalb des Geltungsbereichs für das Roundabout Ticket), Blantyre, Lanark und Paisley.

Schiffe

Seit 2010 verkehren Boote von **Clyde Cruises**, ☎ 01475-721281, 🖥 www.clydecruises.com, von April–Okt im Linienverkehr vom Innenstadtanleger Broomielaw flussabwärts zum Glasgow Science Centre und nach Braehead. Ab 2011 soll auch das Riverside Museum angesteuert werden. Broomielaw–Science Centre hin und zurück 3 £, erm. 2/1,50 £ (inkl. 2 £ Ermäßigung im Science Centre).

Taxis

Innerhalb der Stadt werden die Preise vom Glasgower Stadtrat festgelegt. Jenseits der Stadtgrenzen kann und sollte man verhandeln. Für längere Strecken (Flughafen z. B.) bestellt man sich am besten telefonisch ein Taxi. Innerhalb der Stadt ist der Mindesttarif 2,20 £ für knapp 800 m/3 Min. Für jede weiteren 210 m/48 Sek. zahlt man 20 p. Für jede 48 Sek. Wartezeit werden ebenfalls 20 p fällig. Zwischen Flughafen und Innenstadt zahlt man je nach Tageszeit und Fahrtstrecke rund 18–25 £. Die meisten Taxis in Glasgow sind unter der zentralen Rufnummer von **Glasgow Taxis**, ☎ 0141-4297070, 🖥 www.glasgowtaxis.co.uk, zu erreichen. Glasgow Taxis organisiert auch Stadtrundfahrten.

Transport

Selbstfahrer

Mit dem Auto sollte man die Innenstadt tunlichst meiden. Vor allem während der Rushhour herrscht auf der Stadtautobahn M8 sowie auf den Einfallstraßen oft Stau. In den Parkhäusern muss man ordentlich Geld berappen, und zu Fuß kommt man eindeutig schneller voran. Deshalb ist ein Tagesticket für die Busse oder U-Bahn eindeutig vorzuziehen. Wer von außerhalb kommt und nur eine Stippvisite machen will, sollte entweder mit dem Zug anreisen oder aber auf die Park&Ride-Möglichkeiten am Stadtrand zurückgreifen (z. B. U-Bahn-Station Shields Road am Scotland Street Museum).

Busse

Die **Buchanan Bus Station**, Killermont Street, ☎ 0141-3333708, ist der zentrale Busbahnhof für Glasgow. Von hier fahren die Überlandbusse in alle Richtungen ab. Für die meisten innerschottischen Verbindungen ist **Scottish Citylink**, ☎ 0871-2663333, 🖥 www.citylink.co.uk, zuständig.

Hier einige Ziele von der Buchanan Bus Station. Aufgeführt werden die Standardpreise für eine einfache Fahrt. Die meisten Ziele sind ohne Umstieg erreichbar.

ABERDEEN, stdl., 3 1/4 Std., 26,50 £;
DUNDEE, 2x stdl., 1 3/4–2 1/2 Std., 14,50 £;
EDINBURGH, alle 15 Min., 1 1/4 Std., 6,30 £;
FORT WILLIAM, 3x tgl., 2 3/4 Std., 21,70 £;
INVERNESS, stdl., 3 1/2–4 1/2 Std., 15–25,50 £;
OBAN, 3x tgl., 3 Std., 16,40 £;
PERTH, 1–2x stdl., 1 1/2 Std., 10,70 £;
PORTREE, 3x tgl., 6 1/4–7 Std., 38,20 £;
STIRLING, stdl., 45 Min., 6,60 £;
ULLAPOOL, 1x tgl., 5 3/4 Std., 31,50 £.

Eisenbahn

Glasgow verfügt über zwei Fernbahnhöfe: Queen Street Station und Central Station. Von der **Queen Street Station** fahren die Züge in die Highlands sowie nach Nordosten und über Falkirk auch Richtung Edinburgh. Von der **Central Station** wird der Südwesten von Schottland bedient sowie die südliche Strecke nach Edinburgh.

Für die Region rund um Glasgow gibt es zudem ein sehr dichtes Netz an Vorortzügen von SPT (s. Nahverkehr).

Hier einige Reiseziele mit den Standardpreisen:

ABERDEEN, 1–2x stdl., 2 1/2 Std., 40 £;
AYR, halbstdl., 1 Std., 6,70 £;
DUNDEE, stdl., 1 1/4 Std., 23 £;
EDINBURGH, alle 15 Min., 50–70 Min., 10,60 £;
FORT WILLIAM, 3x tgl., 3 3/4 Std., 23 £;
INVERNESS, 8x tgl., 3 1/2 Std., 40 £;
LONDON, stdl., 4 1/2 Std., 110 £;
OBAN, 3x tgl., 3 Std., 19,50 £;
PERTH, 1–2x stdl., 1 Std., 13 £;
STIRLING, 3x stdl., 25–40 Min., 7 £;
THURSO, 3x tgl., 7 1/2–8 Std., 50 £.

Flüge

Glasgow International Airport, ✆ 0844-4815555, 🖥 www.glasgowairport.com, liegt rund 13 km westlich des Stadtzentrums, südlich des Clyde auf dem Stadtgebiet von Paisley. Zu den Flugverbindungen s. S. 38; sowie S. 559 (Stornoway), S. 574 (Barra), S. 590 (Kirkwall), S. 609 (Sumburgh).
Am Flughafen kann man direkt ein Auto mieten (s. S. 262). Wer in die Innenstadt will, fährt am günstigsten mit dem Expressbus GlasgowFlyer 500 (s. S. 263). Er fährt die Bahnhöfe im Zentrum an, von wo man bequem weiterfahren kann. Einige Busse von Scottish Citylink (s. Fernbusse links) in die westlichen Highlands halten ebenfalls direkt am Flughafen, allerdings gibt es ohne Reservierung keine Garantie auf einen Platz, sodass letztlich doch die Fahrt in die Innenstadt anstehen kann. Mit einem Taxi kostet die Fahrt ins Zentrum je nach Tageszeit und Fahrtstrecke ca. 18–25 £.

Die Umgebung von Glasgow

Das Umland von Glasgow ist sehr unterschiedlich geprägt: Vom Oberlauf des Clyde im Südosten durch einen industriell geprägten Städtegürtel bis an den Rand des Loch Lomond & the Trossachs National Park im Nordwesten reicht das Umfeld von Schottlands größter Stadt. Teilweise recht versteckt liegen einige lohnenswerte Ausflugsziele, die in ihrer Bandbreite den kulturellen Reichtum von Glasgow unterstreichen.

Oberes Clyde-Tal

David Livingstone Centre und Bothwell Castle

Von den Ufern des Clyde bis ins Herzen Afrikas: Das **David Livingstone Centre**, 165 Station Road, Blantyre, ✆ 0844-4932207, 🖥 www.nts.org.uk, folgt in Livingstones Geburtshaus den Spuren des berühmten Afrikaforschers und Missionars (1813–1873). ⏰ April–Dez Mo–Sa 10–17, So 12.30–17 Uhr, Eintritt 6 £, erm. 5 £ (NTS).

Der Clyde Walkway führt rund 1,5 km flussabwärts zur roten Sandsteinruine von **Bothwell Castle**, Castle Avenue, Uddingston, ✆ 01698-816894, 🖥 www.historic-scotland.gov.uk. Die malerisch über dem Tal gelegene Burg gilt als die besterhaltene schottische Festung aus dem 13. Jh., auch wenn sie im Laufe der schottischen Unabhängigkeitskriege schwer gelitten hat und bis ins 15. Jh. mehrfach umgebaut wurde. Der älteste Teil ist der Gefängnisturm aus dem 13. Jh. ⏰ April–Sep tgl. 9.30–17.30, Okt 9.30–16.30, Nov–März Sa–Mi 9.30–16.30 Uhr, Eintritt 3,70 £, erm. 3/2,20 £ (HS).

New Lanark

Die Industriegeschichte von Schottland ist untrennbar mit dem Örtchen New Lanark im oberen Clyde-Tal verbunden. Die idyllische Lage im bewaldeten, tief eingeschnittenen Tal unterhalb der „alten" Ortschaft Lanark, nach der die gesamte Grafschaft benannt wurde, verrät heute nicht mehr, dass hier vor 200 Jahren von beschaulicher Stille nichts zu spüren war. David Dale hatte hier ab 1785 die größte Baumwollspinnerei Schottlands aufgebaut, denn der große Wasserbedarf machte die Nähe eines Flusses zur Voraussetzung. Bis zu 2500 Menschen waren auf dem Höhepunkt der Produktion in New Lanark tätig.

Dass der Ort heute zum Unesco-Weltkulturerbe gehört, verdankt er dem Waliser Robert Owen (1771–1858), der als Schwiegersohn von Dale 1799 die Firmenleitung übernahm. Owen baute New Lanark zu einer sozialen **Modellsiedlung** aus. Er baute solide Häuser, begrenzte die Kinderarbeit, führte kostenlose medizinische Untersuchungen ein, gründete eine Schule und förderte die Erwachsenenbildung. Für seine

Arbeiter gründete er eine Lebensmittelkooperative, deren Gewinne wiederum die Schule finanzierten. Seinen Bildungsanspruch unterstrich er 1816 zudem mit der Gründung des *Institute for the Formation of Character*, einer Art sozialem und kulturellem Zentrum für Veranstaltungen, inkl. Bücherei.

Die Baumwollproduktion wurde 1968 im Clyde-Tal eingestellt. Seither läuft unter der Schirmherrschaft des New Lanark Trust ein ehrgeiziges Revitalisierungsprojekt, das verhindern soll, dass der Ort zu einer reinen Museumssiedlung wird. So wohnen noch immer fast 200 Menschen in den renovierten Häusern.

Vom **New Lanark Visitor Centre**, ✆ 01555-661345, 🖥 www.newlanark.org, folgt man zunächst der kleinen Annie McLeod und wirft dann einen Blick in die ehemaligen Arbeiterhäuser, das Direktorenhaus von Robert Owen, den Dorfladen sowie die ehemalige Schule. ⏰ April–Sep tgl. 10–17, Okt–März 11–17 Uhr, Eintritt (Kombiticket für alle Sights) 6,95 £, erm. 5,95 £.

Ein sehr schöner Waldspaziergang führt vom oberen Ende des Dorfes zu den **Falls of Clyde**, die 1840 schon von William Turner auf einem romantischen Gemälde festgehalten wurden.

Durch den Betrieb des Bonnington-Wasserkraftwerks rauscht das Wasser nur noch in kleinen Mengen durch das Flussbett hinab ins Tal.

New Lanark Youth Hostel, Wee Row, Rosedale Street, New Lanark, ✆ 01555-666710, 🖥 www.hostellingscotland.com. Mitten im Herzen der denkmalgeschützten Industriesiedlung bietet die Jugendherberge 60 Betten, auch in Doppelzimmern mit Bad/WC. Dorm-Bett ab 15,75 £.

Lanark VisitScotland Information Centre, Horsemarket, Ladyacre Road, Lanark, ✆ 01555-661661. Das Touristenbüro von VisitScotland liegt im alten Ortskern oberhalb von New Lanark. ⏰ Ostern–Sep tgl. 10–17, Okt–Ostern Mo–Sa 10–17 Uhr.

Blantyre liegt an der Bahnlinie Glasgow Central Station (Tiefetage) nach Motherwell/Lanark. Verbindungen ca. alle 10–20 Min., Fahrzeit 20 Min.

Die Wollfabrik New Lanark war im 19. Jh. ein soziales Modellprojekt.

New Lanark wird über Lanark erreicht. Stdl. Zugverbindungen von GLASGOW über Blantyre nach LANARK (1 Std.). Dort am Bahnhof Mo–Fr stdl. Umstieg in Buslinie 135 hinunter nach New Lanark. Alternativ erreicht man den Ort von Glasgow mit Buslinie 240X ab Buchanan Bus Station bis Lanark Bus Station am St Vincent Place unmittelbar am Bahnhof. Dort ebenfalls Umstieg in die Linie 135.

Paisley

Rund 13 km südwestlich von Glasgow liegt Paisley in unmittelbarer Nachbarschaft zum **Glasgow International Airport**. Die Geschichte der Hauptstadt von Renfrewshire ist von der mächtigen Abteikirche im Stadtzentrum sowie der im 19. und 20. Jh. weltweit bedeutenden Garnindustrie bestimmt. Die Familiendynastien Coats und Clark waren die treibenden Kräfte. In Paisley wurden die letzten Garne 1986 gesponnen. Auch in der Mode haben Paisley-Muster und Paisley-Schals ihren Namen in Zusammenhang mit der Stadt erhalten.

Wichtigstes Gebäude in der ehemaligen Textilstadt ist die imposante **Paisley Abbey**, Abbey Close, ℡ 0141-8897654, 🖳 www.paisleyabbey.org.uk, die trotz der Industrialisierung und moderner Verwaltungsgebäude im Umfeld ihre würdevolle Ausstrahlung nicht verloren hat. Durch den restaurierten Teil des Kreuzgangs betritt man die beeindruckende Abteikirche, die sehr eng mit dem Aufstieg der Stuart-Dynastie in Schottland verbunden ist. Der Stifter der ursprünglichen Benediktinerpriorei war nämlich 1163 ein gewisser Walter FitzAlan, seines Zeichen *High Steward of the Royal Household*, also Großhofmeister. Der englisch-bretonische Adlige war mit König David I. nach Schottland gekommen und im Südwesten des Landes zu einem der wichtigsten Grundbesitzer aufgestiegen. Sein Hofamt wurde erblich, und 150 Jahre später heiratete Marjorie, die Tochter von Robert the Bruce, einen Nachfahren von FitzAlan. Ihr gemeinsames Kind begründete als Robert II. 1371 die Stuart-Dynastie. Selbst die jetzige Queen ist noch um zehn Ecken mit den Stuart-Vorfahren verwandt. Ironischer-weise hatte FitzAlan die Gründungsurkunde für die Priorei von Paisley in Fotheringhay Castle unterschrieben, wo 1587 seine berühmte Nachfahrin Maria Stuart hingerichtet werden sollte.

Sehenswert in der Abteikirche sind z. B. das Grabmal von Marjorie Bruce (1406), die Mirin Chapel, die gotischen Sedilien sowie das gotische Westportal. ⊙ Mo–Sa 10–15.30 Uhr, Eintritt frei.

Informationen
Paisley VisitScotland Information Centre, 9a Gilmour Street, ℡ 0141-8890711. ⊙ Mo–Sa 9–17 Uhr.

Transport
Die Paisley Gilmour Street Station liegt an den Bahnstrecken von GLASGOW Central Station nach Gourock, Wemyss Bay, Ardrossan und Ayr. Deshalb verkehren mehrfach stündlich Züge, Fahrzeit ca. 10 Min.

Dumbarton und Helensburgh

Dieser Ausflug entlang des Nordufers des Clyde lohnt sich vor allem, wenn man ein Fan von Charles Rennie Mackintosh oder aber ohnehin auf der Weiterfahrt von Glasgow zum Loch Lomond ist.

Dumbarton Castle

Der wie ein Klumpen in der flachen Landschaft thronende, 74 m hohe Vulkanfelsen Dumbarton Rock war an der Mündung des River Leven in den Clyde ideal als Verteidigungsbollwerk geeignet, und so kann Dumbarton Castle, ℡ 01389-732167, 🖳 www.historic-scotland.gov.uk auf eine mehr als 1500-jährige bewegte Geschichte zurückblicken.

500 Jahre lang regierten hier die Könige von Strathclyde. Bis zum 13. Jh. diente das mittelalterliche Castle als Grenzfeste gegen die Wikinger, deren Machtbereich weit den Clyde hinauf reichte. 1548 war die junge Maria Stuart ein halbes Jahr hier untergebracht, bevor sie nach Frankreich ins sichere Exil geschickt wurde. Später diente das Castle als Garnison.

Wer die 557 Stufen durch die Spalte in der Mitte des Felsens erklimmt, genießt von oben einen herrlichen Rundblick. Bis vor wenigen Jahrzehnten lag das Castle inmitten einer geschäftigen Werftenwelt, die inzwischen jedoch nahezu vollständig vom Erdboden verschwunden ist. ⏰ April–Sep tgl. 9.30–17.30, Okt 9.30–16.30, Nov–März Sa–Mi 9.30–16.30 Uhr, Eintritt 4,20 £, erm. 3,40/2,50 £.

Abkehr vom viktorianischen Baustil und Innendesign für Furore sorgte. Interessant auch die augenfälligen Farbkontraste: Während die Bibliothek, die Eingangshalle und das Esszimmer dunkel gehalten sind, fallen der Salon und das Schlafzimmer durch ihre helle Ausgestaltung auf. Im Hill House erweist sich das Künstlerpaar auf dem Höhepunkt seines Schaffens. ⏰ April–Okt tgl. 13.30–17.30 Uhr, Eintritt 9 £, erm. 6,50 £.

Hill House

Von außen wirkt Hill House, Upper Colquhoun Street, Helensburgh, ☎ 0844-4932208, 🖥 www.nts.org.uk, wie ein mittelalterlicher Herrensitz inmitten eines schönen Gartens, doch handelt es sich um einen kompletten Neubau von Charles Rennie Mackintosh, den er 1902–04 für den Verleger Walter Blackie am nördlichen Stadtrand von **Helensburgh** errichtete. Der Architekt und seine Frau Margaret Macdonald bekamen freie Hand. Sie schufen ein Haus, das durch elegante Formen, verträumt-exotische Gessos, typische Mackintosh-Rosen, kurzum durch eine radikale

Von GLASGOW Queen Street fahren sehr regelmäßig Vorortzüge nach **Dumbarton East**, Fahrzeit ca. 25–35 Min., von wo das Castle und Denny Tank zu Fuß zu erreichen sind. **Hill House** erreicht man am besten mit dem direkten Mittagszug nach Oban, der in Helensburgh Upper hält (42 Min.). Von dort sind es zu Fuß nur wenige Minuten durch die Upper Colquhoun Street. Die allermeisten anderen Züge halten in **Helensburgh Central**, was einen rund 25-minütigen Fußweg den Hügel hinauf Richtung Stadtrand bedeutet.

Zentralschottland

Stefan Loose Traveltipps

5 **Loch Lomond** Die Schärenlandschaft des herrlichen Sees an der Trennlinie von Lowlands und Highlands und die Berggipfel drumherum laden zur Erkundung ein. S. 271

Trossachs Auf den Spuren von Walter Scott und Rob Roy durch eine mythisch verklärte Landschaft. S. 279

Stirling Hoch oben auf dem Burgberg thront der prächtige Renaissance-Palast der Stuarts. S. 283

Loch Leven Mit Maria Stuart aus der Inselfeste flüchten sowie Gänseschwärme und Seeadler beobachten. S. 297

6 **East Neuk** Malerische Fischerdörfer, ein gut ausgebauter Küstenwanderweg und die Papageientaucherinsel Isle of May machen den Küstenstreifen zum „goldenen Saum" von Fife. S. 298

St Andrews Die Heimat des Golfs ist eine lebendige Universitätsstadt mit sehenswerten Relikten der mittelalterlichen Blütezeit. S. 305

Dunkeld Zwischen Kathedralenruine und Hermitage lässt sich Highland-Romantik schnuppern. S. 320

7 **Blair Castle** Nach der Besichtigung der imposanten Burg verspricht das Glen Tilt einsame Natur. S. 326

Nördlich der Linie Glasgow–Edinburgh beginnt geografisch die zentrale Region Schottlands. Die alten Grafschaften Stirlingshire, Perthshire und Fife bilden einen geschichtsträchtigen Gürtel, der für die Entwicklung Schottlands von großer Bedeutung war. Auf den Schlachtfeldern rund um Stirling entschied sich mehrfach das Schicksal des Landes, in den königlichen Städten Dunfermline, Perth und Stirling war im Mittelalter die Macht der Krone konzentriert, und St Andrews an der Küste von Fife war lange das religiöse Zentrum.

Dennoch lässt sich die Region kaum als einheitlicher Block betrachten. Allein schon geografisch bringt die Trennung in Lowlands und Highlands zwei völlig unterschiedliche Landschaftsformen mit sich. Nirgends wird das deutlicher als am traumhaften **Loch Lomond**, dessen Nordspitze bis weit ins karge Hochland hineinragt. Der Loch Lomond & The Trossachs National Park ist eine exzellente Anlaufstelle für Naturfreunde. Auch Perthshire lebt vom Kontrast seiner zwei Gesichter mit dem alten Krönungsort **Scone** im Süden und dem reizvollen **Loch Tay** sowie dem altehrwürdigen Gemäuer von **Blair Castle** im Norden.

In diesem positiven Spannungsverhältnis dürfte jeder Besucher für sich etwas entdecken: Wanderer erklimmen die majestätischen Gipfel im Norden und erkunden die malerischen

Küstenörtchen im **East Neuk** von Fife, Kathedralen-Fans eilen nach **Dunfermline, Dunkeld** und **St Andrews**, wo in der Heimat des Golfs bei Wind und Wetter der Schläger geschwungen wird. Schiffsausflüge auf dem Loch Lomond und **Loch Katrine** oder zur Vogelschutzinsel **Isle of May** sorgen ebenso für Unterhaltung wie die attraktiven Festivals. Ein Muss ist **Stirling Castle**, das im Mittelalter Machtsymbol der Stuart-Könige war.

Vom Loch Lomond nach Stirling

Für die erholungssuchenden Großstädter aus Glasgow und dem zentralen Städtegürtel Schottlands liegen der Loch Lomond und die Trossachs nur einen Katzensprung entfernt. Dementsprechend füllen sich diese beiden sehr beliebten Urlaubsgebiete vor allem am Wochenende regelmäßig mit Scharen von Tagesausflüglern.

Rund um den lang gestreckten Loch Lomond und die seit Walter Scott romantisch verklärte Hochlandregion der Trossachs gibt es einen ersten Vorgeschmack auf die Highlands und deshalb auch erstklassige Wandermöglichkeiten. Der Fernwanderweg West Highland Way nimmt hier auf seinem Weg nach Nordwesten Fahrt auf, und der Ben Lomond gilt als einer der zugänglicheren Munros mit herrlichen Ausblicken.

Städtischer Ankerpunkt ist die alte königliche Residenzstadt Stirling. Im Schatten der majestätischen Burg erkämpften William Wallace und Robert the Bruce die Unabhängigkeit Schottlands (s. S. 283). Nach einer mehrjährigen Renovierung ist der Glanz der Renaissance wieder in die Festung der Stuart-Monarchen zurückgekehrt.

2002 wurde das weitere Umfeld des Loch Lomond und der Trossachs zu Schottlands erstem Nationalpark zusammengefasst. Auf 1865 km² stehen die natürlichen Schönheiten der reizvollen Region im **Loch Lomond & The Trossachs National Park** nun unter besonderem Schutz. Alle Ziele lassen sich auch bequem auf Tagesausflügen von Glasgow oder Stirling erreichen.

5 HIGHLIGHT

Loch Lomond

Bei Sonnenschein funkelt das blaue Wasser und bilden die Berge mit dem mächtigen Ben Lomond einen grandiosen Rahmen, bei schlechtem Wetter jedoch können der See und seine Bergwelt durchaus bedrohlich wirken – Schottlands größter Süßwassersee kennt viele Facetten. Das liegt schon daran, dass die Hochland-Linie mitten durch den 39 km langen und bis zu 8 km breiten See verläuft: Während im Süden fruchtbares Farmland dominiert und zahlreiche kleine Schäreninseln im See verstreut sind, wird der Loch Lomond im Norden immer schmaler und die Landschaft immer wilder.

Die West- und Ostseite des Sees könnten unterschiedlicher nicht sein: Eine Fahrt am Westufer des Sees führt über die belebte A 82 vom Rande des Glasgower Ballungsraums hinaus in die wilde Gebirgswelt des Highlands, während am Ostufer die Straße in Rowardennan endet und nur Wanderer dem Ufer weiter folgen können. Der West Highland Way und der Ben Lomond sorgen für erstklassige Wanderziele. Ein Bonbon ist der Ausflug auf eine der vorgelagerten kleinen Inseln, von denen einige sogar noch bewohnt sind.

Balloch

Der Ort an der Südspitze des Sees wird touristisch ganz von dem Einkaufszentrum **Loch Lomond Shores**, Ben Lomond Way, ☎ 01389-751035, 🖥 www.lochlomondshores.com, dominiert. Für die Kleinen gibt es nebenan für verregnete Tage die Unterwasserwelt des Loch Lomond Sealife Aquarium, Ben Lomond Way, ☎ 01389-721500, 🖥 www.sealife.co.uk. ⏰ tgl. 10–17 Uhr, Eintritt 8,50 £, erm. 6,95 £/5,95 £.

Eine Besichtigung wert ist der 1953 gebaute Schaufelraddampfer **Maid of the Loch**, The Pier, ☎ 01389-711865, 🖥 www.maidoftheloch.com, der in den nächsten Jahren wieder seetauglich gemacht werden soll. ⏰ Ostern–Okt tgl. 11–16 Uhr, Eintritt frei. Nebenan bietet **Sweeney's Cruises** Ausflugsfahrten auf dem See an (s. S. 278).

Zentralschottland

155 km zieht sich Schottlands berühmtester Fernwanderweg von Milngavie am Stadtrand von Glasgow vorbei am Ostufer des Loch Lomond bis hinauf nach Fort William am Fuße des Ben Nevis. Wanderern ermöglicht der West Highland Way den Übergang von den eher lieblichen Lowlands bis in die rauen Weiten des Rannoch Moor und die Bergwelt des Glen Nevis. Die landschaftlichen Unterschiede sind enorm, und so bekommt man auf der gut einwöchigen Wanderung einen ersten Eindruck von der Vielfältigkeit Schottlands.

Die **Route** folgt zumeist gut ausgebauten Wegen, die zudem – für die Highlands eine Seltenheit – ziemlich gut ausgeschildert sind. Da es zum Teil auf alten Militärstraßen nach Nordwesten geht, ist man allerdings mancherorts in Sichtweite der A 82, die von Glasgow nach Fort William führt. Es gibt definitiv einsamere Wege als den West Highland Way. Doch für Einsteiger ist die Route ideal, um sich mit den Highlands vertraut zu machen. Außerdem trifft man hier regelmäßig auf andere Wanderer, die sich schnell als eine Art große Trekker-Familie betrachten. Nicht Wenige laufen den Weg auch nicht zum ersten Mal.

Das Schöne an dem Weg ist, dass er zahlreiche **Abstecher** erlaubt, so z. B. am Loch Lomond auf den Ben Lomond (s. S. 276), und sich hervorragend mit dem Great Glen Way (s. S. 429) von Fort William am Loch Ness vorbei nach Inverness kombinieren lässt. Denn wer einmal auf den Geschmack gekommen ist, hat noch die gesamten Highlands zur Entdeckung vor sich.

Weil der West Highland Way so beliebt ist, empfiehlt sich entweder die Mitnahme eines Zeltes oder aber (vor allem in der Hauptsaison) die Reservierung von **Unterkünften**, da sich an diversen Hotspots mangels Alternativen abends die ganze Wanderschar einfindet.

Die wichtigsten **Etappenziele** sind Drymen, Balmaha, Rowardennan, Inversnaid, Inverarnan, Crianlarich, Tyndrum, Bridge of Orchy, Kingshouse, Kinlochleven und Fort William.

Nützlich für die Planung ist die kostenlose Broschüre Official West Highland Way Pocket Companion mit Tipps und Adressen zu Unterkünften, Tourveranstaltern und Gepäckdiensten. So bietet z. B. AMS den Gepäcktransport von Unterkunft zu Unterkunft an, 🖳 www.amsscotland.co.uk.

Die Broschüre und weitere Informationenen erhält man bei:

The West Highland Way, National Park Headquarters, Carrochan, Carrochan Road, Balloch, G83 8EG, ✆ 01389-722600, 🖳 www.west-highlands-way.co.uk.

Luss

Der netteste Ort am Westufer ist das historische Dörfchen Luss. Schmucke Reihen von ansehnlichen kleinen Cottages sind durch eine bunte Blumenpracht schön herausgeputzt und laden zu einem kleinen Spaziergang hinunter zum Seeufer ein.

Die jetzige Siedlung geht auf Sir James Colquhoun, den 4. Baron von Luss, zurück, der um 1850 die alten Cottages abreißen ließ und für seine Arbeiter und Angestellten einen „Modellort" baute. Die Colquhons machten ihr Geld mit Schieferabbau, Holz- und Wollverarbeitung. Ihnen gehören noch heute rund 16 000 ha Land sowie mehrere Inseln im See.

Von Tarbet Richtung Crianlarich

In **Tarbet** teilt sich die Hauptstraße. Die A 83 zweigt nach Westen ab und führt über den Bergpass namens Rest and be Thankful nach Inveraray (s. S. 521) und Kintyre (s. S. 513). Der oftmals auftauchende Name Tarbet bezieht sich ursprünglich auf die schmale Landenge zwischen dem Loch Lomond und dem Meeresarm Loch Long bei Arrochar. Die Wikinger nutzten diese schmalen Passagen, um ihre Langboote von einem Loch zum anderen zu ziehen.

Nach Norden zu wird der See immer schmaler, zu beiden Seiten ragen die Wälder bis ans Seeufer. Auch die A 82 wird auf dem Teilstück über Inveruglas nach Ardlui kurvig und teilweise sogar

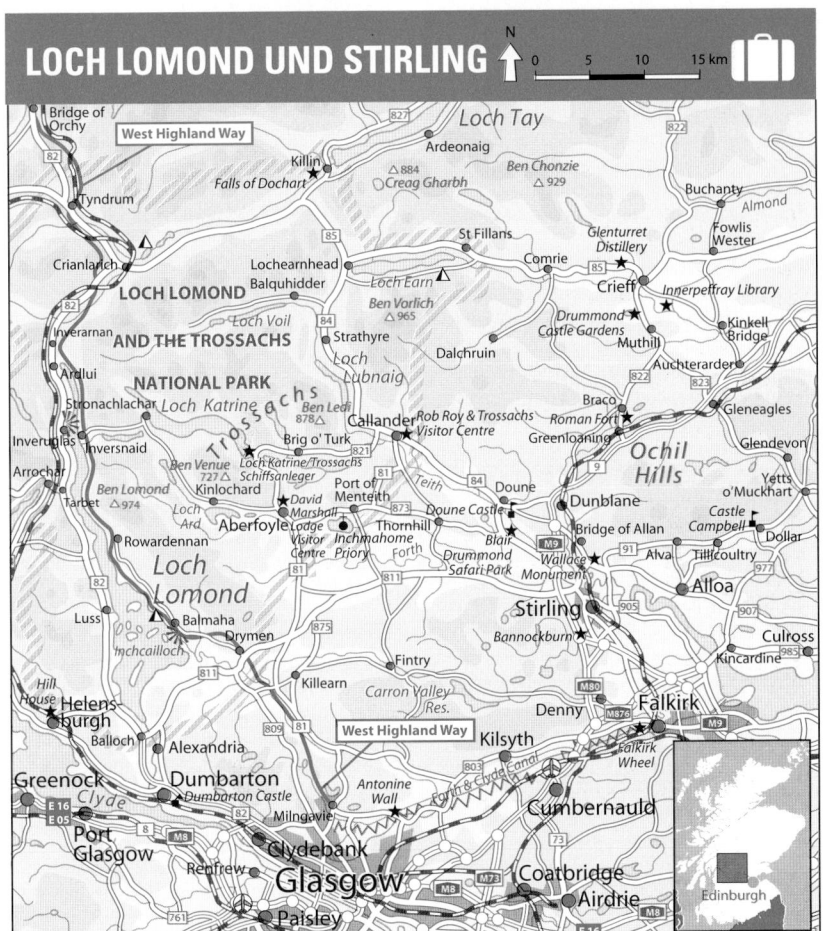

einspurig. Der urige, über 300 Jahre alte Pub The Drovers Inn (s. S. 278) in **Inverarnan** ist ein beliebter Zwischenstopp für Autofahrer wie Wanderer auf dem West Highland Way, der ab hier parallel zur Straße Richtung Crianlarich führt.

Ostufer

Balmaha ist das östliche Zugangsort zum Loch Lomond. In der schönen kleinen Bucht liegen zahlreiche Jachten vor Anker, die vorgelagerten Schäreninseln geben dem Ganzen ein skandinavisches Feeling. **Rowardennan** ist ein Wanderparadies, während man in **Inversnaid** an jeder Ecke auf Spuren von Rob Roy stößt.

Zentrale Anlaufstelle für Informationen zu Aktivitäten am Ostufer ist in Balmaha das **National Park Centre**, ☎ 01389-722100. ☉ Ostern–Okt tgl. 9.30–16.30 Uhr. Hier befindet sich der Dorfparkplatz sowie die Endhaltestelle des Busverkehrs. Als Etappenort für den West Highland

Inselausflug nach Inchcailloch

Wer eine der bewaldeten Inseln im Loch Lomond genauer erkunden möchte, sollte unbedingt mit dem kleinen Fährboot vom Boatyard in Balmaha die kurze fünfminütige Überfahrt nach Inchcailloch in Angriff nehmen. Die kleine Trauminsel ist als Naturreservat besonders geschützt.

Der Name der „Insel der alten Frau" geht auf St Kentigerna zurück, die aus Irland kam und 734 hier starb. Ihr wurde eine Kirche gewidmet. Später nutzten die MacGregors die Insel zur Beerdigung wichtiger Clan-Mitglieder, darunter auch ein Verwandter von Rob Roy, angeblich sogar der Outlaw selbst (s. S. 282). Seit 1800 ist Inchcailloch unbewohnt.

Auf den markierten Rundwegen durch den Wald trifft man auf alte Siedlungsreste, eine Kirchenruine, einen abgelegenen Badestrand, und schließlich kann man den tollen Aussichtspunkt **Tom na Nigheanan** erklimmen. Obwohl nur 85 m hoch, ist der Blick von hier über den See in die nördliche Bergwelt hinreißend. Besonders spektakulär ist es im Frühjahr, wenn sich der Waldboden in einen einzigen Teppich aus blauen Glockenblumen *(bluebells)* verwandelt. Gelegentlich trifft man auch auf Rotwild, das den See schwimmend überquert. Zwei Stunden sollte man sich für eine gemütliche Erkundung mindestens Zeit nehmen.

Überfahrt: Macfarlane & Son, Balmaha Boatyard, ℡ 01360-870214, 🖥 www.balmahaboatyard.co.uk. 🕐 tgl. ca. 9–17 Uhr (Rückfahrtzeit sofort mit dem Fährmann vereinbaren), hin und zurück 5 £, erm. 2,50 £.

Way, der hier erstmals den Loch Lomond erreicht, gehören Wanderer von nun an zum Alltag. Ein schöner Abstecher für Wanderfreunde führt auf den kegelförmigen **Conic Hill**, der mit seinen 358 m praktisch genau auf der geologischen Trennlinie zwischen Lowlands und Highlands liegt und einen wunderbaren Ausblick über den Loch Lomond gewährt (hin und zurück rund 5 km, 1 1/2–2 Std. Wanderzeit).

Rowardennan

Nördlich von Balmaha windet sich die schmaler gewordene Straße fast immer in Sichtweite des Sees 11 km bis hinauf nach Rowardennan. Ein Hotel mit Pub, eine charmante Jugendherberge und ein großer Parkplatz sorgen für etwas Infrastruktur inmitten der schönen Uferwälder. Hierhin kommen vor allem Wanderer, die den Ben Lomond (s. S. 276 erklimmen wollen oder die auf dem Durchmarsch nach Inversnaid (s. S. 274) sind. Die Kieselstrände locken auch sonnenhungrige Strandurlauber an.

Inversnaid

Eigentlich nur ein Gruppenhotel, eine Wanderherberge und einige Häuser bilden die Siedlung Inversnaid. In stürmischeren Zeiten war hier der legendäre Rob Roy (s. S. 282) zu Hause, und die Regierung baute eine Kaserne, um die widerborstigen Highlander zu disziplinieren. Heute kommen vor allem Wanderer auf dem West Highland Way sowie Busreisende an diesen idyllischen Flecken am See.

Übernachtung und Essen

Da alle Unterkünfte am Ostufer mehr oder weniger direkt am West Highland Way liegen, muss in der Wandersaison und vor allem an sonnigen Wochenenden mit Engpässen gerechnet werden, weshalb eine rechtzeitige Buchung sinnvoll ist.

Balmaha

Bay Cottage, ℡ 01360-870346, 🖥 www.visit-lochlomond.com/baycottage. Liz Bates betreibt ein sehr nettes B&B mit schönem Garten. Wanderer sind immer willkommen, allerdings ist frühzeitige Reservierung dringend ratsam; auch ein Einzel- und zwei Familienzimmer. ❷
Cashel Campsite, 4 km nördlich von Balmaha, ℡ 01360-870234, 🖥 www.forestholidays.co.uk. Herrlicher Campingplatz unter hohen Bäumen direkt am See. Mit Sicherheit einer der am schönsten gelegenen Zeltplätze in den Highlands. 🕐 März–Okt. ❶
Oak Tree Inn, ℡ 01360-870350, 🖥 www.oak-tree-inn.co.uk. Der Pub an der Zufahrt zum Boatyard in Balmaha ist sehr stimmungs-

By yon bonnie banks,
And by yon bonnie braes,
Where the sun shines bright on Loch Lomond,
Where me and my true love
Were ever want to gae,
On the bonnie, bonnie banks of Loch Lomond.

[Refrain:]
Oh! ye'll take the high road and
I'll take the low road,
And I'll be in Scotland afore ye;
But me and my true love
Will never meet again
On the bonnie, bonnie banks of Loch Lomond. (…)

In Schottland kennt jedes Kind den Folksong, der das „schöne, schöne Ufer des Loch Lomond" besingt. Was sich wie der Titelsong für einen schnulzigen Rosamunde-Pilcher-Film anhört, ist in Wirklichkeit ein sehr trauriges Lied: 1746, nach der Niederschlagung des letzten Jakobitenaufstands, sitzen zwei schottische Rebellen in Carlisle im Gefängnis. Während der eine freigelassen wird und auf der *high road* nach Schottland zurückkehren darf, wartet der andere auf seine Hinrichtung. Er wird nur auf der Straße der Toten, der *low road*, an seinen geliebten Loch Lomond zurückkehren. In seiner letzten Nacht kreisen seine Gedanken um den schönen See und seine Geliebte.

Diesen Song hat die berühmte Folk-Rock-Gruppe **Runrig** (s. S. 99) in eine mitreißende Rock-Ballade umgewandelt und zu einem emotionalen Höhepunkt ihrer Konzerte gemacht. So ist das traditionelle Lied auch unter den zahlreichen deutschen Fans der Gruppe gut bekannt.

Zentralschottland

---

voll, die Terrasse sehr groß und auch das Essen sehr ansprechend. Zum Beispiel gibt es geräucherten Aal. Angesichts der guten Lage am West Highland Way ist das Oak Tree eine beliebte Zwischenstation. Dadurch sind auch die Zimmer und Schlafsaalbetten oft schnell ausgebucht. Die Monopolstellung treibt leider den Preis deutlich in die Höhe, vor allem was die Viererzimmer mit Doppelstockbetten angeht. ⏱ Küche 12–21 Uhr, ab 8 Uhr Kaffee und Tee. 4er-Dorm 30 £ p.P. ❷ – ❹

Rowardennan

Rowardennan Hotel, ☎ 01360-870273, 🖥 www.rowardennanhotel.co.uk. Nach einem langen Tag auf dem West Highland Way oder dem schweißtreibenden Aufstieg auf den Ben Lomond kommt eine deftige Mahlzeit mit einem guten *pint* in der Clansman Bar oder im Biergarten genau richtig. Samstags gibt es zudem Livemusik. Die 19 Zimmer und 3 Chalets sind vergleichsweise teuer, wohl weil die JH die einzige Alternative ist. ⏱ Küche 11–16, 18–21 Uhr. ❸

€ **Rowardennan Lodge Youth Hostel**,
☎ 01360-870259, 🖥 www.hostelling

scotland.com. Perfekte Lage am Seeufer mit einer schönen großen Wiese vor dem adretten Landsitz. Die JH ist das perfekte Standquartier für die Besteigung des Ben Lomond. Alternativ kann man aus der gemütlichen Lounge in Ruhe den Seeblick genießen. Dorm-Bett ab 15,75 £.

€ **Herrschaftlich am Westufer**

Loch Lomond Youth Hostel, Auchendennan House, Arden, ☎ 01389-850226, 🖥 www.hostellingscotland.com. Eine der schönsten Herbergen in Schottland, untergebracht in einem ansehnlichen Castle zwischen Balloch und Luss, das jedoch erst Mitte des 19. Jhs. quasi als Fantasieschlösschen gebaut wurde. Schon die Auffahrt durch einen wildwuchernden grünen „Tunnel" ist herrschaftlich, im 1. OG hat der Saal eine schöne Stuckdecke. Kein Wunder, dass der Herbergsverband SYHA das Castle auch für Hochzeiten vermietet. Derzeit ist die Einrichtung von Zimmern mit eigenem Bad/WC geplant. Dorm-Bett ab 17,75 £. ❶

Auf den Ben Lomond

- **Anspruch:** mittel
- **Gehzeit:** 5 Std.
- **Länge:** 12 km
- **An-/Abstieg:** 975 m
- **Karte:** OS Landranger 56

- **Anfahrt:** Mit dem Auto von Balmaha 11 km nach Norden bis zum großen Parkplatz am Straßenende am Rowardennan Pier. Kein öffentlicher Nahverkehr über die Zufahrtsstraße von Balmaha; von Tarbet zweimal täglich Fähren nach Rowardennan (günstig: morgens 10 Uhr hin, 16.45 Uhr zurück).

Der 974 m hohe Ben Lomond zählt zu den bekanntesten Bergen in Schottland. Vom Westufer des Loch Lomond aus thront er über der Osthälfte des Sees und ist damit so eine Art Wächter auf dem Weg nach Norden in die Highlands. Aufgrund seiner frei stehenden Lage gewährt der Gipfel bei schönem Wetter einen fantastischen Rundblick und einen Vorgeschmack auf die Bergwelt des Nordens. In britischen Dimensionen misst der Berg stolze 3195 Fuß, was ihn zu einem waschechten Munro macht.

Die Route

Der Aufstieg beginnt am Parkplatz am **Rowardennan Pier**. Unter den Schottischen Kiefern geht es durch das ehemalige Visitor Centre mit seinen Toiletten hindurch auf den Wanderweg, der hier mit *Ben Lomond Hill Path* ausgeschildert ist. Der Pfad ist vom National Trust for Scotland vorbildlich befestigt und ausgebaut worden. Der langfristige Einsatz hat die ehemals starke Erosion zurückgedrängt, was der Natur und den Wanderern gleichermaßen zu Gute kommt.

Nach einer Viertelstunde geht es über einen breiten Forstweg. Bis auf die Birken wurde hier fast alles gerodet, um wieder natürlichen Baumwuchs zu ermöglichen. Nun wird es im Wechsel mal stei-

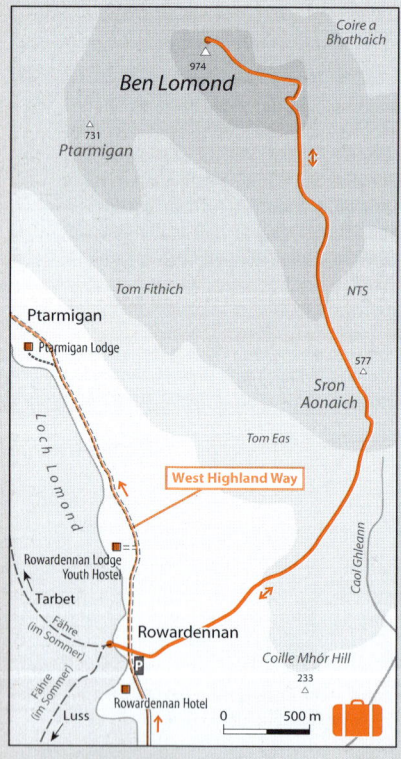

Und wieder ist ein Munro „eingesammelt"!

ler, mal etwas flacher, bis hinter der Baumgrenze ein Zaun ein weiteres steiles Stück im freien Gelände ankündigt (3/4 Std.). Der Blick über den See zurück wird als Ausgleich immer besser, und so ist eine Pause durchaus willkommen. Durch ein *kissing gate* wird ein weiterer Zaun passiert, der Pfad geht z. T. sogar treppenförmig bergauf.

Schließlich dreht der Weg nach Westen. Am **Sron Aonaich** wird es auf einer Hochfläche endlich wieder flacher (1 1/2 Std.). Heide und Moor bestimmen hier oben das Bild; vorn ragt bereits der Gipfel des Ben Lomond auf. Auch die Trossachs im Norden sind nun gut im Blick, und Richtung Glasgow sind die Campsie Fells zu erkennen.

Für den letzten Anstieg zum Gipfel wird es dann noch einmal deutlich steiler. Eine Linkskehre

führt den Weg an einem Grat entlang, der auf seiner Nordseite steil nach unten abfällt. Schließlich ist der **Gipfel des Ben Lomond** erreicht (2 3/4 Std.).

Bei klarem Wetter erkennt man im Süden den Clyde, im Westen die Arrochar Alps am Zugang nach Argyll und im Norden reicht der Blick über die Trossachs, Loch Katrine und Ben Venue hinaus. Tief unten zieht sich das lange Band des Loch Lomond am wuchtigen Bergmassiv vorbei. Willkommen in den Highlands!

Der Rückweg führt über den Hinweg und erlaubt einen uneingeschränkten Panoramablick nach Süden und auf den Loch Lomond, bis man schließlich wieder am Ausgangspunkt am **Rowardennan Pier** anlangt (5 Std.).

Inversnaid

Inversnaid Bunkhouse, ☎ 01877-386249, 🖳 www.inversnaid.com. Knapp 1,5 km oberhalb des Inversnaid Hotel liegt das Bunkhouse zwar nicht direkt am West Highland Way, lohnt aber den Anstieg, weil die Unterkunft in einer ehemaligen Kirche freundlich und günstig ist. Außerdem serviert das Restaurant hervorragende Küche, die alle Anstrengungen des Tages vergessen lässt! Das Restaurant ist abends oft ausgebucht – auch vegetarische Gerichte. ⏲ Küche 7.30–10, 18–21 Uhr. Dorm-Bett ab 19 £. ❶.

Inverarnan

The Drovers Inn, Inverarnan, ☎ 01301-704234, 🖳 www.thedroversinn.co.uk. Mehr als 300 Jahre hat das „Viehtreiber-Inn" an der A 82 schon auf dem Buckel – und das merkt man an jeder Ecke. Von außen etwas verfallen und verwittert, herrscht drinnen eine rustikale Stimmung. Gleich am Eingang werden Gäste durch einen ausgestopften Bären in Angriffslaune empfangen, die Wände sind vom Rauch geschwärzt, die Bedienung trägt natürlich einen Kilt, und es gibt regelmäßig Livemusik. Dementsprechend ist das *pub grub* herzhaft schottisch, und vor allem an Wochenenden ist immer was los in diesem Kult-Pub. ⏲ Küche Mo–Sa 11–22, So 12–22 Uhr.

Aktivitäten

Bootstouren und -verleih

Während der Sommermonate bieten mehrere Anbieter Rundfahrten auf dem Loch Lomond an.
Cruise Loch Lomond, ☎ 01301-702356, 🖳 www.cruiselochlomond.co.uk, operiert mit einer kleinen Ausflugsflotille von Luss und Tarbet aus und bietet zugleich Überfahrten nach Balmaha, Rowardennan und Inversnaid.
Macfarlane & Son, ☎ 01360-870214, 🖳 www.balmahaboatyard.co.uk, ist ab Balmaha tätig. Fährdienst nach Inchcailloch (s. S. 274) und regelmäßiger öffentlicher Postbootservice zu den kleinen Inseln im südlichen Loch; auch Bootsverleih.
Sweeney's Cruises, ☎ 01389-752376, 🖳 www.sweeneyscruises.com, ist auf

mehreren Routen von Balloch aus aktiv. Die Touren sind 1–2 Std. lang und erkunden die südliche Inselwelt.

Wandern

Das Ostufer des Loch Lomond ist ein Wanderparadies. Von Balmaha sind es über den gut ausgebauten und markierten **West Highland Way** 11 km bis nach Rowardennan, weitere 11 km bis nach Inversnaid und nochmals 11 km bis nach Inverarnan. Eine kleinere Tour führt von Balmaha auf den **Conic Hill** (s. S. 274).
Von Rowardennan lockt die Besteigung des **Ben Lomond** (s. S. 276). Als Wanderkarte ist die *Ordnance Survey Landranger 56* ein verlässlicher Begleiter.

Informationen

Balloch VisitScotland Information Centre, Balloch Road, Balloch, ☎ 08707-200607. ⏲ April–Sep tgl. 10–18 Uhr.
National Park Centre, Balmaha, ☎ 01389-722100, 🖳 www.lochlomond-trossachs.org. ⏲ Ostern–Okt tgl. 9.30–16.30 Uhr.

Nahverkehr

Busse

Balloch im Süden ist eine Drehscheibe für örtliche Verbindungen: Linie 305 verkehrt regelmäßig nach Luss, Linie 306 (beide Loch Lomond Bus Services/Wilson's of Rhu) mehrmals tgl. nach Helensburgh (s. S. 268). Linie 309 (McColl's Coaches) verkehrt alle 90 Min. über Drymen nach Balmaha. Der Anschluss nach Aberfoyle ist derzeit jedoch schlecht und mit bis zu zwei Umstiegen in Drymen und Balfron verbunden (ohne direkte Anschlussgarantie). Vor Ort nach den aktuellen Gegebenheiten erkunden.

Fähren

Cruise Loch Lomond (s. o.) betreibt zwischen Luss und Balmaha im Sommer 4x tgl. ein Boot (einfach 6/4 £, hin und zurück 9,50/6 £), zwischen Tarbet und Rowardennan 2x tgl. (einfach 6,50/5 £, hin und zurück 10/8 £) und zwischen Tarbet und Inversnaid 3x tgl. (einfach 5/3 £, hin und zurück 8,50/5 £).

Busse

Die Fernbusse von Citylink passieren auf ihren Routen von Glasgow nach Oban und Fort William/Skye (914–916) das gesamte Westufer des Sees, die Busse nach Inveraray (926/976) biegen in Tarbet ab. Bis Tarbet ist der Service im Schnitt stündlich. Fahrtdauer Tarbet–INVERARAY 40 Min., Tarbet–FORT WILLIAM 2 Std.

Eisenbahn

Von GLASGOW Queen Street (sonntags ab Central Station) verkehren ca. alle 30 Min. Vorortzüge über Dumbarton nach Balloch (ca. 45 Min.).
6–10x tgl. verkehren Züge von Glasgow Queen Street via Tarbet (1 1/2 Std.) und Ardlui im Nordwesten des Sees nach OBAN (1 3/4 Std. ab Tarbet) bzw. FORT WILLIAM (2 3/4 Std. ab Tarbet).

Aberfoyle und die Trossachs

1810 riss ausgerechnet ein Gedichtband die Trossachs aus ihrer Verlassenheit heraus und verwandelte die Gegend nördlich von Aberfoyle zwischen Loch Venachar und Loch Katrine in einen Touristenmagnet. Sir Walter Scott hatte mit der *Lady of the Lake* seinen ersten wirklichen Bestseller gelandet. Das „Fräulein vom See", Ellen Douglas, verliebt sich in König James V., der sich bei der Jagd verirrte und bei Familie Douglas und dem MacGregor-Clanchef Roderick Dhu Unterschlupf fand. Eigentlich war Douglas jedoch vom König geächtet worden. Und so ist der Boden bereitet für Liebe, Drama, Kampf und Tränen – das Publikum war von der Highland-Romanze im Pilcher-Format begeistert, und schon bald rumpelten die Ausflugskutschen nach Aberfoyle und weiter zum Loch Katrine, um die Originalschauplätze von Scotts Büchlein zu besuchen. Der Besucherstrom hat bis heute nicht abgerissen und die Trossachs als fast schon mythischen Begriff fest auf die touristische Landkarte gesetzt. Aufgrund der Zugkraft sind die Trossachs natürlich im Namenszug des **Loch Lomond & The Trossachs National Park** verankert.

Aberfoyle

Das 600-Seelen-Nest Aberfoyle ist als „Gateway to the Trossachs" eigentlich nicht viel mehr als ein Durchfahrtsort mit B&Bs, Cafés und dem Scottish Wool Centre samt Wollladen, Café und Parkplatz. Wer nicht nur auf der Durchfahrt ist, wird hier am einfachsten eine Unterkunft finden, doch der eigentliche Reiz des Ortes besteht in seiner schönen Umgebung.

Lake of Menteith und Inchmahome Priory

An der Straße von Aberfoyle nach Stirling ist der **Lake of Menteith** vor allem wegen seiner Insel ein attraktives Ausflugsziel. Mitten im See errichteten die Augustiner 1238 eine Inselpriorei, **Inchmahome Priory**, ℡ 01877-385294, ⌨ www.historic-scotland.gov.uk, deren beachtliche Reste heute einen idyllischen Picknickplatz abgeben. Robert the Bruce kam gleich dreimal hierher, und Maria Stuart wurde 1547 vor dem Zugriff Heinrichs VIII. für drei Wochen in der Priorei versteckt, bevor sie von ihrer Mutter Marie de Guise über Dumbarton nach Frankreich in Sicherheit gebracht wurde. Heute pendelt ein kleines Bötchen von **Port of Menteith**, 6 km östlich von Aberfoyle, hinüber zur Insel. ◷ April–Sep tgl. 9.30–16.30, Okt 9.30–15.30 Uhr, Eintritt inkl. Fähre 4,70 £, erm. 3,80/2,80 £ (HS).

Über Loch Ard nach Inversnaid

Von Aberfoyle führt eine rund 26 km lange *single track road* der B 829 am schön gelegenen **Loch Ard** vorbei zum westlichen Ende des Loch Katrine bei **Stronachlachlar**. Hier legen die Ausflugsschiffe über den See an, s. S. 280. Die letzten Kilometer führen weiter nach Inversnaid (s. S. 274) am Loch Lomond. Während die Gegend um den Loch Ard noch dicht bewaldet ist, geht es westlich des Sees hinaus ins wilde offene Hochland.

David Marshall Lodge Visitor Centre

Aus Aberfoyle windet sich der Duke's Pass steil bergan Richtung Loch Katrine und Callander. Zu Fuß ist es nur 1 km bis zum sehr schön gelegenen David Marshall Lodge Visitor Centre, ℡ 01877-382258, ⌨ www.forestry.gov.uk/qefp, dem offiziellen Besucherzentrum für den **Queen**

Elizabeth Forest Park. An einem kleinen Berg-teich kann man parken. Von der Terrasse der Lodge hat man einen herrlichen Blick nach Süden, das **Bluebell Café** lädt zu Kaffee und Kuchen ein, und Hochseilbegeisterte können ihre Nerven auf dem Parcours von **Go Ape!**, 🖳 www.goape.co.uk, testen. Wer nur eine kurze Pause in Aberfoyle einlegen möchte, ist hier am besten aufgehoben. ⏱ März, Nov–Dez tgl. 10–16, April–Juni, Sep–Okt 10–17, Juli–Aug 10–18 Uhr, Eintritt frei.

Trossachs und Loch Katrine

Nun wird es höchste Zeit, von Aberfoyle über den Duke's Pass zum Loch Katrine ins Herzen der Trossachs vorzustoßen, um sich ein eigenes Bild von Sir Walters Romanlandschaft zu ma-

Radverleih

Katrinewheelz, 📞 01877-376666, 🖳 www.katrinewheelz.co.uk. Netter Radverleih direkt am Anleger des Loch Katrine. ⏱ April–Okt tgl. ca. 9–17 Uhr.
Die Hauptfiliale heißt **Wheels**, Invertross-achs Road, ca. 2 km östlich von Callander, 📞 01877-331100, 🖳 www.wheelscyclingcentre. com. Wheels und das dazugehörige Hostel Trossachs Tryst (s. S. 282) liegen direkt an der Radroute Loch Katrine–Callander. ⏱ tgl. ca. 9–17 Uhr, 7,50 £/2 Std., 10 £/4 Std., 15 £/1 Tag.

chen. Tatsächlich ist alles auf ihn abgestimmt: Am großen Parkplatz legen der historische Ausflugsdampfer *Sir Walter Scott* und das klei-ne Schwesterboot *Lady of the Lake* ab, die auf „Scottsland"-Rundfahrt gehen, vorbei an Ellen's Isle, benannt nach dem Fräulein vom See. Das alles ist sehr schön und sehenswert, nur wur-de die ursprüngliche Seelandschaft durch die Aufstauung des Gewässers ziemlich verändert, denn Loch Katrine ist das wichtigste Frischwas-serreservoir für den Großraum Glasgow.
Theodor Fontane war vor 150 Jahren auf seiner Schottlandreise ebenfalls zu Besuch und machte sich über den Trossachs-Tourismus so seine eigenen Gedanken: „Die Trossachs sind unbedenklich ein glänzender Punkt, (…) aber aus (…) Begeisterung für den Dichter und Schilderer dieser Lokalität um einiges überschätzt worden."
Die beste Art, den See kennenzulernen, ist eine Schiffstour mit **Loch Katrine**, 📞 01877-332000, 🖳 www.lochkatrine.com. Zwischen April–Okt stehen drei ein- bis zweistündige Tou-ren auf dem Programm. Die Schiffe nehmen bis Stronachlachlar auch Fahrräder mit. ⏱ April–Okt 10.30–15 Uhr (im Hochsommer letzte Abfahrt 17 Uhr), Tickets 10–14,50 £, erm. 7–9 £.

Übernachtung und Essen

Craigmore Guest House, Lochard Road, Aberfoyle, 📞 01877-382536, 🖳 www.craigmore guesthouse.com. Das schöne viktorianische Haus liegt zentral am Beginn der Straße zum Loch Ard. Für die 3 Sterne wird guter Service geboten. Die Besitzer betreiben an der Main Street zudem den netten **Liz MacGregor's Coffee Shop**. ⏱ Sommer tgl. 10–17, Winter Sa–So 10–16 Uhr. ❷
Lake of Menteith Hotel, Port of Menteith, 📞 01877-385258, 🖳 www.lake-hotel.com. Was kann schöner sein, als im Lichte der über dem See untergehenden Sonne zu Abend zu essen oder einen Drink zu genießen? Im Lake of Menteith Hotel bekommt man in der Port Bar oder auf der Terrasse in relaxter Atmosphäre hervorragende Küche serviert, im Waterfront Restaurant geht es hingegen gehobener und wesentlich teurer zu. Die Verwöhnzimmer haben ebenfalls einen stolzen Preis. ⏱ Küche 12–14.30, 17.30–21.30 Uhr. ❹–❺

Stoney Park, Lochard Road, Aberfoyle, ℡ 01877-382208, 🖳 www.stoneyparkb-b.co.uk. An der B 829 liegt die wunderbare Villa in einem parkähnlichen Garten am westlichen Ortsausgang von Aberfoyle. Bei Glynis Haighton kann man sich schnell wohlfühlen und für die Trossachs sein Quartier aufschlagen. Vermietet werden zwei günstigere Zimmer mit gemeinsamem Bad sowie ein Zimmer mit eigenem Bad/WC. ❷

Aktivitäten

Wandern

2 km westlich von Aberfoyle geht es bei **Milton** links auf einen schönen Wanderparkplatz der Forestry Commission im Wald. Dort starten mehrere markierte Wanderwege, die den Bereich südlich des Loch Ard erschließen.

Informationen

Trossachs Discovery Centre, Main Street, Aberfoyle, ℡ 01877-382352, 🖳 www.lomond-trossachs.org. Touristeninformation mit Broschüren und ein wenig Ortsgeschichte. ☉ April–Okt tgl. 10–17, Nov–März Sa–So 10–16 Uhr.

Transport

Linie C11 (First) fährt bis zu 4x tgl. von Aberfoyle via Port of Menteith nach STIRLING (45 Min.) und in die andere Richtung nach BALFRON (25 Min.); dort Umstieg nach Drymen/Balloch.
Ein Postbus (Royal Mail) dreht Mo–Fr 1x tgl. eine Runde von CALLANDER via Trossachs nach Aberfoyle (1 Std.) und von dort via Port of Menteith zurück nach Callander.
Seit 2010 bietet Aberfoyle Coaches mit der Linie AC01 Mo–Sa 3x tgl. eine direkte Verbindung zwischen dem David Marshall Lodge Visitor Centre, Aberfoyle und GLASGOW (1 1/2 Std.) an.
Für die Umgebung von Aberfoyle und die Trossachs bietet Aberfoyle Coaches zudem auf Vorbestellung, ℡ 0844-5675670, 🖳 www.aberfoylecoaches.com, mit Bullis „Verbindungen auf Nachfrage" (*Demand Responsive Transport*) an.

Callander und Umgebung

Callander ist ein sympathisches kleines Hochlandstädtchen mit knapp 3000 Einwohnern an der A 84 von Stirling nach Killin/Crianlarich. Dementsprechend ist die zentrale Main Street ganz auf Touristen eingestellt. Von Callander kann man bequem die Trossachs erkunden (s. S. 280) oder aber auf der Durchfahrt eine Kaffeepause einlegen.

Wichtigste Anlaufstelle ist die Touristeninformation im **Rob Roy Centre**, ℡ 01877-330342, 🖳 www.lomond-trossachs.org, in einer alten Kirche am Ancaster Square. Wie der Name schon verrät, geht es hier um den berühmtesten Outlaw und Viehdieb der Region (s. S. 282). Ein 20-minütiges Video geht der Frage nach, ob Rob Roy ein Held oder ein Schurke war, um sich klar für erstere Option zu entscheiden. Grundtenor: „Ein Mann muss tun, was ein Mann tun muss ...". ☉ April–Mai, Okt tgl. 10–17, Juni–Sep tgl. 10–18, Nov–März Sa–So 10–17 Uhr, Touristinfo Eintritt frei; Film 1,50 £, erm. 1 £.

Ausflug nach Balquhidder

Durch den **Pass of Leny** und vorbei am **Loch Lubnaig** führt die A 84 von Callander durch eine wunderschöne Landschaft nach Norden ins Strathyre. Beim Kingshouse Hotel zweigt schließlich eine Stichstraße zur idyllisch gelegenen Hochlandsiedlung **Balquhidder** (sprich: Balwidder) am östlichen Ende des **Loch Voil** ab. Hier befinden sich die Grabsteine von Rob Roy, seiner Frau und zwei seiner Kinder, allerdings bezweifeln manche Quellen, ob der Rebell und Viehdieb wirklich hier begraben liegt (s. S. 282).

Landschaftlich lohnend ist die Weiterfahrt am Loch Voil nach Westen. Entlang der schmalen *single track road* gibt es am Seeufer eine Reihe schöner Picknickmöglichkeiten mit Blick in die Berge.

Übernachtung

Arden House, Bracklinn Road, ℡ 01877-330235, 🖳 www.ardenhouse.org.uk. Am nördlichen Dorfrand liegt das schicke 4-Sterne-B&B in einem wunderbaren Garten am Waldrand. Die Bracklinn Falls sind von hier gut zu erreichen. Vom Arden House kann man auch

Zentralschottland

Zentralschottland

Die MacGregors galten als „Kinder des Nebels", und im Nebel der Legendenbildung ist auch die Lebensgeschichte des rebellischen Rob Roy MacGregor verschwunden. Walter Scott – wie nicht anders zu erwarten – dichtete ihn zu einem romantischen Helden, Hollywood ließ Liam Neeson in den Highlands als Sturkopf, aber doch prinzipientreuen Kämpfer und romantischen Robin Hood auftreten. Zwischen Loch Lomond, Callander und Balquhidder stößt man an jeder Ecke auf Rob Roy – von alten Höhlen, Touristenzentren, Motels bis zu seinem Grabstein.

Wer war Rob Roy MacGregor?

1671 wurde er in Glengyle am Loch Katrine geboren, lebte lange Zeit in Inversnaid und verdiente sein Geld mit Viehhandel, aber auch mit Viehdiebstahl. Dabei ging er nicht gerade zimperlich vor und sorgte mit gewagten Überfällen an der Nahtstelle zwischen Highlands und Lowlands ständig für Unruhe.
Solange Rob Roy den Schutz des Duke of Montrose genoss, war sein Treiben kein Problem. Als er diesem jedoch ein Darlehen von 1000 £ nicht zurückzahlen konnte, weil er selbst betrogen worden war, ließ der Herzog ihn 1713 für bankrott erklären und als Outlaw ächten. Mehrmals wurde er festgenommen, konnte aber fliehen.

1715 kämpfte er sogar in der Schlacht von Sheriffmuir, welche für die Jakobiten in einem Desaster endete. Erst 1727 wurde er begnadigt und konnte nun einen ruhigeren Lebensabend genießen. Selbst über seinen Tod 1734 gibt es aber unterschiedliche Versionen: Viele Quellen berichten, er sei in seinem Bett gestorben, anderen zufolge soll er in ein Duell verwickelt gewesen sein. Und angeblich soll er auch nicht unter dem Grabstein in Balquhidder (s. S. 281) liegen, sondern auf Inchcailloch, der Begräbnisinsel der MacGregors im Loch Lomond (s. S. 274).

Zeitenwandel

Rob Roys stürmisches Leben fiel in eine Zeit, als sich das Clan-System langsam auflöste und die alte Welt der Highlands unterzugehen begann. Die Clanchefs sahen ihre Zukunft bei Hofe in England und betrachteten ihre Hochlandgüter zunehmend als wichtige Einnahmequelle. Für einträgliche Geschäfte waren Überfälle auf die Viehtrecks durch „wilde" Highlander nicht mehr angesagt, und die Lowlander waren auch nicht mehr bereit, die ständigen Attacken tatenlos hinzunehmen. Insofern kann man Rob Roys rebellisches Handeln auch als Auflehnen gegen diesen Zeitenwandel interpretieren, wobei die Sieger und Verlierer klar vorgezeichnet waren.

den Ort gut überblicken. In der Hauptsaison oft nur ab 2 Nächten. ⊕ April–Okt. ❸
Callander Meadows, 24 Main Street, ✆ 01877-330181, 🖳 www.callandermeadows. co.uk. Schönes großes Stadthaus aus der Zeit um 1800, das sehr liebevoll von Nick und Susannah Parkes geführt wird. Zimmer 2 verfügt über ein Himmelbett, und es steht ein Apartment für Selbstversorger zur Verfügung. Aufgrund der günstigen Lage im Zentrum betreiben die Parkes auch ein stilvolles Café-Restaurant. ❸
Trossachs Tryst, Invertrossachs Road, ✆ 01877-331200, 🖳 www.trossachstryst.com. Das moderne Haus liegt 2,5 km westlich von Callander auf einer Wiese und bietet ruhige, komfortable Herbergsunterkunft abseits der Stadt, *continental breakfast* inklusive.

Angeschlossen ist auch der Radverleih Wheels (s. Tipp S. 280). Dorm-Bett ab 17,50 £.
€ **White Shutters**, 6 South Church Street, ✆ 01877-330442, 🖳 www.incallander. cu.uk/whiteshutters.htm. Sehr günstige Unterkunft im Zentrum von Callander in einer ruhigen Seitenstraße. Drinnen wirkt es etwas muffig, aber die Gastgeber sind sehr freundlich und für das Geld bekommt man gute Leistung. Die 3 Zimmer, darunter ein Einzelzimmer, teilen sich ein Gemeinschaftsbad. ❶–❷

Essen

Callander Meadows, s. Übernachtung.
⊕ Café/Restaurant Juli–Sep Mi–Mo 10–14.30, 18–21.30, Okt–Juni Do–Mo 10–14.30, 18–21.30 Uhr.

Deli Ecosse, 10 Ancaster Square, ☎ 01877-331220. Sympathischste Adresse in Callander, in einer alten Church Hall, mit vielen schottischen Produkten, von Arran Cheese über McSweeney's Haggis bis zu Marmelade und Shiehallion-Bier aus der Region. Deli Ecosse liegt direkt neben der Touristeninformation, und die wenigen Tische draußen laden zum Relaxen ein. ⏰ tgl. 8–17.30 Uhr.

Harbour Café, Venachar Lochside, ☎ 01877-330011, 🖥 www.venachar-lochside.co.uk. Am Nordufer von Loch Venachar auf halbem Weg zwischen Callander und den Trossachs serviert das Café drinnen wie draußen leckere Salate, Sandwiches, schottischen Käse sowie tollen Kuchen. Den Seeblick gibt es gratis dazu. Außerdem Bootsverleih und Angelscheine (s. u.). ⏰ Sommer tgl. 10.30–19, Winter 10.30–16.30 Uhr.

Aktivitäten

Angeln und Boot fahren

Venachar Lochside/Harbour Café, ☎ 01877-330011, 🖥 www.venachar-lochside.co.uk. Im Harbour Café (s. oben) gibt es Angelscheine für Loch Venachar und die Möglichkeit, Boote auszuleihen. Letztere kosten für 4 Std. 18–25 £, für einen ganzen Tag 23–40 £.

Rad fahren

Cycle Hire Callander, Ancaster Square, ☎ 01877-331052. Fahrradverleih mitten im Ortszentrum an der Touristeninformation. ⏰ April–Okt tgl. 9–18 Uhr, im Winter kürzer, 7 £/2 Std., 10 £/halber Tag, 15 £/ganzer Tag.

Wheels, s. Trossachs Tryst, S. 282.

Sonstiges

Feste

Callander Jazz & Blues Festival,
☎ 01877-339399, 🖥 www.callanderjazz.com. 3 Tage Anfang Okt geht es in Callander und Umgebung sehr musikalisch zu. Rund 50 Gigs in 20 verschiedenen Veranstaltungsorten locken zahlreiche Freunde von Jazz und Blues an.

Informationen

Rob Roy Centre, s. S. 281.

Transport

Die Linie 59/M59 (First/Morrison's Travel) bedient im Schnitt stdl., So 7–8x, die Strecke STIRLING–Doune–Callander (45 Min.). Linie C60 (Kingshouse Travel) fährt Mo–Sa von Callander weiter nach LOCHEARNHEAD/KILLIN und z. T. sogar bis Crianlarich und Tyndrum. Ein Postbus (Royal Mail) folgt Mo–Fr 1x tgl. der Kreisroute Callander–TROSSACHS (25 Min.)–ABERFOYLE (1 Std.)–Port of Menteith–Callander (1 1/2 Std.).

Stirling

Die alte Königsstadt der Schotten bewachte jahrhundertelang die erste Furt über den Forth sowie den Übergang von den Lowlands in die Highlands. Jeder Eroberer musste früher oder später hier durch. Kein Wunder, dass nicht weniger als sieben große Schlachten in Sichtweite der imposanten Burg ausgefochten wurden. Die Festung ist das Herzstück der Altstadt und ragt wie die Schwesteranlage in Edinburgh auf einem Vulkanfelsen wuchtig empor. Vor allem wer von Westen kommt, kann den majestätischen Anblick des 75 m hohen Felsens voll genießen.

Ein Bummel durch die Altstadt zur Burg hinauf ist genauso attraktiv wie ein Ausflug in die reizvolle Umgebung: Schlachtfelder, Burgen, Kathedralen, berühmte Golfplätze und außergewöhnliche moderne Bauwerke sorgen für ein sehr abwechslungsreiches Programm.

Geschichte

„Das Tor zum Königreich" wurde Stirling aufgrund seiner strategischen Lage gerne genannt, und angeblich soll **Kenneth MacAlpin** im 9. Jh. am Forth mit einem Sieg über die Pikten überhaupt erst das Königreich Schottland geschaffen haben.

In den Unabhängigkeitskriegen vom Ende des 13. bis Mitte des 14. Jhs. entschieden mehrmals Schlachten in Sichtweite von Stirling Castle über Wohl und Wehe des Landes. Am 11. September 1297 schlug **William Wallace** ein englisches Heer bei Stirling Bridge, was der bis dahin reibungslos verlaufenden Einverleibung Schottlands durch den englischen König Edward I. ei-

N

| 0 | 100 | 200 | 300 | 400 | 500 m |

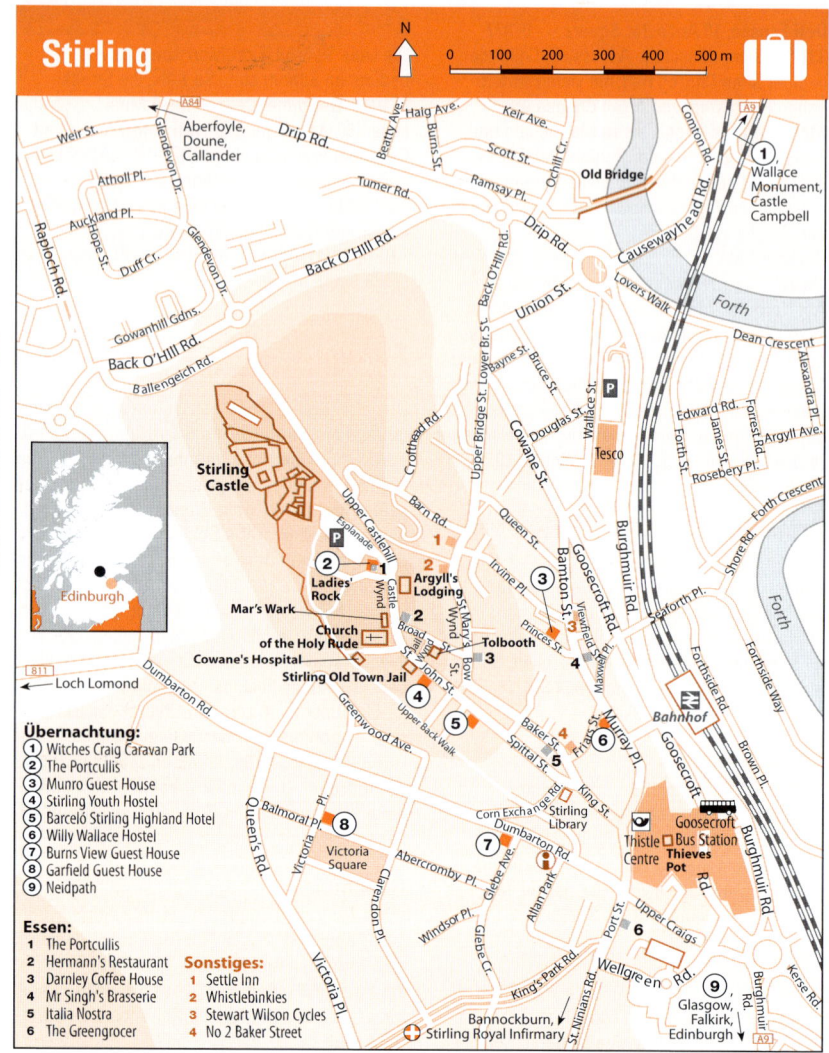

Zentralschottland

Stirling Castle

Edinburgh

Loch Lomond

Übernachtung:
1 Witches Craig Caravan Park
2 The Portcullis
3 Munro Guest House
4 Stirling Youth Hostel
5 Barceló Stirling Highland Hotel
6 Willy Wallace Hostel
7 Burns View Guest House
8 Garfield Guest House
9 Neidpath

Essen:
1 The Portcullis
2 Hermann's Restaurant
3 Darnley Coffee House
4 Mr Singh's Brasserie
5 Italia Nostra
6 The Greengrocer

Sonstiges:
1 Settle Inn
2 Whistlebinkies
3 Stewart Wilson Cycles
4 No 2 Baker Street

Wallace Monument, Castle Campbell

Old Bridge

Tesco

Argyll's Lodging
Ladies' Rock
Mar's Wark
Church of the Holy Rude
Cowane's Hospital
Stirling Old Town Jail
Tolbooth

Bahnhof

Corn Exchange
Stirling Library
Thistle Centre
Goosecroft Bus Station
Thieves Pot

Victoria Square

Bannockburn, Stirling Royal Infirmary

Glasgow, Falkirk, Edinburgh

nen schweren Schlag versetzte. Wallace selbst musste jedoch schon ein Jahr später im nahe gelegenen Falkirk seine Ambitionen nach einer bitteren Niederlage begraben.

1314 wurde dann bei Bannockburn die entscheidende Schlacht unter **Robert the Bruce** geschlagen. Stirling Castle war die letzte Burg,

die noch in englischer Hand war, doch ein Vertrag hatte die Übergabe an König Robert besiegelt, wenn nicht bis Ende Juni ein englisches Entsatzheer einträfe. Also marschierte Edward II. nach Norden, doch am 24. Juni 1314 wurden die siegesgewissen Engländer von Robert the Bruce vernichtend geschlagen und „nach Hau-

se geschickt, um nochmal nachzudenken", wie es in der inoffiziellen Nationalhymne „Flower of Scotland" heißt.

Auch wenn die Machtzentrale immer weiter nach Edinburgh gravitierte, so blieb Stirling Castle bis Ende des 16. Jhs. eine wichtige königliche Residenz, da die Stuarts die Stadt mochten. **James III.** wurde 1452 hier geboren, **James V.** 1513 hier gekrönt. Entsprechend prächtig wurde die Anlage über Generationen ausgebaut. Zu Füßen der Burg entwickelte sich die Stadt des Adels und der Bürger, wenn auch in bescheidenerem Umfang als in Edinburgh.

Die Taufe von Kronprinz Henry 1594 war das letzte große königliche Schauspiel in Stirling, denn mit der Vereinigung der Kronen 1603 ließ das Interesse der Stuart-Monarchen an der Stadt schlagartig nach. Noch einmal erlebte Stirling Anfang 1746 eine kriegerische Auseinandersetzung, als im nahe gelegenen Falkirk **Bonnie Prince Charlie** – schon auf dem Rückzug in die Highlands – seinen letzten Sieg feierte. Ohne Hauptstadtfunktion und ohne industrielle Revolution blieb Stirling schon bald weit hinter der Entwicklung von Edinburgh und Glasgow zurück.

Heute ist die alte Residenzstadt mit 41 000 Einwohnern ein lebendiges Zentrum, das aufgrund der 1967 gegründeten Universität, der attraktiven Alt- und Innenstadt sowie der verkehrsgünstigen Lage auf Wachstumskurs ist.

Orientierung

Im Gegensatz zur königlichen Royal Mile in Edinburgh geht es in der steil abfallenden Altstadt von Stirling sehr ruhig zu. Erst im unteren Bereich befindet sich das lebendige Geschäftsviertel mit Shops, Cafés und Kneipen. Die historischen Sehenswürdigkeiten konzentrieren sich hingegen alle im oberen Bereich auf dem Burgberg.

Stirling Castle

Theodor Fontane war auf seiner Schottlandreise sichtlich angetan. Ihn interessierte weder Robert the Bruce noch William Wallace, deren patriotische Renaissance erst noch bevorstand, sondern er eilte gleich hinauf in die königliche Burg der Stuarts und ließ sich vom Ausblick betören. Stirling Castle, ☎ 01786-450000, 🖳 www.stirlingcastle.gov.uk, ist das Herzstück des Burgbergs. Ausführliche Restaurierungsprojekte haben den Glanz der Stuart-Zeit wieder in die Festung, die zwischenzeitlich als Kaserne diente, zurückgebracht.

Schon zu Beginn des 12. Jhs. befestigte Alexander I. den markanten Vulkanfelsen. Robert the Bruce ließ die Burg nach seinem Sieg 1314 abreißen, damit das Castle nicht wieder in die Hände des Gegners fiele. Erst 50 Jahre später begann der Wiederaufbau, und so ist der älteste erhaltene Bauteil das North Gate von 1381.

Im Inneren der Anlage stehen rund um den Inner Close die Renaissance-Prachtbauten der Stuart-Könige. 2011 steht die Wiedereröffnung des **Royal Palace** an, der 1538 von James V. (1513–42) für seine Frau Marie de Guise errichtet wurde. 1503 hatte sein Vater James IV. (1488–1513) die **Great Hall** gebaut, während 1594 in Rekordtempo die beeindruckende **Chapel Royal** für die Taufe von Kronprinz Henry entstand. Hier wurde der Machtanspruch der Stuarts noch weit mehr als in Edinburgh in Stein gehauen.

Ein recht interessantes Projekt ist die Rekonstruktion von sieben Brüsseler **Wandteppichen** aus dem frühen 16. Jh., welche die „Jagd auf das Einhorn" darstellen und damit das schottische Wappentier thematisieren. Die Originale hängen heute in New York, doch bis 2013 werden Nachbildungen für die Royal Apartments im Castle selbst sowie in den West Dean Studios in England hergestellt. Man kann den Webern bei der detailreichen Arbeit über die Schulter schauen. Die Teppiche sollen im renovierten Palast die Epoche von Marie de Guise zu Mitte des 16. Jhs. wieder zum Leben erwecken, als die Mutter von Maria Stuart für ihre minderjährige Tochter die Regierungsgeschäfte führte.

An verschiedenen Punkten kann man die tolle Aussicht genießen, die schon Fontane beeindruckte. Ein Blickfang im Nordosten ist das Wallace Monument (s. S. 288).

🕐 April–Sep tgl. 9.30–18, Okt–März 9.30–17 Uhr, Eintritt (inkl. Burgführung und Argyll's Lodging, s. u.) 9 £, erm. 7,20/5,40 £ (HS), mit Audioguide 2/1 £ mehr. Parken auf der Esplanade kostet für maximal 4 Std. 2 £.

Argyll's Lodging

Vom Castle geht es über den Parkplatz auf der Esplanade ein kleines Stück bergab, bevor man am Castle Wynd sofort auf den repräsentativen Stadtpalast Argyll's Lodging, Castle Wynd, 📞 01786-450000, 🖥 www.historic-scotland.gov.

uk, trifft. Es handelt sich um einen der besterhaltenen Renaissance-Paläste in Schottland, der dem aufstrebenden 1. Earl of Stirling in den 1630er-Jahren zu verdanken ist. Seine Unternehmungen verliefen jedoch im Sande, und so fiel das Haus 1668 an die mächtigen Campbells, die als Earls of Argyll in der zweiten Hälfte des 17. Jhs. eine turbulente Phase durchmachten, da sowohl der 8. als auch der 9. Earl wegen Hochverrats hingerichtet wurden (s. auch Castle Campbell S. 291 und Inveraray S. 521). Nach einer Zeit als Militärhospital und Jugendherberge hat Historic Scotland das sehenswerte Haus renoviert. Interessant sind in der Dining Hall z. B. die Holzschränke für die Schätze des Hauses.

🕐 April–Sep 9.30–17.30, Okt–März 9.30–16.30 Uhr. Der Zutritt zur Argyll's Lodging erfolgt nur im Rahmen einer Führung, die im Eintrittspreis für das Castle enthalten ist, dort im Vorhof starten und dort auch möglichst sofort nach dem Ticketkauf gebucht werden sollten.

Mar's Wark und Church of the Holy Rude

Mit seinem Kopfsteinpflaster und den historischen Gebäuden ist der Castle Wynd die stimmungsvollste Gasse der Altstadt. Schräg gegenüber von Argyll's Lodging war **Mar's Wark** am Kopfende der Broad Street ein weiteres bedeutendes Renaissance-Stadtpalais. Nach der Absetzung von Maria Stuart war John Earl of Mar als Vormund für James VI. und Gouverneur von Stirling Castle die mächtigste Persönlichkeit im Königreich. 1570 ließ er den Palast errichten, von dem nur noch die beeindruckende Fassade erhalten blieb. Eigentlich wurde Mar's Wark nie vollständig ausgebaut, weil der Earl bereits 1572 starb.

Unmittelbar nebenan steht die sehenswerte **Church of the Holy Rude**, St John Street, 📞 01786-475275, 🖥 www.holyrude.org, die im 15. Jh. erbaute Gemeindekirche von Stirling. Hier wurde 1567 James VI. als einjähriger Junge nach der Absetzung seiner Mutter Maria gekrönt. In Stirling sollte er dem Zugriff von Marias Parteigängern entzogen werden, die noch jahrelang Edinburgh Castle unter ihrer Kontrolle hatten. John Knox nutzte die Kanzel für seine gepfefferten reformatorischen Reden. Die Kirche ist übrigens die einzig erhaltene in Schottland, in der eine Krönung durchgeführt wurde. ☉ Ostern–Sep tgl. 11–16 Uhr, Eintritt frei.

Neben der Kirche war das **Cowane's Hospital** Mitte des 17. Jhs. als Armenhaus für die Kaufmannsgilde errichtet worden. Zwischen der Kirche und dem Castle erstreckt sich das große Friedhofsgelände mit alten verwitterten Grabsteinen. Im Mittelalter wurden dort noch Ritterturniere ausgetragen. Darauf verweist die Bezeichnung **Ladies' Rock**: Von dem Felsen hatten die Damen einen besonders guten Blick auf die edlen Ritter.

Von hier führt übrigens der schöne **Back Walk** außerhalb der alten Stadtmauer hinab zur Touristeninformation in der Dumbarton Road.

Stirling Old Town Jail und Tolbooth

Die St John Street führt den Bergrücken hinab. Gleich eines der ersten Häuser zur Rechten ist das viktorianische Stadtgefängnis **Stirling Old Town Jail**, St John Street, ✆ 01786-450050, 🖳 www.oldtownjail.com. Es wurde 1847 als „Modellknast" errichtet, weil die hygienischen Zustände im Tolbooth-Gefängnis unhaltbar geworden waren. Dort teilten sich bis zu 24 Häftlinge eine Zelle. Eingesperrt wird hier schon lange niemand mehr, dafür wird nach einer Komplettrenovierung 2010 mehr Wert auf Unterhaltung und Horror gelegt. ☉ April–Okt 10–17 Uhr, Eintritt 6,50 £, erm. 5/4 £.

Mit William Wallace und Robert the Bruce ins Schlachtengetümmel

Stirling ist die Stadt der beiden größten schottischen Nationalhelden, die an der Wende zum 14. Jh. die schottische Unabhängigkeit sicherten. Ihre Wirkung ist weiterhin so stark, dass das schottische Autonomiereferendum am 11. September 1997 just auf den 700. Jahrestag der **Schlacht von Stirling Bridge** gelegt wurde, als William Wallace eine englische Armee erfolgreich in einen Hinterhalt lockte. Und damit die Botschaft beim Wahlvolk auch wirklich ankam, präsentierten sich die Chefs der Pro-Autonomie-Parteien (von denen einer zufällig mit Nachnamen Wallace hieß) im Vorfeld des Referendums gemeinsam auf der heutigen **Stirling Old Bridge**, die seit dem 15. Jh. am Ort der Schlacht über den Forth führt.

Nach der Schlacht sollte Wallace als *Guardian of Scotland* das Land beschützen, doch schon 1298 wendete sich bei **Falkirk** das Schlachtenglück gegen ihn, u. a. weil Adlige wie Robert the Bruce zauderten und zweifelten, ob sich gegen den *Hammer of the Scots*, den englischen König Edward I., siegreich zu Felde ziehen ließe. Und so musste Wallace untertauchen, wurde verraten, an die Engländer ausgeliefert und 1305 vierhgeteilt. Doch spätestens durch die *Braveheart*-Verfilmung von Mel Gibson 1995 ist er wieder so präsent, als wäre er gestern erst gestorben.

Das gilt auch für Robert the Bruce, der 1306 die Fahne von Wallace aufgriff, sich in Scone krö-

nen ließ und am 24. Juni 1314 bei **Bannockburn** südlich von Stirling den stolzen Edward II. das Fürchten lehrte. Trotz zahlenmäßiger Unterlegenheit schlug er die englischen Ritter in die Flucht, machte reichlich Beute und konnte für die gefangenen Adligen hohe Lösegelder kassieren. Damit drehte sich das Schlachtenglück nach 18 Jahren Kampf wieder zu Gunsten der Schotten. Zwar dauerte es noch weitere 14 Jahre, bis England die Unabhängigkeit akzeptierte, aber die Einverleibung wie in Wales war gescheitert.

In dem patriotischen Ohrwurm *Flower of Scotland* heißt es dazu, dass die alten Zeiten zwar vorbei seien, aber „wir können uns immer noch erheben und wieder zur Nation werden" – eine ziemlich reißerische Botschaft ganz im Sinne von *Braveheart*, die längst nicht mehr nur von der Schottischen Nationalpartei aufgegriffen wird, sondern z. B. bei internationalen Rugby-Spielen genauso inbrünstig gesungen wird, wie der National Trust for Scotland mit dem Vermarkten der Schlacht von Bannockburn in seinem unscheinbaren Besucherzentrum gutes Geld verdient.

In einem mag der National Trust jedoch Recht haben: Bannockburn ist zentral für das Verständnis der schottischen Geschichte, als eine Art Gründungsmythos, der die Eigenständigkeit des Landes dokumentiert.

Der alte **Tolbooth**, Jail Wynd/Broad Street, ℡ 01786-274000, 🖥 www.stirling.gov.uk/tolbooth, diente einst als Gefängnis und Gerichtssaal. Kein Geringerer als William Bruce, der Architekt der Paläste von Holyrood und Hopetoun House, war Anfang des 18. Jhs. mit dem Bau beauftragt worden. Heute dient der Tolbooth als Kulturzentrum mit Galerien für moderne Kunst sowie Veranstaltungsräumen. Vor dem Tolbooth steht in der Broad Street eine Kopie des alten Marktkreuzes mit dem schottischen Einhorn obenauf.

Thieves Pot

Ausgerechnet unter dem modernen Thistle Shopping Centre zwischen Murray Place und Goosecroft Road wurden die Reste eines Stadtmauerturms aus dem 18. Jh. inkl. Wächterkammer und Verlies ausgegraben, der sogenannte Thieves Pot. Die kleine historische Ausstellung ist während der Öffnungszeiten des Einkaufszentrums frei zugänglich. ⏰ Mo–Mi, Fr 9–17.30, Do 9–20, Sa 9–18, So 11–17 Uhr.

Wallace Monument

Nördlich des Forth, vorbei an der Stirling Old Bridge, gelangt man nach rund 2 km zum sehenswerten Wallace Monument, Hillfoots Road, Abbey Craig, ℡ 01786-472140, 🖥 www.national-monument.com, das sich weithin sichtbar auf dem Abbey Craig über der Ebene erhebt. Dort wird Wallace als eine Art schottischer Hermann sehr positiv dargestellt. In jedem Fall lohnen der steile Aufstieg durch den Wald und die folgenden 246 Stufen auf den 67,50 m hohen viktorianischen Turm: Oben angekommen ist der Ausblick grandios. ⏰ April–Juni, Sep–Okt tgl. 10–17, Juli–Aug 10–18, Nov–März 10.30–16 Uhr, Eintritt 6,50 £, erm. 4,90/4 £, Anfahrt alle 20 Minuten mit Buslinie 62 (First) bis „University East Entrance", von dort über die Hillfoots Road bis zum Besucherzentrum am Parkplatz, alternativ alle zwei Stunden mit Linie 23 (Stagecoach) Richtung St Andrews bis direkt zum Besucherzentrum.

Bannockburn

Eine Reiterstatue und ein Gedenkstein am Rande mehrerer Neubaugebiete markieren 3 km südlich von Stirling den Ort, wo Robert the Bruce am 24. Juni 1314 seine Standarte aufgepflanzt haben soll (s. Kasten S. 287). Das leider ziemlich uninspirierte **Bannockburn Heritage Centre**, Glasgow Road, ℡ 0844-4932139, 🖥 www.nts.org.uk, rollt die Geschichte rund um die Schlacht wieder auf, während der 10-minütige Film im Wesentlichen nur das Kampfgeschehen darstellt. ⏰ März/Okt tgl. 10–17, April–Sep 10–17.30 Uhr, Eintritt 6 £, erm. 5 £ (NTS).

Übernachtung

Barceló Stirling Highland Hotel, Spittal Street, ℡ 01786-272727, 🖥 www.barcelo-hotels.co.uk. In der alten High School am Aufgang zur Burg sind in dem sehr großen Komplex insgesamt 96 gehobene Zimmer untergebracht. Zum Komfort gehört ein eigenes Schwimmbecken. ❹–❺

Burns View Guest House, 1 Albert Place, ℡ 01786-451002, 🖥 www.burnsview-guesthouse.com. Gute Lage am südlichen Zugang zur Altstadt. Von den vier Zimmern haben zwei ein eigenes Bad/WC, zwei teilen sich ein Gemeinschaftsbad. Autofahrer müssen Glück haben, um den einzigen Privatparkplatz zu ergattern (am besten vorher ankündigen), ansonsten sind tagsüber auf der Straße Parkgebühren fällig. ❷

Garfield Guest House, 12 Victoria Square, ℡/Fax 01786-473730. Der ruhige Platz wird von viktorianischen Villen eingerahmt und ist eine sehr angenehme Wohnlage. Die Zimmer sind groß mit hoher Decke, z. T. sogar mit Stuck. Die Glanzzeiten der großen Villa mögen vorbei sein, aber das Preis-Leistungs-Verhältnis stimmt. ❷

Munro Guest House, 14 Princes Street, ℡ 01786-472685, 🖥 www.munroguesthouse.co.uk. Solides, zweistöckiges Stadthaus in einer ruhigen Seitenstraße unweit des Bahnhofs. Unter den 5 Zimmern sind ein Familienzimmer sowie ein Einzelzimmer. Gleich nebenan liegt das Cairns B&B, das ebenfalls eine freundliche Unterkunft ist. ❷

Neidpath, 24 Linden Avenue, ℡ 01786-469017, 🖥 www.neidpath-stirling.co.uk. Bei Kay und Andrew kann man sich in den 3 sehr geschmackvollen Zimmern sofort wohl fühlen.

Das „Campbell" zum Beispiel ist sehr groß und bietet statt einer Dusche eine Badewanne. Bis in die Innenstadt sind es gut 10–15 Min. zu Fuß. ❷

€ **Stirling Youth Hostel**, St John Street, ✆ 01786-473442, 🖥 www.hostelling scotland.com. Hinter einer historischen Kirchenfassade wartet mitten in der Altstadt eine sympathische Jugendherberge. Von hier aus sind es zum Castle und den anderen Sehenswürdigkeiten auf dem Burgberg nur wenige Schritte – besser kann eine JH nicht liegen. Dorm-Bett ab 16,75 £. ❶

The Portcullis, s. Essen. Bietet 4 Zimmer in erstklassiger Altstadtlage. ❸

€ **Willy Wallace Hostel**, 77 Murray Place, ✆ 01786-446773, 🖥 www.willywallace hostel.com. Im quirligen Geschäftsviertel der Innenstadt ist das Hostel eine lockere Adresse und zugleich in der Nähe von Bahnhof und Busbahnhof. Dorm-Bett ab 12 £. ❶

Witches Craig Caravan Park, Blairlogie, ✆ 01786-474947, 🖥 www.witchescraig.co.uk. Am Fuße der Ochil Hills ist von der Stadt nichts zu spüren. Camper haben hier ihre Ruhe und viel frische Luft. Bis ins Zentrum sind es 5 km, zum Wallace Monument nur 2 km. ⊙ April–Okt, Anfahrt mit Bus 62 (First) von Stirling – hält direkt vor dem Eingang. ❶

Essen

€ **Darnley Coffee House**, 18 Bow Street, ✆ 01786-474468. Das netteste Café in der Altstadt bietet am unteren Ende der Broad Street neben Kaffee und Kuchen auch Sandwiches, *baked potatoes* und Suppen. Ideal für eine Kaffeepause. ⊙ tgl. 11–16 Uhr (im Sommer bis 18 Uhr).

Hermann's Restaurant, 58 Broad Street, ✆ 01786-450632, 🖥 www.hermanns.co.uk. Besitzer und Chefkoch Hermann Aschaber stammt aus Tirol und hat einige seiner Lieblingsgerichte mit auf den Burgberg gebracht, darunter Käsespätzle, Tiroler Speckplatte und Wiener Schnitzel. Das gehobene Lokal bietet aber natürlich auch feinste schottische Küche von Jakobsmuscheln bis zu Lammspezialitäten. ⊙ Küche 12–14, 18–21 Uhr.

Italia Nostra, 25 Baker Street, ✆ 01786-473208. Authentische italienische Küche in rustikaler Atmosphäre, die seit vielen Jahren von Nicola Salerno auf den Tisch gebracht wird. Natürlich stehen Pizza und Pasta im Vordergrund, allerdings ist der Laden nicht supergünstig. ⊙ Sommer Mo–Sa 12–23, tgl. 13–22 Uhr, Winter Mo, Mi–Do 16–23, Fr–Sa 12–23, So 13–22 Uhr.

Mr Singh's Brasserie, 16-18 Barnton Street, ✆ 01786-472137, 🖥 www.mr-singh.co.uk. Solider Inder mit sehr preiswerte Mittagsmenüs und einer weiteren Filiale in der Dumbarton Road. Mo und Di abends günstiges Studentenbuffet, darunter immer auch vegetarische Spezialitäten. Für den Besuch sollte man viel Appetit mitbringen. ⊙ Mo–Sa 12–15, 17–23, So 16.30–23 Uhr.

The Greengrocer, 81 Port Street, ✆ 01786-479159. In einem Hinterhof bietet der renommierte Feinkostladen auch ein Café mit kleinen Snacks zum Mittagessen an. Serviert werden leckere Suppen, Salate, Sandwiches und auch Kuchen. ⊙ Mo–Mi 9–17, Do–Sa 9–17.30 Uhr.

The Portcullis, Castle Wynd, ✆ 01786-472290, 🖥 www.theportcullishotel.com. Die über 220 Jahre alte ehemalige Old Grammar School ist am Zugang zur Burg ein sehr stimmungsvoller Pub mit leckerem *pub grub*, einem offenen Kamin und Kerzenschimmer auf den Tischen. Nach dem Essen wartet eine gute Whisky-Auswahl – eindeutig die beste Adresse für einen Abend in Stirling. Neben den Hauptgerichten auch kleinere Snacks wie Tortilla Wraps oder Sandwiches. ⊙ Küche 12–14.30, 17.30–21 Uhr.

Unterhaltung

No 2 Baker Street, 2 Baker Street, ✆ 01786-448722. Am Rande der Fußgängerzone ist in dem hellen Pub immer gute Stimmung. Mittwochs steht Folkmusik auf dem Programm, und an der Bar gibt es natürlich das typische Pub-Essen. Gute Adresse für ein Pint.

Settle Inn, 91 St Mary's Wynd, ✆ 01786-474609. Nur wenige Schritte vom Whistlebinkies befindet sich der älteste Pub von Stirling. Das Settle Inn hat seine Zapfhähne schon seit 1733 aufgedreht, innen sind inzwischen aber TV-Schirme für Sportübertragungen aufgebaut. ⏰ Mo–Do 15–24, Fr–Sa 11–1, So 12.30–23 Uhr.

Whistlebinkies, 73-75 St Mary's Wynd, ✆ 01786-474735. Lebendiger Pub auf zwei Etagen mit gemütlichen Sitzecken. Fast jeder Abend ist thematisch zugeordnet, u. a. für Bingo, Poker und Quiz. Sehr günstig ist der *meal deal* für 5,50 £. Das Whistlebinkies stützt eine kleine Brauerei, nämlich Strathaven Ales aus South Lanarkshire. Wie wäre es mit einem Old Mortality oder einem süffigen Dark Ale? ⏰ Mo–Do 12–24, Fr–Sa 12–1, So 12.30–24 Uhr.

Sonstiges
Fahrradverleih
Stewart Wilson Cycles, 44 Barnton Street, ✆ 01786-465292, 🖳 www.stewartwilsoncycles. co.uk. Verkauf und Reparatur, kein Verleih. ⏰ Mo–Sa 9–17.30, So 12–16 Uhr.

Internet
Stirling Library, Corn Exchange Road, ✆ 01786-432107. Auch diese Bücherei geht auf eine Spende von Andrew Carnegie zurück. Seine Frau legte 1902 den Grundstein. Kostenloser Internetzugang. ⏰ Mo, Mi, Fr 9.30–17.30, Di, Do, Sa 9.30–17 Uhr.

Medizinische Hilfe
Stirling Royal Infirmary, Livilands Road, ✆ 01786-434000. Das regionale Krankenhaus liegt südlich der Innenstadt Richtung Bannockburn.

Post
Thistle Shopping Centre, Goosecroft Road, Postfiliale im 1. OG von WH Smith, auch Geldwechsel. ⏰ Mo–Sa 9–17.30 Uhr.

Informationen
Stirling VisitScotland Information Centre, 41 Dumbarton Road, ✆ 01786-475019, 🖳 www.visitstirling.org. Gut sortierte Touristeninformation mit zahlreichen Broschüren, Karten und Büchern. ⏰ April–Mai, Sep–Mitte Okt Mo–Sa 9–17, Juni Mo–Sa 9–18, So 10–16, Juli–Aug Mo–Sa 9–19, So 9.30–16, Mitte Okt–März Mo–Fr 10–17, Sa 10–16 Uhr.

Taxis
DR Taxis, ✆ 01786-445252.
Bannockburn Taxis, ✆ 01786-812812.

Nahverkehr
Linie 62 (First) verkehrt alle 20 Min. über Stirling University (Wallace Monument) und Blairlogie (Zeltplatz) nach Alloa.
Linie 59/M59 (First/Morrison's Travel) fährt stdl. über Blair Drummond und Doune (s. u.) nach Callander (45 Min.).
Linie 11 verkehrt Mo–Sa 4x tgl. über Blair Drummond/Port of Menteith nach Aberfoyle (45 Min.).
Linie 23 (Stagecoach) verkehrt Mo–Sa 6x tgl. über Wallace Monument/Witches Craig Caravan Park nach Dollar–Kinross–St Andrews (2 Std.).
Linie 78 bedient alle 2 Std. Dunfermline (1 1/2 Std.) via Culross.

Transport
Busse
Von der **Goosecroft Bus Station**, Goosecroft Road, fahren Busse nach:
EDINBURGH, mit Linie 909 (Scottish Citylink), stdl., 1 Std.
FORT WILLIAM, mit Linie 913/978 (Scottish Citylink) über Callander und Crianlarich, im Sommer 2x tgl., 3 Std.
GLASGOW, mit Linie M8 (Scottish Citylink), ca. stdl., 3/4 Std.
PERTH mit Linie M8 (Scottish Citylink) via Dunblane und Gleneagles, ca. stdl., 1 Std. In Perth Weiterfahrt oder Umstieg nach Inverness und Dundee/Aberdeen.

Eisenbahn
Der Bahnhof liegt in der Station Road.
EDINBURGH, alle halbe Stunde, 1 Std., einfach 6,90 £.
GLASGOW, bis zu 3x stdl., 40–50 Min., einfach 6,80 £.
PERTH, 2x stdl., 30–40 Min., einfach 6,80 £, mit Weiterfahrt nach INVERNESS (2 3/4 Std., 40 £) oder DUNDEE (55 Min., 15,80 £) bzw. ABERDEEN (2 1/4 Std., 38,60 £).
Weitere Haltepunkte in der Umgebung sind Dunblane und Gleneagles Richtung Perth sowie Falkirk Richtung Edinburgh.

Die Umgebung von Stirling

Blair Drummond Safari Park und Doune Castle

Eine kinderfreundliche Attraktion an der A 84 Richtung Aberfoyle und Callander ist der **Blair Drummond Safari Park**, ☎ 01786-841456, 🖥 www.blairdrummond.com. Tiger, Löwen, Elefanten, Zebras, Kamele und Bären grasen auf der „schottischen" Savanne, daneben gibt es einen Abenteuerspielplatz, Tretboote sowie Raubvogel- und Seehundschauen. ☉ April–Okt tgl. 10–17.30 Uhr, Eintritt 11,50 £, erm. 8 £.

Wenige Kilometer nördlich liegt über dem River Teith das wehrhafte **Doune Castle**, ☎ 01786-841742, 🖥 www.historic-scotland.gov.uk. Um 1400 entstand die Burg als königliche Residenz für den 1. Duke of Albany, der als Regent für seinen Bruder Robert III. die Staatsgeschäfte führte. Doch warum erzählt ausgerechnet Terry Jones von der Komikertruppe Monty Python die Burggeschichte? Und was hat *Spamalot* mit Doune zu tun? Ganz einfach: Die Festung diente als Filmkulisse für die typisch klamaukhafte Suche nach dem Heiligen Gral in *Ritter der Kokosnuss* (1975). ☉ April–Sep tgl. 9.30–17.30, Okt 9.30–16.30, Nov–März Sa–Mi 9.30–16.30 Uhr, Eintritt 4,20 £, erm. 3,40/2,50 £ (HS).

Dunblane

Im Herzen der beschaulichen Kleinstadt nördlich von Stirling liegt an einem malerischen Flecken oberhalb des Allan Water **Dunblane Cathedral**, ☎ 01786-823388, 🖥 www.dunblanecathedral.org.uk. Adrette Cottages umrahmen den Kathedralenbezirk mit seinem Friedhof, während nach Westen zu das Gelände steil zum Fluss abfällt. So ist auch die wunderbare gotische Westfassade von außen kaum zu würdigen, aber eines der Highlights der Kathedrale. Einige Teile des Turms stammen noch aus dem romanischen 12. Jh., der Hauptteil der Kirche entstand dann jedoch ab dem 13. Jh., als Dunblane zum Bischofssitz wurde.

Im Inneren ist das kunstfertig geschnitzte Chorgestühl aus dem 15. Jh. beachtenswert, und der Aufgang zur Westempore erlaubt einen beeindruckenden Blick durch das lange, schmale Kirchenschiff. Ein Steinkreuz aus dem 9. Jh.

belegt, dass Dunblanes christliche Geschichte schon über 1100 Jahre zurückreicht.

Neueren Datums ist ein Gedenkstein, der an den grausamen Amoklauf im März 1996 in der Grundschule von Dunblane erinnert. Dabei starben 16 Kinder, eine Lehrerin sowie der Täter. ☉ April–Sep Mo–Sa 9.30–17.30, So 14–17.30, Okt–März Mo–Sa 9.30–16.30, So 14–16.30 Uhr, Eintritt frei.

Schräg gegenüber der Kathedrale ist die 1687 eröffnete **Leighton Library**, ☎ 01786-822296, eine der ältesten Bibliotheken Schottlands. Die kostbare Sammlung mit 4500 Büchern geht auf Bischof Robert Leighton zurück. ☉ Mai–Sep Mo–Sa 11–13 Uhr, Eintritt frei.

Castle Campbell und die Ochil Hills

Östlich von Stirling erstrecken sich die bis zu 720 m hohen Ochil Hills. Inmitten dieser kargen Mittelgebirgskette thront oberhalb von Dollar das beeindruckende **Castle Campbell**, ☎ 01259-742408, 🖥 www.historic-scotland.gov.uk, auf einem strategisch günstigen Vorsprung im Winkel zweier aufeinandertreffender Schluchten. Von hier aus konnten die mächtigen Campbells und Earls of Argyll ihre Lowland-Besitzungen bestens kontrollieren. Ursprünglich hieß die Burg Castle Gloom – „Burg Trübsinn". Den Campbells gefiel der Name selbstredend nicht, und so ließen sie sich von James IV. persönlich die Namensänderung bestätigen.

Nach der Zerstörung der Burg durch die Truppen Oliver Cromwells 1654 und der Hinrichtung des 8. Earls of Argyll wegen Hochverrats verlegten die Campbells ihren Sitz nach Stirling, wo Argyll's Lodging wesentlich bequemer war. Später bauten sie als Herzöge von Argyll in Inveraray ihr Stammschloss (s. S. 522). ☉ April–Sep tgl. 9.30–17.30, Okt 9.30–16.30, Nov–März Sa–Mi 9.30–16.30 Uhr, Eintritt 4,70 £, erm. 3,80/2,80 £ (HS).

Von Dollar führt durch das Tal am Museum von Dollar vorbei ein ausgeschilderter schöner Wanderweg eine halbe Stunde bergan, das letzte Teilstück ist jedoch recht steil. Der Parkplatz liegt vom Museum ein Stückchen weiter oben, erfordert aber ebenfalls einen Spaziergang mit Gefälle. Von der Burg selbst erkunden mehrere kleine Wege die Umgebung. Auf den 348 m

High-Tech-Schiffsschaukel Falkirk Wheel

Schottland ist stolz auf seine Ingenieursleistungen – da kam die geplante Wiedereröffnung des Forth & Clyde Canal sowie des Union Canal zwischen Glasgow und Edinburgh wie gerufen, um ein ehrgeiziges Millenniumsprojekt zu verwirklichen: die futuristische Schiffsschaukel **Falkirk Wheel**, ☎ 01324-620244, 🖥 www.thefalkirk wheel.co.uk.

Am westlichen Stadtrand von Falkirk überwinden zwei Schleusenkammern, die sich wie ein Riesenrad drehen, einen Höhenunterschied von 35 m, um die beiden Kanäle miteinander zu verbinden. 500 000 l Wasser werden dabei bewegt, doch durch eine geschickte Ausnutzung der physikalischen Gegebenheiten wird pro Umdrehung nur so viel Strom verbraucht wie beim Erhitzen von acht Wasserkesseln. Vier Minuten lang „schweben" die Schiffe in der Luft, bis sie wieder sicher im Wasser landen.

Der **Forth & Clyde Canal** verband seit 1790 über 56 km Bowling bei Glasgow mit Grangemouth.

1822 schuf der **Union Canal** die 51 km lange Verbindung nach Edinburgh. Dazu war bei Falkirk die Überwindung von elf Schleusen notwendig. Passagiere stiegen deshalb lieber zu Fuß um, weil die Schleusenzeiten zu viel Zeit kosteten. Als die Eisenbahn aufkam, verloren die Kanäle ihre wirtschaftliche Bedeutung, und schließlich wurden die Wasserstraßen ganz aufgegeben. Doch 1999–2002 erfolgte die Wiedereröffnung als Freizeitgewässer. Auf eine Schleusentreppe bei Falkirk wollte man allerdings verzichten und baute deshalb für 17 Mio. £ dieses technische Meisterwerk inkl. des 180 m langen Rough Castle Tunnel.

Die regelmäßigen **Schiffstouren** durch das Falkirk Wheel und den Kanaltunnel vermitteln einen guten Eindruck von der außergewöhnlichen Anlage. ⏰ März–Okt tgl. 10–17.30 Uhr (letztes Boot ca. 16.15 Uhr), Nov–März Mi–So 11–16 (letztes Boot ca. 14.45 Uhr), 7,95 £, erm. 6,95/4,95 £.

hohen **Bank Hill** direkt im Westen benötigt man 20–30 Minuten. Von dort hat man einen sehr guten Ausblick über die Ebene im Süden. Der Wanderpfad führt noch 2,5 km weiter zum 648 m hohen **King's Seat Hill**, einem der höchsten Erhebungen der Ochil Hills.

Gleneagles

Nördlich der Ochil Hills bei Auchterarder ist das **Gleneagles Hotel**, ☎ 01764-662231, 🖥 www. gleneagles.com, für Golfer weltweit ein Klassiker. Der luxuriöse riesige Hotelklotz ist der Ankerpunkt für drei Turnier-Golfplätze, auf denen immer wieder internationale Meisterschaften ausgetragen werden. 2005 wollten sich die Staatschefs der sogenannten G8 auf diesem komfortablen Landsitz in aller Ruhe treffen, doch in Edinburgh, Stirling und sogar in Auchterarder selbst gab es große Demonstrationen mit bis zu 250 000 Teilnehmern, die eine wirksame Bekämpfung der weltweiten Armut forderten. Eine Woche lang herrschte zwischen Edinburgh und den Ochil Hills der Ausnahmezustand. Der Krimi-Autor Ian Rankin ließ es sich nicht nehmen, rund um den Gipfel und die Proteste seinen spannenden Roman *Im Namen der Toten (The Naming of the Dead)* anzusiedeln. Dabei spielt auch der kuriose Radunfall von Präsident Bush eine Rolle.

Fife

Das „Königreich" Fife, wie die Halbinsel zwischen Forth und Tay genannt wird, war mehrere Jahrhunderte lang ein Lieblingsort der schottischen Könige. Sie hielten in Dunfermline Hof und jagten in Falkland, dabei waren sie immer in Rufweite der königlichen Residenzstädte Edinburgh, Stirling und Perth.

Mit der Industrialisierung hielt in Fife der Kohlenbergbau Einzug, in Städtchen wie **Culross** sogar schon im 16. Jh. Auch die Tuchindustrie war in **Dunfermline** ein bedeutender Zweig. Später folgten die Stahlindustrie und der Schiffsbau, Unternehmenszweige, die aus der Region schon lange wieder verschwunden sind. Stattdessen wurde Fife zum Mekka für Golfspieler aus aller Welt.

Doch Fife bietet weit mehr: **Loch Leven** und die **Lomond Hills** sind Naturschutzgebiete mit guten Wandermöglichkeiten, **St Andrews** gilt als eine der reizvollsten historischen Städte Schottlands, und im **East Neuk** kann man ausgiebig auf Entdeckungstour gehen: Am besten erwandert man die lange Kette von schnuckeligen kleinen Hafenörtchen, die zwischen Elie und Crail wie an einem Faden aufgereiht liegen. Mit dem Schiff geht es hinaus zur Vogelschutzinsel **Isle of May**. Im East Neuk präsentiert sich Fife von seiner romantischen Seite.

Culross

Die kleine Ortschaft am Nordufer des Firth of Forth wirkt wie eine Zeitkapsel – auf dem Höhepunkt der Entwicklung im frühen 17. Jh. eingefroren und vom National Trust for Scotland mit viel Liebe zum Detail konserviert. Kopfsteingepflasterte Gassen winden sich den steilen Abhang hinauf, weiß getünchte Cottages verbreiten eine idyllische Stimmung, und alte Kaufmannshäuser zeugen vom einstigen Reichtum der Stadt, denn Culross ist trotz seiner aktuell gerade mal 400 Einwohner seit 1592 eine Royal Burgh.

Diesen Ehrentitel verdankt es dem Kohlen- und Salzhandel sowie dem umtriebigen Geschäftsmann Sir George Bruce, der den Kohlenabbau revolutionierte, indem er durch neuartige Techniken Schächte bis in 80 m Tiefe unter den Forth vorantreiben ließ. Damals war Culross Hauptlieferant für Hamburg und hatte Absatzmärkte in Holland und dem Ostseeraum. Den Handelsbeziehungen verdanken manche Häuser in Culross durch ihre roten Ziegel ein leicht holländisches Aussehen. Der Boom kam 1625 durch einen Sturm abrupt zu Ende, die Kohlenmine und der Hafen wurden zerstört, kurze Zeit später starb Bruce – und Culross verfiel in eine Art Dornröschenschlaf.

Der National Trust begann vor 70 Jahren mit der Renovierung der Häuser und bietet von April bis Oktober auf stündlichen Führungen einen guten Einblick in die Geschichte des Ortes. Ausgangspunkt ist das sehenswerte Herrenhaus **Culross Palace**, ☎ 0844-4932189, 🖳 www.nts.org.uk, das sich Sir George Bruce ab 1597 am Sandhaven errichten ließ. Originale Holzpaneele und bemalte Decken, wie z. B. in der wunderbaren *painted chamber*, vermitteln ein wenig von der alten Stimmung. Angesichts der wirtschaftlichen Bedeutung von Culross verwundert es nicht, dass sogar James VI. Culross Palace und die Kohlenmine besuchte. Hinter dem Haus befindet sich ein kleiner Garten. ☉ April–Mai, Sep–Okt Do–Mo 12–17, Juni–Aug tgl. 12–17 Uhr, Eintritt inkl. Ortsführung 9 £, erm. 6,50 £ (NTS).

Wenige Meter weiter wurde am Sandhaven das **Town House** 1626 als letztes repräsentatives Gebäude errichtet. Hier tagte der Stadtrat und

20 km

10

0

N

Dundee

Perth

Edinburgh

Firth of Forth

St Andrews Bay

St Andrews

East Neuk

ISLE OF MAY

BASS ROCK

Fife Ness

Crail

Anstruther

Pittenweem

St Monans

SECRET BUNKER

Kellie Castle

Elie

Earlsferry

Leven

Methil

Buckhaven

Kirkcaldy

Burntisland

North Berwick

Tantallon Castle

Dirleton

Gullane

Aberlady Bay

Aberlady

Drem

Whitekirk

Belhaven Bay

Dunbar

Longniddry

Haddington

Leith

Edinburgh

Tayport

Newport-on-Tay

Leuchars

Pinewood Country House

Pitscottie

The Peat Inn

Largoward

Ceres

Kirkton of Largo

Hill of Tarvit

Cupar

Scottish Deer Centre

Balmerino

Inchture

Balbeggie

Lindores Abbey

Newburgh

Abernethy

Auchtermuchty

Ladybank

Falkland

West Lomond Hill

East Lomond Hill

Glenrothes

Vane Farm

Kelty

Cowdenbeath

Aberdour

Inverkeithing

North Queensferry

South Queensferry

Hopetoun House

Rosyth

Dunfermline

Kincardine

Culross

Bo'ness

Linlithgow

Grangemouth

Kinross

Loch Leven

Loch Leven Castle

INCHCOLM

Scone Palace

Echo Castle

Round Tower

Bridge of Earn

Dunning

Gleneagles

Glendevon

Ochil Hills

Sidlaw Hills

Buchanty

Fowlis Wester

Methven

Almond

Kinkell Bridge

Auchterarder

Betts o'Muckhart

Castle Campbell

Dollar

Tillicoultry

Alloa

befand sich das Gefängnis (Zutritt nur im Rahmen der Ortsführung).

Die schmalen Gassen Back und Mid Causeway führen hinauf zum Mercat Cross. Dort befindet sich zur Linken **The Study**, ein weiteres Haus von 1610, das mit der Ortsführung besichtigt werden kann.

Bergan erreicht die Gasse schließlich die Ruinen von **Culross Abbey**, die auf eine Gründung der Zisterzienser von 1217 zurückgeht. Culross war bekannt, weil hier im 6. Jh. der hl. Mungo geboren wurde, der zum Stadtvater von Glasgow werden sollte.

Übernachtung und Essen

St Mungo's B&B, Low Causeway, ☎ 01383-882102, ✉ martinpjackson@hotmail.com. In einer alten Schmiede aus der zweiten Hälfte des 17. Jhs. stehen Gästen 2 Doppelzimmer zur Verfügung. Bis ins Dorf sind es nur wenige Meter, und vor der Haustür liegt der Firth of Forth. Eine gute Adresse, wenn man auch am Abend die Stimmung in Culross genießen will. ❷
Red Lion Inn, Low Causeway, ☎ 01383-880225, 🖥 www.redlioninnculross.co.uk. Das stimmungsvolle Inn stammt aus dem 16. Jh., doch die Deckengemälde sind neuen Datums, erinnern aber an die alten Traditionen in schottischen Herrenhäusern. Serviert wird deftige Küche mit vegetarischen Angeboten. ◷ Küche tgl. 12–21 Uhr.

Transport

Die Linien 78/78A (Stagecoach) fahren ca. alle 2 Std. Richtung STIRLING (1 Std.) bzw. FALKIRK (25 Min.) und etwa stdl. nach DUNFERMLINE (30 Min.), sonntags geht es nur nach Dunfermline.

Dunfermline

Im Mittelalter residierten in Dunfermline (39 300 Einwohner) Könige. Mitte des 19. Jhs. wanderte ein gewisser Andrew Carnegie (1835–1919) mit seinen Eltern nach Pittsburgh aus. Dort legte er die märchenhafte Karriere vom Webersohn zum Multimillionär hin, wovon seine Heimatstadt

durch zahlreiche Schenkungen profitierte. Sein Name ist in der Stadt allgegenwärtig.

Die Geschichte beginnt mit der ungarisch-englischstämmigen Königin Margaret (ca. 1047–1093), die zusammen mit ihrem Mann Malcolm Canmore, dem Bezwinger von Macbeth, den Königssitz nach Dunfermline verlegte. Margaret schwor die schottische Kirche auf die römische Linie ein und gab damit die keltischen Traditionen auf. Ihr Sohn David I. sollte später durch zahlreiche Klostergründungen ihr Werk fortsetzen.

Margaret holte Benediktiner nach Dunfermline; David begann mit dem Bau einer prächtigen Abteikirche. Das Kloster wurde später mit einem Königspalast zu einem beeindruckenden Gebäudekomplex hoch über dem bewaldeten Tal des Tower Burn verbunden. Mit dem Umzug des Hofs nach England setzte im 17. Jh. der Verfall der Anlage ein, doch der ehemalige Abteibezirk ist bis heute eine wahre Perle.

Rund um Dunfermline Abbey

Der Rundgang beginnt am historischen **Abbot House**, Maygate, ☎ 01383-733266, 🖥 www.abbothouse.co.uk, aus dem 15. Jh. Als einziges Wohnhaus hat es den großen Brand von 1624 überstanden und erzählt heute die Geschichte der Stadt. Die Decken- und Wandgemälde wurden nach alten Vorlagen nachgemacht. ◷ März–Okt tgl. 10–17, Nov–Feb So–Fr 10–16, Sa 10–17 Uhr, Eintritt 4 £, erm. 3/0 £. Im Erdgeschoss sowie in dem tollen Garten des Abbot House serviert das sympathische **Abbot's Kitchen Café** zu denselben Öffnungszeiten Kaffee, Kuchen, Sandwiches und Suppe.

Die mächtige **Dunfermline Abbey Church** besteht aus zwei Teilen: Im Westen stehen die Reste der alten Kirche, die auf David I. im 12. Jh. zurückgeht, während der Ostteil 1819 als New Abbey Church wesentlich verkleinert als Gemeindekirche neu hergerichtet wurde. Unter der aufgestelzten Kanzel befindet sich das Grab von Robert the Bruce. Die leeren Grabstellen der heilig gesprochenen Margaret und Malcolm liegen nun außerhalb der Kirche, ihre Gebeine waren vor der Reformation in den Escorial bei Madrid geschafft worden. ◷ Mo–Sa 10–16.30, So 14–16.30 Uhr.

Wenige Meter weiter ist die mächtige Ruine des **Dunferm line Palace**, ✆ 01383-739026, 🖳 www.historic-scotland.gov.uk, zu besichtigen. Verbunden mit dem einstigen Kloster geht es über ein Wachtor, The Pend, in die imposanten Ruinen des Königlichen Palasts. Hier wurde 1600 als letzter König in Schottland Charles I. geboren. ⊙ April–Sep tgl. 9.30–12.30, 13.30–17.30, Okt 9.30–12.30, 13.30–16.30, Nov–März Mo–Mi, Sa 9.30–12.30, 13.30–16.30, Do 9.30–12.30, So 14–16.30 Uhr, Eintritt 3,70 £, erm. 2,70/2,20 £ (HS).

Vom Westeingang der Abteikirche führt ein Fußweg geradeaus in den erholsamen **Pittencrieff Park**, der von der tiefen Schlucht des Tower Burn durchzogen wird. Verschlungene Wanderpfade, Brücken, ein Treibhaus und das zentrale Pittencrieff House von 1610 machen den städtischen Park zu einem bevorzugten Naherholungsgebiet. Die Grünanlage war der Bevölkerung von Dunfermline 1902 von Andrew Carnegie geschenkt worden, um „den schuftenden Massen von Dunfermline" nach eigenen Angaben *sweetness and light* zu bringen. Die Story dahinter ist, dass der einstige Besitzer des Landguts den Carnegies wegen ihrer „aufmüpfigen" Gesinnung den Zutritt strikt untersagt hatte. Nun nahm der Stahlbaron auf seine Art Rache.

Die bescheidenen Anfänge des damals reichsten Mannes der Welt sind im **Andrew Carnegie Birthplace Museum**, Moodie Street, ✆ 01383-724302, 🖳 www.carnegiebirthplace.com, zu besichtigen. Das Webercottage aus dem 17. Jh. war Wohnung und Arbeitsstätte zugleich. Die von Carnegies Frau angebaute *Hall of Philanthropy* informiert über das erstaunliche Leben des Webersohns. Der Mann war immer für ein Bonmot gut und sein berühmtestes lautete: „Wer reich stirbt, stirbt in Schande." So ließ Carnegie u. a. mehr als 2800 Büchereien errichten, darunter 660 allein in Großbritannien. Die allererste Carnegie-Bücherei entstand natürlich in Dunfermline. ⊙ März–Mitte Dez Mo–Sa 10–17, So 14–17 Uhr, Eintritt frei.

Übernachtung und Essen

Abbot's Kitchen Café, s. S. 295
Davaar House Hotel, 126 Grieve Street, ✆ 01383- 721886, 🖳 www.davaar-house-hotel. com. Ein schickes Hotel mit hauseigenem Restaurant nordwestlich des Stadtzentrums gelegen. Die viktorianische Villa bietet 10 ansprechende Zimmer und eine Lounge mit Marmorkamin. ❸

Hillview House, 9 Aberdour Road, ✆ 01383-726278, 🖳 www.hillviewhousebb.co.uk. Sympathisches 4-Sterne-B&B südöstlich des Stadtzentrums mit 3 komfortablen Zimmern. Von Oktober bis März bietet Frau Gerletti sehr günstige Wochenendangebote für 3 Nächte an. ❷

Informationen

Dunfermline VisitScotland Information Centre, 1 High Street, Ecke Kirkgate, ✆ 01383-720999, 🖳 www.visitfife.com. ⊙ Mo–Sa 9.30–17 Uhr.

Transport

Busse

Von der **Dunfermline Bus Station**, Queen Anne Street, sehr gute Verbindungen, auch im Fernverkehr:
Linie M91 (Scottish Citylink/Park's of Hamilton) verkehrt stdl. nach EDINBURGH (3/4 Std.) sowie nach KINROSS (25 Min.), PERTH (55 Min.) und weiter nach INVERNESS (3 3/4 Std.).
Die meisten regionalen Buslinien betreibt Stagecoach:
Schnellbuslinie X54: Mo–Sa stdl. nach EDINBURGH (45 Min.) sowie über Glenrothes nach DUNDEE (1 3/4 Std.).
Linie X24/X26/27: stdl. nach GLASGOW (1 Std.) und über Kirkcaldy/Cupar nach ST ANDREWS (1 1/2–2 Std.).
Linie 78/78A: stdl. nach CULROSS (30 Min.); Mo–Sa alle 2 Std. weiter nach STIRLING (1 1/2 Std.) bzw. nach FALKIRK (1 1/2 Std.). Sonntags geht es nur nach Culross.

Eisenbahn

Scotrail fährt vom Bahnhof **Dunfermline Town Station**, Lower Station Road, 2x stdl. nach EDINBURGH (40–45 Min.). In Inverkeithing am nördlichen Ende der Forth Bridge besteht Umstiegsmöglichkeit nach Perth/Inverness sowie Dundee/Aberdeen. In der anderen Richtung fahren die Züge des sogenannten Fife Circle u. a. nach Kirkcaldy.

Vom Loch Leven nach Falkland

Mary auf der Jagd, Mary gefangen, Mary auf der Flucht – Loch Leven und Falkland sind für Fans von Maria Stuart auf jeden Fall ein Muss. Weniger bekannt ist, dass Loch Leven ein bedeutendes Vogelschutzgebiet ist und sich von den Hügeln der Lomond Hills ein spektakulärer Blick von den Highlands bis nach Edinburgh bietet.

Loch Leven

Das rund 1300 ha große Loch Leven zwischen **Kinross** und den östlichen Ausläufern der Lomond Hills ist als größter natürlicher See der Lowlands heute ein National Nature Reserve, das über den 13 km langen **Loch Leven Heritage Trail** bequem vom Kinross Pier am Nordufer entlang zur Vogelbeobachtungsstation Vane Farm erwandert werden kann. Der See gehört nicht zu Fife, sondern zu Kinrossshire.

Im Mittelalter hielten die schottischen Könige bedeutende Gefangene auf **Castle Island** sicher unter Hausarrest. Im Juni 1567 schlossen sich hinter Maria Stuart die Tore von **Loch Leven Castle**, nachdem ihre Hochzeit mit dem Earl of Bothwell zu einem Aufstand des Adels geführt hatte. Im Juli musste sie zugunsten ihres einjährigen Sohns James VI. abdanken. Fast ein Jahr lang wurde sie auf Castle Island festgehalten, bis es ihr am 2. Mai 1568 gelang, den 16-jährigen Pagen William Douglas zu bezirzen. Er verhalf ihr zur Flucht, doch Maria kam vom Regen in die Traufe, weil ihre Cousine Elizabeth I. von England sie gleich wieder einsperrte und 1587 hinrichten ließ. Weil der Wasserspiegel des Sees im 19. Jh. gesenkt wurde, ist die Ruine der Festung heute

Schottlands größtes Open-Air-Festival

Jedes Jahr im Juli steigt in der Nähe von Kinross unter freiem Himmel Schottlands größtes Musikfestival. Zehntausende feiern drei Tage lang ausgelassen zu den heißen Sounds, die von mehreren Bühnen das Publikum beschallen. **T in the Park**, 🖵 www.tinthepark.com, ist zu einer festen Institution in Schottland geworden und steht für Festivalfans lange im Voraus als Fixdatum im Kalender.

von einer kleinen bewaldeten Insel umgeben. Vom Kinross Pier pendelt regelmäßig ein kleines Boot hinüber (Überfahrt im Eintrittspreis enthalten). ⏲ April–Sep tgl. 9.30–17.30, Okt 9.30–16.30 Uhr, Eintritt 4,80 £, erm. 3,80/2,80 £ (HS).

Von Castle Island schaut man hinüber nach **Kinross House**, dem wuchtigen Landsitz von Sir William Bruce (1630–1710), der im Auftrag von Charles II. den Palast von Holyroodhouse in seiner heutigen Form umbaute und in der Folge auch Hopetoun House (s. S. 139) und Thirlestane Castle (s. S. 175) errichtete.

Vogelliebhaber werden auf jeden Fall das Naturreservat **Vane Farm**, 📞 01577-862355, 🖵 www.rspb.org.uk/vanefarm, am Südufer des Loch Leven ansteuern. Die Vogelschutzorganisation RSPB unterhält hier ein Besucherzentrum mit Café und Beobachtungsstation. Im Herbst erreichen fast 20 000 Kurzschnabelgänse das Naturschutzreservat. Auch drei Seeadler haben es sich in der Umgebung bequem gemacht. Dazu kommen u. a. Fischadler, Habichte, Turmfalken, Brachvögel und Rotschenkel. ⏲ tgl. 10–17 Uhr, Eintritt 3 £, erm. 2/0,50 £.

Falkland

Die Stuarts kamen gerne nach Falkland, das sie sich im 15. Jh. als Jagdsitz gesichert hatten. James IV. begann um 1500 mit dem Bau einer neuen Renaissance-Residenz, die sein Sohn James V. ausbaute. Doch für diesen blieb es nicht bei freudigen Jagdausflügen, denn nachdem er 1542 eine Schlacht gegen England verloren hatte, starb er gegen Ende des Jahres in Falkland. Kurz zuvor war seine Tochter Maria Stuart geboren worden, was den todkranken König ebenfalls betrübt haben soll. Sein berühmtes Verdikt vom Sterbebett lautete angeblich: „Mit einer Frau begann für die Stuarts alles, mit einer Frau wird alles enden." Seine Tochter strengte sich zwar nach allen Regeln der Kunst an, die Prophezeiung zu erfüllen, doch kann selbst die jetzige Queen ihre Herkunft um mehrere Ecken noch von den Stuarts ableiten.

Falkland Palace, High Street, 📞 0844-4932186, 🖵 www.nts.org.uk, ist noch heute offiziell im Besitz der Queen, wird aber vom National Trust verwaltet und restauriert. So wurden die Schlafgemächer des Königs und der Königin

Zentralschottland

nachgebaut, während die Great Hall nur noch eine offene Terrasse unter freiem Himmel ist. Das Haupthaus wurde schon Ende des 19. Jhs. vom Marquess of Bute renoviert. Besonders sehenswert sind die katholische Chapel Royal mit der 1633 für Charles I. bemalten Decke sowie die kostbaren flämischen Wandteppiche.

Ein Highlight ist der immer noch genutzte Royal Tennis Court von 1539 am hinteren Ende des Parks. Ein kleiner Film führt in die Besonderheiten des archaischen *Real Tennis* ein. ⏰ März–Okt Mo–Sa 11–17, So 13–17 Uhr, Eintritt 11 £, erm. 8 £ (NTS).

Scottish Deer Centre

9 km nordöstlich von Falkland liegt an der A 91 das Scottish Deer Centre, 📞 01337-810391, 🖥 www.tsdc.co.uk, ein familienfreundlicher Tierpark, in dem Wölfe, Rotwild und Auerhähne neben Hochlandrindern, Füchsen und Wapitis zu sehen sind. Die Wölfe werden jeweils um 15 Uhr gefüttert. In den letzten Jahren gab es große Diskussionen, weil ein Landbesitzer im Norden Schottlands die 1745 ausgerotteten Wölfe wieder in der freien Wildbahn ansiedeln möchte. ⏰ April–Okt tgl. 10–17, Nov–März 10–16 Uhr, Eintritt 6,95 £, erm. 5,45/4,95 £.

Übernachtung und Essen

Ladywell House, bei Falkland, 📞 01337-858414, 🖥 www.ladywellhousefife.co.uk. Sehr elegante Pension an den Hängen der Lomond Hills östlich von Falkland. Das 200 Jahre alte Gebäude bietet 6 komfortable und geräumige Zimmer mit einem herrlichen Wintergarten. Bevor Duncan und Camilla Heaton-Armstrong das Anwesen übernahmen, gehörte Ladywell House der Mutter von Prinzessin Diana. ❷–❸

Kind Kyttock's Kitchen, Cross Wynd, 📞 01337-857477. Sehr gemütliches Café am Aufgang zum East Lomond Hill. Eindeutig die beste Adresse in Falkland, wenn es um Kaffee und Kuchen geht. ⏰ Di–So 10.30–17.30 Uhr.

Aktivitäten

Angeln

Am Kinross Pier kann man bei **Loch Leven Fisheries**, 📞 01577-865386, Boote ausleihen und Angellizenzen für Loch Leven erwerben.

Wandern

Lomond Hills: Von Falkland Palace geht es über die Gasse Cross Wynd zum steilen Anstieg auf den 424 m hohen East Lomond Hill (hin und zurück ca. 2 Std.). Von hier oben bietet sich bei schönem Wetter ein Bilderbuchblick über Fife bis nach Edinburgh im Süden und hinauf zu den Highlands im Norden. Im Westen ist am anderen Ende der Hochebene der zweite Vulkankegel, der 522 m hohe West Lomond Hill zu erkennen (hin und zurück weitere 2 1/2 Std.). Von dort funkelt Loch Leven mit Castle Island in der Tiefe.

Nahverkehr

Stagecoach verbindet mit Linie 66 Mo–Fr 2x tgl. Kinross mit Falkland, oftmals Umstieg in Gateside. Linie 204 verkehrt Mi/Sa 3x tgl. bis mittags zwischen Kinross und Vane Farm, sonntags fährt Linie 203 5x ganz um Loch Leven herum, inkl. Stopp an der Vane Farm.

Transport

Kinross liegt an der stdl. Schnellbuslinie M 91 (Scottish Citylink/Park's of Hamilton) von EDINBURGH (65 Min.) über DUNFERMLINE (20 Min.) nach PERTH (30 Min.).
Falkland ist von Stagecoach über Linie 36 regelmäßig mit PERTH (1 Std.) und GLENROTHES (Bahnhof, 20 Min.) verbunden. Von Glenrothes verkehrt Linie 64 über Falkland und Cupar nach St Andrews.

6 **HIGHLIGHT**

East Neuk

„Der goldene Saum eines Bettlerumhangs" – schon James II. erkannte die Qualitäten des östlichen Winkels der Halbinsel Fife. Manche Quellen schreiben das Bonmot allerdings James VI. zu. Wie dem auch sei, das East Neuk – *neuk* ist das schottische Wort für Winkel – ist eine wahre Perle: Die schmucken Fischerörtchen zwischen Earlsferry/Elie und Crail strahlen Geschichte und eine fast schon mediterrane Gelassenheit aus, während der zentrale Ort Anstruther ein quicklebendiger Hafen mit viel Charme ist.

Am besten erkundet man den Küstenabschnitt zumindest teilweise zu Fuß, da es von Elie nach Crail über den **Fife Coastal Path** nur 18 km sind. So kann man die Ruhe, die reizvollen Hafenviertel, die Sehenswürdigkeiten und den Blick hinaus über den Firth of Forth am besten genießen.

Earlsferry und Elie

Am westlichen Rand des East Neuk sind Earlsferry und Elie (950 Einwohner) über die Jahrhunderte miteinander verwachsen. Beide Orte umrahmen bei Niedrigwasser eine breite Bucht mit Sandstrand. Der Name Earlsferry bezieht sich auf eine mittelalterliche Fährverbindung mit North Berwick (s. S. 163) am südlichen Ufer des Firth of Forth, um die zahlreichen Pilger nach St Andrews zu bringen. Heute verfügt Elie über einen kleinen Jachthafen.

Auf dem Landvorsprung Elie Ness stehen ein kleiner Leuchtturm und der sogenannte **Lady's Tower**. Lady Janet Anstruther hatte sich den Turm als Badehäuschen errichten lassen. Die Dame muss sehr eigen gewesen sein, denn sie ließ 1771 ein ganzes Dorf abreißen, damit sie von Elie House einen ungestörten Blick aufs Meer genießen konnte. Kein Wunder also, dass eine örtliche Wahrsagerin prophezeite, nur sechs Generationen der Familie würden in dem Haus wohnen. Genauso kam es dann auch.

St Monans

Der Bilderbuchort St Monans (1350 Einwohner) hat sich um seinen Fischereihafen herum entwickelt und fällt durch sein geschlossenes Ortsbild auf. Am westlichen Ortsrand trotzt die **Auld Kirk** unmittelbar am Wasser den Unbilden des Meeres. Die Kirche wurde 1362 von David II. aus Dank über die Rettung nach einem Schiffbruch im Forth erbaut. Im Inneren hängen thematisch passend einige Schiffsmodelle von der Decke. Bei schönem Wetter kann man auf den Bänken das historische Ambiente und den Ausblick über den Forth genießen.

Am östlichen Dorfrand verweist eine **Windmühle** von 1771 auf den Versuch einer kleinen Industrialisierung, denn hier wurde Meersalz gewonnen, das nach Pittenweem gebracht wurde. 1823 wurde die Salzgewinnung aber schon wieder eingestellt.

Pittenweem

Der vielleicht urigste Ort im East Neuk ist durch seine Hanglage in ein Ober- und Unterdorf getrennt. Der Hafen von Pittenweem (1750 Einwohner) wurde bereits im Jahre 1228 erwähnt. Von Mo–Fr findet hier noch immer nach Bedarf ein kleiner Fischmarkt statt. Die bunten Fischerboote dümpeln in den zwei Hafenbecken vor sich hin, und die Häuser rundum reichen bis in das frühe 17. Jh. zurück – ein wahrhaft stimmungsvoller Flecken.

Der Name Pittenweem bedeutet ursprünglich „Ort bei der Höhle" und bezieht sich auf **St Fillan's Cave** im Cove Wynd. Die Gasse führt vom Hafen bergan. In der recht großen Höhle soll der Piktenmissionar St. Fillan im 7. Jh. seine Zelte aufgeschlagen haben. Ähnlich wie Harry Potter konnte er im Dunkeln lesen und schreiben, sogar ohne Zauberstab, weil angeblich sein Arm leuchtete ... 1000 Jahre später war Beatrix Laing hier mehrere Monate eingesperrt und fand keine Rettung. Sie und Janet Cornfoot wurden Opfer einer wahnsinnigen Hexenjagd. Cornfoot wurde am Strand ermordet, Laing starb kurze Zeit nach ihrer Freilassung an den Qualen der Verfolgung. Erst 1736 wurden die Hexengesetze in Schottland widerrufen.

Wer die Höhle besichtigen will, wendet sich am oberen Ende der Gasse an der ehemaligen Prioreikirche links in die High Street und leiht sich den Schlüssel im sehr einladenden **Cocoa Tree Shop & Café** (s. u.) aus. Gleich neben dem Café ist das **Fisher Studio & Gallery**, 11-13 High Street, ☏ 01333-312255, 🖳 www.fishergallery.co.uk, eine kleine sympathische Kunstgalerie. ⏰ Mi–Mo 10–17 Uhr.

Kellie Castle

5 km nordwestlich von Pittenweem ist Kellie Castle, ☏ 0844-4932184, 🖳 www.nts.org.uk, inmitten einer sehr gepflegten viktorianischen Gartenanlage eine mittelalterliche Burg, wie man sie sich vorstellt. Dennoch stammt vieles aus der Zeit der Renovierung durch James Lorimer im späten 19. Jh., was der Sache keinen Abbruch tut – Kellie Castle ist ein ideales Ziel für einen kleinen Abstecher ins Hinterland. ⏰ April–Sep tgl. 10–17, Okt 10–16, Nov–März Mo–Fr 10–16 Uhr, Eintritt 9 £, erm. 6 £ (NTS).

Der goldene Saum –
von Elie nach Crail

- **Anspruch:** einfach
- **Gehzeit:** 5 Std.
- **Länge:** 18 km
- **Karte:** OS Landranger 59
- **Anfahrt:** Mit dem Auto über die A 917 nach Elie. Dort im Ortszentrum parken. Mit der Buslinie 95 (Stagecoach) von St Andrews oder Leven stdl. bis

Elie High Street. Rückfahrt mit derselben Buslinie ab Crail High Street (Fahrzeit ca. 30 Min.).

- **Hinweis:** Diese Wanderung lässt sich auch bequem in zwei bis drei Einzeletappen aufteilen: Von Elie nach Pittenweem sind es 8 km, weiter nach Anstruther nochmal 3 km und bis nach Crail weitere 7 km.

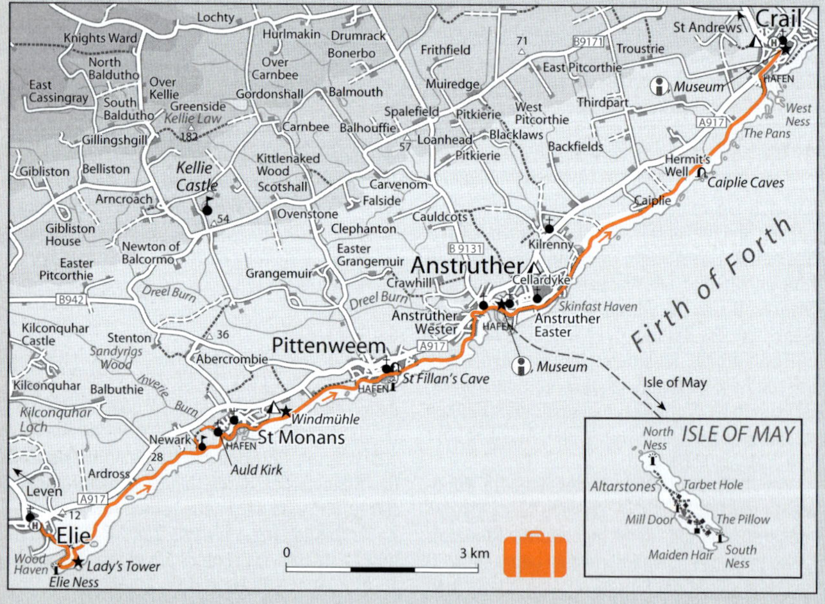

Der Fife Coastal Path verbindet im East Neuk die sehenswerten Dörfer des „goldenen Saums". Die Wanderung bietet eine reizvolle Mischung aus Küstenwanderung, Fischerdörfern und Besichtigungsmöglichkeiten. Bei schönem Wetter sind zudem tolle Blicke über den Firth of Forth garantiert.

Von Elie nach St Monans

Ausgangspunkt ist die Bushaltestelle in der High Street von **Elie**. Zunächst geht es in östlicher Richtung über das Toll Green und dann rechts durch die Stenton Row Richtung Strand. Die Beschilderung für den **Fife Coastal Path** (FCP) führt vor dem Ship Inn (s. S. 302) nach links in die Admiralty Lane und hinter den Coastguard Cottages rechts zu einem Parkplatz. Dahinter geht ein kleiner Abstecher um die Ruby Bay herum zum kleinen Leuchtturm auf dem Elie Ness und dann links an der Küste und am **Lady's Tower** (s. S. 299) entlang. Wieder mit dem FCP vereint, geht es weiter an der Küste Richtung St Monans, das bereits von weitem zu sehen ist. Zuvor wird noch die kleine Ruine **Ardross** passiert und danach die Ruine von **Newark Castle**, die auf einer Felsnase in den Firth of Forth hinausragt. Das Castle stammt wahrscheinlich aus dem 15. Jh. und diente nach seinem Verfall im 18. Jh. u. a. Schmugglern als Lagerplatz.

Vor dem Weitergehen ist der Gezeitenanzeiger zu beachten, weil bei Hochwasser der direkte Weg nach St Monans an der **Auld Kirk** (s. S. 299) überflutet ist und eine Umleitung durch das Hinterland befolgt werden muss. Hinter der Kirche stößt der Umleitungspfad wieder auf den Hauptweg, der nun an den sympathisch bunten Fischerhäusern von **St Monans** direkt am Meer zum stimmungsvollen Hafen des Ortes hinunterführt. (1 1/2 Std.)

Von St Monans nach Anstruther

Über die Rose Street geht es zur **Windmühle** (s. S. 299) am östlichen Ortsausgang (ausgeschildert). Hinter einem Spielplatz liegt bereits **Pittenweem** (s. S. 299), das durch seine malerischen Häuser besticht. Vom dortigen **Hafen** (2 1/2 Std.) mit seinem Fischmarkt empfiehlt sich ein kurzer Abstecher durch den Cove Wynd am **St Fillan's Cave** vorbei zur High Street hinauf. Dort geht es dann links und den Water Wynd wieder hinab zum Hafen.

Der Fife Coastal Path führt vom Hafen in Pittenweem die Abbey Wall Road hinauf und an der scharfen Linkskurve rechts auf einen Pfad zwischen Häusern und Klippen. An dem Golfplatz, der bald passiert wird, muss man ein wenig auf verirrte Golfbälle acht, bis am Clubhaus der Ortsrand von **Anstruther Wester** ist. Durch die Shore Road läuft man zur Esplanade. Bei Niedrigwasser kann man geradeaus über einige große Steine den Dreel Burn trockenen Fußes überqueren. Ansonsten muss man die Brücke auf der High Street nehmen.

Auf der östlichen Seite des Dreel Burn geht es durch die Gassen zum einstigen Fischerhafen von **Anstruther** (s. S. 302). Hier locken ein Besuch des Scottish Fisheries Museum, eine herzhafte Portion Fish n' Chips oder einfach eine wohltuende Kaffeepause (3 1/2 Std.)

Von Anstruther nach Crail

Der weitere Weg führt über den East Shore zunächst durch Anstruther Easter. Wo die Hauptstraße links abbiegt, geht es geradeaus in die James Street bis zum Tolbooth mit einer Säule von 1642. Dies ist das Zentrum des einst selbstständigen Fischerhafens **Cellardyke**. Die John Street führt rechts davon weiter geradeaus und an dem kleinen Skinfast Haven vorbei zum Ende des Ortes. Der Küstenpfad führt am Caravan Park zunächst über einen geschotterten Weg weiter zur **Caiplie Farm** und dann rechts an ihr vorbei.

Kurze Zeit später sind die **Caiplie Caves** erreicht. Obwohl diese Sandsteinhöhlen sehr zugig aussehen, lebten hier Einsiedler und auch Tiere. Auf dem weiteren Weg nach **Crail** (s. S. 304) passiert der FCP eine ehemalige Salzgewinnungsstelle, weshalb dieser Küstenabschnitt The Pans heißt. Schließlich gelangt der FCP oberhalb des idyllisch gelegenen **Crail Harbour** auf eine geteerte Straße, die zur Hauptstraße führt. Um den Ort richtig zu erkunden, empfiehlt sich vor Erreichen der High Street noch ein kleiner Schlenker zum Hafen hinunter und durch die Castle Street dann wieder bergan. In der High Street und an der Royal Bank of Scotland befinden sich jeweils **Bushaltestellen** für den Rückweg nach Elie. (5 Std.)

Übernachtung und Essen

St Monans Caravan Park, St Monans, ✆ 01333-730778, 🖥 www.abbeyfordscotland.com. Netter Campingplatz auf der Ostseite von St Monans mit schnellem Zugang zur Windmühle und zum Hafen. ❶

The Ship Inn und Rockview House, The Toft, Elie, ✆ 01333-330426, 🖥 www.ship-elie.com. Von den 5 Zimmern haben 4 einen tollen Blick über die Bucht hinaus. Von hier lässt sich der Fife Coastal Path problemlos erkunden. Im angeschlossenen Ship Inn kann man den Abend mit einem guten Essen und einem Pint gemütlich ausklingen lassen. Richard und Jill Philip sind seit mehr als 20 Jahren mit Herz bei der Sache. ❸, ⏱ Küche Mo–Sa 11–21, So 12.30–21 Uhr.

The Cocoa Tree Shop & Café, 9 High Street, Pittenweem, ✆ 01333-311495, 🖥 www.thecocoatreeshop.com. Das schönste Café weit und breit bietet sehr leckere Schokoladen und Pralinen sowie kleine Snacks und starken Espresso an. Zu den exotischen Kakaosorten gehört die warme Variante „Caliente" mit Chili. ⏱ tgl. 10–18 Uhr.

The Seafood Restaurant, 16 West End, St Monans, ✆ 01333-730327, 🖥 www.theseafoodrestaurant.com. Gehobenes Essen zu gehobenen Preisen. In dem ruhigen Örtchen St Monans setzt das Restaurant auf eine betuchtere Golf-Kundschaft. Im Sommer kann man auf der Terrasse jedoch auch einfach nur ein Getränk zu sich nehmen und aufs Meer hinausschauen. ⏱ April–Sep tgl. 12–22, Okt–März Mi–So 12–14.30, 18.30–21.30 Uhr.

Einkaufen

St Andrews Farmhouse Cheese Company, Falside Farm, ✆ 01333-312580, 🖥 www.standrewscheese.co.uk. 4 km nördlich von Pittenweem wird der sehr gehaltvolle, leicht krümelige Anster Cheese auf der Falside Farm von Hand hergestellt. Man kann bei der Produktion zuschauen. Angeschlossen ist der Butterpat Coffee Shop. ⏱ April–Sep 9.30–16.30, Okt–März 10–16 Uhr.

Transport

Linie 95 (Stagecoach) verbindet stdl. alle genannten Orte mit Leven im Westen sowie mit Anstruther, Crail und St Andrews im Osten.

Linie X58/60 verkehrt Mo–Fr stdl. über Kirkcaldy weiter nach Edinburgh; im Osten wird Crail auf dem Weg nach St Andrews ausgelassen.

Anstruther

Das größte Städtchen im East Neuk wird vor allem am Wochenende gerne von Tagesausflüglern angesteuert, die sich um den Hafen drängen. Zwischen Fish 'n' Chips, Fischereimuseum und Schiffsausflügen zur Isle of May findet jeder etwas in dem Hafenort (3450 Einwohner), der sich seit 1587 Royal Burgh nennen darf.

Vom Fischfang lebt „Anster", wie die Einheimischen sagen, schon lange nicht mehr. Dafür sind heute Jachten im Hafenbecken festgemacht. In den rückwärtig gelegenen kleinen Gassen ist man dagegen oft für sich; hier ist vom Trubel der Hafenfront nichts zu spüren. Das heutige Städtchen setzt sich übrigens aus drei Ortsteilen zusammen: Anstruther Wester, Anstruther Easter und dem einst selbstständigen Cellardyke.

Hauptattraktion von Anstruther ist das renommierte **Scottish Fisheries Museum**, St Ayles, ✆ 01333-310628, 🖥 www.scotfishmuseum.org, in einem verschachtelten Gebäudekomplex, der bis auf das 16. Jh. zurückgeht, als das Haus von einem Orden genutzt wurde. Auf dem Rundgang landet man schließlich in einer Werft, wo alte Boote restauriert werden.

Das Museum präsentiert auf sehr anschauliche Weise die Geschichte des Fischfangs in Schottland. Insbesondere ab dem 18. Jh. wurde durch den Wal- und Heringsfang die Fischerei in industriellem Maßstab begonnen.

Besonders beeindruckend im Museum sind die Original-Zulus, die an der Wende zum 20. Jh. das Rückgrat der schottischen Fangflotte darstellten. In bedeutenden Häfen wie Eyemouth, Peterhead, Fraserburgh, Lossiemouth und Wick lagen sie dicht gedrängt nebeneinander und füllten oftmals ganze Hafenbecken aus. Der Museumsbesuch ist eine sehr interessante Zeitreise. Im Museum befindet sich auch die Touristeninformation. ⏱ April–Sep Mo–Sa 10–17.30, So 11–17, Okt–März Mo–Sa 10–16.30, So 12–16.30 Uhr, Eintritt 6 £, erm. 5/0 £.

Rund 200 000 Seevögel bevölkern die Isle of May während der Brutsaison, darunter etliche Papageientaucher, Trottellummen, Gryllteisten und Küstenseeschwalben. Auch Seehunde sind in großer Zahl anzutreffen. Aus diesem Grund wurde das kleine Eiland im Firth of Forth 1956 zum **Naturschutzgebiet** erklärt. Vor allem im Frühjahr und Frühsommer, wenn die exotisch wirkenden Papageientaucher in den Klippen nisten, wird der Aufenthalt schnell zu einem unvergesslichen Erlebnis. Gelegentlich kann man unterwegs sogar Delfine sichten.

Über die Jahrhunderte hat die karge Insel eine wechselhafte Geschichte hinter sich. Schon im 7. Jh. kamen irische Mönche hierhin und wurden 875 von dänischen Wikingern ermordet. Im 12. Jh. versuchten dann Benediktiner ihr Glück. Später nutzten Schmuggler die verschwiegene Insel als Umschlagplatz, und zum Schluss blieb im 20. Jh. nur noch die Besatzung des Leuchtturms, bevor auch dieser automatisiert wurde. Heute wird die Insel von Scottish Natural Heritage verwaltet.

Von April bis September fährt die **May Princess** regelmäßig von Anstruther hinüber zur Isle of May. Die Abfahrtzeiten variieren je nach den Gezeiten. Der Ausflug dauert gut 4–5 Std. mit ca. 2–3 Std. Landgang. Mit dem Gummi-Schnellboot *Osprey* ist die Fahrzeit entsprechend kürzer, dafür gibt es keine festen Abfahrtstermine. Infos und Tickets: Middle Pier, Anstruther, ☎ 01333-310054 (9–20 Uhr), 🖥 www.isleofmayferry.com, Ticketpreis 19 £, erm. 17/9,50 £.

Secret Bunker

8 km nördlich von Anstruther versteckt sich an der B 940 unter einem „Farmhaus" ein skurriles Relikt des Kalten Kriegs. Im Secret Bunker, Troywood, ☎ 01333-310301, 🖥 www.secretbunker.co.uk, sollte im Falle eines Atomkriegs die schottische Regierung weiter funktionsfähig bleiben. Bis zu 300 Menschen sollten sich 30 m unter der Erde hinter 3 m dickem Beton in einer Anlage, die als Kulisse für einen James-Bond-Film dienen könnte, in „Sicherheit" bringen.

1993 wurde der Geheimbunker aufgegeben, stattdessen gibt es in dieser originalgetreu erhaltenen surrealen Umgebung eine interessante, wenn auch leicht veraltete Ausstellung des Scottish CND (Campaign for Nuclear Disarmament). ◷ Mitte März–Okt tgl. 10–18 Uhr, Eintritt 9,50 £, erm. 8,50/6,50 £.

Übernachtung

Beaumont Lodge, 43 Pittenweem Road, ✆ 01333-310315, 🖥 www.beaumontlodge.co.uk. Charmante, hochklassige Pension am westlichen Ortsausgang. Die Zimmer sind komfortabel und gemütlich eingerichtet, und das Frühstück ist reichhaltig. Von hier lässt sich das East Neuk bestens erkunden. ❷–❸

€ **The Sheiling**, 32 Glenogil Gardens, ✆ 01333-310697. Oberhalb vom Hafen garantieren die Ritchies in ihren 2 Zimmern ohne eigenes Bad/WC zu sehr günstigen Preisen von April–Sep ein freundliches Willkommen. ❷

The Spindrift, Pittenweem Road, ✆ 01333-310573, 🖥 www.thespindrift.co.uk. In direkter Nachbarschaft zum Beaumont liegt das sehr stilvolle Spindrift als letztes Haus am Stadtrand. Die Pension verfügt über 9 gehobene Zimmer und serviert ein reichhaltiges Frühstücksbuffet. Nach Vorbestellung auch Abendessen. ❷–❸

The Waterfront, s. Essen. Das Restaurant bietet nach hinten raus 10 respektable und superzentrale Zimmer. ❸

Essen

Anstruther Fish Bar, 42-44 Shore Street, ✆ 01333-310518, 🖥 www.anstrutherfishbar.co.uk. Lange Schlange künden am Wochenende davon, dass dies der populärste Fish 'n' Chips-Laden weit und breit ist. Die vielen Auszeichnungen sprechen für sich; mehrfach wurde die Fish Bar als beste Adresse in Schottland und sogar Großbritannien ausgezeichnet – im Restaurantbereich kann man auch Seezunge und Krabben bestellen. Unter der Woche geht es wesentlich ruhiger zu. ⏲ tgl. 11.30–22 Uhr.

Dreel Tavern, 16 High Street, ✆ 01333-310727. Die reizvolle alte Taverne in Anstruther Wester bietet in historischen Räumlichkeiten eine Zeitreise zurück, gleichzeitig einen modernen Wintergarten mit Blick auf den Dreel Burn. Neben der *seafood platter*, den Langustinen und dem frischen Fisch werden auch herzhafte Fleischgerichte serviert – dazu fließt süffiges Ale vom Fass. ⏲ Küche 12–21 Uhr.

The Waterfront, 18-20 Shore Street, ✆ 01333-312200, 🖥 www.anstruther-waterfront.co.uk. Frischen Fisch gibt es auch einige Häuser weiter in einem ebenfalls sehr beliebten Restaurant an der Hafenpromenade. Sehr lecker sind z. B. die Riesengarnelen mit Woknudeln und Gemüse oder auch die Jakobsmuscheln sowie die typisch schottische Fischsuppe *cullen skink*. ⏲ tgl. 8–22 Uhr.

Aktivitäten

Boards, Bikes & Kites, 42-44 High Street East, ✆ 01333-312323. Schon ab 10 £ pro Tag vermietet der Laden Räder. Trotz des Namens wurden bei Redaktionsschluss keine Waterboards mehr verliehen. ⏲ Mo–Fr 10–17, Sa 10.30–16.30 Uhr.

East Neuk Outdoors, Cellardyke Park, ✆ 01333-311929, 🖥 www.eastneukoutdoors.co.uk. Outdoor-Anbieter für Kurse und Ausflüge mit dem Kajak, Kanu oder zum Klettern und Bogenschießen.

Informationen

Anstruther VisitScotland Information Centre, Scottish Fisheries Museum, Harbourhead, ✆ 01333-311073, 🖥 www.visitfife.com. Saisonales Büro im Fischereimuseum. ⏲ April–Sep Mo–Sa 10–17, So 11–16, Okt Mo–Sa 10–16, So 11–16 Uhr.

Transport

Linie X58/X60 (Stagecoach) bedient Mo–Fr stdl. die Strecke von Anstruther (Waid Academy) via Elie und Kirkcaldy nach EDINBURGH (2 1/4 Std.) bzw. in die andere Richtung nach ST ANDREWS (20 Min.). Am Wochenende von Edinburgh Umstieg in Leven in die Linie 95, die tgl. den Hafen von Anstruther im Stundentakt mit Crail und St Andrews sowie Pittenweem, St Monans und Elie verbindet.

Crail

Der womöglich schönste Ort des East Neuk ist zugleich die älteste Stadt des „goldenen Saums". David I. ließ schon im 12. Jh. ein Castle errichten, von dem aber nichts mehr erhalten blieb. 1310 machte Robert the Bruce Crail (1700 Einwohner) zur Royal Burgh, was dem Handel über den verträumt in einer tiefen Bucht gelegenen kleinen Hafen enormen Aufschwung verlieh. Die Blütezeit kam im späten 16. und 17. Jh., als vor allem der Handel mit den Niederlanden florierte und sich die Kaufmannsleute ansehnliche Häuser bauten, die sich entlang der schmalen Gassen zum Hafen hinunterziehen. Aufgrund des historischen Ambientes haben sich heute viele Künstler in Crail angesiedelt und verleihen dem Ort damit zusätzlichen Reiz.

Ein Rundgang durch Crail beginnt am 1598 errichteten **Tolbooth** zwischen Marketgate und High Street. Gleich um die Ecke befindet sich das kleine **Crail Museum & Heritage Centre**, 6264 Marketgate, ℘ 01333-450869, 🖥 www.crail museum.org.uk, das auch die Touristeninformation beherbergt. ☉ April–Sep Mo–Sa 10–13, 14–17, So 12–17 Uhr, Eintritt frei.

Die großzügig und breit ausgelegten Straßenzüge Marketgate und Nethergate schaffen einen klaren Kontrast zur Enge des Hafenviertels. Vor der **Old Kirk of St Mary's** am Marketgate befindet sich der sogenannte Blue Stone. Angeblich hat der Teufel den Stein von der Isle of May hinübergeworfen, um die Kirche zu zerstören. Doch der Stein zerbrach in zwei Teile und verfehlte sein Ziel. Die zweite Hälfte liegt am Fife Ness, das 3 km östlich über die Verlängerung des Marketgate erreicht wird.

Richtung **Hafen** geht es von der High Street in die Castle Street und dann das Shoregate bergab. Charakteristisch sind die soliden Häuser und ihre roten Dachziegel, während unten am Hafen gelegentlich in einer Bude Fischbrötchen verkauft werden und die Möwen um die Wette schreien.

Übernachtung und Essen

Crail Harbour Gallery and Tearoom, Shoregate, ℘ 01333-451896, 🖥 www.crailholidaycottages. co.uk. Einladendes Galeriecafé am Abgang zum Hafen. Kaffee und Kuchen sowie Meerblick von der kleinen Terrasse. ☉ tgl. 10.30–17 Uhr.

Hazelton Guesthouse, 29 Marketgate North, ℘ 01333-450250, 🖥 www.thehazelton.co.uk. Sehr stattliches Kaufmannshaus gegenüber vom Tolbooth, wurde 2010 renoviert. Die 5 Zimmer mit Bad/WC haben hohes Niveau. Das Ambiente ist stimmig, das Frühstück eine gute Grundlage für den Tag. Ab 3 Nächten Ermäßigung. ❸

Selcraig House, 47 Nethergate, ℘ 01333-450697, 🖥 www.selcraighouse.co.uk. Das Haus der freundlichen alten Dame wirkt etwas altmodisch, ist aber sehr gepflegt und macht einen guten Eindruck. Im 1. OG gibt es sogar ein Zimmer mit Himmelbett. Die Preise gehen in Ordnung, und die Lage am malerischen Nethergate ist perfekt. ❷

The Golf Hotel, 4 High Street, ℘ 01333-450206, 🖥 www.thegolfhotelcrail.com. Wie der Name schon sagt, trifft sich in dem fast 300 Jahre alten Gebäude die Golferszene. In der Bar ist immer was los, und auch das Essen ist gut. Jeden zweiten Donnerstag sorgt zudem der Crail Folk Club für musikalische Unterhaltung. Die Zimmer sind recht unterschiedlich, haben aber einen ansprechenden Standard. ☉ Küche 12–20.30 Uhr. ❸

Sonstiges

Einkaufen

Crail Pottery, 75 Nethergate, ℘ 01333-451212, 🖥 www.crailpottery.com. Die Familienkooperative der Grieves erstreckt sich über drei Generationen und stellt in den Cottages aus dem 17. und 18. Jh. sehr schöne Töpferware aus. ☉ Mo–Fr 9–17, Sa–So 10–17 Uhr.

Informationen

Crail VisitScotland Information Centre, Crail Museum, 62-64 Marketgate, ℘ 01333-450869, 🖥 www.visitfife.com. Saisonales Infobüro neben dem Tolbooth. ☉ April–Sep Mo–Sa 10–13, 14–17, So 12–17 Uhr.

Transport

Linie 95 (Stagecoach) verbindet Crail stdl. mit ST ANDREWS (30 Min.) sowie mit ANSTRUTHER (15 Min.), ELIE (30 Min.) und LEVEN (1 1/4 Std.).

St Andrews

Golf, Universität und Kirche – so lässt sich das magische Dreieck von St Andrews an der Ostküste von Fife beschreiben. Vom Schrein des schottischen Nationalheiligen St. Andrews über Wohnstätte von Prince William als Student bis zum weltweiten Mekka für Golfliebhaber: Die charmante Kleinstadt (14 500 Einwohner) hat

Zentralschottland

sich niemals mit der zweiten Reihe zufrieden gegeben und gehört deshalb zu einem der wichtigsten Touristenziele in Zentralschottland.

Geschichte

Angefangen hat alles mit dem mystischen heiligen **Regulus**, der im 4. Jh. aus Griechenland die Reliquien des Jüngers und Apostels Andreas nach Schottland gebracht haben soll. Nachdem er einen Schiffbruch überstanden hatte, soll er sich vor Ort niedergelassen haben. Die Reliquien bescherten dem Ort in der zweiten Hälfte des Mittelalters einen schwunghaften Pilgerstrom, der Reichtum und Wohlstand mit sich brachte. Das führte auch dazu, dass die erste Kathedrale, St Rule's Church, ab Mitte des 12. Jhs. von den Augustinern durch einen neuen Großbau ersetzt wurde, den eine Burg militärisch absicherte.

St Andrews wurde in der Folge immer bedeutender: 1410 wurde die erste schottische **Universität** gegründet, und die Erhebung zum **Erzbistum** 1472 machte die Stadt zum Verwaltungszentrum der schottischen Kirche. Doch Mitte des 16. Jhs. standen die Zeichen auf **Reformation** und in St Andrews trafen die verfeindeten Fraktionen besonders scharf aufeinander. 1546 wurde der Reformator George Wishart hier als Ketzer verbrannt. Aus Rache ermordeten Protestanten Erzbischof James Beaton. 1559 kam Wisharts Schüler John Knox zurück nach St Andrews und entfachte mit einer feurigen Predigt in der Stadtkirche einen Bildersturm. Die Kathedrale sollte sich davon nie wieder erholen und ist heute nur noch in Bruchstücken erhalten.

Ungeachtet all dieser Konflikte fand man in St Andrews immer Zeit für eine Partie **Golf**. 1552 findet sich die erste Erwähnung, und 1691 galt die Stadt bereits als *the metropolis of golf*. Auf dem legendären Old Course messen sich regelmäßig die besten Spieler der Welt (s. S. 308).

Das beschauliche Städtchen erhält vor allem durch die Uni einen jugendlichen Anstrich. Der bekannteste Student der letzten Jahre war Prince William, der hier seine Kate kennenlernte.

St Andrews Cathedral

Ausgangspunkt für den Stadtrundgang ist der Kathedralenbezirk mit den Ruinen von **St Andrews Cathedral**, The Pends, ☎ 01334-472563,

🖥 www.historic-scotland.gov.uk. Die wenigen Teile der mittelalterlichen Kathedrale lassen auf der offenen Rasenfläche die einstige Pracht nur erahnen. Von der Vorgängerkirche aus dem 12. Jh. ist nur **St Rule's Tower** erhalten. Die Besteigung lohnt wegen des guten Ausblicks. Im Besucherzentrum sind ein Sarkophag aus dem späten 8. Jh., kunstvoll gefertigte Steinkreuze sowie eine Krypta unter dem einstigen Kreuzgang die eigentlichen Highlights des Besuchs. Unter den vielen Grabsteinen auf dem weiten Gelände fällt einer ganz besonders auf: Die Golflegende Tommy Morris (1851–75) ist mit einem Golfschläger auf dem Grabmal verewigt worden. 🕐 April–Sep tgl. 9.30–17.30, Okt–März 9.30–16.30 Uhr, Eintritt 4,20 £, erm. 3,20/2,10 £ (HS), Kombiticket mit St Andrews Castle 7,20 £, erm. 5,80/4,30 £.

Vor dem Eingang zur Kathedrale bildeten die gotisch überwölbten **Pends** aus der Mitte des 14. Jhs. den größten Zugang zum einstigen Kathedralenbezirk und zur Augustinerpriorei. Heute ist es das schönste gotische Bauwerk der Stadt. Der Begriff Pends bedeutet im Schottischen schlicht Eingang. Nach Westen und nach Süden, zum Fluss und zum alten Hafen hin, verläuft noch die mittelalterliche Mauer des Kathedralenbezirks.

St Andrews Castle

Angesichts der religiösen Bedeutung von St Andrews schien eine Schutzburg durchaus angemessen. Allerdings wurde sie oftmals zerstört, und es sind nur Ruinen erhalten. Der jetzige Bau von St Andrews Castle, The Scores, ☎ 01334-477196, 🖥 www.historic-scotland.gov.uk, auf den Klippen der Stadt geht auf das 15./16. Jh. zurück.

Nach der Hinrichtung von George Wishart und der Ermordung von Erzbischof Beaton nahmen Protestanten 1546/47 mit französischer Hilfe die Burg ein. Sofort begann eine Belagerung, in deren Verlauf beide Parteien durch Tunnel und Gegentunnel ständig versuchten, die Stellungen des Gegners zu unterminieren. Ein Teil dieser Tunnel ist heute noch zu besichtigen. Als die Protestanten aufgeben mussten, wurden viele von ihnen als Galeerensklaven verurteilt, darunter auch der spätere Reformator John Knox.

Das gut aufgemachte Besucherzentrum erläutert anschaulich die Geschichte von St Andrews, der Kathedrale und der Reformation.

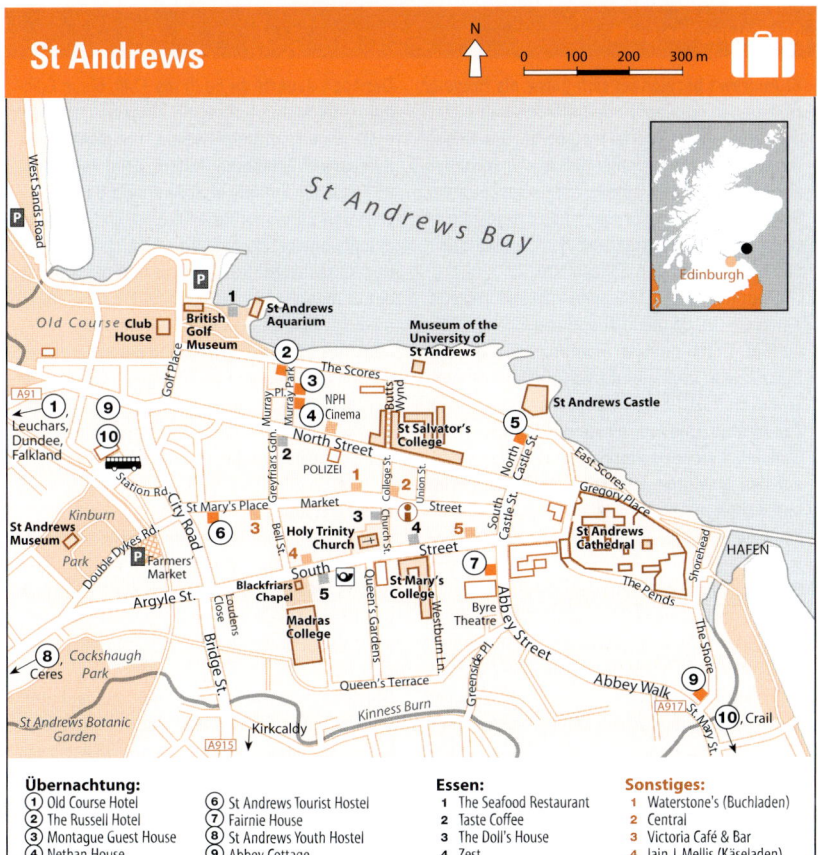

St Andrews

St Andrews Bay

Edinburgh

Zentralschottland

Übernachtung:
1. Old Course Hotel
2. The Russell Hotel
3. Montague Guest House
4. Nethan House
5. Castlemount
6. St Andrews Tourist Hostel
7. Fairnie House
8. St Andrews Youth Hostel
9. Abbey Cottage
10. Kinkell Braes Caravan Park

Essen:
1. The Seafood Restaurant
2. Taste Coffee
3. The Doll's House
4. Zest
5. Jahangir

Sonstiges:
1. Waterstone's (Buchladen)
2. Central
3. Victoria Café & Bar
4. Iain J. Mellis (Käseladen)
5. Spokes (Radladen)

⏱ April–Sep tgl. 9.30–17.30, Okt–März 9.30–16.30 Uhr, Eintritt 5,20 £, erm. 4,20/2,60 £ (HS), Kombiticket mit Kathedrale 7,20 £, erm. 5,80/4,30 £ (HS).

Musa – Museum of the University of St Andrews

Seit 2008 verfügt die altehrwürdige Universität von St Andrews über ein eigenes Museum: Das Musa – Museum of the University of St Andrews, 7a The Scores, ☎ 01334-461660, 🖥 www.st-andrews.ac.uk/musa, führt in die 600 Jahre alte Geschichte der ältesten Uni Schottlands

zurück. Mit ihrer Gründung unterstrichen die Stuarts den Anspruch auf Unabhängigkeit des Landes, da man nun mit Cambridge und Oxford gleichzog. 1413 bestätigte eine päpstliche Bulle die Gründung.

Im 16. Jh. wurden die Colleges in St Andrews zu einem wichtigen Schauplatz der Reformationsauseinandersetzungen. Vor dem St Salvator College wurde bereits 1528 Patrick Hamilton als erster „Ketzer" verbrannt. Doch auch die Gründung des St Mary College 1538 durch Erzbischof James Beaton konnte den Trend der Zeit nicht mehr aufhalten. Stadt und Uni wurden protestantisch.

Zentralschottland

St Andrews bezeichnet sich gerne als *Home of Golf*, und in der Tat wurden hier 250 Jahre lang die Regeln des Sports festgelegt. Die British Open gelten als weltweiter Klassiker und wurden allein in St Andrews bereits 28 Mal ausgetragen. Der Old Course ist sozusagen das Urgestein im weltweiten Golfbetrieb und St Andrews damit das Mekka unter den Golfspielern.

Unbestritten ist Golf in Schottland ein Volkssport. Kaum ein Ort, der nicht über einen eigenen Platz verfügt. Dabei geht es nicht nur um exklusive Plätze wie in St Andrews, Turnberry oder Troon, Golf ist für viele Schotten ein normaler Zeitvertreib. Und wer einige der abgelegensten Golfplätze an der schottischen Westküste oder auf den Inseln gesehen hat, weiß, dass Wind und Wetter oft ein schlimmerer Gegner sind als das eigene Handicap.

Die Geschichte des Golfsports

Ob die Entwicklung des Golfsports mit den vielen Kaninchenlöchern in den Dünen von St Andrews zusammenhing, ob früher Golfbälle womöglich sogar aus Holz bestanden und ob sich der Name Golf von der niederländischen Sportart Kolf ableitet, entschwindet ein wenig in der grauen Vorzeit, Fakt ist aber, dass Mitte des 15. Jhs. der Sport schon so verbreitet war, dass James II. 1457 Golf – und Fußball – per Gesetz verbieten ließ. Für die ständigen Kriege mit England sollten sich die jungen Männer doch bitte im Bogenschießen üben.

Dass James III. und James IV. die Verbote jeweils erneuerten, belegt ihre Erfolgslosigkeit. Schließlich gaben die **Stuarts** nach und versuchten sich selbst an dem neuen Modesport. Berühmt wurde eine Runde Golf von Maria Stuart 1566, allerdings wenige Tage nach dem Mord an ihrem Mann Lord Darnley. Das sorgte für große Empörung und beschleunigte ihren Abstieg. Ihr Sohn James VI. war ebenfalls Golf-Fan und exportierte den Sport nach England, als er 1603 den dortigen Thron bestieg.

Dennoch dauerte es noch bis 1744, bis in Edinburgh die ersten Golfregeln aufgestellt und der erste Club gegründet wurde, die **Honourable Company of Edinburgh Golfers**. Zehn Jahre später folgte die **Society of St Andrew's Golfers**, die 1834 den Ehrentitel Royal erhielt, sich entsprechend umbenannte und als „R&A" weltweit die Regeln festlegte. So wurde in St Andrews z. B. der Standard-18-Loch-Parcours erfunden. Auch fand hier 1819 das erste Profiturnier statt.

Mitte des 19. Jhs. begann dann der unaufhaltsame Aufstieg des Sports. 1860 gab es insgesamt nur 35 Clubs, davon 33 in Schottland. Bis 1914 waren 2700 neue Clubs hinzugekommen und Schottland hatte seine Dominanz verloren.

Frauen im Golf

Dem Beispiel Maria Stuarts folgend, schwangen auch Frauen zunehmend den Schläger. Bereits 1867 wurde der St Andrews Ladies Club gegründet, 1893 folgte die Ladies Golf Union, die auch die erste Open Championship für Frauen austrug.

Dennoch dauerte es bis 2007, bis auf dem Old Course in St Andrews eine Meisterschaft für Frauen stattfand. Der private R&A gilt mit seinen 2400 Mitgliedern als eine der letzten Bastionen, die nur Männern die Mitgliedschaft ermöglichen.

Championships

Ein großes Spektakel sind die Open Championships. 2010 waren sie von Wind und Regen ziemlich verweht, doch der Preis ist heiß. Der Gewinner Louis Oosthuizen erhielt 850 000 £ – bei den ersten Open 1860 gab es noch gar kein Preisgeld. In die Annalen von St Andrews haben sich die Lokalmatadoren Tom Morris senior und junior als Legenden eingetragen. Obwohl der Sohn nur 24 Jahre alt wurde, gewann er die Open viermal. Unter den Frauen gelang den Amateur-Champions Lady Margaret Scott und Cecil Leitch jeweils der Hattrick.

Mit knapp 7000 Studierenden ist die Uni vergleichsweise klein. ☉ April–Okt Mo–Sa 10–17, So 12–16 Uhr, Nov–März nur Do–So 12–16 Uhr, Eintritt frei.

College-Rundgang und Innenstadt

Von The Scores führt das Gässchen Butts Wynd zur North Street. Zur Linken liegt das **St Salvator's College**, das 1450 gegründet wurde und auch als Old College bekannt ist. Durch ein großes Holztor betritt man den Innenhof und kann die gotische Kirche sofort erkennen. Auch die Konsolen für die Heiligen sind noch erhalten. 1747 übernahm St Salvator auch das 1512 im Kathedralenbezirk gegründete St Leonard College.

Durch die College Street geht es weiter zur zentralen Querachse Market Street mit der Touristeninformation. Die Church Street führt weiter zur Stadtkirche **Holy Trinity Church**, Schauplatz von Knoxens Bildersturm-Predigt 1559. Nun ist man an der Durchgangsstraße South Street angelangt, die im Osten an der Kathedralenruine endet.

Schräg links ging das **St Mary's College** von 1538 als New College in die Geschichte ein. Es war die letzte vorreformatorische College-Gründung in St Andrews. Zur Rechten ist das **Madras College** eine Hommage an den pädagogischen Reformer Andrew Bell (1753–1832). Vor dem College ist die Ruine der **Blackfriars Chapel** aus dem 15. Jh. das letzte Fragment des Dominikanerklosters.

Von der South Street zweigen zu beiden Seiten mittelalterliche kleine Gassen ab. Sehr schön sind z. B. die kleinen malerischen Cottages am engen Durchgang **Louden's Close** auf dem weiteren Weg zum 1589 errichteten Stadttor **Westport**.

St Andrews Museum und Botanischer Garten

Jenseits des Westport bietet das **St Andrews Museum**, Kinburn Park, Doubledykes Road, ☏ 01334-659380, ⌨ www.fifedirect.org.uk/museums, einen kleinen Rundgang durch die Stadtgeschichte ab der Bronzezeit. ☉ April–Sep tgl. 10–17, Okt–März 10.30–16 Uhr, Eintritt frei.

Etwas weiter südlich wurde 1960 der **St Andrews Botanic Garden**, Canongate, ☏ 01334-476452, ⌨ www.st-andrews-botanic.org, angelegt. Ein Felsengarten, einige Teiche und große Gewächshäuser sorgen für farbliche Akzente. ☉ April–Sep tgl. 10–19, Okt–März 10–16 Uhr, Eintritt 2 £, erm. 1/0 £.

British Golf Museum und West Sands

Dort, wo die Klippen in den kilometerlangen Strand West Sands übergehen, beginnt das Reich der Golfer. Der legendäre **Old Course** erstreckt sich wie ein schmales Band vom repräsentativen Clubhaus des Royal & Ancient Golf Club of St Andrews (R&A) am Küstensaum entlang. Jeder professionelle Golfer möchte eines Tages die Open Championships mit einem Birdie auf dem weltberühmten 18. Grün vor dem Clubhaus des R&A gewinnen.

Der exklusive „R&A" ist noch immer eine rein männliche Domäne, doch die Verwaltung des Old Course und der anderen fünf Golfplätze auf den sandigen „Links" obliegt dem öffentlichen St Andrews Links Trust. Das garantiert, dass theoretisch jeder mal eine Runde auf dem Old Course drehen kann – so das Losglück hold ist (s. Aktivitäten).

Was lag also näher, als direkt gegenüber vom Clubhaus das **British Golf Museum**, Bruce Embankment, ☏ 01334-460064, ⌨ www.britishgolfmuseum.co.uk, einzurichten? Das sehr gut aufgemachte topmoderne Museum bietet einen unterhaltsamen Rundgang durch die Geschichte des Golfs und präsentiert dabei auch Trophäen, Golfschläger und Golfbälle (s. Kasten). ☉ April–Okt Mo–Sa 9.30–17, So 10–17, Nov–März tgl. 10–16 Uhr, Eintritt 6 £, erm. 5/3 £.

Wer sich überhaupt nicht für Golf interessiert, findet im benachbarten **St Andrews Aquarium**, The Scores, ☏ 01334-474786, ⌨ www.standrewsaquarium.co.uk, einen Einblick in die farbenfrohe Meereswelt. ☉ tgl. 10–17 Uhr, Eintritt 7,10 £, erm. 6,10/5,20 £.

An schönen Tagen ist ein ausführlicher Strandspaziergang über die West Sands zur naturgeschützten Mündungsbucht des River Eden (3 km) eine verlockende Alternative.

Übernachtung

Der Golfrummel und die Universität machen St Andrews vor allem an Wochenenden und in Ferienzeiten zu einem sehr beliebten Ausflugsziel. Erstens treibt das die Preise nach oben, und zweitens sollte man frühzeitig reservieren. Einen Überblick über weitere Adressen bietet neben der Touristeninformation auch die Website 🖥 www.stayinstandrews.com.

Untere Preisklasse

Abbey Cottage, Abbey Walk, 📞 01334-473727, ✉ coull@lineone.net. An die alte Abteimauer angelehnt liegt das günstige B&B in einem schönen Garten. Zum Hafen an der Rückseite der Kathedrale sind es nur wenige Schritte. Leider will Frau Coull ihr B&B nicht mehr allzu viele Jahre betreiben. Das wäre ein Verlust, weil das Abbey eine der wenigen günstigen Adressen in St Andrews ist. ❷

Kinkell Braes Caravan Park, Anstruther Road, 📞 01334-474250, 🖥 www.abbeyfordscotland.com. Der 3-Sterne-Platz liegt im Süden von St Andrews am Hang mit Blick auf die East Sands und die Kathedrale. ⏲ März–Okt. ❶

€ **St Andrews Tourist Hostel**, St Marys Place, 📞 01334-479911, 🖥 www.standrewshostel.com. Das lebendige Hostel mit 44 Betten bietet Schlafsäle mit 5–8 Betten und ist Treffpunkt der internationalen Backpackerszene. Da die Pubs alle in unmittelbarer Reichweite sind, braucht man sich um Angebote fürs Nightlife keine Gedanken zu machen. Dorm-Bett ab 12 £. ❶

St Andrews Youth Hostel, David Russell Apartments, Buchanan Gardens, 📞 01334-476726, 🖥 www.hostellingscotland.com. Nur vom 20. Juli bis zum 20. August steht dieses Studentenwohnheim mit den schicken Doppelzimmern als komfortable Sommerherberge dem SYHA zur Verfügung. ❶

Mittlere Preisklasse

Castlemount, 2 The Scores, 📞 01334-475579, 🖥 www.castlemount.net. Mit Blick auf Castle und Meer hat das Haus eine perfekte Lage, die zudem sehr ruhig ist. Die 3 Zimmer haben viel Charme, und die Hauswand ist völlig von Ranken überzogen. ❸

Fairnie House, 10 Abbey Street, 📞 01334-474094, 🖥 www.fairniehouse.com. Neben dem Byre Theatre wartet das Fairnie mit stilvollen Zimmern auf. Pat und Sean haben einen guten Geschmack und sind sehr freundliche Gastgeber. ❷–❸

Montague Guest House, 21 Murray Park, 📞 01334-479287, 🖥 www.montaguehouse.com. In einer Straße voller Pensionen und kleiner Hotels ist das Montague eine sehr gute und einladende Herberge. Fast alle Adressen in diesem Bezirk sind an den Wochenenden von Golfern belegt. Von Januar bis April ist es deutlich günstiger. ❸

Nethan House, 17 Murray Park, 📞 01334-472104, 🖥 www.nethan-standrews.co.uk. Elegantes Haus in der Nachbarschaft des Montague. Je nach Saison schwanken Preise und Auslastung stark – eine sympathische Adresse. ❸–❹

The Russell Hotel, 26 The Scores, 📞 01334-472447, 🖥 www.russellhotelstandrews.co.uk. Von den 11 Zimmern haben 4 Meerblick, und da der Old Course fast direkt vor der Haustür beginnt, ist das solide Mittelklassehotel zumeist mit Golfern gefüllt. ❸–❹

Obere Preisklasse

Old Course Hotel, bei St Andrews, 📞 01334-474371, 🖥 www.oldcoursehotel.co.uk. Das Spitzenklassehotel am 17. Loch des Old Course ist ganz auf Golfer zugeschnitten. Vom Hotel schweift der Blick hinüber zum R&A Clubhaus und hinaus aufs Meer. Golfen auf dem hoteleigenen Duke's Course gehört natürlich zum Angebot, aber auch ein Hallenbad mit Wellnessbereich. Für die exklusiven Gäste weist das Hotel vorsorglich daraufhin, dass Privatjets auf dem benachbarten Luftwaffenstützpunkt landen können ... ❻

Essen

Jahangir, 116a South Street, 📞 01334-470300, 🖥 www.jahangirstandrews.co.uk. Leckere indische Spezialitäten und besserer Service als bei der Konkurrenz vom Subkontinent. Wie bei den meisten Indern ist es mittags besonders günstig. Das Jahangir konzentriert sich u. a. auf Tandoori-Gerichte, serviert aber auch leckere

Zentralschottland

Currys; auch Take-away. ⊙ Mo–Sa 12–14.30, 17–24, So 17–24 Uhr.

Taste Coffee, 148 North Street, kein Tel. Kleines, originelles Studentencafé, das neben Fairtrade-Kaffee auch Bio- und vegane Leckereien anbietet. Besonders gemütlich zum Chillen ist das Sofa, ansonsten gibt es eine Bankreihe am Fenster. An den Wänden hängen Gemälde – das Taste ist einfach geschmackvoll relaxt. ⊙ tgl. 8–22 Uhr.

The Doll's House, 3 Church Square, ☎ 01334-477422, 🖥 www.houserestaurants.com. Die sympathische Einrichtung, die hervorragende Küche und die schöne Lage an der Stadtkirche machen das „Puppenhaus" zum womöglich besten Restaurant in St Andrews. Besonders günstig sind die 2-Gänge-Mittagsmenüs, aber auch die frühabendlichen Menüs sind vergleichsweise preiswert. ⊙ Küche 12–14.30, 17–21.30 Uhr.

The Seafood Restaurant, The Scores, ☎ 01334-479475, 🖥 www.theseafoodrestaurant.com. Der Glaskasten zwischen Golfmuseum und Aquarium ist das exquisiteste Fischrestaurant in St Andrews. Passend zur grandiosen Aussicht wird auf einer wöchentlich wechselnden Karte das Beste aus den Tiefen des Meeres auf den Tisch gebracht. Wie überall in St Andrews ist es im Winter außerhalb der Golfsaison wesentlich günstiger. Die Besitzer leiten übrigens auch das gleichnamige Restaurant in St Monans (s. S. 302). ⊙ Küche 12–14.30, 18.30–22 Uhr.

Zest, 93–95 South Street, ☎ 01334-471451. Ein weiteres sehr beliebtes Studentencafé, das auch eine Reihe von vegetarischen und veganen Snacks anbietet. Dazu kommen fett- und milchfreie Smoothies sowie fettarme Sojamilch. Das kritische studentische Publikum bekommt jeden Wunsch erfüllt. Bei schönem Wetter kann man draußen sitzen und das Studentenleben gegenüber vom St Mary's College beobachten. ⊙ Mo–Sa 8–18, So 10–18 Uhr.

Bars und Pubs

Central, 77-79 Market Street. Sehr gemütlicher Pub mit der Theke in der Mitte. Das Publikum macht einen netten Eindruck, und bei gutem

Wetter kann man im Stadtzentrum auch draußen sitzen.

Victoria Café & Bar, 1 St Mary's Place, ☎ 01334-476964. Modern eingerichtete Bar mit Bistroessen; an Freitagen und Samstagen verlängerte Öffnungszeiten bis 2 Uhr nachts für das studentische Publikum.

Theater und Kino

Byre Theatre, Abbey Street, ☎ 01334-475000, 🖥 www.byretheatre.com. In dem modernisierten Theaterbau werden neben klassischen Aufführungen auch Musikfestivals auf die Bühne gebracht. *Die* Adresse der Stadt in Sachen Kultur. Verfügt auch über ein eigenes Café-Restaurant.

NPH Cinema, 117 North Street, ☎ 01334-474902, 🖥 www.nphcinema.co.uk.

Feste

Open Championship: Wenn ungefähr alle fünf Jahre die British Open wieder in St Andrews Station macht, geht im weiten Umkreis übernachtungstechnisch nichts mehr. Da die letzten Open 2010 vor Ort waren, wird es nun etwas dauern, bis Tiger Woods & Co. wieder auf dem Old Course gastieren.

St Andrews Festival, 🖥 www.standrews festival.co.uk. Der 30. November ist der Feiertag von Schottlands Nationalheiligem. Seit 2006 ist der Tag als offizieller *bank holiday* quasi zum arbeitsfreien Tag erklärt worden. In St Andrews wird dazu ein fünftägiges Festival aufgelegt, das mit viel Musik und Power ein gutes Rezept gegen die kalte Jahreszeit ist.

Golf

Rund um St Andrews gibt es insgesamt elf Golfplätze, allein sechs auf den „Links" in den Dünen. Diese Plätze, inkl. des Old Course, werden vom **St Andrews Links Trust**, 🖥 www. standrews.org.uk, verwaltet. Der Trust vergibt auch die Tickets für den Old Course, der übrigens nur von Mo–Sa bespielt wird. Bis zu 50 % der Tickets werden täglich ausgelost. Dazu kann man sich am Vortag bis 14 Uhr telefonisch unter ☎ 01334-466666 oder aber persönlich in einem der Clubhouses auf die Warteliste setzen

Zentralschottland

lassen. Bis 16 Uhr steht dann fest, wer gewonnen hat. Die Chancen sind nicht hoch, weil die Zahl der Bewerber meist die Anzahl der Tickets deutlich übersteigt. Außerdem müssen Männer für den Old Course ein Handicap von 24, Frauen von 36 nachweisen. Eine Runde kostet je nach Jahreszeit 64–136 £.

Auf den anderen Golfplätzen kann man auch online buchen und muss nicht ganz so tief in die Tasche greifen. Wer noch etwas üben möchte, kann sich an der **St Andrews Links Golf Academy**, ✆ 01334-466606, 🖥 www.standrews linksgolfacademy.com, für ein wenig Nachhilfe anmelden.

Rad fahren

€ **Spokes**, 37 South Street, ✆ 01334-477835. Neben Verkauf und Service von Mitte April bis Anfang September auch Verleih. Allerdings muss eine Kreditkarte als Sicherheit hinterlegt werden. Der Verleih ist aber günstig (13/6,50 £, ganzer/halber Tag). ⏰ Mo–Sa 9–17.30 Uhr.

Sonstiges
Einkaufen

Farmers' Market, Argyle Street Car Park, 🖥 www.fifefarmersmarket.co.uk. Jeden 1. Samstag im Monat verkaufen rund 40 Stände Gemüse, Fleisch, Fisch und Konditorwaren, die zumeist aus der Region stammen. Die Bauernmärkte haben in den letzten Jahren Hochkonjunktur in Schottland. ⏰ 9–13 Uhr.

Iain J. Mellis, 149 South Street, ✆ 01334-471410. Exquisiter Käseshop mit einigen feinen schottischen Sorten, darunter Anster aus der Nähe von Pittenweem (s. S. 302). Aber auch Orkney Grimbister, Strathdon Blue und Arran Oatcakes gibt es vor und hinter der Theke. ⏰ Mo–Fr 9–17.30, Sa 9–18, So 9.30–17 Uhr.

Waterstone's, 101–103 Market Street. Guter Buchladen, auch Landkarten. ⏰ Mo–Sa 9–17.30, So 11–17 Uhr.

Informationen

St Andrews VisitScotland Information Centre, 70 Market Street, ✆ 01334-472021, 🖥 www.standrews.co.uk. ⏰ April–Juni, Sep Mo–Sa

9.30–17, So 11–16, Juli–Aug Mo–Sa 9.15–19, So 11–17, Okt–März Mo–Sa 9.30–17 Uhr.

Taxis
Club Cars Taxi, ✆ 01334-838555.

Transport

Der **Busbahnhof** befindet sich an der Station Road. Fast alle Verbindungen mit Stagecoach: DUNDEE, mit Linie 99 via Bahnhof Leuchars (15 Min.), alle 15–30 Min., 1 Std.

EAST NEUK, mit Linie 95 über Crail (30 Min.) nach Anstruther (45 Min.) und Elie (60 Min.); mit Linie X58/60 direkt nach Anstruther (25 Min.) und weiter über Elie (40 Min.) nach EDINBURGH, stdl., 3 Std.

EDINBURGH, mit Linie X59 ohne Schlenker über das East Neuk, etwa stdl., 1 3/4 Std.

FALKLAND, mit Linie 64 stdl., 1 1/2 Std.; fährt weiter nach Glenrothes.

GLASGOW, mit Linie X24/X26/X27 über DUNFERMLINE (1 1/4–1 3/4 Std.) stdl., 2 1/2–3 Std.

STIRLING, mit Linie 23 über Kinross, alle 2 Std., 2 Std.

Die Umgebung von St Andrews

In **Leuchars**, rund 10 km nordwestlich von St Andrews, liegt nicht nur der Bahnhof für St Andrews, sondern vor allem die **St Athernase Church**, deren Apsis und Chor noch normannisch sind. Der Rest der Kirche ist vergleichsweise neu.

15 km westlich von St Andrews verbreitet **Ceres** inmitten der sanften Hügellandschaft dörfliche Idylle. Das Meer scheint hier weit entfernt zu sein. Vom Parkplatz führt eine kleine Packpferdebrücke aus dem 17. Jh. hinüber zum historischen Gebäudekomplex des **Fife Folk Museum**, High Street, ✆ 01334-828180, 🖥 www.fifefolk museum.org. Ceres war im 19. Jh. ein Zentrum der Weberindustrie, und das Museum widmet sich anschaulich dem Leben der einfachen Bevölkerung. ⏰ April–Okt tgl. 10.30–16.30 Uhr, Eintritt 3,50 £, erm. 2,50/0 £.

Wenige Kilometer westlich ist das Herrenhaus **Hill of Tarvit**, ✆ 0844-4932185, 🖥 www. nts.org.uk, ein gutes Beispiel für das luxuriöse

Leben eines Jutebarons im frühen 20. Jh. Die Ausgestaltung hatte Robert Lorimer 1906 übernommen. Sowohl die reiche Innenausstattung mit Porzellan, Wandteppichen und Gemälden wie auch die formalen Gärten sind einen Blick wert. Aufgrund der finanziellen Krise des National Trust for Scotland stand das Haus 2009 kurz vor der kompletten Schließung, inzwischen gibt es jedoch wieder regelmäßige Öffnungszeiten. April–Okt Do–Mo 13–17 Uhr, Eintritt 9 £, erm. 6,50 £ (NTS).

Wenige Kilometer nördlich ist der lebendige Marktflecken **Cupar** die alte Hauptstadt von Fife.

Übernachtung und Essen

Pinewood Country House, Tayport Road, St Michaels, ✆ 01334-839860, 🖥 www.pinewoodhouse.com. Wer in St Andrews nichts finden sollte, kann 15 km nördlich in Richtung Dundee in dem freistehenden Landhaus 6 gehobene Zimmer zu vergleichsweise günstigeren Preisen in Anspruch nehmen. Nr. 2 geht zum Hof raus und ist das größte Zimmer, Nr. 6 hat oben 3 Betten für Familien. Die Besitzer haben wirklich viel Geschmack. ❸

The Peat Inn, bei St Andrews, ✆ 01334-840206, 🖥 www.thepeatinn.co.uk. Wenn es um exklusives Dinieren und Wohnen geht, ist das Peat Inn, rund 10 km westlich von St Andrews und 16 km nördlich von Anstruther, die erste Wahl in Fife. Während es mittags etwas lockerer und preislich eher moderat zugeht, wird es abends formaler. Dafür wird perfekte Gourmetküche geboten, und in der 5-Sterne-Residenz mit Garten dürfte kaum ein Wunsch unerfüllt bleiben. Koch und Besitzer Geoffrey Smeddle wird angesichts seiner Künste mit Auszeichnungen geradezu überhäuft. 🕐 Küche Di–Sa 12.30–13.30, 19–21 Uhr. ❺

Perthshire

Am Übergang von Lowlands und Highlands bildet die alte Grafschaft Perthshire so etwas wie das Herz Schottlands. Die äußerst abwechslungsreiche Landschaft reicht von landwirtschaftlich geprägten Regionen im Süden, dem Big Tree Country mit seinen herrlichen Tälern und Seen in der Mitte bis zu rauen Bergregionen, die weit in die Highlands hineinreichen. Perthshire ist damit in gewissem Sinne ein Schottland en miniature.

Die Hauptattraktionen sind zweifelsohne **Scone Palace** am Rande von **Perth**, **Dunkeld Cathedral**, der Urlaubsort **Pitlochry**, die großartige Hochlandburg **Blair Atholl** sowie der wunderbare **Loch Tay**. Aber abseits der Haupttouristenströme hält die Grafschaft viele reizvolle Geheimtipps parat.

Perth

Perth am Ufer des River Tay gilt Umfragen zufolge als die lebenswerteste Stadt Schottlands. Die Einwohnerzahl steigt stetig und liegt derzeit bei gut 45 000 Menschen. Als Touristenattraktion hat Perth allerdings keine herausstechenden Sehenswürdigkeiten zu bieten, sondern gefällt eher durch die schöne Lage, die entspannte Stimmung, die einladenden Cafés sowie das rege kulturelle Leben.

2010 feierte Perth das 800-jährige Jubiläum der ältesten noch erhaltenen königlichen Charta für die Stadt, doch die strategische Lage an der Furt über den Tay und die unmittelbare Nähe des Krönungsortes Scone ließen hier schon früher eine Siedlung entstehen. Wer in Schottland die Macht haben wollte, musste nach Perth kommen, um sich in Scone auf den sogenannten Stone of Destiny zu stellen (s. S. 316). Und da im Mittelalter im Prinzip die Hauptstadt dort war, wo sich der König aufhielt, erlangte die Stadt schnell überregionale Bedeutung. Dementsprechend tagten in Perth Parlamente und es gab reiche Klöster, welche die Symbiose von weltlicher und kirchlicher Macht demonstrierten.

Durch die Reformation Mitte des 16. Jhs. und die Vereinigung mit England verlor Perth endgültig seine politische Bedeutung. Ab dem 18. Jh. verlegte sich die Stadt stärker auf den Handel. Damals fuhren die Schiffe noch fast bis an die Stadtmauern. Seit 1771 überspannt die Perth Bridge den Tay, dessen Uferpromenade in den vergangenen Jahren adrett umgestaltet wurde. Die Innenstadt ist übrigens nahezu rechtwinklig angelegt, was die Orientierung stark erleichtert.

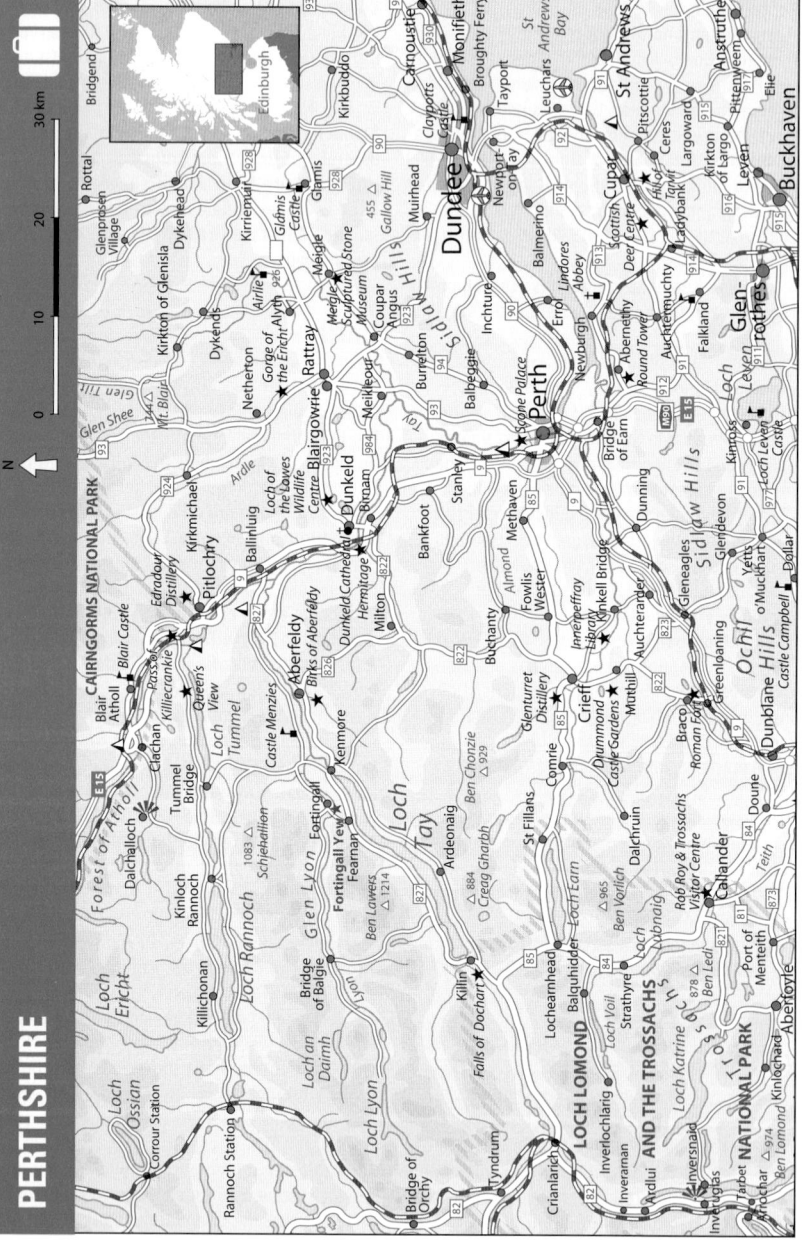

PERTHSHIRE

N

30 km

20

10

0

CAIRNGORMS NATIONAL PARK

Forest of Atholl

Blair Atholl

Blair Castle

Pass of Killiecrankie

Queen's View

Pitlochry

Edradour Distillery

Kirkmichael

Ballinluig

Loch of the Lowes Wildlife Centre

Dunkeld

Dunkeld Cathedral

Hermitage

Birnam

Dunkeld

Aberfeldy

Birks of Aberfeldy

Clachan

Tummel Bridge

Castle Menzies

Kenmore

Fortingall

Fearnan

Fortingall Yew

Loch Tummel

Kinloch Rannoch

Schiehallion 1083 △

Glen Lyon

Ben Lawers △ 1214

Creag Ghaibh △ 884

Loch Lyon

Bridge of Balgie

Killin

Falls of Dochart

Loch Tay

Ardeonaig

Comrie

Glenturret Distillery

Crieff

Drummond Castle Gardens

Muthill

St Fillans

Loch Earn

Ben Vorlich △ 985

Lochearnhead

Balquhidder

Loch Voil

Strathyre

Ben Ledi △ 878

Rob Roy & Trossachs Visitor Centre

Callander

Doune

Dunblane

Dunblane

Braco

Roman Fort

Greenloaning

Auchterarder

Gleneagles

Glendevon

Glenfarg

Yetts o'Muckhart

Dollar

Castle Campbell

Ochil Hills

Dunblane

Kinross

Loch Leven

Loch Leven Castle

Falkland

Glenrothes

Buckhaven

Leven

Kirkton of Largo

Largoward

Ceres

Pitscottie

St Andrews

St Andrews Bay

Anstruther

Pittenweem

Elie

Cupar

Scottish Deer Centre

Ladybank

Auchtermuchty

Abernethy

Round Tower

Newburgh

Errol

Inchture

Lindores Abbey

Balbeggie

Burrelton

Meikleour

Balbeggie

Perth

Scone Palace

Bridge of Earn

Dunning

Methven

Almond

Fowlis Wester

Innerpeffray Library

Auchterarder

Buchanty

Amulree

Bankfoot

Stanley

Meikleour

Coupar Angus

Meigle

Meigle Sculptured Stone Museum

Gallow Hill 455 △

Muirhead

Dundee

Claypotts Castle

Broughty Ferry

Monifieth

Carnoustie

Barry

Leuchars

Newport on Tay

Tayport

Balmerino

Dykends

Rattray

Blairgowrie

Gorge of the Ericht

Alyth

Airlie

Airlie Castle

Glamis

Glamis Castle

Kirriemuir

Netherton

Glen Isla

Dykehead

Kirkton of Glenisla

Glenprosen Village

Rottal

Mt. Blair △ 744

Glen Shee

Sidlaw Hills

Sidlaw Hills

Forth

Loch Katrine

Loch Ard

Loch Chon

Ben Venue △ 729

Ben Lomond △ 974

Inversnaid

Inverarnan

Ardlui

Inveruglas

Tarbet

Arrochar

Crianlarich

Tyndrum

Bridge of Orchy

Rannoch Station

Corrour Station

Loch Ericht

Loch Ossian

Loch an Daimh

Loch Rannoch

Killichonan

Dalchalloch

Bridgend

Edinburgh

LOCH LOMOND AND THE TROSSACHS NATIONAL PARK

Aberfoyle

Kinlochard

Port of Menteith

St John's Kirk

Mehr als 100 Jahre Bauzeit waren nötig, um die 1126 gegründete St John's Kirk im Herzen der Stadt zu vollenden. Der 1440 neu gebaute Chor ist heute das älteste erhaltene Teilstück. Angeblich soll hier der englische König Edward I. Weihnachten 1296 in der Hoffnung gefeiert haben, die Eroberung Schottlands erfolgreich abgeschlossen zu haben. Das stellte sich schon bald als Trugschluss raus, spätestens als Robert the Bruce 1313 die Stadt zurückeroberte.

Für große Aufregung sorgten 1559 zwei aufrüttelnde Predigten von John Knox. Der reformatorische und bilderstürmerische Funke sprang anscheinend sofort auf die Zuhörerschaft über, die im Anschluss u. a. die Abtei von Scone plünderte. Ein Jahr später war die Reformation landesweit vollzogen und Knox wurde zum wichtigen Gegenspieler von Maria Stuart. ☉ Mai–Sep Mo–Sa 10–16 Uhr.

Nördliche Innenstadt

Rund um die St John's Kirk ist die Innenstadt verkehrsberuhigt, Cafés laden mit ihren Terrassen zur Pause ein, und jeden ersten Samstag findet auf dem St John's Place der Bauernmarkt statt. Zentrale Fußgängerzone ist jedoch die **High Street**, von der die schmale Skinnergate hinüber zur postmodernen **Perth Concert Hall** in der Mill Street führt, die seit 2005 die Kulturszene in Perth entscheidend beflügelt (s. S. 318).

Gleich nebenan führt das **Perth Museum & Art Gallery**, 78 George Street, ☎ 01738-632488, 🖥 www.pkc.uk/museums, in einem sehr repräsentativen Gebäude durch die Stadtgeschichte. Alte Möbel, Schiffsmodelle, Kunstgewerbe und die städtische Gemäldesammlung machen die Ausstellung sehr vielfältig. ☉ Mo–Sa 10–17 Uhr, Mai–Aug auch So 13–16.30 Uhr, Eintritt frei.

Fergusson Gallery

Am südlichen Zipfel der Innenstadt präsentiert die Fergusson Gallery, Marshall Place, ☎ 01738-783425, 🖥 www.pkc.gov.uk/museums, die Werke eines der ungewöhnlichsten und kreativsten Künstlerpaare Schottlands. 47 Jahre lang lebten John Duncan Fergusson (1874–1961) und Margaret Morris (1891–1980) zusammen und hinterließen ein beachtliches Schaffenswerk.

Fergusson war einer der führenden Köpfe der Scottish Colourists (s. S. 97), der sich an der vorletzten Jahrhundertwende seine Inspirationen vor allem in Frankreich holte. Immer wieder ist er mit dem Kollegen Samuel John Peploe unterwegs. In Paris trifft er 1913 auf die begnadete Tänzerin Margaret Morris. Während des Ersten Weltkriegs lernen die beiden auch Charles Rennie Mackintosh kennen, der damals Schottland bereits verlassen hat. Ironischerweise gehen dafür Fergusson und Morris nach Glasgow, wo Morris 1940 den Celtic Ballet Club gründet. Ihr eigener sehr markanter Tanzstil wird unter der Bezeichnung *Margaret Morris Movement* international bekannt. Daneben entwirft sie auch die Tanzkostüme selbst und ist als Malerin tätig.

Nachdem Perth 1991 zunächst die Fergusson-Sammlung geschenkt bekam, ist seit 2010 auch der Morris-Nachlass am Tay beheimatet, sodass in dem 1832 als Wasserwerk gebauten Rundturm das Leben und Schaffen des Künstlerpaares erstmals gemeinsam in seiner ganzen Vielfalt ausgestellt werden kann. ☉ Mo–Sa 10–17 Uhr, Mai–Aug auch So 13–16.30 Uhr, Eintritt frei.

Scone Palace

Seit Mitte des 9. Jhs. wurden in Scone für rund 600 Jahre praktisch alle schottischen Könige gekrönt, eine mächtige Augustinerabtei bewachte den Krönungshügel. Doch von all dem mittelalterlichen Glanz ist 3 km nördlich von Perth nichts geblieben: Die Abtei wurde 1559 geplündert und niedergebrannt, nachdem John Knox die Massen in Perth mit seinen Predigten so richtig aufgeputscht hatte. Die letzte Krönung fand indes 1651 statt, als Charles II. seinen Machtanspruch gegen Oliver Cromwell untermauern wollte – vergeblich, denn er musste die nächsten neun Jahre im Exil verbringen.

Übrig ist in Scone allein der Krönungshügel, bekannt als Moot Hill bzw. Boot Hill, weil angeblich die Adligen zu jeder Inthronisierung auf dem **Stone of Destiny** (s. Kasten S. 316) die Erde ihrer Heimat in Stiefeln mitbrachten und so der Hügel langsam wuchs.

Der Palast, der sich heute den Besuchern präsentiert, geht im Wesentlichen auf das frühe 19. Jh. und den 3. Earl of Mansfield zurück. Für den Bau musste der alte Ort weichen, damit

Zentralschottland

Es dürfte kaum einen Stein in Schottland geben, um den so lange gestritten wurde und dessen Bedeutung fast schon mythische Dimensionen angenommen hat. Fakt ist, dass von **Kenneth MacAlpin** Mitte des 9. Jhs. bis zum Ende des 13. Jhs. alle schottischen Könige auf dem Stone of Destiny in Scone gekrönt wurden – und zwar stehend. Fakt ist auch, dass der englische König Edward I. 1296 den Stein aufgrund seiner hohen symbolischen Bedeutung nach **Westminster Abbey** schaffen ließ und dem Krönungssessel festschrauben ließ. Damit wollte er die politische Unterwerfung Schottlands aller Welt vor Augen führen. Seither saß jeder britische Monarch bei der Krönung auf dem Stein. Fakt ist ferner, dass 1950 einige wagemutige schottische Studenten den Schicksalsstein aus der Westminster Abbey stahlen und wenige Monate später in der **Abtei von Arbroath** ablegten. Die Abtei ist für die *Declaration of Arbroath* von 1320 berühmt, das wichtigste schottische Unabhängigkeitsdokument (s. S. 351). Und Fakt ist schließlich, dass die konservativen Tories 1996 in einem Akt politischer Verzweiflung den viel gereisten Stein den Schotten „zurückgeben" wollten und ihn zur Aufbewahrung ins **Castle von Edinburgh** brachten, wo er heute neben den Krönungsinsignien liegt.

Doch handelt es sich überhaupt noch um den echten Stein? Für schottische Nationalisten ist schon der Gedanke unerträglich, dass Edward I., „der Hammer der Schotten", den Krönungsstein geklaut hat. Also hält sich das Gerücht, man habe Edward eine plumpe Fälschung mit auf die Reise gegeben. Doch warum tauchte dann das Original nicht wieder auf, als Robert the Bruce die schottische Unabhängigkeit wenige Jahre später gesichert hatte? Anderen Gerüchten zufolge haben die schottischen Studenten um Ian Hamilton 1950/51 das Original ausgetauscht und der britischen Regierung eine Fälschung zurückgegeben. Doch warum bleibt auch jetzt das „Original" verschwunden, wo doch der Stein wieder in Schottland ist?

Schon um die Herkunft des Steins ranken sich Mythen: Kommt er aus der Nähe von Scone, von der schottischen Westküste, wo Kenneth MacAlpin geboren wurde, oder gar aus dem Heiligen Land? Niemand kann diese Fragen beantworten. Ein Mythos ist jedoch zumindest halbwegs in Erfüllung gegangen, während eine Hoffnung sich zerschlagen hat: Einer alten Legende zufolge sollte die Macht nach Schottland zurückkommen, sobald der Stein wieder im Lande sei – die Eröffnung des Parlaments 1999, drei Jahre nach dem spektakulären Rücktransport, wurde deshalb von manchem Stein-Propheten als höheres Zeichen gewertet. Den Konservativen hat der Transfer indes politisch nicht geholfen; sie fristen im schottischen Parlament ein eher abgeschlagenes Randdasein.

Nach all den historischen Kapriolen ist davon auszugehen, dass der Stone of Destiny noch für manche Schlagzeile sorgen wird.

der Earl sich einen weiträumigen Park anlegen konnte. Scone Palace, ☎ 01738-552300, 🖥 www.scone-palace.co.uk, wurde zu einem extravaganten Landschloss. Die **Repräsentationsräume** beeindrucken durch kostbares Mobiliar aus Italien und Frankreich, während an den Wänden Portraits von van Dyck, Reynolds und Ramsay hängen. Ein Highlight ist die riesige **Porzellansammlung** mit Kreationen aus Meissen, Sèvres und Worcester. Ein derartiger Palast war natürlich perfekt geeignet für einen königlichen Besuch, den Queen Victoria und Gemahl Albert 1842 abstatteten.

Im **Park** ist der Irrgarten aus 2000 Buchen besonders bei Kindern sehr beliebt; Pfauen schlagen ihre Räder. Das viktorianische Pinetum ist für seine rund 185-jährige Douglas-Tanne berühmt. Diese Baumart wurde von David Douglas aus Nordamerika in Schottland und Europa eingeführt und ist heute an vielen Orten in Perthshire ein wichtiger Bestandteil des *Big Tree Country*. Douglas wurde 1799 in Scone geboren und startete seine Karriere als Gärtner im Palast. Allerdings starb er schon im Alter von 35 Jahren auf Hawaii. ◷ April–Okt So–Fr 9.30–17.30, Sa 9.30–16.30 Uhr, Eintritt 9 £, erm. 7,90/6£.

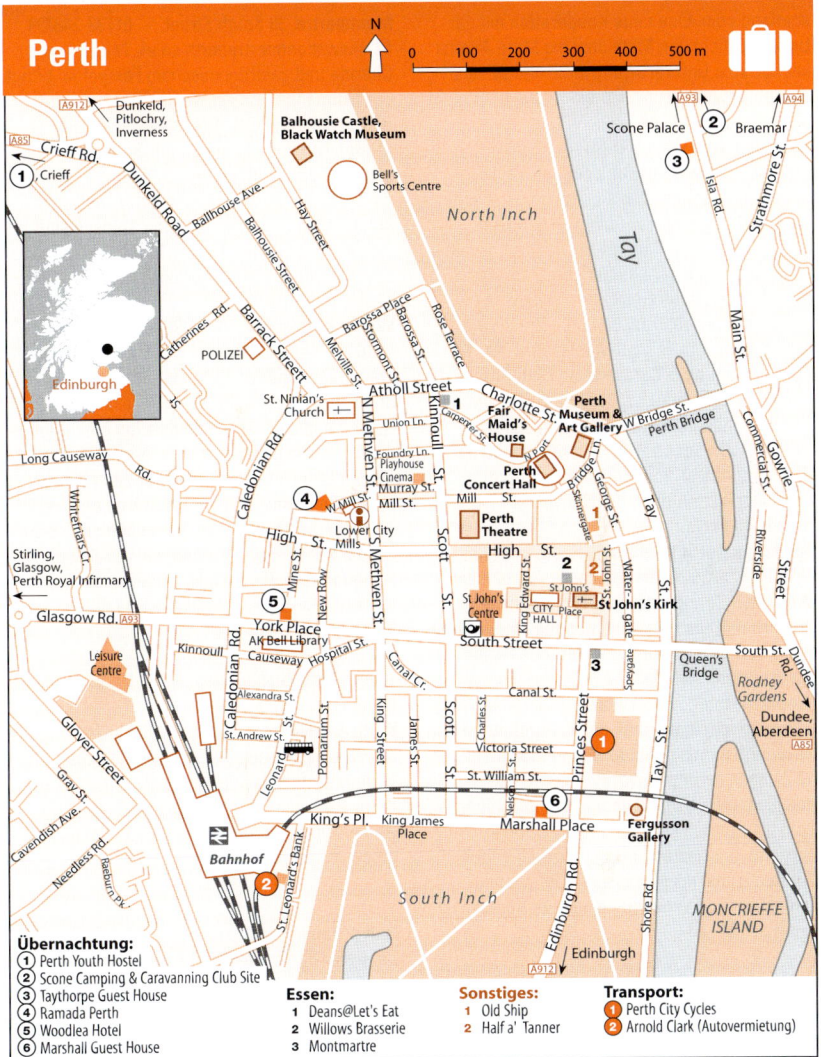

Perth

N

0 100 200 300 400 500 m

Übernachtung:
① Perth Youth Hostel
② Scone Camping & Caravanning Club Site
③ Taythorpe Guest House
④ Ramada Perth
⑤ Woodlea Hotel
⑥ Marshall Guest House

Essen:
1 Deans@Let's Eat
2 Willows Brasserie
3 Montmartre

Sonstiges:
1 Old Ship
2 Half a' Tanner

Transport:
① Perth City Cycles
② Arnold Clark (Autovermietung)

Übernachtung

Marshall Guest House, 6 Marshall Place, 📞 01738-442886, ✉ gallagher@marshall-guest-house.co.uk. Das einladende Guest House genießt nach Süden einen hübschen Blick auf den South Inch Park, allerdings verläuft eine

tagsüber belebte Straße vor der Haustür. Schon der Vorgarten ist sehr liebevoll angelegt, diese Sorgfalt setzt sich innen fort. Auf der Rückseite kann man in Ruhe kostenlos parken. ❷
Perth Youth Hostel, Perth College UHI, Crieff Road, 📞 01738-877800, 🖥 www.hostelling

scotland.com. Eine neue Kooperation mit der Uni ermöglicht von Mitte Juni bis Mitte August komfortable Unterbringung in EZ und DZ des Studentenwohnheims. Für ein Hostel aber nicht billig. Bett ab 24 £. ❷

Ramada Perth, West Mill Street, ✆ 0844-8159105, 🖥 www.ramada.com/hotel/15803. In den städtischen Mühlen, deren Geschichte bis ins 10. Jh. zurückverfolgt werden kann, hat die Hotelkette Ramada ein anspruchsvolles Hotel mit 76 Zimmern eingerichtet, darunter auch behindertenfreundliche. So kann man mitten im Stadtzentrum wohnen. Die Preise schwanken sehr, je nach Auslastung. ❸–❺

Scone Camping & Caravanning Club Site, beim Scone Palace, ✆ 01738-552323, 🖥 www.campingandcaravanningclub.co.uk/scone. Nördlich von Scone Palace, direkt neben der Pferderennbahn, liegt der sehr populäre Campingplatz. Öffentlicher Nahverkehr ist allerdings Fehlanzeige. ❶

Taythorpe Guest House, Isla Road, ✆ 01738-447994, 🖥 www.taythorpe.co.uk. Auf halbem Weg nach Scone sind die 3 Zimmer in dem modernen Haus sehr ansprechend eingerichtet. Zu Fuß ist es eine gute Viertelstunde bis ins Stadtzentrum. ❷–❸

Woodlea Hotel, 23 York Place, ✆ 01738-621744, 🖥 www.woodleaperthuk.co.uk. Durch Anbauten nach hinten raus bringt es das Woodlea auf 12 Zimmer, darunter zwei Einzel- und ein Familienzimmer. Direkt gegenüber der Bücherei liegt die Pension sehr zentral, die Bahnhöfe für Bus und Zug sind ebenfalls nicht weit entfernt. Für das Frühstück gibt es auch Optionen für Vegetarier und Veganer – eine gute Adresse im Zentrum. ❷–❸

Essen

Deans@Let's Eat, 77-79 Kinnoull Street, ✆ 01738-643377, 🖥 www.letseatperth.co.uk. Willie und Margo Deans servieren seit 2005 schottische Küche auf hohem Niveau. Dabei stehen Rindfleisch- und Lammgerichte genauso auf der Speisekarte wie Seezunge und Gemüse-suppen. Das Deans ist eindeutig das anspruchs-vollste Restaurant für Perth, die Preise sind entsprechend hoch. ⏱ Küche Di–Sa 12–14, 18–21.30 Uhr (im Sommer nur Di–Fr).

Montmartre, 38 South Street, ✆ 01738-248784, 🖥 www.montmartreperth.co.uk. Mit viel Charme und gastronomischem Feingefühl bringt der Normanne Eric ein wenig französischen Bistrostil nach Perth. Die hohe Decke, die großen Fenster und die Couch-Sitzecken schaffen das richtige Ambiente für die Gerichte, die regionale Spezialitäten mit französischer Zubereitung zusammenbringen. Günstig sind die Lunch- und Pre-Theatre-Menüs, wobei der abschließende Kaffee inklusive ist. ⏱ Mi–So 12–15, 17–21 Uhr.

Willows Brasserie, 12-14 St John's Place, ✆ 01738-441175, 🖥 www.willowscoffeeshop.com. Gegenüber der St John's Kirk und der ehemaligen City Hall auf der Terrasse die Seele baumeln lassen und den Tag genießen – die Brasserie ist eindeutig die beste Adresse für einen Kaffee, etwas Süßes oder auch einen herzhaften Snack. Das Frühstück ist auch im Angebot, und an den Wochenenden gibt es am frühen Abend Hauptgerichte mit attraktiven Angeboten für Paare, inkl. einer Flasche Wein. ⏱ So–Do 7.30–16.30, Fr–Sa 7.30–17, 17.30–20 Uhr.

Unterhaltung

Feste

Perth Festival of the Arts, ✆ 01738-621031, 🖥 www.perthfestival.co.uk. Zwei Wochen Ende Mai stellt das seit Jahrzehnten etablierte Kulturfestival ein breites Programm auf die Beine – von Oper über Jazz bis zu Theater und einem Kunstmarkt am Ufer des Tay.

Pubs

Half a' Tanner, St John's Place, Ecke Kirkgate. Zentraler Pub an der Kirche, dementsprechend ist hier immer was los. Am Wochenende steht Karaoke auf dem Programm.

Old Ship, 31 High Street (Skinnergate). Der kleine gemütliche Pub geht auf das Jahr 1665 zurück. Der Eingang liegt etwas versteckt am Durchgang von der High Street zur Concert Hall.

Theater und Konzerte

Perth Concert Hall, Mill Street, Tickets: ✆ 01738-621031, 🖥 www.horsecross.co.uk.

Perth gilt als eine der lebenswertesten Städte Schottlands.

Seit 2005 neuer Konzert- und Veranstaltungstempel, der den Ruf Perths als Kulturstadt festigt. Hier treten hochkarätige Künstler auf, wobei zeitgenössische schottische Folkmusik ein Schwerpunkt ist.

Perth Theatre, 185 High Street, Tickets: ℡ 01738-621031, 🖥 www.horsecross.co.uk. Ansehnliches Theatergebäude in der Fußgängerzone mit Schauspielklassikern und modernen Bühnenproduktionen.

Sonstiges

Fahrradverleih

Perth City Cycles, 42 Princes Street, ℡ 01738-639346, 🖥 www.perthcitycycles.co.uk. Radverleih nur Juni–Aug (15 £/Tag), ansonsten Verkauf und Service. ⏲ Mo–Fr 9.30–17.30, Sa 9–17.30 Uhr.

Informationen

Perth VisitScotland Information Centre, Lower City Mills, ℡ 01738-450600, 🖥 www.perthshire.co.uk. ⏲ April–Juni, Sep–Okt Mo–Sa 9.30–17, So 10–14, Juli–Aug Mo–Sa 9.30–18, So 11–16, Nov–März Mo–Sa 10–17 Uhr.

Internet

AK Bell Library, 2-8 York Place, ℡ 01738-444949. Kostenloser Internetzugang. Mo, Mi, Fr 9.30–17, Di, Do 9.30–20, Sa 9.30–16 Uhr.

Medizinische Hilfe

Perth Royal Infirmary, Taymount Terrace, ℡ 01738-623311. Großes Krankenhaus im Westen der Stadt, Zufahrt über Glasgow Road. Buslinie 333 (Stagecoach) verbindet das Krankenhaus stdl. mit dem Stadtzentrum sowie dem Ninewells Hospital in Dundee.

Post

109 South Street, ⏲ Mo–Sa 9–17.30 Uhr.

Taxis

AAA Taxi, ℡ 01738-636663, **McNeill Taxi**, ℡ 01738-446688, **Perth Taxis**, ℡ 01738-444888.

Nahverkehr

Stagecoach-Linie 3 verkehrt ab South Street stdl. nach Scone, Linie 13 und 333 zum Krankenhaus.

Busse

Vom **Busbahnhof Leonard Street** nahe dem Bahnhof verbinden die Fernbusse von Scottish Citylink/Megabus Perth mit denselben Städten wie die Bahn.

Zum Teil im Stundentakt geht es nach ABERDEEN, meist stdl. 2 Std.

DUNDEE, alle 30–60 Min., 30 Min.

GLASGOW via STIRLING (45 Min.), meist stdl., 1 1/2 Std.

INVERNESS via PITLOCHRY (45 Min.), ca. alle 2 Std., 3 Std.

EDINBURGH via KINROSS (30 Min.), meist stdl., 1 1/2 Std., beide auch mit Park's of Hamilton.

Regional fährt Stagecoach ab Busbahnhof Leonard Street mit Linie 15 ca. stdl. nach CRIEFF (1 Std.) und COMRIE (1 1/4 Std.), Linie 23 via Dunkeld (55 Min.) nach ABERFELDY (1 3/4 Std.), Linie 24/27 stdl. via Dunkeld (55 Min.) nach PITLOCHRY (1 3/4 Std.) und Linie 36 stdl. nach FALKLAND (55 Min.).

Eisenbahn

Perth liegt am Schnittpunkt mehrerer Bahnstrecken. Dadurch ergeben sich sehr gute Anbindungen vom Bahnhof in der Leonard Street.

ABERDEEN via DUNDEE (25 Min.), alle 1–2 Std., 1 3/4 Std.

EDINBURGH, ca. alle 2 Std., 1 1/4 Std.,

GLASGOW via STIRLING (30 Min.), alle 30–60 Min., 1 Std.

INVERNESS via PITLOCHRY (35 Min.) und AVIEMORE (1 3/4 Std.), alle 2–3 Std., 2 1/2 Std.

Dunkeld und Umgebung

Von Perth führt die A 9 schnurstracks nach Norden in die Highlands hinein. Nach den saftigen Weiden der Lowlands bestimmen dort tiefe Wälder das Bild und gleich der erste Ort lohnt unbedingt einen Zwischenstopp, weil er sich sehr idyllisch ans Ufer des Tay schmiegt. Über die elegante Tay-Brücke von Thomas Telford (1804–09) geht es hinüber ins historische Ortszentrum von Dunkeld (1170 Einwohner).

Zur Linken führt die Cathedral Street, am Ende gesäumt von liebevoll restaurierten Cottages des National Trust for Scotland, zu einer der malerischsten Kirchenruinen Schottlands: **Dunkeld Cathedral**, 🖥 www.dunkeldcathedral.org.uk. Zum Fluss hin erstreckt sich unter mächtigen alten Bäumen eine wunderbare Wiese, wo man bei schönem Wetter einfach seine Seele baumeln lassen kann. Der Kirchenbau wurde 1260 begonnen, der Chor 1350 eingeweiht, doch der restliche Kirchenbau zog sich fast 250 Jahre hin. Erst 1501 konnte der Turm vollendet werden.

Während der Reformation und der Schlacht von Dunkeld 1689 zwischen Jakobiten und Regierung wurde die Kathedrale arg in Mitleidenschaft gezogen, doch der 4. Duke of Atholl ließ den Chor 1814/15 wieder herrichten. Hier finden seither Gottesdienste statt. Der Westteil blieb als imposante gotische Ruine erhalten. Im Inneren ist das Grabmal des Wolf of Badenoch bemerkenswert, der als Sohn von Robert II. ein wildes, zügelloses Leben führte (s. S. 400). ⏱ April–Sep Mo–Sa 9.30–18.30, So 14–18.30, Okt–März Mo–Sa 9.30–16, So 14–16 Uhr, Eintritt frei.

Birnam

Wild und blutig ging es bei Macbeth zu. Shakespeare lässt die Hexen vorhersagen, dass Macbeth so lange nichts zu fürchten habe, bis der Wald von Birnam nicht nach Dunsinane komme. Die Prophezeiung geht in Erfüllung, weil sich die Soldaten von Malcolm Canmore mit Ästen und Zweigen aus dem Forst tarnen und so wie ein „wandelnder Wald" aussehen. Birnam liegt südlich von Dunkeld und hat sich seit Shakespeares Zeiten nicht mehr bewegt.

Loch of the Lowes

Rund 3 km nördlich von Dunkeld liegt etwas abseits der A 923 das Naturschutzreservat Loch of the Lowes. Der Scottish Wildlife Trust kümmert sich auf dem 98 ha großen Gelände vor allem um den Schutz von Fischadlern, die sich nach ihrer zwischenzeitlichen Ausrottung in Schottland zu Beginn des 20. Jhs. wieder in den Highlands angesiedelt haben. Von einem Beobachtungsstand kann man während der Brutzeit von April bis August die Nester mit Ferngläsern

Zentralschottland

Zu jedem guten Folkmusiker gehört eine Legende: Bei Dougie MacLean begann die Karriere, als er während eines Straßenauftritts 1974 direkt ein Engagement in der wegweisenden Band **Tannahill Weavers** bekam und so in der ersten Reihe des Revivals der schottischen Folkmusik landete. Von Dunkeld und dem benachbarten Örtchen Butterstone aus prägt Dougie, wie er von seinen Fans schlicht genannt wird, mit seiner einfühlsamen Musik, seinen gefühlvollen Texten, seinem eindrücklichen Gitarren- und Fiddle-Spiel und seiner charakteristischen Stimme seit Jahren die Szene.

Neben einer kurzen Zeit bei der Kultband **Silly Wizzard** (s. S. 99) sowie Filmmusik für *Der letzte Mohikaner* ist vor allem sein wehmütiger Hit *Caledonia* in Schottland zu seinem Markenzeichen geworden. Der Song besingt unter dem römischen Namen für Schottland die Sehnsucht nach der Heimat: „Caledonia you are calling me and now I'm going home." Damit klingt das Lied wie eine musikalische Neuauflage von Burns' „Mein Herz ist nicht hier, mein Herz ist im Hochland".

Caledonia hat eine erstaunliche Karriere hinter sich: 1992 gelangte eine Coverversion von Fran-ky Miller in den schottischen Charts auf Rang eins. Zeitgleich lief ein Werbespot einer schottischen Brauerei, die zu dem MacLean-Lied einen in London frustrierten Schotten zeigte, der am Ende doch lieber mit seinen Freunden in Edinburgh ein Bierchen kippt ... 17 Jahre später wurde *Caledonia* zur offiziellen Hymne des *Year of Homecoming* aus Anlass von Robert Burns' 250. Geburtstag. Und die Whisky-Destillerie Edradour (s. S. 322) hat zu MacLeans Ehren sogar einen Single Malt Caledonia benannt.

Für MacLean steht jedoch seit jeher vor allem eine enge Verbundenheit mit seiner Heimat Perthshire im Vordergrund. Hier produziert er seine Musik und betreibt sein privates Label Dunkeld Records. Und seit 2005 verdankt die Grafschaft dem kreativen Liedermacher auch ein besonderes Herbstfestival: **Perthshire Amber**, 🖥 www.perthshireamber.com, bringt Ende Oktober/Anfang November zehn Tage lang vor allem in Pitlochry sowie in Dunkeld und anderen Orten die Creme der schottischen Folkszene sowie internationale Gäste auf die Bühne. Innerhalb weniger Jahre hat sich das Festival zu einem der bedeutendsten Folktreffs in Schottland entwickelt.

im Auge behalten, alternativ übertragen Kameras das Geschehen ins **Loch of the Lowes Wildlife Centre**, ☎ 01350-727337, 🖥 www.swt.org.uk. ⏰ tgl. 10–17 Uhr, Eintritt 4 £, erm. 3 £.

Hermitage

Westlich von Dunkeld führt von einem schönen Waldparkplatz an der A 9 ein breiter Wanderweg zur Hermitage. Beeindruckend sind schon die mächtigen Bäume, darunter einer der größten Bäume Großbritanniens, eine über 65 m hohe Douglas-Tanne. Die Einsiedelei geht auf das 18. Jh. und die damals sehr populäre Ossian-Sage zurück. So ließ der 3. Herzog von Atholl an den Ufern des munter daher rauschenden Bergbachs Braan sowie des Black-Linn-Wasserfalls eine Fantasielandschaft entstehen, samt „historischer" Brücke, Ossian Hall und Ossian Cave, quasi eine Art Themenpark. Der rund 2,5 km lange Rundweg ist ein sehr lohnender Spaziergang, und falls der Kaffeewagen am Parkplatz nicht aufgibt, warten am Ende eine hervorragende Espressomaschine sowie leckere Vollkorn-Haferplätzchen.

Übernachtung

The Pend, 5 Brae Street, Dunkeld, ☎ 01350-727586, 🖥 www.thepend.com. Marina und Peter Braney bezeichnen sich selbst als „hundeliebende Naturschützer", und mit viel Liebe haben sie auch die 3 Zimmer eingerichtet und verwöhnen ihre Gäste. Über ein eigenes Bad/WC verfügen die Zimmer allesamt allerdings nicht, dafür gibt es oben 2 Familienzimmer. Zur Kathedrale ist es von hier nur ein Katzensprung. ❺

Essen und Unterhaltung

The Taybank, Tay Terrace/Boat Road, Dunkeld, ℘ 01350-727340, ▭ www.thetaybank.com. Die Instrumente an den Wänden sprechen Bände: Im Taybank wird Musik gemacht. Neben herzhaftem und günstigem *pub food* ist bei einem süffigen Pint Livemusik angesagt. Donnerstags ist z. B. Fiddle Session, freitags und samstags treten regelmäßig Gäste auf, und mittwochs wird beim Ceilidh auch schon mal ordentlich getanzt. Für Musikfreunde lohnt sich der Weg ins Taybank auf alle Fälle. ⏲ So–Do 11–23, Fr–Sa 11–23.45 Uhr.

Informationen

Dunkeld VisitScotland Information Centre, The Cross, ℘ 01350-727688, ▭ www.dunkeldandbirnam.co.uk. ⏲ April–Juni, Sep–Okt Mo–Sa 9.30–17, So 11–16, Juli–Aug Mo–Sa 9.30–18.30, So 10–17, Nov–März Fr–Di 11–16 Uhr.

Transport

Busse

Die Stagecoach-Linien 23 von PERTH (55 Min.) nach ABERFELDY (45 Min.) und 24/27 von Perth nach PITLOCHRY (40 Min.) halten Mo–Sa stdl. am North Car Park. Sonntags ist der Verkehr nördlich von Dunkeld stark eingeschränkt.
Linie 60 (Stagecoach) bietet an Schultagen 2x tgl. eine Querverbindung zwischen BLAIRGOWRIE (30 Min.), Dunkeld und ABERFELDY (3/4 Std.).

Eisenbahn

Die Züge von PERTH (20 Min.) nach PITLOCHRY (15 Min.), AVIEMORE (1 1/4 Std.) und INVERNESS (2 Std.) halten 3–7x tgl. am Bahnhof Dunkeld-Birnam.

Pitlochry und Umgebung

Ist Dunkeld so etwas wie ein stilles Juwel, so ist Pitlochry aufgrund seiner verkehrsgünstigen Lage seit viktorianischen Tagen das unbestrittene Touristenzentrum der Region. Tagsüber setzen viele Reisebusse ihre Gäste entlang der zentralen Atholl Road ab, abends wird es dann jedoch wesentlich ruhiger in dem 2500-Seelen-Ort. Aufgrund der guten touristischen Infrastruktur bietet sich Pitlochry als Standquartier für die Erkundung der Umgebung an. Dazu zählt auch das lang gestreckte Tal mit den Bilderbuchseen Loch Tummel und Loch Rannoch. Dabei kommen sowohl Wanderer wie Radler und Autofahrer voll auf ihre Kosten.

River Tummel

Westlich des Bahnhofs geht es zum Staudamm des Loch Faskally hinunter. Als Besonderheit gilt die 310 m lange **Fischtreppe** (Fish bzw. Salmon Ladder) mit 34 Kammern, die jährlich rund 5400 Lachsen im River Tummel die Weiterwanderung flussaufwärts ermöglicht.

Ein kleines Stück flussabwärts ist das **Pitlochry Festival Theatre** (s. S. 325) die wichtigste Kulturadresse der Stadt. Dahinter befindet sich der Zugang zum botanischen Garten **Explorers: The Scottish Plant Hunters Garden**, Port-na-Craig, ℘ 01796-484626, ▭ www.explorersgarden.com. Die aus unterschiedlichen Regionen der Welt angesiedelten Pflanzen sollen die Leistung von Pflanzensammlern wie David Douglas würdigen, dem Namensgeber der Douglas-Tanne, der aus Scone stammt (s. S. 316). Mit einem Amphitheater als Open-Air-Bühne ist der ungewöhnliche Garten auch ein sommerlicher Veranstaltungsort. ⏲ April–Okt tgl. 10–17 Uhr, Eintritt 3 £.

Über die weiße Hängebrücke der alten Fährsiedlung **Port-na-Craig** geht es zurück ins Zentrum von Pitlochry.

Blair Athol Distillery und Edradour Distillery

Pitlochry hat gleich zwei Destillen zu bieten, die im Rahmen von regelmäßigen Führungen besichtigt werden können. Am südlichen Ortsausgang gehört die **Blair Athol Distillery**, Perth Road, ℘ 01796-482003, ▭ www.discovering-distilleries.com, zum internationalen Diageo-Konzern und wurde bereits 1798 gegründet. ⏲ Jan–März, Nov–Dez Mo–Fr 10–16, April Mo–Sa 9.30–17, Juli–Aug Mo–Sa 9.30–17.30, So 10–17.30, Sep–Okt Mo–Sa 9.30–17, So 10–17 Uhr, Mai–Juni geschl., Führung inkl. Verkaufsgutschein 5 £.

4 km östlich von Pitlochry ist die **Edradour Distillery**, ☎ 01796-472095, 🖥 www.edradour.co.uk, in einem abgelegenen Seitental nach eigenen Angaben die kleinste Brennerei Schottlands. Im Gegensatz zu Blair Athol wird hier seit der Übernahme der Anlage durch Andrew Symington im Jahre 2002 nur noch Single Malt produziert, darunter seit 2009 der 12-jährige Caledonia, eine Hommage an Folksänger Dougie MacLean (s. S. 321).

Pass of Killiecrankie

Es ist der 27. Juli 1689: Regierungstruppen und Anhänger des gestürzten Stuart-Königs James II. liefern sich in der engen Schlucht des Pass of Killiecrankie, 5 km nördlich von Pitlochry, ein hitziges Gefecht. Die Soldaten des neuen Königs William of Orange stehen vor einer Niederlage, ein Soldat rettet sich nur mit einem waghalsigen Sprung über den felsigen Abgrund – die Legende des Soldier's Leap ist geboren. Der Stuart-General Claverhouse, bekannt als Bonnie Dundee, kann seinen Sieg jedoch nicht auskosten, weil er im Gefecht getötet wird. Führungslos haben die Stuart-Anhänger kein Glück mehr und müssen sich schließlich geschlagen geben. James II. wird seinen Thron nicht wieder besteigen, auch wenn es noch weitere 55 Jahre immer wieder zu Aufständen in den Highlands kommt.

Das **Killiecrankie Visitor Centre**, ☎ 0844-4932194, 🖥 www.nts.org.uk, markiert den Zugang zur sehenswerten Schlucht. 🕐 April–Okt tgl. 10–17 Uhr, Eintritt frei (NTS).

Im Herbst färben sich die Blätter wunderbar bunt. Ein grün markierter **Wanderweg** führt hinunter in die Tiefe zum Soldier's Leap und dann am River Garry und Loch Faskally entlang bis nach Pitlochry (ca. 8 km, 2 1/2–3 Std. Wanderzeit).

Loch Tummel und Loch Rannoch

Zwischen Pitlochry und Killiecrankie zweigt die B 8019 nach Westen ab. Vom touristisch sehr ausgebauten Aussichtspunkt am **Queen's View Centre**, ☎ 01796-473123, bietet sich ein klassischer Hochlandblick über Loch Tummel Richtung Schiehallion, der 1866 schon Queen Victoria und vor ihr angeblich Isabella, die erste Frau von Robert the Bruce, entzückte. Heute drängeln sich Reisegruppen aus aller Herren

Länder, um das begehrte Fotomotiv vor die Linse zu bekommen.

Weiter geht die Fahrt nach **Tummel Bridge**, wo ein Abzweig nach Aberfeldy (s. S. 329) beginnt, und über die B 846 geradeaus zur Hochlandsiedlung **Kinloch Rannoch**. Hier teilt sich die Straße abermals. Sehr zur Freude von Radlern und Autofahrern lässt sich das traumhaft gelegene **Loch Rannoch** zu beiden Seiten befahren.

Westlich von Loch Rannoch wird das schier endlos erscheinende **Rannoch Moor** erreicht. Die Straße endet an der **Rannoch Station** an der West Highland Line mit Zugverbindungen nach Glasgow und Fort William. Im Bahnhof serviert im Sommer tagsüber ein Tearoom einige Kleinigkeiten. Autogrammkarten von Daniel Radcliffe, Emma Watson und Rupert Grint verweisen darauf, dass hier Teile von *Harry Potter* VI und VII gedreht wurden. In dieser einsamen Landschaft hatte schon Robert Louis Stevenson seine Helden in *Kidnapped* (dt.: *Die Abenteuer des David Balfour*) den regierungstreuen Verfolgern knapp ein Schnippchen schlagen lassen.

Ein **Fernwanderweg** führt 2,5 km östlich des Bahnhofs von der Straße aus am Rande des Rannoch Moor Richtung Norden nach Loch Ossian und zur Corrour Station (s. S. 510).

Pitlochry

Atholl Palace Hotel, Pitlochry, ☎ 01796-472400, 🖥 www.athollpalace.com. 1878 als luxuriöses Kurhotel eröffnet, durchweht das wuchtige „Castle" ein Hauch von *old world*. Sehr schön ist schon die Lage inmitten eines weitläufigen Parks, der generell offen steht und von mehreren Wanderwegen durchquert wird. Gleichzeitig garantiert der Park, dass die Hotelgäste vom städtischen Alltag nichts mitbekommen. Das Frühstück im alten Veranda-Restaurant ist schon wegen der Aussicht ein Genuss. ❺

Craigroyston House, 2 Lower Oakfield, ☎ 01796-472053, 🖥 www.craigroyston.co.uk. Oberhalb vom zentralen Parkplatz an der Touristeninformation und dem Schmuckladen Heathergems macht das Guest House mit seinem langen Terrassengarten und den komfortablen Zimmern, die z. T. ein Himmelbett haben, einen sehr guten Eindruck. Dafür muss man auch etwas mehr als in anderen Pensionen auf den Tisch legen. ❸

Dunmurray Lodge, 72 Bonnethill Road, ☎ 01796-473624, 🖥 www.dunmurray.co.uk. Tony Willmore war 40 Jahre lang mit der Armee und als Skilehrer in Deutschland. Dementsprechend spricht er sehr gut Deutsch und verbringt die Winter in den Alpen. In den 4 einladenden Zimmern am nördlichen Ortsrand sind Radler und Motorradfahrer ausdrücklich willkommen, auch der Vorgarten ist adrett rausgeputzt. ❷–❸

Faskally Caravan Park, B 8019, ☎ 01796-472007, 🖥 www.faskally.co.uk. Nordwestlich von Pitlochry an der B 8019 nach Killiecrankie jenseits der A 9, großer Campingplatz am Loch Faskally mit eigenem Shop, einem beheizten Schwimmbecken mit Sauna sowie einem Restaurant und Ferienhütten. ☾ Mitte März–Okt. ❶

Ferryman's Cottage, Port-na-Craig, ☎ 01796-473681, 🖥 www.ferrymanscottage.co.uk. Charmantes B&B mit nur 2 Zimmern in einem historischen Fährhaus aus der Mitte des 18. Jhs. Das Port-na-Craig Inn, der Explorers Garden sowie das Festival Theatre liegen gleich nebenan und der River Tummel direkt vor der Haustür. Unbedingt vorher reservieren, da schnell ausgebucht. ❷

€ **Pitlochry Backpackers Hotel**, 134 Atholl Road, ☎ 01796-470044, 🖥 www.macbackpackers.com. Direkt im Zentrum, sehr relaxt und für Pitlochry unschlagbar günstige Doppelzimmer, die zwar einfach, aber sauber sind. Das Hostel ist gemütlich und wird als Teil der Macbackpackers-Kette regelmäßig von den gleichnamigen Tourbussen angesteuert. Dorm-Bett ab 14 £. ❶–❷

€ **Pitlochry Youth Hostel**, Knockard Road, ☎ 01796-472308, 🖥 www.hostellingscotland.com. Eine der besten Herbergen in den Highlands, mit tollem Ausblick über den Ort. Die Villa hat zwei gemütliche Lounges und verfügt über 62 Betten. Ein Teil der Zimmer ist mit Bad/WC ausgestattet. Neben *continental breakfast* gehören auch Selbstversorgerküche, Waschmaschinen- und Internetnutzung zum Service. Gäste erhalten Mo–Do 50 % Ermäßigung im Pitlochry Festival Theatre. Dorm-Bett ab 17 £. ❶

Tir Aluinn Guest House, 10 Higher Oakfield, ☎ 01796-473811, 🖥 www.tiraluinn.co.uk. Sehr freundliche Adresse, wo ein Einzelzimmer tatsächlich nur die Hälfte kostet. Ein Doppel- und ein Familienzimmer haben schönen Talblick, während ein weiteres Doppelzimmer zum Ben Vrackie schaut. ❷

Kinloch Rannoch

Bunrannoch House, bei Kinloch Rannoch, ☎ 01882-632407, 🖥 www.bunrannoch.co.uk. Ben und Rita Henderson haben das Haus am südlichen Talrand zu einer sehr gemütlichen Unterkunft umgebaut. Ben schlachtet selbst und bringt Wild, Fasan und Hecht auf den Tisch, das Abendessen lohnt sich also. ❸

Dunalastair Hotel, siehe Essen. Die Übernachtungspreise können je nach Auslastung recht stark schwanken. ❹

The Gardens B&B, Dunalastair, ☎ 01882-632434, 🖥 www.thegardensdunalastair.co.uk. Das alte Gemäuer liegt ziemlich versteckt mehrere Kilometer östlich von Kinloch Rannoch hinter einer alten Toreinfahrt 200 m von der Straße. Der tolle Garten und der lang gestreckte Wintergarten mit dem fantastischen Blick auf den Schiehallion sorgen für eine wahre Idylle. Zur Auswahl stehen 2 Zimmer mit je einem eigenen *sitting room* – eine Adresse zum ungestörten Relaxen. ❷–❸

Essen und Unterhaltung

Pitlochry

McKays, 138 Atholl Road, ☎ 01796-473888, 🖥 www.mckayshotel.co.uk. Recht günstiges *pub grub* in dem sehr großen Pub-Restaurant. Aufgrund der zentralen Lage immer voll und abends oft Livemusik, z. B. am Donnerstag der „schottische Abend". Ein Pluspunkt ist die sehr große Whiskyauswahl. ☾ Küche So–Do 11–20.45, Fr–Sa 11–21.45 Uhr.

Moulin Inn, Kirkmichael Road, Moulin, ☎ 01796-472196, 🖥 www.moulinhotel.co.uk. Vor der Bar der Straße ging den Pass of Killiecrankie verlief die Hauptroute nach Blair Atholl am Hang entlang durch Moulin, 1,5 km nördlich von Pitlochry. Deshalb geht der älteste Teil des sehr rustikalen Inns bereits auf das 17. Jh. zurück. Auf den Tisch kommt schnörkelloses Pubessen, und die *Moulin Ales* stammen aus der eigenen Hausbrauerei. Im Sommer kann man auch draußen sitzen – genau wie das Port-na-Craig eindeutig besser und stimmungsvoller als die Pubs in Pitlochry selbst. ☉ Küche tgl. 12–21.30 Uhr.

Pitlochry Festival Theatre, Port-na-Craig, ✆ 01796-484626, 🖳 www.pitlochryfestival theatre.com. Theater, Konzerte und das beste Café am Ort mit herrlichem Blick über den River Tummel hinüber Richtung Stadtzentrum machen das moderne Veranstaltungszentrum zu einem wichtigen Bestandteil der regionalen Kulturszene. Ende Oktober finden hier die meisten Aufführungen des Perthshire Amber Festivals von Dougie MacLean (s. S. 321) statt.

Port-na-Craig Inn & Restaurant, Port-na-Craig, ✆ 01796-472777, 🖳 www.portnacraig.com. Super Restaurant und bester Biergarten in Pitlochry! Die Tische der Fisherman's Bar stehen direkt am River Tummel unterhalb des Festival Theatre. Von hier kann man mit etwas Glück die Lachse springen sehen. Drinnen wird bei Kerzenschimmer gehobene Küche serviert, ergänzt von einer ausführlichen Weinkarte. Sehr stimmungsvoll ist der Winterpatio unter dem Glasdach. Das Inn ist Teil einer alten Fährsiedlung

Prince of India, 5-7 Station Road, ✆ 01796-472275. Sympathischer Inder im Zentrum, der etwas Abwechslung zur schottischen Standardküche liefert, auch Take-away. Mittags sehr günstige Buffet-Menüs mit Kinderermäßigung. ☉ Küche tgl. 12–14, 17–23 Uhr.

Kinloch Rannoch

Dunalastair Hotel, The Square, ✆ 01882-632323, 🖳 www.dunalastair.co.uk. Weit und breit das einzige öffentliche Restaurant mit Pub. Während die Stables Bar solide und günstige Küche anbietet, geht es im eigentlichen Restaurant wesentlich gesetzter zu. Im Hof hinten gibt es eine sonnige Terrasse. ☉ Küche 12–14.30, 18–20.30 Uhr.

Aktivitäten

Rad fahren

Für Radfahrer bieten durch den Neubau der A 9 die alte Piste hinauf nach Killiecrankie und Blair Atholl sowie der Weg Richtung Loch Tummel und Loch Rannoch reichlich Auslauf, zumal es rund um Loch Rannoch erstaunlich flach ist.

Escape Route, 3 Atholl Road, Pitlochry, ✆ 01796-473859, 🖳 www.escape-route.biz. Radverleih ab 10 £ für 4 Std. und ab 18 £ für 24 Std. Auch Radservice sowie Verkauf von Zeltausrüstung, Schlaf- und Rucksäcken. ☉ Mo–Sa 9–17.30, So 10–16 Uhr (im Winter evtl. Do geschl.).

Wandern

Pitlochry und Umgebung ist für Wanderer wie geschaffen. Neben der Tour von Killiecrankie nach Pitlochry (s. S. 323) hier ein weiterer Vorschlag:

Eine interessante **Destillerie-Tour** führt zunächst entlang der Hauptstraße an der Blair Athol Distillery vorbei und am Ortsausgang links durch die Wälder zur Edradour Distillery, von dort über die Old North Road und links an der Edradour School vorbei zum Atholl Palace Hotel und zurück nach Pitlochry (ca. 5 km, 1 1/2–2 Std.).

Die Touristeninformation hält dazu das informative Faltblatt *Pitlochry Walks* (1 £) parat.

Sonstiges

Einkaufen

Heathergems, 22 Atholl Road, Pitlochry, ✆ 01796-474391, 🖳 www.heathergems.com. Silberschmuck, Ohranhänger, Kiltnadeln und anderer Highlandschmuck wird hinter der Touristeninformation verkauft. Man kann werktags bei der Produktion zuschauen. ☉ Mai–Sep tgl. 9–17.30, Okt–April Mo–Sa 9–17 Uhr.

Informationen

Pitlochry VisitScotland Information Centre, 22 Atholl Road, ✆ 01796-472215, 🖳 www.pitlochry.co.uk. Großes Informationsbüro mit vielen Broschüren, Landkarten und Veranstaltungstipps. ☉ April Mo–Fr 9.30–17, Sa 10–17, Mai–Okt Mo–Sa 8–19, So 10–17, Nov–März ca. Mo–Fr 10–17, Sa 10–15 Uhr.

Taxis

Elizabeth Yule, ✆ 01796-470123.

Zentralschottland

Nahverkehr

Mo–Sa verkehrt 1x tgl. ein Postbus früh morgens ab Pitlochry Post Office über Kinloch Rannoch bis Rannoch Station (2 1/2 Std.), von dort gegen 11 Uhr Rückfahrt nach Pitlochry.

Transport

Busse

Die zentrale Haltestelle von **Pitlochry** liegt in der Atholl Road zwischen der Bank of Scotland und der Royal Bank of Scotland.
ABERFELDY, mit Linie 83 (Stagecoach) So 3x, 40 Min.
BLAIR ATHOLL, mit Linie 87 (Elizabeth Yule) via KILLIECRANKIE (15 Min.) mehrmals tgl., 25 Min., So 3x auch mit Linie 83 (Stagecoach).
INVERNESS, mit Linie 91 (Scottish Citylink/ Park's of Hamilton) via BLAIR ATHOLL (15 Min.) und AVIEMORE (1 1/4 Std.), 5x tgl., 2 1/4 Std.
PERTH, mit Linie 91 (Scottish Citylink/Park's of Hamilton) 5x tgl., 40 Min.; mit Linie 24/27 (Stagecoach) über DUNKELD (40 Min.) Mo–Sa stdl., 1 1/2 Std.

Eisenbahn

Die Züge von EDINBURGH/GLASGOW (je 1 3/4 Std.) halten 5–9x tgl. am Bahnhof in der Station Road. Sie fahren über PERTH (35 Min.), DUNKELD (15 Min.) weiter nach BLAIR ATHOLL (10 Min.), AVIEMORE (1 Std.) und INVERNESS (1 3/4 Std.).

7 HIGHLIGHT

Blair Atholl

Nördlich von Killiecrankie weitet sich plötzlich das Glen Garry: Die Berge treten ein wenig zurück, die Wälder machen offenen Weiden Platz, und die reizvolle Siedlung Blair Atholl ist ein letzter bewohnter Außenposten, bevor es den wilden, einsamen Pass of Drumochter Richtung Aviemore hinaufgeht. Im Oktober 2010 wurden der Ort und seine malerische Umgebung in den **Cairngorms National Park** aufgenommen.

Der ganze Stolz von Blair Atholl ist die eindrucksvolle Hochland-Trutzburg **Blair Castle**, 01796-481207, www.blair-castle.co.uk, die zu Recht beliebteste Touristenattraktion im nördlichen Perthshire. Weiß getüncht mit Turm und Zinnen bietet Blair Castle als Stammsitz der Herzöge von Atholl das Inbild einer mittelalterlichen Festung, obwohl viele Anbauten erst im 18. und 19. Jh. hinzugefügt wurden, sodass der Eindruck ein wenig täuscht. Die ersten Urkunden stammen allerdings schon von 1269, und Maria Stuart kam 1564 zu einem Jagdausflug vorbei.

Zu Zeiten der Jakobitenaufstände war die 1703 frisch zu Herzögen beförderte Familie Murray zwischen der Regierung und den Stuarts hin und her gerissen, und so belagerte George Murray im Auftrag von Bonnie Prince Charlie 1746 seinen eigenen Bruder James, den 2. Herzog.

Danach wurde das Castle jedoch prunkvoll ausgebaut. Vor allem die Repräsentationsräume im 1. und 2. Obergeschoss zeugen vom wachsenden Reichtum Mitte des 18. Jhs. Der Speisesaal ist wegen der kunstfertigen Stuckarbeiten von Thomas Clayton berühmt, an den Wänden hängen Gemälde der umliegenden Besitzungen, darunter Dunkeld Cathedral und die Black Linn Falls an der Hermitage (s. S. 321). Der Sockel für den röhrenden Hirsch auf dem Tisch stammte übrigens aus eigenen Marmorvorkommen im Glen Tilt (s. Aktivkasten). Clayton war auch im ganz in Rot gehaltenen Salon sehr wirkungsvoll tätig, während die kostbaren Wandteppiche im Gobelinzimmer einst König Charles I. gehörten.

Unbedingt lohnend ist auch ein Rundgang durch den Diana's Grove mit seinen beeindruckenden Baumriesen sowie zum Hercules Garden, der Mitte des 18. Jhs. als ummauerter Garten angelegt wurde. Für Kinder wird Ponytrekking angeboten, und auf einer Wiese ist Rotwild zu beobachten, während regelmäßig ein Dudelsackspieler vor dem Castle aufspielt. Und für die Verpflegung sorgt das Schlosscafé. April–Okt tgl. 9.30–17.30 Uhr, Eintritt 8,75 £, erm. 7,50/5,25 £.

Jedes Jahr Ende Mai finden in Blair Atholl die **Atholl Highland Games** statt. Dann marschieren auch die Atholl Highlanders auf. Seit einem Besuch von Queen Victoria 1844 sind sie offiziell als Privatarmee legalisiert, die einzige in Großbritannien. Heutzutage können sie nicht mal mehr den Herzog bewachen, denn der 11. Duke wohnt in Südafrika. Die laufenden Geschäfte

Von Blair Castle ins Glen Tilt

- **Anspruch:** mittel
- **Gehzeit:** 4 Std. (4 1/2 Std. ab Blair Castle)
- **Länge:** 16 km
- **Karte:** OS Landranger 43
- **Anfahrt:** Von der B 8079 östlich von Blair Atholl nach Old Blair abbiegen und nach rund 1 km links über die Old Bridge of Tilt zum Glen Tilt Car Park, dem Ausgangspunkt der Wanderung. Alternativ können Besucher von Blair Castle vom dortigen Parkplatz am Eingang des Hercules Garden vorbei in 10 Min. zu Fuß ebenfalls den Ausgangspunkt erreichen.

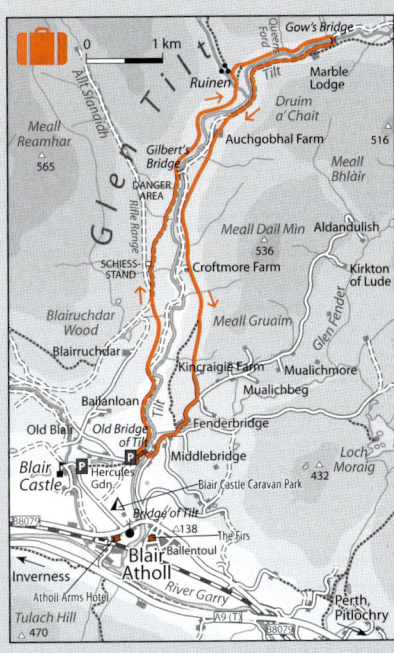

Das Glen Tilt ist ein Nebental des Glen Garry. Vom östlichen Rande des Parks des mächtigen Blair Castle geht es hinaus in die heute menschenleere Wildnis eines typischen Hochlandtals. Der radikale Wechsel der Landschaft verleiht der Wanderung ihren ganz eigenen Reiz. Seit Oktober 2010 ist das Tal zudem der südlichste Ausläufer des Cairngorms National Park.

Glen Tilt Car Park bis Gilbert's Bridge

Ausgangspunkt der Wanderung ist der **Glen Tilt Car Park** an der Old Bridge of Tilt. Am Parkplatz sollte unbedingt zunächst die Infotafel beachtet werden, denn dort stehen die aktuellen Zeiten für den privaten Schießstand (Rifle Range), der auf dem weiteren Weg liegt. Bei Schießbetrieb ist eine Umleitung ausgewiesen, die in jedem Fall einzuhalten ist.

Neben der Infotafel weist ein gelber Pfeil über den **Glen Tilt Trail** nach rechts in den Wald, und es geht über eine alte Brücke für Packpferde, unter der heute die Zufahrtsstraße herführt. Der Pfad wendet sich nach rechts und trifft bald auf einen ungeteerten Fahrweg, der ins obere Glen Tilt führt. Nach ca. 100 m kann man rechts einen Abstecher durch den Wald machen, der aber schnell wieder auf dem Fahrweg landet. Links ist jetzt offene Wiese, während es rechts zum Fluss hin bewaldet ist.

Malerische Highland-Romantik: Blair Castle

Nach einiger Zeit weist der gelbe Pfeil nach schräg links über einen grasbewachsenen kleinen Fahrweg in einen Birkenwald. Wird der Schießplatz genutzt, ignoriert man den Abzweig. Normalerweise führt der gelbe Pfeil aber recht steil hinauf zu einem weiteren geschotterten Fahrweg. Diesen geht es nach rechts bis zum Eingang des **Schießstands** (45 Min.). Von hier aus hat man einen guten Ausblick über das Tal, wo das Weideland in Heide übergeht.

Der Schießstand wird überquert, an zwei Abzweigen hält man sich rechts, und schließlich gelangt der Weg zur **Gilbert's Bridge**. Hier trifft die etwaige Umleitung wieder auf den Hauptpfad. (1 Std.)

Gilbert's Bridge bis Gow's Bridge

Der Weg ins obere Glen Tilt geht links über einen ansteigenden Fahrweg weiter, bis ein gelber Pfeil in eine kleine Senke rechts im Wald weist. Dort sind alte Siedlungsreste zu erkennen. Im Weiteren

gelangt man wieder auf den Fahrweg, der nun ziemlich wellig ist. Das Tal verengt sich deutlich, und die Berghänge werden recht karg.

Eine Steinbrücke führt über einen schluchtartigen Wasserfall. Das braune Wasser des **Allt Mhairc** signalisiert den hohen Moorgehalt. Der Weg wird jetzt zu einem reinen Pfad, und an einer Gabelung geht es links zu einem **Viewpoint** an weiteren Siedlungsresten. In dieser kleinen Farmsiedlung wurde im 19. Jh. ungelöschter Kalk hergestellt, um ein Düngemittel für den Anbau von Kartoffeln und Rüben zu gewinnen.

Auf dem weiteren Weg talaufwärts gelangt man auf den Hauptpfad zurück und passiert bald die **Queen's Ford**. Dieser Name soll auf einen Jagdausflug der schottischen Königin Maria Stuart 1564 zurückgehen. Schließlich ist der Wendepunkt der Wanderung erreicht: **Gow's Bridge**. Das Tal zieht sich noch viele Kilometer in die Highlands hinein. Früher war dies ein viel genutzter Übergang ins Tal des Dee Richtung Braemar/Aberdeen. (2 1/4 Std.)

Gow's Bridge bis Glen Tilt Car Park

Nun geht es auf der gegenüberliegenden Flussseite des River Tilt zurück und auf einem ungeteerten Wirtschaftsweg an der **Marble Lodge** vorbei. Im frühen 19. Jh. wurde hier ein kleines Marmorvorkommen abgebaut und für Blair Castle verwendet. An einer kleinen Holzhütte (Flussbeobachtungsstation) weist der gelbe Pfeil nach links, um eine Kehre des Fahrwegs abzukürzen.

Zurück auf dem Fahrweg weist der gelbe Pfeil schnell wieder nach links auf einen Pfad, der oberhalb der **Auchgobhal Farm** verläuft. Der Pfad quert einige Gatter und führt an einer Mauer entlang. Oberhalb der **Gilbert's Bridge** eröffnet sich ein schöner Blick ins Glen Garry und darüber hinaus.

Hinter der **Croftmore Farm** geht es in ein Waldstück hinein, wo man einen Abzweig nach rechts ignoriert. Jenseits des Waldes kommt auch Blair Castle ins Blickfeld, und an der **Kincraigie Farm** gelangt man wieder auf eine geteerte Straße. Diese geht es nach rechts hinab zur **Old Bridge of Tilt**. Auf der anderen Seite des Flusses ist wieder der **Glen Tilt Car Park** erreicht. (4 Std.)

Über den unmarkierten Weg am Hercules Garden vorbei geht es ggf. zurück zum **Blair Castle**.

des Familienunternehmens Atholl Estates mit rund 60 000 ha Land werden indes von der Halbschwester des vorigen Herzogs geleitet.

Atholl Arms Hotel, ☎ 01796-481205, 🖥 www.pitlochryhotels.co.uk. Das Schwesterhotel des Moulin Inn (s. S. 324) setzt in dem typisch viktorianischen „Palast" mit der Bothy Bar auf dieselbe solide und günstige Hausmannskost. Wer nicht im Blair Castle isst, wird hier gut bedient. Wenn nicht eine Gruppe das Hotel belegt, stehen zudem 31 Zimmer zur Auswahl. ⊙ Küche 12–21.30 Uhr. ❸

Blair Castle Caravan Park, ☎ 01796-481263, 🖥 www.blaircastlecaravanpark.co.uk. Großer, moderner und komfortabler Campingplatz direkt an der Zufahrt zu Blair Castle. Sehr familienfreundlich, auch Vermietung von Ferienhütten. ⊙ März–Nov. ❶

The Firs, St Andrew's Crescent, ☎ 01796-481256, 🖥 www.firs-blairatholl.co.uk. Ruhig gelegenes B&B am östlichen Ortsausgang mit 6 ansprechenden Zimmern und gutem Frühstück. Zudem gibt es zwei Hütten für Selbstversorger. Die Crerars betreiben vor Ort auch den einzigen Fahrradverleih, **Basecamp Bikes**, und bieten sogar Kinderräder an (5–10 £/halber Tag, 7,50–15 £/Tag). Das 3-Sterne-Haus ist in der Tat ein gutes „Basislager". ❷–❸.

Busse

Linie M91 von Scottish Citylink/Park's of Hamilton verkehrt von PERTH (1 Std.) und PITLOCHRY (15 Min.) 5x tgl. über Blair Atholl nach AVIEMORE (1 1/4 Std.) und INVERNESS (2 Std.).
Linie 87 (Elizabeth Yule) verbindet Blair Atholl mehrmals tgl. mit KILLIECRANKIE (10 Min.) und PITLOCHRY (20 Min.).
Linie 83 (Stagecoach) fährt So 3x nach Killiecrankie, Pitlochry und ABERFELDY (1 Std.).

Eisenbahn

Die Züge von PERTH (50 Min.) über PITLOCHRY (10 Min.) nach AVIEMORE (50 Min.) und INVERNESS (1 3/4 Std.) halten in Blair Atholl.

Aberfeldy

Die sympathische Hochland-Kleinstadt Aberfeldy (1900 Einwohner) ist vor allem durch Robert Burns bekannt geworden, der dem Ort 1787 nach einem Besuch ein Liedchen hinterließ. *Come let us spend the lightsome days in the birks of Aberfeldy* besang er die malerische Schlucht unterhalb der Falls of Moness und träumte dabei von unbeschwerten Tagen mit einem *bonnie lassie*. „Schönes Mädchen" oder nicht, prompt wurde die dicht bewaldete Schlucht in **Birks of Aberfeldy** umbenannt und zur Touristenattraktion (s. Kasten).

Wichtigstes Bauwerk von Aberfeldy ist die **Brücke über den Tay**, die 1733 von William Adam als Teil des neuen Militärstraßennetzwerks an-

Die Birks of Aberfeldy

Die Wanderung durch die üppig bewaldete Schlucht zu den Falls of Moness hinauf sollte man sich nicht entgehen lassen. Vom Wanderparkplatz überquert man eine kleine Brücke, folgt dann am breiten Weg an einer sitzenden Burns-Skulptur vorbei und erreicht über eine erste Treppe nach einer Viertelstunde unter einer hohen Felsplatte **Burns Seat**, wo der Dichter sich angeblich seine Inspiration holte. In der Schlucht liegen große umgestürzte Baumriesen, von links ergießen sich kleine Wasserfälle in die Tiefe, die Szenerie ist wild romantisch.

Über weitere Treppen geht es nun steil bergan, ein Holzsteg hängt halb über der Schlucht, bis man schließlich oberhalb der **Falls of Moness** über eine weitere Brücke den höchsten Punkt der Wanderung erreicht und auf der anderen Seite im Wald wieder ins Tal hinuntergeht und dabei neue Ausblicke genießen kann.

Den **Wanderparkplatz** erreicht man mit dem Auto über die Crieff Road am Ortsausgang oder aber zu Fuß direkt aus der Ortsmitte 500 m immer am Moness Burn entlang. Die gesamte Wanderung dauert 1–1 1/2 Std. und bringt gut 150 m Aufstieg mit sich. Wer ohne große Anstrengung wenigstens einen Blick in die Schlucht werfen möchte, sollte zumindest bis zum Burns Seat gehen.

gelegt wurde. Besonders auffällig sind die vier Obelisken. 2001 erwarb J. K. Rowling in der Nähe von Aberfeldy den abgeschiedenen Landsitz Killiechassie House als Wochenenddomizil. Ein Jahr später machte der Ort als erste Fairtrade-Stadt Schottlands auf sich aufmerksam.

Castle Menzies

Auf der nördlichen Tay-Seite ist Castle Menzies, ☎ 01887-820982, 🖥 www.menzies.org, ein über 400 Jahre altes Hochland-Castle. Kern der Anlage ist ein z-förmiges Turmhaus aus dem 16. Jh., doch die oberen Etagen wurden im 18. Jh. umgebaut. 1746 nächtigte Bonnie Prince Charlie auf seinem Rückzug zwei Nächte hier, acht Jahre später wurde der Entdecker, Botaniker und Arzt Archibald Menzies als Sohn des Chefgärtners geboren. Eine Ausstellung widmet sich seinen abenteuerlichen Reisen, von denen er u. a. die in Schottland vielerorts anzutreffenden Affenschwanzbäume mitbrachte. Als Arzt bekämpfte er zudem erfolgreich den Skorbut. ⏲ Ostern–Okt. Mo–Sa 10.30–17, So 14.30–17 Uhr, Eintritt 6 £, erm. 5/2,50 £.

Aberfeldy Caravan Park, Dunkeld Road, ☎ 01887-820662. Der 4-Sterne-Platz liegt am östlichen Stadtrand von Aberfeldy sehr günstig am Ufer des Tay. Auch für Loch Tay eine gute Basis für Camper. ⏲ April–Okt.
Balnearn Guest House, Crieff Road, ☎ 01887-820431, 🖥 www.balnearnhouse.com. Die sehr stattliche Villa wurde um 1900 von einem ehemaligen Teebauern gebaut, der auf Sri Lanka

zu Wohlstand gekommen war. Die 10 Zimmer sind recht unterschiedlich, aber gemütlich. Zimmer 1 hat das Bad auf dem Gang, andere Zimmer sind eher wie Suiten ausgebaut. Das Frühstück ist sehr reichhaltig und auch auf Vegetarier eingestellt. Gut gesättigt kann man den Spaziergang zu den Birks of Aberfeldy gleich hier beginnen. ❷
Fernbank House, Kenmore Street, ☎ 01887-820486, 🖥 www.fernbankhouse.co.uk. Das sehr gepflegte und komfortable 4-Sterne-Guest House bietet viele liebevoll arrangierte Details zum Wohlfühlen und ist auch für Radler und Wanderer eine willkommene Unterkunft. Eine schöne Ergänzung ist der Wintergarten für das Frühstück. Besitzerin Annette Macdonald ist auf Reflexzonen- und indische Kopfmassagen spezialisiert (1 Std./28 £). ❷–❸
The Inn on the Tay, Grandtully, ☎ 01887-840760, 🖥 www.theinnonthetay.co.uk. Östlich von Aberfeldy bietet das sehr moderne Inn direkt an den Stromschnellen des Tay in Grandtully gutes Pub-Essen und von der Terrasse einen schönen Blick über das schäumende Wasser des Tay und die Wildwasserkanuten in Aktion. Die Zimmer sind allerdings vergleichsweise teuer. ⏲ Küche tgl. 12–21 Uhr. ❹

Dunolly Adventure Outdoors, Taybridge Drive, ☎ 01887-820298, 🖥 www.dunollyadventures.com. Vom White Water Rafting über Kajaktouren und Hochseilkurse bis zu Bogenschießen und Radverleih (12/20 £, halber/ganzer Tag) ist die Auswahl an Aktivitäten sehr groß.

Café, Bücher und Kunst in der Wassermühle

In der historischen **Watermill**, Mill Street, ☎ 01887-822896, 🖥 www.aberfeldywatermill.com, im Ortskern von Aberfeldy befindet sich der größte und beste Buchladen weit und breit, der wegen seiner anspruchsvollen Auswahl landesweit als „unabhängiger Buchladen des Jahres 2008/9" prämiert wurde. Der Laden bietet auch eine breit gefächerte CD-Sammlung. Doch damit nicht genug, unten bietet ein sehr nettes Café neben Kaffee und Kuchen z. B. auch Suppen und Quiche. Dabei wird viel Wert auf biologische und fair gehandelte Produkte gelegt, schließlich ist Aberfeldy ja Fairtrade Town (s. S. 47). In der Galerie wird primär moderne Kunst ausgestellt, und immer wieder finden abends Kulturveranstaltungen statt – in den ländlichen Gegenden der Highlands ist ein derart breit angelegtes Kultur-Café-Projekt einmalig. ⏲ Sep–Juni Mo–Sa 10–17, So 11–17, Juli–Aug Mo–Sa 10–17.30, So 11–17.30 Uhr.

White Water Rafting, Dunkeld Road, ☎ 01887-829706, ⌨ www.rafting.co.uk. In den weiß schäumenden Stromschnellen der Flüsse Tay, Tummel und Orchy geht es zum Teil richtig zur Sache. Die Stromschnellen bei Grandtully, östlich von Aberfeldy, gehören zu den einfacheren Passagen.

Informationen

Aberfeldy VisitScotland Information Centre, The Square, ☎ 01887-820276, ⌨ www.visit aberfeldy.co.uk, ⌨ www.perthshire.co.uk. ⏰ April–Juni, Sep–Okt Mo–Sa 10–17, So 10–14, Juli–Aug Mo–Sa 9.30–18, So 10–16, Nov–März Mo–Mi, Fr–Sa 10–16 Uhr.

Transport

Linie 93/893 (Caber Coaches) verkehrt an Schultagen Mo–Fr 2x tgl., im Sommer Sa 4x, über Kenmore nach KILLIN (1 1/4 Std.). Linie 23 (Stagecoach) verkehrt stdl. über DUNKELD (40 Min.) nach PERTH (1 1/2 Std.), in Ballinluig besteht Umstiegsmöglichkeit mit Linie 24 nach PITLOCHRY (40 Min.). Linie 895 (Broons Buses) bedient an Schultagen 2x tgl. KINLOCH RANNOCH (50 Min.).

Loch Tay und Umgebung

Loch Tay ist einer der schönsten und größten Seen in Schottland. Langgezogen schmiegt er sich zwischen Killin im Westen und Kenmore im Osten in ein landschaftlich sehr reizvolles Tal, umgeben von einigen majestätischen Bergen, allen voran dem 1214 m hohen **Ben Lawers**. Obwohl der 23 km lange See nur 1,5–2,5 km breit ist, erreicht er dennoch eine Tiefe von bis 150 m. Das abgeschiedene Seitental **Glen Lyon** ist vor allem für Wanderer eine Entdeckung. Radfahrer wissen die wenig befahrene Piste am Südufer von Loch Tay zu schätzen.

Kenmore und Scottish Crannog Centre

An der östlichen Seespitze liegt der nette kleine Ort **Kenmore** am Ausfluss des River Tay. Wichtigste Sehenswürdigkeit ist am Südufer des Sees das **Scottish Crannog Centre**, ☎ 01887-830583, ⌨ www.crannog.co.uk. In diesem nachgebau-

ten Pfahlhaus mitten im See wird ein besonderer Wohntyp der Eisenzeit zu neuem Leben erweckt. Crannogs waren kleine künstliche Inseln mit Pfahlbauten oder aber kleine Felsen im See, die zur Verteidigung genutzt wurden. Mancherorts wurden diese Bauten sogar noch bis ins 17. Jh. bewohnt. Heute ist von ihnen kaum noch was zu sehen, weil die Fundamente zumeist unter der Wasserlinie liegen. Stündlich gibt es Führungen und zudem regelmäßige Vorführungen und Festivals. ⏰ April–Okt tgl. 10–17.30, Nov Sa–So 11–16 Uhr, Eintritt 6,50 £, erm. 5,75/4,50 £.

Nebenan kann man sich bei **Elite Watersports** Tretboote ausleihen.

Glen Lyon

Das ziemlich versteckt liegende Glen Lyon ist sehr abwechslungsreich. Westlich von Kenmore führt von Fearnan eine Piste zum Talausgang und dann hinauf in eine Bilderbuchlandschaft.

Glen Lyon ist sehr grün, zum Teil säumen Alleen die Straße. Nur vereinzelt sind Farmen anzutreffen. Eine willkommene Rastmöglichkeit bietet der Tearoom im **Glen Lyon Shop** unweit der Bridge of Balgie. Einige Bänke draußen haben Flussblick, und drinnen befindet sich auch die Post. ⏰ Fr–Mi 8–18 Uhr.

Nebenan präsentiert die **Glenlyon Gallery**, ☎ 01887-866345, ⌨ www.glenlyongallery.com, die sehr bunten Highland-Gemälde und -Drucke von Alan B. Hayman, der 17 Jahre im Glen Lyon lebte. ⏰ März–Okt Do–Di 10–17, Feb, Nov–Dez Fr–Mo 10–17 Uhr, Eintritt frei.

Eine schmale *single track road* windet sich hinüber zum Loch Tay. Bevor es richtig bergab geht, kommt man am Startpunkt für die Besteigung des Ben Lawers vorbei (s. Aktivkasten S. 332).

Killin

Der kleine schmucke Ort Killin (ca. 650 Einwohner) ist durch die stromschnellenförmigen **Falls of Dochart** ein sehr beliebtes Ausflugsziel. Bei Sonnenschein holen sich viele Besucher ein Pint aus dem benachbarten Pub und legen sich auf die warmen Felsen im Flussbett. Über eine fotogene, lang gestreckte schmale alte Flussbrücke geht es hinüber zum **Breadalbane Folklore Centre**, ☎ 01567-820254, ⌨ www.breadalbanefolklore centre.com.

Hoch über Loch Tay auf den Ben Lawers

- **Anspruch:** schwierig
- **Gehzeit:** 4 1/2 Std.
- **Länge:** 10 km
- **An-/Abstieg:** 900 m
- **Karte:** OS Landranger 51
- **Anfahrt:** Mit dem Auto von Killin oder Aberfeldy über die A 827 am Nordufer von Loch Tay entlang bis zu einem Abzweig

ca. 7 km östlich von Killin bei Edramucky Farm (ausgeschildert). Die einspurige Straße, die weiter ins obere Glen Lyon führt, erreicht nach ca. 3 km den Parkplatz des National Trust for Scotland.

Der majestätische Ben Lawers ist mit 1214 m der höchste Berg der südlichen Highlands. Er dominiert die Hügel zwischen Loch Tay und dem Glen Lyon und erlaubt herrliche Fernblicke. Auf dem vor allem im mittleren Bereich schweißtreibenden Anstieg wird mit dem Beinn Ghlas ein zweiter Munro erklommen. Bei schlechten Witterungsbedingungen ist von der Besteigung abzuraten.

Auf den Beinn Ghlas

An dem in freier Landschaft gelegenen **Ben Lawers Car Park** des National Trust for Scotland soll das inzwischen geschlossene Besucherzentrum in den kommenden Jahren durch ein Gebäude ersetzt werden, das harmonischer in die Landschaft passt. Der sehr gut ausgebaute Wanderweg führt zu einem eingezäunten Gelände, in dem sich rechts und links des Bächleins Edramucky Burn die natürliche Flora regenerieren soll. Der Pfad überquert unterhalb eines kleinen Stauwehrs den Bach und erreicht schließlich das obere Ende des eingehegten Bereichs (45 Min.).

An der folgenden Weggabelung geht es geradeaus – der Weg links wird auf dem Rückweg benutzt. Nun geht es in steilen Kehren nach oben und das anstrengendste Stück beginnt. Auf rund 830 m Höhe folgt ein flacheres Zwischenstück auf einer ersten Kamm-„Nase". Das Gelände wird

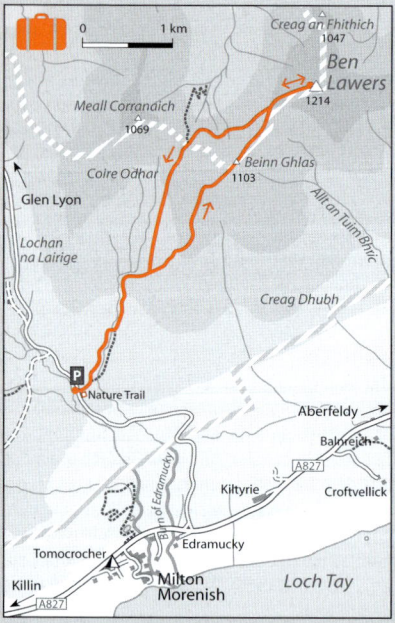

Aufstieg auf den Ben Lawers

felsiger, und es folgt ein letzter, harter und felsiger Anstieg zum 1103 m hohen Gipfel des **Beinn Ghlas**. (1 3/4 Std.)

Auf den Ben Lawers

Ein kleiner Cairn markiert den höchsten Punkt dieses Munros. Bei schlechter Sicht muss man an dieser Stelle stark aufpassen, weil es direkt hinter dem Gipfel steil bergab geht. Der Pfad wendet sich scharf nach rechts und führt über einen teilweise recht schmalen Grat Richtung Ben Lawers.

Am niedrigsten Punkt des Grats befindet sich ein Mini-See. Nach links zweigt dort der Pfad ab, der auf dem Rückweg genutzt wird. Der Wanderweg erklimmt nun die verbleibende Höhe zum **Ben Lawers**. (2 1/2 Std.)

Auf dem Gipfel befindet sich ein Vermessungspunkt, und knapp unterhalb gewährt eine kleine Einbuchtung im Fels ein wenig Windschutz. Bei schönem Wetter bietet sich vom Gipfel ein fantastischer Rundblick vom Ben Nevis im Nordwesten bis zu den Cairngorms im Nordosten und Ben Lomond im Süden. Loch Tay kann an manchen Tagen im Tale geradezu verlockend in der Sonne funkeln. Direkt nördlich schließt sich an den Gipfel eine längere Bergkette an.

Abstieg

Der Abstieg erfolgt zunächst wieder auf dem Hinweg bis zu dem Mini-See, wo es rechts abgeht. Der gut erkennbare Wanderpfad passiert Beinn Ghlas am mit saftigem Gras bewachsenen Nordhang. Nach einer Rechtskurve mit herrlichem Blick zurück auf Ben Lawers entschwindet dieser nach einer scharfen Linkskurve hinter der Nordflanke von Beinn Ghlas.

Nun geht es über einen Sattel zwischen Beinn Ghlas und Meall Corranaich. Dahinter kommt beim weiteren Abstieg der Parkplatz bereits wieder ins Blickfeld, und schon bald sind der Hinweg und das obere Gatter erreicht. Nun läuft man zügig bergab zum **Parkplatz** am Ausgangspunkt. (4 1/2 Std.)

Das Center beherbergt nicht nur die Touristen-information, sondern informiert auch über die Geschichte der Mini-Region Breadalbane sowie den Clan MacNab. ⏱ April–Okt Mi–Mo 10–16 Uhr, Eintritt Ausstellung 2,95 £, erm. 2,50/1,95 £.

Killin liegt offiziell schon in Stirlingshire und damit noch im **Loch Lomond & The Trossachs National Park** (s. S. 279).

Crianlarich und Tyndrum

Westlich von Killin kommt in Crianlarich die A 82 vom Loch Lomond hinauf und damit auch die Eisenbahn. Die Bahnlinie teilt sich hier Rich-tung Oban und Fort William. Tyndrum ist für Busfahrer nach Westen ein wichtiger Umstiegs-punkt. Beide Orte gelten als Etappenziele für den West Highland Way (s. S. 272).

Übernachtung und Essen

Craigbuie Guest House, Main Street, Killin, ✆ 01567-820439, 🖳 www.craigbuie.com. Die 7 Zimmer liegen im Ortszentrum gegenüber vom Outdoor Centre. Wie bei viktorianischen Villen üblich, sind sie sehr unterschiedlich. Das Preis-Leistungs-Verhältnis ist aber stimmig. ❷

Crianlarich Youth Hostel, Station Road, ✆ 01838-300260, 🖳 www.hostelling-scotland. com. Moderne Wanderherberge, im Sommer immer voll, weil direkt am West Highland Way. Dorm-Bett ab 15,75 £.

Culdees Bunkhouse, Fearnan, ✆ 01887-830519, 🖳 www.culdeesbunkhouse. co.uk. Freundliches Farmhostel mit zusätzlichen Familienzimmern und einem Doppelzimmer.

Idyllisch am Fluss

Dall Lodge Country House, Main Street, Killin, ✆ 01567-820217, 🖳 www.dalllodge.co.uk. Die große freistehende Villa am östlichen Orts-ausgang wird von einem sehr freundlichen schottisch-englischen Paar geleitet und ist eine empfehlenswerte Adresse. Die Zimmer sind un-terschiedlich groß, sodass die Preise schwan-ken. Mit dem sehr guten Frühstück lässt sich perfekt in den Tag starten. Die Dall Lodge bietet auch 2 Einzelzimmer. ⏱ April–Okt. ❷–❸

Die Lage oberhalb des Loch Tay westlich von Kenmore ist sehr gut und günstig für die Erkundung der Gegend. Das rustikale Hostel ist Teil eines „Ökodorf"-Projekts, um durch einen nachhaltigen Lebensstil möglichst energie-sparend und umweltfreundlich zu leben. Dorm-Bett ab 17 £. ❶–❷

Killin Hotel, Main Street, ✆ 01567-820296, 🖳 www.killin-hotel.com. Die wunderbare Gartenterrasse am River Lochay macht den Falls of Dochart ein wenig Konkurrenz, das solide Pub-Essen auch, sodass es hier an schönen Wochenenden schnell voll wird. Bis 15.30 Uhr gibt es günstige Zwei-Gänge Menüs. Die Zimmer sind etwas teurer als im Dochart. ⏱ Küche 12–21 Uhr. ❸–❹

The Falls of Dochart Inn, Gray Street, Killin, ✆ 01567-820270, 🖳 www.falls-of-dochart-inn. co.uk. Unmittelbar an den Stromschnellen und der alten Brücke ist das Inn das stimmungs-vollste Lokal des Ortes. Die Bar befindet sich in der alten Schmiede, und auf der Speisekarte stehen auch ausgefallenere Gerichte wie Taubenbrust und Fasan. Bei Sonnenschein sitzt alles draußen und genießt die tolle Lage. Ganz nebenbei gibt es auch 7 ansprechende Zimmer. ⏱ Küche Mo–Fr 12–14.45, 18–21, Sa–So 12–21 Uhr. ❸

Aktivitäten

Radler finden auf der ruhigen Südstrecke am Loch Tay eine ideale Piste Richtung Kenmore, die Teil der Sustrans National Cycle Route 7 ist. Kanuten und Kajakfahrer fühlen sich auf dem River Lochay und auf Loch Tay wie zuhause. Die Einlassstelle ist am Killin Hotel.

Killin Outdoor Centre and Mountain Shop, Main Street, ✆ 01567-820652, 🖳 www.killin outdoor.co.uk. Der Laden verkauft nicht nur Wanderausrüstung, sondern verleiht Räder (4 Std./10 £, 1 Tag/20 £), Kanus und Kajaks (1–3 Std./20–30 £). ⏱ Sommer tgl. 8.45–17.45, Winter tgl. 10–17.30 Uhr.

Transport

Von Killin verkehrt Linie C60 (Kingshouse Travel) Mo–Sa 6x tgl. und So 1x nach CALLANDER (40 Min.).

Die Linie 893 (Caber Coaches) verkehrt an Schultagen Mo–Fr 2x über Kenmore nach ABERFELDY (1 1/4 Std.), im Sommer samstags als Linie 93 4x.
Linie 973 (Scottish Citylink) verkehrt 2x tgl. von Ende Mai bis Anfang Okt von DUNDEE via Perth und Crieff nach Killin und weiter via Crianlarich nach OBAN.

Vom Loch Earn bis Crieff

Wer vom Loch Tay wieder zurück nach Perth möchte, gelangt südlich von Killin bei Lochearnhead an den herrlich gelegenen **Loch Earn**. Über **St Fillans** und **Comrie** geht es auf der A 85 nach Osten Richtung Crieff.

Glenturret Distillery

Kurz vor Crieff bietet die Glenturret Distillery unter der Überschrift **The Famous Grouse Experience**, ✆ 01764-656565, 🖥 www.famousgrouse. com, einen Einblick in die Welt der Whiskyproduktion. Glenturret existiert seit 1775 und ist damit die älteste noch arbeitende Destillerie Schottlands. ⏰ Jan–Feb tgl. 10–16.30, März–Dez tgl. 9.30–18 Uhr, „einfache" Führung 5,95 £, Spezialführungen mit mehreren Kostproben ab 8,50 £.

Crieff

Die beschauliche Kleinstadt Crieff (6800 Einwohner) liegt genau an der Schnittstelle zwischen Lowlands und Highlands. So erlangte der Ort zu Beginn des 18. Jhs. durch seinen Viehmarkt („Tryst"), der 50 Jahre lang sogar der landesweit größte war, überregionale Bedeutung. Kein Wunder, dass Crieff auch unangemeldeten Besuch von Rob Roy (s. S. 282) bekam, der nie weit war, wo große Mengen Vieh versammelt waren. Der bekannteste Sohn der Stadt ist der Schauspieler Ewan McGregor, der 1971 in Crieff geboren wurde.

In der **Touristeninformation** (s. S. 336) in der High Street ist im Untergeschoss die kleine Ausstellung „Stones, Stocks and Stories" untergebracht. Sehenswert sind das Burgh Cross, das wahrscheinlich aus dem 9. Jh. stammt, sowie

die schmale Säule des Drummond Cross, die irgendwann zwischen dem 15. und 17. Jh. hergestellt wurde.

Crieff Visitor Centre

Der private Touristenkomplex des Crieff Visitor Centre, Muthill Road, ✆ 01764-654014, 🖥 www.crieff.co.uk, liegt an der südlichen Ausfallstraße. Einen Blick wert ist die Schauwerkstatt des Glasherstellers **Caithness Glass**, 🖥 www.caithnessglas.co.uk, in der man Mo–Fr den Glasbläsern direkt über die Schulter schauen kann. Im Hauptgebäude ist neben dem Café noch eine Ausstellung zu den Viehmärkten in Crieff anzutreffen. ⏰ tgl. 9.30–16.30 Uhr, Eintritt frei.

Drummond Gardens

Die wunderbaren Drummond Gardens, ✆ 01764-681433, 🖥 www.drummondcastlegardens.co.uk, gehen auf die Drummonds und das 17. Jh. zurück. Im 19. Jh. wurde die formale Parkanlage umgebaut, u. a. nachdem sich Queen Victoria 1842 bei einem Besuch die Ehre gab. Das Castle ist leider nicht öffentlich zugänglich, doch die Gärten 3 km südlich von Crieff an der Straße nach Muthill sollte man sich nicht entgehen lassen. ⏰ Ostern, Mai–Okt tgl. 13–18 Uhr, Eintritt 5 £, erm. 4/2 £.

Übernachtung

At the Willows, New Fowlis, ☎ 01764-683202, 🖥 www.gailsinclair.co.uk/atthewillows.html. Das ziemlich neue Haus bietet in der kleinen Siedlung New Fowlis, 7 km östlich von Crieff an der Straße nach Perth, sehr stilvoll eingerichtete Zimmer, eine gemütliche Lounge mit Terrasse und sehr freundliche Gastgeber. Carol und Billy Sinclair sind inzwischen in Rente und widmen sich ganz dem B&B. ❷

  Comrie Croft, 3 km östlich von Comrie, ☎ 01764-670140, 🖥 www.comriecroft.com. Das ehemalige Farmhaus etwas abseits der A 85 ist ein angenehmes 4-Sterne-Hostel mit Wald-Zeltplatz. Durch die Lage am Nordhang fällt besonders viel Sonnenlicht in die hellen Räumlichkeiten. Von Doppelzimmern bis zu Acht-Bett-Schlafsälen gibt es ein großes Angebot. Ein kleiner Shop hilft bei der Versorgung, und durch den Radverleih (16 £/halber Tag, 19 £/ganzer Tag) ähneln die sympathische Herberge und der Zeltplatz eher einem Outdoor Centre. Die Croft wurde im Bereich Green Tourism mit Gold ausgezeichnet. Dorm-Bett ab 16 £. ❶

Galvelmore House, 5 Galvelmore Street, Crieff, ☎ 01764-655721, 🖥 www.galvelmore.co.uk. Die große Villa verfügt über einen wunderbaren Garten im Stadtzentrum und bietet viele Extras, darunter Lunchpakete, Bügeleisen und Spielzeug für die Kleinen. Wanderer und Radler sind ausdrücklich willkommen. ❷

The Four Seasons Hotel, St Fillans, s. Essen. Niveauvolle Unterkunft. ❹–❺

Essen

Delivino, 6 King Street, Crieff, ☎ 01764-655665, 🖥 www.delivino.net. Hinter der großen Glasfront wird in dem einladenden Café-Bistro mediterrane Küche mit einigen schottischen Delikatessen, z. B. geräuchertem Lachs vom Loch Fyne, serviert. Dazu gibt es spanische und italienische Weine. Für eine leichtere Mahlzeit empfehlen sich die Scones mit dem sehr guten starken Kaffee. ☉ Mo–Do 9–18, Fr–Sa 9–20 Uhr.

The Four Seasons Hotel, St Fillans, ☎ 01764-685333, 🖥 www.thefourseasonshotel.co.uk. Von der kleinen Terrasse vor der Tarken Bar genießt man einen umwerfenden Blick über Loch Earn. Dazu gibt es mittags günstige Zwei-Gänge-Menüs, die einen Zwischenstopp lohnen. Nachmittags wird Kaffee oder Tee serviert. Das gehobenere Meall Reamhar Restaurant bietet abends niveauvoll gesetzteres Dining. ☉ Tarken Bar: tgl. 12–14.30, 18–21 Uhr, Restaurant: 19–21 Uhr.

The Gallery, 13 Hill Street, Crieff, ☎ 01764-653249. Nettes, kleines Bistro-Restaurant mit anspruchsvoller Küche. Der geräucherte Schellfisch mit Frühlingszwiebelrisotto ist eine leckere Vorspeise. Die Gemälde an den Wänden werden zum Verkauf angeboten, und insgesamt ist die Atmosphäre sehr entspannt. ☉ Di–Do 17–21, Fr–Sa 17–22 Uhr.

Sonstiges

Informationen

Crieff VisitScotland Information Centre, High Street, ☎ 01764-652578, 🖥 www.perthshire.co.uk. Touristeninformation und kostenlose Ausstellung „Stones, Stocks and Stories". ☉ April–Juni, Sep–Okt, Mo–Sa 9.30–17, So 10–14, Juli–Aug Mo–Sa 9.30–18.30, So 10–16, Okt–März Mo–Sa 10–16 Uhr.

Transport

Linie 15 (Stagecoach) verkehrt bis zu 2x stdl. auf der Strecke COMRIE (15 Min.)–Crieff–PERTH (45 Min.).
Linie 973 (Scottish Citylink) fährt 2x tgl. von Ende Mai bis Anfang Okt von DUNDEE/PERTH über Crieff und Comrie nach KILLIN/OBAN.

Nordostschottland

Stefan Loose Traveltipps

Arbroath   In der verfallenen Kathedrale der Unabhängigkeitserklärung nachspüren, am alten Hafen bummeln und dann den berühmten Arbroath Smokie probieren. S. 351

Dunnottar Castle   Die romantische Burgruine thront einsam auf einem mächtigen Felsen an der Klippenküste. S. 355

Old Aberdeen   Die Gassen zwischen King's College und St Machar's Cathedral sind ein pittoreskes Kleinod. S. 364

8 **Deeside**   Durch das Tal des Dee zum Königsschloss Balmoral und anschließend in die atemberaubende Gebirgslandschaft aufbrechen. S. 372

Peterhead Fishmarket   Auf Schottlands größtem Fischmarkt ist die lautstarke Auktion am frühen Morgen ein Erlebnis. S. 391

9 **Pennan, Crovie und Gardenstown**   Die schönsten Küstenorte im Nordosten liegen malerisch von Klippen umgeben. S. 392

Dufftown   In Speyside geht es immer der Nase nach von Destillerie zu Destillerie, um sich in die Geheimnisse der Whisky-Brennerei einweisen zu lassen. S. 395

Findhorn Community   Ein Rundgang führt durch das bunte Ökodorf und die spirituelle New-Age-Kommune in den Dünen. S. 403

Völlig zu Unrecht verirren sich deutlich weniger Touristen in den Nordosten als in die Highlands. Aberdeen und Dundee setzen als dritt- bzw. viertgrößte Stadt Schottlands urbane Akzente, während die kleinen Fischerorte maritimes Flair ausstrahlen. Wer trutzige und verschachtelte Wehrburgen mag, begibt sich auf den spannenden Castle Trail, und Freunde des britischen Königshauses kommen am Nordosten ohnehin nicht vorbei. Auch Wanderer und Vogelfreunde werden in den Bergen und an der abwechslungsreichen Küste reich belohnt.

Der Nordosten erstreckt sich von **Dundee** und der Grafschaft Angus über **Aberdeen**, die

Ölhauptstadt Europas, in weitem Bogen bis fast vor die Tore von Inverness. Vor allem die Region jenseits von Aberdeen ist durch den mächtigen Sperrriegel der **Grampian Mountains** ein wenig vom restlichen Schottland abgetrennt. Nur zwei große Hauptstraßen führen entlang der Küste nach Süden und Westen, im Hinterland gibt es als Verbindungswege nur einige wenige Gebirgspässe sowie das „Whisky-geschwängerte" **Tal des Spey**.

Die landschaftliche Isolation hat dazu geführt, dass das Leben nördlich von Aberdeen noch bis in die 1960er-Jahre sehr traditionell von Fischfang und Landwirtschaft geprägt war.

Dazu trug auch der nur hier gesprochene Dialekt Doric bei, der selbst von anderen Schotten nicht verstanden wird. Doch die Funde von Öl und Gas haben die Region im Schnellgang mit dem restlichen Land verbunden und nach außen geöffnet. Der Strukturwandel der letzten 50 Jahre war atemberaubend, da mit dem Fischfang ein traditionelles Gewerbe fast völlig aus dem Alltag der Küstenorte verschwunden ist. Heute leben nur noch **Peterhead** und **Fraserburgh** in nennenswertem Maße vom Fischfang.

Von Aberdeen führt das lang gestreckte **Dee-Tal** ins Landesinnere zum Königsschloss Balmoral, das seit Queen Victoria Sommersitz der Royals ist. Die wildromantischen Bergtäler und majestätischen Berggipfel von Upper Deeside gehören zum **Cairngorms National Park** und sind bereits Teil der Highlands.

Eine Entdeckungstour im Nordosten belohnt mit vielen Überraschungen und landschaftlichen Highlights. Hier kann man gut mehrere Tage verbringen, aber auch viel länger, denn der Nordosten ist wie Schottland en miniature.

Zwischen Dundee und Aberdeen

Von den Ufern des Tay bis hinauf nach Stonehaven, knapp südlich von Aberdeen, zieht sich die Küste von Angus und Süd-Aberdeenshire. Die Kontraste könnten kaum größer sein: Die alte Industrie- und Hafenstadt **Dundee** erlebt gerade eine tiefgreifende Umstrukturierungsphase. Die sanfte Hügellandschaft von **Angus** ist ein Zentrum der schottischen Landwirtschaft, und die Täler im Norden führen in die einsame Bergwelt der **Grampian Mountains**. Je nach Route erlebt man also eine völlig andere Landschaft auf dem Weg Richtung Aberdeen.

Die Grafschaft Angus wird auch als „Geburtsstätte von Schottland" bezeichnet, was sich unter anderem auf die frühmittelalterliche Hochkultur der Pikten bezieht. Die Pikten besiegten 685 bei Dunnichen in der Nähe von Forfar eine northumbrische Streitmacht. Damit sicherten sie die Eigenständigkeit gegenüber den südlichen

Nachbarn. Das rätselhafte Volk hat in der Region vor allem in Form reich verzierter Reliefsteine viele Spuren hinterlassen (s. S. 349).

Landschaftlich ist vor allem der Übergang von der Küstenlandschaft in die abgeschiedenen Angus Glens mit ihren zum Teil steil aufragenden Hügelketten sehr reizvoll. Große Städte gibt es nicht, da die ländlich geprägte Region auf Dundee ausgerichtet ist. Das gilt auch für die Transportwege.

Nördlich von **Montrose** erreicht man schon das südliche Aberdeenshire mit dem malerischen Küstenort **Stonehaven** als Mittelpunkt. Von hier aus muss man die östlichen Ausläufer der geologischen Hochland-Falte „überwinden", um nach Aberdeen zu kommen.

Dundee und Umgebung

Dundee ist auf den ersten Blick eine wenig attraktive Stadt. Wer über die Tay Bridge kommt, fährt auf eine graue Skyline zu, die von unansehnlichen Hochhäusern und Schnellstraßen bestimmt wird. Davon darf man sich nicht abschrecken lassen, denn Dundee kann mit echten Sehenswürdigkeiten aufwarten und ist seit einigen Jahren dabei, durch ein ambitioniertes Sanierungsprogramm vor allem die Hafenfront attraktiv umzugestalten. Für mehrere Milliarden Euro soll das Stadtzentrum wieder einen direkten Zugang zum Ufer des „Silvery Tay" erhalten und der Stadt neues Leben einhauchen. Der Masterplan für den Uferbereich ist bis 2031 ausgelegt. Im Vorort Broughty Ferry ist eine Sanierung gar nicht erst nötig, denn dieser malerische alte Fährhafen ist seit jeher mit der alten Burg am Tay ein idyllischer Flecken.

Mit 142 000 Einwohnern ist Dundee die viertgrößte Stadt des Landes. Die Top-Attraktionen kann man an einem Tag besichtigen. Übrigens: Dundee und Aberdeen streiten sich darum, die sonnenreichste Stadt Schottlands zu sein. Wenn es also mal regnen sollte, ist das reiner Zufall.

Geschichte

Aufgrund der guten Lage am Tay hat Dundee eine lange Siedlungsgeschichte. Diese Gegend war ein Zentrum der **Pikten** (s. S. 349), und im

„Wann treffen wir drei wieder zusamm?
Um die siebente Stund', am Brückendamm. (...)
Hei, das gibt ein Ringelreihn,
Und die Brücke muss in den Grund hinein.
Und der Zug, der in die Brücke tritt
Um die siebente Stund?
Ei der muss mit.
Muss mit.
Tand, Tand,
ist das Gebilde von Menschenhand."

Theodor Fontane schuf mit diesen Zeilen, die sich an Macbeth anlehnen, ein bewegendes Totengedicht auf die Opfer der **Brückenkatastrophe bei Dundee** vom 28. Dezember 1879. In einer Zeit der absoluten Technikgläubigkeit warf Fontane die zeitlose Frage auf, ob der Mensch tatsächlich in der Lage sei, die Technik zu beherrschen.

Was war passiert? Als ein Zug aus Edinburgh bei stürmischem Wetter die Brücke über den Tay befuhr, stürzte diese ein und riss den Zug mit in die Tiefe; Dutzende Menschen starben. Eine Untersuchung ergab, dass die Konstruktion mangelhaft war, der verantwortliche Ingenieur **Sir Thomas Bouch** wurde zum Hauptschuldigen erklärt.

Als Konsequenz aus der traumatischen Katastrophe wurde der Weiterbau der Forth Bridge bei Edinburgh gestoppt, weil sie ebenfalls von Bouch entworfen worden war. Stattdessen wurden zwei neue Ingenieure mit einem stabileren Design beauftragt – das Ergebnis kann man bis heute bewundern (s. S. 139). Bouch nahm sich ein Jahr nach dem Unglück das Leben.

Mittelalter war die Stadt bedeutend genug, um vom englischen König **Edward I.** 1303 zerstört zu werden. Auch später besetzten englische Armeen immer wieder die Stadt, darunter 1651 unter **General Monck**, der Dundee plündern ließ.

Die Dundonians galten als seeerfahren und abenteuerlustig. Davon kündet das maritime Erbe der Stadt, das im Touristenmagnet Discovery Point besichtigt werden kann. So war Dundee im 19. Jh. für mehrere Jahrzehnte der wichtigste **Walfanghafen** Großbritanniens.

Im 19. und 20. Jh. markierten die drei „J" die wichtigsten Gewerbe am Tay: *Jute, Jam and Journalism* sorgten für wirtschaftlichen Aufschwung. Was für Glasgow die Tabakbarone waren in Dundee die **Jutebarone**, die es zu großem Reichtum brachten. Während die Stadt unter dem Qualm der Fabriken zu leiden hatte, zogen die „Barone" u. a. nach Broughty Ferry, das sich gerne als „Brighton des Nordens" vermarktete.

Was die Konfitüre *(jam)* angeht, so dreht sich alles um **Janet Keiller**, die angeblich 1797 in Dundee die in Großbritannien berühmte **Orangenmarmelade** *(marmalade)* erfand. Es heißt, die cleveren Whisky-Produzenten wollten ihre Sherryfässer aus Südspanien nicht einfach leer nach Schottland bringen und füllten sie deshalb mit Orangen. Die Verarbeitung zu Marmelade sorgte dann für einen gewinnbringenden Absatz in Schottland. Fakt ist jedenfalls, dass *Keiller's Marmalade* zu einem Markenbegriff wurde.

Dundee war auch eine Hochburg des schottischen **Journalismus**. Das Verlags- und Pressehaus DC Thomson beherrscht mit dem *Courier* und dem *Press & Journal* noch immer den Zeitungsmarkt im Nordosten. Außerdem brachte Thomson in Schottland berühmte Comicfiguren wie *The Beano, The Broons* und *The Dandy* auf den Markt. Seine ersten journalistischen Schritte unternahm in Dundee auch ein gewisser Bertie Charles Forbes aus New Deer bei Peterhead. 1917 gründete er in den USA das *Forbes Magazine*.

In der zweiten Hälfte des 20. Jhs. begann der industrielle Abstieg. Jute und Schiffsbau spielen in Dundee heute keine Rolle mehr, die Reste des Hafens liegen ziemlich verlassen da, und auch journalistisch ist Dundee gegenüber der Konkurrenz aus Edinburgh und Glasgow längst ins Hintertreffen geraten. Der Abschwung führte zu einem spürbaren Bevölkerungsverlust und einer hohen Arbeitslosigkeit.

Doch seit Ende der 1990er-Jahre befindet sich Dundee langsam wieder im Aufschwung. Die Ansiedlung von Besucherattraktionen lockt Touristen an den Tay, und das ehrgeizige Groß-

Dundee

Dundee Law
Albany Terr.
Panmure Terr.
Dudope Terr.
Drummond St.
Constitution St.
Somerville Pl.
Rosebank St.
Constitution Rd.
Rosebank Rd.
Ann St.
Bonnybank Rd.
Forebank Rd.
Nelson St.
Wellington St.
William St.
Dens Rd.

Victoria St.
Aberdeen,
Glamis Castle
A929

Dudhope
Park
Camperdown
Country Park,
Meigle
A923 Lochee Rd.
Rd.
Hilltown Terr.
Hilltown Rd.
Victoria Rd.
Princes St.
Blackscroft
Princes St.
Blackscroft
Blackscroft
Peep O'Day Ln.

Dudhope St.
North Marketgait
Central
Library
North Marketgait
Wellgate
Centre
King St.
Cowgate
SCHWIMM
BAD
Seagate
E. Whale Ln.
East Marketgait
Foundry Ln.
Seagate
1
A92

Douglas St.
Bell St.
McManus
Galleries
Panmure
St.
Albert
Sq.
Murraygate
Queen Anne Lane
Trades Lane
St. Andrews Lane
East Dock St.
Camperdown St.
City Quay
HM Frigate
Unicorn

Blinshall St.
Brown St.
W. Henderson's Wynd
Miln St.
Verdant
Works
Guthrie St.
Polizei
West Bell St.
Euclid
St.
Meadowside
Reform St.
Commercial St.
Howff-
Friedhof
Candle Lane
Gellatly St.
Marketgait
Victoria Dock Rd.
North Carr
Lightship
S. Victoria Dock Rd.
3

Hawkhill
Hawkhill
West Marketgait
Ward Rd.
South Ward Rd.
North Lindsay St.
South Lindsay St.
Willison St.
1
Castle St.
2
City
Square
Crichton St.
Caird Hall
3

Old Hawkhill
Westport
South Tay St.
West Marketgait
Overgate Ln.
Overgate
Centre
St Mary's
Tower
Whitehall St.
Union St.
Whitehall Cr.
High St.
Dock St.
South
South Marketgait

Ninewells
Hospital
Perth Rd.
Smalls Wynd
Park Place
Dundee Rep
Theatre
Nethergate
3
4
4
4
5
Dundee
Contemporary
Arts
Sensation
Science Centre
Greenmarket
Earl Grey Pl.
Bahnhof
RRS Discovery
Discovery Point
Tay Road Bridge
A92

Roseangle
Rose Angle
St Andrews

Drive
Firth of Tay

Perth Riverside
A85

Nordostschottland

Edinburgh

projekt **Dundee Waterfront** bringt Arbeitsplätze, Investitionen und hoffentlich auch eine neue Dynamik zurück. Bis 2014 soll als Teil des Sanierungsprogramms neben dem Antarktis-Schiff *Discovery* sogar eine Zweigstelle des Londoner Victoria & Albert Museum eröffnet werden.

Wirtschaftlich stellt sich Dundee auf einen Boom durch die Gewinnung erneuerbarer Energien vor der Küste ein. **Offshore-Windkraftparks und Wellenkraftwerke** könnten Dundee eine neue Perspektive bieten. Die Stadt möchte gerne zum Hightech-Zentrum werden.

Waterfront

Das Ufer des Tay und das ehemalige Hafengebiet werden sich durch die Umsetzung des Waterfront-Masterplans in den kommenden Jahren weiter stark verändern.

Hauptattraktion am Tay ist in unmittelbarer Nachbarschaft des Bahnhofs das Besucherzentrum **Discovery Point**, ✆ 01382-201245, 🖳 www.rrsdiscovery.com, mit dem Antarktis-Forschungsschiff *RRS Discovery*. Berühmt wurde das Schiff durch die Antarktis-Expedition von Robert Falcon Scott und Ernest Shackleton. Von 1901 bis 1904 waren sie unterwegs und ließen sich im Packeis einschließen, um die bis dahin unerforschte Region rund um den Südpol zu erkunden. Scott wurde nach der Expedition zu einer Berühmtheit und sein Ehrgeiz war geweckt. Doch sein Polarrennen mit Roald Amundsen endete 1912 für ihn und sein Team in einer Tragödie.

Warum liegt die *Discovery* in Dundee? Ganz einfach, sie wurde hier gebaut, denn aufgrund der langen Geschichte Dundees als Walfanghafen waren die örtlichen Werften auf eistaugliche Schiffe spezialisiert. 1986 kehrte die *Discovery* als Touristenattraktion zurück. Das Besucherzentrum des Dundee Heritage Trust erzählt sehr anschaulich die spannende Geschichte des Schiffs sowie der Antarktis-Expedition. Anschließend kann man das Schiff besichtigen, auch wenn man sich nicht wirklich vorstellen kann, wie sich auf so einem Boot zwei Jahre lang der antarktische Winter aushalten ließ. Im Gebäude befindet sich auch die Touristeninformation von Dundee. ⏲ April–Okt Mo–Sa 10–18, So 11–18, Nov–März Mo–Sa 10–17, So 11–17 Uhr, Eintritt 8 £, erm. 6,25/5 £, Kombiticket mit Verdant Works 12 £, erm. 9,50/7,50 £.

Im Victoria Dock östlich der Tay-Autobrücke ging das älteste noch schwimmende Schiff der Royal Navy vor Anker: Die **HM Frigate Unicorn**, ✆ 01382-200900, 🖳 www.frigateunicorn.org, hat bereits rund 190 Jahre auf dem Buckel, war allerdings niemals im Einsatz oder auch nur auf See. Nach den Napoleonischen Kriegen ließ die britische Marine zahlreiche Schiffe auf Kiel legen, um eine schnell verfügbare Reserve für den Notfall zu haben. So lief die für 46 Kanonen ausgerüstete Fregatte 1824 in Chatham vom Stapel, und seit 1873 liegt sie im Hafen von Dundee. Im Laufe der Jahre diente sie als Munitionslager, Schulungsschiff und regionales Marinehauptquartier. Im Rahmen des Waterfront-Projekts soll das Schiff in Zukunft eventuell einen neuen Stammplatz westlich der Tay Road Bridge erhalten, ganz in der Nähe der *RRS Discovery*. ⏲ April–Okt tgl. 10–17, Nov–März Mi–Fr 12–16, Sa–So 10–16 Uhr, Eintritt 5 £, erm. 4/3 £.

Innenstadt

Nördlich der Schnellstraßen A 85 und A 92 liegt die Innenstadt (noch) ziemlich abgeschnitten vom Tay-Ufer. Im Zentrum hat sich Dundee etwas von den goldenen viktorianischen Zeiten bewahren können, als die Juteproduktion viel Geld in die Stadt spülte. Die Fußgängerzone vom Murraygate bis zur High Street verbindet die Einkaufszentren Wellgate Centre und Overgate Centre. Vor Letzterem ist am Nethergate die **Dundee Parish Church** erhalten, deren ältester Teil, der St Mary's Tower, aus den 1480er-Jahren stammt.

Hauptplatz ist der **City Square** mit der griechisch anmutenden Säulenfassade des Konzertsaals **Caird Hall** aus den 1920er-Jahren. Von hier führt die Reform Street als Achse nach Norden zum **Albert Square**, der mit dem Verlagsgebäude von DC Thomson, der Dundee High School und den erstklassigen McManus Galleries am besten den Glanz der Gründerzeit bewahrt hat. Das städtische Museum **McManus Galleries**, ✆ 01382-307200, 🖳 www.themcmanus-dundee.gov.uk, ist schlicht wunderbar. Seit seiner umfassenden Renovierung 2010 erstrahlt das palastartige neugotische Gebäude wieder in alten Pracht. Vor allem die großartige Albert Hall mit ihrer gewölbten Holzdecke ist eine Sehenswürdigkeit für sich.

Ein Schwerpunkt des Museums ist natürlich die Stadt- und Regionalgeschichte. Ein Mammutzahn entführt in die Eiszeit; mysteriöse piktische Symbolsteine erzählen von dem frühmittelalterlichen Volk, das in Angus besonders viele Spuren hinterlassen hat (s. S. 349), während in einem anderen Saal ein Walfischskelett von der Decke hängt und auf das maritime Erbe der Stadt verweist. Interessant sind zudem die Reste eines Einbaums aus dem 5. Jh. Natürlich geht es auch um den industriellen Aufschwung von Dundee im Zeichen von *Jute, Jam and Journalism*.

In der Gemäldegalerie sind die Scottish Colourists und das ausdrucksstarke Werk „Dantes Traum" (1880) des Präraffaeliten Dante Gabriel Rossetti zu sehen. Aus Dundee stammte John Duncan, dessen geheimnisvolles „The Riders of the Sidhe" von 1911 geradezu mythisch wirkt. Exotisch wird es in der Abteilung *Dundee and the World* in der Albert Hall. Kunstwerke aus Afrika, Asien, Ozeanien und Lateinamerika sorgen hier für einen kurzweiligen Rundgang. Zu den Highlights zählen ein ägyptischer Sarkophag mit Mumie sowie zeremonielle Masken aus Nigeria. ⊙ Mo–Sa 10–17, So 12.30–16.30 Uhr, Eintritt frei.

Nur wenige Schritte westlich der McManus Galleries liegt an der Meadowside der parkähnliche Friedhof **Howff Graveyard**. Maria Stuart schenkte der Stadt das Gelände des 1548 zerstörten Franziskanerklosters als Friedhof und Versammlungsort *(howff)* der neun städtischen Gilden.

Das Jute-Zeitalter wird in der ehemaligen Jutefabrik **Verdant Works**, West Henderson's Wynd, ℡ 01382-309060, 🖥 www.verdantworks.com, zum Leben erweckt. Einst verdienten 50 000 Menschen in Dundee durch die Juteverarbeitung ihr Geld. Die Jutebarone gehörten zu den reichsten Industriellen des Landes. Doch die Arbeiter in „Juteopolis" mussten in schlimmen Verhältnissen wohnen; die Bezahlung und die hygienischen Zustände waren miserabel. Das hervorragend aufgemachte Museum bietet einen sehr interessanten Rundgang und beleuchtet auch die Situation in Indien, wo die Jute produziert wird. ⊙ April–Okt Mo–Sa 10–18, So 11–18, Nov–März Mi–Sa 10.30–16.30, So 11–16.30 Uhr, Eintritt 7,25 £, erm. 5,50/4,25 £. Kombiticket mit Discovery Point 12 £, erm. 9,50/7,50 £.

West End

Am westlichen Ende der Innenstadt hat sich rund ums **Dundee Rep Theatre** (s. S. 345) ein kleines Theater- und Kulturviertel etabliert.

1999 brachte das sehr aktive Zentrum für zeitgenössische Kunst, das **Dundee Contemporary Arts**, 152 Nethergate, ℡ 01382-909900, 🖥 www.dca.org.uk, frischen Wind in die Kulturszene von Dundee. Attraktive Wechselausstellungen, Kursangebote in vielfältigen Kunstbereichen, ein anspruchsvolles Programmkino sowie das schicke Jute Café haben das DCA auch überregional zu einer gefragten Adresse gemacht. ⊙ Galerien Di–Mi, Fr–Sa 10.30–17.30, Do 10.30–17.30, So 12–17.30 Uhr, Eintritt frei.

Stadtrand

Oberhalb des Stadtzentrums bietet der 174 m hohe Hügel **Dundee Law** einen guten Ausblick über die Tay-Mündung nach Fife. Das wichtigste Naherholungsgebiet der Stadt ist der weitläufige **Camperdown Park** im Nordwesten.

An der A 92 Richtung Arbroath ist an der Kreuzung mit der B 978 ein Relikt aus dem Burgen-Zeitalter im 16. Jh. erhalten. **Claypotts Castle** ist ein z-förmiger Wehrturm, der durch seine runden Seitentürme und die verschachtelten Giebeldächer auffällt. Claypotts hält heute wie eine Insel in einer modernen Vorstadtsiedlung die Stellung. Eine Innenbesichtigung ist leider nicht möglich.

Broughty Ferry

6 km östlich von Dundee markiert der alte Fährhafen Broughty Ferry die Mündung des Tay. Eine schöne Promenade, schmucke Gassen mit sympathischen Cottages und ein düsteres Castle, das einst die strategisch wichtige Tay-Zufahrt schützte, lohnen einen Abstecher – in Broughty Ferry ticken die Uhren ganz anders als in Dundee. Im 19. Jh. sollte der Ort gar zum „Brighton des Nordens" ausgebaut werden, aufgrund der Jutebarone sprach man von der reichsten Quadratmeile der Welt.

Einsam auf einem kleinen Landvorsprung bewacht Broughty Castle seit dem 15. Jh. die Tay-Mündung, Mitte des 19. Jhs. wurde die Verteidigungsstellung modernisiert und bis zum Zweiten Weltkrieg militärisch genutzt. Heute gewährt das **Broughty Castle Museum**, ℡ 01382-436916, 🖥 www.dundeecity.gov.uk/broughtycastle, einen guten Einblick in das alte Gemäuer und die Ortsgeschichte. Auch der Ausblick ist bestens. Gelegentlich kann man sogar Delfine ausmachen. Im Rahmen des Tay Dolphins Project wird seit 2007 versucht, die Delfine zu beobachten, um mehr über sie zu erfahren und sie langfristig zu schützen. ⊙ April–Sep Mo–Sa 10–16, So 12.30–16, Okt–März Di–Sa 10–16, So 12.30–16 Uhr, Eintritt frei.

Übernachtung

Stadtzentrum

Apex City Quay Hotel & Spa, 1 West Victoria Dock Road, ☏ 01382-202404, ▭ www.apexhotels.co.uk. Schickes großes neues Hotel am Victoria Dock, das auch für Dundee das postmoderne Zeitalter einläutete. Sehr gut ausgestattete Zimmer sowie Hallenbad und Sauna. ❸–❹

Best Western Queen's Hotel, 160 Nethergate, ☏ 01382-322515, ▭ www.queenshotel-dundee.com. Wuchtiges Mittelklassehotel im Kulturviertel im West End mit 53 Zimmern. ❸–❹

€ **Dundee Backpackers Hostel**, 71 High Street, ☏ 01383-224646, ▭ www.hoppo.com/dundee. Mitten im Stadtzentrum wurde eines der ältesten Häuser von Dundee in das moderne Hostel integriert. Angesichts überschaubarer Backpacker-Zahlen in Dundee spricht die Herberge mit Einzel-, Doppel- und Dreibettzimmern offensiv auch Geschäftsreisende und Familien an. Zusätzlich gibt es sehr günstige Schlafsäle. Das Kaufmannshaus Gardyne's Land wurde bereits um 1560 errichtet, und vor der Haustür liegt sofort die

Gemütliches Pub-Hotel am Tay

Auf dem Tavernenschild im malerischen Küstenvorort Broughty Ferry guckt ein brummiger Seebär im Ölzeug düster drein, doch in dem durch offene Kohlefeuer beheizten Seemannscottage aus dem 17. Jh. verfliegt der Missmut sofort. Seit 1827 ist das **Fisherman's Tavern Hotel**, 10-16 Fort Street, ☏ 01382-775941, ▭ www.fishermanstavern.co.uk, bereits ein Pub. Die stimmungsvolle „Taverne" bietet leckere und günstige Pub-Gerichte, schenkt hervorragende Biere aus und verfügt zudem über eine exzellente Whisky-Auswahl. Kein Wunder, dass die britische Zeitung *The Guardian* die „Taverne" Anfang 2010 als einen der besten zehn Pubs in Großbritannien auszeichnete. Dazu kommen elf moderne und nett eingerichtete Zimmer, die zudem recht preisgünstig sind. Nr. 11–14 liegen nicht über dem Pub. ◷ Küche tgl. 12–20 Uhr. ❷

Fußgängerzone High Street. Dorm-Bett ab 13 £. ❶–❷

Number twenty five, 25 South Tay Street, s. Clubs, S. 345. 4 angenehm ausgestattete Zimmer; die Rezeption ist in der Bar. Allerdings geht es an Wochenenden im Keller im Underground bis tief in die Nacht ordentlich zur Sache. ❷–❸

Strathdon Guest House, 277 Perth Road, ☏ 01382-665648, ▭ www.a1tourism.com/uk/strathdon. An der westlichen Ausfallstraße, 2 km vom Stadtzentrum, in einer 100 Jahre alten schmucken Reihenhaussiedlung. Bei John und Mo Melville kann man sich wohlfühlen. Angenehme Zimmer und gutes Frühstück. ❷

Essen

Chambers Coffee House, 34 South Tay Street, ☏ 01382-201533, ▭ www.chamberscoffeehouse.co.uk. Freundliches und helles Café im West End, mit bequemer Sofa-Ecke. Morgens gibt es Frühstück (auch vegetarisch), danach Bistroküche sowie Fairtrade-Kaffee und Kuchen. Das netteste Café von Dundee. ◷ Mo–Mi 9–16.30, Do–Fr 9–21, Sa 10–21, So 10–16.30 Uhr.

Dundee Rep Theatre Café & Restaurant, Tay Square, s. rechts, Theater.

Jahangir, 1 Session Street, ☏ 01382-202022, ▭ www.jahangirdundee.com. Ganz in Blau gehaltenes indisches Restaurant, das sich auf Tandoori-, Balti- und Kurma-Gerichte spezialisiert hat. Besonders günstig ist das Mittagsbuffet. Abends leckere Thali-Teller mit 4 Gerichten. ◷ tgl. 12–16, 17–24 Uhr.

Jute Café Bar, Dundee Contemporary Arts, 152 Nethergate, ☏ 01382-909246, ▭ www.fullerthomson.com. Angesagtes Designer-Café im zeitgenössischen Kulturpalast von Dundee. Hier ist es bereits mittags oftmals sehr voll. Zwischen 17–18.30 Uhr wird ein günstigeres „Pre Theatre"-Menü angeboten. Primär moderne Bistroküche mit Fusion-Einlagen. ◷ Mo–Sa 10–24, So 12–24 Uhr.

Twin City Café, 4 City Square, ☏ 01382-223662. Freundliches, helles Café am zentralen Platz von Dundee. Bei schönem Wetter kann man auf der Terrasse das geschäftige Treiben in der Fußgängerzone beobachten. Dazu wird eine

Mischung aus schottischen Standardgerichten und arabischer Küche geboten. Auch Frühstück und guter Fairtrade-Kaffee. ⏲ Mo–Sa ca. 7.30–19 (Winter bis 17 Uhr), So 10.30–17 Uhr.

Unterhaltung und Kultur

Bars und Pubs

The Globe, 53-57 West Port, ✆ 01382-224712. Ein sehr gemütlicher, fast 200 Jahre alter Pub im West End. Vor allem an Wochenenden ziemlich voll.

The Nether Inn, 134 Nethergate, ✆ 01382-349970. Beliebter Studentenpub m Theaterviertel.

The Trades House Bar, 40 Nethergate, ✆ 01382-229494. Traditionspub mit rustikalen Holzabteilen. Mittags sitzen hier Familien und Shopper beim *bar lunch*, während abends das ein oder andere Pint fließt – macht einen sehr netten Eindruck.

Clubs

Fat Sams, 31 South Ward Road, ✆ 01382-228181, 🖳 www.fatsams.co.uk. Für Live-Gigs und Clubbing eine der angesagtesten Adressen in Dundee. Genau richtig, wenn man nicht um Mitternacht nach Hause gehen möchte.

Number twenty five/Underground, 25 South Tay Street, s. „Übernachtung". An Wochenenden ist im Keller im Underground bis tief in die Nacht was los.

Theater

Dundee Rep Theatre, Tay Square, ✆ 01382-223530, 🖳 www.dundeerep.co.uk. Dundees modernes Theater hat als einziges in Schottland eine feste Schauspieltruppe und ist zudem die Heimat des renommierten Scottish Dance Theatre. Dazu ist das hauseigene Restaurant und Café eine gute Adresse für ein Abendessen oder einen Drink – nicht nur beim Theaterbesuch. ⏲ Café Mo–Sa 9.30 Uhr bis spät abends, Restaurant Mo–Sa 12–15, 17–22 Uhr.

Sonstiges

Informationen

Dundee VisitScotland Information Centre, Discovery Quay, ✆ 01382-527527, 🖳 www.angusanddundee.co.uk. Das Touristenbüro

befindet sich im Besucherzentrum Discovery Point. ⏲ Juni–Sep Mo–Sa 9–18, So 12–16, Okt–Mai 9–17 Uhr.

Internet

Central Library, The Wellgate, Victoria Road, ✆ 01382-431500. Kostenloses Internet in der Stadtbücherei auf der Nordseite des Wellgate Shopping Centre. ⏲ Mo–Di, Do–Fr 9–18, Mi 10–18, Sa 9.30–17 Uhr.

Medizinische Hilfe

Ninewells Hospital, Ninewells Avenue, ✆ 01382-660111. Großes Krankenhaus am westlichen Stadtrand, nördlich der Perth Road.

Post

Hauptpostamt, 4 Meadowside. ⏲ Mo–Fr 9–17.30, Sa 9–12.30 Uhr.

Nahverkehr

Busse

Viele Busse halten entweder an der Seagate Bus Station (s. u.) oder aber am Nethergate, Ecke High Street, direkt vor dem Overgate Centre.
Eine wichtige städtische Buslinie ist **Linie 26** von National Express, die das Stadtzentrum ab High Street über die Perth Road mit dem Ninewells Hospital im Westen verbindet (ca. 30 Min.).
Linie 75 von Stagecoach fährt ab High Street und Seagate nach Broughty Ferry, Mo–Sa stdl., 15 Min.

Taxis

Discovery Taxis, ✆ 01382-732111.

Transport

Busse

Die **Seagate Bus Station**, Seagate, Ecke Trades Lane, ist im Osten des Stadtzentrums der zentrale Anlaufpunkt für die wichtigsten Busverbindungen von Scottish Citylink, 🖳 www.citylink.co.uk, und Stagecoach, 🖳 www.stagecoachbus.com.
Unter den **Regionalverbindungen** von Stagecoach sind besonders interessant: Linie 99 nach ST ANDREWS, alle 15 Min., 30 Min.

Linie 39 und 73/73A nach ARBROATH, halbstündlich, 1 Std., und MONTROSE, stdl., 1 1/2 Std.
Linie 22 nach GLAMIS und KIRRIEMUIR, Mo–Sa 1–2x tgl., 1 Std.
Linie 57 nach MEIGLE, stdl., 40 Min.
Die **Fernbusse** von Scottish Citylink/Megabus fahren u. a. nach
ABERDEEN, stdl., 1 1/4 Std.
EDINBURGH, 1–2x stdl., 1 3/4 Std.
GLASGOW, stdl., 1 3/4 Std.
PERTH, halbstündlich, 30–40 Min.

Eisenbahn

Der Bahnhof **Dundee Station** liegt am South Marketgait zwischen der Innenstadt und dem Besucherzentrum Discovery Point. Von hier fahren regelmäßig Züge von **ScotRail**, 🖳 www.scotrail.co.uk, über Arbroath–Montrose–Stonehaven nach ABERDEEN (2x stdl., 1 1/4 Std.), EDINBURGH (2x stdl., 1 1/4–1 1/2 Std.) sowie über Perth und Stirling nach GLASGOW (stdl., 1 1/2 Std.).

Von Dundee ins Glen Clova

Wer die Küstenstraße über Arbroath und Montrose nach Stonehaven verlassen will, fährt von Dundee am besten strikt nach Norden. Schon auf dem Weg in die Angus Glens – ein Paradies für Wanderer – liegen eine Reihe von Sehenswürdigkeiten.

Meigle

In dem kleinen Örtchen Meigle rund 22 km nördlich von Dundee präsentiert das **Meigle Sculptured Stone Museum**, Dundee Road, ✆ 01828-640612, 🖳 www.historic-scotland.gov.uk, eine außergewöhnlich reichhaltige Sammlung von 26 Piktensteinen aus dem 8.–9. Jh. Besonders groß und ausgefeilt verziert sind die Steine Nr. 1, 2 und 4. Auf der Rückseite von Nr. 2 soll Daniel in der Löwengrube zu sehen sein, auch wenn eine örtliche Überlieferung bei der Abbildung eher auf die mythische Königin Guinevere ("Vanora") tippt, die Frau von König Arthur. Einer Variante der Sage nach wurde sie wegen Ehebruchs mit dem Piktenkönig Mordred von ihrem eigenen

Mann zum Tode verurteilt – von ritterlicher Tafelrunde keine Spur.

Weit verbreitet sind auf den piktischen Reliefsteinen Darstellungen von reitenden Kriegern sowie Tieren. Genauso typisch wie der Halbmond mit dem v-förmigen Stab auf der Nr. 4 ist der Spiegel auf der Nr. 1. Oftmals geht es auch exotisch zu: Auf dem liegenden Stein Nr. 11 zischen neben einem Fabelwesen zwei Schlangen um die Wette. Die rätselhafte Symbolwelt der Pikten lässt dem Betrachter viel Freiraum für die eigene Fantasie. ⏱ April–Sep tgl. 9.30–12.30, 13.30–17.30 Uhr, Eintritt 3,20 £, erm. 2,70/1,90 £.

Glamis Castle

Von den fernen Piktenkönigen ein rasanter Zeitsprung ins jetzige Herrscherhaus: **Glamis Castle**, ✆ 01307-840393, 🖳 www.glamis-castle.co.uk, hat königliche Beziehungen, weil die 2002 verstorbene Queen Mum hier ihre Kindheit verbrachte und Prinzessin Margaret, die ebenfalls 2002 verstorbene Schwester der jetzigen Queen, im Castle geboren wurde. Die Queen Mum bestand darauf, dass wenigstens eines ihrer Kinder in Schottland zur Welt kommen sollte. Glamis (sprich *glahms*) ist schon seit 1372 im Besitz der Familie (Bowes-) Lyon, besser bekannt als Earls of Strathmore and Kinghorne.

Glamis ist der Inbegriff einer schottischen Burg: Schon die lange Auffahrt ist dramatisch, denn so wird das Castle mit seinen zahllosen Türmchen und Zinnen für den Betrachter theaterreif in Szene gesetzt. Rund um den L-förmigen Turmbau aus dem frühen 15. Jh. dehnte sich die Anlage im Laufe der Jahrhunderte langsam aus. Besonders beeindruckend sind die gewölbte Stuckdecke in der Großen Halle und die von Jacob de Wet ausgemalte Kapelle aus dem 17. Jh. Dargestellt ist auf 95 Paneelen das Leben Jesu und der Apostel.

Über die Jahrhunderte wuchs auch die Kunstsammlung beachtlich. Ein Porträt Charles I. von van Dyck gehört genauso zu den Highlights wie das Meissener Porzellan und die Delfter Kacheln. Aber natürlich wird das Schlösschen auch von Geistern geplagt. In der Kapelle soll die "Grey Lady" Janet Douglas spuken. Sie wurde von James V. bei einem Rachefeldzug gegen die gesamte Familie als "Hexe" in Edinburgh

N

0   10   20   30 km

CAIRNGORMS

Aberdeen

Cock Bridge   Corgarff   Craigievar Castle   Echt
Corgarff Castle   Tarland   Torphins   Drum Castle   Peterculter   Bieldside   Girdle Ness
Morven 872 △   Loch Kinord   Dinnet   Banchory   Crathes Castle   Maryculter   Portlethen
Burn o' Vat   Aboyne   Crathes
Balmoral Castle   Crathie   Ballater   Strachan   957
Braemar Castle   Royal Lochnagar Distillery
Braemar   Inverey   Mount Keen 939   635 △ Kerloch   Stonehaven   Dunnottar Castle
Lochnagar 1155 △   Spittal of Glenmuick   Invermark Castle   Tarfside   Fordoun   Catterline   Todhead Point
The Cairnwell 933 △ 669   Glas Maol   △1068   Muick   Queen's Well   Retreat Folk Museum   Fellercairn   Inverbervie
Loch Callater   Corrie Fee Nature Reserve   Clova   Loch Lee   Glen Esk   Laurencekirk
Devil's Elbow   Hill of Wirren 403 △   Edzell Castle   Edzell   Marykirk   Johnshaven
Spittal of Glenshee   Glenprosen Village   Bridgend   Tigerton   House of Dun   Lochside
Enochdu   Mt. Blair 744 △   Kirkton of Glenisla   Dykehead   Brechin   935   Montrose Basin
Lair   224   Pictavia   Caledonian Railway   Montrose
Kirkmichael   Dykends   Aberlemno   Stones of Aberlemno   934   Montrose Basin Visitor Centre
Netherton   Airlie   Kirriemuir   928   Forfar   932   933   Lunan   Lunan Bay   Red Head
Gorge of the Ericht   Alyth   Glamis Castle   Glamis   Letham
Blairgowrie   923   Meigle   928   Kirkbuddo   933   Auchmithie   St Vigean's Museum   Arbroath Abbey
Meikleour   984   Coupar Angus   Gallow Hill 455 △   Arbroath
Bankfoot   Balbeggie   Sidlaw Hills   Claypotts Castle   930   Carnoustie
Perth   9   Inchture   Dundee   Monifieth   Broughty Ferry
Errol   Newport-on-Tay   Tayport   Nordsee
Bridge of Earn   Newburgh   Balmerino   Leuchars   914   921   St Andrews Bay   91   St Andrews

NATIONAL PARK

Glen Shee   *Glen Doll*   *Glen Clova*   *Howe of the Mearns*

N o r d s e e

Edinburgh

---

verbrannt. Maria Stuart soll sich später für das Verbrechen ihres Vaters entschuldigt haben. Noch weiter zurück in die Vergangenheit reicht die Sage, dass König Malcolm II. 1040 in Glamis gestorben sein soll, Shakespeare erwähnt Glamis auch in *Macbeth*. Doch zu der Zeit existierte die Burg noch gar nicht.

Der weitläufige Park, der italienische Garten und der *walled garden* laden zu erholsamen Spaziergängen ein. Die Burg ist nur im Rahmen einer Führung zugänglich. ◷ Mitte März–Okt tgl. 10–18, Nov–Dez 10.30–16.30 Uhr, Eintritt 8,75 £, erm. 7,75/6 £.

Im Örtchen Glamis selbst vermittelt das **Angus Folk Museum**, ☏ 01307-840288, ▢ www.nts.org.uk, eine ganz andere Lebenswelt. Der harte bäuerliche Alltag war Meilen vom Prunk der Schlossherren entfernt. ◷ April–Juni, Sep–Okt Sa/So 12–17, Juli–Aug tgl. 12–17 Uhr, Eintritt 6 £, erm. 5 £ (NTS).

Kirriemuir

Das sympathische Kirriemuir ist der beste Zugangsort zu den westlichen Angus Glens. Ganz programmatisch nennt sich das örtliche Museum im historischen Town House (1604) **Kirriemuir**

Gateway to the Glens, 32 High Street, ☎ 01575-575479, 🖳 www.angus.gov.uk/museums. Hier sind die Touristeninformation sowie eine Ausstellung zur Stadtgeschichte und den Glens untergebracht. ⏰ Mo–Mi, Fr–Sa 10–17, Do 13–17 Uhr, Eintritt frei.

Vor dem Museum erinnert eine Peter-Pan-Skulptur an den berühmtesten Sohn der Stadt. J. M. Barrie (1860–1937) stammt aus „Kirrie" und wurde durch „den Jungen, der niemals erwachsen wurde" berühmt. **J M Barrie's Birthplace**, 9 Brechin Road, ☎ 0844-4932142 🖳 www.nts.org.uk, zeigt das Geburtshaus des Autors, der in Kirriemuir auch begraben ist. ⏰ April–Juni, Sep–Okt Sa–Mi 12–17, Juli–Aug tgl. 11–17 Uhr, Eintritt 6 £, erm. 5 £ (NTS).

Ebenfalls vom National Trust wird die **Camera Obscura**, Kirrie Hill, ☎ 0844-4932142, 🖳 www.nts.org.uk, betreut. Sie wurde der Stadt von J. M. Barrie vermacht und ist heute neben der Camera Obscura in Edinburgh und Dumfries die einzige im Land. ⏰ April–Juni Sa 12–17, So 13–17, Juli–Sep Mo–Sa 12–17, So 13–17 Uhr, Eintritt 3 £, erm. 2 £.

Glen Clova und Glen Doll

Von Kirriemuir geht es hinaus in die Highlands. Wie lange Finger ragen die Täler der Angus Glens in die Grampian Mountains hinein. Einst wurden hier Viehherden aus den Highlands nach Süden auf die Viehmärkte getrieben. Deshalb waren auch Viehdiebe niemals weit. Heute sind die ehemaligen Routen der Viehtreiber, der sogenannten *caterans*, beliebte Wanderwege. Im äußersten Norden der Glens wird schon die Grenze des Cairngorms National Park überschritten. Dort kommt man nur noch zu Fuß weiter ins Dee-Tal.

Von Kirriemuir nach Norden führt eine 30 km lange Route ins **Glen Clova**. Immer wilder und einsamer wird die Landschaft, immer höher ragen die Berge zu beiden Seiten des River South Esk auf. Schließlich geht es nach dem gastlichen Glen Clova Hotel (s. S. 350) über eine schmale *single track road* (für Caravans nicht geeignet!) die letzten 6 km zum großen **Glen Doll Car Park**.

Dort spaltet sich das wildromantische Tal vor der Bergkette der Grampians, und es geht nur noch zu Fuß weiter. Besonders schön ist das **Glen Doll** mit dem Zugang zum **Corrie Fee Natio-**nal Nature Reserve. Mit etwas Glück sieht man Rotwild an den Berghängen und Steinadler in den Lüften. Kürzere Wanderwege führen durch das bewaldete Tal. Am Parkplatz sind Picknicks am Flussufer möglich, und für anspruchsvolle Wanderer gibt es mehrere Langstrecken-Optionen (s. „Wandern", S. 350) – ein wirklich idyllischer Fleck für Naturliebhaber. Am Parkplatz bietet eine kleine Rangerhütte Infos für Wanderer sowie Toiletten.

Glen Prosen, das westliche Seitental des Glen Clova, ist noch einsamer und wird von Touristen kaum aufgesucht.

Forfar

Östlich von Kirriemuir und Glamis Castle liegt Forfar, das Verwaltungszentrum von Angus. Das **Meffan Museum**, 20 West High Street, ☎ 01307-464123, 🖳 www.angus.gov.uk/museums, geht nicht nur der Orts- und Regionalgeschichte nach, sondern verfügt auch über einige sehr schöne Piktensteine aus Kirriemuir. Außerdem erfährt man einiges über die Forfar Bridies, knusprige hufeisenförmige Pasteten mit einer Füllung aus Rumpsteak oder Hackfleisch, die durch Zwiebeln und Gewürze ergänzt werden kann. ⏰ Mo–Sa 10–17 Uhr, Eintritt frei.

Wer die heimischen Bridies selbst probieren möchte, sollte zu **James McLaren**, 8 The Cross und 22–26 Market Street, gehen, wo die lokale Spezialität schon seit rund 120 Jahren angeboten wird.

Stones of Aberlemno

Wenige Kilometer östlich sind die Stones of Aberlemno auf halbem Weg nach Brechin eine Besonderheit. Drei wunderbar verzierte piktische Reliefsteine stehen direkt an der Straße und weisen die ganze Symbolwelt der Pikten auf: Spiegel, Doppelscheiben, Jagdszenen, betende Engel und verschlungene Ranken. Ein vierter Stein befindet sich vor der Kirche von Aberlemno. Hier wird eine Kampfszene dargestellt. Man geht davon aus, dass dieser Stein an die siegreiche Schlacht von Dunnichen gegen den König von Northumbria erinnern soll. Im Winter werden die Steine verpackt, um sie vor Wetterschäden zu bewahren, im Sommer sind sie frei zugänglich.

Ihre kunstvoll verzierten Reliefsteine stehen nach 1200–1400 Jahren noch immer am Straßenrand: Mit viel Liebe zum Detail haben die piktischen Steinmetze Spiegel, Kämme, mysteriöse Fabeltiere, kämpfende Krieger, Wildschweine, Halbmonde mit v-förmigem Stab, z-förmige Ruten und viele weitere Symbole in die Steinplatten geritzt.

Doch die Symbolsprache lässt sich nur noch mit großer Mühe oder gar nicht mehr entziffern. Was genau bedeutet das sogenannte piktische Biest und warum finden sich Schlangen, die von einer z-förmigen Rute durchzogen werden? Stehen Spiegel und Kämme für die Mutter Gottes oder dienten sie als Symbol der Macht bzw. magischer Kräfte? Repräsentieren die Doppelscheiben Leben und Tod? Leichter lassen sich da schon aufgrund der Fundorte Schlachtszenen zuordnen, aber die Piktensteine werfen mehr Fragen als Antworten auf. Das liegt u. a. daran, dass die piktische Kultur Mitte des 9. Jhs. nach der Niederlage gegen die Wikinger und Schotten völlig verschwand. Wer also waren die Pikten, deren beachtliches kulturelles Erbe erst in den letzten Jahrzehnten wieder vermehrte Aufmerksamkeit gefunden hat?

Aufstieg und Untergang

Ins Rampenlicht der Geschichte treten die Pikten zu Zeiten der **Römer**, als Eumenius 297 n. Chr. erstmals die Bezeichnung *Picti* verwendet, die „Bemalten". Ob das lateinische Wort auf die Kriegsbemalung oder die Körpertätowierung der nördlichen Stämme zurückzuführen ist oder ob es sich um eine griffige Ableitung einer piktischen Eigenbezeichnung handelt, lässt sich nicht mehr klären.

Man geht davon aus, dass die Pikten keltischer Herkunft sind, auch wenn verschiedene mittelalterliche Legenden die Wurzeln im osteuropäischen Skythien vermuten. Fakt ist, dass die Pikten nach dem Abzug der Römer zu Beginn des 5. Jhs. den Nordosten und Norden Schottlands dominierten. Ihr mythischer **König Cruithne** hatte angeblich sieben Söhne, die sich

nach seinem Tod das Land teilten. Fib regierte in Fife, Cat in Caithness und Circenn in Angus. Unschwer lassen sich bei den ersten beiden Namen Parallelen zu den heutigen Landschaftsbezeichnungen finden.

Doch die weitere Spurensuche ist sehr schwer, weil es außer lateinischen Königslisten keine schriftlichen Dokumente gibt, und auch Siedlungen sind nur sehr spärlich erhalten. Anscheinend nutzten die Pikten zumindest zeitweise auch eisenzeitliche Forts. Manche Siedlungsreste wurden bei Ausgrabungen zerstört, weil man lieber die älteren Funde bewahren wollte.

Fest steht, dass die Pikten immer stärker in Konflikt mit den Nachbarn gerieten. 685 besiegten sie eine northumbrische Streitmacht in Dunnichen bei Forfar. Damit entzogen sie das heutige Schottland dem Einflussbereich der **Angelsachsen**. Wird dieser Sieg auf einem der Steine im benachbarten Aberlemno zelebriert? Gegen die **Wikinger** konnten sich die Pikten jedoch nicht erfolgreich wehren. 839 verloren sie eine entscheidende Schlacht. Betrauert der berühmte Sueno's Stone in Forres diese vernichtende Niederlage? Die Pikten waren jedenfalls so sehr geschwächt, dass sie der Vereinnahmung durch die Schotten nichts mehr entgegensetzen konnten. In der Folgezeit wurden piktische Machtzentren wie Scone und St Andrews für das neue schottische Königreich bedeutend.

Spuren

Zurück blieben die mysteriösen Steine, die der Fantasie freien Raum lassen. Vor allem in Angus und rund um den Moray Firth ist der Spur der Steine leicht zu folgen. Ein sehr gutes Interpretationszentrum ist **Pictavia** in Brechin (S. 354). In **Meigle** (S. 346), **Forfar** (S. 348), **Aberlemno** (S. 348) und **St Vigeans** bei Arbroath (s. S. 351) stehen zahlreiche Steine. Weiter nördlich sind der **Maiden's Stone** bei Inverurie (S. 384), der **Sueno's Stone** in Forres (S. 402), das **Groam House Museum** in Rosemarkie (S. 434) sowie das **Tarbat Discovery Centre** in Portmahomack (S. 436) gute Anlaufstellen.

Übernachtung und Essen

Glen Clova Hotel, Glen Clova, ☎ 01575-550350, 🖥 www.clova.com. Wo sich die beiden parallel verlaufenden Straßen im Glen Clova im Norden des Tals treffen, ist das Hotel für seine bequeme Unterkunft und das gute Restaurant bekannt. Wer möglichst nahe an den Wandergebieten im Glen Doll übernachten möchte, findet hier die ganze Bandbreite – von Schlafsälen im Bunkhouse über Ferienwohnungen in den Lodges bis zum gemütlichen Hotelbereich. Auf dem Speisezettel stehen regionale Spezialitäten wie Wild, Angus-Rind und -Lamm sowie selbst gebackene Brötchen. ⊙ Küche 12–20.15 Uhr. Dorm-Bett ab 14 £. ❶ – ❸

€ **Glen Prosen Hostel**, Glen Prosen, ☎ 01575-540238, 🖥 www.prosenhostel.co.uk. Ehemalige Schule in der größten Streusiedlung (sieben Bewohner) des abgelegenen Tals. Die Unterkunft ist sehr gemütlich mit einer modernen Küche, bequemen Sofas, guten Duschen und sogar einem behindertengerechten WC. Gutes Standquartier für Wanderer. Die 18-Betten-Herberge ist auch über den Herbergsverband SYHA buchbar. Dorm-Bett 18 £.

Muirhouses Farm, Cortachy bei Kirriemuir, ☎ 01575-573128, 🖥 www.muirhousesfarm.co.uk. Ca. 3 km nördlich von Kirriemuir bietet Susan McLaren in dem stattlichen Farmhaus 3 sehr gemütliche Zimmer als Basis für die Erkundung der Glens. Sehr schön ist z. B. das große Doppelzimmer mit seinen 2 Fenstern zum Garten raus. Wanderer und Radfahrer sind bei der sehr gastfreundlichen Dame ausdrücklich willkommen. ❷

Sonstiges

Informationen

Kirriemuir Tourist Information Centre, 32 High Street, ☎ 01575-575479. Die Touristeninformation befindet sich im Kirriemuir Gateway to the Glens Museum (s. S. 348). ⊙ Mo–Mi, Fr–Sa 10–17, Do 13–17 Uhr.

Wandern

Vom Glen Doll Car Park (s. S. 348) sind mehrere kürzere und leicht zu bewältigende Spaziergänge und Wanderwege farblich markiert. In der Rangerhütte und manchen Touristeninformationen liegt dazu das kostenlose **Info-Faltblatt** *Eastern Cairngorms – Walking in Glen Clova and Glen Doll* aus, 🖥 www.visitcairngorms.com.

Anspruchsvolle Fernwanderwege führen vom selben Parkplatz über zwei **Viehtreiberrouten** nach Norden über die einsamen und rauen Bergketten hinweg ins Tal des Dee. Nach Nordosten geht es über den Capel Mounth hinüber ins Glen Muick (ca. 10 km, s. S. 376) und weiter nach Ballater (s. S. 375). Nach Nordwesten verbindet Jock's Road das Glen Doll mit dem 24 km entfernten Braemar. Diese bis ins 19. Jh. genutzte Viehtreiberroute ist sehr anspruchsvoll und sollte nur mit entsprechender Ausrüstung und Vorbereitung unternommen werden. Wer einen Munro erklimmen möchte, kann sich am 947 m hohen **Driesh** versuchen, der über den Kilbo Path und das Corrie Fee National Nature Reserve in Richtung Südwesten erreicht wird. Für die knapp 10 km lange Wanderung benötigt man ca. 3 1/2–4 Std.

Für alle längeren Wanderungen braucht man die **Wanderkarte** OS Landranger 44, für Jock's Road zusätzlich OS Landranger 45.

Transport

In Angus ist **Stagecoach**, 🖥 www.stagecoachbus.com, der Hauptanbieter regionaler Busverbindungen. Linie 20 verkehrt regelmäßig von DUNDEE über Forfar nach Kirriemuir, Linie 22 eher selten von Dundee über Glamis nach Kirriemuir. Linie 21/21A bedient die Strecke Forfar–Brechin–EDZELL, Linie 25 Forfar–Kirriemuir–Glamis–PERTH, Linie 27 Kirriemuir–Forfar–ARBROATH. Wirklich schwierig wird es mit dem öffentlichen **Nahverkehr nördlich von Kirriemuir**. Seit dem Wegfall der Postbusse ins Glen Clova gibt es nur noch einen Schulbus nachmittags bis zum Glen Clova Hotel sowie morgens ein Anruf-Sammeltaxi bis hinauf zum Glen Doll. Dazu muss man mindestens einen Tag vorher bei der Angus Council Demand Responsive Transport Hotline, ☎ 01307-461775, anrufen.

Arbroath

Beim Namen Arbroath bekommen schottische Nationalisten beinahe feuchte Augen, denn hier wurde 1320 das entscheidende Unabhängigkeitsdokument verfasst (s. Kasten). Und hier fand sich 1951 auch der Stone of Destiny (s. S. 316) wieder ein, der kurz zuvor von Studenten aus der Westminster Abbey entwendet worden war. Aber eigentlich ist Arbroath (22 800 Einwohner) vor allem ein ehemals sehr belebter Fischerort, in dessen 1394 gegründeten Hafen heute primär Jachten vor sich hindümpeln und keine Trawler mehr. Auch der Fischmarkt wurde aufgegeben. Dementsprechend wird der sehr attraktive Hafenbereich nun touristisch entwickelt, u. a. mit dem neuen Harbour Visitor Centre.

Wenige Meter westlich ist in dem weißen ehemaligen Gebäudekomplex des Signalturms das **Arbroath Signal Tower Museum**, Ladyloan, ✆ 01241-875598, 🖥 www.angus.gov.uk/museums, beheimatet. Hier dreht sich alles um die Fischerei und die Ortsgeschichte. ☉ Mo–Sa 10–17, Juli–Aug auch So 14–17 Uhr, Eintritt frei.

Arbroath Abbey

Bis zur Reformation 1560 war Arbroath ein bedeutendes kirchliches und zeitweise auch politisches Zentrum, denn die Tironenser-Mönche standen der Krone sehr nahe. 1178 hatte Wilhelm der Löwe den Startschuss für den Bau der prächtigen Arbroath Abbey, High Street/Abbey Street, ✆ 01241-878756, 🖥 www.historic-scotland.gov.uk, gegeben.

Von Beginn an stand der Konflikt mit England im Vordergrund. Dass William die Kirche zum Gedenken an Thomas Becket weihen ließ, der auf Veranlassung des englischen Königs Henry II. ermordet worden war, galt als gezielte Provokation. Auch die Einladung an die Tironenser war politisch motiviert, denn der aus Frankreich stammende Orden war in England kaum vertreten und deshalb der schottischen Krone treu ergeben. Wie vorausschauend diese Entscheidung war, zeigte sich 1320 bei der Abfassung der Declaration of Arbroath (s. Kasten).

Später nahm die politische Bedeutung jedoch ab, und nach der Reformation verfielen die Kirche und das Kloster rasch. Die erhalte-

---

Die Unabhängigkeitserklärung von Arbroath

„For, as long as but a hundred of us remain alive, never will we on any conditions be brought under English rule. It is in truth not for glory, nor riches, nor honours that we are fighting, but for freedom – for that alone, which no honest man gives up but with life itself."

Es ist das Jahr 1320: Der legendäre Sieg von Bannockburn über die Engländer liegt sechs Jahre zurück, doch König **Robert the Bruce** ist noch immer exkommuniziert, und Papst **Johannes XXII.** weigert sich, Schottlands Eigenständigkeit anzuerkennen. Da entschließen sich die schottischen Adligen zu einer dramatischen Geste. Abt Bernard aus Arbroath oder einer seiner Mönche verfasst einen **Brief an den Papst**, der von den Noblen des Reichs unterzeichnet wird: Solange 100 von ihnen noch am Leben seien, würden sie sich niemals der englischen

Herrschaft unterwerfen, so heißt es in dem Papier. Weder für Ruhm noch für Reichtum oder Ehre kämpften die Adligen, sondern nur für die Freiheit, und die gäbe kein ehrenhafter Mann lebend auf – pathetischer und deutlicher kann man es kaum formulieren.

Als *Declaration of Arbroath* geht der Brief in die Geschichtsbücher ein. De facto ist er die endgültige Unabhängigkeitserklärung Schottlands, die das Scheitern der englischen Eroberungspläne schriftlich fixiert. Das muss auch der Papst akzeptieren. Robert the Bruce bleibt zwar exkommuniziert, aber Johannes XXII. erkennt 1329, als Robert schon im Sterben liegt, dennoch die Rechtmäßigkeit seiner Krone an.

Für das spätmittelalterliche Schottland war das Dokument auf jeden Fall identitätsstiftend, und selbst heute schlägt manch nationalistisches Herz höher, wenn die Worte zitiert werden.

Trotz des Niedergangs der Fischerei gibt es rund um den Hafen noch immer einige Fischhändler, denn der Ort ist landesweit berühmt für seine Arbroath Smokies. Der geräucherte Schellfisch ist eine Delikatesse, die überall im Ort serviert wird. Eigentlich wurden die Smokies im nördlich gelegenen Fischerörtchen Auchmithie „erfunden", doch der Name Arbroath blieb hängen. 2004 hat man sich die Herstellerregion sogar von der EU schützen lassen. Die Original-Smokies dürfen daher nur vor Ort geräuchert werden.

nen Teile sind jedoch noch immer sehr beeindruckend. Schon das gotische Gatehouse ist ähnlich wie die Pends in St Andrews (s. S. 305) sehr gut erhalten. ⏲ April–Sep tgl. 9.30–17.30, Okt–März 9.30–16.30 Uhr, Eintritt 4,70 £, erm. 3,80/ 2,80 £ (HS).

St Vigeans Museum

Am nördlichen Stadtrand von Arbroath lädt im Schatten einer ungewöhnlichen Hügelkirche ein kleines Piktenmuseum zu einer hochkarätigen Schau von kunstvollen piktischen Symbolsteinen ein. Das St Vigeans Museum, St Vigeans, ✆ 01241-433739, 🖳 www.historic-scotland.gov. uk, verfügt über eine faszinierende Sammlung von großartigen steinernen Kunstwerken. Highlight ist der **Drosten Stone** mit ungewöhnlich vielen Tierszenen und einem knieenden Bogenschützen. Auf der Rückseite wollen manche auch eine Darstellung des Teufels ausgemacht haben. Diente der Stein dem Schutz eines Klostereingangs? Die Pikten waren spätestens gegen Ende des 8. Jhs. vollständig christianisiert, und ihre überlieferten Mythen vermischten sich mit christlichen Vorstellungen. ⏲ April–Okt Di–Do, Sa–So 10–15, Nov–März Di–Do, Sa–So 11–13 Uhr, Eintritt 3,70 £, erm. 3/2,20 £.

Harbour Nights Guest House, 4 Shore, ✆ 01241-434343, 🖳 www.harbournights-scotland.com. Tolle Lage am Hafen in einem schönen Haus. Im 1. und 2. OG gibt es sogar Minibalkone. Zwei Zimmer teilen sich ein Bad. Zimmer 3 hingegen hat sowohl Hafenblick wie auch ein eigenes Bad/WC und kostet dafür etwas mehr. Zum Frühstück kann man übrigens schon Arbroath Smokies probieren. ❷–❸
Seaton Estate Holiday Park, Seaton Road, ✆ 01241-877499, 🖳 www.crownparks.com. Ferienpark und Campingplatz am nordöstlichen Stadtrand, zwischen A 92 und Küste. ❶
The Old Vicarage, 2 Seaton Road, ✆ 01241-430475, 🖳 www.theoldvicaragebandb.co.uk. Am Beginn der Straße zum Campingplatz eine stattliche viktorianische Villa mit gastfreundlicher Unterkunft, die allerdings etwas teurer als das Harbour Nights ist und natürlich nicht so gut liegt. Aber auch hier gibt es Arbroath Smokies zum Frühstück. ❸

But 'n' Ben, 1 Auchmithie, ✆ 01241-877223. Exzellentes Cottage-Restaurant im historischen kleinen Fischerörtchen Auchmithie nördlich von Arbroath, der eigentlichen Heimat der Smokies. Dementsprechend stehen vor allem Fisch, Meeresfrüchte und Smokies auf der Speisekarte. Für die gute Küche lohnt der Abstecher. ⏲ Küche Mi–Sa 12–14.30, 19–22, So 12–14.30, Mo 19–22 Uhr.
E+O Fish, East Grimsby, ✆ 01241-873574. Bei dem beliebten Fischhändler kann man sich für ein Fischpicknick eindecken: Wie wäre es mit Smokies, Smokie-Pastete oder Smokie-Quiche? Natürlich auch frischer Fisch im Angebot. ⏲ Mo–Fr 7–19, Sa–So 8–18 Uhr.
Sugar and Spice, 9-13 High Street, ✆ 01241-437500, 🖳 www.sugarandspicetearoom.co.uk. Im nettesten Tearoom von Arbroath werden natürlich Tee, Kaffee und Kuchen serviert, aber auch Arbroath Smokie, Smokie-Pfannkuchen und Smokie-Pastete mit *oatcakes*. Sehr schön ist der Wintergarten hinten, während vorne an der Theke Süßigkeiten und Bonbons in vielen Varianten verkauft werden. ⏲ Mo–Do 10–17, Fr–Sa 10–21, So 12–19 Uhr.

Informationen
Arbroath VisitScotland Information Centre, Fish Market Quay, ✆ 01241-872609,

🖥 www.angusanddundee.co.uk. Modernes Infozentrum im Harbour Visitor Centre. Es werden auch kleine Filme zur Einstimmung gezeigt. ☉ April–Juni, Sep–Okt tgl. 10–17, Juli–Aug tgl. 10–18 Uhr.

Wandern

Vom Stadtzentrum von Arbroath aus führt eine Wanderung über die Seepromenade King's Drive. Von dort geht es über den 9 km langen Küstenpfad des **Geodiversity Trails** bis in den Fischerort Auchmithie. Unterwegs passiert man an der roten Sandstein-Klippenküste Felsnadeln, natürliche Felsbögen und durch Einsturz entstandene Löcher. Und dazu hat man einen fantastischen Ausblick aufs Meer. Bei der Touristeninformation gibt es das kostenlose Faltblatt *Arbroath to Auchmithie Geodiversity Trail*.

Von Auchmithie fährt die Buslinie 140 nach Arbroath. Wer den Bus nutzen will, sollte aber lieber mit dem Bus nach Auchmithie fahren und dann von dort Richtung Arbroath laufen. Das erspart lästige Wartezeiten.

Transport

Busse

Vom Busbahnhof an der Burnside/Catherine Street verkehren Stagecoach-Busse halbstündlich nach DUNDEE (Linien 39 und 73, 40 Min.) und MONTROSE (Linien 30 und 39, 30 Min.) sowie stdl. mit Linie 27 nach FORFAR (40 Min.) und KIRRIEMUIR (1 Std.). Linie 140 von G & N Wishart verkehrt alle 2 Std. nach AUCHMITHIE (1/4 Std.).

Eisenbahn

Arbroath wird 1–3x stdl. von den Zügen zwischen EDINBURGH/GLASGOW–DUNDEE (15–20 Min.) und ABERDEEN (1 Std.) bedient.

Von Montrose ins Glen Esk

Der nächste größere Küstenort nördlich von Arbroath ist Montrose. Hier ist der Hafenbetrieb noch voll im Gange. Die Besonderheit von Montrose ist seine Lage: Im Hinterland erstreckt sich das weite Montrose Basin, das sich auf Höhe der Stadt zu einem kleinen Flaschenhals verengt und sich als Fluss ins Meer ergießt.

Die große naturgeschützte Bucht füllt und leert sich mit den Gezeiten. Dadurch sind viele unterschiedliche Zonen entstanden, die u. a. für Zugvögel ein natürlicher Rastplatz sind. Zehn-tausende Gänse sind hier regelmäßige Gäste. Deshalb hat der Scottish Wildlife Trust am Südufer direkt an der A 92 das **Montrose Basin Visitor Centre**, Rossie Braes, ✆ 01674-676336, 🖥 www.swt.org.uk, eröffnet. Von hier kann man durch Ferngläser und Kameras das Leben im Wattenschlamm oder in der Salzmarsch beobachten. ☉ Mitte März–Okt tgl. 10.30–17, Nov–Feb Fr–So 10.30–16 Uhr, Eintritt 4 £, erm. 3 £.

House of Dun

Als David Erskine 1730 den renommierten Architekten William Adam mit dem Bau eines stattlichen Herrensitzes beauftragte, wählte er mit Bedacht eine Hanglage mit fantastischem Blick über die Bucht von Montrose. Heraus kam ein tolles Design. Vor allem der Salon mit den wunderbaren Stuckarbeiten von Joseph Enzer ist ein Juwel und zugleich ein verstecktes politisches Statement. Der Meeresgott Neptun soll nämlich auf den „King over the Sea" anspielen, ein Code für den exilierten Stuart-König. Ob Erskine, dessen Adelstitel Lord Dun war, den Stuarts nun nachtrauerte oder nicht, das luxuriöse House of Dun, ✆ 0844-4932144, 🖥 www.nts.org.uk, kann heute auf Führungen des National Trust besichtigt und bestaunt werden. ☉ April–Juni, Sep–Okt Mi–So 12–17, Juli–Aug tgl. 11–17 Uhr, Eintritt 9 £, erm. 6 £ (NTS).

In den Wirtschaftsgebäuden kann man Webern über die Schultern schauen, und das Café Dun serviert leckeren Kaffee und Kuchen – bei gutem Wetter auch im Garten. Auf dem Gelände wurden zudem schöne Spazierwege angelegt.

Brechin

Die nette Kleinstadt Brechin (sprich Brichin) war einst ein bedeutendes religiöses Zentrum. Die mittelalterliche **Kathedrale** ist zwar längst nur noch Pfarrkirche, verfügt aber mit dem ungewöhnlichen Rundturm aus der Zeit um 1100 über ein seltenes Beispiel eines eher irischen

Nordostschottland

Bautyps. In der Kirche selbst ist ein großer Piktenstein aus dem späten 9. bzw. frühen 10. Jh. zu sehen, der 1771 auf dem Friedhof gefunden wurde. Über dem Taufbecken befindet sich aus derselben Zeit der quadratische St Mary's Stone, der in der Mitte ziemlich unbeholfen Maria mit dem Kind zeigt.

Vom alten Bahnhof verkehrt im Sommer an Wochenenden die Museumseisenbahn **Caledonian Railway**, Park Road, ℡ 01561-377760, 🖳 www.caledonianrailway.com, über eine Strecke von fast 7 km bis zur Bridge of Dun, unweit des House of Dun und des Montrose Basin. Besonders beliebt sind die „Dampfsonntage", wenn es raucht und qualmt wie zu Queen Victorias Zeiten. Fahrpreis 5 £, erm. 4/3 £.

Pictavia

Wie lebten die Pikten? Warum gingen sie unter? Wie klangen ihre Musikinstrumente? Was bedeuten ihre Symbole? Wie entziffert man das Ogham-Alphabet? Diesen Fragen geht westlich des Stadtzentrums von Brechin an der A 935/A90 das sehr informative Museum Pictavia, ℡ 01356-626241, 🖳 www.pictavia.org.uk, nach. In dem Bemühen um Verständnis der Piktenkultur hat man sogar Musikinstrumente nach alten Darstellungen nachgebaut. Auch die Symbole werden multimedial versucht einzuordnen und zu erklären. Ein sehr interessantes Museum. ⊕ Mo–Sa 9–17, So 10–17 Uhr, Eintritt 3,25 £, erm. 2,25 £.

Edzell Castle und Glen Esk

Die Ruine von **Edzell Castle**, ℡ 01356-648631, 🖳 www.historic-scotland.gov.uk, fasziniert durch ihren roten Sandstein und ihre erhaltenen Renaissance-Details, eingebettet in eine schöne Landschaft am Eingang zum malerischen Glen Esk. Die Burgherren David Lindsay und Isabel Forbes waren an der Wende zum 17. Jh. ganz der Renaissance verschrieben. Sie hinterließen einen wunderbaren ummauerten Garten, an dessen Wänden zahlreiche Reliefs angebracht wurden. Im Süden sind z. B. die Grammatik, Rhetorik und Musik dargestellt, im Osten die Planetengötter Mars, Venus, Jupiter und Saturn. Der Garten ist in Schottland einmalig. Die Hecke ist übrigens so zugeschnitten, dass sie das Familienmotto

offenbart: „Dum forte in spiro spero" (Solange ich lebe, hoffe ich). ⊕ April–Sep tgl. 9.30–17.30, Okt 9.30–16.30, Nov–März Sa–Mi 9.30–16.30 Uhr, Eintritt 4,70 £, erm. 3,80/2,70 £ (HS).

Dem River North Esk folgend geht es hinein in das verlockende **Glen Esk** mit dem kleinen ortsgeschichtlichen **Retreat Folk Museum**, Tarfside, ℡ 01356-648070, 🖳 www.gleneskretreat.btik.com, dem ein Tearoom angeschlossen ist. ⊕ Ostern–Mitte Mai nur Sa–So 12–18, Mitte Mai–Okt tgl. 12–18 Uhr.

Etwas weiter endet die Straße an der Ruine von **Invermark Castle**. Von dort führt ein etwa 2 km langer Spaziergang zum **Loch Lee**, während es bis zur **Queen's Well** gut 4 km sind. Dabei handelt es sich um eine steinerne Krone zu Ehren von Queen Victoria mitten in den einsamen Highlands.

Transport

Montrose, Brechin und Edzell werden stdl. von Stagecoach-Linie 30 von ARBROATH aus angefahren.
Linie 21/21A verbindet FORFAR mit Brechin und Edzell, Linie 24 Brechin mit STONEHAVEN.

Stonehaven

Steil ragen die Klippen über dem schnuckeligen Hafen von Stonehaven auf. Der kleine Fischerort mit seinen knapp 10 000 Einwohnern liegt in einer weitgestreckten Bucht, die im Norden von den letzten Ausläufern der Highland Boundary Fault begrenzt wird. Stonehaven war bis 1975 Hauptort der damals aufgelösten Grafschaft Kincardineshire. Der **Hafen** weist eine 400-jährige Geschichte auf und ist heute die wichtigste Anlaufstelle für Touristen. Die bunte Häuserzeile rund um das Hafenbecken wirkt sehr einladend, und Restaurants, Hotels und B&Bs versorgen die Besucher.

Das älteste Gebäude an der malerischen Hafenfront ist der **Tolbooth** vom Ende des 16. Jhs. Bis in die zweite Hälfte des 18. Jhs. war er das zentrale Gericht und Gefängnis für die Grafschaft. Heute zeigt das Tolbooth Museum eine kleine Ausstellung. ⊕ April–Sep Mi–Mo 13.30–16.30 Uhr, Eintritt frei.

Dunnottar Castle

3 km südlich von Stonehaven liegt eine wild-romantische Burgruine auf einem mächtigen Felsen halb im Meer. Nur über einen steilen Abstieg hinunter zum Kieselstrand und dann einen ebenso steilen Treppenanstieg ist der Eingang der Burg zu erreichen, die einsam auf dem Felsplateau liegt. Dunnottar Castle, ☎ 01569-762173, 🖥 www.dunnottarcastle.co.uk, ist in puncto Lage kaum zu toppen! Das fiel auch der Filmindustrie schon auf, so entstanden Teile der Hamlet-Verfilmung von 1990 mit Mel Gibson und Glenn Close in Dunnottar Castle.

Die scheinbar uneinnehmbare Festung machte Dunnottar 1651 nach der Niederlage der Royalisten zum idealen Versteck für die schottischen Kronjuwelen. Als sich der Belagerungsring von Cromwells Truppen immer weiter zuzog, gelang es den Verteidigern, die Kronjuwelen mit einem gewagten Trick aus der Burg zu schmuggeln. Angeblich versteckte die Frau des Pfarrers von Kinneff die Krone unter ihrer Schürze und tarnte das Zepter als Spinnrocken. Eine zweite Version erzählt, eine alte Fischersfrau habe die Juwelen unter Seetang versteckt. Fakt ist jedenfalls, dass die Kronjuwelen in der Kirche von Kinneff südlich von Dunnottar neun Jahre lang versteckt blieben, bis sie 1660 an Charles II. ausgehändigt wurden.

Wer Dunnottar an einem schönen Tag besucht, kann den herrlichen Blick über die Küste genießen, und gelegentlich entdeckt man in der Bucht auch Seehunde, die sich in aller Ruhe das Touristentreiben anschauen. ⏱ Ostern–Mitte Okt tgl. 9–18, Mitte Okt–Ostern Fr–Mo 10.30–17 Uhr (oder bis Sonnenuntergang), Eintritt 5 £, erm. 1 £.

Übernachtung und Essen

Ardruthie Guest House, Ann Street, ☎ 01569-762381, 🖥 www.ardruthieguesthouse.com. Das Ardruthie ist eine gelungene Mischung aus Kunstgalerie und Pension. In allen Zimmern der viktorianischen Villa hängen Werke aus der Privatsammlung von Kathleen und Denis Leiper, während unten die Riverside Gallery für die Allgemeinheit offen steht. Die 2 Zimmer ganz oben haben den besten Blick. Auch der lichtdurchflutete Frühstücksraum ist sehr angenehm. ❷–❸
Stonehaven Caravan Park, Queen Elizabeth Park, ☎ 01569-764041, 🖥 www.aberdeenshire. gov.uk. Schöner Campingplatz an der Nordseite der Bucht ganz in der Nähe des Meerwasser-Freibads. ❶

In Dunnottar Castle wurden einst sogar die Kronjuwelen versteckt.

The Creel Inn, Catterline, ✆ 01569-750254, 🖳 www.thecreelinn.co.uk. Robert Lindsay hat das ehemalige Cottage in dem Örtchen Catterline südlich von Stonehaven zu einem bekannten Restaurant für Fischliebhaber ausgebaut. Sehr lecker ist die Creel Inn Crab Soup, und auch der Seebarsch ist köstlich. Natürlich stehen aber auch Lamm und Wild auf dem Speisezettel. Das Restaurant steht mitten auf den Klippen, sodass man nach dem Essen einen Verdauungsspaziergang zum ehemaligen Hafenbecken hinunter machen kann. ⏰ Küche Mo–Sa 12–14, 18–21.30, So 12–21.30 Uhr.

The Marine Hotel, Shorehead, ✆ 01569-762155, 🖳 www.marinehotelstonehaven.com. Der Nachbar des Ship Inn wirkt mehr wie ein klassischer Pub und serviert ebenfalls gehobene Bar-Gerichte. Über dem Pub wurden 6 sehr elegante Zimmer eingerichtet, die entsprechend teuer sind. Die Besitzer haben einen guten Geschmack. ⏰ Küche Mo–Fr 12–14.30, 17.30–21.30, Sa/So 12–21.30 Uhr. ❹

The Ship Inn, 5 Shorehead, ✆ 01569-76774, 🖳 www.shipinnstonehaven.com. Einladendes Pub-Restaurant mit einer großen Fensterfront, die einen ungestörten Blick auf das Hafentreiben ermöglicht. Die Küche ist sehr ansprechend, und am Wochenende hat der Pub bis nach Mitternacht geöffnet. Mittags und nachmittags ist das Ship Inn sehr familienfreundlich und wirkt wie ein Café. Über dem Pub-Restaurant werden 12 Zimmer vermietet, wobei der Meerblick extra kostet. ⏰ Küche Mo–Fr 12–14.15, 18–21.15, Sa/So 12–21.15 Uhr. ❸–❹

Twentyforshorehead B&B, 24 Shorehead, ✆ 01569-767750, 🖳 www.twentyforshorehead.co.uk. Am Ende der Hafenfront hat Anne Hawkes ihre 3 Zimmer sehr komfortabel eingerichtet. Alle mit Hafenblick, und die Lage ist sehr ruhig. Hier kann man die tolle Stimmung am Hafen genießen. Eine sehr gut geführte Unterkunft. ❸

Sonstiges

Feste

Stonehaven Folk Festival: Vier Tage im Juli rückt die Folkmusik in den Mittelpunkt. In der fast 25-jährigen Geschichte ist das Festival zu einem renommierten Event geworden. Attraktiv sind auch die Musik-Workshops sowie das Aqua Ceilidh im Freibad, 🖳 www.stonehavenfolkfestival.co.uk.

Informationen

Stonehaven VisitScotland Information Centre, 66 Allardice Street, ✆ 01569-762806, 🖳 www.aberdeen-grampian.com. ⏰ Mo–Sa 10–18 Uhr.

Schwimmen

Stonehaven Open Air Pool, Queen Elizabeth Park, ✆ 01569-762134, 🖳 www.stonehaven openairpool.co.uk. Das Art-déco-Freibad von Stonehaven nutzt salzhaltiges Meerwasser, das auf mediterrane 28–29 °C aufgeheizt wird. Sehr beliebt sind auch die sommerlichen Badezeiten bis Mitternacht. ⏰ Juni, Mitte Aug–Anfang Sep Mo–Fr 13–19.30, Sa–So 10–18, Juli–Mitte Aug Mo–Fr 10–19.30, Sa–So 10–18, Mi auch 22–24 Uhr, Eintritt 4,60 £, erm. 2,60 £.

Transport

Busse

Sowohl in Angus wie in Aberdeenshire ist **Stagecoach**, 🖳 www.stagecoachbus.com, der Hauptanbieter von Busverbindungen. Linie 101 fährt etwa stdl. über die Küstenstrecke nach MONTROSE (1 Std.) und Linien 106/107/109 verbinden Stonehaven 2–3x stdl. mit ABERDEEN (45 Min.).

Eisenbahn

Die Bahnlinie Glasgow/Edinburgh–Dundee–Arbroath–Montrose–Stonehaven–Aberdeen wird im Schnitt 2x stdl. angefahren. Nicht alle Züge halten in Stonehaven oder Montrose, deshalb unbedingt den Fahrplan checken, ob ein Zu- oder Ausstieg möglich ist. Die Fahrzeiten von Montrose/Stonehaven nach ABERDEEN betragen 45/20 Min., nach DUNDEE 30/55 Min.

Aberdeen

Aberdeen lebt vom Meer. Öl und Gas haben die Metropole des Nordostens zur Ölhauptstadt Europas gemacht. Die Ölfunde brachten zu Beginn der 1970er-Jahre eine Zeitenwende: Internatio-

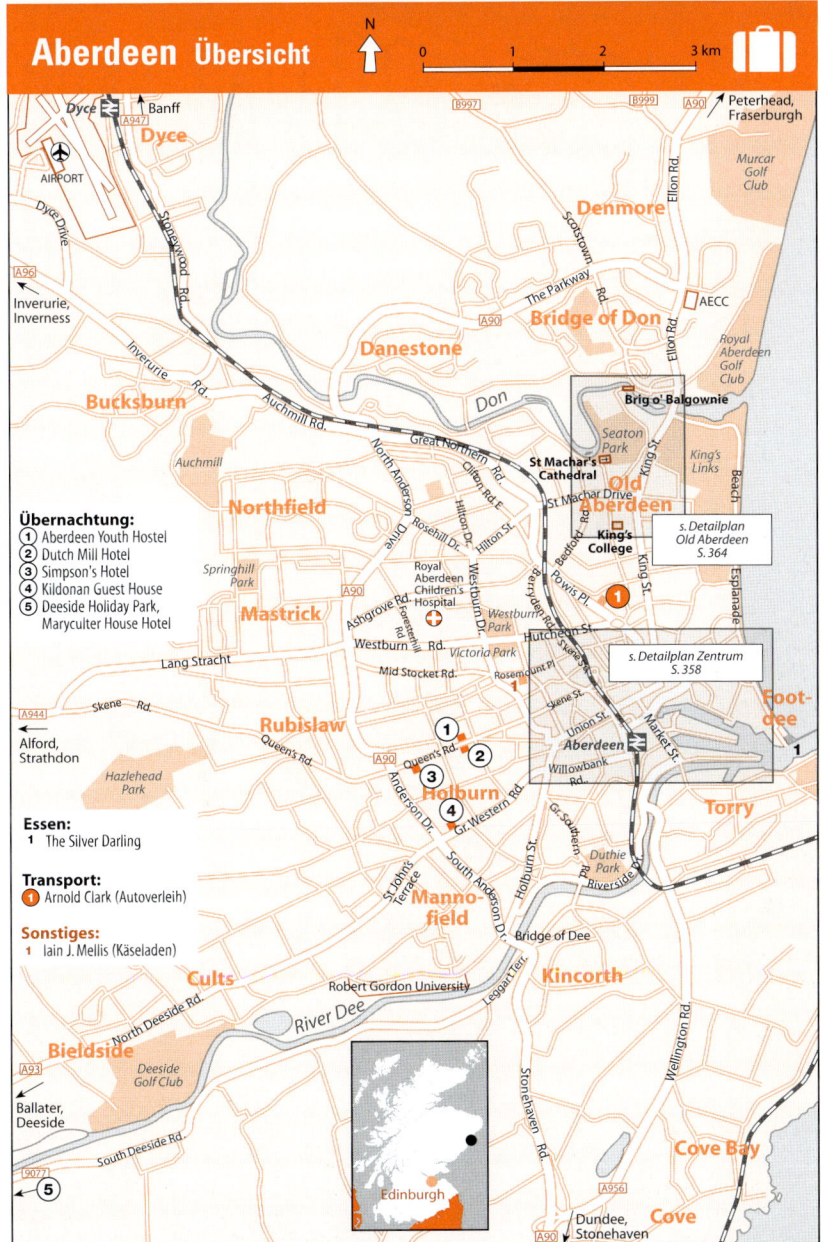

Aberdeen Übersicht

N

0   1   2   3 km

Dyce ↕ ↑ Banff

Dyce

AIRPORT

Dyce Drive

A947

Stoneywood Rd.

A96
Inverurie,
Inverness

Inverurie Rd.

Auchmill Rd.

Buscksburn

Auchmill

Northfield

Springhill
Park

North Anderson Drive

Rosehill Dr.

Hilton Dr.

Hilton St.

B997

B999

A90

A90

Peterhead,
Fraserburgh

Murcar
Golf
Club

Denmore

The Parkway

Scotstown

Ellon Rd.

□ AECC

Bridge of Don

Ellon Rd.

Royal
Aberdeen
Golf
Club

Danestone

Don

Great Northern Rd.

Clifton Rd. E

Brig o' Balgownie ■

Seaton
Park

St Machar's
Cathedral ■

St Machar Drive

King St.

King's
Links

Beach

**Old
Aberdeen**

King's ■
College

King St.

Bedford Rd.

Powis Pl.

①

s. Detailplan
Old Aberdeen
S. 364

Esplanade

Übernachtung:
① Aberdeen Youth Hostel
② Dutch Mill Hotel
③ Simpson's Hotel
④ Kildonan Guest House
⑤ Deeside Holiday Park,
Maryculter House Hotel

A90

Ashgrove Rd.

Forresterhill Rd.

Royal
Aberdeen
Children's
Hospital ✚

Westburn Dr.

Westburn
Park

Hutcheon St.

s. Detailplan Zentrum
S. 358

**Foot-
dee**

Mastrick

Westburn   Rd.

Victoria Park

Mid Stocker Rd.

Rosemount Pl.

George St.

Skene St.

Union St.

Market St.

Lang Stracht

A944
Alford,
Strathdon

Skene   Rd.

Hazlehead
Park

Rubislaw

Queen's Rd.

A90   Queen's Rd.

①
②
③
④

Aberdeen

Willowbank
Rd.

①

Torry

1

Essen:
¹ The Silver Darling

Transport:
① Arnold Clark (Autoverleih)

Holburn

Anderson Dr.

Gr. Western Rd.

Holburn St.

Gr. Southern Rd.

Duthie
Park

Riverside Dr.

Sonstiges:
¹ Iain J. Mellis (Käseladen)

St John's Terrace

South Anderson Dr.

**Manno-
field**

Bridge of Dee

Leopard Terr.

Cults

Robert Gordon University

Kincorth

North Deeside Rd.

River Dee

Stonehaven Rd.

Wellington Rd.

Bieldside

A93
Ballater,
Deeside

Deeside
Golf Club

South Deeside Rd.

B9077
⑤ ←

Edinburgh

A956

Dundee,
Stonehaven

A90

Cove Bay

Cove

Nordostschottland

www.stefan-loose.de/schottland   **Aberdeen   357**

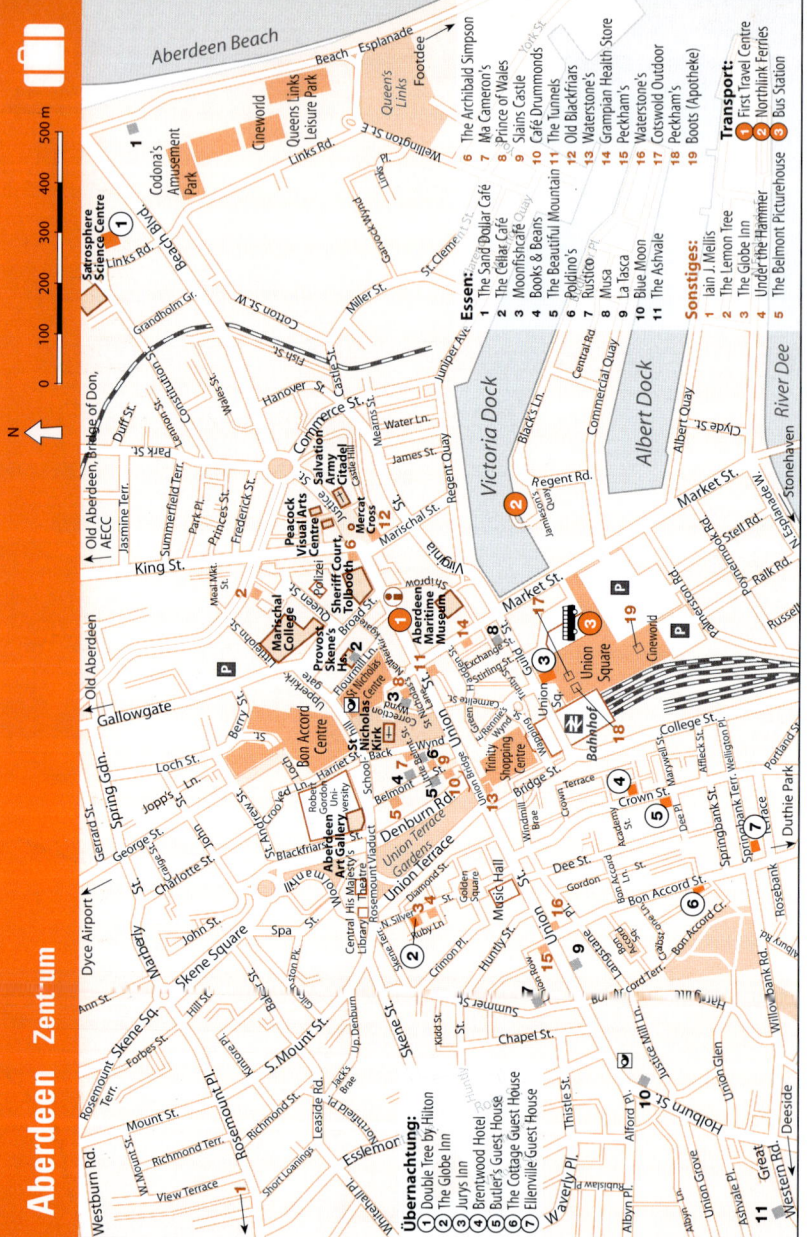

Essen:
1 The Sand Dollar Café
2 The Cellar Café
3 Moonfishcafé
4 Books & Beans
5 The Beautiful Mountain
6 The Archibald Simpson
7 Ma Cameron's
8 Prince of Wales
9 Slains Castle
10 Café Drummonds
11 The Tunnels
12 Old Blackfriars
13 Grampian Health Store
14 Musa
15 Waterstone's
16 Blue Moon
17 Cotswold Outdoor
18 Peckham's
19 Boots (Apotheke)

1 Poldino's
2 Rustico
3 Musa
4 La Tasca
5 Peckham's

Sonstiges:
1 Iain J. Mellis
2 The Lemon Tree
3 The Globe Inn
4 Under the Hammer
5 The Belmont Picturehouse

Transport:
1 First Travel Centre
2 Northlink Ferries
3 Bus Station

Übernachtung:
1 Double Tree by Hilton
2 The Globe Inn
3 Jurys Inn
4 Brentwood Hotel
5 Butler's Guest House
6 The Cottage Guest House
7 Ellenville Guest House

nale Öl- und Technologiefirmen siedelten sich an, der Hafen stellte sich mehr und mehr vom Fischfang auf die Versorgung der **Öl- und Gasindustrie** um, und die Bevölkerung schnellte um fast 20 % in die Höhe. Heute leben gut 210 000 Menschen in Aberdeen, Schottlands drittgrößter Stadt.

Doch Aberdeen ist weit mehr als nur Öl. Seine eigentlichen Spitznamen sind *Granite City* und *Silver City*, denn die Stadt ist für ihre allgegenwärtigen Granitbauten berühmt. Aberdeen war bis zur Schließung der Rubislaw Quarries 1971 eine führende Stadt beim **Granitabbau** und exportierte in alle Welt. Das Marischal College ist nach dem El Escorial bei Madrid das zweitgrößte Granitgebäude der Welt. Doch der Wohlstand der Stadt versteckt sich hinter nüchternen Fassaden. Die verspielte Romantik der Viktorianer war nie das Ding der Aberdonians.

Dafür bringen die beiden großen **Universitäten** viel studentisches Leben in die Stadt zwischen Dee und Don. Die über 500 Jahre alte University of Aberdeen ist sogar die drittälteste in Schottland. Das malerische Universitätsviertel in Old Aberdeen ist ein wahres Kleinod: Wer über die kopfsteingepflasterte High Street zwischen King's College und St Machar's Cathedral bummelt, hat das moderne Aberdeen komplett hinter sich gelassen.

Aberdeen verfügt über sehr schöne Parks und eine reizvolle Seepromenade. Die Stadtverwaltung lässt jedes Jahr die City erblühen und heimst so immer wieder die prestigeträchtige Auszeichnung *Britain in Bloom* ein.

In letzter Zeit wackelte jedoch das Image der Boomtown ein wenig. Weil Arbeitslosigkeit ein Fremdwort war, die **Wirtschaft** florierte und der Häusermarkt ständig neue Rekordmarken anpeilte, wirkte Aberdeen im Vergleich zum restlichen Land lange wie eine Insel der Glückseligen. Doch der Höhepunkt der Ölproduktion wurde bereits 1999 überschritten, neue Felder sind nur noch mühsam zu erschließen. Die Stadt Aberdeen kämpft inzwischen mit leeren Kassen, viele Ölarbeiter zogen weg.

Aber wirtschaftlich spielt die Stadt noch immer in der britischen Topliga: Die Arbeitslosenrate lag Mitte 2010 bei sensationellen 2,2 %, die Bevölkerungsrate steigt nach einer Schwächephase wieder an, und 28 der größten 100 Unternehmen in Schottland sind in Aberdeen vertreten, insgesamt gibt es 400 internationale Firmen vor Ort. Die große Herausforderung wird sein, die industrielle Basis von ihrer Ölfixierung auf erneuerbare Offshore-Technologien umzustellen.

Die letzten Jahre waren auch von der intensiven Diskussion um mehrere **Großprojekte** bestimmt. Das 2009 eröffnete Einkaufszentrum Union Square hat unter allgemeinem Beifall das bis dato arg vernachlässigte Bahnhofs- und Hafenviertel radikal verändert und aufgewertet. Das Großbauprojekt Union Terrace Gardens wird in der Bürgerschaft hingegen mehrheitlich abgelehnt. Vor den nördlichen Toren der Stadt will der Milliardär Donald Trump gegen örtlichen Widerstand ein luxuriöses Golf Resort in den Dünen hochziehen, und der Bau einer Umgehungsschnellstraße ist schon seit langem erwünscht, aber aufgrund der Umweltauswirkungen zugleich umstritten. An Diskussionsstoff wird es den Aberdonians in den nächsten Jahren kaum mangeln.

Von Aberdeen aus lassen sich bequem die Sehenswürdigkeiten im Tal von Royal Deeside erkunden, z. T. sogar als Tagesausflug. Das gilt auch für die Sights im nordwestlichen Hinterland rund um Inverurie.

Geschichte

Rund um The Green im neu gestalteten Merchant Quarter wurden 8000 Jahre alte Spuren menschlicher Besiedlung nachgewiesen. So richtig entwickelte sich die Stadt aber erst im Mittelalter und zwar in zwei Siedlungskernen. Im Norden entstand auf dem Hochufer des Don der Bischofsbezirk. Dort gründete Bischof Elphinstone 1495 das universitäre **King's College**, um die Entwicklung in Nordost-Schottland voranzutreiben. Noch bis 1891 war Old Aberdeen eine eigenständige Stadt.

Im Süden entwickelte sich an der Mündung des Denburn in den Dee eine Kaufmannssiedlung, die vom **Seehandel** profitierte. Schon 1136 erlaubte David I. der Stadt, für den Hafen eine Steuer zu erheben. Der König, der andernorts vor allem für seinen Kathedralen- und Abteienbau bekannt wurde, verfolgte mit der Anlage von

Handelshäfen eine wirtschaftliche Stärkung seines Königreichs.

In den schottischen **Unabhängigkeitskriegen** wurde die Siedlung am Dee zu Beginn des 14. Jhs. zerstört, doch Robert the Bruce verlieh Aberdeen 1319 den politisch und wirtschaftlich attraktiven Status einer **Royal Burgh**. Aus dieser Zeit stammt auch das Stadtmotto „Bon Accord": Das „gute Einvernehmen" soll als Passwort der Bruce-Anhänger während der Kämpfe gedient und später die Eintracht von König und Stadt symbolisiert haben.

Richtig aufwärts ging es aber erst im späten 18. Jh. Der Hafen wurde ausgebaut, **Herings- und Walfang** wurden zu bedeutenden Wirtschaftszweigen. Eine Zeitlang war Aberdeen der bedeutendste Walfanghafen Großbritanniens.

1805 schließlich setzte der Bau der Union Street die **Erweiterung der Stadt** nach Westen in Gang. Die Granite City nahm Gestalt an. Der Export von Granit spülte viel Geld nach Aberdeen. Die größte moderne Umwandlung brachte dann der Ölboom in den 1970er-Jahren mit sich.

Innenstadt

Die Innenstadt von Aberdeen ist das wichtigste Geschäfts- und Einkaufszentrum für die ganze Region. Dominiert wird sie von der 1,3 km langen Verkehrsachse der **Union Street**, dem Aushängeschild der Granite City.

Sollte das äußerst umstrittene Bauprojekt Union Terrace Gardens tatsächlich verwirklicht werden, wird sich das Aussehen der Innenstadt in den kommenden Jahren stark verändern.

Hafenviertel

Lange Jahre war der Bereich zwischen Union Street, Bahnhof und Hafen städtebaulich ziemlich vernachlässigt, doch das hat sich dramatisch geändert: Ende 2009 wurde das riesige Einkaufszentrum **Union Square**, 🖳 www.unionsquareaberdeen.com, eingeweiht. Zu dem 250 Mio. Pfund teuren Großprojekt gehörten eine Neugestaltung des Bahnhofsvorplatzes sowie der Neubau des Busbahnhofs. Außerdem wurde der **Fähranleger** am Jamieson's Quay mit der wich-

tigen Verbindung nach Orkney und Shetland (s. S. 372) endlich ins Stadtzentrum integriert.

Gleichzeitig wird versucht, das Viertel zwischen Union Street und Bahnhof als **Merchant Quarter** neu zu beleben. Die Straßen erhielten Kopfsteinpflaster, die Hafenspelunken von einst haben die Bühne verlassen und erste schicke Läden sind am Green eingezogen. Dort befand sich die Keimzelle der alten Fischersiedlung. Doch noch will die Regenerierung trotz der guten Lage nicht so recht in Schwung kommen.

Auf der östlichen Seite der Market Street ist man damit schon weiter: Aberdeens stolze Seehandelsgeschichte, der Wal- und Heringsfang sowie der Aufstieg zur Ölmetropole sind die Themen im sehenswerten städtischen **Aberdeen Maritime Museum**, Shiprow, ✆ 01224-337700, 🖳 www.aagm.co.uk. Für das Museum wurde eine Granitkirche aus dem 19. Jh. durch ein gläsernes Mittelstück mit Aberdeens zweitältestem Haus, dem Provost Ross' House von 1593, verbunden. John Ross, erfolgreicher Reeder und Bürgermeister von Aberdeen, hatte das Haus 1702 gekauft und erweitert. Von seinem Arbeitszimmer hatte er immer ein wachsames Auge auf das Treiben im Hafen. Eigentlicher Bauherr war Ende des 16. Jhs. jedoch Andrew Jamieson.

Im Museum sind u. a. eine komplette Leuchtturmspitze sowie eine Bohrausrüstung aus der Nordsee ausgestellt. Im Erdgeschoss befindet sich das Café Northern Lights, während durch die Fensterfront der Blick auf die Ölversorgungsschiffe im Hafenbecken fällt. ⏰ Di–Sa 10–17, So 12–15 Uhr, Eintritt frei.

Castlegate und Mercat Cross

Am Ende der Gasse Shiprow liegt nicht nur die Touristeninformation (s. S. 370), sondern zur Rechten auch der große verkehrsberuhigte Platz des **Castlegate** mit dem historischen **Mercat Cross** von 1686. Die Säule mit dem Einhorn ist jedoch ein modernes Imitat. Was wie eine Festung die Sichtachse der Union Street dominiert, ist die **Salvation Army Citadel**. Ende des 19. Jhs. wollte die Heilsarmee einen Kontrapunkt zu den vielen zwielichtigen Spelunken in dem Viertel setzen. Das Gebäude wurde dem Schloss von Balmoral nachempfunden.

Die Innenstadt von Aberdeen wurde ganz aus Granit erschaffen.

Avantgardistisch ist das **Peacock Visual Arts Centre**, 21 Castle Street, ☎ 01224-639539, 🖵 www.peacockvisualarts.com, das zur Linken durch einen schmalen Durchgang erreicht wird. In zwei Galerieräumen ist zeitgenössische Kunst ausgestellt, außerdem werden Kurse im Drucken und Fotografieren angeboten. Das Peacock mischt auch in der Kommunalpolitik mit. Für die umstrittene Bebauung der Union Terrace Gardens legte das Centre einen Alternativentwurf vor, der auf große Zustimmung stieß, vom Stadtrat aber abgelehnt wurde. ⏰ Di–Sa 9.30–17.30 Uhr, Eintritt frei.

Zurück am Castlegate geht es vorbei am ehemaligen Gebäude der **North of Scotland Bank** an der Castle Street, Ecke King Street, heute ein Pub (s. S. 368). Wenige Schritte weiter ist am Sheriff Court der ehemalige **Tolbooth** aus dem 17. Jh. in das Gerichtsgebäude integriert.

Marischal College

Wuchtig ragt in der Broad Street die silbergraue Granitfassade des Marischal College in die Höhe. Angeblich soll es sich um das weltweit zweitgrößte Granitgebäude der Welt handeln – nur der El Escorial bei Spanien ist größer. Der Vergleich zeigt schon, dass Bescheidenheit bei dem Gebäude nicht angesagt war.

2010/11 wurde das Gebäude komplett entkernt und für den Einzug der Stadtverwaltung vorbereitet. Dafür musste leider das sehr angesehene Marischal Museum seine Pforten schließen. Ursprünglich war das Marischal College 1593 als zweite Universität in Aberdeen und als zweite nachreformatorische Uni in Schottland gegründet worden, bevor 1860 die Zusammenlegung mit dem King's College (s. S. 364) zur University of Aberdeen erfolgte.

Provost Skene's House

Auf der anderen Straßenseite wird Aberdeens ältestes Haus noch durch den unansehnlichen Hochhausturm, den die Stadtverwaltung bis zu ihrem Umzug einnahm, völlig in den Schatten gestellt. Doch mit dem geplanten Abriss des Ungetüms dürfte das mehr als 450 Jahre alte Provost Skene's House, Guestrow, ☎ 01224-641086, 🖵 www.aagm.co.uk, wieder als städtebauliches Juwel besser zur Geltung kommen. Erstmals erwähnt wird das Haus bereits 1545, doch seinen Namen leitet es vom Aberdeener Bürgermeister George Skene ab, der das Haus in der zweiten

Hälfte des 17. Jhs. umgestaltete. Anfang 1746 bezog der Herzog von Cumberland hier Quartier, bevor er aufbrach, um die Stuart-Rebellion bei Culloden endgültig niederzuschlagen.

In den Räumen ist das Interieur aus verschiedenen Perioden des 17.–19. Jhs. nachgestellt. Besonders schön ist die **Painted Gallery** mit seltenen religiösen Wand- und Deckenmalereien aus dem 17. Jh., die das Leben Jesu darstellen. Dass diese eher katholischen Szenen die reformatorischen Wirren überstanden haben, ist erstaunlich. Auch die **Great Hall** mit ihren Stuckarbeiten sowie die ungewöhnlich verzierte **Small Painted Gallery** sind einen Besuch wert. Im Souterrain ist das gewölbte Cellar Café (s. S. 367) ein wunderbarer Ort für Kaffee und Kuchen. ◷ Mo–Sa 10–17 Uhr, Eintritt frei.

St Nicholas Kirk

Im Zuge der Reformation teilten sich viele Gemeinden und trennten ihre Kirchen im Inneren ab. Dies geschah auch in Aberdeen. Doch die Geschichte der St Nicholas Kirk, 🖳 www.kirk-of-st-nicholas.org, zwischen Upperkirkgate und Union Street, bietet selbst vor diesem Hintergrund noch Ungewöhnliches. Eine erste Kirche wird schon im 12. Jh. erwähnt und gegen Ende des 15. Jhs. folgte eine größere Erweiterung der *Mither Kirk* von Aberdeen. Nach der Reformation wurde die hölzerne Chorschranke durch eine solide Steinmauer ersetzt, zwei Gemeinden entstanden. Erstaunlich ist, dass nun beide Gemeinden ihre Hälfte eigenständig um- und ausbauten, ganz so als handele es sich um zwei Gebäude. So wurde die **West Kirk** Mitte des 18. Jhs. nach Plänen von James Gibbs neu gestaltet, während die **East Kirk** und der **Turm** ihr heutiges Aussehen nach einem Brand 1874 erhielten.

Aus der Vorläuferkirche sind in St Nicholas noch kostbare Holzpaneelen erhalten. Mittlerweile ist nur noch eine Gemeinde in Aberdeens zentraler Kirche aktiv. ◷ Mai–Sep Mo–Fr 12–16 Uhr, Eintritt frei.

Aberdeen Art Gallery

Direkt neben dem Hauptgebäude der Robert Gordon University hütet die Aberdeen Art Gallery, Schoolhill, ✆ 01224-523700, 🖳 www.aagm. co.uk, eine beachtliche städtische Kunstsammlung in einem sehr attraktiven Granitgebäude. Besonders schön gestaltete Architekt Alexander Marshall Mackenzie Ende des 19. Jhs. den zentralen Lichthof, dessen Galerie von Säulen getragen wird. In der internationalen Sektion sind Gemälde von Monet (*La Falaise à Fécamp*, 1881), Renoir, Degas und Pieter Bruegel d. J. (*Der ungläubige Hirte*, 1600) zu sehen. Auch ein kopf- und armloser Torso von Rodin zählt zu den Highlights der Sammlung.

Natürlich widmet sich die Art Gallery auch heimischen Künstlern. Raeburn, Ramsay und Reynolds decken die Anfänge und erste Höhepunkte der schottischen Malerei im 18. und 19. Jh. ab. Sehr eindringlich ist das Gemälde *Flood in the Highlands* von Queen Victorias Lieblingsmaler Sir Edwin Landseer. Emotional stellt er das Schicksal von Flutopfern in der Grafschaft Moray dar. Aus dem 20. Jh. sind die Scottish Colourists vertreten. Lokalen Bezug hat die Stadtansicht von 1758. William Dyce (1806–64) schließlich, der sehr zum Gefallen von Victorias Gatten Albert religiöse Themen verarbeitete, ist der bekannteste Maler aus Aberdeen.

Die Art Gallery ist auch Schauplatz von Konzerten und verfügt über einen guten Kunstshop. ◷ Di–Sa 10–17, So 14–17 Uhr, Eintritt frei.

Union Street

Die 1,3 km lange Union Street ist als Hauptverkehrsader und beliebte Shoppingmeile das Rückgrat der Innenstadt. Wie ein langes Granitband zieht sich die schnurgerade Straße vom Castlegate im Osten bis zur Kreuzung mit der Holburn Street und Alford Place im Westen. Eigentlich sollte der östliche Teil der Union Street seit langem zur Fußgängerzone umgewandelt werden, aber die Pläne schlummern leider schon seit vielen Jahren in den Schubladen. Dabei ist gerade der Bereich zwischen Market Street und Union Bridge sehr belebt. Auch abends ist viel los, denn rund um die Belmont Street hat sich ein lebendiges Café-, Restaurant- und Kneipenviertel entwickelt.

Die Bebauung der Union Street verbirgt, dass sie an mehreren Stellen größere Höhenunterschiede durch Brücken überwindet. Erst die

Ein wunderschöner Park erstreckt sich im Süden der Stadt zum Ufer des Dee hinab. Der **Duthie Park** geht auf eine großzügige Spende von Elizabeth Duthie zurück, die der Stadt 1881 rund 18 ha Land übergab. Der Park ist eine der wichtigsten Grünanlagen von Aberdeen. Die Hauptattraktion sind die wunderbaren Treibhäuser der **David Welch Winter Gardens**, ✆ 01224-585310, die in der Nähe des Haupteingangs an der Polmuir Road liegen. Wie üblich werden unterschiedliche Klimazonen abgebildet, und gerade im Winter oder bei schlechtem Wetter ist der Aufenthalt hier sehr angenehm. ⏱ April, Sep–Okt tgl. 9.30–17.30, Mai–Aug 9.30–19.30, Nov–März 9.30–16.30 Uhr.

Vollendung der **Union Bridge** 1805 machte die Erweiterung nach Westen möglich. Gleich zur Rechten erstrecken sich Richtung His Majesty's Theatre (s. S. 369) und Central Library (s. S. 370) an einem Hang die **Union Terrace Gardens**. Die Aberdonians hängen sehr an dem Park, und so traf der örtliche Ölmulti Sir Ian Wood mit seinem Vorschlag, den Park für rund 50 Mio. Pfund aus seiner Privatschatulle mehr oder weniger zuzubauen, auf großen Widerstand in der Bürgerschaft. Die weitere Entwicklung war bei Redaktionsschluss offen.

Im westlichen Teil der Union Street treffen Besucher auf die granitenen Zeugnisse der ersten Stadterweiterung zu Beginn des 19. Jhs., als die Bürger froh waren, der Enge der Altstadt entfliehen zu können. Besonders schön und repräsentativ sind der **Golden Square** hinter der Music Hall sowie der **Bon Accord Square** südlich der Union Street. Die Mittelschicht schuf sich in dem Bereich zwischen Huntly und Rose Street neue Häuser. Heute befinden sich in dem Viertel zahlreiche Restaurants.

Wer jenseits der Union Street über den Alford Place und Albyn Place bis **Queen's Cross** hinausläuft, gerät in ein schickes und vornehmes Villenviertel, das in der zweiten Hälfte des 19. Jhs. ebenfalls ganz aus Granit angelegt wurde. Heute residieren dort Banken, Versicherungen, Beratungsfirmen und Ingenieurbüros aus dem Umfeld der Ölindustrie.

Aberdeen Beach

Zwischen der Mündung des Dee und des Don erstreckt sich eine mehr als 3 km lange Strandpromenade, der ein feiner Sandstrand vorgelagert ist. Bei schönem Wetter lohnt sich ein Spaziergang am Aberdeen Beach.

Footdee

Startpunkt ist die ehemalige Fischersiedlung Footdee (sprich: Fittie), die heute ein wenig eingekeilt zwischen den Hafenanlagen, der Dee-Mündung und der Strandpromenade liegt. „Fittie" geht schon auf das Mittelalter zurück, doch die rechtwinklig angelegten adretten Cottage-Reihen entstanden erst im 19. Jh., um den Lebensstandard der Bewohner zu heben. Am **Pilot Square** erhielten die Hafenlotsen Wohnraum. Die Siedlung strahlt viel Ambiente aus.

Rund um die Esplanade

Nach Norden zu schließt sich an den Queen's Links der Vergnügungspark an, der zu jedem britischen Seebad dazugehört. In Aberdeen geht es nicht so hoch her wie in Brighton oder Blackpool, aber Lokalmatador **Codona's Amusement Park**, 🖥 www.codonas.com, bietet ein wenig Kirmesrummel sowie Ten-Pin-Bowling.

Etwas im Hinterland ist das **Satrosphere Science Centre**, 179 Constitution Street, ✆ 01224-640340, 🖥 www.satrosphere.net, eines der seit einigen Jahren so beliebten „Wissenschaftszentren", wo Kinder sich spielend naturwissenschaftliches Grundwissen aneignen können. ⏱ Feb–Okt tgl. 10–17, Nov–Jan Di–So 10–17 Uhr, Eintritt 5,75 £, erm. 4,50 £.

Bei Sonnenschein lockt ein Spaziergang über die Strandpromenade nach Norden zur **Mündung des Don** (s. auch Kasten S. 365, Brig o' Balgownie). Der „goldene" Sand scheint dann fast zu leuchten, während über allem unablässig die Möwen kreischen. Draußen auf dem Meer sind oft Versorgungsschiffe und Ölplattformen geparkt.

Nordostschottland

Old Aberdeen

In Old Aberdeen scheint die Zeit stehen geblieben zu sein. Die kopfsteingepflasterten Gassen High Street und The Chanonry verbinden das Univiertel mit dem bischöflichen Bezirk rund um die St Machar's Cathedral. Dazwischen liegen die ansehnlichen Zeugnisse der Bürgerstadt, während sich nach Norden hin der schöne Seaton Park an den Ufern des Don anschließt – Idylle pur. Ein Abstecher nach Old Aberdeen ist für Besucher der Stadt ein Muss.

King's College

Bischof William Elphinstone hatte 1495 mit der Gründung des King's College die Vision, im Nordosten von Schottland ein akademisches Zentrum von Format aufzubauen. Der Bischof war im Auftrag der Krone u. a. als Kanzler viel auf ausländischen Missionen unterwegs und ein aufgeklärter Kirchenfürst. Mit viel Geschick bekam er

die notwendige päpstliche Bulle und etablierte damit Aberdeen als drittälteste Universitätsstadt in Schottland.

An der High Street fällt sofort die **King's College Chapel** auf, über der wie in St Giles in Edinburgh eine Krone thront. Das Innere der Uni-Kapelle weist kostbar geschnitztes Chorgestühl aus dem 16. Jh. auf – eine Rarität. Man sollte einfach mal Platz nehmen und die Stimmung auf sich wirken lassen. Vor der Kapelle erinnert ein Bronze-Marmor-Grabmal an den Unigründer. ◷ Mo–Fr 10–15.30 Uhr, Eintritt frei.

Der **Innenhof** erinnert stark an die Colleges in Oxford oder Cambridge. Viele der Gebäude stammen aber aus der zweiten Hälfte des 19. Jhs., als New King's College errichtet wurde. Amüsant ist ein altes Hinweisschild am Durchgang zum Innenhof. Studenten werden hier ermahnt, dass Sachbeschädigung, Rauchen, Radfahren im Innenhof und Betreten des Rasens unter Strafe stehen.

Old Town House

Über die High Street stößt man in nördlicher Richtung an einem kleinen Platz auf das attraktive Old Town House von 1788/89. Hier befand sich zwischen Uni und Kathedrale das Zentrum der Bürgerstadt, die von 1489 bis zur Eingliederung nach Aberdeen 1891 eine selbstständige Kommune war. Das 2005 restaurierte Old Town House wird heute von der Universität genutzt. Eine kleine Ausstellung führt zurück in die Geschichte. ◷ April–Okt Mo–Sa 9–17, Nov–März, Mo–Fr 9–17, Sa ca. 10–16 Uhr, Eintritt frei.

Chanonry und St Machar's Cathedral

Nördlich des verkehrsstarken St Machar Drive ist der ehemalige Kirchenbezirk erreicht. Rechts und links der Gasse The Chanonry säumen Gärten und schmucke Häuschen aus dem 18./19. Jh. den Weg. Gleich links befindet sich der Eingang zum parkähnlichen **Cruickshank Botanic Garden**, ◷ April/Sep tgl. 9–18.30, Mai/Aug tgl. 9–20.30, Juni–Juli tgl. 9–21.30, Okt–März Mo–Fr 9–16.30 Uhr, Eintritt frei.

Die „Kanoniker-Gasse" endet an der **St Machar's Cathedral**, zusammen mit der King's College Chapel das wichtigste Gebäude von Old Aberdeen. Der Name der Kirche geht der Über-

Old Aberdeen

N
0 ———— 300 m

Ellon Rd.
Balgownie Rd.
Brig o'Balgownie
BUS
River Don
Bridge of Don
Hillhead Halls of Residence
Don St.
Aberdeen Beach
King St.
Tillydrone Rd.
River Don
Seaton Park
Thistle Ave.
St Machar's Cathedral
Cheyne Rd.
Don St.
Dunbar St.
Seaton Ave.
Seaton Rd Dr.
Cruickshank Botanic Garden
The Chanonry
St Machar Drive
School Rd.
Old Town House
High St.
Dunbar St.
College
Meston Walk
Bounds
School Dr.
University of Aberdeen
King's College
King St.
King's College Chapel
Regent Walk
Bedford Rd.
Zentrum
University Rd.
Zentrum

Einer der schönsten Spaziergänge in Aberdeen führt von der **St Machar's Cathedral** in Old Aberdeen hinunter durch den **Seaton Park** zum Ufer des Don. Von dort geht es flussabwärts am Steilufer entlang, unterhalb einer Reihe von Studentenwohnheimen. Der Weg endet an einer kopfsteingepflasterten Gasse und einigen adretten Cottages oberhalb der historischen **Brig o' Balgownie**. Die Brücke geht bereits auf das 13./14. Jh. zurückgeht und wurde angeblich von Robert the Bruce vollendet. Die heutige Version stammt immerhin aus dem 17. Jh. und ist eines der malerischsten Bauwerke von Aberdeen. Die *Brig* überquert den Don an seiner schmalsten Stelle, bevor er durch die Gezeiten deutlich breiter wird.

Hinter der Brücke geht es eine Treppe hinunter und am Fluss entlang zur modernen **Bridge of Don** (ca. 30 Min. ab St Machar's). Von dort kann man entweder mit dem Bus über die King Street zurück in die Stadt fahren oder aber auf der Südseite des Don weiter bis zur nahen Strandpromenade laufen und von dort bis zum Vergnügungspark am Aberdeen Beach (s. S. 363, weitere 45 Min.). So lässt sich ein gemütlicher Parkspaziergang mit einer frischen Meeresbrise kombinieren.

lieferung nach auf Machar zurück, einen Schüler des irischen Missionars Columba aus dem 6. Jh., der von diesem nach Osten geschickt worden war. Machar sollte am Ufer des Don seine Kirche genau dort errichten, wo sich der Fluss wie ein Bischofsstab krümme. Bei einem Spaziergang in den Seaton Park (s. Kasten) erkennt man, dass Machar seine Instruktionen perfekt ausgeführt hat.

Die heutige Kirche ist im Wesentlichen ein Werk aus dem 14.–16. Jh. Der letzte große Baumeister war Bischof Gavin Dunbar, der es wie sein Vorgänger und Unigründer Elphinstone zum Kanzler von Schottland brachte. Dunbar ließ 1520 unter der Decke in drei Reihen insgesamt 48 Wappen anbringen: In der südlichen Reihe sind die Wappen schottischer Earls zu erkennen, die Mitte ist den schottischen Bischöfen und dem Papst gewidmet, während die nördliche Reihe den europäischen Herrschern jener Zeit huldigt – von England über Frankreich und Spanien bis zum deutschen Kaiser des Heiligen Römischen Reichs. Das Wappengewölbe ist ein selbstbewusstes Zeichen der politischen Eigenständigkeit.

Ein modernes Kunstwerk ist das 1996 aus Eiche geschnitzte Tryptichon von Roland Fraser. Zu sehen sind u. a. König Robert the Bruce während der Schlacht von Bannockburn sowie die **Brig o' Balgownie** (s. Kasten), deren Bau mit Bruce in Verbindung steht. ⏱ April–Okt tgl. 9–17, Nov–März 10–16 Uhr.

Übernachtung

Die Übernachtungssituation in Aberdeen ist geprägt von der Ölindustrie, die viele Arbeiter und Geschäftsreisende in die Stadt lockt. Das führt dazu, dass viele B&Bs über Einzelzimmer verfügen und oftmals schon weit im Voraus ausgebucht sind. Positiv ist, dass am Wochenende manche Häuser mit großen Preisnachlässen locken. Dann kann ein Hotel fast so günstig wie eine Pension sein. Ein Preisvergleich lohnt sich unbedingt.

Im Budget-Bereich merkt man, dass Aberdeen etwas abseits der wichtigsten Touristenströme liegt, denn neben der netten SYHA-Jugendherberge gibt es kein privates Hostel. Auch mit Campingplätzen in Zentrumsnähe sieht es nicht gut aus.

Untere Preisklasse

€ **Aberdeen Youth Hostel**, 8 Queen's Road, ☎ 01224-646988, 🖥 www.hostelling scotland.com. Großzügige SYHA-Herberge im Villenviertel westlich der Stadt. Bis zur Union Street sind es gut 15 Min. zu Fuß. Die moderne Küche, die bequeme Wohnzimmer-Lounge sowie das nette Lesezimmer gestalten den Aufenthalt äußerst angenehm. Die JH ist außerdem die einzige Budget-Unterkunft in Aberdeen und deshalb nicht nur bei Rucksackreisenden sehr beliebt. Dorm-Bett ab 16 £.

Mittlere Preisklasse

Brentwood Hotel, 101 Crown Street, ☎ 01224-595440, 🖥 www.brentwood-hotel.co.uk. Nach der Renovierung steht hier kühl-modernes Design im Vordergrund. Sehr attraktiv sind die 40 % günstigeren Wochenendraten auf B&B-Niveau. Mit 63 Zimmern ist das Haus südlich der Union Street vergleichsweise groß. ❷–❸

Butler's Guest House, 122 Crown Street, ☎ 01224-212411, 🖥 www.butlersguesthouse.com. Das Butler's ist eine gut geführte 3-Sterne-Pension mit einer großen Auswahl an Einzel-, Doppel- und Familienzimmern, einige teilen sich Bad/WC. Allen und Sheena Butler bieten die Wahl zwischen leichtem Frühstück und (gegen Aufpreis) hervorragendem Full Scottish Breakfast, sonntags wird jedoch kein Frühstück serviert. Im Haus gibt es auch einen Computer mit Internetanschluss. ❷–❸

Dutch Mill Hotel, 7 Queen's Road, ☎ 01224-322555, 🖥 www.dutchmill.co.uk. Schräg gegenüber der Jugendherberge verfügt das Dutch Mill über einige sehr komfortabel ausgestattete Zimmer, ein eigenes Restaurant und einen netten Hotelpub (allerdings mit Großbildschirm). An Wochenenden sind die Doppelzimmer sehr günstig zu haben. ⏰ Küche Mo–Fr 12–14, 18–21, Sa 12–15, 18–21, So 12–15, 17.30–20.30 Uhr. ❷–❸

Ellenville Guest House, 50 Springbank Terrace, ☎ 01224-213334, 🖥 www.ellenvilleguesthouse.co.uk. Ein weiteres günstiges B&B im 3-Sterne-Bereich. Von den 7 Zimmern sind im Souterrain 3 für Einzelgäste, die sich ein Bad/WC teilen müssen. Nach hinten raus gibt es eine schöne Gartenterrasse. ❷

Jurys Inn, Union Square, ☎ 01224-381200, 🖥 www.jurysinns.com. Wer vom Bahnhof nicht weit laufen möchte, kann sich gleich in diesem modernen Mittelklassehotel im Einkaufszentrum Union Square einquartieren. Die Übernachtungspreise variieren stark. ❸

Kildonan Guest House, 410 Great Western Road, ☎ 01224-316115, 🖥 www.kildonan-guesthouse.com. An der westlichen Ausfallstraße Richtung Deeside ist das Kildonan eine freundliche Adresse neben mehreren weiteren Pensionen. Sogar das Parken ist in der ruhigen Seitenstraße nebenan kein Problem. ❷

The Cottage Guest House, 64 Bon Accord Street, ☎ 01224-580410. Der Aberdeener Künstler James Giles (1801–70) baute sich dieses Haus, in dessen kleinem Atelier der Frühstücksraum eingerichtet ist. Die Gastwirtin ist sehr freundlich, und die Preise gehen für Aberdeen voll in Ordnung. Eine durchaus sympathische Adresse. Nebenan gibt es weitere B&Bs. ❷

The Globe Inn, 13-15 North Silver Street, s. Pubs S. 369. Wer abends ohnehin im Pub ist, den dürfte interessieren, dass man über dem Globe Inn in 7 angenehmen Zimmern angemessen übernachten kann. ❷

Obere Preisklasse

Double Tree by Hilton, Beach Boulevard, ☎ 01224-633339, 🖥 www.doubletreeaberdeen.com. Modernes Luxushotel in Strandnähe, das auch ein gehobenes Restaurant beherbergt. Wer Wert auf einen internationalen Qualitätsnamen legt, ist hier genau richtig. ❹–❺

Simpson's Hotel, 59-63 Queen's Road, ☎ 01224-327777, 🖥 www.simpsonshotel.co.uk. Schickes Hotel im granitenen Villenviertel im Westen der Stadt. Die Zimmer sind stilvoll und sehr komfortabel eingerichtet. Am günstigsten sind die B&B-Specials. Dazu kommen eine Brasserie und eine Bar. ❸–❺

Umgebung

Deeside Holiday Park, South Deeside Road, Maryculter, ☎ 01224-733860, 🖥 www.holiday-parks.co.uk. Aberdeens Campingplatz liegt leider rund 12 km westlich am Südufer des Dee im Grünen. Für öffentlichen Nahverkehr muss man 1 km nach Peterculter laufen.

Maryculter House Hotel, South Deeside Road, Maryculter, ☎ 01224-732124, 🖥 www.maryculterhouse.co.uk. Ein fesches Landhotel in wunderbarer Lage am Dee-Ufer, etwas westlich vom Campingplatz. Viele Hochzeitsgesellschaften nutzen das Hotel, sodass man an Wochenenden rechtzeitig reservieren sollte. Die Zimmer sind sehr ansprechend und entsprechend teuer, aber vor allem in der Nebensaison gibt es vergleichsweise günstige Pakete. Da in Maryculter im Mittelalter die

Tempelritter residierten, haben sich einige Legenden erhalten, die das Hotel natürlich gerne pflegt. ❹ – ❺

Essen

Cafés

 The Beautiful Mountain, 11-13 Belmont Street, ✆ 01224-639472, 🖥 www.thebeautifulmountain.com. Genau wie Books & Beans schräg gegenüber schon zum Frühstück auf und mit Bioprodukten auch auf Vegetarier gut eingestellt. Unten gibt es eine Take-away-Theke, oben einige wenige Café-Tische. ◷ Mo–Mi 8–16.30, Do–Fr 8–16.30, 17.30–23, Sa 8–17, 17.30–23 Uhr.

Günstig

Poldino's, 7 Little Belmont Street, ✆ 01224-647777, 🖥 www.poldinos.co.uk. Solider und sehr beliebter Italiener im Stadtzentrum, der schon 35 Jahre im Geschäft ist. Neben der klassischen Pizza und Pasta auch Meeresfrüchte und Steaks. Mittags gibt es eine kleinere Karte mit günstigen Lunch Specials. ◷ Küche Mo–Sa 12–14.30, 17.30–22.15 Uhr.

Rustico, 62 Union Row, ✆ 01224-658444, 🖥 www.rustico-restaurant.co.uk. Für gute italienische Küche lohnt sich auch der Weg ins westliche Zentrum. Rustico ist dem Namen entsprechend gestaltet und verbreitet eine gemütliche Atmosphäre. Die Bedienung ist freundlich und die Pasta al dente. ◷ Küche Mo–Sa 12–14.30, 17.30–22.30, So 17–21 Uhr.

The Ashvale, 42-48 Great Western Road, ✆ 01224-577116, 🖥 www.theashvale.co.uk. Weit über die Stadtgrenzen hinaus bekanntes großes Fischrestaurant und Take-away. John Low serviert seit mehr als 30 Jahren

Historisches Ambiente

The Cellar Café, Provost Skene's House, Guestrow, ✆ 01224-522743. Ungewöhnlichstes Café der Stadt im 400 Jahre alten gewölbeartigen Küchentrakt von Aberdeens ältestem Haus (s. S. 361). Kaffee, Tee und Scones schmecken in dem historischen Ambiente besonders gut. ◷ Mo–Sa 10–17 Uhr.

schnörkellose Fish 'n' Chips und traditionelle Fischgerichte nach Hausmannsart. Mittlerweile hat er im Nordosten ein kleines Restaurant- und Take-away-Imperium aufgebaut. Die vergleichsweise günstigen Preise tragen dazu bei, dass das Geschäft gut läuft. ◷ Küche tgl. 12–22 Uhr.

The Sand Dollar Café, Beach Esplanade, ✆ 01224-572288, 🖥 www.sanddollarcafe.com. An der Strandpromenade das ansprechendste Café mit solider Hausmannskost, gutem Kaffee, freundlicher Bedienung und bei gutem Wetter einigen Tischen draußen. Wenn der Wind über die Promenade pfeift, ist man froh, hier ins Warme zu kommen. Do–Sa gibt es abends eine anspruchsvollere Speisekarte. ◷ So–Mi 9–21 (Winter 9–16), Do–Sa 9–16, 18–21 Uhr.

Mittelklasse

Blue Moon, 11 Holburn Street, ✆ 01224-689977, 🖥 www.bluemoon-aberdeen.co.uk. Der Blaue Mond ist eine gute Wahl für ein ausführliches indisches Essen. Papadoms zur Vorspeise und Orangen zum Nachtisch sind inklusive, und die Speisekarte bietet eine breite Palette an exotischen Speisen vom Subkontinent. Sehr

Nordostschottland

🔶 Secondhand-Bücher und Fairtrade-Café

Das **Books & Beans**, 22 Belmont Street, ✆ 01224-646438, 🖥 www.booksandbeans.co.uk, ist eine sehr gemütliche Mischung aus Fairtrade-Café, Secondhand-Buchladen und Internetcafé mitten im „Vergnügungsviertel" zwischen Union Street und Aberdeen Art Gallery. Das Essen (Sandwiches, Salate, Suppen etc.) ist weitgehend bio mit vegetarischen Optionen, und zwischen all den Bücherregalen fühlt man sich sofort wohl. Dazu gibt es starken Kaffee und Fairtrade-Tee. Ganz oben bieten die Computer schnellen Zugang ins World Wide Web. Einziger Wermutstropfen: Die arg begrenzten Öffnungszeiten am Nachmittag. ◷ Mo–Sa 7.45–16.30, So 10–15.45 Uhr.

lecker ist z. B. das Spinatgericht Chana Saag mit Ingwer und Knoblauch. Mittags gibt es günstiges Business Lunch. ⏰ Küche Mo–Do 12–14, 17–23, Fr–So 12–23 Uhr.

La Tasca, 367 Union Street, 📞 01224-212001, 🖥 www.latasca.co.uk. Wie wäre es zur Abwechslung mit spanischen Tapas? In dem großen langen Schlauch von La Tasca werden leckere spanische Spezialitäten serviert, wobei für jeden Geschmack etwas dabei ist. Das Restaurant ist gemütlich eingerichtet und verbreitet eine angenehme Stimmung. ⏰ Küche tgl. 12–22 Uhr.

Moonfishcafe, 9 Correction Wynd, 📞 01224-644166, 🖥 www.moonfishcafe.co.uk. In der kopfsteingepflasterten Gasse, die vom St Nicholas Centre unter der Union Street hinweg ins Merchant Quarter führt, hat sich eines der ambitioniertesten Bistro-Restaurants der Stadt angesiedelt. Besitzer und Koch Christian Recomio bringt mittags eher leichte Küche auf den Teller, während abends Menüs mit einer exquisiten Auswahl angesagt sind. Die Küche legt den Schwerpunkt auf französisch-mediterrane Gerichte. ⏰ Küche Di–Mi 12–14, Do–Sa 12–14, 18–21 Uhr.

Musa, 33 Exchange Street, 📞 01224-571771, 🖥 www.musaaberdeen.com. In einer umgebauten Kirche im Merchant Quarter gibt es eine gut durchdachte Mischung aus kreativem Restaurant, Pub, moderner Kunstgalerie und Livemusik. Endlich mal ein frisches Konzept, das Farbe in die Szene bringt. ⏰ Di–Sa 10 Uhr bis spät abends.

Gehoben

The Silver Darling, Pocra Quay, Footdee, 📞 01224-576229, 🖥 www.thesilverdarling. co.uk. Das bekannteste Spitzenrestaurant von Aberdeen liegt in Footdee an der Hafenausfahrt. „Silver Darling" ist die alte schottische Bezeichnung für Hering, und zusammen mit der Lage ist die Spezialisierung auf hervorragende Fischgerichte naturgemäß vorgegeben. Mittags gibt es Heilbutt, Steinbutt, Mönchsfisch & Co. zu moderaten Preisen, während es abends wesentlich gesetzter und teurer zugeht. Wer sich etwas gönnen will, sollte den langen Weg aus dem Zentrum nicht scheuen.

Zur Verdauung lockt ein Spaziergang über die Strandpromenade. ⏰ Küche Mo–Fr 12–13.30, 18.30–21.30, Sa 18.30–21.30 Uhr.

Unterhaltung und Kultur

Aberdeen hat eine lebendige Kultur- und Kneipenszene. Letztere konzentriert sich vor allem rund um die **Belmont Street** und die **Union Street**.

Pubs und Clubs

Café Drummonds, 1 Belmont Street, 📞 01224-619930. Hier treten regelmäßig Livebands auf und an Wochenenden wird bis 3 Uhr durchgefeiert – ein Klassiker der Nightlife-Szene.

Ma Cameron's, 6-8 Little Belmont Street, 📞 01224-644487. Aberdeens ältester Pub liegt mitten im zentralen Vergnügungsviertel. Hier ist immer was los, und es wird akzeptables *pub grub* serviert. Vorne befindet sich ein *snug*, ein altmodisch eingerichteter Extraraum, hinten ist ein großer Saal.

Old Blackfriars, 52 Castle Street, 📞 01224-581922, 🖥 www.old-blackfriars.co.uk. Traditioneller Pub am Castlegate mit viel Ambiente. Dunkles Holz, Buntglasfenster und schon mittags günstiges *pub food* – eine der besten Kneipen in Aberdeen.

Prince of Wales, 7 St Nicholas Lane, 📞 01224-640597. Schon seit rund 160 Jahren wird in Aberdeens berühmtestem Pub Bier gezapft – die Bandbreite hinter der fast endlosen Theke ist enorm. Ein guter Ort, um eine der unbekannteren Biersorten zu probieren und dabei über Gott und die Welt zu plaudern.

Slains Castle, 14-18 Belmont Street, 📞 01224-631877. Genau wie das Musa (s. links) in einer umgebauten Kirche angesiedelt, ist das Slains Castle ein riesiger Themen-Pub auf mehreren Ebenen. Hier dreht sich alles ums Gruseln, denn das tatsächliche Castle bei Cruden Bay war der Geburtsort von Dracula (s. S. 389). Zur Quiz Night am Mittwoch ist es genauso rappelvoll wie an Wochenenden.

The Archibald Simpson, 5 Castle Street, 📞 01224-621365. Schräg gegenüber vom Old Blackfriars hat sich die Kneipen-Kette JD Wetherspoon in dem herrlichen Schalterraum der ehemaligen North of Scotland Bank eingerichtet. Das Auge trinkt hier definitiv mit.

The Tunnels, Carnegies Brae, ☎ 01224-211121, 🖥 www.thetunnels.co.uk. 2005 im Untergrund der Union Street eröffneter Konzert- und Party-„Tunnel". Bei Gigs oder Club Nights ist in dem Kellergewölbe mächtig was los.

Under the Hammer, 11 North Silver Street, ☎ 01224-640253. Sehr stimmungsvolle Kneipe im Souterrain mit Kerzen auf den Tischen. Hier geht es wesentlich ruhiger als im benachbarten Globe zu, also eher für einen gemütlichen Abend mit netten Freunden geeignet.

Theater und Musik

His Majesty's Theatre, Rosemount Viaduct, ☎ 01224-641122, 🖥 www.boxofficeaberdeen. com. Die wichtigste Bühne im Nordosten bietet 1470 Plätze. Bei der Renovierung des HMT wurde vor einigen Jahren ein moderner Glasanbau mit Café und Restaurant angefügt. Das Programm ist sehr weit gefächert. Immer wieder anspruchsvolle Eigenproduktionen.

Music Hall, Union Street, ☎ 01224-641122, 🖥 www.boxofficeaberdeen.com. Zentrale Konzertbühne.

The Lemon Tree, 5 West North Street, ☎ 01224-337688, 🖥 www.boxofficeaberdeen. com. Kleinste Bühne des städtischen Dreier-Packs. Hier gibt es an Wochenenden schon mittags Musik, z. B. sonntags Jazz.

Aberdeen Exhibition and Conference Centre (AECC), Bridge of Don, ☎ 01224-824824, 🖥 www.aecc.co.uk. Für große Pop- und Rockkonzerte steht das Konferenzzentrum im Norden der Stadt zur Verfügung.

Kino

Cineworld, Union Square, ☎ 0871-2002000, 🖥 www.cineworld.co.uk. Großes Multiplex im neuen Shoppingcenter Union Square. Eine weitere Filiale am Aberdeen Beach.

The Belmont Picturehouse, 49 Belmont Street, ☎ 0871-9025721, 🖥 www.picturehouses.co.uk. Kleineres Kino mit drei Sälen. Gezeigt wird Mainstream und ein wenig Programmkino.

Feste

Word, 🖥 www.abdn.ac.uk/word. Das Literaturfestival der Universität bringt für ein Wochenende im Mai internationale Stimmung auf den Campus von Old Aberdeen. Angeboten werden Lesungen, Workshops und Vorträge,.

Aberdeen International Youth Festival, 🖥 www.aiyf.org, 🖥 www.aberdeencity.gov.uk. Eine Woche lang zwischen Ende Juli und Anfang August bringt das Jugendfestival ordentlich Schwung in die Stadt. Konzerte und viele andere Aktivitäten der zahlreichen jungen Künstler sorgen für reichlich Abwechslung. Ein Schwer-

---

€ Aberdeen (fast) umsonst

Auch die Ölhauptstadt Europas bietet zahlreiche Möglichkeiten, sich ohne viel Geld zu vergnügen. Wie in den meisten anderen Städten sind die kommunalen **Museen** kostenlos. Das Aberdeen Maritime Museum (s. S. 360), das Provost Skene's House (s. S. 361) sowie die Aberdeen Art Gallery (s. S. 362) sind exzellente Attraktionen, deren Besuch sich unbedingt lohnt.

Auch die historischen Sehenswürdigkeiten in **Old Aberdeen** (s. S. 364) sind kostenlos, genau wie der Besuch der Wintergärten im **Duthie Park** (s. S. 363). Und natürlich ist ein Spaziergang an der **Strandpromenade** (s. S. 363) bei entsprechendem Wetter ein herrliches Freiluftvergnügen.

Für das Stadtzentrum braucht man kaum auf den öffentlichen **Nahverkehr** zurückzugreifen. Sollte es jedoch nötig sein, so lohnt sich eine Tageskarte von First. Für kürzere Einzelstrecken sind die Busse von Stagecoach meist günstiger.

Nordostschottland

punkt sind Musik und Tanz. Parallel dazu findet an einem Samstag der folkoristische **Aberdeen Tartan Day** statt mit Dudelsackparade in der Union Street sowie einem Bauern- und Kunsthandwerkermarkt in der Belmont Street und großem Beiprogramm.

Einkaufen

Ausrüstung

Cotswold Outdoor, Union Square, ✆ 01224-593639, 🖥 www.cotswoldoutdoor.com. Noch kurz letzte Besorgungen für die Highlands machen? Dann ist der Laden eine gute Anlaufstelle. ⏰ Mo–Fr 9–20, Sa 9–17, So 11–17 Uhr.

Bücher

Books & Beans, s. Essen S. 367. Secondhandbücher und Café.
Waterstone's, 3-7 Union Bridge, ✆ 0843-2908101, 🖥 www.waterstones.com. Die renommierte Buchhandelskette verfügt im 1. Stock über ein Café. Eine weitere Filiale befindet sich ein Stück die Straße hinauf in der 269-271 Union Street. ⏰ Fr–Mi 9–18, Do 9–20 Uhr.

Lebensmittel

Grampian Health Store, 34 Market Street, ✆ 01224-590886, 🖥 www.grampianhealth store.co.uk. Gut sortierter Bioladen mit breitem Angebot. ⏰ Mo–Fr 9–18, Sa 9–17.30 Uhr.
Iain J. Mellis, 201 Rosemount Place, ✆ 01224-566530, 🖥 www.mellischeese.co.uk. Der sehr gute Käsehändler aus Edinburgh ist auch in Aberdeen vertreten. Der Laden liegt allerdings nicht ganz zentral, sondern nordwestlich vom Theater.
Peckham's, 234 Union Street, ✆ 01224-587634, 🖥 www.peckhams.co.uk. Sehr guter Feinkostladen, der am Schoolhill und im Einkaufszentrum Union Square (mit Café) weitere Filialen betreibt. ⏰ Mo–Fr 7–22, Sa 8–22, So 9–22 Uhr.

Sonstiges

Apotheken

Boots, Union Square, ✆ 01224-210550, 🖥 www.boots.com. Drogerie und Apotheke in einem, im Erdgeschoss am südlichen Ausgang des großen Shoppingcenters. ⏰ Mo–Fr 9–20, Sa 9–19, So 11–17 Uhr.

Autovermietungen

Aberdeen verfügt über mehrere Autovermieter. Ein heimischer günstiger Anbieter ist **Arnold Clark**, Canal Road/Mounthooly, ✆ 01224-622714, 🖥 www.arnoldclarkrental.com.

Gepäckaufbewahrung

Am Hauptbahnhof/Union Square gibt es eine Gepäckaufbewahrung, die auch für den Busbahnhof bestens gelegen ist. Je nach Gepäckgröße 2/3/4 £/Tag. ⏰ Mo–Sa 7.30–21.30, So 9–21 Uhr.

Informationen

Aberdeen VisitScotland Information Centre, 23 Union Street, ✆ 01224-288800, 🖥 www.aberdeen-grampian.com. Im Touristenbüro werden auch Tickets für die Stadtrundfahrten verkauft sowie Infomaterial über die Umgebung ausgelegt. ⏰ Sep–Juni Mo–Sa 9.30–17, Juli–Aug Mo–Sa 9.30–18, So 10–16 Uhr.

Internet

Books & Beans, 22 Belmont Street. Internetcafé, s. Essen S. 367.
Central Library, Rosemount Viaduct, ✆ 01224-652500, 🖥 www.aberdeencity.gov.uk. Stadtbücherei neben His Majesty's Theatre mit freiem Internetzugang. ⏰ Mo, Mi 9–20, Di, Do–Sa 9–17 Uhr.

Medizinische Hilfe

Aberdeen Royal Infirmary, Foresterhill Road, ✆ 01224-681818. Mit 24 Std. Notaufnahme.
Royal Aberdeen Children's Hospital, Cornhill Road, ✆ 01224-681818. Kinderkrankenhaus.
NHS 24, ✆ 0845-4242424. 24-stündige Notfallnummer des National Health Service.

Polizei

Grampian Police Force Headquarters, Queen Street, ✆ 01224-386000.

Post

Hauptpostamt im St Nicholas Centre, Upperkirkgate/St Nicholas Street,

bei WH Smith. Mit Geldwechsel.
🕐 Mo–Sa 9–17.30 Uhr.

Stadtbusse

Der Busverkehr in der Stadt wird hauptsächlich durch die Busse von **First**, 📞 01224-650000, 🖥 www.firstgroup.com/aberdeen, abgewickelt. Einzelfahrscheine kosten zwischen 0,90–2,20 £, Tagestickets 3,50/2 £ nach 9.30 Uhr bzw. 4,20/2,50 £ den ganzen Tag unabhängig von der Uhrzeit. Im Stadtzentrum befindet sich das **First Travel Centre**, 47 Union Street. 🕐 Mo–Fr 9–17.30, Sa 9–17 Uhr.

Einige interessante Linien:
Linie 27 verkehrt unregelmäßig Mo–Fr an der JH vorbei zum Flughafen;
Linie 17 zum Duthie Park;
Linie 15 nach Footdee und zum Aberdeen Beach;
Linien 1+2 zur Bridge of Don;
Linie 20 nach Old Aberdeen.

Auch die Regionalbusse von **Stagecoach** (s. u.) bedienen von/ab dem Busbahnhof Union Square das Stadtgebiet. Auf kürzeren Strecken sind sie oftmals günstiger als die First-Busse. Stagecoach betreibt außerdem die Flughafen-Linie 727 JET (s. Flüge).

Taxis

Die wichtigsten Taxistände finden sich am Bahnhof sowie im Back Wynd zwischen Union Street und Schoolhill.
Rainbow City, 📞 01224-878787, 🖥 www.rainbow87.com.
ComCab Aberdeen, 📞 01224-353535, 🖥 www.comcab-aberdeen.co.uk.

Selbstfahrer

Aberdeen ist keine unübersichtliche Stadt, da fast alle wichtigen Einfallstraßen früher oder später auf der Union Street enden. Parken ist hingegen wesentlich komplizierter und leider gerade in dem Viertel, wo die meisten B&Bs sind, auf der Straße entweder unmöglich oder zumindest tagsüber kostenpflichtig. Deswegen lohnt sich auch in Aberdeen für Tagesbesucher das Aufsuchen eines Parkhauses oder besser eines Parkplatzes am Stadtrand

und dann die Nutzung des öffentlichen Nahverkehrs. Ansonsten ist man zu Fuß viel angenehmer unterwegs.

Busse

Für alle Regional- und Fernbusse ist der neue **Busbahnhof Union Square**, Guild Street, die zentrale Anlaufstelle.

Regionalbusse

Stagecoach Bluebird, 🖥 www.stagecoachbus.com, ist der regionale Anbieter. Vom Busbahnhof verkehren die Busse in oftmals dichtem Takt in praktisch alle Winkel von Aberdeenshire.
Bei längeren Tagesausflügen (z. B. das Dee-Tal hinauf) lohnt sich ein **Explorer Ticket** für 16/8 £, das einen Tag unbegrenzte Fahrten in der Region ermöglicht.
Hier die touristisch wichtigsten Linien:
Linie 10/10A/307: Aberdeen–Inverurie (307)–Huntly–Elgin–INVERNESS (4 Std.)
Linie 107/109/117: Aberdeen–STONEHAVEN (45–50 Min.)
Linie 201: Aberdeen–Banchory–Ballater–BRAEMAR (2 1/4 Std.)
Linie 263: Aberdeen–Cruden Bay–PETERHEAD (1 1/4 Std.)
Linie 267/268: Aberdeen–FRASERBURGH (1 1/2 Std.)
Linie 305: Aberdeen–Fyvie–Banff–ELGIN (3 1/2 Std.)
Linie 727 JET: Aberdeen–ABERDEEN AIRPORT DYCE (30 Min.)

Fernbusse

Scottish Citylink, 🖥 www.citylink.co.uk, und **Megabus**, 🖥 www.megabus.com, fahren von Aberdeen nur nach Süden. Wer weit im Voraus bucht, kann lange Strecken wesentlich günstiger bekommen. Ein Super Single nach Edinburgh/Glasgow ist bereits ab 5,50 £ erhältlich, nach Dundee ab 3 £. Nach Inverness hinüber verkehrt Stagecoach Bluebird (s. o.). Einige wichtige Ziele von Aberdeen:
DUNDEE, stdl., 1 1/2 Std., 14,50 £
EDINBURGH, stdl., 3 1/4 Std., 26,50 £
GLASGOW, stdl., 3 Std., 26,50 £
INVERNESS, stdl., 4 Std., 10,50 £
PERTH, stdl., 2 Std., 21 £

Nordostschottland

Eisenbahn

Aberdeen verfügt über gute Verbindungen nach Glasgow sowie Edinburgh/London und im Norden weiter nach Inverness. Der **Hauptbahnhof** befindet sich am Einkaufzentrum Union Square, Guild Street.

An der Strecke nach Inverness liegt als erster Haltepunkt Dyce, von wo man zum Flughafen gelangt. Einige wenige Züge fahren von Süden über den Hauptbahnhof in Aberdeen direkt weiter bis dorthin.

Züge nach:

DUNDEE, 2–3x stdl., 1 1/4 Std., 6,20–12,50 £
EDINBURGH, 1–2x stdl., 2 1/4–2 3/4 Std., 10–40 £
GLASGOW, stdl., 2 1/2 Std., 10–40 £
INVERNESS, 6–10x tgl., 2 1/2 Std., 7,70–13,50 £
LONDON, stdl., 7–7 1/2 Std., 58–158 £
PERTH, 2x stdl., 1 3/4 Std., 10–28 £

Schiffe

Aberdeen ist ein wichtiger Fährhafen für Orkney (Kirkwall) und Shetland (Lerwick). Die modernen und sehr bequemen Fähren von **Northlink Ferries**, Jamieson's Quay, ☎ 0845-6000449, 🖥 www.northlinkferries.co.uk, legen tgl. im Hafen von Aberdeen auf der Südseite des Victoria Dock an. Vom Bahnhof/Busbahnhof sind es ca. 10 Min. zu Fuß. 3–4x wöchentlich fährt eine Fähre via KIRKWALL nach LERWICK (s. S. 600), Abfahrt 17 Uhr. Die anderen Tage geht es direkt nach Lerwick, Abfahrt 19 Uhr. Ankunft in Kirkwall ist um 23 Uhr, in Lerwick um 7.30 Uhr am nächsten Tag. Die Fährpassagen kosten je nach Saison für Erwachsene ab 17,90 £ (Aberdeen–Kirkwall) bzw. ab 23,40 £ (Aberdeen–Lerwick), für Autos und Caravans werden ab 70,60 £ (Kirkwall) bzw. ab 95,20 £ (Lerwick) fällig. Kinder zahlen den halben Preis, Fahrräder werden kostenlos befördert. Für Kabinen muss jeweils ein Aufpreis bezahlt werden.

Flüge

Der **Aberdeen Airport**, ☎ 0844-4816666, 🖥 www.aberdeenairport.com, in Dyce liegt im Nordwesten der Stadt. Von hier aus gibt es Direktflüge nach Edinburgh, Glasgow, London sowie Amsterdam.

Für den Weiterflug sind die Verbindungen mit Flybe, 🖥 www.flybe.com, nach ORKNEY (Kirkwall, bis zu 3x tgl., 50 Min., s. S. 584) und SHETLAND (Sumburgh, bis zu 3x tgl., 1 Std., s. S. 609) sowie mit Eastern Airways auf die Insel LEWIS der Äußeren Hebriden (Stornoway, 1x tgl., 1 Std., s. S. 556) am interessantesten.

Transport zum Flughafen

Der Flughafen wird mit dem **Bus** der Linie 727 JET von Stagecoach halbstündlich mit dem Busbahnhof am Union Square verbunden (30 Min., einfache Fahrt 1,70 £, offene Rückfahrkarte 3 £). Linie 27 von First verkehrt Mo–Fr in unregelmäßigen Abständen durch das Westend zum Bahnhof in der Guild Street (40 Min., einfache Fahrt 2,20 £). Ein **Taxi** in die Innenstadt kostet ca. 15 £ und braucht fast so lang wie der Schnellbus. Bis zur Bahnstation Dyce kostet die Fahrt ca. 6–7 £.

8 HIGHLIGHT

Deeside

Queen Victoria und ihr Mann Albert verliebten sich Hals über Kopf in die wunderbare Hochlandszenerie im Dee-Tal. Im Laufe der Jahrzehnte erhielt das Flusstal deshalb den Beinamen **Royal Deeside**, und rund um das Königsschloss Balmoral herrscht regelmäßig königlicher Trubel.

Schottlands zweitlängster Fluss entspringt hoch oben in den **Cairngorms** und mündet gut 140 km weiter östlich bei Aberdeen in die Nordsee. Unterwegs passiert er westlich von **Aboyne** die Grenze zwischen Highland- und Lowland-Aberdeenshire und verbindet so zwei völlig unterschiedliche Regionen. Der Dee ist als einer der lachsreichsten Flüsse Schottlands bekannt. 🖥 www.fishdee.co.uk.

Eine Erkundung des Dee-Tals führt zu urigen Burgen, schmucken Hochlandorten und bietet vor allem viel Natur und eine wilde Bergwelt zum Wandern. Man kann die Highlights von Aberdeen aus an einem Tag besichtigen, aber auch locker mehrere Tage hier verbringen, um die Vielfalt der Region zu genießen.

Von Aberdeen bis Ballater

Auf den ersten 60 km stehen an der A 93 durch das Dee-Tal zunächst einige hochkarätige Stationen des Castle Trails auf dem Programm. Kurz vor Dinnet passiert man dann die Highland-Grenze und kann am Loch Kinord eine erste schöne Wanderung einplanen, bis der adrette Ausflugsort Ballater erreicht ist. Sehr reizvoll ist ein Abstecher ins Glen Muick zum wildromantischen Loch Muick, der schon Queen Victoria faszinierte.

Drum Castle

Knapp hinter dem Ortsausgang von Aberdeen ist Drum Castle, ☎ 0844-4932161, 🖥 www.nts. org.uk, ein knorriger Wehrturm aus dem 13. Jh.,

dem in der Folgezeit ein sehenswerter Landsitz mit Wirtschaftstrakt angefügt wurde. 21 Generationen der Irvine-Familie waren hier am Werk, bevor das Castle 1975 an den National Trust überging. 🕐 Ostern, Mai–Juni, Sep Do–Mo 11–17, Juli–Aug tgl. 11–17 Uhr. Eintritt 9 £, erm. 6,50 £ (NTS).

Crathes Castle und Umgebung

Crathes Castle, ☎ 0844-4932166, 🖥 www.nts. org.uk, ist eine Perle unter den Deeside-Burgen. Die bunt bemalten Holzdecken im Zimmer der Neun Edelmänner, im Saal der Musen sowie im Zimmer der Green Lady sind echte Raritäten, und das über 400 Jahre alte Holzbett im Laird's Room ist mit kostbaren Schnitzereien verziert. Die Green Lady ist übrigens der Hausgeist von Crathes. Allerdings ist dem Geist während der Öffnungszeiten im Allgemeinen zu viel los.

Schon von außen tanzt das Castle im wahrsten Sinne des Wortes aus der Reihe. Türmchen und Erker sind wild durcheinander angeordnet, und überall begegnet Besuchern das Horn of Leys, Wappensymbol der Burnetts. Diese hatten das Horn und das Land schon zu Beginn des 14. Jhs. von Robert the Bruce erhalten. Das heu-

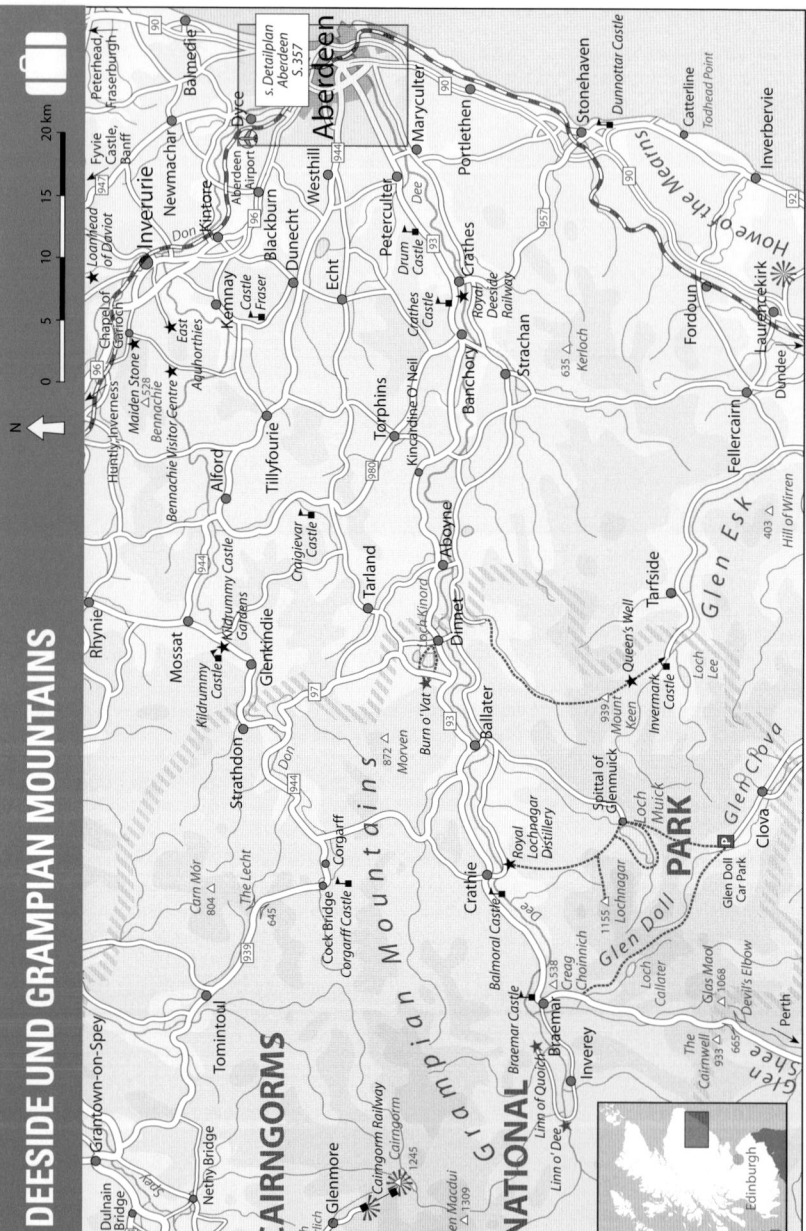

Nordostschottland

DEESIDE UND GRAMPIAN MOUNTAINS

N

s. Detailplan
Aberdeen
S. 357

0 5 10 15 20 km

Peterhead,
Fraserburgh

Balmedie

Dyce

Aberdeen

Maryculter

Westhill

Stonehaven

Dunnottar Castle

Catterline
Todhead Point

Inverbervie

Fyvie
Castle,
Banff

Newmachar

Aberdeen
Airport

Blackburn

Dunecht

Echt

Portlethen

Howe of the Mearns

Loanhead
of Daviot

Inverurie

Kintore

Kemnay

Castle
Fraser

Peterculter

Dee

Drum
Castle

Crathes

Crathes
Castle

Royal
Deeside
Railway

Fordoun

Laurencekirk

Dundee

Fellercairn

Huntly, Inverness

Chapel of
Garioch

East
Aquhorthies

Maiden Stone
△528

Bennachie
Bennachie Visitor-Centre

Alford

Tillyfourie

Torphins

Kincardine-O'Neil

Banchory

Strachan

635 △
Kerloch

Hill of Wirren
403 △

Glen Esk

Rhynie

Mossat

Kildrummy Castle
Kildrummy Castle
Gardens

Craigievar
Castle

Tarland

Aboyne

Dinnet

Loch
Kinord

Queen's Well

Tarfside

Loch
Lee

Invermark
Castle

Strathdon

Glenkindie

Glen Clova

Carn Mòr
804 △

The Lecht

Cock Bridge
Corgarff Castle
Corgarff

645 △

Don

Burn o'Vat

872 △
Morven

Ballater

939 △
Mount
Keen

Spittal of
Glenmuick

Loch
Muick

PARK

Clova

Perth

Tomintoul

Royal
Lochnagar
Distillery

Crathie

Balmoral Castle

Dee

1155 △
Lochnagar

Glen Doll

Glen Doll
Car Park

Loch
Callater

Glas Maol
△1068

Devil's Elbow

NATIONAL

Grampian Mountains

Grantown-on-Spey

Dulnain
Bridge

Nethy Bridge

Glenmore

CAIRNGORMS

Cairngorm Railway
Cairngorm
245

Ben Macdui
△1309

Loch
Avielich

Braemar Castle

Braemar

Inverey

Linn of Quoich

Linn o' Dee

538 △
Creag
Choinnich

The
Cairnwell
933 △
665 △

Glen Shee

Edinburgh

---

374   Von Aberdeen bis Ballater

www.stefan-loose.de/schottland

tige Turmhaus entstand allerdings erst in der zweiten Hälfte des 16. Jhs.

Eine weitere Rarität ist der schöne Garten mit den Eibenhecken von 1702 – eine Seltenheit ist auch die ganzjährige Öffnungszeit. ☉ April–Mai, Sep–Okt Sa–Do 10–16.30, Juni–Aug tgl. 10.30–17, Nov–März Sa/So 10.30–15.45 Uhr, Eintritt 11 £, erm. 8 £ (NTS).

Auf der anderen Straßenseite gegenüber der Burgeinfahrt ist an den Ufern des Dee der ehemalige Farm- und Mühlkomplex **Milton of Crathes** ein Domizil für Kunsthandwerker und Galeristen. Dort serviert das anspruchsvolle **Milton Restaurant**, ☏ 01330-844566, 🖥 www.themilton.co.uk, nachmittags auch Kaffee und Kuchen. Die **Royal Deeside Railway**, ☏ 01467-643961, 🖥 www.deeside-railway.co.uk, hat hier ihren Heimatbahnhof. Sie zuckelt auf der ehemaligen Bahnstrecke mit historischen Waggons einige Kilometer Richtung Banchory (April–Okt, überwiegend an Wochenenden, Tickets 3–5 £, erm. 1,50–2,50 £).

Craigievar Castle

Ein kleiner Abstecher nach Norden führt zu einem weiteren völlig asymmetrischen Turmhaus: Craigievar Castle, ☏ 08554932174, 🖥 www.nts.org.uk, ist eines der schönsten seiner Art in Schottland, auch weil es keinerlei Anbauten gegeben hat. Der Turm steht also im Prinzip so, wie er 1620–26 von „Danzig Willie" erweitert wurde. Burgherr William Forbes erhielt seinen ungewöhnlichen Spitznamen, weil er intensiven Handel mit Polen und dem Baltikum trieb. Diesen Beziehungen verdankte Forbes die Memeltanne für das kleine, heimelig eingerichtete Damenzimmer. Aus jener Zeit blieb auch die herrliche Renaissance-Stuckdecke in der Halle im 1. Stock erhalten, dem Herzstück von Craigievar.

Je höher man kommt, desto schmaler werden die Treppen, bis man unter dem Dach schließlich die Lange Galerie erreicht, die aber nicht mit Deckenbemalungen wie in Crathes ausgeführt wurde. Craigievar erlaubt einen sehr guten Blick hinter die Fassaden eines Tower House, und drumherum befindet sich ein schöner Park in der weiten welligen Landschaft. Einen Tearoom gibt es leider nicht. Zutritt nur mit Führung. ☉ April–Juni, Sep Fr–Di 12–17.30, Juli–Aug tgl. 12–17.30 Uhr, Eintritt 11 £, erm. 8 £ (NTS).

Ballater

Der beschauliche Ausflugsort Ballater (ca. 1200 Einwohner) ist der Inbegriff des viktorianischen Royal Deeside. An fast jedem zweiten Laden hängen die Wappen der Queen und/oder des Prince of Wales (also von Charles), die den Geschäften das Privileg eines „königlichen Lieferanten" verliehen haben. In dem schmucken Hochland-Ambiente gibt es mehrere Cafés, B&Bs und eine gute touristische Infrastruktur.

Die Hauptattraktion von Ballater ist dem viktorianischen Leitmotiv entsprechend die **Old Royal Station**, Station Square, ☏ 01339-755306. Als Victoria und Albert Balmoral kauften und ausbauten, kam schon bald der Plan auf, eine Bahnlinie von Aberdeen ins Dee-Tal zu bauen. 1866 war es so-

Rund um Loch Kinord

Zurück auf der A 93 im Dee-Tal passiert man hinter Aboyne kurz vor dem Weiler Dinnet einen Felsbrocken mit der klaren Ansage: „You are now in the Highlands". Hinter Dinnet liegt rechts der malerische See **Loch Kinord**. Ein Abzweig führt nach rechts zum **Burn o' Vat Visitor Centre**, dem Besucherzentrum für das National Nature Reserve **Muir of Dinnet**. ☉ Ostern–Okt tgl. 9–17, Nov–Ostern tgl. 10–16 Uhr, Eintritt frei.

Vom Parkplatz aus führt ein zehnminütiger markierter Spaziergang zu einer ungewöhnlichen Felsformation. Das **Burn o' Vat** entstand in der Eiszeit, als das Wasser eine fassförmige Höhlung ins Gestein fraß. In diesen Flaschenhals kann man durch ein schmales Felsentor hinein laufen.

Auf der anderen Straßenseite vom Parkplatz beginnt der ca. 7 km lange **Rundweg um Loch Kinord** (blaue Markierung mit Ente, 2–2 1/2 Std.). Der See ist ebenfalls ein Überbleibsel aus der Eiszeit, als sich ein riesiger Gletscherblock in die Ebene hineindrückte. Auf dem angenehmen Rundweg passiert man auf der Nordseite einen piktischen Symbolstein aus dem 9. Jh. Im See sieht man die Reste einer Crannog-Insel (s. Loch Tay, S. 331) sowie Castle Island, wo sich im Mittelalter eine königliche Jagdhütte befand.

weit, allerdings verbot die Queen, dass die Bahn bis Balmoral dampfte, da sie dort weiter ungestört die Einsamkeit genießen wollte.

In einer kleinen Ausstellung sind der Nachbau des königlichen Salonwagens sowie der königliche Wartesaal zu sehen. Eine Wachsfigur der Queen steht am Bahnsteig, und eine Ahnentafel erklärt, wie Victoria zur Großmutter des europäischen Hochadels wurde. Der Zugang erfolgt über die Touristeninformation. ⏱ Juli–Aug tgl. 9–18, Sep–Juni 10–17 Uhr, Eintritt 2 £, Kinder frei.

Abstecher ins Glen Muick

Über die Dee-Brücke geht es auf die Südseite des Flusses und dann 1 km südwestlich über eine *single track road* ins Glen Muick. Zur Rechten passiert man **Birkhall**, den schottischen Stammsitz von Prince Charles, dessen Biogarten einmal im Jahr besichtigt werden darf.

Das Tal wird immer wilder und endet schließlich abrupt am **Spittal of Glenmuick**, einer ehemaligen Viehtreiberstation auf dem Weg über den Capel Mounth ins Glen Clova (s. S. 348). Vom kostenpflichtigen Parkplatz geht es zu Fuß an der Rangerhütte des Balmoral Estate vorbei und ca. 2 km geradeaus bis zum **Loch Muick**. Der See schmiegt sich an die steil aufragenden Bergwände. Eine Umrundung dauert gut 3–4 Std. (ca. 12 km) und erfordert Wanderschuhe. Unterwegs kann man mit etwas Glück Rotwild sehen. In den Bergen sind auch Moorhühner sowie die seltenen Auerhähne und Steinadler beheimatet.

Der See und die Jagdhütten an seinem Ufer gehören zum Grundbesitz der Queen, deren Schloss Balmoral nördlich des Bergmassivs des 1155 m hohen **Lochnagar** liegt. Für die rund 7-stündige Besteigung des berühmtesten Bergs im Dee-Tal sind eine Wanderkarte, vollständige Wanderausrüstung (OS Landranger 44) und gute Kondition unbedingt erforderlich.

Die imposante Nordflanke des Lochnagar ist auch vom Dee-Tal aus deutlich zu sehen. Queen Victoria nannte den Berg „einen der wildesten und großartigsten Flecken, den man sich vorstellen kann". Prince Charles hat über den *Old Man of Lochnagar* eine amüsante Kindergeschichte geschrieben.

Ballater

Ballater Caravan Park, Anderson Road, Ballater, ☎ 01339-755727, 🖥 www.aberdeenshire.gov.uk. Sehr schön am Fluss gelegener Zeltplatz. ⏱ April–Okt. ❶

Glenernan Guest House, 37 Braemar Road, ☎ 01339-753111, 🖥 www.glenearnanguesthouse.com. Ähnlich wie das Moorside mit hohem Standard. Wanderer und Radler sind ausdrücklich willkommen. Die Preise liegen allerdings etwas höher als beim Nachbarn. ❷–❸

€ **Habitat@Ballater**, Bridge Square, ☎ 01339-753752, 🖥 www.habitat-at-ballater.com. Günstigste Übernachtungsmöglichkeit in Ballater. Wirkt etwas höhlenartig, ist aber gut ausgerüstet und hat neben Schlafsälen auch Doppelzimmer. Die Herberge liegt etwas zurückgesetzt vom Platz, neben dem italienischen Restaurant. Dorm-Bett ab 17 £. ❶

Inchgeal Lodge, Tullich Road, ☎ 01339-753849, 🖥 www.inchgealbandb.co.uk. Durch einen kleinen Park von der Straße getrennt, bieten Diane und John Wright angenehme und günstige Zimmer am Beginn der Straße nach Aberdeen. ❷

Moorside Guest House, 26 Braemar Road, ☎ 01339-755492, 🖥 www.moorsidehouse.co.uk. 9 komfortabel und stilvoll eingerichtete Zimmer auf 4-Sterne-Niveau. Das sehr zentral gelegene Haus ist topgepflegt und eine empfehlenswerte Adresse. Am Wochenende besser reservieren. ❷

Struan Cottage, Woodside Old Line Road, ☎ 01339-756351, 🖥 www.struanwoodside.com. Etwas abseits der Hauptstraße nach Braemar in sehr ruhiger Lage, 3 günstige und angenehme Zimmer. Das größere ist die beste Wahl. ❷

The Deeside Hotel, Braemar Road, ☎ 01339-755420, 🖥 www.deesidehotel.co.uk. Schön gelegenes Mittelklassehotel am Ortsausgang von Ballater. Unterkunft und Restaurant entsprechen den Erwartungen. ❸–❹

The Green Inn, 9 Victoria Road, ☎ 01339-755701, 🖥 www.green-inn.com. Restaurant mit luxuriösen Zimmern. Wer bei der Übernachtung und auf dem Teller hohe Qualität sucht, ist im Green Inn sicher richtig.

Dinnet

Loch Kinord Hotel, Dinnet, ℡ 01339-885229, 🖳 www.lochkinord.com. Klassisches Hochland-Hotel unweit vom Loch Kinord. Bettdecken und Gardinen sind stilecht mit Karomustern verziert. Mittags bietet die Bar herzhafte Kost, abends das Restaurant gehobenere Küche. Ab 3 Nächten stehen auch Selbstverpfleger-hütten zur Verfügung. ⏲ Küche tgl. 12–14 (Bar), 18–20.30 Uhr (Restaurant). ❸–❹

Essen

Ballater

Brown Sugar Café, 8 Bridge Street, ℡ 01339-755388, 🖳 www.brownssugarcafe. co.uk. Gemütliches kleines Café mit Souvenir-laden. Die Pralinen und die Schokolade sind extrem verlockend, und auf den Sofas kann man gut die Beine ausstrecken. ⏲ Mo–Fr 10–17, Sa/So 10–17.30 Uhr.
The Deeside Hotel, s. „Übernachtung". Das Early Bird Dinner ist zwischen 18–19 Uhr eine günstigere Variante. ⏲ tgl. 18–20.30 Uhr.
The Green Inn, s. „Übernachtung". Sehr elegantes und gehobenes Restaurant. ⏲ Di–Sa 19–21 Uhr.
The Station Restaurant, Station Square, ℡ 01339-755050. In den Korbsesseln im alten Bahnhof kann man es sich so richtig bequem machen. Neben Kaffee und Kuchen werden auch herzhafte Pub-Gerichte, Snacks, Suppen und Salate serviert. Eine prima Adresse. ⏲ Mo–Do 10–17, Fr–Sa 10–20, So 10–18, Winter tgl. 10–16 Uhr.

Dinnet

The Victoria Restaurant, ℡ 01339-885337, 🖳 www.victoriarestaurant.co.uk. Einladendes Café-Restaurant an der A 93 mit leichter Mittagskarte (bis 14 Uhr), Kuchen und herzhaftem Dinner. Wesentlich ruhiger als die Cafés in Ballater, aber mit wechselhaftem Service. ⏲ Mi–Sa 11–16, 17.30–20, So 12–16, 17.30–19 Uhr, Juli–Aug auch Di, im Winter nur Do–So.

Aktivitäten

Rad fahren

Mountainbiker finden auf der alten Bahn-strecke von Ballater nach Aberdeen ideale Bedingungen. Auch das Glen Muick sowie die kleinere South Deeside Road nach Balmoral bzw. Aboyne sind populär. In Ballater gibt es gleich zwei Radverleihe:
Bike Station, Station Square, ℡ 01339-754004, 🖳 www.bikestationballater.co.uk. Neben dem alten Bahnhof Verleih für 10/16 £ (halber/ ganzer Tag). ⏲ tgl. 9–17 Uhr.
The Bike Shop, Victoria Road, ℡ 01339-755864, 🖳 www.cyclehighlands.com. Verleih (auch für eine ganze Woche) und Reparatur. Ähnliche Preise wie bei der Bike Station. ⏲ tgl. 9–17.30 Uhr.

Wandern

Die Gegend rund um Ballater ist für Wanderer perfekt. Am **Loch Kinord** (s. S. 375) und am **Loch Muick** (s. S. 376) sind einfache und z. T. ausgeschilderte Wanderungen möglich. Vor Ort auch Broschüren mit Kartenskizzen. Wer vom Loch Muick längere Wanderungen hinüber ins Glen Clova (s. S. 348) oder auf den Lochnagar antreten will, muss entsprechend ausgerüstet sein und braucht eine Wanderkarte (OS Landranger 44). Die Berge sind großartig, aber nicht zu unterschätzen.

Informationen

Ballater VisitScotland Information Centre, Old Royal Station, Station Square, ℡ 01339-755306, 🖳 www.visitballater.com. Touristeninformation und Zugang zur Ausstellung im viktorianischen Bahnhof (s. S. 375). ⏲ Juli–Aug tgl. 9–18, Sep–Juni 10–17 Uhr.

Transport

Von ABERDEEN aus verkehren alle 20 Min. **Busse** der Stagecoach-Linien 201/202/203 über Drum und Crathes (45 Min.) nach BANCHORY (1 Std.). Linie 201 verkehrt stdl. durchgehend weiter bis Dinnet und Ballater (Busdepot am Church Square, 1 3/4 Std.). Von dort geht es alle 2 Std. über BALMORAL/ CRATHIE (15 Min.) nach BRAEMAR (30 Min.).

Nordostschottland

Nordostschottland

„Es war so ruhig und einsam, die frische Bergluft war sehr erfrischend. Alles schien Freiheit und Frieden zu atmen. Wir sind eindeutig im schönsten Teil der Highlands."

Queen Victoria und ihr Gatte Albert waren echte Highland-Fans. Allein das war Mitte des 19. Jhs. schon eine Sensation. Seit 200 Jahren hatte sich kein britischer Monarch mehr im Norden Schottlands ohne Not sehen lassen. 1746 war hier der letzte Aufstand gegen die Krone niedergeschlagen worden, doch die Zeiten hatten sich geändert.

Victoria und Albert

Victoria und Albert brachen 1842 erstmals nach Schottland auf. Als Touristen eilten sie nach Edinburgh, wurden von dort ins Hochland von Perthshire eingeladen – und waren begeistert. Das junge Paar fand weit abseits des höfischen Londoner Protokolls genau das, was auch heutige Touristen an Schottland so schätzen: wunderbare Landschaften, die zum Wandern einladen, herzliche Gastfreundschaft sowie historische Schlösschen und Burgen. Der Unterschied ist, dass heutige Gäste Eintritt bezahlen, während Victorias Gästezimmer prompt nach ihr benannt wird.

Das königliche Ehepaar kam mehrfach zurück. Und dann schlug 1848 der königliche Blitz im Dee-Tal ein. Sieben Jahre später stand bereits das heutige Schloss. Dank ihrer Patronage verwandelte sich das Tal innerhalb kürzester Zeit in **Royal Deeside**. Königliche Brennerei, Königliche Hochlandspiele in Braemar, Königlicher Metzgermeister, Königlicher Bäcker, Königlicher Wartesaal – ohne das Attribut „royal" läuft seit Victoria und Albert nichts im oberen Dee-Tal.

Das junge Glück hatte 1861 ein jähes Ende, als Albert unvermittelt an Typhus starb. Aus dem Familiensitz wurde ein Trauerschloss, die Queen vergrub sich in den Highlands. Die Anwohner stifteten dem Prinzen ein Denkmal, was Victoria „sehr anrührend" fand. Berühmt wurde ihr Verwalter John Brown, der den besten Draht zu der trauernden Witwe hatte.

Victorias Verhalten wurde allmählich zu einem Politikum, die *Times* verlangte, dass sich die Queen „den Lebenden und nicht den Toten" zuwenden solle. Die Regierung versuchte, sie nach London zu locken. Doch die Queen hielt stand und empfing nicht selten Staatsbesuch in den Highlands. Auch die Minister mussten regelmäßig nach Norden aufbrechen.

Elizabeth II.

Angesichts dessen wirkten die Ereignisse rund um den Tod von Prinzessin Diana 1997 wie eine Ironie der Geschichte. Während sich in London die Kränze vor dem Buckingham Palace stapelten und auch vor dem Tor von Balmoral Blumen en masse niedergelegt wurden, weigerte sich Queen Elizabeth II., ihren Urlaub in Balmoral abzubrechen. Erst auf starken politischen und öffentlichen Druck hin gab sie nach, zeigte sich vor dem Tor in Balmoral, trat schließlich im Fernsehen auf und fuhr nach London zur Beerdigung.

Der Monat August ist traditionell der „schottische" Ferienmonat der Royals. Dann zieht die Queen nach Norden und verlässt Balmoral nicht vor dem Ende des Braemar Royal Highland Gathering (s. Kasten S. 382) Anfang September. Auch der Rest der Familie schaut regelmäßig vorbei, während die schottische Residenz von **Prince Charles** gleich nebenan in Birkhall im Glen Muick liegt.

Der Urlaub auf Balmoral ist jedoch nicht nur Erholung. Denn der königliche Zirkus ist voll eingespannt. Hier muss ein Krankenhaus eröffnet werden, dort eine neue Hafenmole und woanders ein frisch bemaltes Klassenzimmer besichtigt werden – die Royal Highnesses sind gut beschäftigt und schweben oftmals im Helikopter von einem Termin zum nächsten.

Die Öffentlichkeit bekommt die Queen und den Rest der Familie jeden Sonntag beim **Gottesdienst in der Crathie Kirk** (s. S. 379) zu sehen.

Rund um Balmoral

Balmoral Castle

Willkommen bei der Queen – so müsste es eigentlich heißen im Balmoral Castle, ☎ 01339-742534, 🖳 www.balmoralcastle.com. Doch wenn die Queen ihren Sommerurlaub in der Hochlandresidenz verbringt, ist das Anwesen *strictly out of bounds*. Das schränkt die Besuchersaison deutlich ein.

Und wer glaubt, einen Einblick in die Privatgemächer Ihrer Majestäten zu erhaschen, sieht sich arg getäuscht. Die Ausstellungen in den Stallungen und im Ballsaal sind wirklich informativ und sehenswert, aber das eigentliche Schloss bleibt fest verriegelt.

Also muss man sich mit einem Blick auf die Fassade von Balmoral begnügen, das sich Victoria und Albert nach eigenen Vorstellungen 1853–55 errichten ließen.1848 hatten die beiden ohne vorherige Besichtigung, allein auf Empfehlung, den Landsitz Balmoral gepachtet. Man hatte ihnen gute Luft und vergleichsweise trockenes Klima versprochen. Und tatsächlich: Schon bei ihrem ersten Besuch im September desselben Jahres waren sie sofort hin und weg. Die Idee für ein eigenes Familienschloss in den Highlands war geboren. Schließlich kauften sie das Landgut als privates Feriendomizil.

Schön muss man das Schloss im Vergleich zu den mittelalterlichen Burgen nicht finden, doch seit mehr als 150 Jahren pilgern Generationen von Royals und politischen Honoratioren jeden Sommer hinauf nach Balmoral – die einen lieben es, die anderen hassen es. Die jetzige Queen scheint zu Ersteren zu gehören, denn sie ist auch „privat" regelmäßig im Dee-Tal. Und dann schaut sie gelegentlich mal ins Visitor Centre, um den Gästen Hallo zu sagen – ganz ungezwungen, ganz die charmante Hausherrin.

Balmoral Estate gehört noch immer privat der Queen, die mit knapp 20 000 ha Land zu den größten Grundbesitzern in den Highlands zählt. Der Besitz erstreckt sich vom Dee nach Süden bis über Loch Muick hinüber ins obere Glen Clova. Zur Geschichte der Royals in Balmoral s. Kasten.

Schon der Park ist eine Sehenswürdigkeit, denn Victorias Gemahl Albert von Sachsen-Coburg-Gotha ließ fleißig Bäume pflanzen, damit ihn Balmoral etwas mehr an seine Heimat erinnere. ⏰ April–Juli 10–17 Uhr, Eintritt 8,70 £, erm. 7,70/4,60 £.

Crathie

Am Parkplatz auf der nördlichen Seite der A 93 liegt **Crathie Kirk**, die Hauskapelle von Balmoral. Wenn die Queen im Schloss ist, kommt sie jeden Sonntag zum öffentlichen Gottesdienst um 11.30 Uhr herüber – eine gute Gelegenheit, sie einmal von Angesicht zu Angesicht zu sehen.

Queen Victoria höchstselbst hatte 1893 den Grundstein für die Kirche gelegt. Im südlichen Querschiff sind die Bänke der königlichen Familie vorbehalten. Die Sitzreihe der Queen ist mit einem Tuch abgedeckt. Prinzessin Anne heiratete hier übrigens 1992 ihren zweiten Mann.

Royal Lochnagar Distillery

Was wäre eine königliche Residenz in den Highlands ohne Whisky-Destillerie? Nichts, sagte sich Prinzgemahl Albert schon 1848, kam flugs auf einen Besuch bei Getreidehändler John Begg vorbei, kostete seinen Whisky und verlieh ihm den Ehrentitel „Royal". Mittlerweile gehört die Royal Lochnagar Distillery, ☎ 01339-742700, 🖳 www.discovering-distilleries.com, 1,5 km südlich vom Eingang zum Balmoral Castle längst zum internationalen Diageo-Konzern, doch Tradition ist Tradition und niemand gibt so einen Marketing-Trumpf aus der Hand. Die Führungen sind sehr informativ und runden das Besuchsprogramm in Balmoral gut ab. ⏰ März Mo–Sa 10–16, April–Juli, Sep–Okt Mo–Sa 10–17, So 11.30–17, Aug Mo–Fr 10–18, Sa 10–17, So 11.30–17, Nov–Feb Mo–Fr 11–15 Uhr. Führungen 5 £.

Übernachtung und Essen

The Inver Hotel, bei Crathie, ☎ 01339-742345, 🖳 www.inverhotel.com. 4 km westlich von Balmoral liegt an der A 93 völlig im Freien der alte Kutschen-Inn von 1760. Die Zimmer sind etwas hellhörig, aber die Stimmung in dem urigen Haus ist gut. Im Pub und im großen Restaurant wird auch für Nicht-Gäste solide Hausmannskost serviert. ⏰ Küche Mo–Di 18–21, Mi–So 12–14, 18–21 Uhr. ❺

Crathie Information Point, Crathie, am großen Balmoral-Parkplatz. Touristeninformation, Postschalter, kleines Café und WC in einem. ⏲ April–Okt tgl. 10–17, Nov–März Mo–Fr 11–13 Uhr.

Transport

Balmoral bzw. Crathie werden alle 2 Std. von der Stagecoach Linie 201 von ABERDEEN (2 Std.) über Ballater (15 Min.) nach Braemar (15 Min.) angefahren.

Braemar und Umgebung

Der höchstgelegene Ort im Dee-Tal (325 m) ist ein hervorragendes Standquartier für Wanderer und Mountainbiker. Nachdem die A 93 von Balmoral durch die kaledonischen Wälder – vorbei an der historischen Invercauld Bridge aus dem 18. Jh. – eine etwas schmalere Stelle im Tal passiert, weitet sich Upper Deeside bei Braemar (400 Einwohner) noch einmal zu einem breiten offenen Tal.

Der sympathische Ort hat eine gute touristische Infrastruktur mit B&Bs, Hostels, mehreren Cafés und Restaurants, Outdoorgeschäften und einem Informationszentrum – das ideale Standquartier für das obere Dee-Tal, das ein wichtiger Bestandteil des **Cairngorms National Park** ist (s. S. 408).

Auch literarisch ist Braemar auf der Landkarte vertreten: 1881 schrieb Robert Louis Stevenson die ersten 16 Kapitel der *Schatzinsel* in dem Bergdörfchen. Damals lebte angeblich ein John Silver im Ort ...

Braemar Castle

Hauptattraktion ist das stilechte Braemar Castle, ☎ 01339-741219, 🖥 www.braemarcastle.co.uk, östlich der Ortseinfahrt. Das wuchtige Tower House wurde 1628 begonnen und stand immer wieder im Zentrum der militärischen Konfrontation zwischen Jakobiten und Königstreuen. 1715 setzte sich der Hausherr, der Earl of Mar, an die Spitze eines Jakobitenaufstands, ließ auf einem nahe gelegenen Feld die Stuart-Standarte im Wind flattern und musste für die erfolglose Rebellion mit der kompletten Enteignung büßen.

Heute kümmert sich eine kommunale Stiftung um die trutzige Burg und organisiert informative Führungen. ⏲ Ostern–Juni, Sep–Okt Sa/So 11–16, Juli–Aug Mi, Sa–So 11–16 Uhr, Eintritt 5 £, erm. 4/3 £.

Zum Linn o' Dee und Linn of Quoich

Von Braemar sollte man bei gutem Wetter unbedingt einen Abstecher über Inverey zum **Linn o' Dee** einplanen. Hier, an der Grenze zwischen offener Moorheide und altem kaledonischen Kiefernwald, stürzt sich der Fluss rauschend durch eine Felsverengung mit kleinen Kesseln. Von dem großen Wanderparkplatz aus kann man dem Fluss über einen breiten Landrover-Weg in die offene Berglandschaft folgen. Bis zur 4,5 km entfernten White Bridge bleibt es völlig flach. Nach Nordwesten zu führt ein weiterer Wirtschaftsweg zur 6 km entfernten **Derry Lodge**, einem wunderbaren Picknickplatz unter Kiefern.

Das gilt auch für das **Linn of Quoich**, das nach 6 km am Ende der Straße erreicht wird. Zu Fuß geht es am Quoich Water einige Minuten bergauf zu einer kleinen Fußgängerbrücke im kaledonischen Kiefernwald, wo sich das Wasser durch einen engen Kanal zu Tale stürzt – Idylle pur.

Das ganze Gebiet gehört seit 1995 dem National Trust for Scotland, der mit öffentlicher Hilfe das knapp 30 000 ha große Mar Lodge Estate aufkaufte, das strategisch wichtig bis ins Herz des subarktischen Cairngorm-Massivs reicht. Der National Trust will vor allem die Regenerierung der Kiefernwälder ermöglichen und zugleich den Zugang für Wanderer schützen.

Glenshee

In Braemar zweigt die A 93 nach Süden Richtung Perth ab. Durch einsame Bergheide windet sich die Straße hinauf zum 665 m hohen Pass mit dem Skigebiet von **Glenshee**, 🖥 www.ski-glenshee. co.uk. Danach geht es an **Spittal of Glenshee** vorbei aus den Highlands hinaus.

Übernachtung

Braemar Lodge, Glenshee Road, ☎ 01339-741627, 🖥 www.braemarlodge.co.uk. Die attraktiv aus Granit erbaute Lodge bietet ein Allround-Programm für alle Ansprüche: In einem Bunkhouse kann man günstige

Herbergsunterkunft buchen, 9 Holzhütten stehen für Selbstversorger zur Verfügung, und im Hotel bieten 7 Zimmer Qualitätsunterkunft. Das Restaurant steht auch Nicht-Gästen zur Verfügung. Dorm-Bett ab 12 £. ❶–❹

€ **Braemar Youth Hostel**, 21 Glenshee Road, ✆ 01339-741659, 🖥 www.hostelling scotland.com. Sehr schöne Villa am südlichen Ortsrand inmitten von Kiefern. Ideale Herberge, um die Gegend zu erkunden und es sich nach einem langen Tag in den Bergen bequem zu machen. Dazu gibt es eine gut eingerichtete Küche und einige Tische draußen, um den (gelegentlichen) Sonnenschein zu genießen. Die SYHA-Herberge ist bis auf den Spätherbst ganzjährig geöffnet. Dorm-Bett 17 £. ❶

Callater Lodge Guest House, 9 Glenshee Road, ✆ 01339-741275, 🖥 www.callaterlodge.co.uk. Schräg gegenüber von der Braemar Lodge bietet die 1861 erbaute 4-Sterne-Pension viel Komfort und ein Zimmer für Einzelreisende. ❸

Craiglea B&B, Hillside Road, ✆ 01339-741641, 🖥 www.craigleabraemar.com. Angela und Dave haben sich am Aufgang zum Creag Choinnich ganz auf Wanderer und Radfahrer eingestellt. Die 6 Zimmer sind gemütlich und für Braemar durchaus günstig. ❷

The Invercauld Caravan Club Site, Glenshee Road, ✆ 01339-741373, 🖥 www.caravan club.co.uk. Gut ausgestatteter Campingplatz am südlichen Ortsausgang von Braemar, der sogar ganzjährig geöffnet ist. ❶

Essen

Braemar Lodge, s. Übernachtung. Im Restaurant wird leckere schottische Küche auf den Tisch gebracht. In der Bar bestellt man zunächst seinen Drink und wird dann in den Speisesaal geführt. ⏰ Küche tgl. 18–21 Uhr.

Gordon's Tearoom & Restaurant, 20 Mar Road, ✆ 01339-741247, 🖥 www.gordonsbraemar.co. uk. Das Gordon's ist im Ortszentrum für gute schottische Traditionsküche bekannt. Das fängt mit Frühstück an und geht über Scones und Tee weiter bis zu Take-away.Imbissen und einigen wenigen Hauptgerichten. ⏰ Mo–Fr 10–17, Sa–So 10–16, 17–20 Uhr.

Taste Braemar, Auchendryne Square, ✆ 01339-741425, 🖥 www.taste-braemar.co.uk. Großes helles Café am westlichen Ortsrand mit sehr relaxter Atmosphäre. Neben Suppe und Sandwiches auch einige süße Leckereien. ⏰ Do–Mo 10–17 Uhr.

Aktivitäten

Rad fahren

Mountainbiker können die rund 25 km lange Rundstrecke zum Linn o' Dee und auf der Nordseite zurück zur Invercauld Bridge locker in 1 1/2 bis 2 Std. bewältigen – ein Sahne-schnittchen.

Wandern

Rund um Braemar gibt es endlose Möglichkeiten zu wandern. Der Cairngorms National Park ist

Panoramablick vom Creag Choinnich

Eine sehr empfehlenswerte kurze, aber steile Wanderung führt direkt aus dem Ortszentrum von Braemar hinauf auf den 538 m hohen Creag Choinnich, der einen wunderbaren Panorama-blick gewährt. Je nach Fitness sollte man auf dem gut ausgebauten Pfad insgesamt 1–1 1/2 Std. Gehzeit einkalkulieren (festes Schuhwerk nicht vergessen).

Der Aufstieg beginnt an der St Margarets Church am Beginn der Glenshee Road. Von dort folgt man der Hillside Road bergan zum Wald-rand. Durch das große Gatter geht es über den breiten Pfad schräg links im Wald bergan. An einem Abzweig hält man sich geradeaus, ver-lässt schon bald den Plantagenwald und gelangt auf eine offene Heide, die von Kaledonischen Kiefern locker bewachsen wird. Stetig geht es nun hinauf bis zum kleinen Gipfelplateau. Von dort liegen die zentralen Cairngorms, das obere Dee-Tal und die Piste Richtung Glenshee den Wanderern zu Füßen. Besonders schön ist es an einem sonnigen Frühabend, wenn sich die Sonne im Westen über den Bergen senkt – hier läuft Royal Deeside zur Höchstform auf!

Highlander vor dem Braemar Castle

Am ersten Samstag im September gehen die berühmtesten **Highland Games** des Landes über die Bühne. Unter königlicher Patronage und den gütigen Augen der Queen stemmen die schweren Männer Baumstämme und veranstalten Tauziehen, während die Frauen Scottish Country Dance bieten und die Dudelsäcke zum Crescendo anheben. Ringsum sind die Würdenträger und Clan-Repräsentanten in Kilts gewandet und huldigen Ihrer Majestät oder plaudern über die aktuellen EU-Agrarsubventionen und die Regierung im fernen London.

Das farbenprächtige Spektakel lockt Tausende an, und Karten für Tribünenplätze (16–30 £) sollte man daher rechtzeitig bestellen, 💻 www.braemargathering.org.

geradezu ein Paradies. Für das **Linn o' Dee** s. S. 380. Südlich von Braemar kann man von einem Parkplatz über einen breiten Wirtschaftsweg ins Glen Callater zum 5 km entfernten **Loch Callater** laufen. Fernwanderer gelangen von dort über den alten Viehtreiberpfad „Jock's Road" hinüber ins Glen Clova (s. S. 348).

Sonstiges

Informationen

Braemar VisitScotland Information Centre, The Mews, Mar Road, ☎ 01339-741600, 💻 www.braemarscotland.co.uk. ⏰ Mai–Juni, Sep–Okt tgl. 9.30–17, Juli–Aug 9.30–18, Nov–April 10.30–17 Uhr (evtl. Mittagspause).

Outdoorläden

Braemar Mountain Sports, Invercauld Road, ☎ 01339-741242, ⌨ www.braemarmountain sports.com. Radverleih (10–16 £, 4/8 Std.), Wander- und Outdoorkram sowie Skiausrüstung an einer Stelle. ⏰ tgl. 9–18 Uhr.

Transport

Die **Busse** der Stagecoach-Linie 201 verkehren im Schnitt alle 2 Std. vom Auchendryne Square in Braemar über BALLATER (30 Min.), Aboyne und Banchory nach ABERDEEN (2 1/4 Std.).

Abstecher ins Strathdon

Wer von Braemar nicht weiter nach Perth fahren will, kann für den Rückweg einen Abstecher ins parallel verlaufende Don-Tal einplanen. Dazu geht es von Balmoral aus durch eine verlassene, heidebewachsene Bergregion hinüber nach Corgarff im oberen Strathdon. Dort steht in aller Einsamkeit **Corgarff Castle**, ☎ 01975-651460, ⌨ www.historic-scotland.gov.uk. Der düstere Wehrturm ist von einer kleinen Schutzmauer umgeben und diente lange als Außenposten der Armee, um die Jakobiten zu bekämpfen. Später durchkämmten Zolleintreiber die abgelegenen Täler auf der Suche nach Schwarzbrennereien. Dazu muss man wissen, dass die Region damals noch nicht so menschenleer war wie heute; erst das 19. Jh. brachte die Entvölkerung zwecks Aufbau der Jagdgüter. ⏰ April–Sep tgl. 9.30–17.30, Okt–März Sa/So 9.30–16.30 Uhr, Eintritt 4,70 £, erm. 3,80/2,80 £ (HS).

Von Corgarff führt die A 939 über das kleine Skigebiet **Lecht** nach Tomintoul (s. S. 399), der höchstgelegenen Gemeinde der Highlands, und weiter Richtung Grantown/Aviemore (s. S. 408).

Kildrummy Castle

Durch das Strathdon geht es von Corgarff flussabwärts bis nach Kildrummy. Schon Mitte des 13. Jhs. wurde für den Earl of Mar ein Castle gebaut, doch im stillen Tal des Don ist von den alten Schlachtrufen und Machtintrigen kaum noch was zu spüren. Die Ruinen von **Kildrummy Castle**, ☎ 01975-571331, ⌨ www.historic-scotland.gov.uk,

sind eher mager. ⏰ April–Sep tgl. 9.30–17.30 Uhr, Eintritt 3,70 £, erm. 3/2,20 £ (HS).

Gleich nebenan erbaute sich Colonel Ogston 1898–1901 einen luxuriösen spätviktorianischen Landsitz im Baronialstil. Das Haus firmiert heute als Kildrummy Castle Hotel, ⌨ www.kildrummycastlehotel.co.uk, für anspruchsvolle Kundschaft, während die **Kildrummy Castle Gardens**, ☎ 01975-571203, ⌨ www.kildrummy-castle-gardens.co.uk, in dem üppig bewachsenen Tal zwischen Castle und Hotel der Öffentlichkeit zugänglich sind. Besonders schön ist der *water garden*. ⏰ April–Okt tgl. 10–17 Uhr, Eintritt 4 £, erm 3,50 £, Kinder frei.

Übernachtung und Essen

Corgarff Tearoom, Corgarff, ☎ 01975-651433, ⌨ www.goodbrandandross.co.uk. An der Hauptstraße im Weiler Corgarff bietet das Café mit Souvenir- und Wollladen eine willkommene Rastmöglichkeit. Der Espresso ist super, dazu gibt es kleinere Snacks und den großartigen Blick vom Sofa ins Glen gratis. ⏰ Sommer tgl. 9–19, sonst 9–17 Uhr.

The Kildrummy Inn, ☎ 01975-571227, ⌨ www. kildrummyinn.co.uk. Ca. 1 km nördlich von Castle und Garten ist das authentische Country Inn aus dem 19. Jh. für die 4 freundlichen, gut ausgestatteten Zimmer sowie das leckere und ambitionierte Essen von Darren und Sylvia Gimber bekannt. ⏰ Küche Mo–Mi 18–20, Do–Fr 17–20, Sa 17–21, So 12–14, 17–20 Uhr. ❸

Feste

Das **Lonach Highland Gathering**, ⌨ www. lonach.org, ist jedes Jahr am 4. Samstag im August eines der traditionsreichsten Treffen in den Highlands. Im Bellabeg Park von Strathdon marschieren die Lonach Highlanders prunkvoll gewandet auf; unterhaltsame Highland Games und Scottish Country Dance runden die große Gaudi ab.

Transport

Mit öffentlichen Verkehrsmitteln sieht es im oberen Strathdon östlich von Alford mager aus. Von Aberdeen aus fahren ab Alford nur **Sammeltaxis** nach telefonischer Vorbestellung, ☎ 01224-665599, Mo–Fr 9–15.30 Uhr.

Nordostschottland

Nördliches Aberdeenshire

Nördlich von Aberdeen erstreckt sich eine sehr abwechslungsreiche Landschaft, die zwei völlig unterschiedliche Gesichter aufweist: Auf dem **Coastal Trail** erlebt man das maritime Flair der Grafschaft, mit langen Sandstränden, Klippenküste, verschwiegenen Fischerdörfern und geschäftigen Fischereihäfen.

Im Hinterland führt der **Castle Trail** zu malerischen Burgen und Landsitzen. Rund um **Inverurie** befindet sich eine größere Anzahl geheimnisvoller Steinkreise, und der mythische **Bennachie** ist ein hervorragendes Wanderziel. All diese Sights können ohne Probleme auf einem Tagesausflug von Aberdeen aus angesteuert werden.

Rund um Inverurie

Das nordwestliche Hinterland von Aberdeen wird durch die Flüsse Don und Ythan markiert. Die Tour führt ein wenig von den ausgetretenen Touristenstrecken weg, bietet jedoch viele Sights, die man sich nicht entgehen lassen sollte.

Castle Fraser

An der Straße zwischen Dunecht und Kemnay ist Castle Fraser, ℡ 0844-4932164, 🖳 www.nts.org. uk, ein guter Einstieg auf dem Castle Trail. Die auf das 15. Jh. zurückgehende Burg liegt fotogen am Ende der langen Zufahrt in einer schönen Talsenke und vermittelt von jeder Seite einen anderen Eindruck.

Der Originaleingang im Turmhaus befand sich im ersten Stock in der Großen Halle, sodass man bei Gefahr einfach die Treppe einziehen konnte. Zwischen 1575 und 1636 wurde der Turm von der Familie Fraser zu einem z-förmigen Castle ausgebaut. Diesen Grundriss hat die Anlage beibehalten, auch wenn die Inneneinrichtung im 19. Jh. dem viktorianischen Zeitgeist angepasst wurde.

Noch immer sind Geheimkammern, eine versteckte Kapelle mit einem Gemälde des Stuart-Thronanwärters, kleine Gucklöcher zum Spionieren oder Lauschen und andere ursprüngliche

Details erhalten. So macht der Besuch richtig Spaß. ⏰ April–Juni, Sep–Okt Do–So 12–17, Juli–Aug tgl. 11–17 Uhr, Eintritt 9 £, erm. 6,50 £ (NTS).

Inverurie

Der kleine Marktflecken Inverurie liegt an der A 96 am Knotenpunkt der wichtigsten Straßen der Gegend. In der Umgebung sind der **Bennachie** (s. Aktivkasten) sowie die wunderbaren **Steinkreise** von großem Interesse. Die Gegend war schon vor 4000–5000 Jahren bewohnt und Zentrum einer Hochkultur im Nordosten. Dementsprechend blieben hier besonders viele steinzeitliche Zeugnisse erhalten.

Vor knapp 2000 Jahren, um 84 n. Chr., soll am Bennachie die legendäre Schlacht am Mons Graupius stattgefunden haben, als die Römer die heimischen „Caledonier" zwar vernichtend schlugen, aber dennoch das Land nicht unter ihre Kontrolle bringen konnten. Auch die Pikten hinterließen später einige ihrer markanten Symbolsteine.

East Aquhorthies

Von der A 96 ist der frei zugängliche Steinkreis East Aquhorthies bereits Richtung Westen ausgeschildert. Der geteerte Feldweg endet direkt an dem sehr gut erhaltenen Zeugnis der Steinzeit. Während im Hintergrund der Bennachie-Gipfel Mither Tap aufragt, „bewachen" zwei senkrechte Steine einen liegenden *recumbent stone*. Vom Kreis selbst sind noch neun weitere Steine erhalten. Angeblich soll die Anlage der Mondbeobachtung gedient haben.

Maiden Stone

Einer der schönsten Piktensteine im Nordosten ist der Maiden Stone an den nordöstlichen Ausläufern des Bennachie, westlich der Siedlung Chapel of Garioch (sprich: Gierie). Die Bezeichnung geht auf eine Legende zurück, nach der ein Mädchen aus dem nahen Drumdurno eine Wette mit dem Teufel einging. Dieser war von einem abgewiesenen Verehrer engagiert worden, der seine Seele an den Teufel verkauft hatte, um an dem Mädchen Rache zu nehmen. Der Teufel erschien dem Mädchen in menschlicher Gestalt am Abend vor ihrer Hochzeit, während sie die in Schottland traditionellen Haferplätzchen buk.

Mystischer Bennachie

- **Anspruch:** mittel
- **Gehzeit:** 4 Std.
- **Länge:** 9 km
- **An-/Abstieg:** 500 m
- **Karte:** OS Landranger 38

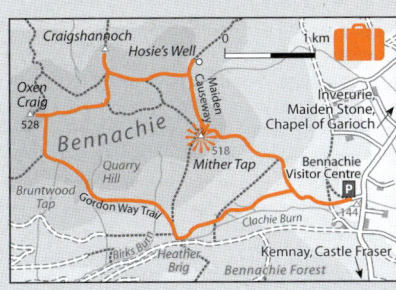

Das Hochplateau des Bennachie ist im Nordosten von Aberdeenshire von weither deutlich zu erkennen. Die Granitfelsen Oxen Craig und Mither Tap bieten einen herrlichen Panoramablick über die Region. Der Berg ist mit mehreren Sagen verbunden, und auf dem Mither Tap sind zudem Reste eines eisenzeitlichen Forts zu erkennen.

Auf dem Gordon Way Trail

Ausgangspunkt der Wanderung ist das **Bennachie Visitor Centre**, ☎ 01467-681570, das im Wald an der Ostflanke des kleinen Massivs liegt. Das Centre führt in die Geschichte des Bennachie ein und erläutert die Geologie sowie Flora und Fauna. Es gibt auch Toiletten. ⏲ April–Okt Di–So 10.30–17, Nov–März Di–So 9.30–16 Uhr.

Vom Visitor Centre geht es über den mit einem „G" markierten **Gordon Way Trail** durch den Wald. Zunächst ist der Weg sehr breit, wird dann jedoch langsam schmaler. Nach ca. 10 Min. geht es an einer Weggabelung mit Bank links. (Über den rechten Pfad kommt man auf dem Rückweg zurück.)

Schließlich überquert der Trail einen breiten Forstweg und steigt in einer Tannenschonung langsam an, bis der Kreuzungspunkt **Heather Brig** erreicht ist (40 Min.). Der Gordon Way Trail geht schräg rechts weiter und erreicht stärker ansteigend den **Quarry Hill** („Steinbruchhügel"). Der Steinbruch hieß früher auch English Quarry, weil hier im 19. Jh. Granit für den Hafen von Sheerness bei London abgebaut wurde. Die Reste des Abbaus sind z. T. noch zu erkennen.

Am Wegesrand sind Granitblöcke und in der offenen Heide Blaubeersträucher zu finden, die im Juli für eine erfreuliche Zwischenmahlzeit sorgen können. Am **Bruntwood Tap** kann man schön sehen, wie sich der natürliche Baumbewuchs langsam wieder auf die Hochfläche vorarbeitet.

Oxen Craig

An seinem höchsten Punkt wendet sich der Pfad in einer langen Kurve unterhalb des Oxen Craig nach links. Doch an einer Gabelung folgt man dem gut ausgebauten Pfad nach rechts über das Hochplateau bis zum Verbindungspfad von Mither Tap und Oxen Craig. Links geht es nun deutlich erkennbar die letzten Meter zum Gipfelpunkt des **Oxen Craig**, der aber nicht namentlich ausgeschildert ist.

Mit 528 m ist der Granitfelsen der höchste Punkt auf dem Bennachie. Interessant ist die Gesteinsformation des Oxen Craig. Die Granitplatten sind wie Pfannkuchen übereinander geschichtet. Bei schönem Wetter bietet sich von hier oben ein herrlicher Blick über das sanfte Don-Tal in die Grampian Mountains bis zum Lochnagar. (2 Std.)

Craigshannoch und Maiden Causeway

Der weitere Weg führt zunächst zur letzten Gabelung zurück und dann geradeaus über das Hochplateau Richtung Mither Tap. Hinter einer Senke geht es an der nächsten großen Gabelung links zum **Craigshannoch**, einem weiteren Granitgipfel des Bennachie (2 1/2 Std.).

Von dort führt ein direkter Weg Richtung Mither Tap. An der nächsten Gabelung auf der Hochebene geht es aber links von der Hauptroute weg. Dieser Nebenpfad führt zu einer merkwürdigen Landschaftsformation, die sich in einer langen Linie aus dem Tal den Berg hinaufzieht: dem **Maiden Causeway** (s. S. 387).

Auch bei einer anderen Legende war der Teufel am Werk. In grauer Vorzeit war Jock o' Bennachie der Beschützer des Bergs. Als er aber mit dem sich ausbreitenden Christentum in Konflikt geriet, sah der Teufel seine Chance. Durch einen Trick lotste er Jock in die Hölle, wo er auf immer verschwand.

In Sichtweite des Bennachie: East Aquhorthies

Geht man am Wegesende kurz nach links Richtung Rowan Tree Car Park, erreicht man **Hosie's Well**. Diese Quelle geht auf einen Jungen namens Hosie zurück, der nach der Schlacht im nahe gelegenen Harlaw 1411 gefangen genommen wurde. Als er an den Bennachie zurückkehrte, musste er feststellen, dass seine Braut bereits verheiratet war. So starb er gebrochenen Herzens. Seine Tränen, die er noch immer für die Verflossene vergießt, speisen die Quelle.

Mither Tap

Nun geht es zurück und weiter geradeaus bergan Richtung Mither Tap. Immer steiler führt der Pfad zum mächtigen Granitfelsen hinauf. An einer letzten Wegkreuzung unterhalb des Gipfels durchquert der Pfad schräg rechts die Öffnung in einem großen **Steinwall**. Die wuchtige Mauer ist zum Teil 7 m dick. Sie ist der letzte Rest eines eisenzeitlichen Forts, das anscheinend kurz vor Christus erbaut wurde. Wurde hier auch die legendäre Schlacht am Mons Graupius mit den Römern ausgefochten (s. S. 79)? Das Gipfelfort könnte den heimischen Kriegern als Rückzugsort gedient haben.

Das letzte Stück auf den Gipfel ist nochmal sehr steil, doch der Ausblick vom 518 m hohen **Mither Tap** lohnt die Anstrengung. Die steil abfallenden Felswände verdeutlichen, warum dieser unwirtliche Ort für ein Fort gewählt wurde. Von hier oben lässt sich zudem der weitere Umkreis bestens beobachten. Der gesamte Nordosten von Aberdeenshire liegt einem hier zu Füßen, obwohl der Hügel verhältnismäßig klein ist. Eine Entfernungstafel hilft bei der Orientierung. (3 1/4 Std.)

Der Abstieg ist zunächst sehr steil und führt wieder durch den Einlass in der Festungsmauer. Dann folgt man dem Schild „Bennachie Visitor Centre" über Granitplatten und Treppenstufen hinunter. Erst am Waldrand wird der Pfad langsam flacher und der Boden wieder weicher. Der beschilderte Pfad macht mehrere Kurven, und auf der rechten Seite sind alte Hausruinen zu erkennen. Hier wohnten die Bennachie-Siedler, die sich im 19. Jh. auf dem Gemeinschaftsland niedergelassen hatten und später vertrieben wurden.

An der nächsten Bank erreicht man den Hinweg und zur Linken dann auch bald den Parkplatz am **Bennachie Visitor Centre**. (4 Std.)

Der Fremde wettete mit ihr, dass er einen Weg auf den Bennachie-Gipfel Mither Tap bauen könne, noch bevor sie mit dem Plätzchenbacken fertig sei. Das Mädchen hielt dies natürlich für Unsinn und schlug ein. Doch musste sie schnell erkennen, dass sie einen schweren Fehler gemacht hatte, denn der Fremde hatte den Weg – heute bekannt als Maiden Causeway (s. Kasten S. 386) – in Windeseile auf den Berg gelegt. Die junge Braut versuchte zu fliehen, weil sie den Teufel erkannte. Bevor er sie ganz einholen konnte, wurde sie in Stein verwandelt. Die seitliche Kerbe am Maiden Stone soll den Punkt markieren, wo der Teufel vergeblich zugriff.

Auf dem Stein selbst sind ein Spiegel mit Kamm sowie angeblich Jonas und gleich zwei Wale zu erkennen. Dazu gesellen sich ein Keltenkreuz und viele Ranken. Im Winter ist der Stein komplett eingepackt.

Loanhead of Daviot

7 km nördlich von Inverurie befindet sich östlich der B 9001 der beeindruckende Steinkreis Loanhead of Daviot. Das frei zugängliche Steinzeitdenkmal verfügt genau wie Easter Aquhorthies über einen liegenden *recumbent stone* und ist auch ähnlichen Datums. Ungewöhnlich war aber die Entdeckung einer Kremationsstelle, die offensichtlich erst mehrere hundert Jahre nach Errichtung des Steinkreises benutzt wurde. Hat hier eine andere Kultur den Steinkreis für eigene Riten übernommen? Die Steinkreise werfen bis heute viele Fragen auf.

Übernachtung und Essen

Kingsgait B&B, St Andrews Gardens, Inverurie, ✆ 01467-620431. In dem modernen Häuschen im Stadtzentrum stehen 3 einladende Zimmer zur Verfügung, darunter ein Einzelzimmer und ein Zimmer mit eigenem Bad/WC. ❷
Pittodrie House, bei Chapel of Garioch, ✆ 0844-8799066, 🖳 www.macdonaldhotels.co.uk/pittodrie. Eleganter und historischer Landsitz an den nordöstlichen Abhängen des Bennachie. Pittodrie verfolgt seine Geschichte schon über 500 Jahre zurück, und so können die Gäste in den 27 Zimmern nicht nur Komfort, sondern auch viel Ambiente genießen. Am Wochenende oftmals Hochzeiten. ❸–❺

Mitchells, 20-24 Market Place, Inverurie, ✆ 01467-621389, 🖳 www.mitchells-scotland. com. Feinkostladen und schlichtes, aber freundliches Café mit Kantinentheke im Ortszentrum. Bei den Einheimischen sehr beliebt. ⊙ Mo–Sa 10–17.30, So 11–16 Uhr.

Transport
Busse
Das regionale Busunternehmen ist **Stagecoach Bluebird**, 🖳 www.stagecoach bus.com.
Inverurie wird sehr regelmäßig von ABERDEEN angefahren (Linien 10, 10A, 307, 737, 1 Std.). Linie 10/10 A fährt weiter nach Huntly–Elgin–INVERNESS (3 Std.).

Eisenbahn
Inverurie liegt an der Bahnstrecke ABERDEEN (25 Min.)–ELGIN (1 1/4 Std.) – INVERNESS (2 Std.). Die Züge verkehren ungefähr 6–10x tgl.

Am River Ythan

Fyvie Castle
Fyvie Castle, ✆ 0844-4932179, 🖳 www.nts.org. uk, ist definitiv eine besondere Perle. Eingebettet in einen herrlichen Landschaftspark mit Teichen und romantischen Wanderwegen, bietet die L-förmige Anlage mit ihren fünf Türmen einen imposanten Anblick. Jeder Turm soll einer der fünf wichtigsten Besitzerfamilien zuzuordnen sein, denen im Laufe der letzten mehr als 600 Jahre das Land und das Castle gehörten. Dennoch wirkt die Burg von außen überraschend symmetrisch und harmonisch.

Die Inneneinrichtung geht vor allem auf Alexander Leith zurück, der zwar aus der Gegend stammte, in den USA jedoch mit Stahl zum Millionär geworden war. Leith baute das Castle an der Wende zum 20. Jh. großzügig aus und ergänzte den Leith Tower mit dem wunderbaren Musikzimmer, das sich an den luxuriösen Salon anschließt. Beide Säle zusammen sind eines der besten Beispiele für edwardianischen Prunk in Schottland. Brüsseler Wandteppiche, orientalische Kacheln und wertvolle Gemälde von

Raeburn, Reynolds, Batoni und Gainsborough zieren die Wände. Im Musikzimmer werden die Gäste gelegentlich am Flügel unterhalten. Seit 1984 wird Fyvie vom National Trust verwaltet.

Unten im Haus befindet sich ein netter Tearoom, während draußen der *walled garden* und die Rundwege auf eine Erkundung warten. ⊙ April–Juni, Sep–Okt Sa–Di 12–17, Juli–Aug tgl. 11–17 Uhr, Eintritt 11 £, erm. 8 £ (NTS).

Haddo House

1732 beauftragte William Gordon, der 2. Earl of Aberdeen, den bekanntesten Architekten seiner Zeit, William Adam, mit dem Bau von Haddo House, ✆ 0844-4932179, 🖥 www.nts.org.uk. Gordon war der größte Landbesitzer von Aberdeenshire und hatte in die Familien der Herzöge von Atholl und Gordon eingeheiratet, sogar Fyvie Castle hatte er erworben. Nun war der Bau eines eigenen repräsentativen Stammsitzes angesagt.

Die Familie mischte im 19. Jh. auch in der britischen Politik mit, denn der 4. Earl brachte es zu Viktorias Zeiten bis zum Premierminister. Der 7. Earl wurde immerhin Generalgouverneur von Kanada und zum Marquis befördert.

Obwohl der aktuelle Marquis weiterhin in Sichtweite des Landsitzes wohnt, stehen Haddo House und der weitläufige Landschaftspark am River Ythan Besuchern offen. ⊙ April–Juni, Sep–Okt Fr–Mo 11.30, 13.30, 15.30, Juli–Aug Führungen tgl. 11.30, 13.30, 15.30 Uhr, Eintritt 9 £, erm. 6,50 £ (NTS).

Tolquhon Castle und Gallery

Wenige Kilometer südlich von Haddo, auf dem Weg nach Pitmedden, befindet sich abseits der Durchgangsstraße die ansehnliche Ruine von **Tolquhon Castle**, ✆ 01651-851286, 🖥 www.historic-scotland.gov.uk. Das Castle geht auf das 16. Jh. zurück und empfing 1589 sogar königlichen Besuch. ⊙ April–Sep 9.30–12.30, 13.30–17.30 Uhr, Eintritt 3,70 £, erm. 3/2,20 £ (HS).

Am Wegende lädt die sympathische **Tolquhon Gallery**, ✆ 01651-842343, 🖥 www.tolquhon-gallery.co.uk, zu einem Besuch des liebevoll hergerichteten Skulpturengartens sowie der wechselnden Ausstellungen ein. ⊙ Fr–Sa, Mo–Di 11–17, So 14–17 Uhr, Eintritt frei.

Pitmedden Garden

Von Pitmedden House blieb nach einem Brand nicht viel erhalten, doch die Gärten sind die schönsten im Nordosten. Pitmedden Garden, ✆ 0844-4932177, 🖥 www.nts.org.uk, ist das Paradebeispiel für einen formalen britischen Garten aus dem 17. Jh. Mit einem inneren und einem äußeren *walled garden* ist der Gartenbereich sehr groß, und der National Trust pflegt das grüne Juwel mit viel Liebe zum Detail.

In den 1950er-Jahren wurde Pitmedden von James Richardson neu gestaltet. Dabei legte er unter anderem „schottische" Heckenareale in Form einer Distel und des Andreaskreuzes an. Genau wie in Edzell (s. S. 354) verzierte Richardson auch hier manche Hecke mit lateinischen Motto-Sprüchen. So ist z. B. *tempus fugit* („Die Zeit flieht") zu lesen.

Das äußerst nette Gartencafé lädt vor der Weiterfahrt zu einer erholsamen Pause ein. ⊙ Mai–Sep tgl. 10–17.30 Uhr, Eintritt 6 £, erm. 5 £ (NTS).

Essen

Bis auf Tolquhon Castle verfügen alle erwähnten Burgen und Gärten über ein eigenes Café.

Transport

Stagecoach-Linie 305 hält stdl. zwischen ABERDEEN (1 1/2 Std.) und Banff in Fyvie. Linie 290/291 steuert von Aberdeen aus auf dem Weg nach Ellon stdl. Pitmedden an (1 Std.).

Von Aberdeen nach Peterhead

Forvie National Nature Reserve

Nördlich von Aberdeen erstreckt sich hinter dem langen Sandstrand sanft geschwungenes Farmland. Hinter **Newburgh** erstreckt sich die von den Gezeiten geprägte Ythan-Mündung: Auf der Nordseite ist die weitläufige Dünenlandschaft der **Forvie Sands** als National Nature Reserve geschützt. Neben Gänsen und Eiderenten fühlen sich besonders Seeschwalben an der Mündung sehr wohl und brüten dort. Dieser Bereich ist deshalb für Besucher komplett gesperrt.

Dafür wurden direkt von der Ythan-Brücke sowie dem **Stevenson Forvie Centre**, ✆ 01358-

751330, 🖳 www.nnr-scotland.org.uk/forvie, einem Rangerzentrum unweit der ehemaligen Fischersiedlung Collieston, mehrere farbig markierte Rundwanderwege angelegt. Die rote Route führt von beiden Seiten zu den Resten der alten Kirche von Forvie, dem letzten Überbleibsel einer Siedlung, die im 15. Jh. von den Wanderdünen komplett geschluckt wurde.

Cruden Bay, Slains Castle und Bullers of Buchan

Ende des 19. Jhs. sollte in **Cruden Bay** das „Brighton des Nordens" entstehen: Es gab eine Bahnlinie, und vom Bahnhof tuckerte sogar eine Straßenbahn zum größten Hotel am Ort. Cruden Bay mit seinem wunderbaren Sandstrand schien eine große Zukunft zu haben, doch die Pläne verliefen im Sand, weder das Cruden Bay Hotel noch die Tram sind erhalten.

Doch der Besuch lohnt aus drei Gründen: Der Strand von Cruden ist einer der schönsten in Buchan, der Golfplatz ist exzellent, und vom Parkplatz an der Main Street mit ihren kleinen Fischer-Cottages geht es durch ein Wäldchen in einer knappen Viertelstunde hinaus auf die Klippen zur Dracula-Ruine von **Slains Castle**, s. Kasten.

Entlang der Klippen führt ein knapp 3 km langer Küstenpfad weiter bis zu den dramatischen **Bullers of Buchan**, die auch über einen Parkplatz nördlich von Cruden Bay erreicht werden können. Inmitten der Klippen hat sich ein Kessel *(The Pot)* ausgebildet, der durch eine Öffnung mit dem Meer verbunden ist. Unter dem Felsbogen rauscht das Meer in den Kessel, und auch rundum donnert es gewaltig. Während der Brutzeit hallen die Klippen vom Geschrei der Vögel wider, und gelegentlich werden sogar Papageientaucher gesichtet, während unten in den Buchten Seehunde neugierig Ausschau halten. Der Schottlandreisende Dr. Johnson notierte schon 1773, dass dieses Naturspektakel niemanden kalt lasse, „der entweder einen Sinn für Gefahr hat oder sich an einer Seltenheit erfreuen kann."

Peterhead

Europas größter Weißfischhafen Peterhead (17 600 Einwohner) ist landläufig unter dem Spitznamen Blue Toon bekannt. Dabei wirkt die Stadt durch ihren pinken Granit alles andere als

blau. Der Fischereihafen und die Versorgung der Ölplattformen draußen im Meer sind die wichtigsten Industriezweige. Der Fischmarkt von Peterhead ist mittlerweile der größte und einer der wenigen noch operierenden in Schottland.

Vor der ehemaligen **Town Hall** in der Broad Street wartet eine Überraschung: Ein Denkmal erinnert an Feldmarschall James Keith – eigentlich nichts Besonders, wenn der Stifter 1868 nicht der preußische König Wilhelm I. gewesen wäre. Denn der bei Peterhead geborene Keith war als Stuart-Anhänger im Exil, wurde zum Liebling von Zarin Katharina der Großen und stieg unter Friedrich dem Großen zum Gouverneur von Berlin auf. Keith fiel in der Schlacht von Hochkirch 1758.

Das maritime Erbe von Peterhead wird im **Arbuthnot Museum**, 53 St Peter Street, ☎ 01779-622807, oberhalb der Bücherei (kostenloser Internetzugang!) wachgehalten. Durch den Herings- und Walfang wurde Peterhead ab dem Ende des 18. Jhs. immer bedeutender. Zur Mitte des 19. Jhs. war hier mehr als 50 % der britischen Walfangflotte stationiert, bis Dundee um 1870 Peterhead den Rang ablief. Ein Extra-Raum

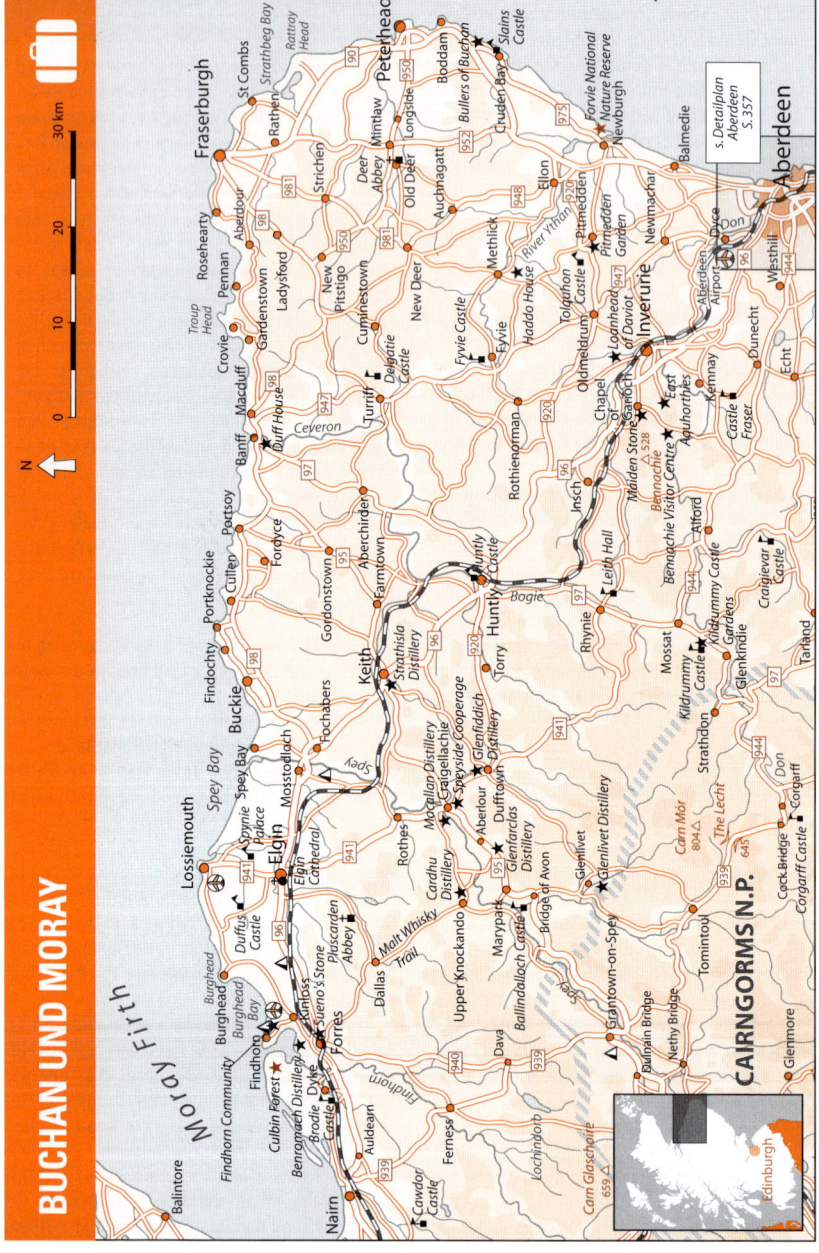

BUCHAN UND MORAY

30 km

20

10

0

N

Peterhead

Fraserburgh

St Combs
Strathbeg Bay
Rattray Head

Rathen
Boddam
Slains Castle
Cruden Bay
Bullers of Buchan
Forvie National Nature Reserve
Newburgh
Balmedie

Aberdeen

s. Detailplan Aberdeen S. 357

Deer Abbey
Mintlaw
Longside
Strichen
New Pitsligo
Old Deer
Auchnagatt

Ellon
Pitmedden Garden
Newmachar
Dyce
Westhill
Aberdeen Airport
Don

Rosehearty
Pennan
Aberdour
Gardenstown

Ladysford
New Deer
Methlick
River Ythan
Tolquhon Castle
Udny
Oldmeldrum
Loanhead of Daviot
Inverurie

Troup Head
Crovie
Macduff
Banff
Cumminestown

Fyvie Castle
Fyvie
Haddo House
Chapel of Garioch
Maiden Stone
Bennachie Visitor Centre
Bennachie
Kemnay
East Aquhorthies
Castle Fraser
Echt

Portsoy
Portknockie
Findochty
Buckie

Delgatie Castle
Turriff
Duff House
Banff
Aberchirder
Farmtown
Rothienorman
Insch

Leith Hall
Chapel of
Dunecht

Spey Bay
Lossiemouth

Findochty

Fordyce
Cullen
Gordonstown

Keith
Strathisla Distillery
Speyside Cooperage
Glenfiddich Distillery
Huntly Castle
Huntly
Torry
Bogie
Rhynie
Mossat

Kildrummy Castle
Kildrummy Castle Gardens
Glenkindie
Craigievar Castle

Spynie Palace
Elgin
Cathedral
Elgin
Rothes
Mosstodloch
Fochabers

Macallan Distillery
Craigellachie
Aberlour
Duff town
Cardhu Distillery
Glenfarclas Distillery
Marypark
Bridge of Avon
Strathdon

The Lecht
Cock Bridge
Corgarff Castle
Tarland

Duffus Castle
Pluscarden Abbey
Spey
Dallas
Upper Knockando
Malt Whisky Trail
Ballindalloch Castle
Glenlivet
Glenlivet Distillery
Carn Mor 804△
Corgarff

Burghead
Burghead Bay
Findhorn Community
Findhorn
Sueno's Stone
Dufftus
Forres

Dava
Grantown-on-Spey
Dulnain Bridge
Nethy Bridge
Tomintoul

CAIRNGORMS N.P.

Moray Firth

Culbin Forest
Benromach Distillery
Brodie Castle

Findhorn

Lochindorb

Carn Glaschoille 659 △
Glenmore

Balintore
Auldearn
Ferness
Cawdor Castle
Nairn

Findhorn

Edinburgh

Versteigerung im Fischmarkt von Peterhead

So schnell Augen und Ohren auch versuchen, dem Geschehen zu folgen: Eine Versteigerung auf dem Fischmarkt von Peterhead, Merchants Quay, bleibt geheimnisvoll. Im breitesten Dialekt werden lautstark Preise ausgerufen, die Händler stehen um die Fischkisten herum und verziehen keine Miene – doch plötzlich ist wieder eine Ladung Fisch vergeben, wird mit Zetteln vom neuen Besitzer markiert und sofort verladen.

Morgens ab 7 Uhr beginnt auf dem größten Fischmarkt in Schottland das hektische Treiben. Bis zu 4000 Kisten Fisch werden hier tgl. von Montag bis Freitag versteigert, draußen warten schon die Lkw, die mit dem frischen Fang zum Teil bis nach Frankreich rollen. Um halb zehn ist alles vorbei und die Halle wird gereinigt.

Aber die Zeiten ändern sich: Legten vor 20 Jahren noch 400 Boote in Peterhead an, so sind es heute nur noch knapp 30, weitere 40–50 verkaufen hier ihren Fisch. Dafür sind die neuen Boote geradezu riesig und haben mit romantischen Fischkuttern nichts mehr gemein. Doch ob die Überfischung der Fanggründe der Fischindustrie noch eine rosige Zukunft garantiert, ist eine offene Frage.

Besucher können dem Treiben auf dem Fischmarkt zugucken, solange sie den Handel nicht behindern.

widmet sich der abenteuerlichen militärischen und diplomatischen Exil-Geschichte der Gebrüder Keith. Die Familie war als Landeigentümer für den Ausbau des Hafens in Peterhead Ende des 18. Jhs. verantwortlich. ◷ Mo–Di, Do–Sa 11–13, 14–16.30, Mi 11–13 Uhr, Eintritt frei.

Übrigens ist die Stadt auch für die exzellente Schule Peterhead Academy bekannt. Nördlich der Mündung des Ugie „versteckt" sich hinter dem Golfplatz ein wunderbarer, kilometerlanger, einsamer Sandstrand für endlose Spaziergänge.

Übernachtung und Essen

Craighead Camping and Caravanning, ℡ 01779-812251, ⌨ www.craigheadcamping. com. Familiengeführter Campingplatz außerhalb von Cruden Bay.

Kilmarnock Arms Hotel, Bridge Street, Cruden Bay, ℡ 01779-812213, ⌨ www.kilmarnock arms.com. „Mit allem zufrieden" schrieb Bram Stoker 1894 den Hotelbesitzern. Nach den Renovierungen der letzten Jahre ist das Kilmarnock Arms wieder auf dem Weg nach oben. Die 14 Zimmer sind freundlich, und das helle Restaurant mit Terrasse serviert sowohl Pub-Gerichte wie anspruchsvollere Spezialitäten. Neben Jakobsmuscheln stehen z. B. auch Lamm, Haggis und die Fischsuppe Cullen Skink auf dem Programm. ⏲ Küche: tgl. 12–14, 18–21 Uhr. ❺

Simpson's Tearoom, 14 Broad Street, Peterhead, ✆ 01779-490303. Nettes Café mit Blick auf Feldmarschall Keith. Wer tagsüber leckeren und günstigen Kaffee und Kuchen, Sandwiches oder *baked potatoes* sucht, geht in Peterhead zu Simpson's.

Informationen

Peterhead Projects, 35 Broad Street, Peterhead, ✆ 01779-478950. Kleines örtliches Infozentrum mit einigen Broschüren, Landkarten und Regionalliteratur. ⏲ Mo–Sa 10–16 Uhr.

Transport

In Peterhead liegt die Haupthaltestelle Interchange an der St Peter Street/Windmill Street. Peterhead ist halbstündlich über die Stagecoach-Linien 260/263 mit ABERDEEN verbunden (1 1/4 Std.). Linie 263 (etwa stdl.) hält unterwegs auch in Forvie, Cruden Bay und bei den Bullers of Buchan.
Linie 269 verkehrt Mo–Sa stdl., So weniger oft, von Peterhead nach FRASERBURGH (40 Min.).

Von Fraserburgh nach Gardenstown

Fraserburgh

Genau wie Peterhead ist Fraserburgh (12 600 Einwohner) vom Fischfang geprägt. Heute wird in dem großen Hafen vor allem Krabbenfang betrieben.

Die wichtigste Sehenswürdigkeit ist das **Museum of Scottish Lighthouses**, ✆ 01346-511022, 💻 www.lighthousemuseum.org.uk. Schon 1787 war an Stelle des verfallenen Kinnaird Head Castle der erste Leuchtturm des Northern Lighthouse Board errichtet worden; 1991 wurde der Betrieb automatisiert. Die Ausstellung führt sehr informativ durch die Geschichte und Aufgaben der Leuchttürme. Der eigentliche Turm ist nur mit Führung zu besichtigen, während ein kleines Café Kaffee und Kuchen sowie einen tollen Meerblick verspricht. ⏲ April–Juni, Sep Mo–Sa 10–17, So 12–17, Juli–Aug Mo–Sa 10–18, So 11–18, Okt–März Mo–Sa 10–16, So 12–16 Uhr, Eintritt 5 £, erm. 4/2 £.

Pennan, Crovie und Gardenstown

Westlich von Fraserburgh steigen hinter dem Kieselstrand von **Aberdour** die rotbraunen Klippen immer steiler an. Mitten in diese theaterreife Kulisse schmiegt sich der Bilderbuchort **Pennan**, den man erst vom Klippenrand unter sich entdeckt. Nur eine schmale Reihe von bunten Cottages säumt die Kieselbucht. Kein Wunder, dass hier Teile des humorvollen Klassikers *Local Hero* (1983) von Bill Forsyth gedreht wurden. Burt Lancaster spielt einen verschrobenen Ölmulti aus den USA, der seine schottischen Wurzeln wiederentdeckt, nachdem er zunächst den gesamten Ort für eine Ölraffinerie umsiedeln wollte. Die rote Telefonzelle aus dem Film wurde werbewirksam an der einzigen Straße postiert. Allerdings liegt der Filmstrand an der Westküste bei Morar (s. S. 496). Seele des Ortes ist das sehr gemütliche, urige **Pennan Inn** (s. S. 393).

Wenige Kilometer weiter westlich liegt eine weitere Perle der Nordostküste: **Crovie** (sprich Kriwwie). Die lange Reihe von malerischen Fischer-Cottages liegt in prekärer Lage unterhalb der Klippen. Der Ort wurde Mitte des 18. Jhs. für vertriebene Highlander angelegt, die zum Fischen gezwungen wurden, um ihren Lebensunterhalt zu verdienen, obwohl es gar keinen Hafen gab und gibt. Dennoch zählte Crovie 1890 54 Boote und 300 Einwohner. Heute sind fast alle Häuser als Wochenenddomizile verkauft und zumeist fest verrammelt.

Ein Küstenpfad führt hinüber nach **Gardenstown** bzw. Gamrie für die Einheimischen. Dort gibt es tatsächlich einen Hafen und mehrere Reihen von alten Fischer-Cottages, die sich den Hang hinaufziehen. An der Seefront stehen die Häuser nur mit der Schmalseite zum Meer, um sich besser gegen die eisigen Nordwinde schützen zu können.

Tipp: Von dem kleinen Parkplatz an der Zufahrt nach Crovie hinab bietet sich bei gutem Wetter ein fantastischer Blick über den Moray Firth hinüber bis in die Berge von Sutherland.

Pennan Inn, Pennan, ☎ 01346-561201, 🖥 www.thepennaninn.com. Nach Jahren des Verfalls haben die neuen Eigentümer Peter und Nikki Simpson das Kult-Inn wiederbelebt. Die renovierten Zimmer sind angenehm, das Pub-Essen ist gut, und die Portionen sind groß, mittwochs gibt es nur Thai-Essen, und an der Theke sind auch kleinere Brauereien vertreten. Leider ist die Küche nicht durchgängig offen, nachmittags gibt es aber Tee und Kaffee. ⏱ Küche 12–14, 17–20.30 Uhr. ❷ – ❸

Fraserburgh wird stdl. mit Stagecoach-Linie 267/268 von ABERDEEN angefahren (1 1/2–1 3/4 Std.), nach PETERHEAD (40 Min.) verkehrt Linie 269.
Westlich von Fraserburgh klafft allerdings eine ärgerliche Lücke, die eine Küstentour mit öffentlichen Verkehrsmitteln fast unmöglich macht. Do verkehrt ein Bus durch das Hinterland nach BANFF (Linie 272) und Sa geht es 2x an der Küste entlang über Gardenstown nach Banff (Linie 273). Ansonsten bleibt nur der Rückweg nach Aberdeen oder der Versuch, auf der kleinen Küstenstraße zu trampen.

Rund um Banff

An der Mündung des River Deveron ergaben sich perfekte Bedingungen zum Fischen. Sowohl Macduff wie auch Banff, die sich wie zwei Zwillingsorte an beiden Seiten der Mündung am Meer entlangziehen, haben eine lange maritime Vergangenheit. Macduff ist auch heute noch ein aktiver Hafen mit Werft, während der ehemalige Grafschaftssitz Banff eher auf Jachten umgesattelt hat. Weiter im Westen bestimmen bis Cullen kleine Fischerorte und langgestreckte Klippenabschnitte das Bild. Touristisches High-

light ist am Südrand von Banff das stattliche Duff House mit seiner sehenswerten Kunstsammlung.

Macduff

Im Hafen von Macduff stellt das **Macduff Marine Aquarium**, 11 High Shore, ☎ 01261-833369, 🖥 www.macduff-aquarium.org.uk, ganz das Leben unter und auf dem Wasser in den Vordergrund. Hier erfährt man mehr über die Delfine und Wale im Moray Firth sowie die Küstenseeschwalben *(arctic terns)*. Im zentralen Becken füttern Mi/Sa/So Taucher die Fische von Hand. ⏱ tgl. 10–17 Uhr, Eintritt 5,65 £, erm. 3,50/2,80 £.

Banff

Als Sitz der ehemaligen Grafschaft Banffshire bietet Banff (4000 Einwohner) im Zentrum insgesamt ein wesentlich eleganteres Flair als Macduff sowie eine touristische Infrastruktur. Ein Rundgang durch den Ortskern beginnt am Parkplatz neben der Touristeninformation. Durch die Low Street gelangt man zum über 200 Jahre alten **Town House** und auf der anderen Seite zum **ehemaligen Tolbooth Hotel**.

Das älteste Haus von Banff steht an der Ecke zur Gasse High Shore und stammt aus dem 17. Jh. Gegenüber befindet sich der denkmalgeschützte Friedhof **St Mary's Kirkyard**. Die Gasse führt hinaus zum **Hafen**, der erst vergleichsweise spät an die Küste verlegt wurde, weil die Flussmündung für größere Schiffe ungeeignet war. Heutzutage tummeln sich hier die Jachten.

Auf dem Rückweg über die Castle Street passiert man einen schönen Park, Standort des einstigen Castle, sowie viele schöne georgianische Stadthäuser aus der Blütezeit Banffs gegen Ende des 18. Jhs.

Duff House

Der repräsentative Landsitz Duff House, ☎ 01261-818181, 🖥 www.duffhouse.org.uk, hinterlässt am südlichen Rand von Banff als Gesamtkunstwerk einen bleibenden Eindruck, auch wenn die Geschichte seiner Entstehung nicht ganz glücklich war. William Duff, besser bekannt als Lord Braco und Earl of Fife, hatte 1735 Stararchitekt William Adam mit dem Bau des Hauses beauftragt. Nach dem erprobten Vorbild von Haddo House

(s. S. 388) und Hopetoun House (s. S. 139) ging Adam ans Werk, hatte fünf Jahre später das Äußere weitgehend vollendet, doch dann zerstritten sich Architekt und Bauherr über die Baukosten, weitere Anbauten wurden nie in Angriff genommen. Adam erhielt vor Gericht schließlich Recht, starb aber kurz nach dem Urteil.

1995 wurde das Haus nach einer grundlegenden Sanierung als Zweigstelle der National Galleries of Scotland, 🖥 www.nationalgalleries.org, eröffnet. Seither sind Gemälde, Möbel, Skulpturen, Büsten und Wandteppiche zu sehen, die dem Haus neuen Glanz verleihen. Höhepunkte sind Werke von El Greco und Tintoretto sowie der schottischen Meister Raeburn und Ramsay. Der nette Duff House Tearoom gilt bei den Einheimischen zu Recht als Tipp. ⏰ April–Okt tgl. 11–17, Nov–März Do–So 11–16 Uhr, Eintritt 6,55 £, erm. 5,45 £.

Vom Parkplatz für Duff House geht es durch den Park nach Süden über einen Wirtschaftsweg zur 3,5 km entfernten **Bridge of Alvah**, die seit 1722 eine besonders schmale Stelle des Deveron zwischen zwei Felsblöcken malerisch überspannt. Unterwegs befindet sich im Wald ein Familienmausoleum der Duffs (hin und zurück ca. 2 Std., Kartenskizze im Duff House erhältlich).

Von Portsoy bis Cullen

Auf der Küstenroute nach Westen lohnt ein Bummel durch den alten Hafen von **Portsoy**, einem der ältesten an der Nordostküste. Vom zentralen Platz The Square geht es durch die schmucke High Street hinunter zum wunderbaren Hafen aus dem 17. Jh. Berühmt wurde der Portsoy Marble; der heimische Marmor soll sogar in Versailles verbaut worden sein. Am Strand finden sich noch immer letzte Reste des roten Marmors.

4 km südwestlich von Portsoy ist **Fordyce** ein beinahe vergessenes Dörfchen mit einem L-förmigen Tower House von 1592 und dem liebevoll arrangierten **Fordyce Joiner's Workshop**, West Church Street, ☎ 01261-843322, 🖥 www. aberdeenshire.gov.uk/museums. Hier sind alte Werkzeuge ausgestellt, und es werden Kurse für Holzschnitzer, Steinmetze und Harfenbauer angeboten. ⏰ April–Okt Do–Mo 10–20, Nov–März Fr–Mo 13–18 Uhr, Eintritt frei.

Ein sehr reizvolles Flair bietet der adrette Küstenort **Cullen**, der von den Viadukten der ehemaligen Bahnlinie unübersehbar eingerahmt wird. Im Zentrum verbreitet der ansehnliche Square städtisches Flair. Von Cullen gibt es mehrere Küstenpfade, während die Besteigung des 320 m hohen Bin of Cullen eine tolle Aussicht verspricht.

Abstecher nach Huntly

35 km südwestlich von Banff liegt tief im Hinterland an der A 96 die Kleinstadt Huntly (4400 Einwohner). Auf dem Weg in die Whisky-Region rund um Dufftown – oder aber von Aberdeen Richtung Inverness – lohnt vor allem die mächtige Ruine von **Huntly Castle**, ☎ 01466-793191, 🖥 www.historic-scotland.gov.uk, an den Ufern des River Deveron einen kleinen Stopp. Eine herrliche Allee führt zum Castle, dessen Rundturm mit der angebauten Palastfront auf einer Anhöhe die Szenerie bestimmt.

Der Bauherr George Gordon war als 4. Earl of Huntly um 1550 der größte Landbesitzer im Nordosten. Zu Beginn des 17. Jhs. ließ der 1. Marquis das Castle zu einer Renaissance-Residenz ausbauen. Der wunderbare Eingang mit Wappen und mehrere prunkvolle Kamine zeugen vom Glanz der Anlage. ⏰ April–Sep tgl. 9.30–17.30, Okt 9.30–16.30, Nov–März Sa–Mi 9.30–16.30 Uhr, Eintritt 4,80 £, erm. 3,80/2,80 £ (HS).

Übernachtung und Essen

Banff

Banff Caravan Park, Banff Links, ☎ 01261-812228, 🖥 www.aberdeenshire.gov.uk. Schöner Campingplatz am Meer westlich von Banff. ❶

Fife Lodge Hotel, Sandyhill Road, ☎ 01261-812436, 🖥 www.fifelodgehotel.com. Komfortable Zimmer, ruhige Lage am südlichen Stadtrand und ein ansprechendes Restaurant – der große Veranstaltungssaal wird für Hochzeiten und Tagungen genutzt. ❸

Gardenia Guest House, 19 Castle Street, ☎ 01261-812675, 🖥 www.gardeniaguesthouse. co.uk. 7 stilvolle Zimmer, auch für Einzelgäste. Diese haben sogar ein riesiges Bad. Schräg gegenüber vom ehemaligen Castle und damit perfekt gelegen. Eine sehr gute Adresse. ❷–❸

The County Hotel Banff, 32 High Street,
📞 01261-815353, 🖥 www.thecountyhotel.co.uk.
Sehr ansehnliches georgianisches Anwesen
von 1770, das durch einen Vorgarten von der
Straße abgesetzt ist. Eric und Vida Pantel haben
hier ein wenig französische Gastlichkeit nach
Nordostschottland gebracht, auch wenn die
Glanzzeiten des Hotels und seines Restaurants
schon vorbei zu sein scheinen. Im Bistro eher
schottische, günstige Küche, in der L'Auberge
französische, teurere Spezialitäten. 🕐 Küche
12–14.30, 17.30–20 Uhr. ❸
Duff House Tearoom, Duff House, s. S. 393.

Cullen

€ **Cullen Harbour Hostel**, Portlong Road,
📞 01542-532236, 🖥 www.cullenharbour
holidays.com. Kleines Hostel nahe des Hafens in
rustikalem Ambiente. Das benachbarte Cottage
kann zudem als Ferienwohnung angemietet
werden. Praktisch die einzige Budget-Adresse
an der Nordostküste. Dorm-Bett 15 £. ❶

Sonstiges
Bootstouren
North 58° Sea Adventures, 8 Quayside, Banff,
📞 01261-819900, 🖥 www.north58.co.uk, bietet
diverse Ausflüge im Hartgummiboot entlang der
Küste Richtung Pennan sowie Richtung Portsoy
an. Mit etwas Glück werden Delfine und Wale
oder aber Basstölpel und Papageientaucher
gesichtet. Unbedingt vorher anrufen, da für alle
Touren eine Mindestteilnehmerzahl gilt. Preise:
1–2 1/2 Std. 20–26 £, erm. 12–18 £.

Feste
Scottish Traditional Boat Festival, 🖥 www.
scottishtraditionalboatfestival.org.uk. An einem
Wochenende Anfang Juli ankern in Portsoy
zahllose kleine Schiffchen und historische
Segelboote. Dann gibt es Segelregatten,
Kunsthandwerksstände, Tanz und Musik – der
Hafen von Portsoy ist auf einmal voller Leben.

Informationen
Banff VisitScotland Information Centre,
Collie Lodge, 📞 01261-812419. Die 1836 gebaute
Lodge markierte ursprünglich das Haupttor
zum Duff House. Der Eingang lag direkt an

der Straße in die Stadt. April–Sep Mo–Sa
10–17, Okt–März Mo–Sa 10–16 Uhr.

Transport
Busse der Stagecoach-Linie 305 verkehren
stdl. von ABERDEEN über Fyvie nach Macduff
und Banff (Low Street, 2 Std.). Von dort
Weiterfahrt über Portsoy und Cullen (Square,
30 Min.) bis nach ELGIN (Bus Station, 1 1/2 Std.).
Linie 301 verkehrt Mo–Fr 4x tgl. von Macduff
über Banff nach Huntly, Sa nur 1–2x.

Moray

Die Grafschaft Moray erstreckt sich vom Meer
bis auf das Gipfelplateau der Cairngorms. Dadurch unterteilt sich die Landschaft in drei sehr
unterschiedliche Regionen: die Küstenebene mit
den alten Städten Elgin und Forres, das fruchtbare Flusstal Strathspey mit seiner Whisky-
Industrie sowie die Hochtäler und Gebirgsregio-
nen mit Tomintoul, der höchstgelegenen Ortschaft der Highlands.

Der Begriff Speyside ist ein Synonym für
Whisky. In dieser Region sind einige der bekanntesten Whisky-Destillerien der Welt angesiedelt
und Liebhaber des hochprozentigen Getränks
wissen den **Malt Whisky Trail** von Brennerei
zu Brennerei bestens zu schätzen. Auf die Grafschaft Moray entfällt aber eigentlich nur der
Unterlauf des River Spey, der gesamte obere Teil
fließt durch die politische Region der Highlands
(s. S. 407).

Dufftown und Umgebung

Eigentlich wäre Dufftown (1500 Einwohner) ein
kleines verschlafenes Nest in den sanft anstei-
genden Hügeln östlich des Spey – wenn nicht
ein gewisser William Grant 1887 die Glenfiddich
Distillery gegründet hätte. Der ganze Ort ist von
Brennereien umgeben und lebt vom Whisky-
Tourismus, der eine sehr gute Versorgung mit
Unterkünften, Restaurants und Whisky-Shops
mit sich gebracht hat. Dufftown ist ein gutes
Standquartier für Speyside.

Wer auf den Geschmack gekommen ist, kann dem Malt Whisky Trail, 🖥 www.maltwhiskytrail.com, von Dufftown quer durch Moray zu sieben weiteren Destillerien folgen. Dabei kann man die schönsten Ecken der alten Grafschaft und von Speyside kennenlernen. Von der Traditionsbrennerei Glenlivet im Süden bis zum Neuling Benromach bei Forres geht es kreuz und quer durch die Lande. Alle angeschlossenen Brennereien stehen für Besucher offen.

Nicht alle Destillen haben sich jedoch dem Projekt angeschlossen. So finden sich weder Mac-allan, Aberlour noch Glenfarclas auf der Website wieder, während die aufgeführte Dallas Dhu Distillery eine stillgelegte Museumsanlage ist. Man sollte sich also nicht so strikt an die „offizielle" Route halten, sondern sich sein eigenes Programm zurechtlegen.

Eins ist aber klar: Wer mehr als eine Destille am Tag besichtigen will, braucht Standvermögen, da *tastings* Teil des Besucherprogramms sind. Und für die ausführlicheren „Genießer"-Führungen sollte man besser gleich ein Taxi nehmen. Die Unterkünfte helfen meist bei der Vermittlung.

Übrigens heißt das örtliche Motto: „Rome was built on seven hills, Dufftown on seven stills" – Rom wurde auf sieben Hügeln gebaut, Dufftown auf sieben Brennblasen ...

Glenfiddich

Glenfiddich, 📞 01340-820373, 🖥 www.glenfiddich.com, ist *big business*. Die Brennerei am Nordrand von Dufftown produziert den weltweit meistgetrunkenen Single Malt. Entlang der Straße nach Craigellachie erstrecken sich 44 Lagerhäuser, und auch die kleinen Destillen Balvenie und Kininvie gehören mittlerweile zu dem Familienkonzern. Für viele Whisky-Freunde gilt Glenfiddich allerdings „nur" als Einstiegs-Malt, der schnell durch andere Kreationen im heimischen Regal ersetzt wird.

Vom Empfangszentrum der Brennerei geht es nach einem 15-minütigen Film eine halbe Stunde durch die Produktionsstätten, und im Anschluss darf gekostet werden. All das läuft multilingual, sehr professionell und informativ – Glenfiddich ist eine der besucherstärksten Destillerien Schottlands. Das liegt sicher auch daran, dass die normalen Führungen weiterhin kostenlos angeboten werden. 🕙 Ostern–Mitte Okt Mo–Sa 9.30–16.30, So 12–16.30, Mitte Okt–Ostern Mo–Fr 9.30–16.30 Uhr, Eintritt frei.

Balvenie Castle

Gleich um die Ecke von der Glenfiddich-Brennerei steht etwas versteckt die eindrucksvolle Ruine von Balvenie Castle, 📞 01340-820121, 🖥 www.historic-scotland.gov.uk. Im 13. Jh. war die Feste für Alexander „Black" Comyn gebaut worden; 400 Jahre lang diente sie als Residenz. Heute umweht die gut erhaltenen Mauern ein beständiger Whiskyduft, der vom Nachbarn herüberzieht. 🕙 April–Sep tgl. 9.30–17.30 Uhr, Eintritt 3,70 £, erm. 3/2,20 £.

Speyside Cooperage

Am südlichen Ortsrand von Craigellachie ist die Speyside Cooperage, 📞 01340-871108, 🖥 www.speysidecooperage.co.uk, die letzte Böttcherei Schottlands, die Besuchern offen steht. Die 16 Böttcher und vier Lehrlinge reparieren zu 99 % gebrauchte Whiskyfässer für eine weitere Füllung. Bei rund 100 000 Fässern, die pro Jahr von der Whisky-Industrie gebraucht werden, erhält man eine Vorstellung von der Dimension des Brennbetriebs.

In den USA dürfen Bourbonfässer nur einmal verwendet werden; da die aus Eichenholz hergestellten Fässer jedoch eine Lebensdauer von rund 60 Jahren haben, erwartet sie in Schottland noch ein einträgliches Recycling. In der Cooperage kann man einen Blick in die Werkshalle werfen und erhält viele interessante Infos zu dem alten Gewerbe. 🕙 Mo–Fr 9–16 Uhr, Eintritt 3,30 £, erm. 2,70/2,20 £.

Craigellachie

Auf der nördlichen Seite von Craigellachie lohnt ein kleiner Abstecher über die A 941 zum Spey hinunter. Dort ist die alte **Brücke** zu sehen, die von dem berühmten Brückenbaumeister und Ingenieur Thomas Telford 1814 entworfen wurde. Bis 1972 rollte der Verkehr über die sehr elegante Konstruktion.

Nördlich des Spey lädt die **Macallan Distillery**, Easter Elchies, ✆ 01340-872280, 🖥 www. themacallan.com, zu einer weiteren Whisky-Tour ein. Die 1824 gegründete Macallan-Brennerei gehört zur schottischen Edrington Group und liefert sich mit Glenlivet seit einigen Jahren einen heißen Kampf darum, wer weltweit die Nr. 2 unter den Single Malts ist. Derzeit liegt Macallan hinten. ⏱ Ostern–Aug Mo–Sa 9.30–16.30, Sep–Okt Mo–Fr 9.30–16.30, Nov–Ostern Mo–Fr 11–15 Uhr (während der „stillen Saison" von Ende Juni bis Anfang August begrenzte Führungsoptionen), Führungen frei.

Aberlour

Die Weiterfahrt erfolgt über die A 95 das Spey-Tal hinauf, durch den kleinen Whisky-Ort Aberlour. Er ist nicht nur für seine gleichnamige Destille bekannt, sondern vor allem als Heimat von **Walkers Shortbread**, 🖥 www.walkershortbread. co.uk. Die sehr buttrigen, kalorienhaltigen Gebäckstücke der Traditionsfirma sind landesweit gefragt, genauso wie die *oatcakes*. Von einer kleinen Bäckerei hat sich die Familie zum Eigentümer von Aberlour House und zum Hoflieferanten für die Queen hochgearbeitet.

Übernachtung und Essen

Dufftown

A Taste of Speyside, 10 Balvenie Street, ✆ 01340-820860. Bei Sandy Smart steht solide Regionalküche im Vordergrund, die aus dem überaus reichen Angebot der Umgebung schöpft. Wild, Lamm, Haringo, Käse, Haferplätzchen und dazu oftmals ein Schuss Whisky sorgen für viel Auswahl auf der Speisekarte. ⏱ Küche Di–Sa 12–14, 18–21, Sommer auch So 18–21 Uhr.

Davaar, Church Street, ✆ 01340-820464, 🖥 www.davaardufftown.co.uk. 3 Zimmer auf 3-Sterne-Niveau bietet Frau Cameron an. Alle verfügen über ein eigenes Bad/WC, und es gibt sogar einen Wäscheservice. Durch die zwei Holzvorbauten hebt sich das Haus von den Nachbarn ab. ❷

Tannochbrae Guest House, 22 Fife Street, ✆ 01340-820541, 🖥 www.tannochbrae.co.uk. Das Tannochbrae hat sich Qualität auf die Fahnen geschrieben und bietet gehobenen 4-Sterne-Service an. Dazu zählt auch das hervorragende Restaurant, in dem moderne schottische Küche angesagt ist. Von Lamm über Fisch bis zu vegetarischen Spezialitäten wird allen Gästen etwas geboten (Reservierung empfehlenswert, nicht billig). Und dann sind da noch die 300 Whiskys in den Regalen der gemütlichen Bar ... ⏱ Küche 18.30–21 Uhr. ❷–❸

Noah's Ark, 18 Balvenie Street, ✆ 01340-821428, 🖥 www.noahsarkbistro.co.uk. Noahs Arche ist ein buntes, einladendes, leicht esoterisches Refugium im Stile eines Wohnzimmers. Damit fällt der Laden von Alison Woosnam eindeutig aus dem Rahmen. Auf dem Speiseplan stehen leckere Vollwertgerichte, die vergleichsweise sehr günstig und zum Teil vegetarisch bzw. vegan sind. Angeschlossen ist zudem ein B&B. ⏱ tgl. 12–22 Uhr. ❷

The Elms, 55 Fife Street, ✆ 01340-820471, 🖥 www.theelmsdufftown.com. Der Mann von Eileen Leitch arbeitet in der Whiskyindustrie, und dementsprechend haben alle 3 Zimmer ein Whisky-Thema. Das sehr nette „Mortlach" schaut nach vorne raus auf die gleichnamige Destille. Die Gastgeberin ist sehr freundlich, und die Preise gehen voll okay. ❷

Aberlour

Aberlour Gardens Caravan & Camping Park, ✆ 01340-871586, 🖥 www.aberlourgardens. co.uk. Super gelegener Campingplatz im ehemaligen *walled garden* von Aberlour House. ❶

The Mash Tun, 8 Broomfield Square, ✆ 01340-881771, 🖥 www.mashtun-aberlour.com. Für Whiskyfreunde gehört der „Maischebottich" zu den festen Stationen auf einer Speyside-Tour. Die regionale Küche schmeckt in dem stimmungsvollen Ambiente sehr gut, und dazu stellen 200 Whiskys Besucher vor die Qual der Wahl. Eine Besonderheit ist die komplette

Nordostschottland

Vom endlosen Kieselstrand der Spey Bay durch das whiskygeschwängerte Tal bis in Sichtweite des Cairngorm-Massivs – auf 104 km verbindet der Speyside Way die Küste des Moray Firth mit den gebirgigen Highlands. Mit einem kleinen Abstecher nach Dufftown oder einem längeren über Glenlivet nach Tomintoul kann man die Tour sogar noch deutlich ausweiten. Insgesamt ist der **Fernwanderweg** wesentlich einfacher zu laufen als der West Highland Way, führt dafür aber auch nicht durch wirklich einsame Highland-Regionen. Die Route ist bequem in 6–8 Tagen zu schaffen.

Startpunkt ist der Küstenort **Buckie**. Von dort geht es am Strand entlang zur naturgeschützten Mündung des Spey. Dort ist in der ehemaligen Lachsfangstation Tugnet ein **Besucherzentrum des Scottish Wildlife Trust**, 🖳 www.swt.org.uk, untergebracht. Mit etwas Glück sieht man vor der Küste Delfine oder Wale.

Von der Mündung geht es landeinwärts und ab Craigellachie vorbei an den berühmten **Destillen von Speyside**. Wer will, kann seine Tour also alle paar Kilometer durch einen Brennereibesuch unterbrechen. Über Ballindalloch und Grantown gelangt man letztlich zum Zielort **Aviemore**, dem Ferien- und Sportzentrum am Fuße der Cairngorms. Gut eingelaufen lassen sich dort zahlreiche weitere spannende Touren anschließen (s. S. 412). Infos: 🖳 www.speysideway.org.

Sammlung der Glenfarclas *family casks*. Das Haus bietet zudem 5 gehobene Zimmer, darunter die elegante Aberlour Suite.
🕐 Küche Mo–Fr 12–14, 18–21, Sa–So 12–21 Uhr.

Sonstiges
Aktivitäten
The Whisky Line, ✆ 01340-821181, 🖳 www.keith-dufftown-railway.co.uk. Die 17 km lange Strecke der Keith & Dufftown Railway wurde 2000 reaktiviert und verkehrt von April–Sep vor allem an Wochenenden jeweils 3x tgl. Der Bahnhof von Dufftown liegt in der Nähe der Glenfiddich Distillery. Und was wartet am anderen Ende, nach 40 Min. Fahrzeit? Selbstverständlich eine weitere Brennerei zum Besichtigen! Die historische Strathisla Distillery von 1786 liegt ganz in der Nähe des Bahnhofs. Hin und zurück 9,50 £/erm. 7,50 £.

Einkaufen
The Whisky Shop, 1 Fife Street, Dufftown, ✆ 01340-821097, 🖳 www.whiskyshopdufftown.co.uk. Einkaufen in Dufftown? Da kann es sich nur um Whisky handeln. 500–550 Whisky *expressions* stehen in den Regalen. Nach 18 Uhr werden auf Wunsch auch *tastings* organisiert. Im Mittelpunkt steht natürlich Speyside, aber auch Islay ist erhältlich.

Feste
Spirit of Speyside, 🖳 www.spiritofspeyside.com. Am ersten Wochenende im Mai dreht sich im Spey-Tal 5 Tage lang alles um den heimischen Whisky, gutes Essen, Tanz und Musik sowie viel Spaß für jedermann. Whiskyfreunde wissen die speziellen Genießer-Touren durch die Destillen sehr zu schätzen und reisen deshalb von weither an.

Informationen
Dufftown VisitScotland Information Centre, Clock Tower, The Square, ✆ 01340-820501, 🖳 www.dufftown.co.uk. Touristeninformation im zentralen Uhrenturm von Dufftown.
🕐 April–Okt Mo–Sa 10–17 Uhr.

Transport
Busse
Stagecoach Bluebird bedient den Whisky Trail mit Linie 336 von Dufftown stdl. über Aberlour nach ELGIN (50 Min.) und FORRES (2 Std.).
Die Buslinien 362/363 verbinden an Schultagen 1x tgl. Aberlour via Ballindalloch und Glenlivet mit TOMINTOUL. Ansonsten gibt es Di/Do je 1x eine Verbindung und Sa 2x von Dufftown nach Tomintoul und zurück. Aktuelle Fahrplaninfos bei der Touristeninformation in Dufftown.

Nordostschottland

Eisenbahn

An Fahrtagen der „Whisky Line" (s. Aktivitäten S. 398) kann man in Keith von der ScotRail-Linie Aberdeen–Inverness auf die Keith & Dufftown Railway umsteigen.

Von Ballindalloch nach Tomintoul

In Ballindalloch führt ein Abstecher über den Whisky-Ort Glenlivet hinauf in das einsame Bergdorf Tomintoul.

Ballindalloch

Die schönste Baronialburg im Spey-Tal ist das sehr wohnliche **Ballindalloch Castle**, ☎ 01807-500210, 🖥 www.ballindallochcastle.co.uk, in einem schönen Park an der Mündung des River Avon in den Spey. Die Macpherson-Grants besitzen die größte Privatsammlung spanischer Gemälde in Schottland, darunter El Greco, Velázquez und Murillo. Das Castle stammt aus dem 16. Jh., wurde aber im 18. und 19. Jh. ausgebaut. Sehr schön ist das Esszimmer, das einst als Große Halle fungierte. Und immer wieder stolpert man über die guten Beziehungen der Familie zur Queen Mum und zu Prince Charles. Draußen im Park ist der Rhododendron Walk im Frühjahr ein farbenprächtiger Blütentunnel, während der River Walk hinunter zum Spey führt. ☉ Ostern–Sep So–Fr 10.30–17 Uhr, Eintritt 8 £, erm. 4 £.

Wenige Kilometer östlich von Ballindalloch zweigt von der A 95 die Zufahrt zur privaten **Glenfarclas Distillery**, ☎ 01807-500257, 🖥 www.glenfarclas.co.uk, ab. Auch hier werden regelmäßig Führungen angeboten. ☉ April–Juni Mo–Fr 10–17, Juli–Sep Mo–Fr 10–17, Sa 10–16, Okt–März Mo–Fr 10–16 Uhr, Führungen 3,50 £.

Glenlivet

Im Juni 2010 eröffnete Prince Charles ein neues Produktionsgebäude für die **Glenlivet Distillery**, ☎ 01340-821720, 🖥 www.theglenlivet.com, mit der die französischen Besitzer Pernod Ricard/Chivas Brothers die Produktion des nach Glenfiddich weltweit meistverkauften Single Malt fast verdoppeln können. Einen großen

Anteil an der steilen Karriere von Glenlivet hat Sir Walter Scott, der angeblich George IV. bei seinem Schottlandbesuch 1822 Whisky aus diesem Hochlandtal zu trinken gab. Der König war begeistert und erließ ein Jahr später das neue Whisky-Gesetz, dass es auch Farmern und Kleinunternehmern ermöglichte, legal das Wasser des Lebens zu brennen. In Glenlivet war George Smith 1824 sofort zur Stelle, auch wenn es heißt, dass seine schwarzbrennenden Nachbarn ihm so sehr zürnten, dass er immer zwei Pistolen bei sich trug. Am Ende gab es aber so viele Nachahmer, dass sich die Destille als „The Glenlivet" Markenschutz erwarb.

Die Touren durch die Brennerei sowie das kleine Museum sind sehr informativ und genau wie bei Glenfiddich und Macallan kostenlos. Außerdem gibt es ein Café. ☉ April–Okt Mo–Sa 9.30–16, So 12–16 Uhr, Führungen frei.

Tomintoul

Das höchstgelegene Dorf der Highlands, Tomintoul (540 Einwohner), lohnt einen Besuch, wenn man ohnehin auf der Durchfahrt ist. Die Ortschaft am Ostrand des Cairngorms National Park zieht sich an einer langen Straße entlang und gruppiert sich um den grasbewachsenen Square. Dort erklärt das **Tomintoul Museum**, ☎ 01309-673701, 🖥 www.moray.org/museums, die Ortsgeschichte und fungiert auch als Touristeninformation. ☉ April–Juni, Sep–Okt Mo–Sa 9.30–17, Juli–Aug auch So 13–17 Uhr, Eintritt frei.

Übernachtung und Essen

€ **Tomintoul Youth Hostel**, Main Street, Tomintoul, ☎ 01807-580364, 🖥 www.hostellingscotland.com. Einfache SYHA-Herberge in der alten Dorfschule, die von Ende Mai bis Mitte Sep günstige Unterkunft bietet. Dorm-Bett 16,50 £. ❶

The Clockhouse, The Square, Tomintoul, ☎ 01807-580378, 🖥 www.worldslargestscotchwhisky.com. Die Speyside Platter bietet reichhaltige Meeresspezialitäten, aber natürlich stehen auch Hochland-Lamm, Haggis und Rindfleisch auf dem Programm. Mittags kleinere und günstigere Gerichte. ☉ Küche 12–15, 18–21 Uhr.

Nordostschottland

Sonstiges

Feste

Tomintoul & Strathavon Highland Games:
Jeden 3. Samstag im Juli großes Spektakel
auf einer Festwiese am Ortsrand von Tomintoul.
Weitere Infos in der Touristeninformation.

Transport

Busse verkehren südwestlich von Aberlour
und Dufftown nur sehr spärlich. Die Buslinien
362/363 verbinden an Schultagen 1x tgl.
ABERLOUR via Ballindalloch und Glenlivet mit
Tomintoul. Ansonsten gibt es Di/Do je 1x eine
Verbindung und Sa 2x von DUFFTOWN nach
Tomintoul und zurück.

Elgin und Umgebung

Elgin

Elgin (20 800 Einwohner), die Hauptstadt von
Moray, ist eine lebendige Kleinstadt, die einige
Attraktionen aufzuweisen hat. Seit einigen Jah-
ren gibt es rund um die wie ein dorischer Säu-
lentempel gestaltete **St Giles Church** in der High
Street sogar eine kleine Fußgängerzone.

Wer sich über die Orts- und Regionalgeschichte informieren will, sollte das **Elgin Museum**, 1 High Street, ☎ 01343-543675, 🖥 www.
elginmuseum.org.uk, ansteuern. In dem kirchen-
ähnlichen Gebäude sind u. a. zwei der erhaltenen Burghead Bulls (s. S. 401) sowie ein
Leder-Dudelsack vom Schlachtfeld in Culloden
(s. S. 86) zu sehen. ⊙ April–Okt Mo–Fr 10–17, Sa
11–16 Uhr, Eintritt 2 £, erm. 1/0,50 £.

Die wichtigste Sehenswürdigkeit sind jedoch
die beeindruckenden gotischen Überreste der
Elgin Cathedral, King Street, ☎ 01343-547171,
🖥 www.historic-scotland.gov.uk. Die Ostfassade
der „Laterne des Nordens" ist noch fast vollständig erhalten, während auf der anderen Seite das
gotische Portal einen stilechten Zugang ermöglicht. Die Hochgräber und der Piktenstein sind
wertvolle Relikte, und insbesondere das Kapitelhaus ist eine Rarität, da es das besterhaltene
in Schottland ist. In dem achteckigen Gebäude
kann man sich auf die Bänke setzen und zu den
mittelalterlichen Gesängen meditieren.

Die Cathedral strahlt eine friedliche Atmosphäre aus. Doch der Eindruck täuscht ein
wenig, denn die Kirche ist mit einer blutigen
Geschichte verbunden: 1390 brannte der „Wolf
of Badenoch", Alexander Stewart, die Kathedrale sowie Elgin und Forres nieder. Stewart war
ein Sohn von König Robert II. und lag als Earl
of Buchan im Clinch mit Bischof Bur von Elgin.
Dieser wollte ihn exkommunizieren und keine
Schutzgelder mehr bezahlen. Das passte dem
königlichen Wolf gar nicht und er kam laut einem
zeitgenössischen Bericht mit „wyld, wikkit, he-
land men" nach Elgin, um dem Bischof eine Lektion zu erteilen. Stewart musste Entschädigung
zahlen und liegt heute in der Dunkeld Cathedral
begraben (s. S. 320). ⊙ April–Sep tgl. 9.30–17.30,
Okt 9.30–16.30, Nov–März Sa–Mi 9.30–16.30 Uhr,
Eintritt 4,70 £, erm. 3,80/2,80 £.

In Sichtweite der Kathedrale auf der anderen Seite des Lossie betreibt Johnstons of
Elgin das **Cashmere Heritage Centre**, Newmill,
☎ 01343-554099, 🖥 www.johnstonscashmere.
com. Der z. T. über 200 Jahre alte Gebäudekomplex beinhaltet ein Besucherzentrum, ein Café
und einen Werksladen. Auch Werksführungen
werden unter der Woche angeboten. So erfährt
man viel Wissenswertes über die Geschichte
und Herkunft des Kaschmirs. ⊙ Mo–Sa 9–17.30,
So 11–17 Uhr, Führungen Mo–Do 11, 12, 13, Fr
11 Uhr, Eintritt und Führungen frei.

Abstecher nach Lossiemouth

Ein kleiner Abstecher führt direkt nach Norden
zum alten Fischereihafen Lossiemouth. Auf dem
Weg dorthin liegen am Rande der Marsch die
Ruinen von **Spynie Palace**, ☎ 01343-546358,
🖥 www.historic-scotland.gov.uk. Vom 13. Jh. an
war dies für 400 Jahre der Sitz der Bischöfe von
Elgin. Die Anlage wirkt noch heute sehr wehr-
haft; die Bischöfe wollten nach dem Überfall des
Wolf of Badenoch nichts mehr dem Zufall über-
lassen. ⊙ April–Sep tgl. 9.30–12.30, 13.30–17.30,
Okt–März Sa/So 9.30–12.30, 13.30–16.30 Uhr,
Eintritt 3,70 £, erm. 3/2,20 £.

Lossiemouth ist genau wie Banff heute ein
Anlaufpunkt für Jachten. Die ehemalige Fischersiedlung Seatown liegt etwas landeinwärts. Von
dort gelangt man über eine Fußgängerbrücke in

die Dünen und auf den grandiosen kilometer-langen **East Beach**. Nur bei Hochwasser muss man aufpassen, dass man auch wieder zurück-kommt.

Burghead

Der Küstenort Burghead wird gelegentlich auch als „Hauptstadt der Pikten" bezeichnet. Die Landspitze war einstmals ein sehr wehrhaftes piktisches Fort. Von hier hat man einen fantas-tischen Ausblick über den Moray Firth. Eine Besonderheit sind die sogenannten **Burghead Bulls**, eine Serie von mehr als zwei Dutzend Symbolsteinen aus dem 6./7. Jh. mit eingravier-ten Bullendarstellungen. Zwei davon sind im Elgin Museum ausgestellt, die meisten anderen verschollen. Ihr genauer Sinn bleibt verborgen.

Das gilt auch für die geheimnisvolle **Burg-head Well**, die sich einstmals innerhalb der Wehranlage befand. 20 Stufen führen in die Tie-fe. Handelt es sich vielleicht um ein heidnisches Ritualbecken? Wurden hier christliche Taufen vollzogen? Niemand weiß definitiv, wofür das Becken am Ende der Treppe gut war (Schlüssel 69 King Street).

Übernachtung und Essen

Audrey's Tea Rooms, 15/16 Harrow Inn Close, Elgin, ☎ 01343-552660. Heller und freundlicher Tearoom mit Scones und leichten Snacks. ⏱ Mo–Sa 8–17, So 10–16 Uhr.
Laichmoray Hotel, Maisondieu Road, Elgin, ☎ 01343-540055, 🖥 www.laichmorayhotel.co.uk. Das große Hotel bietet 34 Zimmer und besitzt das beste Restaurant in Elgin. Sehr lecker sind in dem Wintergarten z. B. der Moray Seafood Pie oder das Rehfleisch-Curry. Als Absacker wartet in der Bar eine Auswahl von 150 Whiskys. ⏱ Küche tgl. 12–21 Uhr ❸
Richmond B&B, 48 Moss Street, Elgin, ☎ 01343-542561, 🖥 www.elginbedandbreak fast.co.uk. Durch den idyllischen ummauerten Garten gelangt man in das stilvolle Haus. Von den Zimmern hat Nr. 1 kein eigenes Bad/WC. Morgens wird man mit einem guten Frühstück gestärkt. ❸
Taj Mahal, 11 Moss Street, Elgin, ☎ 01343-540932, 🖥 www.tajmahalelgin.com.

Interessanter Kontrast: indische Spezialitäten in ehemaliger Kirche. Die Küche ist gut und günstig, auch Take-away. ⏱ Küche tgl. 12–14, 17–21.30 Uhr.
The Croft B&B, 10 Institution Road, Elgin, ☎ 01343-546004, 🖥 www.thecroftelgin.co.uk. Freistehende Villa mit zwei Säulen am Eingang. Sehr komfortable Zimmer mit recht alten Möbeln – das B&B verströmt die Atmosphäre eines gehobenen Landhauses. ❸

Sonstiges
Fahrradverleih

Bikes and Bowls, 7 High Street, ☎ 01343-549656. Service und Radverleih (15 £/Tag). Zur Küste und ins Hinterland gibt es einige ruhigere Straßen. Auf jeden Fall meiden muss man die verkehrsreiche und gefährliche A 96. ⏱ Mo–Sa 9–17 Uhr.

Informationen und Internet

Elgin VisitScotland Information Centre, Elgin Library, Cooper Park, ☎ 01343-562608. In der angeschlossenen Bücherei auch kostenloser Internetzugang. Zusätzlich ein kleiner Souvenirladen. ⏱ April–Mai, Sep Mo–Fr 10–17, Sa 10–16, Juni/Sep Mo–Fr 10–17, Sa 10–16, So 11–15, Juli–Aug Mo–Fr 10–19, Sa 10–17, So 11–16 Uhr.

Nordostschottland

Busse

Von der **Elgin Bus Station** an der A 96, unmittelbar nördlich des Stadtzentrums, verkehren die Busse von Stagecoach Bluebird.

Linie 10/10 A fährt stdl. über Forres nach INVERNESS (1 1/2 Std.) und in die andere Richtung über Keith–Huntly–Inverurie nach ABERDEEN (2 1/4 Std.).

Linie 305 verkehrt stdl. von Elgin über Cullen, BANFF (1 1/2 Std.) und Fyvie nach ABERDEEN (3 1/2 Std.).

Linie 336 folgt stdl. dem Whisky Trail zwischen FORRES (1 Std. ab Elgin)–Findhorn–Elgin–Aberlour–DUFFTOWN (50 Min.).

Linien 328/329 fahren stdl. von Elgin nach Lossiemouth (25 Min.), Linie 331 nach Burghead (25 Min.).

Eisenbahn

Elgin liegt an der Bahnstrecke ABERDEEN (1 1/2 Std.)–FORRES (15 Min.)–INVERNESS (45 Min.). Die Züge verkehren 6–10x tgl. Der Bahnhof liegt südlich des Stadtzentrums.

Forres und Umgebung

Die gemütliche Kleinstadt Forres (9000 Einwohner) ist seit 1998 wieder eine aktive Whisky-Stadt. In der Umgebung bietet Findhorn ein spannendes, ökologisch anspruchsvolles New-Age-Kommunenprojekt, während Brodie Castle zurück in die Vergangenheit führt. Zwischen Culbin Forest und Findhorn Bay gibt es einen herrlichen Küstenabschnitt.

Sueno's Stone

Am östlichen Ortsausgang zwischen A 96 und Victoria Road steht ein 6 m hoher piktischer Symbolstein in einem riesigen Glaskasten. Der Sueno's Stone aus dem 9./10 Jh. ist vielleicht der imposanteste Piktenstein in Schottland und definitiv reicher verziert als seine kleineren Kollegen. In vier Reihen werden Schlachtszenen dargestellt: Reiter, Fußsoldaten, Gefangene werden geköpft – von den friedlichen Symbolen anderer Steine ist hier nicht viel zu sehen. Nur auf der Rückseite sind die typischen Ranken-motive zu erkennen.

Der Sinn des ungewöhnlich großen Steinbilds ist nicht schlüssig zu entziffern. Wird hier die endgültige Niederlage gegen die Schotten Mitte des 9. Jhs. betrauert oder aber die traumatische Niederlage kurz zuvor gegen die Wikinger, bei der auch Fort Burghead zerstört wurde? Jedenfalls ist eines klar: Der Sueno's Stone war wie ein Abendglühen Höhepunkt und Abgesang der piktischen Reliefsteinmetzkunst. Spätere Zeugnisse der Kultur finden sich praktisch kaum noch.

Benromach Distillery

Am westlichen Ortsende hat die Benromach Distillery, Invererne Road, ✆ 01309-675698, 🖥 www.benromach.com, 1993 nach einer zehnjährigen Schließung eine zweite Lebensphase begonnen. Als die Elginer Whiskyspezialisten von Gordon & MacPhail (s. Kasten S. 401) die Destille kauften, erfüllten sie sich einen Lebenstraum und stießen zugleich in eine Marktlücke vor. Die Nachfrage nach kleinen Whiskybrennereien, die hoch spezialisiert ein auf Individualität bedachtes Publikum bedienen können, ist stark gestiegen. Benromach setzt z. B. auf Bio-Whisky, wo sogar die Fässer nachweisbar ohne chemische Behandlung sein müssen. Jeder Whisky hat seine ganz eigene Note. 1998 begann die Herstellung, im September 2009 kam der erste „neue" Zehnjährige auf den Markt, damit hat die Destille ihre Volljährigkeit erreicht. Benromach ist ein spannendes Projekt, das sich zu verfolgen lohnt. 🕐 Mai/Sep Mo–Sa 9.30–17, Juni–Aug Mo–Sa 9.30–17, So 12–16, Okt–April Mo–Fr 10–16 Uhr, Führungen 3,50 £.

Brodie Castle und Umgebung

Es ist noch nicht allzu lange her, da führte Ninian Brodie, der 25. Brodie of Brodie, die Gäste persönlich durch seine Familienburg, doch hatte er das urige **Brodie Castle**, ✆ 0844-4932156, 🖥 www.nts.org.uk, schon zu Lebzeiten dem National Trust for Scotland vermacht, und sein Nachfolger lebt ohnehin in Paris. Auf der Tour durch das Haus erlebt man den eleganten Dining Room mit der opulenten Stuckdecke. Zu sehen sind u. a. Meerjungfrauen und ein Ein-

Lange Zeit galten die Bewohner von Findhorn als esoterische Hippies, die große Kürbisse wachsen ließen. Über die Jahrzehnte hat die Findhorn Foundation & Community, ☎ 01309-690311, 🖥 www.findhorn.org, jedoch ein dynamisches, zukunftsorientiertes Eigenleben entwickelt, das weit über die engen Zirkel der Kommune hinaus wirkt.

Da sind zunächst mal die augenfälligsten Kontraste: Während in Findhorn erfolgreich eine alte trostlose Armeebasis in ein grünes Idyll verwandelt wurde, setzte der Rest der Region auch nach dem Ende des Kalten Kriegs auf den Fortbestand der Luftwaffenstützpunkte Lossiemouth und Kinloss. Letzterer wird nun definitiv geschlossen. Bereits Ende der 1980er-Jahre wurde in Findhorn das erste Windrad installiert, und noch immer drehen sich im nördlichen Moray fast nur dort Windräder. Während andernorts über zu hohe Heizkosten gejammert wird, sind im Ecovillage Null-Energie-Häuser angesagt. Und dass in Findhorn viel Wert auf biologische Landwirtschaft und vegetarische Küche gelegt wird, versteht sich von selbst.

Die Anfänge

Findhorn ist in vielerlei Hinsicht ein Gegenentwurf, aber einer mit Ausdauer, der mittlerweile in der Region mit viel Respekt betrachtet wird und 2012 sein 50-jähriges Bestehen feiert. Angefangen hat alles mit Eileen und Peter Caddy sowie Dorothy Maclean. Nachdem sie als Hotelmanager arbeitslos geworden waren, zogen sie 1962 mit einem Wohnwagen an den Ortsrand von Findhorn, mitten in die Dünen. Die drei waren starke Charaktere mit spirituellen Überzeugungen und ließen sich von der augenscheinlichen Ausweglosigkeit nicht abschrecken. Langsam verwandelten sie die unwirtliche Landschaft in einen Garten.

Aus dem Notcamp wurde ein berühmtes spirituelles Bildungszentrum, und mit der Zeit entwickelte sich ein buntes Ökodorf für inzwischen 250 Dauerbewohner. Rund 600 Menschen zählen sich im Umfeld insgesamt zur Community. Findhorn ist auf Expansionskurs. Dabei wird gerne etwas Neues probiert. Im Ecovillage gibt es sogar Häuser, die aus alten Whisky-Maischebottichen entstanden.

Vielfalt und Dynamik

Findhorn ist mittlerweile auch zu einem erstklassigen Kulturzentrum für die Region geworden. Die **Universal Hall**, 🖥 www.universalhall.co.uk, bietet 300 Leuten Platz für Veranstaltungen und (Folk)-Konzerte, während das **Moray Art Centre** kreative Workshops anbietet; eine Töpferei ist ebenfalls vor Ort. Die Organisation **Trees for Life** plant von Findhorn aus die natürliche Wiederaufforstung von Teilen der Highlands, und das **Blue Angel Café**, ☎ 01309-690110, versorgt Bewohner wie Gäste mit leckerer Bio-Küche, ⏰ tgl. 10–17 Uhr.

All das muss immer wieder durch harte und langwierige Diskussionen unter dem Stichwort „dynamische Selbstverwaltung" erarbeitet werden, wie die Bewohner offen zugeben. Ob die bis 350 000 £ teuren Eigenheime im *Field of Dreams* noch zum Gründergedanken der Kommune passen, wird ebenfalls heiß diskutiert. Auch Findhorn hebt die sozialen Unterschiede nicht auf. Aber man muss kein Anhänger meditativer Spiritualität sein, um das Projekt und seine außergewöhnliche Entwicklung über die Jahrzehnte hinweg spannend zu finden.

Besuch in Findhorn

Einen guten ersten Einblick in das Dorf und die Community bieten die rund zweistündigen Führungen Fr–Mo und Mi um 14 Uhr, 5 £.

Übrigens: Wer schon mal in Findhorn ist, sollte auch den schönen Strand an der Mündung der Findhorn Bay besuchen.

horn. Auch der Blue Sitting Room mit seiner gewölbten Stuckdecke aus dem 17. Jh. ist eine Augenweide. Der große helle Salon spiegelt hingegen mehr den Geschmack des 19. Jhs. wider und ist so arrangiert, als sollte man sich auf eine gemütliche Tasse Tee niederlassen. ⏰ April tgl. 10.30–16.30, Mai–Juni, Sep–Okt So–Mi, Juli–Aug tgl. 10.30–17 Uhr, Eintritt 8,50 £, erm. 5,50 £.

Nordostschottland

An der Zufahrt steht der **Rodney Stone** aus dem 9. Jh., ein sehr schöner Piktenstein mit Seepferdchen, Schlangensymbolen und der mysteriösen Ogham-Schrift.

Zwischen Brodie Castle und der Findhorn Bay wurde zum Meer der große **Culbin Forest**, 🖥 www.culbin.org.uk, mit zahlreichen Wanderwegen angelegt. Der zentrale Parkplatz Culbin Car Park bei Wellhill wird von Brodie über den Weiler Dyke erreicht. Im Wald bietet der Aussichtsturm auf Hill 99 einen tollen Panoramablick über den Moray Firth zur Black Isle und nach Sutherland. Der vorgelagerte Küstensaum aus Dünen und Watt steht unter Naturschutz.

Übernachtung und Essen

Blue Angel Café, Findhorn, s. S. 403.
Findhorn Bay Holiday Park, Findhorn, ✆ 01309-690203, 🖥 www.findhornbayholidaypark.com. Gepflegter Campingplatz unmittelbar an der Findhorn Community. Im Dorfladen kann man sich verpflegen. Den Strand erreicht man jenseits der Ortschaft. ⏰ April–Okt. ❶

Sunflower, 404 Field of Dreams, Findhorn, ✆ 01309-690311, 🖥 www.sunflower-findhorn.co.uk. Innerhalb der Community gibt es mehrere Unterkunftsmöglichkeiten. Eine davon ist dieses schöne Ökohaus mit sehr leckerem Bio-Frühstück. Die 2 Doppelzimmer sind unter dem abgeschrägten Dach. Wenige Schritte weiter ist die bunte Rainbow Lodge, ✆ 01309-690906, ebenfalls eine gute Adresse. ❷
The Kimberley Inn, 94 Findhorn, Findhorn, ✆ 01309-690492, 🖥 www.thekimberleyinn.

com. Sehr gemütlicher Pub mit Kaminfeuer. Der Fisch wird in Buckie angelandet, und von der Terrasse draußen kann man über die Mündung des Findhorn hinüber in den Culbin Forest schauen oder den Sonnenuntergang genießen – sehr stimmungsvoll. ⏰ Küche 12–20.30 Uhr.

The Old Kirk, Dyke (bei Brodie Castle), ✆ 01309-641414, 🖥 www.oldkirk.co.uk. 3 wunderbare komfortable Zimmer in einer geräumigen, über 150 Jahre alten Kirche. Von dieser sehr schönen Unterkunft lässt sich z. B. der Culbin Forest bequem erkunden, und auch Brodie Castle liegt vor der Tür – ländliche Ruhe mit viel Gefühl für Ambiente. ❷–❸

Informationen

Die Website 🖥 www.forresweb.net informiert über Forres und Umgebung.

Transport
Busse
Linie 10/10A von Stagecoach Bluebird verbindet Forres stdl. mit Brodie (12 Min.), INVERNESS (1 Std.), ELGIN (35 Min.) und ABERDEEN (2 3/4 Std.).
Linie 336 fährt stdl. über Findhorn (30 Min.) nach ELGIN (1 Std.) und weiter nach DUFFTOWN (2 Std.).

Eisenbahn
Forres liegt an der Bahnstrecke INVERNESS (30 Min.)–ELGIN (15 Min.)–ABERDEEN (1 3/4 Std.).

Nordostschottland

Zentrale und nördliche Highlands

Stefan Loose Traveltipps

10 Cairngorms Die Überreste des Kaledonischen Urwalds, die malerischen Seen Loch Morlich und Loch an Eilein und das magische Bergpanorama der Cairngorms werden heute als Nationalpark geschützt. S. 409

Loch Ness Auf Schottlands mythischem See dem Ungeheuer auf der Spur und in Fort Augustus die Schleusentreppe begutachten. Ein Abstecher führt ins Glen Affric, eines der schönsten Täler der Highlands. S. 424

Dunrobin Castle Der Stammsitz der Grafen von Sutherland erhebt sich majestätisch über die Küste bei Golspie. S. 439

Sandwood Bay Ein magischer Traumstrand hoch oben im Nordwesten. S. 452

11 Assynt Mächtige Bergkegel ragen als „Inselberge" aus einer moorigen Löcherkäse-Landschaft empor, während die Küste zwischen Klippen und Sandstrand alle Register zieht. S. 454

Ullapool An Sommerabenden steht in den Pubs des reizvollen Hafenorts oft Folkmusik auf dem Programm. S. 460

12 Inverewe Garden Exotische Blütenpracht in den kargen Highlands – Osgood Mackenzies Lebenswerk begeistert noch heute die Besucher. S. 463

405

Wildromantische Täler, subarktische Bergwelten, einsame Hochmoore, weiße Traumstrände und lange Sommerabende: Die zentralen und nördlichen Highlands verwöhnen Besucher mit Natur pur. Oft ändert sich die Szenerie auf nur wenigen Kilometern dramatisch.

Das fängt schon in den zentralen Highlands an: Herrscht auf den Höhen der **Cairngorms** subarktische Kargheit, so kann man unten im Tal am **Loch Morlich** inmitten kaledonischer Kiefernwälder Urlaub machen. Etwas weiter nördlich ist es von der pulsierenden Hochland-Hauptstadt **Inverness** nur ein Katzensprung zu Schottlands geheimnisvollstem See: **Loch Ness**. Und noch ein Stückchen weiter können Wanderer sich im **Glen Affric** auf eines der schönsten Täler freuen. Hier ist man mit der Natur praktisch völlig allein. Die Zahl der Wandermöglichkeiten in den Highlands ist nahezu unbegrenzt.

Beeindruckend ist auch der Landschaftswechsel in den nördlichen Highlands: Während der **Moray Firth** für seine Delfinkolonie berühmt ist, gilt die Region **Sutherland** vor allem im Hinterland als eine der am dünnsten besiedelten Gegenden Europas. Der Mensch ist nur Gast in den Weiten von Sutherland. Das gilt auch für den spektakulären Nordwesten der Highlands: Vor allem **Handa Island** und die Klippenküste bei **Cape Wrath** sind international bedeutende Refugien für seltene Vögel wie Papageientaucher, Tordalken und Trottellummen. Imposant sind die einsam aus dem Moor aufragenden Inselberge von **Assynt** sowie die traumhaften Sandstrände zwischen **Sandwood Bay** und **Gairloch**. Nicht zu vergessen die exotische Farbenpracht des **Inverewe Garden** bei Poolewe an der Küste.

Im Sommer spürt man oben im Norden auch die hohen Breitengrade: Die Nächte sind sehr kurz; richtig dunkel wird es oft erst gegen Mitternacht. Bei klarem Wetter bleibt die ganze Nacht über ein heller Streifen am nördlichen Horizont zu erkennen. Klare Winternächte sind hingegen für die farbenprächtigen Polarlichter bekannt – so bieten sich immer neue Naturspektakel.

Wer es lieber etwas „zivilisierter" mag: Die Küstenorte **Dornoch**, **Ullapool** und **Plockton** lie-fern eine oftmals malerische Szenerie, die Traumburg **Eilean Donan Castle** dürfte die Herzen aller Foto- und Filmfans höher schlagen lassen, während **Dunrobin Castle** mit Abstand das herrschaftlichste Anwesen der Highlands ist. Oder sollte es doch lieber zum „Macbeth"-Castle **Cawdor** gehen?

Weil hinter jeder Kurve eine landschaftliche Überraschung warten kann, ermöglichen die zentralen und nördlichen Highlands selbst treuen Schottland-Fans immer neue Entdeckungen.

Geschichte

In den zentralen und nördlichen Highlands ist die Vergangenheit an jeder Ecke spürbar: Im Nordwesten fällt sofort die vom silbergrauen Lewis-Gneis geprägte Mondlandschaft ins Auge. Diese ist 3 Mrd. Jahre alt und gehört damit zu den ältesten Gesteinsformationen der Welt. Die Erde war in dieser Region immer aktiv, Erdplatten stießen aufeinander und warfen die hohen Berge auf, während das Great Glen als Kaledonischer Graben die Entstehung des Loch Ness ermöglichte. Und die Spuren der **Eiszeit** sind vom Loch Morlich und den Cairngorms bis zu den Inselbergen im Nordwesten deutlich zu erkennen.

Vor allem **Caithness** an der Nordostspitze des Festlands ist aber auch für die ersten Spuren menschlicher Hochkulturen bekannt, da hier einige beeindruckende steinzeitliche Hügelgräber stehen. Rund um den Moray Firth hinterließen die **Pikten** (s. S. 349) im 7.–9. Jh. rätselhafte Symbolsteine.

Von großer Bedeutung ist bis heute die jakobitische **Niederlage von Culloden** 1746. Die Schlacht östlich von Inverness versetzte der Highland-Kultur ihren Todesstoß. In der Folge sorgten die berüchtigten Highland Clearances (s. S. 449) dafür, dass weite Teile der Highlands entvölkert wurden. Gleichzeitig wurden große Waldflächen gerodet, um vor allem die britische Flotte mit Holz zu versorgen. Die heutige Einsamkeit und die offene Heide-Moor-Landschaft sind also vielerorts künstlich herbeigeführt worden.

Erst gegen Ende des 19. Jhs. konnten die **Vertreibungen** gestoppt werden, und erst in den letzten 30 Jahren hat in den Highlands eine Art Revival eingesetzt. Die Menschen nehmen ihr Schicksal zunehmend in die eigene Hand und kaufen z. B. große Landgüter selbst auf (s. S. 456). Der sanfte **Naturtourismus** bringt dringend notwendige Ressourcen in die abgelegene Region

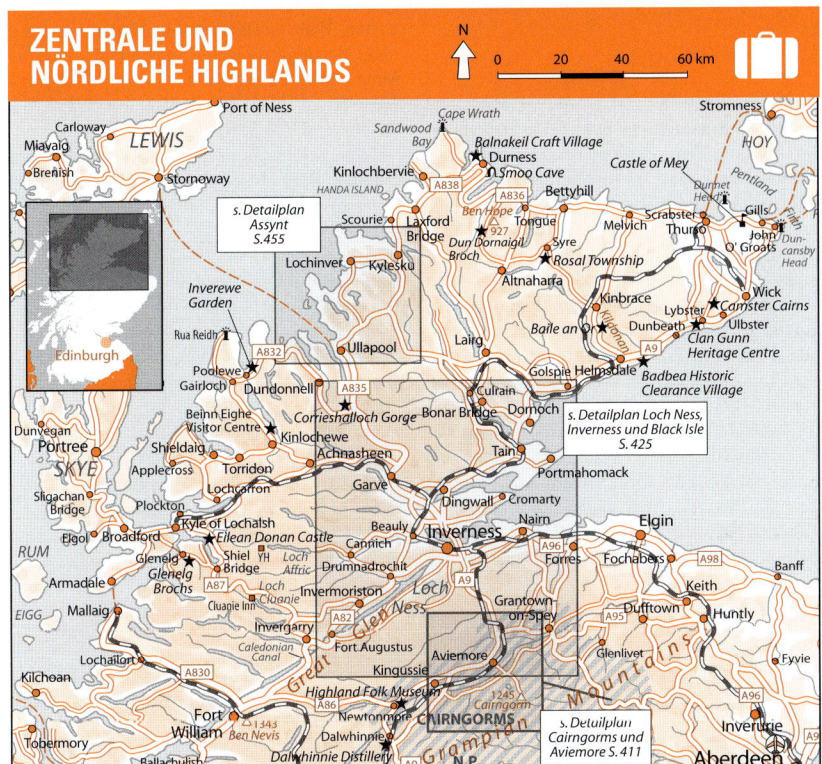

und schafft wirtschaftliche Perspektiven. Doch das Leben am äußersten Rand des britischen Festlands ist nicht immer leicht und nicht überall ist der Bevölkerungsrückgang schon gestoppt.

Zentrale Highlands und Great Glen

Das obere Spey-Tal mit dem Cairngorms National Park im Osten und das Great Glen mit dem sagenumwobenen Loch Ness im Westen bilden das Herzstück der zentralen Highlands. Diese beiden Täler sind wichtige Nord-Süd-Durchgangsrouten, die verkehrstechnisch bestens zu erreichen sind.

Doch die Landschaft könnte unterschiedlicher nicht sein: Rund um das Berg- und Wintersportzentrum **Aviemore** ist das obere Spey-Tal ganz auf die subarktische Gebirgskette der **Cairngorms** ausgerichtet. Von den Gipfeln kann man an klaren Tagen jedoch selbst hier das Meer am Horizont erkennen.

Ganz anders das **Great Glen**: Der lange und schmale Talschlauch zwischen Inverness und Fort William wird von mehreren Seen geprägt, die wie an einer Perlenkette aufgereiht wirken; Hauptattraktion ist natürlich **Loch Ness** mit seinem publikumsscheuen Ungeheuer..

Alle Straßen in der Region laufen auf **Inverness** zu. Die boomende Hauptstadt des Hochlands hat eine sehr hohe Lebensqualität und ist das unbestrittene wirtschaftliche, kulturelle und gesellschaftliche Zentrum der Highlands.

Grantown-on-Spey und Umgebung

Im oberen Spey-Tal markiert der viktorianische Luftkurort **Grantown-on-Spey** (2150 Einwohner) den Zugang zum nordwestlichen Cairngorms National Park. Das adrette Touristenstädtchen geht auf Sir James Grant of Grant zurück. 1765 legte er den zentralen Square als Keimzelle für das moderne Grantown an. Der Platz wirkt mit seinen Rasenflächen eher dörflich; die kleine High Street ist das Geschäftszentrum. 1860 kam Queen Victoria zu Besuch und war begeistert. Heute kommen auch viele Angler nach Grantown, weil der Spey als einer der fischreichsten Flüsse Schottlands gilt.

12 km westlich von Grantown zeugt die alte Packpferdebrücke von 1717 in **Carrbridge** von einer historischen Verkehrsverbindung. Heute kommen Besucher vor allem zum Freizeitpark **Landmark Forest Adventure Park**, ☏ 01479-841613, ▯ www.landmarkpark.co.uk, mit Kletter-garten, Wasserrutschen, Aussichtsturm sowie einer dampfgetriebenen Sägemühle. ⊙ April–Mitte Juli tgl. 10–18, Mitte Juli–Aug 10–19, Sep–März 10–17 Uhr, Eintritt 11,55 £, erm. 9,25/8,70 £ (Winter 4,20/3,05/2,95 £).

Wenige Kilometer südöstlich passiert man die Siedlung **Boat of Garten**. Hier befindet sich ein Bahnhof der Strathspey Steam Railway, s. S. 409.

Übernachtung und Essen

Garth Hotel & Restaurant, Castle Road, Grantown, ☏ 01479-872836, ▯ www.garthhotel.com. Das historische Hotel wurde 1769 von James Grant für seinen Verwalter gebaut. Die anspruchsvolle Restaurant-Speisekarte steht abends zur Verfügung. Tagsüber gibt es in der Bar gute und günstige Pub-Gerichte. ⊙ Küche tgl. 12–14.30, 18–21.30 Uhr. ❸

€ **Lazy Duck Hostel**, Nethy Bridge, ☏ 01479-821642, ▯ www.lazyduck.co.uk. Nette kleine Holzhütte für nur 8 Gäste in idyllischer Lage am Waldrand. Die „faule

Seltene Vögel und natürliche Kiefernwälder

Unbedingt lohnend ist ein Abstecher in die kaledonischen Kiefernwälder des naturgeschützten **Abernethy Forest** rund um das malerische **Loch Garten**. Von dort sind es zu Fuß nur wenige Minuten bis zum **Loch Garten Osprey Centre**, ☏ 01479-821565, ▯ www.rspb.org.uk/abernethy, der britischen Vogelschutzorganisation RSPB. Mit Videokameras und Ferngläsern kann man dort ein Nest der seltenen **Fischadler** (osprey) in Augenschein nehmen, während das Zentrum über die erfolgreiche Rückkehr der majestätischen Vögel informiert.

1916 waren die Fischadler in Schottland nämlich bereits ausgerottet, doch seit 1954 machten ospreys wieder am Loch Garten Rast und siedelten sich schließlich dort an. Mittlerweile gibt es in ganz Schottland rund 200 Paare; allein am Loch Garten schlüpften 2010 drei Junge. Ein weiteres wichtiges Brutgebiet ist Loch of the Lowes bei Dunkeld (s. S. 320).

Der Abernethy Forest bietet aber nicht nur den Fischadlern ideale Lebensbedingungen, sondern auch dem ebenfalls sehr seltenen **Auerhahn** (capercaillie), der in Schottland vom Aussterben bedroht ist. Besucher können die sehr scheuen Auerhähne im April und Mai im Rahmen der caper watch beobachten. Anfang 2011 sorgte ein Bericht für großes Aufsehen, dass die Auerhähne bis auf Abernethy in Schottland ansonsten fast ausgestorben seien.

Die RSPB ist übrigens einer der größten Landbesitzer der Gegend. Das rund 13 500 ha große Abernethy Estate reicht bis auf das zentrale Cairngorms-Plateau hinauf. Die Vogelschutzorganisation hat es sich zum Ziel gesetzt, die natürliche Wiederaufforstung der einst komplett bewaldeten Region zu fördern. Die **Kaledonischen Kiefern** (Scots Pines) der Highlands fielen früher dem industriellen Holzbedarf sowie dem (militärischen) Schiffsbau zum Opfer. Zum Schutz der Bäume wird heute der Rotwildbestand reduziert und durch Zäune ausgesperrt. Für Besucher wurden rund um Loch Garten einige kurze markierte Wanderpfade angelegt. ⊙ April–Sep tgl. 10–18, April–Mai auch 5.30–8 Uhr (caper watch), Eintritt 3 £, erm. 2/0,50 £.

Zentrale und nördliche Highlands

Ente" liegt günstig für Radfahrer oder Wanderer auf dem Speyside Way; im Sommer auch begrenzte Zeltmöglichkeit. 15 £ p. P.
The Old Ferryman's House, Boat of Garten, ✆ 01479-831370. Bei Elizabeth Matthews gibt es direkt an der Spey-Brücke in dem rustikalen Cottage 2 schnuckelige Zimmer im oberen Stock mit geteiltem Badezimmer. Abends serviert die Landlady auf Wunsch ein 3-Gänge-Menü; für Vegetarier ist dabei gesorgt. ➋

Informationen

Grantown VisitScotland Information Centre, 54 High Street, ✆ 01479-872242.
🕐 Mitte März–Mai, Sep–Okt Mo–Sa 10–17, Juni–Aug Mo–Sa 9.30–17, So 10–16 Uhr.

Transport

Busse
Linie 15/15X (Stagecoach) verkehrt Mo–Sa 3–4x tgl. vom Square in Grantown über Carrbridge nach INVERNESS (1 Std.).
Die Linien 15/15X/33/34 sowie 209 (Bremner's Coaches) verkehren regelmäßig von Grantown über Boat of Garten nach AVIEMORE (35 Min.).

Eisenbahn
In Carrbridge halten einige wenige Züge der Bahnlinie Perth–Aviemore–Inverness.

10 HIGHLIGHT

Die Cairngorms

Eines der beliebtesten Ausflugsziele Schottlands ist das Freizeitzentrum Aviemore, das Tor zu den Cairngorms. Von der gemütlichen Wärme und kleinstädtischen Betriebsamkeit Aviemores quer durch die herrlichen kaledonischen Wälder des Rothiemurchus Estate sind es auf das höchste Bergplateau Großbritanniens eigentlich nur wenige Kilometer. Der namengebende Berg **Cairngorm** ragt 1245 m auf, im selben Massiv liegt auch der zweithöchste Berg Schottlands, der 1309 m hohe **Ben Macdui**.

Im Winter kann es auf dem subarktischen Bergplateau ungemütlich werden. In abgelege-

nen Seitentälern schmilzt der Schnee manchmal das ganze Jahr nicht. Rasante Wetterumschwünge sind im kargen Gebirge keine Seltenheit, während Aviemore zu den wetterstabilsten Flecken der Highlands zählt. Im Sommer hingegen lieben Wanderer, Radler und Wassersportler die Region. Am idyllischen **Loch Morlich** wartet sogar ein echter Sandstrand auf Urlauber – die klimatischen Unterschiede sind enorm.

Rothiemurchus Estate und das Cairngorm-Massiv liegen im Kerngebiet des 2003 gegründeten **Cairngorms National Park**, 🖳 www.cairngorms.co.uk.

Aviemore
Dreh- und Angelpunkt am Zugang zu den Cairngorms ist der Urlaubsort Aviemore (2400 Einwohner), der in den 1960er-Jahren als Wintersportzentrum erheblich ausgebaut wurde. Es dominieren Hotels, Restaurants, Cafés und Outdoorläden die moderne Ortsbild.

Sehenswert ist das kleine **Craigellachie National Nature Reserve**, das von dem großen Hotelkomplex und der Jugendherberge aus in wenigen Minuten zu Fuß westlich der A 9 erreicht wird. Hochprozentiger ist ein Besuch der 2001 gegründeten **Cairngorm Brewery**, Dalfaber, ✆ 01479-812222, 🖳 www.cairngormbrewery.com, in einem Industriegebiet am nördlichen Stadtrand. Auf einstündigen Führungen wird die stetig expandierende Brauerei vorgestellt. 🕐 Shop Mo–Sa 10–17 Uhr, Führungen Mo–Fr 10.30 und 14.30 Uhr, Eintritt frei.

Die Dampf- und Dieselzüge der **Strathspey Steam Railway**, ✆ 01479-810725, 🖳 www.strathspeyrailway.co.uk, verkehren von April–Okt regelmäßig und im Sommer bis zu 3x tgl. von Aviemore über Boat of Garten bis zum Haltepunkt Broomhill südwestlich von Grantown. Die 16 km lange Strecke soll in den kommenden Jahren bis nach Grantown verlängert werden. Rückfahrkarten 10,50 £, erm. 5,25 £.

Rothiemurchus und Loch an Eilein
Östlich von Aviemore erstreckt sich das rund 10 000 ha große private **Rothiemurchus Estate** bis zum Loch Morlich. Seit nun fast 500 Jahren verwaltet die Familie Grant das Landgut und damit einen der größten noch zusammenhän-

Eine Umrundung des Loch an Eilein ist ein angenehmes Vergnügen ohne große Anstrengungen. Ein Abstecher in die kaledonischen Wälder bietet einen zusätzlichen Reiz.
Vom Parkplatz geht es auf dem breiten Forstweg rechts an dem Castle im See vorbei. Auf der Südseite des Sees ist die kleine Schleife rund um **Loch Gamhna** eine schöne Ergänzung. Die Umgebung dieses abseits gelegenen Sees ist vor allem durch offene Heideflächen und lockeren Baumbewuchs geprägt.
Wieder zurück am Hauptweg läuft man auf der Ostseite des Sees durch die Wälder zu einer ausgeschilderten Weggabelung. Links geht es direkt zurück zum Parkplatz (1 1/2–2 Std.), rechts führt der Wegweiser „Lairig Ghru" nach Osten über zwei kleine Bäche hinweg. Dahinter geht es an der ersten Gabelung halb links und an der nächsten Kreuzung geradeaus. In diesem Bereich stehen einige Schottische Kiefern, die für eine aufgelockerte Bewaldung sorgen. Schließlich erreicht man die 1912 errichtete **Cairngorm Club Footbridge**. Auf der anderen Seite gelangt man weiter zum Loch Morlich bzw. hinauf zum 835 m hohen Lairig Ghru, dem höchsten Bergpass Schottlands. Die anstrengende Wanderung hinüber nach Braemar ist jedoch nur für erfahrene Bergwanderer geeignet, die sich auf eine Übernachtung im Zelt einrichten.
Der **Rückweg** erfolgt zunächst auf dem Hinweg bis zur ausgeschilderten Weggabelung kurz vor dem See. Hier geht es nun auf dem rechten Pfad nördlich des Sees entlang zurück zum Parkplatz (3–3 1/2 Std.).

genden Bestände an Kaledonischen Kiefern in Schottland.

Zugangstor für Besucher ist das **Rothiemurchus Centre**, ☎ 01479-812345, 🖥 www.rothiemurchus.net, in der kleinen Siedlung Inverdruie, 1,5 km südöstlich von Aviemore. Hier erhält man kostenlose Infobroschüren über die zahlreichen Freizeitaktivitäten von Angeln bis Hochlandponyreiten, die auf dem Landgut angeboten werden. ⏰ tgl. 9.30–17.30 Uhr.

Von Inverdruie führt die B 970 nach Süden und nach ca. 2 km links über einen geteerten Wirtschaftsweg Richtung Loch an Eilein. Gleich links stellt die nette **Loch an Eilein Pottery** Töpferwaren aus, ⏰ Di–Do 10–17 Uhr.

Am Ende der Piste ist der malerische See **Loch an Eilein** („See der Insel") erreicht. Der See mit seiner kleinen Burgruine ist ein sehr beliebtes Picknickziel. Der Wehrturm aus dem 14. Jh. war bis ins 18. Jh. funktionstüchtig. Da der See an der sogenannten *Thieves' Road* lag, auf der die Highland-Clans gestohlenes Vieh aus dem Nordosten nach Hause trieben, war ein wehrhafter Rückzugsort sicher angeraten.

Neben dem kleinen **Visitor Centre**, ⏰ April–Okt tgl. 10–16 Uhr, sind gleich am kostenpflichtigen Parkplatz die Reste eines Kalkofens aus dem 19. Jh. erhalten geblieben. Zu jener Zeit waren auch Holzfäller hier sehr aktiv.

Loch Morlich und Glenmore Forest Park

Loch Morlich ist eine landschaftliche Perle. Entstanden unter dem Gewicht einer riesigen Eisscholle ist der See heute ganz von Wald umgeben und für seinen wunderbaren Sandstrand bekannt. Wassersportler finden ideale Bedingungen (s. S. 414).

Ein kleines Stück östlich schließt sich die Mini-Siedlung **Glenmore** an: Der Campingplatz, die Jugendherberge, der Shop für Selbstversorger (mit Tearoom und Radverleih) und das informative **Glenmore Visitor Cente**, ☎ 01479-861220, 🖥 www.forestry.gov.uk, sind ganz auf Touristen eingestellt. Im Besucherzentrum gibt es eine kleine Ausstellung, Infomaterial zum Glenmore Forest Park sowie ein ansprechendes Café. ⏰ Sep–Juni tgl. 9–17, Juli–Aug 9–17.30 Uhr (Café schließt jeweils eine halbe Stunde früher).

Eher ungewöhnlich ist die Existenz der **Cairngorm Reindeer Herd**, ☎ 01479-861228, 🖥 www.cairngormreindeer.co.uk. 1952 hat der schwedische Same Mikel Utsi die Rentiere aus Skandinavien mitgebracht. In den subarktischen Cairngorms findet die 120 Tiere starke Herde ideale Lebensbedingungen. ⏰ tgl. 10–17 Uhr, Eintritt Gehege 3,50 £, erm. 2,50 £, Bergtouren Mai–Sep 11, 14.30, Okt–April 11 Uhr, 9.50 £, erm. 5 £.

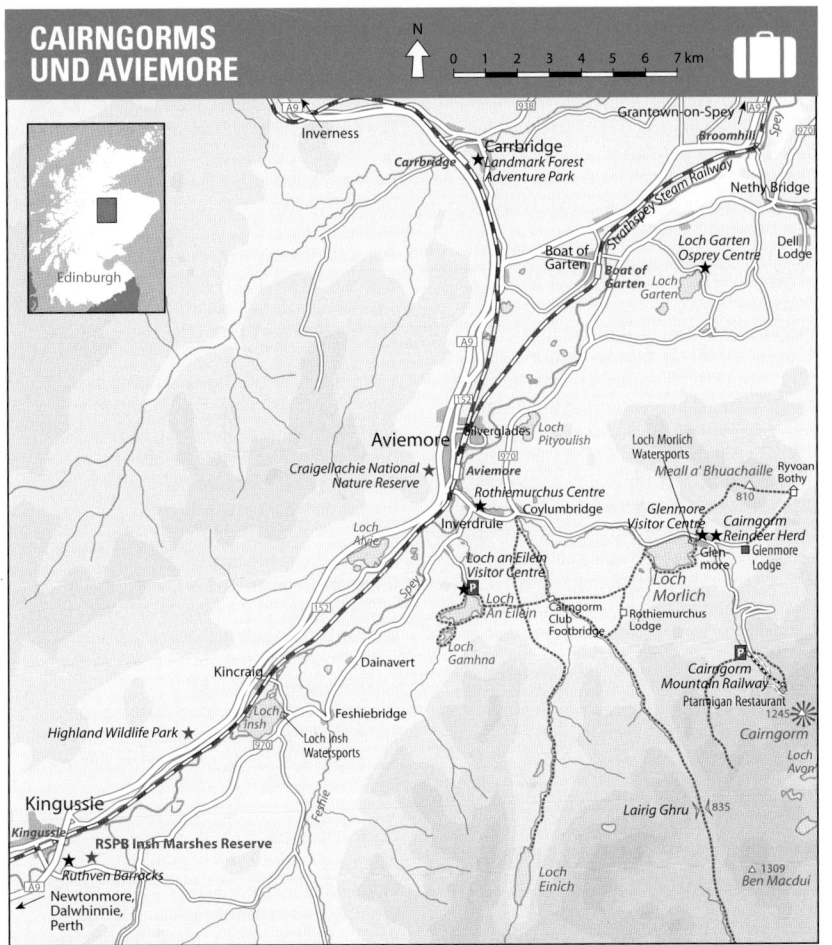

CAIRNGORMS UND AVIEMORE

Cairngorm

Nach weiteren 6 km endet die Straße an einem großen Parkplatz auf gut 635 m Höhe. Von hier verkehrt die Schienenseilbahn **CairnGorm Mountain Railway**, ☏ 01479-861261, 🖥 www.cairn gormmountain.org, ganzjährig hinauf zur 1097 m hohen Ptarmigan-Bergstation. Von der Aussichtsplattform des Restaurants kann man über Loch Morlich und den Glenmore Forest Park in die Ferne schauen. Um die fragile Umwelt auf dem Plateau der Cairngorms zu schützen, dür-

fen Gäste der Schienenseilbahn im Sommer die Bergstation nicht verlassen; dies ist nur im Winter den Skifahrern erlaubt. Wer den 1245 m hohen Gipfel des Cairngorm besteigen will, muss dies direkt von der Talstation aus tun (Aufstieg ca. 2 Std.).

Derzeit wird über eine umstrittene Änderung des Zugangs-Arrangements für das Cairngorm-Plateau beraten. ⏱ tgl. 10–15.40 Uhr (letzte Bergbahn, je nach Wetterlage), Tickets (retour) 9,75 £, erm. 8,45/6,15 £.

Von der Talstation führt eine kurze nahezu ebenerdige Wanderung rechts auf einem gut ausgebauten Wanderweg am Fuße der steilen Berghänge entlang nach Westen. Allerdings müssen hier ein, zwei Bäche überwunden werden. Dafür ist der Ausblick nach Norden von diesem Weg sehr schön. Bis zum Beginn des steilen Anstiegs am zweiten Bach braucht man eine Dreiviertelstunde.

Übernachtung

Aviemore

Aviemore Bunkhouse, Dalfaber Road, ℘ 01479-811181, ⌨ www.aviemore-bunkhouse. com. Private Herberge auf der östlichen Seite der Bahn direkt neben dem Old Bridge Inn. Das sympathische Bunkhouse bietet auch günstige Doppelzimmer. Zu Fuß sind es zum Bahnhof ca. 10 Min. Dorm-Bett ab 15 £. ❶

€ **Aviemore Youth Hostel**, 25 Grampian Road, ℘ 01479-810345, ⌨ www.hostelling scotland.com. Moderne und komfortable Herberge mit knapp 100 Betten am südlichen Ortsausgang von Aviemore. Zum Craigellachie National Nature Reserve sind es nur wenige Schritte. Dorm-Bett ab 17 £.

Cairngorm Hotel, Grampian Road, ℘ 01479-810233, ⌨ www.cairngorm.com. Stilvolles Hochlandhotel mit 33 Zimmern und ausgezeichnetem Restaurant (s. Essen). ❸

Ravenscraig Guest House, 141 Grampian Road, ℘ 01479-810278, ⌨ www.aviemoreonline.com.

€ **Beliebt bei Naturfreunden**

Cairngorm Lodge Youth Hostel, Glenmore, ℘ 01479-861238, ⌨ www.hostellingscotland. com. Wer preiswert als Selbstversorger übernachten möchte, ein günstiges Standquartier für Ausflüge und Wanderungen und zudem nettes Ambiente sucht, ist in dieser SYHA-Herberge genau richtig. Die alte Jagd-Lodge neben dem Glenmore Visitor Centre bietet einen exzellenten Blick in die Berge, gemütliche Aufenthaltsräume und einen schönen Wintergarten zum Essen. Im Sommer werden abends sogar günstige Fish 'n' Chips angeboten. Dorm-Bett ab 17 £.

---

12 Zimmer mit Bad/WC warten an der nördlichen Ausfallstraße auf Gäste. Die Pension gehört zu den günstigeren in Aviemore, ein Doppelzimmer ist behindertenfreundlich ausgestattet. ❷ – ❸

The Garden Suite, 115 Dalnabay, Silverglades, ℘ 01479-812293, ⌨ www.thegardensuite.co.uk. Bei Vic Turnbull ist Gastfreundschaft garantiert. Der ortskundige Landlord ist sehr hilfsbereit und das eine Zimmer tipptopp. Im Garten ist eine Terrase, das Bad ist hervorragend, und für den Abend steht ein Sherry bereit. Vics Frau Aline arbeitet übrigens im Glenmore Visitor Centre. ❸

The Old Minister's Guest House, Inverdruie, ℘ 01479-812181, ⌨ www.theoldministershouse. co.uk. Sehr schicke Pension unweit des Rothiemurchus Centre. Das alte Pfarrhaus ist sehr komfortabel eingerichtet, und aus den Zimmern hat man z. T. einen tollen Bergblick. Direkt am Haus fließt der River Druie aus den Bergen dem Spey entgegen. ❸

Loch Morlich / Glenmore

Glenmore Caravan Park & Campsite, Glenmore, ℘ 01479-861271, ⌨ www.forestholidays.co.uk. Wunderbar im Wald gelegener Campingplatz am östlichen Ufer des Loch Morlich. Schöner kann zelten kaum sein. ❶

Glenmore Lodge, s. Essen S. 414. Die Lodge bietet freie Zimmer auch günstig für Nicht-Kursteilnehmer an – eine attraktive Alternative für Wanderer. ❷

Essen und Unterhaltung

Aviemore

Cairngorm Hotel, Grampian Road, ℘ 01479-810233, ⌨ www.cairngorm.com. Das beste Restaurant in Aviemore. Die umfangreiche Speisekarte ist sehr schottisch aufgemacht. Lamm, Reh, Haggis, Steaks sowie Fisch stehen im Mittelpunkt. Die Preise gehen in Ordnung, und auch viele Einheimische kommen hierher. Morgens schon Frühstück, abends auch Pub und Mi–Sa Folkmusik. ◷ Küche 10–21.30 Uhr.

Coffee Corner, 85 Grampian Road, ℘ 01479-810564. Sympathisches kleines Café neben dem Buch- und Outdoorladen. Serviert werden Kuchen, Sandwiches und Suppe – der ideale Ort, um bei schlechtem Wetter ein Buch zu lesen. ◷ tgl. 9–17 Uhr.

Im Glenmore Forest Park

- **Anspruch:** mittel
- **Gehzeit:** 3 1/2 Std.
- **Länge:** 8 km
- **An-/Abstieg:** 500 m
- **Karte:** OS Landranger 36
- **Anfahrt:** Mit Buslinie 34 von Aviemore bis Glenmore Visitor Centre; Autofahrer können neben dem Visitor Centre parken.

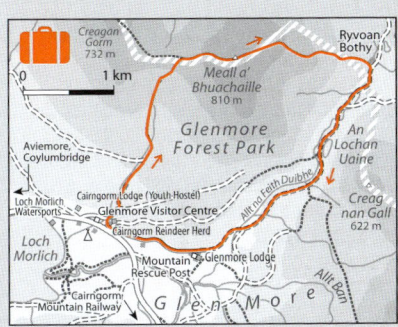

Vom Loch Morlich führt der Weg steil hinauf zum „Berg des Hirten", dem frei stehenden Hügel Meall a' Bhuachaille. Von dort oben genießt man einen fantastischen Ausblick auf die Bergwelt der Cairngorms und hinunter ins Spey-Tal. Auf dem Rückweg folgt man den Spuren einstiger Viehdiebe.

Meall a' Bhuachaille

Die Wanderung beginnt am **Glenmore Visitor Centre** neben der SYHA-Herberge Cairngorm Lodge (s. S. 410). Hinter dem Besucherzentrum geht man schräg rechts auf einem orange/blau markierten Pfad steil bergan in den Wald. Bald wird ein Forstweg erreicht, den es links weiter bergan geht. In dem folgenden Bereich wurde eine große Forstplantage entfernt. Der gut ausgebaute Pfad erreicht stetig ansteigend die offene Berglandschaft. Vom Bergkamm öffnet sich der Blick nach Norden ins Strathspey, nach Süden zu ragen hinter Loch Morlich die Cairngorms auf (1 Std.).
Der Pfad macht über den Kamm einen Schwenk nach rechts und führt wieder steil bergan zum Gipfel des **Meall a' Bhuachaille**. Bei klarem Wetter ist die Sicht umwerfend: Von den Bergen Sutherlands hinüber in den Nordosten Schottlands und von den Cairngorms das obere Spey-Tal hinauf nach Westen schweift der Blick. Der steinere Windschutz verspricht zudem bei stärkerer Brise eine relativ ruhige Teepause. (1 1/2 Std.) Der Abstieg erfolgt nach einem kurzen Flachstück geradewegs einen steilen Hang hinab. Auch hier wurde der Weg bestens ausgebaut.

Ryvoan Bothy und Grüner See

Am **Ryvoan Bothy** (2 1/2 Std.) ist das Tal erreicht. Das bothy bietet Wanderern bei schlechtem Wetter einen Not-Unterschlupf. Die Hütte und das ursprünglich dazugehörige Bauernhaus waren in den 1930er-Jahren noch von einer Familie mit 13 Kindern bewohnt.
Über den gut ausgebauten Wirtschaftsweg geht es rechts über die einstige Thieves' Road, die Straße der Viehdiebe (s. S. 410). Hinter der nächsten Weggabelung geht es geradeaus durch den Ryvoan Pass und am **An Lochan Uaine** vorbei, dem „grünen See". Das Wasser des kleinen Bergsees soll seine markante Farbe erhalten haben, weil Feen hier ihre Wäsche reinigten.
Immer weiter führt der Wirtschaftsweg bergab und erreicht schließlich an der **Glenmore Lodge** (s. S. 414) die geteerte Zufahrtsstraße zurück zum **Glenmore Visitor Centre**. (3 1/2 Std.)

Old Bridge Inn, Dalfaber Road, ✆ 01479-811137, 🖥 www.oldbridgeinn.com. Auf der östlichen Seite der Eisenbahn eine auf historisch getrimmte Bar mit entsprechendem *pub grub*. Zieht ein sehr breit gefächertes Publikum an. ⏰ Küche So–Do 12–15, 18–21, Fr–Sa 12–15, 18–22 Uhr.

Loch Morlich / Glenmore

Mor@Glenmore, im Glenmore Visitor Centre (s. S. 410), ✆ 01479-861234.
Glenmore Lodge, Glenmore, ✆ 01479-861256, 🖥 www.glenmorelodge.org.uk. Für Kursteilnehmer, hungrige Wanderer und JH- bzw. Campinggäste öffnet die Lochain Bar des Outdoor Centre im Obergeschoss abends die Küche. Das gute und günstige Pub-Essen kommt in großen Portionen, für Vegetarier ist gesorgt. Und den Panoramablick in die Cairngorms gibt es gratis dazu! ⏰ Küche Mo–Di 17–18.50, Mi–So 17–20.50 Uhr.

Aktivitäten
Rad fahren

Die Umgebung von Aviemore ist bestens zum Radeln geeignet. Loch Morlich, Loch Garten (s. S. 408) und Loch Insh (s. S. 415) sind über eher ruhige und flache Nebenstrecken gut zu erreichen. Dementsprechend gibt es mehrere Radverleiher:
Mikes Bikes, 5a Myrtlefield Shopping Centre (Rückseite), Aviemore, ✆ 01479-810478, 🖥 www.aviemorebikes.co.uk. Service und Verleih (15/20 £ halber/ganzer Tag), auch Kinderräder und Tandems. ⏰ Juni–Aug Mo–Mi, Fr–Sa 9.30–17.30, Mi 9.30–18.30, So 10.30–16 Uhr, Sep–Mai Mo, Mi–Sa 9.30–17, Di 9.30–17 Uhr.
Bothy Bikes, Inverdruie/Rothiemurchus, ✆ 01479-810111, 🖥 www.bothybikes.co.uk. Service und Verleih (15/20 £ halber/ganzer Tag) in Sichtweite des Rothiemurchus Centre. ⏰ tgl. 9–17 Uhr.

Wassersport

Loch Morlich Watersports, Loch Morlich, ✆ 01479-861221, 🖥 www.lochmorlich.com. Am östlichen Ufer des Loch Morlich kann man sich am Sandstrand Kajaks (8,50 £/Std.), Kanus (14–18 £/Std.), Ruderboote (18 £/Std.),

Segelboote (10–21 £/Std.) sowie Surfbretter (16,50 £/Std. + 4 £ für Neoprenanzüge) ausleihen. Es wird auch Unterricht angeboten, und im Boathouse Café gibt es Kaffee und Kuchen. ⏰ Ostern–Sep tgl. 10–17.30 Uhr.

Sonstiges
Einkaufen

Nevissport, 89 Grampian Road, Aviemore, ✆ 01479-810239, 🖥 www.nevissport.com. Guter Outdoor-Ausrüster mitten in Aviemore, auch Wanderkarten. ⏰ Mo–Fr 9–17.30, Sa–So 9–18 Uhr.

Informationen

Aviemore VisitScotland Information Centre, 7 The Parade, Grampian Road, Aviemore, ✆ 01479-810930, 🖥 www.visitaviemore.com. Hilfreiche Touristeninformation für die gesamte Gegend. ⏰ Mo–Sa 9–17 (im Sommer bis 18), So 10–17 Uhr.

Internet

Caffe Bleu, Aviemore Shopping Centre, Grampian Road, Aviemore, ✆ 01479-811266. Oberhalb des kleinen Cafés gibt es mehrere Computer mit Internetzugang (30 Min./1,50 £.). ⏰ Mo–Sa 8–17, So 8–18 Uhr.

Taxis

Geordie's Aviemore Taxis, ✆ 01479-810118.

Transport
Busse

Am Bahnhof in Aviemore halten alle 2 Std. die **Fernbusse** von Scottish Citylink. Sie bedienen die Strecke INVERNESS (50 Min.) – KINGUSSIE (20 Min.) – PITLOCHRY (1 1/4 Std.) – PERTH (2 Std.) – EDINBURGH (3 3/4 Std.). Für Glasgow muss man meist in Perth umsteigen. Zusätzlich verkehren 2–3x tgl. Direktbusse zwischen Aviemore und Inverness. Die **regionalen Busse** werden von Stagecoach betrieben:
Linie 34 verkehrt mehrmals tgl. nach GRANTOWN-ON-SPEY (40 Min.) sowie über Inverdruie–Coylumbridge nach Glenmore/ Loch Morlich (15 Min.) und hinauf zur Talstation der CairnGorm Mountain Railway (25 Min.).

Linie 15/15X fährt Mo–Fr mehrmals über Grantown weiter nach INVERNESS (1 3/4 Std.). Linie 35/38/209 fährt Mo–Sa vor allem an Schultagen unregelmäßig von Aviemore über Kincraig und Kingussie nach NEWTONMORE (25 Min.).

Eisenbahn
Aviemore liegt an der Bahnlinie PERTH (1 3/4 Std.) – PITLOCHRY (1 Std.) – KINGUSSIE (12 Min.) – INVERNESS (40 Min.) und wird ca. 5–10x tgl. angefahren. Nach Süden zu verkehren die Züge entweder direkt nach EDINBURGH (2 1/2 Std.) oder GLASGOW (2 1/2 Std.).

Badenoch

Südwestlich von Aviemore erstreckt sich das breite Tal des oberen Strathspey. Diese Region wird Badenoch genannt. Tiefe Wälder, schöne Seen, weite offene Ebenen und einige kleine typische Hochlandstädtchen und -dörfer charakterisieren die Gegend, die aufgrund der Schnellstraße A 9 für viele Touristen als reine Durchfahrtsregion gilt.

Rund um Kincraig
Das Hochlanddörtchen **Kincraig** (500 Einwohner) kann gleich mit zwei Attraktionen aufwarten: **Loch Insh** ist ein wunderbarer See, dessen Ufer von Birken und Kaledonischen Kiefern geprägt ist. Das in der Eiszeit entstandene Loch ist für Wassersportler ideal. Fokus ist dabei Loch Insh Watersports, die sogar kleine Bootstouren anbieten, s. S. 416.

In Richtung Kingussie ist der **Highland Wildlife Park**, ☎ 01540-651270, 🖳 www.highland wildlifepark.org, eine der beliebtesten Familienattraktionen der Region. Mit dem eigenen Auto kann man eine Safari-Rundfahrt durch das weitläufige Gelände machen. Dabei sieht man Bisons, Elche, Kamele und Przewalski-Pferde. Zu Fuß gelangt man zu den Eisbären, Wölfen, Amur-Tigern, Pandas und Affen. Populär sind die öffentlichen Fütterungen. Der Wildlife Park ist eine Außenstelle des Edinburgh Zoo. ⓘ April–Juni, Sep–Okt tgl. 10–17, Juli–Aug 10–18, Nov–März 10–16 Uhr, Eintritt 13,50 £, erm. 11,50/10 £.

Rund um Kingussie
Als „Hauptstadt von Badenoch" wirkt **Kingussie** (1400 Einwohner) geradezu städtisch. Ähnlich wie Grantown-on-Spey geht der Ort auf eine planmäßige Gründung in der zweiten Hälfte des 18. Jhs. zurück, als die Pazifizierung der Highlands militärisch abgeschlossen war.

1,5 km südlich von Kingussie sind die frei zugänglichen Ruinen der **Ruthven Barracks** an der B 970 ein Mahnmal der kriegerischen Auseinandersetzungen. Die Kaserne war 1719 von General Wade angelegt worden, um die Straßen zwischen Perth, Inverness und Fort Augustus besser kontrollieren zu können. Doch am 19. April 1746 fackelten Jakobiten die Kaserne aus Rache für ihre Niederlage bei Culloden ab.

1 km weiter liegt der Zugang zum **RSPB Insh Marshes Reserve** mit einer Aussichtsterrasse und einer neuen, frei zugänglichen Info-Hütte. Das Feuchtgebiet in der Flussebene ist der „größte Schwamm Großbritanniens". Gänse, Kiebitze, Orchideen und Schwäne wissen das Naturschutzgebiet sehr zu schätzen.

Newtonmore und das Highland Folk Museum
Hauptattraktion von **Newtonmore** ist das **Highland Folk Museum**, ☎ 01540-673551, 🖳 www. highlandfolk.com, am östlichen Ortsrand. Das Freilichtmuseum versucht, die traditionellen Haustypen zu bewahren. Spannend ist z. B. eine Siedlung aus dem 18. Jh. Die Häuser verfügen über ein Strohdach und werden im Inneren durch ein Torffeuer beheizt. Die alten Bautechniken mussten erst wieder neu einstudiert werden. In dem Langhaus wohnten einst bis zu 20 Personen mit ihren Tieren.

Ein Oldtimer-Bus verbindet den Museumseingang mit diesem Weiler. Etwas moderner sind die alte Schule, die Werkstätten des Uhrmachers und des Schneiders sowie die Mühle und die ehemalige Farm. Ein interessanter Besuch und sogar kostenlos! ⓘ April–Aug tgl. 10.30–17.30, Sep–Okt 11–16.30 Uhr, Eintritt frei.

Dalwhinnie
Die höchstgelegene Siedlung im Strathspey ist inmitten der einsamen Berglandschaft Dalwhinnie, einst Rastpunkt für Viehtreiber und Vieh-

diebe, heute bekannt für seine Whiskybrennerei. Die **Dalwhinnie Distillery**, ☎ 01540-672219, 🖥 www.discovering-distilleries.com, produziert einen vergleichsweise milden Single Malt, der sich geschmacklich von den anderen Speyside-Whiskys absetzt. ⏱ Feb–März, Nov–Dez Mo–Fr 11–14, April Mo–Fr 9.30–17, Mai–Juni, Sep Mo–Sa 9.30–17, Juli–Aug Mo–Sa 9.30–17, So 11–16, Okt Mo–Sa 10–17 Uhr, Führungen 6 £, erm. 4 £.

Übernachtung und Essen

Balcraggan House, bei Kincraig, ☎ 01540-651488, 🖥 www.kincraig.com/balcraggan. Modernes Haus mit 2 gemütlichen Doppelzimmern; am Waldrand unweit von Loch Insh an der B 970. ❷–❸

The Boathouse Restaurant, Loch Insh Watersports, ☎ 01540-651394, 🖥 www.lochinsh.com. Im Hauptquartier von Loch Insh Watersports (s. u.) solides Pub-Essen mit Panoramablick über den See sowie abends eine kleine Bar für die Wassersportler. Für Übernachtungsgäste stehen rustikale Holzhütten sowie B&B-Zimmer zur Verfügung. ⏱ Küche 8–21 Uhr. ❶–❸

The Hermitage Guest House, Spey Street, Kingussie, ☎ 01540-662137, 🖥 www.the hermitage-scotland.com. Der Premium Room ist eindeutig das größte Zimmer und verfügt sogar über eine Ledercouch. Andere Zimmer sind kleiner, aber auch mit Bad/WC. Die „Einsiedelei" ist eine sehr freundliche Adresse. ❸

Aktivitäten

Loch Insh Watersports, bei Kincraig, ☎ 01540-651272, 🖥 www.lochinsh.com. Vielseitiges Freizeit- und Sportzentrum am Südostufer des gleichnamigen Sees. Von Segeln und Windsurfen (20 £/Std.) über Kanu- und Kajakverleih (65 £/Tag, 16 £/Std.) bis zu Angeln und Radverleih (15/20 £ halber/ganzer Tag) ist alles im Angebot. Und im Winter geht es auf die Skibretter. Von Mai–Sep bricht das Bötchen *Molaise* 3-4x tgl. zu einstündigen Rundfahrten auf. Dabei wird die Vogelwelt von Loch Insh erkundet (8 £, erm. 5 £.).

Transport

Busse

Die Fernbusse von Scottish Citylink halten auf der Strecke Edinburgh–Perth–Aviemore–

Inverness alle 2 Std. in Kincraig, Kingussie und Newtonmore.
Stagecoach-Linie 35/38/209 fährt Mo–Sa vor allem an Schultagen unregelmäßig von Newtonmore über Kingussie und Kincraig nach AVIEMORE (25 Min.).

Eisenbahn

Kingussie ist 5–9x tgl. mit EDINBURGH/ GLASGOW (2 1/2 Std.), PERTH (1 1/4 Std.), AVIEMORE (12 Min.) und INVERNESS (50 Min.) verbunden. In Newtonmore hält nur die Hälfte der Züge.

Inverness

Die Hauptstadt der Highlands ist das politische, wirtschaftliche und kulturelle Zentrum der Region. Fast ein Viertel der Highlander wohnt in Inverness (44 000 Einwohner), Tendenz stark steigend. Die Lebensqualität gilt allgemein als sehr hoch, und so verfügt die Stadt für ihre Größe über eine gute Infrastruktur mit Theater, Kino, Cafés und Restaurants. Die gesamte Gegend zwischen Inverness und dem beschaulichen Seebad Nairn gilt als Boom-Region mit hohen Wachstumsraten. Ein weiterer Wohlfühlfaktor ist das vergleichsweise milde und trockene Klima.

Bei einer Highland-Tour führen fast alle Wege früher oder später nach Inverness. Echte Sehenswürdigkeiten bietet die Highland-Metropole zwar kaum, aber der River Ness verleiht der Stadt Flair. Der Name Inverness stammt übrigens aus dem Gälischen und bedeutet „Mündung des Ness". In Inverness befindet sich auch das nördliche Ende des Kaledonischen Kanals (s. S. 424) mit einer vierstufigen Schleusentreppe.

Inverness Castle und Inverness Museum & Art Gallery

Ein Stadtrundgang beginnt am **Inverness Castle**. Der markante rotbraune Bau ersetzte 1834–47 die mittelalterliche Burg sowie die spätere Garnisonskaserne. Diese war von jakobitischen Truppen 1746 in die Luft gesprengt worden. In grauer Vorzeit soll sich hier die Burg von Macbeth befunden haben, die angeblich von seinem Bezwinger Malcolm Canmore zerstört wurde. Heute resi-

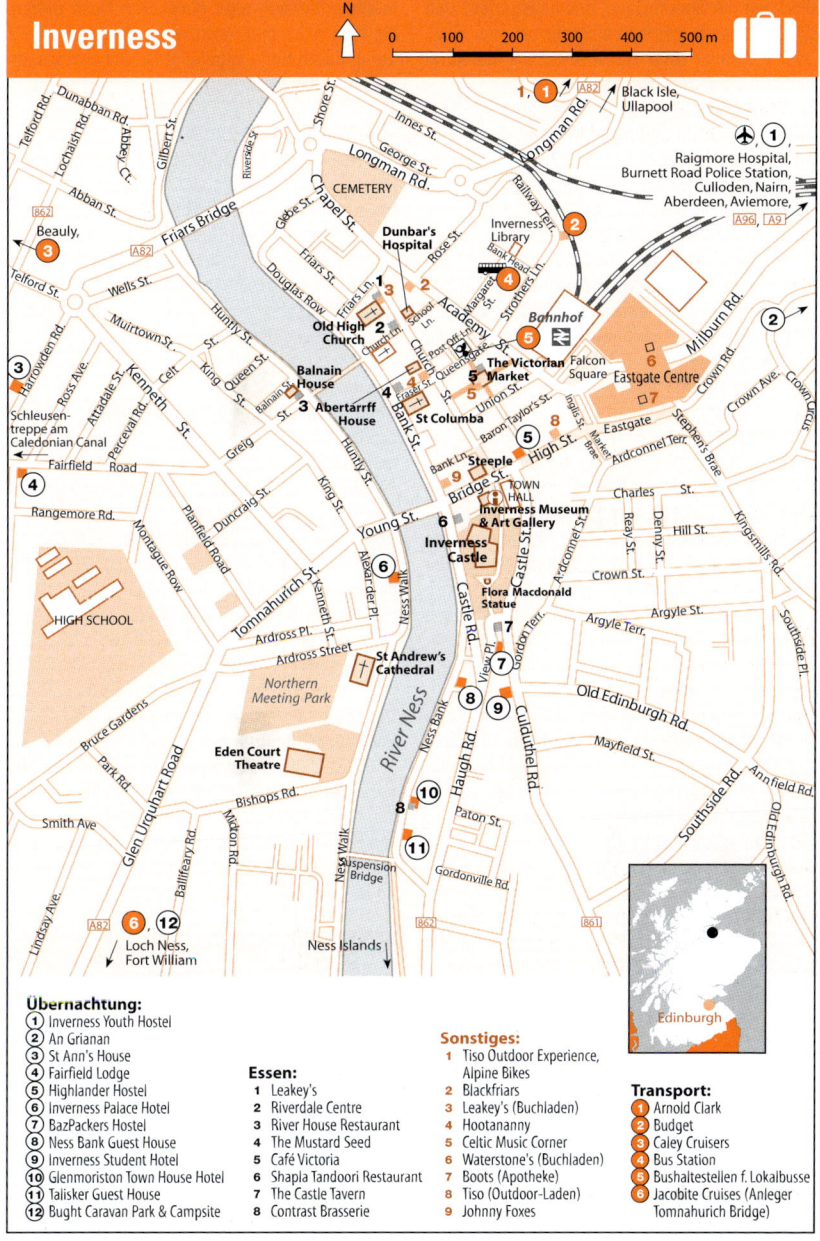

Inverness

N

| 0 | 100 | 200 | 300 | 400 | 500 m |

1, ① A82 Rd. → Black Isle, Ullapool

✈ ① → Raigmore Hospital, Burnett Road Police Station, Culloden, Nairn, Aberdeen, Aviemore, A96 A9

Dunabban Rd.
Telford Rd.
Lochalsh Rd.
Abbey Ct.
Gilbert St.
Riverside St.
Shore St.
Innes St.
George St.
Longman Rd.
Railway St.
Longman Rd.
A82

Abban St.
A862
Beauly, ③

CEMETERY

Gebe St.
Chapel St.
Friars St.
Dunbar's Hospital

Inverness Library ②

Bank Head.

Rose St.
Margaret St.
Strothers Ln.

Telford St.
A82
Friars Bridge
Wells St.
Douglas Row
Friars Ln.
1 ③
Academy St.
Church Ln.
Old High Church ② 2
Church Lane
Bishop's Ln.
Church St.

Bahnhof 🚉 ⑤

Muirtown St.
Huntly St.
King St.
Queen St.
Balnain House
4 ④
Church St.
St.
Queen St.
The Victorian Market ⑤ 5
Falcon Square
② →

Harrowden Rd.
Ross Ave.
Attadale St.
Perceval Rd.
Celt St.
3 ③ Abertarff House
St Columba
Bank St.
Union St.
Baron Taylor's St.
8
Eastgate Centre 6 □
7 □
Crown Rd.
Milburn Rd.
Crown Ave.
Crown Circus

③

Schleusen-treppe am Caledonian Canal
Fairfield Road
④

Greig
St.
Bank Ln.
Bridge St.
Steeple ⑤
High St.
Market Brae
Inglis St.
Eastgate
Ardconnel Terr.
Stephen's Brae

Rangemore Rd.
Duncraig St.
King St.
Young St.
Planefield Road
TOWN HALL
Inverness Museum & Art Gallery
6
Charles
St.
Hill St.
Reay St.
Denny St.
Kingsmills Rd.

Tomnahurich St.
Alexander der St.
Kenneth St.
Ness Walk
Inverness Castle
Flora Macdonald Statue
⑥
⑥
7 ⑦
Castle St.
Ardconnel St.
Gordon Terr.
Crown St.
Argyle St.
Argyle Terr.
Old Edinburgh Rd.
Annfield Rd.

HIGH SCHOOL
Ardross Pl.
Ardross Street
Northern Meeting Park
St Andrew's Cathedral ⑦
Castle Rd.
View Pl.
⑦ 7
⑧ ⑨
Culduthel Rd.
Mayfield St.
Southside Rd.
Southside Pl.
Old Edinburgh Rd.

Bruce Gardens
Park Rd.
Glen Urquhart Road
Ballifeary Rd.
Eden Court Theatre
Bishops Rd.
River Ness
Ness Bank
Haugh Rd.
8 ⑧ ⑩
Paton St.

Smith Ave.
Midton Rd.
⑪
Gordonville Rd.

Lindsay Ave.
A82 ⑥ ⑫
Loch Ness, Fort William
Ness Walk
Suspension Bridge
Ness Islands
A862
A861

Edinburgh

Zentrale und nördliche Highlands

Übernachtung:
① Inverness Youth Hostel
② An Grianan
③ St Ann's House
④ Fairfield Lodge
⑤ Highlander Hostel
⑥ Inverness Palace Hotel
⑦ BazPackers Hostel
⑧ Ness Bank Guest House
⑨ Inverness Student Hotel
⑩ Glenmoriston Town House Hotel
⑪ Talisker Guest House
⑫ Bught Caravan Park & Campsite

Essen:
1 Leakey's
2 Riverdale Centre
3 River House Restaurant
4 The Mustard Seed
5 Café Victoria
6 Shapla Tandoori Restaurant
7 The Castle Tavern
8 Contrast Brasserie

Sonstiges:
1 Tiso Outdoor Experience, Alpine Bikes
2 Blackfriars
3 Leakey's (Buchladen)
4 Hootananny
5 Celtic Music Corner
6 Waterstone's (Buchladen)
7 Boots (Apotheke)
8 Tiso (Outdoor-Laden)
9 Johnny Foxes

Transport:
① Arnold Clark
② Budget
③ Caley Cruisers
④ Bus Station
⑤ Bushaltestellen f. Lokalbusse
⑥ Jacobite Cruises (Anleger Tomnahurich Bridge)

diert hier der Sheriff Court, das Amtsgericht. Von der Terrasse bietet sich ein sehr schöner Blick über den River Ness zur St Andrew's Cathedral und zum Eden Court Theatre.

Wichtigste Sehenswürdigkeit der Stadt ist das benachbarte **Inverness Museum & Art Gallery**, Castle Wynd, ☏ 01463-237114, 🖳 www. inverness.highland.museum. Hier erfährt man mehr über die gälische Kultur und Sprache. Trotz aller Förderprogramme geht die Nutzung von Gälisch als Alltagssprache immer weiter zurück. 1891 sprach in Inverness noch ein Drittel der Bevölkerung Gälisch, heute nur noch 8 %. Weitere Themen sind die rätselhaften Piktensteine und die Entwicklung der Fiddle-Musik. ☉ Mo–Sa 10–17 Uhr, Eintritt frei.

Innenstadt

In den rechtwinklig angelegten Straßenzügen der Innenstadt ist vor allem der 1870 eröffnete **Victorian Market** zwischen Queensgate und Union Street einen Besuch wert. Der überdachte Markt mit seiner Ladenzeile ist inzwischen eine Rarität.

Im Bereich der Church Street, Church Lane und School Lane sind die letzten Reste der „Altstadt" erhalten. Neben der Musikkneipe Hootananny (s. S. 420) ist das 1593 gebaute Abertarff House das älteste erhaltene Gebäude in Inverness. Ein Stückchen weiter wurde an der Ecke zur School Lane im 17. Jh. Dunbar's Hospital gebaut und u. a. als Gymnasium genutzt. Gegenüber verläuft die malerische Church Lane zum Fluss hinunter. Zur Rechten liegt die Old High Church mit einem Friedhof auf einem kleinen Hügel. Die Grundmauern des Turms stammen aus dem 15. Jh. Eine „schwingende" Fußgängerbrücke führt über den Fluss in ein B&B-Viertel. Die Verlängerung der Brücke führt geradeaus weiter zur 1,5 km entfernten Schleusentreppe am Caledonian Canal (s. S. 424).

River Ness und Ness Islands

Einen Spaziergang am **River Ness** sollte man sich nicht entgehen lassen. Vom Schloss geht es zum Fluss hinunter und auf der Promenade nach Süden. Zunächst passiert man eine weiße Hängegebrücke, kurz danach führt eine kleine Fußgängerbrücke auf das bewaldete Geflecht der **Ness Islands**, die sich quer durch den Fluss ziehen, bis man nach mehreren weiteren Brücken auf der anderen Seite angelangt ist. Die parkartigen Inseln sind sehr erholsam.

Übernachtung

Inverness verfügt über ein breites Angebot an Unterkünften, gerade auch im Budget-Bereich. In den zahlreichen Hostels sammeln sich die Backpacker auf ihrer Highland-Reise. Aber auch im B&B-Bereich ist Inverness gut aufgestellt. Dennoch können sich in Hauptreisemonat August Engpässe ergeben, weil Inverness aus allen Richtungen angesteuert wird.

Untere Preisklasse

Bught Caravan Park & Campsite, Bught Lane, ☏ 01463-236920, 🖳 www.invernesscaravan park.com. Von April bis September ist der Zeltplatz im Südwesten der Stadt ein gutes Basislager für Camper. ❶

Highlander Hostel, 23a High Street, ☏ 01463-221225, 🖳 www.highlanderhostel.com. In einem der großen Häuser der Innenstadt verfügt das Highlander über insgesamt 80 Betten in z. T. recht großen Schlafsälen. In der Lounge gibt es einen Billardtisch. Das Hostel bietet in der Ardconell Street auch günstige B&B-Doppelzimmer an. Dorm-Bett ab 12 £. ❶–❷

Inverness Student Hotel, 8 Culduthel Road, ☏ 01463-236556, 🖳 www.scotlands-top-hostels. com. Neben dem BazPackers. Eine eher lebendige Adresse der Hostelkette Scotland's Top Hostels, die auf den Minibustouren von MacBackpackers angesteuert wird. Dorm-Bett ab 14 £. ❶

€ Kleines, ruhiges Hostel

BazPackers Hostel, 4 Culduthel Road, ☏ 01463-717663, 🖳 www.bazpackers.co.uk. In Sichtweite des Inverness Castle ist die 26-Betten-Herberge eine lockere, aber recht ruhige Adresse. In dem kleinen Hostel lässt sich gut entspannen, und man ist sofort in der Innenstadt. Sehr günstig sind die Doppelzimmer, vor allem in der Nebensaison Okt–Mai. Dorm-Bett ab 12 £. ❶

Inverness Youth Hostel, Victoria Drive, 📞 01463-231771, 🖥 www.hostellingscotland. com. Großes, modernes SYHA-Hostel am nordöstlichen Stadtrand, das auch Reisebus-gruppen aufnimmt und ziemlich unpersönlich wirkt. In die City sind es aber nur 10–15 Min. zu Fuß; Küche, Waschmaschinen und Internetcomputer. Dorm-Bett ab 15,50 £. ❶

Mittlere Preisklasse

An Grianan, 11 Crown Drive, 📞 01463-250530, ✉ telmac@hotmail.co.uk. Sehr ruhige Wohn-lage in viktorianischer Villengegend unweit des Zentrums. Von den 3 sehr ansprechenden Zimmern haben 2 ein eigenes Bad/WC. Parken ist hier kein Problem. ❷

Fairfield Lodge, 39 Fairfield Road, 📞 01463-237559. Das Ehepaar MacPherson leitet die geschmackvoll eingerichtete Pension sehr familiär und bietet für Inverness sehr günstige Tarife. In der Straße viele weitere B&Bs. ❷

Ness Bank Guest House, 7 Ness Bank, 📞 01463-232939, 🖥 www.nessbankguesthouse. co.uk. An den Ufern des Ness hat die Pension eine Top-Lage. Die Zimmer 2 und 3 im 1. Stock teilen sich ein Bad – für den Ness-Blick muss man allerdings etwas mehr bezahlen. ❷–❸

St Ann's House, 37 Harrowden Road, 📞 01463-236157, 🖥 www.stannshouse.com. 6 stilvolle Zimmer in einer ruhigen Nebenstraße. Nach hinten raus schließt sich ein schöner Garten an. Günstig und sehr gutes Frühstück! ❷

Talisker Guest House, 25 Ness Bank, 📞 01463-236221, ✉ taliskerguesthouse@btinternet. com. Nettes Haus mit komfortablen Zimmern. Im 1. Stock wird auch Flussblick geboten. Sowohl die Innenstadt wie auch die Ness-Inseln sind von hier bequem zu erreichen. ❷–❸

Obere Preisklasse

Glenmoriston Town House Hotel, 20 Ness Bank, 📞 01463-223777, 🖥 www.glenmoristontown house.com. Sehr elegantes Hotel in hervor-ragender Flusslage mit komfortablen und anspruchsvollen Zimmern. Auch gehobenes Restaurant (s. unten). ❸–❺

Inverness Palace Hotel, 8 Ness Walk, 📞 01463-223243, 🖥 www.bw-invernesspalace. co.uk. Dieses große viktorianische Best-Western-Hotel am Westufer des River Ness bietet aus den gehobenen Executive-Zimmern unverstellten Castle-Blick. Eine Besonderheit ist der 16-Meter-Pool, der Hotelgästen ein wenig Badevergnügen ermöglicht. Das traditionsreiche Hotel versprüht gastfreundlichen Hochland-Charme. Auch Reisegruppen. ❹–❻

Essen

Cafés

€ **Café Victoria**, The Victorian Market, 📞 0774-7441437. Traditionelle Küche in der schönen viktorianischen Einkaufsarkade. Von *baked potatoes* bis zu Ostküsten-Hummer reicht das Angebot. Eine Spezialität ist das schottische Nationalgericht Haggis mit Kartoffel- und Steckrübenpüree (inkl. eines „Schlucks" Whisky) für nur 5,50 £. Für leichtere Küche bieten sich leckere Scones mit Tee oder Kaffee an; auch Wollschals und Whiskys im Angebot. 🕐 Sommer Mo–Sa 9–18, Winter Mo–Sa 10–16 Uhr.

Leakey's, s. S. 421. Nettes Café auf der Empore im Secondhand-Buchladen. 🕐 Café Mo–Sa 10–16.30 Uhr.

🟧 **Riverdale Centre**, 105-107 Church Street, 📞 01463-250589, 🖥 www.therapies-inverness.co.uk. In dem Zentrum für Natur-heilkunde gibt es einen freundlichen Bioladen mit dem Organic Café. Fruchtige Biosäfte, leckere Sandwiches und Biokuchen sowie Öko-Kaffee werden serviert. Vegetarier und Veganer finden ebenfalls einige Leckereien. 🕐 Mo–Fr 9–17 Uhr.

Restaurants

Contrast Brasserie, im Glenmoriston Town House Hotel, s. Übernachtung. Serviert hervor-ragende Küche, die zu den besten in Inverness gehört. Mittags und am späten Nachmittag gibt es vergleichsweise günstige Menüs. 🕐 Küche tgl. 12–14.30, 17–22 Uhr.

River House Restaurant, 1 Greig Street, 📞 01463-222033, 🖥 www.riverhouse.restaurant inverness.co.uk. Eine der eleganteren Adressen in Inverness für einen besonderen Abend. Sehr moderne Küche, die auf die ganze Band-breite schottischer Produkte setzt: Von Austern aus dem Loch Fyne über Jakobsmuscheln

Zentrale und nördliche Highlands

Kreative und günstige Küche im Senfkorn

Wer anspruchsvolle, aber erstaunlich günstige Küche in schickem Ambiente und dennoch entspannter Atmosphäre sucht, ist im **The Mustard Seed**, 16 Fraser Street, ✆ 01463-220220, 🖥 www.themustardrestaurant.co.uk, genau richtig. Ständig wechselnde kreative Fleisch-, Fisch- und vegetarische Gerichte. Mittags werden in der umgebauten ehemaligen Kirche sehr günstige 2-Gänge-Menüs angeboten. Bis 19 Uhr gibt es Early-Bird-Menüs, bei denen ein Glas Wein inklusive ist. Sehr empfehlenswertes Restaurant. ⏱ Küche 12–15, 17.30–22 Uhr.

von Harris bis zu Shortbread von Shetland ist die Auswahl groß und verlockend. Selbstverständlich gibt es auch Fleischgerichte, darunter Steaks und Ente. ⏱ Küche Di–Sa 12–14, 17.30–21.30 Uhr (Winter Fr–Sa 12–14, Di–Sa 17.30–21 Uhr).

Shapla Tandoori Restaurant, 2 Castle Road, ✆ 01463-241919. Mittags günstiges 3-Gänge-Menü mit tollem Ausblick über den Fluss. Serviert werden vor allem leckere Tandoori- und Balti-Gerichte vom indischen Subkontinent. ⏱ Küche tgl. 12–23 Uhr (Winter Mo–Do 12–14, 17–23, Fr–So 12–23 Uhr).

The Castle Tavern, s. Kasten.

Leckeres Essen mit Blick aufs Schloss

The Castle Tavern, 1 View Place, ✆ 01463-718178, 🖥 www.castletavern.net, ist ein sehr stimmungsvoller Pub mit eigenem Restaurantbereich im Obergeschoss. Die gute Küche ist traditionell schottisch mit hervorragenden vegetarischen Optionen. Unten gibt es eine ausgezeichnete Bier- und Whiskyauswahl, dank der die Taverne 2010 zum besten Pub der Highlands gekürt wurde. Ausgeschenkt werden auch unbekanntere Ales und regelmäßig gibt es einen günstigeren *whisky of the month*. Im Sommer öffnet die kleine Terrasse draußen, drinnen laufen leider gelegentlich Sportsendungen im Pub. ⏱ Küche tgl. 12–21.30 Uhr.

Pubs

Blackfriars, 93-95 Academy Road, ✆ 01463-233881, 🖥 www.blackfriarshighlandpub.co.uk. Mehr als 200 Jahre Geschichte haben dem Pub reichlich Patina verpasst. Gute Bierauswahl und gemischtes Publikum. Stand bei Redaktionsschluss zum Verkauf.

Hootananny, 67 Church Street, ✆ 01463-233651, 🖥 www.hootananny.co.uk. Inverness' bester Livemusik-Pub ist sehr gemütlich und schenkt die lokalen Black Isle-Ales aus. Mo–Mi versammeln sich meist in dem hohen Saal am Mitteltisch einige Folkmusiker und veranstalten ab ca. 21.30 Uhr eine kleine Session. Ansonsten kommen Gigs von außen und sorgen praktisch jeden Abend für gute Unterhaltung; auch Rockmusik. Vor allem in der Sofa-Ecke am Fenster kann man es gut aushalten – eine echte Institution!

Johnny Foxes, 26 Bank Street, ✆ 01463-236577, 🖥 www.johnnyfoxes.co.uk. In dem großen Kellerpub ist abends immer was los. Jeden Abend gibt es Musik, mittwochs Karaoke. Dazu wird *pub grub* serviert.

Theater und Kino

Eden Court Theatre, Bishops Road, ✆ 01463-234234, 🖥 www.edencourt.co.uk. Anspruchsvolles Theater, aktuelles Kino und Ausstellungen im modernen „Kulturpalast" von Inverness. Hinter der großen Glasfront kann man sich auch einen Kaffee mit Ausblick genehmigen.

Apotheken

Boots, Eastgate Shopping Centre, ✆ 01463-225167. ⏱ Mo–Mi, Fr–Sa 8.30–18, Do 8.30–19, So 11–17 Uhr.

Autovermietungen

Arnold Clark, Harbour Road, ✆ 01463-236200, 🖥 www.arnoldclarkrental.com. Stadtfiliale des schottischen Verleihers. Eine weitere Filiale am Inverness Airport.

Budget, Railway Terrace, ✆ 01463-713333, 🖥 www.carhirescotlandltd.co.uk. Internationaler Autovermieter direkt am Bahnhof und Busbahnhof.

Einkaufen

Celtic Music Corner, The Victorian Market, ℘ 01463-250964. Folkmusik jeglicher Stilrichtung – von Schnulzen bis zu Runrig. ⏰ Mo–Sa 9.30–17 Uhr.

Leakey's, Greyfriars Hall, Church Street, ℘ 01463-239947. Seit 1979 befindet sich in der alten Kirche einer der besten Secondhand-Buchläden Schottlands. Einfach stöbern oder im Café auf der Empore relaxen. ⏰ Mo–Sa 10–17.30 Uhr.

Tiso, 41 High Street, ℘ 01463-716617, 🖳 www.tiso.com. Outdoor-Ausrüstung für die Highlands. Im nordwestlichen Industrie-gebiet befindet sich das große Tiso Outdoor Experience, 2 Henderson Road.

Victorian Market, s. S. 418.

Waterstone's, Eastgate Shopping Centre, ℘ 0843-2908405. Verlässlicher Buchladen mit großem Sortiment; auch Wanderkarten. ⏰ Mo–Mi, Fr–Sa 9–18, Do 9–19, So 11–17 Uhr.

Fahrradverleih

Alpine Bikes, Tiso Outdoor Experience, 2 Henderson Road, ℘ 01463-729171, 🖳 www.alpinebikes.com. Räder kosten 20 £ pro Tag. Unbedingt vorab reservieren. ⏰ Mo–Sa 9–18, So 10–17 Uhr.

Informationen

Inverness VisitScotland Information Centre, Castle Wynd, ℘ 01463-234353, 🖳 www.visithighlands.com. Sehr gut sortiertes Informationsbüro, das auch viel Material für Ausflüge in die umliegenden Highlands bereithält. ⏰ April–Mai, Mitte Sep–Dez Mo–Sa 9–17, So 10–15, Juni, Anfang Sep Mo–Sa 9–18, So 9.30–16, Juli–Aug Mo–Sa 9–18, So 9.30–17 Uhr.

Internet

Inverness Library, Farraline Park, ℘ 01463-236463. Kostenlose Internetnutzung in der Stadtbücherei. ⏰ Mo/Fr 9–19.30, Di/Do 9–18.30, Mi 10–17, Sa 9–17 Uhr.

Medizinische Hilfe

Raigmore Hospital, Old Perth Road, ℘ 01463-704000. Größtes Krankenhaus der Highlands, das rund um die Uhr auf Notfälle eingestellt ist, u. a. bei Bergunfällen.

Polizei

Burnett Road Police Station, ℘ 0845-6005703. In Notfällen ℘ 999. Vom Polizeihauptquartier in Inverness werden auch Bergrettungseinsätze koordiniert.

Post

Hauptpostamt, Queensgate. Auch Geldwechsel. ⏰ Mo–Sa 9–17.30 Uhr.

Nahverkehr

Inverness ist klein genug, um im Stadtzentrum zu Fuß erkundet zu werden. Die Stadtbusse halten vor der Post in Queensgate.

Mit dem Schiff den Caledonian Canal und Loch Ness entdecken

Jacobite Cruises, Tomnahurich Bridge, Inverness, ℘ 01463-233999, 🖳 www.jacobite.co.uk. Wer den Caledonian Canal und Loch Ness erkunden möchte, kann gleich am südlichen Stadtrand von Inverness an der Kanalbrücke der A 82 starten. Unter den fünf Touren lohnen vor allem die 3-stündige Reflection-Tour zum Urquhart Castle (ohne Eintritt) sowie die ebenfalls 3-stündige Discovery-Tour, die auch die Besichtigung von Urquhart Castle mit einschließt und mit dem Bus zurückkehrt. Diese beiden Touren kosten 18 bzw. 26 £ und sind ideal, um einen Eindruck von Loch Ness zu erhalten. Im Winter eingeschränkter Fahrplan ab Clansman Harbour, direkt am Loch Ness.

Caley Cruisers, Canal Road, ℘ 01463-235328, 🖳 www.caleycruisers.com. Wer Loch Ness und den Caledonian Canal ausführlich auf einer dreitägigen oder einwöchigen selbstgesteuerten Tour erkunden will, kann sich bei Caley Cruisers zwischen April und Oktober eines von 30 Booten für jeweils 2–10 Personen ausleihen. Preise pro Woche je nach Schiffsgröße und Saison ca. 500–1700 £.

Taxis
Highland Taxis, ☎ 01463-222222.

Busse
Der Busbahnhof von Inverness liegt an der Margaret Street/Farraline Park.

Regionalbusse
Mit Stagecoach Highlands nach:
ABERDEEN, mit Linie 10/10A via Nairn (40 Min.) und Elgin (1 1/2 Std.), stdl., 4 Std.
CANNICH, mit Linie 17 via Drumnadrochit, Mo–Sa 3–5x tgl., 1 Std.
CROMARTY, mit Linie 26/26A via Fortrose, Mo–Sa alle 30–60 Min., So 1x, 1 Std.
CULLODEN (Visitor Centre), mit Linie 2/2A ab Inverness Queensgate via Raigmore Hospital (halbstdl., 10 Min.), stdl., 25 Min.
DINGWALL, mit Linie 28 (ab Inverness Queensgate) via Beauly (35 Min.) stdl., 50 Min.
DORNOCH, mit Linie 25X via Tain, alle 2 Std., 1 1/2 Std., 9 £.
FORT GEORGE, mit Linie 11 (JET) via Inverness Airport (halbstdl., 25 Min., 3,20 £), stdl., 35 Min., 3,40 £.
STRATHPEFFER, mit Linie 27 via Dingwall, Mo–Sa stdl., So alle 2 Std., 45 Min.
URQUHART CASTLE, mit Linie 19 via Drumnadrochit, mehrmals tgl., 35 Min., 3 £.
Tim Dearman Coaches schafft Ende April– Ende Sep Mo–Sa 1x tgl. eine Verbindung von Inverness über Strathpeffer, Ullapool und Lochinver nach DURNESS (ca. 5 Std.). Es gibt sogar einen Radanhänger. Im Juli/Aug verkehrt der Bus auch sonntags.

Fernbusse
Sie werden zumeist von Scottish Citylink/ Megabus bedient. Die Buslinie nach Fort William und Oban wird zusammen mit West Coast Motors angeboten. Die Linien 10/10A nach Aberdeen sowie X99 nach Thurso/Scrabster werden jedoch von Stagecoach bedient.
ABERDEEN, stdl., 4 Std., 10,50 £
EDINBURGH, ca. stdl., 3 1/2–4 1/2 Std., 25,50 £
FORT WILLIAM, 2–9x tgl. (Citylink/Stagecoach), 1 3/4 Std., 11,20 £
GLASGOW, ca. stdl., 3 1/2–4 1/2 Std., 25,50 £

OBAN, 3x tgl., 3 3/4 Std., 18,10 £
PORTREE, 3x tgl. 3–4 1/2 Std., 22,70 £
THURSO, 5x tgl. (Stagecoach), 3 1/2–4 Std., 17,50 £
ULLAPOOL, 1–2x tgl., 1 1/4 Std., 12 £

Eisenbahn
Inverness liegt am Schnittpunkt von vier wichtigen und landschaftlich sehr schönen Bahnlinien in den Highlands:
Nach **Süden** geht es 5–9x tgl. über AVIEMORE (40 Min.) und PERTH (2 1/4 Std.) nach EDINBURGH/GLASGOW (je 3 1/2 Std., 40 £).
Nach **Osten** geht es 5–11x tgl. über ELGIN (45 Min.) nach ABERDEEN (2 1/4 Std., 25 £).
Nach **Norden** geht es 1–4x tgl. über Dingwall nach THURSO (3 1/4 Std., 16 £) und WICK (3 3/4 Std., 16 £).
Nach **Westen** geht es 2–4x tgl. über Dingwall nach KYLE OF LOCHALSH (2 1/2 Std., 18 £).

Flüge
Inverness Airport, ☎ 01667-464000, 🖥 www.hial.co.uk, liegt ca. 13 km östlich von Inverness auf dem Weg nach Ardesier/Fort George. Von dem größten Flughafen der Highlands werden auf den Äußeren Hebriden 1–4x tgl. STORNOWAY auf Lewis sowie die Insel BENBECULA angeflogen (Flybe und Highland Airways). Auf Orkney und Shetland werden 1–2x tgl. KIRKWALL und SUMBURGH auf jeweils einem Flug angesteuert (Flybe). Buslinie 11 (JET) pendelt alle halbe Stunde zwischen dem Airport und dem Busbahnhof von Inverness (25 Min., 3,20 £ einfach).

Östlich von Inverness

Culloden und Clava Cairns
Culloden, 10 km von Inverness, ist der Kontrapunkt zu Bannockburn, denn in diesem öden Landstrich endete am 17. April 1746 der letzte jakobitische Aufstand unter Charles Edward Stuart in einem Blutbad. Die Truppen des Stuart-Prinzen waren den besser gedrillten und ausgerüsteten Einheiten des Herzogs von Cumberland nicht gewachsen. Nach nur einer Stunde war die Schlacht vorbei, der königliche Heerführer

gab die Parole aus „Keine Gnade". Das brachte Cumberland den unrühmlichen Spitznamen „der Schlächter" ein.

Für patriotische Schotten ist die Schlacht noch heute ein Alptraum, obwohl in den Jakobitenkriegen auch Schotten gegen Schotten kämpften. Andere romantisieren „The 45" als eine Art großes Abenteuer mit Bonnie Prince Charlie als ritterlichem Helden. Insofern ist es hilfreich, dass im hypermodernen, multimedialen und sehr teuren **Culloden Visitor Centre**, ☏ 0844-4932159, ⌨ www.nts.org.uk, die Schlacht in den europäischen Kontext jener Tage eingeordnet wird (s. S. 86). Auf dem heidebewachsenen Schlachtfeld sind die Gräber der Clans markiert. ⏱ Visitor Centre Feb–März, Nov–Dez tgl. 10–16, April–Okt 9–18 Uhr, Eintritt 10 £, erm. 7,50 £.

Unbedingt einen Abstecher wert sind die drei **Clava Cairns** 2,5 km südlich von Culloden. In einem kleinen Wäldchen sind die 3000–4000 Jahre alten steinzeitlichen Grabhügel imposante Zeugnisse früher Hochkulturen am Moray Firth. Womöglich fand nur ein Begräbnis pro Hügel statt. Die Durchgangspassagen in den Hügeln wurden genau auf den Sonnenuntergang am kürzesten Tag im Winter ausgerichtet.

Cawdor Castle

Das romantisch gelegene Cawdor Castle, ☏ 01667-404615, ⌨ www.cawdorcastle.com, wird immer wieder mit Macbeth und Shakespeare in Verbindung gebracht. Um es vorwegzunehmen: Im 11. Jh. des Macbeth gab es hier noch kein Castle, denn die Burg nahm erst im 14. Jh. Gestalt an. Shakespeare musste es mit der historischen Wahrheit aber nicht so genau nehmen, denn sein Hauptaugenmerk galt dem Wohlgefallen seines königlichen Auftraggebers, König James VI. von Schottland, seit 1603 auch James I. von England. Und der stand auf übernatürliche Dramen, was Shakespeare mit seinen Hexen meisterhaft bediente.

Vom Shakespeare-Ruhm lebt Cawdor nicht schlecht. Aber die knorrige Hochlandburg ist wirklich sehr nett und der Garten eine wahre Pracht. Der Rundgang lohnt sich also. Im Tearoom erwartet Besucher eine kleine Stärkung vor der Weiterfahrt. ⏱ Mai–Sep tgl. 10–17.30 Uhr, Eintritt 9 £, erm. 8/5,50 £.

Fort George

Nach der Schlacht von Culloden entstand auf einer kleinen Landspitze bei **Ardersier** mit Fort George, ☏ 01667-460232, ⌨ www.historic-scotland.gov.uk, der sichtbarste Ausdruck der kompromisslosen Unterdrückung jeglicher Stuart-Sympathien. Das größte Militärfort Großbritanniens war für 2000 Soldaten ausgelegt und sicherte den Zugang zum inneren Moray Firth. Obwohl die Highlands längst befriedet sind, ist das Fort noch heute von 500 Soldaten belegt.

Über zwei Zugbrücken gelangt man ins Innere der praktisch unveränderten Festung. Am Haupttor unterstreicht das königliche Wappen den Anspruch der britischen Krone nicht nur auf England, sondern auch auf Schottland, Irland (Harfe) und Frankreich (Lilien). Die Magazine, diverse Unterkünfte und die Kasernenkapelle stehen Besuchern offen. Am schönsten ist jedoch der Spaziergang über die Wallanlagen. Von hier oben kann man im Moray Firth mit etwas Glück Seehunde und Delfine beobachten. ⏱ April–Sep tgl. 9.30–17.30, Okt–März tgl. 9.30–16.30 Uhr, Eintritt 6,70 £, erm. 5,40/4 £.

Nairn

Etwas weiter östlich ist Nairn (8400 Einwohner) ein freundliches Seebad, das genau wie Inverness hohe Lebensqualität besitzt und bei Zuwanderern beliebt ist. In den 1970er-Jahren machte Charlie Chaplin hier regelmäßig Urlaub, und heute wohnt die Schauspielerin und Oscar-Preisträgerin Tilda Swinton in Nairn.

Vom ehemaligen Fischerhafen und vom Central Beach bietet sich ein schöner Blick über den Moray Firth hinüber zur Black Isle und nach Sutherland.

Übernachtung und Essen

Braeval Hotel & Bandstand Restaurant, Crescent Road, Nairn, ☏ 01667-452341, ⌨ www.braevalhotel.co.uk. Wer in Nairn eine Pause einlegt, kann im neuen Wintergarten des Seebadhotels klassisches und günstiges Pubessen bestellen. Dazu wird bei schönem Wetter einer der besten Restaurant-Ausblicke Schottlands geboten, denn jenseits des Moray Firth ragen die Berge von Sutherland auf. Mit einem Fernglas lassen sich manchmal sogar Delfine beobachten. Der angeschlossene Pub ist für seine gute Auswahl kleinerer Biermarken bekannt und wurde deshalb 2009 als bester Pub der Highlands prämiert. Samstags gibt es Livemusik. ◷ Küche tgl. 12–14.30, 17.30–20.30 Uhr.

Transport
Für die Verkehrsverbindungen nach Inverness s. S. 422.

Loch Ness und Great Glen

Schottlands bekanntestes Loch erstreckt sich südwestlich von Inverness und füllt ein Drittel des rund 100 km langen Great Glen aus. Das „große Tal" ist im Gälischen auch als Glen More bekannt und eine der markantesten geologischen Erscheinungen in Schottland. Diese Erdfalte entstand vor etwa 400 Mio. Jahren, als entlang der Linie Inverness–Fort William–Oban die Erde aufgrund starken Gegendrucks zweier Erdplatten in sich zusammenbrach. Während die Verwerfung im Südwesten heute ein Meeresarm ist, bildet sie im Nordwesten das Great Glen. Das Tal ermöglichte im 19. Jh. auch den Bau des Kaledonischen Kanals (s. unten).

Aber das alles ist nichts gegen die nahezu mythische Verklärung des Loch Ness als Ort eines „Monsters" (s. S. 427). Wer den See aus allen Richtungen beobachten möchte, kann eine komplette Rundfahrt machen. Die Westseite ist dabei touristisch wesentlich stärker entwickelt und über die A 82 stark befahren, die Ostseite ist hingegen nahezu abgeschieden vom Touristenrummel. Die beiden Hauptorte am Loch Ness sind **Drumnadrochit** im Westen und **Fort Augustus** im Süden.

Drumnadrochit
Nirgends ist man dem Mythos von Nessie intensiver auf der Spur als in Drumnadrochit (800 Einwohner). Jahrelang befehdeten sich das „wahre" und das „echte" Loch Ness Centre, wer denn nun den besseren Draht zum Monster habe. 2010 gab es schließlich einen gerichtlichen Vergleich und neue Namen für die Attraktionen, wobei nur ein Laden den Besuch wirklich lohnt.

The Loch Ness Centre, ✆ 01456-450573, 🖥 www.lochness.com, verfolgt mit wissenschaftlichem Anspruch die Spur von Nessie, wägt sehr informativ alle Möglichkeiten ab und überlässt es so dem Besucher, sich ein Bild zu machen. Die mehrsprachige Vorführung lohnt sich auch für Nessie-Skeptiker und kann als guter Startpunkt für die Nessie-Jagd gelten. Natürlich wird man am Ende mit den unvermeidlichen Stoff-Nessies konfrontiert. ◷ April/Okt tgl. 9.30–17.30, Mai–Sep 9–18, Nov–März 10–15.30 Uhr, Eintritt 6,50 £, erm. 5,50/4,50 £.

Von Drumnadrochit können Wanderfreunde sehr gut den Abstecher über Cannich ins Glen Affric in Angriff nehmen (s. S. 430).

Urquhart Castle
Besonders viel blieb von der Burg nicht erhalten, große Ereignisse spielten sich hier ebenfalls nicht ab, doch die einmalige Lage der Ruine an den Ufern des Loch Ness sichert einen unablässigen Besucherstrom, der sich an dem erbaulichen Ausblick ergötzt. Urquhart Castle, ✆ 01456-450551, 🖥 www.historic-scotland.gov.uk, ist angeblich die meistbesuchte Touristenattraktion der Highlands. Von der Café-Terrasse kann man den herrlichen Blick bei Kaffee und Kuchen genießen.

Im modernen Visitor Centre setzt Historic Scotland ganz auf Patriotismus. In dem achtminütigen Aufwärmfilm müssen sich englische Besucher ziemlich mies vorkommen, weil vor 700 Jahren König Edward I. als finsterer „Wolf" über seine „Beute" Schottland herfiel. Auch die Macdonalds kommen schlecht weg, da sie das Castle mehrfach überfielen. Irgendwie gab es nie ruhige Zeiten am Loch. So endete die Geschichte der Burg 1692, als die Regierungsgarnison die Feste verließ, nicht ohne die wesentlichen Teile selbst in die Luft zu jagen. Die Ruine kann bis in alle Winkel erkundet werden. ◷ April–Sep tgl. 9.30–18, Okt 9.30–17, Nov–März 9.30–16.30 Uhr, Eintritt 7 £, erm. 5,60/4,20 £.

Fort Augustus und der Caledonian Canal
Am Südende von Loch Ness war **Fort Augustus** (400 Einwohner) im 18. Jh. eine wichtige Garnison zur Befriedung der aufständischen High-

N

0   10   20 km

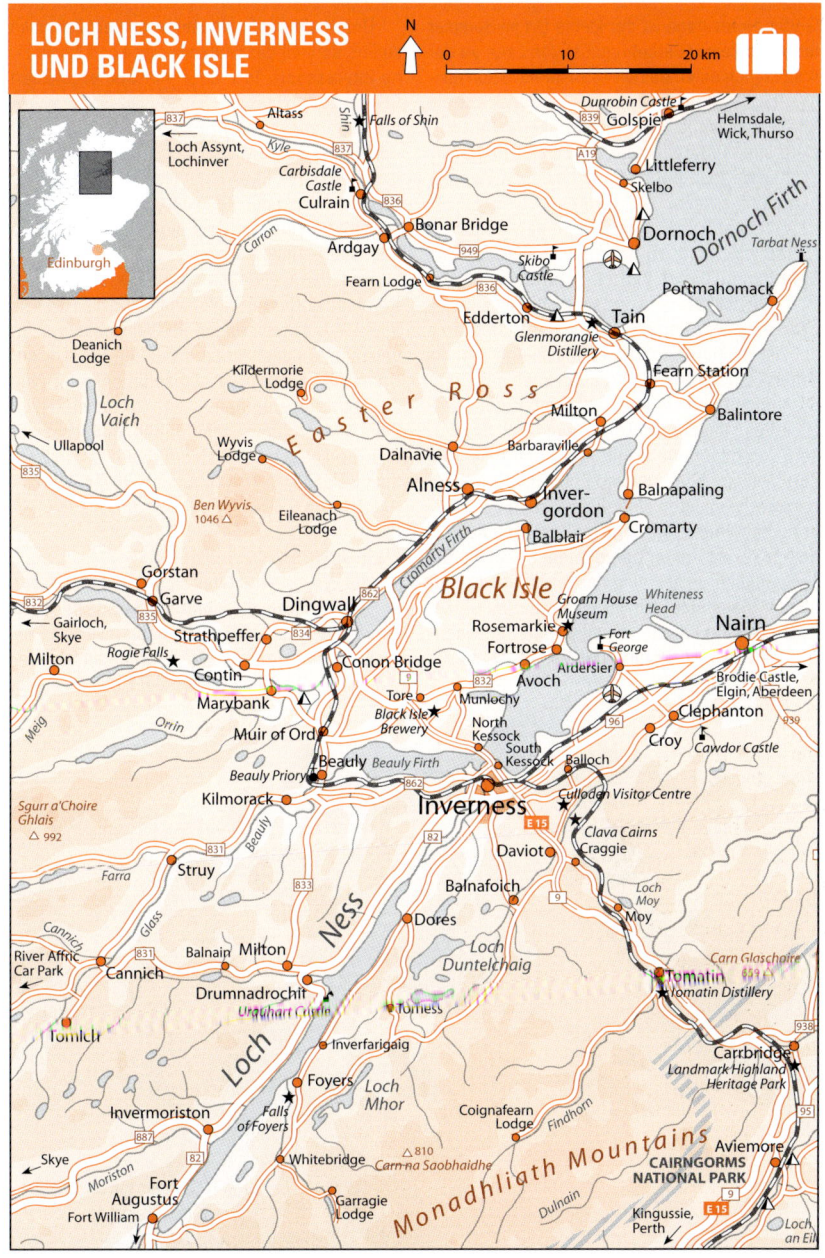

Altass
Falls of Shin
Loch Assynt, Lochinver
Kyle
837
Carbisdale Castle
Culrain
836
Bonar Bridge
Ardgay
949
Fearn Lodge
836
Edderton
Deanich Lodge
Glenmorangie Distillery
Kildermorie Lodge
Loch Vaich
Ullapool
835
Wyvis Lodge
Dalnavie
Ben Wyvis 1046 △
Eileanach Lodge
Alness
Easter Ross
Milton
Barbaraville
Invergordon
Balblair
Gorstan
Garve
832
835
Dingwall
Black Isle
Cromarty Firth
Gairloch, Skye
834
Strathpeffer
862
Rosemarkie
Fortrose
Groam House Museum
Whiteness Head
Milton
Rogie Falls
Contin
Conon Bridge
Avoch
832
Fort George
Nairn
Marybank
Tore
Munlochy
Ardersier
Muir of Ord
Black Isle Brewery
North Kessock
South Kessock
96
Brodie Castle, Elgin, Aberdeen
Cléphanton
Beauly Priory
Beauly
Beauly Firth
Balloch
Croy
Cawdor Castle
Kilmorack
862
Inverness
Culloden Visitor Centre
Sgurr a'Choire Ghlais △ 992
82
E 15
Clava Cairns
Craggie
Struy
831
Daviot
Farra
833
Balnafoich
Loch Moy
River Affric Car Park
831
Balnain
Milton
9
Moy
Cannich
Dores
Loch Duntelchaig
Carn Glaschoir
Tomatin
938
Drumnadrochit
Urquhart Castle
Tomich
Torness
Tomatin Distillery
Inverfarigaig
Carrbridge
Foyers
Loch Mhor
Landmark Highland Heritage Park
95
Invermoriston
887
Coignafearn Lodge
Findhorn
Falls of Foyers
△ 810
Aviemore
Skye
821
Whitebridge
Carn na Saobhaidhe
CAIRNGORMS NATIONAL PARK
Fort Augustus
Garragie Lodge
Monadhliath Mountains
9
E 15
Fort William
Moriston
Loch Ness
Dulnain
Kingussie, Perth
Loch an Eil

Dunrobin Castle
839
Golspie
Helmsdale, Wick, Thurso
A19
Littleferry
Skelbo
Dornoch Firth
Dornoch
Tarbat Ness
Skibo Castle
Tain
Portmahomack
Fearn Station
Balintore
Balnapaling
Cromarty

Zentrale und nördliche Highlands

lander. Heutzutage ist der kleine Ort im Sommer aufgrund seiner verkehrsgünstigen Lage an der A 82 täglich einer kleinen Touristeninvasion ausgesetzt. Alle Blicke richten sich dabei auf die Schleusentreppe mitten im Ortskern: Fünf Becken sind hintereinander geschaltet und überwinden so 12 m Höhenunterschied. Im Sommer herrscht hier reger Jachtbetrieb.

Wer mehr über den Caledonian Canal erfahren will, sollte an der Schleusentreppe das **Caledonian Canal Visitor Centre**, Canalside, ✆ 01320-366493, 🖥 www.scottishcanals.co.uk, besuchen. Der Kanal ist eines der Glanzwerke des berühmten schottischen Ingenieurs Thomas Telford, der seit 1803 die großen Seen des Great Glen nutzte und sie mit insgesamt 35 km Kanal zu einer Wasserstraße verband. 29 Schleusen, von denen die drei Schleusentreppen bei Fort William, Fort Augustus und Inverness am beeindruckendsten sind, überwinden 32 m Höhenunterschied, doch für größere Schiffe war der 1822 eröffnete Caledonian Canal schon bald zu klein, 1930 stellte das letzte Linienschiff seinen Dienst ein. Vom Frühjahr bis zum Herbst wird der Kanal heute vor allem von Segeljachten befahren. ⏱ Ostern–Okt tgl. 10–13, 13.30–17.30 Uhr, Eintritt frei.

Unterhalb der Schleusentreppe erreicht man zu Fuß schnell das Südende von Loch Ness. Eine interessante Tour über den See organisiert **Cruise Loch Ness**, ✆ 01320-366277, 🖥 www.cruiselochness.com, mit dem Ausflugsschiff *The Royal Scot*. Mit seinem Echolot sucht es den Grund des Sees nach Nessie ab, dazu gibt es viele Infos über das Loch. Die einstündigen Touren werden von März bis Oktober stündlich angeboten, Tickets kosten 11 £, erm. 6,50 £.

Ganz landgebunden ist ein Besuch auf der **Highland & Rare Breeds Croft**, ✆ 01320-366433. Von der A 82 geht es auf der Westseite des River Oich entlang. Hinter den alten Pfeilern der Bahnbrücke sind u. a. die seltenen gehörnten Jakobs- und Hebridenschafe zu sehen. Auch Zwergziegen, Soay-Schafe, Shetlandponys sowie die zotteligen Hochlandrinder grasen auf dem Gelände. ⏱ Ostern–Okt tgl. 10–18 Uhr, Eintritt 2 £, erm. 1,50 £.

Das Ostufer von Loch Ness

Für die Weiterfahrt bieten sich zwei Alternativen an: Von Fort Augustus führt die A 82 weiter nach Fort William (s. S. 502). Wer nach Inverness zurück möchte, kann die kleine Piste am Ostufer wählen. Einen Stopp lohnen die **Falls of Foyers**,

Die Schleusentreppe verbindet Caledonian Canal und Loch Ness.

Was wäre Schottland ohne Nessie? Was wäre die Tourismusindustrie ohne Plüsch-Nessie, Nessie-Schals, Nessie-Tassen, Nessie-Comics und Nessie-Filme? Nessie ist einfach unverzichtbar – eigentlich wäre es sogar richtig schade, wenn das „Ungeheuer" eines Tages tatsächlich einmal auftauchen sollte und ganz anders aussähe als in den Souvenirshops. Schottland braucht seine Mythen und Nessie steht an vorderster Front.

Der hl. Columba und die Hotelmanagerin

Keine Angst: Seit der irische Chefmissionar Columba das „Monster" im 6. Jh. mal an Land traf, tut es keinem was. Der heilige Mann sprach ein paar ernste Worte mit Nessie und prompt verschwand das Ungeheuer wieder im See und gilt seither als harmlos.

Allerdings brauchte Nessie fast 1400 Jahre, um sich von dem Columba-Schock zu erholen. Vielleicht lag die lange Ruhepause auch daran, dass die Highlander mit Clan-Fehden, Jakobitenkriegen und Whisky-Schmuggel anderweitig voll beschäftigt waren. Doch Anfang 1933 war es mit der Ruhe vorbei, denn die Managerin des Drumnadrochit Hotels, Mrs. Mackay, sichtete – nach einem besonders umsatzschwachen Winter? – ein großes Wal-ähnliches Wesen. Der folgende Artikel von Alex Campbell im *Inverness Courier* vom 2. Mai 1933 gilt als der Zeitpunkt der offiziellen Wiederentdeckung.

Von da an hatte Nessie keine ruhige Minute mehr: Schon im Sommer desselben Jahres sichtete ein Mr. Spicer ein „drachenähnliches prähistorisches Wesen". Von Spicer stammt auch der lange Hals. Diese Story rief wiederum den Jäger Marmaduke Wetherall auf den Plan, der die Nessie-Manie erst richtig anheizte. Allerdings griff er für seine Sensationsgeschichte in der *Daily Mail* tief in die Trickkiste und fälsche mit einem Aschenbecher gigantische Fußabdrücke. Und in den folgenden Jahrzehnten sollte es an exzentrischen Theorien niemals mangeln. Da war sogar von einem deutschen U-Boot die Rede, das sich im Zweiten Weltkrieg in den See verirrt haben sollte.

Wissenschaftliche Suche

Worum könnte es sich bei Nessie handeln? Zunächst mal spielt die Größe des Sees eine wichtige Rolle. Loch Ness ist 37 km lang, bis zu 230 m tief und fasst rund 7500 Mio m³ Wasser – in Großbritanniens größtem Frischwassersee ist also Platz genug für einige große Tiere. Forscher gehen auch davon aus, dass der See früher einmal mit dem offenen Meer verbunden war.

Kann es also sein, dass aus diesen Urzeiten Plesiosaurier im Loch Ness überwintert haben könnten? Um das Überleben zu sichern, müsste es aber wohl eher eine Gruppe von 20 sein. Der See bietet jedoch nicht einmal genug Nahrung für ein Riesenmonster, ganz abgesehen von der Frage, warum ein derartiges Urviech all die Jahrhunderte nicht wesentlich öfter gesichtet wurde. Aber es wurde nichts unversucht gelassen, der Sache auf den Grund zu gehen: Mit U-Booten, Echolot und allen erdenklichen Methoden wurde der See von vorne bis hinten durchkämmt. Natürlich gab es immer wieder seltsame Beobachtungen, doch einen handfesten Beweis lieferte keine der Operationen.

Touristenattraktion

Dafür gab es immer wieder neue Fälschungen, und jeden Sommer schicken Touristen fotografische „Beweise" an die Medien. Am Ende stellt sich dann heraus, dass es sich um Baumstämme oder Bugwellen von Urlaubsbooten handelt. Fest steht jedenfalls, dass man mit einem echten Nessie-Foto sehr reich werden könnte. Eine Zeitlang war sogar ein regelrechter Preis ausgesetzt, weil das Auftauchen von Nessie als eines der „zehn unwahrscheinlichsten Ereignisse der Welt" angesehen wurde. Auf dieser Liste stand auch der Fall der Berliner Mauer – das Preisgeld wurde daraufhin halbiert …

Bei aller Nessie-Manie sollte man nicht vergessen: Der See ist einfach wunderschön. Wenn er an einem ruhigen Herbsttag tiefblau schimmert, die Wälder sich beginnen bunt zu färben und weiße Wölkchen am blauen Himmel entlangziehen – dann ist Loch Ness auch ohne Ungeheuer grandios.

die man von Upper Foyers aus in einer Schlucht erreicht. Der 4 km lange Rundgang hinab nach Lower Foyers zum Ufer des Loch Ness ist sehr schön. Über Dores geht es dann zurück nach Inverness.

Übernachtung und Essen

Weil Loch Ness so populär ist, sollte man im Sommer vor allem die Hostels besser vorher reservieren.

Drumnadrochit

Borlum Farm Campsite, ✆ 01456-450220, 🖳 www.borlum.com. Schlichter und günstiger Farm-Campingplatz zwischen Ortsmitte und Urquhart Castle. Angeschlossen ist das **Highland Riding Centre** für alle Pferdeliebhaber. ❶

Elmbank B&B, West Lewiston, ✆ 01456-450372, 🖳 www.elmbank-lochness.com. Die 2 Doppelzimmer in dem kleinen Gartenhaus wirken fast wie eine Ferienwohnung. In der langen Cottage-Reihe befinden sich einige weitere nette B&Bs. ❷

Fiddler's, The Village Green, ✆ 01456-450678, 🖳 www.fiddledrum.co.uk. Café, Restaurant, Whisky-Bar und Pension – das Fiddler's im Ortszentrum ist eine sehr vielseitige Adresse. Das Essen ist eher traditionell ausgerichtet,

Perfekte Lage

Old Pier House, bei Fort Augustus, ✆ 01320-366418, ✉ jenny@oldpierhouse.com. Wenn es eine perfekte Lage am Loch Ness gibt, dann hat Jenny MacKenzie sie gefunden. 1 km nördlich von Fort Augustus gelangt man über die alte Bahntrasse auf eine große Wiese, die wie eine Halbinsel in den See ragt. An dem alten Pier stiegen Bahngäste einst auf die Linienschiffe nach Inverness um. Hier ist man vom Trubel im Dorf völlig abgeschieden und kann sich abends in Ruhe am Seepanorama ergötzen. Dennoch ist es auch zu Fuß nicht weit in den Ort. Die Landlady spricht perfekt Deutsch und bietet 3 Zimmer an. Der Seeblick kostet ein klein wenig mehr. Wer länger bleiben will, kann eine der Holzhütten mieten. ❷

sehr lecker ist z. B. die hauseigene Makrelenpastete. Zur Abrundung stehen 400 Whiskys zur Auswahl bereit. Über dem Restaurant und auf der anderen Straßenseite gibt es 7 recht günstige Zimmer. Für B&B-Gäste wird morgens zur Abwechslung ein sehr leckeres *continental breakfast* serviert. ⏱ Küche Restaurant tgl. 12.30–14.30, 18–20.45 Uhr, Café 10–18 Uhr. ❷

€ **Loch Ness Backpackers' Lodge**, East Lewiston, ✆ 01456-450807, 🖳 www.lochness-backpackers.com. Gemütliches und beliebtes Hostel, das auch Familienzimmer anbietet. Das ehemalige Farmhouse wurde mehrfach erweitert und ist im Sommer schnell ausgebucht. Dann ist eine Reservierung sehr empfehlenswert. Dorm-Bett ab 16 £. ❶

The Loch Ness Inn, Lewiston, ✆ 01456-450991, 🖳 www.staylochness.co.uk. In dem ehemaligen Brauereigebäude aus der Mitte des 19. Jhs. ist nun eine sympathische Herberge mit anspruchsvollem Restaurant untergebracht. Neben dem Fiddler's die zweite gute Adresse für den Abend. ⏱ Küche 12–21 Uhr. ❸

Invermoriston

€ **Loch Ness Youth Hostel**, bei Invermoriston, ✆ 01320-351274, 🖳 www.hostellingscotland.com. Auf halbem Weg zwischen Drumnadrochit und Invermoriston liegt die rustikale SYHA-Herberge direkt an der A 82 oberhalb des Loch Ness. Hier finden sich vor allem Wanderer und Radfahrer ein, die das Great Glen durchqueren. Nur für Selbstversorger. Dorm-Bett ab 17 £.

Fort Augustus

€ **Cumberland's Campsite & Stravaiger's Lodge**, Glendoe Road, ✆ 01320-66257, 🖳 www.cumberlands-campsite.com. Recht junger Campingplatz auf grüner Wiese sowie Herberge in sehr zentraler und ruhiger Lage. Das Hostel in den 2 Holzbaracken braucht noch etwas Ambiente, aber die Ausstattung mit Küche, Lounge und Terrasse ist top. Die 20 Doppelzimmer sind zudem ein echtes Schnäppchen, und es ist schön ruhig. Campsite ab 8 £ p. P. ❶–❷

€ **Morag's Lodge**, Bunoich Brae, ✆ 01320-366289, 🖳 www.moragslodge.

com. In puncto Stimmung ist das freundliche Hostel oberhalb des Orts die Nr. 1 in Fort Augustus. Hier halten auch die Minibustouren, und es herrscht eine sehr internationale Atmosphäre. Das Hostel organisiert auch einen Radverleih (6,50 £/Std., 20 £/Tag) und hat eine eigene Bar für lange Abende; auch Doppelzimmer. Dorm-Bett ab 18 £. ❶–❷

The Lock Inn, Canalside, ☎ 01320-366302. Von den Tischen draußen kann man dem Treiben an der Schleusentreppe entspannt zuschauen. Auch drinnen ist es für schlechte Tage sehr gemütlich. Dazu gibt es typisches *pub grub* mit solider Hausmannskost. ⏱ Küche 12–21 Uhr.

Aktivitäten

Schiffsausflüge

In Drumnadrochit bieten mehrere Veranstalter kleine Bootsausflüge an. Vom Touristenbüro starten z. B. **Castle Cruises Loch Ness**, ☎ 01456-450695, ⌨ www.lochnesscruises.com, Mitte März–Okt für 10/5 £ zu einer einstündigen Seerundfahrt. Tickets gibt es gegenüber vom Informationsbüro im Clansman Gift Shop.

Für Schiffsausflüge von Fort Augustus und Inverness s. S. 426 und Kasten S. 421

Informationen

Drumnadrochit VisitScotland Information Centre, The Village Car Park (A 82), ☎ 0845-2255121. ⏱ April/Okt Mo–Sa 9.30–17, Mai–Juni, Sep Mo–Sa 9–17, So 10–16, Juli–Aug Mo–Sa 9–18, 10–16, Nov–März Mo–Fr 10–15 Uhr.

Hinweis: Bei Redaktionsschluss gab es Überlegungen, die Touristeninformation zu schließen.

Fort Augustus VisitScotland Information Centre, The Car Park (A 82), ☎ 0845-2255121. ⏱ April–Juni, Sep–Okt Mo–Sa 9–17, So 10–16, Juli–Aug Mo–Sa 9–18, So 10–16 Uhr.

Transport

Die Citylink-Busse von INVERNESS nach Skye sowie nach Fort William/Oban halten mehrmals tgl. in Drumnadrochit (30 Min.) und Urquhart Castle (35 Min.).

The Great Glen Way

Das Great Glen ist für Aktivurlauber auf vielfältige Weise eine Herausforderung. Die 117 km **von Fort William nach Inverness** lassen sich zu Fuß und per Rad in Angriff nehmen. Dabei werden entweder Treidelpfade oder Forstwege abseits der verkehrsreichen A 82 genutzt. Kürzer sind die 100 km auf dem Wasserweg, deshalb ist für 2012 die Einrichtung einer weiteren Route für Kanus und Kajaks geplant. Wer nur ein kleines Teilstück gehen möchte, sollte von **Fort Augustus** auf der Ostseite des Kanals über den flachen Treidelpfad die 8 km bis zur **Bridge of Oich** laufen. Von dort kann man dann mit dem Bus nach Fort Augustus zurückkehren (aktuelle Fahrtzeiten vorher bei der Touristeninformation erfragen). Die Piste ist auch für Mountainbiker geeignet. Weitere Informationen zum Great Glen Way unter ⌨ www.greatglenway.com.

Fort Augustus (1 Std.) wird von Inverness nur 2–3x tgl. von den Bussen auf dem Weg nach Fort William/Oban angefahren. Die lokale Buslinie 19 von Stagecoach fährt Mo–Sa alle 2 Std. von INVERNESS nach Drumnadrochit (30 Min.) und Urquhart Castle und unregelmäßig weiter nach Fort Augustus und Fort William.

Abstecher ins Glen Affric

Das Glen Affric ist eines der schönsten Täler Schottlands und bei Naturfreunden und Wanderern sehr beliebt. Mehrere Projekte beschäftigen sich mit der langfristigen natürlichen Wiederbewaldung des Areals, sodass sich die Landschaft zwischen Loch Ness, Glen Moriston und Glen Affric in den nächsten Jahrzehnten deutlich verändern wird.

In den abgeschiedenen Weiten des Tals liegt die einsamste Wanderherberge Schottlands, die eine zweitägige Wanderung quer durch die Highlands bis an die Westküste ermöglicht. Natürlich sind auch wesentlich kürzere Rundwanderungen möglich.

Im kaledonischen Glen Affric

- **Anspruch:** mittel
- **Gehzeit:** 7 1/2 Std.
- **Länge:** 26 km (bis zur JH und zurück)
- **An-/Abstieg:** nur leicht wellig
- **Karte:** OS Landranger 25
- **Anfahrt:** s. Transport S. 433

Rund um Loch Affric bestimmen Reste des alten kaledonischen Waldes das Landschaftsbild. Später geht die Landschaft in die raue einsame Welt der Hochlandtäler über, die von hohen Bergketten eingerahmt wird – das Glen Affric ist eines der schönsten Wandergebiete Schottlands.

Und für Fernwanderer bietet sich mit einer Übernachtung sogar die Möglichkeit, bis zur Westküste zu laufen.

Am Nordufer des Loch Affric

Von der Einfahrt des **River Affric Car Park** geht es schräg links nach Westen auf die ungeteerte Privatzufahrt zur **Affric Lodge** (der Weg nach links unten wird auf dem Rückweg genutzt). Die Jagdhütte ist nach knapp 30 Min. erreicht. An der Zufahrt weist ein Schild „Footpath Kintail + Hostel, Route round Loch" den Weg rechts um die Wirtschaftsgebäude, bis auf der Rückseite

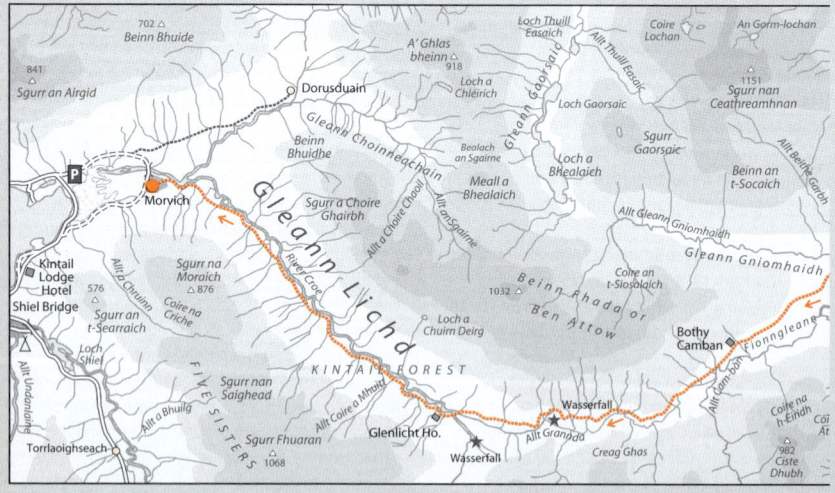

des Geländes der breite Pfad für Quadbikes erreicht wird.

Hinter dem *kissing gate* beginnt das eingezäunte Wiederbewaldungsgelände der Forestry Commission. Hier soll im Rahmen des **Millennium Forest Project** wieder ein Naturwald entstehen. Durch das Fernhalten des Rotwilds wachsen nun junge Birken einträchtig neben den alteingesessenen *Scots Pines*. Schon in den letzten Jahren hat sich diese Wegstrecke deutlich verändert. Allerdings wird es noch mehrere Jahrzehnte dauern, bis das Glen Affric wieder ein natürlich bewaldetes Tal ist. Neben den Grundmauern einer alten Farm geht es auf großen Steinen über einen Bach. An einem weiteren *kissing gate* wird endgültig die „freie Wildbahn" erreicht. Rechts ragen hohe Bergketten auf, und zur Linken ist nach einer kleinen Pause Loch Affric wieder im Blickfeld.

Jenseits des Baches **Allt Coire Leachavie** (1 1/2 Std.) kann bei hohem Wasserstand die Überquerung des nächsten Bachs, **Allt Coulavie**, zu einer kleinen Herausforderung werden. Danach geht es am kleinen Loch Coulavie vorbei. Von hier bietet sich ein fantastischer Blick zurück über das Loch Affric. Schließlich ist der **Abzweig** erreicht, der weiter ins obere Glen Affric führt (2 1/4 Std.). (Hinweis: Wer nur den See umrunden will, kann gleich hier links abbiegen.)

Schottlands einsamste Wanderherberge

Nach rechts zu wird das obere Glen Affric zunächst ganz eng und wild. An einer Holzbrücke ist das Gelände des National Trust for Scotland erreicht, der seit 1993 den Gutsbesitz „West Affric" verwaltet. In dem grasbewachsenen Tal zeugen einige Ruinen davon, dass hier noch Ende des 19. Jhs. mehrere Schäfer mit ihren Familien wohnten. Das grüne Gebäude der Jugendherberge mit dem roten Dach ist nun schon von Weitem zu erkennen.

Auf den letzten Metern muss noch ein Bach überquert werden, der recht breit werden kann. Dann ist das **Glen Affric Youth Hostel** (s. S. 433) mit dem poetischen Namen Alltbeithe (Gälisch für „Bach der Birken") erreicht. Vor einem öffnet sich ein weiter Talkessel, der sich verzweigt und malerisch von hohen Bergen umschlossen wird – ein wahres Hochlandidyll. (3 3/4 Std.)

Rückweg

Der Rückweg erfolgt bis zum **Abzweig** vor dem Loch Affric (5 1/4 Std.) über den Hinweg. Nun geht es geradeaus über den breiten Wirtschaftsweg zu einer kleinen Ansammlung von Hütten, darunter **Strawberry Cottage**. An der südlichen Flussseite läuft man zum Loch Affric. Dieser Weg führt bis zum Ausgangspunkt zurück.

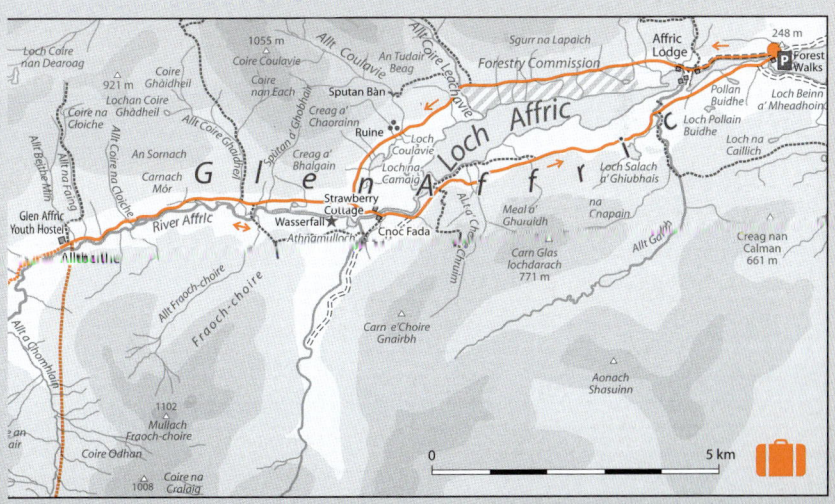

An einem Zaun wird wieder das Gebiet des Millennium Forest Project erreicht. Vorbei am kleinen **Loch Salach a' Ghiubhais** zur Rechten wird der Allt Garbh überquert, bis es schließlich an einer letzten Gabelung links über die Brücke des River Affric zurück zum **River Affric Car Park** geht. (7 1/2 Std.)

Zwei-Tage-Verlängerung

Wer von der JH nicht zum Ausgangspunkt zurückkehren, sondern zur Westküste durchwandern möchte, muss vom Hostel den Wanderpfad geradeaus weiter gehen. Nach ca. 3,5 km wird das einsame **Bothy Camban** passiert, eine äußerst karge Notunterkunft. Schließlich verengt sich der Talkessel und es geht durch eine schmale Schlucht rapide bergab ins **Gleann Lichd**. Dies ist das spannendste und anstrengendste Teilstück

und führt an der Nordflanke der Five Sisters of Kintail entlang (s. Kasten S. 473). Ab hier gibt es wieder einen akzeptablen Wirtschaftsweg. Nach insgesamt gut 16 km ist in **Morvich** das Straßenende erreicht und nach weiteren 3 km die **Hauptstraße A 87** von Loch Ness/Fort William zur Isle of Skye. Dort besteht auch Busanschluss (s. S. 472 und 474).

Praktische Tipps

Wer nur den See umrunden möchte, sollte für die 16 km mit 4 1/2 Std. Gehzeit rechnen. Wer bis zur Westküste durchwandern möchte, muss für die JH-Übernachtung auch einen Schlafsack einpacken sowie neben angemessener Ausrüstung zusätzlich die Karte OS Landranger 33 und sämtlichen Proviant. Die JH hat keinen Telefonanschluss. Alternativ ist ein Zelt notwendig.

„Scots Pines" – schottische Kiefern – sollen durch Wiederaufforstungsprojekte wieder eine größere Verbreitung finden.

Beauly und Cannich

Ins Glen Affric gibt es zwei Straßen: Entweder man kommt von Drumnadrochit (s. S. 424) nach Cannich, oder aber man wählt von Inverness die Route über **Beauly**. Der Ortsname kommt aus dem Französischen und steht für „schöner Ort". Maria Stuart soll bei einem Besuch 1564 begeistert gewesen sein. Damals war aber schon die Priorei, die um 1230 von Valliscaulianern gegründet worden war, in Folge der Reformation geschlossen. Die Reste der friedlich wirkenden Anlage sind heute im Ortskern frei zugänglich.

Nun geht es 26 km durch das Strathglass bis nach **Cannich**, dem letzten besiedelten Außenposten vor dem Glen Affric.

Glen Affric

Hinter Cannich wird die Straße zum *single track* und steigt bald spürbar an. Birken und Kaledonische Kiefern säumen die letzten 18 km, und schon bald ist die Grenze des **Glen Affric National Nature Reserve** überschritten. Es gibt immer wieder spektakuläre Aussichtspunkte an der schmalen Straße. Mehrere Kilometer geht es am lang gestreckten **Loch Beinn a' Mheadhoin** vorbei, einem fast skandinavisch wirkenden See. Schließlich ist der **River Affric Car Park** am Ende der öffentlichen Straße erreicht. Von hier geht es talaufwärts nur noch zu Fuß weiter. Ein 1,5 km langer Rundweg ist vom Parkplatz ausgeschildert.

Übernachtung und Essen

Corner on the Square, 1 High Street, Beauly, ☎ 01463-783000. Feinkostladen und Café direkt am lang gestreckten Hauptplatz von Beauly. Hinter der großen Glasfront werden Bioprodukte verkauft sowie Käse, Suppen, Quiche und natürlich Kuchen serviert. Morgens gibt es bereits Frühstück – sehr angenehm – und mittags wird es oft voll. ◷ Mo–Fr 9–17.30, Sa 9–17 Uhr.
Cannich Caravan & Camping Park, Cannich, ☎ 01456-415364, 🖳 www.highlandcamping. co.uk. Zelte, Caravans und sogar Caravans zur Miete. Der freundliche Campingplatz hat auch eine Waschmaschine, verleiht Räder, und das nette Bog Cotton Café bietet Frühstück und tagsüber Snacks. ❶

Schottlands einsamstes Hostel

Schottlands einsamste Wanderherberge wird von April bis Mitte September vom SYHA betrieben und ist ganz auf Selbstversorger eingestellt. Telefonisch ist das **Glen Affric Youth Hostel** nicht zu erreichen, und es müssen eigene Schlafsäcke mitgebracht werden. Dafür erwartet Gäste ein unvergleichliches Landschaftserlebnis, wenn sie die knapp 4 Stunden vom River Affric Car Park gelaufen sind (s. S. 430) und die angemessene Ausrüstung für eine derartige Wildniswanderung dabeihaben. Rasche Wetterwechsel müssen einkalkuliert werden. Ein Windrad und Solarkollektoren erzeugen übrigens Strom, und der Ofen sorgt sogar für warmes Duschwasser – rustikales Hochlandfeeling! Dorm-Bett ab 20 £.

Kerrow House, bei Cannich, ☎ 01456-415243, 🖳 www.kerrow-house.co.uk. Wie eine kleine Oase liegt das herrschaftliche Haus in einem kleinen Park mitten in den harschen Highlands. Richtung Tomich ist das Kerrow House eine gute Basis für die Erkundung des Tals; auch Angellizenzen. ❸

Transport

Stagecoach-Bus 28 hält auf dem Weg von INVERNESS nach Dingwall stdl. in Beauly (35 Min.).
Linie 17 verbindet Inverness Mo–Sa 3–5x tgl. über Drumnadrochit mit Cannich (1 Std.).
Im Juli und August fahren **Ross's Minibuses**, ☎ 01403-781250, 🖳 www.ross-minibuses. co.uk, Mo/Mi/Fr morgens von Inverness über Beauly und Cannich direkt bis zum River Affric Car Park (2 Std.) und am späten Nachmittag wieder zurück. Die Umrundung des Sees (ohne Abstecher zur JH!) ist dadurch für Tagesgäste bequem möglich. Zwischen Cannich und dem Wanderparkplatz verkehrt der Bus an diesen Tagen 3x im Pendelverkehr. Außerhalb der Sommersaison besteht kein Nahverkehr ins Glen Affric.

Zentrale und nördliche Highlands

Strathpeffer

Im späten 19. und frühen 20. Jh. war Strathpeffer (1450 Einwohner) ein angesagter Kurort. Wer heute in das reizvolle, aber abseits gelegene Örtchen kommt, glaubt kaum, dass es einst eine direkte Bahnverbindung bis nach London gab. Doch im 20. Jh. kam der Kurbetrieb zum Erliegen, die Bahnschienen verschwanden und zurück blieb ein viktorianischer Kurort im Dornröschenschlaf.

Im schön renovierten **Spa Pump Room** gibt es eine nette und kostenlose Ausstellung zum einstigen Kurbetrieb sowie lokale Touristeninfos, ⏰ April–Okt Di–Sa 9–17 Uhr. Nebenan war der **Spa Pavilion** das gesellschaftliche Herz des Kurbetriebs. Er wird mittlerweile wieder für Veranstaltungen genutzt.

Ein viktorianisches Juwel ist die **Old Station** von 1885 mit einem freundlichen Café. Im reichlich verschnörkelten ehemaligen Bahnhof zeigt das **Highland Museum of Childhood**, ✆ 01997-421031, 🖥 www.highlandmuseumofchildhood. org.uk, auf unterschiedlichste Weise das Thema Kindheit in den Highlands. Alte Bräuche werden vorgestellt, und die 100 Jahre alten Schwarz-Weiß-Fotos von Mrs. Donaldson sind bis heute sehr ausdrucksstark. ⏰ April–Okt Mo–Sa 10–17, So 14–17 Uhr, Eintritt 2,50 £, erm. 2/1,50 £.

Black Isle

Die Black Isle ist eine Halbinsel zwischen dem Moray Firth und dem Cromarty Firth. Wenn die neue Fähre von Cromarty nach Nigg verlässlicher als die alte arbeitet, dann ist die Black Isle endlich auch für Durchreisende ein attraktiver Abstecher.

🏠 Black Isle Brewery

Save the planet, drink organic – mit einem Augenzwinkern, viel Gespür für den Zeitgeist sowie gutem Geschmack haben die Gebrüder Gladwin bei Munlochy nördlich der A 9 seit 1999 ihre eigene Brauerei aufgebaut. Damals begann der Boom der Mikrobrauereien, doch spätestens mit dem Umzug 2010 hat die Black Isle Brewery, ✆ 01463-811871, 🖥 www.blackislebrewery.com, das Stadium des Farmschuppens hinter sich gelassen. Alle Zutaten sind bio; da in Schottland jedoch kein Hopfen wächst, wird dieser aus Deutschland und Österreich importiert. Demnächst wollen die Gladwins sogar eigene Biogerste anbauen. Black Isle ist mittlerweile eine der renommiertesten Kleinbrauereien Schottlands. Vor Ort werden die Anlagen auf kostenlosen Führungen gezeigt. ⏰ Sommer tgl. ca. 10–17, Winter Mo–Sa ca. 10–16 Uhr.

Avoch, Fortrose und Rosemarkie

Über den sympathischen Hafenort **Avoch** (sprich: Och) mit den Delfintouren (s. S. 435 geht es nach **Fortrose** (1150 Einwohner), dem alten Kathedralenort der Black Isle. Von der Kathedrale ist jedoch nur sehr wenig erhalten, Teile des Südschiffs und des Kapitelhauses aus dem 13. Jh. geben eine vage Vorstellung vom einstigen Glanz. Der Ortskern gruppiert sich rund um die frei zugänglichen Ruinen.

Nach Osten zu schiebt sich die Landzunge **Chanonry Point** weit in den Moray Firth hinein. Von hier kann man in der starken Strömung gelegentlich Delfine beobachten. Fort George liegt fast zum Greifen nah.

In **Rosemarkie** ist im Groam House Museum, High Street, ✆ 01381-620691, 🖥 www.groam house.org.uk, der piktische Symbolstein aus dem 8. Jh. sehr sehenswert. Ein Videofilm erläutert die Lebensgeschichte des sogenannten Brahan Seer. Der „Nostradamus der Highlands" soll u. a. den Bau des Kaledonischen Kanals sowie die Highland Clearances vorhergesagt haben. ⏰ Mai–Okt Mo–Sa 10–17, So 14–16.30, Nov–April Sa/So 14–16 Uhr, Eintritt frei.

Cromarty

An der Nordspitze der Halbinsel ist Cromarty (700 Einwohner) mit seinen malerischen Cottage-Gassen rund um die Church Street ein verträumtes Örtchen. Im Mittelalter war es ein beliebter Fährhafen zum damaligen Wallfahrtsort Tain.

Im stattlichen **Cromarty Courthouse**, Church Street, ✆ 01381-600418, 🖳 www.cromarty-courthouse.org.uk, steht die Ortsgeschichte im Vordergrund, im Gerichtssaal wird eine Kneipenschlägerei verhandelt, und auch die Zellen sind zu besichtigen. ⏰ Ostern–Sep So–Do 11–16 Uhr; Eintritt 2 £, Kinder frei.

Nebenan erinnert das **Hugh Miller Museum & Cottage**, Church Street, ✆ 0844-4932158, 🖳 www.nts.org.uk, an den 1802 in Cromarty geborenen Schriftsteller, Geologen und Heimatforscher. Das Cottage ist sogar noch reetgedeckt. ⏰ Ostern, Mai–Sep tgl. 13–17 Uhr, Eintritt 6 £, erm. 5 £ (NTS).

Übernachtung und Essen

Eileen Campbell, 5 Cathedral Square, Fortrose, ✆ 01381-621641. Freundliche, hilfsbereite Privatvermieterin mit kleinem, günstigem Zimmer unterm Dach. Blick auf die Kathedralenruine. ❷

The Anderson, Union Street, Fortrose, ✆ 01381-620236, 🖳 www.theanderson.co.uk. 10 ansprechende Zimmer, ein hervorragendes Restaurant, 200 Single Malts und jeden 2. Sonntag Live-Sessions im angeschlossenen Pub machen das Anderson zu einer einladenden Adresse. ⏰ Küche 18–21 Uhr. ❸

Rosemarkie Camping and Caravanning Club Site, Ness Road, Rosemarkie, ✆ 01381-621117, 🖳 www.campingandcaravanningclub.co.uk. Sehr schön gelegener Campingplatz auf der Nordseite der Landspitze Chanonry Point. ⏰ April–Okt.

Sutor Creek Café, 21 Bank Street, Cromarty, ✆ 01381-500855, 🖳 www.sutorcreek.co.uk. Das beste Restaurant-Café der Black Isle mit kleiner Lunch-Karte, hausgemachter Pizza und Mi–So abends frischem Seafood wie z. B. Cromarty-Langustinen. Graham Fox richtet sich da ganz nach dem morgendlichen Fang. Tagsüber gibt es aber auch einfach Kaffee und Kuchen in dem hellen Café – sehr entspannt und lecker. ⏰ tgl. 11–21 Uhr.

Den Delfinen auf der Spur

Der Moray Firth ist für seine rund 200 Delfine bekannt. Es handelt sich um die weltweit nördlichste Kolonie von Großen Tümmlern. Auf den knapp einstündigen Schiffstouren vom Hafen in Avoch gibt es mit **Dolphin Trips Avoch**, ✆ 01381-622383, 🖳 www.dolphintripsavoch.co.uk, eine recht große Chance, eine der Delfingruppen zu sichten. Je nach Gezeiten steuern die Skipper immer einen anderen Bereich der Bucht an. ⏰ April–Okt tgl. ca. 10–18 Uhr (je nach Tide), Touren 12 £, erm. 8 £.

Transport

Busse

Linie 26/26A von Stagecoach verkehrt von INVERNESS Mo–Sa halbstdl. nach Avoch und Fortrose (25–35 Min.) sowie stdl. nach Cromarty (1 Std.). Sonntags verkehren die Busse nur 1x.

Schiffe

Seit Sommer 2010 verkehrt zwischen Juni und September halbstdl. eine neue 4-Auto-Fähre zwischen Cromarty und NIGG (10 Min.). Die **Cromarty Ferry**, ✆ 01381-610269, 🖳 www.cromarty-ferry.co.uk, ermöglicht – wetterabhängig – die problemlose Weiterfahrt nach Norden. ⏰ tgl. 8–18 Uhr, Auto/Fahrer 8 £, Passagiere 4 £, Radler 5 £.

Nördliche Highlands

Der Norden der Highlands umfasst die Regionen Sutherland und Caithness sowie Teile der Grafschaft Ross. Auf engstem Raum ändert sich die Landschaft immer wieder rapide. Im Osten gehen die dramatischen Klippenlandschaften von **Sutherland** in die eher flache, aber einsame Region von **Caithness** über. Im Landesinneren dominieren weite, menschenleere Moorflächen sowie einige wilde Bergkuppen die Szenerie. Die „Flows" von Caithness und Sutherland sind mit 400 000 ha das größte zusammenhängende Moor-Torfgebiet der Welt. Mit nur zwei Bewohnern pro Quadratkilometer ist Sutherland die am dünnsten besiedelte Region Großbritanniens, wobei praktisch nur die Küste bewohnt ist. In Caithness verlässt man landschaftlich übrigens die Highlands, sodass die Region auch als „Lowlands jenseits der Highlands" gilt.

In **John O'Groats** und **Thurso-Scrabster** legen die Fähren Richtung Orkney ab. Die Landspitzen **Duncansby Head** und **Dunnet Head** versprechen Natur pur, genau wie die grandiosen Sandstrände in **Durness**.

Dornoch Firth und Lairg

Wie ein lang gestreckter Finger zieht sich der Dornoch Firth ins Landesinnere und trennte historisch die Grafschaften Ross und Sutherland. Hauptort ist der ehemalige Bischofssitz Dornoch mit seiner Kathedrale und dem wunderbaren Strand.

Portmahomack und Tarbat Ness

Auf dem schmalen Landzipfel südlich der Mündung des Dornoch Firth wurden in **Portmahomack** 1984 erstmals Reste eines piktischen Klosters in Schottland ausgegraben. Am **Tarbat Discovery Centre**, Tarbatness Road, ☏ 01862-871351, 🖥 www.tarbat-discovery.co.uk, wurden auf einem Friedhof mehr als 200 Grabstellen entdeckt, die bis ins 6. Jh. zurückreichen. In der ehemaligen Kirche, die das piktische Ausstellungszentrum beherbergt, wurden in der Krypta Baureste aus dem 9. Jh. gefunden. ☉ April/Okt tgl. 14–17, Mai–Sep 10–17 Uhr, Eintritt 3,50 £, erm. 2/1 £.

Vom Discovery Centre geht es 5 km geradeaus bis zum rot-weiß gestreiften Leuchtturm auf der Landspitze **Tarbat Ness**, die den Moray Firth vom Dornoch Firth trennt. Ein Spaziergang am Leuchtturm vorbei eröffnet bei schönem Wetter einen grandiosen Blick nach Sutherland im Norden und zur Küste von Moray und Aberdeenshire im Südosten. In den Lüften schweben Basstölpel und andere Seevögel.

Tain

Im Mittelalter war Tain ein bedeutender Wallfahrtsort. Die gotische **St Duthus Collegiate Church** aus dem 14./15. Jh. lohnt genauso einen Besuch wie das benachbarte Museum **Tain Through Time**, Tower Street, ☏ 01862-894089, 🖥 www.tainmuseum.org.uk, das in zwei Gebäuden Informationen zur Ortsgeschichte liefert. ☉ April–Okt Mo–Sa 10–17 Uhr, Eintritt 3,50 £, erm. 2,50 £.

An der A 9 kurz hinter Tain lädt eine der bekanntesten Whiskybrennereien zur Besichtigung ein. Die **Glenmorangie Distillery**, ☏ 01862-892477, 🖥 www.glenmorangie.com, geht auf die sogenannten 16 Men of Tain zurück, die 1843 die Destille gründeten. Glenmorangie hat sich unter der Federführung von Moët Hennessy in den letzten Jahren mit zahlreichen exklusiven Sondereditionen einen Namen gemacht. 2008/9 wurde die Destillerie deutlich erweitert. ☉ Sep–Mai Mo–Fr 10–17, Juni–Aug Mo–Fr 10–17, Sa 10–16, So 12–16 Uhr, Führungen im Sommer halbstdl., sonst stdl., 2,50 £.

Dornoch

Auf der Nordseite des Dornoch Firth ist die ansehnliche kleine Ortschaft rund um die Kathedrale einen kleinen Abstecher wert. Dornoch (1200 Einwohner) war ab dem 13. Jh. Bischofssitz, doch die Kathedrale wurde 1570 bei einer Clanfehde zerstört. 1727 wurde in Dornoch auch die letzte „Hexe" Schottlands verbrannt. Erst danach wurden die Gesetze geändert.

Die Herzogin von Sutherland ließ die **Dornoch Cathedral** 1835–37 renovieren, aber für eine reformierte Gemeinde ist der Begriff Kathedrale sowieso nur historisch zu werten. Die große Stunde der Kirche schlug Ende 2000, als Popikone Madonna ihren Sohn Rocco in der Kirche taufen ließ. Schon die Hochzeit mit Guy Ritchie hatte im benachbarten Skibo Castle stattgefunden. Anlässlich der Taufe sprach die Lokalpresse von „der größten Invasion der Stadt seit den Wikingern". Ein Mann hatte sich eigens 60 Stunden lang in der Orgel versteckt, um exklusive Fotos zu schießen.

Die zweite Sehenswürdigkeit ist der traumhafte **Strand** von Dornoch. Bei Niedrigwasser erstrecken sich die Dornoch Sands weit in die Mündung des Dornoch Firth hinaus. Bei Flut muss man aufpassen, dass man nicht abgeschnitten wird. Golfer wissen den exzellenten Dünen-Parcours des **Royal Dornoch Golf Club** sehr zu schätzen. Auf den Dornoch Sands wie auch weiter nördlich in der Bucht von **Loch Fleet** tümmeln sich gelegentlich Seehunde.

Abstecher nach Lairg

Von Dornoch geht es an den Ufern des Dornoch Firth entlang nach Westen. Hinter **Bonar Bridge** ist südlich des Kyle of Sutherland **Carbisdale Castle** gut zu sehen – das Prunkstück des Herbergsverbands SYHA (s. Kasten).

Eine Naturattraktion auf einer kleinen Nebenstrecke nach Lairg sind die **Falls of Shin**, 2 km nördlich der A 837. Während der Laichsaison im Sommer springen zahlreiche Lachse über die rauschende Wasserbarriere. Tagsüber hat man das Vergnügen allerdings selten alleine, weil ein völlig überdimensionierter Parkplatz mit einer Harrods-Filiale und Café für reichlich Verkehr sorgt. Besser früh morgens oder abends kommen.

Lairg (700 Einwohner) ist einer der seltenen Hochlandorte im Hinterland, der nicht durch Vertreibungen entvölkert wurde. Südlich des Ortes findet im Lairg Auction Mart Mitte August die größte Schafauktion Großbritanniens statt. Bis zu 30 000 Schafe werden dann an einem Tag versteigert. Der Handel verschiebt sich allerdings immer mehr nach Dingwall.

Wer nicht zurück an die Ostküste will, kann von Lairg zwischen zwei Routen an die Westküste sowie einer Nordroute über das einsame Crask Inn (s. S. 438) nach Tongue (s. S. 448) wählen.

Portmahomack

The Oystercatcher, Main Street, ℡ 01862-871560, 🖥 www.the-oystercatcher.co.uk. Das Restaurant an der Uferpromenade ist eines der besten im Norden und legt sehr großen Wert auf frisches Seafood. Abends sollte man grundsätzlich buchen, ebenso im Winter. Mittags gibt es in dem stilvollen Ambiente auch günstigere Gerichte. In den 3 gehobenen Zimmern lässt es sich gut nächtigen, und im Übernachtungspreis ist ein Gourmet-Frühstück inklusive. Hier werden schon morgens Austern serviert! 🕐 Küche Mi–So 12.15–15.30, 18.30–21 Uhr. ❸

Dornoch

Dornoch Caravan and Camp Park, The Links, ℡ 01862-810423, 🖥 www.dornochcaravans.co.uk. Netter Campingplatz in den Dünen – schöne Lage in Strandnähe. ❶
Highcroft B&B, 312 Hilton of Embo, ℡ 01862-810259, ✉ hughlanderson@mac.com. Ca. 2 km nördlich von Dornoch hat man aus dem frei stehenden Haus einen wunderbaren Blick über die Mündung des Meeresarms. Nach hinten raus gibt es einen schönen Garten, und vor dem Haus stehen einige Tische. An der Küste verläuft ein Wanderpfad nach Dornoch hinein. Bei längeren Aufenthalten ist der Preis ein wenig verhandelbar. ❷

Herrschaftliches Hostel mit Schlossambiente

Die wunderbare Schlossherberge **Carbisdale Castle**, Culrain, ℡ 01549-421232, 🖥 www.hostelling scotland.com, am Kyle of Sutherland erfordert eine 8 km lange Anfahrt von Ardgay und Bonar Bridge, hat aber einen eigenen Bahnhof. Schon die Rhododendren-Allee als Zufahrt ist toll, und im Haus hängt eine kleine Gemäldesammlung der einstigen Besitzerin. Auch Skulpturen wurden von SYHA als Inventar übernommen. Das Top-Hostel bietet einen tollen Blick über das Tal und hat mehrere hauseigene Geister. Hier kommt echtes Schloss-Feeling auf!
Erbaut wurde Carbisdale für die verwitwete Ehefrau des 3. Herzogs von Sutherland. Um sie von der beträchtlichen Erbschaft fernzuhalten, sagte die Familie zu, der resoluten Dame ein eigenes Schlösschen zu bauen – außerhalb von Sutherland. Sie wählte demonstrativ einen Bauplatz nur wenige Meter von der damaligen Grafschaftsgrenze entfernt und ließ sich 1906–17 ein opulentes Anwesen mit der eigenen Bahnstation Culrain errichten. Man sagt, dass der Uhrenturm in Richtung Sutherland aus reiner Boshaftigkeit keine Zeit anzeigte.
Fußgänger und Radfahrer können die Bahnbrücke zur A 836 nach Lairg überqueren und sich so mehrere Kilometer Anfahrt sparen. Auch Abendessen. Dorm-Bett ab 20,50 £. ❷

Einsames Hochland-Inn

Einsamkeit gewünscht? Wilde Hochland-szenerie? Gastfreundschaft *in the middle of nowhere*? Dann ist das **Crask Inn**, ☎ 01549-411241, 20 km nördlich von Lairg auf dem Weg nach Altnaharra der richtige Ort. Der Pub ist unter Nordschottland-Kennern Kult, weshalb die 3 schlichten Zimmer schnell ausgebucht sind. Auf der Wiese vor dem Inn kann man auch zelten, und abends drängen sich alle in die kleine Wohnzimmer-Bar, wo regionale Lamm-, Reh- und Rindgerichte serviert werden. Dazu ein gutes Pint und abends den wahnsinnigen Sternenhimmel ohne jede Straßenbeleuchtung genießen. ⏲ 12–ca. 21 Uhr. ❷

The Eagle Hotel, Castle Street, ☎ 01862-810008, 🖳 www.eagledornoch.co.uk. Solides, herzhaftes *pub food* in großen Portionen sowie eine nette Bar machen das Eagle zu einem sympathischen Treffpunkt. Am Wochenende sollte man deshalb besser keins der Zimmer direkt über der Bar belegen, weil es etwas lauter werden könnte. Oder man bestellt unten selbst ein Pint. Einige gehobenere Zimmer sind etwas teurer. ⏲ Küche tgl. 11–16, 18–21 Uhr. ❸
Tordarroch B&B, Castle Street, ☎ 01862-810855, ✉ rosematheson@btinternet.com. Gegenüber der Kathedrale bieten die Mathesons 3 einladende Zimmer an. Das Haus hat zudem einen tollen Garten. ❷

Lairg und Umgebung
Park House, Lairg, ☎ 01549-402208, 🖳 www.parkhousesporting.com. Komfortables Guest House mit Blick über den See. Die Zufahrt zu der frei stehenden Villa erfolgt über einen Schotterweg. Es werden insbesondere Radfahrer, Golfer und Angler angesprochen. Margaret und David Walker servieren gehobenes Abendessen. ❸

€ **Sleeperzzz**, Rogart Station, Pittentrail, ☎ 01408-541343, 🖳 www.sleeperzzz.com. Rund 17 km östlich von Lairg haben Kate und Frank am Bahnhaltepunkt von Rogart zwei alte Waggons in eine tolle Herberge mit insgesamt 16 Betten umgewandelt. Die Doppelstock-betten wurden in die 1.-Klasse-Abteile hinein-gebaut. Es gibt auch eine Küche und vor den Waggons einen schönen Garten. Bahnreisende und Radler erhalten 10 % Ermäßigung. Bett ab 14 £.

Sonstiges
Einkaufen
The Dornoch Bookshop, High Street, ☎ 01862-810165. Hervorragender Buchladen unweit der Kathedrale. Anspruchsvolle Literatur und Wanderkarten. ⏲ Mo–Sa 9.30–17.30 Uhr.

Informationen
Dornoch VisitScotland Information Centre, Castle Street, ☎ 0845-2255121.
⏲ Okt–Mai Mo–Fr 9–17, Juni–Aug Mo–Fr 9–17, Sa/So 10–16, Sep Mo–Fr 9–17, Sa 10–16 Uhr.

Transport
Busse
Tain
Tain wird von Stagecoach mit Linie 25/25X stdl. ab INVERNESS (1 1/4 Std.) angefahren. Nach Dornoch (1 1/2 Std., ab Tain geht es mit Linie 25X nur alle 2 Std. weiter.
Von Tain fahren Mo–Fr einige wenige Busse der Linie 24 nach Portmahomack (30 Min.). Ebenfalls von Tain stellt Macleods Coaches Mo–Sa eine Busverbindung nach Lairg her (40 Min.), die z. T. auch die Falls of Shin bedient.

Lairg
Von Lairg geht es Mo–Sa 1x tgl. nach DURNESS (George Rapson Travel, 2 3/4 Std.). Der Bus wartet in Lairg auf den entsprechenden Morgenzug aus Inverness.
Außerdem verkehrt Mo–Sa ein Postbus mittags vom Bahnhof Lairg via Loch Assynt nach LOCHINVER (1 1/2 Std.). Die andere Richtung wird morgens befahren.
Ebenfalls Mo–Sa verkehrt vom Post Office Lairg 1x tgl. ein Postbus über Crask und Altnaharra nach Tongue (ca. 1 Std.)

Eisenbahn
Richtung INVERNESS fahren die Züge von den Haltepunkten Tain, Ardgay, Culrain

(Carbisdale Castle), Lairg und Rogart 3–7x tgl. In die andere Richtung über Dunrobin Castle nach THURSO nur 1–4x tgl.

Von Golspie bis Helmsdale

Wieder zurück an der Küste es geht zum spektakulären Dunrobin Castle am Nordrand von Golspie. Von dort führt die A 9 als Panorama-Küstenstraße am Moray Firth entlang über das kleine Örtchen Brora bis in das ehemalige Fischerdorf Helmsdale im unteren Strath of Kildonan, Schauplatz des größten schottischen Goldrauschs.

Dunrobin Castle

Mächtig ragt das prächtige Dunrobin Castle, ☏ 01408-633177, 🖥 www.dunrobincastle.co.uk, an der Küste nördlich von Golspie empor. Die Grafen und Herzöge von Sutherland haben ihre Macht und ihren Reichtum in diesem abgelegenen Winkel des Landes zielbewusst mit einem prunkvollen Schloss in Szene gesetzt. Um die filmreife Lage des Castle richtig würdigen zu können, müsste man eigentlich mit dem Schiff anreisen oder zunächst in den wunderbaren Ziergarten hinuntergehen, denn die Autozufahrt wirkt eigentlich wie der Dienstboteneingang.

Wie alle mittelalterlichen Burgen geht auch Dunrobin Castle auf einen Wehrturm zurück, der in diesem Fall aus dem 13./14. Jh. stammt und heutzutage völlig ins Innere der Anlage integriert ist. Schon im 17. Jh. gab es eine erste Erweiterung, 1835–50 ließ der 2. Herzog von Sutherland das Castle durch Charles Barry massiv ausbauen, und nach einem Brand 1915 erhielt das Schloss durch Robert Lorimer schließlich sein heutiges Aussehen.

22 Zimmer stehen Besuchern offen, darunter im 1. Stock der großartige Salon und die Bibliothek mit einem unschlagbaren Meerblick. Kostbare Gemälde und Möbel zieren die Präsentieretage von Dunrobin. Am Ende des Rundgangs landet man im netten Tearoom.

Ein Herzog wohnt allerdings schon seit 1963 nicht mehr hier, da dieser Titel aus erbrechtlichen Gründen nach England ging. Unter all den Vorfahren der jetzigen Schlossherrin wird eine Dame jedoch nirgends in Dunrobin erwähnt: Duchess Blair, die zweite Frau des 3. Herzogs, hatte mit der Familie einen jahrelangen Erbstreit ausgefochten, der für die Witwe mit dem Bau von Carbisdale Castle (s. S. 437) endete.

Die Herzöge von Sutherland wussten gut zu leben in Dunrobin Castle.

Noch illustrer waren der 1. Herzog und seine Frau Elizabeth, die als Landbesitzer für die berüchtigten Vertreibungen aus dem Strathnaver und dem Strath of Kildonan verantwortlich waren (s. Kasten S. 449). Der Herzog selbst ließ sich mit der weithin sichtbaren Statue über Golspie als zukunftsweisender Patriarch verewigen, während viele der einstigen Sutherlander emigrieren mussten.

Wer nicht schon zu Beginn einen Rundgang durch den wunderbaren Park gemacht hat, sollte dies nun tun und sich dabei eine der ausgesprochen guten Falkner-Shows anschauen. ⏱ April–Mai, Sep–Mitte Okt Mo–Sa 10.30–16.30, So 12–16.30, Juni–Aug tgl. 10.30–17.30 Uhr, Eintritt 8,50 £, erm. 7/5 £.

Helmsdale

Gleich am Ortseingang von Helmsdale (800 Einwohner) wird das emotionale Thema Auswanderung durch die Skulpturengruppe **The Emigrants** von Gerald Laing (2004) aufgegriffen. Vater und Sohn streben dem Meer zu, während sich die Mutter mit dem Baby nochmal sehnsüchtig umdreht. Auf der weiteren Rundfahrt durch die Highlands sind die Vertreibungen und die Auswanderung immer wieder Thema (s. Kasten S. 449).

Auf der anderen Seite der Talbrücke ließ das spätere Herzogspaar von Sutherland ab 1810 beim Bau der Ostküstenstraße die schon existierende Siedlung Helmsdale zu einer Kleinstadt ausbauen. Die vertriebenen Bauern aus dem Kildonan sollten hier neue Arbeit als Fischer und Handwerker finden – wer das nicht wollte, dem blieb nur die Auswanderung.

Im ortsgeschichtlichen Museum **Timespan**, Dunrobin Street, ✆ 01431-821327, 🖥 www.timespan.org.uk, sind gelegentlich auch Kunstausstellungen zu sehen. Sehr spannend ist der „Goldrausch"-Audioführer, den man hier für eine Tour ins Strath of Kildonan ausleihen kann (s. Kasten). ⏱ Ostern–Okt, Nov–Ostern Di, Sa–So 12–15 Uhr, Eintritt 4 £, erm. 3/2 £.

Übernachtung und Essen

Helmsdale

€ **Helmsdale Hostel**, Stafford Street, ✆ 01431-821636, 🖥 www.helmsdalehostel.co.uk. Vom SYHA in die privaten Hände von Irene Drummond gegeben, hat das Hostel in Helmsdale eine sehr positive Entwicklung mitgemacht. Im Sommer treffen sich hier vor allem die Langstreckenradler zwischen Land's End und John O'Groats vor ihrer letzten Etappe hinüber nach Caithness. Die Wände sind etwas hellhörig, aber die Stimmung in der rustikalen Herberge ist locker und kommunikativ. Dorm-Bett ab 17,50 £.

Kindale House, Lilleshall Street, ✆ 01431-821415, 🖥 www.helmsdale.org. Top eingerichtete Pension mitten im Zentrum mit 2 Doppel- und

Goldrausch in Kildonan

Es ist der 10. Dezember 1868, als die Zeitung *Northern Ensign* über einen sensationellen Goldfund im Strath of Kildonan berichtet. Sofort kommen goldsüchtige Gräber. Ende März 1869 sind bereits 300 von ihnen 15 km westlich von Helmsdale auf der Suche nach dem großen Klumpen. Ihre Holzhüttensiedlung nennen sie auf Gälisch **Baile an Or** („Stadt des Goldes"). Doch Geld verdient zunächst vor allem der Herzog von Sutherland, der monatliche Lizenzen vergibt. Gegen Ende des Jahres wird ihm das bunte Treiben jedoch zu viel und er lässt den Betrieb komplett einstellen – aus der Goldstadt wird eine Geisterstadt.

Mit dem Audioführer des Museums Timespan (s. o.) kann man den Spuren des **Kildonan Gold Rush Trail** gut folgen. Von der Siedlung an einer kleinen Brücke ist natürlich nichts mehr geblieben, aber die GPS-gesteuerte Erzählung erweckt inmitten der kargen Landschaft der damalige Zeit zu neuem Leben. Immerhin steht am Straßenrand ein Schild mit dem Ortsnamen, und ein Unterstand wurde mit Hinweisen für Goldgräber aufgestellt. Denn wer will, kann sich zuvor im Souvenirladen Strath Ullie Crafts im Hafen von Helmsdale noch eine **Goldwaschausrüstung** leihen: Für 3,50 £ gibt es Pfanne, Sieb, Schaufel und ein kleines Fläschchen für die Ausbeute.

einem Familienzimmer. Die Fennells bieten auch ein 3-gängiges Abendessen an. ❷

The Bridge Hotel, Dunrobin Street, ☎ 01431-821100, 🖥 www.bridgehotel.net. 1816 als eines der ersten geplanten Häuser in Helmsdale gebaut, ist das Hotel eine sehr respektable Herberge, die vor allem Jäger und Angler anspricht. Das Green Stag Restaurant ist ebenfalls eine sehr gute Adresse. Hier werden Hummer, Krabben, Rotwildgulasch und Seezunge serviert. In der Red Lobster Bar trifft man sich anschließend auf ein gepflegtes Pint. 🕐 Küche tgl. 12–14.30, 18–21 Uhr. ❹

Transport

Busse

Golspie und Helmsdale werden von Stagecoach alle 2 Std. mit der Linie X99 angefahren, die zwischen INVERNESS und THURSO verkehrt. Nach Norden fahren die Busse über Lybster und Wick nach Thurso.

Eisenbahn

Von Helmsdale fährt 1–4x tgl. ein Zug Richtung THURSO (1 1/4 Std.) und WICK (1 3/4 Std.). Nach Süden fahren die Züge über Dunrobin Castle (Schaffner vorher Bescheid sagen, da nur Bedarfshaltestelle) nach INVERNESS (2 1/2 Std.).

Die Caithness-Küste bis Wick

Nördlich von Helmsdale schraubt sich die Straße bis auf 200 m hoch, weil eine mächtige Hügelkette bis ans Meer heranragt. Die Klippenküste ist spektakulär, zumal sie immer wieder von tiefen Einschnitten unterbrochen wird. Hier oben wird auch die Grenze nach Caithness überschritten.

Badbea

Ausgerechnet in der unwegsamen Landschaft zwischen Bergen und Klippen führt 10 km nördlich von Helmsdale ein kurzer Spaziergang zu den mageren Resten des **Badbea Historic Clearance Village**. An der Wende zum 19. Jh. wurden hier insgesamt zwölf Familien angesiedelt, die zuvor von den guten Weidegründen des Kildonan und Ousdale vertrieben worden waren.

Eine Siedlung in derart prekärer Lage am Klippenrand war von vornherein zum Scheitern verurteilt. Bereits 1903 waren die letzten Bewohner nach Neuseeland ausgewandert. Wenige Jahre später stellten ihre Nachfahren das Badbea-Memorial auf. Mehrere Infotafeln erläutern das Leben vor Ort.

Dunbeath

Weiter geht die Fahrt nach Norden durch den tiefen Taleinschnitt von Berriedale bis nach Dunbeath. 1891 wurde hier der Schriftsteller Neil M. Gunn geboren, der für seine ausdrucksstarken heimatverbundenen Werke bekannt wurde. In seinem epischen Drama *The Silver Darlings* (1941) widmete er sich dem harten Leben der Heringsfischer im 19. Jh. Mit *Highland River* hatte der Autor 1937 eine philosophisch angehauchte Erzählung vorgelegt, die dem Fluss, der in Dunbeath ins Meer mündet, eine geradezu mythisch-philosophische Dimension verleiht.

Im hervorragenden **Dunbeath Heritage Centre**, The Old School, ☎ 01593-731233, 🖥 www.dunbeath-heritage.org.uk, wird Gunns *Highland River* auf dem Holzboden szenisch nachgemalt. Auf dem Boden windet sich der Fluss wie eine Schlange durch den ehemaligen Schulsaal, der in dem Buch sogar erwähnt wird. Die ungewöhnliche mythologische Darstellung geht auf einen indischen Anthropologen zurück. Das Heritage Centre widmet sich auch den vielen frühgeschichtlichen Zeugnissen in Caithness. 🕐 Ostern–Okt So–Fr 10–17 Uhr, Nov–Ostern Mo–Fr 11–15 Uhr, Eintritt 2 £, erm. 1,5 £/Kinder frei.

Latheron

In **Latheron** teilt sich die A 9. Die Hauptstrecke führt Richtung Norden direkt nach Thurso. Die A 99 verläuft an der Küste weiter Richtung Wick. Unweit der Kreuzung liegt zur Rechten das **Clan Gunn Heritage Centre**, ☎ 01593-741700. Die Ausstellung in der ehemaligen Kirche ist recht kurzweilig. Interessant ist die Behauptung, dass ein Gunn zusammen mit Henry Sinclair 1398 eine Expedition nach Amerika unternommen haben will – 94 Jahre vor Kolumbus. Als „alte Wikinger" kannten sie quasi den Weg schon seit Jahrhunderten. Über die Sinclairs ergibt sich auch eine Verbindung zu den Tempelrittern und der Rosslyn

Ein Stückchen nördlich von Latheron ist die **North Shore Pottery**, Mill of Forse, ☏ 01593-741777, 🖥 www.northshorepottery.co.uk, 🖥 www.patbat.com, ein ungewöhnliches Gemeinschaftsprojekt der beiden kreativen Kunsthandwerkerinnen Jenny und Patricia. Während Erstere sehr fantasievoll geformte Einzelkunstwerke töpfert, ist Letztere eine gelernte Goldschmiedin und Glaskünstlerin aus Niederbayern. Die beiden verbinden Kunst und Handwerk auf höchstem Niveau. ⏲ Feb–Dez Di–Sa ca. 10–17 Uhr.

Chapel (s. S. 160). Immerhin wird der Heilige Gral nicht in Latheron vermutet ... ⏲ Juni–Sep Mo–Sa 11–13, 14–16 Uhr, Eintritt 2,50 £, erm. 0,50 £.

Lybster

Der ehemalige Hafenort Lybster zerfällt in zwei völlig ungleiche Teile: Der Ortskern oberhalb der Klippen ist eine langgezogene Hauptstraße, während eine kleine Piste steil hinunter in den Jachthafen führt, der von Klippen dramatisch eingerahmt wird. Nichts deutet darauf hin, dass in diesem Naturidyll Mitte des 19. Jhs. bis zu 357 Fischerboote operierten und Lybster zum drittwichtigsten Heringshafen Schottlands machten. Doch die Geschichte ist über den Heringsboom hinweggegangen. 1793 hatte der Reverend Robert Gunn noch berichtet, dass in Lybster nur einige Hummer angelandet würden – genauso ist es heute auch wieder. Sie werden nach der Ankunft sofort nach Spanien exportiert.

Frische Krabben-Sandwiches gibt es (neben Kaffee und Kuchen) im Café des interessanten ortsgeschichtlichen Museums **Waterlines**, ☏ 01593-721520. In dem ehemaligen Hafengebäude erfährt man viel Interessantes über die Zeiten, als die Silver Darlings (Heringe) den Menschen Brot und Arbeit brachten. ⏲ Mai–Sep tgl. 11–17 Uhr, Eintritt 2,50 £, erm. 0,50 £.

Camster Cairns

Ein ausgeschilderter Abstecher in die Frühsteinzeit bietet sich 2 km östlich von Lybster an. Die Camster Cairns liegen 8 km nördlich der A 99

inmitten großer Tannenplantagen. Über Holzstege ist der freie Bereich zwischen dem runden und dem lang gestreckten steinernen Cairn gut zu überwinden.

Vor allem der lange Cairn ist außergewöhnlich. Er ist 70 m lang, und es wurden zwei Rund-Cairns integriert. In diese kann man reinkrabbeln (Gitter bitte schließen, damit die Schafe draußen bleiben). Links und rechts sind sogar kleine „Vorhöfe" erhalten. Das steinerne Denkmal ist gut 5000 Jahre alt und das besterhaltene seiner Art in Großbritannien.

Wenn man sich die desolate Landschaft von Caithness heute anguckt, muss man immer vor Augen haben, dass das Klima vor 5000 Jahren hier oben viel milder war und die Böden fruchtbarer. Zusammen mit Orkney formte die Grafschaft das Zentrum einer frühen Hochkultur.

Ulbster

In Ulbster geht es an der Telefonzelle nach rechts. Am Straßenende führen die 365 Stufen der **Whaligoe Steps** hinunter in eine landschaftlich dramatische Klippenbucht. Die Treppe wurde 1793 in die Felsen gehauen, um in diesem eigentlich unmöglichen „Hafen" Heringsfang betreiben zu können. Die Frauen hatten dabei die Heringskörbe über die Treppe nach oben zu tragen.

An der Telefonzelle links führt ein Weg zum Zugang des jungsteinzeitlichen **Cairn o' Get**. Dazu muss man durch ein Feld laufen, um den oben offenen Grabhügel zu erreichen.

Wick

Besucher staunen über das große, aber fast völlig leere Hafenbecken von Wick (7000 Einwohner). Die Kleinstadt im äußersten Norden lebte 150 Jahre lang vom Fischfang, doch seit die Fischereiflotte den Hafen verlassen hat, befindet sich Wick im Abwärtstrend. Noch immer ist der Bevölkerungsrückgang nicht gestoppt, zumal die geografische Abgeschiedenheit die Ansiedlung neuer Industrien erschwert. Dabei hat der Ort durchaus seine Reize.

Der Hafen wurde 1801 von dem berühmten Ingenieur Thomas Telford entworfen und Wick gezielt als Fischereihafen ausgebaut. 60 Jahre später tummelten sich 1100 Boote hier und machten den Ort zur Heringshauptstadt Europas. Während der Fangsaison war der Hafen eine Stätte der Betriebsamkeit. Fast 100 Firmen kümmerten sich um das Einlegen der Heringe, bis zu 3000 Frauen nahmen die Fische aus, und 600 Böttcher fertigten Fässer.

Die Fischausnehmerinnen kamen zumeist von der Westküste und den Hebriden und brachten ihre gälische Kultur mit. Sie zogen den Heringsschwärmen und den Fischerbooten hinterher – von Shetland im Norden bis nach Eyemouth im Süden und weiter nach England. Landauf, landab waren sie als *herring lassies* bzw. *fishing lassies* bekannt. Die Arbeit war sehr hart, die Bezahlung schlecht, doch für viele gab es wirtschaftlich keine Alternative, und nicht wenige schätzten auch die Selbstständigkeit der Arbeit sowie das dichte soziale Netz unter den Teams.

Wick Heritage Museum

Unbedingt sehenswert ist das Wick Heritage Museum, 20 Bank Row, ✆ 01955-605393, 🖥 www.wickheritage.org, eines der besten lokalen Museen in Schottland. In dem verzweigten Gebäudekomplex findet sich von der Leuchtturmspitze bis zur Heringsräucherei allerlei Überraschendes. Am interessantesten ist die riesige Schwarz Weiß-Fotosammlung der Johnston-Familie. Alexander Johnston begann 1863 zu fotografieren, sein Enkel Alexander hörte 1977 auf. Von den 100 000 Glasplattennegativen sind die Hälfte hier untergebracht: eine unschätzbare zeithistorische Fundgrube mit ausdrucksstarken Motiven. Die Johnstons fotografierten schon den Goldrausch in Kildonan (s. S. 440), hielten den Heringsboom und sogar den ersten Flug eines Fußballteams zu einem Auswärtsspiel fest: Eine Auswahlmannschaft aus Wick flog 1933 nach Orkney ... ⏱ April–Okt Mo–Sa 10–17 Uhr. Eintritt 3 £, erm. 0,50 £.

Pulteney Distillery

Angesichts des blühenden Fischereihafens schien eine Whiskydestillerie auf stabilen Absatz hoffen zu können. So wurde 1826 die Pulteney Distillery, Huddart Street, ✆ 01955-602371, 🖥 www.oldpulteney.com, gegründet. Es gibt regelmäßig Führungen durch die Anlage. ⏱ April–Sep Besucherzentrum Mo–Fr 10–13, 14–16, Sa 10–16, Okt–März Mo–Fr 10–13, 14–16 Uhr, Führungen 11 und 14 Uhr, Eintritt 4 £.

Übernachtung und Essen

Lybster

Portland Arms Hotel, ✆ 01593-721721, 🖥 www.portlandarms.co.uk. Die regionale Küche in diesem Inn direkt an der A 99 ist gut und günstig. Der Fisch kommt frisch aus Scrabster, die Steaks werden von dem regionalen Anbieterverbund Mey Selections geliefert, und die Bedienung ist freundlich. Das Haus vermietet zudem sehr schicke Zimmer, z. T. mit Himmelbett. ⏱ Küche tgl. 12–21 Uhr. ❸–❹

Wick

Mackays Hotel, Union Street/Ebenezer Place, ✆ 01955-602323, 🖥 www.mackayshotel. co.uk. Die beste Adresse in Wick mit dem einladenden No. 1 Bistro an der extrem schmalen Front. Der knapp 2 m lange Ebenezer Place soll die kürzeste Straße Großbritanniens sein! Während das Mittagessen ziemlich informell ist, wird die Küche abends gehoben und dementsprechend teurer. Nachmittags auch Scones mit Marmelade. ⏱ Küche 10–20.30 Uhr. ❹

Quayside, 25 Harbour Quay, ✆ 01955-603229, 🖥 www.quaysidewick.co.uk. Das Quayside liegt direkt am Hafen und ist eine ansprechende Adresse für Selbstversorger. Das Doppelzimmer und das Familienzimmer haben eine Küchenzeile, außerdem gibt es eine ganze Wohnung mit 3 Schlafzimmern sowie Langzeit-Apartments. ❷

Wickers World, 21-23 Harbour Quay, ✆ 01955-602433. Sympathisches Hafencafé mit rustikalem Frühstück, Mittagessen sowie Kaffee und Kuchen. Es sind nur 150 m bis zum Heritage Museum. ⏱ Mo–Sa 9–17 Uhr.

Aktivitäten

Caithness Seacoast, South Quay, Wick, ✆ 01955-609200, 🖥 www.caithness-seacoast. co.uk. Mit dem Gummi-Schnellboot geht es aus dem Hafen von Wick auf spannende Erkundungstour entlang der Klippenküste von Caithness. Von halbstündigen Kurztrips bis zu 3-stündigen Ausflügen nach Lybster gibt es verschiedene Angebote. In Lybster selbst werden ebenfalls halbstündige Trips organisiert.

Zentrale und nördliche Highlands

Alle Touren sind natürlich wetter- und nachfrageabhängig, deshalb unbedingt vorher anrufen und reservieren. ☉ ganzjährig, Tickets 15–25 £, erm. 10–18 £.

Transport

Busse
Die gesamte Strecke von Helmsdale nach Wick wird 5x tgl. von der Stagecoach-Linie X99 Inverness–Thurso bedient. Von Wick sind es 3 Std. nach INVERNESS und 35 Min. nach THURSO. Die Strecke zwischen Dunbeath und Wick wird zudem unregelmäßig Mo–Sa von der Linie 75 gefahren.
Buslinie 77 verkehrt Mo–Sa 4–7x tgl. von Wick nach JOHN O'GROATS (40 Min.) und steuert dabei zumeist auch den Fährterminal Gills Bay sowie die JH in Canisbay an. Buslinie 82 verbindet Wick Mo–Sa stdl. mit THURSO (45 Min.).

Eisenbahn
Wick ist eine der beiden Endstationen der Bahnlinie von Inverness zur Nordküste. 1–4x tgl. Verbindungen nach THURSO (30 Min.) und INVERNESS (4 Std.).

Von Duncansby Head bis Thurso

An den dramatischen Klippen von Duncansby Head schwenkt die Küste nach Westen. Vorbei an der Touristenfalle John O'Groats geht es zum Castle of Mey und auf die Landspitze Dunnet Head – der nördlichste Punkt des schottischen Festlands. Von hier scheinen die südlichen Inseln von Orkney zum Greifen nah.

Die wichtigsten Fährhäfen für Orkney liegen in diesem Küstenabschnitt. Traditionell die beste Verbindung ist vom Fischerhafen Scrabster, einem Vorort der lebendigen Kleinstadt Thurso.

John O'Groats und Duncansby Head
Alle Wege scheinen auf dem Parkplatz von **John O'Groats** zu enden, denn um eine Ortschaft handelt es sich nicht wirklich. Der Touristenkomplex lebt von der fälschlichen Annahme, John O'Groats sei der nördlichste Festlandpunkt Großbritanniens – das aber ist Dunnet Head (s. S. 445). Doch jedes zweite Gebäude schreit förmlich heraus „The First and the Last House". Um die Sache groß aufzuziehen, hat der Besitzer von Land's End in Cornwall den Laden hier

---

Küstenwanderung zum Duncansby Head

Vom Parkplatz in John O'Groats folgt man dem Küstenpfad am Campingplatz vorbei strikt nach Osten. Auf der insgesamt 9 km langen Rundwanderung zum Leuchtturm auf dem Duncansby Head und den Felsformationen Stacks of Duncansby kann man sich den Meerwind ordentlich um die Nase wehen und die Seele baumeln lassen.

An klaren Tagen begleitet am nördlichen Horizont Orkney die Wanderung. Augenfällig ist die starke Strömung im **Pentland Firth**, die Schiffsverkehr in der schmalen Seestraße schon immer extrem gefährlich machte. Die Strudel haben so lyrische und bedrohliche Namen wie Merry Men o' Mey oder Hell's Mouth. An einem kleinen Sandstrand erreicht man die Zubringerstraße zum Leuchtturm auf **Duncansby Head**, die sich die letzten Meter auf das Klippenplateau hinaufwindet (1 1/4 Std).

Vom Leuchtturm folgt man dem Küstensaum nach Süden mit Blick auf die **Stacks of Duncansby**, zwei Felsformationen in der rauschenden Brandung, die von den Gewalten des Meeres von der Klippenküste abgetrennt wurden. Hinter einer Talsohle geht es wieder „bergan" bis zu einem großartigen Aussichtspunkt am Ende des Zauns. Neben den Stacks ragt noch ein Felsstumpf aus dem Wasser, genannt **The Knee**. In den Klippen nisten Trottellummen, Gryllteisten, Tordalken und in den abgelegeneren Teilen auch einige Papageientaucher. Über dem Meer schweben Basstölpel, und der Blick zurück geht über die flache Nordküste bis nach Orkney – an schönen Tagen einfach fantastisch (1 3/4 Std.). Nun geht es zurück in die Senke, dort links über eine dünne Fahrspur zur Leuchtturm-Straße und über den Hinweg an der Küste entlang zurück nach John O'Groats (3 Std.)

Schottland nördlichster Festlandpunkt: Dunnet Head

übernommen, damit die vielen radelnden „Querdurchs-Land"-Pilger an beiden Enden ihr Stempelbuch füllen können.

Der Name geht auf den Holländer Jan de Groot zurück, der 1496 von James IV. die Fährlizenz für die Überfahrt nach South Ronaldsay auf Orkney erhielt. Diese Verbindung existiert noch immer als Fußgänger- und Radlerfähre und ist die kürzeste Verbindung nach Norden. Im Übrigen soll John O'Groats in den kommenden Jahren touristisch komplett überholt und aufgewertet werden.

Naturfreunde sollten sich auf keinen Fall das Klippenspektakel am 3 km östlich gelegenen **Duncansby Head** entgehen lassen (s. Kasten).

Castle of Mey

An Schottlands Nordküsten schuf sich die Queen Mum nach dem Tod ihres Mannes, König George VI., ihr privates Urlaubsidyll mit Blick nach Orkney. Das Castle of Mey, ☎ 01847-851473, 🖥 www.castleofmey.org.uk, war bis zu ihrem Tod 2002 ein halbes Jahrhundert lang ihre inoffizielle Sommerresidenz. Heute kommt gelegentlich Prince Charles mit Camilla für eine Woche vorbei, dann wird das Castle für Besucher geschlossen.

Ansonsten kann man aber im Rahmen einer Führung die Burg besichtigen, die auf das Ende des 16. Jhs. zurückgeht. Das Interieur ist genau so erhalten, wie die Königinmutter es hinterlassen hat. Zu sehen ist u. a. ein berühmtes Elizabeth-Porträt von Philip de László aus den 1920er-Jahren. Hinzugekommen sind einige Gemälde von Prince Charles und von seinem Vater Philip.

Anschließend lohnen ein Spaziergang durch den Garten, die Tierfarm sowie eine Kaffeepause in dem exzellenten Tearoom – mit Seeblick! ⏰ Mai–Sep tgl. 10.30–17 Uhr, Eintritt 9,50 £, erm. 8,50/4 £.

Dunnet Head und Dunnet Bay

Und nun auf zum nördlichsten Festlandpunkt Schottlands: **Dunnet Head**. Die schmale Zufahrtsstraße windet sich durch einsame Moorlandschaften, die im Frühsommer voller Baumwollgras sind. Die Piste endet an der über 120 m hohen Spitze von Dunnet Head. An klaren Tagen scheint die Orkney-Insel Hoy zum Greifen nah zu sein. Im Osten ist Duncansby Head zu erkennen, im Süden und Westen ragen die Berge von Sutherland auf – die 8 km Anfahrt von der Hauptstraße lohnen sich.

Wieder zurück an der A 836 umrundet man **Dunnet Bay**. Hinter den Dünen versteckt sich ein toller Sandstrand, der zu einem ausgiebigen Spaziergang einlädt.

Thurso

Thurso ist die größte Stadt von Caithness (7500 Einwohner) und geht schon auf Wikingerzeiten zurück. Der Name soll so viel wie „Thors Fluss" bedeuten. Große Sehenswürdigkeiten hat die Stadt nicht aufzuweisen, aber die Fährverbindung von Scrabster nach Stromness macht Thurso zu einem wichtigen Verkehrsknotenpunkt für Orkney- und Shetlandurlauber.

Einen ausführlichen Blick wert ist das neu gestaltete Museum **Caithness Horizons**, Old Town Hall, ☏ 01847-896508, 🖥 www.caithness horizons.co.uk. Von der Frühgeschichte angefangen wird in einem großen Rundumschlag die Geschichte von Caithness und Thurso anschaulich nachgezeichnet. Zu sehen sind unten z. B. zwei filigran bearbeitete Piktensteine.

Küstentouren und Orkney-Tripps

Die Küste rund um John O'Groats und die nahen Orkney-Inseln sind ein lohnender Abstecher vom Festland aus. Die Fährgesellschaft **John O'Groats Ferries**, ☏ 01955-611353, 🖥 www.jogferry.co.uk (s. auch Transport S. 447), bietet von Mitte Juni bis Ende August tgl. um 14.30 Uhr interessante 90-minütige *Wildlife Cruises* an. Die Schiffe fahren rund um Duncansby Head zu den Stacks of Duncansby (s. S. 444); Tickets 15 £, erm. 7,50 £.
Wer nur Zeit für eine **Tagesausflug nach Orkney** hat, kann mit John O' Groats Ferries zwei attraktive Tagestouren machen, die mit der 40-minütigen Fährüberfahrt nach Burwick beginnen: Von Mai bis September startet die *Maxi Day Tour of Orkney* tgl. um 9 Uhr und führt über Kirkwall, den Ring of Brodgar bis zur Steinzeitsiedlung Skara Brae (s. S. 580); Tickets 46 £, erm. 23 £. Die *Highlights Day Tour of Orkney* startet von Juni bis August tgl. um 10.30 Uhr und legt kürzere Aufenthalte in Kirkwall und Skara Brae ein. Tickets 42 £, erm. 12 £. Beide Touren sind gegen 19 Uhr zurück in John O' Groats.

Alles wäre prima, spielte das Thema Dounreay im Museum und in Thurso insgesamt nicht eine große Rolle. Die Atomanlage ging 1955 in Betrieb, weil man im dünn besiedelten Norden nur schwachen öffentlichen Protest erwartete. Der Atomkomplex, 13 km westlich von Thurso, lieferte 20 % aller Arbeitsplätze in Caithness und brachte Fachpersonal in den von Abwanderung bedrohten Norden. Aufgrund vieler Pannen, Skandale und radioaktiver Freisetzungen wurde Dounreay allerdings 1994 stillgelegt. Der Preis für Caithness war sehr hoch, denn selbst die Betreiber – die britische Regierung – geben zu, dass hier äußerst schlampig gearbeitet wurde. Allein der Abriss, die sichere Lagerung des Atommülls sowie die wichtigsten Reinigungsarbeiten werden mehrere Milliarden Euro kosten und bis mindestens 2036 andauern. ⏱ Mo–Sa 10–18, So 11–16 Uhr, Eintritt frei.

Übernachtung und Essen

John O'Groats und Canisbay
John O'Groats Caravan and Camping Site, John O' Groats, ☏ 01955-611329, 🖥 www. johnogroatscampsite.co.uk. Super Meerblick, aber direkt neben dem Touristenparkplatz. ⏱ April–Sep. ❶
John O'Groats Youth Hostel, Canisbay, ☏ 01955-611761, 🖥 www.hostellingscotland. com. Etwa 4,5 km westlich von John O' Groats und 2,5 km östlich von Fähranleger Gills Bay ist dieses einfache SYHA-Hostel vor allem für Radfahrer eine beliebte Zwischenstation. ⏱ Ende April–Mitte Sep. Dorm-Bett ab 19 £.

Thurso

Café Tempest, The Harbour, ☏ 01847-892500. Das Café in einem ehemaligen Hafenschuppen ist eine Oase der Gemütlichkeit. Es gibt sogar eine Ledercouch. Serviert werden Sandwiches, Quiche, Burger, Frühstück, Milchshakes sowie Kaffee und Kuchen. ⏱ tgl. 10–17 Uhr.
Pentland Hotel, Princes Street, ☏ 01847-893202, 🖥 www.pentlandhotel.co.uk. Die gehobenste Adresse in Thurso ist sowohl Hotel, Restaurant wie auch Lounge Bar für ein ruhiges Pint. ⏱ Küche Mo–Sa 12–14, 17–20.30, So 12.30–14, 18.30–20.30 Uhr. ❸

€ **Sandra's Hostel**, 24-26 Princes Street, ☎ 01847-894575, 🖥 www.sandras-backpackers.ukf.net. Oberhalb vom eigenen Fish 'n' Chips-Laden sind die 30 Betten in dem zentralen Privathostel ein gutes Angebot. Vor allem die Doppelzimmer sind sehr günstig. Bett ab 14 £. **❶**

Sheigra B&B, 6 Macdonald Green, ☎ 01847-892559, ✉ chrisw-s@talktalk.net. Sehr freundliche Unterkunft im Süden von Thurso. Chris West-Samuel ist Liebhaberin klassischer Musik und serviert ein sehr leckeres Frühstück – auch für Vegetarier. Weil das kleine Zimmer das Bad auf dem Flur hat, wird ein Bademantel bereitgestellt. In der größeren „Suite" ist Platz für 3 Gäste. **❷**

Thurso Caravan Park, Scrabster Road, ☎ 01847-894631. Perfekt gelegener Campingplatz auf den Klippen zwischen Thurso und Scrabster; auch Leih-Caravans. ⏱ Mai–Sep. **❶**

Informationen

John O'Groats Tourist Office, ☎ 01955-611373, 🖥 www.visitjohnogroats.com. ⏱ Ostern–Okt tgl. 9–18 Uhr.

Thurso VisitScotland Information Centre, Riverside, ☎ 01847-893155. ⏱ April–Juni, Sep–Okt Mo–Sa 9.30–16.30, Juli–Aug Mo–Sa 9.30–17.30, So 10–16 Uhr.

Nahverkehr

Stagecoach-Buslinie 80 fährt Mo–Sa 3–8x tgl. von Thurso über Castletown, Mey, Gills Bay und Canisbay nach John O'Groats (1 Std.). Passend für die Northlink-Fähren nach Orkney (s. Transport) verkehren vom Bahnhof Thurso mehrmals tgl. die Linien 78, 78A und X99 zum Fähranleger in Scrabster (10–15 Min.). Am Bahnhof Thurso guter Anschluss zu den Zügen von/nach Inverness (s. u.).

Transport

Busse

Stagecoach-Buslinie X99 verkehrt 5x tgl. von Thurso Bahnhof bzw. Sir George Street via WICK (35 Min.), HELMSDALE (1 1/4 Std.), DORNOCH (2 Std.) nach INVERNESS (3 Std.). Linie 82 verbindet Thurso Mo–Sa stdl. mit WICK (45 Min.).

Linie 77 fährt Mo–Sa 4–7x tgl. von WICK nach John O'Groats (40 Min.) und steuert dabei zumeist auch den Fährterminal Gills Bay sowie die JH in Canisbay an.
Linie 73 verkehrt Mo–Sa 1–2x tgl. von Thurso über Bettyhill (1 Std.) nach TONGUE (1 1/2 Std.).

Eisenbahn

Thurso wird 1–4x tgl. von INVERNESS (3 Std.) aus angefahren. Für die Zweigstrecke nach WICK benötigen die Züge 25 Min.

Schiffe

Zwischen John O' Groats und Thurso gibt es gleich drei Fährmöglichkeiten hinüber nach Orkney, davon zwei für Autofahrer:

Northlink Ferries, Scrabster, ☎ 0845-6000449, 🖥 www.northlinkferries.co.uk. Die klassische Fährfahrt nach Orkney führt von Scrabster nach STROMNESS (1 1/2 Std.), vorbei an dem beeindruckenden Old Man of Hoy (s. S. 593). Die komfortablen Fähren verkehren 2–3x tgl. und sind gut an den Bus- und Bahnverkehr in Thurso angeschlossen. Tickets (einfach, je nach Saison): Fußgänger 14,10–16,50 £, erm. 7,10–8,30 £, Fahrrad kostenlos, Auto 44,60–49,30 £.

Pentland Ferries, Gills Bay, ☎ 01856-831226, 🖥 www.pentlandferries.co.uk. Autofähre, die ganzjährig 3–4x tgl. von Gills Bay nach ST MARGARET'S HOPE auf South Ronaldsay verkehrt (45 Min.). Preislich günstig, aber abgelegene Fährhäfen. Tickets (einfach, ganzjährig): Fußgänger 13 £, erm. 6 £, Fahrrad 4 £, Auto 30 £.

John O'Groats Ferries, ☎ 01955-511353, 🖥 www.jogferry.co.uk. Mai–Sep 2–4x tgl. 40-minütige Fährfahrt von John O' Groats nach BURWICK auf South Ronaldsay (Orkney). Die Fähre befördert nur Fußgänger und Radfahrer. Tickets (einfach): Fußgänger 18 £, Fahrrad kostenlos. Für Tagestouren s. S. 446.

Von Melvich nach Tongue

Westlich von Thurso wird die Landschaft erst hinter Melvich und Strathy in der Grafschaft Sutherland wieder schöner.

Bettyhill

Mitten im Clan-Gebiet der Mackays erreicht die A 836 Bettyhill mit dem informativen **Strathnaver Museum**, ☎ 01641-521418, 🖥 www.strathnaver museum.org.uk. Hier dreht sich alles um die Clearances im 19. Jh., die im Strathnaver besonders berüchtigt waren (s. Kasten S. 449). Das Museum ist in der ehemaligen Farr Church untergebracht, wo einst die Vertreibungserlasse von der Kanzel verlesen wurden. Auf der Rückseite der Kirche steht der Farr Stone, ein piktischer Symbolstein aus dem 9. Jh. Das Museum widmet sich auch der Clan-Geschichte. 🕐 April–Okt Mo–Sa 10–13, 14–17 Uhr, Eintritt 2 £, erm. 1,50 £/0,50 £.

Das „moderne" Bettyhill ist übrigens auch ein Produkt der Hochland-Vertreibungen, weil die Leute aus dem Hinterland von Sutherland an die Küste gebracht wurden. Der Name Betty ist der Kosename der 1. Herzogin. Sehenswert sind zwischen den Klippen der Strand **Farr Beach** sowie im Westen der ziemlich unzugängliche Natursandstrand **Torrisdale Beach**.

Abstecher ins Strathnaver

Wer das einsame Hinterland erkunden und gleichzeitig etwas mehr über die Hochland-Vertreibungen erfahren möchte, sollte südlich von Bettyhill die schmale Piste über Syre nach Altnaharra wählen, einem der abgeschiedensten Weiher der Highlands. Einige (prä-)historische Sehenswürdigkeiten sind als **Strathnaver Trail** zusammengefasst. Ein gleichnamiges kostenloses Infoblatt gibt es im Strathnaver Museum (s. links).

Altnaharra und Dun Dornaigil Broch

Am Loch Naver vorbei ist schließlich **Altnaharra** erreicht, dessen komfortables Hotel und Restaurant wie eine Oase wirken. Hier treffen sich die Straße von Lairg über Crask nach Tongue sowie die schmale, für Caravans unzugängliche Straße nach Hope (an der A 838 zwischen Tongue und Durness). Auf dem Weg dorthin passiert man auf halber Strecke **Dun Dornaigil Broch**. Die Reste des rund 2000 Jahre alten keltischen Wehrturms sind die besterhaltenen in Sutherland. 3 km nördlich beginnt der unausgeschilderte Aufstieg zum 927 m hohen **Ben Hope**, dem nördlichsten Munro Schottlands. Für die knapp 4 1/2-stündige, recht steile Wanderung benötigt man unbedingt Wanderschuhe, eine Wanderkarte, wetterfeste Ausrüstung sowie gutes Wetter. Dafür lockt ein fantastischer Rundblick über die Wildnis von Sutherland.

Tongue

Am wunderschönen Kyle of Tongue ist die Streusiedlung Tongue eine sehr angenehme Zwischenstation, die mit ihrer erstaunlich üppigen Vegetation den Augen sehr gut tut. Mitten im kargen Norden verbirgt sich in einem schönen Park **Tongue House**, der für die Öffentlichkeit nicht zugängliche Sommersitz der Gräfin von Sutherland. Gleich daneben ist an den ehemaligen Stallungen **Eddie's Garden** ein verstecktes Kleinod für Insider. Eine Tür mit dem Schild „Welcome" offenbart hinter einer hohen Gartenmauer ein traumhaftes Farbparadies mit Blick auf den Ben Loyal. Besitzer Eddie verwandelte ein Stück Wildnis in einen der schönsten Gärten

My heart is in the Highlands, my heart is not here – Robert Burns fasste als Erster die Sehnsucht nach dem schottischen Hochland in Worte. Für Generationen von Auswanderern wurden diese Zeilen unfreiwillig zur schmerzlichen Realität. Ein besonders dunkles Kapitel der Emigration sind dabei die sogenannten *Highland Clearances*, die Hochland-Vertreibungen, die als traumatische Erfahrung in die Geschichtsbücher eingingen.

Vom Clan-System zur feudalistischen Willkür

Mitte des 18. Jhs. war das Clan-System nach der Schlacht von Culloden endgültig zusammengebrochen. Damit war auch das Verhältnis wechselseitiger Verantwortung zwischen Clan-Chef und Clan-Mitgliedern aufgehoben. An seine Stelle trat ein eher feudalistisch geprägtes Verhältnis zwischen Großgrundbesitzer und nahezu rechtlosen Pächtern, Kleinbauern und Tagelöhnern. Waren viele Bewohner in den Tälern einst für den Clan-Chef ein wichtiges Reservoir an Soldaten, um sich militärisch gegen die Nachbar-Clans oder aber gegen die Krone zu behaupten, so waren die neuen Großgrundbesitzer – z. T. die alten Clan-Chefs in neuem Gewand – bemüht, in den aufstrebenden Zirkeln von Edinburgh oder bei Hofe in London durch einen prachtvollen Lebensstil zu beeindrucken. Dazu musste der Ertrag der Ländereien maximiert werden.

Schafe und Hungersnöte

1792 ging als *Year of the Sheep* in die Annalen ein. Cheviot-Schafe wurden in großem Umfang nach Norden gebracht, um die Wollindustrie im Süden mit Rohmaterial zu versorgen. Die **Schafe** konnten selbst dort noch grasen, wo Rinder kapitulieren mussten. Ganze Täler wurden von ihren Bewohnern geräumt. Es blieb nur die Wahl zwischen Umzug an die Küste und Emigration. Besonders dramatisch ging es in **Sutherland** zu. Die Gräfin von Sutherland und ihr Mann Lord Stafford, die später zu Herzögen von Sutherland gemacht wurden, hatten große Pläne. Sie forcierten den Ausbau der Küstenstraße sowie die Anlage von Fischersiedlungen. Das Strath of Kildonan und das Strathnaver wurden im Gegenzug entvölkert. Der Verwalter der Sutherlands, Patrick Sellar, kannte keine Gnade. Wer nicht weichen wollte, dem wurde das Haus oftmals einfach abgebrannt. Als die brutalen **Vertreibungen** sogar in der Presse kritisiert wurden, stellte man Sellar 1816 als Bauernopfer vor Gericht.

Sutherland war jedoch kein Einzelfall: Überall in den Highlands zeugen menschenleere Täler und entvölkerte Inseln von den Clearances. Viele Menschen wanderten entweder nach Süden in die wachsenden Industriestädte aus oder aber gleich hinüber in die neue Welt. Nova Scotia und Cape Breton Island in Kanada, Neuseeland und Australien wurden bevorzugte Auswanderungsziele.

Mitte des 19. Jhs. kam es in den Highlands zu derselben Hungerkatastrophe wie in Irland. Nun stellte sich heraus, dass manches Tal und manche Insel tatsächlich zu dicht bevölkert war, um von dem kargen Boden leben zu können. Eine neue Emigrationswelle war die Folge.

Gesellschaftlicher Wandel

Erst Ende des 19. Jhs. änderten sich die gesellschaftlichen Verhältnisse. Als 1882 auf Skye erneut mehrere Siedlungen geräumt werden sollten, verteidigten sich die Bewohner zum Erstaunen der Landbesitzer. Soldaten kamen zum Einsatz, Gerichtsverfahren gegen die „Aufrührer" wurden angestrengt, doch die öffentliche Stimmung war auf Seiten der Verfolgten. Diese gründeten die **Highland Land League**, die 1885 aus dem Stand fünf der sechs Parlamentssitze in den Highlands erobern konnte. Dieser unerhörte politische Erfolg führte bereits ein Jahr später zum sogenannten **Crofters' Act**, der erstmals den Kleinbauern Schutz vor Vertreibung bot und damit eines der unrühmlichsten Kapitel der Hochland-Geschichte zum Ende brachte. Die feudale Grundbesitz-Struktur sollte sich allerdings erst viel später allmählich ändern (s. S. 456).

Zentrale und nördliche Highlands

weit und breit. Der Zugang ist jederzeit möglich und kostenlos.

Aus der Ortsmitte führt an der Royal Bank of Scotland ein gut ausgebauter Wanderweg zur Ruine von **Castle Varrich**, einst eine Festung der Mackays.

Übernachtung und Essen

Bettyhill

Craig'Dhu Caravan & Camping Site/Dunveaden House B&B, ✆ 01641-521273. Einfacher Campingplatz am Hang oberhalb von Farr Beach sowie mehrere günstige Zimmer mit Etagen-Bad/WC. Camping ❶, B&B ❷

The Cafe at Bettyhill, The Old Police Station, ✆ 01641-521244. Einfache Küche, aber sehr einladend direkt am Strathnaver Museum. Von Kaffee und Kuchen über Krabbensalat bis zu Schellfisch und Scampi – auch lokale Touristeninfos. ⊙ Juni–Sep Mo–Do 10.15–17, Fr 10.15–16, 17–19, Sa 11–16, 17–19.30 Uhr.

Tongue

Rhian Guest House, ✆ 01847-611257, 🖳 www.rhiancottage.co.uk. 1,5 km südlich von Tongue liegt das sehr schöne Anwesen mitten in der grünen Pampa. Hier ist man völlig draußen. Nett ist der Wintergarten, lecker der geräucherte Fisch *(kippers)* zum Frühstück, und wohltuend sind die Spaziergänge in der Umgebung. ❷–❸

The Bothy, 18 Varich Place, ✆ 01847-611293, ✉ silkeatthebothy@btinternet.com. Am Ortsausgang Richtung JH bietet das moderne

---

€ Komfortable Herberge im Norden

Das exzellente **Tongue Youth Hostel**, ✆ 01847-611789, 🖳 www.hostellingscotland.com, von SYHA liegt am Kyle of Tongue 2 km westlich des Ortes. Die bequeme Lounge, der tolle Blick auf die Rabbit Islands sowie der wunderbare Garten machen das Tongue mit Abstand zum besten Hostel im Nordwesten. 2006 wurde die ehemalige Jagd-Lodge hervorragend renoviert. JH-Chefin Hannah verwöhnt die Gäste zudem mit ihrem selbstgemachten Kuchen. Bett ab 17 £.

Holzhaus 2 sehr attraktive Zimmer. Für jenes mit Castle-Blick und großem Bett zahlt man 10 £ mehr, aber der Preis geht voll in Ordnung. Bei Hausherrin Silke braucht man keine Englischkenntnisse – in den Highlands eine Ausnahme. ❷

The Tongue Hotel, ✆ 01847-611206, 🖳 www.tonguehotel.co.uk. Die beste Unterkunft mit dem besten Restaurant im Ort. Die frisch renovierte kleine Bar serviert leckeres *bar food* in sehr einladender Atmosphäre; auch gute Whisky-Auswahl. Die 19 Zimmer sind ebenfalls sehr ansprechend. Das fesche Tongue Hotel hat wieder frischen Schwung. ⊙ Küche 12–14, 18–20.30 Uhr. ❸–❹

Transport

Stagecoach-Linie 73 verkehrt Mo–Sa 1–2x tgl. von THURSO über Bettyhill nach Tongue (1 1/2 Std.).
Mo–Sa verkehrt 1x tgl. ein Postbus zwischen Tongue und LAIRG (1 Std.).

Durness und Cape Wrath

Der äußerste Nordwesten Schottlands ist ein landschaftliches Schmankerl, das man sich auf keinen Fall entgehen lassen sollte: Von Klippen umrahmte Traumstrände und eine mysteriöse Höhle machen die sehr lang gestreckte Streusiedlung **Durness** (400 Einwohner) zu einem reizvollen Touristenort. Hier verbrachte übrigens John Lennon als Kind und Jugendlicher mehrere Sommer bei seiner Tante Elizabeth Parkes, zuletzt 1969 mit Yoko Ono. Im **Village Garden** ist dem Beatles-Musiker deshalb ein kleiner Gedenkbereich gewidmet.

Wenn man von Tongue aus kommt, erreicht man jenseits des tief eingeschnittenen Loch Eriboll als Erstes die fantastische Klippenbucht von **Tràigh Allt Chàilgeag**, dem „Strand am Bach der alten Frau". In langen weißen Wellen rauscht das Meer hier auf den Sandstrand zu.

Smoo Cave

Der überfüllte Parkplatz kündet sofort von der größten Sehenswürdigkeit in Durness: Ein bestens ausgebauter Treppenweg führt die Klippen hinab in eine Bucht. Wie ein riesiges Maul öffnet sich unten der Eingang zur Höhle Smoo Cave. Über einen Holzsteg gelangt man ein kleines Stückchen in die innere Höhle, die einige Dutzend Meter weiter bei entsprechendem Wasserstand auch von kleinen Bötchen befahren wird (3 £, erm. 2 £). Von oben rauscht ein Wasserfall hernieder, und geradeaus liegt eine Art Torbogen.

Geht man wieder die Klippen hinauf, so erkennt man jenseits der Straße einige unscheinbare Löcher im Boden, wo der kleine Bach verschwindet – der Wasserfall von oben.

Balnakeil

Westlich von Durness führt eine Straße zum **Balnakeil Craft Village**. Die ehemalige Militär-Einrichtung wurde in den 1960er-Jahren in ein Künstlerdorf umgewandelt. Zahlreiche Kunsthandwerker siedelten sich in Durness an und machten das Craft Village bald zu einer Touristenattraktion. Echte Kunsthandwerker gibt es heute in Balnakeil immer weniger, dafür den tollen Secondhand-Buchladen **Loch Croispol Bookshop**, ☎ 01971-511777, mit einem sehr guten Café (auch veganer Kuchen!) sowie das Schokoladenparadies **Cocoa Mountain**, ☎ 01971-511233, 🖥 www.cocoamountain.co.uk, das außerdem ein Café mit Fairtrade-Kaffee betreibt. Die handgemachten Pralinen und Schokoladen sind ein Gedicht ... ⏲ für alle Shops und Cafés tgl. Sommer ca. 10–18, Winter 10–17 Uhr.

Auf keinen Fall versäumen sollte man den Spaziergang über den herrlichen **Balnakeil Beach** bis hinauf zur Landspitze Faraid Head. Hier weht einem ständig Wind um die Nase, die langgezogenen Wellen rollen in die Bucht hinein, und die Dünenlandschaft ist von Jahr zu Jahr in Bewegung. In den kleinen Wasserpools trifft man gelegentlich auf Krebse, und am Straßenende hat sich sogar ein Golfplatz angesiedelt. Am schönsten ist es im Sommer bei Sonnenuntergang, dann dürften selbst Hartgesottene Fernweh bekommen.

Cape Wrath

3 km südlich von Durness zweigt eine kleine Stichstraße zu einem Mini-Fähranleger am **Kyle of Durness** ab. Von Mai bis September pendeln Fähren über die sehr stark von den Gezeiten geprägte Bucht. Auf der anderen Seite wartet ein Minibus, der über die 17 km lange Rüttelpiste zum inzwischen unbemannten Leuchtturm am Cape Wrath zockelt. Hier ist die britische Festlandswelt abrupt zu Ende.

Für den Namen gibt es viele Ableitungen: Im Englischen bedeutet Wrath „Zorn", was treffend auf die oftmals schweren Stürme hier oben anspielt. Doch im Gälischen bedeutet *parbh* einfach „Kap", und für die Wikinger gab der Name schlicht Orientierungshilfe auf ihren Streifzügen nach Süden: „der Ort, an dem man abbiegen muss".

Das ganze Gebiet ist leider ein Bombenabwurfgelände für die britische Armee. Wenn gerade wieder Manöver ist, knallt und donnert es gewaltig. Wanderer sollten sich deshalb vorab nach den Manöverzeiten erkundigen. Spektakulär sind die höchsten Klippen des britischen Festlands, die ein Paradies für Brutvögel jeglicher Art sind. Auch Papageientaucher sind in dieser menschenleeren Gegend anzutreffen.

Im Leuchtturm eröffneten John und Kay Ure 2009 das kleine **Cafe Ozone**, ☎ 01971-511314, mit Sicherheit eines der abgelegensten Cafés Großbritanniens. Wenn die beiden durchhalten, kann man sich auch in Zukunft auf ein wenig Kaffee und Kuchen in gastfreundlicher Atmosphäre am Ende der Welt freuen.

Infos zu den Fährzeiten und Minibusfahrten in der Touristeninformation oder bei Iris P. Mackay, ☎ 01971-511343. Fährtickets (retour) 5,50 £, erm. 3,50/3 £, Bustickets (retour) 10 £, erm. 6 £.

Übernachtung und Essen

€ **Durness Youth Hostel**, Smoo, ☎ 01971-511264, 🖥 www.hostellingscotland.com. Zwei rustikale SYHA-Hütten direkt neben der Höhle sorgen für günstige Unterkunft. Im blauen Haus sind die Rezeption und die Küche, im roten die Schlafsäle. Bett ab 16 £.

Morven B&B, Leirin, ☎ 01971-511252. Ordentliches B&B in einem typischen Cottage mit Wintergarten. Die 3 Zimmer haben kein eigenes Bad/WC. Gleich nebenan liegt das Smoo Cave Hotel. ❷

Sango Sands Caravan & Camping Site, ☎ 01971-511726, 🖥 www.sangosands.com. Campinggelegenheit direkt auf den Klippen

mit eigenem Restaurant und Café.
Traum-hafte Sonnenuntergänge im Sommer.
🕐 April–Okt. ❶

Smoo Cave Hotel, Leirin, 📞 01971-511227,
🖥 www.smoocavehotel.co.uk. Schön
renoviertes Hotel mit 5 Zimmern, davon 3 mit
eigenem Bad/WC. Auch das Essen ist sehr
gut, es gibt z. B. Langustinen aus Loch Eriboll.
Abends verwandelt sich der Laden in den
besten Pub des Ortes. ❷–❸

The Lazy Crofter Bunkhouse, 📞 01971-511202,
🖥 www.durnesshostel.com. Privates Hostel
des postmodernen Hotels Mackays, wo auch
die Rezeption ist. Moderne Küche, tolle
Terrasse, aber leider wenig Platz in den 8-Bett-
Zimmern. Bett ab 15 £.

Einkaufen

58° North, Sangomore, 📞 01971-511703.
Sarah und Neil Fuller bieten Kunsthandwerk
der höherwertigen Sorte an. Die Seidenschals
und Stickereien sind von Sarah, Neil ist als
Steinmetz tätig und hat u. a. das John Lennon
Memorial im Village Garden gefertigt. Im Laden
werden auch Keramik und Schmuck verkauft.
🕐 tgl. 10–17 Uhr.

Informationen

Durness VisitScotland Information Centre,
📞 01971-511259, 🖥 www.durness.org.
Auch Ausstellung zur Geologie und menschlichen Besiedlung sowie ein kleiner Souvenir-
shop. 🕐 April–Mai Mo–Sa 10–16.30, So 10–15,
Juni Mo–Sa 9.30–17, So 10–15, Juli–Aug
Mo–Sa 9.30–17.30, So 10–16, Sep–Okt Mo–Sa
10–16.30 Uhr.

Transport

Linie 806 von George Rapson Travel verkehrt
Mo–Sa 1x morgens von Balnakeil Craft Village
über Kinlochbervie, Scourie und Laxford Bridge
zum Bahnhof in LAIRG (2 1/2 Std.) und mittags
zurück.
Ende April–Ende Sep mit Tim Dearman Coaches
Mo–Sa (Juli/Aug auch So) 1x tgl. von Durness
(Smoo Cave) über Kinlochbervie, Lochinver und
Ullapool nach INVERNESS (5 Std.). Es gibt sogar
einen Radanhänger.

Die Nordwestküste

Die Nordwestküste vom Cape Wrath bis hinunter nach Skye gehört zu den schönsten Küstenabschnitten der Highlands: Weiße Traumstrände,
bedeutende Vogelinseln, lang gestreckte Fjorde,
weite einsame Moorflächen und majestätische
Bergkegel prägen die wilde Landschaft. Der äußerste Nordwesten wird zudem vom markanten
silbergrauen Lewis-Gneis dominiert. Dadurch
sehen einzelne Abschnitte fast aus wie eine
Mondlandschaft. Die Region zwischen Durness
und Ullapool wurde aufgrund der außergewöhnlichen Geologie zum 2000 km² großen **North West
Highlands Geopark** zusammengefasst.

Siedlungen gibt es an der Westküste von
Sutherland und Wester Ross nur wenige, aber die
Küstenorte **Lochinver**, **Ullapool**, **Gairloch**, **Applecross** und **Plockton** sind sehr reizvoll. Im Hinterland der sehr ausgefransten Küstenlinie erstreckt
sich eine ungezähmte Wildnis, in die sich außer
Wanderern kaum je eine Menschenseele verirrt.
Von den Gipfeln der Berge genießt man bei schönem Wetter einen absolut grandiosen Blick.

Touristische Highlights sind ein Besuch des
Inverewe Garden nördlich von Gairloch sowie
des romantisch gelegenen **Eilean Donan Castle**
in Sichtweite von Skye.

Von Sandwood Bay bis Kylesku

Kinlochbervie und Sandwood Bay

Der Fischereihafen **Kinlochbervie** ist die bedeutendste Siedlung am Fjord Loch Inchard.
Von dort aus geht es hinaus zu den kleinen
Streusiedlungen Oldshoremore, Oldshorebeg,
Blairmore und Sheigra. Der Kontrast zwischen
dem Lewis-Gneis und den weiten Moorflächen
im Hinterland fällt sofort ins Auge. Dazwischen
liegt der wunderbare Sandstrand von **Polin Bay**.
Von der kleinen Landspitze ergibt sich ein atem-
beraubender Blick die Küste entlang.

🏕 Handa Island

Wenige Kilometer südwestlich von Lax-
ford Bridge lockt ein Abstecher nach **Tarbet**, dem
Fähranleger für die unter Naturschutz stehende
Vogelinsel Handa Island. Im Sommer nisten dort

Zur magischen Sandwood Bay

Eine sehr lohnende Wanderung beginnt in **Blairmore**. Vom Parkplatz des John Muir Trust geht es über einen Landrover-Track 7 km bis zur magischen Sandwood Bay. Am **Loch na Gainimh** biegt man zunächst nach links zum **Loch a' Mhuilinn** ab. Hier verengt sich der Weg, bis man durch die Dünen zur **Sandwood Bay** gelangt. Selbst bei Hochwasser ist der Strand rund 1,5 km lang, bei Niedrigwasser verdoppelt er sich fast. Die Dünenlandschaft rund um den See Sandwood Loch verändert sich durch die Meeresgewalten ständig.

Im Norden erstreckt sich die Klippenküste bis zum Cape Wrath, im Süden ist die Felsnadel Am Buachaille („der Hirte") vor der Küste zu erkennen. An sonnigen Tagen ist es ein Genuss, den langen Wellen zuzuschauen, die sich am Sandstrand brechen. Gelegentlich stürzen sich vor der Küste Basstölpel im Steilflug auf ihre Beute unter der Wasseroberfläche und einige wenige Spaziergänger erkunden den Strand.

Bis zur Kartoffelmissernte 1847 lebten noch Menschen in der Bucht. 1966 kam ein Einsiedler zurück: James „Sandy" McCrory Smith war ein außergewöhnlicher Mann, denn er lebte 32 Jahre lang völlig allein in einer alten Hütte im einsamen Moor ohne Strom oder sonstige moderne Annehmlichkeiten. Einmal pro Woche lief er die 33 km zum Shop und zurück.

Der Rückweg zum Parkplatz erfolgt über den Hinweg (ca. 14 km, 4 Std. Gehzeit, Wanderkarte OS Landranger 9).

---

bis zu 200 000 Seevögel. Die kleine **Handa Ferry**, ✆ 07775-625890 (Paul), setzt von April bis Anfang September hinüber auf das kleine Eiland, das vom Scottish Wildlife Trust, 🖥 www.swt.org.uk, verwaltet wird und nicht nur das Herz des Vogelkundlers höher schlagen lässt. Hinfahrten Mo–Sa 9–14 Uhr, Rückfahrt bis 17 Uhr, Tickets 10 £, erm. 5 £.

Auf dem 6 km langen **Rundweg** gelangt man über einen Holzbohlenweg übers Moor zu den 120 m hohen Klippen. Zehntausende Trottellummen sowie Papageientaucher und Tordalke sorgen für beständiges Geschrei und Bewegung in den Lüften. Im Moor wächst Baumwollgras und Geflecktes Knabenkraut, in den Lüften wachen die teilweise recht aggressiven Großen Raubmöwen und Schmarotzer-Raubmöwen.

Im Norden wurde der Felsen **Great Stack** durch die Kraft der Wellen von der Insel abgespalten. Ebenfalls spektakulär ist der **Gloup**, ein sehr großes und tiefes Erdloch mit zwei Seeausgängen. Der Rückweg ist wesentlich rustikaler und erfordert unbedingt Wanderschuhe.

Handa war übrigens einst ebenfalls bewohnt, bis die Kartoffel-Missernte 1847 die Menschen zur Emigration zwang. In der kleinen **Besucherhütte** am Strand geben die Ranger eine kurze Einführung zur Insel, verteilen Prospekte und verleihen auch Ferngläser.

Von Scourie bis Kylesku

Von der kleinen Küstensiedlung **Scourie** geht es über die A 894 vorbei am National Nature Reserve Loch a' Mhuilinn zur beeindruckenden **Kylesku Bridge**, die 1984 die Fähre ersetzte. Tief unten wechselt alle sechs Stunden die starke Strömung, die mit bloßem Auge zu erkennen ist.

Sehr lohnend und unterhaltsam ist die Erkundung des tief eingeschnittenen Fjords **Loch Glencoul** mit Statesman Cruises, ✆ 01971-502345. Willie Watson schippert vom Anleger am Kylesku Hotel (s. S. 454) seit Jahrzehnten mit seiner *MV Statesman* zu Seehundbänken und in Sichtweite des 200 m hohen Wasserfalls Eas-Coul-Aulin am Ende des Lochs. Watson ist eine Institution und kennt den Fjord wie seine Westentasche. Auf den zweistündigen Touren gibt er die amüsante Geschichte des Riesen *Eekie Wokie* zum Besten. 🕐 ca. Ostern–Mitte Sep, So–Do 11/15 Uhr, Fr 11/14 Uhr, Tickets 15 £, erm. 7,50 £.

Übernachtung und Essen

No. 125 B&B, 125 Kinlochbervie, ✆ 01971-521368, ✉ mmorrison125@aol.com.
Bei Margaret und Eddie Morrison werden die Gäste verwöhnt. Die beiden Zimmer teilen sich ein Bad, ein Caravan wird auch längerfristig vermietet. Das reichhaltige Frühstück ist ein guter Start in den Tag. ❷

The Kinlochbervie Hotel, Kinlochbervie, ✆ 01971-521275, 🖥 www.kinlochberviehotel. com. Gute Küche mit leckeren Fischgerichten, dazu ein schöner Blick über die Bucht. Seinen Kaffee kann man in einer der gemütlichen Couch-Ecken einnehmen. Das Hotel bietet auch solide Unterkunft und betreibt die einzige Pub-Bar der Gegend. ⏱ Küche tgl. 12–14.30, 18–20.30 Uhr. ❸

Scourie Guest House, 55 Scourie, ✆ 01971-502001, ✉ ken@scourieguesthouse.co.uk. Sehr freundliche Pension abseits der Hauptstraße gelegen mit einem kleinen Wintergarten. Die 3 Zimmer sind ansprechend eingerichtet. ❸

Kylesku Hotel, Kylesku, ✆ 01971-502231, 🖥 www.kyleskuhotel.com. Das gemütliche Restaurant ist schon seit vielen Jahren Garant für hervorragende Fischgerichte, obwohl die Besitzer öfters wechseln. Im Windschatten der Felsen schaut man über Loch Glencoul in die Berge, während vor der Tür die *MV Statesman* ablegt. Die komfortablen Zimmer sind im gehobenen Bereich angesiedelt. ⏱ Küche tgl. 12–21 Uhr. ❹

Transport

Linie 806 von George Rapson Travel verkehrt Mo–Sa 1x morgens von Kinlochbervie, Scourie und Laxford Bridge zum Bahnhof in LAIRG (1 3/4 Std.) und mittags zurück. Dann von Kinlochbervie Weiterfahrt nach DURNESS (35 Min.).

Frisches Seafood mit Inselblick

Direkt am Anleger der Handa Ferry in Tarbet bringt **The Shorehouse**, ✆ 01971-502251, in perfekter Lage frisches Seafood von höchster Qualität auf den Tisch. In schnörkelloser Atmosphäre werden sogar eigene Hummer serviert. Der geräucherte Fisch kommt aus Achiltibuie und vom Loch Fyne. Bei schönem Wetter kann man draußen auf der kleinen Terrasse sitzen und über den Sund nach Handa hinüber schauen. Natürlich wird auch einfach nur Kaffee und Kuchen serviert. ⏱ April–Sep, Küche Mo–Sa 12–20 Uhr.

Kinlochbervie, Scourie und Kylesku werden Ende April–Ende Sep Mo–Sa 1x tgl. (Juli/Aug auch So) von Tim Dearman Coaches mit dem Fahrradbus von INVERNESS via Ullapool und Lochinver nach Durness angefahren.

11 HIGHLIGHT

Assynt und Achiltibuie

Die historische Region Assynt, das faszinierende und extrem abgeschiedene Inverpolly Nature Reserve sowie die Gegend um Achiltibuie gegenüber den Summer Isles gehören zweifelsohne zum Besten, was die Highlands bieten können. Naturliebhaber und Wanderer kommen hier voll auf ihre Kosten.

Loch Assynt

Hinter Kylesku bieten sich zwei abenteuerliche Alternativen zur Weiterfahrt: Eine sehr kurvige und schmale *single track road* mit bis zu 25 % Steigung führt nach Westen Richtung Stoer (s. S. 457) und weiter nach Lochinver. Wesentlich besser ausgebaut ist der direkte Anstieg auf der A 894 hinüber zum Loch Assynt.

Dort fällt gleich als Erstes die malerische Ruine von **Ardvreck Castle** ins Auge, zwischen dem 15. und 17. Jh. eine MacLeod-Feste. Die Reste des von Geistern heimgesuchten Turmhauses sind über eine schmale Landbrücke zu erreichen. Von der Ruine ist der Rundumblick in die Berge von Assynt beeindruckend.

Ein wenig weiter liegt am Ostende von Loch Assynt im Schatten des mächtigen Ben More Assynt der idyllische Hochland-Weiler **Inchnadamph** mit seiner alten Kirche und einem hervorragenden Hostel. In den Höhlen östlich und südlich der Siedlung fand man zahlreiche prähistorische Tierknochen.

Von oben betrachtet gleicht Assynt einem Schweizer Löcherkäse: Die flachen Moorflächen sind von kleinen Seen durchsetzt. Um einen kleinen Eindruck vom wilden Charakter des Assynt zu erhalten, lohnt sich am westlichen Ufer des Loch Assynt vom nur schlecht ausgeschilderten Parkplatz Leitir Easaidh (ca. 10 km nordöstlich

Zentrale und nördliche Highlands

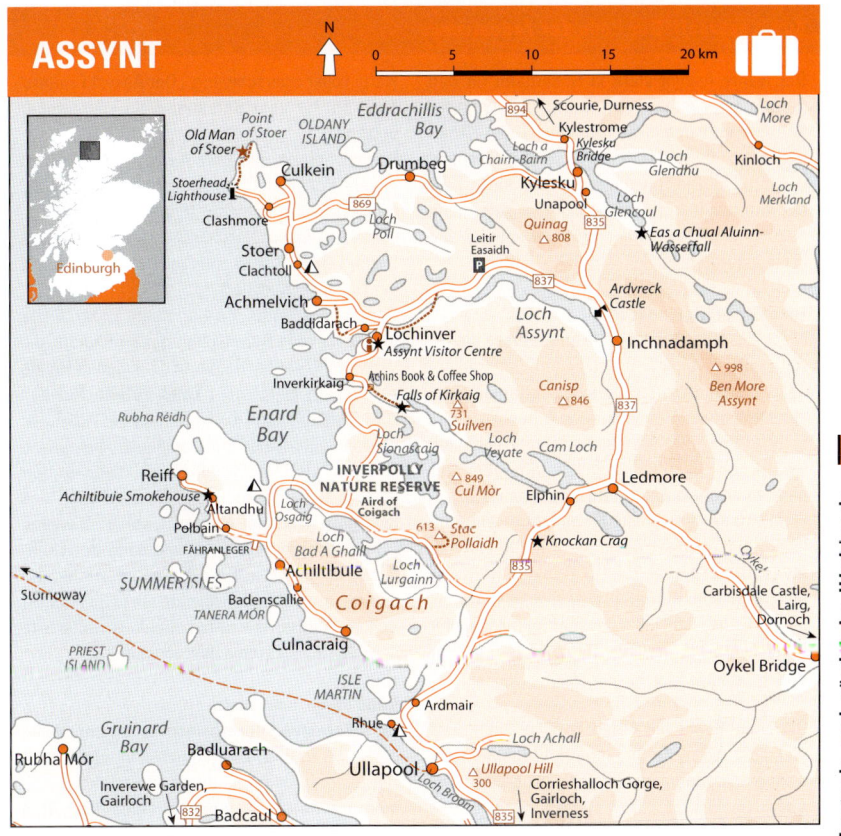

ASSYNT

N

0 5 10 15 20 km

Loch More
Scourie, Durness
894
Point of Stoer
Old Man of Stoer
OLDANY ISLAND
Eddrachillis Bay
Kylestrome
Kylesku Bridge
Kinloch
Loch a Chairn Bàin
Loch Glendhu
Loch Merkland
Stoerhead Lighthouse
Culkein
Drumbeg
Kylesku
Unapool
Loch Glencoul
Clashmore
869
Loch Poll
Quinag △ 808
835
Eas a Chual Aluinn-Wasserfall
Leitir Easaidh P
Stoer
Clachtoll
837
Ardvreck Castle
Achmelvich
Loch Assynt
Inchnadamph
Baddidarach
Lochinver
Assynt Visitor Centre
Achins Book & Coffee Shop
Falls of Kirkaig
Canisp △ 846
△ 998
Ben More Assynt
Inverkirkaig
731 Suilven
837
Loch Veyate
Cam Loch
Rubha Rèidh
Enard Bay
Loch Sionascaig
△ 849 Cul Mòr
Elphin
Ledmore
INVERPOLLY NATURE RESERVE
Aird of Coigach
Reiff
613 Stac Pollaidh
Knockan Crag
Achiltibuie Smokehouse
Loch Osgaig
835
Altandhu
Polbain
Loch Bad A Ghaill
Loch Lurgainn
Oykel
FÄHRANLEGER
Achiltibuie
SUMMER ISLES
Carbisdale Castle, Lairg, Dornoch
Stornoway
Coigach
Badenscallie
TANERA MÓR
Culnacraig
Oykel Bridge
PRIEST ISLAND
ISLE MARTIN
Ardmair
Gruinard Bay
Rhue
Loch Achall
Badluarach
Ullapool
△ Ullapool Hill 300
Corrieshalloch Gorge, Gairloch, Inverness
Rubha Mór
Inverewe Garden, Gairloch
Loch Broom
832
Badcaul
835

---

von Lochinver) der bestens ausgebaute Spazierweg ins Herz des **Little Assynt Estate**. Zwei kleine Lochs, Heide, Moor und junge Birken sowie ein ziemlich welliges Gelände sorgen für perfekten Landschaftsgenuss – sogar ohne Wanderschuhe.

Lochinver

Hauptort im Assynt ist Lochinver (600 Einwohner), ein sympathisches Küstenstädtchen mit einer gut ausgebauten touristischen Infrastruktur (Post, Bank, Tankstelle, Shop, Restaurants etc.). Der Bau des Fischmarkts in den 1990er-Jahren hat sich allerdings nicht wirklich rentiert, die wenigen Boote verbringen am Pier meist nur ihre Ruhetage. Sehr informativ ist ein Besuch im **Assynt Visitor Centre**, ✆ 01571-844194, das nicht nur die Touristinformation beherbergt, sondern auch einen Shop, eine interessante Ausstellung zur Region Assynt sowie den Ranger Service für die selbst verwalteten Landgüter im Assynt (s. Kasten S. 456).

Am nördlichen Ortsausgang von Lochinver führt ein kleiner Wanderpfad an der Südseite des schäumenden **River Inver** entlang bis zu einer kleinen Brücke mitten im Wald (ca. 20 Min.). Hier herrscht eine geradezu skandinavische Idylle.

Für Töpfereiliebhaber lohnt sich der Besuch von **Highland Stoneware** im Ortsteil Ardglas, ✆ 01571-844376, 💻 www.highlandstoneware.com. ◷ Mo–Fr 9–18 Uhr, Ostern–Okt auch Sa 9–17 Uhr.

Der Name Assynt steht in Schottland für den Anfang einer modernen Landrechtsbewegung, die dem feudalen Großgrundbesitz den Kampf angesagt hat. Die Methode ist so überraschend wie einfach: Die Bewohner der Highlands kaufen ihre lokalen Landgüter schlicht selbst und nehmen die Verwaltung und Weiterentwicklung in die eigene Hand.

Feudaler Großgrundbesitz

Noch in den 1980er-Jahren schien dieser Aufbruch in weiter Ferne zu liegen. Das traditionelle System der *crofts*, kleiner Cottagefarmen, gewährte zwar ein gesichertes Anrecht auf das eigene Haus, aber Grunderwerb und Neubauten waren ohne Erlaubnis der Großgrundbesitzer nicht möglich. Das führte dazu, dass weiterhin viele junge Leute auswanderten. Manche Landgüter wurden zudem mehr und mehr zum Investitionsobjekt: Reiche Spekulanten und Investmentfirmen legten sich riesige Güter zu, um sie später möglichst gewinnbringend wieder veräußern zu können. Das Wohlergehen der *crofter* spielte dabei keine Rolle.

Das Leuchtfeuer von Assynt

Vielleicht wäre die Situation noch heute nicht wesentlich anders, wenn sich 1992 die Lage im Assynt nicht dramatisch zugespitzt hätte. Das 9000 ha große **North Lochinver Estate** war an eine schwedische Immobilienfirma verscherbelt worden, die prompt pleite ging. Anstatt wie bisher schlicht darauf zu warten, wer wohl der nächste Besitzer sein würde, gründeten die Bewohner in einem geradezu revolutionären Schritt den **Assynt Crofters' Trust** als Selbstverwaltungsorgan. Vielerorts herrschte Skepsis: „Können *crofter* überhaupt ein Landgut verwalten?" Sie wollten und sie konnten. Die Gruppe rund um Allan MacRae, John MacKenzie und Bill Ritchie brachte innerhalb von sechs Monaten erfolgreich 300 000 £ auf. Am 1. Februar 1993 waren sie am Ziel und hatten sich zur allgemeinen Überraschung „frei" gekauft. Der örtliche Parlamentsabgeordnete Robert Maclennan er-klärte voller Überschwang: „Der Assynt Crofters' Trust hat für ganz Schottland ein Leuchtfeuer entzündet."

Und tatsächlich, innerhalb weniger Jahre folgten andere Kommunen dem ermutigenden Beispiel aus Assynt. Öffentliche Schlagzeilen machten vor allem die hart umkämpften Übernahmen der Inseln Eigg (s. S. 499) und Gigha (s. S. 527) sowie der Halbinsel Knoydart (s. S. 495).

Das neue schottische Parlament unterstützte die wachsende Bereitschaft der Highlander, die Verwaltung der Landgüter in die eigenen Hände zu nehmen, durch den **Land Reform Act** von 2003. Seither haben die Bewohner bei Verkäufen von Landgütern eine Erstzuschlagsoption. Davon machten als Erste wieder die aktiven *crofter* von Assynt Gebrauch und kauften 2005 das **Inverpolly National Nature Reserve** im wilden Landesinneren. Nunmehr sind 60 % der Landfläche in Assynt in Bewohner-Hand. Auch auf den Äußeren Hebriden machte die neue Kauflust Schule. Auf Harris wurden ebenfalls weite Teile der Insel in Eigenregie übernommen.

Neue Wege, neue Ziele

Die Übernahme der riesigen Landgüter stellte die *crofter* und Inselkommunen vor große Herausforderungen. Mittlerweile zeichnen sich mehrere Entwicklungen ab. Allen Projekten gemein ist der rasche **Neubau** von Häusern, um den Bevölkerungsrückgang aufzuhalten. Der Zuzug von Familien mit (kleinen) Kindern wird ebenfalls gefördert. Auf mancher Insel gab es so innerhalb weniger Jahre ein Bevölkerungsplus von 50 %.

Die Förderung des sanften **Naturtourismus** steht ebenfalls obenan. Manche Insel, wie z. B. Eigg und Gigha, hat sich zudem erfolgreich der **Förderung erneuerbarer Energien** verschrieben und dabei landesweit Akzente gesetzt. Auch **Aufforstungsprojekte** werden in Angriff genommen. Der Trend ist eindeutig positiv – die Menschen im Assynt haben für die Highlands ein völlig neues Kapitel der Selbstbestimmung aufgeschlagen.

Achmelvich und Old Man of Stoer

Nördlich von Lochinver zweigt die kleine B 869 nach Westen ab. Eine Stichstraße führt hinab zum goldenen Traumstrand von **Achmelvich**. Kleine Wanderwege führen vom Strand an der Küste entlang, die hier ganz von dem markanten Lewis-Gneis geprägt ist. Auf der Landspitze hinter dem Campingplatz errichtete in den 1950er-Jahren David Scott in dreimonatiger Arbeit das ungewöhnliche **Hermit's Castle** – Scott erfüllte sich damit den Traum, eines Tages selbst Burgbesitzer zu sein. In der sehr kleinen Beton-Einsiedelei wird es jedoch schnell zugig ... Der Rundblick über die Küstenlandschaft ist dafür einfach traumhaft!

Vorbei an der Bay of Clachtoll geht es hinter Stoer links ab zum windumtosten **Leuchtturm Stoerhead**. An klaren Tagen lassen sich von hier bereits Lewis und Harris im Westen erkennen. Vom Leuchtturm kann man die 3 km entlang der Klippenküste zur 70 m hohen Felsnadel **Old Man of Stoer** an der Landspitze **Point of Stoer** quer durchs Gelände laufen – Wanderschuhe und eine wetterfeste Ausrüstung sind sehr ratsam.

Zu den Falls of Kirkaig

Von Lochinver windet sich eine schmale Straße bis nach **Inverkirkaig** zum sehr empfehlenswerten **Achins Book & Coffee Shop**, ✆ 01571-844262, an der Grenzbrücke zwischen Sutherland und Ross. Der Buchladen hat eine sehr umfangreiche Schottland-Abteilung mit Schwerpunkt Highlands. Auch Landkarten und schottische Folk-CDs sind im Angebot. Und das rustikale Café ist mit seiner leckeren Kuchentheke immer einen Besuch wert. ⏲ Sommer tgl. 10–17, Winter Mo–Sa 10–17 Uhr.

Von der Brücke an der Auffahrt zu Achins führt ein 3,5 km langer, gut ausgebauter Wanderweg zu den **Falls of Kirkaig**, die schäumend in die Tiefe rauschen. Den letzten Kilometer bis zum einsamen Fionn Loch wird es matschiger, dafür erhält man hier – am Rande des Inverpolly National Nature Reserve – einen sehr guten Eindruck von der Wildnis im Herzen von Assynt.

Achiltibuie

Hinter Kirkaig ist die sehr gewundene *single track road* für Caravans ungeeignet. Bei Aird of Coigach gerät man schließlich in offenere

Traumlandschaft aus Sand und Gneis: Achmelvich Bay

Landschaft und kann die Straße nach Westen zu den Dünen an der Achnahaird Bay nehmen. Endpunkt ist schließlich die Straßensiedlung **Achiltibuie**. Von hier werden von Mai bis September regelmäßig Schiffstouren mit **Summer Isles Cruises**, ☎ 01854-622200/622315, 🖥 www.summer-isles-cruises.co.uk, zu den vorgelagerten Summer Isles angeboten. Eine Stunde Aufenthalt auf **Tanera Mòr**, der größten Insel, ist bei den dreistündigen Touren inklusive (Tickets 20 £, erm. 10 £). Die bewohnte Insel verfügt über ein Café sowie ein Postamt, das sogar eigene Briefmarken herausgibt.

Weiter westlich ist das **Achiltibuie Smokehouse** von Summer Isles Foods, ☎ 01854-622353, 🖥 www.summerislesfoods.co.uk, für leckeren geräucherten Lachs bekannt. Sehr pikant ist der Whisky-Rauch. Es gibt auch Öko-Bestände sowie geräucherte Forellen und Käse. ☉ Mo–Sa 9.30–17 Uhr.

Im Ort selbst hat sich eine Künstlergruppe in einem Cottage als **Achiltibuie Artists @ Studio 106** zusammengeschlossen. Zu sehen sind ständig wechselnde Werksschauen. ☉ April–Okt tgl. 10–17 Uhr.

Stac Pollaidh und Knockan Crag

Von Achiltibuie ist die Straße nach Ullapool eine der landschaftlich spektakulärsten der Region. Vorbei an mehreren Seen ragen rechts und links faszinierende Bergkegel auf. Da sie zumeist frei stehend aus dem Moor aufragen, gelten sie auch als „Inselberge". Einer davon ist der **Stac Pollaidh** (s. Aktivkasten S. 459).

Am Ende der *single track road* erreicht man die A 835 von Ullapool nach Lochinver/Durness. 4 km nördlich liegt **Knockan Crag**, das Zugangstor zum **North West Highlands Geopark**, 🖥 www.northwest-highlands-geopark.org.uk. In dem unbemannten und jederzeit frei zugänglichen Info-Pavillon erhalten Besucher eine kleine Einführung in die Welt des 3 Mrd. Jahre alten Lewis-Gneis, der bis zu 1 Mrd. Jahre alten Sandsteins und der Verwerfungen, die beim Zusammenstoß diverser Erdplatten entstanden, sowie der verschiedenen Eiszeiten. So bildete sich über Jahrmillionen die faszinierende Landschaft im Nordwesten, die sich deutlich von den restlichen Highlands unterscheidet.

Inchnadamph

€ **Inchnadamph Lodge**, ☎ 01571-822218, 🖥 www.inch-lodge.co.uk. Tolles Hostel mit viel Atmosphäre in einem großen alten weißen Haus. Am Ostende des Loch Assynt gibt es 4–8-Bett-Zimmer sowie B&B-Doppelzimmer. Im Hintergrund ragen die Berge sofort steil auf – die perfekte Lage! Dorm-Bett ab 17,25 £. ❷

Lochinver

Lochinver Larder, Main Street, ☎ 01571-844356, 🖥 www.piesbythepost.com. Nettes Restaurant und Café mit hauseigenen Pasteten. Auch Jakobsmuscheln und Langustinen. Abends in der Saison unbedingt reservieren – oder es nebenan bei The Caberfeidh versuchen. ☉ Küche tgl. 10–20.15 Uhr.

The Rose B&B, Ardglas, ☎ 01571-844257, 🖥 www.the-rose-bb.com. Recht lockere und alternative Stimmung bei dem niederländischen Pärchen, das auch günstig Räder vermietet. Das Esszimmer hat eine große Fensterfront über die Bucht hinaus. ❷

Tigh Lios B&B, 19 Main Street, ☎ 01571-844051, 🖥 www.clanranaldholidays.co.uk. Direkt an der Uferpromenade 2 sehr ansprechende Zimmer im 1. OG, während die beiden kleinen, niedrigen Zimmer im 2. OG großen Leuten Kopfprobleme bereiten. Dafür sind die Zimmer sehr günstig und das Frühstück ist sehr lecker, u. a. gibt es herrliche Kartoffel-Scones. Tagsüber dient das Frühstückszimmer als allgemeiner **Tearoom**. ❷

Achmelvich

€ **Achmelvich Beach Youth Hostel**, ☎ 01571-844480, 🖥 www.hostellingscotland.com. Sehr schlichte SYHA-Herberge für Selbstversorger im ehemaligen Schulhaus am Strand von Achmelvich. Was an Komfort fehlt, macht die einzigartige Umgebung wieder wett. Dorm-Bett ab 16,50 £.

Shore Caravan Site, ☎ 01571-844393, 🖥 www.shorecaravansite.yolasite.com. Von April bis September geöffneter, super gelegener Campingplatz am Strand von Achmelvich. Mit eigenem Shop, keine Buchungen. ❶

Stac Pollaidh – ein Berg zum Genießen

- **Anspruch:** mittel
- **Gehzeit:** 2 Std.
- **An-/Abstieg:** 500 m
- **Karte:** OS Landranger 15
- **Anfahrt:** An der Straße zwischen Achiltibuie und Ullapool ca. 5 km östlich des Abzweigs nach Kirkaig/Lochinver und ca. 8 km westlich der A 835 bis zum Parkplatz oberhalb von Loch Lurgainn.

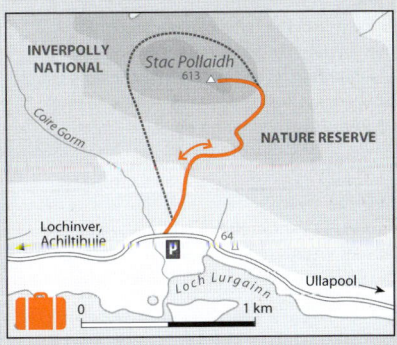

Der zerklüftete Gipfel des 613 m hohen Stac Pollaidh bietet einen der atemberaubendsten Panoramablicke der Highlands. Vom Meer bis in die magischen Berge Assynts reicht die unvergessliche Aussicht, die jegliche Strapazen beim kurzen, aber steilen Aufstieg schnell vergessen macht.

Die Route

Vom Parkplatz geht es auf der Nordseite der Straße sofort steil bergan. An der ersten Gabelung biegt man nach rechts ab und läuft dann durch ein kissing gate im Zaun. Der zerklüftete Gipfel thront direkt über einem.

Der Pfad führt in einer weiten Kehre nach rechts. Der markante Cùl Beag und das Coigach-Massiv heben sich als „Inselberge" klar aus der Moorlandschaft ab. Bei diesem Anblick wird schnell deutlich, warum Stac Pollaidh (Gälisch für „Bergspitze im Moor") eine sehr treffende Bezeichnung für den Hügel ist.

Der Pfad umrundet weiter stetig ansteigend die östliche Flanke des Sandsteinhügels. Das poröse, bis zu 1 Mrd. Jahre alte Gestein weist klare Verwitterungsspuren auf. Überall liegen Gesteins-

brocken herum. Auf der nördlichen „Rückseite" des Bergs kommen nun auch die imposanten Suilven und Cùl Mór ins Blickfeld. Dazwischen erstreckt sich die von Seen wie ein Schweizer Löcherkäse durchzogene Moorlandschaft des Inverpolly National Nature Reserve.

An der nächsten Weggabelung geht es schräg links über eine in den Hang gebaute **Treppe** bergan, bis endlich der Kamm an seiner niedrigsten und zugänglichsten Stelle erreicht ist. Ziel der Wanderung ist das kleine **Plateau** zur Linken. (1 1/4 Std.). Vom Plateau genießt man nach dem steilen Aufstieg einen sagenhaften Ausblick über die herbe Landschaft des Nordwestens. Das Gipfelpanorama ist schlichtweg großartig.

Der **Abstieg** gestaltet sich über den Hinweg recht problemlos, auch wenn die Treppenstufen im ersten Abschnitt vielleicht etwas ermüdend sind. Nach der Gabelung geht es jedenfalls munter bergab zum Parkplatz. (2 Std.)

Achiltibuie

Achininver Youth Hostel, ✆ 01854-622482, 🖥 www.hostellingscotland.com. Noch einsamer und rustikaler als die Herberge von Achmelvich. Östlich von Achiltibuie muss man einen halben Kilometer zu Fuß von der Straße zur SYHA-Hütte laufen – sehr stimmungsvoll! Dorm-Bett ab 16,50 £.

No. 192 B&B, 192 Polbain, ✆ 01854-622228, 🖥 www.achiltibuie.net/192.htm. Michelle Drake führt die einladende Pension mit viel Engagement. Ihr Mann ist Hummerfischer. Ab 2 Nächten Preisnachlass. ❷

Summer Isles Hotel & Restaurant, ✆ 01854-622449, 🖥 www.summerisleshotel.com. Noble Herberge mit einem entsprechend gehobenen Restaurant. Auf der Speisekarte steht natürlich viel Seafood. Nachmittags auch Scones und Tee. Das schicke Haus hat nur von April bis Oktober geöffnet. ⏱ Küche 12–15, 17–20.30 Uhr. ❺–❻

Informationen

Lochinver VisitScotland Information Centre, Assynt Visitor Centre (s. S. 455), Lochinver, ✆ 01571-844330. ⏱ April–Okt Mo–Sa 10–16.30 Uhr.

Transport

Lochinver

Tim Dearman Coaches fährt Ende April–Ende Sep von Mo–Sa 1x tgl. mit dem Fahrradbus über ULLAPOOL (1 Std.) nach INVERNESS (2 1/2 Std.) und nordwärts über Scourie nach DURNESS (2 Std.); im Juli/Aug auch sonntags.

Stagecoach-Linie 67/67A verbindet Lochinver Mo–Sa 1–3x tgl. mit Ullapool und Achmelvich. Außerdem fährt Mo–Sa ein Postbus morgens von Lochinver nach LAIRG (1 1/2 Std.) zum Bahnhof und mittags wieder zurück. Derzeit verkehrt der Postbus auf Nachfrage auch von Lochinver via Achmelvich nach Drumbeg.

Achiltibuie
Linie 811 von D&E Coaches verbindet Achiltibuie Mo–Sa 1–2x tgl. mit ULLAPOOL (1 1/4 Std.).

Ullapool

Nach dem kargen Nordwesten strahlt der Fährhafen Ullapool (1300 Einwohner) geradezu städtisches Flair aus. Die langen Reihen von weißen Cottages sind schnurgerade angelegt, denn Ullapool wurde 1788 eigens von der British Fisheries Society als Hafen für die damals boomende Heringsfischerei gegründet.

Es gibt viele gute Gründe, in Ullapool einen Zwischenstopp einzulegen: Der Touristenort ist bestens mit Cafés, Restaurants, Pubs und Shops versorgt. Im Sommer erklingt in vielen Pubs Livemusik, denn Ullapool hat eine der besten Folksszenen an der Westküste. Die CalMac-Fähre nach Stornoway (s. S. 463) und die Ausflugsschiffe auf Loch Broom (s. S. 462) sorgen für Leben im Hafen; im Becken tummeln sich sogar einige Seehunde.

Nach einem ausführlichen Bummel entlang der Uferpromenade lohnt in der West Argyle Street ein Besuch des adrett aufgemachten **Ullapool Museum**, ✆ 01854-612987, 🖥 www.ullapoolmuseum.co.uk. In den Räumen der 1829 von Thomas Telford gebauten Kirche wird die Lokalgeschichte anschaulich nachvollzogen. ⏱ April–Okt Mo–Sa 10–17 Uhr, Eintritt 3 £, erm. 2/0,50 £.

Übernachtung

Trotz der zwei Hostels und zahlreichen Pensionen kann es in Ullapool im Hochsommer schnell eng werden. Gerade bei den günstigeren Angeboten lohnt sich eine Reservierung oder eine frühe Ankunft durchaus.

Broomfield Holiday Park, West Lane, ✆ 01854-612020. Sehr großes und gut ausgestattetes Campinggelände hinter der Cottage-Reihe an der Uferpromenade, aber freier Blick nach Westen zur Bucht hinaus. Der Kassierer kommt oft erst morgens – wenn man von den Mücken bereits zerstochen wurde. ❶

Ladysmith Guest House, 24 Pulteney Street, ✆ 01854-613286, 🖥 www.ladysmith-house.co.uk. Geschmackvoll eingerichtete Pension mit 6 Zimmern. Dass die Hausherren Segelfans sind, lässt sich unschwer an den vielen Modellen erkennen. Im Ladysmith wird auch Abendessen angeboten. ❷

Seana Bhraigh, 14 West Shore, ✆ 01854-612061. Direkt an der Uferpromenade neben dem

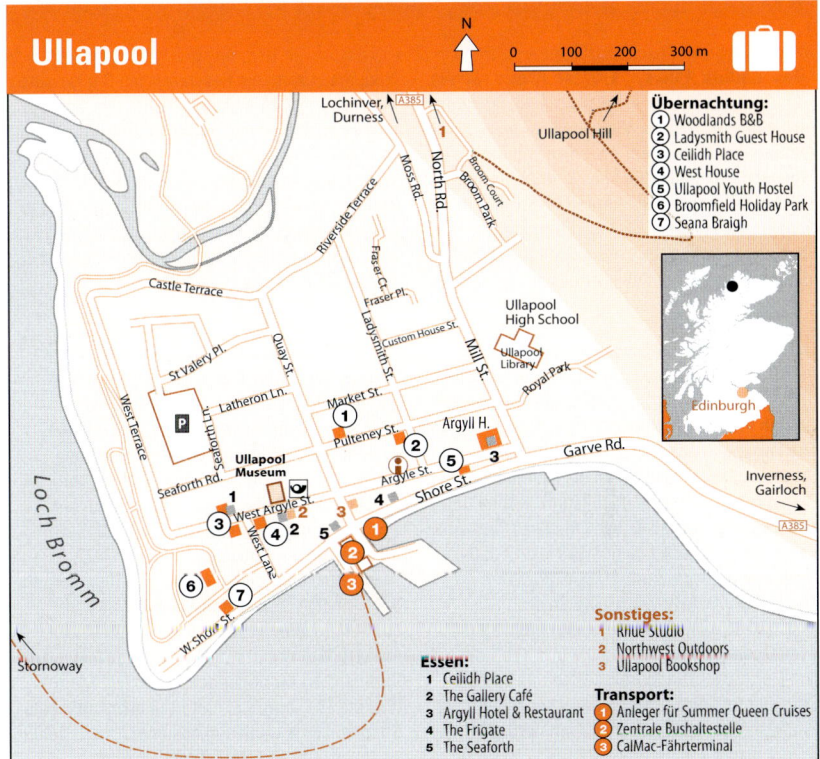

Ullapool

N
0 100 200 300 m

Lochinver, [A385]
Durness

Ullapool Hill

Riverside Terrace
Moss Rd.
North Rd.
Broom Court

Castle Terrace

Fraser Ct.
Fraser Pl.
Quay St.
St Valery Pl.
Ladysmith St.
Custom House St.

Ullapool
High School

Mill St.

Ullapool
Library

Royal Park

Latheron Ln.
West Terrace
Seaforth Ln.
P
Market St.

Pulteney St.

Argyll H.
Garve Rd.

Ullapool
Museum

Seaforth Rd.
West Argyle St.
Argyle St.
Shore St.

Inverness,
Gairloch
[A385]

West Lane

Loch Broom

W. Shore St.

Stornoway

Edinburgh

Übernachtung:
① Woodlands B&B
② Ladysmith Guest House
③ Ceilidh Place
④ West House
⑤ Ullapool Youth Hostel
⑥ Broomfield Holiday Park
⑦ Seana Braigh

Essen:
1 Ceilidh Place
2 The Gallery Café
3 Argyll Hotel & Restaurant
4 The Frigate
5 The Seaforth

Sonstiges:
1 Rhue Studio
2 Northwest Outdoors
3 Ullapool Bookshop

Transport:
① Anleger für Summer Queen Cruises
② Zentrale Bushaltestelle
③ CalMac-Fährterminal

Zentrale und nördliche Highlands

Arch Inn bietet Sara Callaghan 2 Doppelzimmer mit gemeinsamem Bad. Die Lage ist super und der Preis mehr als okay für Ullapool. Morgens wird *continental breakfast* serviert. ❷

€ **Ullapool Youth Hostel**, Shore Street, ☎ 01854-612254, 🖥 www.hostelling scotland.com. Solide SYHA-Herberge direkt an der Hafenpromenade. So sind die Fähre und die Busse bestens zu erreichen. Ausgestattet mit Küche, Trockenraum und Waschmaschine. Bett ab 17,50 £.

West House, West Argyle Street, ☎ 01854-613126, 🖥 www.westhousebandb.co.uk. Richard und Colleen Lindsay leiteten mehr als 20 Jahre Hostels, doch nun haben sie die Herberge in eine schicke Pension umgewandelt, die auf gehobene Ansprüche setzt. Das *continental breakfast* wird auf dem Zimmer serviert, da es

kein Esszimmer gibt. Die Lindsays vermieten zudem zwei Cottages und verleihen **Fahrräder** (15 £/24 Std.). ❸

Woodlands B&B, 1a Pulteney Street, ☎ 01854-612701, 🖥 www.ullapoolbandb.com. Ann und Ike Gibson führen ihre Pension mit großer Begeisterung. Ike backt sein eigenes Brot und räuchert Fisch. Die beiden Doppelzimmer teilen sich ein Bad. Nur von Mai bis September geöffnet. ❷

Essen und Unterhaltung

Argyll Hotel & Restaurant, 18 Argyle Street, ☎ 01854-612422, 🖥 www.theargyllullapool.com. Abends gibt es traditionelle schottische Pub-Küche und dazu regelmäßig Livemusik. Besitzerin Franner Otter spielt selbst Gitarre und sorgt für ansprechende Gigs. Oben befinden

Das **Ceilidh Place**, 14 West Argyle Street, ✆ 01854-612103, 🖥 www.theceilidhplace.com, ist aufgrund seiner Vielseitigkeit eine echte Institution. Vor allem Folk-Fans und Hostel-Reisende finden schnell ihren Weg hierhin. Im Clubhouse gegenüber werden im Sommer nicht nur hochkarätige Folk-Gigs veranstaltet, sondern man kann auch sehr günstig in einfachen Doppelzimmern mit Stockbetten übernachten. Im Haupthaus sorgt ein Restaurant mit Bar für gute Verpflegung inkl. Fairtrade-Kaffee, im Sommer gibt es auch hier Live-Sessions. Der Buchladen ist ebenfalls einen Blick wert, und oben befinden sich einige komfortable, allerdings sehr teure Zimmer. In dieser Breite ist das Angebot des Ceilidh Place in den Highlands ziemlich einmalig. ⏰ Restaurant: Küche tgl. 8–21 Uhr. Bett ab 18 £, Hostel ❶, Hotel ❹

sich mehrere Zimmer, wenn man nach dem Pub-Besuch nicht weit gehen möchte. ⏰ Küche tgl. 18–20.30 Uhr, Sa/So auch 12.30–15 Uhr.
Ceilidh Place, s. Kasten.
The Frigate, Shore Street, ✆ 01854-612969, 🖥 www.ullapoolcatering.co.uk. Einladendes Café direkt am Hafen mit Frühstück, Kaffee und Kuchen, leckerem Eis sowie günstiger Pizza und Pasta. Im Sommer ist immer was los. ⏰ Jan–März Mo–Sa 9–17, April–Dez tgl. 8–21 Uhr.
The Gallery Café, West Argyle Street, ✆ 01854-613769, 🖥 www.gallerycafeullapool. com. Gegenüber vom Museum und oberhalb von Northwest Outdoors ist Ullapools bestes Café inmitten einer Fotogalerie angesiedelt. Die ausdrucksstarken Landschaftsfotos von Angus Bruce sind der richtige Hintergrund für den Genuss von Kaffee und Kuchen oder einer Suppe. ⏰ Mo–Sa 9–17, Sommer auch So 10–16 Uhr.
The Seaforth, Quay Street, ✆ 01854-612122, 🖥 www.theseaforth.com. Direkt gegenüber vom Fähranleger bietet das Seaforth gutes *pub food*, darunter ein Glas voll mit Krabbenschwänzen, aber auch Muscheln und Austern. Mit seltener Offenheit werden alle Lieferanten aufgelistet. Abends gibt es gelegentlich Livemusik. Nebenan wurde der hauseigene Fish 'n' Chips-Laden für seine Qualität schon mehrfach ausgezeichnet. ⏰ Küche tgl. 9–21 Uhr.

Aktivitäten
Schiffsausflüge
CalMac, ✆ 01854-612358, 🖥 www.calmac.co. uk/dayexcursions, bietet mit der Lewis-Fähre attraktive Fußgänger-Tagestickets an. Ein guter Deal ist Ende Juni–Ende Aug mittwochs und freitags die *Grand Tour of Lewis*: Für 30,60 £ gibt es neben der Fährfahrt ein Essen an Bord sowie eine Busrundtour von Stornoway zu den Standing Stones von Callanish, dem Dun Carloway Broch und dem Gearrannan Blackhouse Village. Insgesamt hat man fast 7 Std. Landgang auf Lewis.
Summer Queen Cruises, ✆ 01854-612472, 🖥 www.summerqueen.co.uk. Vom Pier morgens 3–4-stündige Tour zu den Summer Isles, bis auf Sonntag auch Landung auf Tanera Mór (Tickets 26 £, erm. 13 £). Nachmittags 2-stündige Rundfahrten zur näher gelegenen Isle Martin (Tickets 18 £, erm. 9 £). Unterwegs hat man gute Chancen, Seehunde und manchmal auch Delfine zu sehen. Ticketverkauf direkt am Pier.

Wandern
Aus dem Zentrum von Ullapool bequem zu erreichen ist der 300 m hohe **Ullapool Hill**. Vom Pier sind es gut 4 km bis zum Gipfel. Dazu geht man über die Promenade, dann links die North Road hinauf und rechts durch den Broom Court zum Beginn des Pfads. Vorbei an mehreren Sitzgelegenheiten führt die rote Route hinauf zum hervorragenden Aussichtspunkt auf dem Ullapool Hill. Von hier liegt Loch Broom den Wanderern zu Füßen. Hin- und Rückweg dauern je nach Fitness gut 2 1/2–3 Std.

Sonstiges
Einkaufen
Northwest Outdoors, West Argyle Street, ✆ 01854-613383. Gut ausgestatteter Outdoorladen, oben ist das Gallery Café, s. „Essen".

Zentrale und nördliche Highlands

⏲ Mo–Do 9–17.30, Fr–Sa 9–22, So 10–16 Uhr, im Winter kürzer.

Rhue Studio, ✆ 01854-612460, 🖥 www.james hawkinsart.co.uk. 4 km westlich von Ullapool zweigt eine Stichstraße nach Rhue ab, wo sich James Hawkins gerade mit einer neuen Galerie und größerem Atelier erweitert. Die fest in den westlichen Highlands verwurzelten Gemälde sind sehr farbenfroh und ausdrucksstark. ⏲ Mo–Sa ca. 10–17 Uhr.

Ullapool Bookshop, Quay Street, ✆ 01854-612918. Gut sortierter Buchladen gegenüber vom Seaforth (s. Essen), Internetzugang. ⏲ Sommer tgl. 9–21 Uhr, Winter Mo–Sa 9–17 Uhr.

Informationen

Ullapool VisitScotland Information Centre, 20 Argyle Street, ✆ 01854-612135. April–Mai, Sep–Okt Mo–Sa 10–17, Juni–Mitte Juli Mo–Sa 10–17, So 10–16, Mitte Juli–Aug tgl. 9.30–17.30 Uhr.

Internet

Ullapool Library, High School, Mill Street. Kostenloser Internetzugang, allerdings in den Sommerferien stark eingeschränkt. ⏲ Schulzeit Mo–Fr 9–17, Di/Do auch 18–20 Uhr, Sommerferien Di 14–17, 18–20, Do 10–13, 14–17, 18–20, Fr 10–13, 14–17 Uhr.

Transport

Busse

ACHILTIBUIE, mit Linie 811 von D&E Coaches Mo–Sa 1–2x tgl., 1 1/4 Std.
ACHMELVICH, mit Stagecoach-Linie 67/67A via LOCHINVER (1 Std.), Mo–Sa 2–3x tgl., 1 1/4 Std.
DURNESS, mit Fahrradbus von Tim Dearman Coaches via LOCHINVER (1 Std.) Ende April–Ende Sep Mo–Sa 1x tgl., im Juli/Aug auch sonntags, 3 Std.
GAIRLOCH, mit Westerbus-Linie 707 ab Tesco, Do direkt, Mo/Mi/Sa spätnachmittags nur mit Umstieg an der Braemore Junction, 1 3/4 Std.
INVERNESS, mit Scottish Citylink 1–3x tgl., 1 1/4 Std., abgestimmt auf die CalMac-Fähre von/nach Stornoway; außerdem mit dem Fahrradbus von Tim Dearman Coaches Ende April–Ende Sep Mo–Sa 1x tgl., im Juli/Aug auch sonntags, 1 1/2 Std.

Schiffe

Caledonian MacBrayne, ✆ 01854-612358, 🖥 www.calmac.co.uk, verbindet Ullapool 1–3x tgl. mit STORNOWAY auf Lewis. Seit einigen Jahren gibt es auch Sonntagsfähren. Die Fährzeit beträgt ca. 2 3/4 Std. Tickets (einfach): Fußgänger 7,85 £, Fahrrad kostenlos, Auto 39,50 £.

Von Ullapool nach Gairloch

Dieser Teil von Wester Ross ist durch eine gut ausgebaute Küstenstraße bestens erschlossen. Zwischen Dundonnell am Little Loch Broom und Poolewe passiert man auf der A 832 herrliche Aussichtspunkte, die zum Verweilen einladen. In Poolewe sind die faszinierenden Gärten von Inverewe ein wahres Naturwunder. Der Zielort Gairloch ist eine aufstrebende Kommune im äußersten Westen, die mit zahlreichen touristischen Angeboten aufwartet.

Corrieshalloch Gorge

Von Ullapool geht es am Loch Broom entlang ins Landesinnere. Kurz hinter dem Abzweig nach Gairloch an der einsamen Braemore Junction führt ein Wanderweg von einem großen Parkplatz hinab zur spektakulären Corrieshalloch Gorge mit den 45 m hohen Falls of Measach. Das Wasser hat sich tief in einen Felskanal eingegraben und so eine ungewöhnliche Natursehenswürdigkeit geschaffen. Die Hängebrücke mag nicht für jeden vertrauenerweckend wirken, doch keine Angst, sie wurde von Sir John Fowler erbaut, einem der Architekten der berühmten Forth Rail Bridge bei Edinburgh.

12 HIGHLIGHT

🌳 Inverewe Garden

Trotz der exponierten Küstenlage und der harschen Winter erwartet Besucher des Inverewe Garden, ✆ 0844-493225, 🖥 www.nts.org.uk, bei **Poolewe** eine wahre Farbsymphonie. Angesichts der geradezu überbordenden Blütenpracht im *walled garden* und der hohen Bäume auf der Landspitze kann man sich kaum vorstellen, dass dieser Flecken Erde Mitte des 19. Jhs. genauso karg aussah wie die Umgebung. Es ist dem Ehrgeiz Osgood MacKenzies zu verdanken, dass Inverewe heute der schönste Garten der Highlands ist. 1862 begann Osgood zielstrebig mit dem Aufbau – er pflanzte Bäume zum Schutz vor den salzhaltigen Winterstürmen, denn der Wind ist der Hauptfeind an der Küste. Fröste gibt es kaum, weil sich der mäßigende Einfluss des milden Golfstroms bemerkbar macht.

Für die Anreicherung des säurehaltigen Torfbodens besorgte sich Osgood von den in der Bucht ankernden Schiffen Ballast-Erde. Und so gediehen im Schutz des neuen Waldes schon bald Rhododendren, Eukalyptusbäume, Seerosen, Farne, Azaleen, Magnolien und manch exotische Pflanze aus unterschiedlichsten Teilen der Welt. Ein Rundgang durch die verschwiegenen Bereiche des Gartens ist herrlich. An den versteckten Teichen mit ihrem Seerosenteppich vergisst man ganz, dass die Küste nur wenige Meter entfernt liegt, während der fantastische *walled garden* jeden Hobbygärtner vor Neid erblassen lässt.

60 Jahre lang hegte und pflegte MacKenzie seinen Garten. Nach seinem Tod übernahm seine Tochter Mairi Sawyer für weitere 30 Jahre Inverewe. Seit 1952 ist der National Trust for Scotland für das gärtnerische Kleinod verantwortlich. Im Sommer gibt es Mo–Fr um 13.30 Uhr eine kostenlose Führung; an der Kasse kann man sich auch einen Audioführer auf Deutsch ausleihen (1 £). Das Visitor Centre und das nette Café sind nur von April bis Oktober geöffnet, ansonsten Eintritt mit Zahlung in eine *honesty box*. ⊕ April–Mai, Sep tgl. 10–17, Juni–Aug tgl. 10–18, Okt tgl. 10–16, Nov–März tgl. 10–15 Uhr, Eintritt 9 £, erm. 6 £.

Gairloch

Von Poolewe führt die A 832 durch eine karge Moorlandschaft hinüber ins 10 km entfernte Gairloch (1100 Einwohner). Gleich an der Landstraße bietet das **Gairloch Heritage Museum**, Auchtercairn, ☎ 01445-712287, 🖥 www.gairloch heriagemuseum.org, eine gut aufbereitete Tour durch die Ortsgeschichte. Bemerkenswert ist die *Preacher's Ark*, eine mobile Holzhütte, aus der die Prediger der Free Presbyterian Church noch

zu Beginn des 20. Jhs. sonntags auf offenem Feld Gottesdienste abhielten. Die Leute liefen z. T. 40 km, um ihnen zu lauschen! ⊕ April–Okt Mo–Sa 10–17 Uhr, Eintritt 4 £, erm. 3/1 £.

Gairloch ist eigentlich ein Zusammenschluss aus mehreren einst selbstständigen *crofter*-Siedlungen. Eine Art Dorfmitte bildet der **Village Square** im Ortsteil Strath, rund 1 km westlich des Museums und der Touristeninformation an der B 8021. Schon auf den ersten Blick erkennt man, dass Gairloch trotz der abgeschiedenen Lage eine wachsende Kommune ist. Dazu hat der Bau einer Sekundarschule wesentlich beigetragen. Früher war es in weiten Teilen der Nordwestküste üblich, dass die Kinder schon nach der Grundschule zur Weiterbildung in ein Internat an die Ostküste mussten.

Südöstlich vom Heritage Museum lockt unterhalb der A 832 ein Bilderbuchstrand. Etwas weiter liegt hinter einem Hügel der **Hafen** von Gairloch, von dem die Ausflugsboote ablegen, um das Meeresleben von Loch Gairloch zu erkunden. Auf der anderen Straßenseite führen am schnuckeligen Old Inn und der alten Brücke vorbei sehr schöne Wanderwege durch das üppig grüne Tal von **Flowerdale**. Mehrere Routen sind farblich ausgeschildert. Am Parkplatz gibt es dazu eine Broschüre.

Gairloch

€ **Gairloch Carn Dearg Youth Hostel**, Carn Dearg, ☎ 01445-712219, 🖥 www. hostellingscotland.com. Das Hostel 4 km westlich des Village Square befindet sich in einer Traumlage ganz allein an der Küstenstraße. Von hier blickt man hinüber nach Skye und auf die Äußeren Hebriden. Die Lounge ist sehr gemütlich, aber die Schlafsäle sind recht einfach und voll gepackt. Bett ab 15,50 £.

Lochview B&B, 41 Lonemore, ☎ 01445-712676, 🖥 www.gairlochaccommodation.com. Am westlichen Ortsrand in einem Neubaugebiet mit tollem Meerblick. 2 ansprechende Doppelzimmer, doch bei Redaktionsschluss war der Bau eines neuen Gästehauses mit 4 komfortablen Zimmern geplant. ❷

Sands Caravan and Camping Park, ☎ 01445-712512, 🖥 www.sandscaravanandcamping.co.

uk. Ein kleines Stückchen westlich der JH liegt der Campingplatz am schönen Big Sand-Strand. Im Sommer können allerdings abends die Mücken recht lästig werden. Auch **Radverleih** (11/9 £ halber/ganzer Tag). ❶

The Old Inn, s. „Essen". Eine Reihe von freundlichen Zimmern im historischen Inn. ❸

Essen

Gairloch

Na Mara Restaurant, Village Square, ✆ 01445-712397, ⌨ www.namararestaurant.co.uk. Seit 2010 helles Bistro-Restaurant im „Ortskern" von Gairloch. Die jungen Besitzer haben sich einen Traum erfüllt und mit ihrer frischen und kreativen Küche sofort Akzente gesetzt. Einige Tages-Special stehen auf der Kreidetafel. Abends sollte man besser reservieren. ⏱ Mi–Mo 11–14 und tgl. 17–21 Uhr.

The Mountain Coffee Company & Hillbillies Bookstore, Village Square, ✆ 01445-712316. Hervorragendes alternatives Café mit gutem Buchladen. Die Besitzer stehen erkennbar auf Amerika, weshalb New York Bagels zum Angebot gehören. Sehr lecker sind die Ingwer-Dattel-Scones, und im Wintergarten kann man bei schlechtem Wetter in Ruhe seinen Kaffee trinken und ein Buch lesen. ⏱ tgl. 9–17.30 Uhr.

The Old Inn, ✆ 01445-712006, ⌨ www.theoldinn. net. Die 200 Jahre alte Postkutschenstation zwischen Hafen und Flowerdale ist sehr gemütlich mit einem tollen Biergarten auf der Wiese vor dem Haus. Drinnen werden je nach Saison die hauseigenen Biere Erradale und Flowerdale gezapft und von geräuchertem Fisch bis zu Hummer sehr leckere Meeresspezialitäten serviert. ⏱ Küche Sommer tgl. 12–21.30 Uhr, Winter 12–14, 18–20.30 Uhr.

Aktivitäten

Reiten

Gairloch Trekking Centre, Flowerdale Mains, ✆ 01445-712652, ⌨ www.gairlochtrekking centre.co.uk. Gruppen- und Einzel-Reitstunden (10–15 £/30 Min.) sowie Trekking-Touren (34 £/2 Std.) im schönen Tal von Flowerdale – die Highlands vom Pferderücken aus. ⏱ März–Okt Fr–Mi 9.30–17.30 Uhr.

Schiffsausflüge

Am Pier im Hafen von Gairloch bieten gleich mehrere Skipper ihre Dienste an, denn in den Gewässern zwischen Gairloch und Skye werden regelmäßig Delfine und Wale gesichtet. Gefahren wird im Regelfall Ostern–Okt. Da alle Touren wetterabhängig sind und eine

Zentrale und nördliche Highlands

Leuchtturm-Hostel am Ende der Welt

Die Anfahrt ist langwierig und vor allem auf dem letzten sehr schmalen und ungesicherten Wegstück sogar abenteuerlich, doch am Ende der Piste wartet 20 km nordwestlich von Gairloch mit dem **Rua Reidh Lighthouse Hostel**, ✆ 01445-771263, ⌨ www.ruareidh.co.uk, eines der gemütlichsten, abgelegensten und ungewöhnlichsten Hostels Schottlands mit warmer Gastfreundschaft auf seine Besucher. Die 20 Betten des Hostels sind auf die drei Wohnungen der ehemaligen Leuchtturmwärter verteilt. An den Wänden hängen noch die alten Telefone, und in den Wohnzimmern stehen Sofas. Immerhin besitzt der Leuchtturm jetzt eine Heizung, ein Luxus, den die Wärter niemals hatten.

In der Mehrzahl gibt es Doppelzimmer, ein 3-Bett-Zimmer wird auch an Einzelgäste vermietet, doch sollte man sich unbedingt vorher anmelden, um bei Ankunft nicht enttäuscht zu werden. Chris und Fran betreiben die Herberge voller Elan seit über 20 Jahren und verwöhnen die Gäste mit ausgezeichnetem Frühstück und Abendessen, sodass man sich vor Ort voll verpflegen kann. Die nächste Bushaltestelle ist in Melvaig, 5 km südlich.

Die Küste bietet spektakuläre Blicke nach Skye und auf die Äußeren Hebriden. Auf den Landkarten findet sich übrigens die gälische Bezeichnung *Rubha Reidh*. Frühstück (6,50 £/p. P.) und Abendessen (15,50 £/p. P.) extra. Bett ab 13 £. DZ ❷

Mindestteilnehmerzahl erfordern, sollte man vorher telefonisch reservieren.

Schon an Land sehr informativ ist **Gairloch Marine Wildlife Centre & Cruises**, ✆ 01445-712636, 🖳 www.porpoise-gairloch.co.uk. Auf dem Wasser werden 3x tgl. zu festen Abfahrtszeiten (10, 12.30, 15 Uhr) 2-stündige Törns angeboten, Ferngläser sind inkl. Tickets 20 £, erm. 10 £.

Hebridean Whale Cruises, ✆ 01445-712458, 🖳 www.hebridean-whale-cruises.com, organisiert auch 3-stündige Touren zu den Vulkanfelsen der Shiant Islands im Minch Richtung Harris. Tickets 30 £, erm. 18 £.

Sealife Boat Cruises, ✆ 01445-712540, 🖳 www.seawildlife.co.uk, hat sich mit einem Glass Bottom Boat spezialisiert und bietet 2–4x tgl. 90-minütige Rundfahrten. Tickets 18,50 £, erm. 12,50 £.

Informationen

Gairloch VisitScotland Information Centre, Auchtercairn, ✆ 01445-712071.
In der Community Hall tagsüber auch Gepäckaufbewahrung (1 £/Tag). ⏱ Mo–Sa 9.30–17.30, So 11–15 Uhr, Winter Mo–Fr ca. 11–15 Uhr.

Nahverkehr

An Schultagen verkehrt 2x tgl. ein Bus zwischen Gairloch, der JH, dem Campingplatz und Melvaig.

Transport

Lokaler Busanbieter ist Westerbus. Die meisten Linien fahren in Gairloch den Village Square im Ortsteil Strath an.
Gairloch ist zwar Mo–Sa 1x tgl. mit INVERNESS verbunden, aber die beiden möglichen Routen werden im Wechsel befahren. Mo/Mi/Sa geht es morgens über die „Nordroute" via Poolewe, Dundonnell, Braemore Junction und Strathpeffer nach Inverness (2 3/4 Std.) und nachmittags zurück (ca. 17.20 Uhr). Di/Do/Fr geht es über die „Südroute" via Kinlochewe, Achnasheen (Bahnhof für Kyle of Lochalsh), Strathpeffer nach Inverness (2 Std.), Rückfahrt ist ebenfalls nachmittags. Dieser Bus startet morgens schon in Laide/Poolewe.
Donnerstags gibt es einen direkten Bus von Gairloch nach ULLAPOOL (1 3/4 Std.).

An Schultagen gibt es 1–2x tgl. eine reguläre Verbindung mit Lochcarron Garage von Gairloch über Kinlochewe, Torridon, Shieldaig nach LOCHCARRON (1 3/4 Std.) und zurück.

Loch Maree und Loch Torridon

Östlich von Gairloch ist schnell das lang gestreckte Loch Maree erreicht, einer der malerischsten Inlands-Seen der Westküste. Die kleinen Inseln im See, die mit Kaledonischen Kiefern bewachsen sind, wirken eher skandinavisch und stehen unter Naturschutz. Schon vor 1300 Jahren besuchte der irische Mönch Maol Rubha von Applecross diese Gegend und wurde zum Namenspatron des Sees.

Beinn Eighe National Nature Reserve und Kinlochewe

Das östliche Ende von Loch Maree steht wie die Inseln unter Naturschutz. Hier beginnt das Beinn Eighe National Nature Reserve, das ein Paradies für Wanderer ist. Ein guter Startpunkt ist der Parkplatz Glas leitir direkt am See, s. Aktivkasten. Das bewaldete Ufer lädt auch zum Picknick ein.

Ein kurzes Stück weiter erläutert das **Beinn Eighe Visitor Centre**, ✆ 01445-760258, die Flora und Fauna der Bergregion. Scottish Natural Heritage (SNH) hat in den letzten Jahren zwischen dem Besucherzentrum und Kinlochewe einige flache Wanderwege angelegt, die das Centre leichter erreichbar machen. Als die Region 1951 unter Naturschutz gestellt wurde, war dies der erste Naturpark in Großbritannien.

Auch rund um den 1000 m hohen **Beinn Eighe** ist die Regenerierung des natürlichen Kiefernwalds ein großes Thema. Zusammen mit dem angrenzenden Torridon-Landgut des National Trust versucht SNH im großen Maßstab, den kaledonischen Urwald von einst wieder wachsen zu lassen. Man kann sich kaum vorstellen, dass im 17. Jh. auf der nördlichen Seeseite bei Letterewe eine Eisenschmelze stand, um Kanonen für Kriegsschiffe zu gießen. Dem Betrieb der Öfen fielen zahlreiche Bäume zum Opfer. Im Zweiten Weltkrieg wurden dann die Reste der Waldbestände abgeholzt. Nun soll der Urwald eine neue Chance erhalten.

Hoch über Loch Maree

- **Anspruch:** mittel
- **Gehzeit:** 3 Std.
- **An-/Abstieg:** 550 m
- **Karte:** OS Landranger 19
- **Anfahrt:** Der Parkplatz Glas leitir liegt ca. 4 km westlich von Kinlochewe an der A 832. 3x wöchentlich verkehren morgens Busse von Gairloch nach Inverness und abends zurück.

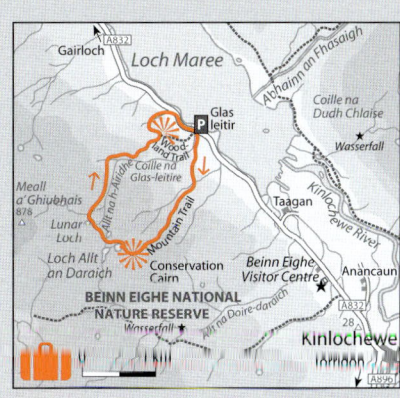

Der gut ausgebaute, aber steile „Mountain Trail" führt vom Ufer des Loch Maree durch unterschiedlichste Vegetationszonen in die kargen Hohen des Beinn Eighe National Nature Reserve. Der Rundweg bietet einen guten Einblick in die vielfältigen Lebensräume der Highlands, und der Panoramablick über Loch Maree ist großartig.

Die Route

Startpunkt der Wanderung ist der Parkplatz Glas leitir (gälisch für „Grauer Hang") direkt am Loch Maree. Im Unterstand liegt die informative Broschüre von SNH zum Mountain Trail aus. Vom Parkplatz geht es unter der Straße hindurch und an der folgenden Weggabelung links den markierten Mountain Trail hinauf. (Rechts ist der kurze 1,5 km lange Woodland Trail auch für weniger Geübte ein lohnender Rundweg.)

Zu Anfang ist noch der Bach **Allt na h-Airidhe** zur Rechten und es wachsen viele Birken am Wegesrand, die schnell durch die urwüchsigen Kiefern ersetzt werden. Schon bald ergeben sich erste Blicke über den See, obwohl der Anstieg noch recht moderat ist. Hinter einer Brücke kündet der Hinweis „Steep Path" den steileren Abschnitt an. Dieses recht anstrengende Stück reicht bis fast an den höchsten Punkt des Trails heran.

Kurz hinter der großartigen Aussichtsplattform **Trumpet Rock** aus weißem Quarz wird die Markierung „305 m" passiert. Diese krumme Summe ergibt sich aus der Umrechnung des in Großbritannien immer noch gebräuchlichen Systems von Fuß, Yard und Meile. 305 m ergeben glatte 1000 Fuß.

Das Gelände wird felsiger, und in der zunehmend kargen Landschaft oberhalb der Baumgrenze werden die Cairns am Wegesrand bei schlechtem Wetter zur Orientierung immer wichtiger. Manchmal wurden sogar Pfeile in die Steine geritzt, ein für schottische Verhältnisse echter Orientierungsluxus.

Schließlich ist eine Anhöhe erreicht und der Pfad wird merklich flacher. Vom See geht es jetzt ein Stück „landeinwärts" bis zum 550 m hohen **Conservation Cairn**, dem höchsten Punkt der Wanderung inmitten einer felsigen Hochfläche. Von hier kann man an schönen Tagen einen herrlichen Rundblick über Loch Maree zum bulligen Gipfel

Slioch, in die Fannichs sowie zum Ben Wyvis im Osten genießen. Das Beinn-Eighe-Massiv ragt im Südwesten als subarktische Steinöde auf. Schon hier hält sich nur noch eine magere Vegetation, die sich den Bedingungen der Tundra angepasst hat. (1 3/4 Std.)

Nach der verdienten Ruhepause windet sich der Pfad über die Hochfläche nach rechts und passiert unter anderem das alpin wirkende **Loch Allt an Daraich** und das sogenannte **Lunar Loch** am Ende der Hochfläche. Dieses kleine Loch erhielt seinen merkwürdigen Namen aus Anlass der ersten Mondlandung erst 1969.

Nun geht es an einem Bachlauf bergab, und bald ist die harsche Bergwelt verlassen. Die Markierung „Fault" weist auf eine geologische Falte hin, wie sie an vielen Stellen der Highlands auftreten. Durch die tiefe **Allt na h-Airidhe-Schlucht** ergießt sich der gleichnamige Bach in die Tiefe. Der Pfad umrundet die fast 50 m tiefe Schlucht auf der linken Seite.

Kurz danach dreht der Weg nach links und erreicht wieder den Wald sowie an einer Gabelung den Woodland Trail. Der Abstieg geht zur Linken weiter bis zur Straße. Nun sind es nur noch wenige Meter zurück zum Parkplatz. (3 Std.)

Dominiert die Nordseite von Loch Maree: der „Munro" Slioch

Die kleine Hochlandsiedlung **Kinlochewe** hat immerhin ein Hotel, Restaurant, Café und einen Shop mit Post. Von hier aus kann man sehr gut zu Fuß die Nordseite des Sees erreichen.

Torridon und Shieldaig

Unter Wanderern sorgt der Name **Torridon** für wehmütiges Seufzen, denn die Bergwelt rundum gehört zum Besten, was die schottischen Highlands bieten können. Die Besteigung ist jedoch nur erfahrenen Wanderern zu empfehlen, weil die markanten Gipfel nicht leicht zu bezwingen sind. Es gibt aber auch flache Routen in die faszinierende Bergwelt hinein (s. unten, Wandern).

Am Abzweig in den Ort Torridon unterhält der National Trust for Scotland von Ostern bis September ein kleines **Countryside Centre**, ⏲ So–Fr 10–17 Uhr, vorgeschlagener Eintritt 3 £, erm. 2 £. Von hier erreicht man in knapp 10 Min. zu Fuß ein Rotwildgehege am Ufer des Fjords Loch Torridon.

Die Hauptstraße führt an der Südseite von Loch Torridon weiter nach **Shieldaig**, einem sehr ansehnlichen Küstendorf. An der alten Hauptstraße reihen sich die Cottages malerisch wie an einer Perlenkette auf.

Übernachtung und Essen

Kinlochewe

Kinlochewe Hotel & Bunkhouse, ✆ 01445-760253, 🖥 www.kinlochewehotel.co.uk. Das Hotel mit Restaurant hat in den letzten Jahren eine umfassende Renovierung erfahren. Die Küche ist traditionell, und angeschlossen ist ein schlichtes Bunkhouse mit Trockenraum – Schlafsäcke muss man aber selbst mitbringen. ⏲ Küche 12–14.30, 18.30–20.30 Uhr. Bett ab 12,50 £, Hotel ❸

The Whistle Stop Cafe, Old Village Hall, ✆ 01445-760423. In der grünen Wellblechbaracke wird neben Kaffee und Kuchen auch Aberdeen Angus, Lammleber, geräucherter Lachs und gerösteter Ziegenkäse serviert. Oder wie wäre es mit einem Gunpowder Green Tea? ⏲ Mo–Sa 8.30–21, So 8.30–16 Uhr.

Torridon

The Torridon Hotel, ✆ 01445-791242, 🖥 www.thetorridon.com. Sehr schickes und teures Country Hotel an der A 896 mit einem

 Mit Öko-Goldsiegel

Aurora B&B, Shieldaig, ✆ 01520-755246, 🖥 www.aurora-bedandbreakfast.co.uk. Ann Barton und Thomas Wilson haben sich ganz dem ressourcenschonenden Öko-Gedanken verschrieben und sind dafür als eine von ganz wenigen Pensionen in Schottland mit dem Goldsiegel in Sachen *Green Tourism* ausgezeichnet worden. Ihr Engagement reicht von Wärmedämmung und Solarzellen über Abfallreduzierung und Kompostierung bis zur Verwendung von Öko- und Fairtrade-Produkten und selbstgemachter Marmelade. Auch legen die beiden Wert auf *slow tourism*. Ein Aufenthalt ist deshalb erst ab 2 Nächten möglich. Dafür werden Räder verliehen. Bei alledem kommen der Komfort und die Gastfreundschaft nicht zu kurz – endlich mal ein B&B, das Nachhaltigkeit ernst nimmt. ❸

guten Restaurant, das nach einem langen Wandertag sehr willkommen ist. In der Bar gibt es einen Pool-Tisch sowie einen Internetcomputer sowie gelegentlich Livemusik. Das Hotel verleiht auch Räder (20 £/Tag) und verfügt über einen günstigeren 3-Sterne-Bereich. ⏲ Küche 12–21 Uhr. ❸–❻

€ **Torridon Youth Hostel**, ✆ 01445-791284, 🖥 www.hostellingscotland.com. Bequeme und einladende SYHA-Wanderherberge mit allem, was dazugehört: Küche, Lounge, Waschmaschine und Trockenraum sorgen für einen angenehmen Aufenthalt. Neben der Herberge befindet sich eine kostenlose Zeltwiese. Bett ab 13,75 £.

Wandern

Loch Maree und Torridon sind Wanderparadiese, s. auch Aktivkasten S. 467.
Von **Kinlochewe** aus empfiehlt sich eine Wanderung durch die kleine Siedlung Incheril ans Nordufer von Loch Maree bis zum Bach Abhainn an Fhasaigh (ca. 5 km). Rechts führt ein Pfad bergan zum einsamen Lochan Fada (weitere 5 km).
Westlich von **Torridon** gibt es an der Stichstraße nach Diabaig mehrere Wandermöglichkeiten.

Oberhalb von Torridon House führt an der Brücke vom Parkplatz ein gut ausgebauter Pfad 2 km flussaufwärts zu einer Brücke. Beinn Alligin und Beinn Dearg sind beeindruckende Gipfel. Je weiter man hinter der Brücke links bergan geht, desto schlechter wird der Pfad allerdings. Alternativ kann man noch ein Stück dem Tal-Weg folgen, bis man umdreht.

Sehr schön ist auch ein Spaziergang vom Park.platz über die *single track road* nach Westen, da die wenig befahrene Piste herrliche Ausblicke über Loch Torridon gewährt.

Von der Siedlung **Alligin Shuas** windet sich ein 6 km langer Wanderweg an der Küste entlang nach **Diabaig**. Der Rückweg erfolgt über den Hinweg, bietet jedoch einen ganz anderen Ausblick (ca. 3–4 Std.).

Transport

Di/Do/Fr geht es mit Westerbus von Poolewe und Gairloch via Kinlochewe, Achnasheen (Bahnhof für Kyle of Lochalsh), Strathpeffer nach INVERNESS, Rückfahrt ebenfalls nachmittags.

An Schultagen gibt es auch 1–2x tgl. eine reguläre Verbindung von Lochcarron über Shieldaig, Torridon und Kinlochewe nach GAIRLOCH und zurück (Lochcarron Garage).

Applecross

Bis 1976 gab es keine Allwetter-Straßenverbindung nach Applecross. Seither windet sich eine enge und abenteuerliche *single track road* von Shieldaig fast 40 km um die Halbinsel herum, oder man erklimmt von Kishorn aus die 626 m hohe, furchteinflößende Passstraße Bealach na Ba. Auf der Westseite fällt die ehemalige Viehtreiberroute dann rapide wieder auf Meeresspiegel ab – alpiner gehts nimmer in Schottland. Im Winter ist die für Caravans absolut untaugliche Strecke wegen Schnee und Eis oftmals gesperrt.

Doch der Weg lohnt sich: Applecross (300 Einwohner) liegt an einer weiten Bucht, und das grüne Tal zieht sich am River Applecross zunächst völlig flach ins Hinterland. Das lädt zu schönen Spaziergängen geradezu ein. Die Gegend strahlt Ruhe und Erholung aus.

Im **Applecross Heritage Centre**, ☎ 01520-744478, 🖳 www.applecrossheritage.org.uk, wird in einem umgebauten Stall die Geschichte des Tals anschaulich präsentiert. Schon 673 gründete der irische Mönch Maol Rubha hier ein Kloster. Bis zum Bau der Allwetterpiste 1976 fuhren die CalMac-Fähren Applecross an, doch da es keinen Hafen gibt, mussten Passagiere mit Ruderbooten von und zum Schiff gebracht werden. ◴ April–Okt Mo–Sa 12–16 Uhr, Eintritt 2 £, Kinder frei.

Übernachtung und Essen

Wer in Applecross übernachten möchte, sollte unbedingt vorher eine Unterkunft reservieren. Hilfreich ist die kommunale Website 🖳 www.applecross.uk.com.

Applecross Campsite, ☎ 01520-744268, 🖳 www.applecross.uk.com. Grüne Zeltwiese oberhalb des Ortes mit nettem Sommer-Café Flower Tunnel in einem Treibhaus, das von Frühstück über *homebaking* bis zum Abendessen alles im Angebot hat. ◴ Café tgl. 9–22 Uhr. ❶

Applecross Inn, ☎ 01520-744262, 🖳 www.applecross.uk.com. Das gesellschaftliche Herz von Applecross ist natürlich der Pub. Hier werden sehr gute Fisch- und Meeresfrüchtespezialitäten auf den Tisch gebracht. Von Austern über Jakobsmuscheln bis zu Krabben bleibt kaum ein Wunsch offen. Fleischliebhaber sollten hier den Haggis probieren. Oben haben alle 7 Zimmer Seeblick. ◴ Küche tgl. 12–21 Uhr. ❸

Potting Shed Café, ☎ 01520-744440, 🖳 www.applecrossgarden.co.uk. Im ehemaligen *walled garden* des Landguts haben Peter und Jackie das viktorianische Gartenhaus zu einem hervorragenden Restaurant-Café umgewandelt. Köstlich sind die Datteln-Walnuss-Scones sowie der Coffee Cake sowie das Coconut Sponge. Abends gibt es auch Seafood. ◴ Küche Mo–Sa 11–21, So 11–20 Uhr.

Transport

Der Anbieter Lochcarron Garage fährt nach telefonischer Vorbestellung, ☎ 01520-722205, Mo–Sa 1x tgl. von Lochcarron nach Applecross (40 Min.) und weiter über Shieldaig, Torridon, Kinlochewe nach ACHNASHEEN (2 Std.).

Auch Skyeways verbindet nach Vorbestellung, ☎ 01599-555477, Applecross Mo/Mi/Sa 1x tgl. mit LOCHCARRON (1–1 1/2 Std.) und weiter mit Inverness (3 1/2 Std.).

Von Lochcarron nach Plockton

Lochcarron
Von Shieldaig und Applecross erreicht man jenseits der kleinen Siedlung Kishorn schließlich Lochcarron, eine lang gestreckte Ortschaft am Ende des gleichnamigen Fjords. Die lange Uferpromenade lädt zu einem netten Spaziergang ein, mehrere Cafés eignen sich für eine kleine Pause.

Plockton
Die Weiterfahrt Richtung Skye erfolgt entlang der attraktiven und hügeligen Südseite von Loch Carron. Hinter dem ehemaligen Fährpunkt Stromeferry biegt eine kleine Piste nach Westen ab. So gelangt man zu einem der fotogensten Orte der nordwestlichen Küste: Plockton.

Entlang der malerischen Häuserreihe an der Uferpromenade wuchsen sogar kleine Palmen. In der Bucht ankern im Sommer zahlreiche Jachten, ein Skipper fährt hinaus zu den Seehundbänken, und abends erfreuen sich die Pubs des Ortes regen Zuspruchs. Plockton ist für eine Pause oder Übernachtung immer ein guter Tipp.

Übernachtung und Essen

Lochcarron
Kishorn Seafood Bar, ☎ 01520-733240, 🖳 www.kishornseafoodbar.co.uk. In einer Holzhütte an der A 896 einige Kilometer westlich

von Lochcarron verbirgt sich ein mehrfach prämierter Seafood-Tempel: Austern, Lachs, Makrelen und Knoblauch-Jakobsmuscheln stehen hier wie selbstverständlich auf der Karte. ⏰ März–Juni, Okt–Nov Mo–Sa 10–17, Juli–Sep Mo–Sa 10–21 Uhr.

Westwood B&B, ☎ 01520-722699. Am westlichen Ortsausgang von Lochcarron 2 kleine, aber günstige Zimmer bei den sehr freundlichen Gastgebern Edith und Willie Mackenzie. ❷

Plockton
Plockton Shores, Harbour Street, ☎ 01599-544263, 🖳 www.plocktonshoresrestaurant.co.uk. Sehr gutes Seafood im modernen und hellen Bistro-Ambiente. Abends reserviert man besser. ⏰ Küche tgl. 12–15, Di–So 18–21 Uhr.

Waterside Guesthouse, 2 Bank Street, ☎ 01599-544482, ✉ jann.waterside@hotmail.co.uk. Sehr nettes und ruhiges B&B, das etwas versteckt am Ortseingang liegt, aber direkt in der bewaldeten Seitenbucht. Eine Besonderheit ist, dass die Gastgeber kein TV in den Zimmern installiert haben. Dafür gibt es leckeres Frühstück mit frischem Obst. ❷–❸

Aktivitäten

Calum's Seal Trips, ☎ 01599-544306, 🖳 www.calums-sealtrips.com. Nicht ohne Grund verspricht Skipper Calum „keine Seehunde, keine Bezahlung", denn er weiß haargenau, wo sich die Robben auf den Felsen räkeln. Die einstündigen Touren sind unterhaltsam und informativ. Der Startpunkt variiert je nach Gezeitenlage (der eigentliche Pier ist am Ende des Dorfes). Tickets 8 £, erm. 5 £.

Seafood und ein Pint an der Uferpromenade

Das **Plockton Hotel**, Harbour Street, ☎ 01599-544274, 🖳 www.plocktonhotel.co.uk, ist weit über die Grenzen des Ortes hinaus für seine exzellente Fisch- und Meeresfrüchteküche, die gemütliche Pub-Atmosphäre sowie die komfortablen Zimmer bekannt. Drinnen geht es sehr urig zu, und man bekommt z. B. den schottischen Klassiker Hering in Hafermehl serviert, aber natürlich auch Jakobsmuscheln

oder Lamm-Spezialitäten. Bei gutem Wetter kann man draußen in dem kleinen Vorgarten an der Uferpromenade sitzen und zum Essen eines der örtlichen Plockton-Biere genießen. Das Haus wurde bereits mehrfach zu Recht für seine Qualität ausgezeichnet. Abends vor allem am Wochenende unbedingt reservieren. ⏰ Küche 12–14.15, 18–21 Uhr (nachmittags und 21–22 Uhr Snacks). ❸–❹

Zentrale und nördliche Highlands

Busse

Für Busfahrten zwischen Lochcarron und Applecross s. S. 470.
Für die Verbindung nach GAIRLOCH, s. S. 466.
An Schultagen besteht Mo–Fr 1x tgl. mit Stagecoach eine Verbindung zwischen Plockton und LOCHCARRON (45 Min.).
Von Plockton aus verkehrt Linie 62A Mo–Fr 3x tgl. von/nach KYLE OF LOCHALSH (15 Min.) sowie an Schultagen die Linie 62A 1x tgl. von Plockton nach Dornie–Shiel Bridge–RATAGAN YOUTH HOSTEL (45 Min.).

Eisenbahn

Plockton und Strathcarron (der Bahnhof von Lochcarron, ca. 6 km nordöstlich) liegen an der Bahnstrecke von INVERNESS nach KYLE OF LOCHALSH (Züge 2–4x tgl.).

Von Kyle of Lochalsh nach Glenelg

In Sichtweite der Isle of Skye ist **Kyle of Lochalsh** seit jeher ein wichtiger Transitpunkt für Westküstenreisende, u. a. weil sich hier der Endpunkt der westlichen Bahnstrecke von Inverness befindet. Spätestens seit Eröffnung der Skye Bridge 1995 hat der Ort jedoch an Bedeutung verloren, weil hier niemand mehr auf die Fähre warten muss.

Wer es nicht eilig hat, sollte von Kyle of Lochalsh aus die *Scenic Route to Skye* einschlagen und Loch Alsh sowie Loch Duich umrunden, um die kleine, urige Skye-Fähre bei Glenelg zu nutzen. Die Piste ist landschaftlich sehr reizvoll.

Eilean Donan Castle

Was haben der Highlander und James Bond gemeinsam? Beiden Filmklassikern diente das meistfotografierte Hochland-Castle Eilean Donan, ☎ 01599-555202, 🖳 www.eileandonancastle.com, am Ortsrand von **Dornie** als prächtige und mystische Kulisse. Highlander Christopher Lambert ritt mit seiner Gefolgschaft über die schmale Brücke, und im 007-Thriller *Die Welt ist nicht genug* ist das Castle als „schottisches Hauptquartier" des britischen Geheimdienstes

zu sehen. Die spektakuläre Lage auf einer kleinen Insel am Zusammentreffen von Loch Alsh, Loch Duich und Loch Long schafft eine Postkartenidylle, der kaum jemand widerstehen kann. Eilean Donan gilt daher als Verkörperung der Burgenromantik in den Highlands.

Dabei handelt es sich gar nicht um ein mittelalterliches Castle, denn nach einem Angriff britischer Kriegsschiffe 1719 lag die Festung der MacRaes wie fast jede andere Hochlandburg in Schutt und Asche. Doch dann traten John MacRae-Gilstrap und Farquhar MacRae auf den Plan, die aus den Ruinen ein neues Castle erstehen ließen. Farquhar hatte dazu bequemerweise im Traum eine Vision mit dem genauen Bild der zukünftigen Burg, was ihn als Bauleiter bestens qualifizierte. 1932 war es so weit und das heutige Castle samt „mittelalterlicher" Brücke waren fertig.

Ganz im Sinne alter Clan-Fehden wird man am Eingang sofort mit einer gälischen Inschrift begrüßt: „Solange drinnen ein MacRae ist, wird sich draußen niemals ein Fraser blicken lassen." Das schränkt zwar den Besucherstrom ein wenig ein, aber der Rundgang durch die Gemäuer ist kurzweilig. Im Bankettsaal zeigt übrigens ein Gemälde tanzende jakobitische Highlander auf dem Dach des alten Castle, bevor sie 1715 in die verlustreiche Schlacht von Sherriffmuir zogen.

Im Visitor Centre am Parkplatz gibt es auch ein Café. ☉ März–Juni, Sep–Okt tgl. 10–18, Juli–Aug 9–18 Uhr, Eintritt 5,50 £, erm. 4,50 £.

Kintail und Glen Shiel

Östlich von Eilean Donan ragt am Ende von Loch Duich die Bergkette der Five Sisters von Kintail majestätisch auf (s. Kasten). Auf der Nordseite führt ein zweitägiger Wanderweg von **Morvich** durch das Gleann Lichd und das Glen Affric zum Loch Affric (s. Aktivkasten S. 430).

Auf der Südseite der Five Sisters steigt die A 87 durch das enge und wilde Glen Shiel hoch zum künstlich aufgestauten **Loch Cluanie**. Auf dem Weg dorthin passiert man den Ort, wo 1719 spanische Unterstützer der Jakobiten geschlagen wurden, was den Untergang des Castle Eilean Donan einläutete. Kurz vor dem See ist das Cluanie Inn eine der einsamsten Hochlandgaststätten Schottlands (s. S. 473).

Die Five Sisters of Kintail

Einer alten Sage nach lebten am Ufer des Lochs einst ein Vater mit sieben unverheirateten Töchtern. Eines Tages lief nach einem Sturm ein irisches Schiff in die Bucht ein. Zwei Matrosen wurden täglich an Land geschickt, um Reparaturmaterial zu besorgen. Dabei trafen sie auf die Mädchen. Die beiden ältesten machten sich bereits Hoffnungen, doch die beiden Matrosen verliebten sich ausgerechnet in die jüngsten und wollten sie heiraten. Das weckte natürlich die Eifersucht der anderen, also versprachen die Männer, ihre fünf Brüder aus Irland herüberzuholen, damit auch die übrigen Schwestern heiraten könnten ...

Die fünf zurückgebliebenen Schwestern fingen über den Winter an, ihre Hochzeitskleider zu fertigen, doch kein Schiff aus Irland lief in das Loch ein. Die Schwestern wurden immer ungeduldiger und der Vater immer trauriger. Also suchte er beim Weisen von Kintail um Rat. Der alte Mann durchschaute den Trick der Matrosen sofort und schenkte dem Vater reinen Wein ein, doch die Schwestern wollten partout nicht aufhören an die Brüder zu glauben. Also riet der Weise dem Vater, seine Töchter sollten sommers wie winters am Ende von Loch Duich auf ihre Bräutigame warten, um für immer ihre Schönheit zu bewahren. Und so betören die majestätischen Five Sisters bis auf den heutigen Tag Reisende wie Wanderer.

Den besten Blick auf die imposante Bergkette hat man von **Ratagan** auf der Südseite von Loch Duich.

Glenelg

Von **Shiel Bridge** windet sich eine schmale, kurvenreiche und steile Haarnadelpiste oberhalb der Siedlung **Ratagan** über den 339 m hohen Pass Mam Ratagan zur alten Fährstation bei Glenelg. Die Mini-Fähre in dem völlig abgeschiedenen, aber landschaftlich sehr reizvollen Tal **Glenelg** ist mit Sicherheit der abenteuerlichste Weg nach Skye und diente schon als malerische Filmkulisse für die Liebeskomödie *Verliebt in die Braut*. Nur wenige Autos passen auf die Fähre, die über den schmalen Sund Kyle Rhea setzt, der durch seine enorm starke Gezeitenströmung auffällt.

Vor der Fährfahrt empfiehlt sich ein Abstecher zu den düsteren Ruinen der **Bernera Barracks**, einer Regierungskaserne aus dem 18. Jh. zur Unterdrückung der Jakobitenaufstände, sowie zu den beiden rund 2000 Jahre alten **Glenelg Brochs**. Die Doppelmauer des eisenzeitlichen Wohnturms **Dun Telve** ist noch bis zu 10 m hoch und im Inneren ist sogar eine Treppe erhalten. Das gilt auch für den etwas weiter gelegenen **Dun Troddan**. Die beiden Brochs liegen in einem schönen bewaldeten Seitental, sind frei zugänglich und gehören zu den besterhaltenen Anlagen auf dem schottischen Festland, obwohl nur jeweils eine Seite erhalten blieb.

Am Broch Dun Troddan öffnet direkt nebenan von Mai bis September das ungewöhnliche **Wagon Café**: In einem Bauwagen wird Kaffee und selbstgemachter Biokuchen verkauft, den man an einem Gartentisch und bei Regen in einem Zelt genießen kann. Der Espresso ist klasse, die Atmosphäre alternativ locker und der Kuchen total lecker – und das quasi am Ende der Welt. Nur ein kleines Schild weist auf diesen versteckten Café-Geheimtipp hin.

Übernachtung und Essen

Caberfeidh Guest House, Ardelve bei Dornie, ☏ 01599-555293, 🖳 www.caberfeidh.plus.com. Unweit vom Eilean Donan Castle bieten die 5 Zimmer eine sehr ordentliche, freundliche und helle Unterkunft. Nr. 5 ist für Familien geeignet. Inhaber Paul Newton war übrigens längere Zeit mit der Armee in Ostwestfalen. ❷

Cluanie Inn, Glenmoriston, ☏ 01320-340238, 🖳 www.cluanieinn.com. Das einsame Inn ist stimmungsvolles Pub-Restaurant, einladendes Land-Hotel sowie gehobene Wanderunterkunft in einem. Die Küche ist traditionell schottisch. Aufgrund der Lage an der A 87 ist der Laden oft voll, doch wer nach einem langen Tag aus den Bergen kommt, wird das Cluanie Inn als Oase am Horizont willkommen heißen. 🕐 Küche tgl. 12–21 Uhr. ❷ – ❺

€ **Ratagan Youth Hostel**, Ratagan, ☏ 01599-511243, 🖳 www.hostellingscotland.com.

Zentrale und nördliche Highlands

Sehr beliebtes Outdoor-Hostel von SYHA am Südufer des Loch Duich. Von hier kann man den besten Blick auf die Five Sisters of Kintail genießen. Im Sommer sollte man besser vorab buchen. Bis zur Hauptstraße bei Shiel Bridge sind es zu Fuß rund 2,5 km. Dorm-Bett ab 16,50 £.
Reraig Caravan Site, Balmacara, ☎ 01599-566215, 🖳 www.reraig.biz. Mai–Sep kleiner netter Campingplatz an der A 87 zwischen Dornie und Kyle of Lochalsh für Caravans und einige wenige Backpacker-Zelte.

Aktivitäten

Seaprobe Atlantis, Kyle of Lochalsh, ☎ 0800-9804846, 🖳 www.seaprobeatlantis.com. Interessante Bootstouren mit einem „Glass Bottom Boat" unter der Skye Bridge hinweg zu Seehundeilanden und durch den „Seealgenwald" *(kelp forest)* vor Kyleakin auf der anderen Seite des Sunds. Dabei kann man durch große Panoramafenster unter Wasser Fische, Krebse und Quallen aus nächste Nähe beobachten. Angeboten werden ein- bis zweistündige Touren. Tickets 10–20 £, erm. 5–10 £.

Informationen

Kyle of Lochalsh: Touristenbroschüren im Ticket-Büro von Seaprobe Atlantis oberhalb des alten Fähranlegers (s. o.).

Nahverkehr

Ab Kyle of Lochalsh Mo–Fr 1x tgl. Buslinie 611 von MacRae Kintail über Dornie, Shiel Bridge, Ratagan nach Glenelg (1 Std.) sowie bei Vorbuchung auch nach Arnisdale.
Buslinie 62 von Stagecoach verkehrt an Schultagen 1x tgl. von Ratagan über Dornie nach Plockton (45 Min.).

Transport

Busse

Zwischen Kyle of Lochalsh und dem gegenüberliegenden KYLEAKIN auf Skye zumeist stdl. ein Pendelbus von **Stagecoach** (Linie 55, 7 Min.) sowie alle 2 Std. Weiterfahrt bis BROADFORD (Linie 50, 20 Min.), an Schultagen auch 2x tgl. nach PORTREE (Linie 50, 1 Std.).
Fernbusse von **Scottish Citylink** verkehren auf den Linien Inverness–Portree (Linie 917, 2x tgl.) sowie Glasgow–Fort William–Portree/Uig (Linie 916, 3x tgl.) über die gesamte A 87 via Cluanie, Shiel Bridge, Abzweig Morvich, Eilean Donan Castle/Dornie, Kyle of Lochalsh. Von Kyle of Lochalsh sind es nach FORT WILLIAM 2 Std., nach GLASGOW 5 Std., nach INVERNESS 2 Std., nach PORTREE 1 Std. und zum Fähranleger in UIG 1 1/2 Std.

Eisenbahn

Kyle of Lochalsh liegt am Endpunkt der Bahn-Zweiglinie von INVERNESS (2 1/2 Std.) über Dingwall, Achnasheen, Strathcarron und Plockton. Züge verkehren 2–4x tgl.

Schiffe

Glenelg–Skye Ferry, 🖳 www.skyeferry.com. Die 4-Auto-Fähre mit drehbarem Deck pendelt ca. alle 20 Min. hinüber nach Skye. Wichtig: Der Skye-Anleger liegt völlig einsam ohne öffentlichen Nahverkehr und ist nur über eine sehr steile *single track road* mit der A 87 zwischen Kyleakin und Broadford verbunden – ein kleines Abenteuer! ☉ Ostern–Mai, Sep–Mitte Okt tgl. 10–18, Juni–Aug 10–19 Uhr, Tickets: Auto (mit 4 Passagieren) 12 £, Fahrrad 3 £.

Südwestliche Highlands und Innere Hebriden

Stefan Loose Traveltipps

13 **Skye** Die herbe Schönheit der Perle unter den Hebriden-Inseln ist unbestritten – vom „Garten" Sleat über die alpinen Cuillins bis zur spektakulären Klippenküste von Trotternish und Duirinish. S. 478

Knoydart Großbritanniens letzte Festlandsiedlung ohne Straßenanschluss ist ein landschaftliches Idyll. S. 495

Glen Nevis Das filmreife Tal wird vom höchsten Berg Großbritanniens überragt, dem 1344 m hohen Ben Nevis. S. 502

Oban Der lebendige Fährhafen liegt wunderbar an einer Bucht mit Traumblick übers Meer. S. 514

Inveraray Weiße Cottages und ein prachtvolles Castle machen Inveraray zu einem malerischen Ausflugsziel. S. 521

Mull of Kintyre Die Anfahrt ist abenteuerlich und der Ausblick grandios – am Mull of Kintyre ist man am Ende der Welt. S. 528

14 **Islay** Acht Destillen machen die beiden Inseln zu einem Eldorado für Whiskyliebhaber. S. 535

15 **Iona und Staffa** Vor der Küste von Mull ist das kleine Eiland Iona noch immer ein spirituelles Zentrum, während die Basaltsäulen von Staffa ein „musikalisches" Naturwunder darstellen. S. 549

Von Skye im Norden bis zum Mull of Kintyre im Süden ist der südwestliche Teil der Highlands von weit ins Land ragenden Fjorden und mehreren Inselgruppen der Inneren Hebriden geprägt. Das Leben mit der See gehört hier zum Alltag. Zugleich sorgt der gebirgige Charakter des Hinterlands dafür, dass das Gefühl der Abgeschiedenheit noch verstärkt wird.

Landschaftlich laufen die südwestlichen Highlands und Inneren Hebriden zur Hochform auf: Die alpinen Bergketten der Cuillins auf Skye, Schottlands höchster Gipfel **Ben Nevis** bei Fort William und bergige Inseln wie Mull, Arran und Jura verheißen ein äußerst abwechslungsreiches Bild. Skye ist zudem bekannt für seine dramatischen Steilklippen, während die Felseninsel **Staffa** dank ihrer Basaltsäulen ein kleines Wundereiland ist. Entlang der Küste kann man immer wieder Delfine, Wale, Haie und Seehunde beobachten.

Inmitten dieser prächtigen Hochlandszenerie gibt es nur wenige urbane Zentren: Das eher unspektakuläre **Fort William** dient vor allem Wanderern als Ausgangsbasis. Der reizvolle Fährhafen **Oban** hingegen besitzt nicht nur eine traumhafte Lage, sondern versprüht geradezu eine viktorianische Seebadatmosphäre. Auf den Inseln sind die malerischen Hauptorte **Portree** auf Skye und **Tobermory** auf Mull echte Perlen an der Westküste. Gleiches gilt auch für **Inveraray**, den Sitz der Herzöge von Argyll bzw. des Clans Campbell. Das dortige Castle gehört genau wie **Dunvegan Castle** auf Skye und **Brodick Castle** auf Arran zu den Hauptsehenswürdigkeiten der Region.

Last but not least kommen auch Freunde des Whiskys nicht zu kurz, denn die Insel **Islay** ist ein Eldorado für Whiskykenner, da hier nicht weniger als acht renommierte Destillen das Wasser des Lebens brennen und zum Besuch einladen. Spirituell geht es hingegen auf **Iona** zu, dem Sitz einer weit über Schottland hinaus bekannten christlichen Kommune.

Wer die Inseln und die verschlungenen Küstenpfade der südwestlichen Highlands erkundet, sollte sich Zeit lassen, denn mit Eile gelangt man hier nirgendwo hin. Dafür kann man einige der atemberaubendsten Zug- und Fährstrecken entdecken.

Geschichte

Die südwestlichen Regionen Argyll, Lochaber und die Inseln der Inneren Hebriden galten nicht immer als abgelegen. Im Gegenteil: Die Küstenlage sowie die Nähe zu Irland sorgten für einen lebhaften kulturellen Austausch mit den Nachbarn. So lag die Keimzelle des späteren Schottlands bei **Dunadd** südlich von Oban, da die Scotti im 5. Jh. aus Irland kamen. Ihr Königreich hieß Dalriada. Von Irland setzte auch der sehr rege Missionar **St. Columba** 563 über, um von der Insel Iona aus die Westküste zu missionieren. Gleichzeitig ging er ein Bündnis mit den Königen von Dalriada ein.

Ab dem Ende des 8. Jhs. übernahmen die **Wikinger** die Kontrolle über die Hebriden-Inseln, während sich das Zentrum des Schottenreichs nach Osten verlagerte. 400 Jahre lang blieben die Wikinger die unangefochtenen Herrscher der schottischen Westküste, bis sie 1263 in der **Schlacht von Largs** durch den schottischen König **Alexander III.** eine entscheidende Niederlage erlitten. Das bedeutete jedoch nicht, dass der Monarch die Kontrolle über die Westküste übernehmen konnte. Die Landwege waren noch lange nicht ausgebaut und die Autorität der Krone ohne Flotte nicht durchsetzbar. So konnten die sogenannten *Lords of the Isles,* angeführt vom **Clan Donald**, noch bis 1493 ein autonomes Reich von Islay bis Skye verwalten.

Es folgte ein Zeitalter blutiger **Clanfehden** zwischen MacDonalds, MacLeods und Campbells sowie der **Jakobitenaufstände** im 17. und 18. Jh. Besonders berüchtigt war das **Massaker von Glencoe** 1692. Die Niederschlagung der jakobitischen Rebellen führte aber auch zur Öffnung der Region. Straßen wurden gebaut, an der Wende zum 20. Jh. auch Bahnanschlüsse. Damit geriet der Tourismus in Schwung, der heute für viele Kommunen eine der wichtigsten Einnahmequellen darstellt.

Große Aufmerksamkeit erzielten auch die spektakulären **Selbstverwaltungskäufe** (s. S. 456) durch die Bewohner von Knoydart sowie der Inseln Eigg und Gigha, die eine neue Dynamik an der Westküste in Gang setzten. Ob hingegen der Versuch Erfolg hat, das Gälische als Alltagssprache zu retten, wird sich erst in der nächsten Generation zeigen. Der Auf- und

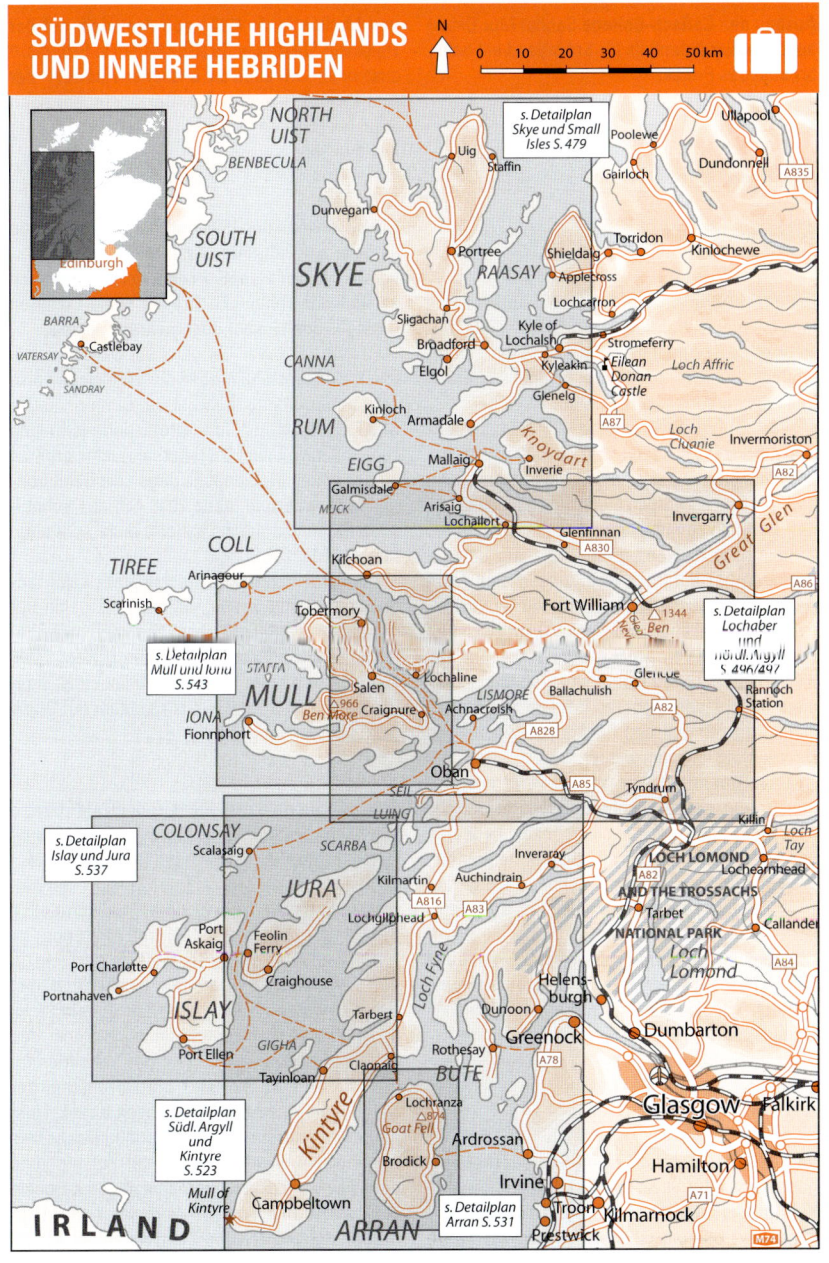

SÜDWESTLICHE HIGHLANDS UND INNERE HEBRIDEN

N

0 10 20 30 40 50 km

Edinburgh

NORTH UIST

BENBECULA

SOUTH UIST

BARRA

VATERSAY

SANDRAY

Castlebay

Uig

Staffa

Dunvegan

Portree

SKYE

RAASAY

Sligachan

Broadford

Elgol

CANNA

Kyle of Lochalsh

Kyleakin

Eilean Donan Castle

Glenelg

RUM

Kinloch

Armadale

EIGG

Mallaig

Inverie

MUCK

Galmisdale

Arisaig

Lochailort

COLL

TIREE

Arinagour

Scarinish

Kilchoan

Tobermory

s. Detailplan Mull und Iona S. 543

STAFFA

MULL

△966 Ben More

Salen

Craignure

IONA

Fionnphort

Lochaline

LISMORE

Achnacroish

s. Detailplan Skye und Small Isles S. 479

Poolewe

Ullapool

Gairloch

Dundonnell

A835

Torridon

Kinlochewe

Shieldaig

Applecross

Lochcarron

Stromeferry

Loch Affric

A87

Loch Cluanie

Invermoriston

Knoydart

Loch

A82

Glenfinnan

A830

Invergarry

Great Glen

A86

Fort William

△1344 Ben

s. Detailplan Lochaber und nördl. Argyll S. 496/497

Glencoe

Ballachulish

A82

Rannoch Station

A828

Oban

SEIL

LUING

A85

Tyndrum

Killin

Loch Tay

COLONSAY

s. Detailplan Islay und Jura S. 537

Scalasaig

SCARBA

JURA

Kilmartin

Lochgilphead

A816

A83

Auchindrain

Inveraray

LOCH LOMOND AND THE TROSSACHS NATIONAL PARK

A82

Lochearnhead

Tarbet

Callander

A84

Loch Lomond

Port Askaig

Feolin Ferry

Craighouse

Port Charlotte

Portnahaven

ISLAY

GIGHA

Tarbert

Loch Fyne

Helensburgh

Dunoon

Greenock

Rothesay

BUTE

A78

Dumbarton

Port Ellen

Tayinloan

Claonaig

Lochranza

△874 Goat Fell

Glasgow

Falkirk

Kintyre

s. Detailplan Südl. Argyll und Kintyre S. 523

Mull of Kintyre

Campbeltown

Brodick

Ardrossan

Irvine

Hamilton

A71

IRLAND

ARRAN

s. Detailplan Arran S. 531

Troon

Prestwick

Kilmarnock

M74

Südwestliche Highlands und Innere Hebriden

Ausbau des **Gälisch-College** Sabhal Mòr Ostaig auf Skye war jedenfalls für Schottland ein bahnbrechendes Projekt.

Skye

Die Insel Skye ist wohl die bekannteste und meistbesuchte Hebriden-Insel Schottlands. Dazu trägt nach dem umstrittenen Bau der mittlerweile gebührenfreien Skye Bridge sicherlich auch die hervorragende Erreichbarkeit bei.

Vom üppig bewachsenen Park des Clan-Donald-Sitzes im Süden über die vulkanisch geprägten Alpen von Skye, die Cuillins, bis zur rauen Klippenküste im Norden bietet Skye fast hinter jeder Straßenbiegung eine neue Landschaftsform. Die mit rund 1385 km² größte Insel der Inneren Hebriden hat aufgrund ihrer zerklüfteten Form erstaunliche Ausmaße: mehr als 560 km Küstenlinie und eine Länge von rund 100 km zwischen den Fährhäfen von Armadale im Süden und Uig im Norden. Auf Skye leben rund 9200 Menschen, mehr als auf jeder anderen Insel im Südwesten. Nach Jahrzehnten des Rückgangs wächst die Bevölkerung langsam wieder.

Dass der Inselname aus dem Altnorwegischen oder dem Gälischen abgeleitet und als *Misty Isle* so viel wie „wolkige Insel" bedeuten soll, ist angesichts von oftmals tief hängenden Wolken durchaus passend. Schönes Wetter auf Skye ist nicht selbstverständlich und sollte entsprechend genossen werden, denn die Natur der Insel ist wie eine große Landschaftsbühne und verspricht einmalige Farbinszenierungen. Zu Recht gilt Skye deshalb als eine Art Highlands en miniature.

Der Süden von Skye

Vom Festland aus gibt es im Süden drei Übergangspunkte für Skye: Die Skye Bridge zwischen Kyle of Lochalsh (s. S. 472) und Kyleakin, die Fähre von Glenelg (s. S. 473) sowie die Fähre von Mallaig (s. S. 495) nach Armadale auf der Halbinsel Sleat. Alle Straßen laufen in Broadford zusammen, wo auch die südlichen Ausläufer der Red Cuillins erreicht sind. Der Abstecher nach Elgol am Fuße der Berge ist ein landschaftlicher Leckerbissen.

Kyleakin

Gleich jenseits der 1995 eröffneten Skye Bridge liegt der alte Fährhafen Kyleakin inzwischen völlig abseits der Hauptverkehrsströme. Dennoch verfügt der schmucke Ort mit seinen weißen Cottages noch immer über mehrere Hostels.

Die Brücke war übrigens auf Skye ziemlich umstritten, vor allem aber die vergleichsweise sehr hohen Mautgebühren. Die Bürgerinitiative SKAT, Skye Against Tolls, protestierte jahrelang zum Teil mit zivilem Ungehorsam unter großem landesweiten Medienecho gegen die Gebührenpflicht – mit Erfolg, denn 2004 hob das schottische Parlament die als äußerst ungerecht empfundene Maut auf.

Im Oktober 2010 machte der Ort Kyleakin landesweite Schlagzeilen, weil das bis dahin nur unter dem Mantel der absoluten Verschwiegenheit operierende britische Atom-U-Boot *HMS Astute* durch einen äußerst peinlichen Navigationsfehler am Strand weithin sichtbar auf Grund gelaufen war.

Sleat und Armadale

Die südliche Halbinsel Sleat ist auch als „Garten von Skye" bekannt. Davon ist in der nahezu konturlosen Moorlandschaft südlich von Kyleakin noch nicht viel zu spüren. Doch schon in der netten Siedlung Isleornsay und am Gälisch-Kolleg Sabhal Mòr Ostaig (s. S. 480) wird es grüner.

Die kürzlich ausgebaute Piste erreicht in der Fährsiedlung Armadale schließlich den üppig bewaldeten Park von **Clan Donald Skye**, ☎ 01471-844305, 🖥 www.clandonald.com. Am Sitz des Clan Donald verfolgt das sehr informative **Museum of the Isles** die Geschichte der MacDonalds bis in die Wikingerzeit zurück. Fürst Somerled hatte im 12. Jh. sowohl gälische wie norwegische Wurzeln. Nach der Entmachtung der Wikinger 1263/66 übernahm der Clan Donald als *Lord of the Isles* bis 1493 das Kommando an der Westküste. Das Zentrum seiner Macht

Tarbert
(Harris)

Rubha Hunish

EILEAN TRODDAY

Poolewe

LONGA ISLAND

Gairloch

Loch Gairloch

Duntulm Castle   Kilmaluag

Flodigarry

Port Henderson

Lochmaddy
(North Uist)

Skye Museum of Island Life

Quiraing

Staffin

Ellishader

Redpoint

Waternish Point

Mealt Falls/Kilt Rock

855

Torridon Massiv

Waternish

Geary

Uig

Peinlich

Lealt Falls

Lower Diabaig

Trumpan

Earlish

Trotternish

ISLAND OF RONA

Loch Snizort

Loch Torridon

896

Dunvegan Head

ISAY

Halistra

Stein

Lochbay

The Storr
719

Sound of Raasay

Shieldaig

Galtrigill

850

87

Old Man of Storr

L. Dunvegan

Fairy Bridge

Edinbane

Arnish

Beinn Bhan
△ 896

Piping Centre

Borreraig

Dunvegan Castle

Carbost

Calum's Road

Applecross

Milovaig

Glendale

Colbost

Dunvegan

Torvaig

Brochel Castle

Ardarroch

Neist Point

Duirinish

Portree

RAASAY

Duh Caan
△ 443

Toscaig

Loch Kishorn

Ramasaig

Harlosh

Bracadale

Inner Sound

Inverarish

Raasay Youth Hostel

CROWLIN ISLANDS

Plockton

Loch Bracadale

Struan

SKYE

Peinchorran

Idrigill Point

WIAY

Portnalong

863

Sconser

Duirinish

Pabay

Balmacara

Fiskavaig

Carbost

Sligachan

Luib

SCALPAY

Kyleakin

Kyle of Lochalsh

Talisker

Talisker Distillery

87

Broadford

Minginish

Torrin

Skulamus

Kylerhea

Cuillins

Sgurr Dearg
986 △

Loch Coruisk

851

Glenelg

Glenbrittle

993 △

Sgurr Alasdair

8083

Heast

Glenelg Brochs

Loch Scavaig

Loch Slapin

Ord

Arnisdale

Loch Eishort

Isleornsay

Loch Hourn

SOAY

Elgol

Sleat

Teangue

Ladhar Beinn
1020 △

Tarskavaig

Sabhal Mor Ostaig

Airor

Knoydart

CANNA

Magnetic Hill

Clan Donald Skye

Armadale

Inverie

Loch an Dubh-Lochain

SANDAY

Kilmory

Ardvasar

Point of Sleat

Aird of Sleat

Sound of Sleat

Loch Nevis

Sound of Canna

Kinloch Castle

Askival
812 △

Mallaig

Harris

RUM

Morar

Loch Morar

Sound of Rum

Cleadale

Arisaig

EIGG

Galmisdale

Rubh' Arisaig

830

Lochailort

Loch Eilt

MUCK

Port Mor

Sound of Arisaig

Glenuig

861

Moidart

Edinburgh

Viele Jahrhunderte lang wurde die Westküste von der keltischen Kultur und der engen Beziehung zu Irland dominiert. Die Menschen sprachen deshalb weder Scots noch Englisch, sondern Gälisch. Nach dem Ende der Jakobitenaufstände und der zwangsweisen Öffnung der Highlands im 18. und 19. Jh. geriet die keltische Sprache jedoch immer weiter ins Hintertreffen. Der Druck seitens der Grundbesitzer, aber auch der Schulen und mancher Kirchen, nur noch Englisch zu sprechen, wuchs. Die Emigration, ob freiwillig oder nicht, führte ebenfalls zu einem großen Aderlass. Heute verstehen in Schottland noch rund 90 000 Menschen Gälisch, doch nur 60 000 sprechen es auch. Davon lebt überraschenderweise knapp die Hälfte in den großen Städten wie Glasgow, Edinburgh oder Aberdeen. Geschlossene Sprachgebiete gibt es eigentlich nur noch auf den Äußeren Hebriden und in Teilen der Westküste. Der letzte gälische Bewohner der Westküste, der ausschließlich Gälisch sprechen konnte, starb bereits Mitte des 20. Jhs.

Doch seit den 1970er-Jahren wird verstärkt versucht, die alte keltische Sprache vor dem Untergang zu retten, denn mit der Sprache ist untrennbar auch ein wichtiger Teil des kulturellen Erbes der Westküste und der Hebriden verbunden. Inzwischen gibt es gälische **Radio- und Fernsehprogramme**, an den **Schulen** wird Gälisch wieder auf den Stundenplan gesetzt, und besonders sichtbar sind die zweisprachigen **Straßenschilder** auf Skye und den Äußeren Hebriden.

Trotz sämtlicher Bemühungen sinkt jedoch die Zahl der Gälisch-Sprechenden in Schottland weiter. Wer nach dem Schulunterricht die Westküste verlässt, kann seine dort erworbenen Kenntnisse später kaum anwenden. Zugezogene können meist gar kein Gälisch, erst deren Kinder lernen es dann in der Schule. Doch trotz aller Probleme strebt die schottische Regierung mittels eines eigenen Sprachgesetzes an, durch eine konsequente Unterrichtspolitik bis 2040 wieder 100 000 Gälischsprecher in Schottland zu haben sowie 50 000 Schulkinder, die Gälisch fließend sprechen.

Ein besonders wichtiger Schritt auf dem Weg zu einer gälischen Renaissance war schon 1973 die Gründung des Gälisch-Kollegs **Sabhal Mòr Ostaig**, ☎ 01471-844207, 🖥 www.smo.uhi.ac.uk, bei Armadale auf Skye. Mehr als 1000 Teilnehmer jährlich absolvieren einen der Kurse. Dabei wird neben der Sprache u. a. auch traditionelle Musik unterrichtet. Das renommierte College ist als Teil der University of the Highlands and Islands Schottlands wichtigster Vermittler gälischer Sprache und Kultur geworden. Gäste können zu Ostern und im Sommer fünftägige Gälisch-Crashkurse für 140 £ belegen – eine hervorragende Möglichkeit, sich ein wenig mit der Sprache auseinanderzusetzen. Im Sommer bietet das College zudem Folk-Konzerte an.

befand sich auf Islay (s. S. 535). Oftmals werden diese zwei Jahrhunderte als Blütezeit der keltisch-gälischen Kultur in Schottland bezeichnet, da die Lords auch generöse Mäzene von Literatur und Musik waren. Das Hofinstrument in jenen Tagen war die Harfe, Dudelsack und Fiddle kamen erst viel später an die Westküste.

Nachdem der schottische König 1493 die MacDonalds ihrer Macht beraubt hatte, war das Goldene Zeitalter zu Ende. Der Herrschaftstitel ist allerdings erstaunlicherweise nicht untergegangen, denn bis heute ist der britische Thronfolger nicht nur Prince of Wales, Herzog von Cornwall und Herzog von Rothesay, sondern eben auch *Lord of the Isles*.

Im üppig grünen Park gibt es einen netten Skulpturenpfad, und an schönen Tagen genießt man einen herrlichen Blick über den Sound of Sleat hinüber nach Knoydart. ⏰ April–Okt tgl. 9.30–17.30 Uhr, Eintritt 6,95 £, erm. 4,95 £. Im allgemein zugänglichen sehr adretten Café-Restaurant am Parkplatz kann man Suppe, Kuchen oder Scones und Tee bestellen.

Südlich vom Fähranleger führt die Straße noch einige Kilometer weiter zur Streusiedlung **Aird of Sleat**. In der Aird Old Church, 🖥 www.

Südwestliche Highlands und Innere Hebriden

skyewatercolours.co.uk, befindet sich eine kleine Kunstgalerie. ⏰ Mo–Sa 10–17 Uhr.

Vom Straßenende führt ein rund 4 km langer Wanderweg zur Landspitze **Point of Sleat**, an schönen Tagen ein exzellenter Aussichtspunkt, um das Panorama der Small Isles Rum und Eigg sowie die Festlandküste jenseits des Sound of Sleat zu bewundern.

Broadford und Elgol

Im Südosten von Skye ist der Hauptort **Broadford** eigentlich eine sehr lange Straßensiedlung. Die Skyline wird vom mächtigen Bergkegel des 732 m hohen **Beinn na Caillich** dominiert. Auf dessen Gipfel soll der rund 5 m hohe Steinhaufen das Grab einer norwegischen Prinzessin markieren, die sich aus lauter Sehnsucht nach der fernen Heimat auf der Bergspitze begraben ließ, damit der Wind von dort immer über ihr Grab streiche. Dementsprechend heißt der Berg auf Gälisch „Berg der alten Frau".

Mitten in die dramatische Bergwelt führt die schmale, 22 km lange Stichstraße von Broadford über Torrin und Kilmarie nach **Elgol**. Steil ragen die Berge vom Meeresspiegel empor, einsam sind die tief eingeschnittenen Täler, und jäh endet die Straße schließlich am Anleger von Elgol mit Blick auf die Small Isles sowie auf die Cuillins. Von hier starten mehrere Bootsanbieter zu spannenden Ausflügen (s. S. 482).

(s. S. 482)

Übernachtung und Essen

Kyleakin

Skye Backpackers, ✆ 01599-534510, 💻 www.scotlandtophostels.com. Bunt gemischte Traveller-Herberge, die durch die Minibustouren von MacBackpackers beständigen Zulauf erhält. Cool und oftmals Party. Dorm-Bett ab 13,50 £.

€ **Dun-Caan Hostel**, ✆ 01599-534087, 💻 www.skyerover.co.uk. Ruhige Herberge am Pier von Kyleakin, wenn es einem im Backpackers zu bunt wird. Gruppen werden in dem sehr gepflegten 15-Betten-Hostel erst gar nicht aufgenommen. Dorm-Bett ab 15 £.

Cliffe House, ✆ 01599-534019, ✉ i.sikorski@btinternet.com. Ian und Mary Sikorskis B&B hat landschaftlich die Poleposition in Kyleakin, denn alle Zimmer schauen über den Sund zur Skye Bridge hinaus. Besonders malerisch wird es, wenn die Sonne über der Brücke im Meer versinkt. ❷

Broadford

€ **Broadford Youth Hostel**, ✆ 01471-822442, 💻 www.hostellingscotland.com. Ansprechendes SYHA-Hostel mit schönem Blick über die Broadford Bay. Für die Erkundung des Inselsüdens sehr verkehrsgünstig gelegen. Dorm-Bett ab 16 £.

Creelers of Skye, ✆ 01471-822281, 💻 www.skye-seafood-restaurant.co.uk. Einfache Einrichtung im „Schuppen", doch tolles und frisches Seafood sowie diverse Fleischspezialitäten, darunter ein französischer Lammeintopf. Für den Süden von Skye zweifelsohne eine der besten Adressen. ⏰ Küche Di–So 12–21 Uhr.

Torrin und Elgol

Blue Shed Café, Torrin, ✆ 01471-822847, 💻 www.theblueshedcafe.co.uk. Gemütliches Café mit Fairtrade-Kaffee und -Tee sowie leckerem Kuchen. Ideal für eine Rast zwischen Broadford und Elgol. ⏰ März–Okt Mo–Sa 10.30–17.30, So 12–17 Uhr, Nov–Dez Sa–So 12–17 Uhr.

Rose Croft B&B, Elgol, ✆ 01471-866377, ✉ rosecroftelgol@hotmail.com. 2 ansprechende und günstige Zimmer mit gemeinsamem Bad. Der wunderbare Garten und das Haus sind durch mehrere Bäume ziemlich abgeschirmt und so fast eine kleine Welt für sich. ❷

Speisen und Wohnen mit Meerblick

Das **Hotel Eilean Iarmain**, Isleornsay, ✆ 01471-833332, 💻 www.eileaniarmain.co.uk, ist das stimmungsvollste Hotel und beste Pub-Restaurant weit und breit. Direkt am Wasser liegt der schmucke Gebäudekomplex in einer Top-Lage. Die Zimmer sind adrett und das Essen hervorragend. Auf der Kreidetafel sind immer einige leckere Specials vermerkt. Draußen am Ufer zu speisen ist eine Wucht. Daneben gibt es noch eine Galerie und einen Whiskyladen. Was will man mehr? ⏰ Küche tgl. 12–14.30, 17.30–21.30 Uhr. ❹–❺

Bootstouren

Bella Jane/AquaXplore, Elgol, ✆ 01471-866244, 🖳 www.bellajane.co.uk. Erfahrener Anbieter von Ausflügen zum Loch Coruisk inmitten der Cuillin-Szenerie (mit 1 1/2 Std. Landgang, Tickets 20 £, erm. 8 £) sowie vergleichsweise teuren Touren im Schnellboot zu den Small Isles Eigg und Rum (Tickets ab 45 £, erm. ab 29 £).

Misty Isle Boattrips, Elgol, ✆ 01471-866288, 🖳 www.mistyisleboattrips.co.uk. Der zweite Anbieter in Elgol fährt etwas günstiger zum Loch Coruisk (Tickets 17,50 £, erm. 7,50 £). Beide Veranstalter offerieren für Fernwanderer meist früh morgens auch Einwegfahrten (Preise auf Anfrage am Pier).

Sonstiges

Einkaufen

Ragamuffin, Armadale Pier, ✆ 01471-844217, 🖳 www.ragamuffinonline.co.uk. Ragamuffin ist seit langem führend darin, Wollmode für eine modebewusste Kundschaft zu produzieren. ⏰ März–Dez tgl. 9–18 Uhr.

Woodrising Gallery, Broadford, ✆ 01471-820300, 🖳 www.woodrising-gallery.co.uk. Der begeisterte Fotograf Alan Campbell kam Mitte der 1990er-Jahre nach Skye. Als passionierter Wanderer hat er auch ungewöhnlichere Perspektiven seiner Lieblingsinsel verewigt. ⏰ April–Okt Mo–Sa 10–17 Uhr.

Informationen

Broadford VisitScotland Information Centre, Broadford, ✆ 0845-2255121. Auf dem Parkplatz neben der Tankstelle und dem Supermarkt. April–Okt Mo–Sa 9.30–17.30, So 10–16 Uhr.

Nahverkehr

Broadford wird Mo–Sa mehrfach tgl. durch Stagecoach-Linie 52 mit dem Fähranleger in Armadale verbunden (35 Min.) und durch Stagecoach-Linie 50 mit Kyleakin (25 Min.). Von Kyleakin tgl. mit Linie 50/55 stdl. hinüber nach Kyle of Lochalsh aufs Festland (7 Min.). Zwischen Broadford und Elgol pendelt Mo–Sa 2–3x tgl. Linie 49 (40 Min.).

Transport

Busse

Broadford wird Mo–Sa mehrmals tgl. durch Stagecoach-Buslinien 50, 52 und 49B mit PORTREE verbunden (35 Min.). Scottish-Citylink-Linie 916 INVERNESS–PORTREE sowie 917 GLASGOW–FORT WILLIAM–PORTREE (–UIG) halten mehrmals tgl. in Kyleakin und Broadford.

Schiffe

Für die kleine Fähre von Glenelg nach Skye s. Glenelg S. 474. Die Autofähre von **CalMac**, 🖳 www.calmac.co.uk, zwischen MALLAIG und Armadale verkehrt Ende März–Ende Okt sehr regelmäßig, im Winter jedoch nur Mo–Fr 2x tgl. (30 Min., Fußgänger 4,05 £, Autos 21,20 £).

Isle of Raasay

Nördlich von Broadford reichen die Berge bis ans Meer und die A 87 muss einen hohen Pass überwinden. Dahinter legt in Sconser die kleine Fähre zur lang gestreckten Isle of Raasay ab.

Raasay hat bewegte Tage hinter sich und illustre Gäste empfangen. Bonnie Prince Charlie versteckte sich während seiner Flucht 1746 kurzzeitig auf Raasay (s. Kasten S. 493). Als Vergeltung verwüsteteten Regierungstruppen die Insel. Die Highland-Reisenden Samuel Johnson und James Boswell lobten 1773 die Gastfreundschaft des Insel-Besitzers John MacLeod sowie die Tatsache, dass „trotz seines großartigen Lebensstils kein Insulaner in die Emigration gezwungen wurde". Doch 100 Jahre später hatten neue Besitzer den Süden der Insel komplett entvölkert (s. Kasten). Heute hat die Insel rund 200 Bewohner (Tendenz leicht steigend), und 2010 wurde ein neuer Pier unterhalb der einzigen Siedlung **Inverarish** eingeweiht.

Landschaftlich besonders reizvoll ist der Aufstieg auf den 443 m hohen Bergkegel des **Dun Caan**. Dort oben soll Boswell aus Begeisterung einen schottischen Reel getanzt haben. Der einfachste Zugang befindet sich an der Straße aus Inverarish an der einsam gelegenen Jugendherberge vorbei Richtung Norden. Durch

Ein kleines Schild an der Straße, eine verrostete Schubkarre und ein wenig Werkzeug markieren den Anfang von Calum's Road. Wer die abenteuerlichen 2,5 km über Stock und Stein von hier quer durch die Gneis-Mondlandschaft bis zum Straßenende in **Arnish** fährt, ahnt kaum, dass dieses Teilstück von einem einzigen Mann in Eigenregie angelegt wurde. Wie kam es dazu? Im 19. Jh. hatte der damalige Grundbesitzer die Insulaner aus dem Süden der Insel hinter eine Mauer auf der Höhe von Brochel Castle vertrieben und so die Menschen vom Großteil der Insel ausgesperrt. Als die Insulaner nach Aufsehen erregenden Landbesetzungen ab 1922 langsam wieder in den Süden zurückkehren konnten, sah die Regierung keinerlei Veranlassung, noch eine Straße hinauf nach Arnish zu bauen. So entvölkerte sich nun der Norden langsam. Diesem allmählichen Untergang der Siedlungen wollte **Calum MacLeod** (1911–88) nicht länger zusehen: Er baute die Straße schließlich selbst, mit seiner Schubkarre und den primitiven Werkzeugen – eine schier unglaubliche Leistung.

Dennoch kam Calum zu spät, denn den Wegzug der Bewohner konnte er nicht mehr aufhalten: Die Schule schloss, die Cottages leerten sich. Heute leben immerhin wieder vier Leute vor Ort und man kann vom Straßenende den alten Wirtschaftspfad bis zur verlassenen Siedlung **Torran** laufen und dann weiter nach **Fladda**, ein Eiland, das bei Niedrigwasser zu Fuß zu erreichen ist. Der Spaziergang mitten durch die sich regenerierende üppige Küstenbewaldung ist sehr angenehm (Wanderschuhe sind erforderlich).

Die bewegende Geschichte von Calum MacLeod liegt mittlerweile sogar auf Deutsch in Buchform vor: Roger Hutchinson, *Eine Straße in Schottland*, dtv 2009. Die legendäre Folk-Band Capercaillie benannte schon 1988 auf ihrem wunderbaren Album *The Blood is Strong* einen ihrer schönsten Instrumentalsongs schlicht *Calum's Road*.

die fast völlig menschenleere Inselmitte führt die ruckelige Piste weiter zur mageren Ruine von **Brochel Castle**. Dort beginnt eine der ungewöhnlichsten Straßen Schottlands, **Calum's Road** (siehe Kasten).

€ **Raasay Youth Hostel**, Creachan Cottage, ☎ 01478-660240, 🖥 www.hosteling scotland.com. Sehr rustikale und stimmungsvolle JH rund 3 km nördlich vom Pier in alleinstehender Lage mit tollem Blick hinüber nach Skye. Nach der grundlegenden Renovierung 2005 gibt es draußen nun eine zusätzliche Holzhütte, eine gute Küche mit Waschmaschine und sogar eine Dusche! ⏱ Ende Mai bis Anfang Sep. Dorm-Bett ab 12 £.

Fähren von **CalMac**, 🖥 www.calmac.co.uk, pendeln mehrmals tgl. zwischen Raasay und SCONSER (25 Min., keine Reservierung).

Tickets (hin und zurück): Fußgänger 5,65 £, Autos 22 £. Der Fährterminal Sconser wird von allen Bussen zwischen Broadford und Portree angefahren (s. Broadford S. 482).

Cuillins und Minginish

Sligachan und Cuillins

Die alte Kutschenstation des **Sligachan Hotel** (s. S. 484) dient Wanderern wie Touristen als willkommene Oase inmitten der überwältigenden Bergszenerie der Cuillins (sprich: Kuhlinns). Vom Parkplatz und der alten Brücke führt ein gut ausgebauter Wanderweg über fast völlig flaches Terrain mitten in die Wildnis des **Glen Sligachan**. Bis zur gerade mal 70 m hohen Wasserscheide sind es gut 6 km. Dabei bekommt man die majestätischen Cuillins wie in einem Amphitheater präsentiert – unbedingt lohnend!

Der schwarze, steil aufragende und wild zerklüftete vulkanische Bergkamm der gut 1000 m hohen **Black Cuillins** ist das alpinste Gebirgs-massiv in Großbritannien und die Besteigung ist nur sehr erfahrenen und kletterfesten Wanderern zu empfehlen. Sehr augenfällig ist der Kontrast zu den eher kegelförmigen und hellen Gipfeln auf der Ostseite des Glen Sligachan.

Carbost und Glenbrittle

In Sligachan teilen sich die Straßen nach Portree und Dunvegan. Von Letzterer zweigt nach wenigen Kilometern die B 8009 nach **Carbost** ab. Dort liegt am Ufer des lang gestreckten Fjords **Loch Harport** Skyes einzige Destille: **Talisker**, ✆ 01478-614308, ⌨ www.taliskerwhisky.com. Die Diageo-Brennerei bietet das übliche Touristenprogramm mit Führungen und Kostproben an. Schon auf dem Parkplatz schlägt einem der durchdringende Destillengeruch entgegen. ⊙ April–Juni, Sep–Okt Mo–Sa 9.30–17, Juli–Aug Mo–Sa 9.30–17, So 11–17, Nov–März Mo–Fr 10–17 Uhr, Führung 5 £, erm. 2,50 £.

Schon vor Carbost zweigt eine kleine Stich-straße ab und führt hinüber nach **Glenbrittle**, einer Mini-Siedlung auf der „Rückseite" der Cuillins. Von hier beginnen die meisten Aufstiegsrouten auf die Cuillins. Doch man muss Glück haben, um auf der *Misty Isle* die Berggipfel überhaupt zu Gesicht zu bekommen ... Vom Strand fällt der Blick hinüber auf die Inseln Rum und Canna.

Von Sligachan führt ein ca. 8 km langer Wanderweg als „Abkürzung" zur Straße nach Glenbrittle; auf dieser sind es dann noch 6 km bis zum Strand.

Sligachan

Sligachan Hotel & Campsite, ✆ 01478-650204, ⌨ www.sligachan.co.uk. Frei stehendes Hotel mit rustikalem Bunkhouse und der Seamus Bar mit deftiger Hausmannskost für die Scharen von hungrigen Wanderern. Dazu wird das hauseigene Bier der Cuillins Brewery gezapft. Im „Slig" ist immer was los und abends kann man sich gut über Neuigkeiten aus den Cuillins austauschen. Auf der anderen Straßenseite befindet sich an der Bucht ein beliebter Campingplatz (Achtung: abends viele Mücken!). ⊙ Küche 11–21.30 Uhr. Dorm-Bett ab 16 £, Hotel ❸–❹, Campsite ❶

Glenbrittle

€ **Glenbrittle Youth Hostel**, ✆ 01478-640278, ⌨ www.hostellingscotland.com. Sympathische SYHA-Herberge im Wandertal Glenbrittle. Hier treffen sich vor allem Wanderer und Radler. Unvergessen sind die Tage, als das britisch-deutsche Herbergspaar Ted und Hildy das Hostel mit viel Herz in Schwung hielt. Dorm-Bett ab 15 £. ⊙ April–Sep.

Glenbrittle Campsite, ✆ 01478-640404, ✉ glenbrittle@dunvegancastle.com. Netter Strand-Campingplatz mit kleinem Shop – Achtung: Mücken! ⊙ April–Sep. ❶

Für Busverbindungen von Broadford via Sligachan nach Portree s. Broadford S. 482. Stagecoach-Bus 53/54 fährt Mo–Sa 1–4x tgl. von PORTREE über Sligachan (15 Min.) nach Carbost (Talisker, ca. 35 Min.). Hinüber nach Glenbrittle zzt. kein öffentlicher Nahverkehr!

Portree

Nun aber endlich in den malerischen Hauptort der Insel: Portree ist mit knapp 2000 Einwohnern geradezu städtisch und besitzt vor allem mit seinen bunten Häuserzeilen am Hafen sowie am Beginn der Straße nach Staffin echte Hingucker. Der Ortsname soll sich aus dem Gälischen ableiten (Port an Righ = Hafen des Königs) und an einen Besuch von König James V. 1540 erinnern. Heute ankern in der königlichen Bucht viele Jachten. Mehrere Anbieter offerieren Schiffstouren.

Am südlichen Ortsrand von Portree ist das **Aros**, ✆ 01478-613750, ⌨ www.aros.co.uk, der kulturelle Mittelpunkt des Ortes: Café-Restaurant, Buchladen, Internetzugang, Theater und Kino machen den Besuch kurzweilig. Zudem zeigt die **Sea Eagle Experience** einen Film über die Seeadler von Skye. Dazu gibt es eine Live-Kamera und weitere Infos. ⊙ Mo–Sa 9–17 Uhr, Eintritt Sea Eagle Experience 4,50 £, erm. 3 £.

Aufgrund der großen Beliebtheit und trotz der vielen B&Bs kann der Ort im Sommer schnell ausgebucht sein. Besser vorab reservieren.

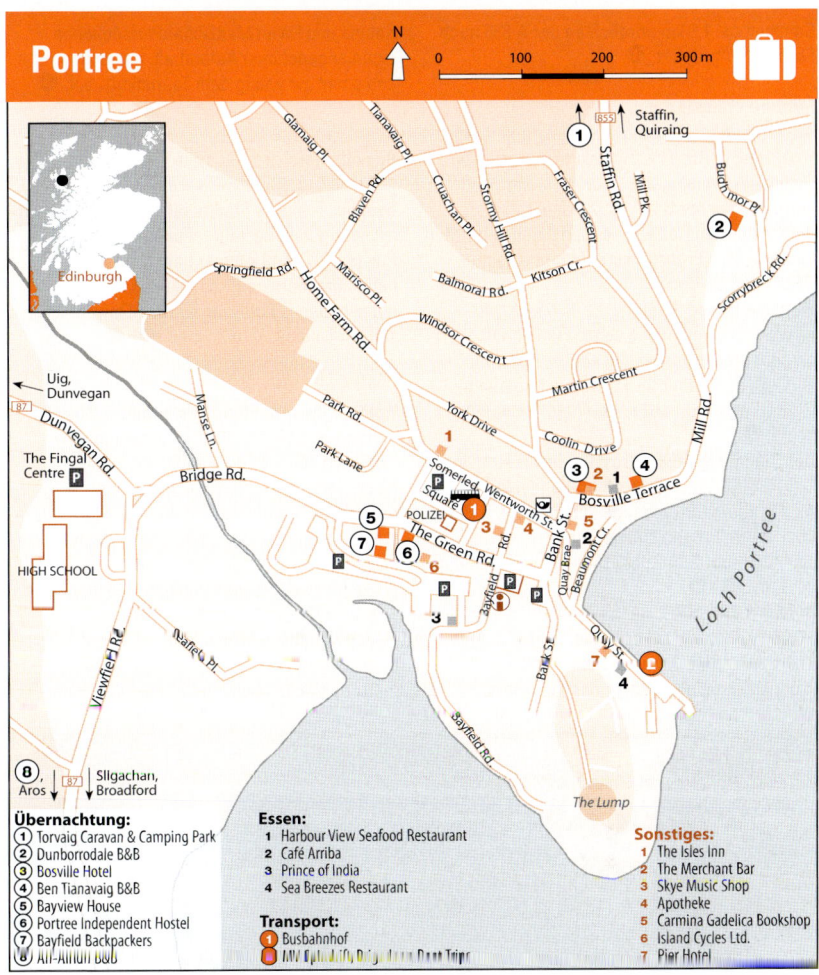

Portree

Übernachtung:
1. Torvaig Caravan & Camping Park
2. Dunborrodale B&B
3. Bosville Hotel
4. Ben Tianavaig B&B
5. Bayview House
6. Portree Independent Hostel
7. Bayfield Backpackers
8. Air-Aunon B&B

Essen:
1. Harbour View Seafood Restaurant
2. Café Arriba
3. Prince of India
4. Sea Breezes Restaurant

Transport:
1. Busbahnhof
2. MV Glamatic Pier: Tour Boat Trips

Sonstiges:
1. The Isles Inn
2. The Merchant Bar
3. Skye Music Shop
4. Apotheke
5. Carmina Gadelica Bookshop
6. Island Cycles Ltd.
7. Pier Hotel

Untere Preisklasse

€ Bayfield Backpackers, Bayfield, ℘ 01478-612231, 🖥 www.skyehostel. co.uk. Nettes und sauberes Hostel in der Ortsmitte mit guten Preisen und einem behindertengerechten Zimmer. Demselben Besitzer gehört auch das günstige Bayview House nebenan (s. u.). Dorm-Bett ab 14 £.

€ Portree Independent Hostel, The Green, ℘ 01478-613737, 🖥 www.hostelskye.co.

uk. Coole und lockere Herberge in der alten Post. Manche Schlafsäle sind etwas dicht gedrängt, gelegentlich auch gemischt-geschlechtliche Belegung. Bei 60 Betten findet man auch in der Hochsaison oft noch ein Bett, und in der Lounge ist immer was los. Das einzige Doppelzimmer ist sehr beliebt. Dorm-Bett ab 15 £. ❶

Torvaig Caravan & Camping Park, 8 Torvaig, ℘ 01478-611849. Sehr beliebter Zeltplatz im

Sommer, ca. 1,5 km nördlich an der A 855 nach Staffin. ⏱ April–Okt. ❶

Mittlere Preisklasse

An-Airidh B&B, 6 Fisherfield, Viewfield Road, ☎ 01478-612016, ✉ stayonskye@hotmail.com. Gleich am Ortseingang bietet Mrs. Macleod nette Zimmer mit Bad/WC. 2 Doppelzimmer in dem modernen Gebäude haben einen separaten Eingang. Vom Frühstücksraum fantastischer Blick über die Bucht.

Bayview House, Bayfield, ☎ 01478-613340, 🖥 www.bayviewhouse.co.uk. Funktional eingerichtete Pension, die kein Frühstück serviert, dafür aber für Portree sehr günstig ist. Rezeption zumeist im Bayfield Backpackers (s. o.). ❷

Ben Tianavaig B&B, 5 Bosville Terrace, ☎ 01478-612152, 🖥 www.ben-tianavaig.co.uk. An der oberen Promenade mit herrlichem Blick über die Bucht. Die Zimmer und der Service sind tipptopp, dafür gibt es jedoch keine Lounge im Haus. ❷–❸

Dunborrodale B&B, Budhmor Place, ☎ 01478-612058, 🖥 www.dunborrodale.co.uk. 4 ruhige und komfortable Zimmer in einer kleinen Wohnsiedlung nordöstlich des Zentrums.

Robina und Ewen MacDonald ermöglichen einen angenehmen Aufenthalt, und man entkommt ein wenig dem Touristentrubel. ❸

Obere Preisklasse

Bosville Hotel, 9-11 Bosville Terrace, ☎ 01478-512846, 🖥 www.macleodhotels.co.uk/bosville. Schickes Stadthotel mitten im Zentrum mit sehr gutem Restaurant und lebendigem Pub (s. u.). Die 19 Zimmer haben einen hohen Standard, und so lockt das Bosville ein gehobenes Publikum hierher. Ein sehr vielseitiger Lichtpunkt in Portree. ❹–❺

Essen

Harbour View Seafood Restaurant, 7 Bosville Terrace, ☎ 01478-612069, 🖥 www.harbourviewskye.co.uk. In dem hervorragenden Restaurant speist man wie in einem gemütlichem Wohnzimmer. Auf der Speisekarte stehen frische Austern, Muscheln, Heilbutt, aber auch Rotwild. Sehr lecker ist die Seafoodplatte für zwei. Abends unbedingt reservieren! ⏱ Küche Di–So 12–14, 17–22 Uhr.

Prince of India, Bayfield Road, ☎ 01478-612681, 🖥 www.princeofindia.co.uk. Feine indische Küche in einem Cottage. Wer seinem

Highland Games in Portree

Südwestliche Highlands und Innere Hebriden

Gaumen eine exotische Pause von Fish 'n'
Chips verschaffen möchte, findet hier reichlich
Auswahl. ⏰ Küche tgl. 12–14, 17–23.30 Uhr.
Sea Breezes Restaurant, Quay Street,
☎ 01478-612016. Unten am Hafen sehr gutes
Seafood, z. B. Hummer, Austern, Heilbutt und
Langustinen, aber auch Aberdeen Angus-
Rind. Recht günstig sind die 2-gängigen „Early
Bird"-Menüs zwischen 17 und 18 Uhr. ⏰ Küche
Mo–Sa 12–14, 17–21.30 Uhr.

Unterhaltung

Feste

Skye Highland Games, 🖥 www.skye-
highland-games.co.uk. Das bunte Spektakel
Anfang August lockt Tausende nach Portree.
Dudelsack-Wettbewerbe und typische Events
wie Baumstammwerfen, Hochlandtanz und
Tauziehen sorgen für gute Unterhaltung –
Portree ist an diesem Tag traditionell komplett
ausgebucht!

Pubs

Pier Hotel, Quay Street, ☎ 01478-612094.
Kleiner Pub am Hafen, der vor allem an den
Wochenenden zum Bersten gefüllt ist. Hier
kommt man schnell ins Gespräch. Dazu kommt
gelegentlich Livemusik.
The Isles Inn, Somerled Square, ☎ 01478-
612129. In der stimmungsvollen Bar treten im
Sommer regelmäßig Musiker auf – echtes
Pub-Feeling.
The Merchant Bar, Bosville Hotel
(s. „Übernachtung"). Lebendiger Hotel-Pub mit
gemischtem Publikum. Tagsüber kann man
einfach einen Kaffee trinken, während abends
im Sommer auch Livemusik auf dem Programm
steht. Dann wird es proppenvoll in dem Laden.

Aktivitäten

Busrundfahrten

Glenedin Coaches, ☎ 01470-582306. Im Sommer
3-stündige Touren von Portree entweder rund
um die Trotternish-Halbinsel oder aber Richtung
Dunvegan (ab 4 Pers.). Tickets 15 £.

Rad fahren

Island Cycles Ltd, The Green, ☎ 01478-613121.
Neben dem Hostel (die Treppe runter) verleiht

Buntes Café mit Blick über die Bucht

Locker, bunt und gemütlich: Das **Café Arriba**,
Quay Brae, ☎ 10478-611830, ist ein Lichtblick
für alle, die ein relaxtes Café mit guter Küche
suchen. Schon früh morgens wird Frühstück
serviert, danach gibt es neben *home baking*
auch Falafel, Humus, Salate, Lamm-Chilis und
Burger. Kostenlos dazu kommt der wunderbare
Blick über die Bucht – ideal, um eine Pause
einzulegen. ⏰ Küche tgl. 7.15–ca. 21/22 Uhr.

und repariert Steve Räder. 7,50£/14£ für
5/24 Std. ⏰ Mo–Sa 9–17 Uhr.

Schiffsausflüge

Vom Hafenpier an der Quay Street legen im
Sommer mehrere Anbieter ab:
Die **MV Spindrift**, ☎ 07769-701911,
🖥 www.spindriftboattrips.co.uk, fährt z. B.
zur Insel Rona hinüber (mit Landgang,
Tickets 30 £, erm. 19 £).
Brigadoon Boat Trips, ☎ 01470-612641,
🖥 www.portree-boat-trips.co.uk,
bietet 2-stündige Fahrten (Tickets 14 £, erm. 7 £).

Sonstiges

Einkaufen

Carmina Gadelica Bookshop, Bank Street,
☎ 01478-612585. Recht gut sortierter Buchladen
mit Wanderkarten. ⏰ Sommer Mo–Sa 9–21,
Winter Mo–Sa 10–17 Uhr.
Skye Music Shop, Bayfield Road, ☎ 01478-
611980, 🖥 www.skyemusicshop.com.
In Sachen traditionelle Folkmusik ist der Laden
das Nonplusultra auf Skye. Kate und John
geben auch Musikunterricht und machen unter
dem Namen Heartland als Gitarren-/Fiddle-Duo
selbst Folkmusik. ⏰ Sommer Mo–Fr 9.30–17.30,
Sa 9.30–17, So 11–16 Uhr; Winter Di–Do 1
0–17.30, Fr–Sa 10–17 Uhr.

Informationen

Portree VisitScotland Information Centre,
Bayfield Road, ☎ 01478-612137, 0845-2255121.
Mit Internetcomputern. ⏰ Mai, Sep–Okt
Mo–Sa 9–17, So 10–16, Juni–Aug Mo–Sa 9–18,
So 10–16, Nov–April Mo–Fr 9–17, Sa 10–16 Uhr.

Internet

Portree Library, The Fingal Centre, Viewfield Road, ℰ 01478-614823. Kostenloser Internetzugang. ⏱ Mo/Mi/Fr 9.10–17, Di/Do 9.10–20, Sa 10–16 Uhr.

Taxis

Don's Taxis, ℰ 01478-613100; **Kenny's Taxi Service**, ℰ 01478-611844.

Transport

Zentrale Bushaltestelle in Portree ist der Somerled Square. **Scottish Citylink** bedient 2x tgl. die Strecke von/nach INVERNESS (3 Std.) und 3x tgl. von/nach GLASGOW (6–7 Std.) via FORT WILLIAM (3 Std.), 1–3x tgl. geht es von Portree weiter zum Fähranleger für die Äußeren Hebriden nach UIG (30 Min.). **Stagecoach** bedient mit Bus 57A/C Mo–Sa 4x tgl. die Rundroute Staffin–Flodigarry–Uig rund um die TROTTERNISH-HALBINSEL in beide Richtungen (ca. 2 Std.). Linie 56 fährt Mo–Sa 3–5x tgl. von Portree zum DUNVEGAN CASTLE (45 Min.), Mo–Fr geht es an Schultagen 2x tgl. weiter nach GLENDALE (1 1/4 Std.).

Halbinsel Trotternish

Die Inselhauptstadt Portree ist der ideale Ausgangspunkt für eine Rundfahrt über die Halbinsel Trotternish: Markante Felsnadeln, zerklüftete Felsmassive, steile Klippen, ein liebevoll aufbereitetes Museumsdorf, seltene Dinosaurier-Fußabdrücke sowie immer wieder umwerfende Ausblicke machen den nordöstlichen Zeigefinger von Skye zu einem echten Highlight. Die Rundfahrt ist gut 80 km lang.

Nach Staffin und Flodigarry

Von Portree führt die A 855 fast schnurgerade nach Norden, immer parallel zu dem bis zu 720 m hohen, scharf gezackten Bergkamm des Trotternish Ridge. Noch vor Loch Fada fällt der Blick auf den **Old Man of Storr**, eine 48 m hohe Felsnadel. Der Felsen gehörte ursprünglich zum Hauptmassiv, das aus rund 50–60 Mio. Jahre alter Basalt-

lava besteht. Im Laufe der Zeit gab der weichere Untergrund nach und es kam zu größeren Erdrutschen, die meisten davon während der letzten Eiszeit vor 10 000–13 000 Jahren. Ein ähnliches Phänomen schuf auch den Quiraing (s. rechts).

Von der Straße führt ein gut ausgebauter Wanderweg in knapp 30–45 Min. zum Sockel des Old Man hinauf – ein sehr guter Aussichtspunkt über den Inner Sound nach Gairloch. Die hohen Felsen des Trotternish Ridge, der sich über dem Old Man auftürmt, sind zudem das Reich der Stein- und Seeadler. Mit etwas Glück sieht man sie hoch über den Köpfen kreisen.

Weiter geht die Fahrt nach Norden, vorbei an der tief eingeschnittenen Bucht von **Lealt**. Hinter dem vulkanischen Kegeltisch von Valtos ist am Loch Mealt eine weitere Attraktion erreicht. Am Parkplatz stürzt ein Wasserfall in die Tiefe ins Meer. Die benachbarten Basaltklippen des **Kilt Rock** erhielten ihren Namen, weil ihre typischen Säulen wie ein Faltenrock aussehen.

Schon an der nächsten Kreuzung führt einen in Ellishadder das kleine **Staffin Museum**, ℰ 01470-562302, in den Jurassic Park von Schottland. Nirgendwo sonst fand man derart viele Dinosaurier-Fußabdrücke und es werden ständig neue entdeckt. Die meisten Originale sind jedoch in Glasgow (s. S. 244). ⏱ April–Okt Mo–Fr 10.30–16, Eintritt 2 £, erm. 1 £.

In **Staffin** lohnt ein Abstecher zum Anleger (Slipway). In dem schmalen Sund zwischen Hauptinsel und Staffin Island tummeln sich gelegentlich Seehunde. Am Strand hat man einen weiteren Dino-Abdruck entdeckt, den man bei Niedrigwasser mit Glück mit bloßem Auge findet.

Die Skyline von Staffin wird durch das Massiv des **Quiraing** bestimmt. Hier sind gleich mehrere Felsen vom Bergkamm abgebrochen und rutschen langsam dem Meer entgegen. In dem ungewöhnlichen Felsgarten versteckten sich einst Outlaws auf der Flucht. Der beste Zugang zu dem beeindruckenden Massiv ist von der kleinen *single track road* von Staffin nach Uig (s. Aktivkasten), die sich in zwei Haarnadelkurven auf den Bergkamm hinaufzieht. Schon von dort ist der Ausblick fantastisch. Dass die Erde noch immer in Bewegung ist, kann man an der Siedlung **Flodigarry** sehen. Dort wird die A 855 alle paar Jahre schlicht aufgefaltet.

Im Felsengarten des Quiraing

- **Anspruch:** mittel
- **Gehzeit:** ca. 3 Std.
- **Länge:** 8 km
- **Karte:** OS Landranger 23
- **Anfahrt:** Mit dem Auto von Staffin auf der schmalen *single track road* von der A 855 Richtung Uig abbiegen und nach 3 km oberhalb des steilen Haarnadelkurvenanstiegs parken.
- **Hinweis:** Bei schlechten Sichtbedingungen ist die Orientierung auf dem konturlosen Plateau mit seinen senkrechten Abbruchkanten schwierig und die Begehung nicht zu empfehlen!

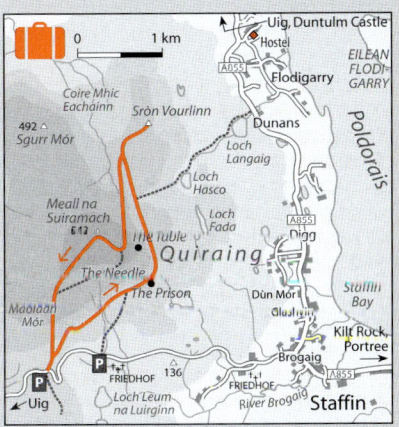

Scharfe Felsnadeln und abgerutschte Gesteinsformationen charakterisieren den faszinierenden Quiraing. Vom Gipfelplateau des 543 m hohen **Meall na Suiramach** bieten sich bei gutem Wetter fantastische Ausblicke auf die Äußeren Hebriden.

Am Gefängnis vorbei

Vom Parkplatz an der Piste zwischen Staffin und Uig folgt man zunächst dem sehr breiten Wanderweg Richtung Quiraing (Wegweiser: „Flodigarry via Quiraing"). Die Klippen bieten hier einen einfachen Durchlass, und so findet man sich schnell unterhalb der imposanten senkrechten Felsen zur Linken wieder. Nach rechts fällt das Terrain steil ab. Zurück kann man einen imposanten Blick entlang der scharfen Abbruchkante des **Trotternish Ridge** werfen. Während die Westseite der Halbinsel von eher sanft ansteigenden Moorhängen geprägt ist, offenbart der felsige Ostteil des Rückens die vulkanische Vergangenheit der Gegend. Im Osten erkennt man bereits das Festland.

Hinter einem schwierigen Einschnitt, der Vorsicht verlangt, erklimmt der Pfad am Zugang zum Quiraing über geröllhaltigen Untergrund einen kleinen Sattel zwischen der Felsformation des **Prison** rechts sowie der **Needle** und dem Hauptbereich links (30 Min.). Wie beim Old Man of Storr sind die Auswirkungen der eiszeitlichen Erdrutsche faszinierend. Das Innere dieser Felsformation kann man später vom Oberrand der Klippen betrachten. Der Pfad führt am Hang weiter, bis er um die Felsen herum links abbiegt. An der Ecke überwölben die Felsen den Pfad so sehr, dass man sich hier bei Regen unterstellen kann. Von der Meerseite kommt der Talboden nun näher und die Landschaft ist wild mit Gesteinsbrocken übersät. Links ragen die Felsen des Quiraing dunkel auf, während von rechts ein Pfad vom Weiler Flodigarry hinaufkommt.

Oberhalb der Klippen

Jenseits einer alten Grenzmauer gelangt man nach einem steilen Zwischenanstieg über einen Zaun auf die Oberseite der Klippen. Die Landschaft ändert sich hier wieder dramatisch, weil die schroffe Felsenszenerie abrupt in grüne Abhänge übergeht, die zur Nordspitze der Trotternish-Halbinsel hin abfallen.

Ein kurzer Abstecher führt geradeaus an der Abbruchkante bzw. dem Zaun entlang, bis die Felsen am **Sròn Vourlinn** scharf nach links abbiegen (1 1/4 Std.). Dort ist große Vorsicht angesagt, weil man direkt auf die steile Abbruchkante zuläuft. Von dem Vorsprung bietet sich bei gutem Wetter ein herrlicher Ausblick zurück auf den Quiraing und über das Meer hinweg zum Festland. Unter den Felsen liegt Flodigarry.

Nach der Rückkehr zum Ausgangspunkt des Abstechers am Klippendurchlass geht es nun über den grasigen Abhang ziemlich steil bergan auf das Gipfelplateau. Links fallen die Klippen dramatisch ab und man muss einen größeren Einschnitt umrunden, bis der Pfad an einem Cairn oberhalb des sogenannten **Table** ankommt. Von hier kann man in den oberen Bereich des Quiraing runtergucken und sehr gut erkennen, wie die Felsen abgerutscht sind. Der Table ist eine praktisch ebene Fläche, die ganz von den Felsnadeln eingerahmt ist. So erklärt sich auch die Bedeutung „runder Pferch" für den aus dem Altnorwegischen abgeleiteten Namen Quiraing. Einst sollen in diesem burgähnlichen Bereich bis zu 3000 Stück Vieh vor Piratenattacken versteckt worden sein.

Panoramablick vom Meall na Suiramach

An dem Cairn geht es scharf rechts, weg von der Abbruchkante und dem Hauptpfad. Es ist nur ein undeutlicher Pfad auszumachen und der Gipfel des flachen Plateaus ist erst spät zu erkennen. Bei plötzlichem Nebel ist der Weg nicht zu empfehlen. Dann geht man besser über den Hauptpfad weiter. Ein Vermessungspunkt und zwei kleine Cairns markieren den höchsten Punkt des 543 m hohen **Meall na Suiramach** (2 1/4 Std.). Spielt das Wetter mit, kann man von hier in der Ferne die Äußeren Hebriden von South Uist bis hinauf nach Lewis sehen – ein unvergleichlicher Ausblick.

Im Weiteren geht es links den Pfosten nach über die zumeist recht feuchte Hochfläche. Nach dem siebten oder achten Stab geht es nach links, und in dem weglosen Terrain beginnt der Abstieg, bis der eigentliche, recht matschige Pfad erreicht ist. Dieser führt ziemlich weit nach Westen, um den Klippen auszuweichen. Das letzte steile Stück des Abstiegs endet schließlich am Parkplatz. (3 Std.)

Von Duntulm Castle bis Uig

Von Flodigarry führt die *single track road* zur Nordspitze von Trotternish. Hier hängen die Reste des frei zugänglichen **Duntulm Castle** prekär über den Klippen. Die einstige Trutzburg der MacDonalds war auch für ihre Dudelsackschule bekannt und natürlich den jahrhundertealten Zwist mit den MacLeods.

Wenige Kilometer weiter ist im Weiler Kilmuir der Besuch des **Skye Museum of Island Life**, ✆ 01470-522206, 🖥 www.skyemuseum.co.uk, sehr empfehlenswert. Sieben reetgedeckte Cottages erzählen die Geschichte der Menschen auf Skye. Noch 1957 war eins der Häuser bewohnt, seither ist die alte keltische Welt der kleinen Cottage-Siedlungen untergegangen. In dem Privatmuseum wird mit viel Liebe zum Detail versucht, das alte Leben als Kleinbauer *(crofter)* sowie die Clearances und ihre Folgen vor dem Vergessenwerden zu bewahren. Die Vorstellung, dass Trotternish im 18. Jh. „voller Getreide" war, versetzt heute ins Staunen. Allein Mitte des 19. Jhs. verließ ein Drittel der Bevölkerung die Insel, bis von Skye 1882 der entscheidende Impuls ausging, die *crofter* rechtlich vor der Willkür der Großgrundbesitzer zu schützen (s. S. 456). ⊙ Ostern–Okt Mo–Sa 9.30–17 Uhr, Eintritt 2,50 £, erm. 2/0,50 £.

Ein kurzes Stück landeinwärts steht das Grabmal für **Flora MacDonald**, Heldin im letzten Kapitel der epischen Stuart-Rebellionssaga (s. Kasten S. 493).

In **Uig** ist schließlich in einer weiten halbkreisförmigen Bucht der Fähranleger für die Überfahrt nach Harris und North Uist erreicht. Am Pier befindet sich die Töpferei Uig Pottery, ✆ 01470-542421, 🖥 www.uigpottery.co.uk, ⊙ Mai–Okt Mo–Sa 9–18, So 11–16, Nov–April Mo–Sa 9–17 Uhr.

Übernachtung und Essen

Dunmar B&B, Clachan, Staffin, ✆ 01470-562411, ✉ dave-bulmar@tiscali.co.uk. Sehr gemütliches und günstiges Zimmer mit Blick auf den Quiraing. Die Bulmars haben eine eigene Farm und verkaufen an der Straße nach Staffin auch eigene Kartoffeln, Eier, Marmelade und Erdbeeren. Das Paar ist sehr freundlich – Urlaub auf dem Bauernhof!

€ Panoramahostel am Quiraing

Das bestgelegene Hostel von Skye liegt neben dem vornehmen Flodigarry Country House Hotel und genießt einen traumhaften Blick über den Sound of Raasay hinüber zur Westküste. Neben den sauberen und sehr gepflegten Zimmern im 1. Stock (auch Doppelzimmer) ist im **Dun Flodigarry Hostel**, ✆ 01470-552212, 🖥 www.hostelflodigarry.co.uk, vor allem der große, helle Küchen- und Lounge-Bereich im Erdgeschoss ein großes Plus. Hier trifft sich abends die bunte Traveller-Schar, von denen einige auch am Hostel zelten. Flodigarry ist eine sehr gute Basis für die Erkundung von Trotternish und eine echte Alternative, wenn man nicht in Portree wohnen möchte oder dort alles voll ist. Das Hostel hat übrigens auch eine Waschmaschine. Dorm-Bett ab 13 £. ❶

Orasay, 14 Idrigill, Uig, ✆ 01470-542316, 🖥 www.holiday-skye.co.uk. Das Orasay bietet sowohl B&B wie auch Leih-Caravans und einen Wohnzimmer-Tearoom für die zahlreichen wartenden Fährgäste an. Mit dieser Kombination ist das freundliche Team ein echtes Plus im Ort. ⊙ 7.30–20 Uhr. ❷

The Kilmartin, Staffin, ✆ 01470-562322. Schlichtes, aber gutes Café-Restaurant im Community Centre von Staffin. Mittags gibt es Lunch, später Kaffee und Kuchen, abends Hausmannskost. Ein weiterer Pluspunkt ist die große Glasfront. ⊙ Mo–Sa 12–17, 18–20.30 Uhr.

€ **Uig Youth Hostel**, ✆ 01470-542746, 🖥 www.hostellingscotland.com. Am Südrand der Bucht direkt an der A 856 gelegene SYHA-Herberge. Günstig für Weiterreisende auf die Äußeren Hebriden. Dorm-Bett ab 15 £.

Transport

Für den Busdienst auf der Trotternish-Halbinsel und den Fährhafen von Uig s. Portree S. 488.

Schiffe

CalMac, 🖥 www.calmac.co.uk, schippert von Uig auf die Äußeren Hebriden. Mo–Sa geht es 1–2x tgl. im Wechsel entweder nach

TARBERT auf Harris (1 3/4 Std.) oder nach LOCHMADDY auf Uist (1 3/4 Std.).
Tickets: Fußgänger 5,35 £, Autos 24,20 £.

Der Nordwesten von Skye

Wie die Tatzen eines Bären ragen die Halbinseln im Nordwesten von Skye hinaus ins Meer. Dabei hat jede Halbinsel eine eigene Identität: Die Halbinsel Waternish hat sich in den letzten Jahren durch exquisites Kunsthandwerk und gute Restaurants einen Namen gemacht. Dunvegan ist für das gleichnamige Castle berühmt, den Stammsitz der MacLeods of MacLeod. Und Duirinish fasziniert durch imposante Klippen, beeindruckende Tafelberge und einige kleine Museen.

Waternish

Die A 850 zieht sich in weitem Bogen unterhalb von Loch Snizort Beag und Loch Greshornish nach Westen. In Edinbane lohnt ein erster Stopp in der **Edinbane Pottery**, ✆ 01470-582234, 🖥 www.edinbane-pottery.co.uk. Stuart und Julie Whatley bieten nicht nur einen Blick in den Workshop, sondern haben auch eine kleine Galerie. ⏰ Ostern–Okt tgl. 9–18, sonst Mo–Fr 9–18 Uhr.

Schon an der **Fairy Bridge**, am Abzweig auf die B 886 nach Waternish, begegnen Reisende der ersten Fee – und es wird nicht die letzte sein. Die Fee war mit dem Clanchef der MacLeods zusammen, doch musste sie wieder ins Feenreich zurück und trennte sich an der Brücke von ihrem Mann.

Wichtigste kulinarische Anlaufstelle auf der Halbinsel Waternish ist **Stein** (s. S. 494). Frisch gestärkt geht die Fahrt weiter Richtung Halistra. Sofort hinter dem Abzweig von der Hauptstraße ist **Skyeskyns**, Loch Bay, ✆ 01470-592237, 🖥 www.skyeskyns.co.uk, eine der wenigen noch erhaltenen, besucherfreundlichen Lammfellgerbereien. Auf den kostenlosen Führungen werden die verschiedenen Stufen des Gerbens anschaulich demonstriert. Am Ende des vielschichtigen Prozesses stehen sehr flauschige Felle. ⏰ tgl. 9–18 Uhr.

Sehr ungewöhnlich und sehenswert ist die Wollfärberei von **The Skye Shilasdair Shop**, Carnach, ✆ 01470-592297, 🖥 www.the skyeshilasdairshop.co.uk. Die in allen Farben des Regenbogens gefärbte Wollmode von Eva Lambert wird mit natürlichen Kräutern und Gewürzen bearbeitet. Im Laden kann man auch Biowolle kaufen. ⏰ April–Okt tgl. 10–18 Uhr.

Dunvegan

Stolz erzählt Hugh MacLeod of MacLeod, seines Zeichens 30. Clan Chief, von der fast schon im Reich der Mythen verschwimmenden norwegisch-gälischen Herkunft seines Clans. Seit mehr als 800 Jahren ist **Dunvegan Castle**, ✆ 01470-521222, 🖥 www.dunvegancastle.com, Sitz der MacLeods, und dementsprechend wird man in dem herrschaftlichsten Hebriden-Gemäuer von reichlich Geschichte umweht.

Schon der Zugang zum Castle durch den üppig bewaldeten Park ist eine Wucht. Das über die Jahrhunderte hinweg erweiterte Haus ist voller Relikte einer stolzen Vergangenheit. Mythische Kraft soll die sogenannte *Fairy Flag* haben, die dem Clan Sieg und Schutz vor Desastern verspricht. Die arg verschlissene Feenfahne soll irgendwann zwischen dem 4. und 7. Jh. im Nahen Osten entstanden sein. Unter den üblichen Memorabilien ist eine Weste von Bonnie Prince Charlie sowie Rory Mors Horn aus dem 15. Jh. Der Tradition nach muss jeder neue Clanchef das mit Wein gefüllte Horn, das gut 1,5 Liter fasst, in einem Zug leeren, um zu beweisen, dass er jeden Feind unter den Tisch trinken kann. Der jetzige Clanchef hat darauf, im Gegensatz zu seinem Vater, jedoch verzichtet … Zu sehen sind auch Dudelsäcke der MacCrimmons, die über Jahrhunderte hinweg die Haus- und Hof-Piper der Clanchefs waren (s. auch S. 87).

Im Salon schauen mehrere Generationen von MacLeods of MacLeod auf die Besucher nieder. Die Gemälde aus dem 18. Jh. stammen von Raeburn und Ramsay und verdeutlichen die gesicherte soziale Position, da sich der Clan nicht am Jakobitenaufstand 1745 beteiligt hatte. 1814 kam Walter Scott vorbei. Der verfasste zum Dank prompt das Hebriden-Drama *Lord of the Isles* mit Clanchef Rory Mor als Titelheld. Interessant sind im Keller die alten Fotos von St Kilda (s. S. 569), einst ebenfalls im Besitz der MacLeods.

Vom Anleger kann man mit kleinen Booten zu den nahe gelegenen **Seehundsänken** schip-

*„Speed bonny boat like a bird on a wing,
Onward! the sailors cry,
carry the lad that's born to be king
over the sea to Skye."*

Kaum eine Hochland-Begegnung wurde so romantisch aufgeladen wie die Flucht des Stuart-Prinzen **Charles Edward** an der Seite von **Flora MacDonald** nach der verlorenen Schlacht von Culloden 1746. Zum letzten Mal schlugen die Jakobiten dank der selbstlosen Hilfe der Hochländerin der britischen Krone ein Schnippchen, weil das „schöne Boot wie ein Vogel den Jungen, der zum König bestimmt ist, über das Meer nach Skye trägt". Der berühmte **Skye Boat Song** vom Ende des 19. Jhs. verpackt die legendäre Flucht von Bonnie Prince Charlie quer durch die Inselwelt der Hebriden mit einer sanften Melodie und treibt damit die Verklärung der Ereignisse auf die Spitze.

Was war tatsächlich geschehen? Nach der Niederlage von Culloden im April 1746 setzt Charles alles daran, nach Frankreich zu flüchten. Doch auf den Äußeren Hebriden wartet er vergebens und fürchtet, von den britischen Soldaten bald eingekreist zu sein. Die Regierung hat zudem eine hohe Belohnung für seine Ergreifung ausgesetzt. Unter dem Druck möchte Charles sein Glück auf Skye versuchen.

Am 27. Juni sticht er von Benbecula als irische Dienstmagd „Betty Burke" verkleidet in See, an der Seite seiner „Herrin" Flora MacDonald. Flora stammt von South Uist und begleitet den Prinzen in den kommenden drei Tagen auf seiner waghalsigen Flucht. Bei der Landung auf der Halbinsel Waternish werden sie von „Rotröcken" beschossen, doch sie erreichen sicher Land. In Portree trennen sich bereits ihre Wege. Charles entkommt über Raasay, Sligachan und Elgol auf das Festland und wird schließlich tatsächlich nach Frankreich gebracht. Obwohl er vielerorts erkannt wurde, wollte niemand die 30 000 £ Kopfgeld einkassieren. So groß war die Verehrung der Highlander für ihn. Noch für lange Zeit helfen seine Hochland-Freunde Charles auch finanziell im Exil, doch letztlich stirbt er 1788 völlig bedeutungslos.

Flora MacDonald hingegen muss für ihre Hilfe zunächst mehrere Monate in den Tower. Doch in London feiert man bald ihre Tapferkeit und so wird sie schnell begnadigt. Flora MacDonald sieht den Prinzen nach ihrem dreitägigen Abenteuer nie wieder, und später emigriert sie nach Kanada, kommt jedoch nach Skye zurück, wo sie 1790 friedlich stirbt. 1773 wurde sie u. a. von den Schottland-Reisenden Johnson und Boswell in ihrem Haus zwischen Portree und Uig aufgesucht. Die beiden lassen sich von ihr ehrfürchtig die abenteuerliche Flucht des Prinzen erzählen und verfallen offensichtlich ganz ihrem Charme. Johnson schreibt in seinem Reisebericht: „Ihr Name wird in der Geschichte mit Ehre erwähnt werden, falls Mut und Treue Tugenden sein sollten." Dieser Spruch steht als bleibendes Denkmal auf ihrem Grab in Kilmuir (s. S. 572).

Südwestliche Highlands und Innere Hebriden

pern. Das Café befindet sich direkt am Parkplatz ○ April–Mitte Okt tgl. 10–17.30 Uhr, Eintritt 8 £, erm. 4 £, Bootstouren zusätzlich 5 £, erm. 3 £.

Duirinish

Die nordwestlichste Halbinsel von Skye, Duirinish, erstreckt sich westlich von Loch Dunvegan. Das Panorama wird von den beiden Tafelbergen der **MacLeod's Tables** dominiert. Einer Legende nach soll der Clanchef eines Tages bei einem Festbankett bei Hofe in Edinburgh zu Gast gewesen sein. Der König prahlte damit, dass es nirgends im Reich einen festlicheren Speisesaal gäbe. Daraufhin lud MacLeod ihn nach Skye ein und bereitete ein Festessen auf dem absolut flachen Tafelberg vor. Mit Fackeln beleuchtet und unter dem offenen Sternenhimmel musste sich der König geschlagen geben …

In **Colbost** erzählt das kleine **Colbost Folk Museum** in einem reetgedeckten Cottage u. a. die Geschichte der Landrechtsbewegung, die 1882 im benachbarten Glendale zum Einsatz von Soldaten, aber auch zur Gründung der Land League führte, die vier Jahre später im Parlament einen rechtlichen Schutz der *crofter* vor weiterer Vertreibung durchsetzen konnte (s. S. 449). ◷ tgl. 10–18 Uhr, Eintritt 1,50 £, erm. 1 £ (in die Kasse im umgekippten Boot legen).

Gleich nebenan stellt Kathellen Lindsley in der **Raven Press Gallery**, ☎ 01470-511748, ▯ www.kathleenlindsley.co.uk, mit Holzstempeln und einer Handdruckpresse von 1845 Schwarz-Weiß-Drucke her. ◷ April–Okt Mo–Sa 10–17 Uhr, sonst Mo/Mi/Fr 10–17 Uhr.

Und weiter geht die Fahrt nach Norden. In **Borreraig Park**, ☎ 01470-511311, führt ein etwas antiquiertes Museum durch die Geschichte des Dudelsackspielens. Im Vordergrund stehen die MacCrimmons, die 300 Jahre lang im Dienste der MacLeods standen. Auch hier kommt wieder eine Fee ins Spiel, denn einst wollte ein MacCrimmon unbedingt einen Dudelsack-Wettbewerb beim Hofe des MacLeod-Clanchefs gewinnen, konnte dies aber nur mit der Hilfe einer Fee. Als Preis dafür musste er ihr eines Tages ins Feenreich folgen. Doch vorher gab er seine übernatürliche Gabe an seinen Sohn weiter – die Dynastie der Piper war geboren. ◷ Mo–Sa 10–17 Uhr, Eintritt 2,50 £, Kinder frei.

Jenseits der typischen Hebriden-Streusiedlung **Glendale** endet die *single track road* schließlich bei Waterstein am **Neist Point**. Ein Spaziergang führt hinab zum Leuchtturm, von wo man einen wunderbaren Blick die Klippenküste entlang genießt. Waterstein Head ist 296 m hoch, und die Klippen fallen nahezu senkrecht ins Meer ab. Papageientaucher, Basstölpel und viele weitere Seevögel leben in dieser wilden Küstenlandschaft, die den dramatischen Abschluss der Skye-Erkundung bildet.

Übernachtung und Essen
Waternish

Loch Bay Seafood Restaurant, Stein, ☎ 01470-592235, ▯ www.lochbay-seafood-restaurant.co.uk. Frisches Seafood ist die Hausmarke in dem schicken Restaurant am Straßenende in Stein. Austern, Hummer und Langustinen haben Top-Qualität, und deshalb ist vor allem abends eine Reservierung sehr ratsam. Außerdem vermieten die Wilkinsons 2 sehr einladende Cottages wochenweise als Ferienwohnung. ◷ Restaurant April–Okt

Küche Di–Fr 12–14, 18.15–20.45 Uhr. Cottages 350–560 £/Woche.

Lorgill B&B, 25 Lochbay, ☎ 01470-592346, ▯ www.isleofskyebnb.com. Eine nette Pension oberhalb von Stein mit schönem Fernblick und 3 ansprechenden Zimmern. Das kleinste bietet nicht viel Platz, ist aber sehr günstig. ❷

Stein Inn, Stein, ☎ 01470-592362, ▯ www.steininn.co.uk. Sehr stimmungsvoller Pub mit gutem Seafood und *pub grub*. Das Inn wurde schon 1790 gegründet und ist ein populärer Zwischenstopp. Von den Tischen draußen traumhafter Blick über die Bucht. Die 5 Zimmer sind oft schon Monate im Voraus ausgebucht. ◷ Küche April–Okt tgl. 12–16, 18–21, Nov–März 12–14.30, 17.30–20 Uhr. ❸

Dunvegan und Colbost

🔶 **Jann's Cakes**, Dunvegan, ☎ 01470-521730. Extrem kleiner Laden mit nur wenigen Sitzgelegenheiten, aber sehr leckeren Süßwaren. Das Mehl für Kuchen und Brot ist bio, die Eier sind von frei laufenden Hühnern, Zusätze werden nicht verwendet, die Beeren stammen aus der Umgebung und Kaffee/Tee sind Fairtrade. Vor Ort werden auch eigene Schokoladen und Pralinen produziert – Vorsicht: Jann's macht süchtig! ◷ März–Okt Mo–Sa 10–17, Nov/Dez/Feb Mo–Sa 11–15 Uhr.

Kinloch Campsite, Dunvegan, ☎ 01470-521531, ✉ info@kinloch-campsite.co.uk. Campingplatz mit perfekter Lage am Kopfende von Loch Dunvegan, auch Waschmaschinen. ◷ April–Sep.

The Three Chimneys, Colbost, ☎ 01470-511258, ▯ www.threechimneys.co.uk. Vielleicht die exklusivste Adresse auf Skye. Die mehrfach preisgekrönte Küche untermauert den Ruf des Restaurants als eines der besten Schottlands, doch all das hat seinen Preis. Schon ein 2-Gänge-Menü kostet 27 £, 3 Gänge gleich 55 £. Auch die modern eingerichteten Zimmer liegen im obersten Preissegment. Die „Drei Schornsteine" sind etwas für den besonderen Anlass. ◷ Küche Mo–Sa 12.30–14, 18.30–20.30 Uhr. ❻

Informationen

Dunvegan VisitScotland Information Centre, Dunvegan, ☎ 01470-521581. ◷ Ostern–Mai,

Okt Mo–Sa 10–17 Uhr, Juni–Sep Mo–Sa 10–17, So 10–16, Okt–Ostern Mo–Fr 10–13.30 Uhr.

Transport

Stagecoach-Linie 56 fährt Mo–Sa 3–5x tgl. von PORTREE zum Dunvegan Castle (45 Min.), Mo–Fr geht es an Schultagen 2x tgl. weiter nach GLENDALE (1 1/4 Std.).

Lochaber und Small Isles

Die Region Lochaber lässt sich landschaftlich kaum auf einen Nenner bringen. Vom endlosen Rannoch Moor im Hinterland über die spektakulären Bergtäler Glencoe und Glen Nevis bis zu den sehr abgelegenen Halbinseln Knoydart und Ardnamurchan bietet die Region eine enorme Bandbreite an Attraktionen. Das gilt erst recht, wenn man einen Abstecher auf wenigstens eine der Small Isles südlich von Skye macht.

Drehscheibe der Region ist der quirlige Ferien- und Tourlstenort **Fort William**, der aber mehr von der Großartigkeit der Umgebung als von eigenen Sehenswürdigkeiten lebt. Legendär ist das geschichtsträchtige **Glen Coe**, und auf der Hitliste jedes Wanderers steht eine Besteigung des **Ben Nevis**, Schottlands höchsten Bergs.

Wer jedoch die Ränder der Region besucht, ist weit ab von Touristenmassen und Autoverkehr. Die Region war schon früher etwas abgelegen, sodass Bonnie Prince Charlie 1745 nicht von ungefähr unbemerkt hier landen und 1746 trotz der vielen britischen Wachposten ungeschoren von hier ins Exil segeln konnte. Dem Stuart-Prinzen und den Jakobitenkriegen begegnet man in Lochaber auf Schritt und Tritt.

Mallaig und Arisaig

Der Fährhafen Mallaig und der Küstenstreifen hinunter nach Arisaig liegen am westlichen Ende der **Road to the Isles**, auf Gälisch: Rathad nan Eilean. Diese letzten Kilometer beeindrucken durch die wunderbare Aussicht auf die Small Isles und Skye. Ein Abstecher mit dem Schiff führt ins Naturparadies Knoydart.

Mallaig

Am südlichen Ausgang von Loch Nevis entstand Mallaig (800 Einwohner) in der Mitte des 19. Jhs. als kleine Siedlung für vertriebene Hochlandbauern. Da der Boden völlig unfruchtbar war, machten die Neusiedler aus der Not eine Tugend und wandten sich dem Fischfang zu. Bis heute ist Mallaig ein bedeutender Fischereihafen, aber auch Fährknotenpunkt. Am Kopfende der West Highland Railway Line (s. S. 510) warten Anschlussmöglichkeiten nach Skye, auf die Small Isles und nach Knoydart.

Knoydart

Langsam tuckert die Fähre von Mallaig durch Loch Nevis hinüber nach **Inverie**, zum Hauptort der Halbinsel Knoydart. In der Nähe des Piers tauchen eine Reihe von weißen Cottages auf – Zentrum der einzigen Ortschaft auf dem britischen Festland ohne Straßenanschluss. Wer nicht mit der Fähre kommt, muss einen 24 km langen Fußmarsch vom nächstgelegenen Straßenende in Kinloch Hourn (kein Nahverkehrsanschluss!) über den 450 m hohen Bergpass Mam Barrisdale in Kauf nehmen.

Interessanterweise bedeutet Loch Nevis „Fjord des Himmels" und Loch Hourn „Fjord der Hölle". Zwischen Himmel und Hölle liegt also die Wildnis von Knoydart, eine Halbinsel voller majestätischer Berge und imposanter Täler, die zu den schönsten Gegenden der Highlands zählt. Rund um den 1020 m hohen Gipfel **Ladhar Bheinn** (sprich Lahr Wenn) ziehen sogar Adler ihre Kreise.

Die stetig schrumpfende Bevölkerung litt unter Jahrzehnten des Missmanagements und der Bösartigkeit diverser Großgrundbesitzer. Doch 1999 präsentiert sich eine neue Chance: Der Kernbesitz rund um Inverie stand zum Verkauf, und angefeuert vom Beispiel der *crofters* in Assynt (s. S. 456) und der Insulaner von Eigg (s. S. 499) kauften die Bewohner von Knoydart mit enormer Unterstützung aus ganz Schottland das Landgut selbst. Seither hat sich die Bewohnerzahl (ca. 115) fast verdoppelt; es werden unter der Leitung der Knoydart Foundation fleißig neue Häuser gebaut; ein eigenes Wasserkraftwerk sorgt für Strom; die Wiederaufforstung wird vorangetrieben und die Grundschule zählt wieder ein Dutzend Kinder. Heute ist Knoydart ein Ort des optimistischen Aufbruchs. Dabei steht eine sozial und ökologisch nachhaltige Entwicklung im Vordergrund. Manche Alltagsansprüche sollten besser zuhause bleiben: Schon am Pier weist ein Wegweiser daraufhin, dass Handys erst 4 km weiter auf einer Anhöhe Empfang haben. Dennoch gibt es Internet.

Mittelpunkt des Insellebens ist der Restaurant-Pub **Old Forge** (s. S. 498). Nebenan erläutert eine kleine Ausstellung im **Knoydart Foundation Office**, 🖥 www.knoydart-foundation.com, dem Verwaltungszentrum der Halbinsel, die bewegte Vergangenheit und die Herausforderungen der Zukunft. In der frei zugänglichen Ausstellung liegen auch Infobroschüren aus.

Wer nur ein paar Kilometer laufen möchte, sollte Inverie nach Osten Richtung Kinloch Hourn verlassen, vorbei an der kleinen Siedlung rund um Inverie House und bis zur Weggabelung hinter dem weithin sichtbaren Brocket Memorial (ca. 3,5 km). Wer noch 2,5 km weiter geht, erreicht in immer noch flachem Gelände inmitten des schmaler werdenden Tals den Bergsee **Loch an Dubh-Lochain**. Hier kann man die Wildnis von Knoydart in aller Ruhe genießen.

Morar und Arisaig

Wenige Kilometer südlich von Mallaig lockt südlich der Siedlung **Morar** an der alten Küstenstraße ein Spaziergang durch die Dünen zum Sandstrand. Hier wurden die Strandszenen des Klassikers *Local Hero* (1983) gedreht. Der „Hintergrund" mit dem fantastischen Inselpanorama von Rum und Eigg war für die Filmleute ideal.

Von Morar führt eine kleine *single track road* ins Landesinnere zum traumhaften **Loch Morar**. In dieser ebenfalls filmreifen Szenerie wurden Teile von *Highlander* (1986) und *Rob Roy* (1995) gedreht.

Am Ende des schönen Küstenstreifens südlich von Mallaig ist **Arisaig** ein beliebter Jachthafen und zugleich Ausgangspunkt für Tagestouren auf die Small Isles (s. Kasten S. 498). Im Hafengebäude gibt es einen netten **Tearoom**.

Südwestliche Highlands und Innere Hebriden

LOCHABER UND NÖRDLICHES ARGYLL

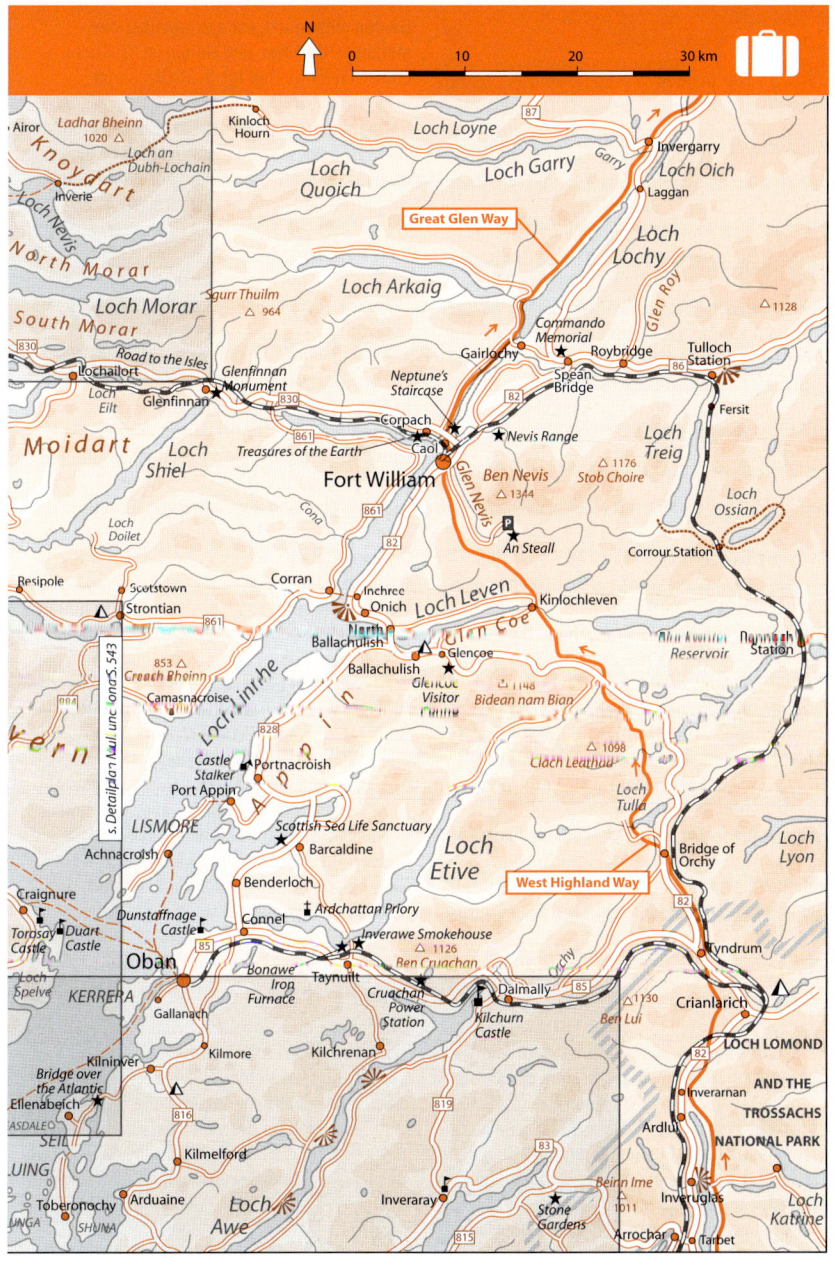

N

0   10   20   30 km

Knoydart
Ladhar Bheinn
1020 △
Loch an
Dubh-Lochain
Airor
Inverie
Kinloch
Hourn
Loch Loyne
87
Invergarry
Loch Garry
Garry
Loch Oich
Laggan
Loch
Lochy
△ 1128
Loch Quoich
Loch Nevis
North Morar
Sgurr Thuilm
△ 964
Loch Arkaig
Glen Roy
South Morar
Loch Morar
Great Glen Way
830
Road to the Isles
Lochailort
Loch Eilt
Glenfinnan
Glenfinnan
Monument
1830
Commando
Memorial
Gairlochy
Roybridge
Tulloch
Station
Spean
Bridge
86
Fersit
82
Loch
Treig
Moidart
861
Corpach
Neptune's
Staircase
Treasures of the Earth
Caol
Nevis Range
△ 1176
Stob Choire
Loch
Ossian
Loch
Shiel
Fort William
861
Ben Nevis
△ 1344
Glen Nevis
Corrour Station
Loch
Doilet
Cona
82
P
An Steall
Resipole
Scotstown
Strontian
861
Corran
Inchree
Onich
Loch Leven
Kinlochleven
Blackwater
Reservoir
Rannoch
Station
853 △
Creach Bheinn
Camasnacroise
Ballachulish
North
Ballachulish
Glencoe
△
Glencoe
Visitor
Centre
Glen Coe
Bidean nam Bian
△ 1148
828
Castle
Stalker
Portnacroish
Port Appin
Clach Leathad
△ 1098
Loch
Tulla
LISMORE
Scottish Sea Life Sanctuary
Barcaldine
Loch
Etive
West Highland Way
Bridge of
Orchy
Loch
Lyon
Achnacroish
Benderloch
Ardchattan Priory
82
Craignure
Dunstaffnage
Castle
Connel
Inverawe Smokehouse
Ben Cruachan
△ 1126
Tyndrum
Tornsay
Castle
Duart
Castle
85
Oban
Bonawe
Iron
Furnace
Taynuilt
Cruachan
Power
Station
Dalmally
Kilchurn
Castle
85
△ 1130
Ben Lui
Crianlarich
KERRERA
Gallanach
Kilmore
Kilchrenan
819
LOCH LOMOND
82
Kilninver
Bridge over
the Atlantic
Ellenabeich
816
SEIL
LUING
Inverarnan
Ardlui
Inveruglas
AND THE
TROSSACHS
NATIONAL PARK
Kilmelford
83
Toberonochy
Arduaine
SHUNA
Loch
Awe
Inveraray
815
Stone
Gardens
Beinn Ime
△ 1011
Arrochar
Tarbet
Loch
Katrine

△ 816

s. Detailplan Mull und Iona S. 543

Tagestour auf die Small Isles

Von Arisaig pendelt von Ende April bis Mitte September **Arisaig Marine Ltd.**, ✆ 01687-450224, 🖥 www.arisaig.co.uk, tgl. mit dem Passagierschiff *MV Sheerwater* auf variierenden Routen hinaus zu den Small Isles Eigg, Rum und Muck. Unterwegs sieht man Seehunde und gelegentlich auch Schwarzschnabel-Sturmtaucher, Delfine, Haie oder Wale. Reservierungen sind sehr empfehlenswert, wobei alle Fahrten witterungsabhängig sind. Bei schönem Wetter ist das Panorama schlicht beeindruckend. Auf Eigg hat man tgl. rund 4–5 Std. Landgang (1 Std. Fahrzeit, hin und zurück 18 £), auf Rum Di/Do/Sa 2–3 Std. (2 1/2 Std., 24 £) und auf Muck Mo/Mi/Fr/So 2 1/2–3 Std. (2 Std., 19 £).

Übernachtung und Essen

Mallaig

Seaview Guest House, Main Street, ✆ 01687-462059, 🖥 www.seaviewguesthousemallaig.com. Solide 3-Sterne-Pension mit ausgebautem Dach. Bei Fiona King fühlen sich die Gäste sehr wohl, da sie das Haus mit viel Sinn fürs Detail herausputzt. ❷

Sheena's Backpackers Lodge / Tea Garden, Station Road, ✆ 01687-462764, 🖥 www.mallaigbackpackers.co.uk. Unten gibt es solides Frühstück, Snacks und leckere schottische Spezialitäten (Cullen Skink, Orkney-Hering in Sherry, Haggis etc.). Nett ist auch die blumengeschmückte Terrasse. Im Obergeschoss befindet sich das einzige Hostel weit und breit. Die Hostel-Toiletten werden z. T. von den Café-Gästen mitbenutzt, sodass tagsüber ein ständiges Kommen und Gehen ist. ⏱ Küche Ende Mai–Ende Sep tgl. 9–21 Uhr, sonst 9–18 Uhr. Dorm-Bett ab 15 £.

Springbank Guest House, East Bay, ✆ 01687-462459, 🖥 www.springbank-mallaig.co.uk. Ruhige und nette Pension an der Bucht; auch mit Einzel- und Familienzimmern. ❷

Knoydart / Inverie

Vor allem im Sommer sollte man seine Unterkunft vorab buchen, da Knoydart sehr populär ist.

 Knoydart Bunkhouse, ✆ 01687-462242, 🖥 www.knoydart-foundation.com. In den alten Wirtschaftsgebäuden von Inverie House wurde die Herberge von der Knoydart Foundation zu einer sehr gemütlichen Unterkunft ausgebaut. Bis ins Dorf sind es 15–20 Min. zu Fuß – gute und günstige Basis für die Inselerkundung. Ein Stückchen weiter kann man am Long Beach übrigens sein Zelt aufschlagen. Dorm-Bett ab 14 £.

Pottery Tearoom, ✆ 01687-460191. Sehr nettes Cottage-Café mit leckeren selbstgemachten Scones und *homebaking*. Auf dem gemütlichen Sofa kann man gleich eines der Secondhand-Bücher lesen. ⏱ April–Okt Mo–Fr 8.30–16, Sa 10–15 Uhr, sonst Mo/Mi/Fr 10–16 Uhr.

The Gathering, ✆ 01687-460051, 🖥 www.thegatheringknoydart.co.uk. Großes modernes Haus westlich des Piers mit Panoramalounge, exquisitem Frühstück, Trockenraum und **Radverleih** (15/20 £ halber/ganzer Tag). Cara Gray hält das Haus mit seinen 4 Zimmern in tadellosem Zustand. ❸

Mehr als nur ein Pub: Die „Alte Schmiede" von Knoydart

An der **Old Forge**, ✆ 01687-462267, 🖥 www.theoldforge.co.uk, führt auf Knoydart kein Weg vorbei, denn hier schlägt das Herz der Kommune. Die Meeresfrüchte stammen zum großen Teil aus Loch Nevis, das „Standard Ale" ist eine Regionalmarke aus Glenfinnan und die Stimmung ist immer gut. Vor allem abends sollte man im Sommer besser einen Tisch reservieren, wenn Einheimische und Gäste sich nach einem langen Tag in der „Alten Schmiede" zum Tagesausklang versammeln. Wie es sich für einen guten Pub gehört, gibt es gelegentlich auch Livemusik, manchmal sogar ganz spontan. Die Old Forge ist eine Institution an der Westküste und es bleibt zu hoffen, dass dies nach dem angekündigten Besitzerwechsel auch so bleibt. ⏱ Küche April–Okt tgl. 12–15, 18–21 Uhr, Pub/Café tgl. 10–24 Uhr; Nov–März nur Sa/So zum Lunch geöffnet.

Südwestliche Highlands und Innere Hebriden

Arisaig

Invercaimbe Caravans & Camping, ✆ 01687-450375, 🖥 www.invercaimbecaravansite.co.uk. Einige Kilometer nordwestlich von Arisaig an der alten Küstenstraße. Netter Campingplatz direkt am Meer. ☉ Ostern–Okt. ❶

The Old Library Lodge & Restaurant, ✆ 01687-450651, 🖥 www.oldlibrary.co.uk. In einer alten Poststallung aus dem 18. Jh. sehr gutes und anspruchsvolles Restaurant in einladendem Ambiente. Die Old Library hat auch eine gute Weinkarte und vermietet mehrere komfortable Zimmer. ☉ Küche 12–15, 18.30–21 Uhr. ❸

Transport

Busse
Mo–Fr verkehrt Shiel Buses 4x tgl. zwischen Mallaig, Arisaig, Glenfinnan und FORT WILLIAM (1 3/4 Std.).

Eisenbahn
Mallaig liegt am westlichen Ende der spektakulären West Highland Railway Line von GLASGOW (5 Std.) über FORT WILLIAM (1 1/4 Std.) und GLENFINNAN (50 Min.) zum Fähranleger in Mallaig (tgl. 2–4x). Die Züge halten auch in Arisaig und Morar. Ein besonderes Vergnügen sind die Dampfzugfahrten mit The Jacobite zwischen Fort William und Mallaig (s. Kasten S. 510).

Schiffe
Nach Skye
Von Mallaig verkehrt die Autofähre von **CalMac**, 🖥 www.calmac.co.uk, nach ARMADALE (30 Min.), Ende März–Ende Okt sehr regelmäßig, im Winter jedoch nur Mo–Fr 2x tgl. Tickets (einfach): Fußgänger 4,05 £, Autos 21,20 £.

Zu den Small Isles
CalMac bedient von Mallaig Mo–Sa 1x tgl. mit kleinen Versorgungsfähren ganzjährig die Small Isles EIGG (1 1/4 Std., Fußgänger 11,35 £ hin und zurück), RUM (1 1/4–2 1/2 Std., 16,75 £), MUCK (1 3/4–2 Std., 17,25 £) und CANNA (2 1/2–3 3/4 Std., 21,05 £) auf variierenden Routen. Der Fahrplan erlaubt montags 5 Std. Aufenthalt auf Eigg, donnerstags 4 Std. auf Rum (aktuelle Fährzeiten bitte bei CalMac checken, da auch witterungsabhängig). Für die Ausflugsschiffe von Arisaig Marine Ltd. s. Kasten S. 498.

Nach Knoydart
Von Mallaig bedienen zwei Anbieter INVERIE auf Knoydart:
Bruce Watt Sea Cruises, ✆ 01687-462320, 🖥 www.knoydart-ferry.co.uk, schippert ganzjährig Mo/Mi/Fr morgens und nachmittags von Mallaig nach Inverie und zurück (3/4 Std., einfach 10 £/erm. 5 £). Von Mai–Sep zusätzlich Di/Do.

Sea Bridge Knoydart, ✆ 01687-462916, 🖥 www.knoydartseabridge.co.uk, verkehrt jeden Morgen von Inverie nach Mallaig und gegen 18 Uhr wieder zurück (1/2 Std., einfach 10 £/erm. 5 £). Dazwischen Fahrten auf Anforderung. Eine telefonische Bestellung ist unbedingt erforderlich (vor Ort in Inverie helfen dabei auch die Gastgeber).

Die Small Isles

Südlich von Skye formen die kleinen Inseln Eigg, Rum, Muck und Canna die sogenannten Small Isles. Die wichtigsten Inseln sind Eigg und Rum. Für Kurzbesucher bietet Eigg mehr Landgang und Erkundungsmöglichkeiten, Rum hingegen ein gut erhaltenes Jagdschloss.

Eigg
Wie der Rücken eines Reptils erhebt sich der zentrale Bergkamm von Eigg aus dem Meer. Markantester Blickfang ist der 395 m hohe Gipfel **An Sgurr** (Gälisch für „Nase"), dessen Basaltsäulen auf die vulkanische Vergangenheit der Insel deuten. Je näher man kommt, desto einladender wirkt das Eiland, das durch den milden Golfstrom erstaunlich grün und vielseitig ist. In den Höhen schweben Steinadler, Otter machen es sich an der Küste gemütlich, Orchideen blühen auf den Wiesen und Schmetterlinge und Libellen flattern durch die Lüfte.

Genau wie Knoydart musste auch Eigg unter exzentrischen Landlords leiden. Nach dem Vorbild aus Assynt (s. Kasten S. 456) kauften sich

Südwestliche Highlands und Innere Hebriden

die Insulaner 1997 mit viel Unterstützung von außen aber frei. Seither hat sich Eigg (100 Einwohner) einen Namen als Öko-Insel gemacht. Durch eine erstaunliche Kraftanstrengung senkten die Bewohner ihren CO_2-Ausstoß innerhalb kurzer Zeit um 50 %, die Dieselgeneratoren wurden abgestellt. Stattdessen wird heute Wasser, Wind und Sonne genutzt, und ein striktes Energiesparprogramm macht immer unabhängiger von Energieimporten. 2010 wurde Eigg deshalb für das durchdachte Konzept mit einem renommierten Umweltpreis ausgezeichnet, der gleichzeitig 300 000 £ in die Kaffeekasse spülte. Hatte der berüchtigte Großgrundbesitzer Keith Schellenberg die Insulaner noch als „abgedrehte Revolutionäre" verhöhnt, so ist Eigg als Green Island heute für viele Kommunen in den Highlands zu einem nachahmenswerten Beispiel geworden.

Wichtigste Anlaufstelle nach der Landung ist **Galmisdale** ist **An Laimhrig** (Gälisch für „Ankerplatz"), das von der Kommune neu errichtete „Geschäftszentrum" mit dem sympathischen Galmisdale Bay Cafe, einem Shop mit Postamt sowie einem Kunsthandwerksladen und Radverleih. Angeboten werden auch Inselinfos sowie Duschen für Camper und Segler.

Von An Laimhrig führt die einzige geteerte Straße auf Eigg hinüber zur Siedlung **Cleadale** im Norden. Für eine gemütliche Inselerkundung bietet sich diese Route als schöner 4,5 km langer Spaziergang an, der die gesamte Vielfalt der Insel vor Augen führt. Vorbei am Zugang zum Hostel geht es über die offene Hochebene nach Norden. Auf halber Strecke ist im **Old Island Shop** eine frei zugängliche kleine Ausstellung zur Inselgeschichte und zur Story des Freikaufs zu sehen. Dann geht es langsam hinab in die typische Hebriden-Streusiedlung Cleadale am Ende der Straße. Für den Rückweg zum Pier kann man sich bereits bei der Ankunft den Minibus reservieren, ✆ 01687-482405, 07903-544658 (Ewen), Tickets einfach 3 £.

Rum

Das mächtige Gebirge des imposanten **Rum Cuillin** ragt mehr als 800 m aus dem Meer empor und ähnelt auf den ersten Blick dem Namensvetter auf Skye. Seit langem gilt Rum als Naturschutzreservat ersten Ranges, doch die Zeiten, in denen man für einen längeren Aufenthalt eine Genehmigung benötigte, sind vorbei.

Stattdessen hat Inselbesitzer Scottish Natural Heritage (SNH) der kleinen Inselkommune (35–40 Bewohner) Anfang 2010 knapp 60 ha Land rund um den Hauptort Kinloch vermacht, um den Wiederaufbau einer selbstständigen Gemeinde zu ermöglichen. Denn derzeit sind eigentlich alle Bewohner zugleich Angestellte bei SNH. Der Isle of Rum Community Trust strebt mittelfristig eine Verdopplung der Einwohnerzahl an.

Die Fähre legt in der Bucht von Loch Scresort am neuen Pier an. Vorbei am frei zugänglichen **Rum Visitor Centre**, das von einem Ranger betreut wird, geht es nach 10–15 Min. Fußweg zur Hauptattraktion des Ortes: **Kinloch Castle**. 1897 begann der steinreiche und eigenwillige Industriellenerbe George Bullough mit dem Bau seines Traumschlösschens. Ein typischer Spleen war, dass die Arbeiter mehr Geld erhielten, wenn sie einen Kilt trugen. Und morgens weckte ein Dudelsackspieler die Angestellten. Die Führung durch das Castle lohnt sich sehr, denn man erlebt den herrschaftlichen Glanz der vorletzten Jahrhundertwende wie in einer Zeitkapsel. Die Eingangshalle ist mit Geweihen, einem bronzenen Adlerkopf sowie einem Raubtiervorleger vollgestopft. Elegant ist der Salon von Lady Monica, Bulloughs Frau. Ein Unikat ist das unter dem Treppenaufgang versteckte mechanische Orchestrion, mit dem Bullough die erlesenen Gäste unterhielt. ◷ Führungen je nach Schiffsfahrplan (s. Aushänge am Visitor Centre und Castle, ✆ 01687-462037), Eintritt 6 £, erm. 3 £.

Von Kinloch führt ein gut ausgebauter Weg durch das Kinloch Glen nach Westen. Nach 3 km gabelt sich der Weg. Nach Norden geht es zur **Kilmory Bay**, nach Süden ins **Glen Harris**, wo sich die Bulloughs ein Akropolis-ähnliches Mausoleum bauen ließen.

In Kinloch selbst gibt es in den alten Wirtschaftsgebäuden des Castle in der Village Hall einen kleinen Tearoom.

Muck und Canna

Diese beiden Mini-Eilande runden das Ensemble der Small Isles ab. **Muck** (ca. 35–40 Einwohner) liegt westlich von Eigg und begrüßt Tagesgäste mit einem Tearoom. Auf der recht flachen Insel, die nur knapp 3x1,5 km groß ist, werden die kleinen gedrungenen Highland Ponies gezüchtet. Vor allem trifft man jedoch auf Rinder und Schafe. Muck befindet sich weiterhin in Privatbesitz.

Canna hingegen gehört dem National Trust for Scotland und hat mit 12 Einwohnern (inkl. der Vorinsel Sanday) die geringste Bevölkerungszahl. Zugleich ist Canna am schwierigsten und nur von Mallaig aus per Schiff zu erreichen, sodass das Gefühl der Abgeschiedenheit hier noch stärker ist als auf den anderen Inseln. Die vulkanischen Aktivitäten hinterließen auch auf Canna Basaltsäulen, und in den Klippen fühlen sich u. a. Papageientaucher zu Hause.

Übernachtung und Essen

Grundsätzlich sollten Unterkünfte auf den Inseln bereits vor der Einschiffung in Mallaig oder Arisaig reserviert werden.

Eigg

Glebe Barn Hostel, ☎ 01687-482417, 🖳 www.glebebarn.co.uk. Nettes Insel-Hostel 1,5 km vom Pier Richtung Cleadale. Die Besitzer holen Gäste gegen einen kleinen Aufpreis aber auch am Anleger ab. Von hier aus kann man die Insel bequem in alle Richtungen erkunden. ⏱ April–Okt. Dorm-Bett ab 17 £ (Erm. ab 3 Nächten).

Tigh an Sithean B&B, ☎ 01687-460049, ✉ jackyeigg@hotmail.co.uk. Am nördlichen Ende von Eigg liegt das B&B in Cleadale unterhalb des Basaltfelsenkamms mit Blick auf Rum. Auch der Garten ist sehr schön. Neben den 2 Zimmern gibt es eine Holzhütte. ❷

Rum

Castle Hostel & Bistro, ☎ 01687-462037, ✉ kinlochcastle@snh.gov.uk. Im ehemaligen Wirtschaftstrakt des Schlosses gibt es ein zünftiges Hostel mit einigen wenigen Doppelzimmern. Das Bistro bietet Frühstück sowie zumeist um 18.45 Uhr Abendessen (besser reservieren). ⏱ April–Okt. Dorm-Bett ab 18 £. ❷

Informationen

Eigg: 🖳 www.isleofeigg.net; **Rum:** 🖳 www.isleofrum.com; **Muck:** 🖳 www.isleofmuck.com; **Canna:** 🖳 www.nts.org.uk.

Transport

Fähren von Mallaig s. S. 499.
Tagesausflüge von Arisaig s. S. 498.

Abstecher nach Ardnamurchan

Wer von Arisaig nicht weiter über die *Road to the Isles* via Glenfinnan direkt nach Fort William fahren oder aber nach einer recht abenteuerlichen Route quasi durch die Hintertür direkt nach Tobermory auf die Isle of Mull (s. S. 542) gelangen möchte, dem sei der landschaftlich sehr reizvolle Abstecher ab Lochailort über die A 861 durch die Regionen Moidart und Sunart nach Südwesten empfohlen.

Castle Tioram und Resipole

Kurz vor Acharacle zweigt eine *single track road* rechts nach Dorlin ab. Die Straße endet nach 4 km an Loch Moidart in einer bewaldeten Bucht. Auf einer kleinen Gezeiteninsel ist die Ruine von **Castle Tioram** (sprich Tschiramm) vorgelagert, die bei Flut vom Strand abgeschnitten wird. Einst waren hier die Chefs des Clan Donald zuhause, doch 1715 ging die Burg in Flammen auf.

Wenige Kilometer weiter südlich ist in **Salen** das tief ins Land ragende Loch Sunart erreicht. In der Nachbarsiedlung **Resipole** sind in einem umgebauten Farmhaus die Resipole Studios & Art Gallery, ☎ 01967-431506, 🖳 www.resipolestudios.co.uk, angesiedelt. Besitzer Andrew Sinclair hat sich mit der Ateliergalerie einen Traum verwirklicht. Für seine Gemälde steht oftmals seine Freundin Model, u. a. mit Fiddle. Als Charles und Camilla zu Besuch kamen, kauften sie gleich ein Bild ⏱ April–Okt Di–So 11–18 Uhr.

Die A 861 führt über **Strontian** zum Fähranleger **Corran** gegenüber der A 82 zwischen Glencoe/Oban und Fort William. Das chemische Element Strontium ist übrigens nach seinem ersten Fundort hier am Loch Sunart benannt.

Nach Kilchoan

Schon in Salen biegt die *single track road* nach Ardnamurchan Richtung Westen ab. Bis zum Fähranleger von Kilchoan sind es gut 30 km durch die immer wilder werdende Küstenlandschaft. Auf halber Strecke passiert man in Glenmore das

Südwestliche Highlands und Innere Hebriden

Ardnamurchan Natural History Centre, ☎ 01972-500209, 🖥 www.anhc.co.uk. Hier dreht sich alles um die Flora, Fauna und Geologie der Halbinsel, die eigentlich nur über einen kleinen Flaschen- hals mit dem Festland verbunden ist. Der filmi- sche Streifzug über Ardnamurchan ist genauso interessant wie die Live-Kameras, die Adlern, Rei- hern und Baummardern nachspüren. Der Antler Tearoom lädt zudem zu Kaffee und Kuchen ein. ⏰ April–Okt Mo–Sa 10.30–17.30, So 12–17.30, sonst Di–Fr 10.30–15.30, So 11.30–15.30 Uhr, Ein- tritt 5 £, erm. 2,50 £.

Wenige Kilometer weiter dreht die Straße ins Landesinnere ab. An der Rechtskurve befindet sich ein unmarkierter Parkplatz, von dem ein schöner Wanderweg hinunter in die grüne Bucht **Camus nan Geall** zum Strand führt. Unten im Feld befinden sich Reste eines 5000 Jahre alten Kam- mergrabs sowie ein Standing Stone mit einem frühchristlichen Kreuz. Die verfallenen Cottages zeugen von der einstigen Besiedlung.

Schließlich ist der Hauptort **Kilchoan** erreicht, eine typische Hebriden-Streusiedlung. Von hier tuckern die kleinen CalMac-Fähren regel- mäßig über den Sound of Mull nach Tobermory (s. S. 544). Am Ortsrand liegen die Reste von **Mingary Castle** aus dem 13./14. Jh.

Ardnamurchan Lighthouse

Die letzten 10 km zum Leuchtturm am Point of Ardnamurchan wird die Landschaft sehr karg. Die eigentliche Zufahrt zum Leuchtturm erfolgt über einen extrem schmalen Damm (für Caravans ungeeignet). Das Ardnamurchan Lighthouse, ☎ 01972-510210, von 1849 ist voll begehbar. Einer der ehemaligen Wärter erläutert die Leuchttech- nik, wenn man die 152 Stufen erklommen hat. Von hier oben ist der Blick hinüber auf die Small Isles und an klaren Tagen sogar bis Skye und South Uist fantastisch. Mit einem Fernglas lassen sich oft Seehunde, Basstölpel und gelegentlich sogar Delfine und Wale entdecken. Im dazugehörigen Tearoom kann man sich vor der Rückfahrt stärken. ⏰ April–Okt tgl. 10–17 Uhr, Eintritt 5 £, erm. 2,50 £.

(s. S. 544)

Übernachtung und Essen

Resipole Farm Caravan and Camping Park, Resipole, ☎ 01967-431235, 🖥 www.resipole. co.uk. Netter Campingplatz im Grünen am

Nordufer des Loch Sunart, östlich von Salen. Mit kleinem Shop. ⏰ April–Okt. ❶
Salen Hotel, Salen, ☎ 01967-431661, 🖥 www. salenhotel.co.uk. Herzhafte Hausmannskost mit viel Rotwild, Fisch und Lamm. Durch die große Glasfront ist es im Restaurant angenehm hell, abends gemütlicher Pub. Zum Übernachten gibt es 3 Doppelzimmer sowie günstigere Chalets für Jäger, Angler etc. ⏰ Küche 12–14.30, 18.30–20.15 Uhr. ❷–❹
Sonachan Hotel, bei Kilchoan, ☎ 01972-510211, 🖥 www.sonachan.com. Das Sonachan an der Zufahrt zum Ardnamurchan Lighthouse deckt die gesamte Bandbreite von günstigem Bunkhouse bis zum komfortablen Hotel ab. Dazu kommen leckere Delikatessen aus der Küche, aber auch solide Fish 'n' Chips sowie Steak. Hier kann man es aushalten. ⏰ Küche tgl. 12–20 Uhr. Dorm-Bett ab 10/15 £ (ohne/mit Bettwäsche und Handtuch). ❷–❹

Informationen

Ardnamurchan: 🖥 www.ardnamurchan.com.

Transport

Busse
Von FORT WILLIAM über Glenfinnan und Salen Mo–Sa 1x tgl. eine Verbindung mit Shiel Buses nach Kilchoan (3 1/4 Std.). Ergänzend fährt Mo–Sa 1x tgl. ein Bus von Fort William über Corran (Fähre), Resipole und Salen nach Kilchoan (2 1/2 Std.).

Schiffe
CalMac, 🖥 www.calmac.co.uk, betreibt von Kilchoan mehrfach tgl. (So nur Mai–Aug) eine kleine Autofähre hinüber nach TOBERMORY auf Mull (35 Min.). Tickets (einfach): Fußgänger 4,65 £, Autos 23,80 £, Fahrräder kostenlos. Reservierungen sind nicht möglich, deshalb frühzeitig am Anleger sein.

Fort William und Glen Nevis

Mit knapp 10 000 Einwohnern ist Fort William das regionale Zentrum von Lochaber. Das nördliche Ende von Loch Linnhe war im Schatten des wuch- tigen Ben-Nevis-Massivs schon immer ein strate-

N
0   500 m

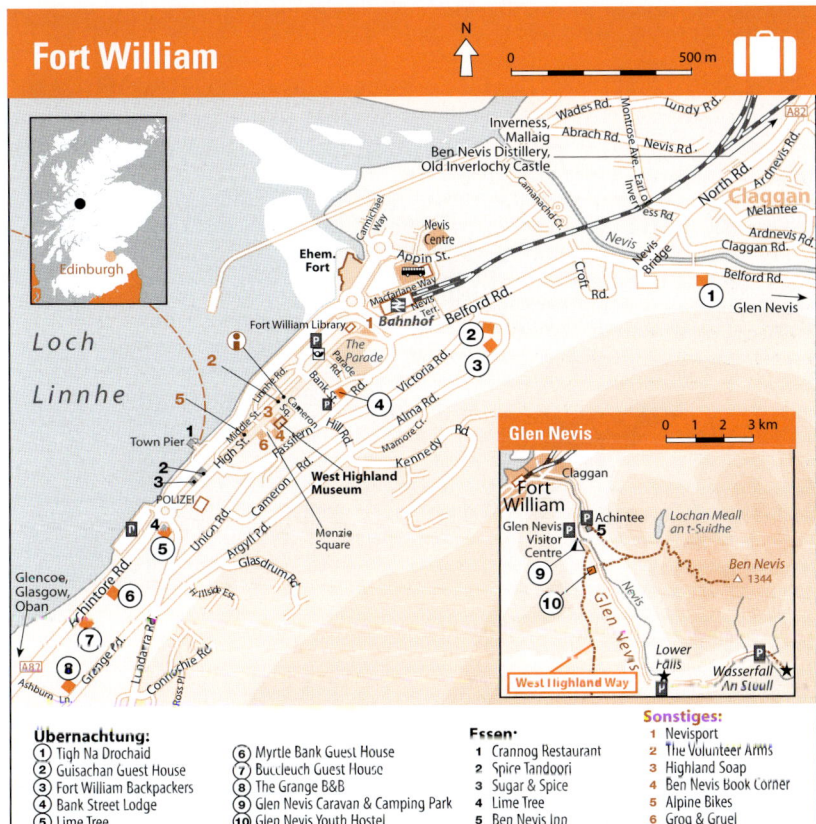

Übernachtung:

① Tigh Na Drochaid
② Guisachan Guest House
③ Fort William Backpackers
④ Bank Street Lodge
⑤ Lime Tree
⑥ Myrtle Bank Guest House
⑦ Buccleuch Guest House
⑧ The Grange B&B
⑨ Glen Nevis Caravan & Camping Park
⑩ Glen Nevis Youth Hostel

Essen:

① Crannog Restaurant
② Spice Tandoori
③ Sugar & Spice
④ Lime Tree
⑤ Ben Nevis Inn

Sonstiges:

① Nevisport
② The Volunteer Arms
③ Highland Soap
④ Ben Nevis Book Corner
⑤ Alpine Bikes
⑥ Grog & Gruel

gischer Kreuzungspunkt, da hier das Great Glen sowie die *Road to the Isles* über Glenfinnan nach Mallaig beginnen. So entstand schon im 13. Jh. im heutigen Vorort Inverlochy ein erstes Castle, das 1654 durch ein Fort der britischen Armee ersetzt wurde. Von dem Fort ist heute praktisch nichts mehr zu sehen, weil es 1890 dem neuen Bahnhof für die landschaftlich einmalige West Highland Railway Line (s. S. 510) weichen musste.

Heute ist Fort William für Wanderer ein Eldorado, denn hier befindet sich der nördliche Zielpunkt des berühmten West Highland Way (s. S. 272) und im sehr fotogenen Glen Nevis beginnt der Aufstieg zum 1344 m hohen Ben Nevis, Großbritanniens höchstem Berg.

West Highland Museum

Einzige Attraktion im Zentrum von Fort William ist das West Highland Museum, Cameron Square, ☎ 01397-702169, 🖥 www.westhighlandmuseum. org.uk. Im Mittelpunkt stehen die regionale Geschichte sowie die Jakobitenaufstände. So ist neben einer Weste von Bonnie Prince Charlie ein Geheimporträt für seine Anhänger ausgestellt. Zu den liebevoll zusammengetragenen Exponaten gehören auch eine Harfe, der goldene Breadalbane-Dolch sowie weitere historische Waffen, mit denen die Highlander ihre Streitigkeiten ausfochten. Der Besuch lohnt sich. ⏰ Juni/Sep Mo–Sa 10–17, Juli–Aug Mo–Sa 10–17, So 10–16, Okt–Mai Mo–Sa 10–16 Uhr, Eintritt 4 £, erm. 3/1 £.

Dramatische Harry-Potter-Szenerie im oberen Glen Nevis

Glen Nevis

Nordöstlich des Bahnhofs zweigt an einem Kreisverkehr die Straße ins Glen Nevis von der A 82 ab. Sofort verlässt man die Stadt und folgt dem dicht bewaldeten Ufer des River Nevis bis zum großen Parkplatz am **Glen Nevis Visitor Centre**, ☎ 01397-705922, 🖥 www.highland.gov. uk/glennevisvc. ⏰ Ostern–Mai, Sep–Okt tgl. 9–17, Juni–Aug tgl. 8.30–17.30, Nov–Ostern tgl. 9–15 Uhr. Hier beginnt der Aufstieg zum **Ben Nevis** (s. Aktivkasten S. 506).

Am Campingplatz, der Jugendherberge und dem Abzweig des West Highland Way vorbei wird die Glen-Nevis-Piste immer kurviger und endet schließlich nach 11 km als *single track road* an einem Wanderparkplatz. Hier verengt sich das Tal des River Nevis zu einer bewaldeten Schlucht. Vom Parkplatz führt ein teilweise felsiger (bei Nässe Rutschgefahr!), aber relativ flacher und gut ausgebauter Wanderweg durch das „Himalaya"-Tal. Plötzlich weitet sich die Schlucht und es öffnet sich der Vorhang für den 90 m hohen **Wasserfall An Steall**. Dramatisch stürzt das Wasser ins grüne Talbecken – kein Wunder, dass auch dieses Naturspektakel schon für *Harry Potter* verfilmt wurde. Die kleine Drahtseilbrücke über den Fluss ist nur für Nervenstarke, ansonsten lieber vom Flussufer die perfekte Hochlandszenerie bei einem Picknick genießen (Wanderschuhe erforderlich, Gehzeit hin und zurück 2–2 1/2 Std.).

Übernachtung

Zentrum

€ **Bank Street Lodge**, Bank Street, ☎ 01397-700070, 🖥 www.bankstreetlodge.co.uk. Sehr zentrale Budget-Unterkunft in Bahnhofsnähe, aber ohne viel Hostel-Atmosphäre. Die Zimmer sind jedoch ansprechend und sauber, und es gibt einen Trockenraum. 4-Bett-Zimmer sind das Maximum, auch sehr günstige Doppelzimmer. Dorm-Bett ab 14,50 £. ❷

Buccleuch Guest House, Achintore Road, ☎ 01397-701276, 🖥 www.buccleuchfortwilliam. co.uk. An der A 82 nach Süden liegt die schöne viktorianische Villa zentrumsnah mit tollem Blick über Loch Linnhe. Die 7 Zimmer sind sehr komfortabel, aber unterschiedlich groß. Morgens gibt es im adretten Wintergarten

leckeres Frühstück. Die Gastgeber bemühen sich um einen angenehmen Aufenthalt. Eine der besten Adressen in Fort William. ❷–❸

€ **Fort William Backpackers**, Alma Road, ☎ 01397-700711, 🖥 www.scotlands tophostels.com. Muntere Herberge der kleinen Hostel-Kette Scotlands Top Hostels. Hier ist immer was los – liegt oberhalb des Zentrums in einer netten Villa und ist im Sommer oft ausgebucht. Dorm-Bett ab 14 £.

Guisachan Guest House, Alma Road, ☎ 01397-703797, 🖥 www.fortwilliamholidays. co.uk. Vergleichsweise große Pension in Bahnhofsnähe, dennoch in der Saison oft ausgebucht. Die ruhige Lage und der gute Standard sind Pluspunkte, die Zimmer sind jedoch unterschiedlich groß. ❷

Myrtle Bank Guest House, Achintore Road, ☎ 01397-702034, 🖥 www.visit-fortwilliam. co.uk/myrtlebank. Sehr ansprechende Pension in Nachbarschaft zum Buccleuch (s. o.). Die Räumlichkeiten verteilen sich auf zwei Häuser. Der viktorianische Zuschnitt setzt sich im Inneren fort, sodass es z. T. sehr große Zimmer mit schönem Blick auf den Fjord gibt. Manche Zimmer haben jedoch Etagen-WC. ❸–❹

Lime Tree, Achintore Road, ☎ 01397 701806, 🖥 www.limetreefortwilliam.co.uk. Vielleicht die nobelste Adresse von Fort William mit gehobenem Ambiente. Das gilt für die Zimmer wie für das erlesene Restaurant (s. „Essen"). Zum Haus gehört zudem eine frei zugängliche Galerie mit Werken schottischer Künstler, oftmals sogar aus der Region. ❸–❺

The Grange B&B, Grange Road, ☎ 01397-705516, 🖥 www.thegrange-scotland.co.uk. Eine der höherwertigen Pensionen am südlichen Ortsrand, aber oberhalb der Hauptstraße. Im Grange wird viel Wert auf Luxus und Komfort gelegt – der parkähnliche Garten, der tolle Ausblick und der perfekte Service sprechen für sich. ❺

Glen Nevis

Glen Nevis Caravan & Camping Park, ☎ 01397-702191, 🖥 www.glen-nevis.co.uk. Am Auslauf des West Highland Way großer Campingplatz im bewaldeten Teil des Tals. Mit kleinem Shop und Restaurant nebenan. ⏰ Mitte März–Okt.

Der Ben Nevis –
Schottlands höchster Berg

- **Anspruch:** schwierig
- **Gehzeit:** 7 Std.
- **Länge:** ca. 16 km
- **An-/Abstieg:** 1350 m
- **Karte:** OS Landranger 41
- **Anfahrt:** Mit dem Auto zum Glen Nevis Visitor Centre; im Sommer regelmäßig Busse von Fort William zum Visitor Centre (s. S. 509).

Das wuchtige Felsmassiv des 1344 m hohen Ben Nevis bietet zwischen Meeresspiegel und Gipfel starke Kontraste: üppige Vegetation im Tal und subarktische Kargheit in den oberen Regionen. Selbst im Sommer kann hier noch Schnee liegen. Doch der Ausblick ist traumhaft.

Pilgern und Schwitzen auf dem Touristenpfad

Ausgangspunkt der Wanderung ist das **Glen Nevis Visitor Centre** (s. S. 505) am River Nevis. Von dort geht es einige Meter flussabwärts und über die Fußgängerbrücke. Der Weg führt wieder stromaufwärts und im rechten Winkel zum **Ben Nevis Inn** (s. S. 508) mit einem weiteren Parkplatz.

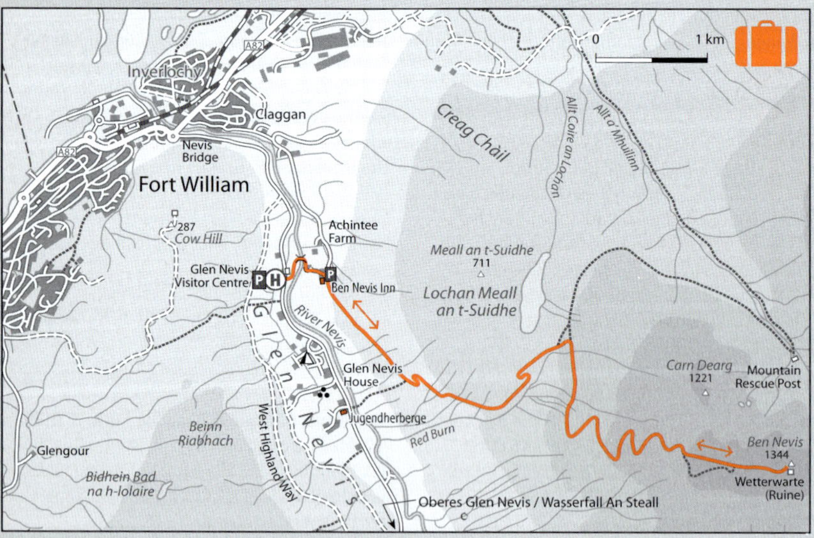

Hier beginnt rechts hinter einem Gatter der sehr gut ausgebaute „Touristenpfad". An schönen Sommertagen pilgert ein wahrer Prozessionszug auf den Berg, doch der Ben Nevis lässt nicht mit sich spaßen. Durch z. T. leichtsinniges Verhalten der Wanderer kommt es leider jedes Jahr zu schweren Unfällen. Die unterschiedlichen Seiten des Ben Nevis spiegeln sich bereits in den zwei Übersetzungsmöglichkeiten wider: „Berg des Himmels" und „giftiger Berg".

Zunächst steigt der Pfad parallel zum Tal an, bis von rechts die Alternativroute von der SYHA-Jugendherberge Glen Nevis (s. S. 508) heraufkommt (45 Min.). Wem das wuchtige Panorama mit der imposanten Gebirgskette südlich von Glen Nevis bekannt vorkommt: Hier wurden Szenen für diverse Harry-Potter-Streifen sowie den patriotischen Blockbuster *Braveheart* mit Mel Gibson gedreht.

Nun geht es bald in die ersten Kehren. Der Weg ist z. T. mit Steintreppen sehr gut ausgebaut, doch langsam wird es steiler. Vorbei am reißenden Red Burn gelangt man bei gut 550 Höhenmetern auf eine kleine grasbewachsene Hochfläche mit dem kleinen See Lochan Meall an t-Suidhe oder schlicht „Halfway Loch". Am Ende der Hochfläche muss man an der **Weggabelung** rechts abbiegen. (1 3/4 Std.)

Auf dem Gipfel

Ab ca. 750 Höhenmetern schraubt sich der Pfad in langen Kehren nach oben. Von Zeit zu Zeit helfen Cairns bei der Orientierung. Die Vegetation wird immer spärlicher, bis es fast nur noch durch eine reine Steinwüste geht. Bei gutem Wetter entschädigt der immer besser werdende Ausblick für die Mühen.

Bei ca. 1200 Höhenmetern hören die Kehren endlich auf. Der Weg biegt an einer kleinen Windschutzmauer scharf nach links ab und geht dann geradeaus bergan, vorbei an weiteren Steinmandln. Wenn der Berggipfel mit dem großen Cairn und dem *emergency shelter* in Sicht kommt, muss man zunächst scharf rechts abbiegen, um einer extrem steilen und tiefen Abbruchkante auszuweichen. Erst dann geht es wieder scharf nach links und direkt zum **Gipfel des Ben Nevis**. Vor allem bei schlechtem Wetter ist in diesem Bereich besondere Vorsicht angebracht. (4 Std.)

Vom Gipfelplateau liegen den Wanderern bei gutem Wetter die halbe schottische Westküste und weite Teile der Highlands zu Füßen. Der Blick reicht z. B. bis nach Skye und Mull. Der Ausblick ist gewaltig, allerdings ist der Gipfel an Zweidritteln der Tage von Wolken umhüllt ...

Auf dem Plateau sind die Reste einer **Wetterwarte** zu erkennen, die um die Wende zum 20. Jh. ihren Dienst tat. Allein 1898 wurde eine Regenmenge von 560 cm gemessen sowie Sturmböen von bis zu 240 km/h. Dass die Warte bis zum Ersten Weltkrieg auch als Hotel diente, ist deshalb nur schwer vorstellbar. Neben den Ruinen wurde ein Friedens-Cairn errichtet.

Der Ben Nevis ist Zielpunkt allerlei verrückter Besteigungen. So findet seit 1895 im September das berühmte Ben Nevis Hill Race statt. Der Rekord steht seit 1986 bei 85 Min. – und das rauf und runter! Ein Piano wurde ebenfalls schon raufgeschoben sowie ein Ford T-Modell hoch gefahren.

Geologisch betrachtet sitzt man am Gipfel auf einem riesigen Lavafeld, während der größte Teil des Anstiegs über Granitgebiete erfolgte. Die Gesteinsformationen des Ben Nevis gehen auf vulkanische Aktivitäten vor rund 400 Mio. Jahren zurück, während die Täler in den Eiszeiten ausgewaschen wurden. Seit 2001 ist der Gipfel des Ben Nevis im Besitz der privaten Naturschutzorganisation des John Muir Trust.

Der Abstieg erfolgt über dieselbe Route wie der Aufstieg. Vor allem das Anfangsstück erfordert bei schlechtem Wetter hohe Konzentration. Ansonsten bietet der Abstieg nochmals atemberaubende Ausblicke, bevor im Tal das Glen Nevis Visitor Centre wieder erreicht ist. (7 Std.)

Praktische Tipps

Vor der Besteigung unbedingt den Wetterbericht im Glen Nevis Visitor Centre einholen, denn das Wetter kann sich rund um Ben Nevis sehr schnell ändern. Es ist immer mit Nebel, Kälte, Sturm und Regen oder sogar Schnee zu rechnen, auch wenn im Tal die Sonne scheint. Wetterfeste Kleidung, Wanderkarte und Kompass nicht vergessen! Weil der lange Anstieg eine echte Herausforderung darstellt, ist gute Kondition unbedingt erforderlich. Verschlechtert sich das Wetter beim Anstieg deutlich, sollte die Besteigung auf einen anderen Tag verschoben werden.

Glen Nevis Youth Hostel, ☎ 01397-702336, 🖳 www.hostellingscotland.co.uk. Eine der traditionsreichsten SYHA-Herbergen, fast 5 km vom Stadtzentrum entfernt. Von hier sind sowohl der West Highland Way wie auch der Aufstieg zum Ben Nevis bequem zu erreichen. Dorm-Bett ab 16,25 £.

Tigh Na Drochaid, Nevis Bridge, ☎ 01397-704177, 🖳 www.glennevisbb.co.uk. Modernes Haus am Zugang zum Glen Nevis mit 2 freundlichen Doppelzimmern. Ideal, wenn man nicht im Zentrum wohnen und schnell in die Berge möchte. ❷

Essen und Unterhaltung

Cafés und Restaurants

Crannog Restaurant, Town Pier, ☎ 01397-705589, 🖳 www.crannog.net. Erstaunlich großes Restaurant direkt am Wasser mit solider Hausmannskost. Mittags gibt es ein günstiges 2-Gänge-Menü. Abends im Sommer besser reservieren. ⏲ Küche tgl. 12–14.30, 18–20.30 Uhr.

Lime Tree, s. „Übernachtung". Küchenchef Ross Sutherland hat bereits einen Michelin-Stern für seine Künste erhalten und verleiht damit dem schicken und gehobenen Lime Tree kulinarisch eindeutig das größte Prestige in Fort William; besser reservieren. ⏲ Küche tgl. 18.30–21 Uhr.

Spice Tandoori, 141 High Street, ☎ 01397-705192. Modernes, großes indisches Restaurant mit exotischen Spezialitäten vom Subkontinent. Kommt auch ohne die übliche bunte Deko aus, das Essen ist im Mittelpunkt. Preislich ganz okay. Auch Take-away. ⏲ tgl. 12–14, 17–23 Uhr.

Sugar & Spice, 147 High Street, ☎ 01397-705005. Buntes, freundliches und relaxtes Café im südlichen Teil der High Street mit Kaffee, Smoothies und kleinen Snacks. ⏲ Mo–Sa 10–17 Uhr.

Pubs

Ben Nevis Inn, Achintee, Glen Nevis, ☎ 01397-701227, 🖳 www.ben-nevis-inn.co.uk. Unmittelbar am Beginn des Ben-Nevis-Aufstiegs, auf der nördlichen Flussseite, bietet das rustikale Inn nach der Wanderung herzhaftes *pub grub*, abends manchmal Folkmusik und im

Untergeschoss ein recht beengtes Bunkhouse (Dorm-Bett ab 14 £). ⏲ Küche tgl. 12–21 Uhr.

Grog & Gruel, 66 High Street, ☎ 01397-705078, 🖳 www.grogandgruel.co.uk. Lebendiger und einladender Pub, der auch Bar-Gerichte serviert und abends oft gut gefüllt ist. ⏲ Küche tgl. 12–21 Uhr.

The Volunteer Arms, 47 High Street, ☎ 01397-702344, 🖳 www.thevolley.co.uk. Gemischtes Publikum in dem zentralen Pub. Im Sommer oft Folkmusik, aber am Wochenende auch DJ; mit Pool-Tisch.

Aktivitäten

Rad fahren

Alpine Bikes, 117 High Street, ☎ 01397-704008, 🖳 www.alpinebikes.com. Neuer Radladen mit Service und Verleih (20 £/Tag).

Schiffstouren

Crannog Cruises, ☎ 01397-700714, 🖳 www.crannog.net. 90-minütige Schiffstouren vom Town Pier das Loch Linnhe hinab. Tickets 10 £, erm. 5 £. ⏲ März–Okt tgl. 10, 12, 14, 16 Uhr.

Sonstiges

Einkaufen

Ben Nevis Book Corner, Monzie Square, ☎ 01397-703456, 🖳 www.bennevisbookcorner.co.uk. Unter der Leitung von Ian Abernethy das beste Antiquariat weit und breit. Schwerpunkt auf schottischen Themen, aber auch Belletristik. ⏲ Mo–Sa 10–17 Uhr.

Highland Soap, 48 High Street, ☎ 01397-713919, 🖳 www.highlandsoaps.com. Riecht gut, wird vor Ort hergestellt und ist größtenteils ohne chemische Zusatzstoffe. ⏲ Mo–Sa 10–16 Uhr.

Nevisport, Airds Crossing/High Street, ☎ 01397-704921, 🖳 www.nevisport.com. Großer Outdoorladen mit Landkarten und Café. ⏲ Mo–Sa 9–17.30, So 9.30–17 Uhr (im Sommer länger).

Informationen

Fort William VisitScotland Information Centre, 15 High Street, ☎ 01397-703781, 🖳 www.visit-fortwilliam.co.uk. ⏲ April/Mai, Mitte Sep–Okt Mo–Sa 9–17, So 10–16, Juni Mo–Sa 9–18, So 9.30–17, Juli/Aug Mo–Sa 9–18.30, So 9.30–18.30, Nov–April Mo–Sa 9–17, So 10–15 Uhr.

Internet

Fort William Library, Airds Crossing/High Street, ℡ 01397-703552. Kostenlose Nutzung der Internetcomputer. ⊙ Mo/Do 10–20, Di/Fr 10–18, Mi/Sa 10–13 Uhr.

Nahverkehr

Busse

Stagecoach-Linie 41 fährt tgl. alle 2 Std. vom Interchange am Bahnhof ins Glen Nevis. Letzter Bus zur JH aber schon gegen 16.45 Uhr.

Taxis

Fort William Taxi, ℡ 01397-700000; **Woody's Taxi**, ℡ 07838686363.

Transport

Busse

Scottish-Citylink-Busse ab Bahnhof Fort William: GLASGOW, mit den Linien 914/915/916 via GLENCOE (30 Min.) 4x tgl., 3 Std. INVERNESS, mit Linie 919/19, 4–6x tgl., 2 Std. OBAN, mit Linie 918, Mo–Sa 3x tgl., 1 1/2 Std. PORTREE auf Skye, mit den Linien 914/915/916, 3x tgl., 3 Std. KINLOCHLEVEN, mit Stagecoach-Linie 44 via Glencoe (35 Min.), Mo–Sa ctdl., So 3x, 50 Min. Lokale Busse nach Mallaig und Ardnamurchan s. S. 499 und S. 502.

Eisenbahn

ScotRail verkehrt 2–3x tgl. von GLASGOW Queen Street (4 Std.) über CORROUR STATION (45 Min.) und SPEAN BRIDGE (15 Min.) bis Fort William und 4x tgl. weiter über GLENFINNAN (30 Min.) nach MALLAIG (1 1/2 Std.). So–Fr verkehrt ein Nachtzug von und nach LONDON (13 Std.). Am Bahnhof in Fort William auch Schließfächer. Für den Dampfzug **The Jacobite** s. Kasten S. 510.

Ausflüge rund um Fort William

Inverlochy und Ben Nevis Distillery

Am Nordrand von Fort William liegen am River Lochy die frei zugänglichen Reste des **Old Inverlochy Castle**. Die rechteckige Anlage vom Ende des 13. Jhs. ist erstaunlich gut erhalten, und am Flussufer kann man sich ein kleines Picknick gönnen.

Einige hundert Meter weiter brennt die **Ben Nevis Distillery**, ℡ 01397-700200, 🖥 www.bennevisdistillery.com, seit 1825 das hochprozentige Wasser des Lebens. ⊙ Ostern–Juni, Sep Mo–Fr 9–17, Sa 10–16, Juli/Aug auch So 12–16, Okt–Ostern Mo–Fr 9–17 Uhr. Führungen 4 £, erm. 2 £.

Auf der Road to the Isles bis Glenfinnan

An der Ben Nevis Distillery biegt die A 830 nach Mallaig (s. S. 495) ab. Die Straße ist als *Road to the Isles* bekannt. Erstes Highlight ist nach 2 km bei **Banavie** am südlichen Ende des Caledonian Canal (s. S. 424) **Neptune's Staircase**, eine Kanaltreppe aus acht hintereinander geschalteten Schleusen. So werden auf knapp 400 m Länge insgesamt gut 19 Höhenmeter überwunden. Für jede komplette Schleusung werden rund 1,2 Mio. Liter Wasser bewegt. Passieren Schiffe das unterste Teilstück, schwingen zudem die Straßen- und die Eisenbahnbrücke zur Seite.

Im benachbarten **Corpach** erlaubt die Ausstellung **Treasures of the Earth**, ℡ 01397-772283, 🖥 www.treasuresoftheearth.co.uk, einen faszinierenden Ausflug in die Welt der Mineralien. Da glänzt und leuchtet es mysteriös im Halbdunkel. ⊙ März–Juni, Sep–Okt tgl. 10–17, Juli–Sep 9.30–19 Uhr, ansonsten nach Voranmeldung, Eintritt 4,99 £, erm. 3,99/2,99 £.

Jenseits von Loch Eil wird die Landschaft wieder wild, bis an der Spitze von **Loch Shiel** der **Glenfinnan Viadukt** im Blickfeld erscheint (s. Kasten S. 510). Am Ufer des Lochs erinnert das **Glenfinnan Monument** an den Jakobitenaufstand von 1745. Hier pflanzte der Stuart-Prinz Charles Edward am 19. August zu Beginn seiner Revolte die Stuart-Standarte auf. Den Eintritt für die Begehung der extrem schmalen Wendeltreppe entrichtet man auf der anderen Straßenseite im sehr informativen **Glenfinnan Visitor Centre** des National Trust for Scotland. ⊙ April–Juni, Sep–Okt tgl. 10–17, Juli–Aug 9.30–17.30 Uhr, Eintritt 3 £, erm. 2 £. Zudem sind einige kleine Wanderwege von hier aus ausgeschildert. Auf der Wiese werden jedes Jahr Mitte August die **Glenfinnan Highland Games** ausgetragen.

Südwestliche Highlands und Innere Hebriden

Selbst wer noch nie in der Umgebung von Fort William war, auf der Leinwand hat fast jeder die Gegend schon kennengelernt, denn Filmemacher lieben die beeindruckende Bergwelt geradezu.

Vor allem *Harry Potter* und seine Freunde nutzen immer wieder die äußerst malerische Bahnstrecke der **West Highland Line** zwischen Rannoch Station und Corrour Station sowie zwischen Fort William und Mallaig auf dem Weg zu ihrer Zauberschule Hogwarts. Besonders dramatisch wird im zweiten Teil der Zauberer-Saga der **Glenfinnan Viaduct** in Szene gesetzt, als das fliegende Auto von Ron Weasley beinahe mit dem Hogwarts Express kollidiert. Auch **Loch Shiel**, rund um das Glenfinnan Monument, taucht in mehreren Filmen immer wieder auf. 1986 war schon der *Highlander* Christopher Lambert („Es kann nur einen geben") als Connor MacLeod an den Ufern des Lochs zur Welt gekommen.

Fährt man mit dem Zug weiter Richtung Mallaig, erreicht man in **Morar** den Strand, der in *Local Hero* (1983) die Zuschauer angesichts des traumhaften Ausblicks geradezu Schottland-süchtig

machte. In der anderen Richtung passiert man Richtung Glasgow das einsame Rannoch Moor. **Corrour Station** wurde 1996 für eine Outdoor-Szene des ziemlich abgefahrenen Films *Trainspotting* mit Ewan McGregor genutzt, während das weitere Teilstück bis **Rannoch Station** wiederum von *Harry Potter* in den letzten Film-Episoden mit dem Hogwarts Express befahren wird.

Anfahrt: Neben den Linienzügen von ScotRail (s. S. 63) ist der historische Dampfzug **The Jacobite** von **West Coast Railways**, ℘ 0845-1284681, ▯ www.westcoastrailways.co.uk, eine Besonderheit: Der Jacobite schnauft von Mitte Mai bis Ende Oktober über die Strecke zwischen Fort William und Mallaig. Der Zug ist bei *Harry Potter* als *Hogwarts Express* unterwegs, allerdings kann man sich im Gegensatz zu den Zauberschülern in Ruhe einer der schönsten Bahnstrecken Europas widmen. Die Dampfzüge fahren in der Regel 1x tgl. Mo–Fr (Juli/Aug auch Sa/So). Die Hin- und Rückfahrt dauert ca. 6 Std., inkl. knapp 2 Std. Aufenthalt in Mallaig. Tickets hin und zurück 31 £, erm. 17,50 £ (1. Klasse 54/30 £).

Für Freunde der Eisenbahn lohnt ein kleiner Abstecher zum **Glenfinnan Station Museum** im Bahnhof von Glenfinnan, ℘ 01397-722295, ▯ www.glenfinnanstationmuseum.co.uk, ☉ Juni–Mitte Okt tgl. 9–17 Uhr, Eintritt 0,50 £, erm. 0,25 £. Gleich nebenan befinden sich in einigen alten Waggons zum einen das Hostel im **Glenfinnan Sleeping Car** (Kontakt über Museum), zum anderen der ungewöhnliche und gemütliche Tearoom im **Glenfinnan Dining Car**, ℘ 01397-722300, ☉ April–Okt tgl. 9–16.30 Uhr.

Nevis Range und Spean Bridge

Wenige Kilometer nördlich von Fort William führt eine Stichstraße von der A 82 zur Talstation der Kabinenbahn von **Nevis Range**, ℘ 01397-705825, ▯ www.nevisrange.co.uk. Die Gondeln gleiten hinauf bis auf eine Höhe von 650 m, sodass bei klarem Wetter eine tolle Fernsicht wartet. In der Bergstation befinden sich ein rustikales Café und eine kleine Berg-Ausstellung. Im Sommer düsen Mountainbiker in die Tiefe, im Winter verwandelt

sich die Anlage in ein Skizentrum. Wer sich jedoch nur ein wenig die Beine vertreten will, kann auf zwei kurze und nahezu ebenerdige Wanderwege zurückgreifen, die jeweils an zwei markanten Aussichtspunkten enden. ☉ April–Juni, Sep–Mitte Nov tgl. 10–17, Juli–Aug tgl. 9.30–18 Uhr, Mitte Dez–März tgl. 10 Uhr bis Einbruch der Dunkelheit (alle Fahrten witterungsabhängig). Tickets hin und zurück 11 £, erm. 9,50/6,25 £.

Etwas nördlich der kleinen Siedlung **Spean Bridge** liegt an der A 82 in prominenter Lage das **Commando Memorial**, ein Denkmal für die im Zweiten Weltkrieg rund ums Great Glen ausgebildeten Spezialeinheiten. Von hier führt die vielbefahrene Hauptstraße am Loch Lochy vorbei zum Loch Ness (s. S. 424) bzw. nach Skye (s. S. 478).

Corrour Station und Loch Ossian

Von Spean Bridge führt eine nur halbstündige Bahnfahrt oder eine zweitägige Wanderung durch wildes, immer einsameres Gelände nach **Corrour Station**, Großbritanniens abgelegenster

Bahnhof ohne öffentlichen Straßenanschluss. Als die Bahnlinie Ende des 19. Jhs. gebaut wurde, machte der damalige Gutsbesitzer den Ankauf seines Geländes vom Bau einer privaten Bahnstation abhängig – und bekam seinen Willen.

Der Bahnhof wurde mittlerweile sehr besucherfreundlich in ein schmuckes SYHA-Hostel mit Café-Restaurant umgebaut, das **Corrour Station House**, ☎ 01397-732236, 💻 www.hostellingscotland.co.uk. Unten gibt es ein gemütliches Café-Restaurant mit leckerer Küche (auch vegetarisch), oben einige wenige Betten (ab 27,50 £). Eine gute Basis für die Erkundung der Gegend. Für Übernachtungen unbedingt vorher anmelden.

Der Landrover-Track zum 2 km entfernten **Loch Ossian** führt zur gleichnamigen sehr rustikalen SYHA-Herberge **Loch Ossian Youth Hostel**, ☎ 01397-732207, 💻 www.hostellingscotland.co.uk. Die Blockhütte am See wirkt fast wie in Skandinavien – idyllischer geht es kaum. Mittels Wind und Sonne versorgt sich die Jugendherberge selbst mit Strom. Hier ist Selbstversorgung angesagt und man muss eigene Bettwäsche oder Schlafsäcke mitbringen. ⏱ April–Anfang Okt. Dorm-Bett ab 16 £.

An dieser Stelle befand sich einst das Bootshaus, denn der Gutsbesitzer ließ sich und seine Gäste mit einem Schiff über den See zu seinem Jagdsitz an der Ostseite tuckern. 2003 entstand dort eine neue, sehr moderne Lodge. Die gesamte, flache Umrundung von Lossian mit Rückkehr zum Bahnhof beträgt rund 15 km (ca. 4 Std.).

Am Hostel Loch Ossian beginnt zudem ein sehr einsamer Wanderweg am Rande des Rannoch Moor vorbei zur **Rannoch Station** (ca. 18 km, 4 1/2 Std., Rückfahrt mit Zug). Wanderkarten für Corrour/Loch Ossian: OS Landranger 41 + 42.

Transport

Glenfinnan, Spean Bridge und Corrour Station liegen an der **West Highland Line**, die die Orte 2–4x tgl. von FORT WILLIAM anfährt. In südlicher Richtung sind von Corrour aus die nächsten Haltepunkte RANNOCH STATION (12 Min.) und BRIDGE OF ORCHY an der A 82 (ca. 35 Min.). **Wichtig**: An der Corrour Station halten manche Züge nur bei Bedarf, daher bitte beim Einstieg sofort dem Schaffner Bescheid sagen bzw. in Corrour am Bahnsteig warten. Auf jeden Fall vorher die aktuellen Rückfahrzeiten checken.

Rund ums Glen Coe

Eines der alpinsten Täler Schottlands lockt Touristen, Wanderer und Filmcrews gleichermaßen an: Die beeindruckende Bergwelt von Glen Coe ist bei schönem Wetter immer einen Abstecher wert, hängen hingegen die Wolken tief, können die kargen Bergwände fast bedrohlich wirken. Weiter östlich durchqueren die A 82 und der West Highland Way (s. S. 272) die scheinbar endlose Hochebene des Rannoch Moor.

Glencoe Village

Im Glencoe Village ist das **Glencoe and North Lorn Folk Museum**, ☎ 01855-811664, 💻 www.glencoefolkmuseum.co.uk. ein ziemlich voll gestopftes Heimatmuseum in einem reetgedeckten Cottage. ⏱ Ostern–Okt Mo–Sa 10–17.30 Uhr, Eintritt 3 £, erm. 2 £.

Lohnend ist der kleine Abstecher unmittelbar östlich der Bridge of Coe nach links zum Waldparkplatz **Glencoe Lochan**. Farbig markierte Wanderwege führen zu einem kleinen künstlichen See mitten im Wald. Es heißt, der frühere Gutsbesitzer Lord Strathcona habe hier für seine heimwehgeplagte kanadische Frau die Welt der Rockies nachahmen wollen. Der Waldsee ist jedenfalls eine echte und kaum bekannte Oase.

Glen Coe

Als „Tal der Tränen" wird Glen Coe bezeichnet, denn hier kam es zu einer der berüchtigsten Gräueltaten der Jakobitenkriege (s. Kasten S. 512). Davon weitgehend unberührt sammeln sich hier vor allem am Wochenende Scharen von *Munro-baggers* (s. Kasten S. 62), um die Respekt einflößenden Gipfel nördlich und südlich des Tals zu erklimmen. Besonders imposant sind die markant vorspringenden Felswände der Three Sisters.

An der A 82 erläutert das moderne **Glencoe Visitor Centre**, ☎ 0844-493222, 💻 www.nts.org.uk, die Geschichte und Geologie des Tals sowie

Südwestliche Highlands und Innere Hebriden

Nach der Vertreibung des katholischen Stuart-Königs James II./VII. wollte sich der neue protestantische Monarch **William III.** die Loyalität der mürrischen Highland-Clans sichern. So bot er ihnen im Gegenzug für einen Treueschwur eine Amnestie an. Stichtag war der 1. Januar 1692. Der abwartende **Alasdair Maclain**, Clan-chef der MacDonalds aus Glencoe, erschien erst zu Silvester in Fort William, doch der Garnisonskommandant wollte den Eid nicht abnehmen und schickte Maclain nach Inveraray, dom Citz der mächtigen **Campbells** und des Sheriffs von Argyll. Dort nahm man Maclain zwar den Schwur ab, weil er aber einige Tage zu spät eintraf, wurde mit Rückendeckung des Schottlandministers **John Dalrymple** beschlossen, ein Exempel zu statuieren.

Als Maclain schon wieder zurück in Glencoe war, wurden Soldaten in das verschneite Glen geschickt. Fast zwei Wochen wohnten sie als Gäste des Clans in deren Häusern, bevor sie die Bewohner auf Befehl hinterrücks ermordeten. Maclain und rund 40 weitere Clan-Mitglieder starben sofort, viele weitere kamen auf der Flucht in den winterlichen Bergen um.

Anstatt die Clans zu befrieden, hagelte es angesichts dieser brutalen und hinterhältigen Tat bald Proteste von allen Seiten. Vor allem Dalrymple und „die Campbells" wurden zur Zielscheibe. Dalrymple musste seinen Posten zwar aufgeben, am Unterdrückungskurs in den Highlands änderte sich jedoch nichts.

Im Glencoe Village erinnert ein **Denkmal** an das Massaker, und das berühmte Folk-Duo The Corries schuf einen populären Song (The Massacre of Glencoe) zum Thema.

die Anfänge des Bergsteigens. ⊙ April–Okt tgl. 9.30–17.30, Nov–März Do–Sa 10–16 Uhr, Eintritt 5,50 £, erm. 4,50 £ (NTS).

Abstecher ins Rannoch Moor

Oberhalb des Tals erreicht die A 82 die weite Ebene des Rannoch Moor. Die ziemlich trostlos wirkende Moorfläche spielt in Robert Louis Stevensons Roman Kidnapped auf der Flucht der

beiden Helden David Balfour und Alan Breck Stewart eine wichtige Rolle.

Zur Linken der A 82 befindet sich das einsame Hochland-Inn **Kings House Hotel**, ▯ www.kingshouseglencoe.com, zur Rechten erstreckt sich am Nordhang des 1108 m hohen Meall á Bhuiridh das Wintersportgebiet **Glencoe Mountain**, ▯ www.glencoemountain.com. Im Sommer kann man den Sessellift auch so nutzen, um sich auf eine Höhe von 650 m bringen zu lassen. ⊙ tgl. 9–17 Uhr, hin und zurück 10 £, erm. 5 £.

Quer durch das Moor verläuft auch der West Highland Way auf einer alten Militärstraße aus dem 18. Jh. Über den berüchtigten **Devil's Stair-case** geht es hinüber nach Kinlochleven und dem Ziel in Fort William entgegen.

Kinlochleven

Von Glencoe Village führt die B 863 am Südufer des Loch Leven entlang nach Kinlochleven. Dieser Ort ist ungewöhnlich, denn er ist eine waschechte Arbeitersiedlung in einem abgelegenen Winkel der Highlands. 1907 kam ein Aluminiumwerk an das Kopfende von Loch Leven und verwandelte die Szenerie komplett. Seit das Werk im Jahr 2000 dichtmachte, hat sich in einer der erhaltenen Werkshallen **Ice Factor**, ✆ 01855-831100, ▯ www.ice-factor.co.uk, angesiedelt. Die große Kletterhalle verfügt über eine hauseigene Eiswand! ⊙ Mi, Fr–Mo 9–19, Di/Do 9–22 Uhr.

Kinlochleven ist der letzte Stopp auf dem West Highland Way vor Fort William. Eine kurze Tour führt von der St Paul's Church aus dem Ort heraus zum rauschenden, fast 50 m hohen **Grey Mare's Tail Waterfall**.

Inchconnal B&B, Glencoe, ✆ 01855-811958, ✉ inchconnal@live.co.uk. Nette kleine Pension bei der sehr gastfreundlichen Mrs. Macdonald mitten im Glencoe Village; im Winter geschlossen. ❷
Invercoe Campsite, Glencoe, ✆ 01855-811210, ▯ www.invercoe.co.uk. Sehr gut ausgestatteter Zeltplatz am Ufer des Loch Leven. ⊙ ganzjährig.
€ **Glencoe Youth Hostel**, bei Glencoe, ✆ 01855-811219, ▯ www.hostelling scotland.co.uk. Eine der ersten SYHA-

Herbergen, auf exzellentem Niveau, an der schmalen Nebenstrecke von Glencoe Village zum Clachaig Inn mitten im Wald. Dorm-Bett ab 15 £.

Clachaig Inn, bei Glencoe, ☎ 01855-811252, 🖥 www.clachaig.com. Das historische Inn ist für Wanderer wie Touristen ein willkommener Treffpunkt. Abends wird nach einem langen Tag das herzhafte *pub grub* bestellt und gelegentlich gibt es Livemusik. Die 160 Whiskysorten sind ebenfalls nicht zu verachten. Außerdem hat das Clachaig eine größere Anzahl von Zimmern, die an Wochenenden aber trotzdem schnell ausgebucht sind. Auch mehrere Ferienwohnungen und -häuser in der Umgebung. ⏲ Küche tgl. 12–21 Uhr. ❸

Lochleven Seafood Café, ☎ 01855-821048, 🖥 www.lochlevenseafoodcafe.co.uk. An der Straße zwischen North Ballachulish und Kinlochleven auf der Nordseite von Loch Leven lädt das sehr renommierte Bistro zu erlesenen Genüssen von Fisch und Meeresfrüchten ein. Auf der monatlich wechselnden Speisekarte finden sich selbstverständlich Austern, Hummer und Langustinen, aber auch Kammmuscheln. Mittags ist es informell und etwas günstiger, abends wird es gesetzter und entsprechend teurer. ⏲ Küche tgl. 12–15, 18–21 Uhr (dazwischen Kaffee und Kuchen), im Winter Do–Sa 18–21, So 12–16 Uhr.

Transport

Scottish Citylink befährt die A 82 4x tgl. mit den Linien 914/915/916 von GLASGOW über Bridge of Orchy und Glencoe Village nach FORT WILLIAM.
Stagecoach fährt mit Linie 44 von Fort William aus Mo–Sa stdl., So 3x via Glencoe Village (35 Min.) nach Kinlochleven (50 Min.).

Argyll und Kintyre

Der südwestlichste Teil der Highlands gehört zur Grafschaft Argyll. Dabei ragt die **Halbinsel Kintyre** wie ein langer Finger nach Süden Richtung Irland. Wichtigster Touristenort ist der ansehnliche Fährhafen **Oban** mit zahlreichen Entdeckungsmöglichkeiten im Hinterland. Von hier legen die Fähren nach Mull sowie Barra und South Uist auf den Äußeren Hebriden ab. Der malerischste Ort ist zweifelsohne **Inveraray** am Loch Fyne mit dem herrschaftlichen Inveraray Castle als Hauptattraktion.

Auf dem Weg nach Süden verlässt man die Bergregion der Highlands. Dafür locken einige weitere Inselabstecher, vor allem nach Islay (s. S. 535) und Arran (s. S. 529).

Von Appin bis Loch Etive

Die Küstenregion südlich von Loch Leven nennt sich Appin. Hier sind die Berge noch wild und rau, während sich der Fjord Loch Linnhe bereits deutlich weitet. Bei **Portnacroish** gerät **Castle Stalker** ins Blickfeld, ein restaurierter Wehrturm aus dem 15. Jh., der schon manchen Schottland-Reiseführer als Titelbild zierte. Monty Python drehte hier einige Szenen für *Ritter der Kokosnuss*. Das Castle kann gelegentlich besichtigt werden. Infos: ☎ 01631-730354, 🖥 www.castlestalker.com, Führungen 10 £, erm. 5 £.

Port Appin und Lismore

Den besten Blick auf das Castle Stalker hat man von der kleinen Nebenstraße nach **Port Appin**. Von hier legen auch die Fußgängerfähren zur schmalen, aber lang gestreckten Insel **Lismore** (ca. 190 Einwohner) ab, vor allem mit dem Fahrrad ein netter Ausflug. Der „große Garten", wie die Insel auf Gälisch heißt, ist sehr grün; eine *single track road* führt nach Achnacroish, von wo Fähren nach Oban verkehren. Auf dem Weg dorthin passiert man die ehemalige Kathedrale und das einstige Castle. Kurz danach erreicht man nach insgesamt knapp 5,5 km das **Lismore Heritage Centre**, ☎ 01631-760285, 🖥 www.isleoflismore.com, mit einer kleinen Ausstellung. ⏲ April/Okt Mi–So 12–15, Mai–Sep tgl. 11–16 Uhr, Eintritt 3,50 £, Kinder frei. Im selben Gebäude ist ein nettes Café mit toller Terrasse angesiedelt.

Nach Dunstaffnage

Zurück auf dem Festland erreicht die A 828 südlich von Barcaldine das **Scottish Sea Life Sanctuary**, ☎ 01631-720386, 🖥 www.sealsanctuary.

co.uk. Hier werden Seehunde aufgezogen, kanadische Otter sind in einem Gehege, und im Aquarium tummeln sich Rochen, Schollen, Seepferdchen und Hummer. Täglich finden auch öffentliche Fütterungen statt. Das Ganze ist vor allem für Kinder gedacht. ⊙ April–Juni, Sep–Okt tgl. 10–17, Juli–Aug 10–18, Nov–März 10–16 Uhr, Eintritt 12,50 £, erm. 12/10 £.

Loch Etive wird über die **Connel Bridge** überquert, eine ehemalige Eisenbahnbrücke. Richtung Oban stehen die Mauern von **Dunstaffnage Castle**, ☎ 01631-562465, 🖳 www.historic-scotland.gov.uk, aus dem 13. Jh. ⊙ April–Sep tgl. 9.30–17.30, Okt tgl. 9.30–16.30, Nov–März Sa–Mi 9.30–16.30 Uhr, Eintritt 3,70 £, erm. 3/2,20 £ (HS).

Fairfield B&B, Port Appin, ☎ 01631-730384. Einladendes kleines B&B unweit des Anlegers nach Lismore. Ruhige Lage, freundliche Gastgeber und günstige Zimmer sorgen für einen erholsamen Aufenthalt. ❷

The Pierhouse, Port Appin, ☎ 01631-730302, 🖳 www.pierhousehotel.co.uk. Hervorragendes Hotel und Restaurant, das für seine frischen Meeresspezialitäten bekannt ist. Unmittelbar am Lismore-Anleger. In der Bar geht es sehr informell zu, sodass man hier entweder günstig zu Mittag speisen oder aber in Ruhe den Tag mit Blick auf Lismore ausklingen lassen kann. ⊙ Küche 12.30–14.30, 18.30–21.30 Uhr. ❸ – ❺

Port Appin Bike Hire, Port Appin, ☎ 01631-730391. Radverleih in direkter Nachbarschaft des Fairfield B&B für nur 10 £ am Tag. Ideal für einen Ausflug nach Lismore. Helm und Luftpumpe gibt es dazu – Räder auf jeden Fall vor Abfahrt checken und am besten (falls möglich) schon einen Abend zuvor reservieren (einfach klingeln).

Busse
Die gesamte Küstenstrecke wird von West Coast Motors für Scottish Citylink Mo–Sa 3x tgl. bedient. Der Schlenker nach Port Appin wird allerdings nicht gefahren.

Schiffe
Tgl. von ca. 7–20 Uhr kurze Überfahrt (10 Min.) von Port Appin nach Lismore Point. Im Sommer verkehrt die vom Regionalrat betriebene Fußgängerfähre stdl., im Winter nur alle 2 Std. Tickets hin und zurück 2,80 £, Räder frei.

Oban und Umgebung

Der schmucke Fährhafen und Touristenort Oban (8500 Einwohner) windet sich malerisch rund um die Oban Bay. Der Blick schweift hinaus über die Insel Kerrera bis hinüber zu den Bergen von Mull. Regelmäßig gleiten die Fährschiffe von Caledonian MacBrayne durch die Bucht und verstärken das ausgeprägte maritime Feeling von Oban.

Kein Wunder, dass im Sommer die lang gezogene Uferpromenade vom Fährhafen bis hinauf zu der ansehnlichen viktorianischen Hotelreihe voller Urlauber ist. Besonders stimmungsvoll wird es an schönen Sommerabenden, wenn die Sonne eindrucksvoll jenseits der Bucht hinter den Bergen versinkt.

McCaig's Tower und Pulpit Hill

Die spektakulären Sonnenuntergänge schaut man sich am besten von den beiden markanten Aussichtspunkten der Stadt an: Hoch über dem Zentrum thront der kreisrunde **McCaig's Tower**, eine exzentrische Idee des Bankers John Stuart McCaig, der Ende des 19. Jhs. arbeitslosen Steinmetzen Beschäftigung verschaffen wollte. Das kolosseumartige Bauwerk gibt der Stadtsilhouette eine unverwechselbare Note.

Südlich der Bucht ist **Pulpit Hill** oberhalb des Fähranlegers zwar kein Bauwerk, dafür aber ein hervorragender Aussichtspunkt, der sogar für Autofahrer ausgeschildert ist. Das üppige Grün des Hügels verrät, dass das Klima an der Westküste in windgeschützten Lagen sehr mild ist.

Oban Zentrum

Erste Anlaufstelle im Zentrum ist das **Oban Visit-Scotland Information Centre**, Argyll Square (s. S. 520), denn in der umgebauten Kirche gibt es neben vielen Infobroschüren im hinteren Teil

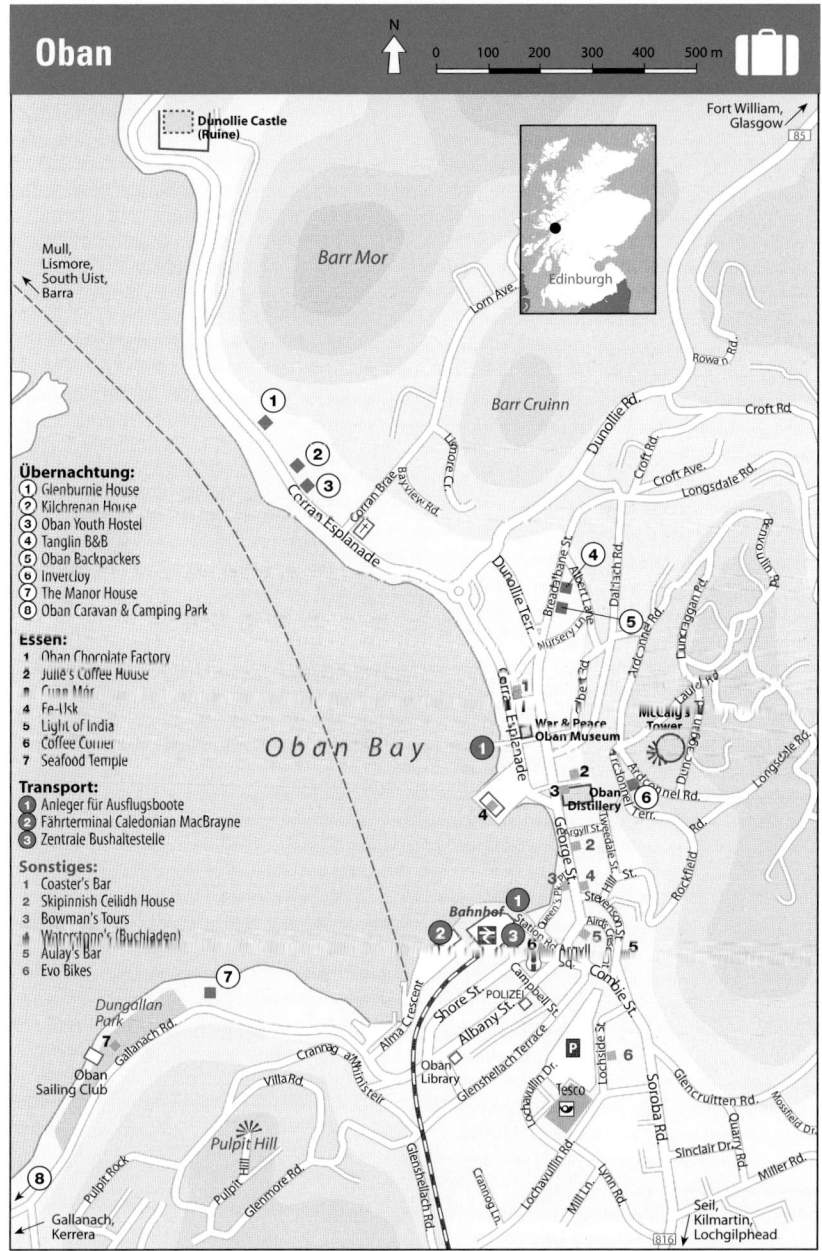

Oban

N

0 100 200 300 400 500 m

Dunollie Castle
(Ruine)

Fort William,
Glasgow

Mull,
Lismore,
South Uist,
Barra

Barr Mor

Barr Cruinn

Edinburgh

Lorn Ave.

Lismore Cr.

Bayview Rd.

Dunollie Rd.

Croft Rd

Croft Rd.

Croft Ave.

Longsdale Rd.

Benvoullin Rd.

Rowan Rd.

Übernachtung:
1. Glenburnie House
2. Kilchrenan House
3. Oban Youth Hostel
4. Tanglin B&B
5. Oban Backpackers
6. Invercloy
7. The Manor House
8. Oban Caravan & Camping Park

Essen:
1. Oban Chocolate Factory
2. Julie's Coffee House
3. Cuan Mór
4. Ee-Usk
5. Light of India
6. Coffee Corner
7. Seafood Temple

Transport:
1. Anleger für Ausflugsboote
2. Fährterminal Caledonian MacBrayne
3. Zentrale Bushaltestelle

Sonstiges:
1. Coaster's Bar
2. Skipinnish Ceilidh House
3. Bowman's Tours
4. Waterstone's (Buchladen)
5. Aulay's Bar
6. Evo Bikes

Corran Esplanade

Corran Brae

Dunollie Terr.

Corran Esplanade

Breadalbane St.

Albert Rd.

Dalriach Rd.

Nursery Lane

Nelson Rd.

Ardconnel Rd.

Duncraggan Rd.

Laurel Rd.

Longsdale Rd.

Rockfield Rd.

McCaig's
Tower

War & Peace
Oban Museum

Oban
Distillery

Ardconnel
Terr.

George St.

Argyll St.

Tweedale St.

Mill St.

Stevenson St.

Airds Cr.

Queen's Park Pl.

Combie St.

Lochside St.

Soroba Rd.

Glencruitten Rd.

Oban Bay

Bahnhof

Station Rd.

Argyll Sq.

Shore St.

Alma Crescent

Cranraig an Aministeir

Campbell St.

POLIZEI

Albany St.

Oban
Library

Glenshellach Terrace

Lochavullin Dr.

Tesco

Dungallan
Park

Oban
Sailing Club

Gallanach Rd.

Villa Rd.

Pulpit Rock

Pulpit Hill

Pulpit

Glenmore Rd.

Glenshellach Rd.

Cranmog Lin.

Lochavullin Rd.

Mill Rd.

Lynn Rd.

Sinclair Dr.

Quarry Rd.

Miller Rd.

Mossfield Dr.

Seil,
Kilmartin,
Lochgilphead

Gallanach,
Kerrera

Südwestliche Highlands und Innere Hebriden

Seefest muss man in den Gummischnellbooten schon sein.

eine kostenlose ortsgeschichtliche Ausstellung. Im Mittelpunkt stehen die Brüder Hugh und John Stevenson, die 1778 nach Oban kamen und dem bescheidenen Fischereihafen mit viel Engagement auf die Beine halfen. So waren sie u. a. 1794 an der Gründung der **Oban Distillery**, Stafford Street, ℡ 01631-572004, 🖥 www.discovering-distilleries.com, beteiligt. Die Diageo-Brennerei geht wie eh und je mitten im Stadtzentrum ihren Geschäften nach und ist deshalb für Besucher gut zu erreichen. ☉ Feb/Dez Mo–Fr 12.30–16, März–Ostern und Nov Mo–Fr 10–17, Ostern–Juni und Okt Mo–Sa 9.30–17, Juli–Sep Mo–Fr 9.30–19.30, Sa 9.30–17, So 12–17 Uhr, Führungen 7 £, erm. 3,50 £.

Im ehemaligen Gebäude der *Oban Times* lohnt das private **War & Peace Oban Museum**, Corran Esplanade, ℡ 01631-570007, 🖥 www.obanmuseum.org.uk. Hier geht es nicht nur um Krieg und Frieden, sondern auch um die Stadtentwicklung. ☉ März–April, Okt–Nov Mo–Sa 10–16, Mai–Sep Mo–Sa 10–18, So 10–16 Uhr, Eintritt frei.

Die lange Uferpromenade endet im Norden an den letzten Häusern. Dann ist es noch ein kurzes Stück bis zur Ruine von **Dunollie Castle**. Es gibt Pläne, die Anlage in Zukunft öffentlich zugänglich zu machen.

Ausflug nach Kerrera

Eine kleine Küstenstraße führt vom Fährhafen nach Süden. Nach ca. 3 km ist der Anleger Gallanach für die Fähre zur vorgelagerten Insel Kerrera erreicht. Dieses Eiland hat nur gut 20 Bewohner, und die südliche Hälfte ist auf einer rund 10 km langen **Rundwanderung** bestens zu erkunden. Dazu setzt man möglichst noch vor der Mittagspause über, um nicht unter Zeitdruck zu geraten.

Der Weg führt im Uhrzeigersinn zunächst nach **Lower Gylen**, wo der sympathische **Kerrera Tea Garden**, ℡ 01631-570223, zu einer verdienten Verschnaufpause und gleichzeitig der einzigen bewirteten Rastmöglichkeit einlädt. Das dazugehörige Mini-Bunkhouse ist ziemlich einfach. ☉ April–Okt Mi–So 10.30–16.30 Uhr, Dorm-Bett ab 14 £. Vom Tea Garden erreicht man mit einem kleinen Abstecher zur Küste die Ruine von **Gylen Castle**, das auf einem Felsvorsprung einst die Insel kontrollierte. Genau wie Dunollie Castle war

dies eine MacDougall-Feste. 1249 starb König Alexander II. auf Kerrera, als er der norwegischen Krone die Westküste entreißen wollte.

Über den Farmweg geht es weiter nach **Ardmore** und dann über einen schmaleren Pfad an der Westküste wieder nach Norden. Dieses Teilstück ist am schönsten, weil es ungehinderten Fernblick nach Mull, Lismore und Morvern ermöglicht. Mit etwas Glück entdeckt man im Wasser Delfine und in den Lüften Adler oder Basstölpel. Von der Farm Barnabuck steigt ein wieder gut ausgebauter Landrover-Track steil bergan und ermöglicht von oben einen grandiosen Blick bis zu den Bergen rund um Glen Coe, bevor es wieder hinab zur Fähre geht (Gehzeit ca. 3 Std.).

Anfahrt mit Kerrera Ferry, ℡ 01631-563665, 🖥 www.kerrera-ferry.co.uk. ☉ Ostern–Okt tgl. ca. 10.30–12.30, 14–17.45 Uhr (alle halbe Stunde), Nov–Ostern nur alle 2 Std., Tickets hin und zurück 5 £, erm. 2,50 £.

Seil und Easdale

Ein etwas längerer Ausflug von Oban führt über die A 816 auf die sogenannten *Slate Islands* Seil und Easdale. Die Inselgruppe erhielt ihren Namen durch den intensiven Abbau von Schiefer. In Kilninver zweigt die B 844 ab, und plötzlich geht es über den steilen Buckel der **Bridge over the Atlantic** hinüber nach **Seil**. Diese schmale Wasserstraße wurde 1792 durch John Stevenson (s. Oban) überbrückt, um die Schieferindustrie zu fördern.

Im Westen von Seil endet die Straße im Örtchen Ellenabeich. Der große Steinbruch am Meer lag eigentlich auf einer Insel, während die Ortschaft entstand, als man durch Abfallaufschüttungen Neuland gewann. Das **Slate Islands Heritage Centre**, ℡ 01852-300307, 🖥 www.slateislands.org.uk, in einem weißen Cottage im Ortszentrum zeichnet die wechselvolle Geschichte der Schieferindustrie nach. ☉ März–Okt tgl. 10.30–13, 14–17 Uhr, Eintritt frei.

Welche Auswirkungen der Schieferabbau hatte, lässt sich am besten auf der vorgelagerten Insel **Easdale** beobachten. Sie ist förmlich von innen heraus ausgehöhlt worden, überall gibt es geflutete Bergbaulöcher. Der Schieferbergbau ist längst Vergangenheit, doch trotz aller Narben lebt auf der Insel wieder eine sehr agile Gemeinschaft: Um 1950 wohnten nur noch sieben alte Menschen hier, heute sind es 67, davon 22 Schulkinder – Easdale ist eine sehr junge Insel!

Im **Easdale Folk Museum**, ℰ 01852-300173, 🖥 www.easdale.org, erfährt man alles über die Insel und den Schieferabbau und womöglich sogar den aktuellsten Inseltratsch ... ⊘ Ostern–Okt tgl. 11–16.30 Uhr, Eintritt 3 £, erm. 1 £. Eine Community Hall mit regelmäßigen Kulturveranstaltungen sowie ein Tearoom runden das Angebot ab.

Anfahrt mit Easdale Ferry, ⊘ tgl. ca. 7.15–21 Uhr (am Anleger hupen, der Fährmann lebt auf Easdale), Tickets hin und zurück 1,60 £, erm. 0,80 £.

Übernachtung

Im Sommer und an Wochenenden muss man mit großem Andrang rechnen und sollte besser vorab buchen oder frühzeitig eintreffen, um sich ein Zimmer mit Meerblick oder ein Bett im Hostel zu sichern.

Untere Preisklasse

€ **Oban Backpackers**, Breadalbane Street, ℰ 01631-562107, 🖥 www.obanback packers.com. Wie bei allen *Scotland Top Hostels* ziemlich munteres Volk und lockere Stimmung. Die Herberge liegt im Stadtzentrum, allerdings ohne Seeblick. Dafür gibt es sehr günstige Doppelzimmer, inkl. Frühstück. Dorm-Bett ab 17 £. ❶

Oban Caravan & Camping Park, Gallanachmore Farm, ℰ 01631-562425, 🖥 www.obancaravan park.com. Ein kleines Stück jenseits der Kerrera Ferry ist auf diesem Campingplatz von der Stadt nichts mehr zu sehen und zu hören. Mo–Sa 2–4x tgl. Bus 417/431 vom/zum Bahnhof (15 Min.).

Herberge am Meer

Das **Oban Youth Hostel**, Corran Esplanade, ℰ 01631-562025, 🖥 www.hostellingscotland. co.uk, ist eine wunderbar gelegene, gemütliche Hostel-Villa an der Uferpromenade mit einem modernen Anbau hinten. Das Haupthaus wurde bis Anfang 2011 gründlich renoviert; jetzt auch mit Café. Sehr guter Service, auch Doppelzimmer. Für die Uferpromenade ist der Preis unschlagbar. Dorm-Bett ab 17 £. ❷

Mittlere Preisklasse

Glenburnie House, Corran Esplanade, ℰ 01631-562089, 🖥 www.glenburnie.co.uk. Geräumige Zimmer in der stattlichen Villa an der Promenade. Viele Zimmer haben Meerblick (unbedingt reservieren), vor allem Nr. 10 im 1. OG ist groß, hell und komfortabel. Allerdings keine Kleinkinder erwünscht. ❸–❹

Invercloy, Ardconnel Terrace, ℰ 01631-562058. Auf halbem Weg zu McCaig's Tower ist man im Invercloy dem täglichen Rummel der City entkommen und kann den Traumblick über die Bucht nach Mull genießen. Drinnen sind die Zimmer stilvoll; für den Meerblick zahlt man etwas mehr. Leider wird kein Frühstück mehr angeboten, doch die Lage und der Preis machen das wett. ❷

Kilchrenan House, Corran Esplanade, ℰ 01631-562663, 🖥 www.kilchrenanhouse.co. uk. Ein weiteres ansehnliches Guest House an der Promenade. Am schönsten sind natürlich die Zimmer vorn im Hauptgebäude mit Meerblick, auch wenn sie unterschiedlich groß sind. Etwas günstiger als das benachbarte Glenburnie. ❸

Tanglin B&B, Strathaven Terrace, 3 Breadalbane Street, ℰ 01631-563247, ✉ jimtanglin @aol.com. In unmittelbarer Nachbarschaft des Oban Backpackers befinden sich mehrere preisgünstigere B&Bs. Das Tanglin liegt mittendrin und bietet sowohl Zimmer mit Bad als auch günstigere mit Etagen-WC/Bad. Für den Preis okay. ⊘ April–Mitte Okt. ❷

Obere Preisklasse

The Manor House, Gallanach Road, ℰ 01631-562087, 🖥 www.manorhouseoban. com. Komfort pur in einem schicken Hotel südlich des Hafens. Das elegante georgianische Herrenhaus wirkt eher wie ein Landhotel und bringt einen Touch Luxus nach Oban. Abends gibt es ein 5-Gänge-Dinner für die Gäste. ❺–❻

Essen

Wer im Sommer abends ausgehen will, muss unbedingt reservieren, da sich vor allem die Restaurants an der Promenade sehr rasch füllen.

Cafés

Coffee Corner, Argyll Square, ✆ 01631-562588. Am urbansten Platz von Oban kann man unmittelbar neben der Touristeninfo bei gutem Wetter auch draußen sitzen und die Broschüren studieren. Im Sommer gibt es sogar eigene Eiscreme. ⏰ tgl. 9.30–17 Uhr.

Julie's Coffee House, Stafford Street, ✆ 01631-565952. Gegenüber von der Distillery (s. S. 517) liegt das angenehme „Kaffeehaus" in einer ruhigen Seitenstraße und lockt mit einer sehr guten Kuchentheke. ⏰ Di–Sa 10–17 Uhr.

Oban Chocolate Factory, 34 Corran Esplanade, Ecke William Street, ✆ 01631-566099, 🖥 www.obanchocolate.co.uk. Vom Sofa aus bei echter Schokolade oder hausgemachten Pralinen den Hafenblick genießen. Wie wäre es mit einem „Schoko-Fondue"? Eine süße Adresse zum Relaxen. ⏰ Mo–Sa 10–17, So 12.30–16.30 Uhr.

Restaurants

Cuan Mór, 60 George Street, ✆ 01631-565078, 🖥 www.cuanmor.co.uk. Schnörkelloser moderner „Gastropub" an der Innenstadtpromenade. Morgens gibt es Kaffee, ab mittags solide Bistroküche von Meeresfrüchten über Lamm bis zu Spaghetti und Burger. ⏰ Küche tgl 10–22 Uhr.

Ee-Usk, North Pier, ✆ 01631-565666, 🖥 www.eeusk.com. Mit dem gälischen Wort für Fisch gibt das feine Restaurant schon die Richtung vor. In dem umgebauten alten Fisch-

Meeresfrüchte im Tempel

Seafood Temple, Gallanach Road, ✆ 01631-566000, 🖥 www.obanseafood.co.uk. Der ehemalige Fischer John Ogden hat sich in unübertrofflich freier Lage am Südrand der Bucht einen Traum verwirklicht. Im kleinen „Tempel" wird das beste Seafood von Oban serviert, immer frisch und je nach Fanglage. Deshalb ist die Karte oftmals handgeschrieben. Tischbelegungen werden nur für 18 und 20 Uhr entgegengenommen und eine Reservierung ist dringend erforderlich. Den Blick über die Bucht nach Kerrera gibt es gratis dazu. ⏰ April–Okt, Küche Do–So 18–20 Uhr.

Meeresfrüchte auf der Promenade

Wer als kleinen Snack zwischendurch frische Meeresfrüchte probieren möchte, sollte es auf der Uferpromenade bei einem der guten Imbissstände am Zugang zum Fährterminal versuchen. Es gibt einige Sitzbänke und unschlagbare Hafenatmosphäre.

markt werden Meeresdelikatessen in modernem Ambiente serviert. Die Glasfront garantiert zudem herrlichen Ausblick – eine der besseren Adressen in Oban und zu Recht schon mehrfach prämiert. Ein Gedicht ist die *seafood platter* mit Austern, Jakobsmuscheln und Langustinen. Ruhm und Lage haben ihren Preis. ⏰ Küche tgl. 12–15, 18–21.30 Uhr.

Light of India, 43 Stevenson Street, ✆ 01631-562728. Etwas abseits der Uferpromenade, klein und ohne Ausblick, dafür ansprechende indische Küche; eine Abwechslung für den Gaumen. Auch vegetarische Extras sowie Takeaway. ⏰ tgl. 12–14, 17–24 Uhr.

Unterhaltung

Aulay's Bar, 8 Aird's Crescent, ✆ 01631-562596. Typisch schottischer Pub, der an Wochenenden gerammelt voll ist. Links geht es in die etwas gehobenere Lounge Bar, rechts in den Pub-Bereich. Das Publikum ist ziemlich gemischt und so ist immer gute Stimmung. Die beste Kneipe in Oban.

Coaster's Bar, Corran Esplanade, neben Oban Chocolate, ✆ 01631-566881. In dem Pub trifft sich eine gute Mischung aus Alt und Jung. Die Atmosphäre ist gut, und es geht nicht ganz so lautstark zu wie im Zentrum.

Skipinnish Ceilidh House, 34-38 George Street, ✆ 01631-569599, 🖥 www.skipinnish.com. Im Sommer jeden Abend Folkabende für Touristen – eine gute Gelegenheit, sich mit traditioneller schottischer Musik vertraut zu machen. Gelegentlich Gastbands. Eintritt 8 £, erm. 5 £.

Aktivitäten und Touren

Bootsausflüge

Von der Uferpromenade starten an unterschiedlichen Punkten mehrere Skipper einstündige Touren durch die Bucht und zu Seehundbänken. Tickets kosten in der Regel 10 £, erm. 5 £. Ein Anbieter ist **Mara Mhor**, ℡ 01631-563387, 🖳 www.boatwildlifeoban.co.uk. Der Skipper bietet auch längere Routen rund um Kerrera und Richtung Mull an.

Sea.fari Adventures, ℡ 01852-300003, 🖳 www.seafari.co.uk. Von Ellenabeich auf Seil geht es mit dem Gummi-Schnellboot Richtung Süden zum riesigen Wasserwirbel von Corryvreckan nördlich von Jura (s. S. 542). Man kann sich das laute Spektakel aber nur aus der Ferne ansehen und anhören, denn Corryvreckan gilt offiziell als unpassierbar für Schiffe. Unterwegs sieht man mit etwas Glück Delfine, Wale oder Haie. Auf den 2-stündigen Touren muss man Wind und Wasser gut vertragen können, denn man sitzt die ganze Zeit im Freien. Unbedingt vorher reservieren. Tickets 35 £, erm. 27 £.

Rad fahren

Evo Bikes, Tesco Car Park, ℡ 01631-566996, 🖳 www.evobikes.co.uk. Verleih und Service. Mark Evans kann auch Tourtipps geben. 10/15 £ für 4/8 Std. ◷ Mo–Sa 9.30–17.30 Uhr.

Stadtrundfahrten

City Sightseeing Oban, ℡ 01586-552319, 🖳 www.citysightseeingoban.com. Von Juni bis September tgl. 2 Touren mit halboffenem Doppeldeckerbus vom Bahnhof Oban durch die Stadt zur Connel Bridge im Norden und bis nach Seil und Ellenabeich im Süden (Abfahrt 11 und 14 Uhr, 2 1/2 Std., 8 £, erm. 6 £).

Tagesausflüge nach Mull

Sowohl **Bowman's Tours**, Queens Park Place, ℡ 01631-566809, 🖳 www.bowmanstours.co.uk, wie auch die Fährgesellschaft **CalMac**, 🖳 www.calmac.co.uk, bieten Tagesausflüge nach Mull, Iona und Staffa an. Tickets für die knapp 8-stündigen Touren kosten rund 34/48 £, erm. 17/24 £ (ohne/mit Staffa).

Tauchen

Puffin Dive Centre, Port Gallanach, ℡ 01631-566088, 🖳 www.puffin.org.uk. Zahlreiche Schiffswracks machen diesen Teil der Westküste zu einem Eldorado für Taucher.

Bei Puffin können auch Anfänger einen kleinen Schnuppersprung ins Wasser machen. ◷ tgl. ab 8 Uhr, ca. 60 £.

Informationen

Oban VisitScotland Information Centre, Argyll Square, ℡ 01631-563059, 🖳 www.oban.org.uk. Sehr gut sortiertes Infocenter mit ortsgeschichtlicher Ausstellung. ◷ April–Juni Mo–Sa 9–17.30, So 10–17, Juli–Aug Mo–Sa 9–18.30, So 10–17.30, Sep–Okt tgl. 10–17, Nov–März Mo–Sa 10–17, So 12–17 Uhr.

Internet

Oban Library, Argyll Street, Ecke Drimvargie Road, ℡ 01631-571444. Kostenloser Internetzugang in der Bücherei. ◷ Mo/Mi 10–13, 14–19, Do 10–13, 14–18, Fr 10–13, 14–17, Sa 10–13 Uhr.

Für Busse zur Kerrera Ferry Mo–Sa 2–4x tgl. Linie 417/431 vom Bahnhof Oban bis Anleger Gallanach (10 Min.). Linie 418 fährt Mo–Sa 4x tgl. vom Bahnhof bis Ellenabeich auf Seil (1 Std.).

Busse

Scottish Citylink verkehrt bis zu 7x tgl. via Loch Awe nach GLASGOW (3 Std.), z. T. mit Umstieg in Tyndrum und 1x tgl. über Glasgow Airport. 3x tgl. verkehren die Glasgow-Busse über INVERARAY (1 3/4 Std.).
Zudem gibt es in Kooperation mit West Coast Motors Mo–Sa 3x tgl. Busse nach FORT WILLIAM (1 1/2 Std.) mit Anschluss nach INVERNESS (3 3/4 Std.).
Linie 423 von West Coast Motors verkehrt Mo–Sa 2–4x tgl. von Oban via KILMARTIN (1 Std.) nach LOCHGILPHEAD (1 1/2 Std.).

Eisenbahn

Oban liegt am südlichen Abzweig der West Highland Line. Vom Bahnhof am Fähranleger 1–4x tgl. Verbindungen nach GLASGOW (3 Std.).

Schiffe

Oban ist für die Reederei **Caledonian MacBrayne**, 🖥 www.calmac.co.uk, einer der wichtigsten Fährhäfen an der Westküste mit zahlreichen Verbindungen.

Besonders beliebt und regelmäßig ist die Mull-Fähre nach CRAIGNURE, 5–9x tgl., 45 Min., Tickets (einfach): Fußgänger 4,90 £, Autos 34,50–43,50 £. Bedeutend ist auch die Route nach CASTLEBAY (Barra) und LOCHBOISDALE (South Uist) auf den Äußeren Hebriden, 1x tgl., je 5 Std., Tickets (einfach): 11,80 £/53 £. Nach LISMORE geht es 2–5x tgl., 50 Min., Tickets (hin und zurück): 5,80 £, 47,50 £.

Von Loch Etive bis Loch Awe

Loch Etive und Taynuilt

Vorbei an Dunstaffnage Castle und Connel Bridge (s. S. 514) folgt die A 85 von Oban aus zunächst Loch Etive Richtung Osten. In **Taynuilt** lohnt sich ein kurzer Abstecher hinunter zum Fjord. Dort sind die Reste der historischen Eisenschmelze **Bonawe Iron Furnace**, 📞 01866-822432, 🖥 www.historic-scotland.gov.uk, zu besichtigen. Die so friedlich wirkenden Überreste der Anlage sind eines der bedeutendsten frühindustriellen Zeugnisse Schottlands. Einst waren hier 600 Menschen beschäftigt. Von 1753 bis 1876 war der Schmelzofen in Betrieb. Wasser gewann man aus dem River Awe, Holzkohle aus Eiche und Borke. Erhalten sind u. a. der Kohle- und Erzbunker sowie der Schmelzofen. Einige der Arbeiter-Cottages werden noch bewohnt. ⏰ April–Sep tgl. 9.30–17.30 Uhr, Eintritt 4,20 £, erm. 3,20/2,10 £ (HS).

Vom Pier am Ufer legt von Ostern bis Oktober **Loch Etive Cruises**, 📞 01866-822430 ab. Dabei geht es zu Seehundbänken und den tief eingeschnittenen Fjord hinauf zur Südseite der Berge von Glen Coe (So–Fr 12 Uhr, 90 Min., und 14 Uhr, 3 Std., 10/15 £, erm. 8/12 £).

Von der Eisenschmelze kann man zu Fuß in einer halben Stunde auf der schwingenden Fußgänger-Hängebrücke den River Awe überqueren, um im **Inverawe Smokehouse**, 📞 01866-822808, 🖥 www.inverawe.co.uk, frisch geräucherten Fisch zu kaufen oder bei der Produktion

zuzuschauen. Zudem gibt es einen Tearoom, Anglerteiche und einen weitläufigen Country Park, der bis zum Loch runterreicht. Die Zufahrt per Auto ist nur von der A 85 östlich von Taynuilt möglich. ⏰ Ostern–Dez tgl. 8.30–17 Uhr.

Loch Awe

Auf dem Weg nach Osten passiert die A 85 den **Pass of Brander**. Hier gelang Robert the Bruce 1308 ein Sieg über lokale MacDougall-Truppen, die dem englischen König Edward II. ergeben waren – ein wichtiger Schritt auf dem Weg zur Macht in Schottland.

Tief in den „hohlen Berg" unterhalb des 1126 m hohen Ben Cruachan geht die Besichtigung der **Cruachan Power Station**, 📞 01866-822518, 🖥 www.visitcruachan.co.uk. Dort befinden sich die mächtigen Turbinen des Pumpspeicherkraftwerks, die ihren Strom für das Ballungsgebiet rund um Glasgow liefern. ⏰ April–Okt tgl. 9.30–16.45, Nov–Dez, Feb–März Mo–Fr 10–15.45 Uhr, Eintritt 6 £, erm. 5/2,50 £.

Kilchurn Castle am nordöstlichen Ende von Loch Awe wurde Mitte des 15. Jhs. errichtet. Aufgrund der exponierten Lage am sumpfigen Seeufer ist die Ruine ein beliebtes Fotomotiv.

Transport

Busse

Taynuilt und Loch Awe liegen an der Fernbuslinie von GLASGOW nach OBAN. Scottish Citylink verkehrt 4x tgl. via TYNDRUM und 3x tgl. via INVERARAY. Die Busse hatten auch am Kraftwerk.

Eisenbahn

ScotRail steuert auf der Bahnlinie GLASGOW–OBAN Taynuilt und Cruachan (nur im Sommer) an.

Inveraray und Loch Fyne

Am Ufer des Loch Fyne bieten die schnurgerade ausgerichteten weißen Häuser von Inveraray (ca. 750 Einwohner) ein schmuckes Ensemble. Aufgrund des gleichnamigen Schlosses und seiner malerischen Lage ist das Städtchen landesweit bekannt.

Im Zentrum von Inveraray

Der 3. Herzog von Argyll wollte die Dorfbewohner nicht ständig vor der Haustür seines neuen Schlösschens sehen, und so riss er kurzerhand die alte Siedlung ab und ließ Mitte des 18. Jhs. außerhalb seiner Sichtweite ein neues Musterstädtchen anlegen. Zentrale Verkehrsader ist die Main Street, die rechts und links von stattlichen georgianischen Häusern gesäumt wird. Die Straße läuft auf die Kirche zu.

Zur Rechten gelangt man zum Kirchturm **Bell Tower**, der im Sommer als Aussichtsturm zur Verfügung steht. Dazu muss man 176 Stufen erklimmen, doch der Blick ist grandios. ⏱ ca. April–Sep tgl. 10–13, 14–17 Uhr, Eintritt 4 £.

Zurück am Church Square fällt der Blick auf das wuchtige Gebäude des ehemaligen Grafschafts-Gefängnisses und -Gerichts: **Inveraray Jail**, Church Square, ✆ 01499-302381, 🖥 www. inverarayjail.co.uk, war einst ein gefürchteter Ort in Argyll. Bis Mitte des 18. Jhs. setzten die Campbells mit Hilfe der Justiz die Jakobiten unter Druck. Berüchtigt war das Massaker von Glencoe 1692 (s. S. 512). Doch auch ohne politischen Aufruhr hatten die Richter genug zu tun. Das jetzige Gebäude stammt aus dem 19. Jh. und die Ausstellung versucht, den Gerichts- und Gefängnis-Alltag möglichst anschaulich zu machen – der Besuch lohnt sich. ⏱ April–Okt tgl. 9.30–18, Nov–März tgl. 10–17 Uhr, Eintritt 8,75 £, erm. 7,25/5,75 £.

Am Ufer entlang führt ein kleiner Spaziergang zum Pier. Dort ankert der 1911 gebaute Dreimaster *Arctic Penguin* und ist als **Inveraray Maritime Experience**, ✆ 01499-302213, 🖥 www. inveraraypier.com, zu besichtigen. Zudem gibt es ein nettes Café an Bord. ⏱ April–Sep tgl. 10–17 Uhr, Eintritt 5 £, erm. 3/2 £.

Inveraray Castle

Nun wird es aber Zeit, „His Grace" Torquhil Ian Campbell auf seinem Stammsitz Inveraray Castle, ✆ 01499-302203, 🖥 www.inveraraycastle. com, einen Besuch abzustatten. Der sympathisch wirkende Mittvierziger hat 2001 den Titel und damit eine mehrere hundert Jahre alte Familienwürde übernommen: Als 13. Duke of Argyll ist er zugleich 35. Clanchef der Campbells und 28. MacCailein Mor bzw. „Campbell der Große".

Sein Vater sagte einmal stolz, selbst wenn man ihm den Herzogstitel nehmen sollte, so bliebe er doch immer noch Clanchef.

Der Aufstieg der Campbells begann Ende des 15. Jhs., als der Stern der MacDonalds zu sinken begann. Die Fehde zwischen diesen beiden Clans sollte sich über Jahrhunderte hinziehen. Jedenfalls wurde Colin Campbell 1477 zum 1. Earl of Argyll ernannt. Mitte des 17. Jhs. standen die Earls jedoch politisch mehrfach auf der falschen Seite und so endeten der 8. und 9. Earl auf dem Schafott. Dieser Fehler sollte dem 10. Earl Archibald nicht passieren. Er stellte sich kompromisslos auf die Seite der neuen protestantischen Herrscher, nickte dabei unter underem das Massaker von Glencoe ab, und wurde zum Dank von der Krone zum 1. Herzog ernannt.

Die erste Hälfte des 18. Jhs. waren die Herzöge dann voll und ganz mit der Niederschlagung diverser Jakobiten-Rebellionen beschäftigt, die zweite Hälfte widmeten sie sich dem Bau von Inveraray Castle und der Verlegung der dazugehörigen Stadt. Dem 9. Duke gelang dann der Anschluss ans Königshaus, als er 1871 Queen Victorias Tochter Louise heiratete.

Das prachtvolle Schlösschen ist inmitten eines großzügigen Parks ganz im Stile einer Pseudoburg mit vier Ecktürmen und einem „Wassergraben" errichtet. Zunächst waren William Adam und Roger Morris mit dem Bau beschäftigt, später kümmerte sich Robert Mylne um die Innenausstattung. Das Resultat sind extravagante Prunkzimmer wie das Esszimmer, das Gobelinzimmer und der Salon. Im Zentrum ist die Waffenhalle, wesentlich ziviler ist das Porzellanzimmer, in dem u. a. ein kostbares Meissener Service ausgestellt ist.

Schon der Schottland-Reisende Dr. Johnson hatte bei seinem Besuch 1773 ausgerufen: „Ich bewundere, dass man sich über die Baukosten keinerlei Gedanken gemacht hat". Dennoch bemängelte er, dass das Schloss ruhig noch ein Stockwerk mehr vertragen könne.

1963 sorgte eine Affäre der dritten Frau des 11. Duke unter dem griffigen Titel „The Duchess and the Headless Man" für politische Verwicklungen bis in die Reihen der Regierung, als Fotos veröffentlicht wurden, welche die nur mit einer Halskette bekleidete Herzogin beim Sex mit einem

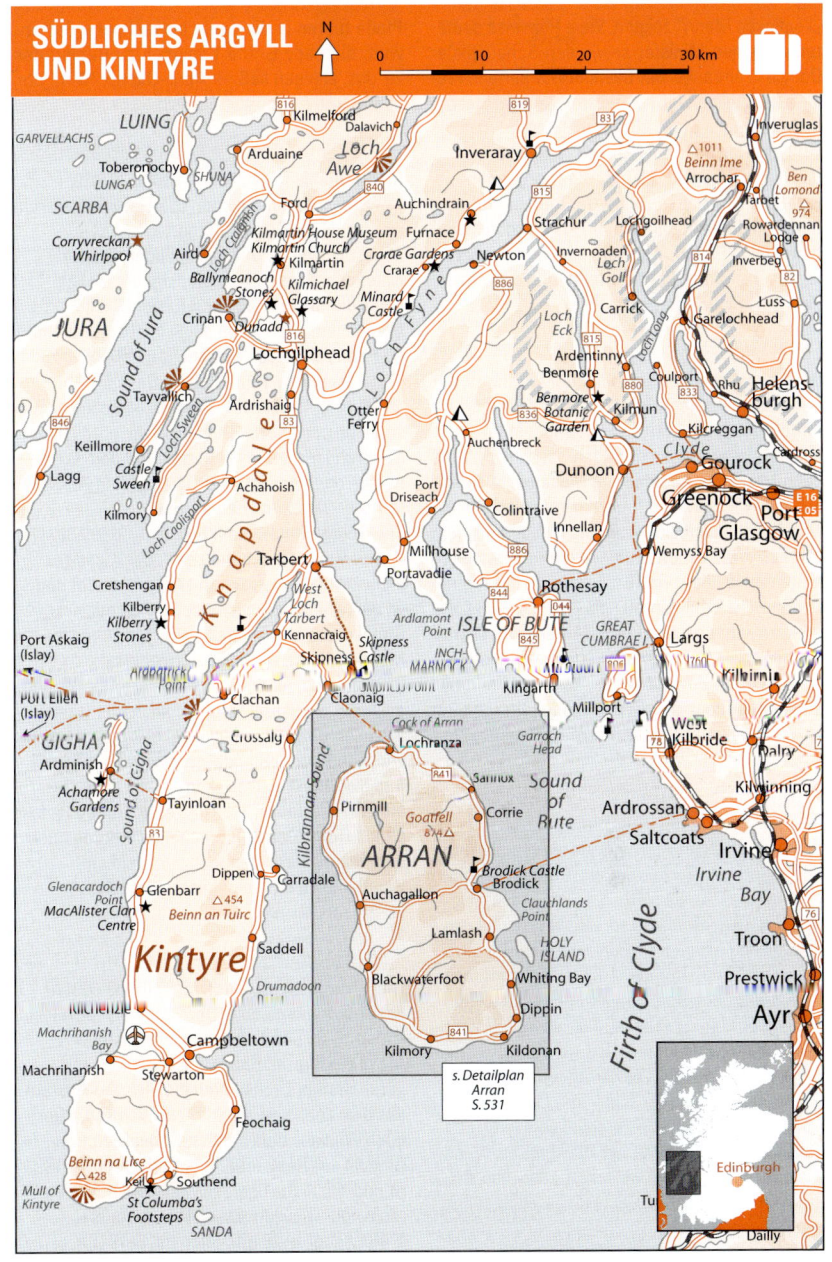

N

0   10   20   30 km

LUING
GARVELLACHS
Kilmelford
Dalavich
Arduaine
Loch Awe
Inveraray
Inveruglas
△1011
Beinn Ime
Arrochar
Ben Lomond
974
Toberonochy
LUNGA
SHUNA
Ford
Auchindrain
Strachur
Lochgoilhead
Rowardennan Lodge
SCARBA
Inverbeg
Corryvreckan Whirlpool
Aird
Kilmartin House Museum
Kilmartin Church
Kilmartin
Crarae Gardens
Furnace
Newton
Invernoaden
Loch Goil
Carrick
Luss
Ballymeanoch Stones
Kilmichael Glassary
Crarae
Minard Castle
Loch Eck
Ardentinny
Garelochhead
JURA
Crinan
Dunadd
Lochgilphead
Benmore
Coulport
Rhu
Helensburgh
Tayvallich
Ardrishaig
Otter Ferry
Benmore Botanic Garden
Kilmun
Kilcreggan
Keillmore
Auchenbreck
Clyde
Gourock
Lagg
Castle Sween
Achahoish
Port Driseach
Dunoon
Greenock
Port Glasgow
Kilmory
Colintraive
Innellan
Tarbert
Millhouse
Portavadie
Rothesay
Wemyss Bay
Cretshengan
West Loch Tarbert
Ardlamont Point
ISLE OF BUTE
GREAT CUMBRAE I.
Largs
Kilberry
Kilberry Stones
Kennacraig
Skipness
Skipness Castle
INCH-MARNOCK
Port Askaig (Islay)
Ardpatrick Point
Clachan
Claonaig
Kingarth
Millport
West Kilbride
Port Ellen (Islay)
Crossaig
Cock of Arran
Garroch Head
Sound of Bute
Dalry
GIGHA
Lochranza
Kilwinning
Ardminish
Pirnmill
Sannox
Corrie
Ardrossan
Achamore Gardens
Tayinloan
Goatfell
874△
Saltcoats
Irvine
Glenacardoch Point
Glenbarr
Dippen
Carradale
△454
Beinn an Tuirc
ARRAN
Brodick Castle
Brodick
Clauchlands Point
Irvine Bay
MacAlister Clan Centre
Auchagallon
Troon
Kintyre
Saddell
Lamlash
HOLY ISLAND
Prestwick
Drumadoon
Blackwaterfoot
Whiting Bay
Ayr
Machrihanish Bay
Campbeltown
Dippin
Machrihanish
Stewarton
Kilmory
Kildonan
s. Detailplan Arran S. 531
Feochaig
Firth of Clyde
Beinn na Lice
△428
Keil
St Columba's Footsteps
Southend
Edinburgh
SANDA
Mull of Kintyre
Dailly

Südwestliche Highlands und Innere Hebriden

„kopflosen Mann" zeigten. Viele Hinweise deuteten auf einen Minister sowie den Schauspieler Douglas Fairbanks. Der Skandal war perfekt, Premier Macmillan war *not amused*, und der Herzog ließ sich umgehend scheiden. ⏱ April–Okt tgl. 10–17.45 Uhr, Eintritt 9,20 £, erm. 7,60/6,20 £.

Der Park lädt zu kleinen Spaziergängen ein, während eine ausführlichere Tour hinauf zum Denkmal **Dun na Cuaiche** führt, das an den hingerichteten 9. Earl of Argyll erinnert. Von dort oben ist der Blick über Castle, Stadt und Loch besonders gut (hin und zurück ca. 5 km, 1 1/2 Std.).

Loch Fyne

Loch Fyne ist einer der längsten Fjorde an der Südwestküste der Highlands. Rund 80 km ragt er von der Isle of Arran ins Landesinnere hinein. Von Inveraray nach Süden passiert die A 83 nach 10 km das **Auchindrain Museum**, ✆ 01499-500235, 🖥 www.auchindrain-museum.org.uk, eine Farmhaussiedlung, die als Freilichtmuseum Einblick in die Lebenswelt der *crofters* zwischen Mitte des 18. Jhs. und 19. Jhs. gewährt. ⏱ April–Okt tgl. 10–17 Uhr, Eintritt 5,50 £, erm. 4,50/3 £.

Kurz vor der Ortschaft **Minard** ist **Crarae Garden**, ✆ 0844-4932100, 🖥 www.nts.org.uk, für sein dicht bewachsenes, schluchtähnliches „Himalaya Glen" sowie die Rhododendronblüte im Frühjahr bekannt. Mehrere gut ausgebaute

---

Urlaub auf dem Bauernhof

Zwischen dem Auchindrain Museum und dem Craerae Garden ist die **Goatfield Farm**, Furnace, ✆ 01499-500252, 🖥 www.goatfield-farm.co.uk, eine sehr ansprechende, ruhige und vor allem preisgünstige Unterkunftsalternative auf dem Land. Von der A 83 ist der stattliche Bauernhof oberhalb von Furnace ausgeschildert. Das Hauptgebäude, das eigentlich eher ein kleines Herrenhaus ist, geht bereits auf das 17. Jh. zurück. Die Wiesen rundum sind voller Schafe und der Blick über Loch Fyne ist perfekt. Gavin und Eva Paterson vermieten drei kleinere Zimmer und ein wirklich großes. Wenn morgens auf dem Hof viel los ist, kann man sich das Frühstück in der Gästeküche auch selbst zubereiten. ❶–❷

Pfade führen in die üppig bewachsene Gartenwelt, die Lady Grace Campbell zu Beginn des 20. Jhs. anlegen ließ. ⏱ April–Okt tgl. 10–17 Uhr, Eintritt 5,50 £, erm. 4,50 £ (NTS).

Übernachtung und Essen

Creag Dhubh, Newtown, ✆ 01499-302430, 🖥 www.creagdhubh.com. Das Haus liegt durch einen sehr großen Vordergarten etwas abgesetzt von der A 83 im südlichen Vorort Newtown. Man sollte unbedingt versuchen, eines der beiden Zimmer mit Loch-Blick zu bekommen, auch wenn diese leicht teurer sind. Das Haus ist stilvoll eingerichtet. ❷–❸

⚑ **Inveraray Youth Hostel**, Dalmally Road, ✆ 01499-302454, 🖥 www.hostelling-scotland.com. SYHA-Bungalow am nördlichen Stadtrand mit knapp 30 Betten. Auf dem Weg nach Kintyre das letzte Hostel auf dem Festland. ⏱ April–Okt. Dorm-Bett ab 16 £.

The George Hotel, Main Street, ✆ 01499-302111, 🖥 www.thegeorgehotel.co.uk. Der Klassiker in Inveraray wurde schon 1770 gegründet und ist ein weitläufiger historischer Pub mit viel Atmosphäre und gutem Essen. Von Lamm bis Meeresfrüchte sind reichlich regionale Spezialitäten auf der Speisekarte vermerkt, und auch die Weinkarte ist ansehnlich. Die Bandbreite an Übernachtungsmöglichkeiten ist groß, von einfacheren Standardzimmern über dem Pub bis zur exklusiven „Library" im benachbarten First House, 1753 das erste Gebäude des neuen Ortes. Dementsprechend variieren auch die Preise enorm, dennoch vor allem am Wochenende oft ausgebucht. ⏱ Küche tgl. 12–21 Uhr. ❸–❺

Außerhalb

Loch Fyne Oysters, Clachan, ✆ 01499-600470, 🖥 www.lochfyne.com. Der Laden an der A 83, knapp 15 km nördlich von Inveraray, ist in Argyll ein Begriff. Hier gibt es herrlich geräucherten Lachs (auch bio), frische Austern aus dem Loch sowie natürlich Fisch satt, aber auch Wild aus dem benachbarten Glen Fyne. Obwohl das Restaurant eigentlich recht groß ist und ziemlich abgelegen, ist es hier oftmals recht voll – bei dem Essen kein Wunder! ⏱ Küche tgl. 9–20 Uhr, Shop tgl. 9–19 Uhr.

Inveraray VisitScotland Information Centre,
Front Street, ✆ 01499-302063,
🖥 www.inveraray-argyll.com. ⏰ April–Okt
tgl. 10–17, sonst tgl. 10–16 Uhr.

Transport

Inveraray liegt an der Buslinie 976 von Scottish
Citylink zwischen GLASGOW (1 3/4 Std.)
und OBAN (1 Std.), die 3x tgl. verkehrt. 3x tgl.
fährt auch Linie 926 von Glasgow über Inveraray
nach CAMPBELTOWN (2 1/2 Std.).
Zusätzlich verkehrt Linie 428 von West Coast
Motors Mo–Sa 1–2x tgl. von Inveraray nach
LOCHGILPHEAD (50 Min.).

Crinan Canal und Kilmartin

Crinan Canal

Nur 15 km lang ist der Crinan Canal, 🖥 www.
scottishcanals.co.uk, der bei **Ardrishaig** Loch
Fyne verlässt, das kleinstädtische **Lochgilphead**
passiert und dann quer durch die schmale Landenge bis zum **Loch Crinan** verläuft. Weil die Passage den langen Umweg rund um die Halbinsel
Kintyre überflüssig macht, versprach man sich
regen Verkehr. 1801 wurde der Kanal eröffnet,
15 Schleusen gibt es auf der kurzen Strecke und
heute nutzen vor allem Sportjachten den beliebten Kanal.

Insbesondere das westliche Ende des Kanals
bei **Crinan** ist auch ein hervorragender Picknickplatz, sodass man dem Treiben an Schleuse
14 und 15 in aller Ruhe zuschauen kann. Der Treidelpfad ist zudem für Wanderer und Radfahrer
sehr angenehm.

Dunadd

Nördlich des Kanals erstreckt sich die weite
Marschebene Moine Mhor. In dieser sumpfi-
gen Flussmündung bot der eigentlich kleine und
unspektakuläre Hügel von Dunadd genügend
Schutz, um ab dem 6. Jh. zum Königssitz von
Dalriada zu werden. Niemand anders als der
Missionar Columba krönte hier 574 König Aedán.
Noch viel erstaunlicher ist, dass von Dunadd aus
reger Handel über die Meere betrieben wur-
de: Wein und Gewürze kamen aus Frankreich,

seltene Mineralien vom Mittelmeer sowie Zinn
aus Cornwall. Die Nähe zum Meer bot später
dann aber den Wikingern freien Zugriff und
Dunadd verfiel.

Der Aufstieg erfolgt durch eine Art Felsentor,
ein letztes Überbleibsel der Hügelfestung. Zu
erkennen ist ein mysteriöser Fußabdruck. Man
vermutet, dass er bei den Krönungszeremonien
eine Rolle spielte. Vom Plateau des Forts hat
man einen tollen Rundblick. Die Zufahrt erfolgt
über die A 816.

Kilmartin Glen

Als sich Aedán krönen ließ, war die Region
schon seit 3500 Jahren von Hochkulturen bevölkert. Benannt nach dem Hauptort Kilmartin
gilt das gesamte Tal als eine der reichsten prähistorischen Landschaften Schottlands. Hügelgräber, Standing Stones sowie Felsen mit tas-
senförmigen Ritzungen bestimmen das Bild. Über
600 prähistorische Stätten wurden gefunden.

Etwas südlich von Dunadd führt eine Stichstraße zum **Kilmichael Glassary**, einem stimmungsvollen Friedhof mit spätmittelalterlichen
verwaschenen Grabplatten. An einer Seitengasse liegt ein Fels mit rund 150 Ringmarkierungen
aus der Bronzezeit. Woru sie dienten, ist weiterhin unklar.

Zurück auf der A 816 geht es nach Norden
zum Parkplatz **Dunchraigaig** am gleichnamigen
B&B (s. „Übernachtung"). Auf der anderen Straßenseite liegt im Feld eine Vielzahl von Fundstätten: ein Kammergrab, Steinritzungen und die bis
zu 4 m hohen **Ballymeanoch Stones**.

Das hervorragende und ambitionierte **Kilmartin House Museum**, ✆ 01546-510278, 🖥 www.
kilmartin.org, zeichnet sehr informativ die Besiedlung des Tals nach und erläutert ausführlich
und verständlich die faszinierenden prähistorischen Funde. Gleich gegenüber im Feld befindet
sich übrigens ein weiteres Kammergrab. Sehr
angenehm sind das **Glebe Cairn Café** und der
Buchladen, die zu längerem Verweilen einladen.
⏰ März–Okt tgl. 10.30–17.30, Nov–Dez 11–16 Uhr,
Café tgl. 10–17, Do–Sa auch 18–21 Uhr, Eintritt
5 £, erm. 4/2 £.

Ein letzter Stopp gilt der **Kilmartin Church**,
die vor allem für die mittelalterlichen, sehr kunstvollen Relief-Grabplatten bekannt ist. Ritter mit

Schwertern, keltische Symbole und kleine Figuren sind oft verwendete Motive auf den Platten, die vor allem im 14. und 15. Jh. hergestellt wurden und nun in einem Häuschen auf dem Friedhof untergebracht sind. ☉ April–Sep tgl. 9.30–19 Uhr, Eintritt frei.

Übernachtung und Essen

Dunchraigaig House, Kilmartin Glen, ☎ 01546-605300, 🖥 www.dunchraigaig.co.uk. Unmittelbar gegenüber den Ballymeanoch Stones liegt das B&B mitten in der prähistorischen Szenerie. Die Landlady ist sehr nett und das Haus eine gute Basis. ❷–❸

The Crinan Hotel, Crinan, ☎ 01546-830261, 🖥 www.crinanhotel.com. Das Crinan Hotel ist sehr vielseitig: Neben den gehobenen Zimmern gibt es im 3. Stock eine Kunstgalerie und vor allem an Schleuse 15 **The Coffee Shop** mit Fairtrade-Kaffee und einer weiteren Galerie. Bei schönem Wetter mit Kaffee und Kuchen draußen ans Wasser setzen und die „Welt an sich vorbeiziehen lassen", wie es im Englischen so schön heißt. ☉ Café tgl. 9–17 Uhr. ❹–❻

Sonstiges

Fahrradverleih

Crinan Cycles, 34 Argyll Street, Lochgilphead, ☎ 01546-603511. Günstig gelegener Radverleih für die Erkundung des Crinan Canal und des Kilmartin Glen. Auch Kinderräder und Reparaturen. ☉ Mo–Fr 9.30–17, Sa 10–17 Uhr.

Informationen

Lochgilphead VisitScotland Information Centre, Lochnell Street, Lochgilphead, ☎ 01546-602344. ☉ April–Okt tgl. 10–17 Uhr.

Transport

Busse von Lochgilphead:

CAMPBELTOWN, mit Scottish Citylink, via TARBERT (30 Min.) 3x tgl., und mit Linie 449 von West Coast Motors, Mo–Fr 2x tgl., 1 3/4 Std.
CRINAN, mit Linie 426 von West Coast Motors, Mo–Fr 1–2x tgl., 25 Min., weiter nach Tayvallich und von dort im Sommer Passagierfähre nach Jura, 🖥 www.jurapassengerferry.com.
GLASGOW, mit Scottish Citylink, über INVERARAY (40 Min.), 3x tgl., 2 3/4 Std.

INVERARAY, mit Scottish Citylink (s. o.) sowie mit Linie 428 von West Coast Motors, Mo–Sa 1–2x tgl., 50 Min.
OBAN, mit Linie 423 von West Coast Motors, via Kilmartin (15 Min.), Mo–Sa 2–4x tgl., 1 1/4 Std.

Tarbert und Umgebung

Bei Tarbert beginnt die Halbinsel Kintyre, die sich wie ein langer Finger schnurgerade nach Süden erstreckt. Die Orkneyinga Saga (s. S. 587) berichtet voller Stolz, wie sich der norwegische König Magnus Barefoot Ende des 11. Jhs. Kintyre durch einen Trick unter den Nagel riss. Der schottische König Malcolm hatte mit dem Wikinger vereinbart, ihm sollten alle Inseln gehören, die er mit dem Langschiff umsegeln könne. Bei Tarbert trennen Loch Fyne und West Loch Tarbert nur 2 km. Also stellte sich der stolze Magnus an den Bug seines Schiffes, während seine starken Männer das Schiff auf Holzbohlen über die Landenge schoben und zogen – und so war Kintyre für 170 Jahre Teil des Wikingerreichs.

Der Ort schmiegt sich mit seinen bunten Häuschen und einigen Cafés an die Südseite von East Loch Tarbert. Die alte Castle-Ruine erinnert an unruhigere Zeiten. Wenige Kilometer südwestlich von Tarbert legen vom Anleger in **Kennacraig** die Fähren zur Whisky-Insel Islay ab (s. S. 527).

Übernachtung und Essen

Corner House Bistro, Harbour Street, ☎ 01880-820263. Das französische Ehepaar Pascal und Jacqui geben den schottischen Spezialitäten einen leichten Einschlag der Heimat. Das nette Bistro liegt in einer Seitengasse und serviert u. a. eine hervorragende Meeresfrüchte-Platte. ☉ Küche tgl. 12–14, 18–21 Uhr.

The Moorings, Pier Road, ☎ 01880-820756, 🖥 www.tarbertlochfyne.com. Der Gartenaufgang östlich des Zentrums ist von Löwen und anderen Plastiken gesäumt. In den Zimmern befinden sich ostasiatische Skulpturen. Das B&B ist leicht exzentrisch, aber Andrew Macdiarmid leitet die Pension mit viel Engagement. 2 Zimmer mit Blick über die Bucht. ❷

Informationen

Tarbert VisitScotland Information Centre,
Harbour Street, ✆ 01880-820429.
🕐 April–Okt tgl. 10–17 Uhr.

Wandern

2006 wurde der 140 km lange Fernwanderweg
Kintyre Way, 🖳 www.kintyreway.com, eröffnet.
Ausgangspunkt ist Tarbert, das Ziel Dunaverty
bei Southend. Die Route kann bequem in einer
Woche gelaufen werden; die erste Etappe nach
Skipness (s. S. 529) bietet sich als möglicher
Tagesausflug von Tarbert an. Die 15 km sind
sehr abwechslungsreich und führen bis auf
370 m hinauf. Nachmittags kann man dann mit
Linie 448 von Skipness nach Tarbert zurück-
kehren (vorab in der Touristeninfo aktuelle Fahr-
zeiten erfragen). Wanderkarte für das nördliche
Teilstück: OS Landranger 62.

Busse

Tarbert wird von Scottish Citylink 3x tgl. auf
der Strecke GLASGOW (3 1/4 Std.)–
INVERARAY (1 1/4 Std.)–CAMPBELTOWN
(1 1/4 Std.) angefahren. Mo–Fr fährt zusätzlich
2x tgl. Linie 449 von West Coast Motors auf der
Strecke LOCHGILPHEAD–CAMPBELTOWN.
Linie 448 von West Coast Motors fährt
Mo–Sa 3x tgl. hinüber an die Ostküste nach
CLAONAIG (25 Min.; Fähre nach Arran) und
SKIPNESS (30 Min.).

Schiffe

CalMac, 🖳 www.calmac.co.uk, verkehrt
3–4x tgl. von Kennacraig am West Loch Tarbert
nach PORT ELLEN auf Islay bzw. seltener nach
PORT ASKAIG. Letzterer Hafen liegt direkt
an der kleinen Fähre hinüber nach Jura. Fahrzeit
jeweils ca. 2–2 1/4 Std., Tickets (hin und zurück):
Fußgänger 16,25 £, Autos 88 £, Räder frei.

Isle of Gigha

Das 10 km lange und bis zu 2,5 km breite Eiland
sorgte 2002 für Schlagzeilen, als die Bewohner
mit großer Unterstützung von außen für 4 Mio.

Pfund ihre eigene Insel kauften. Ähnlich wie auf
Eigg und Knoydart waren sie zuvor der Willkür
desinteressierter Großgrundbesitzer und Banken
ausgesetzt. Der Erfolg ist auch auf Gigha überall
zu spüren: Die Bevölkerung hat sich auf 160 Insulaner fast verdoppelt, neue Häuser werden
gebaut, eigener Käse produziert, und die neuen
Windkraftanlagen machen Gigha inzwischen zu
einem Stromexporteur – eine erstaunliche Leistung, wenn man bedenkt, dass die Insel überhaupt erst 1955 ans Stromnetz angeschlossen
wurde. In Gigha ist der Aufschwung deutlich
spürbar, ohne dass das besondere Hebriden-
Feeling dabei verloren ginge.

Die größte Sehenswürdigkeit sind die **Achamore Gardens**, ✆ 01583-505275, 🖳 www.gigha.
org.uk, im Park von Achamore House (s. u.). Der
üppig bewaldete Garten mit seiner bunten Pflan-
zenpracht beweist, was sich in windgeschützten
Lagen dem Boden und dem im Winter harschen
Meeresklima abtrotzen lässt. 🕐 tgl. Sonnenaufgang bis Sonnenuntergang, Eintritt 4,50 £, erm.
2 £ (*honesty box* am Eingang).

Sehenswert sind auch die Ruinen der **Kil-
chattan Church** nebenan sowie der benach-
barto, von Moos ziemlich überwucherte **Ogham
Stone**. Nördlich des Piers liegt der höchste
Punkt der Insel: Der rund 105 m hohe **Creag
Bhan** sieht aus wie ein Hut und ist ein guter
Aussichtspunkt. Da die Entfernungen auf Gigha
nicht so groß sind, lassen sich diese Sehenswürdigkeiten vom Pier aus gut zu Fuß erreichen.
Alternativ kann man sich am Anleger während
der Saison ein Rad leihen.

Achamore House, Gigha, ✆ 01583-505400,
🖳 www.achamorehouse.com. Einmal in einem
Herrenhaus übernachten? Auf Gigha kein
Problem, denn Don und Emma Dennis haben
2002 den Landsitz mitten in dem großartigen
Park zu einem sehr eleganten B&B umgewandelt. Die Hochzeits- und Tower-Suite sind
geradezu riesig. Hier fühlt man sich fast wie der
Gutsbesitzer selbst. Bei einigen Zimmern liegt
das Bad jedoch auf dem Flur. ❸ – ❹
Boathouse Café Bar, Gigha, ✆ 01583-505123,
🖳 www.boathouse-bar.com. Kleines Café
mit guter Küche am Anleger. Mit WC, Dusche

Südwestliche Highlands und Innere Hebriden

und Waschmaschine für die kostenlose Campingwiese und die Jachten auf der Reede. ⏲ April–Sep tgl. 11.30–16, 18–23 Uhr.

Gigha Hotel, Gigha, ☎ 01583-505254, 🖳 www. gigha.org.uk. Das von der Gemeinde geleitete Hotel ist das soziale Zentrum der Insel. Die Zimmer sind modern und stilvoll, das Restaurant hervorragend und oft ausgebucht und der Pub ist der einzige auf Gigha. Es gibt auch Ferien-Cottages. ⏲ Küche 18–20.30 Uhr. ➍

Informationen

Isle of Gigha: 🖳 www.gigha.org.uk.

Transport

CalMac, 🖳 www.calmac.co.uk, betreibt stdl. eine Fährverbindung von TAYINLOAN nach Gigha (ca. 20 Min.).
Tickets (hin und zurück): Fußgänger 6,50 £, Autos 23,80 £, Räder frei.

Rundfahrt zum Mull of Kintyre

Kintyre bietet sich geradezu an für eine Rundfahrt, die hinunter zum legendären Mull of Kintyre führt und über die Ostküstenroute in Kennacraig schließlich wieder auf die A 83 trifft.

Machrihanish Bay

Je weiter man von Kennacraig und Tayinloan nach Süden kommt, desto interessanter wird die Westküste von Kintyre. Am schönsten ist der lange Sandstrand an der Machrihanish Bay – ein Paradies für Surfer wie Strandspaziergänger. Der Zugang an der A 83 ist am Westport Beach.

Campbeltown

Die Hauptstadt von Kintyre ist an der gleichnamigen Bucht eigentlich ein ansehnliches Städtchen (ca. 5000 Einwohner), hat aber aufgrund wirtschaftlicher Probleme mit einem beständigen Wegzug der Bevölkerung zu kämpfen. Zu Beginn des 20. Jhs. lebten noch viele reiche Leute in Campbeltown, davon künden einige große Villen am Stadtrand sowie die stattliche Promenade. Aus der Blütezeit stammt dort das 1913 eröffnete Jugendstilkino: **Wee Pictures,** ☎ 01586-553899, 🖳 www.weepictures.co.uk, ist das älteste noch

laufende Kino in Schottland und verfügt nur über einen Saal.

Die größte Touristenattraktion in Campbeltown ist die **Springbank Distillery**, Bolgam Street, ☎ 01586-551710, 🖳 www.springbank whisky.com. Vom Whisky Shop aus werden Mo–Sa um 10 und 14 Uhr Führungen durch die Brennerei angeboten, Eintritt 5 £.

Im frei zugänglichen Garten des kostenlosen **Campbeltown Museum** wurde in der Shore Street der **Linda McCartney Memorial Garden** eingerichtet. An diesem Ort der Ruhe wurde Linda mit einem Schaf in Bronze gegossen. Die überzeugte Vegetarierin (1941–98) hatte mit ihrem Mann Paul nördlich von Campbeltown ein eigenes Anwesen und wurde von den Einheimischen hochgeschätzt.

In der Bucht ist **Davaar Island** nur bei Niedrigwasser zu Fuß zu erreichen. Die Insel ist für ihre Höhlen bekannt. In einer malte ein örtlicher Künstler 1887 ein großes Wandgemälde der Kreuzigung. Unbedingt vorher den Gezeitenplan in der Touristeninformation checken und Wanderschuhe anziehen.

Zum Mull of Kintyre

15 km südlich von Campbeltown ist bei **Southend** und **Dunaverty** die Südküste von Kintyre erreicht. Insbesondere der Sandstrand ist sehr verlockend. Von hier aus kann man bereits die nordirische Küste von Antrim deutlich sehen. Bei **Keil** soll der hl. Columba 563 an Land gegangen sein (s. S. 550).

Nun beginnt das abenteuerlichste Stück Fahrt, denn die letzten Meilen zum **Mull of Kintyre** wird die *single track road* sehr schmal, kurvig und steil. Caravans kommen hier nicht mehr durch. Schnell stellt sich ein End-of-the-world-Feeling ein. Und dann endet die Passstraße unvermittelt an einem Parkplatz. Die restlichen 2 km zum 1788 erbauten **Mull of Kintyre Lighthouse** muss man zu Fuß laufen und kann dabei den herrlichen Ausblick entlang der beeindruckenden Küste genießen. Bis nach Irland sind es nur noch 20 km. Zu dieser grandiosen Szenerie passt Paul McCartneys berühmter Heimweh-Ohrwurm *Mull of Kintyre*, den er 1977 mit den Wings einspielte und damit das einsame Kap schlagartig weltweit bekannt machte.

Saddell und Carradale

Die windgeschützte Ostküste von Kintyre ist eine angenehme Route, die immer wieder den Blick hinüber zur Isle of Arran ermöglicht. Von der frei zugänglichen Ruine der mittelalterlichen **Saddell Abbey**, 🖥 www.saddellabbey.org, sind nur wenige Reste erhalten, doch die Reliefgrabsteine, die zumeist aus dem 14./15. Jh. stammen, sind sensationell. Ähnlich wie in Kilmartin befand sich im Umfeld der Zisterzienserabtei offensichtlich eine eigene Steinmetzschule, die diese Kunst perfektionierte.

1507 wurde die Abtei vom Papst aufgelöst, ein Jahr später begann der Bau von **Saddell Castle** unweit des **Saddell Beach**. An diesem Strand drehte Paul McCartney mit den Wings das Video für *Mull of Kintyre*. In dem Clip marschiert auch die Campbeltown Pipe Band auf. Der Ex-Beatle hatte den Musikern eine Gewinnbeteiligung oder neue Uniformen angeboten – die Band entschied sich für neue Tartanbekleidung.

Auf halbem Weg an der Ostküste ragt die Landspitze von **Carradale** wie ein Sporn in den Kilbrannan Sound hinein. Wunderbar ist der Sandstrand von Carradale Beach.

Skipness Castle

Weiter geht es auf einer *single track road* nach Norden. In **Claonaig** legen die Fähren nach Lochranza auf Arran (s. S. 530) ab, wenige Kilometer weiter endet die Ostküstentour in **Skipness**. Hinter der Siedlung schauen mitten im Feld die Ruinen von Skipness Castle hinüber nach Arran. Die frei zugängliche Festung geht auf das 13. Jh. zurück und ist z. T. noch sehr gut erhalten. Im Hauptturm aus dem 16. Jh. kann man sogar bis auf das Dach klettern. Und das Beste: Am Zugang befindet sich die hervorragende Seafood Cabin (s. u.).

Carradale Bay Caravan Park, Carradale, ☎ 01583-431665, 🖥 www.carradalebay.com. Sehr guter Campingplatz direkt am Strand. ⏰ April–Sep. ➊
Carradale Hotel, Carradale, ☎ 01583-431223, 🖥 www.carradalehotel.com. Sehr elegante Zimmer mit gutem Restaurant und sympathischer Bar für *pub food*. Auch

Radverleih, Golf und Angelscheine. ⏰ Küche tgl. 17.30–20 Uhr. ➌
Seafood Cabin, Skipness Castle, ☎ 01880-760207, 🖥 www.skipnessseafoodcabin.co.uk. In der einfachen Holzhütte in Sichtweite von Skipness Castle gibt es wahre Delikatessen des Meeres: Von Muscheln über Austern und Langustinen bis zu leckeren Fischbrötchen ist alles da – ohne jeden Firlefanz, aber frisch auf den Tisch! ⏰ Ende Mai–Ende Sep So–Fr tgl. 11–19 Uhr.

Campbeltown VisitScotland Information Centre, The Pier, ☎ 0845-2255121. ⏰ Mai–Okt Mo–Sa 10–17, So 12–16, sonst Mo–Fr 9–16 Uhr.

Busse
Für die Busse von Campbeltown nach Tarbert und Glasgow s. S. 527.
Linie 400/444 verkehrt Mo–Sa 5x tgl. von Campbeltown nach SOUTHEND (25 Min.). Linie 300/445 fährt Mo–Sa bis zu 5x tgl. von Campbeltown entlang der Ostküste nur bis Carradale (45 Min.). Es gibt keine durchgehenden Busse bis Skipness.
Für Linie 448 zwischen Skipness und Tarbert s. S. 527.

Schiffe
Von Claonaig pendelt **CalMac**, 🖥 www.calmac.co.uk, tgl. sehr regelmäßig nach LOCHRANZA auf Arran (30 Min.). Tickets (einfach): Fußgänger 5,40 £, Autos 23,85 £.

Isle of Arran

Unter den Hebriden-Inseln ist Arran von den Ballungsgebieten Zentralschottlands am besten zu erreichen. Schon vom Festland aus ragt die fast 900 m hohe Skyline der gebirgigen Insel magisch am Horizont empor. Die Ausrichtung aufs Festland bedeutet auch, dass Arran verwaltungstechnisch zu North Ayrshire gehört.

Aus der Nähe betrachtet hat Arran (5000 Einwohner) viele Gesichter. So läuft die High-

Südwestliche Highlands und Innere Hebriden

land Boundary Fault quer über das Eiland, und während der Osten durch Berge geschützt von mildem Klima geprägt ist, lockt die offene Westküste mit echtem Hebriden-Charme. Die Steinkreise im **Machrie Moor** zeugen von einer frühen Hochkultur auf Arran, während **Brodick Castle** im Schatten des mächtigen Gipfels Goatfell schon im Mittelalter den wichtigsten Ort der Insel bewachte.

Arran steht nicht nur bei Wanderern und Golfern hoch im Kurs, sondern wird auch für seine kreative regionale Küche sehr geschätzt. Dazu kommen Whisky, Bier, Käse, *oatcakes*, geräucherter Lachs und manch andere kulinarische Delikatessen, die auf der Insel hergestellt werden.

Für Reisende besonders erfreulich ist, dass die 90 km lange Ring-Küstenstraße eine Inselrundfahrt sehr leicht macht.

Lochranza und der Inselnorden

Die Fähre aus Claonaig auf Kintyre (s. S. 529) legt in Lochranza im Norden von Arran an. Hier ist die Insel rau, karg und gebirgig, umso schöner ist das Panorama, das sich auf der Überfahrt bietet. Im Alt-Norwegischen soll Loch Ranza „Bucht der Eberesche" heißen.

Angesichts der strategischen Bedeutung der geschützten Bucht erstaunt in der kleinen Siedlung die Silhouette von **Lochranza Castle** nicht. Die vergleichsweise gut erhaltene Ruine geht auf das 13. Jh. zurück und wurde im 16. Jh. in einen zeittypischen Wehrturm umgewandelt.

Am südlichen Ortsausgang gründete Harold Currie 1993 die **Arran Distillery**, ☎ 01770-830264, 🖥 www.arranwhisky.com, die erste Whiskybrennerei auf Arran seit Menschengedenken. Der ehemalige Managing Director von Chivas Brothers erfüllte sich einen Lebenstraum und begann zwei Jahre später mit der Produktion in einer der kleinsten Brennereien Schottlands. Die Arran-Whiskys, die nicht torfig schmecken, haben seither schon manche Ehrung eingeheimst und die Führung ist sehr unterhaltsam. Sehr beliebt ist übrigens der hauseigene Cremelikör Arran Gold, der aus Whisky und Irish Cream hergestellt wird. Im netten Café Eagle's Nest kann

man sich vor der Weiterfahrt stärken. ⏱ März–Okt tgl. 10–18, sonst Mo/Mi 10–16, Sa–So 11–16 Uhr, Führung 5 £.

Durch die hochlandähnliche Berglandschaft geht es Richtung Brodick hinüber an die Ostküste zum Strand von **Sannox** und weiter zum attraktiven Straßendorf **Corrie**, dessen weiße Cottages sehr pittoresk wirken.

Kincardine Lodge B&B, Lochranza, ☎ 01770-830267, 🖥 www.kincardinelodge.co. uk. Freundliches B&B in einer stattlichen edwardianischen Villa mit Vorgarten und schönem Blick über die Bucht. ❷

Lochranza Caravan and Camping Site, ☎ 01770-830273, 🖥 www.arran-campsite.co.uk. Schön im Tal gelegen mit viel Grün drumherum. Gelegentlich kommt Rotwild sogar bis auf den Campingplatz und den angrenzenden Golfplatz. ⏱ März–Okt.

Lochranza Hotel, ☎ 01770-830223, 🖥 www. lochranzahotel.co.uk. Zwischen Fähranleger und Castle ist das Lochranza ein solides Hotel mit gutem *pub food* in der Bar, die eine große Whiskysammlung hat. Sehr schön ist die Gartenterrasse. Wer hier übernachtet, sollte sich ein Zimmer mit Ausblick auf die Bucht gönnen. ⏱ Küche tgl. ca. 11–21 Uhr. ❸

Lochranza Youth Hostel, ☎ 01770-830631, 🖥 www.hostellingscotland.com. 2010 wurde die SYHA-Herberge komplett renoviert und ist nun zu einer modernen und komfortablen Basis für die Inselerkundung geworden. Es gibt Familienzimmer und familienfreundliche Einrichtungen. Dorm-Bett ab 15,95 £.

North Sannox Pony Trekking, bei Sannox, ☎ 01770-810222. Die Hochlandtäler im Norden sind für die ein- und zweistündigen Trekkingtouren sehr geeignet. Vorher anmelden. ⏱ Mo–Sa, Touren 18/35 £.

Busse
Stagecoach-Busse der Ringlinie 324/323 verbinden Lochranza 3–4x tgl. mit BRODICK (45 Min.) und BLACKWATERFOOT an der

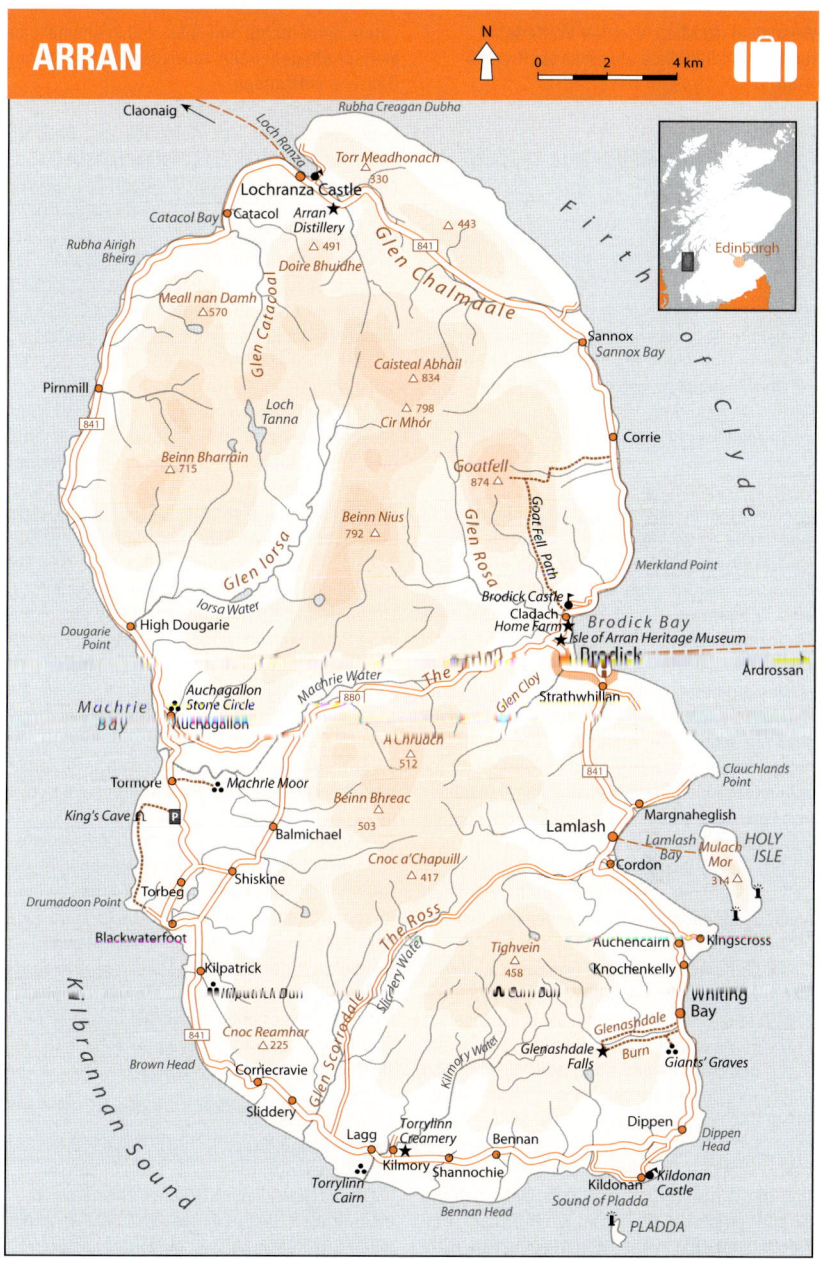

ARRAN

N

0　　　2　　　4 km

Claonaig
Rubha Creagan Dubha
Loch Ranza
Torr Meadhonach
△ 330
Lochranza Castle
Catacol Bay　Catacol
Arran Distillery
△ 491
Rubha Airigh Bheirg
Doire Bhuidhe
Glen Chalmadale
△ 443
Firth
Meall nan Damh
△ 570
Glen Catacol
Sannox
Sannox Bay
Pirnmill
841
Loch Tanna
Caisteal Abhail
△ 834
of
Beinn Bharrain
△ 715
△ 798
Cir Mhór
Corrie
Goatfell
874 △
Clyde
Beinn Nuis
792 △
Glen Rosa
Goat Fell Path
Merkland Point
Glen Iorsa
Iorsa Water
Brodick Castle
Cladach
Dougarie Point
High Dougarie
Home Farm
Isle of Arran Heritage Museum
Brodick Bay
Brodick
Ardrossan
Auchagallon Stone Circle
Machrie Water
The
Auchagallon
880
Glen Cloy
Strathwhillan
Machrie Bay
A'Chruach
△ 512
Clauchlands Point
Tormore
Machrie Moor
Beinn Bhreac
841
King's Cave
P
Balmichael
△ 503
Cnoc a'Chapuill
△ 417
Lamlash
Margnaheglish
Lamlash Bay
HOLY ISLE
Mulach Mor
311 △
Drumadoon Point
Torbeg
Shiskine
The Ross
Cordon
Blackwaterfoot
Kilpatrick
Tighvein
△ 458
Auchencairn
Kingscross
Torr a'Chaisteal Dún
Slidderv Water
Cnoc Reamhar
△ 225
Kilmory Water
Cnoc Càm Dùn
Knochenkelly
Whiting Bay
841
Glenashdale Burn
Brown Head
Corriecravie
Glenashdale Falls
Giants' Graves
Sliddery
Glen Scorrodale
Lagg
Torrylinn Creamery
Bennan
Dippen
Dippen Head
Kilbrannan Sound
Kilmory
Shannochie
Kildonan
Kildonan Castle
Torrylinn Cairn
Bennan Head
Sound of Pladda
PLADDA

Westküste (40 Min.). Von dort Weiterfahrt rund um die Südküste ebenfalls bis Brodick (2 Std.).

Schiffe
Für die CalMac-Fähre Lochranza–Claonaig (Kintyre) s. S. 529.

Brodick Bay

Hauptort von Arran ist das von üppigem Grün bestimmte Brodick (ca. 620 Einwohner) an der Ostküste. Hier legen die Fähren von Ardrossan auf dem Festland an und hier ballen sich die touristischen Angebote, auch wenn die Highlights um Brodick Bay herum verstreut sind.

Brodick Castle
Wichtigste Sehenswürdigkeit ist eindeutig Brodick Castle, ℰ 0844-4932152, 🖥 www.nts.org.uk, am Nordrand der Brodick Bay. Das ehemalige Anwesen der Herzöge von Hamilton hat zwar eine 700-jährige Geschichte, wurde aber im 19. Jh. erheblich ausgebaut und präsentiert sich seitdem in viktorianischem Prunk. Kostbare Intarsienkabinette, Meissener Porzellan, Delfter Kaminkacheln und Gemälde von Gainsborough sind nur einige der Highlights. Die Hamiltons hatten immer beste Beziehungen zum europäischen Hochadel. Mary Hamilton, die Schwester des 12. Dukes, verbandelte sich mit den Fürsten von Monaco und ist direkte Vorfahrin von Fürst Albert. Schon damals sorgten die Grimaldis für Schlagzeilen, denn Mary ließ sich bereits nach wenigen Monaten wieder scheiden und heiratete später einen ungarischen Fürsten.

Empfehlenswert ist ein Spaziergang durch den *walled garden* hinunter zu dem mit Tannenzapfen verzierten Sommerhaus. Ein kostenloser *Trails Guide* erläutert zahlreiche längere Touren durch den weitläufigen Country Park, oder man macht es sich im Café gemütlich. ☉ April–Okt tgl. 11–16 Uhr, Eintritt 11 £, erm. 8 £ (NTS).

Rund um die Bucht
Von der Autozufahrt zum Castle zieht sich die Straße um die Bucht herum nach Brodick zum Fähranleger. Doch sehr schnell kommt man nicht

voran, denn rechts und links sind in ehemaligen Wirtschaftsgebäuden touristisch interessante Betriebe entstanden.

In **Cladach**, am Fußgängereingang zum Castle und am Beginn des Aufstiegs zum Goatfell, haben eine Töpferei, ein Lederspezialist, ein Outdoorladen, das Bistro The Wineport (s. „Essen") sowie die im Jahr 2000 gegründete **Arran Brewery**, ℰ 01770-302353, 🖥 www.arranbrewery.com, ihr Zuhause gefunden. Die Biere werden in vielen Pubs auf der Insel ausgeschenkt, und im Visitor Centre kann man sie sofort probieren und die Produktionsstätte auf eigene Faust besichtigen. ☉ Mai–Mitte Sep Mo–Sa 10–17, So 12.30–17, sonst Mo/Mi–Sa 10–15.30 Uhr, Touren 2 £.

Ein Stückchen weiter Richtung Brodick wurde die **Home Farm** 1989 restauriert und ist nun eine Touristenattraktion zum Shoppen, Probieren und Essen: Das Angebot reicht von Porzellan über Käse und das Fischrestaurant Creelers (s. „Essen") bis zu **Arran Aromatics**, ℰ 01770-303003, 🖥 www.arranaromatics.com, das auf weitgehend natürliche Weise Seifen, Shampoos, Lotionen und Cremes herstellt. Das sympathische Unternehmen ist mit seinen 55 Angestellten auf Arran inzwischen einer der größten privaten Arbeitgeber. Sehr informativ sind im Sommer die abendlichen Werksführungen bei Käse und *oatcakes*. ☉ Shop tgl. 10–17 Uhr.

Mit der Geschichte von Arran und seiner Bevölkerung beschäftigt sich intensiv das **Isle of Arran Heritage Museum**, ℰ 01770-302636, 🖥 www.arranmuseum.co.uk. In dem Farmhauskomplex gibt es eine Schule und Schmiede, die Nachfahren von Auswanderern können Ahnenforschung betreiben, und am Fluss steht eine alte Badehütte, die aus jener Zeit stammt, als Brodick ein populäres Seebad war. Davon ist heute nichts mehr zu spüren. Auf der Wiese stehen alte Trecker und Farmgeräte herum und der Tearoom lädt zu einer Pause ein. ☉ April–Okt tgl. 10.30–16.30 Uhr, Eintritt 3 £, erm. 2/1,50 £.

Übernachtung und Essen

Carrick Lodge, Brodick, ℰ 01770-302550, 🖥 www.carricklodge.co.uk. Faith Robertson leitet das gemütliche B&B mit 6 Zimmern und einer großen Gäste-Lounge. Nr. 1 hat z. B. einen tollen Buchtblick, Nr. 3 ist ein Einzelzimmer,

während Nr. 2 für Familien geeignet ist.
Die Lodge liegt schön am Hang an der Ausfallstraße nach Süden. ❷

Creelers of Arran, Home Farm, ☎ 01770-302810,
🖥 www.creelers.co.uk. Brodicks bestes Sea-
foodrestaurant serviert köstlichen Hummer aus
Lochranza (eigenes Boot!), Langustinen aus
Tarbert und Austern vom Loch Fyne. Daneben
kommen auch fangfrische Fische auf den Tisch
sowie geräucherte Lachse, Makrelen und
Schellfisch aus dem angeschlossenen Smokehouse. Dort auch Direktverkauf; sehr lecker
sind die Pasteten. ☉ Ostern–Okt Di–Sa 12–14.30,
18–21.30, So 13–15, 18–21.30 Uhr.

Fellview, 6 Strathwhillan Road, ☎ 01770-
302153, ✉ fellviewarran@yahoo.co.uk. Eleanor
Hamilton empfängt ihre Gäste mit viel Wärme.
Alleinreisende müssen keinen Aufschlag zahlen.
Das Frühstück ist sehr gut. Zwei der drei Zimmer
teilen sich ein Bad. ❷

Ormidale Hotel, Brodick, ☎ 01770-302098,
🖥 www.ormidale-hotel.co.uk. Vor allem als Pub
gefragt, sodass es abends auch solides und
vergleichsweise günstiges *pub grub* gibt.
Das Haus hat vielleicht schon bessere Tage
erlebt, aber der großen Whiskysammlung
schadet das nicht. ☉ Küche tgl. 18–20.45 Uhr.

Kilmichael Country House Hotel, Glen Cloy,
☎ 01770-302219 🖥 www.kilmichael.com
Am Ende einer ungeteerten Allee bietet das
Kilmichael Luxus und Eleganz im Grünen.
Die Garden Suite hat z. B. 2 Bäder. Im Kilmichael
kann man abends Dinieren, sodass man in einer
Welt für sich wohnt. Für längere Aufenthalte
stehen Cottages zur Verfügung. ❹–❺

The Wineport, Cladach, ☎ 01770-302101.
Ansprechendes Bistro-Café neben der Arran
Brewery mit guter Karte, da es neben
Westküsten-Muscheln auch ungarisches
Gulasch und Beefburger aus Öko-Rindfleisch
gibt. ☉ Ostern–Okt tgl. 11–17 Uhr, Do–Sa auch
abends.

Sonstiges

Bootsausflüge und Fahrradverleih

Arran Power & Sail, The Shorehouse,
☎ 01770-302377, 🖥 www.arranpowerandsail.
com. Mit dem Gummi-Schnellboot Ausflüge
rund um Brodick. Die 3-stündige Inselrundfahrt
kostet z. B. 45 £, erm. 35 £. Auch Radverleih:
10/15 £ für 4/24 Std.

Informationen

Brodick VisitScotland Information Centre,
☎ 01770-303774, 🖥 www.ayrshire-arran.com.
Zentrale Touristeninformation für die Insel,
am Fähranleger in Brodick. ☉ Juli–Okt Mo–Sa
9–17, So 10–17, Nov–Juni Mo–Sa 10–17 Uhr.

Wandern

Vom Parkplatz an der Arran Brewery in Cladach
beginnt die direkte Aufstiegsroute hinauf zum
874 m hohen **Goatfell**, dem höchsten Berg auf
Arran. An schönen Tagen ist der Ausblick
von dem rauen und alpinen Gipfel fantastisch,
sogar die Antrim Coast von Irland taucht am
Horizont auf. Aber das Wetter kann sich
jederzeit ändern und der Aufstieg ist nicht zu
unterschätzen (hin und zurück ca. 11 km, 5 Std.,
Wanderkarte OS Landranger 69).

Meditieren und Wandern auf der Heiligen Insel

In der Lamlash Bay stand **Holy Isle** über Jahrhunderte in Verbindung mit dem irischen Heiligen
und Missionar **St Molaise**, der hier in einer Höhle
gelebt haben soll. Doch 1992 kaufte ein buddhi-
stischer Lama das Eiland und errichtete das **Centre for World Peace and Health**, ☎ 01770-601101,
🖥 www.holyisland.org, das Meditations- und
Yogakurse anbietet. Tagesgäste sind willkommen
und können z. B. den 314 m hohen **Mullach Mor**
besteigen, den höchsten Berg der Insel.

Interessierte können im Gästehaus in Doppel-
und Einzelzimmern sowie in Schlafsälen übernachten, ohne an Kursen teilzunehmen. Die
Übernachtung ist inkl. drei vegetarischer Mahl-
zeiten am Tag. Dorm-Bett ab 28 £. ❸

Anfahrt: Vom Pier in **Lamlash** verkehrt während
der Saison tgl. regelmäßig die Holy Isle Ferry,
☎ 01770-600998 (Tom), Tickets (hin und zurück)
10/5 £.

Busse

Vom Fähranleger in Brodick verkehren die Stagecoach-Linien 323/324 3–5x tgl. in beide Richtungen rund um die Küstenstraße (Rundfahrt 2 3/4 Std.). Linie 322 fährt zusätzlich 3–7x tgl. von Brodick über die String Road im Inselinneren direkt hinüber nach BLACK-WATERFOOT (30 Min.).

Schiffe

Caledonian MacBrayne pendelt 4–6x tgl. zwischen Brodick und ARDROSSAN auf dem Festland (55 Min.). Tickets (einfach): Fußgänger 5,95 £, Autos 35,50–43,50 £.

Der Süden von Arran

Whiting Bay

Von dem Örtchen Whiting Bay führt eine Wanderung teilweise recht steil hinauf zu den **Glenashdale Falls**. Am besten geht man von der Küste auf der nördlichen Seite bergan, passiert dabei im Wald auf einer kleinen Lichtung die Reste eines eisenzeitlichen Forts, überquert oberhalb des rund 45 m hohen Wasserfalls den Fluss und geht auf der anderen Seite wieder bergab. Von einem Holzsteg hat man den perfekten Blick auf den zweistufigen Wasserfall. Ein Abstecher führt zu den **Giants' Graves**, den Resten eines neolithischen Steinkistengrabs (2–2 1/2 Std.).

Die Südküste

Im Süden ändert sich die Landschaft spürbar. Hier wird es lieblich grün, auf einmal ist Farmland in Sicht. Die Straße bleibt aber kurvig und schnell geht es nicht voran. In **Kildonan** stehen die mageren Reste eines Schlosses. Man sollte sich Zeit nehmen, den Ausblick nach Ailsa Craig und Kintyre zu bewundern.

Die **Torrylinn Creamery**, ☎ 01770-870240, 🖥 www.highlandsandislandscheese.co.uk, stellt leckeren Käse mit Milch von Arran her. Wer die Produktion sehen will, sollte morgens kommen. ⏰ Mo–Fr 10–16 Uhr. Etwas weiter startet an der Post ein kurzer Spaziergang zum **Torrylinn Cairn**, einem weiteren neolithischen Grab.

Whiting Bay

Eden Lodge, ✆ 01770-700357, 🖥 www.eden lodgehotel.co.uk. In dem hellen Barbereich hängen moderne Gemälde. Im Sommer gibt es gelegentlich Livemusik. Die Zimmer sind sehr günstig, nicht alle haben ein eigenes Bad/WC. ⏰ Küche Mai–Aug tgl. 12.30–21 Uhr, Sep–April Mo–Fr 17–21, Sa–So 12.30–21 Uhr. ❷

Viewbank House, Golfcourse Road, ✆ 01770-700326, 🖥 www.viewbank-arran.co.uk. Von den 8 Zimmern haben 3 Seeblick, und oberhalb des Ortes ist die ruhige Lage garantiert. Wer gerne eine Runde spielen möchte, findet nebenan den Golfplatz. Der Weg zu den Wasserfallen ist vom B&B bequem zu erreichen. ❷–❸

Südküste

Kildonan Hotel, Kildonan, ✆ 01770-820207, 🖥 www.kildonanhotel.com. Das Traditionshotel wurde durch den Anbau des Wintergartens und der teilweise überdachten Terrasse um ein sehr attraktives Restaurant und Café erweitert. Es gibt sogar einen modernen Skulpturengarten. Der grandiose Blick über das Meer, der freundliche Service, der hohe Standard und die gelegentlichen Live-Gigs im Sommer machen das Kildonan zur ersten Wahl. ⏰ Küche tgl. 12–15, 18–21 Uhr. ❸–❹

Kilmory Lodge Bunkhouse, Kilmory, ✆ 01770-870345, 🖥 www.kilmoryhall.com. Das einzige Hostel im Süden von Arran, am Zugang zum Torrylinn Cairn. Modern, funktional und gut eingerichtet, aber für ein Hostel vergleichsweise teuer. Dorm-Bett ab 20 £.

Linie 323 verkehrt 3–5x tgl. entlang der Südküste zwischen BRODICK und BLACKWATERFOOT.

Die Westküste

Blackwaterfoot ist der größte Ort an der Westküste von Arran. Am westlichen Ortsrand verfügt der **Shiskine Golf Course**, 🖥 www.shiskinegolf. com, über ungewöhnliche zwölf Spielbahnen. Der Platz am Meer gilt als sehr anspruchsvoll und hat einen netten Tearoom. ⏰ tgl. 10–17 Uhr.

Vom Parkplatz am Golfplatz ist zudem ein 3 km langer Küstenpfad zur **King's Cave** ausgeschildert. Die Höhle soll einst Robert the Bruce Zuflucht geboten haben. Es gibt sogar Reste von frühchristlichen Wandmalereien. Der „offizielle" Zugang erfolgt vom King's Cave Car Park an der Hauptstraße nach Norden.

Ein kurzes Stück nördlich davon beginnt der Spaziergang zu den Steinzeitrelikten von **Machrie Moor**. An der Straße gibt es allerdings keinen Parkplatz, man muss sich irgendwo hinquetschen, wo man die Fahrbahn nicht blockiert. Eine halbe Stunde geht man über die seit vielen Tausend Jahren bewohnte Tiefebene, bis man auf einen Steinkreis und mehrere einzelne hoch aufragende Standing Stones trifft. Der Ort mitten in der freien Landschaft ist sehr stimmungsvoll. Am Horizont erstreckt sich die Küste von Kintyre. Bei **Auchagallon** stehen an der Straße die Reste eines weiteren Steinkreises.

Von hier kann man entweder über die sogenannte String Road quer durch die Inselmitte nach Brodick zurückfahren oder aber weiter der Küstenstraße über die schmucke Siedlung **Pirnmill** nach Lochranza folgen. In **Catacol** passiert man dabei eine weiße Cottage-Reihe mit dem merkwürdigen Namen „Die 12 Apostel".

Transport

In Blackwaterfoot laufen die drei Buslinien der Insel zusammen. Mit Linie 322 geht es 3–7x tgl. über die String Road direkt nach BRODICK (30 Min.), Linie 323 fährt 3–5x tgl. entlang der Südküste nach Brodick (1 1/4 Std.), und Linie 324 fährt 3–4x tgl. via Pirnmill und LOCHRANZA (40 Min.) nach Brodick (1 1/4 Std.).

14 HIGHLIGHT

Islay und Jura

Auf Islay und Jura scheint der Whiskygeruch überall in der Luft zu liegen. Nicht weniger als neun Destillen machen die beiden Inseln zu einer Top-Destination unter Whisky-Freunden, die aus aller Welt anreisen, um an den torfigen und rauchigen Single Malts zu nippen.

Keine Frage, der Whisky-Tourismus steht auf den beiden Inseln eindeutig im Vordergrund, wobei Islay den Löwenanteil hat. Das Ungleichgewicht gilt auch für die Bevölkerungszahl: 3500 *Ileachs* stehen nur 200 *Diurachs* gegenüber. Die Inselnachbarn sind schon landschaftlich völlig unterschiedlich, denn während Islay eher sanft wellig und grün ist, ragen in Juras Westen die Paps of Jura fast 800 m in die Höhe.

Entlang der abwechslungsreichen Küste von Islay gibt es in den Buchten, an den Klippen und auf den Marschwiesen auch für Ornithologen einiges zu entdecken. So kommen jedes Jahr Zehntausende Gänse nach Islay, Adler schweben in den Lüften, Alpenkrähen brüten am Mull of Oa und auf den Marschwiesen konnte der Wachtelkönig vor dem Aussterben gerettet werden, während im Sommer Orchideen blühen. Zudem bietet Islay einige herrliche Sandstrände.

Port Ellen und Islays Süden

Port Ellen ist die wichtigste Verkehrsdrehscheibe auf Islay und mit rund 830 Einwohnern hinter Bowmore knapp der zweitgrößte Ort. Die meisten Fähren legen in Port Ellen an, und der Insel-

Flugplatz liegt an der Straße nach Bowmore. Westlich vom Rollfeld erstreckt sich der 11 km lange Big Strand, Islays schönster Sandstrand.

Einst selbst Destillen-Standort ist der adrette Fährhafen heute eher für den Abtransport des wichtigsten Exportguts auf Islay zuständig. Doch zum Whisky ist es nicht weit, denn an der kurzen Wegstrecke nach Ardbeg liegen nicht weniger als drei der berühmtesten schottischen Brennereien: Laphroaig, Lagavulin und Ardbeg bilden eine weithin bekannte „Whisky-Meile", deren Besuch auch für Whisky-Laien sehr informativ ist.

Die „Whisky-Meile"

Auf dem Weg nach Osten ist die **Laphroaig Distillery**, ℡ 01496-302418, 🖳 www.laphroaig.com, die erste Station. Die 1815 gegründete Brennerei ist der Marktführer unter den Islay-Malts, gehört dem amerikanischen Fortune-Konzern und ist seit 1994 Hoflieferant von Prinz Charles. Der hauseigene Malzboden und das Torffeuer sind zwei Besonderheiten auf dem Weg zu dem sehr rauchigen zehnjährigen Single Malt. Wie die meisten Destillen auf Islay steht der weiße Gebäudekomplex in malerischer Lage direkt am Meer. ⏱ Visitor Centre März–Okt Mo–Fr 9.30–17.30, Sa–So 10–16, Nov–Feb Mo, Mi–Fr 9.30–17.30 Uhr, Führungen 3 £.

Eine Bucht weiter hatte die **Lagavulin Distillery**, ℡ 01496-302749, 🖳 www.discovering-distilleries.com, nach der Gründung 1816 zunächst noch enge Verbindungen zu Laphroaig. Genau wie der Nachbar setzt Eigentümer Diageo auf eine kleine Stammpalette, mit dem 16-jährigen als Flaggschiff. In der Brennerei kann man auf Anfrage auch eine Tour in der **Caol Ila Distillery** nördlich von Askaig am Sound of Islay buchen. ⏱ April–Juni, Sep–Okt Mo–Fr 9–17, Sa 9–12.30, Juli–Aug Mo–Fr 9–19, Sa 9–17, So 12.30–16.30, Nov–März Mo–Fr 9–17 Uhr, Führungen 6 £.

Dritter im Bunde ist **Ardbeg**, ℡ 01496-302244, 🖳 www.ardbeg.com, eine ebenfalls schon 1815 gegründete Destille, die erst seit der Übernahme durch Glenmorangie (Moët Hennessy) wieder richtig auf die Beine gekommen ist. Nach so viel Whisky ist eine Stärkung im angeschlossenen rustikalen **Old Kiln Café** sehr willkommen. ⏱ Juni–Aug tgl. 10–17, Sep–Mai Mo–Fr 10–16 Uhr, Führungen 5 £.

Ein Stückchen weiter an der *single track road* ist das **Kildalton Cross** aus der zweiten Hälfte des 8. Jhs. ein sehr seltenes Exemplar für ein Hochkreuz in Schottland. In der Kirche und auf dem Friedhof sind Reliefgrabplatten zu finden.

Mull of Oa

Ein Ausflug von Port Ellen zum Mull of Oa an der Südwestspitze von Islay vertreibt jeglichen Whiskydunst, denn hier weht selbst an sonnigen Tagen eine Brise. Zunächst geht es 10 km durch eine immer einsamer werdende Moorlandschaft, bis der Parkplatz der Vogelschutzorganisation RSPB erreicht ist. Anstatt direkt dem ausgeschilderten Weg zum American Monument zu folgen, lohnt die 3,5 km lange markierte Rundwanderung, die dem Farmweg zunächst schräg links bis zur Farm **Upper Killeyan** folgt und dann im Bogen nach rechts zur Steilküste führt. An klaren Tagen sieht man von hier jenseits des tiefblauen Meeres am Horizont Irland und das Mull of Kintyre in der Ferne. Basstölpel fliegen vor der Küste und auch Steinadler zeigen sich gelegentlich. Bekannt ist das Vogelreservat für seine Alpenkrähen (*chough*, sprich Tschaff), die hier brüten.

Zur Rechten erreicht man am Mull of Oa das **American Monument**, das an die Versenkung und den Untergang zweier amerikanischer Schiffe im Ersten Weltkrieg erinnert. Vom Mull kann man über Loch Indaal hinüber zu den Rhinns of Islay schauen, bevor es dann auf direktem Weg zurück zum Parkplatz geht.

Übernachtung und Essen

The Oystercatcher B&B, 63 Frederick Crescent, Port Ellen, ℡ 01496-300409, 🖳 www.islay-bedandbreakfast.com. Sehr nettes B&B an der Hafenpromenade, das auch Transport zu den Destillen anbietet. Das Selbstversorger-Apartment ist für längere Aufenthalte ideal. ❷

Kintra Farm, bei Port Ellen, ℡ 01496-302051, 🖳 www.kintrafarm.co.uk. Campen in den Dünen am Südende des Big Strand oder aber bequem im gastfreundlichen B&B, das im guten Sinne etwas altmodisch ist. Kintra ist eine aktive Farm 6 km nordwestlich von Port Ellen und ideal für Naturliebhaber. Landlady Margaret Anne spricht sogar sehr gut Deutsch. ❷, Campen ❶

Old Kiln Café, Ardbeg Distillery, s. links.

ISLAY UND JURA

Autovermietungen

D&N Mackenzie, Glenegedale (am Flugplatz),
☏ 01496-302300.

Fahrradverleih

Im Sommer gibt es in Port Ellen mehrere
Radverleiher, z. B. **Jim Lutomski**, Clear Water
Marine, ☏ 07760-196592, 🖥 www.lutomskiart.
co.uk, oder **Mick Stuart**, 91 Lennox Street,
☏ 01496-302391.

Nahverkehr

Der Nahverkehr auf Islay ist sehr
übersichtlich, sprich auf wenige Buslinien
beschränkt. Örtliche Anbieter sind Islay
Coaches und Royal Mail. Sonntags verkehren
nur in der Sommersaison Busse. Die Strecke
Port Ellen–Airport (15 Min.)–Bowmore
(25 Min.) wird von den Linien 196/450/451
mehrfach tgl. abgefahren. Linie 451 fährt dann
weiter zum zweiten Fährhafen Port Askaig
(45 Min.), die beiden anderen Linien fahren

über Port Charlotte (1 Std.) nach Portnahaven (1 1/4 Std.).

Von Port Ellen verkehren die Linien 450/451 auch bis zu 5x tgl. auf der „Whisky-Meile" ostwärts nach Ardbeg (8 Min.).

Transport

Schiffe

CalMac, ⌨ www.calmac.co.uk, verkehrt 1–3x tgl. zwischen Port Ellen und KENNACRAIG auf dem Festland (s. S. 527).

Flüge

Vom Islay Airport starten 1–3x tgl. Maschinen von **Flybe**, ⌨ www.flybe.com, nach GLASGOW (40 Min., einfach ab ca. 50 £).

Bowmore

Die Inselhauptstadt liegt am Schnittpunkt der wichtigsten Verkehrsrouten. Mit knapp 850 Einwohnern wohnt in Bowmore rund ein Viertel

Whisky von den Inseln

Whisky ist für Islay und Jura die Haupteinnahmequelle. Täglich werden in den Brennereien rund 250 Fässer abgefüllt, jährlich kassiert das Finanzamt rund 300–400 Mio. Pfund allein an Alkoholsteuern. Damit hat Islay pro Kopf das höchste Steueraufkommen in Großbritannien! Im Mittelalter sollen irische Mönche für die Verbreitung der Destillierkunst auf Islay verantwortlich gewesen sein. Die Insulaner mochten das neue Getränk. Es heißt, dass allein 1801 auf Islay 233 und auf Jura 19 illegale Destillen ausgehoben wurden. Mit der Legalisierung des Gewerbes ging ein drastischer Rückgang der Brennereien einher und selbst im 20. Jh. schlossen mehr als ein Dutzend, bis vor knapp 20 Jahren eine Trendwende einsetzte.

Whisky-Freunde verbinden mit Islay und Jura vor allem den Geschmack und Geruch von Torf, denn *peat* gibt es auf Islay traditionell reichlich. Mit dieser Marktnische liegen die Single Malts zwar nicht unter den Top 5 der verkaufsstärksten Whiskys, dafür ist die Fangemeinde treu ergeben und wächst beständig. **Lagavulin** und der sehr rauchige **Laphroaig** gehören zu den Islay-Klassikern, die auch international großen Erfolg haben. Dahinter ist die Szene enorm in Bewegung. Denn Islay ist innovativ und dynamisch: Nach Jahrzehnten der Destillen-Stilllegung bewies Whisky-Enthusiast Mark Reynier mit der erfolgreichen Wiedereröffnung von **Bruichladdich**, dass noch Luft nach oben ist. Seither betreibt er engagiert eine Neuausrichtung der Industrie. 2010 kam mit „Vanich" z. B. erstmals ein Single Malt in den Verkauf, bei dem die Bio-Gerste komplett auf Islay angebaut wurde. Organic Whiskys sind ohnehin eine typische Note des unkonventionellen Destillen-Chefs. Geplant ist zudem, die stillgelegte Brennerei in Port Charlotte unter dem Namen Lochindaal wieder in Betrieb zu nehmen. Ganz im Süden feierte **Ardbeg** in den 1990er-Jahren ebenfalls ein vielbeachtetes Comeback, während wenige Kilometer von Bruichladdich auf der **Kilchoman Farm** 2005 eine neue Kleinbrennerei ins Rennen ging. Die großen Destillen verfolgen diese Entwicklung natürlich aufmerksam. Hinter den Traditionsnamen stehen zumeist internationale Marken, von Diageo über Pernod Ricard bis zu indischen Eigentümern. Doch der Whiskyboom der letzten Jahre nutzt allen Herstellern, weil eine breite Palette die Attraktivität fördert. Eine Folge des Nachfragehochs ist, dass im Gegensatz zu früher aus den Top-Destillen kaum noch Whisky zum Verschnitt die Insel verlässt, sondern praktisch nur noch als Single Malt abgefüllt wird.

Die meisten Destillen stehen Besuchern für **Führungen** mit Kostproben offen. Oft werden auch Spezialtouren angeboten, bei denen der Brennerei-Manager seine Lieblingswhiskys ausführlich vorstellt und auch ein paar teurere Tropfen auf den Tisch kommen. Grundsätzlich sollte man vorher anrufen, um eine Führung zu reservieren, da im Sommer der Andrang groß ist und im Winter die Führungen nur eingeschränkt stattfinden.

Eine Spezialität ist Ende Mai das Islay Festival **Fèis Ìle**, ⌨ www.theislayfestival.com. Dieses sehr beliebte Event ist ganz dem Thema *Malt and Music* gewidmet (s. S. 539).

Südwestliche Highlands und Innere Hebriden

der *Ileachs*, wie sich die Insulaner selbst nennen. Wie so viele der schmucken Küstenorte in Schottlands Westen ist auch Bowmore eine geplante Siedlung. Gleich am Ortseingang entstand als erstes Bauwerk 1767–69 für den Grundbesitzer Daniel Campbell die **Round Church**. Campbell stand auf italienische Hügelkirchen, während die runde Form der Legende nach verhindern sollte, dass sich der Teufel in irgendeiner Ecke einnisten konnte.

Von der Kirche geht es die Main Street hinab zur wichtigsten Touristenattraktion des Ortes, der 1779 gegründeten **Bowmore Distillery**, School Street, ℡ 01496-810441, 🖥 www.bowmore. com, die zu den ältesten Whiskybrennereien Schottlands gehört. Ein 15-minütiger Film stellt die Destille und ihre Arbeiter vor. Anschließend geht es dann auf Besichtigungstour und zur Kostprobe des torfigen, aber leicht fruchtigen 12-jährigen. ⏱ Ostern–Juni Mo–Sa 9–17, Juli–Aug Mo–Sa 9–17, So 12–16, Sep–Ostern Mo–Fr 9–17 Uhr, Führungen 5 £.

Bridgend und Islay House Square

5 km nördlich von Bowmore gabelt sich die Straße in **Bridgend** Richtung Port Charlotte und Port Askaig. An dieser Straße liegt links sofort die Zufahrt zum **Islay House Square**, einer Gruppe von alten Farmwirtschaftsgebäuden, die heute Sitz der lokalen Mikrobrauerei **Islay Ales**, 🖥 www.islayales.com, sowie mehrerer Kunsthandwerksläden sind. Besonders nett ist **Elizabeth Sykes Batiks**, 🖥 www.elizabethsykesbatiks. co.uk, während **Islay Chocolate**, 🖥 www.islay chocolateco.com, den hohlen Zahn versorgt. ⏱ in der Regel Mo–Sa 10–17 Uhr.

An Cuan B&D, Jamieson Street, ℡ 01496-810307, 🖥 www.islay-bandb.co.uk. Die 4 in Weiß gehaltenen Zimmer sind tadellos und freundlich eingerichtet. Fergus Muir serviert zum Frühstück auf Wunsch auch geräucherten Schellfisch *(haddock)*. ❸
Lochside Hotel, Shore Street, ℡ 01496-810244, 🖥 www.lochsidehotel.co.uk. Schönes Panoramarestaurant mit Blick über Loch Indaal, solide und günstige Küche, angenehme Zimmer und am Wochenende auch mal Live-Folk sind

die Markenzeichen des zentralen Hotels. ⏱ Küche tgl. 12–20.30 Uhr. ❹
The Harbour Inn, ℡ 01496-810330, 🖥 www. harbour-inn.com. Das beste Haus am Platz bringt frische Islay-Spezialitäten auf den Tisch, darunter Austern vom Loch Gruinart. Für die kreative Küche wurde das Traditionsinn schon mehrfach prämiert. Den Kaffee kann man im Wintergarten mit Blick auf den Pier genießen. Obendrein werden sehr komfortable Zimmer angeboten. Für das Restaurant abends besser reservieren. ⏱ Küche tgl. 12–14, 18–20.30 Uhr. ❹

Feste
Fèis Ìle, 🖥 www.theislayfestival.co.uk, Ende Mai: Das Islay Festival Fèis Ìle bringt Musik ins Whiskygeschäft. Rund um die Destillen wird ein umfangreiches buntes Programm mit Folkkonzerten, Ceilidhs und Sonderführungen hochgezogen. Unbedingt rechtzeitig Unterkunft auf der Insel buchen!

Informationen
Islay VisitScotland Information Centre, The Square, ℡ 08707-200617, 🖥 www.islayinfo.com, ⏱ April–Aug Mo–Sa 10–17, So 14–17, Sep–Okt Mo–Sa 10–17, Nov–März Mo–Fr 10–15 Uhr.

Für die Busse s. Port Ellen S. 537.

Rhinns of Islay

In Bridgend wendet sich die A 847 nach Westen und folgt der großen Bucht von Loch Indaal auf die Halbinsel Rhinns of Islay.

Loch Gruinart

Ein erster Abstecher führt nach Norden zur Gezeitenbucht von Loch Gruinart. Der Wechsel zwischen Grasland, Salzmarschen, Watt und Sandstränden macht das 1650 ha große RSPB-Naturschutzreservat u. a. für Weißwangengänse und Blässgänse enorm interessant. Allein hier überwintern rund 25 000 Gänse. Aber auch Otter,

Südwestliche Highlands und innere Hebriden

Kornweihen, Austernfischer und Kiebitze fühlen sich am und im Loch Gruinart sehr wohl.

Die RSPB unterhält an der Südseite der Bucht ein kleines ausgeschildertes **Visitor Centre**, ☉ April–Okt Mo–Fr 10–16, Juni–Aug auch Sa 10–16 Uhr, sowie an der Straße nach Ardnave eine Aussichtsplattform und einen Beobachtungsstand. Lohnend ist die Weiterfahrt bis zum Straßenende am Loch Ardnave, wobei das letzte Stück nur noch geschottert ist. Vom Parkplatz kann man sich auf einen sehr schönen, 5,5 km langen Rundweg durch die Dünen-Marschlandschaft zur Landspitze **Ardnave Point** begeben.

Zur Kilchoman Farm Distillery

Auf einer *single track road* geht es durch das Hinterland der Rhinns, vorbei am Süßwassersee Loch Gorm, bis zum 1,5 km langen sandigen Traumstrand von **Machir Bay**. Ein Stückchen im Hinterland steht die verfallene **Kilchoman Church** mit einem typischen Keltenkreuz aus dem 14. Jh., das mit einer Kreuzigungsszene inkl. Jünger verziert wurde.

2005 eröffnete Anthony Wills die erste neue Destille auf Islay seit der Gründung von Bruichladdich 1881. Die **Kilchoman Farm Distillery**, ☎ 01496-850011, 🖥 www.kilchomandistillery. com, füllte 2009 den ersten dreijährigen Whisky ab (erst nach drei Jahren Lagerung darf man das Etikett Whisky draufkleben). Auf der dazugehörigen Rockside Farm wird eigene Gerste angebaut, um die Produktionswege möglichst kurz zu halten. Das Café ist ebenfalls eine gute Adresse, manche traditionellen Rezepte wurden etwas „überarbeitet", und der Kuchen ist lecker. ☉ April–Okt Mo–Sa 10–17, sonst Mo–Fr 10–17 Uhr, Führungen 4,50 £.

Bruichladdich Distillery

Zurück an der A 847 ist das nächste Ziel schnell erreicht: Die Bruichladdich Distillery, ☎ 01496-850190, 🖥 www.bruichladdich.com, gehört zu den Erfolgsstorys der neuen Whisky-Welle (s. S. 538). Dabei ist sie eine der wenigen, die noch mit Gerätschaft aus dem 19. Jh. hantiert, die den traditionellen Gerstenanbau auf Islay wiederbelebt hat und dabei auch den Öko-Sektor bedient. Bruichladdich gehört nicht wirklich zu den torfigen Whiskys, dafür ist die Destille ständig mit neuen Sonderkreationen auf dem Markt, die ein probierfreudiges Publikum ansprechen. All das hat der Brennerei schon viele Preise eingebracht. Die Führung lohnt sich auf alle Fälle. ☉ Shop Mo–Fr 9–17, Sa 10–16 Uhr, Führungen 5 £.

Port Charlotte

Die weiß getünchten Häuser von Port Charlotte geben ein hübsches Ensemble ab, sodass man sich schnell wohlfühlt. Am Ortseingang präsentiert das **Museum of Islay Life**, ☎ 01496-850358, 🖥 www.islaymuseum.org, in einer ehemaligen Kirche die Geschichte der menschlichen Besiedlung von Islay. Schon vor 10 000 Jahren kamen die ersten Jäger und Sammler auf das Eiland. Natürlich geht es auch um die illegale Whiskyproduktion im 18. Jh. und das Leben der *crofters*. ☉ April–Okt Mo–Sa 10.30–16.30 Uhr, Eintritt 3 £, erm. 2/1 £.

In einem ehemaligen Lagerhaus der stillgelegten Port Charlotte bzw. Lochindaal Distillery ist im 1. Stock das Jugendherberge und unten das **Islay Wildlife Information Centre**, ☎ 01496-850288, 🖥 www.islaynaturalhistory.org, eingerichtet. ☉ April–Mai, Sep–Okt Mo–Fr 10–16, Juni–Aug Mo–Sa 10–16 Uhr, Eintritt 3 £, erm. 1,50 £.

Portnahaven

Letzte Station auf den Rhinns ist der pittoreske ehemalige Fischerhafen Portnahaven. Wie fast alle Orte auf Islay ist auch Portnahaven am Reißbrett entstanden und zwar 1788. Heute leben noch 130 Menschen hier. Landesweite Aufmerksamkeit erhielt Portnahaven, weil an der Küste 2000 das weltweit erste Wellenkraftwerk als Prototyp errichtet wurde.

Old Lochindaal Distillery House B&B, Port Charlotte, ☎ 01496-860495, ✉ mamak@ btinternet.com. Sehr freundliche Aufnahme im ehemaligen Managerhaus der Port Charlotte Distillery. Graham und Marie-Ann verwöhnen die Gäste mit selbstgemachter Marmelade, kräftigem Porridge und familiärer Atmosphäre. Die Zimmer sind eher klein und zwei teilen sich ein Bad, aber die Atmosphäre macht's wett. ❷

Port Charlotte Youth Hostel, ☎ 01496-850385, 🖥 www.hostellingscotland.com. JH in einem

ehemaligen Brennerei-Lagerhaus. Stimmungsvoll und gut eingerichtet – einziges Hostel auf Islay. ⏱ April–Okt. Dorm-Bett ab 17 £.
Port Mòr, Port Charlotte, ℡ 01496-850442, 💻 www.islandofislay.co.uk. Campingplatz, Café, Internetanschluss und einige Waschmaschinen machen das moderne Community Centre westlich des Ortszentrums zu einer multifunktionalen Adresse. Den tollen Blick über Loch Indaal zum Mull of Oa gibt es noch gratis dazu. ⏱ Café Mo–Fr 10–16, Sa 10–20 Uhr. ❶

Transport

Für die Busverbindungen nach Port Charlotte und Portnahaven s. S. 537.

Finlaggan und Port Askaig

Zurück an der Gabelung von **Bridgend** geht es nun über die A 846 nach Osten. Östlich von Ballygrant führt eine Stichstraße zum **Loch Finlaggan**. Nichts deutet darauf hin, dass ausgerechnet die beiden Mini-Eilande im See für mehr als 160 Jahre das politische Zentrum der *Lordship of the Isles* waren. Während die „Große Insel" (Eilean Mòr) eher Wohn- und Repräsentationszwecken diente, tagten auf der „Ratsinsel" (Eilean na Comhairle) die Lords und saßen zu Gericht. Man geht davon aus, dass Dämme die Eilande verbanden. Dass die gesamte Anlage anscheinend nur durch Holzpalisaden geschützt war, deutet darauf hin, wie ungefährdet die Lords in Finlaggan regieren konnten. Der erste Lord war 1329 Good John of Islay. Der Titel *Lord of the Isles* überlebte die Zeiten und wird vom jeweiligen britischen Thronfolger in die lange Reihe seiner Ehrenbezeichnungen eingefügt.

Über einen Bohlensteg kann man die Reste der Bebauung auf Eilean Mòr besichtigen, darunter einige mittelalterliche Grabplatten. Am Parkplatz sind im **Finlaggan Visitor Centre**, ℡ 01496-840644/850558, 💻 www.finlaggan.com, einige Fundstücke ausgestellt, darunter keltische Broschen und das Finlaggan Cross aus dem 14./15. Jh. ⏱ April–Sep Mo–Sa 10.30–16.30, So 13.30–16.30 Uhr, Eintritt 3 £, erm. 2/1 £.

Die A 846 endet schließlich am großflächig ausgebauten Fähranleger von **Port Askaig**. Von hier pendeln auch die kleinen Fähren hinüber nach Jura. Nördlich von Port Askaig liegen direkt am Sound of Islay die beiden Destillen **Caol Ila**, 💻 www.discovering-distilleries.com, und **Bunnahabhain**, 💻 www.bunnahabhain.com, die nur nach Voranmeldung besucht werden können.

Transport

Busse
Für die Busse nach Bowmore und Port Ellen s. S. 537.

Schiffe
CalMac, verkehrt 1–2x tgl. von/nach KENNACRAIG aufs Festland.
Zwischen ca. 7.30 und 18.30 Uhr setzt tgl. regelmäßig eine kleine Fähre von Port Askaig zum gegenüberliegenden Anleger FEOLIN auf Jura über. Sonntags fahren die Boote seltener und abends nur nach Voranmeldung: **ASP**, ℡ 01496-840681. Hinweis: Die Fähren legen oftmals überpünktlich ab! Tickets (hin und zurück): Fußgänger 2,70 £, Autos 15,20 £.

Isle of Jura

Eine einzige Straße gibt es auf Jura. Sie verbindet den Fähranleger Feolin mit dem 11 km entfernten Örtchen Craighouse und verliert sich dann irgendwo im Norden der Insel. Die Übersetzung aus dem Alt-Norwegischen, „Insel des Rotwilds", ist sehr zutreffend, denn den knapp 200 Menschen stehen rund 5500 Rehe und Hirsche gegenüber, die sich auf der größtenteils menschenleeren und teilweise recht gebirgigen Insel sehr wohl fühlen.

Nur an Schultagen verkehren einige Busse von Feolin nach Craighouse, ansonsten braucht man ein Auto, ein Rad oder man organisiert sich auf der Fähre eine Mitfahrgelegenheit. Erste Station Richtung Norden sind normalerweise die üppig grünen **Jura House Gardens**, doch bei Redaktionsschluss waren die Gärten wegen Besitzerwechsels bis auf Weiteres geschlossen.

Hauptattraktion in **Craighouse** ist die **Jura Distillery**, ℡ 01496-820604, 🖥 www.isleofjura. com, die auf das Jahr 1810 zurückgeht und eine wichtige Einnahmequelle für die Insulaner ist. Kostenlose Führungen finden Mo–Fr um 11 und 14 Uhr statt.

1946–48 hatte Jura einen berühmten Besucher: George Orwell zog sich auf die **Barnhill Farm** zurück, die im äußersten Norden nur zu Fuß zu erreichen ist, und schrieb hier seinen berühmten Roman *1984*. Beinahe wäre er 1947 im **Corryvreckan Whirlpool** ertrunken, der vor der Nordküste von Jura alles in die Tiefe reißt, was ihm zu nahe kommt (s. auch Oban S. 520). Um einen Blick auf den Malstrom zu erheischen, muss man vom Straßenende via Barnhill Farm 11 km nach Norden laufen – und wieder zurück.

Übernachtung und Essen

The Jura Hotel, Craighouse, ℡ 01496-820243, 🖥 www.jurahotel.co.uk. Der soziale Mittelpunkt von Jura sieht von außen ziemlich unansehnlich aus, ist aber *das* Restaurant und *die* Bar für Jura. Nachmittags gibt es Tee und Scones. Die Zimmer sind recht unterschiedlich, von Etagen-Bad/WC bis zu gehobenen „Premium"-Zimmern. Wer ein Zelt dabeihat, darf vor dem Hotel gegen eine kleine Spende campen. ⏲ Küche tgl. 12–14, 18–20.30 Uhr. ❸–❹

Transport

Isle of Jura Passenger Ferry, ℡ 07768-450000, 🖥 www.jurapassengerferry.com. Kleines, halb überdachtes Fußgänger-Schnellboot, das Do–Di bis zu 2x tgl. von Craighouse nach

TAYVALLICH südlich des Crinan Canal fährt (1 Std.). Dort gibt es Anschluss an die Busse nach Lochgilphead (s. S. 525). ⏲ April–Sep; Tickets 17,50 £ (einfach), Räder frei. Unbedingt vorher reservieren, da wenig Platz und witterungsabhängig.
Fähre nach Port Askaig s. S. 541.

Isle of Mull und Iona

Die Isle of Mull (2700 Einwohner) ist mit 875 km² Fläche die zweitgrößte Insel der Inneren Hebriden und hat viele unterschiedliche Gesichter: Trutzig wacht Duart Castle über die Einfahrt zum Sound of Mull. Bezaubernd ist der geschützte Hafenort Tobermory, dessen bunte Häuserreihe sich fotogen rund um die Bucht zieht. Traumhaft sind die Strände und die Küstenstraße im Westen, majestätisch erheben sich im Inselinneren die zerklüfteten Berge bis auf eine Höhe von fast 1000 Metern, und abenteuerlich ist die Fahrt über die schmalen Küstenpisten.

Am Ross auf Mull wartet die Überfahrt zu zwei Highlights des kleinen Archipels: Iona gilt seit 1500 Jahren als spirituelles Zentrum, und das faszinierende Basalteiland Staffa inspirierte schon Felix Mendelssohn-Bartholdy zu seiner Hebriden-Ouvertüre.

Da sich die Touristenströme auf einige wenige Punkte konzentrieren, ist es kein Problem, auch einsame Flecken zu entdecken, die immer wieder echtes Hebriden-Feeling aufkommen lassen. Dazu gehört, dass die Gewässer und Inseln rund um Mull eine enorm breit gefächerte Tierwelt aufweisen: Delfine, Wale und Riesenhaie sind hier genauso beheimatet wie Papageientaucher, Basstölpel, Trottellummen, Tordalken und im Gebirge auch Adler. Man sollte sein Fernglas also immer griffbereit haben.

Craignure und Duart Castle

Von Oban aus gleitet die Autofähre an der Südspitze von Lismore vorbei langsam in den Sound of Mull. Vor dem beeindruckenden Hintergrund des zentralen Bergmassivs grüßt Castle Duart

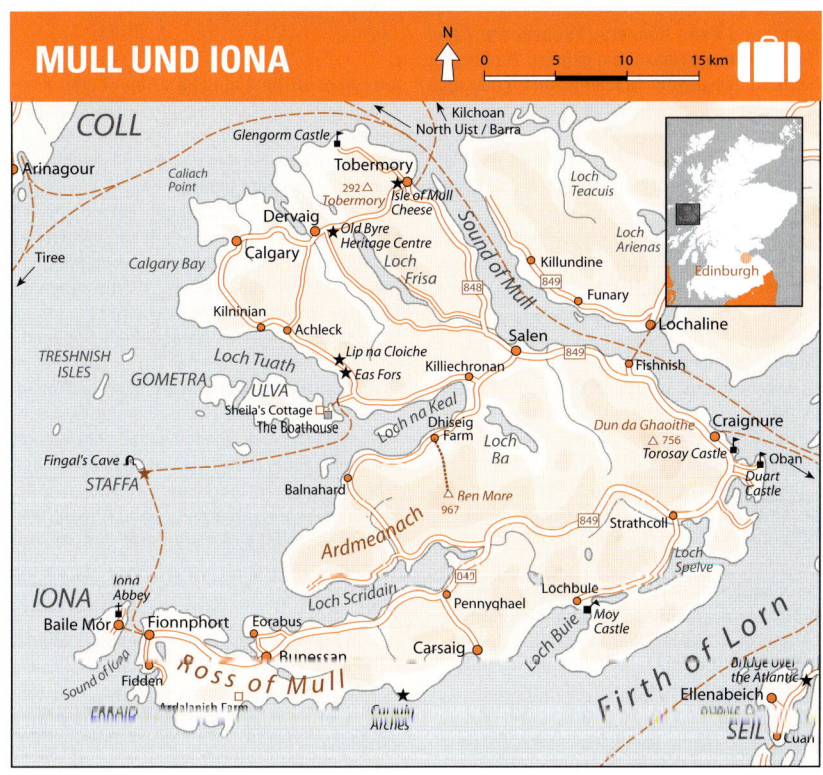

auf einer Landspitze die Besucher, bevor die Fähre schließlich in der kleinen Hafensiedlung **Craignure** anlegt.

Torosay Castle

2010 war kein gutes Jahr für zwei der wichtigsten Attraktionen auf Mull. **Torosay Castle**, ☎ 01680-812421, 🖥 www.torosay.com, wurde für 2,8 Mio. Pfund zum Verkauf angeboten, weshalb seine touristische Zukunft bei Redaktionsschluss mehr als ungewiss war. Das 1858 von David Bryce entworfene Herrenhaus ist mit seinen verspielten Türmchen, den eleganten Salons und dem wunderbaren Garten, der in Terrassen zum Ufer abfällt, ein sehr sehenswerter Vertreter des viktorianischen Baronialstils. ⏰ falls noch offen, dann tgl. 10.30–17 Uhr, Eintritt 7,50 £, erm. 6,25/4,25 £.

Wegen des Verkaufs hat seit Ende 2010 auch die Schmalspurbahn **Mull Railway** zwischen Craignure und Torosay Castle geschlossen.

Duart Castle

Bleibt Duart Castle, ☎ 01680-812309, 🖥 www. duartcastle.com, das die Besucher nicht enttäuscht. Die mittelalterlich wirkende Festung der Macleans steht auf vorgeschobenem Wachposten, um die Einfahrt zum Sound of Mull zu schützen. Am Ende der vielen kriegerischen Auseinandersetzungen lag das Castle seit dem 18. Jh. aber in Schutt und Asche, bis Fitzroy Maclean 1911 den Wiederaufbau einleitete. Ähnlich wie Eilean Donan (s. S. 472) handelt es sich also eigentlich um ein „modernes" Castle, das aber echte Burgenromantik heraufbeschwört. So haben schon Anthony Hopkins (*Das Mörder-*

schiff) und Sean Connery (Verlockende Falle) Duart Castle als Filmkulisse genutzt. Die Burg ist heute Stammsitz der Macleans und bietet tolle Ausblicke über den Sound of Mull und den Firth of Lorn Richtung Oban. Auch der Tearoom ist nicht zu verachten. ☉ April So–Do 11–16, Mai–Mitte Okt tgl. 10.30–17.30 Uhr, Eintritt 5,50 £, erm. 4,90/2,75 £.

Für die Morgen- und Mittagsfähren von Oban pendelt der „Duart Coach" als Shuttlebus bequemerweise von der Fähre zum Castle und zurück.

Übernachtung

Shieling Holidays, Craignure, ☎ 01680 812496, 🖥 www.shielingholidays.co.uk. Campingplatz am Fähranleger. Mehrere Großraumzelte (shielings) werden als einfaches „Hostel" und „Doppelzimmer" für Selbstversorger in Campinglaune vermietet. Bettwäsche kann geliehen werden. Waschmaschine. ☉ Mitte März–Okt. Shielings: Bett ab 13 £. ❶–❷

Informationen

Craignure VisitScotland Information Centre, Craignure, ☎ 01680-812377. Zentrale Touristeninformation für ganz Mull, sehr günstig direkt am Fähranleger angesiedelt. ☉ April–Juni, Sep–Okt Mo–Sa 8.30–17, So 10–17, Juli–Aug Mo–Sa 8.30–19, So 10–19, Nov–März Mo–Sa 8.30–17, So 10–12, 15.30–17 Uhr.

Transport

Busse
Bowmans Tours bietet zwei Verbindungen vom Fähranleger Craignure an: 4–6x tgl. verkehrt Buslinie 495 über Salen nach TOBERMORY (50 Min.), 1–4x tgl. geht es in den Südwesten nach FIONNPHORT (1 1/4 Std.), Fähranleger für Iona.

Schiffe
5–9x tgl. pendelt die CalMac-Fähre zwischen OBAN und Craignure (45 Min.); Tickets (einfach): Fußgänger 4,90 £, Autos 34,50–43,50 £.
8 km westlich von Craignure pendelt eine kleine CalMac-Fähre tgl. sehr regelmäßig zwischen Fishnish und LOCHALINE auf der Halbinsel Morvern (15 Min.); Tickets (einfach): Fußgänger 2,90 £, Autos 12,80 £.

Tobermory und Umgebung

Am Sound of Mull entlang erreicht man nach 34 km von Craignure aus Tobermory. Schon der erste Eindruck ist sehr vorteilhaft, denn in einer dicht bewachsenen und windgeschützten Bucht säumen bunt bemalte Häuser die Hafenpromenade. Die Bucht umgibt ein Hauch von Riviera. Seit hier 1588 ein Schiff der Spanischen Armada sank, wird gerätselt, ob sich nicht ein Goldschatz an Bord befand. Heute gehen im Sommer schnittige Jachten vor Anker, und im Wasser tummeln sich gelegentlich Seehunde und ein Otter. Ein Gutteil der 750 Einwohner von Tobermory wohnt oberhalb der überwachsenen Klippen, wo sich eine kleine Oberstadt schachbrettartig erstreckt. Eigentlich hieß der Hauptort von Mull Ledaig, bevor das heutige Städtchen 1788 gezielt als Fischereihafen angelegt wurde. Mittlerweile lebt Tobermory jedoch mehr vom Tourismus, sodass es viele Cafés und Restaurants gibt.

Tobermory

Am großen Parkplatz am Ortseingang befindet sich neben dem Hafengebäude Taigh Solais die 1798 gegründete **Tobermory Distillery**, ☎ 01688-302645, 🖥 www.tobermorymalt.com, die einzige auf Mull. ☉ Mo–Fr 10–17 Uhr, Führungen 4 £, erm. 2 £.

Der **Hebridean Whale and Dolphin Trust**, 28 Main Street, ☎ 01688-302620, 🖥 www.hwdt.org, informiert über die großen Meeressäuger, die rund um Mull besonders häufig gesichtet werden. Zudem werden Ausflugstickets verkauft (s. S. 546). ☉ Mo–Fr 10–17 Uhr, Eintritt frei.

Wenige Schritte weiter ist das **Mull Museum**, Main Street, ☎ 01688-301100, 🖥 www.mullmuseum.org.uk, eine wahre Fundgrube, wenn es um interessante Storys über die Insel geht. Themen sind das gesunkene spanische Schiff, aber auch die Hebridenreise von Felix Mendelssohn-Bartholdy, der Anfang August 1829 von Tobermory aus Staffa besuchte (s. S. 549). ☉ April–Okt Mo–Fr 10–16 Uhr, Eintritt frei.

Im Oberdorf wurde eine alte Schule zum Kulturzentrum **An Tobar**, Argyll Terrace, ☎ 01688-302211, 🖥 www.antobar.co.uk, umgebaut. Das sehr einladende Veranstaltungszentrum verfügt

Tobermorys Uferpromenade gehört zu den schönsten in ganz Schottland.

über eine Galerie, einen CD-Shop und ein sehr freundliches Café. Regelmäßig gibt es Live-Konzerte. ⏲ Galerie und Café Mo–Sa 10–17 Uhr.

Abstecher zum Glengorm Castle

Erste Station auf dem 8 km langen Weg zum Glengorm Castle ist am Ortsrand von Tobermory die Sgriob-ruadh Farm, auf der seit 30 Jahren der **Isle of Mull Cheese**, ✆ 01688-302235, 🖥 www.isleofmullcheese.co.uk, produziert wird. Die Reades verkaufen den Cheddar-Käse gleich vor Ort, und wenn nicht viel los ist, zeigen sie auch gerne die Anlage. Im Keller lagern bis zu 7000 Käserollen, bevor die Reifung nach einem Jahr abgeschlossen ist. Für die Milch hält die Familie in Eigenregie 130 Kühe.

Weiter geht die Fahrt nach Westen, bis **Glengorm Castle**, ✆ 01688-302321, 🖥 www.glengormcastle.co.uk, ins Blickfeld gerät. Die „Burg" wurde Mitte des 19. Jhs. im recht verspielten schottischen Baronialstil gebaut und ist heute ein Feriendomizil (s. „Übernachtung"). Der Parkplatz ist am exzellenten **Glengorm Coffee Shop**, ✆ 01688-302932, der mittags zum Lunch viel Biogemüse und -fleisch von der eigenen Farm serviert, aber natürlich auch klassischen Kaffee und Kuchen. ⏲ Ostern–Okt tgl. 10–17 Uhr.

Vom Café aus sind es unterhalb des Castle auf einem *farm track* rund 1 km zu drei frei stehenden **Standing Stones**. Der Ausblick über die Küste hinüber nach Ardnamurchan und zur Insel Coll ist an schönen Tagen umwerfend. Der Weg hinunter zur Küste ist deshalb eine mehr als angenehme Verlängerung. Mit viel Glück kreist am Horizont sogar einer der Seeadler, die in der Gegend beheimatet sind.

Übernachtung

Tobermory

Carnaburg, 55 Main Street, ✆ 01688-302479, 🖥 www.carnaburg-tobermory.co.uk. Unten an der Uferpromenade ist die Lage natürlich super. Die 11 Zimmer sind sehr unterschiedlich, nicht alle haben ein eigenes Bad/WC, andere dafür mehr Komfort und Seeblick. Deshalb variieren die Preise enorm. ❷–❹

Ivybank B&B, 15 Argyll Terrace, ✆ 01688-302250, ✉ ivybankband@msn.com. Eilidh Wilshire vermietet 2 günstige Zimmer in der Oberstadt. Unten ist das Bad im Zimmer, oben auf dem Flur. Dafür ist dort der Ausblick über den bunten Vorgarten und die Bucht besser. ⏲ März–Okt. ❷

Mishnish Hotel, Main Street (s. „Essen"). Wer selbst gerne lange im Pub sitzt, dem wird die Kneipe unten im Haus nichts ausmachen. Die Zimmer sind jedenfalls ordentlich renoviert. ❸–❹

Sunart View B&B, Eas Brae, ✆ 01688-302439, 🖳 www.sunartview.co.uk. Oberhalb des Taigh Solais stehen 3 Zimmer zur Auswahl. Die Zufahrt ist etwas holprig, dafür sind die Darlings sehr freundlich und das Haus sehr ruhig. Nebenan 2 weitere B&Bs. ❷

Tobermory Campsite, ✆ 01688-302624, 🖳 www.tobermory-campsite.co.uk. Der sympathische Campingplatz liegt an der Straße nach Dervaig – abends weiter Weg zum Pub. ⏰ April–Okt.

Tobermory Youth Hostel, Main Street, ✆ 01688-302481, 🖳 www.hostellingscotland. com. In puncto Lage ist das rosa gestrichene SYHA-Hostel an der Uferpromenade nicht zu toppen. Hier ist man mitten im Geschehen. ⏰ April–Okt. Dorm-Bett ab 16,75 £.

Außerhalb

Glengorm Castle, ✆ 01688-302321, 🖳 www. glengormcastle.co.uk, s. S. 545. Luxuriöse Zimmer im Haupthaus und komfortable Selbstversorger-Cottages, die über das ganze Anwesen verteilt sind, machen Glengorm zu einem sehr attraktiven Feriendomizil. ❺–❻, Ferien-Cottages 340–790 £/Woche.

Essen

Fishermen's Pier, kein Tel. Fish 'n' Chips-Bude auf dem Pier im Zentrum, die auch Jakobsmuscheln, Scampi und selbstgemachte Fischburger anbietet – authentisch, lecker und günstig. ⏰ Mo–Sa 12.30–21 Uhr.

Mishnish Hotel, Main Street, ✆ 01688-302009, 🖳 www.mishnish.co.uk. Traditioneller Hafen-pub mit gemischtem Publikum. Im Sommer viele Segler und Touristen, aber auch viele Einheimische. Das offene Kaminfeuer wärmt gut, und zum Pint gibt es solides *pub grub*. ⏰ tgl. 11–ca. 24 Uhr.

Tobermory Handmade Chocolate, Main Street, ✆ 01688-302595, 🖳 www.tobermorychocolate. co.uk. Selbstgemachte Pralinen in unendlichen Variationen sind das Markenzeichen des

---

Vom eigenen Boot auf den Teller

Am Fähranleger ist das **Café Fish**, The Pier, ✆ 01688-301253, 🖳 www.thecafefish.com, eines der besten Restaurants der Insel. Die Meeresfrüchte werden z. T. mit dem eigenen Boot angelandet. Dementsprechend frisch sind die Austern, Hummern und Krebse. Die *seafood platter* ist nicht unbedingt billig, dafür aber ein Gedicht, das eher an Frankreich als an die schottische Westküste erinnert. An warmen Abenden kann man dazu auf der Terrasse den herrlichen Blick über die Bucht genießen. Abends unbedingt reservieren! ⏰ tgl. 11–15, 18–21 Uhr (im Winter nur Mo–Sa).

extrem süßen Ladens. Dazu einen starken Espresso oder eine heiße Schokolade und der Tag sieht gleich viel besser aus – nichts für die Kalorienwaage. ⏰ tgl. 9.45–16.30 Uhr.

Unterhaltung

Feste

Mull Music Festival, Ende April: Jedes Jahr ein Wochenende voller Folkmusik in den Pubs des Städtchens und der Insel.

Mendelssohn on Mull Festival, 🖳 www.mull fest.org.uk, Ende Juni/Anfang Juli: Eine Woche lang klassische Musik, wobei der berühmte Komponist als einer der ersten Mull-Touristen als Aufhänger dient.

Theater

Mull Theatre, Druimfin, ✆ 01688-302828, 🖳 www.mulltheatre.com. Die Insel hat sogar ein eigenes Theater, das 2 km östlich von Tobermory am Aros Park angesiedelt ist. Zu sehen sind eigene Produktionen, aber auch Gastauftritte.

Sonstiges

Bootsausflüge

Sealife Surveys, ✆ 01588-302916, 🖳 www. sealifesurveys.com. Erfahrener Anbieter mit kurzen halbstündigen Trips durch die Bucht und Ganztagsausflügen zu den bevorzugten Tummelplätzen von Delfinen, Walen und Haien

---

Südwestliche Highlands und Innere Hebriden

in Richtung Äußere Hebriden. Alle Touren nur nach Reservierung. Ticketpreise variieren sehr stark von 6–60 £.

Informationen
Bei Redaktionsschluss sollte ein neues Touristenbüro im Taigh Solais aufmachen. Aktuelle Infos dazu im Craignure Visitor Centre (s. S. 544).

Wandern
Zwei nette Küstenwanderungen führen von der Destille nach Osten durch den Aros Park zum Mull Theatre sowie vom Fähranleger hinaus zum Tobermory Lighthouse.

Transport
Busse
4–6x tgl. verkehrt Buslinie 495 (Bowmans) von Tobermory über Salen zum Fähranleger nach CRAIGNURE (50 Min.). Linie 494 fährt Mo–Sa 2–4x tgl. von Tobermory über Dervaig nach CALGARY (50 Min.).

Schiffe
Vom Pier in Tobermory pendelt **CalMac**, 🖳 www.calmac.co.uk, Mo–Sa mehrfach tgl., Mai–Aug auch So, nach KILCHUAN (35 Min.) auf der Halbinsel Ardnamurchan. Tickets (einfach): Fußgänger 4,65 £, Autos 23,80 £, Fahrräder kostenlos. Reservierungen sind nicht möglich, deshalb frühzeitig am Anleger sein.

Der Westen von Mull

Von Tobermory beginnt die eigentliche Inselrundfahrt, die zur Westküste von Mull führt und auf den *single track roads* wesentlich mehr Zeit in Anspruch nehmen kann, als es auf den ersten Blick erscheint. Dafür lernt man die landschaftlichen Reize von Mull intensiv kennen und kann bei gutem Wetter einen Blick auf die umliegenden Inseln erheischen.

Von Dervaig bis Calgary Beach
Gleich in **Dervaig** trifft man auf ein erstes ungewöhnliches Gebäude, denn die Kilmore Church besitzt einen nadelförmigen Turm, wie er sonst

nur in Irland vorkommt. Die Kirche wurde aber erst Anfang des 20. Jhs. gebaut. Das **Old Byre Heritage Centre** östlich von Dervaig, 📞 01588-400229, 🖳 www.old-byre.co.uk, beschäftigt sich auf einer Farm (Old Byre = „alter Stall") mit dem Tierleben und der Geschichte Mulls; mit Tearoom. 🕐 April–Okt Mi–So 10.30–18.30 Uhr, Eintritt 4 £, erm. 3/2 £.

Weiter geht die Fahrt nach Westen zum **Calgary Farmhouse**, 📞 01688-400256, 🖳 www.calgary.co.uk, einem ehemaligen Hotel. Ungewöhnlich ist die angeschlossene **Carthouse Gallery** für Holzkunst. Vom Hotel blieb immerhin der Tearoom erhalten, mit Fairtrade-Kaffee sowie Käse von Mull. 🕐 tgl. 10.30–17 Uhr. Über den Holzskulpturenpfad „Art in Nature" gelangt man bis hinunter zum wunderbaren **Calgary Beach**.

Nun wird die schmale Piste sehr abenteuerlich und ist nichts für schwache Nerven. Westlich von Calgary Bay sind die flachen Inseln Coll und Tiree als letzte Außenposten vor dem offenen Atlantik auszumachen. Hinter dem kleinen Pass rückt das nächste Ziel, die Insel Ulva, ins Blickfeld. Ganz rechts sind im Rückspiegel die Vogelinseln der Treshnish Isles zu erkennen.

Gartenparadies zum Übernachten

Wenige Kilometer westlich der kleinen Fähre nach Ulva ist **Lip na Cloiche**, 📞 01688-500257, 🖳 www.lipnacloiche.co.uk, das private Gartenparadies von Lucy Mackenzie-Panizzon. Die unermüdliche Gärtnerin hat 32 Jahre in Italien gelebt und wollte unbedingt etwas von der dortigen Blütenpracht mit nach Mull bringen. In den letzten Jahren hat sie angesichts der offenen Küstenlage bereits Erstaunliches erreicht und ein kleines Gartenparadies erschaffen. Von Sonnenaufgang bis Sonnenuntergang ist kostenlos Zutritt. Und das Beste: Man kann hier auch übernachten, da es zwei sehr nett eingerichtete Zimmer gibt, darunter ein Einzelzimmer. Von Lip na Cloiche kann man bequem zum 1 km entfernten **Wasserfall Eas Fors** laufen, dessen Wassermassen sich an der Straße 30 m in die Tiefe stürzen. ❷

Ulva

Nur 16 Leute leben heute auf Ulva, nachdem es Mitte des 19. Jhs. noch 600 waren. Auch hier zwangen skrupellose Landlords die Bauern in die Emigration. Jahrzehntelang galt Ulva, 🖳 www.ulva.mull.com, quasi als verbotene Insel, doch heute stehen die Tore weit offen und es sind sogar mehrere kurze wie lange Wanderrouten ausgeschildert.

Für das Fährboot muss am Anleger ein rotes Schild offengelegt werden, schon kann die Erkundung beginnen. Vorbei am **Boathouse** (s. Kasten) befindet sich in **Sheila's Cottage** eine kleine Ausstellung zur Insel. Von hier aus starten die ausgeschilderten Wanderrouten über die Insel. Der **Farm Circuit** ist eine einstündige Runde, die Ulva House einmal umkreist. Auffällig ist, wie unterschiedlich die verschiedenen Inselteile sind, von kargen Abhängen bis zu dicht bewaldeten Teilen. Wenn man sich Eigg (s. S. 499), Gigha (s. S. 527) oder Easdale (s. S. 517) anschaut, weiß man, wie viel ungenutztes Potenzial für eine selbstständige Inselkommune hier noch schlummert.

Anfahrt mit der Ulva Ferry, kein Tel., Mo–Fr ca. 9–17 Uhr (Juni–Aug auch So), hin und zurück 5 £, erm 2 £.

Rund um Ben More

Südlich des Fjords Loch Keal windet sich die *single track road* weiter nach Westen. Unterhalb der **Dhiseig Farm** weisen die geparkten Autos zumeist unübersehbar darauf hin, dass hier der Aufstieg zum 966 m hohen **Ben More** beginnt, dem höchsten Berg von Mull und dem einzigen Insel-Munro südlich von Skye. Der überwiegend weglose und ziemlich anstrengende Anstieg geht im Prinzip gerade den Berg hinauf. Man sollte nur bei gutem Wetter und gut ausgerüstet aufbrechen. Der Hauptreiz der Besteigung liegt in dem atemberaubenden Ausblick, der an klaren Tagen von Jura im Süden über Argyll im Osten bis zum Ben Nevis im Norden und zu den Äußeren Hebriden im Westen reicht. Da ist jede Anstrengung im Nu vergessen (ca. 5–6 Std., Wanderkarte OS Landranger 48).

Die weitere Piste ist für Caravans nicht wirklich geeignet, weil sie teilweise zu schmal und kurvig ist. Dafür entschädigt die Küstenlandschaft ein ums andere Mal. Schließlich ist am Kopfende von Loch Scridain die A 849 erreicht, die Craignure mit Fionnphort an der Iona-Fähre verbindet.

Turus Mara, ℘ 01688-400297, 🖳 www.turus mara.com, bietet am Anleger der Ulva Ferry von April–Okt tgl. 2 Bootstouren an. So/Mo/Mi/Fr um 14 Uhr geht es auf einem vierstündigen Trip direkt nach Staffa (s. S. 549, 25 £, erm. 15 £). Wer morgens um 11/11.30 Uhr startet, kann auf Ganztagstouren Di/Do zusätzlich Iona besuchen (45/22,50 £) oder So/Mo/Di/Mi/Fr auch die Vogelinsel Lunga auf den Treshnish Isles 50/25 £.

Für die Busse zwischen Tobermory, Dervaig und Calgary s. S. 547. Ansonsten gibt es keine Busverbindungen!

Ross of Mull

30 km zieht sich die Halbinsel Ross of Mull nach Westen hinaus und nur wenige Abzweige gibt es von der einsamen *single track road*. In Penny-

Herzliche Atmosphäre am Ende der Insel

Gillian Cummins und Ali Holmes lassen ihre Gäste im **Staffa House**, Fionnphort, ☎ 01681-700677, 🖥 www.staffahouse.co.uk, von der ersten Sekunde an den Stress des Alltags vergessen. Nach einer kleinen Hausführung kann man die liebevoll eingerichteten Zimmer genießen, außerhalb der Saison das hervorragende Abendessen und morgens das exquisite Frühstück. Dazu gibt es Tipps für den Iona-Besuch, denn die beiden haben dort früher gearbeitet, bevor sie sich auf dem „Festland" angesiedelt haben. Neben ihrer Passion für perfekten Service und gutes Essen sind Gillian und Ali sehr umweltbewusst: Von Solarpfannen auf dem Dach über Ökowaschmittel bis zu Bio-Lebensmitteln und Fairtrade-Kaffee setzen sie anspruchsvolle Maßstäbe. Und abends sitzt man bequem in der Lounge und kann den Tag in Ruhe ausklingen lassen. ❷–❸

ghael lohnt der Abstecher nach **Carsaig** an die raue Südküste von Mull.

Weiter geht es nach Westen bis **Bunessan**, wo in der alten Bunessan Mill das **Tigh-na-Rois Visitor Centre** des Ross of Mull Heritage Centre, ☎ 01681-700659, 🖥 www.romhc.co.uk, die Geschichte der Halbinsel erzählt und Ahnenforschung für die Nachfahren der Auswanderer betreibt. ◷ April–Okt Mo–Fr 10–17 Uhr, Spende 1 £ erwünscht.

 Ein weiterer Abstecher nach Süden führt zur Bio-Farm und Weberei von **Ardalanish**, ☎ 01681-700265, 🖥 www.ardalanish.com. Aeneas und Minty MacKay halten mit der Weberei ein altes, vom Aussterben bedrohtes Gewerbe auf Mull am Leben. Ihr Öko-Label ist zudem wegweisend für eine umweltschonende Wollproduktion. Die MacKays zeigen auch gerne die Anlage, und natürlich gibt es einen kleinen Shop für die wolligen Erzeugnisse. Auf den Feldern rundum finden sich die schwarzen Hebriden-Schafe, deren Bio-Wolle hier u. a. verarbeitet wird.

Wenige Kilometer westlich ist der Fähranleger von **Fionnphort** erreicht, wo die Fähre nach Iona übersetzt und die Ausflugsboote nach Staffa ablegen.

Übernachtung und Essen

Fidden Farm Campsite, bei Fionnphort, ☎ 01681-700427. Einfacher Campingplatz südlich von Fionnphort in offener Lage auf einer Farm an der Küste. ◷ April–Okt.

 Seaview B&B, Fionnphort, ☎ 01681-700235, 🖥 www.iona-bed-breakfast-mull.com. Genau wie im Staffa House wird großer Wert auf umweltbewusstes Wohnen und Bio-Lebensmittel gelegt. Dazu kommen komfortable Zimmer und eine gemütliche Lounge. ❸

The Keel Row, Fionnphort, ☎ 01681-700458. Angesichts der hochklassigen B&Bs in Fionnphort überraschend einfacher Pub mit Hausmannskost. Der Laden steht seit einiger Zeit zum Verkauf, die Zukunft ist also ungewiss. ◷ tgl. 12–14.30, 18–20 Uhr.

Transport

Busse
Für Busse zwischen Craignure und Fionnphort s. S. 544.

Schiffe
Regelmäßig pendelt die kleine CalMac-Fähre von Fionnphort hinüber nach IONA (10 Min.). Gegen 18.30 Uhr werden die Bürgersteige allerdings hochgeklappt und Iona kann sich vom Tagestourismus erholen. Tickets (hin und zurück) 4,50 £.

Iona und Staffa

Seit fast 1500 Jahren gilt die kleine Insel Iona als eines der wichtigsten spirituellen Zentren Schottlands, was auf den irischen Missionar Columba und die heutigen Aktivitäten der Iona Community zurückgeht. Die Basalt-Insel Staffa ist hingegen ein wahres Naturwunder, das Musik in sich hat.

Iona

Trotz der vielen sommerlichen Touristen hat Iona (Gälisch für „Insel des Columba") nichts von seinem Hebriden-Charme am Rande des Atlantiks verloren: Smarte Cottages im Dorf, saftige grüne Marschwiesen, einige markante Erhebungen aus Lewis-Gneis und weiße Traumstrände machen das 5 km lange und bis zu 2 km breite Eiland zu einem sehr attraktiven Ziel. Als „Fairtrade Island" haben sich zudem immer mehr Insulaner einem ökologisch nachhaltigen Wirtschaften verpflichtet. Einschließlich der Iona Community leben hier rund 130 Menschen permanent, darunter viele junge Familien, sodass Iona eine sehr dynamische Insel ist.

Die Fähre gleitet von Fionnphort in zehn Minuten über den schmalen Sound of Iona. Zur Rechten liegt **Eilean nam Ban**, die „Insel der Frauen". Dem hl. Columba war die Nähe von Frauen suspekt und er verbannte sie auf dieses Mini-Eiland.

Schnell erreicht die Fähre Iona. Die schmucke kleine Cottage-Zeile der Inselsiedlung **Baile Mòr** wirkt fast wie am Mittelmeer. Die „Hauptstraße" führt durch das Dorf zu den stimmungsvollen Resten eines Nonnenklosters aus dem 13. Jh. Die **Nunnery** ist frei zugänglich. Etwas weiter stehen das keltische **Maclean's Cross** aus dem 15. Jh. und das freundliche **Heritage Centre**, ℡ 01681-700576, das sich mit dem Inselleben und der Emigration ab dem 18. Jh. beschäftigt. ⏲ April–Okt Mo–Sa 10.30–16.30 Uhr, Eintritt 2,80 £, erm. 1,80 £. Sehr einladend ist dabei der Tearoom mit seinen Tischen im Garten.

Iona Abbey

Die berühmte Iona Abbey, ℡ 01681-700512, 🖥 www.historic-scotland.gov.uk, liegt nördlich des Dorfes und ist ein überaus geschichtsträchtiger Ort. 563 kam ein irischer Adliger und Kirchenmann nach Iona. Er nannte sich Columba oder auf Gälisch *Colum Cille* („Die Taube"). Weil er in Irland in eine Fehde verstrickt gewesen war, die in einer blutigen Schlacht mit vielen Toten endete, verbannte er sich selbst. Er und seine Mönche missionierten in der Folge große Teile Schottlands. Dabei erlangten sie großen politischen Einfluss: In Dunadd krönte Columba König Aedán und bis ins 11. Jh. wurden die schottischen Könige auf Iona beigesetzt, angeblich auch Macbeth.

Diese erste Blütezeit beendeten die Wikinger, als sie die südlichen Hebriden in ihr Reich eingliederten. Erst im 13. Jh. erlangte Iona wieder Bedeutung als Wallfahrtsort mit einer Benediktinerabtei. Als diese während der Reformation geschlossen wurde, geriet die Insel wieder für über 300 Jahre in Vergessenheit. Unter dem 8. Herzog von Argyll begann Anfang des 20. Jhs. die Restaurierung.

Über die „Straße der Toten" geht es am Friedhof und der restaurierten **St Oran's Chapel** vorbei zur Kirche, vor der mehrere Keltenkreuze aufragen. Das sehr hohe **St Martin's Cross** stammt aus dem 8. Jh. Drinnen wartet das beeindruckende romanisch-gotische Hauptschiff der **Abteikirche** mit filigran verzierten Säulen und dem kunstfertigen Sarkophag des 8. Herzogs von Argyll. Im wunderbaren Kreuzgang sind historische Grabsteine an den Wänden aufgerichtet, und eine besonders sehenswerte Sammlung frühchristlicher Grabsteine und Keltenkreuze ist im angrenzenden **Infirmary Museum** ausgestellt. ⏲ April–Sep tgl. 9.30–17.30, Okt–März tgl. 9.30–16.30 Uhr (Abteikirche immer offen), Eintritt 4,70 £, erm. 3,80/2,80 £.

Rund um den Kreuzgang sind die Räumlichkeiten der **Iona Community**, ℡ 01681-700404, 🖥 www.iona.org.uk, angesiedelt. 1938 „entdeckte" Pfarrer George MacLeod aus Glasgow Govan (s. S. 247) die Insel für sich. Sein Ziel war, in Zeiten wirtschaftlicher und sozialer Not jungen Männern eine neue Perspektive zu geben und dabei „die Kirche" wieder näher an die Menschen zu bringen. Das Experiment nahm schnell eine eigene Dynamik an, das Kloster wurde wieder aufgebaut und schon bald kamen Neugierige aus aller Welt nach Iona. Auf der Insel gehören seither vor allem junge Leute, die zum Meditieren oder für eine Auszeit kommen, zum Alltagsbild. Die Iona Community engagierte sich in den 1970/80er-Jahren aber auch im Kampf gegen die Apartheid sowie heute in anderen Teilen Afrikas und Indiens.

Zum Inselgipfel

An schönen Tagen sollte man sich den nicht mal halbstündigen Ausflug auf Ionas höchsten „Gipfel" nicht entgehen lassen. **Dun Ì** ist nur

Einzigartiges Basalt-
Naturwunder: Fingal's Cave
auf Staffa

100 m hoch, bietet aber bei schönem Wetter einen atemberaubenden Ausblick über Iona hinweg in die Berge von Mull sowie nach Staffa, zu den Treshnish Isles und in der Ferne bis nach Tiree und Coll im Norden und Colonsay im Südosten – der ideale Ort für ein Picknick!

Von der Abtei geht es auf der Inselstraße rund 10 Min. nach Norden, dann dem Wegweiser zum Dun Ì folgend links über die Wiese und den Grashang hoch. Der Gipfel ist mit einem Cairn markiert und wurde während der Eisenzeit als Hügelfort genutzt.

Staffa

Wie Orgelpfeifen reihen sich die schwarzen Basaltsäulen aneinander, und fast schon mystisch ist der Eingang zur **Fingal's Cave**, wo die Brandung oft zu einem ohrenbetäubenden Orchester anschwillt – Staffa ist ein Naturspektakel, das bereits Felix Mendelssohn-Bartholdy auf seiner Schottlandreise 1829 zu seiner wuchtigen *Hebriden-Ouvertüre* angeregt haben soll. Der Komponist war während des Ausflugs allerdings die meiste Zeit seekrank. Für Theodor Fontane war der Besuch 30 Jahre später so überwältigend, dass er die Höhle mit einer „gotisch-phantastischen" Kirche verglich. Zuvor hatte William Turner die Höhle und die Insel malerisch verewigt.

Das außergewöhnliche Eiland, dessen Name im Alt-Norwegischen nichts anderes als „Stabinsel" bedeutet, wird je nach Wetterlage täglich von Fionnport und Ulva Ferry angesteuert. Unterwegs tauchen gelegentlich Delfine oder Wale auf, im Osten zieht das Bergpanorama von Mull vorbei und links von Staffa ragt die markante Insel Dutchman's Cap der Treshnish Isles tatsächlich wie ein Hut aus dem Wasser auf.

Auf Staffa selbst geht es vorsichtig über die Basaltsäulen in den Eingang der Fingal's Cave, wo man das Naturwunder bestaunen kann. Danach sollte man unbedingt noch das Grasplateau der Insel besteigen, um den Ausblick zu genießen und vielleicht einige Papageientaucher,

Tordalken, Trottellummen oder Raubmöwen zu entdecken. Seit 1986 wird die Wunderinsel vom National Trust for Scotland verwaltet.

Übernachtung und Essen

Eine Alternative zur Übernachtung auf Iona ist die Unterkunft in Fionnphort (s. S. 549) am gegenüberliegenden Ufer.
Argyll Hotel, Iona, ☎ 01681-700334, 🖳 www.argyllhoteliona.co.uk. Ansprechender Gasthof mit Biergarten in beneidenswerter Lage am Meer. Die gut eingerichteten Zimmer sind recht unterschiedlich, sodass man für Meerblick und diconco Bod/WC entsprechend mehr bezahlt. Auf den Tisch kommen viel Biogemüse aus dem eigenen Garten, selbst gebackenes Brot sowie Fairtrade-Produkte. Und bei alledem ist das Argyll sehr relax. ⏱ März–Okt, Küche tgl. 12.30–14, 19–20.30 Uhr. ❷–❹
Calva B&B, Iona, ☎ 01681-700340. Etwas nördlich der Abtei bieten die sehr netten Tindals von April–Okt 3 Zimmer an, von denen eines Meerblick hat. ❷
Iona Hostel, Iona, ☎ 01681-700781, 🖳 www.ionahostel.co.uk. Gut geführtes und super gelegenes Hostel am Nordende der Insel, das man vom Anleger nach ca. 30 Min. zu Fuß erreicht. Sehr stimmungsvoll. Dorm-Bett ab 19,50 £.

Ausflüge nach Staffa

Die **MB Iolaire of Iona**, ☎ 01681-700358, 🖳 www.staffatrips.co.uk, fährt je nach Wetterlage und Saison von Okt 1–2x tgl. von Fionnport (10/14 Uhr) und Iona hinaus nach Staffa. Skipper David ist sehr informativ. Bei den rund 3-stündigen Touren hat man auf Staffa rund 60–75 Min. Landgang. Von Fionnphort aus kann man sich mit dem Morgenboot auf der Rückfahrt direkt auf Iona absetzen lassen. Tickets 20 £, erm. 10 £.

Transport

Für die Iona-Fähre s. S. 549.

Äußere Hebriden, Orkney und Shetland

Stefan Loose Traveltipps

16 **Standing Stones of Callanish**
Der steinerne Prozessionsweg und der zentrale Kreis wirken geradezu magisch – ein beeindruckendes Monument der Steinzeit auf den Äußeren Hebriden. S. 562

South Harris Die strahlend weißen Traumstrände im Westen bilden einen umwerfenden Kontrast zur silbergrauen Gneislandschaft im Osten. S. 566

17 **Neolithisches Zentrum von Orkney**
Das Kammergrab von Maeshowe, der Ring of Brodgar und das Steinzeitdorf Skara Brae sind spektakuläre Zeugnisse einer 5000 Jahre alten Hochkultur. S. 579

Old Man of Hoy 137 m ragt die Felsnadel des Old Man of Hoy an der Steilküste von Hoy empor. Im Hintergrund beeindrucken die höchsten Klippen Großbritanniens. S. 593

Folkmusik live Orkney und Shetland sind bekannt für ihre lebendige Folkszene. Hochkarätige Festivals und Live-Sessions in den Pubs sorgen für musikalische Unterhaltung. S. 576 und S. 606

18 **Shetland** Eine dramatische Klippenküste, Zehntausende Papageientaucher, ein mysteriöser Broch, eine adrette Inselhauptstadt und kurze Sommernächte – Shetland lockt mit skandinavischem Flair. S. 598

Schottland ist ein Land am Rande des Atlantiks: Das wird nirgends deutlicher als auf den drei großen Inselgruppen im Westen und Norden, die von den Naturgewalten des Meeres weit stärker geprägt sind als jeder andere Landesteil. Die Äußeren Hebriden, Orkney und Shetland sind jeweils eine Welt für sich, auf denen sich regionale, religiöse, kulturelle und sprachliche Eigenheiten viel länger halten als anderswo. So wird auf den Äußeren Hebriden Gälisch noch als Alltagssprache genutzt und der Sonntag gilt vielerorts als heiliger Sabbat. Auf Orkney, und noch mehr auf Shetland, spürt man die Nähe zu Skandinavien sehr deutlich. Mit Inner und Südländer bestehen zudem auf ihrer Eigenständigkeit, auch gegenüber Schottland und der Regionalregierung in Edinburgh.

Die Inselwelt im äußersten Westen und Norden bietet eine ausgesprochen große Vielfalt an Sehenswürdigkeiten. Berühmt sind die Steinzeitfunde, die zu den bedeutendsten in ganz Europa zählen: Steinkreise, Hügelgräber und ganze Steinzeitsiedlungen zeugen von frühen Hochkulturen. Auf allen drei Inselgruppen blieben zudem die wehrhaften Türme (Brochs) aus der Eisenzeit erhalten, und auch die Wikinger haben ihre Spuren hinterlassen. Viele Ortsnamen haben eindeutig skandinavische Wurzeln.

Wirtschaftlich zeigen sich große Unterschiede zwischen den Inseln im Westen und Norden. Während auf den Äußeren Hebriden die traditionelle Tweed-Industrie nach wie vor zu den wichtigsten Arbeitgebern zählt und manche Eilande noch immer von Auswanderung bedroht sind, haben die Ölfunde Orkney und vor allem Shetland zu den reichsten Kommunen Großbritanniens gemacht.

Die exponierte Lage macht die Inseln zu einem Eldorado für Vogelliebhaber. Die oftmals spektakuläre Klippenküste ist ideal für seltene Vogelarten. Vor allem Shetland ist für seine Papageientaucher-, Basstölpel-, Trottellummen- und Tordalkenkolonien berühmt. Orkney besitzt auf der Isle of Hoy die höchsten Seeklippen Großbritanniens, ein wichtiges Rückzugsgebiet für Raubmöwen. Die Äußeren Hebriden sind darüber hinaus für ihre weißen Traumstrände bekannt, die im Sonnenschein geradezu golden leuchten.

Und noch etwas ist den Äußeren Hebriden, Orkney und Shetland gemeinsam: der deutlich spürbare Wechsel der Jahreszeiten. Im Norden sind die Winter lang, rau und stürmisch. Doch das Frühjahr und der Sommer lassen die Inselkommunen richtig aufleben. Selbst um Mitternacht ist am nördlichen Horizont noch ein heller Lichtstreifen zu erkennen, die Marschwiesen sind mit einem Blumenteppich übersät und die Klippen hallen vom Geschrei der Seevögel wider.

Frühjahr und Sommer sind auch die Jahreszeiten für hochkarätige Festivals, darunter erstklassige Folkmusik-Events. Einige der bekanntesten schottischen Folkmusiker kommen von den Inseln, und Shetland ist für seine Fiddle-Virtuosen berühmt. In vielen Pubs sind die Live-Sessions im Sommer eine gute Gelegenheit, um auch den musikalischen Reichtum der Inseln zu genießen.

Die Äußeren Hebriden

Wie eine lange Perlenschnur ziehen sich weit draußen vor der schottischen Westküste die Äußeren Hebriden vom Butt of Lewis im Norden hinunter zu den menschenleeren Eilanden Mingulay und Berneray. Kein Wunder, dass die Inselkette auch als „Long Island" bekannt ist. Die **Wikinger**, die hier 400 Jahre lang die Kontrolle ausübten, nannten die Hebriden sehr treffend *Hav-bred-ey*, „Inseln am Rande des Meeres". Für die Festlandschotten handelte es sich hingegen um *Innse Gall*, die „Inseln der Fremden". Später bürgerte sich aufgrund der geografischen Lage der noch heute gebräuchliche Begriff „Western Isles" ein. Zugleich ist das Gälische wieder auf dem Vormarsch und so heißen die Äußeren Hebriden heute offiziell Na h-Eileanan an Iar.

Die unterschiedlichen Namen deuten schon auf die zahlreichen Einflüsse, die das Leben auf den Äußeren Hebriden geprägt haben. Die schottische Krone errang erst spät die Kontrolle über diese abgelegene Inselkette, die durch die oftmals aufgewühlte Wasserstraße des Minch vom Festland getrennt wird. 1266 hatte der norwegische König Magnus VI. die Äußeren Hebriden im **Vertrag von Perth** an Schottland abtreten müssen, doch danach übernahmen die **Lord of the Isles** (s. S. 83) bis 1493 das Kommando. Im Anschluss daran waren die **MacLeods** für lange Zeit die dominierende Macht, bevor die Inseln langsam in das Privateigentum diverser Landbesitzer übergingen. So waren auch die Äußeren Hebriden im 19. Jh. von **Vertreibungen** betroffen, da die Gutsbesitzer aus ihren Gütern das Maximum an Profit herausholen wollten. Deshalb gab es immer wieder Protestaktionen der Bauern und Landarbeiter, an die mehrere Denkmäler erinnern.

Eine der schillerndsten Figuren war der Seifenfabrikant **Lord Leverhulme**, der Begründer des Unilever-Konzerns. Er kaufte gegen Ende des Ersten Weltkriegs Lewis und Harris und hatte weitreichende Pläne für eine wirtschaftliche und soziale Modernisierung. Schon 1924 gab er jedoch auf, ein Jahr später starb er. Als Abschiedsgabe schenkte er Stornoway und Umgebung seinen Bewohnern. Auch der Fährhafen von Leverburgh in South Harris erinnert an den Multimillionär. In letzter Zeit wurden immer mehr Landgüter von den Bewohnern aufgekauft, was genau wie auf dem Festland eine neue Dynamik ausgelöst hat.

Die Abgeschiedenheit der Inseln hat dazu geführt, dass sich hier das Gälische und die strikteste Form des **Presbyterianismus** am längsten halten konnten. Es ist noch nicht lange her, da kam das öffentliche Leben am Sonntag vollkommen zum Stillstand, es fuhr keine Fähre und Restaurants hatten am Sabbat nicht geöffnet. Trotz starker Proteste vor Ort weichen die alten Sabbat-Regeln jedoch immer weiter auf. So gibt es inzwischen eine Sonntagsfähre nach Stornoway. Doch der Sabbat ist noch immer ein sehr ruhiger Tag, an dem keine Busse verkehren, die Museen geschlossen sind und keine Veranstaltungen stattfinden. Nicht alle Gastgeber mögen zudem, wenn man am Sonntag an- oder abreist. Ebenfalls besonders ist, dass South Uist und Barra zwei letzte katholische Überbleibsel sind, an denen die Reformation nahezu spurlos vorübergegangen ist.

Die Inseln zerfallen in zwei große Hauptblöcke: Im Norden formen **Lewis und Harris** die Hauptinsel, wo knapp 20 000 der 26 500 Insulaner wohnen. Interessant ist, dass ein und dieselbe

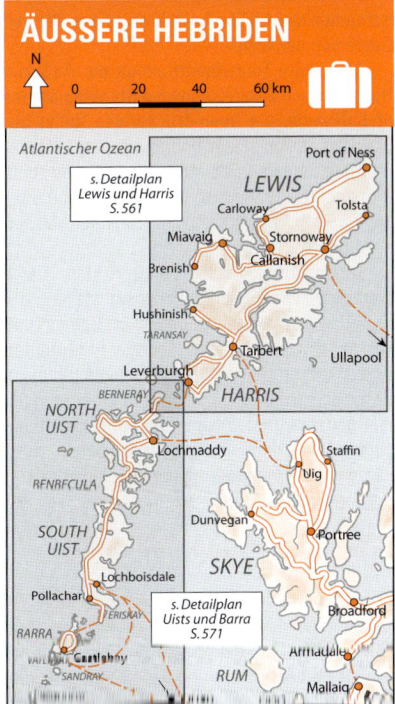

Insel zwei Namen hat: Das von Mooren geprägte Lewis und das gebirgige Harris wurden auch verwaltungstechnisch lange Zeit getrennt verwaltet. Im Süden sind die Inseln **Berneray**, **North Uist**, **Benbecula**, **South Uist** und **Eriskay** im Laufe der letzten Jahrzehnte durch Fahrdämme miteinander verbunden worden. Diese Inselkette liegt wie eine reptilartige Wirbelsäule im Atlantik. Die südlichste bewohnte Insel ist **Barra**.

Ein absolutes Highlight sind die blendend weißen Sandstrände und das türkisfarbene Meerwasser. Auf den Äußeren Hebriden kann man das Vergnügen oftmals ganz allein genießen. Die kilometerlangen Traumstrände sind ein Grund, dass auf Harris die Einrichtung von Schottlands drittem Nationalpark geplant ist. Ein weiterer Grund ist der augenfällige Kontrast zwischen den grandiosen Stränden im Westen und der vom Lewis-Gneis geprägten „Mondlandschaft" im Osten. Der silbergraue Gneis gehört

Äußere Hebriden, Orkney und Shetland

mit seinen drei Milliarden Jahren zu den ältesten Gesteinen der Welt.

Die größte Touristenattraktion der Äußeren Hebriden sind zweifelsohne die **Standing Stones of Callanish**, ein beeindruckendes Relikt der Steinzeit, das in seiner Vollzähligkeit und Unberührtheit Stonehenge weit in den Schatten stellt. Und auch hier kann man das wundersame Bauwerk ganz in Ruhe abseits touristischer Massen bewundern.

Sehr treffend fasst eine gern kolportierte Anekdote die entspannte Lebenseinstellung der Hebriden-Bewohner zusammen: Ein Spanier und ein gälischsprechender Hebride unterhielten sich. Der Spanier fragte den Insulaner, ob es im Gälischen auch ein Wort für *mañana, mañana* (morgen, morgen …) gäbe. Der Angesprochene dachte lange nach und antwortete dann: „Nein, für so etwas Dringendes haben wir kein Wort."

Stornoway (Steòrnabhagh)

Der Hauptort der Äußeren Hebriden liegt auf Lewis im Norden der Insel. Stornoway (ca. 8000 Einwohner) ist Sitz der Inselverwaltung, einer der wichtigsten Fährhäfen und die einzige wirkliche Stadt der Inselgruppe. Das lebendige Zentrum bietet sich mit vielen Geschäften, Unterkünften, Cafés, Restaurants und Kneipen als Standquartier für die Erkundung von Lewis an. Aufgrund der eher geschützten Lage an der Ostküste von Lewis ist Stornoway auch klimatisch durchaus angenehm.

Der Ort entstand rund um den Hafen und erhielt 1607 Stadtrechte. An die Boomjahre als Heringshafen erinnern nur noch einige Skulpturen entlang der Kaimauern, welche die *herring girls* bei der Arbeit zeigen. Hauptanlaufstelle ist das **Museum nan Eilean**, Francis Street, ✆ 01851-709266, 🖥 www.cne-siar.gov.uk/museum/storno way. Die Dauerausstellung ist relativ klein, was u. a. daran liegt, dass viele der wichtigsten Funde entweder in Edinburgh im Nationalmuseum oder in London zu sehen sind. Aber die Geschichte der Hebriden und Stornoways wird übersichtlich dargestellt und der Rundgang lohnt sich. ◷ April–Sep Mo–Sa 10–17.30, Okt–März Di–Fr 10–17, Sa 10–13 Uhr, Eintritt frei.

Ebenfalls einen Besuch wert ist das moderne und anspruchsvolle Veranstaltungs- und Kulturzentrum **An Lanntair**, Kenneth Street, ✆ 01851-703307, 🖥 www.lanntair.com. Ausstellungen, Kino, Theater, Konzerte und ein beliebtes Café-Restaurant (s. unten) machen „Die Laterne" zu einem Mittelpunkt des sozialen Lebens in Stornoway.

Sehr reizvoll ist **Lews Park** auf der anderen Seite der Hafenbucht. Das bedeutendste Waldgebiet der Äußeren Hebriden wurde Mitte des 19. Jhs. vom damaligen Besitzer der Insel, Sir James Matheson, rund um seinen Herrensitz **Lews Castle** angelegt. Die hohen Bäume bieten einen willkommenen Kontrast zum kargen Hinterland. Für Stornoway ist der Park ein perfektes Naherholungsgebiet. Das **Woodlands Centre**, ✆ 01851-706916, 🖥 www.lewscastlegrounds. org.uk, erläutert nicht nur die Geschichte von Castle und Park, sondern bietet Spaziergängern auch ein beliebtes Café. ◷ Mo–Sa 10–17 Uhr, Eintritt frei.

Übernachtung und Essen

An Lanntair, Kenneth Street, s. oben. Das Kulturzentrum verfügt über ein relaxtes Café, wo der Kaffee umsonst nachgeschenkt wird. Das Restaurant ist schon mittags sehr beliebt, denn die Küche ist gut und die große Glasfront ermöglicht einen Blick hinaus auf den Fährhafen. ◷ Restaurant Mo–Sa 12–14.30, 17.30–20.30, Café Mo–Sa ca. 10–21 Uhr.
Fernlea Guest House, 9 Matheson Road, ✆ 01851-702125, 🖥 www.fernlea-guesthouse. co.uk. Die schöne alte viktorianische Doppelhaushälfte ist eine sehr einladende Pension. Gastgeber Derek McPherson sorgt für eine angenehme Atmosphäre und hohen Standard. Nach Vorbestellung auch Abendessen. ❸
€ **Heb Hostel**, 25 Kenneth Street, ✆ 01851-709889, 🖥 www.hebhostel.com. Gemütliches und lockeres Hostel im Stadtzentrum. Die Zimmer und die Küche sind recht klein, dafür sind die Betten bequem und die Duschen super. Frühstück zum Selbermachen ist im Preis inbegriffen, und es gibt Computer mit Internetzugang. Dorm-Bett ab 16 £.
Hebridean Guest House, 61 Bayhead Street, ✆ 01851-702268, 🖥 www.hebrideanguesthouse.

Stornoway

N
0 100 200 300 400 500 m

Übernachtung:
1. Laxdale Holiday Park
2. Hebridean Guest House
3. The Royal Hotel
4. Ferniea Guest House
5. Heb Hostel
6. Park Guest House

Essen:
1. The Royal Hotel
2. Stornoway Balti House
3. An Lanntair
4. Park Guest House

Lews Park

Lews Castle College

Woodlands Centre

Lews Castle

Callanish, Harris

Macaulay St.

Torquil Terrace
Butt of Lewis, Arnol

Westview Terrace

Kennedy Terrace

Jamieso

Stag Rd.

Leverthulme Dr.

Balmerino Dr.

Edinburgh

Mackenzie Rd.

Bayhead

New St.

Plantation Rd.

Robertson Rd.

Goathill Cr.

Goathill Rd.

Churchill Drive

Matheson Rd.

Scotland St.

Kell St.

Smith Ave.

Cromwell St.

Kenneth St.

POLIZEI
Church St.

Lewis St.

Springfield Rd.

SPORTCENTER UND
SCHWIMMBAD

Stornoway
Public Library

Museum nan Eilean

Francis St.

Sandwick Rd.

North Beach
Point St.
South Beach

An Lanntair

Garden Rd.

James St.

Shell St.

Ferry Rd.

Islay Rd.

Rigis Rd.

Bells Rd.

Newton St.

Inaclete Rd.

Ullapool

Transport:
1. Lewis Car Rentals
2. Bus Station
3. Fährenterminal

Sonstiges:
1. Lewis Loom Centre
2. Alex Dans Cycle Centre

co.uk. Ein solides Stadthaus mit freundlichen Zimmern gegenüber vom Parkzugang. ❸
Laxdale Holiday Park, 6 Laxdale Lane, ✆ 01851-706966, 🖥 www.laxdaleholidaypark.com. Am nördlichen Stadtrand bietet der Ferienpark an der Ausfallstraße zum Butt of Lewis sowohl Campmöglichkeiten wie auch Bunkhouse-Unterkunft. Die Schlafräume haben allerdings kein Fenster, dafür gibt es eine nette Lounge. Zusätzlich werden Caravans und

ein Bungalow an Selbstversorger vermietet. Ins Stadtzentrum fahren regelmäßig Busse. ⏲ März–Okt. Dorm-Bett ab 14 £, Caravans/Bungalow 250–500 £/Woche.
Park Guest House, 30 James Street, ✆ 01851-702485, ✆ www.theparkguesthouse.co.uk. Eines der besten Restaurants der Stadt. Catherine und Roddy Afrin legen Wert auf Qualität und servieren im Wintergarten anspruchsvolle Küche. Vergleichsweise

günstig sind die Early-Bird-Menüs bis 18.30 Uhr; nur Abendessen. Die gute Küche fängt aber schon beim leckeren Frühstück an. Wer mehr als eine Nacht bleibt, erhält einen Preisnachlass. ⏲ Küche Di–Sa 17–20.45 Uhr. ❸

Stornoway Balti House, 24 South Beach Street, ☎ 01851-706116. Vielleicht nicht der stimmungsvollste Inder in Schottland, aber gute und günstige Küche am Fährhafen. Abends ist es oftmals voll, vor allem am Sonntag. ⏲ Küche tgl. 12–14, 17–23 Uhr.

The Royal Hotel, Cromwell Street, ☎ 01851-702109, 🖥 www.royalstornoway.co.uk. Am alten Hafenkai, der heute als Pier benutzt wird, unmittelbar gegenüber vom Lews Park in perfekter Lage. Im Erdgeschoss gibt es ein gutes Restaurant und ein beliebtes Café. The Boatshed ist etwas formaler, während das moderne HS1 relaxt ist und auch viele Einheimische zum Kaffee und Mittagessen anlockt. Keine Sonntagsruhe! Oben sollte man sich ein Zimmer mit Parkblick gönnen. ⏲ Küche tgl. 12–16, 17–21 Uhr. ❹

Aktivitäten

Rad fahren

Von Stornoway aus kann man den Norden und Westen der Insel gut erkunden und dabei evtl. ein oder zwei Übernachtungen einlegen, wenn man nicht so lange Strecken zurücklegen möchte. Radverleih und Service bietet **Alex Dans Cycle Centre**, 67 Kenneth Street, ☎ 01851-704025. 1/24 Std. für 4/15 £, 1 Woche für 45 £ (inkl. Helm und Werkzeug). Satteltaschen werden für 3 £/Stück verliehen. Am besten vorher telefonisch reservieren. ⏲ Mo–Fr 9–18, Sa 9–17 Uhr.

Surfen

Surf Lewis, ☎ 07920-427194, 🖥 www.surflewis.co.uk. Surfkurse für Anfänger und Fortgeschrittene an diversen Stränden rund um die Insel. 2 1/2 Std. kosten 35 £; unbedingt telefonisch reservieren.

Sonstiges

Autovermietungen

Lewis Car Rentals, Bayhead Street, ☎ 01851-703760, 🖥 www.lewis-car-rental.com.

In der Hochsaison sollte man besser mehrere Wochen im Voraus reservieren, dafür wird man auch am Flugplatz und am Fähranleger abgeholt (sogar sonntags). Ab ca. 37 £/Tag, ab 3 Tagen rund 20 % Ermäßigung. ⏲ Mo–Sa 9–18 Uhr.

Einkaufen

Lewis Loom Centre, 3 Bayhead, ☎ 01851-704500. In dem wie ein Secondhand-Laden im Hinterhof gelegenen Tweed-Shop werden Meterware, Jackets, Joppen und Handschuhe aus Harris Tweed angeboten. Hier hat das 21. Jh. definitiv noch nicht begonnen. ⏲ Mo–Sa 9.00–17.00 Uhr.

Feste

Hebridean Celtic Festival, Juli, 🖥 www.hebceltfest.com: 4 Tage lang verwandelt sich Lews Park in eine Open-Air-Bühne für heiße „Kelten"-Sounds. Ein Spektakel, das die bekanntesten Namen der Folkszene nach Stornoway lockt. Zu Gast waren schon Runrig, The Poozies und die Blazin' Fiddles. Gigs auch im An Lanntair.

Informationen

Stornoway VisitScotland Information Centre, 26 Cromwell Street, ☎ 01851-703088, 🖥 www.visithebrides.com. Die einzige Touristeninformation auf Lewis und die einzige ganzjährig geöffnete Filiale auf dem gesamten Äußeren Hebriden bucht Unterkünfte auf dem gesamten Archipel. Außerdem Buchung von Ausflügen, z. B. mit Seatrek (s. S. 564). ⏲ Ostern–Mitte Juni, Sep–Mitte Okt Mo–Sa 9–18 Uhr, Mitte Juni–Aug Mo–Di, Do, Sa 9–18, Mi/Fr 9–20 Uhr, Mitte Okt–Ostern Mo–Fr 9–17 Uhr.

Internet

Stornoway Public Library, 19 Cromwell Street, ☎ 01851-708631. Kostenloser Internetzugang und ein freundliches Café in der Fußgängerzone. ⏲ Mo–Mi, Sa 10–17, Do–Fr 10–18 Uhr.

Transport

Busse

Die **Bus Station**, ☎ 01851-704327, in Stornoway liegt direkt am Fähranleger.

Hier laufen alle wichtigen Linien zusammen. Die Busse verkehren generell nur Mo–Sa! CALLANISH, mit Linie W2 im Kreis über Arnol, Shawbost, Carloway und von Callanish zurück nach Stornoway, Mo–Sa, 3x tgl., komplette Runde ca. 2 Std.; in umgekehrter Richtung Stornoway–Callanish 30 Min. PORT OF NESS, mit Linie W1 Mo–Sa 6–10x tgl., 1 Std. TARBERT/LEVERBURGH, mit Linie W10 Mo–Sa 5x tgl. nach Harris zum Fähranleger von Tarbert (1 Std.) und 3x tgl. weiter zum Fähranleger nach Leverburgh (2 Std.). UIG, mit Linie W4 Mo–Sa 2–3x tgl., 1 1/4 Std.

Schiffe

Caledonian MacBrayne, 🖥 www.calmac.co.uk, steuert Stornoway 1–3x tgl. von ULLAPOOL aus an, seit einigen Jahren auch sonntags. Die Fähren benötigen rund 2 3/4 Std. für die Passage über den Minch. Tickets (einfach): 7,85 £ (Fußgänger), 39,50 £ (Autos), Fahrräder kostenlos.

Flüge

Stornoway Airport, ✆ 01851-707400, 🖥 www.hial.co.uk/stornoway-airport, liegt am östlichen Stadtrand.
Flybe/Loganair, 🖥 www.flybe.com, fliegt nach: EDINBURGH, 1–2x tgl., 1 1/4 Std., one-way ab ca. 70 £.
GLASGOW, 1–3x tgl., 1 Std., ab ca. 70 £.
INVERNESS, 1–4x tgl., 3/4 Std., ab ca. 50 £.
Eastern Airways, 🖥 www.easternairways.com, verbindet Stornaway mit ABERDEEN (Mo–Fr 1x tgl., 1 Std., ab ca. 130 £).

Zum Butt of Lewis

Von Stornoway zieht sich die A 857 durch einsames Moorland nach Norden. Das Inselinnere ist sehr unwirtlich und völlig unbewohnt. In **Barvas** ist die Westküste erreicht und von nun an säumen kleine Streusiedlungen den weiteren Weg zur Nordspitze von Lewis. Die gesamte Gegend wird vom Galson Trust verwaltet, seit die Anwohner diese Inselregion aufgekauft haben.

Auf einem Feld westlich der A 857 steht der rund 6 m hohe Menhir von **Clach an Truiseil**, angeblich der größte seiner Art in Großbritannien. Diente er den Küstenschiffern zur Orientierung, oder gab es in der Nähe eine Siedlung? Die Relikte der Steinzeit lassen viele Fragen offen.

Die Straße endet in **Port of Ness (Port Nis)**, einer charmanten Siedlung mit kleinem Hafen, einer Galerie und einem Restaurant. Nach Westen zu führt eine Stichstraße durch mehrere weitere Siedlungen nach **Eoropie**, das einen schönen Sandstrand, der auch von Surfern gerne genutzt wird, sowie einen Tearoom zu bieten hat. Anstatt die Straße zum Leuchtturm am **Butt of Lewis (Rubha Robhanais)** zu nehmen, empfiehlt sich bei schönem Wetter vom Strand in Eoropie der sehr verlockende, rund 3 km lange Küstenspaziergang zur Nordspitze der Äußeren Hebriden. Die Wellen brechen sich an den Klippen, gelegentlich kann man Delfine oder sogar Haie beobachten, während am Horizont der 1862 mit roten Ziegelsteinen erbaute Leuchtturm immer näher rückt.

Übernachtung und Essen

Loch Beag B&B, 19 Fivepenny Ness, ✆ 01851-810405, 🖥 www.lochbeag.co.uk. 2 Zimmer in günstiger Lage unweit des Butt of Lewis und des Strands von Eoropie. Die Busse aus Stornoway halten bei Bedarf direkt vor der Haustür. Die Zimmer sind nett eingerichtet und die Gastgeberin ist sehr freundlich. Nach Vorbestellung auch Abendessen und Lunchpakete. ❷
Port Beach House, Port of Ness, ✆ 01851-810000. Oberhalb vom Hafen gibt es mittags einfachere Gerichte wie Ciabatta, Fish 'n' Chips und Omelette, während es abends anspruchsvoller zugeht. Dementsprechend nicht ganz billig. ⏰ Küche Di–Sa 12–21 Uhr.

Einkaufen

Borgh Pottery, Fivepenny House, Borgh, ✆ 01851-850345, 🖥 www.borghpottery.com. Schön gelegene Töpferei auf dem Weg zwischen Barvas und Port Ness. Sue und Alex Blair verkaufen selbstgemachte Designs und haben einen herrlichen kleinen Garten angelegt. ⏰ Mo–Sa 9.30–18 Uhr.

Buslinie W1 verkehrt Mo–Sa 6–10x tgl. von STORNOWAY nach Port of Ness (1 Std.). Der nächste Haltepunkt für Butt of Lewis ist das 3 km entfernte Eoropie.

Von Barvas nach Callanish

Die Westküste zwischen Barvas und Callanish ermöglicht eine kurzweilige Zeitreise zurück in die Steinzeit: Angefangen mit dem traditionellen Blackhouse in Arnol und der Blackhouse-Siedlung von Garenin geht es 2000 Jahre zurück zum Broch von Carloway und nochmals 2600–2900 Jahre bis zu den faszinierenden Standing Stones of Callanish, einem der großartigsten Zeugnisse einer steinzeitlichen Hochkultur.

Arnol Blackhouse und Norse Mill

Über Jahrhunderte änderte sich die Wohnform auf den Hebriden kaum. Angelehnt an die Langhäuser der Wikinger bauten die Insulaner lang gestreckte, reetgedeckte Häuser, manchmal wurden noch ein Stall oder eine Werkstatt angefügt, doch man lebte dicht gedrängt rund um das zentrale Torffeuer, das den gesamten Wohnbereich mit Qualm verrußte, weil kein Kamin vorhanden war. Auch Licht gab es in den bäuerlichen Wohnungen kaum, sodass man sich ein solches Leben nicht sehr romantisch vorstellen sollte.

Das **Arnol Blackhouse**, 42 Arnol, ✆ 01851-710395, 🖥 www.historic-scotland.gov.uk, ist ein sehr gut erhaltenes Beispiel für diesen Haustyp. In den 1880er-Jahren erbaut, war es bereits eines der letzten seiner Art. Als es 1966 verlassen wurde, war die alte Lebenswelt bereits untergegangen. Selbst die moderneren, verputzten *white houses* waren zu diesem Zeitpunkt schon aus der Mode. Auf der gegenüberliegenden Straßenseite steht ein solches Haus von 1930 ebenfalls verlassen. ⏰ April–Sep Mo–Sa 9.30–17.30 Uhr, Eintritt 2,50 £, erm. 2/1,50 £.

Wenige Kilometer südlich weist ein Schild an einem kleinen Loch zur **Norse Mill**. Ein knapp fünfminütiger Fußweg führt zu dem reetgedeckten Mühlhäuschen und der Getreidedarre, die

restauriert wurden. Der Name ist eigentlich völlig irreführend, denn es handelt sich nicht etwa um eine Mühle aus der Wikingerzeit, vielmehr wurde der Typ dieser Kleinmühlen so genannt, auch wenn die Technik eigentlich aus Irland oder vielleicht sogar aus dem Mittelmeerraum stammte.

Garenin Blackhouse Village

Blieb in Arnol ein einziges Blackhouse erhalten, so hat man in **Garenin (Na Geàrrannan)** gleich ein ganzes Dorf rekonstruiert und vor dem Verfall gerettet. Vom Abzweig der A 858 in Carloway geht es hinunter zur Küste. Dicht an dicht schmiegen sich die reetgedeckten Cottages, die in der zweiten Hälfte des 19. Jhs. entstanden. 1904 gab es 84 Schulkinder in Garenin, doch 70 Jahre später lebten nur noch fünf alte Leute in den Häusern und wurden schließlich umgesiedelt. Seit 1991 hat der Garenin Trust die Renovierung organisiert, nachdem die gesamte Siedlung unter Denkmalschutz gestellt worden war. Ein Café, ein kleines Museum, ein Hostel und mehrere Ferienwohnungen stehen Touristen zur Verfügung. Ein Wanderweg führt über die Gneis-Felsen an der Küste entlang nach Norden. Das ganze Ensemble ist extrem stimmungsvoll. Café und Museum: ✆ 01851-643416, 🖥 www.gearrannan.com, ⏰ April–Sep Mo–Sa 9.30–17.30 Uhr, Eintritt Dorf/Museum 2,50 £, erm. 2,10 £ (außerhalb der Öffnungszeiten freier Zugang zum Dorf).

Dun Carloway (Dun Charlabhaigh)

Vor 2000 Jahren war die bevorzugte Wohnform im Norden und Westen Schottlands offensichtlich der an einen Kühlturm erinnernde Broch. **Dun Carloway** südlich von Garenin ist ein typisches Beispiel für einen eisenzeitlichen Broch und auf einer Seite noch sehr gut erhalten. Die bis zu 9 m hohe Außenwand ragt malerisch über einem Abhang empor und verdeutlicht die strategisch günstige Lage. Bis ins 16. Jh. scheint der Wohn-/Wehrturm ziemlich vollständig gewesen zu sein, denn bei einer Fehde zwischen den Morrisons und MacAulay verschanzten sich Erstere im Broch. Doch Donald Cam MacAulay warf oben Feuer hinein und zwang die Morrisons so, herauszukommen, „um sich ihrem Schicksal zu stellen", wie es am Zugang in dem kleinen Be-

N

0   10   20 km

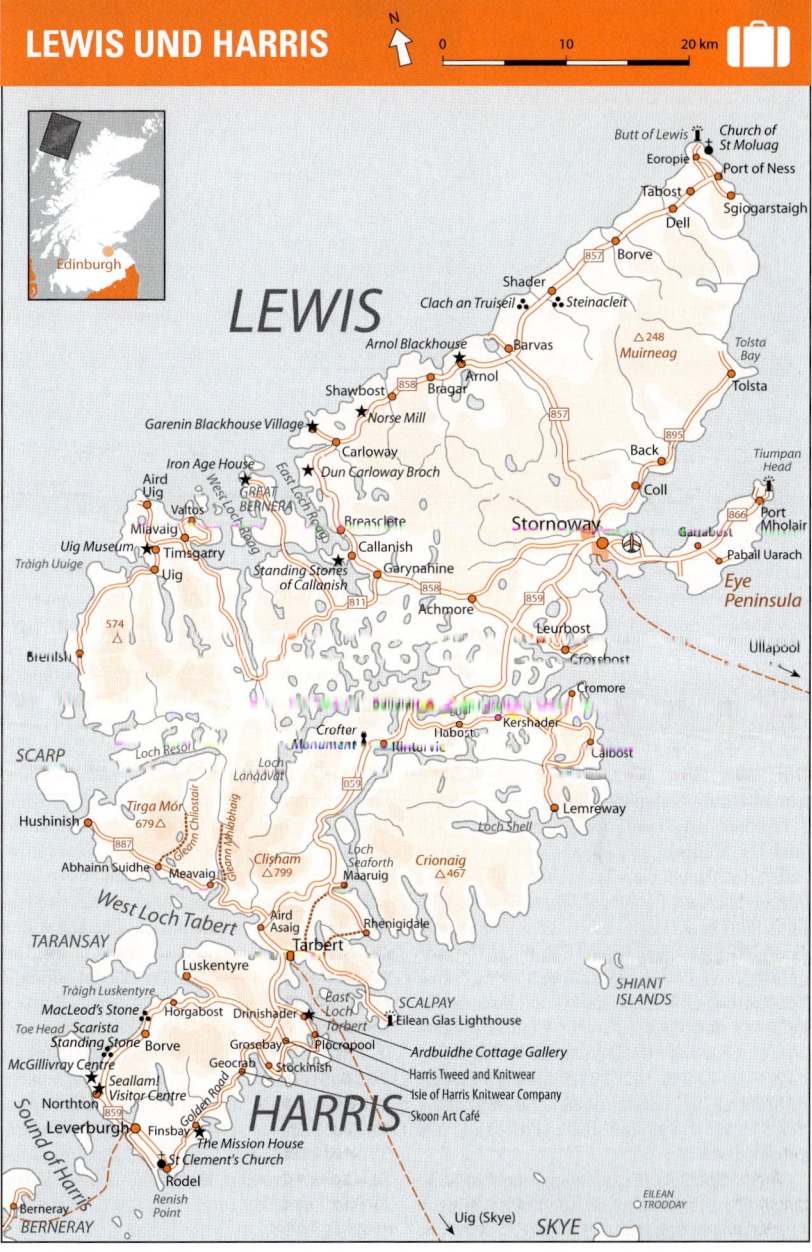

Edinburgh

LEWIS

Butt of Lewis
Church of
St Moluag
Eoropie
Port of Ness
Tabost
Sgiogarstaigh
Dell
857
Borve
Shader
Clach an Truiseil
Steinacleit
Arnol Blackhouse
Barvas
△ 248
Muirneag
Tolsta
Bay
Arnol
Shawbost
858
Bràgar
857
Tolsta
Norse Mill
Garenin Blackhouse Village
Carloway
895
Iron Age House
Dun Carloway Broch
Back
Tiumpan
Head
Aird
Uig
GREAT
BERNERA
East Loch Roag
Coll
866
Port
Mholair
Valtos
Breasclete
Stornoway
Garrabost
Miavaig
Uig Museum
Timsgarry
Callanish
Paball Uarach
Tràigh Uuige
Uig
Standing Stones
of Callanish
Garynahine
858
Eye
Peninsula
811
Achmore
859
574
△
Leurbost
Brenish
Crossbost
Ullapool
West Loch Roag
Cromore
Crofter
Monument
Kershader
SCARP
Loch
Lanàdval
Hinturvic
Habost
059
Caibost
Loch Reasol
Loch
Lanàdval
Tirga Mór
679 △
Lemreway
Hushinish
Gleann Chliostair
Loch Shell
887
Abhainn Suidhe
Meavaig
Clisham
△799
Loch
Seaforth
Crionaig
△467
West Loch Tabert
Maaruig
TARANSAY
Aird
Asaig
Rhenigidale
Tàrbert
Luskentyre
SHIANT
ISLANDS
Tràigh Luskentyre
East
Loch
Tàrbert
SCALPAY
MacLeod's Stone
Horgabost
Drinishader
Eilean Glas Lighthouse
Toe Head
Scarista
Standing Stone
Borve
Grosebay
Plocrapool
Ardbuidhe Cottage Gallery
McGillivray Centre
Geocrab
Stockinish
Harris Tweed and Knitwear
Seallam!
Visitor Centre
Isle of Harris Knitwear Company
Northton
859
Skoon Art Café
Leverburgh
Finsbay
HARRIS
Sound of Harris
Golden Road
The Mission House
St Clement's Church
Rodel
Renish
Point
Uig (Skye)
SKYE
Berneray
EILEAN
O TRODDAY
BERNERAY

Äußere Hebriden, O·r·k·e·y und Shatland

Letztes Relikt einer untergegangenen Welt: Garenin Blackhouse Village

sucherzentrum **Doune Broch Centre**, ☎ 01851-643338, unheilverkündend heißt. ⏲ April–Okt Mo–Sa 10–17 Uhr, Eintritt frei.

16 HIGHLIGHT

Callanish (Calanais)

Nun aber zum Höhepunkt der Zeitreise: Die beeindruckenden **Standing Stones of Callanish** sind ein großartiges Zeugnis einer steinzeitlichen Hochkultur, die sogar schon vor dem Bau der ägyptischen Pyramiden bestand. Wie eine Allee führt eine Doppelreihe von Menhiren zum zentralen Steinkreis. Bis zu 5 m ragen die insgesamt rund 40 Steine aus Gneis in die Höhe. Die mysteriöse Anlage, die wie ein Keltenkreuz aussieht, dominiert auf einer kleinen Anhöhe am Loch Roag die Umgebung. An klaren Tagen heben die Steine sich gestochen scharf vom Horizont ab, bei Regen ragen sie dunkel in die Höhe – aber immer sind sie beeindruckend und geheimnisvoll.

Anscheinend verfügten die Erbauer von Callanish über hervorragende Kenntnisse, welche Auswirkungen Sonnen- und Mondzyklen auf die Jahreszeiten hatten. Damit konnten sie u. a. den Zeitpunkt der Aussaat und der Ernte bestimmen. Viele Fragen bleiben jedoch offen, zumal bis heute im Gegensatz zu Orkney keine Siedlungsspuren im Umfeld des Steinkreises gefunden wurden. Es ist jedoch davon auszugehen, dass die Steinzeitmenschen hier ähnlich lebten wie in Skara Brae (s. S. 580).

Fest steht jedenfalls, dass der zentrale Steinkreis rund um den Monolithen zwischen 2900 und 2600 v. Chr. errichtet wurde. Mehrere hundert Jahre später wurde im Steinkreis ein bronzezeitliches Kammergrab angelegt, und es konnten Beerdigungen über viele Generationen nachgewiesen werden, bis Callanish gegen 800 v. Chr. endgültig aufgegeben wurde. Druiden-Priester waren hier also nie am Werke. Sicher ist auch, dass Callanish im Zentrum von einem Dutzend ähnlicher Anlagen steht (s. u.).

Am großen Parkplatz erläutert das **Calanais Visitor Centre**, ☎ 01851-621422, 💻 www.callanishvisitorcentre.co.uk, mit einer kleinen Ausstellung und einem Film „the story of the Stones". ⏲ April–Mai, Sep Mo–Sa 10–18, Juni–Aug Mo–Sa 10–20, Okt–März Mi–Sa 10–16 Uhr, Eintritt Ausstellung 2,50 £, erm. 1,90/1,20 £. Das angeschlossene **Café** ist zu denselben Zeiten geöffnet und ermöglicht einen tollen Blick auf das Loch. Im Sommer werden bis 19.30 Uhr auch warme Bar-Gerichte serviert. Callanish ist frei zugänglich.

Callanish II und III

Ein kleines Stückchen südöstlich an der A 858 befinden sich die zwei Nebenanlagen Callanish II und III. Nr. 2 bietet den besten Fernblick auf den Hauptsteinkreis, da keine moderne Bebauung die Aussicht verstellt. Ein leicht morastiger Weg verbindet Nr. 2 und Nr 3, sodass man einen netten kleinen Rundgang machen kann. Beide Anlagen sind Steinkreise, wobei Nr. 3 sogar einen Innenkreis hat. Die Wirkung ist nicht so grandios wie beim Hauptkreis, doch der Besuch trägt sehr zum Verständnis der Gesamtkonzeption von Callanish bei.

Abstecher nach Uig

Südlich von Callanish zweigt bei Garynahine die B 8011 durch das unwirtliche Moorgelände nach Westen ab. Am Ende der Straße warten einige der schönsten Sandstrände von Lewis. Ein Ab-

zweig führt auf die Insel Great Bernera und per Schiff geht es hinaus zu den Flannan Isles und nach St Kilda.

Great Bernera

Von der B 8011 sind es auf der B 8059 noch 8 km bis zur kleinen Brücke hinüber nach Great Bernera (ca. 275 Einwohner). In der Hauptsiedlung **Breaclete (Breacleit)** öffnet von Mitte Mai bis Mitte September das Bernera Museum & Café, ℘ 01851-612331, mit etwas Lokalgeschichte und Infos zum Bostadh Iron Age Village. ◷ Mo–Fr 11–16 Uhr, Eintritt 1,50 £, Kinder frei.

Die Hauptattraktion von Bernera ist nämlich ein nachgebautes Haus aus der Eisenzeit an der Bucht von Bostadh im Norden der Insel. Das **Iron Age House** liegt halb unter der Erde und hat deshalb einen sehr niedrigen Eingang. Drinnen ist es überraschend geräumig, auch wenn es natürlich recht dunkel ist. In der Mitte brennt wie in alten Tagen ein Torffeuer. ◷ Mai–Sep Mo–Fr 12–16 Uhr, Eintritt 2 £, erm. 1/0,50 £.

Durch einen Sturm waren vor 20 Jahren die Reste einer ganzen Siedlung aus dem Sand aufgetaucht. Die Bucht war anscheinend von 200 n. Chr. bis in die Wikingerzeit um 1000 n. Chr. durchgehend bewohnt. Heute bieten sich der **Sandstrand** und die Bucht bei schönem Wetter für ein Picknick geradezu an.

Miavaig und Uig

Zurück auf der B 8011 geht es auf der frisch ausgebauten Straße rund um die Spitze der weit ins Land ragenden Fjorde nach Nordwesten. In **Miavaig (Miabhaig)** legen die Ausflugsschiffe von Seatrek an (s. unten) und eine Zweigstraße führt zu den tollen Sandstränden bei **Valtos (Bhaltos)** mit dem Dünen-Campingplatz am Riof Beach (s. „Übernachtung").

Die Hauptstraße erreicht schließlich **Timsgarry (Timsgearraidh)** an der weitverzweigten **Uig Bay (Camas Uig)**. Bei Niedrigwasser kommt der riesige Sandstrand der wunderbaren Bucht zum Vorschein. Auf der Südseite der Bucht machte Malcolm MacLeod 1831 eine aufsehenerregende Entdeckung in den Dünen. Nicht weniger als 93 kostbar geschnitzte Schachfiguren aus Walross-Elfenbein kamen ans Tageslicht, die wahrscheinlich im 12. Jh. in Norwegen gefertigt worden waren. Man geht heute davon aus, dass die Schachfiguren womöglich auf dem Weg nach Dublin waren, doch warum und wieso sie in den Dünen von Uig vergraben wurden, bleibt ein Mysterium. Elf der Figuren sind im Nationalmuseum in Edinburgh ausgestellt (s. S. 124), die anderen 82 befinden sich im British Museum in London.

Im kleinen **Uig Museum & Café**, Timsgarry, ✆ 01851-672456, 🖥 www.ceuig.com, erfährt man etwas mehr zu den Schachfiguren und kann sich bei Kaffee und Kuchen stärken. ⏲ Mai–Sep Mo–Sa 12–17 Uhr, Eintritt Museum 1 £, Kinder frei.

Übernachtung und Essen

Riof Beach Campsite, Reef (Riof), Valtos, ✆ 01851-672265. Schlichter Dünen-Campingplatz nur für Wohnmobile. Die Lage ist unschlagbar. Morgens und abends kommt jemand zum Kassieren vorbei. ⏲ April–Sep.
Suainaval, 3 Crowlista, ✆ 01851-672386, 🖥 www.suainaval.com. Die ehemalige Olympia-Mittelstreckenläuferin Kirsty Wade und ihr Mann Tony führen ein nettes B&B mit tollem Blick über die Bucht. Die beiden verleihen auch Mountainbikes und Kanus. ❷–❸

Sonstiges

Bootstouren
Seatrek, Miavaig, ✆ 01851-672469, 🖥 www.seatrek.co.uk. Während der Saison (Mai–Sep) geht es Mo–Sa um 10 und 13 Uhr mit Gummi-Schnellbooten auf 2-stündige Touren die Küste entlang (35 £, erm. 25 £). Längere Ausflüge führen zu den unbewohnten Flannan Isles (90 £) bzw. zur legendären Insel St Kilda (180 £, s. S. 569). Für diese sehr teuren Touren muss das Wetter jedoch perfekt sein, da es sonst ein sehr schaukliges Vergnügen wird. Alle Touren unbedingt vorher reservieren.

Informationen
Im Internet: 🖥 www.uigandbernera.com.

Transport
Buslinie W4 fährt Mo–Sa 2–3x tgl. von STORNOWAY nach Uig (1 1/4 Std.). Linie W1 bedient als Anschlussbus vom Abzweig nach BERNERA die gleichnamige Insel.

North Harris

Die A 859 führt von Stornoway am Loch Erisort und Loch Seaforth vorbei nach Süden. Gegenüber von Seaforth Island ist schließlich die Grenze zu **Harris (Na Hearadh)** erreicht. Nicht mehr endlose Moorflächen dominieren die Landschaft, sondern hohe Berge verstellen plötzlich den Weg. Bis auf fast 200 m windet sich die Straße hinauf und passiert den Fuß des 799 m hohen **Clisham**, der höchsten Erhebung der Äußeren Hebriden. Eine recht abenteuerliche Stichstraße führt zur abgelegenen *crofter*-Siedlung **Rhenigidale (Reinigeadal)**.

Mehr als 24 000 ha Land wurden seit 2002 vom North Harris Trust in Gemeinschaftseigentum überführt. Damit ist im Norden von Harris der Großgrundbesitz beendet und langsam verschieben sich die Prioritäten: Neue Wohnhäuser werden gebaut, Touristenpfade ausgeschildert und zusammen mit Vertretern aus South Harris die Bewerbung für die Gründung des dritten Nationalparks in Schottland vorangetrieben. Denn Harris leidet enorm unter Bevölkerungsverlust und Überalterung. Deshalb sind nachhaltige Perspektiven für die Insel überlebenswichtig.

Abstecher nach Hushinish
Wo die A 859 nach der Bergstrecke wieder das Meer erreicht, geht es gleich rechts ab auf einer *single track road* Richtung Hushinish (Huisinis).

Unterwegs bieten das **Gleann Mhiabhaig** und das **Gleann Chliostair** einige gute Wandermöglichkeiten, die ohne große Steigungen ins Herz der wilden Berglandschaft führen.

Amhuinnsuidhe Castle (Abhainn Suidhe) ist der ehemalige Herrensitz der Dunmores, denen Harris im 19. Jh. gehörte. Die Straße führt durch das alte Gutstor, und zur Linken springen gelegentlich Lachse über die Katarakte. Die Straße endet nach 22 km schließlich am Strand von **Hushinish**. Von einem kleinen Hügel kann man im Norden schon Lewis sehen, im Süden die vorgelagerte Insel Taransay. Nur durch eine kleine Wasserstraße getrennt ist die Insel **Scarp**. In den 1930er-Jahren experimentierte man hier mit der Postzustellung per Rakete. Die bizarren Versuche schlugen fehl, wurden aber vor einigen Jahren unter dem Titel *The Rocket Post* verfilmt. Die letzten Bewohner verließen Scarp 1971.

Tarbert (An Tairbeart)

Der Hauptort auf Harris heißt Tarbert. Er liegt auf einer sehr schmalen Landenge zwischen West Loch Tarbert und East Loch Tarbert. Im Osten legen die Fähren von Uig auf Skye an und machen die Ortschaft zu einem wichtigen Fährhafen für die Äußeren Hebriden. Aufgrund seiner Shops, Hotels, Restaurants und Cafés ist Tarbert die einzige nennenswerte Siedlung auf Harris. Rund ein Viertel der 2000 Insulaner lebt hier.

Scalpay (Scalpaigh)

Östlich von Tarbert beginnt sofort wieder die wilde raue Berglandschaft, deren Täler von kleinen Seen durchsetzt sind. Reizvoll ist eine Wanderung auf dem alten Postweg ins **Glen Laxadale**. Ein kurzes Stückchen weiter markiert ein Wegweiser den Beginn des alten Postwegs nach Rhenigidale (s. S. 564). Die knapp 6 km lange Route ist anspruchsvoll und recht steil. Bis zum Bau der Straße 1990 war dies jedoch der einzige Zugang.

Seit 1997 verbindet eine Brücke die Insel **Scalpay** (ca. 350 Einwohner) mit Harris. Die Insulaner lebten früher fast ausschließlich vom Fischfang, denn die Gneisfelsen erlaubten keine Landwirtschaft. Schön ist der markierte Wanderweg vom Straßenende in Outend/Kennavay zum **Leuchtturm Eilean Glas**. Besonders bei gutem Wetter ist der Blick über den Minch Richtung Skye grandios. In den Fjorden der Insel tummeln sich übrigens Otter.

Rhenigidale

Rhenigidale Youth Hostel, Rhenigidale, kein Tel., 🖥 www.gatliff.org.uk. Schlichtes Cottage-Hostel in Zusammenarbeit mit SYHA. Die winzige *crofter*-Siedlung liegt förmlich am Ende der Welt. Dorm-Bett ab 10 £.

Tarbert

Avalon B&B, 12 West Side, Tarbert, ✆ 01859-502334, 🖥 www.avalonguesthouse. org. In dem modernen Bungalow an der Straße Richtung Stornoway haben 2 Zimmer Loch-Blick und zwei gehen zur Straße raus. Alle mit Bad/WC und tipptopp. ❷–❸

Harris Hotel, Tarbert, ✆ 01869-502154, 🖥 www.harrishotel.com. Relaxtes Hotel mit großem Garten, dessen Bar auch sonntags geöffnet ist und schon ab 10 Uhr Kaffee serviert. 1912 verewigte sich Peter-Pan-Autor J. M. Barrie mit seinen Initialen auf einem Fenster. Das Restaurant ist deutlich teurer als das Inn nebenan, dafür auch gehobene Zimmer. ⏱ Küche tgl. 11–12 (Kaffee) 12–17 18–21 Uhr. ❸–❹

Isle of Harris Inn, Scott Road, Tarbert, ✆ 01859-502566, 🖥 www.isleofharrisinn.com. Nette Bar-Atmosphäre, gute und günstige Küche sowie freundlicher Service sind die Pluspunkte des beliebten Restaurants am westlichen Ortsrand. Auch Frühstück. ⏱ Küche Mo–Sa 10–21.30 Uhr.

Scalpay

Caroline Magne, Outend, 38 Scalpay, ✆ 01859-540375. Caroline Magne hat sich den Traum erfüllt, als *crofter* zu leben. Am Straßenende vermietet sie von April–Okt 2 einladende Zimmer. Außerdem bietet sie gelegentlich Führungen zum Leuchtturm Eilean Glas an, dessen Zugang gleich an ihrem Haus beginnt.
Rosebank, Aird Aghanais, Scalpay, ✆ 01859-5420222. Rachel und Donald MacSween betreiben die kleine Privatpension im Süden von Scalpay mit viel Wärme. Die nette Dame

backt selbst und bastelt in ihrer Freizeit Teddys. Umgangssprache zwischen den Eheleuten ist noch Gälisch. ❷

Einkaufen

Harris Tweed, Caberfeidh, Tarbert, ☎ 01859-502040, 🖥 www.harristweedisleof harris.co.uk. Klassischer Tweedladen an der Hafenzufahrt. Vieles wirkt etwas altbacken, für *country gentlemen*, aber auch Stiefel, Portemonnaies und Türstopper. Die Familienweberei liegt im Südteil der Insel in Plockropool (s. S. 568). ⏱ Mo–Sa 9–17.30 Uhr.

Informationen

Tarbert VisitScotland Information Centre, Pier Road, Tarbert, ☎ 01859-502011, 🖥 www.visithebrides.com. ⏱ April–Okt Mo–Sa 9–18 Uhr, im Sommer auch Di/Do/Sa für die Spätfähre.

Busse
Ab Tarbert:
HUSHINISH, mit Linie W12 Mo–Sa 2–3x tgl., 45 Min.
LEVERBURGH, mit Linie W10 Mo–Sa 3x tgl. entlang der Westküste, 1 Std.; mit Linie W13 Mo–Sa 2–4x tgl. über die Golden Road an der Ostküste, 1 Std.
RHENIGIDALE, mit Linie W11 Mo–Sa 2x tgl. nach Reservierung, ☎ 01859-502871, 30 Min.
SCALPAY, mit Linie W14 Mo–Sa mehrmals tgl., 20 Min.
STORNOWAY, mit Linie W10 Mo–Sa 5x tgl., 1 Std.

Schiffe
CalMac pendelt Mo–Sa 1–2x tgl. zwischen UIG auf Skye und Tarbert, 1 3/4 Std. Tickets (einfach): 5,35 £ (Fußgänger), 24,20 £ (Autos).

South Harris

Der Südteil der Insel lebt von seinen augenfälligen Gegensätzen. Lockte die karge Gneis-Mondlandschaft einst Stanley Kubrick an, der hier für seinen Klassiker *2001: Odyssee im Weltraum* „Jupiter-"Aufnahmen drehte, so sind die märchenhaften Sandstrände und die saftigen Marschwiesen der Westküste der Traum eines jeden Urlaubers.

Westküste

Bei **Luskentyre** erreicht die A 859 von Tarbert aus die Westküste. Vor einem erstreckt sich einer der wunderbarsten Sandstrände Schottlands. Immer wieder ändern Winterstürme das Aussehen des Strandes, der bei Niedrigwasser kilometerlang ist. Nach Süden zu ist auch der **Traigh an Iar** ein weißer Traumstrand. Auf der kleinen Landspitze diente der **MacLeod's Stone**, ein 3 m hoher Monolith, womöglich einst der Orientierung auf See. An sonnigen Tagen leuchtet das Meer türkisblau und der Blick schweift hinüber zur Insel Taransay und zu den Bergen von North Harris – was kann es Schöneres geben? Ein weiterer langer Sandstrand erstreckt sich von **Scarista (Sgarasta)** am Golfplatz vorbei nach Süden.

In Northton widmet sich das moderne und gut aufgemachte **Seallam! Visitor Centre**, ☎ 01859-520258, 🖥 www.seallam.com, der Geschichte der Vertreibungen auf Harris. Die Landbesitzer zwangen die Menschen entweder in die Emigration oder aber von der fruchtbaren Westküste hinüber an die karge Ostküste. Auch St Kilda ist ein Themenschwerpunkt. ⏱ Mo–Sa 10–17 Uhr, Eintritt 2,50 £, erm. 2 £.

Auf der Westseite über der Bucht dient das frei zugängliche **McGillivray Centre** der Beobachtung der Marsch, der Machair, sowie des vom Meer zumeist abgeschnittenen Salzwassersees in der Bucht. Vom Parkplatz kann man zu Fuß durch die Machair über die Halbinsel laufen. An der Westseite liegen weitere kleine Traumstrände.

Schließlich endet die Strecke am Anleger von **Leverburgh**, von wo die Fähren nach Berneray/North Uist pendeln. Lord Leverhulme hatte 1918 vorgehabt, den Ort zu einem großen Hafen auszubauen, doch das Projekt blieb in den Kinderschuhen stecken.

Rodel

5 km südöstlich von Leverburgh ist die **St Clement's Church** von Rodel eine der wichtigsten mittelalterlichen Sehenswürdigkeiten der Äu-

ßeren Hebriden. Die Kirche wurde im 16. Jh. von dem Clan-Chef der MacLeods, Alisdair Crotach, gebaut. Er wurde hier in einem kunstvollen Grabmal beigesetzt. Das Kunstwerk gilt als die schönste Steinmetzarbeit der gesamten Inselgruppe. Unter den Details sind u. a. Bischöfe, Maria mit Sohn, eine Burg, eine Galeere sowie eine Jagdszene auszumachen. Später wurden auch andere Clan-Mitglieder in Rodel beigesetzt.

Ostküste und Golden Road

Nach Norden zu beginnt die **Golden Road**. Der verheißungsvolle Name steht in krassem Widerspruch zu der unwirtlichen Mondlandschaft. Die wenigen Cottages und Siedlungen haben sich zwischen den wild durcheinander gewürfelten Gneis-Felsbrocken ein Plätzchen gesucht. Im 19. Jh. musste die felsige Ostküste den Bewohnern wie ein Fluch vorkommen, nachdem sie von der fruchtbaren Machair an der Westseite vertrieben worden waren. Nicht mal ihre Toten konnten sie unter dem harten Gneis begraben, und so mussten sie für Beerdigungen weiterhin die Friedhöfe in den Dünen der Westküste aufsuchen. Eine ehemalige *coffin road* („Straße der Särge") dient heute als Wanderweg zwischen Stockinish und Seilebost.

Doch in den vergangenen Jahren hat sich die Golden Road zu einer attraktiven Kunstmeile mit Galerien, Webereien und einem tollen Café entwickelt. Die sehr kurvige und für Autofahrer anspruchsvolle *single track road* durch die Gneis-Landschaft ist in sich eine Besonderheit, und in den Buchten tummeln sich Seehunde und Otter.

The Mission House, ☎ 01859-530227, 🖥 www.themissionhouse.co.uk, in Finsbay zeigt in einer ehemaligen Kirche ungewöhnliche Keramikarbeiten und ausdrucksstarke Schwarz-Weiß-Fotos. 🕐 März–Okt Mo–Sa 10–18 Uhr, Eintritt frei.

Traumstrand auf South Harris

Harris Tweed von hoher Qualität bieten die **Isle of Harris Knitwear Co.**, Grosebay, ✆ 01859-511240, 🖥 www.isleofharrisknitwear.co.uk, ◷ Mo–Sa 9.30–18 Uhr, sowie wenige Kilometer weiter **Harris Tweed and Knitwear**, 4 Plocropool, ✆ 01859-511217, 🖥 www.harristweedandknit-wear.co.uk, ◷ Mo–Sa 9.30–17.30 Uhr. In letzterem Laden arbeitet Katie Campbell an einem originalen Hattersley-Webstuhl aus den 1930er-Jahren und führt die Technik gerne vor. Ihre Tochter betreibt den Tweed-Laden in Tarbert (s. S. 566).

Eine wunderbare Ateliergalerie haben sich Moira und Willie Fulton in Drinishader geschaffen. Die Zufahrt zur **Ardbuidhe Cottage Gallery**, ✆ 01859-511140, 🖥 www.williefulton.com, ist recht schmal, doch plötzlich steht man in einem blühenden Garten mit fantastischem Seeblick Richtung Skye. Schon dieser Ausblick dürfte inspirierend wirken. ◷ April–Okt Mo–Sa 10–17 Uhr.

Übernachtung und Essen

Am Bothan, Old Ferry Road, Leverburgh, ✆ 01859-520251, 🖥 www.ambothan.com. Super Hostel unweit der Uist-Fähre. In der großen Lounge gibt es einen Pool-Tisch und man kann Räder leihen. Weil das Bunkhouse so populär ist, unbedingt vorher reservieren. Dorm-Bett ab 20 £.

Horgabost Campsite, Horgabost, kein Tel. In den weiten Dünen der Westküste schlichter, aber sehr stimmungsvoller Campingplatz direkt am Strand. Das Übernachtungsgeld wirft man in die honesty box am Eingang. ◷ Mai–Okt.

Mary Macdonald, 6 Horgabost, ✆ 01859-550215. Die freundliche Landlady bietet 2 günstige Zimmer in Sichtweite der großartigen Strände an. ◷ Mai–Sep. ❷

Pairc an t-Srath Guest House, Borve, ✆ 01859-550386, 🖥 www.paircant-srath.co.uk. Gehobene

Weben im Cottage: Harris Tweed

Noch rund 400 Weberinnen und Weber sind auf den Äußeren Hebriden tätig. In ihren Cottages stehen zumeist die traditionellen Hattersley-Webstühle und sie produzieren den bekanntesten Exportartikel der Inseln: Harris Tweed. Spätestens seit die Firma Nike vor ein paar Jahren für einige ihrer Sportschuhe Harris Tweed orderte, erlebt die klassische Heimindustrie einen neuen Aufschwung.

Die Ursprünge des Tweed reichen bis ins 19. Jh. zurück. Die Geschichte beginnt in den fernen Borders in Südschottland. Dort fließt der **River Tweed** durch die Zentren der Wollindustrie, und ab den 1830er-Jahren wurde er zum Markennamen für die Industrie. Auf Harris übernahm Lady Catherine 1843 als **Countess of Dunmore** die Verwaltung großer Teile der Insel. Sie förderte in den folgenden Jahren die Produktion von Harris Tweed, unter anderem um die wirtschaftlichen Folgen der katastrophalen Missernten 1846/47 zu lindern. Sie war es auch, die für ihre Gutsverwalter Jacketts aus Tweed herstellen ließ und damit eine neue Mode für Jäger, Angler und andere country gentlemen schuf. Der Stoff war wind- und wetterfest und deshalb bald auch in England enorm beliebt.

Zu Beginn des 20. Jhs. wurde Harris Tweed dann als geschützte Marke registriert und seit 1993 gibt es sogar ein eigenes Gesetz, das zugleich die **Harris Tweed Authority** als Aufsichtsbehörde ins Leben rief. Seither gilt die Definition, dass Harris Tweed „reine Schurwolle ist, die auf den Äußeren Hebriden gefärbt und gesponnen, von den Bewohnern der Äußeren Hebriden in ihren Häusern von Hand gewebt und auf Lewis, Harris, North Uist, Benbecula, South Uist und Barra verarbeitet wurde." Als **Markenzeichen** gilt das Orb Mark, ein Reichsapfel mit Malteserkreuz.

Die frühere Definition, dass auch das Färben und Spinnen in den Cottages von Harris stattfinden müsse, wurde fallengelassen, denn in der Realität sitzen nur noch die Weber auf Harris, während das Färben, Waschen und Trocknen zumeist in Carloway und Shawbost an der Westküste von Lewis stattfindet. Nicht nur die Verarbeitung hat sich geändert: Galten seit den 1920er-Jahren die sogenannten Hattersley Looms mit ihren 75-cm-Stoffbahnen als Gardemaß, so können moderne Webstühle die doppelte Breite verarbeiten.

Für Shops und Weber s. oben und S. 566.

Äußere Hebriden, Orkney und Shetland

und moderne Pension am Hang mit perfektem Meerblick. Nach Vorbestellung auch Abendessen und Angebote für Golfspieler. ❹
The Anchorage, The Pier, Leverburgh, ✆ 01859-520225. Gute Küche am Fähranleger nach Berneray/North Uist. Muscheln, Langustinen und geräuchertes Wildfleisch gehören zu den Klassikern. Leider keine Terrasse am Ufer, aber heller Speiseraum. Abends besser reservieren. ◷ Mo–Sa 12–21 Uhr.

Bootstouren

Kilda Cruises, Leverburgh, ✆ 01859-502060, 🖥 www.kildacruises.co.uk. Tagestouren nach St Kilda (s. Kasten) mit 5 Std. Aufenthalt vor Ort. Selbst bei ruhigem Wetter auf Harris kann die Tour recht schaukelig werden. Kein günstiges Vergnügen. Tickets: 190 £ (unbedingt vorab reservieren).

Transport

Busse
S. Tarbert S. 566.

Schiffe
CalMac pendelt 2–4x tgl. zwischen Leverburgh und BERNERAY (für North Uist) durch den Sound of Harris. Tickets (einfach): 6,60 £ (Fußgänger), 29,50 £ (Autos), Räder frei.

Berneray (Bearnaraidh)

Das kleine Eiland südlich des Sound of Harris verströmt echten Hebriden-Charme: Kleine Cottages ziehen sich rund um die Bucht an der Ostküste, einige tolle Sandstrände schimmern verlockend in der Sonne, und wer will, kann die gesamte Insel in rund vier Stunden umwandern (ca. 14 km). Sehr lohnend ist an schönen Tagen der „Aufstieg" zum 93 m hohen **Beinn Shleibhe** im Norden der Insel. Von der höchsten Erhebung Bernerays genießt man einen fantastischen Rundblick über den Sound of Harris und an klaren Tagen sogar bis nach St Kilda.

Thronfolger Prince Charles suchte sich Berneray 1987 für ein einwöchiges „Praktikum" als *crofter* aus, um seine landwirtschaftlichen Kenntnisse zu vertiefen.

Mytheninsel am Horizont: St Kilda

An schönen Tagen sieht man fern im Westen die wuchtigen Felsen von St Kilda aus dem Ozean auftauchen. Rund 66 km sind es von North Uist, doch traditionell gehörte die kleine Inselgruppe zu Harris. Über viele Jahrhunderte lebten die Insulaner, die Hiortaich, ohne großen Kontakt zum Rest der Welt auf der kargen Hauptinsel Hirta. Sie ernährten sich von Fisch und sammelten auf waghalsigen und gefährlichen Klettertouren Vogeleier in den Klippen, um für die sturmgepeitschten Winter gewappnet zu sein. Gelegentlich setzte sich der Gutsverwalter von Harris ins Boot, um die Pacht in Naturalien einzutreiben. Geld war auf St Kilda unbekannt, man lebte allein von dem, was die Inseln hergaben. Eine derart autarke Bevölkerung weckte natürlich das Interesse der Außenwelt. Vor allem im viktorianischen 19. Jh. wurden die Insulaner und ihr hartes Leben zunehmend romantisch verklärt. Ausflugsschiffe brachten Neugierige, welche die „letzten Eingeborenen" von Großbritannien sehen wollten. St Kilda wurde zur Touristenattraktion. Dabei schleppten die Besucher bisher unbekannte Krankheiten ein, und die Bewohner verloren langsam die Fähigkeit, sich selbst zu versorgen. In der Folge emigrierten viele Hiortaich und die Inselbevölkerung begann zu schrumpfen. 1930 wurde St Kilda schließlich auf Wunsch der letzten Bewohner evakuiert.

Seit 1957 ist die Armee auf Hirta stationiert, um ihre Raketentests auf Benbecula/South Uist zu überwachen. Doch die Insel steht unter Naturschutz und gehört dem National Trust for Scotland. Die Unesco setzte St Kilda sogar auf die Welterbe-Liste. Tagesbesucher können das ferne Eiland von Miavaig auf Lewis (s. S. 563) und Leverburgh auf Harris (s. S. 566) erkunden. Das Vergnügen ist jedoch teuer und erfordert Seefestigkeit.
Informationen: 🖥 www.kilda.org.uk.

Seit 1999 ist Berneray (ca. 140 Einwohner) über einen Fahrdamm mit North Uist verbunden. Auch die Fähren von Harris legen am Südende der Insel an.

Reetgedeckte Cottages am Strand

Im **Berneray Youth Hostel**, kein Tel., 🖳 www.gatliff.org.uk, schläft man in einem reetgedeckten Cottage am Strand. Die einfache Herberge bietet rustikale Schlafsaal-Unterkunft in traditionellem Ambiente. In Sachen Stimmung ist die Unterkunft nicht zu toppen, vor allem wenn man vor dem Hostel sitzt und über das Meer hinausschaut ... Dorm-Bett ab 10 £.

Übernachtung und Essen

Lobster Pot Tearoom, 📞 01876-540288. Unweit des Anlegers befindet sich im Inselshop Ardmaree Stores dieser sehr nette Tearoom. Serviert werden Suppe, leckere Lachspastete von North Uist mit *oatcakes* sowie Kaffee und Kuchen. ⏰ Sommer Mo–Sa 9–20.30, sonst Mo–Sa 9–17.30 Uhr.

Transport

Busse
Linie W17 verkehrt Mo–Sa bis zu 8x tgl. von der JH über den Fähranleger nach LOCHMADDY (30 Min.) und weiter (z. T. mit Umstieg) nach Benbecula, South Uist und Eriskay zur Fähre nach Barra.

Schiffe
CalMac pendelt 2–4x tgl. zwischen LEVERBURGH (Harris) und Berneray durch den Sound of Harris (1 Std.). Tickets (einfach): 6,50 £ (Fußgänger), 29,50 £ (Autos), Räder frei.

North Uist (Uibhist a'Tuath)

Aus der Luft betrachtet wirken weite Teile von North Uist wie ein Schweizer Löcherkäse. Vor allem im Osten und Süden ist die Landschaft von kleinen Seen durchzogen. Nur noch rund 1250 Menschen leben hier.

Lochmaddy

Hauptort der Insel ist inmitten der Schären und Seen Lochmaddy an der Ostküste. Hier legen die Fähren von Uig auf Skye an. Einen Besuch wert ist das **Taigh Chearsabhagh**, 📞 01876-500293,

🖳 www.taigh-chearsabhagh.org, ein kombiniertes Museum, Ausstellungszentrum und Café in einem ehemaligen Inn aus der Mitte des 18. Jhs. ⏰ Mo–Sa 10–17 Uhr, Eintritt frei.

Barpa Langass und Pobull Fhinn

An der breit ausgebauten A 867 quer durch die Seenlandschaft Richtung Clachan und Benbecula liegt am Hang des Ben Langass das rund 5000 Jahre alte Kammergrab **Barpa Langass**. Von der beeindruckenden neolithischen Anlage weisen einige Pfosten den Weg zum 90 m hohen „Gipfel" des Hügels, der einen fantastischen Rundblick über den „Löcherkäse" bis nach South Uist gewährt. Auf der Südseite des Hügels stehen die Reste des Steinkreises **Pobull Fhinn**, die am einfachsten von der Langass Lodge (s. S. 571) zu erreichen sind.

Zum Balranald Nature Reserve

Westlich der Straßenkreuzung Clachan ist das **Hebridean Smokehouse**, 📞 01876-580209, 🖳 www.hebrideansmokehouse.com, die erste Anlaufstelle. Die in Torf geräucherten Lachse, Forellen und Jakobsmuscheln sind eine Delikatesse. Im Shop kann man Wolle und Schaffelle erstehen. ⏰ Mo–Fr 8–17.30, Sa 9–17 Uhr. Einige Kilometer weiter lädt in **Claddach** das Claddach Kirkibost Café, 📞 01876-580390, zu einer kleinen Verschnaufpause ein. ⏰ Mo–Sa 11–16 Uhr.

Ganz im Westen von North Uist ist das **Balranald Nature Reserve** der Vogelschutzorganisation RSPB vor allem für seine Wachtelkönige bekannt, die im Mai und Juni in der Machair brüten. Von dem kleinen Visitor Centre aus führt ein Weg durch die Marschwiesen zu den Dünen am Strand. Auch Raubmöwen, Weißwangengänse, Kiebitze, Austernfischer, Alpenstrandläufer und Rotschenkel fühlen sich an der Küste sehr wohl.

Wer wenigstens einmal St Kilda (s. S. 569) am Horizont sehen möchte, sollte an einem klaren Tag ein Stück nördlich von der A 865 den Weg zum **St Kilda Viewpoint** einschlagen. Von hier ist das Felseneiland am Horizont rund 70 km entfernt.

Benbecula (Beinn nam Fadhla)

North Uist wurde 1960 per Fahrdamm mit Benbecula (ca. 1200 Einwohner) verbunden. In Benbecula überquert man eine kleine Kulturgrenze auf den Äußeren Hebriden, da hier der katholische Südteil beginnt. Benbecula ist seit dem Zweiten Weltkrieg eine Militärbasis und Raketenteststation.

Übernachtung und Essen

Langass Lodge, Locheport, ☏ 01876-580285, 🖳 www.langasslodge.co.uk. Auf der Südseite von Ben Langass liegt die komfortable Lodge ziemlich geschützt durch ein kleines Wäldchen. In dem schönen Wintergarten können auch Nicht-Gäste mit Blick in den Garten die anspruchsvolle Küche genießen. Hausgästen stehen Fahrräder zur Verfügung und auf Wunsch werden Angeltrips und Ausritte organisiert. ⏱ Küche tgl. 18–21 Uhr. ➌–➍

€ **Moorcroft Holidays**, 17 Carinish, an der Südspitze von North Uist, ☏ 01876-580305, 🖳 www.moorcroftholidays. com. Kleiner, gut ausgerüsteter Campingplatz sowie ein schmuckes Bunkhouse mit 7 Betten in 3 Zimmern. Das Ganze wirkt eher wie ein B&B. Bett ab 14 £.

Sgeir Ruadh B&B, Hougharry, ☏ 01876-510312, ✉ sgeirruadh@aol.com. Das freundliche Haus direkt am Strand neben dem Balranald Nature Reserve ist vor allem in der Wachtelkönig-Saison schon weit im Voraus ausgebucht. ➊

The Old Shop House, Bayhead, ☏ 01876-510395, 🖳 www.moraybedandbreakfst.co.uk. Morag Nicholson versorgt ihre Gäste sehr gut. Unten befinden sich 2 Zimmer mit Bad/WC, das Zimmer oben erreicht man durch die Küche. ➋

€ **Uist Outdoor Centre**, Lochmaddy, ☏ 01876-500480, 🖳 www.uistoutdoor centre.co.uk. Nettes Hostel mit der Möglichkeit, z. B. **Kajaktouren**, **Tauchkurse** oder **Schiffsausflüge** zu machen. Dorm-Bett ab 12,50 £.

Sonstiges

Fahrradverleih

Red Cycle Hire, Tigh Dearg Hotel, Lochmaddy, ☏ 01876-500700, 🖳 www.tighdearghotel.co.uk. In dem Hotel werden Mountainbikes mit Helm verliehen. 8/12 £ für 4/8 Std.

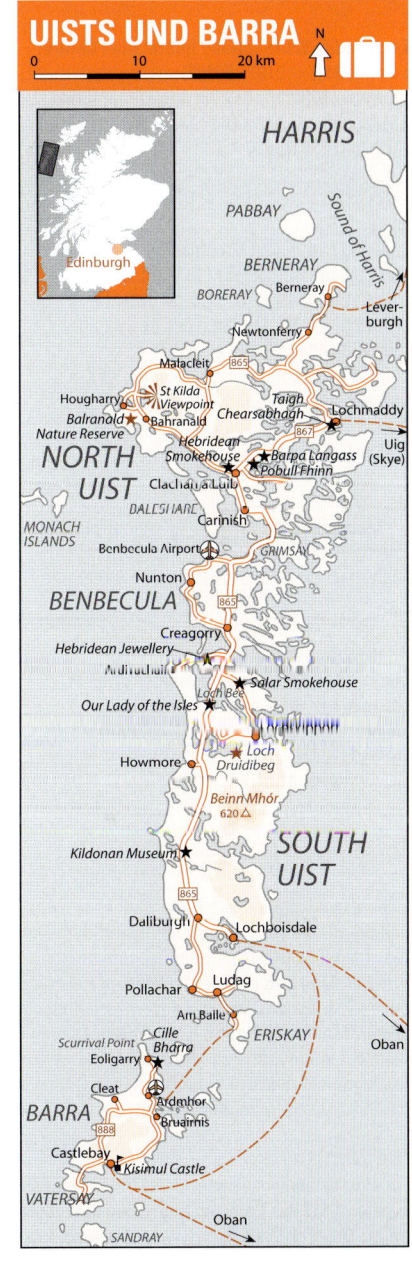

UISTS UND BARRA

0   10   20 km

HARRIS
PABBAY
Edinburgh
BERNERAY
BORERAY
Berneray
Leverburgh
Sound of Harris
Malacleit
Newtonferry
Hougharry
St Kilda Viewpoint
Taigh Chearsabhagh
Lochmaddy
Balranald Nature Reserve
Bahranald
Hebridean Smokehouse
Uig (Skye)
NORTH UIST
Barpa Langass
Pobull Fhinn
Clachan a Luib
BALESHARE
Carinish
MONACH ISLANDS
Benbecula Airport
GRIMSAY
Nunton
BENBECULA
Creagorry
Hebridean Jewellery
Ardivachar
Salar Smokehouse
Loch Bee
Our Lady of the Isles
Loch Druidibeg
Howmore
Beinn Mhòr
620 △
Kildonan Museum
SOUTH UIST
Daliburgh
Lochboisdale
Ludag
Pollachar
Am Baile
Cille Bharra
ERISKAY
Oban
Scurrival Point
Eoligarry
Cleat
Ardmhor
BARRA
Bruairnis
Castlebay
Kisimul Castle
VATERSAY
Oban
SANDRAY

Lochmaddy VisitScotland Information Centre,
Lochmaddy, ✆ 01876-500321,
🖳 www.visithebrides.com. Infocenter direkt
am Anleger. ⏰ April–Okt Mo–Fr 9–17,
Sa 9.30–17.30 Uhr.

Busse

Linie W17 verbindet Lochmaddy Mo–Sa bis
zu 8x tgl. mit BERNERAY (30 Min.) sowie
BENBECULA (45 Min.), LOCHBOISDALE
(South Uist, 1 3/4 Std.) und der Barra-Fähre
auf ERISKAY (2 1/4 Std.).
Linie W18 verkehrt Mo–Sa 2–3x tgl. im Kreisverkehr von Lochmaddy um die ganze Insel
herum. Auf halbem Weg wird BALRANALD
(3/4 Std.) angesteuert.

Schiffe

CalMac pendelt 1–2x tgl. zwischen UIG (Skye)
und Lochmaddy (1 3/4 Std.). Tickets (einfach):
5,35 £ (Fußgänger), 24,20 £ (Autos), Räder frei.

Flüge

Benbecula Airport, 🖳 www.hial.co.uk,
bietet mit Flybe, 🖳 www.flybe.com, Mo–Fr
bis zu 3x tgl. Flüge nach STORNOWAY
(30 Min., one-way ab ca. 70 £) sowie 1x nach
BARRA (20 Min., ab ca. 25 £). Tgl. geht es bis
zu 3x nach GLASGOW (55 Min., ab ca. 100 £).

South Uist (Uibhist a'Deas)

Über einen weiteren Fahrdamm geht es von Benbecula auf die lang gestreckte Insel South Uist
(ca. 1800 Einwohner), die landschaftlich klar in
drei Bereiche unterteilt ist: Im Westen zieht sich
ein endlos langer Sandstrand die Küste entlang.
Hinter den Dünen geht die fruchtbare Machair
langsam in unwirtliches Moor über, und im Osten ragen bis zu 600 m hohe Berge auf, weshalb
die Ostküste kaum zugänglich ist.

Der Norden

Für eine Kaffeepause bietet sich in Iochdar westlich der A 865 das Café von **Hebridean Jewellery**
an, ✆ 01870-610288, 🖳 www.orisairgiod.co.uk.

Natürlich wird hier auch der eigene Schmuck
verkauft. ⏰ Mo–Sa 10–17 Uhr.

Östlich der A 865 in Lochcarnan ist das **Salar
Smokehouse**, ✆ 01870-610324, 🖳 www.salar.
co.uk, eine renommierte Adresse für geräucherten Lachs.

Unterhalb der Radarstation **Geirinis** wacht
die weiße Marmorstatue **Our Lady of the Isles**
darüber, dass auf der Militärbasis nichts Un-
rechtes passiert. Der örtliche Kirchenmann John
Morrison ließ die weithin sichtbare Skulptur 1957
als Zeichen des stillen Protests gegen den Stützpunkt errichten.

Loch Druidibeg und Howmore

Loch Druidibeg in der Mitte der Insel ist ein
Naturschutzgebiet, das von Seen durchzogen
ist. Ein Wanderweg durchquert die Wasserland-
schaft und erreicht schließlich die B 890, die zur
Ostküste am Loch Skiport führt.

Weiter südlich ist **Howmore** für seinen fantastischen Sandstrand bekannt. Neben der traditionellen Cottage-Jugendherberge sind in der
Machair die Reste einer mittelalterlichen Kirche
erhalten. Howmore ist ein magischer Ort, denn
das Wechselspiel zwischen Strand, Dünen und
den saftigen Marschwiesen wird ergänzt durch
die bis zu 620 m hoch aufragenden Berge Hecla
und Beinn Mhor im Osten. In Howmore kann man
die Seele baumeln lassen.

Von Kildonan nach Lochboisdale

Das **Kildonan Museum**, ✆ 01878-710343, zeigt
eine überraschend große Ausstellung zum Leben auf South Uist. In dem Komplex verkaufen
die Uist Craft Producers zudem Strick- und Töpferwaren, und ein Café serviert Tee und Kuchen.
⏰ Mo–Sa 10–17 Uhr, Eintritt Museum 2 £, Kinder
frei. Südlich des Museums erinnert ein Gedenkstein an den Geburtsort von Flora MacDonald
(s. S. 493). Der Fährhafen **Lochboisdale** ist ledig-
lich An- und Abfahrtstelle für Insel-Besucher.

Eriskay

Die Insel Eriskay ist erst seit 2001 durch einen
Fahrdamm mit South Uist verbunden. Genau
60 Jahre zuvor war die *Politician* hier auf Grund
gelaufen. Nichts Ungewöhnliches, doch das
Schiff hatte reichlich Whisky geladen. Es heißt,

die Einheimischen hätten sich vor der Ankunft der Zöllner ordentlich aus dem Bauch des Schiffes bedient, und die Flaschen der *Politician* sollen vor Ort noch lange die Runde gemacht haben. Die amüsante Story wurde später unter dem Titel *Whisky Galore* als Buch veröffentlicht und dann verfilmt.

1745 hatte die Insel illustren Besuch, als Bonnie Prince Charlie just hier landete, um den britischen Thron für die Stuarts zurückzuerobern. Ein Gedenkstein am Strand erinnert an das missglückte Abenteuer.

Howmore Youth Hostel, Howmore, kein Tel., www.gatliff.org.uk. Das reetgedeckte Cottage des Gatliff Trusts bietet keinen großen Luxus, hat dafür aber sehr viel Charme und Atmosphäre. Mittlerweile wurde noch ein zweites Cottage integriert. Bis zum Strand sind es nur wenige Meter. Dorm-Bett ab 10 £.
Kinloch B&B, Grogarry, ✆ 01870-620316, www.kinlochuist.com. Wegg Kimbell hat sich am Naturschutzgebiet Loch Druidibeg ein grünes und abgeschirmtes Paradies geschaffen. Die 2 Zimmer sind deshalb schnell ausgebucht. ❸
Borrodale Hotel, Daliburgh, ✆ 01878-700444, www.isleshotelgroup.co.uk. Solides Hotel, Restaurant und Dorf-Pub in einem. Besonders schön ist der große Wintergarten. ✆ Küche Mo–Sa 12.30–14.30, 17.30–21, So 18.30–21 Uhr. ❸–❹

Lochboisdale VisitScotland Information Centre, ✆ 01878-700286, www.visithebrides. com. ✆ April–Okt Mo–Sa 9–13, 14–17 Uhr.

Busse
Linie W17 verkehrt Mo–Sa bis zu 8x tgl. von BERNERAY via Lochmaddy, Benbecula, Howmore, Lochboisdale nach Eriskay (3 Std.).

Schiffe
CalMac verbindet Lochboisdale Mo/Mi und Fr/Sa je 1x mit OBAN (z. T. über Castlebay, 5–7 Std.), Mo/Di/Do geht es von Lochboisdale

nach CASTLEBAY auf Barra (1 1/2 Std.). Tickets (einfach): Lochboisdale–Oban: 11,80 £ (Fußgänger), 53 £ (Autos); Lochboisdale–Castlebay: 7 £ (Fußgänger), 20,30 £ (Autos). Nach Barra gelangt man auch 5x tgl. von Eriskay (40 Min.). Die Fähren legen auf Barra im Inselnorden an. Tickets (einfach): 7 £ (Fußgänger), 20,30 £ (Autos).

Barra (Barraigh)

Barra (1100 Einwohner) wartet mit einigen Überraschungen auf. Im Norden, wo die Fähre aus Eriskay anlegt, erstreckt sich der „Große Strand", **Tràigh Mhòr**. Diese Sandpiste wird als Flughafen genutzt, denn die Gezeiten überspülen nur selten die gesamte Strandfläche. Auf der Westseite der schmalen Halbinsel erstreckt sich hinter den Dünen ein echter Traumstrand, der **Tràigh Eais**. Ein Stückchen weiter nördlich sind auf dem Friedhof von **Cille Bharra** die Reste einer mittelalterlichen Kirche erhalten geblieben.

Castlebay und Kisimul Castle
Hauptort von Barra ist **Castlebay**. Mitten in der Bucht befindet sich die Wasserburg **Kisimul Castle** (Caisteal Chiosmuil), ✆ 01871-810313, www.historic-scotland.gov.uk. Ein kleines Fährboot setzt auf die Feste des Clan MacNeils über, die auf das 15. Jh. zurückgeht. Nach dem Vorbild von Eilean Donan und Castle Duart wurde auch Kisimul im 20. Jh. aus Ruinen neu erschaffen. Die Räumlichkeiten erstrecken sich um einen erstaunlich großen Innenhof. Eine Ausstellung gibt es nicht, doch kann man einen Rundgang durch das Gemäuer machen. ✆ April–Sep tgl. 9.30–12.30, 13.30–17.30 Uhr, Eintritt 4,70 £, erm. 3,80/2,80 £ (inkl. Überfahrt, HS).

Vatersay
Die südlichste bewohnte Insel der Äußeren Hebriden wurde durch einen Fahrdamm mit Barra verbunden. Sehr schön sind die beiden Sandstrände an der Vatersay Bay im Süden. Noch weiter südlich erstrecken sich nur noch die unbewohnten Eilande Sandray, Pabbay, Mingulay und Berneray, die z. T. erst zu Beginn des 20. Jhs. verlassen wurden.

Äußere Hebriden, Orkney und Shetland

Frischer Fisch nach indischer Art zubereitet und in relaxter Café-Atmosphäre – das **Café Kisimul**, Main Street, ☎ 01871-810645, 🖥 www.cafe kisimul.co.uk, ist mit Abstand die beste Adresse auf Barra, wenn es um kreative und leckere Küche geht. Abends muss man unbedingt reservieren, weil das Lokal so klein ist. Direkt vor dem Café legen die Fähren zur Wasserburg ab. ⏱ Küche tgl. 10–20 Uhr (Winter nur Fr–Sa).

Übernachtung und Essen

Castlebay Hotel, Castlebay, ☎ 01871-810222, 🖥 www.castlebayhotel.com. Wer hier nächtigt, sollte auf Buchtblick bestehen. Auch Nicht-Gäste können im Restaurant speisen, wo z. B. Wildschwein und in Pancetta eingewickelte Jakobsmuscheln auf dem Speiseplan stehen. Am Wochenende ist die Castlebay Bar ein sehr lebendiger Pub mit Livemusik. ⏱ Küche tgl. 12–14, 18–21 Uhr. ❸–❹

Dunard Hostel, Castlebay, ☎ 01871-810443, 🖥 www.dunardhostel.co.uk. Sehr relaxtes Hostel beim Kajaktouren-Anbieter **Clearwater Paddling**. Neben 2 Vierer-Zimmern gibt es auch ein sehr günstiges DZ. Im Sommer wird es schnell voll im Hostel, also besser reservieren. Schöner Blick über die Bucht und auf das Castle. Leider kein Trockenraum. Dorm-Bett ab 14 £. ❶

Tigh-na-Mara Guest House, Castlebay, ☎ 01871-810304, 🖥 www.tighnamara-barra. co.uk. Solides 2-stöckiges Haus in der Nähe des Anlegers. Die Zimmer sind gut hergerichtet, auch EZ. Schöner Blick über die Bucht. ❷

Informationen

Barra VisitScotland Information Centre, Main Street, Castlebay, ☎ 01871-810336, 🖥 www.visithebrides.com. ⏱ April–Okt Mo–Sa 9–18, So 12–16 Uhr (auch offen für die Abendfähren).

Nahverkehr

Linie W32 verbindet Castlebay Mo–Sa mehrmals tgl. mit dem Fähranleger für Eriskay und dem Flugfeld.

Transport

Schiffe

CalMac verbindet Castlebay So–Fr je 1x tgl. mit OBAN (z. T. über Lochboisdale, 5–7 Std.), Mi/Fr/So geht es von Castlebay nach LOCHBOISDALE auf South Uist (1 1/2 Std.). Tickets (einfach) Castlebay–Oban: 11,80 £ (Fußgänger), 53 £ (Autos); Castlebay–Lochboisdale: 7 £ (Fußgänger), 20,30 £ (Autos). Für die Fähre Eriskay–Barra s. S. 573.

Flüge

Vom **Barra Airport**, 🖥 www.hial.co.uk, mit Flybe, 🖥 www.flybe.com, Mo–Fr 1x tgl. Flüge nach BENBECULA (20 Min., ab 29 £). Wenn Sitze vorhanden sind, kann man auch für 35 £ (Kinder 17,50 £) einen Hin- und Rückflug als Ausflug buchen (keine Reservierung möglich, 45 Min. vor Abflug einchecken). Nach GLASGOW geht es bis zu 3x tgl. (1 1/4 Std., ab ca. 70 £).

Orkney

„Jenseits von Britannien, wo sich der endlose Ozean öffnet, liegt Orkney." Für den spätantiken Geschichtsschreiber Orosius lagen die Orkney Islands am Rande der bekannten Welt, wohin sich selbst die Römer nie richtig vorgewagt hatten. Zu Zeiten der Römer lag das Ende der ersten Blütephase der „Inseln aus Stein" (George Mackay Brown) schon über 2000 Jahre zurück, denn die Inselgruppe vor der Nordküste von Schottland ist berühmt für geheimnisvolle Steinkreise und Kammergräber. Nirgendwo sonst in Großbritannien findet sich eine ähnliche Dichte an neolithischen Bauwerken (s. Kasten S. 80). Das Steinzeitdorf **Skara Brae**, der **Ring of Brodgar** und das beeindruckende Kammergrab **Maeshowe** sind 5000 Jahre alte Highlights. Und noch immer kommen jedes Jahr neue, zum Teil sensationelle Funde hinzu. Auch spätere Bewohner haben Zeugnisse ihrer Kultur zurückgelassen, am beeindruckendsten darunter sind die eisenzeitlichen **Brochs**.

Ganz im Gegensatz zu dem gerne kolportierten Sprichwort, dass die Shetlander Fischer mit

Äußere Hebriden, Orkney und Shetland

N

0   10   20 km

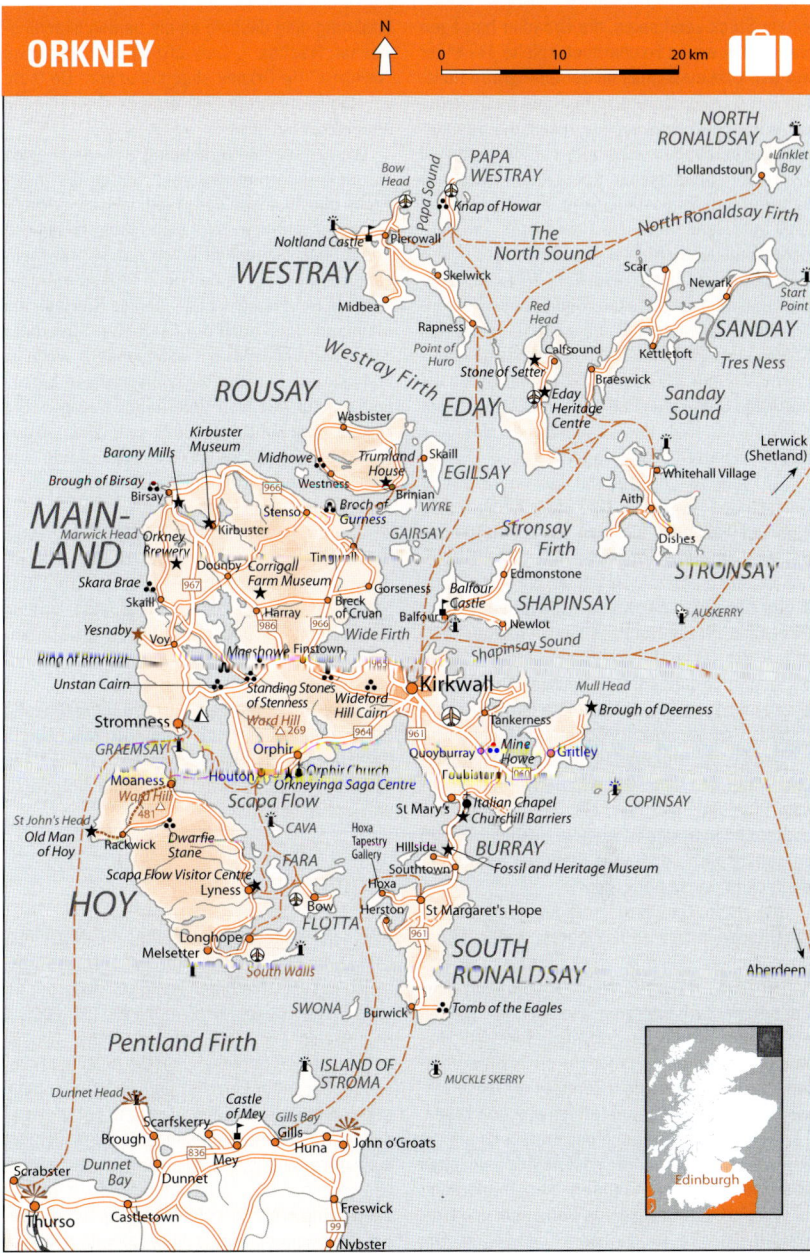

NORTH
RONALDSAY
Hollandstoun
Dennishaig
Linklet
Bay

Bow
Head
PAPA
WESTRAY
Knap of Howar
Pierowall
The
North Sound
North Ronaldsay Firth

Noltland Castle
WESTRAY
Skelwick
Scar
Newark
Start
Point
SANDAY

Midbea
Rapness
Red
Head
Calfsound
Kettletoft
Tres Ness

Westray Firth
Point of
Huro
Stone of Setter
Calfsound
Braeswick
Sanday
Sound
Lerwick
(Shetland)

ROUSAY
Wasbister
Eday
Heritage
Centre
EDAY

Kirbuster
Museum
Midhowe
Trumland
House
Skaill
EGILSAY
Whitehall Village
Barony Mills
Westness
Brinian
WYRE
Aith
Dishes

Brough of Birsay
Birsay
Broch of
Gurness
GAIRSAY

MAIN-
LAND
Marwick Head
Orkney
Brewery
Kirbuster
Stenso
Stronsay
Firth
STRONSAY

Skara Brae
Dounby
Corrigall
Farm Museum
Tingwall
Gorseness
Edmonstone
AUSKERRY

Skaill
Harray
Breck
of Cruan
Balfour
Castle
SHAPINSAY

Yesnaby
Voy
986
966
Balfour
Newlot

Maeshowe
Wide Firth
Finstown

RING OF BRODGAR
Unstan Cairn
Standing Stones
of Stenness
Wideford
Hill Cairn
Kirkwall
Mull Head
Brough of Deerness

Stromness
Ward Hill
269
964
Tankerness

GRAEMSAY
Orphir
961
Quoyburray
Mine
Howe
Gritley

Moaness
Houton
Orphir Church
Orkneyinga Saga Centre
Toabister
COPINSAY

St John's Head
Ward Hill
481
Scapa Flow
CAVA
St Mary's
Italian Chapel
Churchill Barriers

Old Man
of Hoy
Rackwick
Dwarfie
Stane
FARA
Hoxa
Tapestry
Gallery
Hillside
BURRAY

HOY
Scapa Flow Visitor Centre
Lyness
Hoxa
Southtown
Fossil and Heritage Museum

Longhope
Melsetter
Bow
FLOTTA
Herston
St Margaret's Hope

South Walls
961

SWONA
Burwick
Tomb of the Eagles
SOUTH
RONALDSAY
Aberdeen

Pentland Firth
ISLAND OF
STROMA
MUCKLE SKERRY

Durnet Head
Castle
of Mey
Gills Bay
Scarfskerry
Gills
John o'Groats
Brough
Huna
Scrabster
Dunnet
Bay
Mey
Dunnet
Freswick
Thurso
Castletown
99
Nybster

Edinburgh

Äußere Hebriden, Orkney und Shetland

einem Stück Land seien, die Orcadier hingegen Bauern mit einem Fischerboot, spielte das Meer auf den Orkney Islands immer eine große Rolle. Mit ihren Langschiffen kamen und besiedelten die **Wikinger** *Orkneyjar*, die „Inseln der Seehunde". Die mächtigen Earls unterstanden nominell zwar dem norwegischen König, doch waren sie sehr auf ihre Eigenständigkeit bedacht. Die um 1200 auf Island verfasste *Orkneyinga Saga* berichtet von den Heldentaten und Kämpfen wilder Gestalten wie Thorfinn dem Schädelspalter oder Sigmund dem Angelhaken. Bedeutende Persönlichkeiten waren der mächtige Earl Rognvald Kali Kolsson und sein Onkel, der später heiliggesprochene Magnus Erlendsson. Nach ihm wurde die prächtige St Magnus Cathedral in der Hauptstadt Kirkwall benannt, das bedeutendste Bauwerk aus der Blütezeit der Wikingerherrschaft.

Ab dem 13. Jh. begann die norwegische Herrschaft zu wackeln. 1263 starb König Hakon in Kirkwall auf dem Rückweg von der verlorenen Schlacht bei Largs. Doch erst 1468 ging die Oberhoheit über die Orkney-Inseln an die schottische Krone über, weil der König von Norwegen und Dänemark für die Hochzeit seiner Tochter Margarete mit James III. von Schottland die Inseln als Mitgift verpfändete. So wurden Orkney und Shetland schottisch. 1615 endete der letzte Earl, Patrick Stewart, auf dem Schafott in Edinburgh.

Das 20. Jh. brachte für Orkney bewegte Zeiten. Während beider **Weltkriege** wurden die Inseln zu wichtigen Stützpunkten der Marine und später für Flugzeuggeschwader ausgebaut. 1919 versenkte sich vor Scapa Flow die internierte deutsche Kriegsmarine selbst.

Die größte Umwälzung der Neuzeit brachten die **Ölfunde** in den 1970er-Jahren. Auf Flotta befindet sich ein entsprechender Terminal zur Verschiffung der Rohstoffe. Heute setzt Orkney ganz auf **erneuerbare Energien**: Wellen und Gezeiten sollen den Strom der Zukunft liefern. Vor den Küsten der Inseln laufen mehrere Testprogramme, die Orkney zu einem Zentrum für diese umweltfreundlichen Energieformen machen sollen. Lautstark war daher auch der Protest gegen die Atomanlage von Dounreay auf dem schottischen Festland. 1986 forderte man in der „Declaration of Wyre" Unterstützung aus Dänemark und Norwegen, um die Atomanlage stillzulegen. Die

Erklärung ging deshalb an die beiden skandinavischen Nachbarn, weil offiziell die 500-jährige „Leihfrist" für Orkney abgelaufen war. De facto war die Protestnote eine erneute Bekräftigung der Eigenständigkeit.

Die historische Verbindung zu Skandinavien ist auch andernorts spürbar. Schon die Inselflagge gleicht denen der skandinavischen Nachbarländer und man fühlt sich nicht als Teil von Schottland. Insgesamt leben gut 19 000 Menschen auf knapp 20 der rund 70 Inseln. Unbestrittene Hauptstadt ist das quirlige **Kirkwall** auf Mainland, doch auch der Fährhafen **Stromness** ist sehr attraktiv. Das gilt insbesondere, wenn im Frühjahr und Sommer die hochkarätigen Musikfestivals für reichlich Unterhaltung sorgen. Die Folkmusik ist auf Orkney noch sehr lebendig und in vielen Pubs gibt es Live-Sessions. Beide Orte eignen sich hervorragend als Standquartiere für die Erkundung von Mainland.

Wer die Hauptinsel **Mainland** verlassen will, hat die Qual der Wahl: Im Süden ist **Hoy** für Wanderer und Vogelliebhaber das Topziel. Die 140 m hohe Felsnadel des Old Man of Hoy ist vor dem Hintergrund der höchsten Klippen Großbritanniens ein echtes Highlight. Im Norden ist **Rousay** für seine Kammergräber bekannt, während **Westray** in letzter Zeit durch ungewöhnliche Steinzeitfunde auf sich aufmerksam gemacht hat. Und auf der idyllischen Mini-Insel **Papa Westray** ist das älteste Wohnhaus Nordwesteuropas zu besichtigen.

Stromness

In einem weiten Bogen gleitet die Northlink-Fähre vom Festland aus am Point of Ness vorbei in den geschützten Hafen von Stromness, der für viele Orkney-Besucher die erste Anlaufstelle auf dem Archipel ist. Nach dem nordischen Namen der Bucht hieß der lebendige Ort zunächst Hamnavoe. Der erste Eindruck vom Schiff erscheint etwas Grau, doch wenn man vom Fähranleger die zentrale Gasse entlangschlendert, gelangt man unvermittelt in eine sehr pittoreske Welt von verschwiegenen Nebengassen, alten Seemannshäusern und schmalen Treppenaufgängen. Hier und da haben sich Galerien angesiedelt und immer wieder gibt es Durchgänge zum Ufer. Die Altstadt von Stromness hat viel Charme und lädt förmlich zum Bummeln ein.

Seinen Aufstieg verdankt Orkneys zweitgrößte Stadt (2200 Einwohner) im 18. und 19. Jh. der Entwicklung der Hudson's Bay Company, dem Walfang und den Kriegen auf dem europäischen Kontinent. Weil die Seewege durch den Kanal zwischen Dover und Calais oftmals unsicher waren, bevorzugten die Handelsschiffe die ruhigere Nordroute. In Stromness war das Meer die Lebensgrundlage. Vor allem die Hudson's Bay Company heuerte in Stromness junge Männer an und nicht selten stachen Expeditionsschiffe von hier in See.

Der vielfältigen maritimen Vergangenheit auf der Spur ist man im weitläufigen **Stromness Museum**, 52 Alfred Street, ☎ 01856-850025, das am südlichen Ende der Altstadt liegt. In der ehemaligen Town Hall erfährt man auch mehr über den orcadischen Schriftsteller George Mackay Brown (1921–96), der gleich um die Ecke wohnte (s. Kasten). Neben der Flora und Fauna der Inseln und der Ortsgeschichte widmet sich ein größerer Teil der Ausstellung der Selbstversenkung der deutschen Flotte in Scapa Flow (s. S. 592). ☉ April–Sep tgl. 10–17, Okt–März Mo–Sa 11–15.30 Uhr, Eintritt 3,50 £, erm. 2,50/1 £.

Sehr gelungen ist die Symbiose aus einem alten Haus der Hudson's Bay Company und dem modernen Anbau des **Pier Arts Centre**, 28-30 Victoria Street, ☎ 01856-850209, ⌨ www.pierartscentre.com. Neben Kleinplastiken von Eduardo Paolozzi (s. Edinburgh S. 135) sind auch Kunstwerke der St-Ives-Künstler Barbara Hepworth und Ben Nicolson ausgestellt. ☉ Juli–Aug Mo–Sa 10.30–17, So 12–16, Sep–Juni Mo–Sa 10.30–17 Uhr, Eintritt frei.

Übernachtung

€ **Browns Hostel**, 45/47 Victoria Street, ☎ 01856-850661, ⌨ www.brownshostel.co.uk. Gemütlicher und relaxter Treffpunkt für Traveller mitten im Zentrum, wenngleich einige Zimmer sehr klein sind. Dorm-Bett ab 14 £.

45 John Street B&B, 45 John Street, ☎ 01856-850949, ⌨ www.45johnstreet.co.uk. Die Zimmer in dem 260 Jahre alten Hafenmeisterhaus sind recht klein und hellhörig, aber die Lage ist sehr zentral und die freundliche Gastgeberin serviert ein super Frühstück. Außerdem ist der Preis auch für Alleinreisende okay. ❷

€ **Hamnavoe Hostel**, 10a North End Road, ☎ 01856-851202, ⌨ www.hamnavoehostel.co.uk. Im modernen Teil der Stadt hat das Hamnavoe nicht so viel Flair wie Browns, dafür aber 7 saubere und günstige Zimmer, darunter DZ und sogar ein EZ. Die Küche und die Lounge sind angenehm, und den Hafenblick gibt es gratis dazu. Bett ab 15 £. ❶–❷

Miller's House/Harbourside Guest House, 13 John Street, ☎ 01856-851969, ⌨ www.millershouseorkney.com. Eine weitere zentrale Adresse auf 2 Häuser verteilt, wobei das Miller's House rund 300 Jahre alt ist und damit das älteste in Stromness. Angenehme Zimmer. ❷

George Mackay Brown: Ein orcadischer Schriftsteller

In den schmalen Gassen von Stromness lebte einer der wichtigsten zeitgenössischen Schriftsteller Schottlands: George Mackay Brown (1921–96) war zeitlebens fest auf Orkney verwurzelt. In seinen Büchern setzte er sich intensiv mit der Geschichte und der Gegenwart der Inseln auseinander, denn in seinen eigenen Worten „kann niemand vernünftig ohne die Schätze unserer Vorfahren leben."
Dementsprechend widmete Mackay Brown sich den raschen Umwälzungen der Lebensverhält-

nisse im 20. Jh., wobei immer wieder der Einfluss des Militärs auf Orkney thematisiert wird, das während beider Weltkriege die Inseln praktisch vollkommen übernommen hatte. Aber der Autor weiß auch die Sagen und Mythen der Orcadier geschickt einzubauen, sodass seine Bücher auf vielen Ebenen angesiedelt sind, und das macht ihren Reiz aus.
Auf Deutsch erschien von Mackay Brown *Ein Sommer in Greenvoe* (Unionsverlag Zürich, 2006, s. S. 619).

Point of Ness Caravan & Camping Site, Point of Ness, ℘ 01856-873535. Ganz an der Südspitze hat man vom Campingplatz einen tollen Ausblick über den Hoy Sound. ⊙ Mai–Sep.

The Stromness Hotel, Victoria Street, ℘ 01856-850298, ▢ www.stromnesshotel.com. Das stattliche, 110 Jahre alte Hotel verströmt edwardianisches Flair. Mit 42 Zimmern ist es eines der größten Häuser auf der Insel. Auch gutes Restaurant (s. „Essen"). ❸–❹

Essen und Unterhaltung

Café Bar Stromness, 22 Victoria Street, ℘ 01856-850551. Das beste Café von Stromness bietet viele Bio- und vegetarische Gerichte, aber auch leckeren Fisch, *baked potatoes*, Scones sowie Orkney-Biere in dem angeschlossenen Feinkostladen. Am schönsten sind die Tische am Fenster mit Blick auf den Hafen. ⊙ Mo–Mi 9–17, Do 9–18, Fr–Sa 9–21, So 11–17 Uhr.

Hamnavoe Restaurant, 35 Graham Place, ℘ 01856-850606. Das stilvollste Restaurant vor Ort verspricht „local produce with a touch of class". Und so werden vor allem Spezialitäten von Orkney aufgefahren und anspruchsvoll serviert. Nur Abendessen. Vorab reservieren. ⊙ Di–So 19–21 Uhr.

Julia's Café, 20 Ferry Road, ℘ 01856-850904. Einladendes und helles Café unten am Hafen. Das Frühstück ist auch für Vegetarier geeignet. Mittags kann man u. a. Orkney Herring probieren. Auch Kaffee und Kuchen. ⊙ Mo–Sa 9–17, So 10–17 Uhr.

Royal Hotel, 55 Victoria Street, ℘ 01856-850342. Etwas dunkel und abgewetzt, aber die Pub-Küche ist okay und die Portionen sind groß. Auf der Speisekarte steht z. B. Lamm von North Ronaldsay. Am Wochenende ist im Pub viel los, sodass eine Übernachtung nur für Kneipengänger zu empfehlen ist. ⊙ Küche tgl. 12–14, 18–21 Uhr.

The Stromness Hotel, s. „Übernachtung". Im Obergeschoss gibt es mittags günstige Angebote, abends werden regionale Produkte auf den Tisch gebracht: Orkney-Lamm, Grimbister-Käse, Wolfsbarsch und Jakobsmuscheln. Unten befindet sich ein Pub. ⊙ Küche tgl. 12–14, 18–21 Uhr.

Sonstiges
Autovermietungen

Norman W. Brass, Blue Star Garage, ℘ 01856-850850, ▢ www.stromnesscarhire. co.uk. Autos ab 33 £ pro Tag, in der Hochsaison unbedingt rechtzeitig reservieren.

Fahrradverleih

Orkney Cycle Hire, 54 Dundas Street, ℘ 01856-850255. Räder werden inkl. Helm und Karte ab 8,50 £/Tag vermietet. Es gibt auch Kinderräder und Satteltaschen. Feste Uhrzeiten hat der Verleih nicht, einfach anrufen oder anklopfen.

Feste

Orkney Folk Festival, Ende Mai, ▢ www.orkneyfestival.co.uk: Sehr erfolgreiches Folkfestival, das auf eine fast 30-jährige Geschichte zurückblickt und für Folkfans aus ganz Schottland und Großbritannien ein fester Termin ist. Vor allem in Stromness wird an jeder Ecke aufgespielt, aber auch Sessions und Gigs in Kirkwall.

Informationen

Stromness VisitOrkney Information Centre, Ferry Terminal, ℘ 01856-850716, ▢ www.visitorkney.com. Sehr gut bestücktes ·

Tauchen in Scapa Flow

Scapa Flow ist aufgrund der vielen Schiffswracks bei Tauchern sehr beliebt. Noch immer liegen einige deutsche Kriegsschiffe aus dem 1. Weltkrieg auf dem Grund der Reede. In Stromness gibt es mehrere Anbieter, die Interessierte mit in die Tiefe nehmen:

Scapa Scuba, ℘ 01856-851218, ▢ www.scapa scuba.co.uk. Bietet Tauchlehrgänge für alle Stufen. Anfänger können an den Blockadeschiffen an den Churchill Barriers üben, Fortgeschrittene erkunden die tiefer liegenden Wracks.

Dive Scapa Flow, The Diving Cellar, 4 Victoria Street, ℘ 01856-850055, ▢ www.divesca paflow.co.uk. Für erfahrene Taucher und Gruppen, die sich das Boot *Johnny L* als Tauchbasis mieten wollen. Mit eigener Übernachtungsmöglichkeit.

Äußere Hebriden, Orkney und Shetland

und hilfreiches Infocenter am Fähranleger.
◷ April–Okt tgl. 9–17 Uhr.

Inselrundfahrten
Wildabout Orkney, 5 Clouston Corner, Stenness, ☎ 01856-851011, 🖥 www.wildabout orkney.com. Seit mehr als 20 Jahren profilierter Touranbieter. Im Vordergrund stehen die Highlights auf Mainland und Hoy. Auf Nachfrage auch Touren auf Deutsch.

Taxis
Stromness Taxis, 16 John Street, ☎ 01856-852852. Nach Skara Brae kostet eine Fahrt 12 £, nach Kirkwall 20–22 £.

Transport

Busse
Auf Mainland ist Stagecoach der lokale Busanbieter. Linie X1 verkehrt Mo–Sa stdl. und So 6x von Stromness über Maeshowe nach KIRKWALL (30 Min.) und weiter nach ST MARGARET'S HOPE auf South Ronaldsay (1 Std.). Nur Mo/Do/So verkehrt 1–2x tgl. Linie 7 von Stromness über SKARA BRAE (15 Min.) und BIRSAY (30 Min.) weiter nach Dounby und KIRKWALL (1 1/4 Std.).

Schiffe
Die sehr bequeme und gut ausgestattete *MV Hamnavoe* von **Northlink Ferries**, ☎ 0845-6000449, 🖥 www.northlinksferries.co.uk, pendelt 2–3x tgl. zwischen SCRABSTER (s. S. 446) auf dem Festland und Stromness (1 1/2 Std.). Dabei passiert man die spektakuläre Klippenküste von Hoy mit dem Old Man of Hoy. Die Fahrpreise variieren je nach Jahreszeit. Tickets (einfach): ab 14,00 £ (Erw.), ab 7,30 £ (Kinder), ab 46,10 £ (Autos), Räder frei.
Tipp: Für Nutzer der Morgenfähre um 6.30 Uhr von Stromness nach Scrabster bietet die Reederei sehr günstige Kabinen an, die schon am Vorabend ab 21.30 Uhr belegt werden können (DZ ab 36,40 £, inkl. Frühstück). Eine Fußgänger-Fähre von **Orkney Ferries**, 🖥 www.orkneyferries.co.uk, die auch Räder mitnimmt, pendelt regelmäßig zwischen Stromness und MOANESS (30 Min.) auf der Nordseite von Hoy, Sa–So jedoch nur 2x tgl.

17 **HIGHLIGHT**

Das neolithische Zentrum von Mainland

Ein mächtiges Kammergrab mit ungewöhnlichen Wikingerrunen, ein mysteriöser Steinkreis, einsame Wächtersteine, ein bestens erhaltenes Steinzeitdorf und neue spannende Ausgrabungen, die ein weiteres Dorf zutage zu fördern scheinen – in dieser Dichte trifft man nirgends in Großbritannien auf derart vielfältige und beeindruckende Relikte der Steinzeit. Das 5000 Jahre alte neolithische Zentrum von Mainland zwischen dem Kammergrab von Maeshowe im Süden und dem Steinzeitdorf Skara Brae an der Westküste ist das absolute Highlight eines Orkney-Besuchs. Seit 1999 gilt es als Unesco-Weltkulturerbe. Zu den Steinzeitkulturen siehe auch S. 80.

Maeshowe
Unverdächtig steht ein grasbewachsener Hügel in einem grünen Feld an der Hauptstraße zwischen Stromness und Kirkwall. Im Hintergrund ist die schmale Landzunge zwischen den beiden großen Seen Loch Stenness und Loch Harray zu erkennen – eine landschaftliche Idylle.

Bei genauerem Hinsehen entdeckt man diverse Standing Stones als erste Wegweiser in die Steinzeit. Doch nichts bereitet Besucher auf den Gang in das magische Kammergrab von Maeshowe vor, ☎ 01856-761606, 🖥 www.historic-scotland.gov.uk, das vor rund 4700–5000 Jahren angelegt wurde. Ein knapp 11 m langer, mit Steinplatten ausgelegter Gang führt tief in das Innere des Grabhügels, bevor man plötzlich in einer großen, 4,50 m hohen **Grabkammer** steht. An drei Seiten sind Seitenkammern eingefügt. Den Haupteffekt der Kammer kann man allerdings nur drei Wochen vor und nach dem 21. Dezember erleben. Dann nämlich fallen die letzten Sonnenstrahlen des Tages genau durch die Eingangspassage auf die Rückseite der Grabkammer, wobei der sogenannte Barnhouse Stone direkt in einer Linie zwischen Eingang und Sonne steht. Die Erbauer von Maeshowe überließen nichts dem Zufall.

Die Grabkammer enthält jedoch noch eine zweite Sensation. Mehr als 3000 Jahre nach dem Verlassen von Maeshowe drangen im 12. Jh. Wikinger in die Kammer ein. Allerdings nicht immer ganz freiwillig, denn die *Orkneyinga Saga* berichtet, dass Earl Harald Maddadsson auf seinem Weg von Hamnavoe (Stromness) nach Firth (Finstown) in einen Schneesturm geriet und hier mit seinen Männern Zuschlupf fand. Die Kammer muss aber selbst den harten Männern unheimlich gewesen sein, da die Saga berichtet, zwei von ihnen seien wahnsinnig geworden.

Die Wikinger hinterließen auf ihren Besuchen an den Wänden die größte **Runensammlung** außerhalb von Skandinavien. Manche Botschaften sind mysteriös: „Im Nordwesten befindet sich ein großer Schatz", andere ziemlich angeberisch: „Diese Runen stammen vom begabtesten Runenschnitzer westlich des Ozeans". Und wie zur Bestätigung nutzt der Verfasser gleich zwei Runenschriften. Und auch die Angebetete wird bedacht: „Ingigerth ist die Schönste." Die Wikinger als Graffitikünstler ...

Maeshowe kann nur im Rahmen einer rund 50-minütigen Führung besucht werden. Tickets gibt es in der **Tormiston Mill** auf der anderen Straßenseite, wo auch der sehr kleine Parkplatz ist. Im Sommer reserviert man besser vorab per Telefon. Besonders beliebt sind die Sonnenuntergangsführungen im Dezember. Dann ist – sofern das Wetter es zulässt – auch eine Webcam aktiv, damit man den Sonnenuntergang gegen 14.30 Uhr im Netz bewundern kann, 🖥 www.maeshowe.co.uk. ⏱ Führungen April–Sep tgl. 10–16 (Juni–Aug auch 18–20), Okt–März 10–15 Uhr, Eintritt 5,20 £, erm. 4,20/3,10 £ (HS).

3 km westlich ist auf einer kleinen Landspitze am Loch Stenness mit dem **Unstan Cairn** übrigens ein weiterer Grabhügel in unmittelbarer Nähe. Dieser Cairn ist frei zugänglich, wenn man den schmalen Gang lang ins Innere kriecht.

Stones of Stenness und Ring of Brodgar

An der Zufahrt zum schmalen Isthmus zwischen Loch Stenness und Loch Harray stehen rechts im Feld die **Stones of Stenness**, die wie mahnende Zeigefinger in den Himmel ragen. Dahinter entdeckte man am Seeufer 1984 die mageren Überreste des Steinzeitdorfs **Barnhouse**. Die Grundmauern sind jedoch Rekonstruktionen.

Auf der nördlichen Seite der Landzunge steht die zweite große Steinzeitattraktion der Weltkulturerbestätte: Der **Ring of Brodgar** misst 104 m im Durchmesser, und von den ursprünglich 60 Steinen sind noch 36 erhalten, davon mehr als 20 aufrecht. Rund um den Steinkreis verlaufen ein Graben und ein flacher Erdwall. Der zwischen 2500 und 2000 v. Chr. errichtete Ring verfehlt aufgrund seiner markanten Lage zwischen den zwei Lochs auch landschaftlich nicht seine Wirkung. Man geht derzeit davon aus, dass er Maeshowe als zentrale Kultstätte ablöste.

Sensationell sind die Entdeckungen am unmittelbar benachbarten **Ness of Brodgar**. Hier wird seit einigen Jahren eine weitere Steinzeitsiedlung ausgegraben, die das Verständnis von Maeshowe und Brodgar deutlich verändert – zwei benachbarte Siedlungen sind etwas völlig Neues. Siedelten sich hier die „Priester" an, die den Ring für kultische Zwecke nutzten? Lebte hier die Oberschicht einer sich womöglich differenzierenden Gesellschaft? Oder handelte es sich doch eher um eine egalitäre Siedlung wie Skara Brae? Da die Ausgrabungen auch in den nächsten Jahren fortgesetzt werden sollen, darf man sich auf weitere Überraschungen freuen und hoffentlich auf einige Antworten.

Skara Brae

Ein kurzer Blick in eine Steinzeit-Küche oder auf die Regale im Wohnzimmer gefällig? Skara Brae, ✆ 01856-841815, 🖥 www.historic-scotland.gov.uk, ist die besterhaltene Steinzeitsiedlung Nordeuropas, die bisher ans Tageslicht gekommen ist. Beim Rundgang zwischen den halb im Boden versenkten Gebäuden hat man das Gefühl, man müsste eigentlich nur wieder ein Dach über die Häuser bauen und dann wäre Skara Brae erneut bewohnbar. Der Sand, der sich bis zu einem großen Sturm 1850 über das Dorf gelegt hatte, konservierte Skara Brae auf ähnliche Weise wie die Asche Pompeji, bloß dass es auf Orkney keinerlei Hinweise auf einen dramatischen Untergang gibt.

Um einen Eindruck vom Leben in der Steinzeit zu erhalten, sollte man sich nach dem **Einlei-**

Ring of Brodgar

Historic Scotland und Scottish Natural Heritage bieten ganzjährig kostenlose Ranger-Führungen zum Ring of Brodgar und zu den Stones of Stenness an. Für den Ring of Brodgar warten die **Orkney Ranger**, ☎ 01856-841732, im Juni–Aug tgl. um 13 Uhr am Parkplatz des Steinkreises und während des restlichen Jahres jeden Donnerstag zur selben Zeit. Im Sommer gibt es donnerstags um 10 Uhr zusätzlich eine kombinierte Steinkreis-/Vogelreservat-Tour, da die Umgebung des Rings ein Vogelschutzgebiet ist.

Stenness und Barnhouse werden von Juni–Aug jeweils Mo/Mi/Fr erkundet (Sep nur Mi). Startpunkt am Stenness-Parkplatz um 11 Uhr.

Hinweis. Auf Orkney sind fast alle Steinzeitdenkmäler frei zugänglich, auch wenn man bei Kammergräbern zumeist nur im Kriechgang oder fast schon rutschend ins Innere gelangt. Einige Gräber sind aber auch von oben offen. In Skara Brae erhält man weitere Infos zu den jeweiligen Anlagen.

tungsfilm in den Nachbau eines der Häuser begeben. Die **Siedlung** war durch ein überdachtes Gängesystem miteinander verbunden, sodass die kleine Gemeinschaft ziemlich eng zusammenlebte. Wahrscheinlich haben nie mehr als 20 Familien hier gewohnt, aber niemand weiß, wie viele Häuser womöglich vom Meer verschluckt worden sind. Skara Brae wurde augenscheinlich in zwei Phasen bewohnt, wobei die Gebäude der ersten fast vollständig überbaut wurden. Zu sehen ist also der Standard der Spätphase, die einen sehr differenzierten Wohnkomfort offenbart.

Nach dem Besuch der Ausgrabungen lohnt im Sommer der Besuch von **Skaill House**, der im Preis inbegriffen ist. Das Haus geht erst auf das 17. Jh. zurück, doch der Fund von zwölf Skeletten 1996 deutet auf die Existenz eines frühchristlichen Friedhofs hin.

🕐 April–Sep tgl. 9.30–17.30, Okt–März tgl. 9.30–16.30 Uhr, Eintritt Sommer 6,70 £, erm. 5,40/4 £ (mit Skaill House), Winter 5,70 £, erm. 4,70/3,40 £ (ohne Skaill House).

Von Skara Brae kann man übrigens bei schönem Wetter sehr gut an der Küste zurück nach Stromness laufen. Dabei passiert man die wil-

Äußere Hebriden, Orkney und Shetland

den Klippen von **Yesnaby** und kann in der Ferne die Klippen von Hoy erkennen. Für die knapp 14 km benötigt man gut vier Stunden und natürlich Wanderschuhe.

Informationen

Zentrale Anlaufstelle vor Ort ist das **Besucherzentrum** in Skara Brae.

Die Website von **Historic Scotland**, 🖳 www.historic-scotland.gov.uk, liefert detailliertere Angaben zu allen frei zugänglichen Steinzeitdenkmälern auf Orkney.

Eine äußerst informative und ausführliche **private Website** auf Englisch zur Geschichte und Kultur von Orkney ist 🖳 www.orkneyjar.com. Sigurd Towrie hat mit detailliertem Hintergrundwissen enorm viel Zeit in diese gelungene Internetpräsentation gesteckt. Wer mehr über Steinzeit, Brochs, Folklore und Sprache erfahren möchte, sollte sich unbedingt mal durchklicken.

Transport

Busse der Stagecoach-Linie X1 halten zwischen STROMNESS und KIRKWALL Mo–Sa stdl., So 6x an der Tormiston Mill/Maeshowe. Skara Brae wird nur Mo/Do/Sa 1–2x tgl. von Linie 7 zwischen Stromness und Kirkwall angefahren. Ggf. benötigt man für die Rückfahrt ein Taxi oder muss trampen.

Eine Alternative sind die **Tagesausflüge** von Stagecoach von Juni–Aug, die morgens in Kirkwall starten und für 7,25 £ den Ring of Brodgar, Skara Brae und die Italian Chapel ansteuern. Aktuelle Informationen im Busbahnhof von Kirkwall (s. S. 590).

Eine Alternative ist das Ausleihen eines **Fahrrads**. Von Stromness ist der reizvolle Bogen über Maeshowe und Skara Brae wieder zurück nach Stromness rund 30 km lang. Radverleih s. Stromness S. 578.

North Mainland und Rousay

Zum Brough of Birsay

Erste Station nördlich von Skara Brae ist die **Orkney Brewery**, ☎ 01667-404555, 🖳 www. sinclairbreweries.co.uk. 2010 wurde die Brauerei erweitert und ein Visitor Centre mit Café angebaut. Ab der Saison 2011 soll es dann auch Führungen geben.

Zurück an der Küste ist das Kitchener Memorial auf **Marwick Head** weithin sichtbar. Die Klippen hallen im Sommer vom Geschrei der Seevögel wider. Kurz vor Birsay ist die **Barony Mills**, ☎ 01856-771276, von 1873 die letzte funktionierende Wassermühle auf Orkney. Auf zwei Feldern werden 16 t der Ur-Gerste Bere angebaut, davon werden 13 t hier gemahlen. Abnehmer des Bere sind u. a. die Whiskybrennereien von Arran und Bruachladdich, aber auch Argo's Bakery in Stromness und Kirkwall backt wieder mit Bere. Der Müller lässt Besucher sogar selbst die Mühle anwerfen – Industriekultur zum Anfassen! ◷ Mai–Sep tgl. 10–13, 14–17 Uhr, Eintritt frei.

In Birsay zeugen die frei zugänglichen Reste des **Palace of Birsay** von der kurzen Renaissance-Periode auf Orkney, als die Earls in der zweiten Hälfte des 16. Jhs. noch einmal ihren Glanz dokumentieren wollten, bevor sie vom König entmachtet und enthauptet wurden. Schon im 11. Jh. war in Birsay die erste größere Kirche auf Orkney entstanden, bis sich durch den Bau der St Magnus Cathedral die Machtbasis der Earls langsam nach Kirkwall verlagerte.

Nur bei Niedrigwasser gelangt man hinüber auf die Gezeiteninsel **Brough of Birsay**, die von Historic Scotland verwaltet wird. Die mageren Reste einer Wikingersiedlung und die Kirchenruine aus dem 12. Jh. sind weniger sehenswert als der Leuchtturm und das Küstenpanorama mit dem Kitchener Memorial am Horizont. Im Frühsommer nisten sogar einige scheue Papageientaucher in den Klippen. ◷ Juni–Sep tgl. 9.30–17.30 Uhr (bei Niedrigwasser), Eintritt 3,20 £, erm. 2,70/1,90 £, ansonsten frei zugänglich.

Von Kirbuster nach Harray

Eine Fahrt durch die Inselmitte führt zu landwirtschaftlich geprägten Attraktionen. Das **Kirbuster Museum**, ☎ 01856-771268, ist ein kleines Farmhaus-Museum, das noch vor 50 Jahren bewohnt war. Drinnen verbreitet ein Torffeuer Wärme und Atmosphäre, draußen sind der schöne Garten und die alten Farmgeräte sehenswert. ◷ März–Okt Mo–Sa 10.30–13, 14–17, So 12–17 Uhr, Eintritt frei.

Mit einer Scheunenmühle, einem Webstuhl und auch mit dem obligatorischen Torffeuer bietet das **Corrigall Farm Museum**, ☎ 01856-771411, bei Harray eine weitere Möglichkeit, sich mit dem bäuerlichen Leben auf Orkney im 19. und frühen 20. Jh. vertraut zu machen. ⏲ März–Okt Mo–Sa 10.30–13, 14–17, So 12–17 Uhr, Eintritt frei.

Der Töpfer Andrew Appleby verkauft in seiner **Fursbreck Pottery**, ☎ 01856-771419, 🖥 www.applepot.co.uk, in Harray nicht nur seine kunstvollen Produkte, sondern bietet auch Töpferkurse, Käse und geräucherten Lachs an. ⏲ April–Dez Mo–Sa 10–17.45, So 14–17.30 Uhr.

Broch of Gurness

Von der Steinzeit in die Eisenzeit: Vor rund 2000 Jahren waren kühlturmartige Brochs der letzte Schrei der Baubranche und am Eynhallow Sound zwischen Mainland und Rousay standen mehr als zehn davon. Brochs boten Schutz vor Angriffen, doch warum und wieso plötzlich derartig wehrhafte Türme entstanden, liegt wie so vieles aus der orcadischen Vergangenheit im Dunkeln. Das Broch of Gurness, ☎ 01856-751414, 🖥 www.historic-scotland.gov.uk, ist insofern besonders, als rund um die Grundmauern des Brochs eine größere Siedlung erhalten blieb. Ein Kistengrab, ein Mühlstein, ja sogar ein Haus mit einer Stein-Toilette sind zu erkennen. Gerade letzteren Luxus hatten viele Farmhäuser zu Beginn des 20. Jhs. noch nicht, was viel über den hohen Zivilisationsstand früherer Kulturen auf Orkney aussagt. Man schätzt, dass bis zu 200 Menschen rund um das Broch wohnten, was Gurness selbst heute zu einer der größeren Siedlungen auf Orkney machen würde. ⏲ April–Okt tgl. 9.30–17.30 Uhr, Eintritt 4,70 £, erm. 3,80/2,80 £.

Rousay

Von **Tingwall** geht es mit der Fähre hinüber zur Insel Rousay (ca. 250 Einwohner), die vor allem auf der Südseite einige neolithische Highlights offenbart. Am besten leiht man sich am **Trumland Farm Hostel**, ☎ 01856-821252, 1 km nordwestlich des Anlegers, ein Rad aus, denn die gesamte Inselrundfahrt ist nur 22 km lang. Allerdings gibt es unterwegs zwei ernstzunehmende Steigungen.

Gleich oberhalb des Anlegers wird **Trumland House** derzeit noch renoviert, aber die Gärten

bilden schon jetzt einen farbenfrohen Kontrast zur ansonsten kargen Küstenlandschaft. ⏲ Mai–Okt tgl. 10–17 Uhr, Eintritt 1,50 £. Nach Westen zu passiert man an der Straße die beiden 4500 Jahre alten Kammergräber **Taversöe Tuick** und **Blackhammer Chambered Cairn**, die frei zugänglich sind.

Rund 8,5 km westlich vom Anleger liegt die Hauptattraktion von Rousay: Tief unterhalb der Straße wurde am Ufer der **Midhowe Chambered Cairn** zum Schutz unter einer riesigen Wellblechkonstruktion verpackt. Drinnen ist das ca. 5500 Jahre alte Gemeinschaftsgrab eine echte Sensation und in dieser Größe eine Rarität. Zu beiden Seiten des zentralen Gangs wurden je 12 Abteile angelegt, die Begräbnissen dienten. Das Ganze wirkt wie eine Art steinzeitliches Zugabteil. Die Größe der Anlage führte zu der Annahme, Rousay könne zwischen 3500 und 3000 v. Chr. womöglich eine Art Begräbnisinsel gewesen sein, bevor Anlagen auf Mainland diese Funktion übernahmen. Jedenfalls scheint Midhowe deutlich älter als Maeshowe zu sein.

Gleich nebenan entstand in der Eisenzeit ein gut erhaltener **Broch** – damals war das Steinzeitgrab jedoch schon 3500 Jahre alt! Beide Anlagen sind frei zugänglich.

Wer die Insel ganz umrundet, kann einen Blick auf das vorgelagerte Eiland **Eynhallow** hinüberwerfen. Der *Orkneyinga Saga* zufolge wurde dort der später heiliggesprochene Magnus Erlendsson ermordet.

Übernachtung und Essen

Birsay Bay Tearoom, Birsay, ☎ 01856-721399, 🖥 www.birsaybaytearoom.co.uk. Modernes Café mit dem Charme einer Kantine, aber fantastischem Blick aufs Meer und Brough of Birsay, Ferngläser liegen bereit. Das Gemüse kommt aus eigenen Gewächshäusern, die Suppen sind lecker und es gibt Kekse aus der Ur-Gerste Bere. Sehr freundlicher Service. ⏲ April/Okt Mi–So 11–15.30, Mai/Sep Mi–So 11–17, Juni–Aug tgl. 11–17 Uhr.

€ **Birsay Outdoor Centre**, Birsay, ☎ 01856-8735352415 (Mo–Fr 9–17 Uhr), sonst ☎ 01856-721470 (Larraine Jones), 🖥 www.hostelsorkney.co.uk. Hostel und Campingwiese in einem. Günstige Unterkunft im Nordwesten von Mainland. ◷ April–Sep. Dorm-Bett ab 12,90 £.

Linkshouse B&B, Birsay, ℡ 01856-721221, 🖥 www.ewaf.co.uk. 2 ansprechende DZ bei Barbara Williamson, einer freundlichen älteren Dame. Die Lounge und der Wintergarten sind super gemütlich, nur leider ohne Seeblick. ❸

Busse

Linie 7 fährt Mo/Do/Sa 1–2x tgl. von STROMNESS über Birsay und Harray nach Kirkwall (ca. 1 Std.) und zurück.
Linie 8 hält Mo–Fr 1x tgl. auf der Strecke zwischen Stromness und Kirkwall ebenfalls in Harray (ca. 45 Min.).
Linie 6 verkehrt Mo–Fr 2x tgl. von Birsay via Tingwall nach KIRKWALL (ca. 45 Min.).

Schiffe

Tgl. mehrfach Überfahrten mit **Orkney Ferries**, 🖥 www.orkneyferries.co.uk, von TINGWALL nach Rousay (35 Min.). Tickets (einfach): 3,60/11,50 £ (Fußgänger/Auto).

Kirkwall und Umgebung

George Mackay Brown nannte die Hauptstadt der Orkney Islands liebevoll eine „900 Jahre alte Saga in Stein". Kirkwall ist in der Tat eine Gründung aus der Wikingerzeit und mit knapp 6200 Einwohnern das politische, gesellschaftliche und kulturelle Zentrum der Inselgruppe.

Die Wikinger schätzten den geschützten Landeplatz in der Peerie-Bucht, wo heute der Busbahnhof und die Touristeninformation angesiedelt sind. Der Hafen ist Ausgangspunkt für die Fährfahrten zu den North Isles und zugleich beliebter Anlaufpunkt für Sportjachten. Draußen auf der Reede ankern im Sommer oftmals Kreuzfahrtschiffe, während die Northlink Ferries ihren Service nach Aberdeen und Lerwick seit einigen Jahren von einem neuen Pier nordwestlich von Kirkwall betreiben.

Von der Hafenfront zieht sich *The Street* durch die Altstadt ins eigentliche Zentrum. Kleine Geschäfte und Cafés säumen den nördlichen Teil dieser zentralen Gasse, die offiziell Bridge Street und dann Albert Street heißt. Schließlich weitet sich die schmale Gasse und Besucher stehen unvermittelt vor der Hauptattraktion von Kirkwall.

St Magnus Cathedral

Wer durch die kleinen Gassen der Altstadt herübergeschlendert ist, wird erstaunt die Größe der Sandsteinkirche bewundern: Die St Magnus Cathedral ist das bedeutendste Bauwerk in Schottland, das aus der Wikingerzeit erhalten blieb, und ein beeindruckendes Kirchengebäude. Die *Orkneyinga Saga* berichtet, wie Rognvald Kali Kolsson auf Anraten seines Vaters den Bau „eines großartigen steinernen Münsters" zu Ehren seines heiliggesprochenen Onkels Magnus Erlendsson gelobt, sollte er alleiniger Earl von Orkney werden. Magnus war 20 Jahre zuvor auf Egilsay hinterhältig ermordet und zum Märtyrer erklärt worden. Rognvalds weltliche Pläne waren erfolgreich, und so ließ er 1137 den Grundstein für „das Licht des Nordens" legen.

Das kunstvoll gestaltete dreiteilige Eingangstor erinnert ein wenig an norddeutsche Backsteinkirchen. Drinnen zeugen romanische und gotische Elemente von den architektonischen Entwicklungen während der 300-jährigen Bauzeit. Die wuchtigen Pfeiler, die schlichte Eleganz und die kunstvollen Details wie die Blindarkaden in den Seitenschiffen verleihen der Kirche eine würdevolle Aura. Interessant ist auch die Zweifarbigkeit, denn neben dem roten wurde auch gelblicher Sandstein verbaut.

Rund um den Chor befinden sich Grabsteine aus dem 17. Jh. 1919 gelang ein besonderer

Scott's Rd.
Garrison Rd.
Grainshore Rd.
A965
Stromness
North Isles
Shore St.
Mount Dr. Terr.
Cromwell St.
Ayre Rd.
Harbour St.
St Catherines Pl.
Cromwell Dr.
East Rd.
Burnmouth Rd.
Mount Dodie Lane
Willowburn Rd.
Berstane Rd.
Pickaquoy Centre
Pickaquoy Rd.
Orkney Library
Orkney Museum
Union St.
Clay Loan
Castle St.
Broad St.
Albert St.
Mill St.
Cairers Park Rd.
Willow Rd.
Muddisdale
West Tankern. Ln.
Tankerness Lane
St Magnus Cathedral
Palace Rd.
St Magnus Centre
Earl's Palace
Victoria St.
Watergate
Bishop's Palace
School Pl.
POLIZEI
St Rognvald St.
Thoms St.
Finstown,
Wideford Hill Cairn,
Cuween Hill Cairn
Union St.
Victoria Rd.
Buttquoy Crescent
Junction Rd.
George St.
Glaitness Rd.
High St.
Wellington St.
Main St.
Manse Rd.
Homerquoy
Clay Loan
George St.
Laverock Rd.
Earl Thorfinn St.
Bignold Park Rd.
The Meadows
Scapa Rd.
Nicolson St.
Pipersquoy Rd.
Scapa Rd.
Summerdale Ct.
Calder Ct.
Waverefield Ct.
Clydesdale Crescent
Tolm Rd.
Kirkwall, Dennes
A964
Orphir, Houton (Fähranleger Hoy)
Churchill Barriers, South Ronaldsay, Highland Park Distillery
Holm Branch Rd.
New Scapa Rd.
Scapa Crescent
Royal Oak Rd.
Easdale Loan
A961

Fund, als man einen Schädel mit einem Loch entdeckte. Dabei könnte es sich tatsächlich um den Schädel von Magnus handeln, denn die Wunde passt genau zu der Beschreibung in der *Orkneyinga Saga*.

Die Kirche gehört übrigens der Gemeinde Kirkwall und nicht der Church of Scotland, da König James III. sie schon 1488 den Bürgern schenkte. Einen Bischof gibt es auch nicht, doch wie in vielen schottischen Kirchen blieb die Bezeichnung Kathedrale erhalten. Im Sommer finden dienstags und donnerstags interessante Führungen durch die oberen Stockwerke des Bauwerks statt. ⏱ April–Sep Mo–Sa 9–18, So 13–18, Okt–März Mo–Sa 9–13, 14–17 Uhr, Eintritt frei.

Jenseits des alten Friedhofs wird im **St Magnus Centre**, Palace Road, ✆ 01856-878326, ein 15-minütiger Film zum Leben und Tod von Magnus sowie zum Kathedralenbau gezeigt. Das Ganze ist recht spirituell, aber informativ und kostenlos. Im Sommer gibt es gelegentlich Abende mit orcadischer Folkmusik. ⏱ April–Sep Mo–Sa 9.30–17.30, So 13.30–17.30, Okt–März Mo–Sa 12.30–14 Uhr, Eintritt frei.

Äußere Hebriden, Orkney und Shetland

Das prächtigste Gebäude aus der Wikingerzeit ist Kirkwalls gotische Kathedrale.

Earl's Palace und Bishop's Palace

Seitlich der St Magnus Cathedral befinden sich zwei beachtliche Ruinen an der Palace Road, die mit einem einzigen Ticket von Historic Scotland besichtigt werden können. Der **Earl's Palace**, ℡ 01856-871918, ⌨ www.historic-scotland.gov. uk, geht auf den letzten Earl von Orkney zurück. Patrick Stewart war ein ehrgeiziger und skrupelloser Herrscher, der nicht nur in Kirkwall, sondern auch in Birsay und sogar in Scalloway auf Shetland (s. S. 607) Renaissance-Residenzen errichten ließ. Nicht alles davon wurde fertiggestellt, denn 1615 wurden Patrick und sein Sohn in Edinburgh hingerichtet. Sowohl König James VI. wie auch konkurrierende Adelige und Landbesitzer entledigten sich so eines unliebsamen Machtfaktors. Das Erdgeschoss des Palasts ist noch vollständig erhalten.

Nur durch die pittoreske Gasse Watergate voneinander getrennt, entstand nebenan der **Bishop's Palace** wahrscheinlich zeitgleich zum Bau der Kathedrale im 12. Jh. Auf seinem Rückweg von der verlorenen Schlacht bei Largs starb 1263 der norwegische König Hakon in dem Palast. Damit ging die norwegische Herrschaft über die Hebriden zu Ende und auch auf Orkney und Shetland begann die Machtbasis langsam zu erodieren. Interessant ist die Besteigung des kleinen Turms. ☉ April–Okt tgl. 9.30–17.30 Uhr, Eintritt 3,70 £, erm. 3/2,20 £ (HS).

Orkney Museum

Ebenfalls im Kathedralenbezirk liegt in dem über 450 Jahre alten Tankerness House das sehr breit gefächerte Orkney Museum, Broad Street, ℡ 01856-873191, ⌨ www.orkney.gov.uk. Auf einer langen Zeitreise von der Steinzeit bis in die Gegenwart werden Besucher kurzweilig durch die Geschichte Kirkwalls und der Orkney Islands geführt. Ausgestellt sind Knochenwerkzeuge, eine Streitaxt, ein piktischer Symbolstein mit Adler und Spiegel sowie das Schiffsgrab von Sanday, das aus der Wikingerzeit stammt. ☉ Mai–Sep Mo–Sa 10.30–17, Okt–April Mo–Sa 10.30–12.30, 13.30–17 Uhr, Eintritt frei.

Highland Park Distillery

Am südlichen Stadtrand ist die 1798 gegründete Highland Park Distillery, Holm Road, ℡ 01856-874619, ⌨ www.highlandpark.co.uk, die nördlichste Destille Schottlands. Die Gebäude sind mit der Zeit ganz schwarz geworden; die Gerste wird traditionsbewusst beim Malzen noch auf dem Boden ausgelegt und aus den Pagodentürmchen entweichen die Dampfwolken des Torffeuers. All das macht Highland Park für Besucher zu einer der interessantesten Brennereien. ☉ April/Sep Mo–Fr 10–17, Mai–Aug Mo–Sa 10–17, So 12–17, Okt–März Mo–Fr 13–17 Uhr, Führungen 6 £, erm. 5 £.

Wideford und Cuween Hill Cairns

An der alten Straße von Kirkwall nach Finstown liegt am Wideford Hill das rund 5000 Jahre alte Kammergrab **Wideford Hill Cairn**. Und am Ortsrand von Finstown befindet sich links am Hang der **Cuween Hill Cairn**, ein Gemeinschaftsgrab, das ähnlich alt ist.

Orkneyinga Saga Centre

In **Orphir**, unweit des Hoy-Anlegers in Houton, stehen die Reste einer Rundkirche aus dem 12. Jh. Wesentlich interessanter ist aber das benachbarte Orkneyinga Saga Centre, ℡ 01856-873191, das eine sehr gute Einführung in die Sagenwelt der Wikinger liefert. Mord und Totschlag ziehen sich durch die *Orkneyinga Saga*, die um 1200 auf Island entstand, um die Helden- und Missetaten der Vorfahren festzuhalten. Orkney galt als die „alte Welt", die Earls waren reich und mächtig, und so bewunderte man im fernen Island die Verwandten im Osten. Der 17-minütige Film ist unterhaltsam, genau wie die leicht ironische Ausstellung. Die Saga ist auf Englisch in Buchform erhältlich und gut lesbar (s. S. 621). Auch ist längst nicht alles Fiktion, da sich viele Orte und Ereignisse tatsächlich aufspüren lassen.

Bei der Lektüre erhält man einen guten Eindruck von den ständigen Fehden zwischen den rivalisierenden Anwärtern auf den Earl-Titel, von den Machtkämpfen mit den norwegischen, schottischen und englischen Königen. Anscheinend waren die Wikinger nicht für Ackerbau und Viehzucht geschaffen und die Männer langweilten sich im Winter fürchterlich. Denn im Frühjahr stiegen sie wie der Draufgänger Svein Asleifarson auf ihre Langschiffe, um im Süden zu plündern, Earl Rognvald beteiligte sich gar an einem Kreuzzug ins Heilige Land – je weiter, desto besser. Doch gegen Ende des 12. Jhs. ging diese erfolgreiche Zeit der Raubzüge langsam zu Ende, weil sich die Herrscher im Süden immer besser organisierten. So galt es stattdessen, auf Orkney endgültig sesshaft zu werden. ⏲ tgl. 9–17 Uhr, Eintritt frei.

Übernachtung

Kirkwall ist mit Unterkünften gut aufgestellt, allerdings gibt es im Stadtzentrum nicht viele günstige Angebote. Die großen Hotels sind rumpint multifunktional auch Restaurants und Pubs. Im Sommer sollte man frühzeitig buchen, da es schnell voll werden kann.

Crossford B&B, St Ola, ☎ 01856-876142, ✉ heatherandbobbo@yahoo.co.uk. An der Ausfallstraße nach Süden vermietet Heather Herbertson ein Zimmer. Von dem freistehenden Haus kann man weit über Scapa Flow hinweg nach Hoy und sogar bis zum Festland gucken. ❷

Kirkwall Youth Hostel, Old Scapa Road, ☎ 01856-872243, 🖥 www.hostelling scotland.org.uk. SYHA-Hostel am südwestlichen Ortsrand in einigen ehemaligen Armeebaracken. Vom Äußeren darf man sich nicht abschrecken lassen, denn innen ist die Herberge sehr nett eingerichtet. Dorm-Bett ab 16 £.

Orcades Hostel, Muddisdale Road, ☎ 01856-873745, 🖥 www.orcadeshostel. com. Modernes und komfortables B&B in der Nähe des Pickaquoy Centre am westlichen Stadtrand. Alle Zimmer haben eigene Dusche/WC und oben gibt es eine hervorragend ausgestattete Küche mit Lounge und Internet-Computern. Dorm-Bett ab 17 £. Die Mutter der Hostel-Eigentümer betreibt nebenan übrigens das sehr einladende und günstige **Brekkness B&B**, ☎ 01856-874317. ❷

Pickaquoy Camping, Muddisdale Road/Pickaquoy Road, ☎ 01856-879000, 🖥 www. pickaquoy.co.uk. Freundlicher Campingplatz neben dem Pickaquoy Centre am westlichen Stadtrand. ⏲ April–Sep.

Pomona B&B, 9 Albert Street, ☎ 01856-872325, 🖥 www.pomona catering.co.uk. Für den Preis und die super-zentrale Lage ist die Unterkunft voll okay. Unten öffnet ab 8 Uhr das Pomona Café, das auch Frühstück serviert. Sehr günstig, wenn man z. B. mit den Fähren Tagesausflüge machen möchte. ❷

Sanderlay Guest House, 2 Viewfield Drive, ☎ 01856-875587, 🖥 www.sanderlay.co.uk. Ansprechende Unterkunft in einem modernen Wohnviertel am östlichen Stadtrand. ❷

The Kirkwall Hotel, Harbour Street, ☎ 01856-872232, 🖥 www.kirkwallhotel.com. Ein viktorianischer Hauch weht durch das repräsentative Hotel an der Hafenfront. Man sollte sich unbedingt ein Zimmer mit Blick über die Bucht gönnen, dann ist man auch nicht über dem sympathischen Pub untergebracht, der am Wochenende proppenvoll wird. Sehr einladend und gut ist auch das Restaurant (s. „Essen"). ❹

West End Hotel, Main Street, ☎ 01856-872368, 🖥 www.westendkirkwall.co.uk. Gediegenes Hotel im ruhigen Südteil der Altstadt. Die Zimmer sind ansprechend eingerichtet und die regionale Küche ist vielseitig. In der ganz in Rot gehaltenen Lounge kann man auch ein Bierchen trinken. ❸

Essen und Unterhaltung

Smiddies, 21 Albert Street, ☎ 01856-875576. Smiddies ist unten ein Feinkostladen mit vielen vegetarischen und Bioprodukten sowie einem Café. Im 1. Stock gibt es ein stilvolles und gehobenes Restaurant mit freundlicher Bedienung. In Kirkwall die beste Adresse. ⏲ Laden/Café tgl. 9–19, Restaurant tgl. ca. 13–21 Uhr.

St Magnus Café, Broad Street, ☎ 01856-873354. Im Community Centre gegenüber der Kathedrale sieht es zwar ein wenig aus wie in einer Kantine, dafür sind Kaffee, Kuchen, Sandwiches und Suppen günstig und das Café liegt mitten im Besichtigungsviertel. ⏲ Mo–Sa 9.30–16 Uhr (im Sommer auch Mo/Mi/Do 19–22 Uhr).

The Kirkwall Hotel, s. „Übernachtung". Chefkoch Georgie Laurie bringt im Hotelrestaurant viele Orkney-Delikatessen vom Feld und aus dem Meer auf den Tisch. Abends, wenn die Sommersonne über dem Hafen untergeht, fallen

Äußere Hebriden, Orkney und Shetland

die letzten Sonnenstrahlen durch die große Fensterfront in den Speisesaal – sehr stimmungsvoll. Und für das Pint zum Abschluss kann man gleich in den hauseigenen Pub gehen. ⏰ Küche tgl. 12–21 Uhr.

The Reel, 6 Broad Street, ☎ 01856-871000, 🖳 www.wrigleyandthereel.com. Die Wrigley-Schwestern sind sehr musikalisch und haben eine eigene Musikschule. Da wundert es nicht, dass sich das relaxte Café neben der Kathedrale samstagabends in eine lebendige Folkkneipe mit Live-Sessions wandelt. Wer will, kann auch gleich eine Fiddle kaufen. ⏰ Mo–Fr 8.30–18.15, Sa auch 20–24 Uhr.

Zwei vor allem am Wochenende lebendige Pubs sind das eher moderne **Torvhaug**, Bridge Street, neben dem Kirkwall Hotel, sowie die eher klassische **Bothy Bar** im Albert Hotel, Mounthoolie Lane.

Sonstiges

Autovermietungen

Gerade im Sommer sollten Mietwagen möglichst weit im Voraus bestellt werden, damit die Wunschklasse vorrätig ist. Ermäßigungen gibt es zumeist ab 3 Tagen Miete.

Traditionelle Orkney-Stühle

Fraser Anderson ist erst Mitte 20, aber bereits ein anerkannter Meister seines Fachs. Der sympathische Mann fertigt per Hand traditionelle **Orkney Chairs**, New Scapa Road, ☎ 01856-870523, 🖳 www.orkneyhandcrafted-furniture.co.uk. Die ungewöhnlichen Sitzmöbel sind in den letzten Jahren wieder in Mode gekommen. Markant sind die hohen Ruckenlehnen, die z. T. von einer „Kapuze" gekrönt werden. In dem Werkstattladen erläutert Anderson die Herstellung und lädt zur Sitzprobe ein, da alles maßgefertigt wird. Die Preise sind dementsprechend, doch wer auf den Geschmack gekommen sein sollte – Anderson hat derzeit bis zu zwei Jahre Wartezeit! Zur Verarbeitung sucht er übrigens Treibgut vom Strand, da Orkney nicht gerade für ausgedehnte Wälder bekannt ist. Ähnliche Stühle gab es früher übrigens auch auf Shetland.

W. R. Tullock (Orkney Car Rental), Castle Street, ☎ 01856-875500, 🖳 www.orkneycarrental.co.uk. Autos ab 32 £/Tag.

James D. Peace (Orkney Car Hire), Junction Road, ☎ 01856-872866, 🖳 www.orkneycarhire.co.uk. Ebenfalls Autos ab 32 £/Tag.

Einkaufen

Focus on Orkney Craft Shop, 2 Bridge Street, ☎ 01856-873479. Töpferware von Fursbreck (s. S. 583) und Produkte von anderen Kunsthandwerkern des Orkney Craft Trails. ⏰ Mo–Sa 9–17 Uhr.

Ortak Jewellery, Hatston Road, ☎ 01856-872224, 🖳 www.ortak.co.uk. Am westlichen Ortsrand Schmuck von Orkney in traditionellen Mustern. Im großen Werkstattladen gibt es auch einen Film sowie Vorführungen der Schmuckherstellung. ⏰ Mo–Sa 9–17 Uhr.

Fahrradverleih

Cycle Orkney, Tankerness Lane, ☎ 01856-875777, 🖳 www.cycleorkney.com. Radverleih unweit der Kathedrale (15 £/Tag), auch Kinderräder (6 £/Tag).

Feste

Orkney Folk Festival, Ende April, s. Stromness S. 578.

St Magnus Festival, Mitte Mai, 🖳 www.stmagnusfestival.com: Hochkarätiges 5-tägiges Festival rund um die St Magnus Cathedral sowie über den ganzen Archipel verteilt. Klassische Musik steht im Vordergrund, aber auch Theater – ein Kunstgenuss.

Informationen

Kirkwall VisitOrkney Information Centre, West Castle Street, ☎ 01856-872856, 🖳 www.visitorkney.com. Neben Stromness die zentrale Touristeninformation für Orkney mit Zimmervermittlung und einer großen Auswahl an Broschüren, auch zu den kleineren Inseln. Unbedingt vor dem jeweiligen Besuch hier eindecken. ⏰ Juni–Aug Mo–Sa 9–18, So 12–18, Sep–Mai Mo–Fr 9–17, Sa 10–16 Uhr.

Äußere Hebriden, Orkney und Shetland

The Ba': Eine archaische Ball-Schlacht

Jedes Jahr am 25. Dezember und am 1. Januar versammeln sich mehrere hundert Männer von Kirkwall im Angesicht der Kathedrale vor dem Marktkreuz. Doch es geht nicht etwa um eine Freiluftandacht, sondern um ein handfestes Geraufe: Ein Ball (The Ba') wird in die Menge geworfen, verschwindet augenblicklich im Gedränge und taucht mitunter für ewige Zeiten nicht wieder auf, während die Rauferei immer wilder wird. Die Polizei schreitet aber auch im hitzigsten Gefechtsmoment nicht ein, denn seit mehr als 800 Jahren ist das lautstarke Spektakel ein fester Termin im Kalender.

Alles dreht sich um die Rivalität der *Doonies*, der Leute des Earls nördlich der Kathedrale,

und der *Uppies*, der Leute des Bischofs im Süden der Altstadt. Ziel des Gerangels ist es, den Ball entweder im Hafen zu versenken (wobei ein Doonie hinterherspringen muss ...) oder aber am Südende der Altstadt zu deponieren (ohne zusätzliche Mutprobe). Als Spielfeld fungiert dabei die ganze Stadt; der Weg zum Ziel ist egal.

Während das Männer-Ba mittags um 13 Uhr beginnt, legen sich die Jungen schon morgens ins Zeug. Aufgrund der zahlenmäßig überlegenen Uppies hatten die Doonies in den letzten Jahren kaum Erfolgschancen, umso größer ihr Jubel, als sie 2009 einen „historischen" Sieg über die Leute des Bischofs erzielten.

Internet

Orkney Library, 44 Junction Road, ☎ 01856-873166, 🖥 www.orkneylibrary.org.uk. Kostenloses Internet in der modernen Inselbibliothek. ⏰ Mo–Do 9.15–18.45, Fr 9.15–16.45, Sa 9.15–16.30 Uhr.

Taxis

Craigies Taxis, West Tankerness Lane, ☎ 01856-878787.

Transport

Busse

Die zentrale Bushaltestelle ist das **Kirkwall Travel Centre** mit der Touristeninformation an der Junction Road, Ecke West Castle Street.

Für Touristen ist vor allem die Linie X1 von STROMNESS (30 Min.) über Kirkwall nach ST MARGARET'S HOPE (30 Min.) auf South Ronaldsay interessant, die Mo–Sa stdl. und So 6x verkehrt.

Linie 2 fährt Mo–Sa mehrmals tgl. nach HOUTON (20 Min.), wo die Autofähre nach Lyness/Hoy ablegt.

Linie 4 verkehrt regelmäßig zum KIRKWALL AIRPORT (15 Min.).

Für die Linien 6, 7 und 8, die North Mainland ansteuern, s. S. 584.

Schiffe

Vom Fährterminal im nordwestlich gelegenen Gewerbegebiet Hatston verkehren die bequem ausgestatteten **Northlink Ferries**, ☎ 0845-6000449, 🖥 www.northlinkferries.co.uk, sowohl nach ABERDEEN (2–3x pro Woche, 7 Std.) wie auch nach LERWICK (3–4x pro Woche, ca. 8 Std.). In beiden Richtungen legen die Fähren in Kirkwall erst zwischen 23 und 24 Uhr an und ab, sodass die Weiterfahrt nachts erfolgt. Tickets (einfach, je nach Saison bis zu 50 % Aufschlag): Kirkwall–Aberdeen: ab 17,90 £ (Erwachsene), ab 70,60 £ (Autos); Kirkwall–Lerwick ab 15,20 £ (Erwachsene), ab 54,60 £ (Autos). Kinder zahlen etwa den halben Preis, Räder sind grundsätzlich frei. Für einen Platz in einer Vierer-Kabine zahlt man ab 20 £ p. P., für eine ganze Kabine ab 58,70 £. Stadtbüro: Kiln Corner, ⏰ Mo–Fr 9–17 Uhr.

Vom Stadthafen in Kirkwall bedient **Orkney Ferries**, Shore Street, ☎ 01856-872044, 🖥 www.orkneyferries.co.uk, im Linienverkehr die North Isles (s. S. 595).

Flüge

Kirkwall Airport, ☎ 01856-872421, 🖥 www.hial.co.uk, im Osten der Stadt, bietet regelmäßige Verbindungen mit **Flybe**, 🖥 www.flybe.com, von/nach:

ABERDEEN, 2–3x tgl., 50 Min., ab ca. 40 £.
EDINBURGH, 1–3x tgl., 1 1/4 Std., ab ca. 55 £.
GLASGOW, 1x tgl., 1 1/4 Std., ab ca. 55 £.
INVERNESS, 1–2x tgl., 45 Min., ab ca. 45 £.
SUMBURGH/SHETLAND, 1–2x tgl., 35 Min.,
ab ca. 35 £.
Loganair, ✆ 01856-872494, 🖥 www.loganair.
co.uk, ist für die Linienflüge zwischen Kirkwall
und den North Isles sowie zwischen den Inseln
selbst zuständig. Die Flugzeiten bewegen
sich von Kirkwall aus zwischen 10 und 20 Min.
Die Flüge nach PAPA WESTRAY und NORTH
RONALDSAY sind besonders stark subventio-
niert und kosten nur 34 £ hin und zurück, zu den
anderen Inseln ist der Flugpreis doppelt so hoch,
um den Fähren keine Konkurrenz zu machen.

East Mainland
und South Ronaldsay

Kirkwall ist eine gute Basis, um auch den Osten
von Mainland und die ehemalige Insel South Ronaldsay zu erkunden. Auf South Ronaldsay befinden sich zudem zwei Anleger für Fähren zum
Festland (s. S. 592).

Deerness und Mull Head
Eine sehr schöne kleine Küstenwanderung beginnt am Ende der Straße in Deerness, das man
über eine schmale Landenge erreicht. Wenige
Schritte vom Parkplatz für das Mull Head Local
Nature Reserve ist das **Gloup of Deerness** eine
spannende Klippenformation. Die ehemalige
Seehöhle ist auf einer Länge von fast 100 m
durch den Einsturz der Decke nach oben offen.

An der Küste führt der Weg nach Norden
zum inselartigen **Brough of Deerness**, das über
eine Treppe und ein Felsentor zu erreichen ist.
Die Reste einer kleinen Steinkriche verblassen
vor der wunderbaren Klippenlandschaft, die
u. a. Tordalken und Gryllteisten Nistplätze bietet. Nach gut einem weiteren Kilometer ist **Mull
Head** erreicht, die nordöstliche Landspitze.

Churchill Barriers und Italian Chapel
Im Oktober 1939 gelang einem deutschen U-Boot
ein Überraschungsangriff, weil es sich durch die
schmalen Sunde zwischen Mainland, Burray

und South Ronaldsay hindurch geschlichen hatte. Kapitänleutnant Prien ließ die *Royal Oak* mit
800 Seeleuten versenken, deren Wrack bis heute als Kriegsfriedhof für Taucher absolut tabu ist.
Während Prien von der Hitler-Propaganda gefeiert wurde, beschloss die schockierte britische
Navy den Bau eines Dammsystems zwischen
den Eilanden, das unter dem Namen **Churchill
Barriers** allgemein bekannt wurde und heute Teil
der A 961 ist.

Gebaut wurden die Dämme zum großen Teil
von italienischen Kriegsgefangenen. Diese schufen auf dem Mini-Eiland **Lamb Holm** aus zwei
Wellblechbaracken eine eigene Kapelle. Die
Italian Chapel ist eine ungewöhnliche Sehenswürdigkeit mit viel Atmosphäre.

Gleich nebenan hat sich die **Orkney Wine
Company**, ✆ 01856-878700, 🖥 www.orkneywine.
co.uk, angesiedelt. Der Gründer Emile van
Schayk stammt aus Holland und produziert hier
leckere Obstweine, die man vor Ort auch probieren kann. Kaffee und *oatcakes* sind aber auch
im Angebot. ◷ März Mo–Sa 12–16, April/Okt
Mo–Sa 11–16, So 13–16, Mai–Sep Mo–Sa 10–18,
So 12–16, Nov–Dez Mo–Fr 11–14 Uhr.

Burray
Auf der größten Insel zwischen Mainland und
South Ronaldsay lohnt sich ein Blick ins **Fossil
and Heritage Centre**, ✆ 01856-731255, 🖥 www.
orkneyfossilcentre.co.uk, das eine größere Anzahl von Fossilien von Orkney und aus vielen anderen Ländern ausstellt. Dazu kommen ein wenig
Ortsgeschichte und ein nettes Café. ◷ April–Sep
tgl. 10–17 Uhr, Eintritt 3,50 £, erm. 2 £.

South Ronaldsay
Südlich von Barrier No. 4 ist schließlich South
Ronaldsay erreicht. Der Hauptort **St Margaret's
Hope** verdankt seinen ungewöhnlichen Namen
der norwegischen Königstochter Margarete.
Da sie gleichzeitig Enkelin des schottischen
Königs Alexander III. war, wurde sie nach
dessen Tod 1286 als dreijähriges Mädchen auf
den Thron gesetzt. Als sie 1290 auf dem Weg
nach Schottland war, erkrankte sie auf der Überfahrt und starb schließlich auf South Ronaldsay. Direkter Nutznießer von Margaretes Tod
war der englische König Edward, der mangels

weiterer Thronanwärter die Chance sah, Schottland unter seine Knute zu bringen. Damit begann der erste schottische Unabhängigkeitskrieg (s. S. 83).

Einige Kilometer westlich sind in der **Hoxa Tapestry Gallery**, Hoxa, ℡ 01856-831395, 🖥 www.hoxatapestrygallery.co.uk, wunderbare handgewebte Wandteppiche von Leila Thomson ausgestellt. ⏲ April–Sep Mo–Fr 10–1730, Sa–So 14–18 Uhr.

Ganz unten im Süden der Insel, unweit des sehr einsamen John O'Groats-Fähranlegers von **Burwick**, wird der Isbister Cairn unter dem etwas reißerischen Namen **Tomb of the Eagles** vermarktet, ℡ 01856-831339, 🖥 www.tombof theeagles.co.uk. In dem 4500–5000 Jahre alten neolithischen Kammergrab wurden Schädel von Menschen und Tieren sowie Adlerklauen gefunden, daher der ungewöhnliche Name. Die Ausstellung im Visitor Centre ist gut gemacht, doch in das Grab, das ca. 15 Min. Fußweg entfernt liegt, muss man mit Schutzkleidung und Helm durch die schmale Eingangspassage auf einem Schlitten reinrollen. ⏲ März tgl. 10–12, April–Okt 9.30–17.30 Uhr, Eintritt 6,50 £, erm. 5,50/3/2 £.

Übernachtung und Essen

Bankburn House B&B, St Margaret's Hope, ℡ 0844-4142310, 🖥 www.bankburnhouse.co.uk. Stattliches Herrenhaus an der A 961 mit sehr schönen und einladenden DZ; das King-Size-Zimmer ist wirklich riesig. Eine gute Adresse. ❷

Murray Arms Hotel, St Margaret's Hope, ℡ 01856-831205, 🖥 www.murrayarmshotel.com. Angenehmes kleines Hotel mit freundlichem Pub-Restaurant. Die Küche ist gut und preislich okay. ⏲ Küche tgl. 12–14, 18–20.30 Uhr. ❸

€ **St Margaret's Hope Backpackers Hostel**, St Margaret's Hope, ℡ 01856-831225, 🖥 www.orkneybackpackers.com. Gemütlich aufgemachte Herberge im Ortskern. Dorm-Bett ab 13 £.

Transport

Busse
Linie X1 nach Kirkwall und Stromness s. S. 590.

Schiffe
Zwischen St Margaret's Hope und GILLS BAY auf dem schottischen Festland pendeln die Autofähren von **Pentland Ferries**, 🖥 www.pentlandferries.co.uk, s. S. 43.
Zwischen Burwick und JOHN O'GROATS sind in der Sommersaison **John O'Groats Ferries**, 🖥 www.jogferry.co.uk, mit Passagierschiffen unterwegs (s. S. 43). Dieser Anbieter organisiert auch Tagestouren auf Mainland (s. S. 446).

Hoy

Urkneys größte Südinsel zerfällt in drei völlig unterschiedliche Teile: Ganz im Süden ist South Walls nur durch einen schmalen Damm mit Hoy (ca. 270 Einwohner) verbunden und ein flaches grünes Eiland. In der Mitte finden sich rund um Lyness die Überbleibsel einstiger Militärstützpunkte. In Lyness kommt auch die Autofähre von Houton auf Mainland an. Oben im Norden wird es dann einsam und hügelig.

Direkt am Anleger erzählt das **Scapa Flow Visitor Centre**, ℡ 01856-791300, 🖥 www.scapaflow.co.uk, im alten Pumphaus und einem Öltank der Marinebasis ausführlich die militärische Geschichte von Scapa Flow. Im Ersten Weltkrieg schwoll die Bevölkerung auf Orkney auf gut 100 000 Bewohner, Soldaten und Zivilangestellte an, fünfmal mehr als in Friedenszeiten. Breiten Raum nimmt der Untergang der kaiserlichen Kriegsflotte am 21. Juni 1919 ein. Die 74 Schiffe wurden unmittelbar nach Kriegsende auf der Reede von Scapa Flow interniert. Admiral Reuter wollte um jeden Preis die Übergabe der Schiffe verhindern. Als er aufgrund veralteter Zeitungsmeldungen das Scheitern der Versailler Friedensverhandlungen fürchtete, gab er den Befehl zur Selbstversenkung. Innerhalb weniger Stunden lag der Stolz des Kaisers auf dem Grund von Scapa Flow; die britischen Seeleute konnten nur fassungslos zuschauen. Viele Schiffe wurden später zur Verschrottung gehoben, die restlichen Schlachtschiffe und Kreuzer gelten heute als beliebte Tauchziele (s. S. 578). ⏲ März–April Mo–Fr 9–16.30 Uhr, Mai–Sep Mo–Sa 9–16.30, So 9–18, Okt Mo–Sa 9–16.30 Uhr, Eintritt frei.

Zum Old Man of Hoy

- **Anspruch:** mittel
- **Gehzeit:** ca. 3 Std.
- **Länge:** 8 km
- **Wanderkarte:** OS Landranger 7
- **An-/Abfahrt:** Mit dem Minibus von Terry Thomson ab Moaness bis Rackwick (s. S. 595)

Hoys Nordwesten lockt mit zwei Naturwundern: 348 m ragt St John's Head empor, Großbritanniens höchste Klippe, und vor dieser fantastischen Klippenküste steht der 137 m hohe Old Man of Hoy, die höchste Felsnadel Europas. Seit die Vogelschutzorganisation RSPB 2000 den Wanderweg massiv ausgebaut hat, ist der Zugang zum Old Man um einiges leichter geworden.

Doch sollte man sich immer auf blitzartige Wetterumschwünge und plötzlichen Nebel einstellen, da man hier draußen dem Wetter schutzlos ausgeliefert ist.

Die Bucht von Rackwick

Startpunkt ist der kleine Parkplatz in den Dünen in **Rackwick**. Die Wanderung folgt dem breiten Schotterweg nach Südwesten zum Meer und dann vor den Klippen im Bogen nach rechts langsam bergan. Vor einem Cottage mit Wintergarten geht es scharf links auf den eigentlichen Wanderweg zum Old Man.

Oberhalb des Pfads liegt das kleine, frei zugängliche **Crow's Nest Museum** in einem alten Cottage-Ensemble.

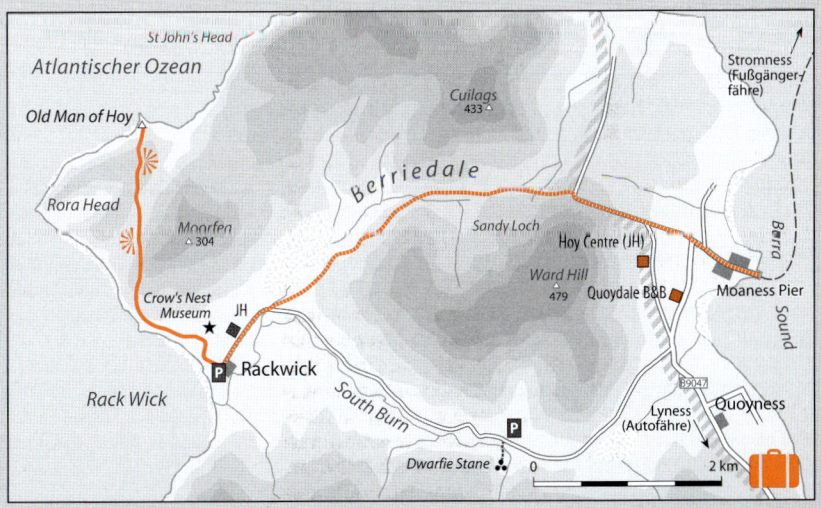

Die höchste Felsnadel Europas

Nach insgesamt knapp 30 Min. passiert man an einem Zaun die Grenze zum RSPB-Reservat. Es folgt eine überaus schöne Strecke am Hang entlang. Zurück fällt der Blick über die Bucht von Rackwick, im Süden ist bei gutem Wetter das Festland bei Dunnet Head auszumachen. Dazwischen schimmert der Pentland Firth.

Europas höchste Felsnadel

Nachdem man den höchsten Punkt des Wegs passiert hat, wendet sich der Pfad leicht nach rechts von den Klippen weg und überquert eine Hochebene. Nun ist die Spitze des Old Man schon deutlich zu erkennen. Im Westen kann man sogar bis zum Ben Hope in Sutherland gucken. Schließlich ist der Klippenrand gegenüber vom **Old Man of Hoy** erreicht. (90 Min.)

Falls zufällig gerade eine Northlink-Fähre vorbei fahren sollte, wirkt sie geradezu winzig gegenüber der majestätisch aufragenden Felsnadel. Übrigens wurde der Felsen erst 1966 von Bergsteigern bezwungen, die dafür ganze zwei Tage benötigten.

Richtung Norden steigen die Klippen steil zum **St John's Head** an, man kann sich kaum von diesem atemberaubenden Anblick losreißen. Die unzugänglichen Hänge oberhalb der Klippen sind das Territorium der Raubmöwen (Great Skua) oder *bonxies*, wie sie in Schottland heißen. Mehr als 2000 Paare nisten hier. In den letzten Jahren haben sie zunehmend die verwandten Schmarotzer-Raubmöwen verdrängt. Wer den Nestern der *bonxies* zu nahe kommt, erlebt einige unliebsame Angriffe im Sturzflug, da die großen Vögel ihr Terrain aggressiv verteidigen. Im Falle eines Falles muss man zum Schutz seine Arme über dem Kopf schwenken, ohne die Tiere zu attackieren.

Wenn man sich an der großartigen Klippenlandschaft sattgesehen hat, geht es über den Hinweg zurück zum Parkplatz in Rackwick.

Hinweis

Wer von Stromness mit der Fähre übersetzt und auch nach Rackwick wandern möchte, sollte vom Fähranleger in Moaness die Zufahrtstraße geradeaus den Hang hinauf gehen zum Sandy Loch. Von dort führt ein Wanderweg durch den Taleinschnitt Berriedale hinüber nach Rackwick, wo man an dem unbemannten Hostel sofort den Wanderweg zum Old Man erreicht.

Für diese Wanderung muss man hin und zurück zusätzliche 14 km einrechnen, sodass der Tag sehr lang wird. Als Alternative kann man eine der Strecken mit dem Minibus von Moaness fahren (s. S. 595).

Nach Norden zu wird die Landschaft hügelig, die Straße windet sich durch unwirtliches Gelände. Im äußersten Norden ist **Moaness** heutzutage die einzige nennenswerte Siedlung. Hier legt auch die Passagierfähre von Stromness an. Eine Stichstraße führt durch ein schönes Hochlandtal am 479 m hohen Ward Hill vorbei. Dabei passiert man den prähistorischen **Dwarfie Stane**, ein rund 4500–5500 Jahre altes Kammergrab, das angeblich viel später einem frühchristlichen Einsiedler als Refugium diente.

Die Straße endet in der traumhaft schönen Bucht von **Rackwick**, die zu beiden Seiten von steilen Klippen eingefasst ist. Nur noch wenige Menschen leben dauerhaft in den Cottages, die meisten werden als Ferienwohnungen genutzt. In Rackwick beginnt die herrliche Wanderung hinüber zum **Old Man of Hoy** (s. Aktivkasten S. 593).

(s. Aktivkasten S. 593)

Übernachtung und Essen

€ **Hoy Centre**, Moaness, ✆ 01856-873535 oder 01856-791315 (Fay Ward), 🖥 www.hostelsorkney.co.uk. Sehr komfortables und modernes Hostel, das vom Orkney Islands Council in Zusammenarbeit mit SYHA gemanagt wird. Die Vierer-Zimmer haben alle eigene Dusche/WC. Als Basis für die Erkundung von Nord-Hoy ist das Centre bestens geeignet, ca. 20 Min. zu Fuß zum Anleger Richtung Stromness. Im Hostel kann man ggf. auch das absolut komfortlose Mini-Hostel in Rackwick buchen. Bett ab 14 £.

Quoydale B&B, Moaness, ✆ 01856-791315, 🖥 www.orkneyaccommodation.co.uk. Fay Ward bietet oberhalb des Anlegers sowohl ein freundliches B&B wie auch *self-catering* an. Sie ist so etwas wie die gute Seele der Siedlung, da sie gleichzeitig das Hostel managt, die Post austrägt, den Taxidienst organisiert und Inseltouren anbietet. ❷

Stromabank Hotel, bei Longhope, ✆ 01856-701494, 🖥 www.stromabank.co.uk. Ganz im Süden von Hoy die beste Adresse für ein gutes Abendessen. Die Speisekarte ist sehr klein, aber vielseitig und günstig. Vom Wintergarten toller Blick nach South Ronaldsay (Abendessen besser reservieren); auch 4 Gästezimmer. ⊙ Küche Fr–Mi 18–21, So auch 12.30–14 Uhr. ❷

Informationen

Im Internet: 🖥 www.hoyorkney.com.

Transport

Von Ende Mai bis Ende September fährt Mi–Fr der **HoyHopper** von KIRKWALL aus per Bus und Fähre nach Lyness und von dort morgens und nachmittags nach Moaness im Norden (ca. 2 Std.). In Moaness besteht Anschluss an den Minibus von **Terry Thomson**, ✆ 01856-791263, der im Sommer um 10.30 Uhr vom Pier in Moaness nach Rackwick startet und um 15.20 Uhr von dort wieder zurückkommt. Unbedingt vorher aktuelle Fahrtzeiten des Minibusses checken (telefonisch oder im Stromness VIC).

Schiffe

Die einfachste Verbindung nach Moaness ist die Passagierfähre von **Orkney Ferries**, 🖥 www.orkneyferries.co.uk, von STROMNESS via Graemsay (30 Min., 3,60 £ einfach). Wer ein Rad mitbringt, kann die paar Kilometer nach Rackwick rasch zurücklegen. Autos können mehrmals tgl. von HOUTON (Mainland) nach Lyness übersetzen z. T. legen die Fähren auch in Flotta am Ölterminal an (45–60 Min.), Tickets (einfach) 3,60/11,50 £ (Fußgänger/Autos).

North Isles

Nördlich von Mainland erstreckt sich ein Archipel mit mehreren Inselgruppen bis hinauf zum fernen Außenposten North Ronaldsay. Während Rousay (s. S. 583) von Tingwall aus angesteuert wird, sind alle anderen Inseln per Fähre mit dem Hafen von Kirkwall oder aber per Linienflug mit dem Kirkwall Airport verbunden.

Bei einem Orkney-Besuch sollte man wenigstens eine dieser Inseln besuchen, weil sie jeweils eine Welt für sich sind und Orkney von seiner maritimen Seite präsentieren. Die meisten Inseln sind fast völlig flach.

Einige Inseln sind sehr lang gestreckt, sodass sich die Mitnahme eines Leih-Rades für die Erkundung lohnt.

(s. S. 583)

Shapinsay

Nur 25 Min. sind es mit der Fähre von Kirkwall nach Shapinsay. Hauptattraktion ist das viktorianische **Balfour Castle**, das Mitte des 19. Jhs. entstand. Heute kann das exklusive Schloss von gut betuchten Gästen als Ferienwohnung gemietet werden. Auf der Insel gibt es zudem unweit des Anlegers ein Vogelschutzreservat der RSPB.

Eday

Das lang gestreckte Eiland Eday (ca. 140 Einwohner) liegt im Zentrum des Archipels. Eday gilt als eines der vielversprechendsten Zentren für die Erprobung von Wellen- und Gezeitenkraftwerken, die vor der Küste installiert werden. Gerade der Norden hält jedoch auch eine reizvolle Mischung aus archäologischen und landschaftlichen Sehenswürdigkeiten parat.

75 Min. braucht die Fähre von Kirkwall, bevor sie am Südende der Insel anlegt. Auf dem Weg zum 9 km entfernten Vogelschutzreservat **Mill Loch** im Norden passiert man an einer schmalen Landenge den Flugplatz, die Jugendherberge sowie das **Eday Heritage Centre**, wo es auch Tee und Kaffee gibt. ◷ Ostern–Okt tgl. 10–18 Uhr, Eintritt frei.

Vom Mill Loch führt ein nur teilweise markierter Wanderweg vorbei am 4,50 m hohen, moosbewachsenen **Stone of Setter** hinauf zum 76 m hohen **Vinquoy Hill**, wo ein neolithisches Kammergrab offen steht, falls man den Kriechgang durch den Matsch nicht scheut. Von hier kann man entweder hinunter zum Red House Tearoom (s. unten) laufen oder aber geradeaus über das moorige Gelände bis zum **Red Head**, der Nordspitze von Eday. Von hier überblickt man sehr gut die vielen Inseln des Archipels.

Zurück geht es an der Klippenküste (kein Weg!) nach Süden, wo es unterwegs eine gute Picknickmöglichkeit mit Inselblick und zur Vogelbeobachtung gibt. Am **Red House Tearoom**, ✆ 01857-622217, ◷ Juni–Sep Di–Fr 10–17, So 10.30–13.30, 15.30–17 Uhr (plus Ausflugstage des Minibusses), ist die Straße wieder erreicht. Im Feld oberhalb des Wohnzimmer-Cafés werden einige alte Farmgebäude restauriert, die man besichtigen kann. Über die *single track road* erreicht man schließlich wieder das Mill Loch (Rundwanderung ca. 8 km, 2 Std.).

Von Mai bis August werden Mo/Mi/Fr von John Booth die ganztägigen **Eday Minibus Tours**, ✆ 01857-622206, ab Fähranleger angeboten – eine gute Möglichkeit, die Insel kennenzulernen. Reservierungen sind erforderlich (Tickets 12 £, erm. 9/8 £). Mr. Booth ist zugleich der Taxifahrer und Radverleiher auf Eday und wohnt direkt am Anleger.

Westray

Westray (600 Einwohner) ist eine relaxte Insel im Norden des Archipels, die sich hervorragend an einem Tag erkunden lässt, aber auch längere Aufenthalte rechtfertigt. Das Leben rund um die zentrale Siedlung Pierowall geht seinen ruhigen Gang und Besucher spüren schnell, dass die Hektik des Alltags hier keine Chance hat.

Landesweite Aufmerksamkeit erzielte Westray 2009, als bei einer archäologischen Notgrabung am Strand von Noltland die winzige **Orkney-Venus** ans Tageslicht kam. Auf dem Körper sitzt ein fingerkuppengroßer Kopf. Die „Westray Wife", wie sie vor Ort genannt wird, ist knapp 4500–5000 Jahre alt und eine absolute Rarität, weil sie als die früheste Personendarstellung in Schottland gilt. 2010 entdeckte man einen kopflosen Gegenpart sowie zahlreiche weitere Funde, darunter ein rätselhaftes „Gebäude" aus Viehschädeln. Die Grabungen werfen ein neues Licht auf das Leben in der Steinzeit, aber die Zeit drängt: Die Siedlung von Noltland ist derzeit akut in Gefahr, durch das Meer und die Winterstürme endgültig verloren zu gehen.

Inseltour

Vom Fähranleger **Rapness** bringt ein Minibus die Tagesgäste ins 11 km entfernte Pierowall, ein alter Ankerplatz der Wikinger. Sehenswert ist direkt neben dem Pierowall Hotel das informative **Westray Heritage Centre**, ✆ 01857-677414, 🖳 www.westrayheritage.co.uk, das jedes Jahr eine neue Ausstellung zu Westray organisiert. Die Orkney-Venus und andere Noltland-Funde werden 2011 auf jeden Fall auf Westray zu sehen sein. ◷ April–Okt Mo 11.30–17, Di–Sa 10–12, 14–17, So 13.30–17.30 Uhr, Eintritt 2,50 £, erm. 2/0,50 £.

Westray ist auch eine attraktive Insel für Künstler. Direkt neben dem **Hoff Yak Café** (s. u.)

am Nordrand von Pierowall ist **Edenweave**, ✆ 01857-677785, das Reich der Weberin Carole Eden. Sie erklärt gerne ihre Webstühle und verkauft schöne Wollwaren. ☉ Di–Sa 10–17 Uhr.

Auf dem Weg zum Flugplatz stellt die **Wheeling Steen Gallery**, ✆ 01857-677292, 🖳 www.wheeling-steen.co.uk, sehr ausdrucksstarke Westray-Fotos von Edwin Rendall aus. Zusammen mit seiner Tochter betreibt er in der Galerie das stimmungsvollste Inselcafé, nicht zuletzt weil er die Deckkabine des Segelschiffs *Emerald* in den Bau intergriert hat. ☉ Mo–Sa 11–17, Winter 12–17 Uhr.

Westlich von Pierowall sind die düsteren Ruinen von **Noltland Castle** aus der Mitte des 16. Jhs. frei zugänglich (Schlüssel gegenüber auf der Farm). Das Castle ist erstaunlich gut erhalten und bietet mehr als manch eintrittspflichtiges Gemäuer. Bauherr Gilbert Balfour war an den tödlichen Intrigen rund um Maria Stuart beteiligt, was ihn zur Flucht nach Schweden zwang, wo er jedoch 1576 wegen Hochverrats hingerichtet wurde. Am Strand von Noltland wird auch in den kommenden Jahren das Steinzeitdorf nach neuen Sensationen untersucht.

Zusätzliche 5 km sind es bis **Noup Head**, einem wichtigen Vogelschutzreservat an der Klippenküste im Nordwesten. Hier tummeln sich Papageientaucher, Trottellummen, Tordalken und viele andere Seevögel. Seit 2003 haben sich auch Basstölpel auf Westray niedergelassen.

Die Besitzer des **Hoff Yak Cafés** bieten unter dem Namen **Westraak**, ✆ 01857-677777, 🖳 www.westraak.co.uk, geführte Touren über die Insel an (27–44 £) und vermieten zugleich Fahrräder für 10/5 £ (ganzer/halber Tag). ☉ Café Mo–Sa 10–17, So 12.30–17 Uhr.

Papa Westray

Eine kleine Passagierfähre setzt von Mai–Sep regelmäßig vom Anleger bei Pierowall nach Papa Westray über (ca. 30 Min.). Alternativ kann man den kürzesten Linienflug der Welt nehmen: Die Maschine von Westray nach Papay, wie die Insulaner ihr Eiland nennen, benötigt nur zwei Minuten. Nicht weniger abenteuerlich ist die Ankunft mit der Autofähre von Kirkwall (ca. 2 Std.), da Autos nämlich nicht einfach von der Fähre runterrollen können. Mangels eines entsprechenden Anlegers werden feste Seile unter den Autobauch gespannt und die Motorfahrzeuge dann durch die Luft auf den Pier gehievt. Die 80 Einwohner wehren sich gegen eine Autorampe, da sie nicht völlig von der modernen Zivilisation vereinnahmt werden wollen. Vielleicht liegt das daran, dass man auf Papa Westray ein besonderes Verhältnis zur Vergangenheit hat. Denn die beiden gut erhaltenen Steinzeitgebäude des **Knap of Howar** an der Westküste gelten als die ältesten Wohngebäude Nordwesteuropas. Man geht davon aus, dass die halb im Boden versenkte Behausung bereits vor rund 5600 Jahren bewohnt war, viele hundert Jahre, bevor Skara Brae erbaut wurde.

Das frei zugängliche Steinzeitdenkmal besteht aus zwei durch einen Gang miteinander verbundenen Gebäuden. Das Seitengebäude diente wahrscheinlich als Arbeits- und Lagerbereich. Bis zu 1,70 m sind die steinernen Seitenwände noch hoch, und im Prinzip müsste man nur ein Dach aufsetzen und könnte sofort einziehen. Forscher gehen davon aus, dass das Knap rund 500 Jahre lang bewohnt war und es im Umfeld ähnliche Häuser gab.

Auch die Umwanderung der unter Naturschutz stehenden Nordspitze von Papay ist faszinierend. Unterwegs passiert man die restaurierte **St Boniface Kirk** aus dem 8. Jh., bevor es weiter zum **Mull Head** geht. Dabei trifft man im Sommer in den Klippen immer wieder auf die unterschiedlichsten Seevögel. Oder man legt sich einfach auf die Felsen und genießt den Blick über das weite offene Meer nach Norden.

North Ronaldsay

Der einsamste Außenposten von Orkney ist North Ronaldsay ganz im Nordosten. Selbst die Fähre benötigt über zweieinhalb Stunden von Kirkwall und kommt nur zweimal wöchentlich vorbei. Die Insel ist für ihre beiden Leuchttürme bekannt, wobei der ältere bereits von 1789 stammt. Wirklich ungewöhnlich sind aber die Schafe auf North Ronaldsay. Die werden nämlich durch eine Mauer von den Wiesen der Insel ferngehalten und ernähren sich primär von den Algen am Strand. Diese Diät macht die Schafe einzigartig und ihr Fleisch gilt deshalb als Delikatesse in den Restaurants auf Orkney.

Übernachtung und Essen

Eday Youth Hostel, Eday, ✆ 07977-281084.
Schlichtes Hostel in der Inselmitte für Selbstversorger (es gibt nur einen kleinen Laden
auf Eday); im Verbund mit SYHA. Dorm-Bett
ab 12 £.

Pierowall Hotel, Pierowall, Westray,
✆ 01857-677472, 🖥 www.pierowallhotel.co.uk.
Solides Hotel mit Restaurant neben dem
Heritage Centre. Der *dining room* wurde 2010
frisch modernisiert und inzwischen haben fast
alle Zimmer eigene Dusche/WC. ⏱ Küche tgl.
12–14, 18–21 Uhr. **❷ – ❸**

Papa Westray Hostel & Guest House,
Beltane House, Papa Westray, ✆ 01857-
644321. Sehr gut geführtes Hostel für Selbstversorger mit 2 Sechsbettzimmern, 2 DZ und
einem Familienzimmer. Küche und Lounge sind
vorhanden, und der Inselshop ist im selben
Gebäude. Das Hostel ist eine exzellente Basis
für die Inselerkundung. *Warden* Jennifer Foley
versorgt die Gäste zudem mit vielen guten Tipps
für den Aufenthalt; auf freundliche Nachfrage
ggf. Abholung am Fähranleger. Dorm-Bett
ab 13 £. **❶**

School Place, Papa Westray, ✆ 01857-644258.
Bei Morag und Jim Hewitson erlebt man
echte Inselgastfreundschaft und wird voll
verpflegt, inkl. Abendessen. Sehr schöner
Wintergarten als Lounge. **❸**

Informationen

Eday: 🖥 www.visiteday.com.
Westray: 🖥 www.westraypapawestray.com.
Papa Westray: 🖥 www.papawestray.co.uk,
www.westraypapawestray.com.

Nahverkehr

Auf der Mini-Insel Papa Westray sind Autos
definitiv ein Hindernis, auf Westray und Eday
kommt man ebenfalls gut ohne zurecht, wenn
man sich ein Rad ausleiht (Tipp: am besten
gleich aus Kirkwall mitnehmen), die Minibusse
nutzt oder an einer Tour teilnimmt.

Transport

Schiffe

Vom Hafen in KIRKWALL aus ist die Verbindung
zu den Inseln sehr einfach. Die kommunalen

Orkney Ferries, ✆ 01856-872044, 🖥 www.
orkneyferries.co.uk, verkehren z. T. mehrfach
tgl. zu den North Isles, Papa Westray wird mit
der Autofähre jedoch nur 1x wöchentlich
angefahren. Dafür gibt es zwischen Westray
und Papa Westray eine regelmäßige Passagierfähre, ✆ 01857-677216. Island Hopping zwischen
Eday und Westray ist jedoch nur über Kirkwall
möglich, wo sich auch das Fährbüro am Hafen
befindet.
Generell gibt es nur zwei Fahrpreise:
Kürzere Fährstrecken kosten einfach 3,60/11,50 £
(Fußgänger/Autos), längere Routen 7,05/16,75 £.
Sonntags werden Tagesrückfahrkarten zum
halben Preis angeboten.

Flüge

Wenn man direkt von Eday nach Westray/
Papa Westray möchte, muss man auf einen der
Linienflüge mit **Loganair**, ✆ 01856-872494,
🖥 www.loganair.co.uk, ausweichen. Der zwei-
minütige Flug zwischen Westray und Papa
Westray ist laut Guinnessbuch der Rekorde der
kürzeste Linienflug der Welt! Rückflugtickets
von KIRKWALL zu den Inseln kosten zwischen
34 und 70 £, Flüge zwischen den Inseln einfach
jeweils 16 £.

---

18 HIGHLIGHT

Shetland

Hoch oben im Norden ist auf den Shetland Islands der skandinavische Einfluss deutlich zu
spüren. Im Winter werden beim Up Helly Aa Festival Wikingerschiffe verbrannt, viele Wörter sind
dem Altnorwegischen entlehnt, seit 2005 gibt es
eine skandinavische Flagge und die modernen
Häuser werden im skandinavischen Holzbaustil
errichtet. Es scheint manchmal, als habe man
Großbritannien schon verlassen. Im Gespräch
werden einem die rund 22 000 Shetlander zudem versichern, dass die Inseln kein Teil von
Schottland seien, und in der Tat ist Edinburgh
weiter entfernt als Bergen in Norwegen, das auf
derselben Höhe wie die Inselhauptstadt Lerwick

Atlantischer

Ozean

Hermaness National
Nature Reserve
Tonga Stack
Burrafirth
Baltasound

Saxo Vord
△285 Lamba Ness
Haroldswick
BALTA

Edinburgh

YELL

Gloup
Gutcher
Belmont
Uyeasound

UNST

FETLAR

Nev of Stuis

Point of Fethaland
ØYA
North
Roe
North
Roe
970

Mid Yell
West
Sandwick

Hamars Ness

Funzie
The Snap

Colgrave Sound

Holes of Scraada
Rönas Hill
△450

Eastwick
Ulsta
Burravoe

Yell Sound

Esthness
Northmaven
Hillswick

Toft

Burra Voe

Tangwick Haa Museum
Stenness
DORE HOLM
The
Drongs

Sullom Voe Terminal

OUT SKERRIES
Bruray

Long Head
St Magnus Bay
Mavis Grind
Muckle
Roe
970

Sutton Hills

Brae
Lunnasting
VOE
Laxo
Vidlin

Lunna

968

WHALSAY
Symbister

PAPA STOUR

West
Burrafirth

Stalla
Field
△281

Aith

Nesting
The Keen
South Nesting Bay
Bonhoga Gallery

Dury Voe

Biggins
Sound of Papa
Sandness
Pund Head △248
Sandness Hill

Dirbar
971
Weisdale

MAINLAND
Shetland Jewellery

Braga Ness
Melby
Walls
Sandsting

Tingwall

VAILA

Wester
Skeld
The Deeps

Whitenoss
Scalloway

Maryfield

Noss National Nature Reserve
NOSS

FOULA

Ham

Scalloway Castle
Hamnavoe
WEST
BURRA
EAST
BURRA
Cunningsburgh

Lerwick

BRESSAY

Hell Ness

SOUTH HAVRA

MOUSA
Broch of Mousa

Dunrossness

Bigton
ST NINIAN'S ISLE
970

Boddam
Croft House Museum

The Ord
283
Quendale
Quendale Watermill
Jarlshof
Sumburgh Head

Sumburgh Airport
Grutness

Kirkwall (Orkney)
Fair Isle / Aberdeen

liegt. Auf Shetland legt man großen Wert auf Eigenständigkeit.

Unterfüttert wird das skandinavische Kultur-Revival von den Einnahmen aus der **Ölförderung**, die den Shetland Islands Council pro Kopf zu einer der reichsten Kommunen Großbritanniens gemacht haben. Bestens ausgebaute Straßen, stark subventionierte Fähren und viel Geld für kulturelle und soziale Infrastrukturmaßnahmen zeugen davon, dass man sich am Vorbild Norwegens orientiert, um für Shetland einen langfristigen Nutzen aus dem Ölboom zu ziehen.

Doch bei aller Nähe zu Skandinavien ist Shetland fest in britischer Hand: 1468 gelangte die Inselgruppe zusammen mit Orkney an die schottische Krone und Ende des 18. Jhs. war das Norwegische als Alltagssprache endgültig ausgestorben.

Wer heute nach Shetland kommt, hat zumeist drei Gründe für den weiten Weg in den Nordatlantik: die archäologischen Schätze, die spektakuläre Küstenlandschaft und die ausgeprägte Folkmusik.

Auf den Inseln stehen einige der am besten erhaltenen altertümlichen Anlagen, die bis weit in die Steinzeit zurückreichen. Highlights sind der **Jarlshof** im Süden bei Sumburgh sowie der perfekt erhaltene **Broch** auf der Insel Mousa.

Zweitens ist Shetland für seine wunderbare Natur sowie seine **Vogel- und Meereswelt** bekannt. Zehntausende Papageientaucher, Trottellummen, Basstölpel, Tordalken und Gryllteisten nisten auf Shetland. Mit etwas Glück bekommt man vor der Küste Delfine, Wale und Haie zu sehen; bekannt sind auch die Shetland-Ponys.

Wie fragil die Umwelt im Atlantik allerdings ist, wurde 1993 deutlich, als der Öltanker *Braer* im Sturm an den Klippen zerschellte. Auch für viele Vogelarten ist längst nicht alles in bester Ordnung. Die Papageientaucher scheinen in den letzten Jahren unter einem Mangel an Sandaalen zu leiden, die ihre Hauptnahrung darstellen.

Die faszinierende Gesteinsvielfalt von 3 Mrd. Jahre altem Lewis-Gneis, die Reste vulkanischer Aktivität, die lang gestreckten Voes (Fjorde) und die spektakuläre Klippenküste haben Shetland 2009 übrigens den Status eines europäischen **Geoparks** eingebracht. Überhaupt: Wer nach Shetland kommt, ist niemals weit vom Meer entfernt. Hinter nahezu jeder Ecke ist bereits das offene Meer oder ein Voe zu sehen.

Und drittens ist Shetland musikalisch sehr gut aufgestellt, denn einige der besten zeitgenössischen Fiddler kommen von hier und bestimmen maßgeblich die Entwicklung der **Folkmusik** in Schottland (s. Kasten S. 606). In den Kneipen von Lerwick ist im Sommer oftmals Session Time. Das Nachtleben wird dadurch unterstützt, dass es im Sommer kaum dunkel wird

auf Shetland – die „weißen Nächte" sind sehr skandinavisch.

Zentraler Dreh- und Angelpunkt auf Shetland ist die Inselhauptstadt **Lerwick**, die als Standquartier für den gesamten südlichen Inselbereich bestens geeignet ist. Ganz im Norden bietet sich **Unst** als Quartier an, um die aufregenden landschaftlichen Sehenswürdigkeiten am nördlichen Ende Großbritanniens, jenseits des 60. Breitengrades, genießen zu können. Im Vogelschutzreservat **Hermaness** ist unter lautem Vogelgeschrei der krönende Abschluss der Inseltour erreicht. Vor einem erstreckt sich bis zum Horizont nur mehr die offene Nordatlantik.

Lerwick

Frühmorgens läuft die Northlink-Fähre von Aberdeen und Kirkwall in den schmalen Bressay Sound vor Lerwick (ca. 7000 Einwohner) ein. Die Altstadt schmiegt sich rund um den alten Hafen an das schützende Hochufer. Die graue Farbe der Häuser kann bei schlechtem Wetter auf den ersten Blick recht trist wirken, während das neue Waterfront-Viertel einen sehr skandinavischen Eindruck macht. Dass Lerwick im Alt-Norwegischen „Schlammbucht" heißt, ist durch die Bebauung längst nicht mehr zu sehen. Stattdessen realisiert der Shetland Islands Council ein ambitioniertes Regenierungsprojekt für die gesamte Waterfront, dessen Flaggschiffprojekte bereits bei der Einfahrt deutlich zu sehen sind.

Shetland Museum & Archives

2007 eröffneten Prince Charles und die norwegische Königin Sonja am alten Hay's Dock gemeinsam das topmoderne **Shetland Museum & Archives**, ✆ 01595-695057, 🖥 www.shetland museumandarchives.org.uk. Das wegweisende Museum, das eines der besten in Schottland ist und zudem keinen Eintritt verlangt, integriert einen alten Bootsschuppen mit Werft für die Fischerboote. Die Geschichte der Inseln und das Leben der Menschen werden hervorragend aufgearbeitet. Geologie, Vogel- und Meereswelt, die ersten Siedler in der Steinzeit, die Wikinger und die soziokulturelle Entwicklung von Shetland

Lerwick

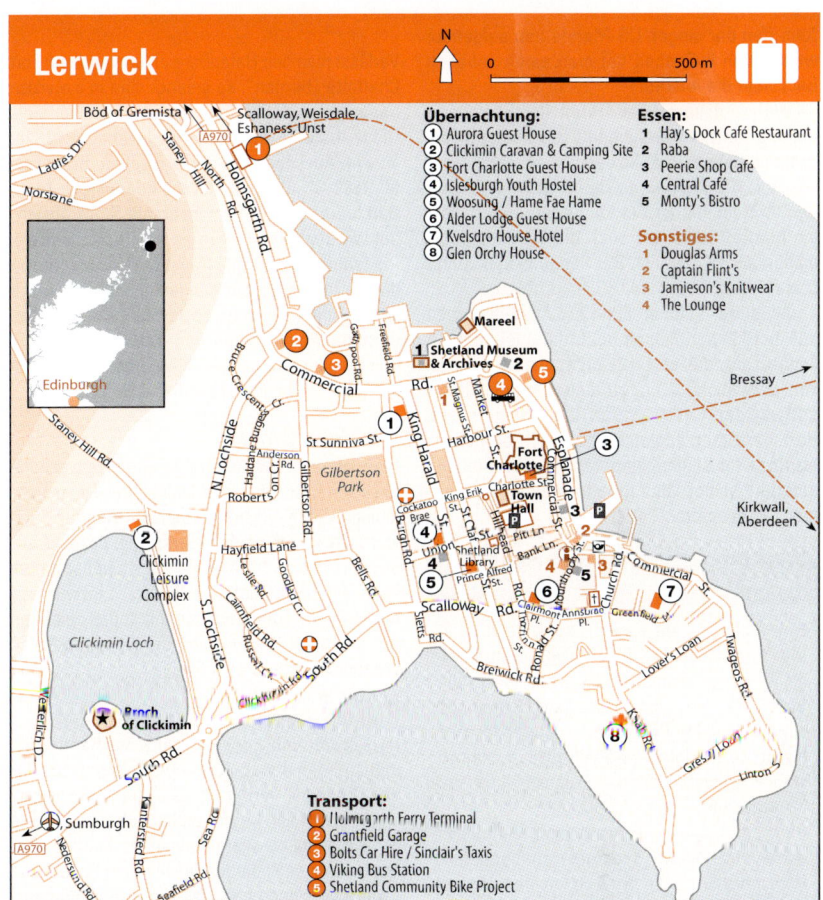

N

0   500 m

Übernachtung:
1. Aurora Guest House
2. Clickimin Caravan & Camping Site
3. Fort Charlotte Guest House
4. Islesburgh Youth Hostel
5. Woosung / Hame Fae Hame
6. Alder Lodge Guest House
7. Kveldsro House Hotel
8. Glen Orchy House

Essen:
1. Hay's Dock Café Restaurant
2. Raba
3. Peerie Shop Café
4. Central Café
5. Monty's Bistro

Sonstiges:
1. Douglas Arms
2. Captain Flint's
3. Jamieson's Knitwear
4. The Lounge

Transport:
1. Holmsgarth Ferry Terminal
2. Grantfield Garage
3. Bolts Car Hire / Sinclair's Taxis
4. Viking Bus Station
5. Shetland Community Bike Project

Äußere Hebriden, Orkney und Shetland

knüpfen einen spannenden Bogen, der didaktisch hervorragend gestaltet ist. Selbst Fabolwesen wie Trows, Finns und Nyuggles können akustisch „erlebt" werden. Interessant sind auch die Abteilung zu den norwegischen Ringtänzen und der Fiddle-Musik sowie die Geschichte des Wal- und Heringfangs.

Im Obergeschoss ist das beste Restaurant Lerwicks angesiedelt, das Hay's Dock (s. „Essen"). Im Bootsschuppen werden nach traditionellen Methoden Holzboote repariert und neu gebaut. Kaum zu glauben, dass sich die Fischer in den zerbrechlich wirkenden *sixareens* bis zur 65 km entfernten Insel Foula wagten. ☼ Mo–Fr 10–16, Sa 10–17, So 12–17 Uhr, Eintritt frei.

Ganz in der Nachbarschaft wird im Sommer 2011, ebenfalls am Ufer, das Kulturzentrum **Mareel** eröffnet, das für Musikevents und als Kino genutzt werden soll.

Altstadt

Nun aber in die Innenstadt am alten Hafen. Das nördliche Ende der Altstadt wird vom frei zugänglichen **Fort Charlotte** „bewacht", das 1673 von den Niederländern zerstört wurde und 1781 im Unabhängigkeitskrieg der USA aus Angst vor

Angriffen der jungen US-Marine neu aufgebaut wurde. Von hier oben hat man einen schönen Blick über die Altstadt.

Während vorne am Hafen die Esplanade entlang führt, ist das eigentliche Rückgrat die schmale **Commercial Street**, von der rechts und links wie vor 200 Jahren kleine Gassen abzweigen. Mittelpunkt ist der kleine pittoreske Platz am **Market Cross**, wo auch die Touristeninformation angesiedelt ist. Bei Sonnenschein wirkt dieser Platz fast ein wenig mediterran.

Am südwestlichen Ende der Altstadt stehen auf den kleinen Felsen noch die sogenannten **Lodberries**, die ersten Landeplätze im Hafen von Lerwick. Die Lager- und Handelshäuser entlang der Gasse waren das kommerzielle Herz der Stadt, zugleich aber auch berüchtigt als Horte für Schmugglerware, da sich Shetland aufgrund seiner Lage geradezu anbot für steuerfreie Geschäfte.

Wildes Feuerspektakel: Up Helly Aa

Ende Januar steht Lerwick Kopf, denn dann sind die Wikinger los! Bis zu 1000 fackeltragende „Wikinger" ziehen ein Langschiff durch die Stadt, angeführt vom „Jarl", dem Fürsten aus alten Tagen. Am Ende ihres langen Marsches lassen die Wikinger ihr Schiff jedoch nicht zu Wasser, sondern zünden es in einem Park in der Neustadt an.

Ganz Lerwick ist auf den Beinen, um dieses karnevalsähnliche Spektakel zu begleiten. Und natürlich schließt sich an den Umzug ein großes Gelage in den Pubs der Stadt an. Angesichts des allgemeinen Katers ist der nächste Tag ein Feiertag, an dem sich die wilden Wikinger wieder in zivile Shetlander verwandeln.

Die Prozession geht auf eine alte Tradition zurück, bei der mit Teer beschmierte Fässer angezündet wurden. Da dies den Behörden zu gefährlich wurde, einigte man sich auf eine zivilere Form, die seit 1881 in Lerwick zur Tradition geworden ist. Auch in anderen Orten auf Shetland gibt es im Winter Up-Helly-Aa-Feste, darunter in Brae auf North Mainland.

Town Hall und viktorianische Vorstadt

Verlässt man den Hafenbereich und geht am Fort Charlotte „bergan", so gelangt man in die viktorianisch-edwardianische Neustadt von Lerwick. Diese erste große Stadterweiterung im 19. Jh. ist vom Aussehen her das britischste Stadtviertel. 1882–87 entstand hier die beachtliche **Town Hall**, deren großer Saal im ersten Stock besichtigt werden kann (unten an der Pforte fragen). Die schönen Buntglasfenster dokumentieren die stolze Wikingervergangenheit. Norwegische Könige und heimische Earls sind hier verewigt, darunter König Hakon und Earl Ragnvald Kali Kolsson, der Erbauer der St Magnus Cathedral in Kirkwall. ☉ Mo–Fr 9–17 Uhr, Eintritt frei.

Clickimin Broch

Einst lag das rund 2000 Jahre alte eisenzeitliche Clickimin Broch auf einer kleinen Insel im gleichnamigen Loch am südwestlichen Ortsrand, doch im 19. Jh. wurde der Wasserspiegel gesenkt, sodass man heute trockenen Fußes hinüber gehen kann. Allerdings hat sich die Stadt inzwischen rund um das Loch ausgedehnt, sodass viel von der einstigen Wirkung verloren gegangen ist. Die Ruine ist frei zugänglich.

Böd of Gremista

Im Norden von Lerwick, ganz am Rande des Industriegebiets an der A 970 Richtung Scalloway/Tingwall, vermittelt das Böd of Gremista, ☎ 01595-694386, 🖥 www.shetland-museum.org.uk, ein ziemlich skandinavisches Feeling. Gebaut wurde es Ende des 18. Jhs. zum Pökeln und Lagern von Fisch und war zugleich Wohnhaus. 1792 wurde hier Arthur Anderson geboren, der u. a. die berühmte britische P&O-Reederei sowie die erste Zeitung auf Shetland mitbegründete. Bis zur Ankunft von Northlink Ferries verband P&O Lerwick mit dem Festland. Im Museum gibt es eine kleine Textilausstellung zu den berühmten Shetland-Pullovern. ☉ Mai–Mitte Sep Di–Sa 10–13, 14–17 Uhr, Eintritt frei.

Übernachtung

Alder Lodge Guest House, 6 Clairmont Place, ☎ 01595-695705, ✉ alan.manson@onetel.net. Zentrales und ruhiges B&B südlich der Altstadt. Es gibt sogar Zimmer mit Himmelbett. ❷

Aurora Guest House, 09 King Harald Street, ☏ 01595-690105, ✉ a.sim686@btinternet.com. Ansprechende Pension in der Neustadt. Hoffentlich bleibt der Standard nach dem Besitzerwechsel erhalten. **❸**

Clickimin Caravan & Camping Site, Clickimin Leisure Complex, Lochside, ☏ 01595-741000, 🖥 www.srt.org.uk Direkt neben dem Freizeitzentrum Clickimin bietet der Campingplatz an der Nordseite des Clickimin Loch einen hohen Standard. ⏰ Mai–Sep. **❶**

Fort Charlotte Guest House, 1 Charlotte Street, ☏ 01595-692140, 🖥 www.fortcharlotte.co.uk. Freundliche und superzentrale Pension unterhalb der Festung. Von hier sind es nur wenige Schritte in die Altstadt, zur Dressay Fähre und zum Busbahnhof. **❷**

Glen Orchy House, 20 Knab Road, ☏ 01595-692031, 🖥 www.guesthouselerwick.com. Das Hotel südlich der Altstadt ist frisch renoviert und in Grün-Blau gehalten. Ein Zimmer ist behindertengerecht eingerichtet, und der sehr freundliche Chef verleiht sogar Golfschläger für den Platz nebenan. **❸**

€ **Islesburgh Youth Hostel**, King Harald Street, ☏ 01595-692114, 🖥 www.islesburgh.org.uk. Schöne große Villa in der Neustadt, die auf einem hohen Standard ist. Es gibt einen Pool-Tisch, Internetanschluss ist umsonst und auch eine Waschmaschine ist vorhanden. Nach der Übernahme von SYHA jetzt in kommunaler Hand – sehr einladend. 2011 wurde das Islesburgh von Hostelling International zur besten Herberge Europas gewählt. Dorm-Bett ab 16,80 £.

Kveldsro House Hotel, Greenfield Place, ☏ 01595-692195, 🖥 www.shetlandhotels.com. Sehr ruhiges Hotel oberhalb der östlichen Altstadt. Es stehen eine viktorianische Villa und ein modernerer Anbau mit insgesamt 17 gehobenen Zimmern zur Verfügung. Mit Restaurant. **❹**

Woosung / Hame Fae Hame, 43 St Olaf Street, ☏ 01595-740117, ✉ sandraconroy43@btinternet.com. Bei Sandra Conroy werden Gäste freundlich empfangen und gut versorgt. Das B&B liegt in einer ruhigen Seitenstraße und doch ist man schnell in der Altstadt. **❷**

Essen

Central Café, King Harald Street, ☏ 01595-745100. Einfaches und günstiges Café im Islesburgh Community Centre mit Frühstück und Lunch; Selbstbedienung. ⏰ Sommer

Mo–Fr 8.30–19, Sa 8.30–18, So 12–16 Uhr, sonst Mo–Fr 8.30–21, Sa 8.30–18, So 12–18 Uhr.

Hay's Dock Café Restaurant, Shetland Museum (s. S. 600), ✆ 01595-741569, 🖥 www. haysdock.co.uk. Das beste Restaurant der Stadt bringt mittags eher kleinere Gerichte, abends aber Delikatessen mit einem regionalen Schwerpunkt auf den Tisch. Durch die große Fensterfront hat man beim Speisen die Hafenbucht voll im Visier. ⏰ Küche Mo 10.30–17, Di–Sa 10.30–17, 19–21, So 12–17 Uhr (im Winter Mo–Do 10.30–15.30, Fr–Sa 10.30–15.30, 18.30–21, So 12–16.30 Uhr.

Monty's Bistro, 5 Mounthooly Street, ✆ 01595-696555. Familiäre Atmosphäre und anspruchsvolle Küche, die eher Fleisch als Fisch bevorzugt. Mittags sind die Speisen sehr günstig, abends muss man deutlich mehr hinlegen, aber eine Reservierung lohnt sich. ⏰ Di–Sa 12–14 und 18.30–21 Uhr, Mo nur abends.

Peerie Shop Café, Esplanade, ✆ 01595-692817, 🖥 www.peerieshopcafe.com. Sehr gutes Café am alten Hafen mit Frühstück. Nach Ankunft der Morgenfähre ein netter Ort, um sich mit Kaffee, Croissants oder Scones auf den Tag einzustimmen. Auch einige Tische draußen. ⏰ Mo–Sa 9–18 Uhr.

€ **Raba**, 26 Commercial Road, ✆ 01595-695585. Sehr leckere und günstige indische Speisen, vor allem das Mittagsbuffet (Mo–Sa) ist sehr preiswert. Auch Vegetarier kommen hier voll auf ihre Kosten. Leider gibt es keine Lassi-Getränke. ⏰ Küche Mo–Sa 12–14, 17–24, So 12–24 Uhr.

Unterhaltung

Captain Flint's, Market Cross, ✆ 01595-692249. Lebendige Hafenkneipe, die rustikal rüberkommt. Am Wochenende legen auch DJs auf.

Douglas Arms, 67 Commercial Road, ✆ 01595-693787. Beliebter Pub am Nordrand der Neustadt. Dienstags gibt es vor allem im Sommer ab 20.30 Uhr Folk-Sessions live. Dann kann es schnell ein langer Abend werden.

The Lounge, 4 Mounthooly Street, ✆ 01595-692231. Unten Pub, oben Bar heißt die klare

Trennung. Mittwochs und donnerstags ist ab 21.30 Uhr zumeist Live-Folk angesagt und am Wochenende wird es gerammelt voll.

Sonstiges

Autovermietungen und Fahrradverleih

Bolts Car Hire, 26 North Road, ✆ 01595-693636, 🖥 www.boltscarhire.co.uk. Vermietung auch ab Sumburgh Airport. Ab ca. 39 £/Tag.

Grantfield Garage, North Road, ✆ 01595-692709, 🖥 www.grantfieldgarage.co.uk. Autovermieter, Tankstelle und Radverleih in einem. Autos werden kostenlos auch am Sumburgh Airport zur Verfügung gestellt. Ab ca. 35 £/Tag.

€ **Shetland Community Bike Project**, 16/18 Commercial Road, ✆ 01595-690077. Sehr günstiger, öffentlich geförderter Radverleih ab 5 £/Tag, auch Reparaturen. ⏰ Mo–Fr 9–15, Sa 9–12.30 Uhr.

Einkaufen

Jamieson's Knitwear, 93/95 Commercial Street, ✆ 01595-693114, 🖥 www.jamiesonofshetland. co.uk. Die modischen und vor allem warmen Wollpullover gelten als ein Markenzeichen von Shetland. ⏰ Mo–Sa 9–17 Uhr.

Feste

Up Helly Aa, Ende Januar, s. S. 602.

Shetland Folk Festival, Ende April/Anfang Mai, 🖥 www.shetlandfolkfestival.com: Renommiertes 4-tägiges Folk-Event mit internationaler Besetzung.

Shetland Accordion & Fiddle Festival, Mitte Oktober, 🖥 www.shetlandaccordionand fiddle.com: 5 Tage lang stehen Fiddle und Akkordeon im Mittelpunkt des Interesses und die vielfältige Folkszene von Shetland präsentiert sich auf der Bühne – Folkmusik vom Feinsten.

Informationen

Lerwick Tourist Information Centre, Market Cross, ✆ 01595-693434, 🖥 www.visitshetland. com, www.visit.shetland.org. Die wichtigste Touristeninformation auf Shetland. Sehr gut ausgestattet mit Informationsbroschüren, auch Buchung von Ausflügen. Die einzige Filiale ist am Flughafen von

Sumburgh. ◷ Mo–Sa 9–17, So 10–16 Uhr
(Winter Mo–Sa ca. 9–16 Uhr).

Internet
Shetland Library, Lower Hillhead,
✆ 01595-743875, 🖳 www.shetland-library.
gov.uk. Kostenloser Internetzugang.
◷ Mo/Do 9–20, Di–Mi, Fr–Sa 9–17 Uhr.

Taxis
Sinclair's Taxis, 26 North Road,
✆ 01595-694617.

Transport

Busse
Zentraler Busbahnhof ist die **Viking Bus Station**,
Commercial Road, 🖳 www.zettrans.org.uk.
BALTASOUND auf Unst, mit Linie 24 Mo–Sa
2x tgl., 2 1/2–2 3/4 Std.
ESHANESS, mit Linie 21 via Brae, Mo–Sa 1x tgl.
nachmittags, 1 1/2 Std.
SCALLOWAY, mit Linie 4 Mo–Sa regelmäßig
und So 2x, 20 Min.
SUMBURGH AIRPORT, mit Linie 6 via Sandwick
und Jarlshof, mehrmals tgl., 55 Min.

Schiffe
Am **Holmsgarth Ferry Terminal**, 2 km nordwestlich des Zentrums, legen die blau-weißen
Northlink Ferries, 🖳 www.northlinkferries.co.
uk, von ABERDEEN (s. S. 372) und KIRKWALL
(s. S. 590) an. Die Fähren laufen morgens ein
und nachmittags wieder aus. Besonders schön
ist die Tour nach Kirkwall bei Sonnenschein,
denn man passiert unterwegs Sumburgh
Head und die imposante Felseninsel Fair Isle –
allein dafür lohnt sich die Fahrt.
Aus dem alten Hafen in der Innenstadt von
Lerwick legt die kommunale Fähre zur vorgelagerten Insel BRESSAY ab (s. S. 606, Noss).

Flüge
Shetland hat zwei Flugplätze: **Sumburgh Airport**
an der Südspitze ist für alle Verbindungen
aufs Festland zuständig (s. S. 609); das kleine
Flugfeld **Tingwall** nördlich von Lerwick
bedient die kleinen Inseln vor der Küste von
Shetland, insbesondere Fair Isle und Foula.
Infos: 🖳 www.shetland.gov.uk/transport/air.

Die Umgebung von Lerwick

Vogelinsel Noss
Die Isle of Noss ist ein Vogelparadies, das man
sich vor allem im Frühsommer unbedingt angu-
cken sollte. Mehr als 100 000 Seevögel bevölkern
die Klippen, darunter Zehntausende Papageientaucher. Nirgends sonst lassen die eigentlich
sehr scheuen Vögel Besucher so nah an sich
heran, falls man sich vorsichtig und mit großer
Rücksicht auf ihre Lebenswelt verhält. Dieser
Respekt zahlt sich aus, denn man kann dann
stundenlang den an Land etwas tollpatschig
wirkenden Langstreckenfliegern zuschauen, die
mit ihren bunten Schnäbeln vor dem Hintergrund
ihres schwarz-weißen Gefieders sehr markant
sind. Es fällt schwer zu glauben, dass die *puffins*, wie sie auf Englisch heißen, Tausende von
Kilometer in ihr Winterquartier auf der südlichen
Erdhalbkugel fliegen und wieder zurück. Doch
sobald die Vögel in der Luft sind, schweben sie
grazil und enorm flink umher.

Die Papageientaucher sind nicht die einzigen
Sommergäste auf Noss. Basstölpel, Gryllteisten,
Trottellummen, Tordalken, Raubmöwen und Küstenseeschwalben bevölkern die Klippen. Höchster Punkt ist mit 181 m die Felsspitze **Noss Head**,
die senkrecht aus dem Meer aufragt. In den flacheren Ufergewässern sind auch Seehunde und
sogar Otter zu Hause.

Gleich am Fähranleger sind neben der **Rangerstation** von SNH (Noss Information Line,
✆ 0800-1077818) die Reste einer Zuchtstation
für Shetlandponys erhalten. Im 19. Jh. waren die
sehr kleinen Ponys im Bergbau als Arbeitstie-
re sehr beliebt, nachdem 1842 die Kinderarbeit
verboten worden war. Der Marquis von London-
derry wollte auf Noss noch kleinere und stärkere
Ponys züchten, doch die Rasse ist schon spätestens seit der Bronzezeit bekannt.

Vom Fähranleger kann man sich auf die rund
8 km lange Umrundung der Insel machen. Den
besten **Beobachtungspunkt** für *puffins* erreicht
man nach ca. 3 km (45 Min.) gegenüber der vorgelagerten Felseninsel Lamb Holm, danach geht
es steil bergan zum Noss Head, wobei man an
den Klippen sehr aufpassen muss.

Anfahrt zur Vogelinsel mit der Fähre von Lerwick nach **Bressay** (ca. stdl., 10 Min., Tickets hin

Äußere Hebriden, Orkney und Shetland

1910 kam in Eshaness **Tom Anderson** zur Welt, dem das Revival der shetlandischen Fiddle-Musik zu verdanken ist. Mitte des 20. Jhs. stand mit dem Aussterben der traditionellen Lebensweisen auch die Fiddle-Musik vor dem Abgesang. Anderson stemmte sich energisch gegen den Untergang der Fiddle-Musik. Deshalb gründete er 1960 The Forty Fiddlers und zu Beginn der 1980er-Jahre die Gruppe Shetland's Young Heritage, die das Blatt erfolgreich wendeten.

Die Fiddle hatte sich auf Shetland, wie auch andernorts in Schottland, im 18. Jh. durchgesetzt. Weil Shetland jedoch kein Teil der gälisch-keltischen Kultur war, gab es auch Bezüge zur norwegischen Hardanger-Fiddle. Eine typische Eigenart war auch, dass man die Fiddle auf dem Oberarm platzierte.

Einige Schüler von Anderson, der 1991 starb, zählen heute in Schottland zu den besten ihres Fachs: An erster Stelle ist **Aly Bain** (s. Foto links) zu nennen, der geradezu ein Virtuose ist. Seit Jahren spielt der sympathische zurückhaltende

Musiker mit dem begnadeten Akkordeonspieler **Phil Cunningham** und begeistert sein Publikum immer wieder aufs Neue. Die beiden sind ein äußerst kreatives Duo, das derzeit von niemandem in der Szene getoppt wird. Bain pflegt aber auch die skandinavischen Connections intensiv, 💻 www.philandaly.com.

Eine Generation jünger als Bain ist **Catriona Macdonald**, die ebenfalls noch bei Anderson ihr Handwerk lernte. Ihre Musik ist energiegeladen und vermischt sich gelegentlich mit anderen Stilrichtungen. So verjüngt sich die traditionelle Musik und erfährt neue Variationen, 💻 www. catrionamacdonald.com.

Live unschlagbar sind die vier Jungs von **Fiddlers' Bid**. Die dynamische Gruppe um Chris Stout bringt mit ihren rasanten Rhythmen das Publikum schnell aus dem Häuschen. Eine feine Ergänzung finden die vier durch die Harfenklänge von **Catriona McKay**, die mit Chris Stout auch schon als Duo eine CD veröffentlicht hat, 💻 www.fiddlersbid.com, www.chrisstout.co.uk.

und zurück: 3,60/8,40 £ für Fußgänger/Auto inkl. Fahrer). Am Anleger lohnt der Besuch des **Bressay Heritage Centre** mit dem bronzezeitlichen Cruester Burnt Mount (1800–1000 v. Chr.). ⏱ Mai–Sep Di/Mi, Fr/Sa 10–16, So 11–17 Uhr, Eintritt frei.

Vom Bressay-Anleger sind es gut 5,5 km quer über die Insel zum Parkplatz für die Noss-Fähre (zu Fuß ca. 1 1/2 Std., kein Busverkehr). Vom Straßenende nochmal gut 10 Min. zum Anleger, wo man mit einem Schlauchboot von Noss aus abgeholt wird. Tickets hin und zurück: 3 £, erm. 1,50 £. Die Noss-Fähre verkehrt von Mai–Aug Di–Mi und Fr–So 10–17 Uhr je nach Wetter (Telefonische Auskunft s. oben). Um auf Noss jedoch genug Zeit zu haben, sollte man spätestens um 14 Uhr eintreffen.

Geordie von **Shetland Sea Charters**, ☎ 01595-692577, nimmt von Mai–Sep für 20/10 £ bis zu 12 Passagiere auf seiner MV Allurion vom Victoria Pier im Zentrum von Lerwick mit auf eine 3-stündige Tour rund um Bressay und Noss. Tickets auch in der Touristeninformation von Lerwick. Den Papageientauchern kommt man dabei naturgemäß nicht so nahe wie an Land, aber die Küste ist spektakular.

Scalloway

Ein weiterer Ausflug führt von Lerwick 8 km nach Westen in die mittelalterliche Hauptstadt von Shetland. Die gut erhaltenen Ruinen von **Scalloway Castle** zeugen von der einstigen Größe. Der letzte Bauherr war Earl Patrick Stewart, der 1615 wegen Hochverrats in Edinburgh hingerichtet wurde. Der Schlüssel für die Burg befindet sich im Scalloway Hotel.

Buslinie 4 verbindet Lerwick regelmäßig mit Scalloway, einem sehr ruhigen Örtchen an einer netten Bucht.

South Mainland

Die aufwändig ausgebaute A 970 führt von Lerwick die „Fingerspitze" von South Mainland schnurstracks nach Süden. Im Osten ist immer das Meer im Blick, im Westen erstreckt sich ein langer Hügelzug. Bis nach Sumburgh sind es gut 43 km.

Isle of Mousa

13 m ragt der kühlturmartige **Mousa Broch** auf der Isle of Mousa empor. Das rund 2000 Jahre alte eisenzeitliche Bauwerk ist der besterhaltene Broch in ganz Schottland. Zwischen den Wänden führt eine Treppe nach oben – angeblich sollen sich verliebte Wikingerpaare hier zu einem ungestörten Stelldichein getroffen haben.

Da die Insel zugleich **Vogelschutzreservat** ist, gibt es in der Brutsaison viel zu sehen und

zu hören. Ein Rundweg, den man nicht verlassen sollte, führt einmal um die Insel, sodass die zwei Stunden Landgang wie im Fluge vergehen. Die Schiffstouren mit der Solan IV laufen normalerweise 2x tgl. ab Leebitten/Sandwick. 2010 gab es jedoch Probleme mit dem Anleger und die Touren starteten in Cunningsburgh. Außerdem will der Skipper sein Fährgeschäft verkaufen, sodass man sich vorab in Lerwick genau nach dem aktuellen Stand erkundigen sollte. Bei Redaktionsschluss hieß der Anbieter noch **Mousa Boat Trips**, ☎ 01950-431367, 🖥 www.mousaboattrips.co.uk; Tickets: 13 £, erm. 12/6,50 £. ⏰ April–Mitte Sep.

Von St Ninian's Isle nach Boddam

An der Westküste von South Mainland ist **St Ninian's Isle** durch den größten Muschelstrand Großbritanniens mit dem Festland verbunden. Bei Springfluten steht der Strand manchmal komplett unter Wasser. 1958 wurde auf der „Insel" ein berühmter piktischer Silberschatz gefunden. Die 28 Objekte befinden sich im Nationalmuseum in Edinburgh.

Südlich des Vogelschutzreservats Loch Spiggie ist die **Quendale Watermill** voll funktionstüchtig. Die Landbesitzer wollten mit diesen Mühlen im 19. Jh. die Kornverarbeitung zentralisieren, um an ihrem Monopol ordentlich verdienen zu können. 1972 wurde die Produktion eingestellt. ⏰ Mitte April–Mitte Okt tgl. 10–17 Uhr, Eintritt 2 £, erm. 1/0,50 £.

Zurück an der A 970 bewahrt auf der östlichen Seite in **Boddam** das reetgedeckte **Croft House Museum**, ☎ 01950-460557, die bäuerliche Wohnkultur im ausgehenden 19. Jh. Im Kamin brennt ein Torffeuer, daneben hängt eine Fiddle an der Wand, der Shetland-Stuhl hat die traditionelle „Kapuze" und eine kleine Wassermühle wurde im Feld unterhalb des Cottage restauriert – sehr stimmungsvoll. ⏰ Mai–Sep tgl. 10–13, 14–17 Uhr, Eintritt frei.

Old Scatness und Jarlshof

South Mainland endet auf der Landspitze von Sumburgh. Der Zugang erfolgt praktisch über das Rollfeld des Flughafens. Den Bauarbeiten war in den 1970er-Jahren die Entdeckung des eisenzeitlichen Dorfes und Brochs von

Old Scatness zu verdanken, ☎ 01950-461869, 🖥 www.shetland-heritage.co.uk/amenitytrust. Der Fund war erstaunlich, weil auch der benachbarte Jarlshof in der Eisenzeit bewohnt war. Der Grund für diese augenfällige Nähe liegt weiter im Dunkeln. Warum gab es zwei benachbarte Siedlungen? In Old Scatness versucht man durch Vorführungen ein wenig vom Feeling der Eisenzeit zu rekonstruieren. ⏲ Mai–Sep So–Do 10–17 Uhr, Eintritt 4 £, erm. 3 £.

Die eigentliche Hauptattraktion ist aber der **Jarlshof**, ☎ 01950-460112, 🖥 www.historic-scotland.gov.uk, eine der wichtigsten altertümlichen Ausgrabungsstätten Großbritanniens. Von der Steinzeit bis ins Mittelalter war der Jarlshof bewohnt, und dicht an dicht finden sich Wohnstätten, die einen Zeitraum von knapp 4000 Jahren umfassen.

Aus der Steinzeit blieb nur wenig erhalten, umso beeindruckender sind die Reste aus der Bronze- und Eisenzeit. Während der rund 2000 Jahre alte Broch durch die Meereserosion halb zerstört wurde, kann man tief in das sogenannte *wheelhouse* hineingehen. Diese eisenzeitlichen Häuser boten effektiven Schutz gegen die Unbilden des Wetters. Ihren modernen Namen erhielten sie wegen der radförmigen Anordnung der einzelnen Hausbereiche.

Gegen 850 ließen sich erste Wikinger am Jarlshof nieder. Sie errichteten ein typisches Langhaus, während die letzten Earls von Orkney ihre Macht durch ein Tower House festigen wollten. Nach ihrem Untergang wurde der Jarlshof endgültig aufgegeben. Den Begriff „Jarlshof" prägte übrigens niemand anders als Sir Walter Scott, der selbst auf den fernen Inseln im Norden mit seinen Werken prägenden Einfluss hatte. ⏲ April–Sep tgl. 9.30–17.30 Uhr, Eintritt 4,70 £, erm. 3,80/2,80 £ (HS).

Sumburgh Head

Das dramatische Crescendo liefert die Landspitze von Sumburgh Head. Hoch ragen die Klippen auf, ein Leuchtturm thront auf dem Plateau und in den Klippen machen es sich im Frühling und Frühsommer Tausende Papageientaucher gemütlich, um zu brüten. Die Vogelschutzorganisation RSPB war Ende 2007 sehr alarmiert, als viele Papageientaucher wegen akuten Nahrungsman-

gels zu schwach für den Flug ins Winterquartier waren und starben. Noch ist nicht abzusehen, ob das Verschwinden der Sandaale eine Dauererscheinung ist und welche Auswirkungen dies auf die Papageientaucher auf Shetland hat. 2010 hatte sich die Kolonie jedenfalls zunächst wieder erholt. Die *puffins* sitzen überall am Klippenrand im Rasen hinter der Schutzmauer und lassen sich hier ohne Scheu beobachten und fotografieren.

Fair Isle

An einem klaren Tag ist von Sumburgh die Felsen- und Vogelschutzinsel Fair Isle auf halbem Weg Richtung Orkney deutlich auszumachen. Auf dem Eiland leben knapp 70 Menschen und im Sommer kommen zahlreiche Vogelkundler, um die international bedeutenden Brutgebiete an der fantastischen Klippenküste zu beobachten. Von Sumburgh fährt eine schaukelige Fähre hinüber, von Tingwall geht bei gutem Wetter ein Flieger, doch sowohl Fähre wie Flüge können sich bei schlechtem Wetter oft um einen oder gar mehrere Tage verschieben. Wer nach Fair Isle will, muss sehr flexibel sein und Zeit mitbringen. Übernachten kann man in dem 2010 eröffneten komfortablen Vogel-Observatorium. Die Insel gehört dem National Trust for Scotland. Alle Infos zur Fair Isle: 🖥 www.fairisle birdobs.co.uk.

Übernachtung und Essen

Levenwick Campsite, Levenwick, ☎ 0771-4935914. Super gelegener Campingplatz mit grandiosem Meerblick an der A 970. ⏲ Mai–Sep.

Setterbrae B&B, Spiggie, ☎ 01950-460468, 🖥 www.setterbrae.co.uk. Ein einsam gelegenes B&B an der Südseite von Loch Spiggie, das gute und bequeme Unterkunft auf South Mainland bietet. ❷

Sumburgh Hotel, Sumburgh, ☎ 01950-460201, 🖥 www.sumburghhotel.com. Stattliches Hotel mit Blick auf Sumburgh Head, direkt neben dem Jarlshof. Von den 33 Zimmern sollte man unbedingt eines der 6 mit Seeblick ergattern. Die Küche ist gut und das Essen wird in der hellen Lounge serviert. ⏲ Küche tgl. 12–14, 18–20.30 Uhr. ❸–❹

Busse

Linie 6 verkehrt mehrmals tgl. von LERWICK via Sandwick und Jarlshof zum Sumburgh Airport (55 Min.).

Flüge

Sumburgh Airport, 🖳 www.hial.co.uk, ist die zentrale Landebahn für Shetland-Bsucher. Flugverbindungen gibt es mit **Flybe**, 🖳 www.flybe.com, nach:
ABERDEEN, 3–4x tgl., 1 Std., ab ca. 40 £.
EDINBURGH, 1–3x tgl., 1 1/2 Std., ab ca. 60 £.
GLASGOW, 1x tgl., 1 1/2 Std., ab ca. 60 £.
INVERNESS, via Kirkwall, 1–2x tgl., 1 3/4 Std., ab 40 £.
KIRKWALL, 1–2x tgl., 35 Min., ab ca. 35 £.

North Mainland und Northmavine

Nach Weisdale

Im Norden von Mainland weitet sich der Bauch der Hauptinsel ein wenig, sodass sich zwei bis drei Alternativrouten Richtung Norden auftun. Von Lerwick aus geht es zunächst zum Flugfeld nach Tingwall und dort über die A 971 Richtung Weis-

dale. Am Loch Hellister kann man bei **Shetland Jewellery**, ✆ 01595-830275, 🖳 www.shetland jewellery.com, bei der Herstellung des Schmucks zuschauen. ⏱ Mo–Do 9–17, Fr 9–16 (Juni–Aug auch Sa 10–17, So 14–17 Uhr), Eintritt frei.

In Weisdale selbst ist die **Bonhoga Gallery**, ✆ 01595-830400, 🖳 www.shetlandarts.org, in einer ehemaligen Kornmühle untergebracht. Oben gibt es zeitgenössische Wechselausstellungen, unten ein schönes Café mit Wintergarten. ⏱ Di–Sa 10.30–16.30, So 12–16.30 Uhr.

Voe und Brae

Zurück auf der A 970 erreicht man in **Voe** das Kopfende des Olna Firth. Die Hauptstraße folgt dem Fjord nach **Brae**. Im Winter findet im März in der Siedlung das zweitgrößte Up-Helly-Aa-Spektakel nach Lerwick statt. Hier wird das Boot übrigens tatsächlich ins Wasser gelassen und dort verbrannt.

In Brae trennt eine kleine Landenge die westlichen Fjorde vom nördlichen **Sullom Voe**. Bei **Mavis Grind** wurden früher die Fischerboote auf Rundhölzern von einem Ufer zum anderen gezogen. Der Name Sullom Voe steht für den Ölterminal auf Shetland, der sich einige Kilometer weiter nordöstlich gut versteckt am Ufer des Fjords befindet.

Selbst an schönen Tagen weht auf den Klippen von Eshaness immer eine frische Brise.

Äußere Hebriden, Orkney und Shetland

Northmavine und Eshaness

Die A 970 endet auf der Halbinsel Northmavine in der Ortschaft **Hillswick**. Das 1668 für einen Hamburger Kaufmann errichtete Handelshaus **Da Böd** ist heute ein uriges vegetarisches Café, das im Sommer an Wochenenden gegen eine Spende Kaffee und Kuchen serviert. Der Erlös geht an das Seehund- und Otterrefugium **Hillswick Wildlife Sanctuary**, das Besitzerin Jan seit Jahren betreut, ℡ 01806-503348, 💻 www.shetlandwildlifesanctuary.com.

In Hillswick beginnt die Landschaft plötzlich dramatisch zu werden, und so ist die Weiterfahrt nach Eshaness sehr empfehlenswert. Im Moor ragen drei Felsnadeln – **The Drongs** – markant auf, im Hintergrund ist die Insel Foula weit draußen im Ozean zu erkennen.

Das **Tangwick Haa Museum**, ℡ 01806-503389, zeigt eine gute Ausstellung zur Auswanderung. Das Haus selbst stammt bereits aus dem 17. Jh. ⏲ Mitte April–Sep tgl. 11–17 Uhr, Eintritt frei.

Schließlich endet die Piste am **Eshaness Lighthouse**, wo man urplötzlich vor dramatischen Klippen steht – tiefe Einschnitte, spektakuläre Felsinseln und Felsnadeln und amphitheaterförmige Klippenbuchten bestimmen an diesem windigen, baumlosen Küstenabschnitt das Bild. Man sollte unbedingt die wunderbare Küste zu Fuß genauer erkunden. Während der Saison fliegen Papageientaucher, Basstölpel und Eissturmvögel durch die Lüfte, für Naturliebhaber ein Muss!

Frankie's Fish&Chips, Brae, ℡ 01806-522700, 💻 www.frankiesfishandchips.com. Die Einheimischen fahren weite Wege, um sich bei Frankie's mit einer guten Portion Fish 'n' Chips zu versorgen. Der Laden ist freundlich, mit einem hellen Café-Restaurant, sodass man sich auch hinsetzen und beim Essen den Fjord betrachten kann. ⏲ Mo–Sa 9.30–20, So 13–20 (Winter 16–20 Uhr).

Almara B&B, Upper Urafirth, bei Hillswick, ℡ 01806-503261, 💻 www.almara.shetland.co.uk. Freundliche *puffins* weisen den Weg zu dem B&B am Hang. Der Standard ist gut und der Service freundlich, auch Waschmaschine. Von den 3 Zimmern sollte man sich unbedingt das mit Aussicht nach Hillswick sichern. In einem ausgebauten Caravan sind längere Aufenthalte für Selbstversorger möglich. ❷

St Magnus Hotel, Hillswick, ℡ 01806-503372, 💻 www.stmagnusbayhotel.co.uk. Ungewöhnliches Hotel komplett aus Holz, das ursprünglich in Norwegen für die Internationale Ausstellung in Glasgow 1896 gebaut wurde. Seit einigen Jahren renovieren die neuen Besitzer fleißig und bringen wieder neuen Schwung in den Laden. ❹

Braewick Café und Caravan Park, Eshaness, ℡ 01806-503345, 💻 www.eshaness.shetland.co.uk. Tolle Fensterfront mit Blick auf die Drongs, dazu rustikale Küche oder Kaffee und Kuchen. Als Campingplatz Top-Lage und beste Verpflegung. ⏲ März–Okt, Küche März–Mai, Sep/Okt Mo–Fr 10–17, Juni–Aug tgl. 10–19.30 Uhr.

Buslinie 21 verkehrt Mo–Sa 1x tgl. nachmittags von Lerwick via Brae nach Hillswick und Eshaness (1 1/2 Std.).

Unst

Um zur nördlichsten bewohnten Insel Shetlands zu gelangen, muss man gleich zwei Fähren nehmen. Zunächst geht es vom Anleger Toft aus nach Ulsta auf Yell, von dort quer über die Insel zum nächsten Anleger nach Gutcher, wo die zweite Fähre nach Belmont auf Unst wartet. Kleines Bonbon: Zwischen Yell und Unst kann die Fähre kostenlos genutzt werden!

Unst zerfällt in drei Bereiche: Im Süden ist **Uyeasound** ein gutes Standquartier, in der Mitte liegt **Baltasound**, und ganz oben im Norden ist **Haroldswick** die touristische Hauptanlaufstelle mit dem Zugang zum großartigen Vogelschutzgebiet Hermaness, dem nördlichsten Flecken Großbritanniens.

Uyeasound und Baltasound

Östlich der sympathischen Küstensiedlung **Uyeasound** liegen die Reste des frei zugänglichen **Muness Castle** aus dem späten 16. Jh., errichtet „mit dem Schweiß und den Tränen der Shetlander", wie es heißt.

Muckle Flugga ★

Taing of
Loosswick
THE GREING
Humla Stack
Clingra Stack
Flodda Stack

Loos Wick
Wind Geo
Boelie
The Fild
Hermaness
Hill 200

Hermaness
National
Nature
Reserve

Sothers Stack

Kame of Flouravoug
Toche

Neap
Burn of Winnaswarta Dale

Bluescudda Kame
Saito

Mouslee Hill

The Gord
The Framd
Wurs Stack
Iron Geo
Leera Stack
Brim Ness
Norwick-Hevda
Shorda Hellier
The Keen

The Fidd

Fiska Geo

Grisa Lee
The Keen

Neup Geo
Ruska Kame

The Noup
The Lug

Brei Wick

Saxa Vord
Ritten Hamar

Burra Firth

Noss of Stenvord

73
Hill Ness

132

Skaw

Edinburgh

150
Tonga

Mill Fiel

Hove Burn

Milldale Burn

Goturm's Hole

Libbers Hill
170

North Water

Sneuga
△131

Smirlees Dale

Ness of Queyhoose

Lonet o Cliff

Ouin

Petester

The Ness
VISITOR CENTRE

Root Stack

Burrafirth
Sandfield
Sotland

Quarry
Feall

Buddabrake

B 9086

Holey Kame

Buel Houll

Housi Field

Northdale

Baltasound
Yell, Lerwick

Unst
Heritage Centre ★

Unst Boat Haven

Sother Field
186
Ward of Norwick
White Haggle

Kirkaton

Norwick
Saxa Vord und
Chocolate Experience
Valsgarth

Haroldswick
Northern Lights Café

Swartling

Braehead

Booths
Nor Wick
The Taing
Shure Taings
Millfield
Virse

Hill of Clibbanswick

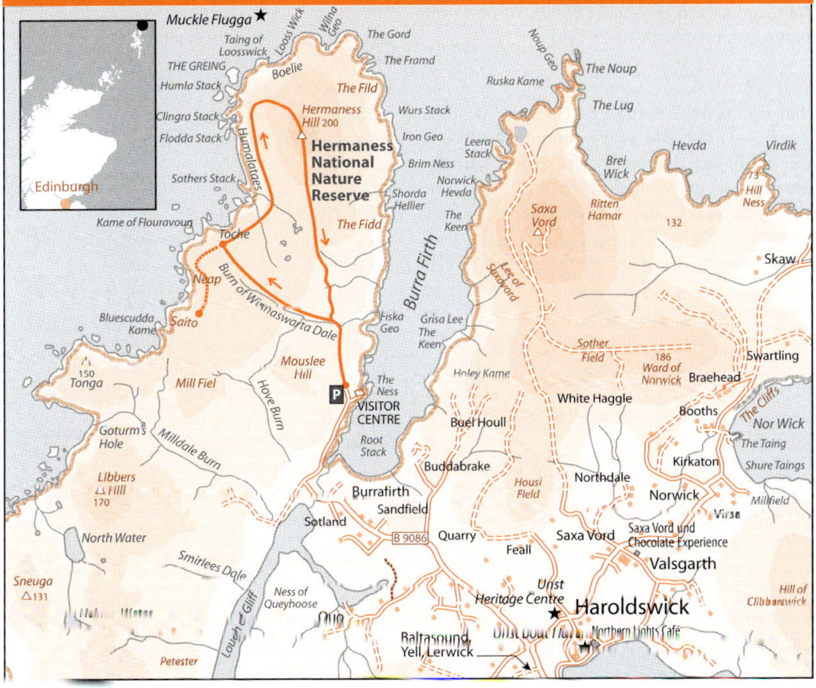

Am nördlichen Ortsausgang von Baltasound wartet eine ungewöhnliche Attraktion: Der **Unst Bus Shelter**. 1996 beschwerten sich drei kleine Schulkinder, dass ihre Bushaltestelle kaputt war. Eine neue Haltestelle kam, und auf einmal tauchten ein Sofa, ein Teppich und Blumentöpfe auf. Die auf wundersame Weise thematisch immer wieder neu eingerichtete Haltestelle hat sogar eine eigene Website bekommen: 🖳 www.unst busshelter.shetland.co.uk. Die Kids sind längst groß, aber die Einheimischen haben ihren Spaß mit der schrägen Hippie-Bushaltestelle.

Haroldswick

In Haroldswick, der nördlichsten Siedlung Großbritanniens, trafen bis vor Kurzem zwei Welten aufeinander: Eine kleine abgelegene Kommune am Rande des Nordatlantiks und eine Militär-

boote zur Radarüberwachung der Schifffahrtswege. Die Soldaten sind abgezogen, und prompt hat sich die Bevölkerung von Unst auf rund 600 Bewohner halbiert.

In die leeren Armee-Unterkünfte von **Saxa Vord**, ✆ 01957-711711, 🖳 www.saxavord.com, sind inzwischen der Pralinen- und Schokoladenhersteller **Chocolate Experience** (himmlisch süß und lecker ...), ein gutes Restaurant und ein Hostel eingezogen. Bei Redaktionsschluss sollte auch die örtliche **Valhalla Brewery** von Baltasound nach Haroldswick umziehen.

Im „alten" Teil von Haroldswick sind das **Unst Heritage Centre** sowie das dazugehörige **Unst Boat Haven**, ✆ 01957-711528, sehenswert. Ersteres beschäftigt sich u. a. mit den Wikingern und den Shetlandponys, Letzteres stellt mehrere traditionelle Boote aus. ◷ Mai–Sep tgl.

11–17 Uhr, Kombiticket 3 £, erm. 1 £, Kinder frei. Gleich neben dem Bootshafen lädt das **Northern Lights Café**, ✆ 01957-711250, zu einer verdienten Kaffeepause ein. ☉ Mo–Sa 10–16, So 14–17 Uhr (nach Buchung auch 19–22 Uhr).

Hermaness

Von Haroldswick führen die letzten Kilometer Straße um den Burra Firth herum zum Visitor Centre für das **Hermaness National Nature Reserve**, das von Scottish Natural Heritage „am Rande der Welt" verwaltet wird. Wer sich zu Fuß vom Parkplatz auf den gut ausgebauten Weg macht, wird bald sehen, was damit gemeint ist. Nach einer knappen Viertelstunde teilt sich der Pfad und man geht über den Hauptweg geradeaus weiter, der z. T. sogar auf Holzbohlen das Moor überquert. Gelegentlich beäugen Raubmöwen argwöhnisch die Wanderer, halten sich aber zumeist zurück, solange man den Pfad nicht verlässt.

Und dann sind nach einer Dreiviertelstunde jenseits der offenen Moorfläche plötzlich die atemberaubenden Steilklippen erreicht, die „Welt" ist tatsächlich zu Ende. In den Klippen zur Linken sind Tausende von Basstölpeln zu Hause, sodass die Felswand nahezu vollständig weiß aussieht. Faszinierend auch, wie die Vögel es schaffen, eine Art Einbahnstraßenverkehr aufrechtzuerhalten, um nicht miteinander zu kollidieren. Am besten geht man einfach ein Stück die Klippen entlang, um sich das Spektakel aus mehreren Perspektiven anzuschauen.

Dann geht es weiter nach Norden, durch eine Senke und am grünen Hang entlang. Hier gibt es nur noch einen schmalen Pfad, doch die Küste bleibt sehr abwechslungsreich. Im Norden ist das Felsen-Eiland von Muckle Flugga der tatsächlich letzte Außenposten Schottlands im Nordatlantik Auch dort haben Basstölpel je-

den Quadratzentimeter Klippe für sich belegt. Schließlich weisen einige Pfosten den Weg hinauf zum 200 m hohen **Hermaness Hill**. Hier oben ändert sich die Landschaft wieder dramatisch und man geht über die moorige Hochfläche den Pfosten folgend zurück zum Hauptweg und zum Parkplatz und genießt dabei den Rundumblick. Für die knapp 10–11 km lange Wanderung sollte man rund 3 1/2 Std. einrechnen.

Anhang

Sprachführer

Scots und Gälisch

Sowohl das traditionelle Lowland Scots als auch das keltische *Gàidhlig* (Gälisch) haben sich mit einer Reihe von Begriffen in die Alltagssprache integriert. Ob auf Straßenschildern, Land- und Wanderkarten oder in Touristenbroschüren, bestimmte Wörter tauchen immer wieder auf. Hier eine kleine Hilfestellung:

Scots

auld	alt
ayr	in
bairn	Kind
bonny	schön
brae	Hang
brig	Brücke
but and ben	Cottage mit zwei Räumen
dreich	nasskalt, düster, langweilig
haar	Küstennebel an der Nordsee
howff	gesellschaftlicher Treffpunkt, auch Kneipe
kirk	Kirche
lad	Junge
laird	Gutsbesitzer
lassie	Mädchen
muckle	groß
neep	Rübe
neuk	Ecke
sassenach	Engländer
tattie	Kartoffel
wee	klein

Gälisch

aird	Höhe, hoher Punkt
Alba	Schottland
allt	Bach
beag, bheag	klein
bealach	Pass, Spalte
beithe	Birke
ben, beinn	Berg
bhuachaille, buachaille	Schäfer, Hirte
caillich	alte Frau
ceud mile fàilte	„100 000 Willkommen"
damh, daimh	Hirsch
dearg	rot
dubh	schwarz
eilean, eilein	Insel
fàilte gu Alba	Willkommen in Schottland
fionn, fhionn	weiß, schön
glas, ghlas	grau, grün
gorm	blau
lairig	Engpass, Durchgang
leitir	Hang
liath	grau
màm	sanft ansteigender Hügel, Bergpass
meall	runder Hügel, Klumpen
mòr, mòi, more, mhor	groß
ruadh	rot
sgurr, sgor	felsiger Gipfel
slàinte	Prost (für Whisky)
sròn	Nase, Punkt
tigh	Haus
traigh	Strand
uisge beatha	„Wasser des Lebens" (Whisky)

Englisch für unterwegs

Allgemein

Auskunft	*information*
bitte / danke	*please / thank you*
Brief / Postkarte	*letter / postcard*
Briefmarken	*stamps*
Bücherei	*library*
geöffnet / geschlossen	*open / closed*
Handy	*mobile phone*
Internetzugang	*internet access*
ja / nein	*yes / no*
Personalausweis / Reisepass	*identity card / passport*
Post	*post office*
Rechnung	*bill (Hotel, Restaurant), invoice (Service, z. B. Autowerkstatt)*
SMS / simsen	*text message / to text*
Telefon	*telephone*
Telefonkarte	*phonecard*
Telefonzelle	*phone box / public phone*
Touristeninformation	*tourist / visitor information centre*

www.stefan-loose.de/schottland

Anhang

Verkehr

Ampel	traffic lights
Ausfahrt	exit
Autobahn	motorway
Auto / Zug / Rad	car / train / bike
Bahnhof	station
Brücke	bridge
Bus	bus (Linienbus), coach (Reisebus)
Busbahnhof	bus station
Fahrkarte	ticket
Flughafen	airport
geradeaus / rechts / links	straight on / right / left
Geschwindigkeits-begrenzung	speed limit
Haltestelle	stop
Kreisverkehr	roundabout
Kreuzung	crossroads
Panne	breakdown, puncture (Reifen)
Parkplatz	car park
schnell / langsam	fast / slow
Stadtplan	street map
Tankstelle	filling / petrol station
Unfall	accident
Vorsicht	attention / caution

Unterkunft

Decke	blanket
Doppelzimmer	double (Doppelbett) / twin room (2 Einzelbetten)
Einzelzimmer	single room
Fön	hairdryer
Frühstückspension	B&B, Guest House
Handtuch	towel
Kissen	pillow
Holzung	radiator
mit Bad / WC	ensuite
Halbpension	half-board / dinner, bed&breakfast (DBB)
Vollpension	full-board

Geld

Bank	bank
bar	cash
EC-Karte	Eurocheque card
Geld	money
Geld wechseln	to change money
gültig bis ...	expiry date
kaufen	to buy
Kreditkarte	credit card
teuer / billig	expensive / cheap
Umtauschkurs	exchange rate

Notfall

Apotheke	pharmacy / chemist
Arzt	doctor / GP
Feuerwehr	fire brigade
Hilfe	help
Krankenhaus	Hospital
Krankenwagen	ambulance
Medikament	medicine
Notfall	emergency
Notfallabteilung	A&E (accidents & emergencies)
Polizei	police
Rezept	prescription
Zahnarzt	dentist

Begrüßung / Smalltalk

Guten Morgen / Abend,
  Good morning / evening.
Guten Tag / Hallo.
  Hello.
Wie geht es Ihnen / dir?
  How are you?
Danke, gut.
  I'm fine, thanks.
Wie heißen Sie / heißt du?
  What's your name?
Ich heiße ...
  My name is ...
Auf Wiedersehen / Tschüss.
  (Good)bye.
Woher kommen Sie / kommst du?
  Where are you from?
Ich komme aus Deutschland / Österreich / der Schweiz.
  I'm from Germany / Austria / Switzerland.
Schottland ist wunderbar.
  Scotland is great.

Orientierung

Wo ist ...?
  Where is ...?
Wie komme ich nach/zum/zur ...?
  How do I get to ...?

Anhang

Gibt es hier ...?
Do you have ...?
Ich habe mich verlaufen.
I'm lost.
Ich suche ...
I'm looking for ...
Wo ist die nächste Bushaltestelle?
Where's the nearest bus stop?
Fährt der Bus / Zug nach ...?
Does the bus / train go to ...?
Wie viel kostet die Fahrkarte?
How much is the ticket?
Wann öffnet / schließt ...?
When does ... open / close?
Wie spät ist es?
What's the time?

Unterkunft
Haben Sie ein Zimmer frei?
Have you got any vacancies?
Können Sie mir das Zimmer zeigen?
Could you show me the room?
Wie viel kostet das Zimmer?
How much is the room?
Wir haben eine Reservierung.
We have a reservation.
Ich möchte ein Zimmer reservieren.
I'd like to book a room.
Haben Sie einen Parkplatz?
Have you got a car park?
Kann ich mit Kreditkarte zahlen?
Can I pay by credit card?
Können Sie ein gutes Restaurant / eine gute Kneipe empfehlen?
Can you recommend a good restaurant / a nice pub?

Notfall / Gesundheit
Dies ist ein Notfall. Können Sie mir bitte helfen?
This is an emergency. Can you help me, please?
Ich brauche einen Arzt.
I need a doctor.
Rufen Sie bitte die Polizei / den Rettungsdienst.
Please call the police / 999.

Ich bin krank.	*I'm ill.*
Mir ist schlecht.	*I'm sick.*
Mir tut es hier weh.	*It hurts here.*
Ich bin allergisch	*I'm allergic to ...*
... gegen	

Kulinarischer Sprachführer

Für die Übersetzung und Erklärung typisch schottischer Delikatessen s. S. 46

Frühstück

bacon	gebratener Speck
baked beans	weiße Bohnen in Tomatensauce
cereals	Müsli, Cornflakes etc.
cheese	Käse
cooked breakfast	warmes Frühstück
egg: boiled / scrambled	gekochtes Ei / Rührei
egg: fried / sunny-side up	Spiegelei, auf beiden Seiten / nur auf einer Seite gebraten
fruit salad	Obstsalat
honey	Honig
jam	Marmelade, Konfitüre
marmalade	Orangenmarmelade
porridge	warmer Haferbrei
rolls	Brötchen
sausages	Mini-Würstchen

Gemüse und Obst

apple	Apfel
beans	Bohnen
broccoli	Brokkoli
Brussels sprouts	Rosenkohl
cabbage	Kohl
carrot	Möhre
chips	Pommes Frites
fruit	Obst
melon	Melone
mushrooms	Pilze
pea	Erbse
pear	Birne
pepper (red / green)	Paprika
potato	Kartoffel
tomato	Tomate
strawberry	Erdbeere
turnip	(Steck-)Rübe
vegetables	Gemüse

Fisch und Meeresfrüchte

cod	Kabeljau
crab	Krabbe / Krebs
fish	Fisch

haddock	Schellfisch
langoustine	Langustine
lobster	Hummer
mackerel	Makrele
monkfish	Seeteufel
mussel	Miesmuschel
oyster	Austern
plaice	Scholle
prawn	Garnele
salmon	Lachs
scallop	Jakobsmuschel
seafood	Meeresfrüchte
(lemon) sole	Seezunge
trout	Forelle

Fleisch

Aberdeen Angus Beef	schottische Rindersorte
beef	Rindfleisch
lamb	Lamm
pork	Schweinefleisch
lamb / pork chop	Lamm- / Schweinekotelett
pork pie	Schweinefleischpastete
steak (and kidney) pie	Fleischpastete (mit Nieren)
venison	Rehfleisch

Zutaten und Zubereitung

chutney	Würzpastete, z. B. mit Mango
fried	gebraten
garlic	Knoblauch
ginger	Ingwer
gravy	dicke Soße
minced	klein gehackt
mint sauce	Pfefferminzsoße
mustard	Senf
pepper (black)	Pfeffer
poached	pochiert, gedünstet
roasted	geröstet
salt	Salz
smoked	geräuchert
sugar	Zucker
vinegar	Essig

Kuchen und Süßes

crannachan trad. schottisches Dessert aus Himbeeren mit Schlagsahne, Whisky und geröstetem Hafermehl

flapjack fester Riegel aus Hafermehl und Sirup, oft mit Trockenobst
fudge karamellartige Süßigkeit in vielen Geschmacksvarianten
muffins amerikanische Minikuchen, in Großbritannien eher flach
oatcakes Haferkekse
scones typisches Gebäck zum Tee, das mit Butter und Marmelade gegessen wird
shortbread butterhaltiges Gebäck

Getränke

ale	obergärige Biersorte, auch Sammelbegriff für Bier
cider	Apfelwein
coffee	Kaffee
draught	Bier vom Fass gezapft
juice	Saft
lager	helles, leichtes Bier
milk	Milch
(half) pint	kleines / großes Bier (0,284 ml / 0,568 ml)
real ale	ungefiltertes Bier, meist mit einer Luftpumpe gezapft
soft drink	nicht-alkoholisches Erfrischungsgetränk
tea	Tee
water	Wasser

Im Restaurant/Pub
Die wichtigsten Begriffe

catch of the day	Tagesfang
daily specials	Tagesgerichte
dessert	Nachtisch
mains	Hauptgerichte
Speisekarte	menu
side dish	Beilage
starter	Vorspeise
waiter / waitress	Kellner / Kellnerin

Die wichtigsten Sätze

Haben Sie noch einen Tisch für X Personen?
Do you have a table for X (people)?
Ich möchte einen Tisch reservieren.
I'd like to book a table.
Ist dieser Tisch/Platz frei?
Is this table/seat taken?
Ich/Wir hätte(n) gerne die Speisekarte.
Could I/we have the menu, please?

Anhang

Unsere Tagesgerichte stehen auf der Tafel.
Our specials are on the board.
Kann ich Ihre Bestellung aufnehmen?
Are you ready to order?
Ich nehme …
I'll have …
Wünschen Sie eine Vorspeise / einen Nachtisch?
Would you like a starter / dessert?
Getränke gibt es an der Theke.
Please order your drinks at the bar.
Die Rechnung, bitte.
The bill, please.
Können Sie bitte ein Taxi rufen?
Could you order a taxi, please?
Wo ist bitte die Toilette?
Where is the toilet, please?

Glossar

abbey Abtei
Auld Alliance traditionelles Bündnis mit Frankreich, um England in die Zange zu nehmen, in der Realität oft mehr Schein als Sein
bagpipe Dudelsack
bay Bucht
beach Strand
ben, beinn Berg
blackhouse reetgedecktes traditionelles Cottage auf den Äußeren Hebriden ohne Kamin, bis ins 20. Jh. genutzt
Bonnie Prince Charlie ("Der schöne Prinz Charlie") Kosename für Prince Charles Edward Stuart, der 1745/46 vergeblich versuchte, die Krone vom Hannoveraner-König George II. zurückzugewinnen.
bothy einfache Hütte in den Highlands, für Wanderer, Schäfer und Jäger; oftmals verlassenes Cottage oder alte Unterkunft
broch eisenzeitlicher Wehrturm in Form eines Kühlturms
burgh Stadt
burn Bach
cairn, carn Steinhaufen, -mandl (meistens zur Orientierung für Wanderer)
castle Burg oder Schloss

cattle grid Viehrost auf Straßen, um ohne Weidetore freie Durchfahrt zu ermöglichen
cave Höhle
ceilidh traditioneller schottischer Tanzabend mit Musik und Unterhaltung
chapel Kapelle
clearances Vertreibungen aus den Highlands im 18./19. Jh., s. S. 449
coastal path Küstenpfad
chippie Fish 'n' Chips-Laden
close schmaler Durchgang, Eingang
cottage kleines, flaches Wohnhaus
crannog künstliche eisenzeitliche Inseln zur Verteidigung
craft shop Laden mit Kunsthandwerk
crofter Kleinpächter in den Highlands, s. S. 93
dram Glas Whisky
dun Fort
estate Landgut
footpath Fußweg
glen, gleann Tal
gorge Schlucht
Haggis Schafsinnereien mit Stampfkartoffeln und -rüben (trad. Speise), s. S. 46
Historic Scotland (HS) staatliche Denkmalschutzbehörde
Hogmanay Silvester
inver Flussmündung
Kilt Schottenrock
kissing gate kleines Schwingtor im Zaun
kyle Meerenge
links Dünen, Golfplätze in den Dünen
loch See oder Fjord
lochan kleiner See, Tümpel
lock Schleuse
lodge Gutssitz, Jagdhütte, Pförtnerhaus
Lord of the Isles mittelalterlicher Fürstentitel auf den Hebriden; wird mit einer gälischen Blütezeit in Verbindung gebracht
machair fruchtbarer Küstenstreifen auf den Äußeren Hebriden mit Dünen, Wildblumen und extensiver Landwirtschaft
midges Mini-Mücken in den Highlands
mountain rescue team Bergwacht
Munro Berg über 3000 Fuß (ca. 914 m)
Munro-bagger Wanderer, der alle 283 Munros besteigen möchte, s. S. 62
national nature reserve (NNR) national bedeutendes Naturschutzgebiet

Anhang

National Trust for Scotland (NTS) private Denkmalschutzbehörde

provost Bürgermeister

pub grub rustikales Essen in einer Kneipe oder einem Hotel-Pub

Public Rights of Way öffentliches Wegerecht, s. S. 61

RIB (rigid-inflatable boat) Festrumpfschlauchboot (zumeist Schnellboote für Ausflüge)

RSPB (Royal Society for the Protection of Birds) private Vogelschutzorganisation

Saltire Bezeichnung für das diagonale St.-Andreas-Kreuz in der schottischen Flagge

Scottish National Heritage (SNH) staatliche Umweltschutzbehörde

shinty Hockey-ähnliches Mannschaftsspiel mit Schläger, in den Highlands verbreitet

single track road einspurige Straße (vor allem in den Highlands) mit Buchten (passing places) zum Passieren lassen und Überholen

slainte gälischer Trinkspruch für Whisky („Gesundheit")

sporran Felltasche am Kilt-Gürtel

Stone of Destiny mittelalterlicher Krönungsstein der Schotten, heute in Edinburgh Castle, s. S. 316

strath Tal (Scots)

tartan spezielles farbiges Wollmuster für die unterschiedlichen Clan-Kilts

tolbooth Rathaus mit Gericht und Gefängnis (hist.)

visitor centre Besucherzentrum

(youth) hostel (Jugend-)Herberge

wynd schmaler Durchgang zwischen zwei Straßen, zumeist an einem Hang

Bücher

Belletristik

Iain Banks, *Verschworen* (Goldmann, München 1995). Banks steht ein wenig im Schatten des Krimi-Autors Ian Rankin – völlig zu Unrecht. Neben SF-Romanen schreibt er auch – zumeist recht düstere – Geschichten, in denen die Tiefe der menschlichen Seele ausgelotet wird. In *Verschworen* wird der Journalist Cameron Colley in eine Reihe von mysteriösen Morden verwickelt und gerät schließlich selbst in Verdacht, während ein geheimnisvoller Informant ihn immer tiefer in die Sache hineinzieht. Oder ist er am Ende doch der Täter? Banks versteht es geschickt, sein Publikum bei der Stange zu halten. Zu seinen weiteren Werken zählen *Die Wespenfabrik* und *Straße der Krähen*.

George Mackay Brown, *Ein Sommer in Greenvoe* (Unionsverlag, Zürich 2006). Der orcadische Schriftsteller erzählt eine traurige Geschichte von der Vertreibung einer kleinen Inselgemeinschaft, die für das mysteriöse Militärprojekt „Schwarzer Stern" weichen muss. Die Geschichte ist geradezu zeitlos und klingt wie ein moderner Nachhall der Hochland-Vertreibungen, ist aber natürlich auch mit alten Mythen und Riten angereichert. Siehe auch Kasten S. 577

Robert Burns, *liebe und freiheit. Lieder und Gedichte* (Verlag Lambert Schneider, Heidelberg 1999, nur noch antiquarisch erhältlich). Ausführliche Werksammlung des schottischen National dichters mit Original und deutscher Übersetzung. Dazu gibt es viele Erläuterungen zu Leben und Werk von Burns. S. auch Kasten S. 221.

Diana Gabaldon, *Feuer und Stein* (Blanvalet, München 2004). Im Juni 1743 stehen die entscheidenden Schlachten der Jakobitenkriege unmittelbar bevor. Diana Gabaldon versetzt ihre Heldin Claire Beauchamp Randall aus dem 20. Jh. zurück in die wilde Rebellionszeit der Highlands. Die üppige Hochlandsaga ist voll Drama, Herz und Schmerz – und vor allem sehr erfolgreich. Deshalb gibt es auch einige Folgeromane, die von der Fangemeinde süchtig verschlungen werden. Allerdings verlagert sich die Story bald in die Neue Welt.

Keltische Märchen aus Schottland, hrsg. von Ursula Clemen (Artemis & Winkler, Mannheim 2010). Schottland ist ein Land voller Sagen und Legenden. Insbesondere aus dem keltischgälischen Raum sind viele überliefert. Hier tauchen Meerjungfrauen und Elfen genauso auf wie mächtige Riesen.

Alexander McCall Smith, *44, Scotland Street* (Heyne, München 2006). Die Hausgemeinschaft der 44 Scotland Street in Edinburgh ist seit einigen Jahren auch auf Deutsch aktiv. Inzwischen sind von dem sehr amüsant schreibenden emeritierten Rechtsprofessor auf Deutsch mehrere Folgebände erschienen. Die Hausgemeinschaft ist eine bunt zusammengewürfelte Truppe, wobei vor allem der kleine Junge Bertie, der unter dem grenzenlosen Ehrgeiz seiner Mutter leiden muss, im Nu die Herzen der Leserschaft erobert hat. Die einzelnen Kapitel erscheinen seit Jahren zunächst in der Tageszeitung *The Scotsman*. Für Edinburgh-Fans sind die Bücher ein Muss, s. auch Kasten S. 112.

Der vielschreibende Autor hat inzwischen auch eine eigene Krimireihe in Edinburgh etabliert. Isabel Dalhousie ermittelt auf eigene Faust kreuz und quer durch die schottische Hauptstadt und bereichert damit die Literaturszene, z. B. in *Das Herz des fremden Toten* (Heyne, München 2008).

Ian Rankin, *Der kalte Hauch der Nacht* (Goldmann, München 2002). Der Meister der Krimikunst lässt seinen grummeligen Inspektor, den Einzelgänger John Rebus, rund um den Bau des Parlaments in Edinburgh ermitteln und dabei – wieder mal – einige gesellschaftliche Fassaden herunterreißen. Insgesamt hat Rankin 17 Rebus-Romane geschrieben. Im Laufe der Jahre lehnte sich der Autor immer stärker an aktuelle Ereignisse an. *Im Namen der Toten* (Goldmann, 2006) spielt z. B. vor dem Hintergrund des G8-Gipfels in Gleneagles, während der letzte Rebus-Roman, *Ein Rest von Schuld* (Goldmann, 2007), in die Halbwelt der schottischen Banken und russischen Geldaristokraten führt. Rankin ist immer sehr nah am Puls der Zeit, was seine Romane zu Recht auf der Hitliste der zeitgenössischen schottischen Literatur weit nach oben gebracht hat. Siehe auch Kasten S. 112.

Nach der Pensionierung von Inspector Rebus hat Schottlands Master of Crime den internen Ermittler Malcolm Fox aus dem Hut gezaubert. Der muss nun im eigenen Dreck der Polizei rumschnüffeln, was ihm nicht gerade viele Sympathien unter den Kollegen einbringt. Ob und in welcher Weise die neue Figur von Rankin weiterentwickelt wird, steht noch nicht fest. Der Auftakt *Ein reines Gewissen* (Manhattan, München 2010) war jedoch wie bei Rebus einfach packend.

Joanne K. Rowling, *Harry Potter und der Stein der Weisen* (Carlsen Verlag, Hamburg 1998). Der berühmteste Zauberlehrling erblickte das Licht der Welt in einem Café in Edinburgh, wo die alleinerziehende Mutter für wenige Stunden am Tag an ihrem Manuskript arbeitete. Verfilmt wurden viele Szenen in den Highlands, und die letzten Zeilen der siebenteiligen Potter-Saga schrieb Rowling werbewirksam in einem vornehmen Hotel im Zentrum von Edinburgh. Rowling und Potter sind fest mit Schottland verbunden. Siehe auch Kasten S. 112.

Dorothy L. Sayers, *Fünf falsche Fährten* (Rowohlt, Reinbek 2003). Krimi, der in Südschottland angesiedelt ist, s. S. 206.

Walter Scott, *Ivanhoe* (dtv, München 2009). Der absolute Klassiker von Walter Scott dreht sich um Richard Löwenherz und Robin Hood. Zentrale Figur ist aber der edle Ritter Ivanhoe. Scotts „schottische" Werke *Rob Roy*, *Waverley*, *Lady of the Lake* u. a. sind auf Deutsch meist nur antiquarisch oder gar nicht erhältlich.

Muriel Spark, *Die Blütezeit der Miss Jean Brodie* (Diogenes, Zürich 2003). Die Edinburgher Lehrerin Jean Brodie schart in den 1930er-Jahren eine Gruppe von Mädchen um sich, die sie zu einer eingeschworenen Truppe heranziehen will. Sie gilt als äußerst unorthodox im Kollegenkreis. Und während sie stoisch über ihre „Blütezeit" philosophiert, verheddert sie sich immer mehr in einem Geflecht unerwiderter Zuneigung und Verblendung vor dem heraufziehenden Faschismus.

Robert Louis Stevenson, *Entführt. Die Abenteuer des David Balfour* (Verlag Neues Leben, Berlin 2006). Die Niederlage der Jakobiten unter Bonnie Prince Charlie liegt 1751 erst fünf Jahre zurück. Als der Junge David Balfour von seinem hinterlistigen Onkel auf ein Schiff verschleppt wird, glaubt er, Schottland nie wiederzusehen. Doch Wind und Wetter verschlagen ihn auf ein kleines Eiland vor Mull – es beginnt ein abenteuerlicher Trip zurück nach Edinburgh, der ihn an der Seite von Alan Breck Stewart mitten in einen Mord an einem der bekanntesten Jakobitengegner geraten lässt. *Kidnapped* ist neben der *Schatzinsel* das bekannteste Jugendbuch von Stevenson.

Schon immer viel spekuliert und geschrieben wurde über die „doppelte Seele" Schottlands und vor allem Edinburghs. Stevenson lieferte dafür mit *Dr. Jekyll und Mr. Hyde* (Reclam, Ditzingen 1998) die Parade-Story. Als historisches Vorbild galt der Ratsherr Deacon Brodie, der nachts Verbrechen beging und dafür hingerichtet wurde, s. S. 112.

Irvine Welsh, *Trainspotting* (Goldmann, München 1999). Durch die Verfilmung des Buchs wurden Welsh und Hauptdarsteller Ewan McGregor über Nacht berühmt. Welshs Anti-Helden leben in der Drogenwelt von Edinburgh und werden durchaus sympathisch dargestellt. Die sehr derbe Sprache und die provozierenden Statements (gegenüber der schottischen „Normal"-Gesellschaft) sorgten beim Erscheinen des Buchs und des Films für heftige Debatten in Schottland.

Biografien und Reiseberichte

Sean Connery (mit Murray Grigor), *Mein Schottland, mein Leben* (Ullstein, Berlin 2009). Als Agent 007 wurde er weltbekannt, doch aufgewachsen ist Sean Connery in sehr bescheidenen Verhältnissen in Edinburgh. Seine Autobiografie widmet er mehr seinem Land als seinem Leben. Wer hier Tratsch aus Hollywood sucht, wird enttäuscht. Dafür ist das Buch eine Liebeserklärung an Schottland und seine Bewohner. Mit der Hilfe von Murray Grigor werden die Leser auf eine äußerst informative Reise quer durch die Geschichte und Gegenwart Schottlands geschickt. Dennoch wahrt Connery eine gesunde Distanz, was sicherlich auch daran liegt, dass „Sir Sean" seit langem im Ausland lebt.

Theodor Fontane, *Jenseit des Tweed* (Aufbau Verlag, Berlin 1999). „Nach Schottland also!" Unter diesem Motto bricht Theodor Fontane 1858 von London nach Norden auf. Die Beschreibung seiner Schottland-Rundfahrt ist auch 150 Jahre später noch immer unterhaltsam zu lesen und guter Lesestoff für die Reise. Mit seinem Buch prägte Fontane das Schottlandbild der Deutschen für viele Jahrzehnte. Sehr empfehlenswert.

Samuel Johnson und James Boswell, *Journey to the Hebrides* (Canongate Books, Edinburgh 2001, nur auf Englisch). Die berühmte Reise des englischen Gelehrten und seines schottischen Gefährten führt im Jahre 1773 hinaus auf die Hebriden. Die beiden besuchen u. a. den Nordosten, Skye, Mull und Inveraray – immer auf der Suche nach einer „urtümlichen" Welt, die jedoch durch die Niederlage der Jakobiten 1746 schon untergegangen war. Johnson und Boswell eröffneten mit ihrem Reisebericht einen

neuen Wirtschaftssektor in den Highlands: den Tourismus!

Stefan Zweig, *Maria Stuart* (Fischer Taschenbuch Verlag, Frankfurt 2011). Zweigs Standardlektüre zur Causa Maria Stuart ist der Monarchin eher wohlgesonnen. Zweig breitet seine Sicht der Dinge ausführlich aus. Für einige lange Winterabende zur Einstimmung.

Geschichte

Kleine Geschichte Schottlands, Michael Maurer (Reclam, Ditzingen 2008). Von „klein" kann hier keine Rede sein, denn die schottische Historie ist vielschichtig. Besonders spannend sind natürlich die letzten 40 Jahre, die an den Fundamenten des Vereinigten Königreichs gerüttelt haben.

Orkneyinga Saga (Penguin Classics, London 1901, nur auf Englisch). Im 13. Jh. begann sich der Stern der ungestümen Wikinger auf Orkney zu senken. Doch auf Island zeichnete man ihre Heldentaten auf. Herausgekommen ist eine spannende Zusammenfassung des Aufstiegs und der internen Streitigkeiten der norwegischen Könige und ihrer mächtigen Earls auf Orkney. Auch wenn natürlich vieles ausgeschmückt wurde, so sind doch zahlreiche Ereignisse historisch belegt, s. Kasten S. 587.

Wanderführer

The Munros. Cameron McNeish (Lomond Books, Edinburgh 2006, nur auf Englisch). McNeish hat sie alle bestiegen und sich damit als „Vollender" in die Annalen der *Munro-bagger* eingetragen. Sein großzügig bebilderter Munro-Führer präsentiert ausführlich die höchsten schottischen Berge mitsamt der Aufstiegsrouten und dazugehörigen Kartenskizzen. Wer sich ernsthaft in die schottischen Berge verliebt, hat bald auch dieses Buch im Regal stehen.

Wandern in Schottland, Matthias Eickhoff (DuMont Reiseverlag, Köln 2003). 35 Wanderungen quer durch Schottland. Mit exakten Karten, ausführlichen Beschreibungen sowie Infos zu An- und Abreise. Hinweis: Dieses Buch wird 2012 neu aufgelegt!

Index

Anhang

Anhang

Anhang

Danksagung

Ein so umfangreiches Buch kann nicht ohne Unterstützung von außen gelingen. Deshalb gilt mein erster Dank den sehr professionellen und kollegialen Bintangs in Berlin. Die Worte „geht nicht" oder „Panik" gehören nicht zu ihrem Wortschatz. Jessica Zollickhofer (Lektorat), Anja Linda Dicke (Layout) sowie Klaus Schindler und Anja Krapat (Kartografie) haben in all den Monaten ihren Optimismus nie verloren und bei Problemen immer eine Lösung gefunden.

In Schottland war Beryl Preuschmann von VisitScotland mit Rat und Tat eine sehr große Hilfe. Auch den vielen kompetenten und hilfsbereiten MitarbeiterInnen der Touristeninformationen vor Ort gebührt mein Dank.

Wie über all die Jahre standen mir die Türen bei Irene und John sowie Patricia und Ian während der Recherche als sichere „Ankerplätze" immer offen. Irene hat mich auch wieder bei mehreren Wanderungen begleitet und den ständigen Einsatz des Diktophons geduldig ertragen. Ohne gute Freunde wie Hildy und Ted oder den Wanderclub der Ptarmigans wäre mein Schottland-Enthusiasmus vielleicht nie so groß geworden. Das gilt auch für die vielen Menschen, denen ich unterwegs begegnet bin und die mit ihren Geschichten und ihrer Freundlichkeit viel zu dem Buch beigetragen haben.

Widmen möchte ich dieses Buch meiner Frau Andrea, die selbst zu einem großen Schottland-Fan geworden ist und den nächsten Munro schon im Visier hat. Ohne Andreas Unterstützung und große Geduld während der langen Recherche hätte ich dieses Buch nicht geschrieben.

Anhang

Bildnachweis

Umschlag
mauritius images/Flirt: Titelfoto; Kilts
mauritius images/age: Umschlagklappe vorn; Stromeferry am Loch Carron
laif/Gerald Haenel: Umschlagklappe hinten; Taxi in Edinburgh, Old Town

Farbteil
Bildagentur Huber/Kaos02: S. 7 (unten)
DuMont Bildarchiv/Jörg Modrow: S. 12 (oben)
Matthias Eickhoff: S. 12 (unten), 15 (beide), 16
iStockphoto/Acontadini: S. 13
iStockphoto/rfwil: S. 8
laif/DENIS/REA: S. 14 (oben)
laif/Krinitz: S. 5
laif/Maurice Rougemont: S. 6, 7 (oben)
LOOK-foto/age fotostock: S. 3 (oben), 10 (oben)
LOOK-foto/The Travel Library: S. 11
LOOK-foto/Heinz Wohner: S. 10 (unten)
mauritius images/age: S. 3 (unten), 9 (oben)
picture alliance/Arco Images GmbH/ J. Moreno: S. 4

picture alliance/Lonely Planet Images/ Jonathan Smith: S. 2
picture-alliance/Spectrum/Peter Thompson: S. 14 (unten)
picture-alliance/© World Pictures/Photoshot/ Ronald W Weir: S. 9 (unten)

Schwarz-Weiß
alle **Matthias Eickhoff**, außer
DuMont Bildarchiv/Jörg Modrow: S. 37, 167
iStockphoto/collpicto: S. 385
iStockphoto/dchadwick: S. 277, 327, 430
iStockphoto/kolgt: S. 276
iStockphoto/moonmeister: S. 468
iStockphoto/nilsz: S. 210

Impressum

Schottland
Stefan Loose Travel Handbücher
1. Auflage **2011**
© DuMont Reiseverlag, Ostfildern

Gesamtredaktion und -herstellung
Bintang Buchservice GmbH
Zossener Str. 55/2, 10961 Berlin
www.bintang-berlin.de
Redaktion: Jessika Zollickhofer
Karten: Katharina Grimm, Anja Krapat, Klaus Schindler
Grafisches Konzept: Groschwitz, Hamburg
Layout und Herstellung: Anja Linda Dicke
Farbseitengestaltung: Anja Linda Dicke
Umschlaggestaltung: Anja Linda Dicke

Printed in China

Kartenverzeichnis

Anhang

Legende

1 : 870.000
1 cm = 8,7 km

0   10   20   30   40   50 km

Autobahn mit Anschlussstelle	Internationaler Flughafen
Schnellstraße	Flugplatz
Fernstraße	Kloster; Klosterruine
Hauptstraße	Kirche, Kapelle
Nebenstraße	Burg, Kastell, Ruine
Straße, nicht asphaltiert	Sehenswürdigkeit; Archäologische Stätte
Anrweg	Turm, Leuchtturm
Fußweg	Wasserfall; Höhle
Straße in Bau; Straße in Planung	Berggipfel; Pass, Joch
Straße für Kfz. gesperrt	Campingplatz; Aussichtspunkt
Tunnel	Museumseisenbahn; Jachthafen
Eisenbahn	Museum; Theater, Oper
Fähre, Schiffsverbindung	Polizei; Post
Staatsgrenze	Erlebnisbad; Denkmal, Monument
Provinzgrenze	Hafen; Badestrand
Nationalpark, Naturpark	Windmühle; Golfplatz
Römischer Wall	

Atlantic

Ocean

Saxo Vord
285 m
Hermaness
Tonga Stack
Lamba Ness
Burrafirth
Baltasound
Haroldswick
Unst
Balta
968
Greenbank
Uyeasound
Belmont
Nev of Stuis
Gutcher
Fetlar
Point of Fethaland
Øya
Mid
Yell
Oddsta
North Roe
West
Sandwick
968
Funzie
970
The Snap
Holes of Scraada
North Roe
Ronas Hill
450 m
Eastwick
Ulsta
Burravoe
Eshaness
Northmaven
Stenness
Hillswick
Toft
Out Skerries
Dore Holm
Sullom Voe Terminal
Bruray
Long Head
Button Hills
262 m
968
Lunna
Brae
Lunnasting
St. Magnus Bay
Mavis Grind
970
Laxo
Vidlin
Whalsay
Muckle Roe
Voe
Symbister
Papa Stour
West
Burrafirth
Scalla Field
281 m
Nesting
The Keen
Dury Voe
Biggins
Sandness
Aith
Weisdale
Mill
South Nesting Bay
Sound of Papa
Pund Head
Sandness Hill
249 m
Mainland
Bixter
971
Tresta
Staneydale
Walls
Sandsting
970
Tingwall
Braga Ness
Vaila
Whiteness
Maryfield
Wester
Skeld
The Deeps
Lerwick
Isle of Noss
Scalloway
Bressay
Ham
Hamnavoe
Easter Quarff
Foula
West
Burra
East
Burra
Cunningsburgh
Helli Ness
South Havra
Dunrossness
Mousa
Bigton
Broch of Mousa
St. Ninian's Isle
970
Boddam
The Ords
283 m
Quendale
Shetland Crofthouse
Museum
Jarlshof
Grutness
Ness of Burgi
Sumburgh Head

Shetland Islands

Atlantic Ocean

Church o
St. Molua
Butt of Lewis
Port of N
Tabost
Sgiogai
857
Shader
Steinacleit
Clach an Trushnal
Muirneag
248 m
Barvas
North Tols
858
Arnol
Shawbost
857
Garenin
Carloway
Upper Coll
Back
Dun Carloway Broch
Tiu
Braescleit
Uig
Breasclete
Stornoway
Portnagura
Braescleit
Timsgarry
Miavaig
Callanish
Eye Penins
Tràigh Uige
Standing Stones
Garynahine
of Callanish
858
Achmore
859
Leurbost
574 m
Ballalan
Crossbost
Brenish
Tabost
Lewis
Crofter
Monument
Kintarvie
859
Ulladale
Lemreway
Hushinish
Tirga Mór
679 m
Abhainn Suidhe
Maraig
Crionaig
467 m
West Loch Tabert
Aird Asaig
Shiant
Islands
Taransay
Tarbert
Luskentyre
Carnach
Tràigh Luskentyre
Miabhaig
Scalpaigh
MacLeod Standing Stone
Toe Head
Borve
Scarista Standing Stone
Golden Road
Cluer
Northton
Harris
859
Pabbay
Leverburgh
Rodel
Berneray
Borgh
Sound of Harris
Renish Point
Eilean
Trodday
North Uist
Port nan Long
Rubha Hunish
Kilmaluag
Flora Mac-Donald
Kilmuir
Skye Mus. of Islan
Staffin
Malacleit
865
Quiraing
543 m
Elishad
Hogha
Gearraidh
867
Lochmaddy
Waternish
Point
Idrigil
611 m
Mealt
Bahranald
Waternish
Uig
Earlish
855
248 m
Barpa Langass
Trumpan
Old Ma
Pobull Fhinn
Isay
87
The Storr
719 m
Trotternish
of Stor
Clachan a Luib
Bail
Uachdraich
Dunvegan
Head
Colbost
850
Edinbane
Borve
Piping
Centre
Boreraig
Dunvegan
Castle
Broc
Monach Islands
Milovaig
Dunvegan
Raa
Nunton
Folk
Museum
266 m
Reskhill
Portree
417 m
Camastianavaig
Cla
Benbecula
Ramasaig
Bracadale
863
Skye
Peinchorra
Creagorry
Kildonan Museum
489 m
Wiay
Fiskavaig
Duinish
Durinish
Loch
Drynoch
Le
Lochskipport
Idrigill
Point
Bracadale
Merkadale
Sligachan
Bridge
Howmore
Talisker
Distillery
Beinn Mhòr
620 m
Cuillins
South Uist
Minginish
Loch

S. 640

Faraid Head
Clo Mor Cliffs
Balnakeil Church
Balnakeil Bay
Whiten Head
Torrisdale Bay
Eilean nan Rì
467 m
Keoldale
Durness
Cave of Smoo
Rispond 408 m
Mid-field
Torris-dale
Arma
Betty

Sarsgrum
Portnancon
Strathnaver Museum
836

Droman
Oldshoremore
838
Hope
Achu voldrach
Tongue
836

Kinlochbervie
Loch Inchard
Rhiconich
Eriboll
Polla
Kyle of Tongue
Loch Loyal

Tarbet
Foindle
Foinaven
908 m
Loch Hope
Ben Hope
927 m
765 m
Syre
Dalvin

Handa Island
Laxford Bridge
Dun Dornaigil Broch
Alltnacaillich
Allnabad
Rosail Clearance Village
871

Scourie
Loch Stack
Loch Meadie

Upper Badcall
Eddrachillis Bay
Reay Forest
Loch More
836
Altnaharra
Loch Naver
Loch nan Clàr

Oldany Island
Loch a Chairn-Bain
894
Kylestrome
Kinloch
Loch Merkland
837

North Minch
Point of Stoer
Drumbeg
Unapool
Crask Inn
Ben Klibreck
962 m
Loch Choir Lodge
Creag Mhc
713 m

Culkein
B869
Nedd
Newton
252 m
Eas a Chual Aluinn
838
459 m

Old Man of Stoer
Stoer
Clachtoll
Achmelvich
837
Skiag Bridge
Ardvreck Castle
Loch Assynt
Ben More Assynt
998 m
367 m
Duchally
Loch Shin

Baddidarach
Lochinver
Inverkirkaig
95 m
Inchnadamph
847 m
837

Rubha Réidh
Enard Bay
342 m
Cul Mòr
849 m
Elphin
Ledmore
Datchork

Reiff
Polbain
204 m
Achiltibuie
Inverpolly Nature Reserve
880
Lairg
Brora
Nugar

Summer Isles
Tanera Mòr
Coigach
Cülnarraig
Drumrunie
Invercassley
373 m
839
Altass
201 m
837
Pittentrail
Fall of Shin
Inveran
200

Priest Island
Isle Martin
Strath Kanaird
Oyket Bridge
412 m
Carbisdale Castle
Culra
830
Bonar Bridge

Gruinard Bay
146 m
Ullapool
Inchelm
East Rhidorroch
Crolic
Ardtuy
449

Rubha Mòr
Mellon Charles
Badluarach
Blarna
Inverlael
Lodge
Icarn Lodge
Finhern

Rua Reidh Lighthouse
298 m
Laide
Loch Ewe
Dundonnell
An Teallach
1063 m
Daimh Peary
1080 m
Kildermorie Lodge

North Erradale
Big Sand
ga Island
Midtown
Inverewe Garden
Poolewe
Fionn Loch
Fain
847 m
Corrieshalloch Gorge
Falls of Measach
Wyvis Lodge
Lubfearn
Dalnavie
237 m
Alness
Barba

Loch Gairloch
Port Henderson
Gairloch
Kerrysdale
859 m
Sgurr Coulebaparch
9350m
835
Ben Wyvis
1046 m
Eileanach Lodge

Redpoint
Victoria Falls
832
Talladale
Loch Fannich
Garbat
Gorstan
Garve
Dingwall
862
Rosemar Fortros

Torridon-Lower Diabaig
Beinn Eighe Nature Reserve
680 m
Kinlochewe
Achanalt
832
Grudie
835
Strathpeffer
834
Contin
Conon Bridge
North Kesso

Tcarnmore
Rona
Liathach
1010 m
800
550 m
Achnasheen
Milton
Rogie Falls
Contin
Marybank
Tore
Davio

Shieldaig
896
1053 m
Torridon
Craig
890
Scardroy
679 m
Muir of Ord
Inverness
82

Applecross
Beinn Bhàn
896 m
Tornapress
896
Balnacra
Lair
863 m
Loch Monar
Sgurr a'Choire Ghlais
Inchmore
Beauly Priory
Kilmorack
Beauly
Beauly Firth
862

Toscaig
Bealach na Bo
Ardarroch
Lochcarron
Strathcarran
Attadale House
Monar Lodge
992 m
831
Struy
833
500 m
Balnafoc
Dores

owlin lands
Plockton
Loch Kishorn
Stromeferry
899 m
Sgurr na Lapaich
676 m
Cannich
Milton
Loch Ness Monster Centre
Lodu

pay
Erbusaig
Duirinish
890
879 m
Loch Mullardoch
Mullardoch House
831
Balnain
Drumnadrochit
Urquhart Castle
Torness
Tom

Pabay
Kyleakin
Balmacara
Ardelve
Dornie
Carnach
Carn Eige
1183 m
Cannich
Tomich
678 m
Inverfarigaig
Coi

Skulamus
Kyle of Lochalsh
Eilean Donan Castle
87
Morvich
S. 641
Loch Beinn
539 m
Loch Affric
Altsigh
Foyers
Loch Mhor

637

Inverness, Elgin, Peterhead

Dunnet Head 114 m
Dunnet Bay
Scarfskerry
Castle
Brough
Scrabster
Dunnet
St. Mary's Chapel
Castletown
Totegan
Strathy Point
Roadside
Torrisdale Bay
Strathy
Dounreay
Portskerra
Thurso
Mains of Watten
Eilean nan Ròn
Buldoo
Reay
Calder
Loch
Midfield
Armadale
Melvich
Golval
Calder Mains
Halkirk
Watten
Strath
Dalhaivaig
Olgrinmore
Mybster
Bettyhill
Achu-voldrach
Westerdale
Torris-dale
290 m
Grey Cairns of Camster
Hope
Tongue
Caithness
Altnabreac Station
Forsinard
Achavanich
Cairn o'Get
Flow Country
Kyle of Tongue
Whaligoe
Loch Loyal
Lybster
Ben Hope 927 m
Syre
Dalvina Lodge
Glutt Lodge
Latheron
Clann
Loch Hope
Ben Loyal 765 m
Kinbrace
Braemore
Morven 706 m
Lhaidhay Cro
Foinaven 908 m
Alltnacaillich
Dun Dornaigil Broch
Rosail Clearance Village
Loch nan Clàr
195 m
Kildonan Lodge
Dunbeath Castle
Allnabad
Annabad
Loch Meadie
Loch Naver
Torrish
Langwell Gardens
Laxford Bridge
Loch Stack
Altnaharra
Creag Mhòr 713 m
252 m
Berriedale
Loch More
Kinloch
Loch Choire Lodge
134 m
Kylestrome
Unapool
Loch Merkland
Ben Klibreck 962 m
Helmsdale
Aluinn
Skiag Bridge
Crask Inn
459 m
Kildonan Lodge
Helmsdale
Ardvreck Castle
Ben More Assynt 998 m
367 m
Loch Shin
239 m
Balnacoil
228 m
Lothmore
Ledmore
Duchally
Datchork
Gordonbush
Inverpolly Nature Reserve
Lairg
Brora
Invercassley
373 m
839
201 m
Rogart
Cairn Liath Broch 446 m
Brora
Clinelish Distillery
Oykel Bridge
412 m
Altass
Fall of Shin
Pittentrail
Dunrobin Castle
Rhidorroch
Carbisdale Castle
Inveran
263 m
Golspie
Littleferry
Croick
Culrain
Poles Proncy
Skelbo
Ardgay
Bonar Bridge
Dornoch
Dornoch Firth
Deanich Lodge
Fearn Lodge
Skibo Castle
Tarbat Ness
Wilkhaven
Beinn Dearg 1081 m
Edderton
Tain
Tarrel
Portmahomack
Rockfield
Corrieshalloch Gorge
Kildermorie Lodge
321 m
Fearn Station
Loch Vaich
Wyvis Lodge
Balintore
Branderburc
Lossiemout
s of Measach
237 m
Milton
Barbaraville
Chapelhill
Lapaich
Lubfearn
Dalnavie
Inver-gordon
Burghead
Burghead 87 m
Ben Wyvis 1046 m
Alness
Balnapaling
Moray Firth
Findhorn
Duffus Castle
Garbat
Eileanach Lodge
Cromarty
Burghead Bay
Elgin
Grudie
Gorstan
Garve
Dingwall
Black Isle
Whiteness Head
Benromach Distillery
Kintoss
832
Strathpeffer
256 m
Rosemarkie
Fortrose
Fort George
Nairn
Brodie Castle
Forres
Sueno's Stone
Pluscarden Abbey
Rogie Falls
Contin
Conon Bridge
Tore
Avoch
Ardersier
Dyke
Dallas Dhu Distillery
Dallas
144 m
Rothes
Maryburgh
Muir of Ord
North Kessock
Clephanton
Logie
Relugas
Cardhu Distillery
Beauly Priory
Beauly
South Kessock
Balloch
Croy
Cawdor Castle
Ferness
Beachans
Upper Knockando
543 m
Craigellac
Kilmorack
Inverness
Culloden Battlefield
Auldearn
Findhorn
940
Carron
Marypark
Sgurr a'Choire Ghlais 992 m
Inchmore
Clava Cairns
416 m
Aitnoch
Dava
Ballindalloch Castle
Glenfar Distille
Farra 676 m
Struy
Daviot
Craggie
Moy
Lochindorb
Dellifeure
Drumin
Bridge of Avon
Cannich
Balnain
Milton
Balnafoich
Dores
551 m
Loch Moy
Carn Glaschoire
Dulnain Bridge
Speybridge
Glenlivet
lardoch House
Cannich
Drumnadrochit
Loch Ness Monster Centre
Torness
471 m
Grantown-on-Spey
569 m
Milton
Tomich 678 m
Urquhart Castle
Tomatin Distillery
Tomatin
689 m
Duthil
Carrbridge
Nethy Bridge
Tomintoul
Inverfarigaig
707 m
616 m
Elfan
Landmark Highland Heritage Park
Birchfield
Foyers
Coignafearn
Boat

638

S. 635

John o'Groats
Stacks of Duncansby

reswick

ybster

clair's Bay
Noss Head

Castle Girnigoe and Sinclair
Vick

Castle of
Old Wick

mster

y Stones

eum

ay
Findochty   Portknockie
Buckie   Cullen   Portsoy
y Bay   Broadley   Fordyce
osstodloch   Kirktown of   Banff   Macduff
Fochabers   Deskford
Gordonstown
Strathisla   Murahim
Distillery   Keith   Farmtown
ilben   366 m   Millitown of Rothiemay
ant Distillery   Bogniebrae   Turniff
Glenfiddich   Cairnie
Distillery   920
fftown   Torry   Huntly
Auchindoun Castle   Kirkton of
Bridgehaugh   Culsalmond
941   Rhynie   97
Cabrach   Leith Hall
487 m   insch
Bennachie
528 m
Kildrummy   Mossat   Howe of
Castle   944   Alford
hdon

Troup
Head   Rosehearty   Fraserburgh
Crovie   Pennan   Mid Ardlaw   St. Combs
Gardenstown   Rathen   Strathbeg Bay
Ladysford   98   Rattray Head
Duff House   98   981
Ceverton   947   Strichen   Denhead   Industrial Estate
Craigston   New   060
Castle   Pitsligo   Deer   Mintlaw
Cumimnon   Abbey   950   Peterhead
Delgatie Castle   981   Old Deer   Boddam
68 m   New Deer   Auchnagatt   Bullers of Buchan
Castle Trail   952
Huntly Castle   Fyvie Castle   Cruden Bay
Badenscoth   948   Slains Castle
Rothienorman   Fyvie   Methlick   Toll of
Haddo House   Ellon   Birness
320   90   975
Tolquhon Castle   Pitmedden Garden
Oldmeldrum   920   Pitmedden
947   Newburgh
Kinkell   Inverurie
Church   Newmachar   Balmedie
S. 643
Kemnay
Castle Trail   Dyce

639

South Uist
620 m
S. 636
Daliburgh
Lochboisdale
Pollachar
Scurrival Point
Lùdag
Am Baile
Eriskay
Coilleag
865

Barra
Cleat
Aird Mhìdhinis
Bruairnis
888
Castlebay
Kisimul Castle
Vatersay
Sandray

Mingulay

Talisker Distillery
Minginish
Cullins
Glenbrittle House
Sgurr Alasdair 993 m
Loch Coruisk
Loch Scavaig
Soay
Elgol
808
Prince Charles'
Cave
MacDo

211 m
Magnetic Hill
Canna
Sanday
Sound of Canna
Kinloch Castle
Point o
Slea
Askival
812 m
Rhum
Sound of Rhum
Cleadal
391 m

Muck

Point of
Ardnamurchan
Branault
Achosnich
Ardn
Kilchoan
Ardslig

Coll
Sorisdale
Arnabost
Ballyhaugh
Arinagour
Arileod
Glengorm Castle
Cailiach Point
Tobermory 292 m
Dervaig
Tobermor
Calgary
Calgary Bay
Mull
256 m
Achleck
Clachan Mór
Caoles
Scarinish
Tiree
Treshnish Isles
155 m
Loch Tuath
Eas Fors
313 m
424 m
Ulva
Inchkenne
Chapel
Hynish
Gometra
Loch na Keal
Fingal's Cave
Staffa
Balnahard
Ardmeanach
The Burgh
Iona Abbey
Baile Mór
Fionnphort
Iona
Bunessan
376 m
Cars
Ross of Mull
Sound of Iona
Erraid
125 m
Carsaig
Arches

Firth of Lor

148 m
Klioran Gardens
Colonsay
Scalasaig
93 m
Oronsay

Loch Tarb

Rubha a'mhail
Bunnahabhain
Distillery
Islay

S. 644

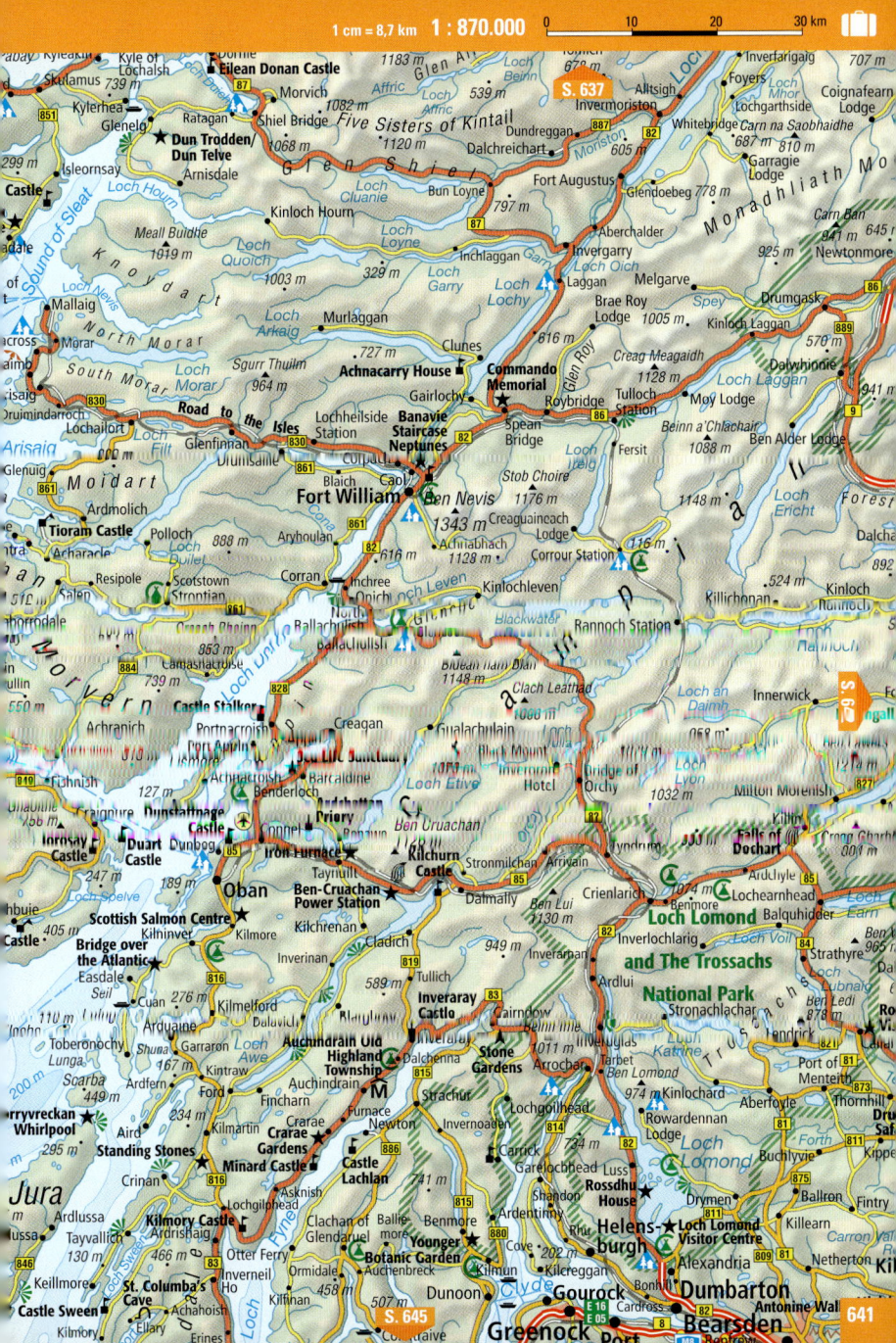

Invertromie
Landmark Highland Heritage Park
Nethy Bridge
Birchfield
Tomintoul
Milton
Carrbridge
Boat of Garten
Ellan

678 m
539 m
Alltsigh
Coignafearn Lodge
Findhorn
Dulnain
S. 638
707 m
Fowl
Invertromie

Kintail
Dundreggan
Invermoriston
887
82
Whitebridge
Carn na Saobhaidhe
687 m
810 m
Garragie Lodge

Cairngorms 821 m
792 m
Colnabaic
Cock Bridge

Aviemore
Inverdruie
Glenmore Lodge
939
Corgarff Castle

Dalchreichart
Fort Augustus
Glendoebeg 778 m
605 m

Highland Wildlife Park
E 15
Cairngorm Railway
Cairngorm

797 m
87
Aberchalder

Monadhliath Mountains
925 m
Carn Ban 941 m 645 m
Kincraig
Feshiebridge

1245 m
Gairnshiel L

nchlaggan
Invergarry
Loch Oich
Laggan
Melgarve
Newtonmore
Kingussie
9

Ben Macdui 1196 m
Crathy Church
Braemar Balmoral Castle

Loch Lochy
Brae Roy Lodge 1005 m
Kinloch Laggan
Drumgask
86
Ruthven
Feshie

1309 m
Braemar
Muir
600

816 m
Creag Meagaidh 1128 m
889
570 m
593 m
Glenfeshie Lodge

National
Inverey 859 m
Lochn
1156

Commando Memorial
Roybridge
Tulloch Station
Moy Lodge
Dalwhinnie
Loch Laggan
941 m
Gaick Lodge

An Sgarsoch 1006 m
Clunie Water
Devil's Elbow
Glas Maol

Bridge
Fersit
1088 m
Ben Alder Lodge

1008 m
Beinn Dearg
Ileinn a'Ghlo 1120 m

evis
Stob Choire
1148 m
n

564 m
Spittal of Glenshee
Auchu
Runta

3 m
Creaguaineach Lodge
28 m
116 m
Corrour Station

Forest of Atholl
892 m
Blair Atholl
Blair Castle
Pass of Killiecrankie
Edradour Distillery

Enochdu
Mt. Blair 744 m
Blacklunans

Kinlochleven
524 m
Killichonan
Kinloch Rannoch
Dalchalloch
Clachan
Tressait

Queen's View
Pitlochry
Kirkmichael
924

Netherton

Blackwater Reservoir
Rannoch Station
Loch Rannoch
Tummel Bridge
Schiehallion 1083 m
Loch Tummel

827
Ballinluig
9
Ardle

Netherton

nam Bian
Iach Leathad
1098 m
S. 641
958 m
Innerwick
Fortingall
Castle Menzies
Aberfeldy
Kenmore

826
Dunkeld
Birnam
984
Gorge of the Ericht
Alyt
Blairgowrie
Rattra

Black Mount
1079 m
Loch Lyon
Ben Lawers 1214 m
Fortingall Yew
Acharn
690 m

923
Meikleour
822
Bur

Inveroran Hotel
Bridge of Orchy
1032 m
1214 m
Milton Morenish
Loch Tay
827

623 m
Bankfoot
93
94

949 m
Inverarnan
82
Killin
Falls of Dochart
938 m
Ardeonaig
Ben Chonzie 929 m
822

Stanley
9
Balbegg
Scone Palace
Perth

Stronmilchan
Arivain
85
Tyndrum
1074 m
Ardchyle
85
Creag Gharbh 884 m
St. Fillans
Comrie

Glenturret Distillery
Fowlis Wester
Methaven
Huntingtower Castle
Elcho Castle
Newburgh

Ben Lui 1130 m
Crienlarich
Lochearnhead
Balquhidder
Ben Vorlich 985 m
Drummond Castle Gardens
Crieff
Innerpeffray Library
Kinkell Bridge
Round Tower
Dunning
Aberfnuchte

Stone Gardens
Beinn Ime 1011 m
Inveruglas
Ardlui
Loch Lomond and The Trossachs National Park
Inverlochlarig
Strathyre
84
Dalchruin
Muthill
822
823
Bridge of Earn

90
M90
912
91

Cairndow
Arrochar
Tarbet
Ben Lomond 974 m
Stronachlachar
Benmore
Loch Katrine
Lendrick
Ben Ledi 878 m
665 m
Braco
Roman Fort

Auchterarder
E 15
497 m
Glendevon
Kinross
Leve
G rot

Lochgoilhead
814
Kinlochard
Rowardennan Lodge
Aberfoyle
Port of Menteith
Callander
Greenloaning
Ochill Hills
Yetts o'Muckhart

977
911
Balli

Carrick
Garelochhead
Luss
Rossdhu House
Drymen
Buchlyvie
821
Thornhill
873
Doune
Dunblane
Castle Campbell
Blair Drummond Safari Park
Bridge of Allan
Alva
Dollar

Tillicoultry
Kelty
Lochge
Cowdenbeath
Burnti

Ardentinny
Loch Lomond
Killearn
Kippen
91
Wallace Monument
Stirling
Bannockburn
Alloa
Culross
Dunfermline

880
202 m
Helensburgh
Loch Lomond Visitor Centre
Balfron
Fintry
905
Cowie
Airth

907
M90

Cove
Kilcreggan
Alexandria
809
81
Netherton
Carron Valley Res.
Denny
The Pineapple
Larbert
Bo'ness
Grangemouth
985
921

Clyde
Gourock
Port
E 16
E 05
8
Bonhill
Kilsyth
Kirkintilloch
Falkirk
Cumbernault
Linlithgow
Hopetoun House
Broxburn

Bearsden
Antonine Wall
S. 646
73
Slamannan
Avonbridge
Bathgate
M8
EDINBURGH

642
enock Port
Cardross
Renfrew

Kildrummy
Castle
Mossat
944
Howe of
Alford
Kemnay
Church
Kintore
Balmedie
Castle Trail
Blackburn
Dyce
Denmore
S. 639
don
ail
Glenkindie
Tillyfourie
Castle Fraser
Dunecht
Echt
Bridge of Don
Craigievar Castle
619 m
Westhill
944
ABERDEEN
S
97
Tarland
Midmar Castle
Peterculter
Girdle Ness
49 m
Morven
Stone Circle
980
Torphins
Drum Castle
Bieldside
872 m
Rosehill
93
Aboyne
Crathes Castle
73
Kirkton of Marydulter
idge of
airn
93
Dinnet
Banchory
Crathes
90
Cammachmore
Ballater
Tillygarmond
Strachan
170 m
Muchalls Castle
Bridge of Muchalls
Kerloch
635 m
957
Stonehaven
Mount Keen
939 m
90
Dunnottar Castle
Auchronie
Tarfside
486 m
Crawton
Catterline
Loch
Lee
Cairncross
Fasque House
Fordoun
Todhead Point
Glen
E
Fellercairn
Arbuthnot
Cygra
Hill of Wirren
403 m
Laurencekirk
92
Inverbervie
Rottal
Edzell Gardens
Bridgend
Edzell
Marykirk
Johnshaven
481 m
Tigerton
90
937
Lochside
Dyke
Fern
Tanna-
dice
Brechin
House of Lion
Montrose
Menus
finavon
935
Boddin Point
Aberlemno
022
Lunan
Lunan Bay
934
Redcastle
Red Head
Letham
033
Phockhamn
033
Auchmithie
Kirkbuddo
Gallow Hill
259 m
Arbroath
00
Balgray
Kellie Castle
DUNDEE
930
Carnoustie
Monifieth
Broughty Ferry
Tayport
rino
on-tay
Leuchars
Earlshall Castle
914
92
St. Andrews Bay
airsie or
Osnaburgh
Cupar
91
St. Andrews
s
adybank
Pitscottie
917
Fife Ness
Hill of Tarvit
Largoward
Kellie
Castle
Crail
916
Kirkton
of
915
St. Monans
Anstruther
Pittenweem
Leven
917
915
Methil
Elie
Isle of May
955
Buckhaven
Firth of Forth
rkcaldy
North
Berwick
Tantallon
Castle
Gullane
Dirleton
Auld
hame
Whitekirk
Belhaven Bay
Aberlady
Bay
Drem
198
Dunbar
198
Aberlady
Longniddry
Museum
of Flight
Preston Mill
Thorntonloch
selburgh
1
E15
Hailes
Castle
Pitcox
319 m
Cockburnspath
Fast Castle
Tranent
Haddington
Garveld
Oldhamstocks
S. 647
St. Abb's Head
Craigmillar Castle
Lennoxlove House
Hills
Grantshous
Coldingham

North Sea
59 m

Rubha a'mhail

Bunnahabhain Distillery

Kilnave

Islay

S. 640

Lagg

Keillmore

St. Columba's Cave

Castle Sween

Invereil Ho

458 m

Kilfinan

Dunoon

507 m

Kilmory

Achahoish

Ellary

Erines

Keills

Colintraive

Innellan

278 m

Toward

Sanaigmore

RSPB Nature Reserve

Ballinaby

Kilchoman

Bruichladdich

Port Charlotte

Portna-haven

Port Wemyss

Rinns Point

Lower Killeyan

American Monument

Mull of Oa

288 m

Port Askaig

Finlaggan Castle

848

Feolin Ferry

Craighouse

Bridgend

Bowmore

Benn Bheigeir 491 m

846

Ardtalla

232 m

347 m

Glenegedale

Kintra

Ardbeg

Port Ellen

Dunyvaig Castle

Lagavulin Distillery

Laphroaig Distillery

Kidalton Cross

Paps of Jura Beinn an Oir 785 m

Lowland man's Bay

Kilmory

Cretshengan

Torinturk

Kilberry Stones

213 m

Ardpatrick Point

Clachan

Arduinish

Achamore Gardens

Tayintoan

Jura House Gardens

Tarbert

Sound of Jura

Loch Caolisport

Loch Sween

Knapdale

Torinturk

466 m

Kennacraig

Skipness

Ardlamont Point

Portavadie

Millhouse

886

278 m

Rothesay

Isle of Bute

845 844

Cumb

Mount Stuart

Kingarth

146 m

Garroch Head

Portenc

Sound of Bute

Skipness Point

Claonaig

Cock of Arran

Lochranza

Pirnmill

841

Goatfell 874 m

Corrie

Brodick Castle

Arran

Brodick

Clauchland Point

Auchagallon

Lamlash

Holy Islan

50 m

Loch Indaal

Glenbarr

Glenacardoch Point

MacAlister Clan Centre

Dippen

Beinn an Tuirc 454 m

Carradale

Stone Circle

Saddell

Blackwaterfoot

Drumadoon Point 225 m

Kintyre

Kilchenzie

Kilmory

841

Whiting Bay

Dippin

Kildonan

Machrihanish

Machranish Bay

447 m

Campbeltown

Stewarton

Feochaig

240 m

Beinn na Lice 428 m

Southend

St. Columba's Footsteps

Mull of Kintyre

Sanda Island

Ailsa Craig

Lendalfoo

Rathlin Island

200 m

Rathlin Sound

Ballycastle Bay

Fair Head

Ballycastle

Benbane Head

Ballintoy

Bushmills

Derrykeighan

Dervock

Stranocum

Ballymoney

44

Knocklayd 517 m

382 m

2

Cushendun

Red Bay

Cushendall

Glenariff

Carnlough

Trostan 554 m

NORTHERN
IRELAND

Bennane Head

Ballantrae

Glenapp Castle Gardens

45

Milleur Point 99 m

Corsewall Point

Kirkcolm

77

Cairnryar

718

Inner-messan

Leswalt

Rhins of Galloway

Stranraer

E 1

Loch Ryan

757

Rasharkin

Newtown-Crommelin

42

Antrim Mountains

Glenarm

Broughshane

Ballymena

476 m

Glynn

Larne

Island Magee

The Gobbins

Kilwaughter

North Channel

77

757

Portpatrick

Dunskey Castle

Sandhead

Ardwell

164 m

E 1

Clogh

43

The Sheddings

Cullybackey

M2

2

Ballygalley

Black Cave Tunnel

8

Moorfields

Portglenone

54

Bellaghy

Lough Beg

Ahoghill

Kells

354 m

36

Ballynure

E 18

E 01

Ardwell House Gardens

Logan Botanic Gardens

Toome

6

M22

Randalstown

Round Tower

Ballyclare

57

Ballycarry

Whitehead

Antrim

M2

8

Carrickfergus

Belfast Lough

Helen's Bay

Bangor

Donaghadee

Copeland Island

Newtownabbey

Crumlin

52

Holywood

219 m

Dundonald

Newtownards

Irish

Lough Neagh

Glenavy

BELFAST

1 cm = 8,7 km **1 : 870.000**

0   10   20   30 km

Gourock · Bonhill · Dumbarton · Kirkintilloch · Cumbernauld · **EDINBURGH** · Leith · Muss

Cardross · Antonine Wall · Slamannan · Linlithgow · Broxburn · Zoo · Dalken

Port · **Bearsden** · Renfrew · Bathgate · Currie · Loanhead

Glasgow · Clydebank · **GLASGOW** · Coatbridge · Armadale · Blackp · **Livingston** · Bonnyrigg · Gorebri

Johnstone · Paisley · Airdrie · Whitburn · West Calder · **Penicuik** · Howgate · Roslin Chapel

Lochwinnoch · Barrhead · **Rutherglen** · **Motherwell** · Fauldhouse · West Linton

Neilston · David Livingstone Centre · Hamilton · Wishaw · Newmains · Forth · Stonypath · Mountain Cross

Beith · East Kilbride · Chatelherault · Larkhall · Carluke · Carnwath · Blyth Bridge · Drochil Castle · Peebles

Dunlop · Corse Hill 376 m · Strathaven · Lanark · Libberton · Eisrickle · Neidpath Castle

Rowallan Castle · Drumclog · New Lanark · Biggar · Broughton · Tinnis Castle · Traqua Hous

Dean Castle · **Kilmarnock** · Lesmahagow · Stockbriggs · Clyde · Drumelzier

Galston · Middleyard · 522 m · Douglas · Lamington · Broad Law 840 m · Mountbenger

Troon · Mauchline · Muirkirk · Uddington · Tweedsmuir · Meggethead · Tibbie Shiels Inn

Prestwick · Catrine · Auchinleck · Crawfordjohn · Abington · White Coomb 822 m · Grey Mare's Tail

Ayr · Tarbolton · Trabbochburn · Cumnock · Flvanfoot · Devil's Beef Tub

Alloway · Hollybush · New Cumnock · Nith · Wanlockhead · Museum of Scottish Leadmining · Moffat

Dalrymple · Patna · Kirkconnel · Sanquhar · Lowther Hills · Beattock · Annandale · Eskdalemuir

Souter Johnnie's Cottage · Straiton · Dalmellington · Dalleagies · Enterkinfoot · 554 m · Drumlanrig Castle · Morton Castle · Boreland

Dailly · Carronbridge · Thornhill · Closeburn · Dinwoodie

Galloway · The Glenkens · Knowehead · Maxelton House · Parkgate · Lockerbie

Barrhill · Glen Trool Lodge · 643 m · of Dairy · Locharbriggs · Hightae · Ecclefechan

Glentrool Village · Trool Forest · New Galloway · Glenkin Reservoir · **Dumfries** · Collin · Gretna

Newton Stewart · Clatteringshaws Loch · Dee · Park · Loch Ken · Corsock · Crocketford · Carrutherstown · Kirkpatrick-Fleming

Luce · Kirkcowan · Mossdale · Laurieston · Haugh of Urr · Beeswing · New Abbey · Blackshaw · Ruthwell · Cummertrees · Annan · Port Carlisle

Torhouse Stone Circle · Cardoness Castle · Threave Gardens · Threave Castle · Dalbeattie · Sweetheart Abbey · Caerlaverock Castle · Kirkbride

Wigtown · Cairn Holy · Gatehouse of Fleet · Ringford · Orchardton Tower · Palnackie · Kippford (Scaur) · Kirkbean · Southerness · Silloth

Mote of Druchtag · Whauphill · Kirkcudbright · Auchencairn · Dundrennan · Backfoot · Abbeytown · Red Dial

Garlieston · Borness · Solway Firth · Allonby · Aspatria · Mealsgate

Port William · Whithorn · Isle of Whithorn · Wigtown Bay · Allonby Bay · Bothel

St. Ninian's Cave · Burrow Head · **Maryport** · Gilorux · Wordsworth House · Cockermouth · Lorton · Lake · Skidda

of Galloway · Sea · Broughton · **Workington** · Distington

645

Clyde
Gourock
Greenock
Port
Clydebank
Johnstone
Largs
Fairlie
West Kilbride
Seamill
Saltcoats
Ardrossan
Stevenston
Irvine

Bonhill
Dumbarton
Anton
Bearsden
Renfrew
GLASGOW
Paisley
Barrhead
Neilston
Lugton
Dunlop
Stewarton
Fenwick
Dean Castle
Kilmarnock

Kirkintilloch
S. 642
Cumbernault
Slamannan
Coatbridge
Airdrie
Rutherglen
Hamilton
David Livingstone Centre
Motherwell
Wishaw
Chatelherault
Larkhall
Newmains
Carluke
Strathaven
Lesmahagow
Stonebriggs

EDINBURGH
Zoo
Linlithgow
Avonbridge
Broxburn
Currie
Bathgate
Armadale
Blackp
Livingston
Whitburn
Fauldhouse
West Calder
Penicuik
Howgate
Forth
West Linton
Stonypath
Dunsyra
Blyth Bridge
Drochil Castle
New Lanark
Libberton
Biggar
Eisrickle
Neidpath Castle
Broughton

Troon
Prestwick
Ayr
Alloway
Monkton
Tarbolton
Trabbochburn
Mauchline
Catrine
Auchinleck
Muirkirk
Douglas
Crawfordjohn
Abington
Lamington
Tweedsmuir
Broad Law
840 m
Meggethead
White Coomb
822 m
Grey Mare's
Tail

Dunure
Dalrymple
Maybole
Patna
Hollybush
New Cumnock
Kirkconnel
Sanquhar
Enterkinfoot
Wanlockhead
Museum of
Scottish Leadmining
Lowther Hills
Devil's
Beef Tub
Moffat
Beattock
Annandale
Eskd

Crossraguel Abbey
Souter Johnnie's
Cottage
Dailly
Straiton
Dalmellington
Dalleagies
Drumlanrig Castle
Carronbridge
Morton Castle
Thornhill
Closeburn
Parkgate
Boreland
Dinwoodie

Girvan
Barr
Pinwherry
Barrhill
Cairnsmore of Carsphairn
798 m
Carsphairn
Knowehead
Moniaive
Dunscore
Maxelton House
Ellisand Farm
Locharbriggs
Amisfield Town
Lochmaben
Lockerbie
Hightae

Galloway
Merrick
643 m
Glen Trool Lodge
Glentrool Village
Trool Forest
Clatteringshaws Loch
New Galloway
Dee
Park
Corsock
Parton
Beeswing
Crocketford
Dumfries
Collin
Carrutherstown
Kirkpatrick-
Ruthwell
Cummertrees
Port Carlisle

Newton Stewart
Mossdale
Laurieston
Threave Gardens
Castle Douglas
Dalbeattie
Sweetheart Abbey
Caerlaverock Castle
Kirkbean
Southerness
Silloth

Glenluce Abbey
Kirkcowan
Creetown
Cardoness Castle
Threave Castle
Gatehouse of Fleet
Ringford
Orchardton Tower
Palnackie
Kippford (Scaur)
Kirkbride

Torhouse Stone Circle
Wigtown
Cairn Holy
Kirkcudbright
Auchencairn
Dundrennan
Backfoot
Abbey town

Mote of Druchtag
Mochrum
Port William
Whithorn
Isle of Whithorn
St. Ninian's Cave
Burrow Head
Wigtown Bay
Solway Firth
Allonby
Allonby Bay
Maryport
Workington
Cockermouth
Wordsworth House
Broughton

Luce Bay
Mull of Galloway

Sea

S. 643

Atlantic Ocean

634

Unst
Yell · Fetlar
Hillswick
· Whalsay
Mainland
Lerwick
Scalloway
Shetland Islands
Fitful Head
Sumburgh Head

635

· Fair Isle

Westray
North Ronaldsay
Rousay
Sanday
Mainland
Orkney Islands
· Kirkwall
Hoy
Pentland Firth
· St Margret's Hope
South Ronaldsay

North Rona
Sula Sgeir ·
Sule Skerry ·
Stack Skerry ·

636 / 637

Cape Wrath
Port of Ness ·
Durness ·
Tongue ·
Lewis
Altnaharra
Miavaig
Stornoway
Newton
The Minch
· Tarbert
Ullapool
Harris
· Rodel
Dundonnell
Garve ·
North Uist
The Little Minch
Uig · Staffin
Kinlochewe
Carinish
· Shieldaig
Skye
· Portree
South Uist
Sligachan
Bridge
Kyle of
Lochalsh
Deliburgh

St Kilda

Outer Hebrides

638 / 639

Thurso
John
o'Groats
· Wick
· Kinbrace
Helmsdale
Golspie ·
Moray Firth
Macduff
Fraserburgh
Elgin
John
Nairn · Forres
Fochabers
Peterhead
Inverness
Dufftown
Inverurie

640 / 641

Canna
Invergarry
Great Glen
Rhum
Mallaig
Eigg
Achosnich
Fort William
Coll
· Arileod
Ballachulish
Tiree
*Isle of
Mull*
Fionphort ·
· Oban
Colonsay
Firth of Lorn
· Inveraray
Tyndrum
Ardlussa ·
Lochgilphead
Dumbarton
Jura
Sea of the Hebrides
Inner Hebrides
Barra

642 / 643

· Aviemore
Banchory
Aberdeen
· Stonehaven
Clova
Inverbervie
Kirriemuir · Forfar
Montrose
Ballinluig
Arbroath
Crieff ·
Dundee
Perth
St Andrews
Firth of Tay
Stirling ·
Firth of Forth

644 / 645

Port Askaig
· Airdrie
Glasgow
Islay
Carluke
Port Ellen
Arran
Irvine
Kilmarnock
Kintyre
Campbel-
town
Ayr ·
Firth of Clyde
Girvan ·
Newton
Stewart
North Channel
Stranraer
*NORTHERN
IRELAND*
London-
derry
Whithorn ·
IRELAND
Belfast

646 / 647

*North
Sea*

Edinburgh
Peebles
Berwick-
upon-Tweed
Galashiels ·
Thornhill ·
Teviothead
· Rochester
Dumfries ·
Langholm
Annan ·
Newcastle
Kircudbright ·
Carlisle
Sunderland
ENGLAND
Workington ·
Solway Firth